# ଅନ୍ତରଙ୍ଗ ଆଲୋଚନାର ଉଚ୍ଛ୍ୱାସ

# ଅନ୍ତରଙ୍ଗ ଆଲୋଚନାର ଉଚ୍ଛ୍ୱାସ

ଡକ୍ଟର ହିମାଦ୍ରୀ ତନୟା ମିଶ୍ର

BLACK EAGLE BOOKS
2021

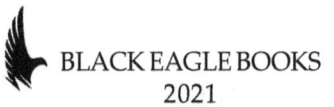

BLACK EAGLE BOOKS

USA address:
7464 Wisdom Lane
Dublin, OH 43016

India address:
E/312, Trident Galaxy, Kalinga Nagar,
Bhubaneswar-751003, Odisha, India

E-mail: info@blackeaglebooks.org
Website: www.blackeaglebooks.org

First International Edition Published by
BLACK EAGLE BOOKS, 2021

**ANTARANGA ALOCHANARA UCHHWASA**
by **Dr. Himadri Tanaya Mishra**

Copyright © Dr. Himadri Tanaya Mishra

All rights reserved. No part of this publication may be reproduced, stored in a retrieval system, or transmitted, in any form or by any means, electronic, mechanical, photocopying, recording or otherwise without the prior permission of the publisher.

Cover: **Sri Baikunth Nath**

Interior Design: Ezy's Publication

ISBN- 978-1-64560-232-3 (Paperback)

Printed in the United States of America

## ଉତ୍ସର୍ଗ

ମା' ସରସ୍ୱତୀଙ୍କ କରକମଳରେ...
— ହିମାଦ୍ରୀ

# ଏ 'ଉଚ୍ଛ୍ୱାସ' 'ବିଶ୍ୱାସ'ରେ ବଦଳିଯାଉ

ସମାଲୋଚନାର ପଥ ଚିରକାଳ ଖସଡ଼ା । କାରଣ ସେଠାରେ ହୃଦୟ ଠାରୁ ବହୁ ପାଠିତା ଓ ଯୁକ୍ତିସଂଗତ ହିଁ ଗୁରୁତ୍ୱପୂର୍ଣ୍ଣ ହୋଇଥାଏ । ପୁଣି ସାହିତ୍ୟ ସମାଲୋଚନାରେ କୌଣସି ଶେଷ କଥା ନ ଥାଏ । ଜଣଙ୍କର ପ୍ରତିପାଦିତ ତଥ୍ୟକୁ ପରବର୍ତ୍ତୀ କାଳରେ ଆଉ ଜଣେ ଭିନ୍ନ ଦୃଷ୍ଟିରେ ଅବଲୋକନ କରିପାରନ୍ତି । ନିନ୍ଦା ପ୍ରଶଂସାର ଊର୍ଦ୍ଧ୍ୱରେ ରହି ସମାଲୋଚନା କରିବା ବେଶ ଦୁରୂହ ବ୍ୟାପାର । ଏହି କଣ୍ଟକାକୀର୍ଣ୍ଣ ପଥରେ ଚାଲିବାକୁ ଆରମ୍ଭ କରିଛନ୍ତି ଡକ୍ଟର ହିମାଦ୍ରୀ ତନୟା ମିଶ୍ର । ତିରିଶିଟି ସମାଲୋଚନାତ୍ମକ ନିବନ୍ଧର ସମନ୍ୱୟରେ ରଚିତ ଏହି ପୁସ୍ତକ 'ଅନ୍ତରଙ୍ଗ ଆଲୋଚନାର ଉଚ୍ଛ୍ୱାସ' ତାଙ୍କର ପ୍ରଥମ ପ୍ରକାଶିତ ସମାଲୋଚନା ଗ୍ରନ୍ଥ । ବୃତ୍ତିରେ ଓଡ଼ିଆ ଅଧ୍ୟାପିକା ହିମାଦ୍ରୀ ତନୟା ପ୍ରବୃତ୍ତିରେ ଗାୟିକା । ତାଙ୍କର ସ୍ୱରମାଧୁର୍ଯ୍ୟ ଯେତିକି ଭାବମୟ ଏହି ଆଲୋଚନା ପୁସ୍ତକରେ ସ୍ଥାନିତ ନିବନ୍ଧଗୁଡ଼ିକ ଅନୁରୂପ ଆକର୍ଷଣୀୟ । କେତୋଟି ଆଲୋଚନା ଦୀର୍ଘ ଓ ଅନ୍ୟ କେତୋଟି ପୁସ୍ତକ ସମୀକ୍ଷା ଶ୍ରେଣୀଭୁକ୍ତ । ଏଗୁଡ଼ିକ ନିର୍ଦ୍ଦିଷ୍ଟ ସମୟ ସୀମାରେ ଆବଦ୍ଧ ନୁହେଁ । 'ଶ୍ରୀକ୍ଷେତ୍ର ଓ ଶ୍ରୀପୁରୁଷୋତ୍ତମ' ଠାରୁ ଲୋକ ସଂସ୍କୃତି ପଥ ଦେଇ ଏହା ପବିତ୍ର ପାଣିଗ୍ରାହୀ ଓ ପ୍ରମିଳା ଶତପଥୀଙ୍କ ପର୍ଯ୍ୟନ୍ତ ବିସ୍ତୃତ । ଏଥି ମଧ୍ୟରୁ ଅନେକ ପ୍ରବନ୍ଧ ସ୍ଥାନୀୟ ପତ୍ର ପତ୍ରିକାରେ ମୁଦ୍ରିତ ହୋଇ ପାଠକମାନଙ୍କର ଦୃଷ୍ଟି ଆକର୍ଷଣ କରିପାରିଛି । ମା' ରମାଦେବୀ ଓ ପ୍ରାଣନାଥ ପଟ୍ଟନାୟକଙ୍କ ସଂପର୍କିତ ପ୍ରବନ୍ଧ ଦ୍ୱୟ ଏ ସଂକଳନର ଅନ୍ୟ ସମସ୍ତ ପ୍ରବନ୍ଧ ଠାରୁ କିଞ୍ଚିତ ଭିନ୍ନ ।

ଜୟଦେବ ଓ ଗୀତଗୋବିନ୍ଦ, ଓଡ଼ିଶାର ନୌବାଣିଜ୍ୟ ପରଂପରା, ଓଡ଼ିଆ କାବ୍ୟ କବିତାରେ ନାରୀ ଚେତନା ଭଳି ପ୍ରବନ୍ଧ ଏ ସଂକଳନର ମାନବୃଦ୍ଧି କରିଛନ୍ତି । ମାୟାଧର ମାନସିଂହ କବି ଭାବରେ ବହୁ ଚର୍ଚ୍ଚିତ ମାତ୍ର ନାଟ୍ୟକାର ଭାବରେ ତାଙ୍କର ପ୍ରତିଭାର ଆକଳନ ମଧ୍ୟ ପ୍ରାବନ୍ଧିକାଙ୍କର କୃତିତ୍ୱ । ସାରଳା ମହାଭାରତରେ ଶିଳ୍ପ ବାଣିଜ୍ୟ ଓ

ସ୍ଥାପତ୍ୟ, ଓଡ଼ିଶାରେ ବିଭିନ୍ନ ଧର୍ମର ପ୍ରଚାର ଓ ପ୍ରସାର, ପଞ୍ଚସଖା ସାହିତ୍ୟର ବୈଶିଷ୍ଟ୍ୟ, ବିଦଗ୍ଧ ଚିନ୍ତାମଣି ଓ ମଥୁରାମଙ୍ଗଳ, ସଂଗୀତ ସହିତ ସାହିତ୍ୟର ଉପଲବ୍ଧି ଭଳି ଆଲୋଚନା ମଧ୍ୟ ତଥ୍ୟଗର୍ଭକ। ସମାଜ ଜୀବନର ଚିତ୍ରକର ଫକୀରମୋହନ ସେନାପତି, ଗୋଦାବରୀଶ ମିଶ୍ର, ସଚ୍ଚି ରାଉତରାୟ ତଥା ଓଡ଼ିଆ ଅନୁବାଦ ସାହିତ୍ୟ ସଂପର୍କରେ ଆଲୋଚନାକୁ ଏକତ୍ର ଆଲୋଚନା କରାଯାଇ ପାରେ। ସଂକଳନଟିରେ ପ୍ରଥିତ ଯଶା କଥାକାର ତରୁଣକାନ୍ତି ମିଶ୍ରଙ୍କ ସଂପର୍କରେ ଦୁଇଟି ଆଲୋଚନା ରହିଛି। ଗୋଟିଏ ତାଙ୍କର କ୍ଷୁଦ୍ର ଗଳ୍ପର ଶୈଳୀ ଓ ଅନ୍ୟଟି ତାଙ୍କର ନାରୀ ଚରିତ୍ରର ସ୍ୱାତନ୍ତ୍ର୍ୟ - ଅନ୍ୟଗୁଡ଼ିକ 'ସେଇ ସବୁ ଦିନ', 'ମଝି ନଈର ଗୀତ', 'ମିଛମୋହ', 'ଗପର ମୁହଁ', 'ଦିନ ହେଲି ତ ଭଳି', 'ଆଦ୍ୟରୁ ଅନ୍ତ ଓ ଅମୃତ', 'ହଂସ ନଈର ହଂସୀ ମୁଁ', 'ହିରଣ୍ୟଦାର ହିମରାଜ' ଓ 'ହବ୍ୟ, ହୁତି ଓ ଆହୁତି' ଏକକ ଗ୍ରନ୍ଥର ଆଲୋଚନା ରହିଛି।

ହିମାଦ୍ରୀ ତନୟା ବିଭିନ୍ନ ସମୟରେ ଏହି ପ୍ରବନ୍ଧଗୁଡ଼ିକ ଲେଖିଛନ୍ତି। ତେଣୁ ଲୋକ ପରମ୍ପରା, ନୌବାଣିଜ୍ୟ ପରମ୍ପରା ଠାରୁ ଧର୍ମ, ସମାଜ, ଗଳ୍ପ, କବିତା, ନାଟକ ସବୁ ଦିଗକୁ ସେ ସ୍ପର୍ଶ କରିଛନ୍ତି। ପ୍ରାଥମିକ ପର୍ଯ୍ୟାୟରେ ଏଭଳି ହେବା ସ୍ୱାଭାବିକ। ମାତ୍ର ପରବର୍ତ୍ତୀ ପୁସ୍ତକ ପ୍ରକାଶନ ବେଳକୁ ସେ ନିର୍ଦ୍ଦିଷ୍ଟ ଭାବରେ ସାହିତ୍ୟର ଗୋଟିଏ ଦିଗକୁ ଛୁଇଁବେ ଫଳରେ ପାଠକ ସେଗୁଡ଼ିକ ନିଜ ନିଜ ଆଗ୍ରହ ଅନୁସାରେ ଲୋଡ଼ିବେ। ଏଭଳି ଆଶା ମୁଁ ରଖୁଛି। ତାଙ୍କର ଯାତ୍ରାପଥ ଆହୁରି ପ୍ରଶସ୍ତ ତଥା ଆଲୋକିତ ହେଉ। ନୂଆ ପିଢ଼ିର ସାହିତ୍ୟ ସମାଲୋଚିକା ଭାବେ ସେ ସ୍ୱୀକୃତି ଅର୍ଜନ କରନ୍ତୁ। ବାକ୍ ସହିତ ଅର୍ଥର ସଂପର୍କ ପାର୍ବତୀ ପରମେଶ୍ୱରଙ୍କ ସଂପର୍କ ସଦୃଶ ଚିରନ୍ତନ। ଏହି କଥାଟି ମନେ ରଖି ସେ ନିଜ ସାଧନା ପଥରେ ଅଗ୍ରସର ହୁଅନ୍ତୁ।

ଶ୍ରଦ୍ଧେୟ ହିମାଦ୍ରୀଙ୍କ ପାଇଁ ହୃଦୟଭରା ଶୁଭ କାମନା।

**ପ୍ରାକ୍ତନ ପ୍ରଫେସର ଡ. ସଂଘମିତ୍ରା ମିଶ୍ର**
ସ୍ନାତକୋତ୍ତର ଓଡ଼ିଆ ଭାଷା-ସାହିତ୍ୟ ବିଭାଗ,
ଉତ୍କଳ ବିଶ୍ୱବିଦ୍ୟାଳୟ, ବାଣୀବିହାର, ଭୁବନେଶ୍ୱର

# ଅନ୍ୱେଷଣର ଅନୁସନ୍ଧିତ୍ସା...

ଅନେକ ଜନ୍ମର ସଂସ୍କାରକୁ ନେଇ ମନୁଷ୍ୟର ଜନ୍ମ। ଈଶ୍ୱରଦତ୍ତ ମାନବର ପ୍ରତିଭା ଅନନ୍ତ। ଏହାର ବିକାଶଧାରା କେତେବେଳେ ଏକ ମୁଖାପେକ୍ଷୀ କେତେବେଳେ ଚତୁରସ୍ରଶୋଭି। ସୃଷ୍ଟିର ନବ ନିର୍ମାଣ ପାଇଁ ବୃକ୍ଷ ତା'ର ଫଳ ତ୍ୟାଗ କଲାପରି ଈଶ୍ୱରୀୟ ବରଦାନ ସଦୃଶ କବି ପ୍ରତିଭା କ୍ଷୀରରେ ଶର୍କରାର ସଂଯୋଗରୂପୀ ମାଧୁରିମା ଆଣିଦେଇଥାଏ। ଅନେକ ସଞ୍ଚିତ ପୁଣ୍ୟଫଳ ହେଉଛି ପ୍ରତିଭା। ଲେଖନୀମୁନ କେତେବେଳେ ଦେଶର ପ୍ରହରୀ ପାଇଁ ହୁଂକାର ଏବଂ ସହୃଦୟ ପାଇଁ ଝଙ୍କାର ଭରିଦିଏ। ପ୍ରତି ଛନ୍ଦରେ ଗିରି, ବନ, ନଦୀ ଏବଂ ଝରଣାର ଅକୁହା କଥା କହିଯାଇଥାଏ। ଏଣୁ କବିଙ୍କୁ ବ୍ରହ୍ମା କୁହାଯାଏ।

ଅସାରେ କବିସଂସାରେ କବିରେକଃ ପ୍ରଜାପତିଃ ।<br>
ଯଥାସ୍ମୈ ରୋଚତେ ବିଶ୍ୱମ୍ ତଥୈଦଂ ପରିବର୍ତ୍ତତେ ॥

କଳା, ସାହିତ୍ୟ ଏବଂ ବୀରତା ଆଦିରେ ଉତ୍କୃଷ୍ଟ ହୋଇଥିବାରୁ ରାଜ୍ୟର ନାମ ଉତ୍କଳ। ଏଠାର ସାହିତ୍ୟିକ, ବିଦ୍ୟାଳୟର ପୋଥି ନ ପଢ଼ି ମଧ୍ୟ ପଣ୍ଡିତ। ସୃଜନୀଶକ୍ତି ତାଙ୍କର ଚରମ ସୀମାରେ ଉପନୀତ। ସ୍ୱଭାବ କବି ଗଙ୍ଗାଧର, ଗଣକବି ବୈଷ୍ଣବ ପାଣି ଏବଂ ଠାକୁର ଅଭିରାମ ପରମହଂସ ବିଦ୍ୟାଳୟର ବିଦ୍ୟା ଶିକ୍ଷା ଅଭ୍ୟାସ ନ କରି ମଧ୍ୟ ସୃଜନୀ ଶକ୍ତି ଦ୍ୱାରା କାଳଜୟୀ ହୋଇପାରିଛନ୍ତି। ସର୍ବତ୍ର ସୁନ୍ଦର ଦୃପ୍ତିର ଚାରୁତାର ପରିପ୍ରକାଶ। ସେମାନେ ଦରିଦ୍ର ହୋଇଥିଲେ ମଧ୍ୟ ନିଜର ଅତ୍ମାକୁ ବିକି ନାହାନ୍ତି। ସାହିତ୍ୟ ସହ ସଉଦା କରିନାହାନ୍ତି। ପଞ୍ଚସଖା ଯୁଗୀୟ କବିମାନଙ୍କ ସୃଜନା ଆଜିର କବି ଏବଂ ଗବେଷକମାନଙ୍କର ସଞ୍ଜୀବନୀ। ସେମାନଙ୍କ ଜୀବନ ସନ୍ଧ୍ୟା ଉପନୀତ ହୋଇଥିଲେ ମଧ୍ୟ ସାହିତ୍ୟର ଜ୍ୟୋତ୍ସ୍ନା ଅମ୍ଳାନ ଏବଂ ସଦା ମହୀମଣ୍ଡିତ।

ସମୁଦ୍ର ସିନା କୌଣସି ଲହରୀର ପକ୍ଷ ନିଏ ନାହିଁ ପରନ୍ତୁ ଈଶ୍ୱର ସାରସ୍ୱତ ସାହିତ୍ୟିକ ସାଧକମାନଙ୍କର ପକ୍ଷ ନେବା ପାଇଁ ସରସ୍ୱତୀଙ୍କୁ ବାଧ୍ୟ କରାନ୍ତି। ଏହି କାରଣରୁ ସ୍ରଷ୍ଟାଙ୍କ ସୃଷ୍ଟିର ଭାବ ପ୍ରବଣତା କବି କଣ୍ଠରେ କଳକଣ୍ଠ ଧ୍ୱନିର ସପ୍ତସ୍ୱରକୁ ତୋଳି ନେଇଛି। ସନ୍ଥକବି ଭୀମ ଭୋଇଙ୍କ ଧର୍ମ ଏବଂ ଦର୍ଶନ 'ମୋ ଜୀବନ ପଛେ ନର୍କେ ପଡିଥାଉ ଜଗତ ଉଦ୍ଧାର ହେଉ", ଗଣକବିଙ୍କ ଗଣ ପାଇଁ ଉଦ୍‌ବୋଧନ, ନନ୍ଦକିଶୋରଙ୍କ ପଲ୍ଲୀଗୀତ, ମାଳିକା ସମ୍ରାଟ ଅଚ୍ୟୁତଙ୍କର ଭବିଷ୍ୟତ ଦର୍ଶନ ପରବର୍ତ୍ତୀ ସମାଲୋଚକ

ଏବଂ ସ୍ରଷ୍ଟାଙ୍କ ପାଇଁ ଇନ୍ଦ୍ରଧନୁର ସପ୍ତରଙ୍ଗ ସାଜିଛନ୍ତି। ଉତ୍କଳର ପଥର ଶିଳ୍ପ ଗଳ୍ପ କହେ। ତୁଠ ପ୍ରସ୍ତର କେତେ ମଦାଳସାଙ୍କ ଚରଣ ସ୍ପର୍ଶକୁ ନିଜ ଭିତରେ ସାଇତି ରଖିଥାଏ। ସୁନ୍ଦର ଝରଣାର ଦୁଃଖ ହରଣ, ଭିଜା ମାଟିର ସୁଗନ୍ଧ, କୋକିଳର କୁହୁତାନ, ପ୍ରକୃତିର ପ୍ରସୂତି ଏବଂ ରଜ ଦୋଳି ଖେଳରେ କୁମାରୀମାନଙ୍କ ପୁଲକିତ କଥାକୁ ଶବ୍ଦରେ ତୋଳିବା କବି ସମାଲୋଚକମାନଙ୍କୁ ପ୍ରେରଣା ଯୋଗାଇ ଦେଇଥାଏ।

ଆଧୁନିକ ଉଦୀୟମାନା କବି ଏବଂ ସମାଲୋଚିକା ରମାଦେବୀ ମହିଳା ବିଶ୍ୱବିଦ୍ୟାଳୟ, ଭୁବନେଶ୍ୱରର ଓଡ଼ିଆ ଭାଷା ବିଭାଗର ଅଧ୍ୟାପିକା ମା' ତ୍ରିପୁରସୁନ୍ଦରୀ ପାର୍ବତୀଙ୍କ ଅନ୍ୟ ନାମରେ ବିଭୂଷିତା ଡ. ହିମାଦ୍ରୀ ତନୟା ମୃଗନାଭି କସ୍ତୁରୀର ଆମୋଦ ପରି ସମକାଳୀନ ଚିନ୍ତକମାନଙ୍କୁ ଆକର୍ଷିତ କରିଛନ୍ତି। କପଡ଼ାରେ ଲାଗିଥିବା ଦାଗକୁ ଯେପରି ଚିତ୍ରକାର ପୁଷ୍ପର ରୂପ ଦେଇ ନକାରାତ୍ମକ ଭାବକୁ ସକାରାତ୍ମକ କରିଦିଏ, ସେଇଭଳି ସେ ତାଙ୍କ ନିବନ୍ଧମାନଙ୍କ ମାଧ୍ୟମରେ ନୂତନ ସ୍ୱାଦ ଦେବାକୁ ପ୍ରୟାସ କରିଛନ୍ତି। ଏଥିରେ ଅନ୍ଧକାରରେ ଆଲୋକ ପ୍ରାପ୍ତିର ଅଭିପ୍ସା, ଝରଣାର ସମୁଦ୍ରରେ ମିଳନର ଆଶା, ବାଣୀର ଅର୍ଥ ସହ ସଂଯୋଗର ପ୍ରତ୍ୟାଶା, ଅତୃପ୍ତିରେ ତୃପ୍ତିର ଆନନ୍ଦ, ଅନ୍ୱେଷଣର ଅନୁସନ୍ଧିତ୍ସା, ପାନ୍ଥର ପାନ୍ଥନିବାସ, ପଥହରାର ଲକ୍ଷ୍ୟ, ନବଧା ଭକ୍ତିର ପ୍ରେମଭକ୍ତିରେ ମିଳିବାର ଆନନ୍ଦ, ତଟିନୀର ମହାନଦୀ ହେବାର ସ୍ୱପ୍ନ , ଅଂଶୁପା ହୋଇ ଚିଲିକାର ସମ୍ମାନ, ତୀର୍ଥର ମହାତୀର୍ଥରେ ପରିଣତି, ମୁଣ୍ଡିଆ ପର୍ବତର ଦେବତାତ୍ମା ହିମାଳୟ ହେବାର ପ୍ରୟାସ ପରିଲକ୍ଷିତ। ଉକ୍ତ ପ୍ରୟାସ ପାଇଁ ଜନୈକ କବି କହିଛନ୍ତି-

ଅମା ଅନ୍ଧାର ଏଇ ଯେ ରାତି / ଆସ ତଡ଼ିଦେବା ନ କରି ଭୀତି,
ସୂରୁଜ ନ ହେଲେ ପ୍ରଦୀପ ହୋଇ / ଆଲୋକ ବୁଣିବା ଜଗତ ପାଇଁ।

ଡ. ହିମାଦ୍ରୀ ତନୟାଙ୍କର ପ୍ରବନ୍ଧ ସଂକଳନ 'ଅନ୍ତରଙ୍ଗ ଆଲୋଚନାର ଉଚ୍ଛ୍ୱାସ' ସାହିତ୍ୟକୁ ଋଦ୍ଧିମନ୍ତ କରି ଅମୂଲ୍ୟ ରତ୍ନ ହୋଇ ରହୁ। ଏହାର ସୁଗନ୍ଧି ସମସ୍ତ ସହୃଦୟମାନଙ୍କୁ ଆକର୍ଷିତ କରୁ ଏବଂ ମାନବ ଭିତରୁ ହଜିଯାଉଥିବା ମାନବିକତାରୁ ଉଜାଗର କରାଇ ସଶସ୍ତ୍ର ପ୍ରହରୀ ପରି କାର୍ଯ୍ୟ କରୁ। ଏହା ବାଣୀ ବିଳାସିନୀ, ଡମ୍ବରୁ ସ୍ୱରୂପିଣୀ, ଶବ୍ଦ ଦିଧୀତି ଧାରିଣୀ ମା' ସୁଭଦ୍ରାଙ୍କ ଚରଣାରବିନ୍ଦରେ ପ୍ରାର୍ଥନା। ତାଙ୍କ ଜୀବନର ସାର୍ଥକତା ଏବଂ ସଫଳତା ନାରୀ କବି କୁନ୍ତଳା କୁମାରୀଙ୍କ ଭାଷାରେ-

ଶେଷ ଗତି ନୁହେଁ ମୋର ମୃତ୍ୟୁ କେଉଁ କାଳରେ,
ମାରିବାକୁ ଫୁଟି ନାହିଁ ଭବତରୁ ଡାଳରେ।

**ପ୍ରଫେସର. ଗଙ୍ଗାଧର ପଣ୍ଡା, କୁଳପତି**
**କୋହ୍ଲଣ ବିଶ୍ୱବିଦ୍ୟାଳୟ, ଚାଇଁବସା, ଝାଡ଼ଖଣ୍ଡ**

# ହେଉ ଅମୃତ ବର୍ଷା...

ସାହିତ୍ୟ ଅନୁରାଗୀ ଡ. ହିମାଦ୍ରୀ ତନୟା ମିଶ୍ରଙ୍କ 'ଅନ୍ତର୍ଗତ ଆଲୋଚନାର ଉଚ୍ଛ୍ୱାସ' ପ୍ରବନ୍ଧଟି ପ୍ରତ୍ୟେକ ପାଠକଙ୍କୁ ରୁଦ୍ଧିମନ୍ତ କରିବ। ପୁରାଣ, ଇତିହାସ, ଗଳ୍ପ, ଲୋକକଥା, କବିତା, ପ୍ରବନ୍ଧ ଆଦିରେ ଧୈର୍ଯ୍ୟର ଅମୃତମୟ, ଚିରସ୍ଥାୟୀ ସୁଫଳ ସମ୍ପର୍କରେ ଅନେକ ପ୍ରମାଣିକ ତଥ୍ୟ ସହ ଆଜିର ସାମ୍ପ୍ରତିକ କାଳର ବହୁ କବି ଓ ଗାଳ୍ପିକଙ୍କ ଉଚ୍ଚକୋଟୀର ସୃଷ୍ଟି ସମ୍ପଦଗୁଡ଼ିକର ମୌଳିକତା ବିସ୍ତୃତ ଭାବରେ ବର୍ଣ୍ଣନା କରାଯାଇ ପରବର୍ତ୍ତୀ ପିଢ଼ିଙ୍କୁ ମାର୍ଗ ଦର୍ଶାଯାଇଅଛି। ସଫଳତାର ଶୀର୍ଷରେ ପହଞ୍ଚିବାକୁ ହେଲେ ଯେପରି କୌଣସି ପ୍ରମାଣପତ୍ରର ଆବଶ୍ୟକତା ପଡ଼ି ନ ଥାଏ, କେବଳ ନିରନ୍ତର ପ୍ରଚେଷ୍ଟା ହିଁ ଏକମାତ୍ର ମାଧ୍ୟମ ହୋଇଥାଏ, ଠିକ୍ ସେହିପରି ଏହି ପ୍ରବନ୍ଧର ରଚୟିତା ଡ. ମିଶ୍ରଙ୍କ ଉପସ୍ଥାପନା ଶୈଳୀ ଏତେ ସରସ ସୁନ୍ଦର ଯେ ଏହା ଆରମ୍ଭ କଲେ ଶେଷ ନ କରି ରହି ହେବ ନାହିଁ। 'ଅନ୍ତରଙ୍ଗ ଆଲୋଚନାର ଉଚ୍ଛ୍ୱାସ' ପ୍ରବନ୍ଧର ପ୍ରତ୍ୟେକ ପ୍ରସଙ୍ଗ ଖୁବ ସୁନ୍ଦର ଭାବରେ ଉପସ୍ଥାପିତ କରିଛନ୍ତି, ଯାହା ପ୍ରତ୍ୟେକ ପାଠକଙ୍କୁ ଅଧିକ ଆନନ୍ଦ ଓ ବିମଳ ଜ୍ଞାନ ପ୍ରଦାନ କରିବ ।

**ସରୋଜ କୁମାର ପ୍ରଧାନ(ସଭାପତି)**

ଉତ୍କଳ ସମ୍ମିଳନୀ ପଶ୍ଚିମ ସିଂହଭୂମ ଶାଖା ଚକ୍ରଧରପୁର, ଝାଡ଼ଖଣ୍ଡ

# ମୋ ଲେଖନୀରୁ...

'ଅନ୍ତରଙ୍ଗ ଆଲୋଚନାର ଉଚ୍ଛ୍ୱାସ' ଏହି ପୁସ୍ତକଟି ମୋର ପ୍ରଥମ ମାନସ ସନ୍ତାନ। ବହୁ ଉତ୍କଣ୍ଠାର ସହ ଏହାକୁ ସାଇତି ନିଜ ଭାବାବେଗକୁ ନିଗାଡ଼ି ଦେଇ ଅସଂଖ୍ୟ ରାତିର ସମୟକୁ ବାନ୍ଧିରଖି ପୁସ୍ତକଟିକୁ ସଂରଚନା କରିଅଛି। ଏହି ପୁସ୍ତକଟିରେ ଶ୍ରୀଜଗନ୍ନାଥଙ୍କ ସମ୍ପର୍କିତ ତଥ୍ୟ, ଓଡ଼ିଶାରେ ବିଭିନ୍ନ ଧର୍ମର ପ୍ରଚାର, ଓଡ଼ିଶାର ଲୋକ ସଂସ୍କୃତି, ପଞ୍ଚସଖା ସାହିତ୍ୟର ବୈଶିଷ୍ଟ୍ୟ, ସାରଳା ସାହିତ୍ୟ ଓ କାବ୍ୟ କବିତାରେ ନାରୀବାଦ, ମା' ଶକ୍ତିମୟୀଙ୍କ ଆବିର୍ଭାବ, ନୌବାଣିଜ୍ୟ ପରମ୍ପରା, ମଧ୍ୟଯୁଗୀୟ ସାହିତ୍ୟାଦର୍ଶ, ଗୀତଗୋବିନ୍ଦ ସମ୍ପର୍କରେ, ବିପ୍ଳବୀ ସ୍ୱାଧୀନତା ସଂଗ୍ରାମୀଙ୍କ କିଛି କଥା, ଓଡ଼ିଆ ସାହିତ୍ୟରେ ଆଧୁନିକ ଓ ଅତ୍ୟାଧୁନିକ ଯୁଗର ବରିଷ୍ଠ କଥାକାର କବି ଓ ତାଙ୍କ ସାରସ୍ୱତ କୃତି ସମ୍ପର୍କରେ ଅନେକ ଜଣାଶୁଣା ଓ ଲୁକ୍କାୟିତ ସୃଷ୍ଟି ସମ୍ପଦ ସହିତ ସାହିତ୍ୟ ଏବଂ ସଂଗୀତର ମଧୁର ସମନ୍ୱୟ ଏଥିରେ ପ୍ରକାଶିତ। ଏହି ପୁସ୍ତକର ସମସ୍ତ ବିଷୟ ଉପସ୍ଥାପନରେ ମୁଁ, ସାହିତ୍ୟର ମହାନ ଗବେଷକ, ଲେଖକ ଓ ସମାଲୋଚକଙ୍କ ଗ୍ରନ୍ଥାବଳୀ ତଥ୍ୟାବଳୀ ଓ ମୌଳିକ ଲେଖାକୁ ସହାୟତା ରୂପେ ଗ୍ରହଣ କରିଛି। ଏହାର ପ୍ରକାଶନ ଅବସରରେ ପ୍ରକାଶକଙ୍କୁ ମୋର ଆନ୍ତରିକ ସାଧୁବାଦ, ଗଭୀର ସମ୍ମାନ ଓ କୃତଜ୍ଞତା ଜଣାଉଛି। ସ୍ୱନାମଧନ୍ୟ ପୁସ୍ତକ ପ୍ରକାଶକ 'ବ୍ଲାକ୍ ଇଗଲ୍ ବୁକ୍ସ'ଙ୍କ ଉଦ୍ୟମରେ ପୁସ୍ତକଟି ଲୋକଲୋଚନକୁ ଆସିବାର ସୁଯୋଗ ପାଇଥିବାରୁ ମୁଁ ସମ୍ମାନାସ୍ପଦ ସତ୍ୟପ୍ରକାଶ ପଟ୍ଟନାୟକ ମହୋଦୟଙ୍କ ନିକଟରେ କୃତଜ୍ଞତା ସହ ପ୍ରଣାମ ଜଣାଉଛି।

ପରିଶେଷରେ ଆପଣମାନଙ୍କ ନିକଟରେ ଆମର ଐତିହ୍ୟ, ପରମ୍ପରା ଓ ଓଡ଼ିଆ ଭାଷାକୁ ବିକାଶ ଦିଗରେ ଆଗକୁ ନେଇଥିବା ସେହି ଯୋଗଜନ୍ମା ସ୍ରଷ୍ଟା ଓ ତାଙ୍କର ସୃଷ୍ଟିକୁ ପହଞ୍ଚାଇବାର ଏହି ସୂକ୍ଷ୍ମ ପ୍ରୟାସକୁ ଉତ୍କଣ୍ଠାର ସହ ପାଠକ ଗ୍ରହଣ କରିବେ ମୋର ଆଶା ଓ ବିଶ୍ୱାସ ରହିଛି।

ଭୁବନେଶ୍ୱର

**ହିମାଦ୍ରୀ ତନୟା ମିଶ୍ର**

# ସୂଚିପତ୍ର

ଶ୍ରୀକ୍ଷେତ୍ର ଓ ଶ୍ରୀପୁରୁଷୋତ୍ତମ ୧୫
ଓଡ଼ିଶାର ଲୋକ ସଂସ୍କୃତି ଓ ପରମ୍ପରା ୨୬
ଓଡ଼ିଶାରେ ବିଭିନ୍ନ ଧର୍ମର ପ୍ରଚାର ଓ ପ୍ରସାର ୩୮
ଏକ ଶକ୍ତି ବହୁରୂପା ୫୩
ଜୟଦେବ ଓ ଗୀତଗୋବିନ୍ଦ ୫୮
ସାରଳା ମହାଭାରତରେ ଶିଳ୍ପ, ବାଣିଜ୍ୟ ଓ ସ୍ଥାପତ୍ୟ ୬୮
ପଞ୍ଚସଖା ସାହିତ୍ୟର ବୈଶିଷ୍ଟ୍ୟ ୮୨
ମଧ୍ୟଯୁଗୀୟ ସାହିତ୍ୟାଦର୍ଶରେ 'ବିଦଗ୍ଧ ଚିନ୍ତାମଣି' ଏକ ଆଲେଖ୍ୟ ୮୮
ଭକ୍ତଚରଣ ଦାସଙ୍କ ମଥୁରାମଙ୍ଗଳ (୧୭୨୯-୧୮୧୩ ସାଲ) ୯୩
ସଂଗୀତର ମୂର୍ଚ୍ଛନାରେ ସାହିତ୍ୟର ଉପଲବ୍ଧି ୧୦୦
ଓଡ଼ିଶାର ନୌବାଣିଜ୍ୟର ପରମ୍ପରା ୧୦୮
ସମାଜ ଜୀବନର ଚିତ୍ରକର ଫକୀରମୋହନ ସେନାପତି ୧୧୭
ଦଳିତ ଜନତାର ଦେବଦୂତ ପ୍ରାଣନାଥ ପଟ୍ଟନାୟକ ୧୨୪
ସ୍ୱାଧୀନତା ସଂଗ୍ରାମୀ ମା' ରମାଦେବୀ ୧୩୦
ପଣ୍ଡିତ ଗୋଦାବରୀଶ ମିଶ୍ର ଜଣେ ଯୋଗଜନ୍ମା କବି ୧୩୮
ନାଟ୍ୟକାର ମାୟାଧର ମାନସିଂହ ୧୫୦
ଆଧୁନିକ ଓଡ଼ିଆ ସାହିତ୍ୟକୁ ଶ୍ରୀ ସଚ୍ଚି ରାଉତରାୟଙ୍କ ଅବଦାନ ୧୬୩
ଓଡ଼ିଆ କାବ୍ୟ କବିତାରେ ନାରୀ ଚେତନା ୧୬୯
ତରୁଣକାନ୍ତି ମିଶ୍ରଙ୍କ ଗଳ୍ପରେ ନାରୀ ଚରିତ୍ରର ତାତ୍ପର୍ଯ୍ୟ ୧୯୧
ତରୁଣକାନ୍ତି ମିଶ୍ରଙ୍କ ଗଳ୍ପ ରଚନାର ଶୈଳୀ ବିଚାର ୨୦୬
ଓଡ଼ିଆ ଅନୁବାଦ ସାହିତ୍ୟରେ ରାଜକିଶୋର ପାଢ଼ୀଙ୍କର
'ଭୁବନ ସୋମ' ଓ 'ଆନନ୍ଦ ମଠ' ୨୧୮
ରବୀନ୍ଦ୍ର ବିହାରୀଙ୍କ ଆବେଗାୟିତ କବିତା ସଂକଳନ 'ମଝି ନଈର ଗୀତ' ୨୩୩
ଅନୁଭୂତିରେ ଭାବୋଚ୍ଛ୍ୱାସ 'ସେଇ ସବୁଦିନ'ର ଗଳ୍ପରେ
ପ୍ରେମର ଦୀର୍ଘଶ୍ୱାସ (ଅନୁରାଗ ଶିଳ୍ପୀ) ୨୫୧
ଆଧୁନିକ ଓଡ଼ିଆ କବିତାର ବିଭୁଚେତନାରେ ବିଦ୍ୟୁତଲତାଙ୍କ 'ମିଛ ମୋହ' ୨୭୦
ଓଡ଼ିଆ କ୍ଷୁଦ୍ରଗଳ୍ପରେ ପବିତ୍ର ପାଣିଗ୍ରାହୀଙ୍କ 'ଗପର ମୁହଁ' ୩୧୩
ସୂର୍ଯ୍ୟସମ ପ୍ରକାଶ ପ୍ରମିଳା ଶତପଥୀଙ୍କ 'ଦିନ ହେଲି ତ' ୩୨୧
ଶୂନ୍ୟାଳୟର କନକ ବେଦୀରେ କବିତା ସଂକଳନ: 'ହଂସ ନଈର ହଂସୀ ମୁଁ' ୩୩୧
ଶରତ ଆକାଶର ନିର୍ମଳ ଦିଗନ୍ତର ଆଭାସରେ 'ହିରଣ୍ୟଦାର ହିମରଜ' ୩୪୬
ଅନ୍ତଃଶୂନ୍ୟ ବେଦନାରେ ଦରଦୀ ସାଥି 'ହବ୍ୟ, ହୁତି ଓ ଆହୂତି' ୩୭୦
ଉଦାସ ଆଖିରେ ପ୍ରମିଳା ଶତପଥୀଙ୍କ କବିତା ସଂକଳନ 'ଆଦ୍ୟରୁ ଅନ୍ତ ଓ ଅମୃତ' ୩୮୭

# ଶ୍ରୀକ୍ଷେତ୍ର ଓ ଶ୍ରୀପୁରୁଷୋତ୍ତମ

ଜଗନ୍ନାଥ ଶବ୍ଦ ଜଗତ୍‌ରୁ ନିଷ୍ପନ୍ନ। ଜଗତ୍ ଶବ୍ଦର ଅର୍ଥ ଗତିଶୀଳ ବା କ୍ରିୟାମୟ ବସ୍ତୁ। କ୍ରିୟା, ଶକ୍ତିର ପ୍ରକାଶକୁ ବୁଝାଏ। ଶକ୍ତି ବ୍ୟତୀତ କ୍ରିୟାର କୌଣସି ଠାରେ ପ୍ରକାଶ ହୁଏ ନାହିଁ। ତେଣୁ ଯାହା କ୍ରିୟା ତାହା ଶକ୍ତିର ରୂପାନ୍ତର ମାତ୍ର। ଆମର ଜନ୍ମ, ସ୍ଥିତି ଓ ମୃତ୍ୟୁର ରୂପ କ୍ରିୟାମୟ ଶରୀରର ମହାଶକ୍ତି ସମ୍ଭୂତ କ୍ଷୁଦ୍ର ଶକ୍ତି ଚକ୍ର। ଶକ୍ତିର ସ୍ଥୁଳ ପ୍ରକାଶ ହେଉଛି କ୍ରିୟା ଓ କ୍ରିୟାର ସ୍ଥୁଳ ପ୍ରକାଶ ହେଉଛି ଜାଗତିକ ଗୁଣ। ଏହି ପୁରୁଷୋତ୍ତମ ହେଉଛନ୍ତି ତ୍ରିଶକ୍ତିର ଆଧାର। ସତ୍, ଚିତ୍ ଓ ଆନନ୍ଦ ଏହି ତ୍ରିଭଙ୍ଗିମ ରୂପରେ ବିଦ୍ୟମାନ। ଏଥିରେ କୌଣସି ଆଧ୍ୟାତ୍ମିକତା, ତର୍କ ବା ଆଦର୍ଶର ରୂପରେଖ ନାହିଁ।

ଶ୍ରୀଜଗନ୍ନାଥ ସଂସ୍କୃତିର ପ୍ରାମାଣିକ ରୂପ ବହୁ କିମ୍ବଦନ୍ତୀ, ପୁରାଣ, ଗଳ୍ପ, ଶିଳାଲେଖ ଏବଂ ତାଳପତ୍ର ପୋଥି ଆଦିରୁ ଦେଖିବାକୁ ମିଳେ। ଓଡ଼ିଶାର ଆଦ୍ୟ ସଂସ୍କୃତିର ପ୍ରାଚୀନତା ପ୍ରସ୍ତର ଅସ୍ତ୍ର ଦେବତା ଓ ପିତୃମାନଙ୍କ ସ୍ମୃତିର ସ୍ମାରକୀ ରୂପେ ଶ୍ମଶାନରେ ବୃକ୍ଷ ମୂଳରେ ଉଚ୍ଚଭୂମି ଆଦି ଉପରେ ଶିଳାଖଣ୍ଡ ପୋତି ପୂଜା କରାଯାଉଥିଲା। ଅଦ୍ୟାବଧି ଏହାର ଛାୟା, ଶବର, କନ୍ଧ, କୋହ୍ଲ, ବଣ୍ଡା, ପରଜା, ଗଦବା ଓ ଗଣ୍ଡ ଆଦି ଗୋଷ୍ଠୀରେ ଦେଖିବାକୁ ମିଳିଥାଏ। ନୂତନ ପ୍ରସ୍ତର ଯୁଗରେ ଚିକ୍କଣ ତଥା ମସୃଣ ଅସ୍ତ୍ରଶସ୍ତ୍ରକୁ ଦେବଦେବୀଙ୍କର ପ୍ରତୀକ ରୂପେ ଉତ୍ସର୍ଗ କରାଯାଉଥିଲା। ଉଦାହରଣ ସ୍ୱରୂପ ଶାଳଗ୍ରାମ ପୂଜା ସେ ସମୟରୁ ଆରମ୍ଭ ହୋଇଆସୁଛି। ପୁରାଣମାନଙ୍କରୁ ଜଣାଯାଏ; ଇନ୍ଦ୍ରଦ୍ୟୁମ୍ନଙ୍କ ପୂର୍ବରୁ ଇନ୍ଦ୍ରନୀଳାଖ୍ୟ ବିଗ୍ରହ ପୂଜା ପାଉଥିଲେ। ତାଙ୍କୁ ଦର୍ଶନ କରି ଭୀଲ୍ଲ, ବ୍ରାହ୍ମଣ ପ୍ରଭୃତି ଚତୁର୍ଭୁଜ ହୋଇ ଶ୍ୱେତାଖ୍ୟ ଭବନକୁ ଚାଲିଯାଉଥିବାରୁ ଯମରାଜ ଭଗବାନଙ୍କୁ ତାହା ଅଦୃଶ୍ୟ କରାଇବା ପାଇଁ ଅନୁରୋଧ କରାଇଥିଲେ। ବିଷ୍ଣୁ ପ୍ରତିମା ବାଲୁକା ରାଶିରେ ଅଦୃଶ୍ୟ ହେବା ପରେ ଇନ୍ଦ୍ରଦ୍ୟୁମ୍ନ ତାଙ୍କୁ ସ୍ଥାପନ କରିବା ପୂର୍ବକ ଯାଗଯଜ୍ଞ କରାଇ ଉତ୍କଳ, କଳିଙ୍ଗ,

କୋଶଳ ରାଜାଙ୍କ ସାହାଯ୍ୟରେ ମନ୍ଦିର ନିର୍ମାଣ କରି ଶଙ୍କର୍ଷଣ, ସୁଭଦ୍ରା ଓ ଜଗନ୍ନାଥଙ୍କ ବିଗ୍ରହ ପ୍ରତିଷ୍ଠା କରିଥିଲେ ।

ଆଦିବାସୀ ସଂସ୍କୃତିର ବିକାଶ ପରେ ଜୈନମାନେ ଓଡ଼ିଶାର ଧର୍ମ ଜୀବନର ମୁଖ୍ୟ ସ୍ଥାନ ଅଧିକାର କରିଥିଲେ । ଏମାନେ ମୋକ୍ଷ ବା କୈବଲ୍ୟକୁ ପ୍ରାଧାନ୍ୟ ଦେଇଥିଲେ । ଏହାର ଆଦର୍ଶରେ ଜଗନ୍ନାଥ ମନ୍ଦିରର 'କୋଇଲି ବୈକୁଣ୍ଠ' ପ୍ରଧାନ ମୋକ୍ଷ କ୍ଷେତ୍ର ଭାବେ ପରିଚିତ । କ୍ରମେ ପୁରୀ ଶ୍ରୀମନ୍ଦିରରେ ଜୈନ ତୀର୍ଥଙ୍କ ପାଇଁ ରୋହିଣୀ କୁଣ୍ଡ ଓ ବଟବୃକ୍ଷର ସୃଷ୍ଟି ହୋଇଥିବା ବର୍ଣ୍ଣନା ରହିଛି । ପରବର୍ତ୍ତୀ ସମୟରେ ଅଶୋକ ଓ ବୌଦ୍ଧ ଶାସକମାନଙ୍କ ଦ୍ୱାରା ବୌଦ୍ଧ ଧର୍ମର ପ୍ରଚାର ଓ ପ୍ରସାରରେ ଏକ ସୁଦୃଢ଼ ଭିତ୍ତି ପ୍ରତିଷ୍ଠିତ ହୋଇ ଜଗନ୍ନାଥଙ୍କ କ୍ଷେତ୍ରରେ ବୁଦ୍ଧଙ୍କର ମୃତାବଶେଷ ପୂଜିତ ହେଉଥିଲା । ଖ୍ରୀଷ୍ଟୀୟ ପ୍ରଥମ ଶତକରେ କଳିଙ୍ଗ ସମ୍ରାଟ ଚେଦି ରାଜା ଅଥବା ଖାରବେଳଙ୍କ ସମୟରେ ଜୀନନାଥ ପୂଜା ବିଶ୍ୱାବସୁ ଶବରଙ୍କ ଜଗନ୍ନାଥ ବା ନୀଳମାଧବ ପୂଜାରୂପ ଓଡ଼ିଶାରେ ପ୍ରଚାରିତ ହୋଇଥିଲା । ସେ ସମୟରେ କ୍ଷେତ୍ରରେ ଯମ, କୁବେର, ବରୁଣ ଆଦିଙ୍କ ପୂଜା ସହିତ ବାସୁଦେବ ବିଷ୍ଣୁଙ୍କର ପୂଜା କରାଯାଉଥିଲା । ଓଡ଼ିଶାରେ କାଳକ୍ରମେ ମାଠର ବଂଶ ବିକାଶ ଲାଭ କରିଥିଲା । କୁଶାଣଙ୍କ ରାଜତ୍ୱ କାଳରେ ଶୈବ, ମିହିର ବା ସୂର୍ଯ୍ୟ ଏବଂ ବାସୁଦେବ-କୃଷ୍ଣଙ୍କ ପୂଜାର ପ୍ରଚଳନ ହୋଇଥିଲା ବୋଲି ଅଶ୍ୱଘୋଷଙ୍କ ଲେଖାରେ ରହିଛି । ମାତ୍ର ଶୈଳୋଦ୍ଭବମାନଙ୍କ ରାଜତ୍ୱ କାଳରେ ବିଦେଶୀୟ କୁଶାଣ ଓ ଦେଶଦ୍ରୋହୀ ମାଠରମାନଙ୍କୁ ପାପୀ କାକ ରୂପେ ବର୍ଣ୍ଣନା କରି, ସେମାନଙ୍କ ବିଷ୍ଣୁଭକ୍ତି ଅଳୀକ ଓ ସେମାନେ ପାପୀ ବୋଲି ଦର୍ଶାଯାଇଥିଲା । ଶ୍ରୀପୁରୁଷୋତ୍ତମ କ୍ଷେତ୍ର ମାହାତ୍ମ୍ୟରେ ସୂଚିତ ଶ୍ୱେତଗଙ୍ଗାରେ ସ୍ନାନ କରି ମତ୍ସ୍ୟ ଓ ଶ୍ୱେତ ମାଧବଙ୍କୁ ଦର୍ଶନ କଲେ ପୁଣ୍ୟଫଳ ମିଳେ । ଏଥିରୁ ଜଣାପଡ଼େ ଶ୍ୱେତକାୟ କୁଶାଣମାନଙ୍କ ଦ୍ୱାରା ମତ୍ସ୍ୟ ଅବତାରର ସୃଷ୍ଟି ହୋଇଛି । ଭୌମରାଜାମାନଙ୍କ ସମୟରେ ଶାକ୍ତ ଓ ଶକ୍ତିପୀଠର ପ୍ରତିଷ୍ଠା ହୋଇଥିଲା । ପୁରୁଷୋତ୍ତମ ବିମଳା, କାକଟପୁରରେ ମଙ୍ଗଳା, ଭୁବନେଶ୍ୱରରେ ଲିଙ୍ଗରାଜ ମନ୍ଦିରର ଭୁବନେଶ୍ୱରୀଙ୍କ ପୂଜା ପ୍ରଚଳନ କରାଯାଇଥିଲା । ଭୂୟାଁ ବା ଭୌମବଂଶୀ ନୃପତି ବୌଦ୍ଧ ଥିବାରୁ ଜଗନ୍ନାଥଙ୍କ ମନ୍ଦିରରେ ବୌଦ୍ଧ ତ୍ରିରତ୍ନଙ୍କ ନୂତନ ସଂସ୍ଥାପନା ସହିତ ରଥଯାତ୍ରାର ପ୍ରଚଳନ କରାଯାଇଥିବାର ଅନୁମାନ କରାଯାଏ । ଦାରୁ ଦେବତାଙ୍କର ବିଗ୍ରହର ଅନ୍ୱେଷଣ, ନବବିଗ୍ରହ ନିର୍ମାଣ ପ୍ରବର୍ତ୍ତନ ହୋଇଥିବାର ମଧ୍ୟ ମନେହୁଏ । ଭୌମମାନଙ୍କ ଅବସାନ ପରେ ସୋମବଂଶୀ ଯଯାତି ଉତ୍କଳର ଶାସନର କ୍ଷମତାରେ ଅଧିଷ୍ଠିତ ହେବା ପରେ ଆଦିବାସୀ ଅଧ୍ୟୁଷିତ ଓଡ଼ିଶାରେ ବିଭିନ୍ନ ପୂଜାର ସମନ୍ୱୟତାକୁ ବଜାୟ ରଖି ଜଗନ୍ନାଥଙ୍କ ପ୍ରତିମା ଶୂନ୍ୟ ମନ୍ଦିରରେ ତ୍ରିରତ୍ନ ସ୍ଥାନରେ ବିଗ୍ରହ ପ୍ରତିଷ୍ଠା କରି

ରାଜା ଇନ୍ଦ୍ରଭୂତି ସମସ୍ତ ଧର୍ମାବଲମ୍ବୀ ଓ ଆଦିବାସୀ ସମାଜକୁ ସମ୍ମାନ ଜଣାଇ ଏକ ଆଧାତ୍ମିକ ପରିବେଶ ସୃଷ୍ଟି କରିବାରେ ସମର୍ଥ ହୋଇଥିଲେ।

ଦ୍ୱାଦଶ ଶତାବ୍ଦୀର ଶେଷ ଭାଗରେ ଭାରତ ଇତିହାସରେ ଏକ ଯୁଗାନ୍ତକାରୀ ପରିବର୍ତ୍ତନ ଘଟିଥିଲା। ଦିଲ୍ଲୀର ପୃଥ୍ୱୀରାଜ ଓ କନୌଜର ଜୟଚନ୍ଦ୍ରଙ୍କ ନିଧନ ପରେ ରଣଦୃପ୍ତ ବିଜୟୀ ମୁସଲମାନ ସେନା ପ୍ରାୟ ଦଶ ବର୍ଷ ମଧ୍ୟରେ ଉତ୍କଳର ଉତ୍ତର ସୀମା ଗଙ୍ଗା ନଦୀ ପର୍ଯ୍ୟନ୍ତ ନିଜର ଆଧିପତ୍ୟ ବିସ୍ତାର କରିନେଲେ। ତତ୍‌ପରେ ସେମାନେ ଉତ୍କଳ ଅଧିକାର କରିବା ପାଇଁ ବାରମ୍ବାର ପ୍ରୟାସ କରିଥିଲେ। ସାହସ ଓଡ଼ିଆ ପାଇକ ସେନାର ପ୍ରବଳ ପ୍ରତିରୋଧ ଯୋଗୁଁ ସେମାନଙ୍କର ଉଦ୍ୟମ ବ୍ୟର୍ଥ ହେଲା। ପ୍ରଖ୍ୟାତ ଯଶ ଅନଙ୍ଗ ଭୀମଦେବ ବଙ୍ଗ ଦେଶ ଆକ୍ରମଣ କରି ମୁସଲମାନ ସେନାଙ୍କୁ ପରାସ୍ତ କଲେ। ସେ ସମଗ୍ର ଓଡ଼ିଶା ଜାତିକୁ ଦେଶ ପ୍ରାଣତାରେ ଉଦ୍‌ବୁଦ୍ଧ କଲାପରେ ନିଜର ବିରାଟ ସାମ୍ରାଜ୍ୟକୁ ଶ୍ରୀ ପୁରୁଷୋତ୍ତମଙ୍କ ପାଦତଳେ ନିଜକୁ ଉତ୍ସର୍ଗ କରି ତାଙ୍କର ପ୍ରତିନିଧି ଭାବରେ ନିଜକୁ ଘୋଷଣା କରିଥିଲେ। ସେହି ସମୟ ପର ଠାରୁ ଅଦ୍ୟାବଧି ଉତ୍କଳ ଭୂମିକୁ ପୁରୁଷୋତ୍ତମ କ୍ଷେତ୍ର କୁହାଯାଉଛି। ସେ ସମୟରେ ସଂସ୍କୃତ, ଓଡ଼ିଆ, ହିନ୍ଦୀ ଓ ବଙ୍ଗଳା ପ୍ରଭୃତି ଭାଷାରେ ଶ୍ରୀଜଗନ୍ନାଥଙ୍କ ମହିମା ଗାନ ଉଦ୍ଦେଶ୍ୟରେ ରଚିତ ହୋଇଥିବାର ବହୁ ପ୍ରମାଣ ମିଳେ। ମୁସଲମାନ ରାଜତ୍ୱ କାଳରେ ନାୟବ ନାଜୀବ ମହମ୍ମଦ ତର୍କୀ ଖାଁଙ୍କ ପ୍ରବଳ ଆକ୍ରମଣ ଫଳରେ ଶ୍ରୀଜଗନ୍ନାଥ ମହାପ୍ରଭୁ ଗଞ୍ଜାମର ମେରଦା ଗ୍ରାମରେ ଦୁଇ ବର୍ଷ କାଳ ସ୍ଥାନାନ୍ତରିତ ହୋଇଥିଲେ। ଫଳରେ ତୀର୍ଥଯାତ୍ରୀଙ୍କର ଆଗମନ ବନ୍ଦ ହୋଇଯାଇଥିଲା ଶ୍ରୀକ୍ଷେତ୍ରକୁ ସାରା ଭାରତବର୍ଷରୁ। ସେମାନଙ୍କ ଠାରୁ ଆଦାୟ ହେଉଥିବା ଲକ୍ଷ ଲକ୍ଷ ଟଙ୍କାର ଯାତ୍ରୀ କର ଦୋହଲାଇ ଦେଇଥିଲା। ତେଣୁ ପରବର୍ତ୍ତୀ ଶାସକ ମୁର୍ଶିଦ କୁଲିଖାଁ ଆଠଗଡ଼ ରାଜାଙ୍କୁ ଅନୁରୋଧ କ୍ରମେ ୧୭୩୫ ଖ୍ରୀଷ୍ଟାବ୍ଦରେ ଶ୍ରୀଜଗନ୍ନାଥଙ୍କୁ ଶ୍ରୀକ୍ଷେତ୍ରକୁ ଫେରାଇ ଆଣିଥିଲେ ସେହି ସମୟ ଠାରୁ ଶ୍ରୀଜଗନ୍ନାଥ ମହାପ୍ରଭୁ ଅଦ୍ୟାବଧି ପୁରୁଷୋତ୍ତମ କ୍ଷେତ୍ରରେ ରହିଆସୁଛନ୍ତି।

ବିଭିନ୍ନ ଗବେଷକଙ୍କ ମତ ଅନୁସାରେ ପ୍ରଭୁ ଶ୍ରୀଜଗନ୍ନାଥ ଶାବର, ବୈଦିକ, ବ୍ରାହ୍ମଣ, ବୌଦ୍ଧ, ଜୈନ ଏପରି ବହୁ ଧର୍ମ ବା ସଂସ୍କୃତିର ସମନ୍ୱୟର ପ୍ରତୀକ। ଜଗନ୍ନାଥ ଶବ୍ଦର ଅର୍ଥ ଜଗତର ନାଥ ବେଣୀ ମାଧବ ପାଢ଼ୀଙ୍କ ଦାରୁଦେବତା ଗ୍ରନ୍ଥରୁ ସୂଚନା ମିଳେ। ଶବରମାନଙ୍କ 'ଜଗନ୍ତ' ଶବ୍ଦରୁ ଜଗନ୍ନାଥଙ୍କ ନାମର ସୃଷ୍ଟି। 'ଜଗନ୍ତ' ଏକ ବୃକ୍ଷର ନାମ ପରବର୍ତ୍ତୀ କାଳରେ ଦାରୁ ବୋଲି ବିବେଚନା କରାଯାଇଛି। ତେଣୁ ଯେଉଁ ବୃକ୍ଷ ବା ଦାରୁକୁ ସେମାନେ ଜଗନ୍ତ ନାମରେ ଆଖ୍ୟା ଦେଉଥିଲେ ସେହି ବୃକ୍ଷକୁ ପୂଜା ମଧ୍ୟ କରୁଥିଲେ। ତେଣୁ ଜଗନ୍ନାଥଙ୍କୁ ଦାରବ୍ରହ୍ମ ବୋଲି ମଧ୍ୟ କୁହାଯାଏ। ତନ୍ତ୍ରରେ

ଶ୍ରୀଜଗନ୍ନାଥଙ୍କୁ ଭୈରବ ବୋଲି କୁହାଯାଇଛି। ଜଗନ୍ନାଥ ଭୈରବ ହେଲେ ବଳଭଦ୍ର ଓ ସୁଭଦ୍ରାଙ୍କୁ ଉତ୍ତର ସାଧକ ଭାବରେ ଗ୍ରହଣ କରାଯାଇଛି। ସାଧକର ସାଧନାରେ ତ୍ରୁଟି ରହିଲେ ଉତ୍ତର ସାଧକ ହିଁ ତାହା ପରିମାର୍ଜିତ କରିଥାଏ। ଶ୍ରୀଜଗନ୍ନାଥଙ୍କ ନିକଟରେ ପଞ୍ଚ 'ମ' କାର ଯଥା- ମଦ୍ୟ, ମତ୍ସ୍ୟ, ମାଂସ, ମୈଥୁନ, ମୁଦ୍ରା ଆଦି ନୈବେଦ୍ୟ ହୋଇଥାଏ। ନୂଆ ଓଳିରେ ଜାଇ ଫଳ ଘୋରା ପାଣି ଅଥବା କାଂସ୍ୟ ପାତ୍ରରେ ପଇଡ଼ ଜଳ ମଦର ଅନୁରୂପ, ସେହିପରି ମାଂସ ବଦଳରେ ବିରିପିଠା, ମାଛ ବଦଳରେ ଅଦା ଗୁଡ଼ ବା ଶାକ ଏବଂ ଦିବସର ସମସ୍ତ ନୀତି ପରେ ବଡ଼ ଶୃଙ୍ଗାର ବେଶ ବେଳେ ଲାସ୍ୟ ସଙ୍ଗୀତ ମୈଥୁନ ଉପଚାର କରାଯାଇଥାଏ। ବୈଷ୍ଣବମାନଙ୍କ ପ୍ରଭାବରେ ଶ୍ରୀଜଗନ୍ନାଥଙ୍କ ସାମ୍ନାରେ ମେଣ୍ଢା ମୁଣ୍ଡ ବଢ଼ା ନ ଯାଇ ଅଦା, ହେଙ୍ଗୁ, ଖେଚୁଡ଼ି ମିଶି ଥାଳୀରେ ମେଣ୍ଢା ମୁଣ୍ଡିଆ ଖେଚୁଡ଼ି ବଢ଼ାଯାଇଥାଏ। ତନ୍ତ୍ରରେ ଦେବତାଙ୍କ ସାଙ୍କେତିକ ଚିହ୍ନ ହେଉଛି ତ୍ରିକୋଣ। ସ୍ଥୁଳରୁ ସୂକ୍ଷ୍ମକୁ ଏବଂ ସୂକ୍ଷ୍ମରୁ ସ୍ଥୁଳକୁ ଷଟ୍ କୋଣ ତନ୍ତ୍ର କୁହାଯାଏ। ଏହି ଷଟ୍ କୋଣରେ ସୃଷ୍ଟିର ବୀଜ ଲୁକାୟିତ। ମହାଶକ୍ତି (ବ୍ରହ୍ମ) ଏହି ଚକ୍ରକୁ ଘୁରାଇଥାନ୍ତି।

ବିଭିନ୍ନ ଧର୍ମ ମତବାଦର ଊର୍ଦ୍ଧ୍ୱରେ ଶ୍ରୀଜଗନ୍ନାଥ ଉତ୍କଳର ଜାତୀୟ ଦେବତା ରୂପେ ପରିଚିତ। ଓଡ଼ିଶାର ଅଧିକାଂଶ ଯାତ୍ରା ମହୋତ୍ସବ ଶ୍ରୀଜଗନ୍ନାଥଙ୍କୁ କେନ୍ଦ୍ର କରି ଅନୁଷ୍ଠିତ ହୋଇଥାଏ। ତନ୍ମଧ୍ୟରୁ ପଣା ସଂକ୍ରାନ୍ତି, ଦମନକ ଏକାଦଶୀ, ଅକ୍ଷୟ ତୃତୀୟା, ନୀଳାଦ୍ରି ମହୋଦୟ ଉତ୍ସବ (ବୈଶାଖରେ), ନୃସିଂହ ଚତୁର୍ଦ୍ଦଶୀ, ରାଜେନ୍ଦ୍ରାଭିଷେକ, ରୁକ୍ମିଣୀ ହରଣ ଏକାଦଶୀ, ଚମ୍ପକ ଦ୍ୱାଦଶୀ, ସ୍ନାନ ଯାତ୍ରା, ଅନବସର, ନେତ୍ରୋତ୍ସବ (ଜ୍ୟେଷ୍ଠ ମାସରେ), ଗୁଣ୍ଡିଚା ଯାତ୍ରା, ନବଦିନ ଯାତ୍ରା, ହେରା ପଞ୍ଚମୀ, ଶୟନ ଏକାଦଶୀ, ଗରୁଡ଼ ଶୟନ ଦ୍ୱାଦଶୀ, ବାହୁଡ଼ା ଯାତ୍ରା (ଆଷାଢ଼ ମାସରେ), କର୍କଟ ସଂକ୍ରାନ୍ତି, ଚିତାଲାଗି ଅମାବାସ୍ୟା, ପବିତ୍ରାଧିବାସ, ଝୁଲଣଯାତ୍ରା, ଗହ୍ମା ପୂର୍ଣ୍ଣିମା, ରେଖା ପଞ୍ଚମୀ (ଶ୍ରାବଣ ମାସରେ), ରାହୁରେଖା ଲାଗି, ଜନ୍ମାଷ୍ଟମୀ, ନନ୍ଦୋତ୍ସବ, ସପ୍ତପୁରିକା ଅମାବାସ୍ୟା, ଗଣେଶ ଚତୁର୍ଥୀ, ଋଷି ପଞ୍ଚମୀ, ବାମନ ଜନ୍ମ, ଅନନ୍ତ ଚତୁର୍ଦ୍ଦଶୀ ଓ ଇନ୍ଦ୍ର ଗୋବିନ୍ଦ ପୂଜା (ଭାଦ୍ରବ ମାସରେ), ଷୋଳ ପୂଜା, ଦ୍ୱିତୀୟା ଓଷା, ଦଶହରା, କୁମାର ପୂର୍ଣ୍ଣିମା (ଆଶ୍ୱିନ ମାସରେ), ତୁଳା ସଂକ୍ରାନ୍ତି, ଉତ୍‌ଥାନ ଏକାଦଶୀ, ଗରୁଡ଼ ଉତ୍‌ଥାନ ଦ୍ୱାଦଶୀ, ଦୀପାବଳୀ ଓ କାର୍ତ୍ତିକ ପୂର୍ଣ୍ଣିମା (ଫାଲ୍‌ଗୁନ ମାସରେ), ଅଶୋକାଷ୍ଟମୀ ଓ ଶ୍ରୀରାମ ନବମୀ (ଚୈତ୍ର ମାସରେ) ଅନୁଷ୍ଠିତ ହୁଏ।

ପ୍ରଭୁ ଶ୍ରୀଜଗନ୍ନାଥ ଜ୍ୟେଷ୍ଠ ପୂର୍ଣ୍ଣିମାରେ ହାତୀ ବେଶ, ଆଷାଢ଼ ଶୁକ୍ଳ ଏକାଦଶୀରେ ସୁନାବେଶ, ଭଦ୍ର କୃଷ୍ଣ ଦଶମୀ ଠାରୁ ତ୍ରୟୋଦଶୀ ପର୍ଯ୍ୟନ୍ତ ବଣଭୋଜି ବେଶ, କାଳୀୟ ଦଳନ, ପ୍ରଳମ୍ବାସୁର ବଧ ଓ ବଳରାମ ବେଶ ହୋଇଥାନ୍ତି। ଭାଦ୍ର ଶୁକ୍ଳ ଦ୍ୱାଦଶୀରେ ବଳି

ବାମନ ବେଶ, ଆଶ୍ୱିନ ଶୁକ୍ଳ ଏକାଦଶୀ ଠାରୁ କାର୍ତ୍ତିକ ଶୁକ୍ଳ ଦଶର୍ମୀ ପର୍ଯ୍ୟନ୍ତ ରାଧା ଦାମୋଦର ବେଶ, କାର୍ତ୍ତିକ ଶୁକ୍ଳ ଏକାଦଶୀ ଠାରୁ ପୂର୍ଣ୍ଣମୀ ପର୍ଯ୍ୟନ୍ତ ଠିଆ କିଆ, ବାଙ୍କ ଚୂଡ଼ା, ଆଡ଼କିଆ, ଡାଳ କିଆ ଓ ଗଜ ବେଶ ହୋଇଥାନ୍ତି। ପୌଷ ପୂର୍ଣ୍ଣିମାରେ ରାଜା ବେଶ, ମାଘ ଶୁକ୍ଳ ଦ୍ୱିତୀୟାରେ ପଦ୍ମ ବେଶ, ମାଘ ପୂର୍ଣ୍ଣମୀରେ ଗଜ ଉଦ୍ଧାରଣ ଏବଂ ଫାଲଗୁନ ପୂର୍ଣ୍ଣମୀରେ ରାଜା ବେଶ ଧାରଣ କରିଥାନ୍ତି। ବିଭିନ୍ନ ବେଶ ସହ ବିଭିନ୍ନ ଯାତ୍ରା ମହୋତ୍ସବର ବିଧିବିଧାନ ଶ୍ରୀମନ୍ଦିରରେ ଅନୁଷ୍ଠିତ ହୁଏ। ଯାହା ଓଡ଼ିଆ ଜାତିର ମହନୀୟତା, ସାଂସ୍କୃତିକ ଚେତନା ଓ ଜୀବନ ବୈଚିତ୍ର୍ୟକୁ ଜନସାଧାରଣଙ୍କ ଭିତରେ ଏକତ୍ୱ ବନ୍ଧନରେ ବାନ୍ଧି ରଖିବାର ଚେତନାକୁ ପ୍ଲାବିତ କରେ। ଶ୍ରୀଜଗନ୍ନାଥ ଚେତନା ବିଶ୍ୱ ମୈତ୍ରୀର ପ୍ରଚାର, ଶିଳ୍ପ, କଳା ଓ ସାହିତ୍ୟ କ୍ଷେତ୍ରରେ ସଫଳ ନେତୃତ୍ୱ ନେଇପାରିଛି। ଶ୍ରୀ ମହାପ୍ରଭୁଙ୍କ ଦ୍ୱାଦଶ ଯାତ୍ରା ମଧ୍ୟରେ ଚନ୍ଦନ ଯାତ୍ରା, ବୈଶାଖ ମାସ ଅକ୍ଷୟ ତୃତୀୟା ଠାରୁ ଆରମ୍ଭ କରି ଜ୍ୟେଷ୍ଠ ମାସ କୃଷ୍ଣପକ୍ଷ ଅଷ୍ଟମୀ ପର୍ଯ୍ୟନ୍ତ ଏକୋଇଶି ଦିନ ବ୍ୟାପୀ ଅନୁଷ୍ଠିତ ହୋଇଥାଏ। ଏହି ଉତ୍ସବରେ ଶ୍ରୀଜଗନ୍ନାଥଙ୍କ ବିଜୟ ପ୍ରତିମା ମଦନ ମୋହନ, ଲକ୍ଷ୍ମୀ ଓ ସତ୍ୟଭାମାଙ୍କ ସହିତ ପ୍ରତି ଦିନ ଶ୍ରୀମନ୍ଦିରରୁ ନରେନ୍ଦ୍ର ପୋଖରୀ ପର୍ଯ୍ୟନ୍ତ ବିଜେ କରିଥାନ୍ତି। ଏହି ଉତ୍ସବରେ ଭୋଗ ରାଗ ସହ ଅଗ୍ନି, ନୈର୍ଋତ, ବାୟୁ, ଐଶାନ୍ୟ କୋଣ ସହିତ ପୁଷ୍କରିଣୀରେ ସାତ ଭଉଁରୀ କରାଯାଇଥାଏ। ସ୍ନାନ ଯାତ୍ରାରେ ଶ୍ରୀଜଗନ୍ନାଥ ଚତୁର୍ଦ୍ଧାମୂର୍ତ୍ତି ସ୍ନାନଙ୍କୁ ସ୍ନାନ ବେଦୀରେ ଅଷ୍ଟୋତ୍ତର ଶତକୁମ୍ଭ ଜଳରେ ସ୍ନାନ କରାଯାଏ। ସ୍ନାନ ପରେ ମହାପ୍ରଭୁଙ୍କର ଗଜ ଉଦ୍ଧାରଣ ବେଶ କରାଯାଇଥାଏ। ଏହି ଉତ୍ସବର ଶେଷ ପର୍ଯ୍ୟାୟ ପରେ ଅନବସର ସଂସ୍କାର ଯଥାବିଧି ଅନୁସାରେ ପାଳନ କରାଯାଇଥାଏ। ରଥଯାତ୍ରା ଆଷାଢ଼ ଶୁକ୍ଳ ଦ୍ୱିତୀୟ ପୁଷ୍ୟା ନକ୍ଷତ୍ରରେ ଅନୁଷ୍ଠିତ ହୋଇଥାଏ। ଅକ୍ଷୟ ତୃତୀୟା ଠାରୁ ତିନି ରଥର ନିର୍ମାଣ ଆରମ୍ଭ ହୁଏ। ଜଗନ୍ନାଥଙ୍କ ରଥକୁ ନନ୍ଦିଘୋଷ, ଚକ୍ର ଓ ଗରୁଡ଼ ଅଗ୍ର ଭାଗରେ ଥିବାରୁ ଚକ୍ର ଧ୍ୱଜ ଅଥବା ଗରୁଡ଼ ଧ୍ୱଜ କୁହାଯାଏ। ଉଚ୍ଚତା ତେଇଶି ହାତ, ଅଠରଟି ଚକ ସହିତ ସମ୍ପୂର୍ଣ୍ଣ ରଥଟି ପୀତବର୍ଣ୍ଣ ବସ୍ତ୍ରରେ ଆବୃତ୍ତ ହୋଇଥାଏ। ରକ୍ଷକ-ନୃସିଂହ-ସାରଥୀ-ମାତଳି, ଚେଟିକା, ମୋଚିକା, ସୂକ୍ଷ୍ମା, ଅମୃତା ରହିଥାନ୍ତି। ସମ୍ମୁଖ ଭାଗରେ ଇନ୍ଦ୍ର, ବ୍ରହ୍ମା ଓ ସପ୍ତର୍ଷିଙ୍କ ଦ୍ୱାରା ରଥ ମଣ୍ଡିତ ହୋଇଥାଏ। ବଳଭଦ୍ରଙ୍କ ରଥର ଶୀର୍ଷରେ ତାଳ ଚିହ୍ନ ଥିବାରୁ ଏହା ତାଳଧ୍ୱଜ ନାମରେ ନାମିତ। ଉଚ୍ଚତା ବାଇଶି ହାତ। ଷୋହଳଟି ଚକ ସହିତ ସମ୍ପୂର୍ଣ୍ଣ ରଥଟି ନୀଳ ବସ୍ତ୍ରରେ ଆବୃତ୍ତ ହୋଇଥାଏ। ସାମ୍ନା ଭାଗରେ ରୁଦ୍ର-ସାତ୍ୟକି ଓ ଅଷ୍ଟ ବସୁ ରହିଥାନ୍ତି। ଏଥିରେ ରକ୍ଷକ ଶେଷ ଓ ସାରଥି ସୁଦ୍ୟୁମ୍ନ-ସ୍ଥିରା-ଧୃତି-ସ୍ଥିତି-ସିଦ୍ଧା ରହିଥାନ୍ତି। ସୁଭଦ୍ରାଙ୍କ ରଥର ନାମ ପଦ୍ମଧ୍ୱଜ ଓ ଦେବଦଳନ। ଏହାର ଉଚ୍ଚା ଏକୋଇଶି ଚତୁର୍ଦ୍ଦଶ ଭୁବନର ପ୍ରତୀକ ଭାବେ ଚଉଦଟି ଚକ ରହିଥାଏ। କୃଷ୍ଣ ବର୍ଣ୍ଣ ବସ୍ତ୍ରରେ ସଜ୍ଜିତ ହୋଇଥାଏ।

ଏଥିରେ ରକ୍ଷକ ଭାବେ ବନଦୁର୍ଗା ସାରଥି, ଅର୍ଜୁନ-ଅଧର୍ମ-ଅଞ୍ଜନ-ଅପରାଜିତା ଓ ଜ୍ୟୋତିନୀ ନାମରେ ରହିଥାନ୍ତି। ସମ୍ମୁଖରେ ଶ୍ରୀଦେବୀ, ଭୂଦେବୀ ଓ ଅଷ୍ଟ ଭୈରବୀ ରହିଥାନ୍ତି। ଏଥି ସହିତ ପହଣ୍ଡି ବିଜେ-ରଥଟଣା-ହେରାପଞ୍ଚମୀ-ସନ୍ଧ୍ୟା ଦର୍ଶନ-ଦକ୍ଷିଣ ମୋଡ଼-ବାହୁଡ଼ା ଯାତ୍ରା-ଲକ୍ଷ୍ମୀ ନାରାୟଣ ଭେଟ ଓ ନୀଳାଦ୍ରୀ ବିଜେ ପ୍ରଭୃତି ଉତ୍ସବ ଅତ୍ୟନ୍ତ ଉଲ୍ଲାସର ସହିତ ସମାପନ କରାଯାଇଥାଏ।

**ଝୁଲଣ ଯାତ୍ରା :**

ଶ୍ରାବଣ ସଂକ୍ରାନ୍ତି ଶୁକ୍ଳପକ୍ଷ ଦ୍ୱିତୀୟା ଠାରୁ ଭାଦ୍ରବ ମାସ କୃଷ୍ଣପକ୍ଷ ଦ୍ୱିତୀୟା ଦିନ ପର୍ଯ୍ୟନ୍ତ ଶ୍ରୀମନ୍ଦିରରେ ଏହାକୁ ସନ୍ଧ୍ୟା କାଳରେ ଶ୍ରୀ ବିଗ୍ରହଙ୍କ ବିଜୟ ପ୍ରତିମାକୁ ବିମାନରେ ନେଇ ଚତୁଃପାର୍ଶ୍ୱ ପ୍ରଦକ୍ଷଣ କଲା ପରେ ଦୋଳିରେ ବସାଯାଏ। ପୂଜା ଆଳତି ସହିତ ଯାତ୍ରା ଶେଷ ଦିନରେ ମନ୍ଦିରରେ ବିଜେ କରାଯାଏ। 'ନୀଳାଦ୍ରି ମହୋଦୟ'ରେ ଶ୍ରାବଣ ପୂର୍ଣ୍ଣିମା ଦିବସଟି ଶ୍ରୀ ବଳଭଦ୍ର ଦେବଙ୍କ ଜନ୍ମଦିବସ ରୂପେ ବର୍ଣ୍ଣିତ ହୋଇଛି।

**ଜନ୍ମାଷ୍ଟମୀ :**

ଭାଦ୍ରବ ମାସ ରୋହିଣୀ ନକ୍ଷତ୍ରଯୁକ୍ତ କୃଷ୍ଣ ଅଷ୍ଟମୀରେ ଜନ୍ମାଷ୍ଟମୀ ପର୍ବ ପାଳିତ ହୁଏ। ଏହି ତିଥିରେ ଜଗନ୍ନାଥ ଶ୍ରୀକୃଷ୍ଣ ନିଷାର୍ଦ୍ଧରେ ଜନ୍ମ ଗ୍ରହଣ କରିଥିବାରୁ ଏହାର ନାମ ଶ୍ରୀକୃଷ୍ଣ ଜୟନ୍ତୀ ରୂପେ ଅବିହିତ। ଚନ୍ଦ୍ରୋଦୟ କାଳରେ ଶ୍ରୀକୃଷ୍ଣଙ୍କ ଜନ୍ମୋତ୍ସବ ପାଳନ କରାଯାଇ ପୂଜା ରୂପେ ଚନ୍ଦ୍ରାର୍ଘ୍ୟ ଦାନ ଓ ଯାତ୍ରାଦି ଅନୁଷ୍ଠିତ ହୁଏ। ବ୍ରତାଚାରୀମାନେ ଏହି ଦିନ ଉପବାସ କରିଥାନ୍ତି। ରାତିରେ ଗୀତ ନୃତ୍ୟ ଦ୍ୱାରା ଶ୍ରୀକୃଷ୍ଣଙ୍କ ବାଲ୍ୟ କ୍ରୀଡ଼ା ସ୍ମରଣ ପୂର୍ବକ ଉଜାଗର ରହନ୍ତି। ନୀଳାଦ୍ରି ମହୋଦୟରେ ଉଲ୍ଲେଖ ଅନୁଯାୟୀ ଜନ୍ମାଷ୍ଟମୀ ଦିନ ତିନି ଠାକୁରଙ୍କ ସ୍ନାନାଦି ନିତ୍ୟ କର୍ମ ପରେ ସନ୍ଧ୍ୟାରେ ବସ୍ତ୍ର ଦ୍ୱାରା ସୂତିକା ଗୃହ ପରିକଳ୍ପିତ ହୁଏ। ସେଠାରେ ଛତିଶିଟି କୋଠି ସହିତ ମଧ୍ୟ ଭାଗରେ ପଦ୍ମାକୃତି ଅଙ୍କନ କରାଯାଇ ବିଭିନ୍ନ ରଙ୍ଗର ମୁରୁଜରେ ଚିତ୍ରିତ ହୁଏ। ଶ୍ରୀକୃଷ୍ଣଙ୍କ ଜନ୍ମପରେ ହରିଦ୍ରା ଜଳରେ ପାଦ ପ୍ରକ୍ଷାଳନ, ଆୟୁର୍ବେଦୀୟ ରୀତିରେ ପ୍ରସ୍ତୁତ ବଟିକା ସମର୍ପଣ କରାଯାଏ। ଶ୍ରୀକୃଷ୍ଣଙ୍କୁ ଯମୁନା ପାର ହେବା କାର୍ଯ୍ୟ, ନାଡ଼ୀ ଛେଦନାଦି କାର୍ଯ୍ୟ, ଷଷ୍ଠ ଦେବୀ ପୂଜା, ନାମକରଣ, ବହିର୍ନିଷ୍କ୍ରମଣ, ଅନ୍ନ ପ୍ରଶାନ, ଚୂଡ଼ା କରଣ, କର୍ଣ୍ଣବୋଧ, ଯଜ୍ଞୋପବୀତ ଗ୍ରହଣାଦି ବିଧିମାନ ଅନୁଷ୍ଠିତ ହୁଏ। ଏହା ପରେ ରାମ ଓ କୃଷ୍ଣଙ୍କୁ ଦୋଳାରେ ଶୟନ କରାଯାଏ। ନବମୀ ଦିନ ଦୁର୍ଗାଙ୍କ ଜନ୍ମ ନିମିତ୍ତ ସୁଭଦ୍ରାଙ୍କୁ ନବମୀ ଦିନ ଶ୍ରୀମନ୍ଦିରରେ ନନ୍ଦୋତ୍ସବ ପାଳିତ ହୁଏ।

**ବିଜୟା ଦଶମୀ :**

ଆଶ୍ୱିନ ମାସ ଶୁକ୍ଳପକ୍ଷ ଦଶମୀରେ ବିଷ୍ଣୁଙ୍କର ବିଜୟୋତ୍ସବ ପାଳିତ ହୁଏ। ଏହି

ଦିନ ସ୍ନାନାଦି କ୍ରିୟା ସମାପନ ସମାପନାନ୍ତେ ଦେବୀଙ୍କ ସହିତ ଶସ୍ତ୍ର ଓ ଶାସ୍ତ୍ରାଦିର ଶୁଭଲଗ୍ନରେ ଅଭ୍ୟର୍ଥନା କରାଯାଏ। ନବବସ୍ତ୍ର, କଜ୍ଜ୍ୱଳ, ସିନ୍ଦୁର, ଅଳଙ୍କାର, ଗନ୍ଧପୁଷ୍ପାଦି ଦ୍ୱାରା ଦେବୀଙ୍କ ପୂଜା କରିବା ପରେ ଯାତ୍ରା ମଣ୍ଡପରେ କୃଷ୍ଣଙ୍କୁ ସ୍ଥାପନ କରି ପୀଠ ଉପରେ ହରିଦ୍ରା ଓ ଅକ୍ଷତ ଦ୍ୱାରା ଅପରାଜିତା, ବିଜୟା ଓ ଜୟା ଦେବୀ ତ୍ରୟ ଉଲ୍ଲେଖ କରାଯାଇ ପୂଜା କରାଯାଏ। ଶ୍ରୀମନ୍ଦିରରେ ଦୁର୍ଗା ମାଧବଙ୍କ ପୂଜା ନିମିତ୍ତ ଶ୍ରୀଜଗନ୍ନାଥଙ୍କୁ ପ୍ରାର୍ଥନା କରାଯାଏ। ନୃତ୍ୟ, ଗୀତ, ବାଦ୍ୟାଦି ଦ୍ୱାରା ମନ୍ଦିର ପ୍ରଦକ୍ଷିଣ ପରେ ବନ୍ଦାପନାଦି ଦ୍ୱାରା ସମାହିତ କରାଯାଏ।

**ରାସପୂର୍ଣ୍ଣିମା :**

କାର୍ତ୍ତିକ ମାସର ଏକାଦଶୀ ଠାରୁ ପୂର୍ଣ୍ଣିମା ବିଧି ଶ୍ରୀଜଗନ୍ନାଥ ରାସୋତ୍ସବ ପାଳିତ ହୁଏ। ଏହା ଭୀଷ୍ମ ପଞ୍ଚକ ନାମରେ ଅଭିହିତ ମଧ କରାଯାଇଥିବା କଥା ପଦ୍ମ ପୁରାଣରେ ବର୍ଣ୍ଣିତ ରହିଛି। ପୂର୍ଣ୍ଣମୀ ଦିନ ଲକ୍ଷ୍ମୀ ଦାମୋଦରଙ୍କ ପୂଜା ପରେ ନାରାୟଣଙ୍କ ପ୍ରତିକୃତି ନେଇ ଶ୍ରୀଜଗନ୍ନାଥଙ୍କ ଠାରେ ଦୀପ ଉତ୍ସବ କରାଯାଏ। ବାଦ୍ୟ ଧ୍ୱନି, ସ୍ତୁତି ଓ ପ୍ରାର୍ଥନା ମଧ୍ୟରେ ଠାକୁରଙ୍କୁ ନୃତ୍ୟ ମଣ୍ଡପରେ ସ୍ନାନ ଚନ୍ଦନ ଲେପ ଓ ନାନା ଉପଚାରରେ ପୂଜା ପାଳନ କରାଯାଏ।

**ପ୍ରାବରଣ ଉତ୍ସବ :**

ମାର୍ଗଶୀର ମାସର ଶୁକ୍ଳପକ୍ଷ ଷଷ୍ଠୀ ତିଥିରେ ପ୍ରାବରଣୋତ୍ସବ ଅନୁଷ୍ଠିତ ହୁଏ। ପୂର୍ବ ଦିନ ଚତୁର୍ଥ ପ୍ରହର ପୂଜା ପରେ ଚବିଶ ପ୍ରକାର ଉପଚାର ଦ୍ୱାରା ତିନି ଠାକୁରଙ୍କ ପୂଜା କରାଯାଏ। ପ୍ରତ୍ୟେକ ପତ୍ରରେ ଶୁକ୍ଳ, ରକ୍ତ, କୃଷ୍ଣ ବସନମାନ ସଜ୍ଜିତ ହୁଏ। ତିନି ଠାକୁରଙ୍କ ସମ୍ମୁଖରେ ଥିବା ପାତ୍ରରେ ସାତଟି ନୂତନ ଶୁକ୍ଳ ଓ ଚିତ୍ରିତ ରଙ୍ଗର ଏକୋଇଶି ଖଣ୍ଡ ନୂତନ ବସ୍ତ୍ର ଅଙ୍ଗାବରଣ ନିମିତ୍ତ ଯଥାବିଧି ସଂରକ୍ଷିତ ହୁଏ। ଏହା ପରେ ଅଧିବାସରେ ତିନି ଠାକୁରଙ୍କ ସହିତ ଗଣେଶ, ଦିକପାଳ, କ୍ଷେତ୍ର ପାଳ, ମହାଦେବ ଓ ଦୁର୍ଗାଙ୍କୁ ପୂଜା କରାଯାଏ। ସେହି ଦିନ ନାନା ପ୍ରକାର ପିଠା ଭୋଗ କରାଯାଏ।

**ପୁଷ୍ୟାଭିଷେକ :**

ପୌଷ ମାସ ଶୁକ୍ଳ ପୂର୍ଣ୍ଣିମା ତିଥିରେ ଶ୍ରୀଜଗନ୍ନାଥଙ୍କ ଅଭିଷେକ ଉତ୍ସବ ପାଳିତ ହୁଏ। ଶ୍ରୀଜଗନ୍ନାଥଙ୍କର ନିତ୍ୟ ପୂଜା ପରେ ନୂତନ ବସ୍ତ୍ର, ଭୂଷଣ, ଗନ୍ଧ ପୁଷ୍ପାଦି ଦ୍ୱାରା ଠାକୁରଙ୍କୁ ବେଶ କରାଇ ଯାତ୍ରା ମଣ୍ଡପକୁ ନିଆଯାଏ। ସେଠାରେ ବରୁଣ ପୂଜା, ସ୍ୱସ୍ତି ବାଚନ, ମଙ୍ଗଳା ରୋପଣ, ଯଜ୍ଞୋପବୀତ ସମର୍ପଣ, ହୋମ, ଆରାତିକାଦି ବିଧିରେ ବିଜେ ପ୍ରତିମା ଓ ଖଡ୍‌ଗ ପୂଜା ପରେ ଯଜ୍ଞୋପବୀତ ପ୍ରଥମେ ଶ୍ରୀଜଗନ୍ନାଥଙ୍କୁ ଓ ପର ଯାତ୍ରା ମଣ୍ଡପରେ ଯଥାବିଧି ଉପଚାର ସହିତ ରାଜାଙ୍କୁ ଅର୍ପଣ କରାଯାଏ। ଲୋକ କଥା

ରହିଛି ଏହି ଅଭିଷେକ ଉତ୍ସବ ଦର୍ଶନରେ ପାପ ବିନିର୍ମୁକ୍ତ ହୋଇ ବୈଷ୍ଣବ ଧାମ ଲାଭ କରନ୍ତି।

**ମକରୋତ୍ସବ :**

ଶ୍ରୀମନ୍ଦିରରେ ଦକ୍ଷିଣାୟନ ଓ ଉତ୍ତରାୟଣ ଯାତ୍ରା ପାଳିତ ହୁଏ। ମକର ସଂକ୍ରାନ୍ତି ଦିନ କରିବା ବିଧି ରହିଛି। ଏହି ଦିନ ଆମିଷା, ଦଧି, ଦୁଗ୍ଧ, ଶର୍କରା, ଘୃତ, କଦଳୀ, ନାରୀକେଳ, ଅଦା, କର୍ପୁର, ଲବଙ୍ଗ, ଜାତି କୋଷକ (ଜାଇ ଫଳ) ତଣ୍ଡୁଳ, ଇକ୍ଷୁ ରସାଦି ଦ୍ୱାରା ମକର ତଣ୍ଡୁଳ ପ୍ରସ୍ତୁତ କରାଯାଏ ଏବଂ ମହାପ୍ରଭୁଙ୍କୁ ଭୋଗ କରାଯିବା ପରେ ପ୍ରସାଦ ରୂପେ ଗ୍ରହଣ କରାଯାଏ।

**ଦୋଳଯାତ୍ରା :**

ଫାଲ୍‌ଗୁନ ଦଶମୀ ଠାରୁ ପୂର୍ଣ୍ଣିମା ୬ ଦିନ ବ୍ୟାପୀ ଦୋଳଯାତ୍ରା ପାଳିତ ହୁଏ। ପୂର୍ଣ୍ଣିମା ଦିନ ନିତ୍ୟ ଅର୍ଚ୍ଚନାନ୍ତର ଲକ୍ଷ୍ମୀ ଓ ସରସ୍ୱତୀଙ୍କ ସହିତ ଦୋଳ ଗୋବିନ୍ଦ ଦୋଳ ମଣ୍ଡପକୁ ବିଜେ କରନ୍ତି। ଠାକୁରଙ୍କୁ ବିମାନରେ ନେଇ ମନ୍ଦିର, ଦେଳ ବେଦୀ ଓ ମଣ୍ଡପରେ ସାତଥର କରି ଏକୋଇଶ ବାର ପରିକ୍ରମା କରାଯିବାର ବିଧାନ ରହିଛି। ଦୋଳିରେ ଦେବ ଦର୍ଶନ କଲେ ଲୋକ ସଂସାରରୁ, ବନ୍ଧନରୁ ମୁକ୍ତି ଲାଭ କରାଯାଇଥାଏ।

**ଦମନକ ଯାତ୍ରା :**

ଚୈତ୍ର ମାସ ଶୁକ୍ଳପକ୍ଷ ଚତୁର୍ଦ୍ଦଶୀ ତିଥିରେ ଦମନକାର୍ପଣ ଉତ୍ସବ ଅନୁଷ୍ଠିତ ହୁଏ। ଏହାର ପୂର୍ବ ଦିନରୁ ଶ୍ରୀଜଗନ୍ନାଥଙ୍କ ବିଜୟ ପ୍ରତିମାଙ୍କୁ ଦମନକ ବାଟିକାରେ ପୂଜାର୍ଚ୍ଚନା ପରେ ଦମନକ ହରଣ କାର୍ଯ୍ୟ କରାଯାଇଥାଏ। ସେହି ଦମନକ ଶୁଦ୍ଧ ସ୍ଥାନରେ ସଂରକ୍ଷିତ ହୁଏ। ଚତୁର୍ଦ୍ଦଶୀ ଦିନ ନିତ୍ୟ ପୂଜା ପରେ ମହାପୂଜା ଏବଂ ପରେ ପଞ୍ଚମହାଘୋଷ ମଧ୍ୟରେ ଶ୍ରୀଜଗନ୍ନାଥଙ୍କୁ ଦମନକ ମାଳା ଅର୍ପଣ କରାଯାଏ। ଏଥିରେ ନାନାବିଧ ମଣିମୁକ୍ତା ପୁଷ୍ପାଦି ଖଚିତ ହୋଇଥାଏ। ରୋଗ-ଶୋକ-ତାପ-ପାପରୁ ମୁକ୍ତି ପାଇବା ନିମିତ୍ତ ଦମନକ ଧାରଣ ଓ ସେବନର ଜ୍ଞାତ ରହିଛି।

**ଶ୍ରୀଜଗନ୍ନାଥଙ୍କ ସେବା ପୂଜା :**

ଶ୍ରୀମନ୍ଦିରର ରୀତିନୀତି ବ୍ରାହ୍ମ ମୁହୂର୍ତ୍ତରୁ ଆରମ୍ଭ କରି ନିଶାର୍ଦ୍ଧ ପର୍ଯ୍ୟନ୍ତ ଯେତେ ପ୍ରକାର ବିଧିବିଧାନ ଶ୍ରୀମନ୍ଦରରେ ଅନୁଷ୍ଠିତ ହୁଏ ତାହା ଯେତେ ପ୍ରକାର ବିଧିବିଧାନ ଶ୍ରୀମନ୍ଦିରରେ ଅନୁଷ୍ଠିତ ହୁଏ ତାହା ଅତ୍ୟନ୍ତ ଆଡ଼ମ୍ବରପୂର୍ଣ୍ଣ। ତାଙ୍କର ସମସ୍ତ ନୀତିଗୁଡ଼ିକ ଅତିମାନବୀୟ ଭାବଧାରାରେ ପରିପୂର୍ଣ୍ଣ। ବିଧିବିଧାନ ଅନୁସାରେ ସମସ୍ତ ସେବକ ଓ ସେବାୟତମାନଙ୍କୁ ଡାକିବାର ବ୍ୟବସ୍ଥା ରହିଛି। ଜଣେ ଲୋକ ସେହି ଦିନର ପ୍ରତ୍ୟେକ

ସେବକଙ୍କ ଘରକୁ ଯାଇ ଡାକିବାର ବ୍ୟବସ୍ଥା ରହିଛି। ତାଙ୍କୁ ପାଇକ କୁହାଯାଏ। ଭିତରଚ୍ଛ ମହାପାତ୍ର, ପାଳିଆ, ମେକାପ, ପ୍ରତିହାରୀ, ଅଖଣ୍ଡ ମେକାପ ଉପସ୍ଥିତ ହେଲା ପରେ ସିଂହଦ୍ୱାର ଚାବି ଯେଉଁ ସେବକ ଖୋଲନ୍ତି ତାଙ୍କୁ ମୁଦୁଲି କୁହାଯାଏ। ଭିତରଚ୍ଛ ମହାପାତ୍ର ଜୟବିଜୟ ଦ୍ୱାରରେ ପଶିବା ପରେ ପ୍ରତିହାରୀ ଭିତରୁ କବାଟ ବନ୍ଦ କରନ୍ତି। ଅଖଣ୍ଡ ମେକାପ ଭିତରେ ଦୀପ ଲଗାନ୍ତି। ତା' ପରେ ଜୟବିଜୟ ଦ୍ୱାର ପୁନଃ ଖୋଲାଯାଏ। ଶ୍ରୀମନ୍ଦିରର ପବିତ୍ରତା ପ୍ରତି ସମସ୍ତ ସେବକଙ୍କର ଦୃଷ୍ଟି ରହିଥାଏ।

ପୂର୍ବ ଦିନ ପହୁଡ଼ ସମୟରେ ତିନୋଟିଯାକ ପଲଙ୍କକୁ ଉଠାଇ ପ୍ରଭୁଙ୍କ ଶୟନ ସମୟରେ ବ୍ୟବହୃତ ସୁବାସିତ ଜଳ ପ୍ରଭୃତି ଦ୍ରବ୍ୟ 'ଖଟ ଶେଯ ମେକାପ' ଭଣ୍ଡାର ଘରେ ରଖି ଦିଅନ୍ତି। ସୁଆର, ବଡ଼ୁ, ସେବକ ତିନୋଟି ନିର୍ଦ୍ଦିଷ୍ଟ ରୂପା ଥାଳୀ ନେଇ ସେଥିରେ ପିଷ୍ଟକ ଆଳତୀ (ଚାଉଳ ଚୂର୍ଣ୍ଣ ସହ ଦହିର ମିଶ୍ରଣ) ଓ ଏକୋଇଶିଟି ବତୀ ରଖି ଦିଅନ୍ତି। ଗରାବଡ଼ୁ ସେବକ ଗଡୁରେ ଜଳ ଯୋଗାଇଥାନ୍ତି। ବିମଳାଙ୍କ କୂଅରୁ ସମସ୍ତ ଜଳ ଅଣାଯାଏ। ତିନି ଜଣ ସିଂହାରୀ କର୍ପୂର ଆଳତୀ, ଏକୋଇଶି ବତୀ, ଆଳତୀ ପିଷ୍ଟକ ଆଳତୀ ପର୍ଯ୍ୟାୟ କ୍ରମେ କରିଥାନ୍ତି ଯାହାକୁ ମଙ୍ଗଳ ଆଳତୀ କୁହାଯାଏ। ବଡ଼ସିଂହାର ବେଶ କଢ଼ା ଯିବାକୁ ମଇଲମ କୁହାଯାଇଥାଏ। ପରେ ପରେ ପ୍ରଭୁଙ୍କୁ ସୂତା ତଡ଼ପ ଲାଗି କରାଯାଇ ସୁଆର ବଡ଼ୁଙ୍କ ସହାୟତାରେ ଅମୁଣିଆ ପାଣି ପକାଇ ଘର ପରିଷ୍କାର କରାଯାଇଥାଏ, ଯାହାକୁ 'ଧୋ ପଖାଳ' କୁହାଯାଏ। ସମସ୍ତ ଜଳ 'ପାଣିଆପଟ' ନାମକ ସେବକ ଯୋଗାଇଥାନ୍ତି। ତା' ପରେ ସ୍ନାନ କାର୍ଯ୍ୟ ଆରମ୍ଭ ହୁଏ। ସେବକ ଆସ୍ଥାନ ପ୍ରତିହାରୀ କଂସା ଦର୍ପଣ ତିନୋଟି ରଖନ୍ତି। ଏହି କଂସା ଦର୍ପଣରେ ଫୁଲ ଓ ଶଙ୍ଖ ବଇଠି ମଧ ରଖାଯାଏ। ଏହି ସ୍ନାନ କାର୍ଯ୍ୟରେ ବ୍ୟବହୃତ ଥାଳି, ପରଖ, ଗଡୁ, କଂସା ପାତ୍ର ଆଦିକୁ ଦର୍ପଣିଆ ପରିଷ୍କାର କରିଥାନ୍ତି। ଏହି ବିଧି ପାଇଁ ଆବଶ୍ୟକ ଫୁଲ ଓ ମାଳ 'ଦୟାଣମାଳି' ସେବକ ଯୋଗାଇଥାନ୍ତି। କୁମ୍ଭାଟୁଆ ଦାନ୍ତକାଠି ଓ ସୁବର୍ଣ୍ଣ ଜିଭ ଛେଲାରେ ତିନି ଠାକୁରଙ୍କର ଦାନ୍ତଘଷା ସମାପନ କରାଯାଏ। କଂସା ଦର୍ପଣରେ ପଡୁଥିବା ତିନି ଦିଅଁଙ୍କର ପ୍ରତିବିମ୍ବ ଉପରେ ଦହି ଓ ପାଣି ଢଳାଯାଏ। ତାହାକୁ ମାଜଣା ଅବକାଶ କୁହାଯାଏ। ପରେ ଏହି ଅବକାଶ ଜଳ ରାଜ ପ୍ରାସାଦରେ ପାଳିଆ ଓ ପ୍ରତିହାରୀ ନେଇ ଦେଇଥାନ୍ତି। ପଟବସ୍ତ୍ର ପରିଧାନ ପରେ ଭକ୍ତଙ୍କ ଦର୍ଶନ ଲାଗି ସାହାଣ ମେଲା ହୋଇଥାଏ। ଏହି ନୀତିରେ ପିଣ୍ଡିକା ସ୍ୱରୂପ ଟଙ୍କା ଆଦାୟ କରାଯାଇଥାଏ ଯାହା ପ୍ରଭୁଙ୍କ ଆୟ ଭାବେ ଗୃହୀତ ହୁଏ।

ବ୍ରାହ୍ମ ମୁହୂର୍ତ୍ତରୁ ଉପରୋକ୍ତ ନୀତିଗୁଡ଼ିକ ସାରିବା ପରେ ରନ୍ଧନ ଗୃହ ପରିଷ୍କାର କରାଯାଏ। ଯିଏ ରୋଷ ଘର ପରିଷ୍କାର କରନ୍ତି ତାଙ୍କୁ ରୋଷଧୋପ ଖାଳିଆ ସେବକ

କୁହାଯାଏ। ଏହା ପରେ ରୋଷ ପାଏକ, ଅମୋଣିଆ ପରିଚ୍ଛା ଓ ମହା ସୂପକାର ରୋଷ ଘର ଜଗି ରହିଥାନ୍ତି। ରୋଷ ପାଇକ ହୋମ ପାଇଁ କାଠ ଲଗାଇଥାନ୍ତି। ମହାସୂପକାରଙ୍କ ଠାରୁ ହୋମ ପାଇଁ ପ୍ରସ୍ତୁତି ସରିଛି ଜାଣିବା ପରେ ପୂଜା ପଣ୍ଡା ରୋଷ ଘରେ ହୋମ କରି ନଡ଼ିଆଟିଏ ପୋଡ଼ିଥାନ୍ତି। ହୋମ ଶେଷରେ ସେହି ଅଗ୍ନିରୁ ରୋଷ କାର୍ଯ୍ୟ ଆରମ୍ଭ ହୁଏ। ସୂର୍ଯ୍ୟ ପୂଜା ଓ ଦ୍ୱାରପାଳ ପୂଜା ପାଇଁ ଧୂପଦୀପର ଅଗ୍ନି ଏହି ରୋଷ ଘରୁ ହିଁ ନିଆ ଯାଇଥାଏ। ଖଇ, କୋରା, ଖୁଆମୁଣ୍ଡା, କଦଳୀ, ନଡ଼ିଆପାତି, ଦହି, ଲହୁଣୀ ଆଦି ପରିବେଷିତ ହୁଏ।

ବଲ୍ଲଭ ଭୋଗ ପରେ ସକାଳ ଧୂପ ଆରମ୍ଭ ହୁଏ। ସମସ୍ତ ରନ୍ଧନ କାର୍ଯ୍ୟ ସରିବା ପରେ ଟେରା (ବସ୍ତ୍ର) ପଡ଼ିସାରିବା ପରେ ପ୍ରତିହାରୀ ଓ ପ୍ରଧାନୀ ସେବକ ଭୋଗ ଡାକି ଦିଅନ୍ତି। ପନ୍ତୀ ବଡୁ ଓ ବିଡୁଆ ଦୁଇଜଣ ଖେଚେଡ଼ି ବାଢ଼ନ୍ତି ଓ ମହାସୂପକାର ଝିଲ୍ଲୀ, କାନ୍ତି ଏଣ୍ଡୁରି, ଅଦା ପାଚେଡ଼ି, ମାଠ ପୁଳି, ହଂସ କେଳି, କାକତୁଆ, ବୁନ୍ଦିଆ, କ୍ଷୀରୀ ବାଢ଼ିଥାନ୍ତି। ପୂଜା ନିମିତ୍ତ ପୂଜା ସାମଗ୍ରୀ- ମହୁ, ଘିଅ, ଫୁଲ, ତୁଳସୀ, ରୂପାର ପାତ୍ର, ପତ୍ର ବଡୁ ଆଦି ସଜାଡ଼ନ୍ତି। ଗରାବଡୁ ଜଳ, ସୁଆର ବଡୁ, ଧୂପ ସଜାଡ଼ି ରଖନ୍ତି। ପୂଜା ସମୟରେ ସୁଆର ବଡୁ ପୂଜା ପଣ୍ଡାଙ୍କ ନିକଟରେ ଦର୍ପଣ ଧରି ଠିଆ ହୁଅନ୍ତି। ଠାକୁରଙ୍କ ପ୍ରତିବିମ୍ବ ଦେଖି ଧ୍ୟାନରେ ସ୍ତୋତ୍ର ପାଠକରି ପୂଜା କରିଥାନ୍ତି। ତା' ପରେ ହଡ଼ପ ନାଏକ ହଡ଼ପ ଗୃହରୁ ବିଡ଼ିଆ ଯୋଗାଣିଆ ଯୋଗାଇଥିବା ତିନିଖଣ୍ଡ 'ବିଡ଼ିଆ' ରୂପା ପାତ୍ରରେ ପୂଜା ପଣ୍ଡାଙ୍କୁ ଦିଅନ୍ତି ତା'ପରେ ବିଡ଼ିଆ ଲାଗି କରାଯାଏ। ସକାଳୁ ଧୂପ ପରେ ଭୋଗ ମଣ୍ଡପରେ ଶ୍ରୀଠାକୁରଙ୍କର ମଧ୍ୟାହ୍ନ ଧୂପ ଆରମ୍ଭ ହୁଏ। ମଧ୍ୟାହ୍ନ ଧୂପର ସମସ୍ତ ନୀତିନିୟମ ସକାଳ ଧୂପ ପରି ହୋଇଥାଏ। କିନ୍ତୁ ମଧ୍ୟାହ୍ନ ଧୂପରେ ଓରିଆ, ମରିଚ ପାଣି ଓ ପିଠା ସମର୍ପଣ କରାଯାଏ। ମଧ୍ୟାହ୍ନ ଭୋଗ ପରେ ସିଂହାରୀ ପୂର୍ବ ବେଶ ମଇଲମ କରି ଅନ୍ୟ ମାଲ୍ୟବସ୍ତ୍ର ପିନ୍ଧାଇ ଦିଅନ୍ତି। ସନ୍ଧ୍ୟା ଆଳତୀ ହୁଏ। ସୁଆର ବଡୁ ଏକୋଇଶିଟି ବତୀ ଓ ପିଷ୍ଟକ ଆଳତୀ, ମେକାପ, କର୍ପୂର, ଆଳତୀ ଯୋଗାଇ ଥାଆନ୍ତି। ଏହା ପରେ ସନ୍ଧ୍ୟା ଧୂପ ବସେ। ଆସ୍ଥାନ ପ୍ରତିହାରୀ ଦକ୍ଷିଣ ଗୃହରେ ପାଣି ପକାଇ ପୂଜା ସ୍ଥାନ ସଜାଡ଼ି ସାରି ବାହାର ଦେଉଳିକୁ ଜଣାଇଥାନ୍ତି। ଭୋଗରେ ପିଠା, ଅବଢ଼ା ଡାଲି, ବିଭିନ୍ନ ତରକାରୀ, ଶାଗ ଆଦି ଅର୍ପଣ କରାଯାଏ। ଏହା ପରେ ରାତ୍ର ସମୟରେ ବଡ଼ସିଂହାର ବେଶ କରାଯାଏ ଏବଂ ବଡ଼ସିଂହାର ଭୋଗ ମଧ୍ୟ କରାଯାଏ। ବଡ଼ସିଂହାର ବେଶର ବିଶେଷତ୍ୱ ହେଉଛି ଏଥିରେ ଗୀତଗୋବିନ୍ଦ ଖଣ୍ଡୁଆ ବ୍ୟବହାର କରାଯାଇଥାଏ। ତିନି ଠାକୁରଙ୍କୁ ଚନ୍ଦନ ଲାଗି କରାଯାଏ। ଏହି ସମୟରେ ଶାଢ଼ୀ ବନ୍ଧା ସେବକ ଭିତର କାଠ ପାଖରେ ଥାଇ ଗୀତଗୋବିନ୍ଦ ପାଠ କରନ୍ତି। ଘଟୁଆରୀ ଚନ୍ଦନ ଘୋରିଥାନ୍ତି। ସାତ

ବାଡ଼ ବିଡ଼ିଆ ଠାକୁରଙ୍କୁ ମଣୋହି କରନ୍ତି। ଏହିପରି ଠାକୁରଙ୍କ ଦୈନନ୍ଦିନ ସେବା ଓ ଅନ୍ୟାନ୍ୟ ବିଶେଷ ସେବା କାର୍ଯ୍ୟରେ ଏକଶହ ଉଣେଇଶି ସେବକ ରହିଛନ୍ତି।

ମହାଜାଗତିକ ଚେତନାରେ ସେ ସର୍ବବ୍ୟାପୀ, ସର୍ବଶକ୍ତିମାନ, ସର୍ବଜ୍ଞ, ସର୍ବେନ୍ଦ୍ରିୟ ଓ ଗୁଣାତୀତ ପରଂବ୍ରହ୍ମ। ଏହି ବିଚାରବୋଧରେ ସେ ଚତୁର୍ଦ୍ଧାମୂର୍ତ୍ତି ରୂପେ ସର୍ବତ୍ର ପୂଜିତ। ଦେବ ମତରେ ଓଁକାରରୂପୀ ପ୍ରଣବର ବାଚ୍ୟ ରୂପ ହେଉଛନ୍ତି ଶ୍ରୀଜଗନ୍ନାଥ। ପୁରାଣରେ ସେ ପରମପୁରୁଷ ରୂପେ ବର୍ଣ୍ଣିତ। ବେଦ ମତରେ ସେ ନିର୍ଗୁଣ, ନିରାକାର। ଦିବ୍ୟ ନୀଳାଚଳରେ ସେ ଯଜ୍ଞ ପୁରୁଷ। ତାଙ୍କ ଲୀଳା ମାନବୀୟ ହୋଇ ମଧ୍ୟ ଦିବ୍ୟ। ଶ୍ରୀକ୍ଷେତ୍ରରେ ଆଚାଣ୍ଡାଳ ବ୍ରାହ୍ମଣ ଏକତ୍ର ମହାପ୍ରସାଦ ସେବା ଏକ ମହନୀୟ ପରମ୍ପରା। ଶ୍ରୀଜଗନ୍ନାଥଙ୍କ ଅମୃତମୟ ଚେତନାରେ ବିଶ୍ୱର ସବୁ ଧର୍ମ, ଦର୍ଶନ, ତତ୍ତ୍ୱ ଓ ମତର ସମନ୍ୱୟ ଘଟିଛି। ସଂକ୍ଷେପରେ କହିବାକୁ ଗଲେ ଶ୍ରୀଜଗନ୍ନାଥ ଚେତନା ହିଁ ମାନବୀୟ ଚେତନାର ଜାଗରଣ।

■

**ସହାୟକ ଗ୍ରନ୍ଥସୂଚୀ :**

୧. ମିଶ୍ର, କାହ୍ନୁଚରଣ : ଶ୍ରୀଜଗନ୍ନାଥ ଚେତନା ଓ ରଥଯାତ୍ରା
୨. ପରିଜା, ଗଣେଶ ପ୍ରସାଦ : ଶ୍ରୀଜଗନ୍ନାଥ ଏକ ପରମ ରହସ୍ୟ
୩. କର, ଯୋଗାଚାର୍ଯ୍ୟ ରମାକାନ୍ତ : ତନ୍ତ୍ର ତତ୍ତ୍ୱରେ ଶ୍ରୀଜଗନ୍ନାଥ
୪. ନାୟକ, ରାଘବାନନ୍ଦ : ବୈଷ୍ଣବ ଧର୍ମ ଓ ଜଗନ୍ନାଥ ଉପାସନା
୫. ମହାପାତ୍ର, ଜୟକୃଷ୍ଣ : ଜଗନ୍ନାଥ ପରିଚୟ
୬. ମହାପାତ୍ର, ପ୍ରାଣକୃଷ୍ଣ : ଦଶ ଅବତାର
୭. ଦାଶ, ସୂର୍ଯ୍ୟନାରାୟଣ : ଜଗନ୍ନାଥ ମନ୍ଦିର ଓ ଜଗନ୍ନାଥ ତତ୍ତ୍ୱ
୮. ପଣ୍ଡା, ହରିହର : ଜଗନ୍ନାଥ ରାଷ୍ଟ୍ର ନୀତିର ନାଭିବ୍ରହ୍ମ
୯. ମିଶ୍ର, ଭାସ୍କର : ଶ୍ରୀଜଗନ୍ନାଥ ଜ୍ଞାନକୋଷ
୧୦. ରାଉତରାୟ, ପିତବାସ : କଥା ଧାରାରେ ଶ୍ରୀଜଗନ୍ନାଥ

# ଓଡ଼ିଶାର ଲୋକ ସଂସ୍କୃତି ଓ ପରଂପରା

ସଂସ୍କୃତି ପରିସର ବଡ଼ ବ୍ୟାପକ। ବ୍ୟାଖ୍ୟାକାରମାନେ ସଂସ୍କୃତିର ଅନେକ ଅର୍ଥ ନିର୍ଣ୍ଣୟ କରିଛନ୍ତି। ସେମାନଙ୍କ ମଧ୍ୟରୁ କେତେକ ଏହାକୁ ଗୋଟିଏ ନିର୍ଦ୍ଦିଷ୍ଟ ମାନବ ଗୋଷ୍ଠୀର ପରମ୍ପରା ବୋଲି କହୁଥିବାବେଳେ ଅନ୍ୟ କେତେକ ଏହାକୁ ମାନବ ଜାତିର ଜୀବନଚର୍ଯ୍ୟା ବୋଲି ଅଭିହିତ କରିଥାନ୍ତି। ପୁନଶ୍ଚ କେତେକ ଏହାକୁ ସଭ୍ୟତାର ରୂପାନ୍ତର ବୋଲି ପ୍ରଖ୍ୟାପନ କରୁଥିଲାବେଳେ କେତେକ ଏହାକୁ ହେତୁବାଦ ବୋଲି ମତବ୍ୟକ୍ତ କରିଥାନ୍ତି। ସଂସ୍କୃତିର ବ୍ୟୁତ୍ପତ୍ତିଗତ ଅର୍ଥ ହେଉଛି ସମ୍+କୃ+ତି। ଯେଉଁ କୃତି ମାନବ ସମାଜର ସମ୍ୟକ ଅଭିବୃଦ୍ଧି ସାଧନ ମାଧ୍ୟମରେ ମାନବକୁ ଆଧ୍ୟାତ୍ମିକ, ସାମାଜିକ, ରାଜନୈତିକ ପ୍ରଭୃତି କ୍ଷେତ୍ରରେ ପ୍ରତିଷ୍ଠିତ କରାଇଥାଏ ତାହାହିଁ ସଂସ୍କୃତି। ଏହି ପରିପ୍ରେକ୍ଷୀରେ ପାଶ୍ଚାତ୍ୟ ଚିନ୍ତ ନାୟକ କହିଛନ୍ତି – "Not only art is the back-bone of the cultur, but also it is the real social mirror of the human civilization." ଏକ ପକ୍ଷରେ ସଂସ୍କୃତି ମାନବ ଜୀବନର ଏକ ନିରବଚ୍ଛିନ୍ନ ସଂମୁନ୍ନତିର ପ୍ରବାହ ହୋଇଥିବାସ୍ଥଳେ ମାନବ ଜୀବନ ସଂସ୍କୃତିର ପରିପ୍ରକାଶ ମାତ୍ର। ସମଗ୍ର ମାନବ ଜୀବନର ନିବିଡ଼ତମ ସ୍ୱପ୍ନ, ସଂଭାବନା, ଆବେଗ ଓ ଆକୁଳତାର ସତ୍ୟ ପ୍ରକାଶ ହେଉଛି ସଂସ୍କୃତି। କଳା, ଭାସ୍କର୍ଯ୍ୟ, ସ୍ଥାପତ୍ୟ, ସଙ୍ଗୀତ ଓ ସାହିତ୍ୟର ଆଧାରରେ ଏହା ବିବିଧ ଚେତନାକୁ କଳାତ୍ମକ ରୂପେ ଅନୁବନ୍ଧିତ ଥାଏ। ସଂସ୍କୃତି ହେଉଛି ମାନବଜାତିର ଜୀବନୀଶକ୍ତି। ସଂସ୍କୃତିକୁ ଆଧାର କରି ଜାତି ଉନ୍ନତ ତଥା ସମୃଦ୍ଧ ହୋଇଥାଏ। ସଂସ୍କୃତି ବ୍ୟତିରେକ ମାନବଜାତିର ଅସ୍ତିତ୍ୱ ଅକଳ୍ପନୀୟ। ମନୁଷ୍ୟ ଜନ୍ମ ଠାରୁ ମୃତ୍ୟୁ ପର୍ଯ୍ୟନ୍ତ ଷୋଡ଼ଶ ସଂସ୍କାର ମାଧ୍ୟମରେ ତାର ଖାଦ୍ୟପେୟ, ବେଶ-ଭୂଷା, ବିବାହ ଓ ମୃତାହ ଆଦି ଚଳଣିରେ କ୍ରିୟା ଯାହାକି ଆଚରସଂଗତ ହୁଏ ତାହାହିଁ ମାନବ ସମାଜରେ ଉନ୍ନତ ରୁଚିବୋଧରେ ଯେତେବେଳେ ପରିମାର୍ଜିତ ହୁଏ, ସେତେବେଳେ ତାହା ସଂସ୍କୃତି କୁହାଯାଏ। ଗୋଟିଏ ନିର୍ଦ୍ଦିଷ୍ଟ

ମାନବଗୋଷ୍ଠୀ ଉପରେ ଆଧାତ୍ମବାଦର କ୍ରିୟାଶୀଳ ପ୍ରଭାବକୁ ସଂସ୍କୃତି କୁହାଯାଏ। ବହୁ ଉପାସନାବାଦର ସୃଷ୍ଟି ହେଲାପରି ପୃଥିବୀରେ ମାନବ ସଭ୍ୟତାର ଉନ୍ମେଷ କାଳରୁ ଗୋଟିଏ ସଂସ୍କୃତିରୁ ଅନେକ ସଂସ୍କୃତିର ଉଦ୍ଭବ ଓ ବିକାଶ ହୋଇଛି।

**ଲୋକ ସଂସ୍କୃତିର ସଂଜ୍ଞା ଓ ସ୍ୱରୂପ :**

ଲୋକ ଶବ୍ଦର ଅର୍ଥ 'ଗଣ' ବା 'ଜନତା'କୁ ବୁଝାଏ। ପଲ୍ଲୀରୁ ନଗରୀ ପର୍ଯ୍ୟନ୍ତ ବସବାସ କରିଆସୁଥିବା ଜନତାମାନଙ୍କର ସଂସ୍କୃତିକୁ ଲୋକ ସଂସ୍କୃତି କୁହାଯାଏ। 'ଲୋକ' ବା 'ଗଣ'ର ଇଂରାଜୀ ପ୍ରତିଶବ୍ଦ ହେଉଛି folk। ଏହି folk ଶବ୍ଦଟି ଏଙ୍ଗଲୋ – ସାକ୍‌ସନ୍ ଶବ୍ଦ foreରୁ ସୃଷ୍ଟି। ଗବେଷକମାନଙ୍କ ମତ ଅନୁସାରେ ଜର୍ମାନ ଭାଷାର ମୂଳ ଶବ୍ଦ volk-skundeର ପରିବର୍ଦ୍ଧିତ ରୂପ folk। ଗବେଷକ ଚାର୍ଲେସ୍ ଉରିକ୍‌ଙ୍କ ମତରେ 'ପ୍ରାଗ୍ ଐତିହାସିକ ଯୁଗରେ ଗୋଷ୍ଠୀଗତ ଜୀବନ ନିର୍ବାହ କରୁଥିବା ଆଦିମ ଅଧିବାସୀଙ୍କ ସଂଘବଦ୍ଧ ସାମାଜିକ ସଂଗଠନ, ଯେଉଁମାନେ କି ଏକ ନିର୍ଦ୍ଦିଷ୍ଟ ଅଞ୍ଚଳର ନିମ୍ନବର୍ଗର ସାଧାରଣ ଜନଗୋଷ୍ଠୀ ଭାବେ ପରିଚିତ। ସେହିମାନଙ୍କୁ ହିଁ folk ଭାବରେ ଗ୍ରହଣ କରାଯାଇଛି। "ଲୋକ ସଂସ୍କୃତିର ବିଷାରଦ ଆର୍.ଆର୍. ମାରେଟ୍ 'folk' ଶବ୍ଦକୁ 'ଗଣ ସଂସ୍କୃତି' ଗ୍ରହଣ କରିଛନ୍ତି। ଗୋଷ୍ଠୀ ଜୀବନର ପରିଭାଷା ଗଣ ସଂସ୍କୃତି। ପ୍ରାଚୀନ ଜନଜାତିଙ୍କ ବୃତ୍ତି, ଧର୍ମ ବା ଜାତ ଦୃଷ୍ଟିରୁ ପରିଲକ୍ଷିତ ହେଉଥିବା ସମୂହ ପରମ୍ପରାକୁ ଲୋକ ସଂସ୍କୃତି କୁହାଯାଏ। ଅର୍ଥାତ୍ ଲୋକକୃତ ହିଁ ଲୋକ ସଂସ୍କୃତି। ଆରଚେର୍ ଟାୟଲଙ୍କ ମତରେ "ଲୋକ ସଂସ୍କୃତି ହେଉଛି ମୌଖିକ ରୀତିରେ ବା ପ୍ରଥାରେ ଅଥବା ଚଳଣି ମାଧ୍ୟମରେ ଗଢ଼ିଆସୁଥିବା ଉପାଦାନ।" ଏଗୁଡ଼ିକ ଲୋକଗୀତ, ଲୋକକାହାଣୀ, ନାଁଦିଆ, ପ୍ରବାଦ, ପ୍ରବଚନ, ଓଷାବ୍ରତ, ଢଗଢ଼ମାଳି ବା ସୈଖିକ ଧାରାରେ ପ୍ରଚଳିତ ଅନ୍ୟ ଉପାଦାନ ହୋଇପାରେ। ଏହା ପାରମ୍ପରିକ ବିଶ୍ୱାସ ମଧ୍ୟ ହୋଇପାରେ। ଜୋନ୍‌ସଙ୍କ ମତରେ "ଉଭୟ ଆଦିମ ଓ ସଭ୍ୟ ଜାତିର ପାରମ୍ପରିକ ସୃଷ୍ଟି ହିଁ ଲୋକ ସଂସ୍କୃତି। ଏଗୁଡ଼ିକ ଛନ୍ଦୋୟିତ ଶବ୍ଦ ଅଥବା ଗଦ୍ୟମୟ ଭାଷାରେ ପ୍ରକାଶ ପାଇଥାଏ।" ମାକ୍ ଏଡୱାର୍ଡ଼ ଲିଟ୍‌ଙ୍କ ମତରେ "ବିଭିନ୍ନ ପ୍ରଥା, ବିଶ୍ୱାସ, ଚଳଣି, କାହାଣୀ, ଯାଦୁ, ପ୍ରବାଦ-ପ୍ରବଚନ ଓ ଗୀତ ଆଦିକୁ ଚିହ୍ନିତ କରିବାପାଇଁ ଏହା ଏକ ପର୍ଯ୍ୟାୟବାଚୀ ଶବ୍ଦ। ସଂକ୍ଷେପରେ କହିଲେ କୌଣସି ଅକୃତ୍ରିମ, ସଂହତି, ଜନଗୋଷ୍ଠୀର ସଂଗୃହୀତ ଜ୍ଞାନର ପ୍ରକାଶଭଙ୍ଗୀ ବା ଜ୍ଞାନ ସମ୍ପଦ।"

୧୯୮୭ ମସିହାର ୟୁନେସ୍କୋ କମିଟି ମତରେ ଲୋକ ସଂସ୍କୃତି ହେଉଛି ଗୋଷ୍ଠୀ କୈନ୍ଦ୍ରିକ, ପରମ୍ପରାଶ୍ରୟୀ ବ୍ୟକ୍ତି ସମୂହର ସୃଷ୍ଟି। ଯେଉଁଥିରେ କି ଉକ୍ତ ଗୋଷ୍ଠୀର ସାଂସ୍କୃତିକ ସ୍ୱାତନ୍ତ୍ର୍ୟ ତା'ର ଆଶା-ଆକାଂକ୍ଷା ରୂପରେ ବହୁଳ ଭାବରେ ପ୍ରତିଫଳିତ

ହୋଇଥାଏ। ସେହି ସଂସ୍କୃତିର ମାନ ଓ ମୂଲ୍ୟବୋଧ ମୌଖିକ ରୀତିରେ ଅନୁକରଣ ଦ୍ୱାରା ପ୍ରସାରିତ ହୋଇଥାଏ। ଏହା ଭାଷା, ସାହିତ୍ୟ, ସଙ୍ଗୀତ, ନୃତ୍ୟ, ଖେଳ, ପୁରାଣ କଥା, କ୍ରିୟାକର୍ମ କଥା, ପ୍ରଥା, ହସ୍ତଶିଳ୍ପ, ସ୍ଥାପତ୍ୟ ଓ ଅନ୍ୟାନ୍ୟ କଳା ରୂପରେ ପ୍ରକାଶ ପାଇଥାଏ। ଲୋକ ସଂସ୍କୃତିର ବ୍ୟାପକ ପରିସର ପ୍ରତି ଦୃଷ୍ଟି ଦେଲେ ଏହାର ସ୍ୱରୂପ ଅଧିକ ସ୍ପଷ୍ଟ ହେବ। ଲଣ୍ଡନର ଫୋକ୍‌ଲୋର ସୋସାଇଟି ଲୋକ ଉପାଦାନର ଏକ ଦୀର୍ଘ ତାଲିକା ଦେଇଛନ୍ତି। ମୁଖ୍ୟତଃ ଅନଗ୍ରସର ଶ୍ରେଣୀର ପାରମ୍ପରିକ ଅନୁଷ୍ଠାନ, ସାମାଜିକ ପ୍ରଥା, ବିଶ୍ୱାସ ସାଧାରଣତଃ ସଜୀବ ଓ ନିର୍ଜୀବ ପ୍ରକୃତି ବିଷୟକ, ଲୋକଚଳଣି ଓ ମଣିଷ ସୃଷ୍ଟ ବସ୍ତୁ ବିଷୟକ ଅପ୍ରାକୃତ ଜଗତ ଓ ତା' ପ୍ରତି ମଣିଷର ପ୍ରତିକ୍ରିୟା ସମ୍ପର୍କିତ ଯାଦୁ ଓ ଡାହାଣୀ ବିଦ୍ୟା ବିଷୟକ, ଭୂତ-ପ୍ରେତ ଓ ପରୀ ବିଷୟକ, କୁହୁକ, ମନ୍ତ୍ର, କବଚ, ଭାଗ୍ୟ, ଶକୁନ ବିଷୟକ, ରୋଗ ଓ ମୃତ୍ୟୁ ବିଷୟକ ହୋଇପାରେ। ପୁଣି ବିବାହ, ଉତ୍ତରାଧିକାର, ଶୈଶବ, ବୟଃପ୍ରାପ୍ତି, ଶବସତ୍କାର, ବିଭିନ୍ନ ଉତ୍ସବ, ଯୁଦ୍ଧ ବିଗ୍ରହ, ଶିକାର, ମାଛଧରା, ଗୋପାଳନ, କୃଷକାର୍ଯ୍ୟ ଆଦି ସହିତ ଜଡ଼ିତ ବିଭିନ୍ନ ପ୍ରଥା ଓ କ୍ରିୟାକର୍ମ ମଧ୍ୟ ଏହା ଅନ୍ତର୍ଗତ। ପୁରାଣ, କାହାଣୀ, କିମ୍ବଦନ୍ତୀ, ଗୀତ, ନୃତ୍ୟ, ପ୍ରବାଦ, ପ୍ରବଚନ, ନାଁଦିଆ, ପିଲା ଭୁଲାଣୀ ଗିତ ଓ ସ୍ଥାନୀୟ କିମ୍ବଦନ୍ତୀ ମଧ୍ୟ ଏହାର ଅନ୍ତର୍ଭୁକ୍ତ। ଏଗୁଡ଼ିକ କେବଳ ଲୋକଙ୍କ ସ୍ମୃତିରେ ଗଡ଼ି ଆସୁଥିଲେ ହିଁ ଏଗୁଡ଼ିକ ଲୋକ ସଂସ୍କୃତି ଅନ୍ତର୍ଗତ।

ଏତଦ୍‌ବ୍ୟତୀତ ପ୍ରଚଳିତ ଥଟ୍ଟାତାମସା, ମନ୍ତ୍ର, ଆଶୀର୍ବାଦ, ଲୋକ ଔଷଧି, ବାଦ୍ୟ, ଯନ୍ତ୍ର, ସଙ୍ଗୀତ, ବ୍ୟକ୍ତି ବା ସ୍ଥାନର ନାମକରଣ ଖାଦ୍ୟ, ସୀବନ ଶିଳ୍ପ, ଗୃହ ନିର୍ମାଣ, ବାଡ଼ଘେରା ଆଦିକୁ ମଧ୍ୟ ଆଲାନ୍ ଡାଣ୍ଡିଜ୍ ଲୋକ ସଂସ୍କୃତିର ଅନ୍ତର୍ଗତ କରିଛନ୍ତି। ହସ୍ତଶିଳ୍ପ, ଲୋକକଳା, କାରିଗରୀ କଳା, କୃଷ ପ୍ରଣାଳୀ, ସମ୍ବାଦ ପ୍ରେରଣ କୌଶଳ ଆଦିକୁ ମଧ୍ୟ ଲୋକ ସଂସ୍କୃତିର ଅର୍ନ୍ତଗତ କରାଯାଏ। ଲୋକ ସଂସ୍କୃତିର ବ୍ୟାପକତା ଏଥିରୁ ଅନୁମତି ହୋଇଥାଏ।

**ଲୋକ ସଂସ୍କୃତିର ପୃଷ୍ଠଭୂମି ଓ ପରମ୍ପରା :**

ସଂଘର୍ଷ ଭିତରେ ମଣିଷ ବଞ୍ଚିରହିବାର ଆକୁଳତାରୁ ଜନ୍ମ ନେଇଥିଲା ଗୋଷ୍ଠୀ ଜୀବନ ପରେ ସମାଜ। ସମାଜ ଓ ସାମାଜିକ ଜୀବନ ନିର୍ବାହର ପରିକଳ୍ପନାରୁ ଦିନେ ପ୍ରତିଷ୍ଠିତ ସମାଜ ଓ ଲୋକ ପରମ୍ପରା ଭିତରୁ ଆତ୍ମପ୍ରକାଶ କରିଥିଲା ଲୋକ ସଂସ୍କୃତି। ପ୍ରାୟ ଖ୍ରୀ.ପୂ. ୩୦୦୦ ବର୍ଷ ପୂର୍ବେ ଭାରତବର୍ଷରେ ଲୋକ ସଂସ୍କୃତିର ମୂଳଦୁଆ ପଡ଼ିଥିଲା। ଓଡ଼ିଆ ଲୋକ ସଂସ୍କୃତିର ପ୍ରାଚୀନତା ଭରତମୁନିଙ୍କ ନାଟ୍ୟଶାସ୍ତ୍ରରେ ଉଡ୍ର ବିଭାଷା ସମ୍ପର୍କରେ ଉଲ୍ଲେଖ ରହିଥିବା କଥାରୁ ଜଣାପଡ଼େ। ଓଡ଼ିଶାର ଲୋକ ସଂସ୍କୃତିର ଉନ୍ମେଷ କାଳ ସମ୍ଭବତଃ ଖ୍ରୀ.ପୂ. ୧୦୦୦ ବର୍ଷରୁ ଅଧିକ ପ୍ରାଚୀନ। ସାମାଜିକ ନୀତିନିୟମରେ, ଧର୍ମରେ,

ସଭ୍ୟତାର ବିକାଶରେ ମଣିଷର ଜୀବନଯାପନ ପ୍ରଣାଳୀରେ ଲୋକ ସଂସ୍କୃତି ପ୍ରକାଶ ପାଏ। ଲୋକ ସଂସ୍କୃତିର ଏକ ବିଶିଷ୍ଟ ଧାରା ହେଲା ଲୋକ ସଂସ୍କାର ଓ ଲୋକାଚାର। ଲୋକ ସଂସ୍କୃତି ମଧ୍ୟରୁ ଗୋଟିଏ ଜାତିର ଆଶା, ନିରାଶା, ସୁଖ, ଦୁଃଖ, ବିଶ୍ୱାସ, ଅବିଶ୍ୱାସ, ଚାଲିଚଳଣି, ରୀତି ଓ ପରମ୍ପରାର ଲୁକ୍କାୟିତ ଇତିହାସ ମିଳିଥାଏ। କୌଣସି ଜାତିର ପ୍ରାଣସ୍ପନ୍ଦନ ଜାଣିବା ପାଇଁ ଏହାର ଲୋକ ସଂସ୍କୃତିର ଅନୁଶୀଳନ ନିତ୍ୟାନ୍ତ ଆବଶ୍ୟକ। ଲୋକବିଶ୍ୱାସ ଓ ଲୋକ ପ୍ରଥା ଏହି ଲୋକ ସଂସ୍କୃତିର ଅନ୍ୟ ଏକ ସ୍ତମ୍ଭ ସଦୃଶ। ଲୋକ ସଂସ୍କୃତି ହେଉଛି ଏକ ଗୁଣାତ୍ମକ ଅସ୍ପର୍ଦ୍ଧା, ସାମୂହିକ ଓ ବ୍ୟକ୍ତିଗତ ଜୀବନରେ ଆବିଷ୍କାରର ପ୍ରେରଣା, ଏହା ସର୍ବଦା ସୀମିତ, ସ୍ଥିର ଅଚଞ୍ଚଳ ନୁହେଁ। ନୂତନତାର ମୂଲ୍ୟରେ ଏବଂ ନୂତନତାର ବ୍ୟାପକତାରେ ଏହା ସମୃଦ୍ଧ। ଏହା ଭାରତୀୟ ସଂସ୍କୃତି ଓ ଲୋକ ସଂସ୍କୃତିର ଏକ ସମ୍ମିଳିତ ରୂପ। ଲୋକ ସଂସ୍କୃତି ସାଧାରଣ ଲୋକ ସମାଜରେ ପ୍ରବାହିତ ଓ ମଙ୍ଗଳ ବିଧାନ ଲାଗି ଅଭିପ୍ରେତ। ଆଦିବାସୀଙ୍କଠାରୁ ଆରମ୍ଭ କରି ପଲ୍ଲୀନଗରର ଶିକ୍ଷିତ, ଅର୍ଦ୍ଧଶିକ୍ଷିତ, ଅଶିକ୍ଷିତ ଜନତା ପର୍ଯ୍ୟନ୍ତ ସମସ୍ତେ ଏହାର ପର୍ଯ୍ୟାୟଭୁକ୍ତ। ଏମାନଙ୍କ ପରମ୍ପରା ଓ ସଂସ୍କୃତିକୁ ଲୋକ ସଂସ୍କୃତି କୁହାଯାଏ। ଏହା ଜନତା ଜନାର୍ଦ୍ଦନର ଶାଶ୍ୱତ ଓ ସାରସ୍ୱତ ସମ୍ପତ୍ତି। ଶ୍ରୁତିରୁ ଶ୍ରୁତିରୁ, ବର୍ଷ ବର୍ଷର ଅଭିଜ୍ଞତାରୁ, ଶହ ଶହ ବର୍ଷର ପୁରୁଷାନୁକ୍ରମରେ ଅବାରିତ ଧାରାରେ ଅନୁଭୂତିକୁ ନେଇ ଗତି କରିଆସୁଛି।

**ଓଡ଼ିଶାର ବିଭିନ୍ନ ଅଞ୍ଚଳର ଲୋକ ସଂସ୍କୃତି :**

କୌଣସି ଅଞ୍ଚଳର ପ୍ରାଚୀନ ଐତିହ୍ୟ, ସାଂସ୍କୃତିକ ପରମ୍ପରା, ଭୌଗୋଳିକ ଅବସ୍ଥିତି, ଅର୍ଥନୈତିକ ଓ ସାମାଜିକ ବ୍ୟବସ୍ଥା, ଆଞ୍ଚଳିକ ଭାଷା ତଥା ଲୋକଜୀବନର ବାସ୍ତବ ରୂପ ଜାଣିବାକୁ ହେଲେ ସେହି ଅଞ୍ଚଳର ଲୋକ ସଂସ୍କୃତି ସମ୍ପର୍କରେ ଅବଗତ ହେବା ସର୍ବାଦୌ ଆବଶ୍ୟକ। କାରଣ ଏକ ଶାସନାଧିନ ବିସ୍ତୃତ ଅଞ୍ଚଳ ଏହି ସବୁ ଦୃଷ୍ଟିରୁ ସର୍ବଦା ଏକ ଓ ଅଭିନ୍ନ ନୁହେଁ। "ଦେଶକେ ଫାଙ୍କ, ନଈକେ ବାଙ୍କ" କିମ୍ବା "କୋଶ କୋଶ ମୋ ପାନି - ଚାଏର କୋଶ ମେ ବାନୀ" ନ୍ୟାୟରେ ଆଞ୍ଚଳିକ ସ୍ୱାତନ୍ତ୍ର୍ୟ ଅବଶ୍ୟ ପରିଲକ୍ଷିତ ହୋଇଥାଏ। ଊନବିଂଶ ଶତାବ୍ଦୀର ଶେଷାର୍ଦ୍ଧ ପୂର୍ବରୁ ଓଡ଼ିଶାରେ ଲୋକ ସାହିତ୍ୟ ଅଧ୍ୟୟନ ଦିଗରେ କୌଣସି ପ୍ରୟାସ ହୋଇନଥିଲା। ୧୯୬୮ ମସିହାରେ ପାଶ୍ଚାତ୍ୟ ପଣ୍ଡିତ ଜନ୍ ବୀମସ୍ ଓଡ଼ିଶାରେ ଲୋକ ସାହିତ୍ୟ ଅଧ୍ୟୟନ ଆରମ୍ଭ କରିଥିଲେ। ପରେ ୧୯୭୬ରୁ ପଣ୍ଡିତ କପିଳେଶ୍ୱର ନନ୍ଦଶର୍ମା, ଗୋବିନ୍ଦ ରଥ, ନୀଳମଣି ବିଦ୍ୟାରତ୍ନ, ଅପର୍ଣ୍ଣା ପଣ୍ଡା, ଭଗବାନ ହୋତା, ନିତ୍ୟାନନ୍ଦ ସାହୁ, ଜଗନ୍ନାଥ ସିଂହ ପ୍ରମୁଖ ଲୋକ ସାହିତ୍ୟ ଅଧ୍ୟୟନ ଦିଗରେ ନିଷ୍ପାପର ଉଦ୍ୟମ ଚଳାଇଥିଲେ। ଶ୍ୟାମସୁନ୍ଦର ମହାପାତ୍ର, ମୁନ୍‌ସୀ ଖେଶ ମଜିଦ, ଚନ୍ଦ୍ରଶେଖର ବାହିନୀପତି,

ଗୋପାଳଚନ୍ଦ୍ର ପ୍ରହରାଜ, କୁଞ୍ଜବିହାରୀ ଦାଶ, ବନେଇ ଦାଶ, କବିଭୂଷଣ ସ୍ୱପ୍ନେଶ୍ୱର ଦାଶ ପ୍ରମୁଖ ୧୯୫୫ ଭିତରେ କେବଳ ଢଗ-ଢ଼ମାଳି, ପ୍ରବାଦ-ପ୍ରବଚନ ଆଦି ଲୋକବାଣୀ ସଂଗ୍ରହରେ ପ୍ରବୃତ୍ତ ହୋଇଥିଲେ। ଏହିପରି ଭାବରେ ଓଡ଼ିଶାର ବିଭିନ୍ନ ଅଞ୍ଚଳର ଲୋକ ସଂସ୍କୃତିକୁ ସଂଗ୍ରହ କରାଯିବାର ସତତ ପ୍ରୟାସ ଆଜି ସଫଳ ହୋଇପାରିଛି।

ଭୌଗୋଳିକ ଅବସ୍ଥାନ ଦୃଷ୍ଟିରୁ ଓଡ଼ିଶା ମାନଚିତ୍ରରେ ପଶ୍ଚିମ ଓଡ଼ିଶାର ଅବସ୍ଥିତି ଓଡ଼ିଶାର ଅନ୍ୟାନ୍ୟ ଅଞ୍ଚଳ ଠାରୁ ବିଶାଳ। ଓଡ଼ିଶାର ସୁନ୍ଦରଗଡ଼, ସମ୍ବଲପୁର, ବଲାଙ୍ଗିର, କଳାହାଣ୍ଡି, ବଉଦ, ଫୁଲବାଣୀର କେତେକାଂଶକୁ ନେଇ ଚିହ୍ନିତ ପଶ୍ଚିମ ଓଡ଼ିଶା। ପୂର୍ବେ ଏହାର ନାମ ଥିଲା 'ଦକ୍ଷିଣ କୋଶଳ'। ବଣ-ପାହାଡ଼, ନଈ-ନାଳ ପରିବେଷ୍ଟିତ ଏହି ଅଞ୍ଚଳ ମୁଖ୍ୟତଃ ଆଦିବାସୀ, ହରିଜନ ଏବଂ ନିମ୍ନବର୍ଗର ଲୋକମାନଙ୍କୁ ନେଇ ଗଠିତ। ଏମାନଙ୍କ ବ୍ୟତୀତ କେତେକ ଉଚ୍ଚବର୍ଗର ଲୋକମାନେ ମଧ୍ୟ ସୁଦୂର ଅତୀତରୁ ବସବାସ କରି ଏହି ଅଞ୍ଚଳର ସଂସ୍କୃତି ସହିତ ଆପଣାକୁ ପ୍ରାୟତଃ ସାମିଲ କରିଦେଇଛନ୍ତି। ମୂଳ ପ୍ରଜାତିକ ଗୋଷ୍ଠୀ ଏହି ବହିରାଗତଙ୍କ ଦ୍ୱାରା ପ୍ରଭାବିତ ହୋଇଥିଲେ ହେଁ ଆପଣାର ମୂଳ ସଂସ୍କୃତିକୁ ଆଦୌ ଛାଡ଼ିନାହାନ୍ତି। ବରଂ ସାଂସ୍କୃତିକ, ଭାଷାତାତ୍ତ୍ୱିକ ତଥା ସର୍ବୋପରି ଲୋକଜୀବନ ଅନୁସାରେ ଏହି ବିଶାଳ ଭୂଖଣ୍ଡ ତାର ସ୍ୱତନ୍ତ୍ର ବଜାୟ ରଖିଛି। ସଂଗୃହୀତ ଲୋକ ସାହିତ୍ୟର ଉପାଦାନଗୁଡ଼ିକ ଭିତ୍ତିକରି ଗବେଷଣା ପଦ୍ଧତିର ଅନୁସରଣରେ ନିବନ୍ଧଟିକୁ ଯଥାକ୍ରମେ ଲୋକଗୀତ, ଲୋକକାହାଣୀ, ଢଗଢ଼ମାଳି ଓ ନାଚ ବା ଲୋକ ନାଟକ ଏମିତି ପାଞ୍ଚଟି ଅଧ୍ୟାୟରେ ବିଭକ୍ତ କରାଯାଇଛି। ପଶ୍ଚିମ ଓଡ଼ିଶାରେ ମୌଖିକ ଲୋକ ପରମ୍ପରାରେ ପ୍ରଚଳିତ ଗୀତଗୁଡ଼ିକୁ ସାଧାରଣତଃ ସମସ୍ତେ 'ଗୀତ' କହିଥାନ୍ତି। ବିଭିନ୍ନ ପର୍ବପର୍ବାଣିରେ ସେଠାକାର ଜନସାଧାରଣମାନେ ସଂସ୍କାରଧର୍ମୀ ଓ ଉଦ୍ଦେଶ୍ୟମୂଳକ ସଂଗୀତଗାନ କରିବାର ମର୍ଯ୍ୟାଦା ବଢ଼ାଇଥାନ୍ତି। ଏହାଛଡ଼ା ସେମାନେ କ୍ରୀଡ଼ା ଗୀତ, ଶ୍ରମଗୀତ, ନାନାବାୟା ଗୀତ, ଶୃଙ୍ଗାର ବିଷୟକ ଗୀତ, ବାରମାସୀ ଗୀତ ଏହିପରି ଅନେକ ଲୋକଗୀତ ପଶ୍ଚିମ ଓଡ଼ିଶାର ଲୋକ ପରମ୍ପରାରେ ପ୍ରଚଳିତ ରହିଛି। ଅନେକ ଅଲୌକିକ କାହାଣୀ, ପୁରାଣ କଥା ମଧ୍ୟ ଦେଖିବାକୁ ମିଳିଛି। ଲୋକବାଣୀ ଏ ଅଞ୍ଚଳର ଏକ ବିଶିଷ୍ଟ ଦିଗ। ସାଧାରଣ ଜନଜୀବନରେ କଥା କଥାକେ ପ୍ରବାଦ, ପ୍ରବଚନ, ଚର୍ଚ୍ଚା, ନାୟିକା ପ୍ରଭୃତିରେ ଲୋକଉକ୍ତିର ବହୁଳ ପ୍ରୟୋଗ ଦେଖିବାକୁ ମିଳେ। ଏ ଅଞ୍ଚଳର ଲୋକଉକ୍ତିର ପ୍ରାଧନ- ଆକର୍ଷଣ ହେଲା 'ବଖାନି'। ଓଡ଼ିଶାର ଅନ୍ୟ ଅଞ୍ଚଳରେ ଏହାକୁ 'ନାଁଦିଆ' କହୁଥିବାବେଳେ ପଶ୍ଚିମ ଓଡ଼ିଶାରେ ଏହାକୁ 'ବଖାନି', 'ଉକାନି' ବା 'ଧନ୍ଦା' ବୋଲି କୁହାଯାଏ। ଏହି 'ବଖାନି' ମୁଖ୍ୟତଃ

ପ୍ରାଣୀ, ଖାଦ୍ୟ, ଗୃହୋପକରଣ, କୃଷି ସମ୍ବନ୍ଧୀୟ, ବୃକ୍ଷଲତା, ଫଳପୁଷ୍ପ ସମ୍ବନ୍ଧୀୟ ଅଟେ। ପଶ୍ଚିମ ଓଡ଼ିଶାର ବିଶେଷ ଆକର୍ଷଣ ହେଉଛି ଲୋକନାଟକ। ପାରମ୍ପରିକ ରୀତିରେ ଅନୁଷ୍ଠିତ ପଶ୍ଚିମ ଓଡ଼ିଶାର ଲୋକ ନାଟକଗୁଡ଼ିକରେ ଲୋକଧର୍ମିତା, ରଙ୍ଗମଞ୍ଚର ପରିକଳ୍ପନା ନେପଥ୍ୟର ବ୍ୟବସ୍ଥା, ଲୋକ ସଂସ୍କୃତିର ସମାବେଶ, ସଙ୍ଗୀତ ଓ ବାଦ୍ୟଯନ୍ତ୍ରର ବ୍ୟବସ୍ଥା ସହ ଚରିତ୍ର ଓ ଦର୍ଶକଙ୍କ ସମ୍ବନ୍ଧ ଏଥିରେ ଦେଖିବାକୁ ମିଳେ ଯାହା ଅତ୍ୟନ୍ତ ଉଚ୍ଚକୋଟୀର ମନେହୁଏ। ପଶ୍ଚିମ ଓଡ଼ିଶାର ସାଧାରଣ ଜନତା ପୂଜାପାର୍ବଣ ଉପରେ ଅଧିକ ଗୁରୁତ୍ୱ ଦେଇଥାନ୍ତି। ଏହି ଅଞ୍ଚଳରେ ପାଳିତ ହେଉଥିବା ଓଷା ଯଥା- ଭାଇ ଜୀଉଁତିଆ ଓଷା, କଳସ ଓଷା, ଡାଲଖାଇ ଓଷା, ନୂଆଖାଇ, ବେଙ୍ଗଲୀ ଓଷା। ଏହା ସହ ପର୍ବପର୍ବାଣି, ପୋଡ଼ମରା, ବିହନଛିନ୍ନା, ସେମ୍ବିଯାତ୍ରା, ମହୁଲଯାତ୍ରା, କାନ୍ଦୁଲ ଯାତ୍ରା, ଶୁଖିଲା ଯାତ୍ରା ପ୍ରଭୃତିରୁ ସେଠାକାର ଲୋକ ସଂସ୍କୃତିର ନିଛକ ପରିଚୟ ପ୍ରଦାନ କରିଥାଏ।

କଳାହାଣ୍ଡିର ଲୋକ ସଂସ୍କୃତି ମୁଖ୍ୟତଃ ଏକ ଆଦିବାସୀ ଅଧ୍ୟୁଷିତ ଅଞ୍ଚଳ ରୂପେ ବହୁ କାଳରୁ ପରିଚିତ ଅଟେ। ମାତ୍ର ସମୟ କ୍ରମେ ସେଠାରେ ଆର୍ଯ୍ୟଗୋଷ୍ଠୀର ବ୍ରାହ୍ମଣ, କ୍ଷତ୍ରିୟ, ଗରୁଡ଼, ପାଇକ, କୁଲତା, ବୈରାଗୀ, ଦୋଷୀ, ଭୋଲିଆ, କୁରମୀ, ମାଳୀ, ତେଲୀ, ସୁନାରୀ, ସାପୁଆ, ଶୁଣ୍ଡୀ, କଲରା, ଭଣ୍ଡାରୀ, କେଉଟ, ବଙ୍କା ପ୍ରଭୃତି ଜାତିର ଲୋକେ ବାସ କରନ୍ତି। ନିଟକ ଅତୀତରେ ମାରୁଆଡ଼ି, ସିନ୍ଧୀ, ଗୁଜୁରାଟୀ, ଶିଖ୍, ମୁସଲମାନ, କୁମୁଟୀ ଆଦି ଲୋକେ ବ୍ୟବସାୟ ସୂତ୍ରରେ ଆସି ଏହି ଜିଲ୍ଲାରେ ସ୍ଥାୟୀ ଭାବରେ ବସବାସ କରିଥିଲେ। ବର୍ତ୍ତମାନ ଏହି ଜିଲ୍ଲାରେ ମୁଖ୍ୟତଃ ୪୬ ପ୍ରକାରର ଆଦିବାସୀ ବସବାସ କରିଥାନ୍ତି। ଏହି ଅଞ୍ଚଳର ପ୍ରତ୍ୟେକ ଜାତି ଓ ଜନଜାତିର ଗୋତ୍ର ଓ ବର୍ଗ ରହିଛି। ଆଦିବାସୀ ସମ୍ପ୍ରଦାୟର ବର୍ଗ ବିଭାଜନ ପୂର୍ବରୁ ଆଲୋଚିତ। ସେହିପରି ବ୍ରାହ୍ମଣଙ୍କ ଓଡ଼ିଆ / ଝାଡୁଆ, ସାରୁଆ / ଲରିଆ ଇତ୍ୟାଦି। ମାଳି ଜାତିରେ ସେହିପରି ବରିଆ / ଲିଆହରା କୋଶଲିଆ ଇତ୍ୟାଦି। ଗଉଡ଼ମାନଙ୍କ ଭିତରେ ମଗଧା / ଲରିଆ / ଝରିଆ / କୋଶଲିଆ ଇତ୍ୟାଦି। ଏହିପରି ପ୍ରତ୍ୟେକ ଜାତିରେ ବିଭାଜନ ଭେଦ ଦେଖାଯାଏ। ଏହି ଅଞ୍ଚଳରେ ଏକ ବିହାରୀ ଓ ବହୁପତ୍ନୀ ପରିବାର ଦେଖାଯାନ୍ତି। ଏହାଛଡ଼ା ବହୁ ବିବାହ, ବାଲ୍ୟ-ବିବାହ, ବିଧବା ବିବାହ ପରିଦୃଷ୍ଟ ହୁଏ। ଆଦିବାସୀ କଥା ଅନ୍ୟ କେତେକ ସହାବସ୍ଥାୟୀ ଜାତିରେ ଏକ ରୈଖିକ ବଂଶର ଆଧାରରେ ଗଠିତ ପିତୃବଂଶୀୟ ପରିବାରର ଏକତା ରକ୍ଷା ପାଇଁ levirate and sarorate ବିବାହ ହୁଏ। ଆଦିବାସୀ ସମ୍ପ୍ରଦାୟରେ ଗୋତ୍ର ଅନୁଯାୟୀ ବଂଶର ଭୂମି ବଣ୍ଟନ ଓ ଗୋତ୍ରଭିତ୍ତିକ ଦେବଦେବୀ ଭାଗ ବଣ୍ଟନ ହୁଏ। ଏ ଅଞ୍ଚଳରେ ସ୍ୱଗୋତ୍ର ବିବାହ ନାହିଁ। ଏହି ଅଞ୍ଚଳରେ

ଆଦିବାସୀମାନଙ୍କର ଉଦୁଲିଆ ବିଭା, ଘିଚ୍ (ଟାଣିନେଇ ବିବାହ କରିବା), ପଇସାମୁଣ୍ଡି ଆଦି ବିବାହ ରହିଛି। ଗ୍ରାମଗୁଡ଼ିକରେ ଆଦିବାସୀ ସମ୍ପ୍ରଦାୟର ଲୋକମାନେ ମୁଖିଆ ଭାବେ ବିବେଚିତ ହୋଇଥାନ୍ତି। ଏବେ ବି ପ୍ରାୟ ଶତକଡ଼ା ପଚାଶ ଗ୍ରାମରେ ଦେଖିବାକୁ ମିଳେ। ଏଠାକାର ପ୍ରତ୍ୟେକ ଗ୍ରାମରେ ଆଦିବାସୀ ମୁଖ୍ୟ ଗଉନ୍ତିଆ (village head man) ରହିଥିବାବେଳେ, ଆର୍ଯ୍ୟ ଗୋଷ୍ଠୀର ଶାସକ ଶାସନ କଲାବେଳେ ବ୍ରାହ୍ମଣ, ମୁସଲମାନ, ପାଇକ, କରଣ, ମାଳୀ, ତେଲୀ, ଗଉଡ଼ ଆଦି ଜାତିର ମଧ୍ୟ ସେମାନେ ଗଉନ୍ତିଆ ହୋଇଥିବାର ଦେଖାଯାଏ। ଗଉନ୍ତିଆ, ପୂଜକ ଓ ବିହାରୀଙ୍କୁ ନେଇ ତଥା ଗ୍ରାମର ପାଞ୍ଚ-ସାତ ଜଣ ସିଆନ (ବୟୋବୃଦ୍ଧ) ଲୋକଙ୍କୁ ନେଇ ବଇଦ, ଗୁଣିଆ ନରିହା (ଗଉଡ଼), ଚଉକିଆ, ବାଦ୍ୟକାରମାନେ ସମବାୟରେ ଗ୍ରାମ୍ୟ ସଙ୍ଗଠନ କରାଯାଇଥାଏ। ଗ୍ରାମର ସାମୂହିକ କାର୍ଯ୍ୟ 'ପଞ୍ଚ' ଦ୍ୱାରା ହିଁ ସମ୍ପୂର୍ଣ୍ଣ କରାଯାଇଥାଏ। ସେହିପରି ପାରିବାରିକ ଧର୍ମାଚାର ବିଷୟରେ କଳାହାଣ୍ଡିର ସଂସ୍କୃତି ସ୍ୱତନ୍ତ୍ର ଅଟେ। ପରିବାରରେ ଜନ୍ମ, କିଣା ବର, ବିବାହ, ଶ୍ରାଦ୍ଧକ୍ରିୟା ଓ ଡୁମାଆବାହନ ରୀତିକୁ ଏହି ଅଞ୍ଚଳର ମୁଖ୍ୟ ପାରିବାରିକ ଧର୍ମାଚାର ବୋଲାଯାଇପାରେ। କୌଣସି ପରିବାରରେ ଜନ୍ମିତ ଶିଶୁଟି କେଉଁ ପୂର୍ବପୁରୁଷଙ୍କ ଆତ୍ମା ଅବତୀର୍ଣ୍ଣ ହୋଇ ଆସିଅଛି ତାହା ଜାଣିବାପାଇଁ ଏକ ପ୍ରକ୍ରିୟା ରହିଛି। ବିବାହ କାଳରେ ଯୋଗଖୁଟା (ମହୁଲ ଗଛର ଡାଳ) ଓ ଯୋଗକାଶ (ଶର) ରଖିବାର ସାଙ୍କେତିକ ଅର୍ଥ ଜଙ୍ଗଲରୁ ଶିକାର ଓ ଖାଦ୍ୟ ସଂଗ୍ରହ କରି ପୁରୁଷ ସ୍ତ୍ରୀର ପେଟ ପୋଷିବ। ଶ୍ରାଦ୍ଧକ୍ରିୟା ମୃତ ବ୍ୟକ୍ତିର ତିନିଦିନର କ୍ରିୟା ଦଶା ରୂପେ ପରିଚିତ। ମୃତ ବ୍ୟକ୍ତିର ଆତ୍ମା 'ଡୁମା' ଆବାହନ ରୀତି ବଡ଼ ଜଟିଳ ଓ ସାଙ୍କେତିକ।

ସାମାଜିକ ଧର୍ମାଚାର ଦୃଷ୍ଟିରୁ ବର୍ଷ ମଧ୍ୟରେ ଯେତେ ପର୍ବପର୍ବାଣି ଉତ୍ସବ ଅନୁଷ୍ଠାନ ଆଦି ପାଳନ ହୁଏ, ସେସବୁ ଗ୍ରାମର ସମସ୍ତ ବ୍ୟକ୍ତିଙ୍କୁ ନେଇ ଏକ ନିର୍ଦ୍ଦିଷ୍ଟ ସ୍ଥାନରେ ପାଳନ କରାଯାଇଥାଏ। ଏହି ଅଞ୍ଚଳର ପର୍ବତ ସବୁ ଏକ ଏକ ଦେବତାର ଆସ୍ଥାନ। ଏହି ଅଞ୍ଚଳର ପର୍ବପର୍ବାଣିକୁ 'ଯତରା' ବୋଲି କହିଥାନ୍ତି। ଏହି ଅଞ୍ଚଳର ଲୋକ ସଂସ୍କୃତିକୁ ମୁଖ୍ୟତଃ ଦୁଇ ଭାଗରେ ବିଭକ୍ତ କରାଯାଇଛି, ଯଥା- କୃଷିଭିତ୍ତିକ, ଧର୍ମଭିତ୍ତିକ। ଏହି ଅଞ୍ଚଳର ଅର୍ଦ୍ଧେକ ଲୋକ ଖାଦ୍ୟ ସଂଗ୍ରହ କରି ବଞ୍ଚୁଥିବାବେଳେ ପ୍ରକୃତି ସହିତ ଏକାତ୍ମ ହୋଇ ମଧ୍ୟ ଜୀବନାତିବାହିତ କରିଥାନ୍ତି। ଏଠାକାର ଲୋକେ ଚେତନାର ମୌଳିକ କବି ବୃତ୍ତିର ସ୍ୱାଭାବିକ ଆତ୍ମପ୍ରକାଶ, ଏକାନ୍ତ ମନୋଜ୍ଞ ଓ ଭାବବ୍ୟଞ୍ଜକ ଗୀତି ଗାନ କରିଥାନ୍ତି। ଜୀବନର ଦୁଃଖଦ ବିଷକୁ ନୀଳକଣ୍ଠ ପରି ପାନକରି ଅରଣ୍ୟ ସଙ୍ଗୀତ ଗାଇ ବାଦ୍ୟ ନୃତ୍ୟ ମଧ୍ୟରେ ଜୀବନକୁ ସରସ ସୁନ୍ଦର କରି ବଞ୍ଚିବା ପାଇଁ ଏଠାକାର ମଣିଷ ଦିନେ ମାତ୍ର କାର୍ପଣ୍ୟ କରେ ନାହିଁ। ଦିବସରେ ରୁକ୍ଷ କଠୋର

କର୍ମକ୍ଳାନ୍ତ ଜୀବନରେ ବ୍ୟସ୍ତ ଥାଇ ମଧ୍ୟ ଚନ୍ଦ୍ର ଜ୍ୟୋସ୍ନାର ରଜନୀର କମନୀୟ ସବୁଜ ପ୍ରକୃତି ମଞ୍ଚରେ ପ୍ରେମିକ ପ୍ରେମିକା ଓ ସଙ୍ଗୀତରେ ନିମଗ୍ନ ହୋଇ କଳ୍ପନା ବିଭୋରକୁ ଗ୍ରହଣ କରି ସ୍ୱତଃ ନାଚି ଉଠେ। ତେଣୁ ଲୋକ ଜୀବନରେ ବାସ୍ତବ ଓ କଳ୍ପନା ଯେପରି ଏକ ମୁଦ୍ରାର ଦୁଇଟି ପାର୍ଶ୍ୱ। ସେହିପରି ଶ୍ରମ ଓ ପ୍ରେମ ସେହିପରି ଦୁଇଟି ପାର୍ଶ୍ୱ। ପଲ୍ଲୀର ଆବାଳ ବୃଦ୍ଧବନିତାର ସର୍ଜନଶୀଳ ଚେତନାରୁ ବାଧାବନ୍ଧନହୀନ ଯେଉଁ ଗୀତ, ଗାଥା, କଥା, ଢଗଢ଼ମାଳି, ଛଟା ଆଦି ଅବିରତ ଝରିପଡ଼େ ତା'ର ସୌରଭର ତୁଳନା ନାହିଁ। କଳାହାଣ୍ଡିର ଲୋକଗୀତକୁ ମୋଟାମୋଟି ଭାବରେ ଆମୋଦପ୍ରମୋଦଭିତ୍ତିକ, କ୍ରୀଡ଼ାଭିତ୍ତିକ, କର୍ମଭିତ୍ତିକ, ପାରିବାରିକ, ସାମାଜିକ ଆଚାର, ଚଳଣିଭିତ୍ତିକ, ଧର୍ମାନୁଷ୍ଠାନଭିତ୍ତିକ, ପୌରାଣିକ ଜ୍ଞାନଭିତ୍ତିକ ତଥା ନୃତ୍ୟକାଳୀନ ଗୀତ ରୂପେ ବିଭକ୍ତ କରାଯାଇପାରେ। ଲୋକଗୀତରେ ପଲ୍ଲୀକବିର କବି ବୃତ୍ତିଟି କିପରି ପ୍ରକୃତି ବର୍ଣ୍ଣନା ମଧ୍ୟରେ ପ୍ରେମିକ, ପ୍ରେମିକାଙ୍କ ନିବୃତ୍ତ ମିଳନକୁ ବ୍ୟଞ୍ଜିତ କରିଅଛି। ଉଦାହରଣ-

"ରସରକେଲିରେ ଉଦଉଦା ଉଦାଲଜନ୍
ଢଙ୍ଗର ଢଲୁ ଉଦ୍‌ଲା
କାରପୁଟ ନିଙ୍ଗଲ ପାନି, କଇଁ ଫୁଲ ଫୁଟିଲା
ଯେନ୍ ଗଛର ପତର କିରେ ବଉଲ
ସେ ଗଛେନେ ଫୁଟିଲା କି ରସରକେଲିରେ।"

ଏହି ଅଞ୍ଚଳର ବାଳିକାମାନଙ୍କ କ୍ରୀଡ଼ାଭିତ୍ତିକ ଗୀତଗୁଡ଼ିକ ବରିଆ, ବାଙ୍ଗରୀ, କଳାକୋକିଲ ଓ ଜୀରା ଲବଙ୍ଗ ଆଦି ନାମରେ ନାମିତ। କର୍ମଭିତ୍ତିକ ଗୀତ ସ୍ୱରୂପ ହଳିଆ ଗୀତ, ଶଗଡ଼ିଆ ଗୀତ ଇତ୍ୟାଦି ସେହିପରି ସାମାଜିକ ଓ ପାରିବାରିକ ଚଳଣିଭିତ୍ତିକ ଗୀତଗୁଡ଼ିକରେ ମା'ମାନଙ୍କ ପିଲାବୁଲା ଗୀତ, ପିଲା ଶୁଆ ଗୀତ, କାନ୍ଦଣା ଗୀତ, ଜ୍ଞାତିକୁଟୁମ୍ବଙ୍କ ମୃତ୍ୟୁ ଉଦ୍ଦେଶ୍ୟରେ ଶୋକ ଗୀତ ଇତ୍ୟାଦିରେ ପଲ୍ଲୀ ନାରୀର ଜୀବନ ତୀବ୍ର ବେଦନାବୋଧ ସହିତ ଆଞ୍ଚଳିକ, ପାରିବାରିକ ଓ ସାମାଜିକ ଚଳଣି ଚିତ୍ର ସୁସ୍ପଷ୍ଟ। ଏହା ବ୍ୟତୀତ ଲୋକଚଳଣି କଥା, ଲୋକକଥା, ଲୋକଗଳ୍ପ, କିମ୍ବଦନ୍ତୀମୂଳକ, ମିଥ୍, ଲୋକନୃତ୍ୟ, ଲୋକ ନାଟକର ସ୍ଥାନ ଓଡ଼ିଶାରେ ଏକ ସ୍ୱତନ୍ତ୍ର ଅଟେ।

ଖଡ଼ିଆଳ ଅଞ୍ଚଳର ଲୋକ ସଂସ୍କୃତି ମଧ୍ୟ ଖୁବ୍ ପୁରାତନ। ଖଡ଼ିଆଳ ଅଞ୍ଚଳ ବର୍ତ୍ତମାନ ନୂଆପଡ଼ା ନାମରେ ପରିଚିତ। ଏହି ଖଡ଼ିଆଳ ରାଜ୍ୟର ଚତୁଃପାର୍ଶ୍ୱରେ ସମ୍ବଲପୁର, ଭବାନୀପାଟଣା, ରାୟରଙ୍ଗପୁର ଓ ବଲାଙ୍ଗୀର ଜିଲ୍ଲା ଅବସ୍ଥିତ। ଏହି ରାଜ୍ୟରେ ରାମାୟଣ, ମହାଭାରତ ଯୁଗର କୁଶ ଓ ଭୀମଙ୍କ ଠାରୁ ଆରମ୍ଭ କରି ପରବର୍ତ୍ତୀ କାଳର ଚେଦି, ସୋମ, କାଳାଚୂରୀ, ଗଙ୍ଗ ଓ ଚୈତ୍ତନ ବଂଶୀୟ ରାଜାମାନେ ରାଜତ୍ୱ

କରୁଥିଲେ। ଖଡ଼ିଆଳ ରାଜ୍ୟ ବହୁ ଦିନଧରି ରାଜତନ୍ତ୍ରିକ ଶାସନାଧୀନ ଥିବାରୁ ଧର୍ମ, କଳା, ସ୍ଥାପତ୍ୟ କଥା ସାହିତ୍ୟରେ କିଞ୍ଚିତ ପରିମାଣରେ ସମୃଦ୍ଧ ଲାଭ କରିବା ସ୍ୱାଭାବିକ। ଖଡ଼ିଆଳ ରାଜ୍ୟର ବଡ଼ମୂକା ଗ୍ରାମରେ ବିଶିଷ୍ଟ କବି ଚୈତନ୍ୟ ଦାସ ଜନ୍ମଗ୍ରହଣ କରିଥିଲେ। ତାଙ୍କ ରଚିତ 'ନିର୍ଗୁଣ ମାହାତ୍ମ୍ୟ' ପରି ଉଚ୍ଚ ଦାର୍ଶନିକ ଚିନ୍ତାଧାରା ସମ୍ବନ୍ଧିତ କାବ୍ୟ ଭାରତୀୟ ଦର୍ଶନ ତତ୍ତ୍ୱର ସଙ୍କେତ ବହନ କରିଥାଏ। ଏହି ଅଞ୍ଚଳର କବି ଚୈତନ୍ୟ ଦାସଙ୍କ ଦାର୍ଶନିକ ଜିଜ୍ଞାସା ସୂଚାଇ ଦିଏ ଯେ ଏହି ରାଜ୍ୟ ଭାରତୀୟ ସଂସ୍କୃତି ଠାରୁ ବିଚ୍ଛିନ୍ନ ନୁହେଁ। ଲୋକ ସଂଖ୍ୟା ଦୃଷ୍ଟିରୁ ଖଡ଼ିଆଳରେ ମୁଖ୍ୟତଃ ତିନି ଶ୍ରେଣୀର ଲୋକ ବାସ କରନ୍ତି। ପ୍ରଥମଟି ଶାସକ ଗୋଷ୍ଠୀର – ବ୍ରାହ୍ମଣ, କରଣ ଓ କ୍ଷତ୍ରିୟ। ଦ୍ୱିତୀୟ ଗୋଷ୍ଠୀ ହେଉଛନ୍ତି ଆଦିବାସୀ ସମ୍ପ୍ରଦାୟ ଏବଂ ତୃତୀୟ ଗୋଷ୍ଠୀ ହେଉଛନ୍ତି କୃଷିଜୀବୀ ଓ ଶ୍ରମିକ ସମାଜ। ଏହା ବ୍ୟତୀତ ଏଠାରେ ସଂଖ୍ୟାଲଘୁ ସମ୍ପ୍ରଦାୟ ଖଡ଼ିଆଳ ଲୋକ ସଂସ୍କୃତି ଅଧ୍ୟୟନ କଲାବେଳେ ଏହି ରାଜ୍ୟର ସାଂସ୍କୃତିକ ପୃଷ୍ଠଭୂମି, ଦେବଦେବୀ ମନ୍ଦିର, ଧର୍ମଧାରା, ସମାଜ ଜୀବନ ଓ ପର୍ବପର୍ବାଣି, ଭାଷା ଓ ଆଞ୍ଚଳିକ ସଂସ୍କୃତି ଏବଂ ଲୋକ ସାହିତ୍ୟର ପରମ୍ପରା ଆଦି ଉପରେ ବିଶେଷ ଆଲୋକପାତ କରାଯାଏ। ଖଡ଼ିଆଳ ରାଜ୍ୟର ମୂଳ ଅଧିବାସୀ ହେଉଛନ୍ତି ଆଦିବାସୀ, ରାଜନୈତିକ ବାତାବରଣ ଭିତରେ ପରବର୍ତ୍ତୀ କାଳରେ ଆର୍ଯ୍ୟମାନେ ଏଠାରେ ବସବାସ କରିଆସିଛନ୍ତି। କୌଣସି ଏକ ଗୋଷ୍ଠୀର ସଂସ୍କୃତି ସେଠାରେ ବସବାସ କରୁଥିବା ଲୋକଙ୍କ ସାମାଜିକ ସମ୍ପର୍କ ଉପରେ ଅଧିକ ନିର୍ଭରଶୀଳ। ସାପିରଙ୍କ ମତରେ "ସାମାଜିକ ଉତ୍ତରାଧିକାରୀ ସୂତ୍ରରେ ଯେଉଁ ବିଶ୍ୱାସ, ଅଭ୍ୟାସ, ଚଳଣି ତଥା ରୀତିନୀତିଗୁଡ଼ିକୁ ଆମେ ପାଇଥାଉଁ ତାହା ଆମ ଜୀବନର ଗତିଧାରାକୁ ବହୁଳ ଭାବରେ ପ୍ରଭାବିତ କରିଥାଏ, ଯାହା ଆମେ ଖଡ଼ିଆଳ ଲୋକ ସଂସ୍କୃତିରେ ପାଉଛୁ। ଖଡ଼ିଆଳ ରାଜ୍ୟର ଲୋକ ଜୀବନରେ ମୁଖ୍ୟତଃ ତିନି ପ୍ରକାର ପରମ୍ପରା ଦେଖିବାକୁ ମିଳେ। ପ୍ରଥମଟି ଶାସ୍ତ୍ରୀୟ ରୀତିକୁ ଅନୁସରଣ କରି ଶାସକ ବର୍ଗଙ୍କ ଦ୍ୱାରା ପୃଷ୍ଠପୋଷକତା ଲାଭ କରିଥିବା ପରମ୍ପରା, ଦ୍ୱିତୀୟଟି ସାଧାରଣ ଜନଜୀବନକୁ ଆଶ୍ରୟ କରି ଗ୍ରାମ୍ୟ ଜୀବନର ଧର୍ମ ଓ ତୃତୀୟଟି ଆଦିବାସୀ ସଂସ୍କୃତିର ଧର୍ମଧାରଣା। ଏଗୁଡ଼ିକର ସମନ୍ୱୟ ଲୋକଜୀବନକୁ ପରିବର୍ତ୍ତନ ଓ ନିୟନ୍ତ୍ରିତ କରିଥାଏ। ଏହା ବ୍ୟତୀତ ଏହି ଅଞ୍ଚଳରେ ବୈଦେଶିକ ଶକ୍ତିର ଅନୁପ୍ରବେଶ ଫଳରେ ଖ୍ରୀଷ୍ଟିଆନ୍, ମିସ୍‌ନାରୀ ଓ ଇସ୍‌ଲାମ୍ ଧର୍ମର ପ୍ରଭାବ ମଧ୍ୟ ସାଧାରଣ ଜନଜୀବନରେ ଲକ୍ଷ୍ୟ କରାଯାଏ।

ଦେବାଦେବୀଙ୍କ ମନ୍ଦିରଗୁଡ଼ିକର ନିର୍ମାଣକଳା ଓ ବିଷୟବସ୍ତୁ ତଥା ଶିଳ୍ପ ନୈପୁଣ୍ୟ ଓ ଶିଳ୍ପ ସାମଗ୍ରୀର ବ୍ୟବହାରରୁ ଜଣାଯାଏ ଯେ ଏହି ରାଜ୍ୟରେ ବୈଷ୍ଣବ, ଶୈବ ଓ ଶାକ୍ତଧର୍ମର ପ୍ରଚଳନ ଥିଲା। ଏଠାରେ ନିର୍ମିତ ଦେବଦେବୀ ମନ୍ଦିରଗୁଡ଼ିକରେ

ଜଗନ୍ନାଥ, ଲକ୍ଷ୍ମୀ ଓ ଶିବ ପୂଜା ପାଇଥାନ୍ତି । ମନ୍ଦିରଗୁଡ଼ିକର କାର୍ଯ୍ୟକ୍ରମ ଶାସ୍ତ୍ରୀୟ ରୀତି ଓ ନୀତି ଅନୁସାରେ ସମ୍ପନ୍ନ କରାଯାଇଥାଏ । ଏହି ଅଞ୍ଚଳରେ ବ୍ରାହ୍ମଣ, କ୍ଷତ୍ରିୟ, କରଣ, ପାଇକ, ବାଙ୍ଗଟି, ମାଳୀ, ଗଉଡ଼, ସଚନାମୀ, ଘାସୀ, ଡମ, ଗଣ୍ଡା, ସୁନାରି, କମାର, ଗୁଡ଼ିଆ, ବଢ଼େଇ, କୁମ୍ଭାର, ଭଣ୍ଡାରି, ଧୋବା ଆଦି ବିଭିନ୍ନ ଜାତି ସମ୍ପ୍ରଦାୟର ଲୋକ ବାସ କରନ୍ତି । ଏହି ରାଜ୍ୟର ଏକ ତୃତୀୟାଂଶ ହେଉଛନ୍ତି ଆଦିବାସୀ । ଅନେକ ସାମାଜିକ ପ୍ରଥାକୁ ଏହି ଅଞ୍ଚଳରେ ବିଶେଷ ଗୁରୁତ୍ୱ ଦିଆଯାଇଥିବାର ମଧ୍ୟ ଦେଖିବାକୁ ମିଳେ । ଏଠାରେ ମୁଖ୍ୟ ଆକର୍ଷଣ ହେଉଛି କୁଶାବେରା ପ୍ରଥା (puberty rites), ସବୁ ଦୃଷ୍ଟିରୁ ଦେଖିବାକୁ ଗଲେ ଖଡ଼ିଆଳ ଅଞ୍ଚଳର ଲୋକ ସଂସ୍କୃତିର ସ୍ଥାନ ଓଡ଼ିଶାରେ ସ୍ୱତନ୍ତ୍ର ଅଟେ ।  ଏହିପରି ଭାବରେ ବହୁ ଅଞ୍ଚଳର ଲୋକ ସଂସ୍କୃତିକୁ ନେଇ ଆମ ସଂସ୍କୃତି ଗଢ଼ିଉଠିଛି ଯାହା ଚିରନବୀନ, ସରସ, ସୁନ୍ଦର ଅଟେ । ଯାହାର ବିଲୟ ନାହିଁ ଯାହାର କ୍ଷୟ ନାହିଁ ।

ଓଡ଼ିଶାର ରାଜନୈତିକ ଇତିହାସ ଦୃଷ୍ଟିରୁ ପଞ୍ଚଦଶ ଓ ଷୋଡ଼ଶ ଶତାବ୍ଦୀ ଅତ୍ୟନ୍ତ ମହତ୍ତ୍ୱପୂର୍ଣ୍ଣ । ଏହି ସମୟରେ ଜନ୍ମଗ୍ରହଣ କରିଥିଲେ ମହାନ ବ୍ୟକ୍ତିତ୍ୱ ସମ୍ପନ୍ନ କବି ମହାକବି ଓ ଆଦିକବି ସାରଳା ଦାସ । ତାଙ୍କ ଆବିର୍ଭାବର ପଚାଶ ବର୍ଷ ମଧ୍ୟରେ ଜନ୍ମଗ୍ରହଣ କରିଥିଲେ ଦାଣ୍ଡି ରାମାୟଣର ରଚୟିତା । ଭକ୍ତକବି ବଳରାମ ଦାସ ଏହି ରଚନାଟିରେ ଓଡ଼ିଆ ଲୋକ ସଂସ୍କୃତିର ଚରମ ନିଦର୍ଶନ ଦେଖିବାକୁ ମିଳେ । ଲୋକ ଜୀବନର ଧାରା ପରିବାରରେ ଅନୁଷ୍ଠିତ ପୂଜା, ପାର୍ବଣ, ବ୍ରତ, ଜାତକର୍ମ, ବିବାହ, ବନ୍ଦାଣ ଓ ମୃତାଦି କ୍ରିୟା ଆଦିରେ ଲୋକାଚାରର ସ୍ୱରୂପ ପ୍ରକାଶ ପାଏ । ଏଭଳି ପାରିବାରିକ କ୍ରିୟାକର୍ମ ଭିତରେ ବଳରାମ ଦାସ ଲୋକାଚାରର ରୀତିମାନ ଦାଣ୍ଡି ରାମାୟଣରେ ବର୍ଣ୍ଣନା କରିଛନ୍ତି । ଷୋଡ଼ଶ ଶତାବ୍ଦୀରେ ପ୍ରଚଳିତ ଏହି ଲୋକାଚାରର ଓ ସଂସ୍କାରର ଯେଉଁଭଳି ରୂପ ନେଉଥିଲା ତାହା ବଳରାମ ଦାସଙ୍କ ଦାଣ୍ଡି ରାମାୟଣର ଜୀବନ୍ତ ଅଭିବ୍ୟକ୍ତି ଲାଭ କରିଛନ୍ତି । ଆଚାର କେବଳ ଜନଜୀବନର ପ୍ରବତ୍ତାମାନ ଧାରା ନୁହେଁ । ଶାସ୍ତ୍ରରେ ଆଚାରକୁ ପରମ ଧର୍ମ ବୋଲି କୁହାଯାଇଛି । ଆଚାରରୂପୀ ବୃକ୍ଷର ମୂଳ ହେଉଛି ଧର୍ମ, ଧନ ଏହାର ଶାଖା, ମନୋରଥ ଏହାର ପୁଷ୍ପ ଓ ମୋକ୍ଷ ଏହାର ଫଳ । ଏହି ଚତୁଃଭଦ୍ର ରୂପ ଆଚାର ବୃକ୍ଷର ଯେ ସେବା କରେ ସଂସାରରେ ସେ ହିଁ ପୁଣ୍ୟର ଭାଗି ହୋଇଥାଏ । ଆଚାର ଧର୍ମର ପରିପୁଷ୍ଟ ତଥା ପୁଷ୍ପଲତା ନିମିତ୍ତ ତ୍ୟାଗ, ନିଷ୍ଠା ଓ ଚରିତ୍ରାଦି ଉତ୍କୃଷ୍ଟ ମାନବୀୟ ଗୁଣର ଅଭିବୃଦ୍ଧି ଆବଶ୍ୟକ । ଆଚାରହୀନ ହେଲେ ମହାଲକ୍ଷ୍ମୀ ବିମୁଖ ହୁଅନ୍ତି । ଆଚାର ପାଳନ ଦ୍ୱାରା ସମସ୍ତ ଦୁଲକ୍ଷଣଃ ଦୂରୀଭୂତ ହୁଏ । ଓଡ଼ିଶାର ଜନଜୀବନରେ ଏ ବିଶ୍ୱାସ ଦୃଢ଼ ଅଟେ । ଆଚାରରେ ଲକ୍ଷ୍ମୀ, ବିଚାରରେ

ପଣ୍ଡିତ ଏହା ଓଡ଼ିଶାର ଲୋକୋକ୍ତି ଅଟେ। କେତେକ ଲୋକବାକ ଉତ୍କଳୀୟ ଜନଜୀବନକୁ ନିୟନ୍ତ୍ରିତ କରି ତାହାକୁ ଲୋକାଚାରରେ ପରିଣତ କରି ଦେଉଛି। ଦାଣ୍ଡି ରାମାୟଣରେ ବଳରାମ ଦାସ ଏସବୁ କଥାକୁ ଅତ୍ୟନ୍ତ ସୁନ୍ଦର ସାବଲୀଳ ଭାବରେ ପରିପ୍ରକାଶ କରିଛନ୍ତି। ଦୈବବାରୀ, ସତ୍ୟରକ୍ଷା, ତୀର୍ଥତ୍ୱ ଇତ୍ୟାଦି ଓଡ଼ିଆ ଲୋକ ସଂସ୍କୃତି ସହିତ ଅଙ୍ଗାଅଙ୍ଗୀ ଭାବେ ଜଡ଼ିତ। ପର୍ବପର୍ବାଣି, ଆଚାର, ବ୍ୟବହାର, ରୀତି, ନୀତି, ଧାର୍ମିକ ବିଶ୍ୱାସ ଓ ପରମ୍ପରା, ଖାଦ୍ୟପେୟ, ବେଶଭୂଷା, ଚଳଣି ଇତ୍ୟାଦି ଦ୍ୱାରା ଲୋକ ସଂସ୍କୃତି ପର୍ଯ୍ୟବେଶିତ। ତେଣୁ ଦାଣ୍ଡି ରାମାୟଣରେ ପରିବେଶିତ ସମସ୍ତ ଘଟଣାବଳୀ ଉତ୍କଳୀୟ ପରମ୍ପରାଶ୍ରୟରେ ପରିବେଶିତ ସମସ୍ତ ଘଟଣାବଳୀ ଉତ୍କଳୀୟ ପରମ୍ପରାନୁସାରେ ରଚିତ ହୋଇଥିବାରୁ ଓଡ଼ିଶାର ଲୋକ ସଂସ୍କୃତି ଇତିହାସରେ ଏହା ଏକ ମାଇଲଖୁଣ୍ଟ ସଦୃଶ ଅଟେ। ବଳରାମ ଦାସଙ୍କ ରଚିତ ସମସ୍ତ ରଚନାଗୁଡ଼ିକ ମୁଖ୍ୟତଃ ଉତ୍କଳୀୟ ସଂସ୍କୃତି ଉପରେ ପର୍ଯ୍ୟବଶିତ ଅଟେ।

**ଓଡ଼ିଆ ଲୋକ ସଂସ୍କୃତିରେ ଓଷାବ୍ରତ ଓ ଲୋକାଚାର :**

'ଓଷା' ଲୌକିକ ପୂଜାବିଧି ହୋଇଥିବାବେଳେ 'ବ୍ରତ' ଶାସ୍ତ୍ରୀୟ ଅନୁଷ୍ଠାନ ଭାବରେ ବିବେଚନା କରାଯାଏ। ସମାଜରେ ଲୋକମାନଙ୍କର ଆଚାରବିଚାରକୁ ଲୋକାଚାର କୁହାଯାଏ। ଲୋକ ସଂସ୍କୃତିର ଏହା ହେଉଛି ଅବିଚ୍ଛିନ୍ନ ଅଙ୍ଗ। ଓଷାବ୍ରତ କଥାଗୁଡ଼ିକ ଲୋକଙ୍କ ନିମନ୍ତେ ଲୋକମାନଙ୍କ ଦ୍ୱାରା ସୃଷ୍ଟି ହୋଇଛି। ଆମ ରାଜ୍ୟରେ ପାଳିତ ହୋଇଆସୁଥିବା ଓଷାବ୍ରତ ଏବଂ ତତ୍‌ସମ୍ବନ୍ଧୀୟ କଥାଗୁଡ଼ିକ ଓଡ଼ିଆ ଜନଜୀବନ ଓ ପରମ୍ପରା ତଥା ସଂସ୍କୃତିର ସୃଷ୍ଟ ଚିତ୍ର ପ୍ରଦାନ କରିଥାଏ। ଜନସାଧାରଣ ଓଷାବ୍ରତକୁ ନିଷ୍ଠାର ସହିତ ପାଳନ କରିବା ସଂଗେ ସଂଗେ ଓଷାବ୍ରତକୁ ଶ୍ରଦ୍ଧା ଓ ଭକ୍ତିର ସହିତ ଶୁଣି ତାହା ଉପରେ ଅଟଳ ବିଶ୍ୱାସ ଏବଂ ଆସ୍ଥା ସ୍ଥାପନ କରିଆସୁଥିବାର ପରିଦୃଷ୍ଟ ହୁଏ। ଓଡ଼ିଆ ଓଷାବ୍ରତ କଥାଗୁଡ଼ିକରେ ଲୋକାଚାର, ଲୋକ ବିଶ୍ୱାସ ଏବଂ ଲୋକଗୀତ ତଥା ଲୋକକଥା ଇତ୍ୟାଦିର ଏକ ମିଶ୍ରରୂପ ପରିଦୃଷ୍ଟ ହୁଏ। ସେହିପରି ଲୋକାଚାର ପାଳନ ଦ୍ୱାରା ମଣିଷ କେବଳ ପାରିବାରିକ ଜୀବନ ନୁହେଁ ସାମାଜିକ ଜୀବନକୁ ସହଜ, ସରଳ, ସୁନ୍ଦର ଓ ଶୃଙ୍ଖଳିତ କରିଥାଏ। ନୀତିନିୟମକୁ ଆଧାର କରି ସମାଜରେ ବ୍ୟକ୍ତି ଜୀବନକୁ ସୁସ୍ଥ, ସୁନ୍ଦର, ମଙ୍ଗଳମୟ କରିବା ପାଇଁ ଲୋକାଚାରର ଭୂମିକା ଅତ୍ୟନ୍ତ ମନୋରମ। ବିବାହ, ସନ୍ତାନ ଜନ୍ମ, ଅନ୍ତେଷ୍ଟିକ୍ରିୟା, ବ୍ରତୋପନୟନ, ଅପୁତ୍ରିକ ଦୋଷ, ନାରୀମାନଙ୍କର ଆଚାର ଆଦି ଲୋକାଚାରଗୁଡ଼ିକ ଆମ ସମାଜରେ ପ୍ରଚଳିତ। ଏ ସମସ୍ତ ଲୋକାଚାର ଆମ ସାମାଜିକ ଜୀବନର ନିୟନ୍ତ୍ରକ। ଏକ ଶୃଙ୍ଖଳାବଦ୍ଧ ସାମାଜିକତା ସୃଷ୍ଟି କରିବାର ଅଲିଖିତ ସମ୍ବିଧାନ ହେଉଛି ଲୋକାଚାର। ଓଷାବ୍ରତ କଥାଗୁଡ଼ିକ ମୁଖ୍ୟତଃ ଲୋକ ସଂସ୍କୃତି,

ନୈତିକ ସଂସ୍କୃତି ଓ ବୌଦ୍ଧ ସଂସ୍କୃତି ଦ୍ୱାରା ପ୍ରଭାବିତ। ଓଷାବ୍ରତ କଥାଗୁଡ଼ିକ ଲୋକ ବିଶ୍ୱାସର ଜୀବନ୍ତ ରୂପ ଭାବରେ ପରିବାର ସମାଜ ତଥା ରାଷ୍ଟ୍ରରେ ମଧ୍ୟ ମଙ୍ଗଳ କାମନା କରିଥାଏ। ଆମ ଉତ୍କଳୀୟ ସଂସ୍କୃତିରେ ପାଳିତ ହେଉଥିବା ଓଷାବ୍ରତଗୁଡ଼ିକ ମଧ୍ୟରୁ ବଡ଼ ଓଷା, ଜହ୍ନିଓଷା, ନେତଓଷା, କାଞ୍ଜିଅଁଳା ଓଷା, ଷଠୀ ଓଷା, ବୁଧେଇ ଓଷା ଇତ୍ୟାଦି ଏବଂ ସୋମନାଥ ବ୍ରତ, କୁକ୍‌କୁଟୀ ବ୍ରତ, ଅନନ୍ତ ବ୍ରତ, ଜନ୍ମାଷ୍ଟମୀ ଓ ରାଧାଷ୍ଟମୀ ବ୍ରତ, ରବିନାରାୟଣ ବ୍ରତ ଇତ୍ୟାଦି ଅତି ଲୋକ ପ୍ରଚଳିତ ଅଟେ। ଓଷାବ୍ରତ ଓ ଲୋକାଚାରେ ଆମ ସଂସ୍କୃତିର ଏକ ବିଶିଷ୍ଟ ଦିଗ କହିଲେ ଅତ୍ୟୁକ୍ତି ହେବ ନାହିଁ।

**ଓଡ଼ିଆ ଲୋକ ସଂସ୍କୃତିରେ ପ୍ରବାଦ-ପ୍ରବଚନ :**

ସାଂସ୍କୃତିକ ଅବଧାରଣାର ଶ୍ରେଷ୍ଠତମ ଆବେଦନରୁ ଆତ୍ମପ୍ରକାଶ ପ୍ରବାଦ-ପ୍ରବଚନର। ଲୋକ ଜୀବନର ସୁବିସ୍ତୃତ ଅନୁଭବ ତଥା ସାମୂହିକ ଅବବୋଧର ଏକ ପ୍ରତିକିତ ଭାବବିନ୍ୟାସ ହେଉଛି ପ୍ରବାଦ। ଗୋଟିଏ ଦିଗରେ ଏହା ଆକ୍ଷରିକ ଅର୍ଥ ବହନ କରୁଥିବା ସ୍ଥଳେ, ଅନ୍ୟ ଦିଗରେ ଏହା ଇଙ୍ଗିତାତ୍ମକ ଭାବରେ ଅଖଣ୍ଡ ସତ୍ୟକୁ ପ୍ରତିପାଦିତ କରିଥାଏ। ପଦସଂହତିକୁ ପ୍ରବାଦ କୁହାଯାଉଥିବାବେଳେ ନୈତିକ ଶିକ୍ଷାର ଭାସ୍ୟ ରୂପ ହେଉଛି ପ୍ରବଚନ। ଆମ ସଂସ୍କୃତିରେ ପ୍ରବାଦ-ପ୍ରବଚନ ଏ ଦୁଇଟି ପରମ୍ପରାଗତ ଅଭିଜ୍ଞତା ଭିତ୍ତିକ ରୂଢ଼ ଚେତାବନି ବା ଉପଦେଶ କେତେବେଳେ ଅଳ୍ପ କେତୋଟି ପଙ୍‌କ୍ତିର ସରଳ ପଦ୍ୟାକାରରେ କେତେବେଳେ ଅବା ରୂପକ ଭାବରେ ଏବଂ କେତେବେଳେ ସଂକ୍ଷିପ୍ତ ଅଥଚ ସିଧାସଳଖ ସାଧା କଥାରେ ପ୍ରକାଶ ପାଇଥଏ। ଲୋକ ସମାଜରେ କାହାଣୀଭିତ୍ତିକ ପ୍ରବାଦର ପ୍ରଚଳନ ପରିଲକ୍ଷିତ ହୋଇଥାଏ। ଲୋକସାହିତ୍ୟର ଅନ୍ୟାନ୍ୟ ଶାଖାପରି ପ୍ରବାଦ-ପ୍ରବଚନ ବ୍ୟକ୍ତିବିଶେଷଙ୍କ ଅଭିଜ୍ଞତାରୁ ସୃଷ୍ଟ। ସମାଜରେ ଶୃଙ୍ଖଳା, ଅନୁଶାସନ ଏବଂ ସଂସ୍କାରକାମୀ ଉଦ୍ଦେଶ୍ୟଟି ହେଉଛି ପ୍ରବାଦ-ପ୍ରବଚନର ମୂଳ ମନ୍ତ୍ର। ଚାରିତ୍ରିକ ଅବକ୍ଷୟ, ଲୋକ ଜୀବନର ଅଧୋଗତି ଏବଂ ସାମାଜିକ ମୂଲ୍ୟବୋଧର ବିଡ଼ମ୍ବନାକୁ ସମାଧାନର ଉଦ୍ଦେଶ୍ୟ ରଖି ସୁସ୍ଥ ସମାଜବୋଧର ପରିକଳ୍ପନା ଏହାର ଲକ୍ଷ୍ୟ। ପ୍ରବାଦ-ପ୍ରବଚନରେ ନୈତିକ ଆଦର୍ଶର ପ୍ରଚାର ହୁଏ ନାହିଁ। ଏହା ଦୈନନ୍ଦିନ ଜୀବନର ସମସ୍ୟା ଓ ଅଭିଜ୍ଞତା ସମ୍ପର୍କିତ। ପ୍ରବାଦ-ପ୍ରବଚନ ଈଶ୍ୱର ବିଶ୍ୱାସ, ଜୀବନ ଦର୍ଶନ, ସାମାଜିକ ରୀତିନୀତି, ପାରିବାରିକ ସମ୍ପର୍କ, କୃଷି, ବାଣିଜ୍ୟ, ସ୍ୱାସ୍ଥ୍ୟ, ଶିକ୍ଷା ବିଷୟକମାନ ଏଥିରେ ପ୍ରଚଳିତ। ପ୍ରବଚନରେ ଛନ୍ଦର ବୈଚିତ୍ର୍ୟ, ରସର ପ୍ରୟୋଗ, ଅଳଙ୍କାରର ସମାବେଶ, ଭାଷାତାତ୍ତ୍ୱିକ ମୂଲ୍ୟବୋଧ ଆଦି ବିଶେଷ ଭାବରେ ପରିଦୃଷ୍ଟ ହୋଇଥାଏ।

■

# ଓଡ଼ିଶାରେ ବିଭିନ୍ନ ଧର୍ମର ପ୍ରଚାର ଓ ପ୍ରସାର

ଆମ ଜାତୀୟ ସଂସ୍କୃତିର କେନ୍ଦ୍ର ବିନ୍ଦୁ ହେଉଛି ଧର୍ମ। ବିଭିନ୍ନ ସଂପ୍ରଦାୟର ସାମାଜିକ କ୍ରିୟାକଳାପ ଧର୍ମଭିତ୍ତିକ କହିଲେ ଅତ୍ୟୁକ୍ତି ହେବ ନାହିଁ। ପ୍ରତ୍ୟେକ ଆଞ୍ଚଳିକ ଭାଷା ମଧ୍ୟରେ ସଂହତି, ଶୃଙ୍ଖଳା ଧର୍ମକୁ ହିଁ ଭିତ୍ତିକରି ସୁରକ୍ଷିତ ହୋଇ ରହିପାରିଛି। ଆମର ପାର୍ବତ୍ୟାଞ୍ଚଳରେ ଯେଉଁ ଆଦିବାସୀ ସଂପ୍ରଦାୟ ରହିଥିଲେ ସେମାନଙ୍କ ଧର୍ମନୀତି ସଂପୂର୍ଣ୍ଣ ପୃଥକ୍ ଥିବାରୁ ସାଂସ୍କୃତିକ କ୍ଷେତ୍ରରେ ଓଡ଼ିଶାରେ ବୌଦ୍ଧ ଓ ବ୍ରାହ୍ମଣ୍ୟ ଧର୍ମର ପ୍ରାଧାନ୍ୟ ପ୍ରାଚୀନ କାଳରୁ ରହି ଆସିଥିବାରୁ ଏମାନେ ଆର୍ଯ୍ୟ ଓ ଦ୍ରାବିଡ଼ ଜାତି ଠାରୁ ବହୁ ଦୂରକୁ ଅପସାରିତ ହୋଇଯାଇ ଥିଲେ। ତଥାପି ଦୀର୍ଘ କାଳର ଏକତ୍ର ସହବାସ୍ଥାନ ଫଳରେ ଧର୍ମ କ୍ଷେତ୍ରରେ ଧୀରେ ଧୀରେ ଉଭୟ ଜନ ଗୋଷ୍ଠୀଙ୍କ ମଧ୍ୟରେ ପାରସ୍ପରିକ ସାଂସ୍କୃତିକ ପ୍ରଭାବ ପଡ଼ିବାକୁ ଆରମ୍ଭ କଲା। ଏଣୁ ଆଦିବାସୀଙ୍କ ସାମାଜିକ ସଂସ୍କୃତି ଓ ସ୍ୱଭାବରେ ମଧ୍ୟ ପରିବର୍ତ୍ତନ ଦେଖା ଦେଲା। ସେମାନଙ୍କ ପୂଜିତା ଦେବୀଙ୍କୁ ବ୍ରାହ୍ମଣମାନେ ବନଦେବୀ ଆଖ୍ୟା ଦେଇ ପୂଜା କରିବାକୁ ଲାଗିଲେ। ପ୍ରଥମେ କୁହାଯାଇଛି, ମହେନ୍ଦ୍ରାଞ୍ଚଳରେ ପ୍ରତିଷ୍ଠିତ ପୁଳିନ୍ଦ (ଶବର)ମାନଙ୍କ ଦେବତାଙ୍କୁ ବ୍ରାହ୍ମଣ ପଣ୍ଡିତମାନେ 'ସ୍ୱୟଂମ୍ଭୁ' ନାମରେ ଅଭିହିତ କରିଥିଲେ। ଆଉ ମଧ୍ୟ ୪ର୍ଥ ବା ୫ମ ଶତାବ୍ଦୀରେ କଳାହାଣ୍ଡି ଜିଲ୍ଲା ଅନ୍ତର୍ଗତ ପର୍ବତ ଦ୍ୱାର ନାମ ରାଜଧାନୀରୁ ଘୋଷିତ ମହାରାଜ ତୁଷ୍ଟିକାର ଗୋଟିଏ ତାମ୍ରପତ୍ର ବ୍ରାହ୍ମଣଙ୍କୁ ଦାନ କଲାବେଳେ ନିଜକୁ ସ୍ତମ୍ଭେଶ୍ୱରୀ ବରଲବ୍ଧ ରାଜ୍ୟ ବିଭବ ବୋଲି ସେଥିରେ ଲେଖାଇ ଥିଲେ। ଏଥିରୁ ସ୍ପଷ୍ଟ ପ୍ରମାଣିତ ହୁଏ ଆଦିବାସୀ ପୂଜିତ ଦେବାଦେବୀଙ୍କୁ ଭିନ୍ନ ଭିନ୍ନ ନାମରେ ବ୍ରାହ୍ମଣମାନେ ଆରାଧନା କରିବାକୁ ଲାଗିଲେ। ପ୍ରାଚୀନ ବୌଦ୍ଧଧର୍ମ (ବୁଦ୍ଧ)ଙ୍କ ନାମାନୁସାରେ ଗୁହ ଶବରମାନେ ମହେନ୍ଦ୍ରମାଳରେ ରହିଥିବାର କଥା ପୁରାଣମାନଙ୍କରେ 'ଗୁହ' ଆଖ୍ୟା ଦିଆଯାଇ ଥିବାର ଜଣାଯାଏ। ଗୁହ ଶବରମାନେ କଳିଙ୍ଗ, ମାହିଷ୍ୟ, ମହେନ୍ଦ୍ରମାଳ ପ୍ରଭୃତି ରାଜ୍ୟରେ ବସବାସ କରୁଥିବା

ଲୋକମାନଙ୍କୁ ପାଳନ କରୁଥିଲେ। ତତ୍‌କାଳୀନ ରାଜାମାନଙ୍କ ତାମ୍ର ଶାସନାନୁସାରେ ପୁଳିନ୍ଦ ସେନ୍ ନାମକ ଜଣେ ରାଜା କଳିଙ୍ଗରେ ଶାସନ କରୁଥିଲେ।

ଅଶୋକଙ୍କ ରାଜତ୍ୱ କାଳରେ ବୁଦ୍ଧଙ୍କ ମହତ୍ ବାଣୀ କଳିଙ୍ଗରେ ସମ୍ରାଟଙ୍କ ପକ୍ଷରୁ ପ୍ରଚାର କରିବା ଧର୍ମର ଏକ ଅଙ୍ଗ ରୂପେ ଗୃହୀତ। ଯାହା ଧଉଳୀ ଓ ଜଉଗଡ଼ ଅନୁଶାସନରୁ ଜଣାଯାଏ। ଏହାଙ୍କ ପରେ ଖ୍ରୀଷ୍ଟପୂର୍ବ ୧ମ ଓ ୨ୟ ଶତାବ୍ଦୀରେ କଳିଙ୍ଗରେ ଚେଦୀବଂଶୀୟ ମହାରାଜା ଖାରବେଳ ବୌଦ୍ଧଧର୍ମ ଓ ବ୍ରାହ୍ମଣ୍ୟ ଧର୍ମକୁ ସମ୍ମାନିତ କରିଥିଲେ ଏବଂ ନିଜେ ଜୈନଧର୍ମରେ ଦୀକ୍ଷିତ ହୋଇ କଳିଙ୍ଗରେ ଜୈନ ଧର୍ମର ପ୍ରସାର କରାଇଥିଲେ। ବହୁ ଜୈନ୍ୟ ପଣ୍ଡିତ, ମୁନି, ଯୋଗୀ ପ୍ରଭୃତି ମନୀଷୀଙ୍କ ସମାଗମ ଭୁବନେଶ୍ୱରର ଖଣ୍ଡଗିରି ଓ ଉଦୟଗିରି ଠାରେ ହୋଇଥିବାର ଗୁମ୍ଫାମାନଙ୍କରେ ଦେଖିବାକୁ ମିଳେ। ଜୈନଧର୍ମ ପରେ ଖ୍ରୀ: ୪ର୍ଥ ବା ୫ମ ଶତାବ୍ଦୀରେ ଉତ୍ତର ଓଡ଼ିଶାରେ ନାଗବଂଶୀୟ ରାଜାମାନଙ୍କର ରାଜତ୍ୱ ଅଶନପାଟ ଶିଳାଲେଖରୁ ପ୍ରକଟିତ ହୁଏ। ଓଡ଼ିଶା ଉପକୂଳ ଅଞ୍ଚଳରୁ କୁଷାଣ ଓ ଶକମାନଙ୍କୁ ତଡ଼ି ଦେଇ ନାଗବଂଶୀୟ ରାଜା ମାଣଭଞ୍ଜ ଓ ପୁତ୍ର ଶୁତ୍ରଭଞ୍ଜ 'ବନ୍ଧ୍ୟାଟବୀ' ରାଜ୍ୟରେ ରାଜତ୍ୱ କରିବାକୁ ଲାଗିଲେ। ଏହି ସମୟରେ ବୌଦ୍ଧ ଭିକ୍ଷୁ ଓ ଜୈନ ପରିବ୍ରାଜକ ସମେତ ବ୍ରାହ୍ମଣଧର୍ମୀ କେତେକ ବ୍ରହ୍ମଚାରୀମାନଙ୍କୁ ପ୍ରଚୁର ପରିମାଣରେ ଅର୍ଥ ଦାନ କରାଯାଉଥିଲା। ସେ ସମୟରେ ରାଜା ବ୍ରାହ୍ମଣ ଧର୍ମାବଲମ୍ବୀ ହୋଇଥିଲେ ଏବଂ ବହୁ ଶାସ୍ତ୍ରରେ ପାଣ୍ଡିତ୍ୟ ଅର୍ଜନ କରିଥିଲେ। ଉତ୍ତର ଓଡ଼ିଶାରେ କେତେକ ଐତିହାସିକ ସ୍ଥାପତ୍ୟ ଓ ଲିପିରୁ ଜଣାଯାଇଛି ଯେ ସେଠାରେ ବ୍ରାହ୍ମଣଧର୍ମ ଓ ବୌଦ୍ଧଧର୍ମର ପ୍ରଭାବ ଗୁପ୍ତ ଯୁଗରେ ପଡ଼ିଥିଲା। ବାଲେଶ୍ୱରର ଅଳ୍ପ ଦୂରରେ ମୟୂରଭଞ୍ଜ ଜିଲ୍ଲାର ମୁଖ୍ୟ ଐତିହାସିକ ସ୍ଥାନ ଖିଚିଂରେ ଓଡ଼ିଶାର ଏକ ପ୍ରସିଦ୍ଧ ପ୍ରାଚୀନ ଶୈବ ମନ୍ଦିର ଥିବା ଦେଖାଯାଏ। ସେଥିରେ ନିର୍ମାଣ କୌଶଳ ମଧ୍ୟ ଓଡ଼ିଶାର ଶିଳ୍ପଶୈଳୀର ଅନୁରୂପ, ତାହା ଖ୍ରୀ.୭ମ ବା ୮ମ ଶତାବ୍ଦୀରେ ଖିଞ୍ଜିଲୀମଣ୍ଡଳର ଭଞ୍ଜ ବଂଶୀୟ ରାଜାମାନେ ମୟୂରଭଞ୍ଜ ଜିଲ୍ଲାରୁ ଆରମ୍ଭ କରି ଦକ୍ଷିଣରେ ଘୁମୁସର ପର୍ଯ୍ୟନ୍ତ ବହୁ ଅଞ୍ଚଳରେ ସାମନ୍ତ ରାଜା ରୂପେ ଅବସ୍ଥାନ କରିଥିଲେ। କିନ୍ତୁ ଧର୍ମ ଶତାବ୍ଦୀରେ ବୈଷ୍ଣବ ଧର୍ମରେ ଦୀକ୍ଷିତ ହୋଇଥିଲେ। ସେମାନେ ଶିବଙ୍କୁ ନିଜର ଇଷ୍ଟ ଦେବତା ଭାବରେ ପୂଜା କରୁଥିଲେ।

ମୟୂରଭଞ୍ଜ ଜିଲ୍ଲାର ଖିଚିଂ ଠାରେ ଏକ ସୁପ୍ରସିଦ୍ଧ ଶିବ ମନ୍ଦିର ମଧ୍ୟ ଓଡ଼ିଶାର ପୂର୍ବାଞ୍ଚଳରେ ପ୍ରତିଷ୍ଠିତ ହୋଇଥିଲା, ସେଥିରେ ନଟରାଜ ଶିବଙ୍କ ବିଗ୍ରହ ପ୍ରତିଷ୍ଠା କରାଯାଇଥିବା ଜଣାଯାଏ। ଦକ୍ଷିଣ ଓଡ଼ିଶାରେ ମହେନ୍ଦ୍ରାଞ୍ଚଳର ପାଦ ଦେଶରେ ଆଧୁନିକ ବୁଢ଼ାରଶିଙ୍ଗ ନିକଟ ପୁତିଙ୍ଗ ନାମକ ଗ୍ରାମରେ ପଟ୍ଟେଶ୍ୱରଙ୍କ କୀର୍ତ୍ତି ଘୋଷଣା କରେ।

ସୁତରାଂ ଓଡ଼ିଶାର ଉଭୟ ସୀମାରେ ଭଞ୍ଜ ବଂଶ ଓ ଶଙ୍ଖବଂଶ ରାଜାମାନେ ସେମାନଙ୍କ ଶୈବଗୁରୁ ସାହାଯ୍ୟରେ ପ୍ରାୟ ପ୍ରତି ଗ୍ରାମରେ ଶିବମନ୍ଦିରମାନ ନିର୍ମାଣ କରି ବ୍ରାହ୍ମଣମାନଙ୍କୁ ଶାସନ ଦାନ କରିଥିଲେ। ଏହାର ମୁଖ୍ୟ ଉଦ୍ଦେଶ୍ୟ ଥିଲା ଗ୍ରାମର ସୁରକ୍ଷା, ପ୍ରତି ଜନପଦ, ନଗର ଓ ଦୁର୍ଗଗୁଡ଼ିକର ସୁରକ୍ଷା, ଆର୍ଯ୍ୟମାନଙ୍କର ଆଗମନ ପୂର୍ବରୁ ଏଠାରେ ଆଦିବାସୀମାନେ ପାର୍ବତୀୟ ଅଞ୍ଚଳରେ ରହି ସେମାନଙ୍କ ସୁରକ୍ଷା ନିମନ୍ତେ ଦେବା ଦେବୀମାନଙ୍କୁ ପ୍ରତିଷ୍ଠା କରିଥିଲେ। କାଳକ୍ରମେ ସେହି ଦେବଦେବୀ ମା'ଆରାଧନା ସକାଶେ ବ୍ରାହ୍ମଣମାନଙ୍କ ଦ୍ୱାରା ବୈଦିକ ବିଧିରେ ତାଙ୍କ ମନ୍ତ୍ର ଓ ପୂଜାବିଧିମାନ ପରିକଳ୍ପିତ ହେଲା। ଓଡ଼ିଶାରେ ବର୍ତ୍ତମାନ ଯେଉଁ ଦେବା ଦେବୀମାନଙ୍କୁ ବିଭିନ୍ନ ଅଞ୍ଚଳରେ ଭିନ୍ନ ଭିନ୍ନ ନାମରେ ଆରାଧନା କରାଯାଇଥିଲା, ସେଥିରେ ମୂଳରୁ ଆଦିବାସୀ କିମ୍ବା ଜୈନ ଓ ମହାଯାନ ବୌଦ୍ଧମାନଙ୍କ ପୂଜିତ ଦେବଦେବୀ ଅଛନ୍ତି। ହିନ୍ଦୁମାନେ ତାଙ୍କ ପ୍ରତ୍ୟେକ ଶୁଭ କାର୍ଯ୍ୟରେ ପ୍ରଥମେ କୁମ୍ଭ ପୂଜା ଜଳପୂର୍ଣ୍ଣ ମଙ୍ଗଳ କଳସ ଉପରେ ଆମ୍ରପତ୍ର ସହ ନାରିକେଳ ଫଳ କୌଣସି ପବିତ୍ର ଆସ୍ଥାନରେ ରଖି କୁମ୍ଭକୁ ପଞ୍ଚ ଦେବତାଙ୍କ ନାମରେ ପୁଷ୍ପ ଚନ୍ଦନ ଦେଇ ଆରାଧନା କରନ୍ତି। ଗଣପତି, ବରୁଣ, ଇନ୍ଦ୍ରାଦି ଦଶଦିଗପାଳ, ସୂର୍ଯ୍ୟାଦି ନବଗ୍ରହ ଓ ଗ୍ରାମଦେବୀ ଏପରି ପଞ୍ଚଦେବତାଙ୍କ ନାମରେ ପୁଷ୍ପ ଚନ୍ଦନ ଦେଇ କୁମ୍ଭ ପୂଜା କରିଥାନ୍ତି। ପୂର୍ବେ ରାଜ୍ୟର ନିରାପତ୍ତା ସକାଶେ ରାଜାମାନେ ଦୃଢ଼ ଦୁର୍ଗ ନିର୍ମାଣ କରି ସେଥିରେ ଥିବା ରାଜନବରରେ ହିଁ ସପରିବାରେ ବାସ କରୁଥିଲେ। ତାଙ୍କ ସୁରକ୍ଷା ପାଇଁ ସୈନ୍ୟସାମନ୍ତ ଦୁର୍ଗ ଦ୍ୱାରକୁ ଜଗି ରହୁଥିଲେ।

ଦୁର୍ଗ ପ୍ରାଚୀରଗୁଡ଼ିକୁ ଘେରି ଗୋଟିଏ ଗୋଟିଏ ଗଭୀର ଜଳପୂର୍ଣ୍ଣ ଜଳାଶ୍ରୟ ଖୋଦିତ କରାଯାଇ ସେଥିରେ କୁମ୍ଭୀର ଓ ସର୍ପାଦିଙ୍କ ବ୍ୟବସ୍ଥା କରାଯାଉଥିଲା। ଦୁର୍ଗ ବା ରାଜ୍ୟରେ କୌଣସି ନିର୍ଦ୍ଦିଷ୍ଟ ଓ ବିଶିଷ୍ଟ ସ୍ଥାନରେ ରାଜାଙ୍କର ଇଷ୍ଟ ଦେବୀଙ୍କ ପାଇଁ ମନ୍ଦିର ନିର୍ମାଣ କରାଯାଉଥିଲା ଏବଂ ସେହି ଦେବୀଙ୍କର ମୁଖ୍ୟ ପର୍ବ ଆଶ୍ୱିନ ମାସରେ ପାଳିତ ହେଉଥିଲା। ସେହି ସମୟରେ ରାଜାଙ୍କର ସୈନ୍ୟସାମନ୍ତଙ୍କ ଅସ୍ତ୍ର ଶିକ୍ଷାର ପରୀକ୍ଷା ଏବଂ ପୁରସ୍କାର କିମ୍ବା ଉପାଧିମାନ ବିତରଣ ପାଇଁ ଉତ୍ସବ ପାଳିତ ହେଉଥିଲା, ଯାହା ସାଂପ୍ରତିକ 'ଦୁର୍ଗୋତ୍ସବ' ବା 'ଦଶହରା' ନାମରେ ଜଣାଯାଏ। 'ମାର୍କଣ୍ଡେୟ' ପୁରାଣରେ ଦୁର୍ଗାଙ୍କର ମହିଷାସୁର ସଂଗେ ଯୁଦ୍ଧ ସମ୍ପର୍କୀୟ ଆଖ୍ୟାନ ବ୍ରାହ୍ମଣମାନଙ୍କ ଦ୍ୱାରା ଶୁଦ୍ଧପୂତ ଭାବେ ଦେବୀଙ୍କ ସମ୍ମୁଖରେ ପାରାୟଣ କରିବା ବିଧି ଅଦ୍ୟାବଧି ପ୍ରଚଳିତ ରହିଛି। ଓଡ଼ିଶାରେ ସୂର୍ଯ୍ୟବଂଶୀୟ ମହାରାଜ ପୁରୁଷୋତ୍ତମ ଦେବଙ୍କ ପ୍ରଣୀତ 'ଦୁର୍ଗୋତ୍ସବ-ଚନ୍ଦ୍ରିକା' ନାମକ ଗ୍ରନ୍ଥରେ ଏ ସମ୍ବନ୍ଧରେ ବିଶଦ୍ ବିବରଣୀ ସଂକଳିତ ହୋଇଅଛି। ଆଶ୍ୱିନ ଶୁକ୍ଳ ନବମୀ ଦିନ ଯେଉଁ ରାଜା ଚଣ୍ଡିକାଙ୍କ ଉପାସନା କରନ୍ତି, ସେ ଯୁଦ୍ଧରେ ବିଜୟୀ ହୋଇ ଶତ୍ରୁନାଶ

କରିବାକୁ ସକ୍ଷମ ହୁଅନ୍ତି ବୋଲି ବିଶ୍ୱାସ କରାଯାଏ। ଏହି ଦିନ ସାମରିକ ପ୍ରସ୍ତୁତି ପାଇଁ ଉଦ୍ଦିଷ୍ଟ ଥିଲା। ହସ୍ତୀ-ଅଶ୍ୱ ଓ ପଦାତିକ ସୈନ୍ୟମାନଙ୍କର ଏକତ୍ର ସମାବେଶ ହେଉଥିଲା। ରାଜାମାନେ 'ଦିଗ୍‌ବିଜୟୀ' ସକାଶେ ଯାତ୍ରା କରିବା ପାଇଁ ଏହା ହିଁ ପ୍ରକୃଷ୍ଟ ଓ ଉତ୍କୃଷ୍ଟ ସମୟ। ଆଶ୍ୱିନ ପୂର୍ଣ୍ଣିମା ଦିନଟି ଦେବତାଙ୍କ ସେନାପତି ସ୍କନ୍ଦ ବା କୁମାର କାର୍ତ୍ତିକେୟଙ୍କ ଉଦ୍ଦେଶ୍ୟରେ କୁମାର ଉତ୍ସବ ପାଳନ ମଧ୍ୟ କରାଯାଉଥିଲା, ଯାହା ଅଦ୍ୟାବଧି ରହିଛି। ଖ୍ରୀଷ୍ଟୀୟ ୮ମ ଶତାବ୍ଦୀ ପୂର୍ବରୁ ଓଡ଼ିଶାର ପୂର୍ବୋତ୍ତର ପ୍ରଦେଶ ତୋଷଳର ନାମରେ ପରିଚିତ, ଯାହା ସୁବର୍ଣ୍ଣରେଖା ଠାରୁ ଋଷିକୂଲ୍ୟା ପର୍ଯ୍ୟନ୍ତ ପରିବ୍ୟାପ୍ତ ରହିଥିଲା। ତୋଷଳୀର ବିରଞ୍ଜାନଗର (ବିରଜାକ୍ଷେତ୍ର) ଏକ ରାଜଧାନୀ ରୂପେ ବ୍ୟବହୃତ ହେଉଥିଲା। ସେଠାରେ ଭୌମକର ବଂଶୀୟ ରାଜାମାନେ ଆଧିପତ୍ୟ ବିସ୍ତାର କରିଥିଲେ। ଏମାନେ ବୌଦ୍ଧ ଧର୍ମାବଲମ୍ବୀ ହୋଇଥିବାରୁ ଉତ୍କଳର ସେହି ଅଞ୍ଚଳରେ ଥିବା ବୌଦ୍ଧ ମନ୍ଦିର ଓ ଚୈତ୍ୟଗୁଡ଼ିକ ଭଗ୍ନାବଶେଷ ଥିଲା। ସେଥିରୁ ସଂସ୍କାର କରି ବୌଦ୍ଧ ଶ୍ରମଣ ଓ ପଣ୍ଡିତମାନଙ୍କୁ ବିଭିନ୍ନ ପ୍ରଦେଶରୁ ନିମନ୍ତ୍ରଣ କରି କେତେକ ଶିକ୍ଷାକେନ୍ଦ୍ର ସ୍ଥାପିତ କରିଥିଲେ। ଏଥି ସହିତ ତାଙ୍କ ଦ୍ୱାରା କଟକ ଜିଲ୍ଲାର ଲଳିତଗିରି, ରତ୍ନଗିରି, ଉଦୟଗିରି ପ୍ରଭୃତି ବୌଦ୍ଧ କେନ୍ଦ୍ରରେ ବୌଦ୍ଧ ଶିକ୍ଷାନୁଷ୍ଠାନଗୁଡ଼ିକ ଗଢ଼ି ଉଠିଥିଲା।

ନବମ ଶତାବ୍ଦୀରେ ଭୌମବଂଶୀୟ କେତେକ ରାଜା ବେଦାଧ୍ୟାୟୀ ବ୍ରାହ୍ମଣମାନଙ୍କ ଉପଦେଶ କ୍ରମେ ତାନ୍ତ୍ରିକ ଶୈବଧର୍ମ ଗ୍ରହଣ କରି 'ପରମ ମାହେଶ୍ୱର' ଉପାଧିରେ ପରିଚିତ ହୋଇଥିଲେ। ସେତେବେଳେ ବୈଦିକ ଧର୍ମାବଲମ୍ବୀ ଶୈବମାନେ ବିଭିନ୍ନ (ଶୈବ, ଶାକ୍ତ ଓ ବୈଷ୍ଣବ) ଅନାଚାରର ପନ୍ଥୀ ବୋଲି ବୌଦ୍ଧମାନେ ସେମାନଙ୍କୁ କହୁଥିଲେ। ଭୌମ ରାଜାମାନଙ୍କ ଦ୍ୱାରା ବୌଦ୍ଧ ଧର୍ମ ଓ ବ୍ରାହ୍ମଣ୍ୟ ଧର୍ମ ମଧ୍ୟରେ ସହଯୋଗ ସଂପାଦିତ ହୋଇ ରାଜନୈତିକ ଏକତା ଆସିଥିଲା। ଯେଉଁ ସମୟରେ ନୈଷ୍ଠିକ ବେଦାଧ୍ୟାୟୀ ବ୍ରାହ୍ମଣ ଓ ନୈଷ୍ଠିକ ବୌଦ୍ଧ – ଧର୍ମାବଲମ୍ବୀଙ୍କ ମଧ୍ୟରେ ଧର୍ମଭିତ୍ତିକ ବିଦ୍ୱେଷ ହେତୁ ସାମାଜିକ ଶାନ୍ତି ଭଙ୍ଗ ହେବାକୁ ଲାଗିଲା। ସେହି ସମୟରେ ଭୌମକର ବଂଶୀୟ ରାଜାମାନଙ୍କ ଉଦାର ନୀତି ହେତୁ ଓଡ଼ିଶାରେ ଏକ ନବଯୁଗର ପ୍ରତିଷ୍ଠା ହୋଇଥିଲା। ୮ମ ଓ ୯ମ ଶତାବ୍ଦୀ ମଧ୍ୟରେ ରହିଥିବା ବୌଦ୍ଧ ମନ୍ଦିର ଓ ଚୈତ୍ୟଗୁଡ଼ିକର ସଂସ୍କାର ହୋଇଥିବାର କଥା ଭୌମ ରାଜାମାନଙ୍କ ରାଜତ୍ୱର ପ୍ରଥମାର୍ଦ୍ଧ ବୋଲି ଜଣାଯାଏ।

ପ୍ରାଚୀନ ବୈଦିକ ଯୁଗରେ ସୂର୍ଯ୍ୟଙ୍କୁ ରାଜା ନାରାୟଣ ରୂପେ ଆର୍ଯ୍ୟମାନେ ଆରାଧନା କରୁଥିଲେ। 'ଋଗ୍‌ବେଦ'ର ପ୍ରଥମ ମଣ୍ଡଳରେ ଥିବା କେତେ ଗୋଟି ମନ୍ତ୍ରରୁ ଜଣାଯାଏ ଯେ, ଦୀର୍ଘତମ ନାମକ ଋଷିଙ୍କ ପୁତ୍ର କକ୍ଷୀବନ୍ତ, ଅଙ୍ଗ ଓ କଳିଙ୍ଗରେ

ସର୍ବପ୍ରଥମେ ସୌର ଉପାସନା ପ୍ରବର୍ତ୍ତନ ତ କରିଥିଲେ। କାଳକ୍ରମେ ସୌର ଉପାସନା ଭାରତରେ ଗୌଣ ହୋଇ ଅନନ୍ତ-ଶାୟୀ-ଭଗବାନ-ନାରାୟଣଙ୍କ ଉପାସନାରେ ପରିଣତ ହେଲା। ଖ୍ରୀ.୧ମ ଓ ୨ୟ ଶତାବ୍ଦୀରେ ଭାରତକୁ ଶାକଦ୍ୱିପୀୟ ଭିନ୍ନ ରୂପ ଧାରଣ କଲା। ସେ ଗ୍ରହାଧିପତି ରୂପେ ପୂଜିତ ହେଲେ। ଗଞ୍ଜାମର କୋଦଳା ଠାରେ ଏବଂ କଳିଙ୍ଗ ନଗର ନିକଟବର୍ତ୍ତୀ ଆର୍ଶିବଲ୍ଲି ନାମକ ଗ୍ରାମରେ ସୂର୍ଯ୍ୟ ନାରାୟଣଙ୍କ ମନ୍ଦିର ଅଦ୍ୟାପି ବିଦ୍ୟମାନ। ଏହି ମନ୍ଦିର ନିର୍ମାଣ ହେବାର ଏକ ସହସ୍ର ବର୍ଷ ପରେ ଗଙ୍ଗବଂଶୀୟ ରାଜା ନରସିଂହ ଦେବ ଓଡ଼ିଶାର କେନ୍ଦ୍ର ଭାଗରେ ଚନ୍ଦ୍ରଭାଗା କୂଳରେ ସୁପ୍ରସିଦ୍ଧ କୋଣାର୍କ ମନ୍ଦିର ୧୩ଶ ଶତାବ୍ଦୀରେ ନିର୍ମାଣ କରିଥିଲେ। ପରେ ଖ୍ରୀଷ୍ଟୀୟ ନବମ ଶତାବ୍ଦୀରେ ଶୁତ୍ରଭଞ୍ଜ ଦେବଙ୍କ ରାଜତ୍ୱ କାଳରେ ସେ 'ପରମ ବୈଷ୍ଣବ' ଥିବାରୁ ତାଙ୍କ ରାଜ୍ୟ ମାଧବ (ବିଷ୍ଣୁ)ଙ୍କୁ ପ୍ରତିଷ୍ଠା କରି ପୂଜାର୍ଚ୍ଚନା ଆରମ୍ଭ କରିଥିଲେ। ତାଙ୍କ ଦ୍ୱାରା ନିର୍ମିତ ବିଷ୍ଣୁ ମନ୍ଦିରରେ ନୀଳମାଧବଙ୍କୁ ପୂଜା କରାଯାଏ ଏବଂ ଏହା ଗନ୍ଧରାଢ଼ୀ ଠାରେ ଅବସ୍ଥିତ।

**ଶାକ୍ତଧର୍ମ :**

ଶକ୍ତି ବିଶ୍ୱ ସୃଷ୍ଟିର ମୂଳ ଉତ୍ସ। ଏହାର ଉପାସକମାନେ ଶାକ୍ତ ଏବଂ ସେମାନଙ୍କର ଉପାସନା ମାର୍ଗର ନାମ ହିଁ ଶାକ୍ତ ଧର୍ମ। ଏହି ଧର୍ମର ଉତ୍ପତ୍ତି ସମ୍ପର୍କରେ ଆଲୋଚକମାନେ ମତ ଦିଅନ୍ତ, ଶାକ୍ତଧର୍ମ ପ୍ରାକ୍ ବୈଦିକ ଯୁଗର ମାତୃଦେବୀ ଉପାସନାର ପରିମାର୍ଜିତ ରୂପ। ନାରୀଶକ୍ତି ହିଁ ଜୀବଜଗତର ସୃଷ୍ଟି ହିସାବରେ ଗ୍ରହଣ ହେଉଥିବାରୁ ପ୍ରାଥମିକ ସ୍ତରରେ ମାତୃତ୍ୱ ଥିଲା ଧର୍ମର କେନ୍ଦ୍ରବିନ୍ଦୁ। ପ୍ରତ୍ନତାତ୍ତ୍ୱିକ ଖନନ ଫଳରେ ମିଳିଥିବା ପୁରାତନ ପ୍ରସ୍ତର ଯୁଗର ଆବିଷ୍କୃତ ପଥର, ହାତୀଦାନ୍ତ ଓ ହାଡ଼ର ନାରୀ ମୂର୍ତ୍ତିଗୁଡ଼ିକୁ ଲକ୍ଷ୍ୟ କଲେ ଏହାର ସ୍ପଷ୍ଟ ପ୍ରମାଣ ମିଳେ। କେବଳ ଭାରତୀୟ ଭୂଖଣ୍ଡ ନୁହେଁ ସମଗ୍ର ପୃଥିବୀର ଆଦିମ ମାନବ ଅନୁଭବ କରିଛି ବିଶ୍ୱ ସୃଷ୍ଟିର କେନ୍ଦ୍ରରେ ନାରୀ ଓ ପୃଥିବୀ ମାତାର ଅବିସ୍ମରଣୀୟ ଭୂମିକା ପୁନଶ୍ଚ ବୈଦିକ ସୂକ୍ତିର ପୃଥିବୀକୁ ମନୁଷ୍ୟର ମାତା ମନୁଷ୍ୟକୁ ତା'ର ସନ୍ତାନ ବୋଲି ସ୍ୱୀକାର କରାଯାଇଛି। ଭାରତୀୟ ସ୍ମୃତିକାର ମହର୍ଷି ମନୁ ନାରୀକୁ ପୃଥିବୀ ସହ ତୁଳନା କରି ଲେଖିଥିଲେ – 'କ୍ଷେତ୍ରଭୂତା ନାରୀ ବୀଜଭୂତା ସ୍ମୃତା ପୁମାନ'। ପୁନଶ୍ଚ ଭାରତୀୟ ସଂସ୍କୃତିରେ ଗର୍ଭଧାରଣର କ୍ଷମତା ଏବଂ ମାନସିକ ଋତୁଚକ୍ରର ନିୟମ କାରଣରୁ ବିଚାର କଲେ ପୃଥିବୀ ମାତା ଏବଂ ନାରୀର କଳ୍ପନୀୟ ଉଦାହରଣ ଆମ ଓଡ଼ିଶାରେ ପାଳିତ ହୋଇ ଆସୁଥିବା ରଜପର୍ବରେ ବସୁମାତା ରଜୋବତୀ ହେବା ହେତୁ ବିଶ୍ରାମ ଦିଏ। ଏଥିରୁ ସ୍ପଷ୍ଟ ହୁଏ, ଆଦିମ ସମାଜରେ ନାରୀର ଏକ ସ୍ୱତନ୍ତ୍ର ସମ୍ମାନ ଥିଲା। ତା'ର ସୃଷ୍ଟି ଶୀତଳତା ଯୋଗୁଁ ଆଦିମାନବ ତାକୁ ସମ୍ମାନ ପ୍ରଦର୍ଶକ କରୁଥିଲେ। ନାରୀ ପରି ଭୂମି ଠାରେ ମଧ୍ୟ ଉର୍ବରତା ଶକ୍ତି ଏବଂ

ପ୍ରଜନନ ଯୋଗ୍ୟତାର ସନ୍ଧାନ କଲା ଯେବେ ମଣିଷ ପଶୁପାଳନ ସହିତ ସ୍ଥାୟୀ ଭାବରେ କୃଷି କ୍ଷେତ୍ରରେ ନିବେଶ କଲା। ଲଙ୍ଗଳ ଶବ୍ଦ ଲିଙ୍ଗ ଶବ୍ଦରୁ ଉଦ୍ଭବ। ତେଣୁ ନାରୀ ଓ ପୃଥିବୀ ମାତାର ଏହି ସମ୍ବନ୍ଧ କ୍ରମେ ପୂଜାରେ ବିକାଶ ଲାଭ କଲା।

ଶାକ୍ତ ଉପନିଷଦଗୁଡ଼ିକ ଅନେକାଂଶରେ ତନ୍ତ୍ରର ନିକଟବର୍ତ୍ତୀ ହୋଇଥିବାରୁ ଏଥିରେ ବିନ୍ଦୁ, ନାଦ, ରଜ, ବୀଜ, ସ୍ଥାନ, ଶକ୍ତି, ମନ୍ତ୍ର, ଯନ୍ତ୍ର, ଚକ୍ର ଏବଂ ତାରକ ଆଦିର ବ୍ୟବହାର ଦେଖିବାକୁ ମିଳେ। ବେଦ ଓ ଉପନିଷଦ ଯୁଗରେ ସୃଷ୍ଟ ଶକ୍ତି ଧାରଣା କ୍ରମ ବିକଶିତ ହୋଇ ପୁରାଣ ଯୁଗରେ ପଲ୍ଲବିତ ବିଶାଳ ବଟବୃକ୍ଷରେ ପରିଣତ ହୋଇଛି। ରାମାୟଣ ଓ ମହାଭାରତରେ ଶକ୍ତି ଉପାସନାର ବିଶେଷ ନିଦର୍ଶନ ମିଳୁ ନ ଥିଲେ ମଧ୍ୟ ଉମା, ରୁଦ୍ରାଣୀ, ପାର୍ବତୀ, ନାଗମାତା, ସିଂହିଜା, ଚଣ୍ଡୀ, ଶ୍ରୀ, ଅନ୍ନପୂର୍ଣ୍ଣା, ପର୍ଣ୍ଣଶବରୀ ଆଦି ବିଭିନ୍ନ ନାମରେ ଦେବୀ ଉପାସନା ଦେଖିବାକୁ ମିଳେ। ଶକ୍ତି ଉପାସନା ସଂସ୍କୃତି ମଧ୍ୟରେ ଓତଃପ୍ରୋତ ଭାବେ ସଂଶ୍ଲିଷ୍ଟ ହୋଇ ରହିଥିବାରୁ ଜୈନ ଓ ବୌଦ୍ଧ ଧର୍ମରେ ଶକ୍ତି ଉପାସନାର ପ୍ରଭାବ ପରିଲକ୍ଷିତ ହୁଏ। ଚର୍ଯ୍ୟାପଦ, ପୁରାଣ, ଚଣ୍ଡୀପୁରାଣ, ବିଲଙ୍କା ରାମାୟଣ, ଲକ୍ଷ୍ମୀପୁରାଣ, କଳିକା ପୁରାଣ ଆଦି ଗ୍ରନ୍ଥଗୁଡ଼ିକରେ ଶାକ୍ତ ଧର୍ମୀ ମହନୀୟତା ପରିଲକ୍ଷିତ  ହୁଏ।

**ଶୈବ ଧର୍ମ :**

ଶୈବଧର୍ମର ଉତ୍ପତ୍ତି ବିଷୟରେ ଆଲୋଚନା କରିବାକୁ ଯାଇ ଗବେଷକମାନେ ଆଦି ମାନବର ପ୍ରାଥମିକ ଆବଶ୍ୟକତା ଓ ତତ୍‌ଜନିତ ପ୍ରତିକ୍ରିୟା ଉପରେ ବିଶେଷ ଗୁରୁତ୍ୱ ଆରୋପ କରିଛନ୍ତି। ଆହାର ଅନ୍ୱେଷଣ ଓ ମୈଥୁନ ଆଦିମାନବଙ୍କ ପ୍ରଧାନ ଆବଶ୍ୟକତା ଥିଲା। ଶୈବଧର୍ମର ମୂଳଭିତ୍ତି ଶାକ୍ତଧର୍ମ ପରି ପ୍ରଜନନ କୈନ୍ଦ୍ରିକ ବୋଲି ଜଣାଯାଏ। ମହେଞ୍ଜୋଦାରୋ ଓ ହରପ୍‌ପାର ଆବିଷ୍କୃତ ପ୍ରତ୍ନତାତ୍ତ୍ୱିକରୁ ଏସବୁ ଉପାଦାନ ସଂଗ୍ରହ କରାଯାଇଛି। ମହେଞ୍ଜୋଦାରୋ ଓ ହରପ୍‌ପା କାଳୀନ ସଭ୍ୟତା କାଳରେ ହିଁ ପ୍ରାକ୍ ଶୈବଧର୍ମର ବିକାଶ କାଳ ବୋଲି କୁହାଯାଏ। ହରପ୍‌ପା ଶବ୍ଦକୁ ବ୍ୟାଖ୍ୟା କରି କିଛି ଗବେଷକ କୁହନ୍ତି ହର ଓ ଅପ୍‌ପା (ବାପା) ଶବ୍ଦର ମିଶ୍ରଣରୁ 'ହରପ୍‌ପା' ଶବ୍ଦ ସୃଷ୍ଟି ହୋଇଛି। ଯେଉଁ ନଗରୀରେ କି ଦିନେ ହରଙ୍କର ସାର୍ବଭୌମତ୍ୱ ପ୍ରତିପାଦିତ ହେଉଥିଲା। ହରପ୍‌ପାର ମୋହରମାନଙ୍କର ଏହି ହରଙ୍କୁ ଶିଙ୍ଗ ଓ ଅନ୍ୟାନ୍ୟ ପ୍ରାକୃତିକ ପଶୁ ସୁଲଭ ଅବୟବ ଦ୍ୱାରା ଭୂଷିତ କରାଯାଉଥିଲା। ପୁନଶ୍ଚ ମହେଞ୍ଜୋଦାରୋରୁ ପ୍ରାପ୍ତ ଏକ ମୁଦ୍ରାରେ ଯୋଗାସନାସୀନ ପଶୁପତି, ଦୁଇଟି ନିଷାଦ ଓ ଦୁଇଟି ସର୍ପର ଚିତ୍ର ଅଙ୍କିତ ହୋଇଥିବାର ଦେଖିବାକୁ ମିଳେ। ଏଠାରେ ଶିବଙ୍କ ସହ ନିଷାଦ ଓ ସର୍ପରୁ ଏକୀକରଣ ତାଙ୍କର ଆଦିମାନବ ପ୍ରିୟତା ଓ ଯୌନ ପ୍ରଚୋଦନାର ପରିଚୟ ପ୍ରଦାନ କରିଥାଏ। ସର୍ପକୁ

ସର୍ବଦା ଅନନ୍ତ ଯୌବନର ଅଧିକାରୀ ବା ଚରମ କାମୁକତାର ପ୍ରତୀକ ହିସାବରେ ଗ୍ରହଣ କରାଯାଏ। ସେ ମଧ୍ୟ ବଂଶବୃଦ୍ଧିର ପ୍ରତୀକ। ତେଣୁ ମୋଟ ଉପରେ କହିଲେ ପ୍ରାଗ୍ ଐତିହାସିକ ଯୁଗର ପ୍ରୋଟୋ ଶିବ ଥିଲେ ଯୁଗର ଯୌନ ଉପାସନା ଓ ପ୍ରକୃତି ପୂଜାର ଅନ୍ୟତମ ପ୍ରତିନିଧି। କାଳକ୍ରମେ ସିନ୍ଧୁ ଉପତ୍ୟକାବାସୀ ରୁଦ୍ର ଭାବରେ ଶିବଙ୍କୁ ଉପାସନା କରିବାକୁ ଆରମ୍ଭ କଲେ। ରୁଦ୍ରର ଶାବ୍ଦିକ ରୂପ ହେଉଛି, ଯେ ରୋଦନ କରେ। ଏହି ଶବ୍ଦକୁ ବ୍ୟାଖ୍ୟା କଲେ ବଜ୍ରର ଗର୍ଜନ ସହ ଏକୀଭୂତ। ବଜ୍ରପାତ ସହିତ ତୁଳନା କରି ରୁଦ୍ରଙ୍କୁ ଘନ ବାଦଲ ମଧ୍ୟରେ ଅନୁରଂଜିତ ଚପଳା, ଅଶନି, ନିର୍ଘୋଷ ଓ ଘୋର ବର୍ଷା ରୂପେ ଗ୍ରହଣ କରାଯାଇଛି। ଋଗ୍‌ବେଦରେ ରୁଦ୍ରଙ୍କ ବିଭିନ୍ନ ନାମକୁ ବ୍ୟାଖ୍ୟା କରାଯାଇଛି। ଯଥା ସମୟରେ ଘୋଟି ଆସୁଥିବା ଧୂସର ରଙ୍ଗର ମେଘମାଳା ଏବଂ ତନ୍ମଧ୍ୟରୁ ସ୍ଫୁରିତ ବିଜୁଳୀର ଚମକ ସହ 'ଦେବ ବରାହ' ନାମକ ଗାଢ଼ କୃଷ୍ଣ ମେଘମାଳ ମଧ୍ୟରେ ବରାହର ଶ୍ୱେତଦନ୍ତ ପରି ଶ୍ୱେତ ଚପଳାର ତରଙ୍ଗ ସହ, ମହାଭିଷକ୍ ରୂପକୁ ବର୍ଷା କାଳୀନ ଔଷଧ ବୃକ୍ଷମାନଙ୍କର ପ୍ରବଳତା ସହ ଏବଂ 'ବୃଷଭ' ନାମକୁ 'ବୃଷ' ଧାତୁ ନିଷ୍ପନ୍ନ ବୋଲି କୁହାଯାଇଛି। ବୃଷଭ ଅଧିକ ପ୍ରଜନନ ଶକ୍ତିସଂପନ୍ନ। ସେହିପରି ବର୍ଷାଋତୁ କାମୋଦ୍ଦୀପକ ଓ ପଶୁ, ମନୁଷ୍ୟ ଏବଂ ବୃକ୍ଷଲତା ସମସ୍ତଙ୍କର ବଂଶବୃଦ୍ଧିର ସମୟ ବୋଲି କୁହାଯାଇଛି। ଏହିପରି ବିଭିନ୍ନ ବେଦ, ଉପନିଷଦ, ପୁରାଣ, ମହାଭାରତ, ରାମାୟଣ, ବାୟୁପୁରାଣ, ମତ୍ସ୍ୟପୁରାଣ, ଲିଙ୍ଗପୁରାଣ, ସୂର୍ଯ୍ୟପୁରାଣ, ବ୍ରହ୍ମ ପୁରାଣ, ବରାହ ପୁରାଣ ଓ ଶିବ ପୁରାଣ ଆଦି ଗ୍ରନ୍ଥଗୁଡ଼ିକରେ ଶିବଙ୍କର ବ୍ୟାପକ ସ୍ମରଣ ସମ୍ବନ୍ଧରେ ତଥ୍ୟ ମିଳେ। ଭାରତୀୟ ସଂସ୍କୃତିରେ ଲିଙ୍ଗ ଉପାସନା ସୁପ୍ରାଚୀନ। ଖ୍ରୀଷ୍ଟୀୟ ୩ୟ ଶତାବ୍ଦୀରେ ଓଡ଼ିଶାରେ ଶୈବଧର୍ମର ବ୍ୟାପକ ବିସ୍ତାର ହୋଇଥିଲା। ପଞ୍ଚମ ଶତାବ୍ଦୀର ପରବର୍ତ୍ତୀ କାଳରେ ଓଡ଼ିଶାର କଳା ଓ ଭାସ୍କର୍ଯ୍ୟରେ ଶୈବଧର୍ମର ପ୍ରଭାବ କ୍ରମେ ପରିଲକ୍ଷିତ ହେବାକୁ ଲାଗିଲା। ଦଣ୍ଡନାଚ, ପାଟୁଆ ନାଚ, ଚଡ଼କ ପୂଜା ଓ ଛଉନାଚ ପ୍ରଭୃତି ଲୋକନୃତ୍ୟରେ ତଥା ଢ଼ଗଢ଼ମାଳି ଡାକ ବଚନ, ଖନାବଚନ, ମନ୍ତ୍ରତନ୍ତ୍ର ଆଦିରେ ଶୈବ ଧର୍ମର ପ୍ରଭାବ ଦେଖିବାକୁ ମିଳେ। ଓଡ଼ିଆ ସାହିତ୍ୟରେ ବତ୍ସା ଦାସଙ୍କ କଳସା ଚଉତିଶା ଓ ଅବଧୂତ ସ୍ୱାମୀଙ୍କ ରୁଦ୍ରସୁଧାନିଧି, ସୋମନାଥ ବ୍ରତକଥାରେ ଶୈବ ଧର୍ମର କଥା ବିଶେଷ ଭାବରେ ପରିଦୃଷ୍ଟ ହୁଏ। ଓଡ଼ିଶାର ପ୍ରସିଦ୍ଧ ଶିବଲିଙ୍ଗ ଯଥା – ଲିଙ୍ଗରାଜ, ଲୋକନାଥ, ଧବଳେଶ୍ୱର, ଚନ୍ଦ୍ରଶେଖର, ସ୍ୱପ୍ନେଶ୍ୱର, ଗୋକର୍ଣ୍ଣେଶ୍ୱର, ଆଖଣ୍ଡଳମଣି ଓ ଶରଣକୂଳ, ଲଡୁବାବା ପ୍ରଭୃତି ଶିବଙ୍କ ଅନେକ ନାମକୁ ନେଇ ବହୁ ସ୍ତୁତି, ସ୍ତବ, ଚରିତ ଭଜନ, ଜଣାଣ, ଚଉତିଶା ଆଦି ରଚିତ ହୋଇଛି, ଯାହା ଶୈବଧର୍ମର ପ୍ରସାର କ୍ଷେତ୍ରରେ ମୁଖ୍ୟ ଭୂମିକା ଗ୍ରହଣ କରିପାରିଛି।

**ଜୈନଧର୍ମ :**

ଜୈନଧର୍ମ ପୃଥିବୀର ସର୍ବପ୍ରାଚୀନ ସଂସ୍କାରବାଦୀ ଧର୍ମ। ଜୈନଧର୍ମର ସୃଷ୍ଟି ସଂପୂର୍ଣ୍ଣ ଅଭିନବତ୍ୱ। ଆର୍ଯ୍ୟ ତଥା ପ୍ରାଚୀନ ଦ୍ରାବିଡ଼ ସଂପ୍ରଦାୟର ଏହା ଥିଲା ଅଧିକ ନିକଟବର୍ତ୍ତୀ। ସତ୍ୟ, ଅହିଂସା, ଅଚୌର୍ଯ୍ୟ, ଅନଧିକାର ଓ ବ୍ରହ୍ମଚର୍ଯ୍ୟ ପରି ମାନବିକ ଦିଗ ଉପରେ ହିଁ ଏହି ଧର୍ମ ଗୁରୁତ୍ୱ ଦେଉଥିଲା। ଯୁଗ ଯୁଗର ପରୀକ୍ଷା ପରେ ସଚେତନ ମଣିଷ ଉପଲବ୍ଧ କଲେ ମଣିଷର ସର୍ବଶ୍ରେଷ୍ଠ ଲକ୍ଷ୍ୟ ହେଉଛି ମୋକ୍ଷ। ଅନ୍ୟକୁ ଦୁଃଖ ଦେବା ନୁହେଁ ବରଂ ସର୍ବଜନ ସୁଖାୟ ନୀତି ଉପରେ ପର୍ଯ୍ୟବସିତ ହେବା ଉଚିତ। ମୋକ୍ଷ ସାଧନା ପାଇଁ ମନୁଷ୍ୟକୃତି ଇଚ୍ଛା ନୁହେଁ ଧର୍ମାନ୍ଧତା ନୁହେଁ, ଅନ୍ଧବିଶ୍ୱାସ ନୁହେଁ ବରଂ ଆତ୍ମ ସୁଖ ବଳି, କାମନା-ବାସନାର ବଳି, ନିଜକୁ ସଂଶୋଧିତ କରିବାର ସମୟ, ଜୀବନର ତତ୍ତ୍ୱକୁ ଉପଲବ୍ଧି କରିବାର ସମୟ, ନିଜକୁ ଚିହ୍ନିବାର ପ୍ରୟାସ ଇତ୍ୟାଦିର ମହନୀୟତା ଜୈନଧର୍ମ ଶିଖାଇଛି। ଯାଗ, ଯଜ୍ଞ, ପଶୁବଳି, ଜୀବ ହିଂସାର କୌଣସି ପ୍ରୟୋଜନୀୟତା ନାହିଁ। ଏକନିଷ୍ଠ ସାଧନା ମନୁଷ୍ୟକୁ ଆଣିଦେବ ଜୀବନତ୍ୱ ଓ ମୋକ୍ଷ। ଏହି ଜୀବତ୍ୱ ପ୍ରାପ୍ତିର ସାଧନାମୟ ଧର୍ମ ଜୀବନ ନାମ ଜୈନ ଧର୍ମ। ଋଷଭ ଦେବଙ୍କୁ ଜୈନଧର୍ମମାନଙ୍କର ପ୍ରଥମ ତୀର୍ଥଙ୍କର କୁହାଯାଏ, ଏହି ଋଷଭ ପୁଣି ହେଉଛନ୍ତି ହିନ୍ଦୁମାନଙ୍କ ଚତୁର୍ବିଂଶ ଅବତାର ମଧ୍ୟରୁ ଜଣେ। ତାଙ୍କ ପରିଚୟ ଋଷି ବା ରାଜା ଭାବରେ ଜୀବନର ଆଦର୍ଶ ଓ ସାଧନା ଯୋଗୁଁ ସେ ହେଲେ ଅବତାର। କାଳକ୍ରମେ ଆର୍ଯ୍ୟମାନଙ୍କ ଅଗମନ ଓ ଦୁଇଟି ସଭ୍ୟତାର ମିଶ୍ରଣ ଫଳରେ ବିଶ୍ୱବିଖ୍ୟାତ ବୈଦିକ ସଭ୍ୟତାର ସୃଷ୍ଟି ହେଲା। ବେଦର ମନ୍ତ୍ରଦ୍ରଷ୍ଟା ଋଷି ମାନବ ଜୀବନରେ ଶାନ୍ତି ଓ ପ୍ରଗତି ପାଇଁ ସତତ ଉଦ୍ୟମ କରୁଥିଲେ। ପବିତ୍ର ତଥା ସୁସଂହତି ଜୀବନ ଯାପନ ଲାଗି ସେମାନେ କର୍ମ, ପୂଜା, ଉପାସନା ଓ ଯାଗଯଜ୍ଞର ସୂତ୍ରପାତ କଲେ। ସମାଜରେ ବିଜ୍ଞ ବ୍ରାହ୍ମଣଙ୍କ ହାତରେ ଯଜ୍ଞକର୍ମ ଦିଆଗଲା ଏବଂ ଅନ୍ୟ ତିନି ବର୍ଣ୍ଣ କ୍ଷତ୍ରିୟ, ବୈଶ୍ୟ, ଶୁଦ୍ରମାନଙ୍କୁ ଏଥିରୁ ବାଦ୍ ଦିଆଗଲା। ନେମିନାଥ, ମହାବୀର ଓ ପାର୍ଶ୍ୱନାଥ ପ୍ରଭୃତି ୨୦ ଜଣ ତୀର୍ଥଙ୍କର ଜୈନଧର୍ମର ପ୍ରଚାରକ ଥିଲେ। ଜୈନଧର୍ମର ତ୍ରିରତ୍ନ ସମ୍ୟକ୍ ଦର୍ଶକ,ସମ୍ୟକ୍ ଜ୍ଞାନ ଓ ସମ୍ୟକ୍ ଚରିତ୍ର ଉପରେ ପ୍ରତିଷ୍ଠିତ। ବିନୟ ଏହାର ଭିତ୍ତିଭୂମି। ଜୈନ ଧର୍ମର ମୁଖ୍ୟ ଉଦ୍ଦେଶ୍ୟ ଥିଲା ସମାଜରୁ ଶୋଷଣ ଓ ସବୁଧାବାଦ ବିରୁଦ୍ଧରେ ଏକ ସାଂସ୍କୃତିକ ବିପ୍ଳବ। ଜୈନ ଧର୍ମ ଥିଲା ଏକ ସମତା ଧର୍ମ ଜାତି, ଧର୍ମ, ବର୍ଣ୍ଣ ନିର୍ବିଶେଷରେ ଏଥିରେ ସବୁ ସଂପ୍ରଦାୟର ଲୋକଙ୍କୁ ଦୀକ୍ଷିତ କରାଯାଉଥିଲା। ମନୁଷ୍ୟର ଜାତି ବିଭାଗ ଜନ୍ମାନୁସାରୀ ନ ହୋଇ କର୍ମନୁସାରୀ ହେବା ଉଚିତ୍। ଏହା ମହାବୀରଙ୍କ ଉକ୍ତି ଥିଲା। ଓଡ଼ିଶାରେ କଳିଙ୍ଗର ବିଶିଷ୍ଟ ରାଜା କରାକଣ୍ଡୁଙ୍କ ଜୈନଧର୍ମ ଗ୍ରହଣ ଓ

ପୋଷକତା ଫଳରେ ଜୈନଧର୍ମ କଳିଙ୍ଗ ଦେଶର ରାଜଧର୍ମରେ ପରିଣତ ହେଲା। ଫଳରେ କଳିଙ୍ଗବାସୀ ଜୈନଧର୍ମ ପ୍ରତି ସେମାନଙ୍କର ଆତ୍ମୀୟତା ପ୍ରକାଶ କଲେ। ଶେଷ ତୀର୍ଥଙ୍କର ମହାବୀରଙ୍କ ଓଡ଼ିଶା ଆଗମନ ଓ ଜୈନଧର୍ମ ପ୍ରଚାର ପାଇଁ ଆମନ୍ତ୍ରଣ କରିଥିଲେ। ତତ୍‌କାଳୀନ କଳିଙ୍ଗର ରାଜଧାନୀ ତୋଷାଳି ଠାରେ ଏହି ଜୈନଧର୍ମର ପ୍ରବଚନ ପ୍ରଦାନ କରିଥିବା କଥା ହାତୀଗୁମ୍ଫା ଶିଳାଲେଖରେ ଲିପିବଦ୍ଧ ରହିଥିବା କଥା ଜଣାଯାଏ। ପରେ ମୌର୍ଯ୍ୟବଂଶ, ଅଶୋକ, ଐର ଖାରବେଳ, ନାଗ ଓ ଗୁପ୍ତବଂଶର କେଶରୀ ବଂଶର ବହୁ ରାଜାମାନେ ଓଡ଼ିଶାରେ ଜୈନଧର୍ମର ପ୍ରଚାର ଓ ପ୍ରସାର କରାଇଥିଲେ।

**ବୌଦ୍ଧଧର୍ମ :**

ଭାରତୀୟ ସାଂସ୍କୃତିକ ଇତିହାସରେ ମହାବୀର ଓ ଗୌତମ ପ୍ରଥମ କରି ବିପ୍ଳବର ସ୍ୱର ଉତ୍ତୋଳନ କରିଥିଲେ। ତତ୍‌କାଳୀନ ମାନବ ସମାଜକୁ ଏକ ବିରାଟ ପରିବର୍ତ୍ତନର ସ୍ୱରରେ ଛନ୍ଦାୟିତ କରି ଏକ ସୁଗଠିତ, ନିର୍ଦ୍ଦିଷ୍ଟ ଆଲୋକ ମାର୍ଗ ଦେଖାଇ ଦେଇଥିଲେ। ସମାଜ ସଂସ୍କାରକ ଭଗବାନ ବୁଦ୍ଧ ଯେଉଁ ନୂତନ ଧର୍ମର ଆବିଷ୍କାର କଲେ, ତାହା ବୌଦ୍ଧଧର୍ମ ନାମରେ ଅଭିହିତ। ସମକାଳୀନ ଭାରତୀୟ ସମାଜର ଅର୍ଥନୈତିକ, ରାଜନୈତିକ ଓ ସାମାଜିକ ବାତାବରଣ ବୌଦ୍ଧ ଧର୍ମ ବାତାବରଣ ବୌଦ୍ଧ ଧର୍ମ ପରି ଏକ ବିପ୍ଳବାତ୍ମକ ମହାନ ଧାର୍ମିକ ଆନ୍ଦୋଳନର ସୂତ୍ରପାତ କରିବାରେ ସକ୍ଷମ ହୋଇଥିଲା। ପ୍ରଥମେ ବଣିକ ବୈଶ୍ୟ ଜାତି ହିଁ ବୁଦ୍ଧଙ୍କର ଶିଷ୍ୟ ହୋଇଥିଲେ। ସେ ସମୟରେ ଅନେକ ସାମାଜିକ ବିଶୃଙ୍ଖଳା ବିରୁଦ୍ଧରେ ଭଗବାନ ବୁଦ୍ଧ ପ୍ରଥମେ ସ୍ୱର ଉତ୍ତୋଳନ କରିଥିଲେ। ଜଣେ ସମାଜ ସଂସ୍କାରକ ହିସାବରେ ବୁଦ୍ଧଦେବ ପ୍ରଥମେ ବର୍ଣ୍ଣାଶ୍ରମ ଧର୍ମରୁ ଉଚ୍ଛେଦ ସାଧନ ଜାରି ରଖି ସମାଜରେ ଜାତି ଧର୍ମ ବର୍ଣ୍ଣ ନିର୍ବିଶେଷରେ ସମସ୍ତଙ୍କୁ ସମାନତା ଦୃଷ୍ଟିକୋଣରୁ ବିଚାର କରିବା ତାଙ୍କର ଲକ୍ଷ୍ୟ ଥିଲା। ନିର୍ବାଣ ଲାଭକୁ ବୁଦ୍ଧ ମାନବ ଜୀବନର ଚରମ ଲକ୍ଷ୍ୟ ବୋଲି ପ୍ରଚାର କରିଥିଲେ। ସତ୍ ଚିନ୍ତା, ସତ୍ ବିଶ୍ୱାସ, ସତ୍ ଚେଷ୍ଟା, ସତ୍ ଧ୍ୟାନ, ସତ୍ ବାକ୍ୟ, ସତ୍ ଜୀବନଯାତ୍ରା, ସତ୍ ଆକାଂକ୍ଷା ଓ ସତ୍ ସ୍ୱଭାବ, ବୌଦ୍ଧ ଧର୍ମର ସରଳତା, ଆବେଗିକ ଉପାଦାନ, କୋହଳ ନୀତି, ଲୋକ ଭାଷାର ଧର୍ମ ପ୍ରଚାର ବୌଦ୍ଧ ଧର୍ମକୁ ବିଶେଷ ଲୋକପ୍ରିୟ କରିପାରିଥିଲେ। ବୁଦ୍ଧଦେବଙ୍କର ମହାନିର୍ବାଣ ପରେ ତାଙ୍କର ଶରୀର ବିଶେଷକୁ ବୌଦ୍ଧ ଭିକ୍ଷୁମାନେ ବିଭିନ୍ନ ଦେଶରେ ସ୍ମୃତି ସ୍ତୁପମାନ ତିଆରି କରିଥିଲେ। ଏହି ସମୟରେ ଥେରକ୍ଷମ ନାମକ ଏକ ବୌଦ୍ଧଭିକ୍ଷୁ ବୁଦ୍ଧଙ୍କର ଏକ ବାମ କଲଦାନ୍ତକୁ ନେଇ କଳିଙ୍ଗ ଆସିଥିଲେ। ସେ ସମୟର ରାଜା ବ୍ରହ୍ମଦତ୍ତଙ୍କର ବୌଦ୍ଧଧର୍ମ ଓ ବୁଦ୍ଧଦେବଙ୍କ ପ୍ରତି ଯଥେଷ୍ଟ ଅନୁରକ୍ତି

ରହିଥିଲା । ତେଣୁ ବୁଦ୍ଧଦେବଙ୍କ ନାମାନୁସାରେ ତାଙ୍କ ରାଜ୍ୟର ନାମ ଦନ୍ତପୁର ବୋଲି ରଖିଥିଲେ । ଅଶୋକଙ୍କ ସମୟକୁ ନିଆଗଲେ ଯୁଦ୍ଧର କରୁଣ ବିଭୀଷିକା ଅଶୋକଙ୍କୁ ଚଣ୍ଡାଶୋକରୁ ଧର୍ମାଶୋକରେ ପରିଣତ କରାଇଥିଲା ଏବଂ ସେହି ଦିନ ଠାରୁ ସେ ବୌଦ୍ଧଧର୍ମ ଗ୍ରହଣ କରିଥିଲେ । ଭୌମକର ବଂଶୀୟ ରାଜାମାନେ ଓଡ଼ିଶାରେ ବୌଦ୍ଧଧର୍ମର ପ୍ରସାର ନିମିତ୍ତ ବିଶେଷ ପ୍ରଯତ୍ନ କରିଥିଲେ । ଚର୍ଯ୍ୟାଗୀତିକା, ସାରଳା ମହାଭାରତ, ବୌଦ୍ଧ ବୀରସିଂହ ଓ ବୀରସିଂହ ଚଉତିଶା, ପଞ୍ଚସଖା ସାହିତ୍ୟରେ ଆଧୁନିକ ଓଡ଼ିଆ ସାହିତ୍ୟରେ ତଟ ନିରଞ୍ଜନା, ବୌଦ୍ଧାବତାର, ମହାନିର୍ବାଣ, ସାରିପୁତ ଓ ମଧୁମତ୍ତା ଆଦି ସାର୍ଥକ ସୃଷ୍ଟିଗୁଡ଼ିକରେ ବୁଦ୍ଧଦେବଙ୍କ ଜୀବନ ଦର୍ଶନ କଥା ବର୍ଣ୍ଣିତ ରହିଛି । ଯାହା ବୌଦ୍ଧ ଧର୍ମର ପ୍ରସାର କ୍ଷେତ୍ରରେ ମହତ୍ୱ ପ୍ରତିପାଦନ କରେ ।

**ନାଥଧର୍ମ :**

ନାଥଧର୍ମର ସଂପୂର୍ଣ୍ଣ ଆଦର୍ଶ ଓ ସ୍ୱରୂପ ତତ୍ତ୍ୱ ବିଶେଷତଃ ଯୋଗ ଦର୍ଶନକୁ ଅବଲମ୍ବନ କରୁଥିବାରୁ ନାଥ ସଂପ୍ରଦାୟୀମାନଙ୍କୁ ଯୋଗୀ କୁହାଯାଏ । ଏହାର ମୂଳ ସାଧନା ହେଉଛି କାୟା ସାଧନା । କୁଳ କୁଣ୍ଡଳିନୀ ଶକ୍ତିର ସୁଷୁମ୍ନା ମଧ୍ୟବର୍ତ୍ତୀ ଚିତ୍ରାନାଡ଼ୀ ସାହାଯ୍ୟରେ ମସ୍ତକରେ ସ୍ଥିତ ସହସ୍ରାରେ ନିତ୍ୟ ବିରାଜିତ ଶିବଙ୍କ ସହିତ ମିଳନ ହିଁ ଯୋଗୀମାନଙ୍କର ଯୋଗ ସାଧନାର ପ୍ରଧାନ ଫଳ । ନାଥ ତତ୍ତ୍ୱର ମୂଳ ଉଦ୍ଦେଶ୍ୟ ହେଉଛି ଶିବ ଓ ଶକ୍ତି ମଧ୍ୟରେ ଲୋକ ଧାରଣାରେ ରହି ଯାବତୀୟ ପାର୍ଥକ୍ୟକୁ ପରିହାର କରିପାରିଲେ ସାଧକ ଶୂନ୍ୟ ବା ପରମାର୍ଥିକ ଅବସ୍ଥାକୁ ପ୍ରାପ୍ତ ହୋଇପାରିବ । ପରବର୍ତ୍ତୀ କାଳରେ ନାଥ ସାଧନା ମୂର୍ତ୍ତି ସାଧନରେ ପରିଣତ ହେବାପରେ ଗୋରେଖ ଓ ମତ୍ସ୍ୟେନ୍ଦ୍ରଙ୍କର ଚତୁର୍ଭୁଜ ମୂର୍ତ୍ତି ପୂଜା ପ୍ରବର୍ତ୍ତିତ ହୋଇଛି । ଓଡ଼ିଶାରେ ନାଥଧର୍ମ ମଙ୍ଗ ରାଜାମାନଙ୍କ ସମୟରୁ ହିଁ ବିଶେଷ ଦୃଷ୍ଟି ଆକର୍ଷଣ କରିଥିଲା । ଦ୍ୱାଦଶ ଶତାବ୍ଦୀର ସିଦ୍ଧ ସାଧକ ଗୋରେଖନାଥଙ୍କ ପ୍ରବର୍ତ୍ତିତ ନାଥଧର୍ମ ସମଗ୍ର ଭାରତ ବର୍ଷରେ ଲୋକପ୍ରିୟ ହୋଇ ଉଠିଥିଲା, ଯାହାର ପ୍ରଭାବ ସେ ଓଡ଼ିଶାର ଧର୍ମଭୂମି ଉପରେ ପକାଇଥିଲେ । ବହୁ ପ୍ରାଚନୀ କାଳରୁ ଶୂନ୍ୟ ତତ୍ତ୍ୱ ଋଗ୍‌ବେଦୀୟ ସାହିତ୍ୟରୁ ଆରମ୍ଭ କରି ବୌଦ୍ଧରୁ ଜୈନ ଓ ବୈଷ୍ଣବ ପ୍ରଭୃତି ଧର୍ମ ସମୂହରେ ପରିଲକ୍ଷିତ ହୋଇଥାଏ । ନାଥଧର୍ମରେ ମଧ୍ୟ ଶୂନ୍ୟତ୍ୱ ଓ ଶୂନ୍ୟ ସାଧନାର ସ୍ଥାନ ରହିଛି । ଓଡ଼ିଶାରେ ନାଥଧର୍ମର ବାର ସଂପ୍ରଦାୟ ଅନୁସାରେ ସିଦ୍ଧମାନଙ୍କ ପାଇଁ ବାରଗୋଟି ପ୍ରଧାନ ପୀଠ ଥିଲା । ସେମାନଙ୍କ ମଧ୍ୟରୁ କଟକର କିଆରବାବା, ହରିହରପୁର, ଚଉଦକୁଲାଟ, ପଦ୍ମପୁର, ବାରସ୍ୱତୀ ମଠ, ଢେଙ୍କାନାଳର କପିଳାସ ମଠ ପ୍ରଧାନ ଥିଲା । ଓଡ଼ିଶାରେ ଖ୍ରୀଷ୍ଟୀୟ ଦ୍ୱାଦଶ ଶତାବ୍ଦୀବେଳକୁ ନାଥଧର୍ମର ଆବିର୍ଭାବ ନାଥଚର୍ଯ୍ୟମାନଙ୍କ ଧର୍ମର ମାର୍ଗ ଥିଲା । କେବଳ ଶୁଷ୍କ ଯୌଗିକ

ମାର୍ଗ, ଯୋଗ ସିଦ୍ଧିର ଉପାୟ, ତା'ର ଫଳାଫଳ ଚକ୍ରସାଧନ, ବିଭିନ୍ନ ଚକ୍ରମାନଙ୍କର ବର୍ଣ୍ଣନା, ପବନ ବିଚାର ଓ ନାଡ଼ୀ ସଂସ୍ଥାନ ପ୍ରଭୃତି। ଯୋଗ୍ୟତାମୂଳକ ବିଚାର ଓ ଆଧ୍ୟାତ୍ମିକ ଜିଜ୍ଞାସା ପ୍ରଧାନ ଧର୍ମ ଓ ଦର୍ଶନ ଥିଲା। ନାଥଧର୍ମର ପ୍ରସାର କ୍ଷେତ୍ରରେ ଗୋରଖନାଥଙ୍କ ଭୂମିକା ଅନବଦ୍ୟ। ସେ ବହୁ ଭାଷାର ବିଦ୍ୱାନ ଥିଲେ। ତେଣୁ ପ୍ରତ୍ୟେକ ଭାଷାର ଲୋକଙ୍କ ପାଇଁ ଲୋକଭାଷାରେ ନାଥଧର୍ମର ମୂଳତତ୍ତ୍ୱମାନଙ୍କୁ ବ୍ୟାଖ୍ୟା କରି ଗ୍ରନ୍ଥମାନ ରଚନା କରିଥିଲେ। ଓଡ଼ିଆ ସାହିତ୍ୟରେ ନାଥଧର୍ମର ବହୁ ବିଷୟକ ଉପାଦାନମାନ ରହିଛି। ନାଥଧର୍ମର ତତ୍ତ୍ୱ ଓ ଦର୍ଶନ ସହିତ ଓଡ଼ିଆ ସାହିତ୍ୟର ବିଭିନ୍ନ ବିଭାଗରେ ଦର୍ଶନ ତତ୍ତ୍ୱ, ଆଚରଣ ଏବଂ ଗୋରକ୍ଷ, ମତ୍ସ୍ୟେନ୍ଦ୍ର ସିଦ୍ଧାଚାର୍ଯ୍ୟଙ୍କ ପରି ନାଥ ସାଧୁମାନଙ୍କର ବର୍ଣ୍ଣନା କରାଯାଇଛି। ଶିଶୁଦେବ, ଅମରକୋଷ ଗୀତା, ସପ୍ତାଙ୍ଗ ଯୋଗସାର ଗୀତା, ଅଷ୍ଟାଙ୍ଗ ଯୋଗ ଧାରଣା, ଗୋବିନ୍ଦ ଚନ୍ଦ୍ର, ଶିବ ସ୍ୱରୋଦାୟ, ଟୀକା ଗୋବିନ୍ଦଚନ୍ଦ୍ର, ଗୋରେଖ ସଂହିତା, ସାରଳା ମହାଭାରତ, ପଞ୍ଚସଖା ସାହିତ୍ୟ, ରୁଦ୍ରସୁଧାନିଧି ପ୍ରଭୃତିରେ ନାଥଧର୍ମର ସଂକେତ ଦେଖିବାକୁ ମିଳେ। ନିର୍ଗୁଣ ପରଂବ୍ରହ୍ମଙ୍କ ଉପାସନା ଧ୍ୟାନ, କର୍ମ ଓ ଭକ୍ତି ଅପେକ୍ଷା ଜ୍ଞାନର ପ୍ରାଧାନ୍ୟ, ପବିତ୍ରତା ଏବଂ ବିଭିନ୍ନ ରୂଢ଼ି ପ୍ରତୀକ ଓ ରୂପକ ମାଧ୍ୟମରେ ଜଟିଳତ୍ୱର ସରଳ ପରିପ୍ରକାଶ ନାଥଧର୍ମର ବିଶେଷତ୍ୱ ପରିପ୍ରକାଶ କରେ। ଅନ୍ୟ ଧର୍ମମାନଙ୍କ ପରି ନାଥଧର୍ମକୁ ରାଜ ସମର୍ଥନ ମିଳି ନ ଥିଲା। ଫଳରେ କବୀର, ଜ୍ଞାନଦେବଙ୍କ ପରି ସିଦ୍ଧଯୋଗୀମାନଙ୍କର ବ୍ୟକ୍ତିତ୍ୱବୋଧ ଉପରେ ଧର୍ମର ପ୍ରଚାର ଓ ପ୍ରସାର ନିର୍ଭର କରୁଥିଲା। ସପ୍ତଦଶ ଅଷ୍ଟାଦଶ ଶତାବ୍ଦୀ ବେଳକୁ ଓଡ଼ିଶାରେ ସେ ଭଳି ଉଚ୍ଚ ବ୍ୟକ୍ତିତ୍ୱ ସଂପନ୍ନ ନାଥ ଯୋଗୀଙ୍କର ଆବିର୍ଭାବ ହୋଇପାରିଲା ନାହିଁ। ଫଳରେ ନାଥଧର୍ମ ଯେଉଁ କେତେକ ଗୃହସ୍ଥଙ୍କ ଦ୍ୱାରା ଅନୁସୃତ ହୋଇଥିଲା ସେମାନଙ୍କର 'ଅଲାବୁ ପାତ୍ର', 'କେନ୍ଦରା', 'ଭିକ୍ଷାବୃତ୍ତି' ଓ 'ଭଜୁକି ନା ରାମ ନାମରେ ଗୋବିନ୍ଦ' ଗୀତ ମଧ୍ୟରେ ସୀମିତ ରହିଗଲା।

**ମହିମା ଧର୍ମ :**

ଓଡ଼ିଶାର ଏକାନ୍ତ ନିଜସ୍ୱ ଧର୍ମ ଭାବରେ ମହିମା ଧର୍ମ ପ୍ରକାଶିତ। ମହିମା ସ୍ୱାମୀ ଏହି ଧର୍ମର ଆବିଷ୍କାରକ ଓ ପ୍ରଚାରକ। ଊନବିଂଶ ଶତାବ୍ଦୀର ପ୍ରଥମାର୍ଦ୍ଧରେ ଏହାର ଆବିର୍ଭାବ। ଓଡ଼ିଶାରୁ ଏହା ପଶ୍ଚିମବଙ୍ଗ, ବିହାର, ଆନ୍ଧ୍ରପ୍ରଦେଶ, ଆସାମ ଓ ଇନ୍ଦୋର ପ୍ରଭୃତି ରାଜ୍ୟଗୁଡ଼ିକୁ ପରିବ୍ୟାପ୍ତ ହୋଇଥିଲା। ଅଷ୍ଟାଦଶ ଓ ଊନବିଂଶ ଶତାବ୍ଦୀରେ ଓଡ଼ିଶା ଆଧ୍ୟାତ୍ମିକ ଅବକ୍ଷୟତାରେ ପରାଭୂତ ହୋଇପଡ଼ିଥିଲା। ସମାଜରେ ଲୋକଙ୍କ ପ୍ରତି ରାଜ୍ୟ ଓ ଜମିଦାରମାନଙ୍କ ଅତ୍ୟାଚାର ଏବଂ ଜାତିପ୍ରଥାର ଦୁର୍ବିସହ ପରିସ୍ଥିତି ଜନସାଧାରଣଙ୍କୁ ଆଧ୍ୟାତ୍ମିକ କର୍ମରୁ ବଞ୍ଚିତ କଲା। ସେହିପରି ଏକ ଘଡ଼ିସନ୍ଧି ମୁହୂର୍ତ୍ତରେ

ସତ୍ୟ ମହିମା ଧର୍ମର ସୃଷ୍ଟି ହୋଇଥିଲା। ଏଥିରେ ରହିଥିଲା ପ୍ରଚଳିତ ଅନ୍ଧ ପରମ୍ପରା ବିରୁଦ୍ଧରେ ବିପ୍ଳବ ଏବଂ ସମସ୍ତଙ୍କୁ ଭ୍ରାତୃ ବନ୍ଧନରେ ବାନ୍ଧି ଦେବାର ପ୍ରୟାସ। ସନ୍ଥକବି ଭୀମଭୋଇଙ୍କ ରଚନାବଳୀ, ଶ୍ୟାମଘନ ଦାସଙ୍କ 'ଅଲେଖ ଲୀଳା' ଏବଂ ମହିମା ସାଧୁ ବିଶ୍ୱନାଥ ବାବାଙ୍କ 'ସତ୍ୟମହିମା' ଧର୍ମର ଇତିହାସ ଗ୍ରନ୍ଥରୁ ଓଡ଼ିଶାରେ ଏହି ଧର୍ମର ଆବିର୍ଭାବ ସମ୍ପର୍କରେ ସୂଚନା ମିଳେ। ମହିମା ସ୍ୱାମୀଙ୍କ ପ୍ରକୃତ ନାମ ମୁକୁନ୍ଦ ଦାସ ବୋଲି 'ତତ୍ତ୍ୱବୋଧିନୀ' ଗ୍ରନ୍ଥରେ ପ୍ରକାଶିତ। ଏହି ମହିମାଧର୍ମର ପ୍ରଥମ ପ୍ରଚାରକ ପ୍ରଥମେ ହିମାଳୟର କୈଳାସରୁ ଓଡ଼ିଶା ଅଭିମୁଖେ ଆସିଥିଲେ। ଏପରି ବହୁ ନାଗସନ୍ନ୍ୟାସୀ ଉତ୍କଳରେ ବହୁବର୍ଷ ରହିବା ପରେ ଓଡ଼ିଆ ଭାଷାକୁ ନିଜ ଧର୍ମ ପ୍ରଚାର ଲାଗି ବ୍ୟବହାର କରୁଥିଲେ। ମହିମା ସାଧୁମାନଙ୍କୁ ନାଗା ସାଧୁ ମଧ୍ୟ କୁହାଯାଏ। କାରଣ ନାଗାମାନଙ୍କର ଆଚରଣ ଓ ଧର୍ମ ଜୀବନ ମହିମାସ୍ୱାମୀଙ୍କ ଅଚରଣ ସହ ଅନେକ ସକଳ କର୍ମରେ ପରଂବ୍ରହ୍ମଙ୍କୁ ସ୍ମରଣ କରିବା। ସେ ପିତା, ମାତା, ଭାଇ, ବନ୍ଧୁ ଓ କୁଟୁମ୍ବ ମନେ  କରିବା। ଏଥିସହିତ ସାଂସାରିକ କର୍ମରେ ଜଡ଼ିତ ରହି ମଧ୍ୟ ପଦ୍ମ ପତ୍ରରେ ଜଳ ରହିବା ପରି କୌଣସି ଥିରେ ଲିପ୍ତ ନ ହୋଇ ବିଶ୍ୱାମିତ୍ରଙ୍କ ସହିତ ଏକୀଭୂତ ହୋଇ ରହିବା ପାଇଁ ବ୍ରହ୍ମସାଧନ ଭଜନ କରିବା। ସଚ୍ଚିଦାନନ୍ଦମୟ ନିର୍ଗୁଣ ନିରହଙ୍କାର ନିରଞ୍ଜନ ରୂପ ବ୍ରହ୍ମ ହିଁ ମହିମାର ପ୍ରଧାନ ଉପାସ୍ୟ। ଏହି ମହିମା ଧର୍ମାବଲମ୍ବୀମାନଙ୍କୁ ଅଲେଖ ସ୍ୱାମୀ, ମହିମା ପ୍ରଭୁ, ଶୂନ୍ୟ ପ୍ରଭୁ ରୂପେ ଉପାସନା କରାଯାଏ। ମହିମାଧର୍ମରେ କର୍ମ, ଜ୍ଞାନ ଓ ଭକ୍ତି ଏହି ତିନି ତତ୍ତ୍ୱ ମଧ୍ୟରେ ସମନ୍ୱୟ ରହିଚି ବୋଲି କୁହାଯାଇଛି। କର୍ମ ବିହୀନ ଜ୍ଞାନ, ଜ୍ଞାନ ନୁହେଁ ଓ ଜ୍ଞାନହୀନ ଭକ୍ତି ପଶୁ ଆଚରଣ ସହ ସମାନ। ଜୀବ ମଧ୍ୟରେ 'ମୁଁ' ତତ୍ତ୍ୱର ଅହଂଭାବ ତାକୁ ନିଷ୍କାମ କର୍ମରୁ ବଞ୍ଚିତ କରେ। ତେଣୁ ନିଜକୁ ବାବାଙ୍କର 'ମହିମାଧର୍ମ ସୁଧାକର', ଅଲେଖ 'ଭଜନାମୃତ', ଅନାଦିଚରଣ ବାବାଙ୍କର 'ମହିମା ଭଜନ ପ୍ରଦୀପ', ରାମାନନ୍ଦ ବାବାଙ୍କର 'ମହିମା ଭଜନମାଳା', ଚିତ୍ତରଂଜନ ଦାସଙ୍କର 'ଓଡ଼ିଶାରେ ମହିମାଧର୍ମ', ଲକ୍ଷ୍ମୀନାରାୟଣ ସାହୁଙ୍କର 'ମହିମା ଧର୍ମର ସଂକ୍ଷିପ୍ତ ସାରକଥା', ଶତୃଘ୍ନ ନାଥଙ୍କର 'ଭକ୍ତକବି ଭୀମଭୋଇ' ତଥା ୧୯୩୫ ସାଲରେ 'ସତ୍ୟଧର୍ମ' ପତ୍ରିକା, ୧୯୪୦ ଖ୍ରୀଷ୍ଟାବ୍ଦରେ 'ମହିମା' ପତ୍ରିକା ପ୍ରଭୃତିରେ ମହିମାଧର୍ମ ସମ୍ବନ୍ଧୀୟ ଅନେକ ତଥ୍ୟ ପ୍ରକାଶିତ ହୋଇଛି, ଯାହା ଏହି ଧର୍ମର ପ୍ରସାର ପ୍ରଭାବ ପକାଇଥାନ୍ତି।

**ବ୍ରାହ୍ମଧର୍ମ :**

ଉପନିଷଦ ଯୁଗରେ ପ୍ରତ୍ୟେକ ଭାରତୀୟ ଶାନ୍ତିପୂର୍ଣ୍ଣ ସହାବସ୍ଥାନ କରୁଥିଲେ। ଦେଶରେ ଗଣତନ୍ତ୍ର ଶାସନ ପ୍ରତିଷ୍ଠିତ ହୋଇଥିବା ହେତୁ ରାଜତନ୍ତ୍ରର ଅତ୍ୟାଚାର ନଥିଲା।

ସବୁ ମଣିଷ ସ୍ୱାଧୀନ ଭାବେ ଚିନ୍ତା କରି ପାରୁଥିଲେ ଏବଂ ସ୍ୱାଧୀନ ଭାବେ ମତବ୍ୟକ୍ତ କରି ପାରୁଥିଲେ। ଏହି ସ୍ୱାଧୀନ ଚିନ୍ତାରୁ ସମ୍ଭୁତ ହେଲା ବିଶ୍ୱବିଖ୍ୟାତ ଉପନିଷଦୀୟ ସାହିତ୍ୟମାଳା। ଏଥିରେ ସାଧାରଣତଃ ଜନସାଧାରଣଙ୍କ ମନରେ ଗୁରୁ, ବ୍ରାହ୍ମଣ ପ୍ରତି ଭକ୍ତି ଇତ୍ୟାଦି ଉଦ୍ରେକ କରିବାରେ ସହାୟକ ହୋଇଥିଲା। ମହାବୀର, ଗୌତମ, ଚାର୍ବାକ୍ ଓ ମହାକାଞ୍ଚନ ପ୍ରମୁଖ ସନ୍ଥମାନେ ଜାତି, ଧର୍ମ, ବର୍ଣ୍ଣ ନିର୍ବିଶେଷରେ ପ୍ରତ୍ୟେକ ମାନବକୁ ତା'ର ମାନବିକ ମୂଲ୍ୟବୋଧ ଦେବା ସହିତ ଜୀବନର ନିର୍ମମ ସତ୍ୟ ଲିପିବଦ୍ଧ। ପରବର୍ତ୍ତୀ ସମୟରେ ଶସ୍ୟଶ୍ୟାମଳା ଭାରତଭୂମି ବହୁ ବୈଦେଶିକ ଆକ୍ରମଣକାରୀଙ୍କ ଦ୍ୱାରା ବହୁବାର ଆକ୍ରାନ୍ତ ହୋଇ ଆଧାତ୍ମିକ ଚିନ୍ତାରାଜ୍ୟର ଶାଳୀନତା ହରାଇ ବସିଲା। ଅଷ୍ଟାଦଶ ଶତାବ୍ଦୀରେ ଇଂରେଜମାନଙ୍କ ଆଗମନ ଫଳରେ ଭାରତବର୍ଷ ତା'ର ଗୌରବକୁ ହରାଇ ବସିଲା। ଦୀର୍ଘ ଦିନର ପରାଧୀନତା ରହିବା ଫଳରେ ହିନ୍ଦୁ ଜାତି ପଶୁ ଭଳି ଶାସିତ ହେବା ଯୋଗୁଁ ନିଜେ ମଧ୍ୟ ପଶୁସୁଲଭ ଆଚରଣରେ ପ୍ରଲୁବ୍ଧ ହେଲା। କୁସଂସ୍କାର, ନରବଳି ପ୍ରଭୃତି ନାନା ବିଭୀଷିକାମୟ ପରିସ୍ଥିତି ଉପୁଜିବାକୁ ଲାଗିଲା। ଏହି ଦିଗହଜା ଅନ୍ଧକାରମୟ ଦୁର୍ଦ୍ଦିନ ସମୟରେ ରାଜା ରାମମୋହନ ରାୟଙ୍କ ଆବିର୍ଭାବରେ ଭାରତୀୟ ଉପନିଷଦରେ ବ୍ରାହ୍ମବାଦର ପୁନଃ ପ୍ରତିଷ୍ଠା ହୋଇଥିଲା। ତେଣୁ ତାଙ୍କୁ ଯୁଗମାନବ ବୋଲି କୁହାଯାଏ। ସେ ବେଦ ଉପନିଷଦ, ସଂସ୍କୃତ ଭାଷାରେ ରଚିତ ରାମାୟଣ, ମହାଭାରତ, ସଂହିତା, ଦର୍ଶନ ଶାସ୍ତ୍ର, ବେଦାନ୍ତ ଇତ୍ୟାଦି ପଠନ କରିବା ପରେ ହୃଦୟଙ୍ଗମ କଲେ ଯେ ସବୁ ତତ୍ତ୍ୱର ମୂଳକଥା ହେଉଛି ପରମେଶ୍ୱର ବିଶ୍ୱ ସୃଷ୍ଟିର ନିୟାମକ। ସେଇ କଥା ସେ ବିଶ୍ୱବାସୀଙ୍କୁ ହୃଦୟଙ୍ଗମ କରାଇବାର ପ୍ରୟାସରେ ସର୍ବଦା ବ୍ରତୀ ରହିଥିଲେ। ରାମମୋହନଙ୍କ ସଂସ୍କାରଶୀଳ ମନୋଭାବ ହିଁ ତାଙ୍କ ଅମରତ୍ୱ ପ୍ରକାଶ କରେ। ବିଭିନ୍ନ ସ୍ଥାନରେ 'ରାମସଭା' ଗଠନ କରି ଆଲୋଚନା ମଧ୍ୟ କରାଉ ଥିଲେ। ଓଡ଼ିଶାରେ ବ୍ରାହ୍ମସମାଜ ଫକୀରମୋହନ ଆତ୍ମଜୀବନୀ ଚରିତକୁ ଅବଲୋକନ କଲେ ୧୮୫୫ ସାଲରେ ଆଦି ବ୍ରାହ୍ମସମାଜର ପ୍ରଚାରକ ଈଶାଣଚନ୍ଦ୍ର ବସୁ ବାଲେଶ୍ୱରରେ ଏହି ଧର୍ମ ପ୍ରଚାର ପ୍ରଥମେ କରିଥିଲେ। ପରେ ପରେ ରାଜକୁମାର ଚାଟାର୍ଜୀ, ସାଧୁ ଅଘୋରନାଥ ରାୟ ଓ ନନ୍ଦଲାଲ ବାନାର୍ଜୀ ପ୍ରମୁଖ ବ୍ରାହ୍ମ ସମାଜର ପ୍ରଚାର କରିଥିଲେ। ମଧୁସୂଦନ ରାଓଙ୍କ ରଚିତ ଜୀବନ ଚିନ୍ତା, ସ୍ତବ, ଋଷି ପ୍ରାଣେ ଦେବତାବତରଣ, ଆତ୍ମସମର୍ପଣ, ଧୂଳି, ବିଧିବିଧାନ, ନବଯୁଗର ଅଭିଷେକ, ଏ ସମସ୍ତ ସୃଷ୍ଟିରେ ବ୍ରାହ୍ମଧର୍ମର ଚିନ୍ତାଧାରା ତଥା ଜୀବାତ୍ମାରେ ପରମାତ୍ମା ଭୂମାଙ୍କର ଆବିର୍ଭାବ ଉପରେ ଆଧାରିତ। ବିଶ୍ୱନାଥ କର ବ୍ରାହ୍ମଧର୍ମ ଓ ସଂସ୍କାର ପ୍ରିୟ ବ୍ରାହ୍ମଣମନାଙ୍କୁ ଓଡ଼ିଶାର ରକ୍ଷଣଶୀଳ ଓଡ଼ିଆ ପରିବାର ଭାବରେ ଦେଖି ଆସୁଥିଲେ। ସେ ଥିଲେ ଯଥାର୍ଥରେ

ଓଡ଼ିଶାରେ ବ୍ରାହ୍ମଧର୍ମ ଓ ଓଡ଼ିଆ ବ୍ରାହ୍ମ ସାହିତ୍ୟରେ ସୁଯୋଗ ପ୍ରଚାରକ । ଓଡ଼ିଆ ସାହିତ୍ୟରେ ବିଭିନ୍ନ ପତ୍ରିକା ଏବଂ କବି ନନ୍ଦକିଶୋର, କୁନ୍ତଳା କୁମାରୀ ସାବତ୍ ପ୍ରଭୃତି ବହୁ ବରେଣ୍ୟ କବି ବ୍ରାହ୍ମଧର୍ମର ଆଦର୍ଶ, ବିଭୁପ୍ରୀତି, ପ୍ରାର୍ଥନା, ଧ୍ୟାନ ପ୍ରତି ବିଶେଷ ପ୍ରଭାବିତ ହୋଇ ବହୁ କାବ୍ୟ କବିତା ଲେଖିଯାଇଛନ୍ତି ।

**ଖ୍ରୀଷ୍ଟଧର୍ମ :**

ଆଧୁନିକ ଯୁଗରେ ଦେଖିଲେ ଦେଶର ପ୍ରାୟ ଅର୍ଦ୍ଧାଧିକ ଲୋକ ଖ୍ରୀଷ୍ଟଧର୍ମରେ ଦୀକ୍ଷିତ । ସରଳ ନୀତି ଉଦାର ମାନବିକତାର ପ୍ରଚାର, ପ୍ରାର୍ଥନା ଓ ସେବା ମାଧ୍ୟମରେ ଈଶ୍ୱରଙ୍କର ଉପଲବ୍ଧ, ବିଶ୍ୱ ଭ୍ରାତୃତ୍ୱର ପରାକାଷ୍ଠା ଏବଂ ସର୍ବୋପରି ଖ୍ରୀଷ୍ଟୀୟାନ ପ୍ରଚାରକମାନଙ୍କର ଆତ୍ମତ୍ୟାଗ ଏହି ଧର୍ମ ମହାନ୍ ଧର୍ମର ପ୍ରଚାରକ । ଧର୍ମଗ୍ରନ୍ଥ ବାଇବେଲକୁ ପଠନ କଲେ ଯୀଶୁଙ୍କ ସମ୍ପର୍କରେ ଅନେକ ଅଲୌକିକ ତଥ୍ୟ ନଜରକୁ ଆସେ । ଇହୁଦୀ ଧର୍ମ ଥିଲା ପ୍ରାଚ୍ୟ ଓ ପାଶ୍ଚାତ୍ୟର ସର୍ବପ୍ରାଚୀନ ଧର୍ମ । ଏଥିରେ ଥିବା ଅନ୍ଧବିଶ୍ୱାସ, କୁସଂସ୍କାର, ଜନତାଙ୍କୁ ଶୋଷଣ, ଧର୍ମ, ଈଶ୍ୱର ଓ ଦେବଦୂତଙ୍କ ନାମରେ ଜନମାନସକୁ ବିଭ୍ରାନ୍ତ କରିବା କଥାକୁ ଯୀଶୁ ସହ୍ୟ କରିପାରି ନଥିଲେ । ସମାଜକୁ ସୁସ୍ଥ ବାତାବରଣ ଦେବା ଉଦ୍ଦେଶ୍ୟରେ ସ୍ନେହ, ପ୍ରେମ ଓ ବିଶ୍ୱ ଭ୍ରାତୃତ୍ୱର ବାଣୀ ପ୍ରଚାର କରିଥିଲେ । ଯୀଶୁଙ୍କ ଧର୍ମ ଜୀବନର ପ୍ରଥମ ଓ ପରମ ଲକ୍ଷ୍ୟ ଥିଲା । ଈଶ୍ୱରଙ୍କ ପ୍ରତି ଓ ପ୍ରତ୍ୟେକ ଜୀବାତ୍ମା ପ୍ରତି ପ୍ରେମ ହୃଦୟରେ ରଖିବା । ଧର୍ମ ଉପଦେଶ ମାଧ୍ୟମରେ ନ୍ୟାୟ, କର୍ତ୍ତବ୍ୟନିଷ୍ଠା, ଦାନ, ଭ୍ରାତୃତ୍ୱ, ସମତା, ନମ୍ରତା, ଧୀରତା, ଶୋକାତୁର, ନ୍ୟାୟନିଷ୍ଠ, ପବିତ୍ରତା, ଶାନ୍ତିକାମୀ, ଦୟାଳୁ, ବିଶ୍ୱା. ସତ୍‌କାର୍ଯ୍ୟ ଇତ୍ୟାଦି କଥା ସମାଜକୁ ବାର୍ତ୍ତା ଦେଉଥିଲେ । ତାଙ୍କ ମତରେ ପୃଥିବୀର କୌଣସି ବ୍ୟକ୍ତି ଘୃଣ୍ୟ ନୁହେଁ । ପାପକୁ ଘୃଣା କର, ପାପୀ ନୁହେଁ ଏବଂ ସବୁ ଠାରୁ ମହାନ ବାଣୀ ଥିଲା, ଶତ୍ରୁକୁ ଯଥାର୍ଥ ସ୍ନେହ କର କାରଣ ପ୍ରତିଶୋଧ ନେବା ଦ୍ୱାରା ଏପରି ଖଳ ହୃଦୟ କେବେ ବି ପରିବର୍ତ୍ତନ ହୋଇପାରିବ ନାହିଁ । କେବଳ ଶ୍ରଦ୍ଧା ଦ୍ୱାରା ତୁମେ ଅନ୍ୟକୁ ପରିବର୍ତ୍ତନ କରାଇପାରିବ । ଯୀଶୁଙ୍କ ମୃତ୍ୟୁ ପରେ ଖ୍ରୀଷ୍ଟ ଧର୍ମ ବିଶେଷ ଆଦୃତ ଲାଭ କଲା । ଏହି ଧର୍ମର ସରଳ ତତ୍ତ୍ୱ ଓ ଭ୍ରାତୃତ୍ୱ ପ୍ରେମ ପ୍ରଥମେ ସମାଜର ଅବହେଳିତ ଲୋକଙ୍କୁ ପ୍ରଥମେ ଆକୃଷ୍ଟ କରିଥିଲା । ଖ୍ରୀଷ୍ଟଧର୍ମର ବଳିଷ୍ଠ ଭିତ୍ତି ସଲ୍ ବା ପଲ୍ ନାମକ ବିଶିଷ୍ଟ ପ୍ରଚାରକଙ୍କ ଦ୍ୱାରା ପ୍ରତିଷ୍ଠିତ ହୋଇଥିଲା ।

ଭୌଗୋଳିକ ଦୃଷ୍ଟିରୁ ଓଡ଼ିଶା ଥିଲା ସର୍ବଧର୍ମ ସମନ୍ୱୟର ପୀଠସ୍ଥଳୀ । ବହୁବର୍ଷ ପରେ ଓଡ଼ିଶା ଇଂରେଜମାନଙ୍କ ଅଧିନକୁ ଯିବା ପରେ ମିଶନାରୀମାନଙ୍କ ଆଗମନ ପରେ ଓଡ଼ିଶାରେ ଖ୍ରୀଷ୍ଟଧର୍ମ ପ୍ରଚାର ହୋଇଥିଲା । ତେବେ ବିଶେଷ ଭାବରେ ଏହାର

ପ୍ରସାର ଲାଭ କରିପାରି ନଥିଲା। ୧୮୬୬ରେ ଗଜପତି ରାଜାଙ୍କ ନ'ଅଙ୍କରେ ଓଡ଼ିଶାରେ ଭୟଙ୍କର ଦୁର୍ଭିକ୍ଷ ପଡ଼ିଥିଲା। ବହୁଲୋକ ଭୋକ ବିକଳରେ ରୋଗବ୍ୟାଧିର ଶିକାର ହେଲେ। ଏହି ଦାରୁଣ ଦୁଃଖଦ ପରିସ୍ଥିତି ସମୟରେ ଖ୍ରୀଷ୍ଟଧର୍ମର ପ୍ରଚାରକମାନେ ସୁବର୍ଣ୍ଣ ସୁଯୋଗ ପାଇଥିଲେ। ଅନାଥ ଶିଶୁମାନଙ୍କ ପାଇଁ ମିଶନାରୀମାନେ ସହାୟତାର ହାତ ବଢ଼ାଇ ଥିଲେ। ଅନାଥ ଆଶ୍ରମମାନ ପ୍ରତିଷ୍ଠା, କମ୍ପାନୀ ସରକାରଙ୍କୁ ସହାୟତା, ଶିକ୍ଷା, ସ୍ୱାସ୍ଥ୍ୟ ଓ ଖାଦ୍ୟର ସୁବନ୍ଦୋବସ୍ତ ମିଶନାରୀମାନେ କରାଇଥିଲେ।

■

**ସହାୟକ ଗ୍ରନ୍ଥସୂଚୀ**


୧. ସୁରେନ୍ଦ୍ର ମହାନ୍ତି : ଓଡ଼ିଆ ସାହିତ୍ୟର ଆଦିପର୍ବ / ମଧ୍ୟପର୍ବ

୨. ପଣ୍ଡିତ ସୂର୍ଯ୍ୟନାରାୟଣ ଦାଶ : ଓଡ଼ିଆ ସାହିତ୍ୟର ଇତିହାସ

୩. ଡ. ନବୀନ କୁମାର ସାହୁ : ଓଡ଼ିଆ ଜାତିର ଇତିହାସ

୪. ଡ. ହରେକୃଷ୍ଣ ମହତାବ : ଓଡ଼ିଶା ଇତିହାସ

୫. ଚିତ୍ତରଂଜନ ଦାସ : ଓଡ଼ିଆ ସାହିତ୍ୟର ସାଂସ୍କୃତିକ ବିକାଶଧାରା

୬. ଫକୀରଚରଣ ଦାସ : ଓଡ଼ିଆ ସାହିତ୍ୟର ବିଭିନ୍ନ ଧର୍ମଧାରା

୭. ଭଗବାନ ପଣ୍ଡା : ଓଡ଼ିଶାର ଧର୍ମ

୮. ଡ. ବେଣୀମାଧବ ପାଢ଼ୀ : ଦାରୁଦେବତା

୯. ଡ. କାହ୍ନୁଚରଣ ମିଶ୍ର : ଓଡ଼ିଆ ସାହିତ୍ୟରେ ଧର୍ମଧାରା

୧୦. ସାରଳା ସ୍ମାରକ : ସାରଳା ସାହିତ୍ୟରେ ଧର୍ମ

# ଏକ ଶକ୍ତି ବହୁରୂପା

ସଂହିତାକାର ମନୁଙ୍କ ମତରେ ସୃଷ୍ଟିର ଆଦିମ ଅବସ୍ଥାରେ କେବଳ ଅନ୍ଧକାର ଚତୁର୍ଦ୍ଦିଗରେ ଆଚ୍ଛନ୍ନ ରହିଥିଲା । ସେତେବେଳେ ରାତ୍ରି କି ଦିବସ ନଥିଲା । ଭାରତୀୟ ଶାକ୍ତ ସାହିତ୍ୟରେ ଆଦିଶକ୍ତି ମହାମାୟାଙ୍କୁ କୁହାଯାଇଛି । ଯିଏ ସତ, ଚିତ, ଆନନ୍ଦ ସ୍ୱରୂପିଣୀ ଓ ଅମର ଆତ୍ମାଜ୍ଞାନ ଦାନ କରନ୍ତି ତାଙ୍କୁ ମହାମାୟା କୁହାଯାଇଥାଏ । ଶକ୍ତିଙ୍କ ପ୍ରକାଶ ଅଗ୍ନିର ଜ୍ୱଳନରେ, ସୂର୍ଯ୍ୟଙ୍କ କିରଣରେ, ଚନ୍ଦ୍ରର ସ୍ନିଗ୍ଧତାରେ, ପବନର ବେଗରେ, ବିଦ୍ୟୁତ୍ ଶକ୍ତିରେ, ମେଘର ବର୍ଷଣରେ, ଜୀବର ପ୍ରାଣ ଶକ୍ତିରେ ଉପଲବ୍ଧ ହୋଇଥାଏ । ଏ ସମସ୍ତ ଜଗତ ଶକ୍ତିଙ୍କ ରୂପାନ୍ତର ।

ଉତ୍କଳର ଗ୍ରାମେ ଗ୍ରାମେ ଶକ୍ତିର ଉପାସନା ସହସ୍ର ବର୍ଷ ଧରି ହୋଇ ଆସିଛି । ତା'ର ପ୍ରମାଣ ଗ୍ରାମ ମୁଣ୍ଡରେ ଗ୍ରାମ ଦେବତୀଙ୍କ ସାକ୍ଷୀ ବିଦ୍ୟମାନ ଅଦ୍ୟାବଧି ରହିଛି । ଏତିକି ନୁହେଁ ଶାସ୍ତ୍ରରେ ଲେଖା ଅଛି ଜଗନ୍ନାଥ ହିଁ ତନ୍ତ୍ରର ଭୈରବ । ବଡ଼ ଦେଉଳରେ ବିଷ୍ଣୁଙ୍କର ପୂଜା କରାଯାଏ ନାହିଁ । ଶକ୍ତି ସ୍ୱରୂପିଣୀ ମା' ସୁଭଦ୍ରାଙ୍କୁ ଶକ୍ତି ରୂପେ ଆରାଧନା କରାଯାଏ । ପ୍ରାଗ୍ ବୈଦିକ ଯୁଗରେ ଲିଙ୍ଗପୂଜା ଓ ମାତୃପୂଜା ସମାଜରେ ପ୍ରଚଳିତ ଥିଲା । ଏହି ମାତୃପୂଜା କାଳକ୍ରମେ ଦୁର୍ଗାପୂଜାରେ ପରିଣତ ହୋଇଛି । ଦେବ ଓ ମାନବ ଗୋଟିଏ ଉପାସ୍ୟ ଓ ଅନ୍ୟଟି ଉପାସକ । ଦୁଃଖ, ଦୈନ୍ୟ, କାରୁଣ୍ୟରୁ ରକ୍ଷା ପାଇବା ନିମିତ୍ତ ଏବଂ ଇହଧାମରୁ ମୁକ୍ତି ପଥକୁ ନେଇଯିବାର ଦୁର୍ବାର ଆକାଂକ୍ଷା, ଯୁଗେ ଯୁଗେ ମାନବକୁ ଏକ ଆଧ୍ୟାତ୍ମିକ ଚେତନା ସମ୍ବଳିତ ଭାବଧାରା ଆଡ଼କୁ ମୋହଗାମୀ କରିପାରିଛି । ସବୁ ସମୟରେ ଦେବଦେବୀ ଆରଧନା କରାଯାଉଥିଲେ ମଧ୍ୟ ତା'ର ନିର୍ଦ୍ଦିଷ୍ଟ ସମୟ ରହିଛି । ସୂର୍ଯ୍ୟଙ୍କର ଉତ୍ତରାୟଣ ଗତି ସମୟରେ ଦେବଦେବୀଙ୍କ ପୂଜା ଉପାସନା ବିଧେୟ । ଶରତ କାଳରେ ଦୁର୍ଗାପୂଜା ହେବାରୁ ବହୁ ପୂର୍ବରୁ ବସନ୍ତ ଋତୁରେ ଦୁର୍ଗାପୂଜା ପାଳନ ହେଉଥିଲା, ଯାହାକୁ ବାସନ୍ତିକ ଦୁର୍ଗାପୂଜା କୁହାଯାଏ । ମାତ୍ର ଏହି ଶାରଦୀୟ

ଦୁର୍ଗାପୂଜା ଅକାଳ ପୂଜା। ଲୋକ କଥାରେ ରହିଛି ରାବଣର ବଧ ନିମିତ୍ତ ଦୁର୍ଗାପୂଜା ଏକାନ୍ତ ଆବଶ୍ୟକ ହୋଇ ପଡ଼ିବାରୁ ଦେବୀଙ୍କ ନିଦ୍ରିତ ସମୟ ହୋଇଥିଲେ ମଧ୍ୟ ଅସମୟରେ ପ୍ରଭୁ ଶ୍ରୀରାମଚନ୍ଦ୍ର ଶରତ ଋତୁରେ ଶାରଦୀୟ ପୂଜାର ଆୟୋଜନ କରିଥିଲେ। ସୂର୍ଯ୍ୟଙ୍କର ଉତ୍ତରାୟଣ ଗତିକୁ ଦେବତାଙ୍କର ଦିବାକାଳ ଏବଂ ଦକ୍ଷିଣାୟନ ଗତିକୁ ରାତ୍ରକାଳ ଭାବେ ଗ୍ରହଣ କରାଯାଏ।

ପିତାମହ ବ୍ରହ୍ମା ଦୁର୍ଗାଙ୍କୁ ସ୍ତବ କରିବାକୁ ଯାଇ ମା' ଦୁର୍ଗାଙ୍କୁ ନଅଟି ନାମରେ ଉଚ୍ଚାରଣ କରିଥିଲେ। ଉକ୍ତ ନଅଟି ନାମାନୁସାରେ ନଅଟି ରୂପ, ନଅଟି ଭାବ ଓ ନଅଟି କାୟା ମୂର୍ତ୍ତି ରହିଛି।

**ଶୈଳପୁତ୍ରୀ :**

ମାତା ଦୁର୍ଗାଙ୍କର ପ୍ରଥମ ନାମ ଶୈଳପୁତ୍ରୀ। ହିମାଳୟର ଅଧିଷ୍ଠାତ୍ରୀ ଦେବୀ ଭାବରେ ସେ ବିଶ୍ୱ ବିଦିତା। ସ୍ୱଂୟ ଶୈବରାଜ ହିମାଳୟ ଦେବୀଙ୍କୁ କନ୍ୟା ରୂପେ ଲାଭ କରିବା ପାଇଁ କଠୋର ତପସ୍ୟା କରିଥିଲେ। ହିମାଳୟଙ୍କ ତପସ୍ୟାରେ ସନ୍ତୁଷ୍ଟ ହୋଇ ସେ ଗିରିରାଜ ନନ୍ଦିନୀ ଭାବରେ ତାଙ୍କ କୋଳମଣ୍ଡନ କରିଥିଲେ। ପିତା ଦକ୍ଷ ପ୍ରଜାପତିଙ୍କର ଶିବ ବିହୀନ ଯଜ୍ଞ ଭୂମିରେ ଦେହ ତ୍ୟାଗ କରିଥିଲେ। ସତୀଙ୍କ ଦେହ ତ୍ୟାଗ କଥା ଶୁଣି ମହାଦେବ ମୁହୂର୍ତ୍ତକ ମଧ୍ୟରେ ଯଜ୍ଞ ସ୍ଥଳରେ ପ୍ରବେଶ କରି ଦକ୍ଷଙ୍କୁ ଶାସ୍ତି ଦେବା ସହ ସତୀଙ୍କ ମର ଶରୀରକୁ ନିଜ କାନ୍ଧରେ ଉଠାଇ ଉନ୍ମତ୍ତ ତାଣ୍ଡବ ନୃତ୍ୟରେ ବିଶ୍ୱ ପରିକ୍ରମା କରିବାକୁ ଲାଗିଲେ। ସ୍ୱୟଂ ବିଷ୍ଣୁ କାଳଚକ୍ର ଦ୍ୱାରା ଶିବଙ୍କ କାନ୍ଧରୁ ସତୀଙ୍କୁ ଛିନ୍ନ କଲେ। ଅପର ପକ୍ଷରେ ଶିବ ଶକ୍ତିହୀନ ହୋଇଯିବା ପରେ ପୁନର୍ବାର ଶକ୍ତି ପ୍ରାପ୍ତି ନିମିତ୍ତି ତପସ୍ୟାରେ ମଗ୍ନ ହେଲେ। ସଂହାର କର୍ତ୍ତା ଶିବଙ୍କ ଠାରେ ଆସୁରିକ ଶକ୍ତି କ୍ରମେ ବର୍ଦ୍ଧିତ ହେବାକୁ ଲାଗିଲା ପରେ ଦେବ ଶକ୍ତି ଧୀରେ ଧୀରେ ଦୁର୍ବଳ ଓ ନିସ୍ତେଜ ହେବାକୁ ଲାଗିଲା। ଶିବଙ୍କ ଆସୁରିକ ଶକ୍ତିକୁ ପରାଜିତ କରିବା ପାଇଁ ବ୍ରହ୍ମା ଦେବଗଣଙ୍କୁ ପରାମର୍ଶ ହେଲେ, ଶିବ ପାର୍ବତୀଙ୍କ ମିଳନରେ କୁମାରଙ୍କ ଜନ୍ମ ଏହାର ପ୍ରକୃତ ସମାଧାନ। ସେ ହିଁ ଦେବ ସେନାଙ୍କର ଯୋଗ୍ୟ ସେନାପତି। ପରେ ଦେବଗଣଙ୍କ ଆକୁଳ ପ୍ରାର୍ଥନାରେ ମା' ଜଗଦମ୍ବାଙ୍କୁ ପୁନର୍ବାର ଧରାପୃଷ୍ଠରେ ଆବିର୍ଭୂତ ହେବାକୁ ପଡ଼ିଲା ଏବଂ ଶେଷରେ ସେ ଶୈଳପୁତ୍ରୀ ଭାବେ ପରିଚିତା ହୋଇଥିଲେ।

**ବ୍ରହ୍ମଚାରିଣୀ :**

ମା' ଦୁର୍ଗାଙ୍କର ଅନ୍ୟ ଏକ ନାମ ବ୍ରହ୍ମଚାରିଣୀ ଉମା ହୈମବତୀ। ବ୍ରହ୍ମକୁ ପ୍ରାପ୍ତ କରାଇବା ଯାହାର ସ୍ୱଭାବ ମା' ବ୍ରହ୍ମଚାରିଣୀ ରୂପ ଧାରଣ କରି ଇନ୍ଦ୍ରଙ୍କୁ ବ୍ରହ୍ମଜ୍ଞାନ ଦାନ

କରିଥିଲେ ବୋଲି ପୁରାଣରେ ବର୍ଣ୍ଣିତ ରହିଛି। ଦେବତା-ଅସୁରଙ୍କର ଭୀଷଣ ସଂଗ୍ରାମରେ ଦେବତାମାନେ ସ୍ୱ ସ୍ୱ ଶକ୍ତିର ଗାରିମାରେ ଗର୍ବିତ ହୋଇ ବ୍ୟକ୍ତ କରୁ କରୁ ଭୁଲିଗଲେ ସେମାନଙ୍କ ଶକ୍ତିର ପ୍ରଭାବ। ଏହି ସମୟରେ ସର୍ବ ଦେବଗଣ ଏକତ୍ର ଥିଲାବେଳେ ଏକ ଜ୍ୟୋର୍ତିମୟ ରୂପ ଦେଖାଦେଲେ। ଏ କିଏ ଓ କାହିଁକି ଆସିଛନ୍ତି ଜାଣିବାର ଉଦ୍ଦେଶ୍ୟରେ ଦେବରାଜ ଇନ୍ଦ୍ର ଅଗ୍ନିକୁ ଆଦେଶ ଦେଲେ - ଯାଅ ବୁଝି ଆସ ଏ ଜ୍ୟୋର୍ତିମୟୀ କିଏ ? ମା'ଙ୍କ ନିକଟରେ ପହଞ୍ଚିବା ପରେ ଅଗ୍ନି ପ୍ରଶ୍ନ କଲେ କିଏ ଆପଣ ? ମା' ପ୍ରଶ୍ନ କଲେ ଆପଣ କିଏ ? ଅଗ୍ନି ଉତ୍ତର ଦେଲେ ମୁଁ ଅଗ୍ନୀ ଦେବତା। ମାତା କହିଲେ ତୁମେ କ'ଣ କରିପାର ? ଅଗ୍ନି ଉତ୍ତର ଦେଲେ ଏ ବ୍ରାହ୍ମଣ୍ଡରେ ଯାହା କିଛି ରହିଛି ମୁଁ ଭସ୍ମ କରିପାରେ। ମାତା କହିଲେ ତେବେ ଏହି ତୃଣଟିକୁ ଭସ୍ମ କର। ସମସ୍ତ ବଳ ପ୍ରୟୋଗ ସତ୍ତ୍ୱେ ସାମାନ୍ୟ ତୃଣଟିକୁ ସେ ଭସ୍ମ କରିପାରିଲେ ନାହିଁ। ତା'ପରେ ଇନ୍ଦ୍ର ପବନ ଦେବଙ୍କୁ ପଠାଇଲେ। ମାତା ପ୍ରଶ୍ନ କଲେ, ତୁମେ କ'ଣ କରିପାର ? ପବନ ଦେବ ଉତ୍ତର ଦେଲେ ସଂସାରରେ ଯାହା କିଛି ରହିଛି ମୁଁ ସବୁ ଉଡ଼ାଇ ଦେଇପାରେ। ମାତା କହିଲେ ଠିକ୍ ଅଛି ତେବେ ଏଇ ତୃଣଟିକୁ ଉଡ଼ାଇ ଦିଅ। ପବନ ଦେବ ତାଙ୍କର ଅଣଚାଶ ପବନ ମୂର୍ତ୍ତି ଧାରଣ କରି ମଧ୍ୟ ନିରାଶ ହୋଇ ଫେରିଗଲେ। ଶେଷରେ ଦେବରାଜ ଇନ୍ଦ୍ରଦେବ ଗର୍ବରେ ମାତାଙ୍କ ନିକଟରେ ଉପସ୍ଥିତ ହୋଇ ନିଜର ବଜ୍ରକୁ ମାତାଙ୍କ ନିକଟକୁ ନିକ୍ଷେପ କରନ୍ତେ ଦେଖିଲେ ସେଠାରେ କେହି ନାହାନ୍ତି। ଉପରକୁ ଚାହିଁ ଦେଖିଲେ ଉମା ହୈମବତୀଙ୍କ ଆବିର୍ଭାବ। ଦର୍ଶନ କରି ବିସ୍ମିତ ହେଲେ ଏବଂ ପ୍ରାର୍ଥନା କଲେ। ଉମା ଇନ୍ଦ୍ରଙ୍କ ପ୍ରାର୍ଥନାରେ ସନ୍ତୁଷ୍ଟ ହୋଇ ବ୍ରହ୍ମଜ୍ଞାନ ଦାନ କରିଥିଲେ।

**ଚନ୍ଦ୍ରଘଣ୍ଟା :**

ମହିଷାସୁର ବଧ ନିମିତ୍ତ ପ୍ରତ୍ୟେକ ଦେବତାମାନେ ନିଜ ନିଜର ଅସ୍ତ୍ରରୁ ଅନ୍ୟ ଏକ ଅସ୍ତ୍ର ସୃଷ୍ଟି କରି ଦୁର୍ଗାଙ୍କୁ ଉପହାର ଦେଲେ। ମାତାଙ୍କ ଠାରୁ ବ୍ରହ୍ମଜ୍ଞାନ ଆହରଣ କରିଥିବା ଦେବାଧିରାଜ ଇନ୍ଦ୍ର ମାତାଙ୍କୁ ଏକ ଘଣ୍ଟ ଦେଇଥିଲେ। ଏହି ଘଣ୍ଟର ଶବ୍ଦ ଗଜରାଜ ଐରାବତର ମହାଶକ୍ତି ପରି। ସମସ୍ତ ବାଦ୍ୟଯନ୍ତ୍ରର ଧ୍ୱନି ଏଥିରେ ନିହିତ। ଏହି ଘଣ୍ଟ ଧ୍ୱନି ମାଧ୍ୟମରେ ଦେବୀଙ୍କ ଆଗମନର ସୂଚନା ମିଳେ। ଯେଉଁମାନେ ମାତୃ ଭକ୍ତ ସେମାନେ ଏହି ଘଣ୍ଟ ଧ୍ୱନି ଦ୍ୱାରା ଅନୁଭବ କରନ୍ତି ମାତୃ କର ସ୍ଥିତ ଘଣ୍ଟର ମଙ୍ଗଳ ଆହ୍ୱାନ।

**ସ୍କନ୍ଦମାତା :**

କୁମାର କାର୍ତ୍ତିକେୟଙ୍କ ଅନ୍ୟ ନାମ ସ୍କନ୍ଦ। ଦେବୀ ମେନକାଙ୍କ ଗର୍ଭରୁ ଉମାଙ୍କ ଜନ୍ମ। ଉମାଙ୍କ କିଶୋରାବସ୍ଥା ପ୍ରାପ୍ତ ପରେ ଦେବତାଙ୍କ ପରାମର୍ଶରେ କାମଦେ ଶିବଙ୍କ ଧ୍ୟାନ

ଭଗ୍ନ ପାଇଁ ପ୍ରଚେଷ୍ଟା କରିବା ପରେ ତତ୍‌କ୍ଷଣାତ୍ ଶିବଙ୍କ କ୍ରୋଧର ଶିକାର ହୋଇ ସେହି ଠାରେ ଭସ୍ମୀଭୂତ ହୋଇଯାଇଥିଲେ। ପୁନଶ୍ଚ ଶିବଙ୍କ ପ୍ରାପ୍ତି ନିମନ୍ତେ ପାର୍ବତୀ କଠୋର ତପସ୍ୟା କରିଥିଲେ। ତାଙ୍କର ସୁକଠୋର ତପସ୍ୟାରେ ବିଶ୍ୱ ପ୍ରକମ୍ପିତ ହୋଇଉଠିଲା। ଶେଷରେ ଧ୍ୟାନର ସୁଫଳ ଓ ମହାଦେବଙ୍କ ସହ ପାର୍ବତୀଙ୍କ ମିଳନର ପ୍ରତୀକ ଭାବେ କାର୍ତ୍ତିକେୟଙ୍କ ଜନ୍ମ ହୋଇଥିଲା ଏବଂ ତାଙ୍କ ନାମାନୁସାରେ ମାତାଙ୍କ ନାମ ସ୍କନ୍ଦମାତା କୁହାଯାଇଥିଲା।

**କୁଷ୍ମାଣ୍ଡ :**

କୁତ୍ସିତ ତାପର ନାମ କୁଷ୍ମ, ଉଷ୍ମା ଅର୍ଥ ତାପ ଏବଂ ଅଣ୍ଡ ଅର୍ଥ ଉଦର। ମରଣଶୀଳ ଜଗତର ଆଧିଭୌତିକ ଆଧ୍ୟାତ୍ମିକ ଓ ଆଦି ଦେବୀଙ୍କ ଭେଦରେ ତାପର ସୃଷ୍ଟି। ଏହି ତ୍ରିତାପ ହିଁ କୁଷ୍ମା। ଯେଉଁ ଉଦର ତାପ ବହନ କରେ ତାକୁ କୁଷ୍ମାଣ୍ଡ କୁହାଯାଏ। ଯେଉଁମାନେ ମାତାଙ୍କ ପଦାର୍ଶିତ ସେମାନଙ୍କର କୁକାର୍ଯ୍ୟ, କଳଙ୍କ ଓ ତ୍ରିତାପ ମାତା ନିଜେ ଉଦରସ୍ଥ କରିଥାନ୍ତି। ତେଣୁ ମାତାଙ୍କ ଅନ୍ୟ ନାମ କୁଷ୍ମାଣ୍ଡ।

**କାଳରାତ୍ରି :**

ପ୍ରତ୍ୟେକ ମାନବ ଯାହାଙ୍କ କୋଳରେ କର୍ମକ୍ଳାନ୍ତ ହୋଇ ବିଶ୍ରାମ ନିଅନ୍ତି ଏବଂ ନୂତନ ଉତ୍ସାହ ଘେନି ପ୍ରଭାତରେ ଉଠନ୍ତି, ସେହି କାଳରାତ୍ରି ଦେବୀଙ୍କ ଅଂଶୀଭୂତ। ମହାପ୍ରଳୟର ରାତ୍ରି ମହାରାତ୍ରି। ମହାରାତ୍ରୀରେ ସଂସାରର ବିଲୟ ହୁଏ ମାତ୍ର ପ୍ରଭୁ ସ୍ୱୟଂ ବିଷ୍ଣୁ ଜାଗ୍ରତ ଥାନ୍ତି କିନ୍ତୁ କାଳରାତ୍ରୀରେ ମହାବିଷ୍ଣୁ ମଧ୍ୟ ନିଦ୍ରାଭିଭୂତ ଥାନ୍ତି। ଦେବୀ ହେଉଛନ୍ତି ଏହି ରାତ୍ରି ରୂପା, ଜୀବଶକ୍ତି, ବିଶ୍ୱଶକ୍ତି ଓ ବିଶ୍ୱନାଥଙ୍କୁ ଯେ ପୂଜା କରନ୍ତି ସେ କାଳରାତ୍ରି। ଶ୍ରୀ ଜଗନ୍ନାଥ ସଂସ୍କୃତିରେ ନବକଳେବର ସମୟରେ ଜଗନ୍ନାଥ ମହାପ୍ରଭୁ ମାତା ଦେବୀ କାଳରାତ୍ରୀଙ୍କ କୋଳରେ ଶୟନ କରନ୍ତି କଥାଟି ଉଲ୍ଲେଖ ରହିଛି।

**ସିଦ୍ଧିଦାତ୍ରୀ :**

ସାଧକଙ୍କୁ ଯିଏ ସିଦ୍ଧି ପ୍ରଦାନ କରନ୍ତି ସେ ସିଦ୍ଧିଦାତ୍ରୀ। ବିଶ୍ୱର ସମସ୍ତ ଜୀବ, ଯୋଗୀ, ଭୋଗୀ, ତ୍ୟାଗୀ, ସାଧକ, ଭକ୍ତ, ତପସ୍ୱୀ ଏପରି କି ବ୍ରହ୍ମା, ବିଷ୍ଣୁ, ମହେଶ୍ୱର ମଧ୍ୟ ସାଧନାର ବ୍ରତୀ। ସମସ୍ତଙ୍କ ସାଧନାକୁ ସିଦ୍ଧିଦାନ କରିଥାନ୍ତି ମାତା ଦୁର୍ଗାଦେବୀ। ଗୋପୀମାନଙ୍କର ଶ୍ରୀକୃଷ୍ଣଙ୍କ ମହାପ୍ରେମ କାମନାକୁ। ମହିଷାସୁରକୁ ନିଜ ସନ୍ତାନ ଭାବେ ଗ୍ରହଣ କରି ନେବାକୁ, ମା' ଅଭୟ ବର ପ୍ରଦାନ କରି ସମସ୍ତଙ୍କ କାମନା ପୂର୍ଣ୍ଣ କରିଥାନ୍ତି। ତେଣୁ ତାଙ୍କୁ ସିଦ୍ଧିଦାତ୍ରୀ ବୋଲି କୁହାଯାଏ।

**କାତ୍ୟାୟନୀ :**

ସତୀଙ୍କ ମହାଦେବ ମହାଦେବଙ୍କ ସ୍କନ୍ଦ ଦେଶରୁ ଅପସାରିତ ହୋଇ ସାରା ଭାରତବର୍ଷରେ ବିଚ୍ଛୁରିତ ହୋଇପଡ଼ିଲା। ତାଙ୍କ ଦେହର ଏକାନେବ କୋଟି ଅଂଶ

ଯେଉଁଠାରେ ପଡ଼ିଲା ତାହା ପ୍ରସିଦ୍ଧ ଶକ୍ତିପୀଠ ରୂପେ ପ୍ରସିଦ୍ଧି ଅର୍ଜନ କରିଛି। ବୃନ୍ଦାବନରେ ଦେବୀ ସ୍ୱୟଂ କାତ୍ୟାୟନୀ ରୂପେ ବିରାଜମାନ। କାତ୍ୟାୟନୀଙ୍କୁ ପୂଜା କଲେ ଦେବୀଙ୍କ କରୁଣା ଲାଭ ହୁଏ। ଯାହାର ପ୍ରକୃଷ୍ଟ ଉଦାହରଣ ବ୍ରଜବାଳାମାନେ ଦେବୀ କାତ୍ୟାୟନୀଙ୍କୁ ପୂଜା କରି ତାଙ୍କରି ପ୍ରସାଦରେ କୃଷ୍ଣ ଭକ୍ତି ଲାଭ କରିଥିଲେ।

**ମହାଗୌରୀ :**

ମହାଦେବ ଥରେ କାଳରାତ୍ରି ଦେବୀଙ୍କୁ କାଳୀ ବୋଲି ସମ୍ବୋଧନ କରିବାରୁ ଦେବୀ ଅଭିମାନ କରି ତପସ୍ୟା ମଗ୍ନ ହୋଇଥିଲେ। କଠୋର ତବ ବଳେ ମାତା କୃଷ୍ଣବର୍ଣ୍ଣ ତ୍ୟାଗ କରି ଗୌରୀ ରୂପ ଧାରଣ କରିଥିଲେ ଏବଂ କାଳରାତ୍ରିଙ୍କ କୃଷ୍ଣବର୍ଣ୍ଣ ମହେଶ୍ୱରଙ୍କ ଶରୀରରେ ଆଶ୍ରୟ ନେଇଥିଲେ।

ବିଶ୍ୱର ମୂଳଶକ୍ତି ଏକ ଓ ଅଦ୍ୱିତୀୟ। ସର୍ବଭୂତରେ ଚୈତନ୍ୟ ରୂପେ ବିରାଜିତ ଦେବୀଶକ୍ତି। ଦେବୀ ଜୟନ୍ତୀ, ମଙ୍ଗଳା, କାଳୀ, ଭଦ୍ରକାଳୀ, କପାଳିନୀ, ଦୁର୍ଗା, ଶିବା, କ୍ଷମାଧାତ୍ରୀ, ସ୍ୱାହା ଏବଂ ସ୍ୱଧା ରୂପରେ ଦଶଦିଗକୁ ପାଳନ କରିଥାନ୍ତି। ତେଣୁ ଆନନ୍ଦ ଚିତ୍ତରେ ଏକବାର କହିବା ହେ ମାତା – ତୁମେ ମହାଲକ୍ଷ୍ମୀ, ତୁମେ ବ୍ରହ୍ମବିଦ୍ୟା, ତୁମେ ପୁଷ୍ଟି ସାଧନର ମାଧ୍ୟମ, ତୁମେ ନିତ୍ୟ ସନାତନୀ, ତୁମେ ନାରାୟଣୀ ତୁମ ଆଗମନରେ ସମସ୍ତ ଜଡ଼ତା ଅପସାରିତ ହେଉ, ଦୁଷ୍ଟର ବିନାଶ ହେଉ। ଭାବର ଏକତା ଫେରିଆସୁ।

ଯା ଦେବୀ ସର୍ବଭୂତେଷୁ
ମାତୃ ରୂପେଣ ସଂସ୍ଥିତା
ନମସ୍ତସ୍ୟୈ ନମସ୍ତସ୍ୟୈ
ନମସ୍ତସ୍ୟୈ ନମୋନମଃ।

■

# ଜୟଦେବ ଓ ଗୀତଗୋବିନ୍ଦ

କୃଷ୍ଣ ଭକ୍ତିର ଏକ ନିର୍ଯ୍ୟାସ ହେଉଛି ଗୀତଗୋବିନ୍ଦ। ଅମୂଲ୍ୟ ଗ୍ରନ୍ଥ ଭାବରେ ଶ୍ରୀ ଜୟଦେବଙ୍କ ଗୀତଗୋବିନ୍ଦ ଖୁବ୍ ଜନପ୍ରିୟ। ଭାରତୀୟ ସାହିତ୍ୟରେ ସଂସ୍କୃତ ଭାଷାରେ ରଚିତ ଗୀତଗୋବିନ୍ଦର ମହତ୍ତ୍ୱ ଆଜି ବିଶ୍ୱବିଦିତ। ଗୀତଗୋବିନ୍ଦର ମାଧୁର୍ଯ୍ୟ, କୋମଳ ପଦାବଳୀ, ଧାର୍ମିକ ଚେତନା ଓ ଶୃଙ୍ଗାରରସର ଅବତାରଣା ପାଇଁ ଭାରତବର୍ଷର ବିଭିନ୍ନ ଭାଷାରେ ଏହାର ଅନୁବାଦ କରାଯାଇଛି। ଗୀତଗୋବିନ୍ଦର ବିଷୟବସ୍ତୁ ରାଧାକୃଷ୍ଣ ଲୀଳା ସମ୍ବଳିତ। ଶ୍ରୀ ଜୟଦେବଙ୍କ ରଚିତ ଗୀତଗୋବିନ୍ଦ ମନ ଓ ଚୈତନ୍ୟର କଥୋପକଥନ ଛଳରେ ଆଧ୍ୟାତ୍ମିକ ଭାବନାର ଅଭିବ୍ୟକ୍ତି ଘଟିଛି। କାବ୍ୟରେ ପରମେଶ୍ୱରଙ୍କୁ ଶ୍ରୀକୃଷ୍ଣ ଭାବରେ ଗ୍ରହଣ କରି ଦଶାବତାର ସ୍ତବ ରଚନା କରିଛନ୍ତି। ଏଥିସହିତ କୃଷ୍ଣ ଅବତାର ସମୟରେ ତାଙ୍କର ମଥୁରା ଲୀଳା, ଗୋପଲୀଳା ବହୁବିଧ ଲୀଳା ସହିତ ବୃନ୍ଦାବନରେ ଶ୍ରୀରାଧାଙ୍କ ସହିତ ପ୍ରଣୟଲୀଳା ପ୍ରଭୃତି ଶ୍ରୀ ଜୟଦେବ ଗୀତଗୋବିନ୍ଦରେ ଉପସ୍ଥାପନ କରିଛନ୍ତି। ବୈଷ୍ଣବ ଭକ୍ତମାନେ ଜୀବାତ୍ମା ଓ ପରମାତ୍ମାଙ୍କ ପ୍ରତି ଯେପରି ଆକୃଷ୍ଟ ଥିଲେ, ପରମାତ୍ମା ମଧ୍ୟ ଜୀବାତ୍ମାଙ୍କ ପ୍ରତି ସେହିପରି ସଦୟ ଥିବା ଓ ପାରସ୍ପରିକ ଭିତରେ ଥିବା ଶାଶ୍ୱତ ପ୍ରେମର ପରିପ୍ରକାଶ ହେଉଛି ଗୀତଗୋବିନ୍ଦ। ବୈଷ୍ଣବ କବିମାନଙ୍କ ଆଦର୍ଶ, ଉତ୍କୃଷ୍ଟ ଓ ଅଭିନବ ଗୀତାବଳୀର ରଚୟିତା ସୁମଧୁର ଓ ବିଚିତ୍ର। ମାତ୍ରା ଛନ୍ଦର ପ୍ରବର୍ତ୍ତକ ଶ୍ରୀଜୟଦେବଙ୍କ ରଚିତ ଗୀତଗୋବିନ୍ଦର ବାହ୍ୟସୌନ୍ଦର୍ଯ୍ୟ ଯେତିକି ସୁଲଳିତ ଆଭ୍ୟନ୍ତରୀଣ ରସବୋଧ ସେତିକି ଗାମ୍ଭୀର୍ଯ୍ୟପୂର୍ଣ୍ଣ।

ଜୟଦେବଙ୍କ ସମ୍ପର୍କରେ କୌଣସି ସ୍ପଷ୍ଟ ତଥ୍ୟ ଉଲ୍ଲେଖ ନାହିଁ। କେବଳ ଗୀତଗୋବିନ୍ଦର ତୃତୀୟ ସର୍ଗରେ ସେ କେନ୍ଦୁ ବିଲ୍ୱ ଗ୍ରାମରେ ଜନ୍ମଗ୍ରହଣ କରିଥିଲେ ପ୍ରକାରାନ୍ତରେ ଉଲ୍ଲେଖ କରିଥିଲେ। ସେହି କେନ୍ଦୁ ବିଲ୍ୱ ଗ୍ରାମଟି ପୁରୀ ଜିଲ୍ଲା ନିକଟବର୍ତ୍ତୀ ପ୍ରାଚୀ ନଦୀକୂଳରେ ଅବସ୍ଥିତ। ଯାହା ଅଦ୍ୟାବଧି କେନ୍ଦୁଲି ଗ୍ରାମ ନାମରେ ପରିଚିତ।

ତାଙ୍କର ସମୟସୀମା ହେଉଛି ଦ୍ୱାଦଶ ଶତାବ୍ଦୀ । ଶ୍ରୀ ଜୟଦେବ ମାଧବଙ୍କ ଉପାସନାକୁ ଭିତ୍ତିକରି ଗୀତଗୋବିନ୍ଦ ରଚନା କରିଛନ୍ତି । ସେହି ମାଧବ ଉପାସନାର ପରମ୍ପରା ପ୍ରାଚୀ ନଦୀକୂଳରେ ହିଁ ଦେଖିବାକୁ ମିଳିଥାଏ । ଏଠାରେ ଥିବା ମୁକ୍ତେଶ୍ୱର ମନ୍ଦିର, ଚଣ୍ଡୀ ମନ୍ଦିର, ଆଖଣ୍ଡଳେଶ୍ୱର ମନ୍ଦିରରେ ଏବେ ମଧ୍ୟ ଗାନ କରାଯାଇଛି ଗୀତଗୋବିନ୍ଦ । ଶୁଣାଯାଏ ପ୍ରତି ଦିନ ପ୍ରାତଃରୁ ଜୟଦେବ ଏହି ପ୍ରାଚୀ ନଦୀର ସ୍ନାନ ସାରି ମାଧବଙ୍କ ପୂଜାର୍ଚ୍ଚନା କରୁଥିଲେ । ସେଇ ସ୍ମୃତିର ଯଜ୍ଞଖମ୍ଭ ଆଜି ମଧ୍ୟ ସେହି ଠାରେ ଦଣ୍ଡାୟମାନ ରହିଛି । ବୈଷ୍ଣବଧର୍ମର ସେ ଜଣେ ସଫଳ ଅଧିବ୍ୟକ୍ତା ଭାବରେ ଯେଉଁ ହୃଦୟସ୍ପର୍ଶୀ ଗୀତଗୋବିନ୍ଦ ରଚନା କରିଛନ୍ତି ତାହା ଶ୍ରୀଜଗନ୍ନାଥଙ୍କ ଉଦ୍ଦେଶ୍ୟରେ ରଚିତ ଏଥିରେ ସନ୍ଦେହ ନାହିଁ । ଯଦିଓ ଗୀତଗୋବିନ୍ଦ ଗ୍ରନ୍ଥରେ କୌଣସି ସ୍ଥାନରେ ଜଗନ୍ନାଥଙ୍କ ନାମ ନାହିଁ ସବୁଠାରେ କେଶବ, ଜଗଦୀଶ, ଶ୍ୟାମସୁନ୍ଦର, ମାଧବ, କୃଷ୍ଣ ଏପରି ଅନେକ ପ୍ରତିଶବ୍ଦର ଉଲ୍ଲେଖ ରହିଛି । ଗୀତଗୋବିନ୍ଦରେ ଭଗବାନ୍ ଜଗନ୍ନାଥଙ୍କୁ କଲ୍‌କୀ ଅବତାର ଭାବରେ ସ୍ତୁତି କରିଛନ୍ତି । ଓଡ଼ିଆ ସାହିତ୍ୟରେ ଗୀତଗୋବିନ୍ଦର ପ୍ରତ୍ୟକ୍ଷ ଓ ପରୋକ୍ଷ ପ୍ରଭାବ ପଞ୍ଚସଖା ଯୁଗର ସାହିତ୍ୟକୁ ଅବଲୋକନ କଲେ ଜଣାଯାଏ । ଗୀତଗୋବିନ୍ଦ ବହୁ ଅନୁବାଦ ଓଡ଼ିଆ ସାହିତ୍ୟରେ ଦେଖିବାକୁ ମିଳେ । ଯେମିତି ଷୋଡ଼ଶ ଶତାବ୍ଦୀର ଧରଣୀଧର ଦାସଙ୍କ 'ଗୀତଗୋବିନ୍ଦ', ବୃନ୍ଦାବନ ଦାସଙ୍କ 'ରସବାରିଧି', ଜଗନ୍ନାଥ ମିଶ୍ରଙ୍କ 'ଗଦ୍ୟାନୁବାଦ', ବାସୁଦେବ ମିଶ୍ର ଓ ତ୍ରିଲୋଚନ ଦାସଙ୍କ 'ପଦ୍ୟାନୁବାଦ' ଏବଂ ସପ୍ତଦଶ ଶତାବ୍ଦୀର ବାଣୀଭୂଷଣଙ୍କ ଗୀତଗୋବିନ୍ଦର ଗଦ୍ୟାନୁବାଦ ଅତ୍ୟନ୍ତ ଉଲ୍ଲେଖଯୋଗ୍ୟ । ତତ୍‌କାଳୀନ କାର୍ଯ୍ୟ ଓଡ଼ିଶାର ବହୁ ସଂସ୍କୃତ ପଣ୍ଡିତମାନେ ଜୟଦେବଙ୍କ ଗୀତଗୋବିନ୍ଦର ଅନେକ ଟୀକା କରିଯାଇଛନ୍ତି । ତ୍ରୟୋଦଶ ଶତାବ୍ଦୀରେ କବି ଉଦୟନ 'ଭାବବିଳାସିନୀ' ଟୀକା ଏବଂ ତାଙ୍କ ପରେ କବିରାଜ ନାରାୟଣ ଦାସ ଲେଖିଲେ 'ସର୍ବାଙ୍ଗ ସୁନ୍ଦରୀ' ଟୀକା ଯାହା ଖୁବ୍ ଉପାଦେୟତା ବହନ କରିଛି ।

'ଗୀତଗୋବିନ୍ଦ' ଗୋବିନ୍ଦଙ୍କ ସମ୍ପର୍କିତ ଗୀତ ସମ୍ବଳିତ କାବ୍ୟ । କଥାବସ୍ତୁକୁ ସାଙ୍ଗୀତିକତା ଭିତରେ କେତେଗୁଡ଼ିଏ ପଦ୍ୟାଂଶରେ ୨୪ଟି ଗୀତ ସନ୍ନିବେଶିତ କରିଛନ୍ତି ଶ୍ରୀ ଜୟଦେବ । କେଉଁ ରାଗ ଓ କେଉଁ ତାଳରେ ଗାନ କରାଯିବ ତା'ର ମଧ୍ୟ ଉଲ୍ଲେଖ ରହିଛି । ଏହି କାବ୍ୟରେ ୩ଟି ଚରିତ୍ର ରହିଛନ୍ତି; ଶ୍ରୀକୃଷ୍ଣ-ଶ୍ରୀରାଧା-ଦୂତୀ । ବସନ୍ତଋତୁର କଥା ଖୁବ୍ ସୁନ୍ଦର ଭାବରେ ଉପସ୍ଥାପନ କବି କରିଛନ୍ତି । ଏଥିସହିତ ପ୍ରତ୍ୟେକ ଗୀତରେ ୮ଗୋଟି ପଦ ସଂଯୋଜିତ କରାଯାଇଥିବାରୁ ଏହାକୁ 'ଅଷ୍ଟପଦୀ କାବ୍ୟ' ନାମରେ ମଧ୍ୟ ଗ୍ରହଣୀୟ ହୋଇଛି । ଗୀତଗୁଡ଼ିକର ପ୍ରତ୍ୟେକ ପାଦ ଦ୍ୱୟରେ ଯତି ମଧ୍ୟ ରହିଛି । ଅନୁପ୍ରାସ ଓ ଯମକ ଅଳଙ୍କାରର ପ୍ରୟୋଗ ମଧ୍ୟ ରହିଛି । ଗୀତଗୋବିନ୍ଦରେ ଶୃଙ୍ଗାର ରସ

ପ୍ରତିପାଦନରେ ଆଶା, ଉତ୍କଣ୍ଠା, ପ୍ରଣୟ ଜନିତ ଈର୍ଷା, ଅଭିମାନ, ପର୍ବରାଗ, ସଂକୋଚ, ଲଜ୍ଜା, ଅନୁରାଗ ଓ ମାନଭଙ୍ଗ ଆଦି ବିଶ୍ଳେଷଣରେ ଈଶ୍ୱରଙ୍କୁ ଧ୍ୟାନ କରିବାରେ ଭକ୍ତକବି ଜୟଦେବଙ୍କ ବିଚକ୍ଷଣ ପ୍ରତିଭା ବିସ୍ମୟ କରିଛି ପାଠକକୁ ଯୁଗେ ଯୁଗେ । ଗୀତଗୋବିନ୍ଦର ଚିତ୍ରିତ ତାଳପତ୍ର ପୋଥି, ଗୀତଗୋବିନ୍ଦର ଅକ୍ଷରମାନ ସଜାଇ ଜଗଦୀଶ ମନ୍ଦିର ଚିତ୍ର ଏପରିକି ହାତୀଦାନ୍ତ ଫଳକରେ ଗୀତଗୋବିନ୍ଦ ଲେଖନ ଏହାର ଗଭୀର ପ୍ରଭାବ ପ୍ରତିପାଦନ କରେ । ଗୀତଗୋବିନ୍ଦ ଭାରତୀୟ ବୈଷ୍ଣବ ଧର୍ମ ଚେତନାର ଅଦ୍ଭୁତ ପରିପ୍ରକାଶ ଓ ଏହା ଭାରତର ସାଂସ୍କୃତିକ ଐକ୍ୟକୁ ସୁଦୃଢ଼ କରିପାରିଥିଲା । ଗୀତଗୋବିନ୍ଦର ଭାବ, ଭାଷା, ସାଙ୍ଗୀତିକତା ଓ କୃଷ୍ଣଚେତନା ପାଇଁ ବାସ୍ତବରେ ଦେଶ-କାଳ-ପାତ୍ର ଠାରୁ ବହୁ ଊର୍ଦ୍ଧ୍ୱରେ । ଗୀତଗୋବିନ୍ଦ ରଚନାର ମୁଖ୍ୟ ଉଦ୍ଦେଶ୍ୟ ରାଧାକୃଷ୍ଣଙ୍କ ପ୍ରଣୟ ଲୀଳାର ଭାବାତ୍ମକ ବର୍ଣ୍ଣନା । ପ୍ରଣୟମୁଗ୍ଧ କୃଷ୍ଣ ଏଥିରେ ଜଣେ ସାଧାରଣ ପ୍ରୀତି ସର୍ବସ୍ୱ ନାୟକ ସ୍ତରକୁ କବି ଆଣିଛନ୍ତି । ରାଧା ହିଁ କୃଷ୍ଣଙ୍କର ଭୂଷଣ, ଜୀବନ ଓ ଭବଜଳଧର ମହାମୂଲ୍ୟବାନ ରତ୍ନ । ରାଧାଙ୍କର ଅନୁରାଗ ହିଁ ହେଉଛି ସଂସାରରେ କୃଷ୍ଣଙ୍କର ଏକ ମାତ୍ର ଧ୍ୟେୟ ରୂପେ କବି ଲେଖିଛନ୍ତି । ଭକ୍ତି ମାର୍ଗରେ ମୋକ୍ଷ ପ୍ରାପ୍ତିର ଏକ ସାଧନ ରୂପେ ଭାଗବତ ପ୍ରତିଟି ଓଡ଼ିଆ ପ୍ରାଣରେ ପରିଚିତ ଥିଲାବେଳେ ଗୀତଗୋବିନ୍ଦରେ ମାନବୀୟ ଭାବର ମାର୍ମିକ ବର୍ଣ୍ଣନା ରହିଛି । ରାଧାକୃଷ୍ଣ ପ୍ରେମର ତରଳ ଓ ସରଳ ରୂପ ବର୍ଣ୍ଣନାରେ ଜୟଦେବ ପାଠକମାନଙ୍କ ନିକଟରେ ଆଧ୍ୟାତ୍ମିକତାର ଲଘୁ ସ୍ପର୍ଶ ସହିତ ପ୍ରେମ-ପ୍ରଣୟର ଯଥାର୍ଥତା ଦର୍ଶାଇଛନ୍ତି । ପରବର୍ତ୍ତୀ ସମୟରେ ଏହି ଚେତନାଟି ଖୁବ ଜନପ୍ରିୟ ହୋଇପାରିଛି । ଜୟଦେବଙ୍କୁ ଅନୁସରଣ କରି ଓଡ଼ିଆ ସାହିତ୍ୟରେ ରୀତିଯୁଗର କବି ଦୀନକୃଷ୍ଣ, ଅଭିମନ୍ୟୁ ସାମନ୍ତସିଂହାର, ଗୋପାଳକୃଷ୍ଣ, ଗୌରହରି ପ୍ରମୁଖ ଶୃଙ୍ଗାର ରସର ଆକର୍ଷଣୀୟତାକୁ ନିଜ ନିଜ କାବ୍ୟକୃତିରେ ଉପସ୍ଥାପନ କରିଛନ୍ତି ।

ଗୀତଗୋବିନ୍ଦରେ ସମୁଦାୟ ୧୨ଟି ସର୍ଗ ରହିଛି । ପ୍ରଥମ ସର୍ଗରେ (ସାମୋଦ ଦାମୋଦର) ଗୋପୀମାନଙ୍କ ସହିତ କୃଷ୍ଣଙ୍କର କେଳି ବର୍ଣ୍ଣନା, ଦ୍ୱିତୀୟ ସର୍ଗଟିରେ (ଅକ୍ଲେଶ କେଶବ) ଶ୍ରୀକୃଷ୍ଣଙ୍କ ପ୍ରତି ରାଧାଙ୍କ ଅଭିମାନର ସୂଚନା ରହିଛି । ତୃତୀୟ ସର୍ଗଟିରେ (ମୁଗ୍ଧ ମଧୁସୂଦନ) ଶ୍ରୀକୃଷ୍ଣଙ୍କର ରାଧା ଅନୁଚିନ୍ତାର ବର୍ଣ୍ଣନା, ଚତୁର୍ଥ ସର୍ଗଟିରେ (ମୁଗ୍ଧ ମଧୁସୂଦନ) ସଖୀ ସହିତ ଶ୍ରୀକୃଷ୍ଣଙ୍କ ମନ୍ତ୍ରଣା, ପଞ୍ଚମ ସର୍ଗରେ (ଅଭିସାରିକା) ସଖୀ ଏବଂ ରାଧିକା ସମ୍ବାଦ ରହିଛି । ଷଷ୍ଠ ସର୍ଗରେ (ବାସକସଜ୍ଜା) ଶ୍ରୀକୃଷ୍ଣଙ୍କ ସମକ୍ଷରେ ରାଧାଙ୍କର ବିରହ ଦଶାର ବର୍ଣ୍ଣନା, ସପ୍ତମ ସର୍ଗଟିରେ (ନାଗରୁ ନାରାୟଣ) ଶ୍ରୀକୃଷ୍ଣଙ୍କ ଦର୍ଶନ ବିନା ରାଧାଙ୍କର ଅନୁଚିନ୍ତାର ବର୍ଣ୍ଣନା, ଅଷ୍ଟମ ସର୍ଗଟିରେ (ଖଣ୍ଡିତା ବର୍ଣ୍ଣନା) କୃଷ୍ଣଙ୍କ ଆଗମନରେ ରାଧାଙ୍କର କୋପ, ନବମ ସର୍ଗରେ (କଳହାନ୍ତରିତା) ରାଧାଙ୍କ

କୋପ ଦୂରୀକରଣ ପାଇଁ ସଖୀଙ୍କର ପ୍ରୟାସ, ଦଶମ ସର୍ଗଟିରେ (ମୁଗ୍ଧ ମାଧବ) ଶ୍ରୀକୃଷ୍ଣଙ୍କ ମାନଭଞ୍ଜନ, ଏକାଦଶ ସର୍ଗରେ (ଅଭିସାରିକା) ବର୍ଣ୍ଣନା ରହିଛି। ରାଧାକୃଷ୍ଣଙ୍କର ପାରସ୍ପରିକ ଅନୁରାଗ ବୃଦ୍ଧି ନିମନ୍ତେ ସଖୀମାନଙ୍କର ପ୍ରଯତ୍ନ ଏବଂ ଦ୍ୱାଦଶ ସର୍ଗରେ (ସୁପ୍ରୀତ ଦାମୋଦର) ରାଧାକୃଷ୍ଣଙ୍କର ମିଳନ ବର୍ଣ୍ଣନା କରାଯାଇଛି। ଗୀତଗୋବିନ୍ଦର କାହାଣୀ ହେଉଛି ଏକମୁଖୀ ଏବଂ ରୂପ ହେଉଛି ଏକାନ୍ତ ଭାବେ ସରଳ। ପ୍ରଥମ ସର୍ଗରେ ଗୋପୀମାନଙ୍କ ସହିତ ଶ୍ରୀକୃଷ୍ଣଙ୍କର ଅନ୍ତରଙ୍ଗ ଦୃଶ୍ୟ ରାଧାଙ୍କୁ ମର୍ମାହତ କରିଛି। ଏହା ନାଟକୀୟତାର ପ୍ରଥମ ସଂକେତ। ଏହି ସଂକଟରୁ କାହାଣୀର ଗତିଶୀଳତା ନିର୍ଭର କରିଛି। ୨ୟ ଏବଂ ୩ୟ ସର୍ଗରେ ରାଧାଙ୍କ ଚିନ୍ତାରେ ଶ୍ରୀକୃଷ୍ଣଙ୍କ ଆନ୍ଦୋଳିତ ମନୋଭାବର ତୀବ୍ର ରୂପ ପ୍ରକାଶିତ। ଏହା ପରେ ରାଧାଙ୍କ ରାଗ ପ୍ରଶମିତ ନିମିତ୍ତ ସଖୀଙ୍କ ପ୍ରୟାସ, ରାଧାଙ୍କର କୋପ, ସନ୍ଦେହର ସୃଷ୍ଟିତତ୍ତ୍ୱ, ଦଶମ ସର୍ଗରେ କୃଷ୍ଣଙ୍କର କ୍ଷମାପ୍ରାର୍ଥନାରେ ସଂକଟର ଅବସାନ ଘଟିଛି। ପରବର୍ତ୍ତୀ ସର୍ଗଗୁଡ଼ିକରେ ମିଳନର ଚିତ୍ର ରହିଛି। ସମର୍ପଣର ଚରମ ନିଦର୍ଶନ ଏହାର ଶେଷ ନିଦର୍ଶନ - "ଦେହି ପଦ ବଲ୍ଲବ ମୁଦାରଂ" ଅତିନ୍ଦ୍ରୀୟ ପ୍ରେମ ସହିତ 'ଗୀତଗୋବିନ୍ଦ' ବର୍ଣ୍ଣିତ ହେଦଜ ପ୍ରେମର ବିଶେଷ କୌଣସି ସମ୍ପର୍କ ଥିବାର ଜଣାଯାଉ ନାହିଁ। ସ୍ଥୂଳ ପ୍ରେମର ସ୍ୱରୂପ ପ୍ରକାଶିତ। ରାଧାଙ୍କୁ କୃଷ୍ଣାନୁରାଗିଣୀ ଭାବରେ ଦେଖିବାକୁ ମିଳିଛି। ଶ୍ରୀହର୍ଷ କବି ସଂସ୍କୃତ କାବ୍ୟ ପରମ୍ପରାରେ ନିଜର ଶବ୍ଦ ଲାଳିତ୍ୟ ନିମନ୍ତେ ପ୍ରସିଦ୍ଧି ଲାଭ କରିଥିଲେ ହେଁ ଜୟଦେବଙ୍କ ଦ୍ରାକ୍ଷାପାକ-କାବ୍ୟଶୈଳୀ ନିକଟରେ କିଛିଟା ମ୍ଳାନ ମନେ ହୁଅନ୍ତି। ଏହା ସ୍ପଷ୍ଟ ହୁଏ ତାଙ୍କ ପଙ୍କ୍ତିକୁ ଅବଲୋକନ କଲେ।

"ଚନ୍ଦନ ଚର୍ଚ୍ଚିତ ନୀଳ କଳେବର
ପୀତ ବସନ ବନମାଳୀ

x x x

ରତି ସୁଖ ସାରେ ଗତମଭିସାରେ
ମଦନ ମନୋହର ବେଶଂ

x x x

ଅଳିକୁଳ ଗଞ୍ଜନ ସଞ୍ଜନଙ୍କ
ରତି ଶାୟକ ଗାୟକ ମୋଚନ।"

ଶ୍ରୀ ଜୟଦେବଙ୍କ ଶବ୍ଦଗୁମ୍ଫନ କଳା କୋଟି ସ୍ପର୍ଶ କରିଛି ଯାହାକି ସଂସ୍କୃତ ସାହିତ୍ୟରେ ଖୁବ୍ କମ ଦେଖିବାକୁ ମିଳେ। କବି ଏହି ଗୀତଗୁଡ଼ିକରେ ମୋଟ ୧୧ଟି ଭାଗ ଓ ୬ଗୋଟି ତାଳର ବ୍ୟବହାର କରିଛନ୍ତି। ସେଥିମଧ୍ୟରୁ ୫ଟି ଗୀତରେ ଗୁର୍ଜ୍ଜରୀ

ରାଗର, ୪ଗୋଟି ଗୀତରେ ଦେଶ ବରାଡ଼ି ରାଗର ଓ ତିନିଗୋଟି ଗୀତରେ ରାମକିରି, ବସନ୍ତ ଓ ମାଳବ ରାଗର ଉଲ୍ଲେଖ ଓ ଗୋଟିଏ ଲେଖାଁ ଗୀତରେ ବରାଡ଼ି, ବିଭାସ, ଭୈରବୀ ଓ ଗୁଣ୍ଡକେରି ରାଗର ଉଲ୍ଲେଖ ରହିଛି । ସେହିପରି ଗୀତଗୁଡ଼ିକରେ ୫ଗୋଟି ତାଳର ବ୍ୟବହାର ରହିଛି । ୧୧ଟି ଗୀତରେ ଯତି ତାଳ, ୬ଗୋଟି ଗୀତରେ ରୂପକ ତାଳ, ୫ଗୋଟି ଗୀତରେ ଏକତାଳୀ, ଗୋଟିଏ ଗୀତରେ ନିଃସାରି ଓ ଗୋଟିଏ ଗୀତରେ ଅଷ୍ଟତାଳ ସହ ରଚନା କରିଛନ୍ତି । ବର୍ତ୍ତମାନ ତାହାକୁ ଭାରତ ବିଭିନ୍ନାଞ୍ଚଳ ଗାୟକ ବିଭିନ୍ନ ରୀତିରେ ଗାନ କରୁଛନ୍ତି । ଓଡ଼ିଶାର ସାମାଜିକ ଚଳଣି, ଜନଜୀବନ ଓ ଶ୍ରୀମନ୍ଦିରର ସହିତ ଗୀତଗୋବିନ୍ଦ ଖୁବ୍ ନିବିଡ଼ତା ରହିଛି । ଗୀତଗୋବିନ୍ଦରେ ବ୍ୟବହୃତ ରାଗ ଓ ତାଳ ବହୁ ପ୍ରାଚୀନ କାଳରୁ ଓଡ଼ିଆ ଛାନ୍ଦ ଓ ସଙ୍ଗୀତରେ ମଧ୍ୟ ପରିଲକ୍ଷିତ ହୋଇଛି । ସମ୍ମାନତାର ସାମଞ୍ଜସ୍ୟ ନ ଥିଲେ ମଧ୍ୟ ରାଗ ଏବଂ ତାଳରେ ଅନେକ ଓଡ଼ିଶୀ ରାଗ ସଙ୍ଗୀତ ଶୁଣିବାକୁ ମିଳେ । ଯେମିତି –

"ପଶ୍ୟତି ଦିଶିଦିଶି ରହସି ଭବବନ୍ତମ୍
ତ୍ୱଦଧର ମଧୁର ମଧୂଳି ପିବନ୍ତମ୍ ।"

ରାଗ-ଗୁଣ୍ଡକେରି, ଦିଶ-ଭୈରବ ନିର୍ଦ୍ଦେଶିତ ଗୋଟିଏ ଓଡ଼ିଆ ଗୀତ ରହିଛି । ଯେମିତି –

"ପୁଣ୍ୟରେ ମିଶଇ ପୁଣ୍ୟ ପାପେ ନ ମିଶଇ ହେ
ପାପ ଲାଗି ପୁଣ୍ୟ ହୋଏ ଖୀନ
ଅଭାବ ଯୁବତୀ ସଙ୍ଗେ ଭାବ ବଢ଼ାଇଲେ ହେ
ଅସଙ୍ଗ ସଙ୍ଗତେ ଯଶ ଲୀନ ।"

ବୈଷ୍ଣବ ଯୁଗୀୟ ସାହିତ୍ୟାଦର୍ଶ ଅନୁସାରେ ଗୀତଗୋବିନ୍ଦରେ ରସ, ଭାବ, ପ୍ରେମ, ମାନ ଓ ଅଭିମାନ ସହିତ ମାନବାତ୍ମା ଓ ପରମାତ୍ମାଙ୍କର ମିଳନ ପରିତୃପ୍ତିର ସ୍ୱାଦ ରହିଛି । ବୈଷ୍ଣବ ଶାସ୍ତ୍ର ଅନୁଯାୟୀ ଜୟଦେବ ଗୀତଗୋବିନ୍ଦରେ ଶୃଙ୍ଗାର ରସକୁ ପ୍ରାଧାନ୍ୟ ଦେଇଛନ୍ତି । ଶୃଙ୍ଗାର ରସରୂପୀ ଶ୍ୟାମ ବର୍ଣ୍ଣ ଓ ଅଧିଷ୍ଠାତା ହେଉଛନ୍ତି ଶ୍ରୀକୃଷ୍ଣ ଏବଂ ଶ୍ରୀକୃଷ୍ଣ ହେଉଛନ୍ତି ସାକ୍ଷାତ ଶୃଙ୍ଗାର ରସ ବା ଆଦିରସର ରସଘନ ବିଗ୍ରହ ଶ୍ରୀକୃଷ୍ଣ ନିଜକୁ ଦୁଇ ଭାଗ କରି ଲୀଳାରସ ଆସ୍ୱାଦନ କରିଛନ୍ତି । ଲୀଳାର ଲକ୍ଷ୍ୟ ହେଉଛି ଆନନ୍ଦ ଲାଭ । ଆନନ୍ଦ ହିଁ ଜୀବର ପରମ କାବ୍ୟ ଓ ଉଦ୍ଦେଶ୍ୟ । ଭଗବାନ ହେଉଛନ୍ତି ନିତ୍ୟ ଆନନ୍ଦ ପୁରୁଷ ଓ ଜୀବ ଈଶ୍ୱରଙ୍କର ଅଂଶ ବିଶେଷ । ଏହି ଆନନ୍ଦର ପରମ ଚିତ୍ତ ହେଉଛି ଗୀତଗୋବିନ୍ଦ । ରସାନଳୀ ରାଧାଙ୍କର ସରସବପୁ ଆଲିଙ୍ଗନରେ ପରଂବ୍ରହ୍ମ ଜଗନ୍ନାଥ ପରମାନନ୍ଦ ତୃପ୍ତିଲାଭ କରନ୍ତି । ଆଜି ବି ଶ୍ରୀମନ୍ଦିରରେ ମହାପ୍ରଭୁଙ୍କ ନିକଟରେ

ରାଧା ନାମାଙ୍କିତ, ରାଧା ଗୁଣାଙ୍କିତ, ରାଧା ରୂପାଙ୍କିତ, ରାଧା ପ୍ରେମାଙ୍କିତ ରସାଣିତ ଗୀତଗୋବିନ୍ଦର ମଧୁର ପଦାବଳୀ ଦୈନନ୍ଦିନ ଭକ୍ତି ସଙ୍ଗୀତ ଭାବରେ ଗାନ କରାଯାଉଛି । ମହାପ୍ରଭୁ ଗୀତଗୋବିନ୍ଦ ଶ୍ରବଣରେ ତୃପ୍ତ ହୁଅନ୍ତି ଏବଂ ଏହି ଆଦିରସ ବିରଚିତ ଗୀତଗୋବିନ୍ଦ ଏକ ପ୍ରାମାଣିକ ଭକ୍ତି ଗ୍ରନ୍ଥ ଭାବରେ ଜନମାନସରେ ଗୃହୀତ ହୋଇଅଛି । ଆଦି ଶଙ୍କରାଚାର୍ଯ୍ୟଙ୍କ ଭାଷାରେ –

"ପରଂବ୍ରହ୍ମ ବ୍ରୀଡ଼ କୁବଳୟଦଳୋତ୍ ଫୁଲ୍ଲନୟୋନ
ନିବାସୀ ନୀଳାଦ୍ରୌ ନିହିତ ଚରଣୋଽନନ୍ତ ଶିରସି
ରସାନନ୍ଦୋ ରାଧା ସରସବପୁରା ଲିଙ୍ଗନ ସୁଖୋ
ଜଗନ୍ନାଥ ସ୍ୱାମୀ ନୟନ ପଥଗାମୀ ଭବ ତୁମେ ।"

କବି ଜୟଦେବ ଶ୍ରୀରାଧାଙ୍କୁ ବେଦ ପରି ଗୀତା, ସଞ୍ଚାରିଣୀ, କାଞ୍ଚନଲତା, ପ୍ରେମ ପ୍ରତାପଶାଳିନୀ, ମାଧୁର୍ଯ୍ୟ କାଦମ୍ବିନୀ, ମଦନମୋହିନୀ, ସତୀମାନଙ୍କ ସୀମନ୍ତିନୀ, ଦିବ୍ୟ ପ୍ରେମ ତରଙ୍ଗିଣୀ, କୃଷ୍ଣକାମବିବର୍ଦ୍ଧିନୀ, ମୋହନ ମୋହିନୀ ଓ ରସୋଜ୍ଜ୍ୱଳ ବିଗ୍ରହ ସ୍ୱରୂପିଣୀ ଦୃଷ୍ଟିରେ ଦେଖିଛନ୍ତି ଓ ତାଙ୍କ ସୃଷ୍ଟିରେ ସରଞ୍ଜନା ମଧ୍ୟ କରିଛନ୍ତି । ବିବେକର ତତ୍ତ୍ୱ ଉପରେ ଆଧାରିତ ଗୀତଗୋବିନ୍ଦ କୃଷ୍ଣପ୍ରାଣରେ ନିମଗ୍ନ ଭକ୍ତମାନଙ୍କୁ ଚିରକାଳ ଅମୃତ, ମଧୁର କାନ୍ତାଧରର ମାଧୁର୍ଯ୍ୟ ଭରି ଦେଉଥିବ । ବିରହରେ ପ୍ରେମର ପରୀକ୍ଷା ହୁଏ ଆଉ ମିଳନରେ ପ୍ରେମର ପୂର୍ଣ୍ଣତା ହୁଏ । ରାଧାଙ୍କ ଚରଣଯୁଗଳକୁ ନିଜ ଶିରରେ ଧାରଣ କରି ତୃପ୍ତ ହେବେ ବୋଲି କୃଷ୍ଣ ନିବେଦନ କରିଛନ୍ତି । ତାଙ୍କ ଚାତୁରୀ ଓ ଚାଟୁ ବାଣୀରେ ଶ୍ରୀରାଧାଙ୍କର ମାନ ଭଙ୍ଗ ହୋଇଛି । ଅଭିସାରିକା ରାଧାଙ୍କୁ କୁଞ୍ଜ ଶଯ୍ୟାରେ ମୋହନଙ୍କ ସହିତ ମଧୁର ମିଳନ କରାଇ ସଖୀମାନେ ଆନନ୍ଦିତ ହୋଇଛନ୍ତି । ରସିକ ଗ୍ରାହକଙ୍କୁ ଏହି ମାଧୁର୍ଯ୍ୟରସ ଆସ୍ୱାଦନ କରାଇ କବି ଜୟଦେବଙ୍କ ଲେଖନୀ ସାର୍ଥକ ହୋଇଛି ।

ଉତ୍କଳୀୟ ମହାକବି ଜୟଦେବ ହେଉଛନ୍ତି ସର୍ବଭାରତୀୟ କବିମଣ୍ଡଳୀରେ ସର୍ବପ୍ରଥମ ଗୀତିକାବ୍ୟ ରଚୟିତା । ମହାକବି ଜୟଦେବଙ୍କ 'ଗୀତଗୋବିନ୍ଦ'ର ବହୁ ଓଡ଼ିଆ ଅନୁବାଦ ବିଭିନ୍ନ କବିମାନଙ୍କ ଦ୍ୱାରା ଖ୍ରୀଷ୍ଟୀୟ ପଞ୍ଚଦଶ ଶତାବ୍ଦୀରୁ ଆରମ୍ଭ କରି ଅଦ୍ୟାବଧି ରଚିତ ହୋଇଆସୁଛି । ପରବର୍ତ୍ତୀ ସମୟରେ କେହି କେହି ଅବିକଳ ଅନୁବାଦ କରିଛନ୍ତି ଓ ଆଉ କେହି କେହି ଭାବାନୁବାଦ କରିଛନ୍ତି । ଗୀତଗୋବିନ୍ଦର ପଦ୍ୟ ଓ ଗଦ୍ୟାନୁବାଦରେ ଅନେକ କବି ଦକ୍ଷତା ଅର୍ଜନ କରିଛନ୍ତି । ସେମାନଙ୍କ ମଧ୍ୟରେ ଧରଣୀଧର, ବୃନ୍ଦାବନ ଦାସ, ଦୀନକୃଷ୍ଣ ଦାସ, ତ୍ରିଲୋଚନ ଦାସ, ଉଦ୍ଧବ ଦାସ, ଗୋପୀନାଥ ଧୀର ଜଗଦ୍ଦେବ, ଜଗନ୍ନାଥ ମିଶ୍ର, ଅନନ୍ତ ରଥ, ବାଣୀ ଭୂଷଣ, ଶ୍ୟାମ

ସୁନ୍ଦର ଭଞ୍ଜ, କବିଚନ୍ଦ୍ର କାଳୀଚରଣ ପଟ୍ଟନାୟକ ରଚନା ରୂପେ ଆମ ସାହିତ୍ୟକୁ ଋଦ୍ଧିମନ୍ତ କରିଆସିଛି। ପ୍ରତିଷ୍ଠିତ ସାହିତ୍ୟିକ ତଥା ସମାଲୋଚକ ସୁରେନ୍ଦ୍ର ମହାନ୍ତି 'ଜୟଦେବ ଗବେଷଣା ପୁନଶ୍ଚ' ପ୍ରବନ୍ଧରେ କହିଛନ୍ତି- "ଓଡ଼ିଶାର ଇତିହାସ ପରମ୍ପରା, ସାହିତ୍ୟ, ନୃତ୍ୟ, ସଙ୍ଗୀତ ଓ ଆଧ୍ୟାତ୍ମିକ ଜୀବନରେ ଗୀତଗୋବିନ୍ଦର ଭୂମିକା ମହତ୍ତ୍ୱ ରଖିଛି। ଏ ଦୃଷ୍ଟିରୁ ବିଚାର କଲେ କବି ଜୟଦେବ ଉତ୍କଳୀୟ ସଂସ୍କୃତି ସହ ଖୁବ୍ ପରିଚିତ। ଦ୍ୱାଦଶ ଶତାବ୍ଦୀ ଗଙ୍ଗରାଜ କବି ନରସିଂହ ଦେବ ପୁରୀ ଶ୍ରୀମନ୍ଦିରରେ ପ୍ରତ୍ୟହ ଶ୍ରୀଜଗନ୍ନାଥଙ୍କ ବଡ଼ସିଂହାର ବେଶବେଳେ ଭିତର ଗାୟଣୀବେଳେ ଗୀତଗୋବିନ୍ଦ ଗାନ କରିବାର ବିଧି ଅଦ୍ୟାବଧି ଇତିହାସର ବହୁ ବିବର୍ତ୍ତନ ଆସିଥିଲେ ମଧ୍ୟ ତାହା ଅବ୍ୟାହତ କରିଛି ଯାହାକି ଭାରତବର୍ଷର କୌଣସି ବିଷ୍ଣୁ ମନ୍ଦିରରେ ଏହିପରି ରୀତିର ପ୍ରଚଳନ ନାହିଁ। ଆହୁରି ମଧ୍ୟ ଜୟବିଜୟ ଦ୍ୱାରରେ ଖୋଦିତ ପ୍ରତାପରୁଦ୍ର ଦେବଙ୍କ ଓଡ଼ିଆ ଅଭିଲେଖରେ ୧୫୦୦ ଖ୍ରୀଷ୍ଟାବ୍ଦ ଜୁଲାଇ ୮ ତାରିଖ ଆଷାଢ଼ ଶୁକ୍ଳ ଦଶମୀ ବୁଧବାର ଦିନ ଶ୍ରୀଜଗନ୍ନାଥ ମହାପ୍ରଭୁଙ୍କ ବାହୁଡ଼ାଯାତ୍ରା ସମୟରେ ଭାରତରୁ ଆସିଥିବା ଅସଂଖ୍ୟ ଯାତ୍ରୀଙ୍କ ଅବଗତ ନିମନ୍ତେ ରାଜା ଘୋଷଣା କରିଥିଲେ କି ଗୀତଗୋବିନ୍ଦ ବ୍ୟତୀତ ଅନ୍ୟ କୌଣସି ଗୀତ ଗାନ ଅବା ନୃତ୍ୟର ପରିବେଷଣ ହେବ ନାହିଁ ମହାପ୍ରଭୁଙ୍କ ବଡ଼ସିଂହାର ବେଶ ପୂର୍ବରୁ। ଏହି ତଥ୍ୟରୁ ଜଣାଯାଏ ଉତ୍କଳର ମହାନ କବି ଜୟଦେବଙ୍କ ଜନପ୍ରିୟତା ଓ ଭକ୍ତିରସରେ ପରିପୂର୍ଣ୍ଣ ଗୀତଗୋବିନ୍ଦକୁ ରାଜା ଗଜପତିଙ୍କ ଠାରୁ ସାଧାରଣ ପ୍ରଜା ପର୍ଯ୍ୟନ୍ତ ସମସ୍ତେ ବିମୁଗ୍ଧ ଓ ବିମୋହିତ ରହିଆସିଛନ୍ତି।

ଶ୍ରୀରାଧା ଓ କୃଷ୍ଣଲୀଳା ସାହିତ୍ୟରେ ଆଦିଗୁରୁ ଭାବରେ କବି ଜୟଦେବ ପରିଚିତ। ଗୀତଗୋବିନ୍ଦରେ ରାଧା ଓ କୃଷ୍ଣଙ୍କର ପ୍ରେମ ଲୀଳା ପାଇଁ ବୃନ୍ଦାବନର ପରିବେଶକୁ ଗ୍ରହଣ କରିଛନ୍ତି। ସମୟ ବସନ୍ତ ଋତୁକୁ ନାୟିକା ଶ୍ରୀରାଧା, ନାୟକ ସ୍ୱୟଂ ଭଗବାନ ଶ୍ରୀକୃଷ୍ଣ। ଲୀଳା ସଂପାଦନ ପାଇଁ ଚରି କିଶୋରୀ ସଖୀମାନଙ୍କର ପରିକଳ୍ପନା ହୋଇଛି ସମଗ୍ର କାବ୍ୟରେ ରାଧା ଓ କୃଷ୍ଣଙ୍କର ପାରସ୍ପରିକ ଅନୁରାଗ ରହିଛି। ଉଭୟ ଦୈହିକ ମିଳନ ପାଇଁ ଉତ୍କଣ୍ଠିତ। ଦେହ ବେଦୀରେ ପ୍ରେମର ଜଟିଳ ତତ୍ତ୍ୱ ପ୍ରକାଶିତ। ମିଳନ ପରେ ଚରମ ଉଲ୍ଲାସ ପ୍ରକାଶ ପାଇଛି। ରାଧାଙ୍କୁ ଦେହଧାରିଣୀ ମାନବୀ ରୂପେ ଅଭିସାରିତ, ବାସକସଜ୍ଜା, ଉତ୍କଣ୍ଠିତା, ବିପ୍ରଲବ୍ଧା, ଖଣ୍ଡିତା ପୁଣି କଳହାନ୍ତରିତା ରୂପରେ ପାଠକ ପ୍ରାଣକୁ ବିହ୍ୱଳିତ କରିଛନ୍ତି। ସବୁ ରୂପରେ ହିଁ ପ୍ରେମମୟୀ ରୂପ ଦେଖିବାକୁ ମିଳିଛି। ଶୃଙ୍ଗାର ରସର ଲଳିତ ପ୍ରବାହ ଅପୂର୍ବ ଭାବକୁ ବ୍ୟକ୍ତ କରିଛି। କହିବାକୁ ଗଲେ ଭଗବାନ ଶ୍ରୀକୃଷ୍ଣ ଓ ଶ୍ରୀରାଧାଙ୍କ ଏହି ଲୀଳା ଜ୍ଞାନ ଓ ଯୋଗ ତତ୍ତ୍ୱ, ପ୍ରେମ ଓ ଭକ୍ତି ତତ୍ତ୍ୱ, ଗୋଟିଏ ନୀଳ ଓ ଅନ୍ୟଟି ପୀତ ରୂପ ଏବଂ କୃଷ୍ଣବଲ୍ଲଭା ଗୋପୀମାନଙ୍କର

ଉପସ୍ଥିତିର ଆବଶ୍ୟକତା କାବ୍ୟଟିକୁ ଶ୍ରୁତିମଧୁର କରାଇପାରିଛି। ଶ୍ରୀ ଜୟଦେବ ବୌଦ୍ଧ ସହଜିଆ ମାର୍ଗକୁ ଗ୍ରହଣ କରିଛନ୍ତି। ଶୂନ୍ୟତାକୁ ସେ କୃଷ୍ଣ ଓ କରୁଣାକୁ ରାଧା କରି ସେମାନଙ୍କ ଯୁଗଳ ମିଳନକୁ ଦର୍ଶାଇଛନ୍ତି। ଏ କ୍ଷେତ୍ରରେ କବି ନିମ୍ବାର୍କଙ୍କ ସାଧନା ମାର୍ଗକୁ ଆଦର୍ଶ ରୂପେ ନେଇଛନ୍ତି। ଏହା ସହିତ ବସନ୍ତ ଋତୁ ବର୍ଣ୍ଣନାରେ ସୁନ୍ଦର ବନ ପ୍ରକୃତି, ସୁନ୍ଦର ପ୍ରସ୍ଫୁଟିତ କୁସୁମରାଜି, କୋକିଳର କୁହୁତାନ, ଧୀର ସମୀର ସହିତ ଶ୍ରୀରାଧା ବାସନ୍ତୀ ସୁଷମା ବର୍ଣ୍ଣନା ସହିତ ଶ୍ରୀକୃଷ୍ଣଙ୍କ ବ୍ରଜନାରୀ ମାନଙ୍କ ସହିତ ନାନା କେଳି ରସରେ ନିମଜ୍ଜିତ କହିଛନ୍ତି ଖୁବ୍ ମନୋରମ ଭାବେ କବି ବର୍ଣ୍ଣନା କରିଛନ୍ତି। କବି ଲେଖିଛନ୍ତି –

"ରତି ସୁଖ ସାରେ ଗତମଭିସାରେ ମଦନ ମନୋହର ବେଶଂ
ନ କୁରୁ ନିତମ୍ବିନୀ ଗମନ ବିଳମ୍ବନନୁସରତଂ ହୃଦୟେଶଂ
ଧୀର ସମୀରେ ଯମୁନା ତୀରେ ବସତି ବନେ ବନମାଳୀ
ପୀନ ପୟୋଧର ପରସର ମର୍ଦ୍ଦନ ଚଞ୍ଚଳ କର ଯୁଗଶାଳୀ।"

ସମଗ୍ର ଗୀତଗୋବିନ୍ଦରେ ରାଧା ଓ କୃଷ୍ଣଙ୍କର ସୁନ୍ଦର ରତିକ୍ରୀଡ଼ା ହିଁ ମୁଖ୍ୟ ବିଷୟ ପ୍ରତିପାଦିତ କବି କରିଛନ୍ତି ସଖୀମାନଙ୍କ ଭୂମିକା ଭିତରେ ଶୃଙ୍ଗାର ରସ ଭିତରେ କାବ୍ୟର ଶେଷ ପଙ୍କ୍ତି ମଧ୍ୟ ବିରଚିତ ହୋଇଛି। ଗୀତଗୋବିନ୍ଦରେ ବସନ୍ତ ରାସ ଏକ ସ୍ୱତନ୍ତ୍ର ପରମ୍ପରା ସୃଷ୍ଟି କରିଛି। ଓଡ଼ିଆ ମଧ୍ୟଯୁଗୀୟ ବୈଷ୍ଣବ କବି ପରମ୍ପରାରେ ରାଧାକୃଷ୍ଣଙ୍କ ବ୍ରଜଲୀଳା ବସନ୍ତ ଋତୁରେ ହିଁ ଅନୁଷ୍ଠିତ ହୁଏ। ଉତ୍ତର ଦାୟଦ ଭାବରେ ଏହି ବସନ୍ତ ରାସର ମାଧୁର୍ଯ୍ୟ ଓଡ଼ିଆ କବିମାନଙ୍କ ମଧ୍ୟରେ ଦୀନକୃଷ୍ଣଙ୍କ 'ରସକଲ୍ଲୋଳ', ଦୀନବନ୍ଧୁ ରାଜଙ୍କ 'ରାଧାବିଳାସ', ଶ୍ୟାମବନ୍ଧୁ ପଟ୍ଟନାୟକଙ୍କ 'ନବାନୁରାଗ', ନୃସିଂହ ପଟ୍ଟନାୟକଙ୍କ 'ବାସୁଦେବ ବିଳାସ', ଉପେନ୍ଦ୍ର ଭଞ୍ଜଙ୍କ 'ଶ୍ରୀକୃଷ୍ଣ ଲୀଳା କଳ୍ପଲତା', ଜଗନ୍ନାଥ ଦ୍ୱିଜଙ୍କ 'ବ୍ରଜ ମନୋହର', ଘନ ଭଞ୍ଜଙ୍କ 'ଗୋବିନ୍ଦ ବିଳାସ', ସଦାନନ୍ଦ କବିସୂର୍ଯ୍ୟ ବ୍ରହ୍ମାଙ୍କ 'ବିଶ୍ୱମ୍ଭର ବିହାର', ମୁକୁନ୍ଦ ଦେବଙ୍କ 'କୃଷ୍ଣାଭିଳାଷ' ଓ ବାଲୁଙ୍କେଶ୍ୱର ଦାସଙ୍କ 'ପ୍ରେମ ସୁଧା କଲ୍ଲୋଳିନୀ' ପ୍ରଭୃତି ଖୁବ୍ ସୁନ୍ଦର ଭାବରେ ତାଙ୍କ କାବ୍ୟରେ ଉପସ୍ଥାପନ କରିଛନ୍ତି। ଯାହା ବସନ୍ତ ରାସ ପରମ୍ପରାକୁ ଉଜ୍ଜୀବିତ କରି ଜୟଦେବଙ୍କ ମାନକୁ ସମ୍ମାନର ସହ ଜନପ୍ରିୟ କରାଇଛନ୍ତି।

ଜୟଦେବ ମଣିଷର ସୃଷ୍ଟି ଓ ବିକାଶ ଦିଗରେ ଖୁବ୍ ଅନ୍ତରଙ୍ଗ ରହିଥିଲେ। ବିବର୍ତ୍ତନବାଦର ତତ୍ତ୍ୱକୁ ସେ ପ୍ରଥମ ୫ଟି ଅବତାରରେ ବର୍ଣ୍ଣନା କରିଥିଲାବେଳେ ମଣିଷ ସଭ୍ୟତାର ବିକାଶ ପରବର୍ତ୍ତୀ ପାଞ୍ଚୋଟି ଅବତାର ମଧ୍ୟରେ ସୀମାବଦ୍ଧ କରିଛନ୍ତି। ଡାରଉଇନଙ୍କ ବିବର୍ତ୍ତନ ତତ୍ତ୍ୱ ଅନୁସାରେ ଜୟଦେବ ଓ ଡାରଉଇନ ଏକ ପ୍ରଳୟ ପରେ

ମତ୍ସ୍ୟକୁ ସାଗର ଜଳରେ ଦର୍ଶନ କରିଛନ୍ତି। ତା' ପରେ ଜଳୀୟ ଉଦ୍ଭିଦ ସ୍ଥଳ ଭାଗରେ ମଧ୍ୟ ବିକଶିତ ହୋଇଛି। ଉଭୟଚର ଓ ସରୀସୃପ ଜାତୀୟ ପ୍ରାଣୀଙ୍କର ସୃଷ୍ଟି କ୍ରମାନ୍ୱୟରେ ହୋଇଥିବା କଥା ବିବର୍ତ୍ତନରେ କୁହାଯାଉଥିବାବେଳେ ଦଶବତାରରେ ତାହା କଚ୍ଛପ ରୂପେ ବର୍ଣ୍ଣନା କରାଯାଇଛି ଯାହା ଏ ଦୁଇଟିଯାକ ପ୍ରାଣୀଙ୍କୁ ପ୍ରତିନିଧିତ୍ୱ କରୁଛି। ତା' ପରେ ସ୍ତନ୍ୟପାୟୀ ପ୍ରାଣୀ ଆସିଛନ୍ତି ଯାହା ବରାହ ଅବତାର କଥା ବର୍ଣ୍ଣିତ ରହିଛି। ଉଭୟ ଜଳ ଓ ସ୍ଥଳଚର ଭାବରେ ଡାଇନୋସୋର ପରି। ପରବର୍ତ୍ତୀ ସିଂହମାନେ ସ୍ତନ୍ୟପାୟୀ ପ୍ରାଣୀଙ୍କ ପ୍ରତିନିଧି ନରସିଂହ ଅବତାର। ଯଦି ଡାରଉଇନଙ୍କ ତତ୍ତ୍ୱକୁ ବିଶ୍ଳେଷଣ କରିବା ବିବର୍ତ୍ତନର ବାର୍ତ୍ତା ଦଶାବତାର ବହନ କରୁଛି। ମଣିଷର ଆଦ୍ୟ ରୂପକୁ ଦେଖିଲେ ବାମନ ଅବତାର ଯେଉଁଥିରେ ଶୀବନ, ସିମ୍ପାଞ୍ଜୀ, ଗରିଲା ଆଦି ମାଙ୍କଡ଼ଙ୍କ ରୂପ ଆସୁଛି। ଜୟଦେବଙ୍କ ବାମନ ଅବତାର ବର୍ଣ୍ଣନାରେ ୩ ପାଦ ଭୂମି ଦାନ ମାଗି ଆକାଶ, ପାତାଳ ଓ ମର୍ତ୍ତ୍ୟକୁ ବିଜୟ କରିଥିବା କଥା କହିଛନ୍ତି। ବିବର୍ତ୍ତନରେ ମଧ୍ୟ ବୃକ୍ଷରେ ବାସ କରୁଥିବା ଗରିଲା ଜାତୀୟ ପ୍ରାଣୀ ଭୂମି ଓ ଜଳରେ ପ୍ରବେଶ କରୁଥିବା କଥା ବର୍ଣ୍ଣନା ରହିଛି। ପୁନଶ୍ଚ ବଳିଙ୍କର ତୃତୀୟ ପାଦ ତାଙ୍କର ନାଭିରୁ ବାହାରିଥିଲା ଯାହା ଦୁର୍ବଳ ପାଦ ଥିଲା ଠିକ୍ ଯେମିତି ଲାଗେ ସିମ୍ପାଞ୍ଜୀମାନଙ୍କର ଆଗ ଗୋଡ଼ ଦୁର୍ବଳ ହୋଇ ହାତରେ ପରିଣତ ହୋଇଥିବା କଥା ଆଡ଼କୁ ସଙ୍କେତ ଦେଖାଉଛି। ମଣିଷ ସୃଷ୍ଟିର ପ୍ରଥମ ଅବସ୍ଥାରେ ପ୍ରସ୍ତରର ଅସ୍ତ୍ର ଏବଂ ତା' ପରେ ଧାତବ ଅସ୍ତ୍ରଶସ୍ତ୍ର ବ୍ୟବହାର କରିବା କଥା ବିବର୍ତ୍ତନରେ କୁହାଯାଇଛି ଯାହାକି ଦଶାବତାରରେ ପର୍ଶୁରାମଙ୍କ ସ୍ୱରୂପ ବର୍ଣ୍ଣନାରୁ ସୂଚନା ମିଳେ। ପ୍ରାରମ୍ଭିକ ଅବସ୍ଥାରେ ମଣିଷର ହିଂସ୍ର ପ୍ରକୃତି ପର୍ଶୁରାମଙ୍କ ଠାରେ କବି ଦେଖିଛନ୍ତି। ନିଜର ମାତା ଓ ଭାଇମାନଙ୍କୁ ମାରି ପୁଣି ଏ ପୃଥିବୀକୁ କ୍ଷତ୍ରୀୟହୀନ କରିବା ପାଇଁ ପିତାଙ୍କ ଆଦେଶରେ ରକ୍ତନଦୀ ବୁହାଇଛନ୍ତି। ରାମ ଅବତାରରେ ମଣିଷ ପ୍ରକୃତିର ଅନେକ ପରିବର୍ତ୍ତନ ଆସିଛି। ସେହି ମଣିଷ ପରିବାର କଥା ଚିନ୍ତା କରିଛି। ଦଳ ଦଳ ହୋଇ ରାଜ୍ୟ ସୃଷ୍ଟି କରି ଜଣେ ରାଜାଙ୍କୁ ମଧ୍ୟ ନିଯୁକ୍ତ ଦେଇଛି। ପ୍ରଜାଙ୍କୁ ସୁରକ୍ଷା ଦେବାଲାଗି ପଡ଼ୋଶୀ ରାଜ୍ୟ ସହିତ ଯୁଦ୍ଧ କରିଛି। ସେ ସମୟର ମଣିଷର ରଙ୍ଗକୁ ନେଇ ରାମଙ୍କର କୃଷ୍ଣବର୍ଣ୍ଣକୁ କବି ବର୍ଣ୍ଣନାରେ ପ୍ରାଧାନ୍ୟ ଦେଇଛନ୍ତି। ପରବର୍ତ୍ତୀ ଅବତାର ଲଙ୍ଗଳଧାରୀ ବଳରାମ ଅବତାର ରାଜ୍ୟ ସ୍ଥାପନ ପରେ ପ୍ରଜାମାନଙ୍କୁ ଖାଦ୍ୟ ଯୋଗାଇବା ଆବଶ୍ୟକତାରୁ ମଣିଷ ଚଷ କରିଛି। ସେଥିପାଇଁ ସେ ଲଙ୍ଗଳ ନେଇ ଭୂମି କର୍ଷଣ କରିଥିଲା ଏବଂ ଭୂମି ଅନ୍ୱେଷଣରେ ପୃଥିବୀ ପରିକ୍ରମା କରିଥିଲା। ପର୍ଶୁରାମ, ରାମ ଓ ବଳରାମ ଅବତାର ଯେମିତି ବିବର୍ତ୍ତନ ମଣିଷର ଜୀବନ ପାଇଁ ସଂଘର୍ଷର ତିନୋଟି ପ୍ରତିରୂପ। ମଣିଷର ସ୍ଥିରତା ଆସିବାର ପ୍ରତିରୂପ ହେଉଛନ୍ତି ବୃଦ୍ଧ ଅବତାର। ହିଂସ୍ର

ରୂପଟି ଅପପରି ସାମାଜିକ କଲ୍ୟାଣ ଦିଗରେ, ଯାଗଯଜ୍ଞାଦିରେ ହେଉଥିବା ପଶୁବଳି ବିରୁଦ୍ଧରେ ସ୍ୱର ଉତ୍ତୋଳନ କଲା। ଜୟଦେବଙ୍କ ଭବିଷ୍ୟତ ମଣିଷ ସ୍ୱରୂପ ଆକଳନ କରି କଲ୍‌କୀ ଅବତାରର ବର୍ଣ୍ଣନା  କରିଛନ୍ତି।

ଏହିପରି ଭାବରେ ଦ୍ୱାଦଶ ଶତାବ୍ଦୀ ଓ ତା' ପୂର୍ବରୁ ଭାରତବର୍ଷ ତଥା ଓଡ଼ିଶାରେ ଆଧାତ୍ମିକ ପରିବେଶ, ବୈଷ୍ଣବ ସାହିତ୍ୟ ଓ ସେ ସମୟର ସାମାଜିକ ସ୍ଥିତିକୁ ନେଇ ଶ୍ରୀ ଗୀତଗୋବିନ୍ଦ ରଚନା କରିବା ପାଇଁ ଜୟଦେବଙ୍କୁ ପ୍ରଭାବିତ କରିଥିଲା। ଧର୍ମ ଓ ସାହିତ୍ୟକୁ ଏକାତ୍ମ କରିଦେଇ କାନ୍ତକୋମଳ ସୁଲଳିତ ପଦାବଳୀରେ ଛନ୍ଦୋମୟ କାବ୍ୟ ଗୀତଗୋବିନ୍ଦ ଉକ୍ତିକୁ ଉଜ୍ଜ୍ୱଳ ରସରେ କବି ଅବତାରଣା କରିଛନ୍ତି। କାବ୍ୟଟିକୁ ସର୍ବାଙ୍ଗ ସୁନ୍ଦର କରିବା ପାଇଁ କବି କୌଣସି କାର୍ପଣ୍ୟ କରି ନାହାଁନ୍ତି। ଜୟଦେବଙ୍କ ପୂର୍ବରୁ ଏ ଦେଶରେ ବୈଷ୍ଣବ ଧର୍ମ ଥିଲା, ବିଷ୍ଣୁ ଉପାସକ ବି ଥିଲେ। ବିଭିନ୍ନ ସ୍ଥାନରେ ବିଷ୍ଣୁ ପ୍ରତିମାମାନ ଯେପରି ପ୍ରତିଷ୍ଠିତ ହୋଇଥଲେ ସେହିପରି ବିଷ୍ଣୁଙ୍କ ସମ୍ପର୍କରେ ଉଭୟ ସଂସ୍କୃତ ଏବଂ ପ୍ରାକୃତରେ ଗ୍ରନ୍ଥର ଅଭାବ ମଧ୍ୟ ନଥିଲା। ଅଭାବ ଥିଲା ଏକ ଆନ୍ତରିକତାର ଦୃଷ୍ଟିଭଙ୍ଗୀର ଯାହାକୁ ଭକ୍ତକବି ଜୟଦେବ ଆପଣା ଗ୍ରନ୍ଥରେ ସ୍ଥାନିତ କରିପାରିଛନ୍ତି। ତତ୍‌କାଳୀନ ସମାଜର ଧାର୍ମିକ ରାଜନୀତିକ ଓ ସାମାଜିକ ପରିବେଶ ସହିତ ସେ ସମୟରେ ପ୍ରଚଳିତ ବୈଜ୍ଞାନିକ ଭାବଧାରାକୁ ମଧ୍ୟ ସେ ଲିପିବଦ୍ଧ କରିଯାଇଛନ୍ତି। ହିନ୍ଦୁ ଓ ବୌଦ୍ଧ ମତବାଦଙ୍କର ସଂଘର୍ଷ ସମୟରେ କବି ଜୟଦେବ ପରିସ୍ଥିତିକୁ ସାମାନ୍ୟ ଶୃଙ୍ଖଳିତ କରିବା ଉଦ୍ଦେଶ୍ୟରେ ବୁଦ୍ଧଙ୍କୁ ଅବତାରୀ ରୂପେ ଗ୍ରହଣ କରିଛନ୍ତି। ସମାଜର ଶୂନ୍ୟତା, ନୈରାଶ୍ୟ, ଜାଗତିକ ଦୁଃଖରେ ବିଗଳିତ ମଣିଷର ଦୂରାବସ୍ଥା ବିରୁଦ୍ଧରେ ଜୟଦେବଙ୍କ ଗୀତଗୋବିନ୍ଦ ଏକ ନୀରବ ଝଙ୍କାର ତୋଳିପାରିଛି।

**ସହାୟକ ସୂଚୀ :**


୧. ମହାପାତ୍ର, କେଦାର ନାଥ : ଶ୍ରୀ ଜୟଦେବ ଓ ଶ୍ରୀ ଗୀତଗୋବିନ୍ଦ

୨. ପଟ୍ଟନାୟକ, ଆଶୁତୋଷ : ଓଡ଼ିଆ ରାଧା ସାହିତ୍ୟ

୩. ବସୁ, ସୁଧା : ଭାଗବତେ ଶ୍ରୀକୃଷ୍ଣ

୪. ଶ୍ରୀଚୈତନ୍ୟ ଚରିତାମୃତ

୫. ମିଶ୍ର, ଭାବଗ୍ରାହୀ ଓ ମିଶ୍ର, ଶାନ୍ତିଲତା : ଅଳଙ୍କାର ଶାସ୍ତ୍ର ପରିଚିତି

୬. ଗୀତଗୋବିନ୍ଦ, ଧର୍ମଗ୍ରନ୍ଥ ଷ୍ଟୋର

୭. ଦାସ, ଅଭିନ୍ନ ଚନ୍ଦ୍ର : ସଂସ୍କୃତ ସାହିତ୍ୟର ରୂପରେଖ

୮. ଉତ୍କଳରେ କବି ଜୟଦେବ, ସମ୍ପାଦକ – ସାରଳା ସାହିତ୍ୟ ସଂସଦ

# ସାରଳା ମହାଭାରତରେ ଶିଳ୍ପ, ବାଣିଜ୍ୟ ଓ ସ୍ଥାପତ୍ୟ

ଜୀବିକା ନିର୍ବାହ ନିମନ୍ତେ ଶିଳ୍ପ ହେଉଛି ପ୍ରମୁଖ ପନ୍ଥା । ବିଶ୍ୱକର୍ମା ହେଉଛନ୍ତି ଶିଳ୍ପର ସ୍ରଷ୍ଟା । ମନୁଙ୍କ ମତରେ – ଶିଳ୍ପ ଶୁଦ୍ରଜାତିର ବୃତ୍ତି । ସଂସ୍କୃତ ରାମାୟଣରେ କୁମ୍ଭକାର, ଲୋହୁକାର, ଶସ୍ତ୍ରୋପଜୀବୀ ଓ ମାୟୁରକ ଆଦି ଶିଳ୍ପଜୀବୀମାନଙ୍କର ଉଲ୍ଲେଖ ରହିଛି । ପ୍ରାଚୀନ କାଳରେ ଭାରତୀୟଗଣ କାଷ୍ଠ ହସ୍ତୀଦନ୍ତ ଅସ୍ଥି, ଧାତୁ ଓ ଚମ ଆଦି ଶିଳ୍ପରେ ସୁନିପୁଣ ଥିଲେ । ସେହିପରି ବାଣିଜ୍ୟ କ୍ଷେତ୍ରଟି ଜୀବନଧାରଣ ନିମିତ୍ତ ନିତ୍ୟାନ୍ତ ଜରୁରୀ । ସବୁ ଯୁଗରେ ବାଣିଜ୍ୟ ଓ ବିକାଶ ଶାସକମାନଙ୍କର ଧ୍ୟାନ-ଧାରଣାର ବିଷୟ ହୋଇଆସିଛି । ରାଜ୍ୟର ଅର୍ଥନୈତିକ ବ୍ୟବସ୍ଥାରେ ବାଣିଜ୍ୟ ଓ ଶିଳ୍ପ ପରସ୍ପର ପରିପୂରକ । ଶିଳ୍ପର ପ୍ରସାର ବାଣିଜ୍ୟ ମାଧ୍ୟମରେ ହିଁ ହୋଇଥାଏ । ବସ୍ତୁର ଆଦାନ ପ୍ରଦାନ ଆବଶ୍ୟକୀୟ ସାମଗ୍ରୀ ବାଣିଜ୍ୟ ମାଧ୍ୟମରେ ହିଁ ଲୋକଙ୍କ ହିତ ସାଧନ ନିମନ୍ତେ ଯୋଗାଇ ଦିଆଯାଇଥାଏ । ପ୍ରାଚୀନ ଭାରତରେ ଦଶବିଧ ବୃତ୍ତିସହ ଶିଳ୍ପ-ବାଣିଜ୍ୟ ପରିଗଣିତ ହେଉଥିଲା । ଭାରତୀୟ ସମାଜରେ ବାଣିଜ୍ୟ ବୈଶ-କର୍ମ ରୂପରେ ଗୃହୀତ । ସ୍ଥାପତ୍ୟ କର୍ମ ଜୀବିକାର୍ଜନର ଅନ୍ୟତମ ଦିଗ । ପାତଞ୍ଜଳିଙ୍କ ଭାଷାରେ-ନଗରକାରକ, କୂପଖନନ ପ୍ରାସାଦ ଓ କୁଟୀର (ଏକ ତଳ ବିଶିଷ୍ଟ ଗୃହ)ର ଉଲ୍ଲେଖ ରହିଛି । ସଂସ୍କୃତ ମହାଭାରତରେ ଜତୁଗୃହ, ସ୍ୱୟଂମ୍ବର ସଭା, ଯଜ୍ଞମଣ୍ଡପ, ପୁଷ୍କରିଣୀ ଆଦି ଖନନକୁ ନିଆଯାଇଛି ।

ମଧ୍ୟଯୁଗରେ ଶିଳ୍ପ ଓ ବାଣିଜ୍ୟର ବିକାଶ ହୋଇଛି । ମଧ୍ୟଯୁଗୀୟ ସମୟରେ ବୈଦେଶିକ ବଣିକମାନେ ଭାରତକୁ ବହୁ ସଂଖ୍ୟାରେ ଆସି ସୁନାରୂପା ବିନିମୟରେ ହସ୍ତୀଦନ୍ତ ନିର୍ମିତ ଦ୍ରବ୍ୟ ନେଉଥିଲେ । ସେ ସମୟରେ କୃଷିରେ ବହୁ ଲୋକ ଜୀବିକା ନିର୍ବାହ କରୁଥିଲେ ମଧ୍ୟ ଶିଳ୍ପର ବହୁବିଧ ପ୍ରଚଳନ ରହିଥିଲା । ସେ ସମୟରେ ଲୋକେ

କାର୍ପାସ, ରେଶମ, ପଶମ, ଲୌହ ଓ ତାମ୍ର ଆଦିର ବାଣିଜ୍ୟ କାରବାର କରୁଥିଲେ। ସେତେବେଳେ ଭାରତ ସହ ଚୀନ, ମାଳୟ, ଭୁଟାନ, ତିବ୍ବତ, ଆ'ଗାନିସ୍ଥାନ, ପାରସ୍ୟ, ଏସିୟା ଓ ପ୍ରଶାନ୍ତ ମହାସାଗରୀୟ ଅଞ୍ଚଳ ସହ ଭଲ ଯୋଗାଯୋଗ ରହିଥିଲା। କାଲିକଟ୍ ବନ୍ଦର ଠାରୁ ଲୋହିତ ସାଗର ଅଭିମୁଖେ ଭାରତୀୟ ବାଣିଜ୍ୟ-ତରୀମାନ ଯାତ୍ରା କରୁଥିଲା। ସେ ସମୟରେ ବସ୍ତ୍ର, ଧାତୁ ଓ ସ୍ୱର୍ଣ୍ଣାଦି ଶିଳ୍ପର ପ୍ରଭୁତ ପ୍ରଚଳନ ରହିଥିଲା। ସେ ସମୟରେ ଭାରତର ସ୍ଥାପତ୍ୟ, ବୈଦେଶିକମାନଙ୍କର ଦୃଷ୍ଟିଆକର୍ଷଣ କରିଥିଲା। ଭାରତର ତୀର୍ଥସ୍ଥାନମାନଙ୍କରେ ଥିବା ପୁଷ୍କରିଣୀମାନ ଦେଖି ବିସ୍ମୟ ପ୍ରକାଶ କରୁଥିଲେ। ହିନ୍ଦୁମାନଙ୍କର ପୁଷ୍କରିଣୀ ଖନନ କରିବାର କଳା-କୌଶଳ ଅତି ଉଚ୍ଚକୋଟୀର ଥିଲା ବୋଲି ବିଦେଶୀ ପର୍ଯ୍ୟଟକଙ୍କ ମତ। ଏହି ଶିଳ୍ପ ବାଣିଜ୍ୟ ଓ ସ୍ଥାପତ୍ୟର ନୈପୁଣ୍ୟତା ସାରଳା ଦାସଙ୍କ ମହାଭାରତରେ କାବ୍ୟିକ ସାକ୍ଷୀ।

**ବିଭିନ୍ନ ଶିଳ୍ପ :**

ସେ କାଳରେ ପ୍ରତିଷ୍ଠିତ ଥିବା ବିଭିନ୍ନ ଶିଳ୍ପମାନଙ୍କର ପରିଚୟ ସାରଳା ଦାସଙ୍କ କୃତିରେ ଅତ୍ୟନ୍ତ ସୁନ୍ଦର ଭାବରେ ଦର୍ଶାଇଛନ୍ତି।

**୧. ଅଳଙ୍କାର :**

ଭାରତବର୍ଷରେ ପ୍ରାଚୀନ କାଳରୁ ଏଯାବତ୍ ଅଳଙ୍କାରର ପ୍ରସିଦ୍ଧି ରହିଛି। ମହାଭାରତ, ରାମାୟଣ, ଭାଗବତ, ବିଷ୍ଣୁପୁରାଣ ଆଦିରେ ବିଭିନ୍ନ ଅଳଙ୍କାରର ବର୍ଣ୍ଣନା ରହିଛି। ଯଥା – ସୁବର୍ଣ୍ଣ ହାର, କୁଣ୍ଡଳ, କେୟୁର, ମୁକୁଟ ଓ ନିଷ୍କହାର, ମେଖଳା, ଅଙ୍ଗୁରୀୟ, ନୂପୁର, କଙ୍କଣ, କେୟୁର (ବାଜୁବନ୍ଧ) କିରୀଟ, କର୍ଣ୍ଣାଳଙ୍କାରର ଉଲ୍ଲେଖ ରହିଛି।

ସାରଳା ଦାସଙ୍କ 'ମହାଭାରତ'ର ବର୍ଣ୍ଣନାରେ ରହିଛି ଉତ୍କଳୀୟ ନାରୀମାନେ ବହୁବିଧ ଅଳଙ୍କାର ବ୍ୟବହାର କରିଥାନ୍ତି। କୁହାଯାଇଛି ଦ୍ରୌପଦୀ ସ୍ୱୟଂମ୍ବର ସମୟରେ ବହୁ ଅଳଙ୍କାର ପରିଧାନ କରିଥିଲେ। ତାଙ୍କର ଦାସୀମାନେ ମଧ୍ୟ ବହୁ ଅଳଙ୍କାର ଧାରଣ କରିଥିଲେ।

"ମୁକୁତା ଜାଲି ଉପରେ ସୀମନ୍ତିନୀ ମଣି
ଲଲାଟ ପଟରେ ହୀରା ରତନ ଖଞ୍ଜାଣୀ
ନାସାରେ ଅଷ୍ଟରତ୍ନର ଫୁଲି ଯେ ବସଣୀ
ସୂର୍ଯ୍ୟପାଖେ ଚନ୍ଦ୍ରମା ଉଇଁଲାକ ପୁଣି
ଭୁଜରେ କଙ୍କଣ ଦିବ୍ୟ ରତ୍ନ ବେନିଚୂଡ଼ା
ଅଷ୍ଟରତନ ଖଚିତ ବିଦ ମୁଦି ଯୋଡ଼ି

ବଳା ଝପସରି ଦଶ ଅବତାର ମାଳ
ସୁବର୍ଣ୍ଣର ଚୂଡ଼ୀ କଟୀ କିଙ୍କଣୀ ମେଖଳ
ବିଦମୁଦି ବାହୁଟି ଯେ ସୁନାପାଣି ଦ୍ରବ୍ୟ
ରୁଣୁଝୁଣୁ ନୂପୁର ଯେ ତରଣେ ଆରମ୍ଭ।"

ସେ କାଳରେ ପୁରୁଷମାନେ ନାରୀମାନଙ୍କ ଭଳି ଅଳଙ୍କାର ପରିଧାନ କରୁଥିଲେ। ସ୍ୱୟଂମ୍ବର, ଯୁଦ୍ଧଯାତ୍ରା ସମୟରେ ସେମାନେ ଅଳଙ୍କାର ପିନ୍ଧୁଥିଲେ।

"ଶିରରେ ରତନମଣି ମକୁଟ ଉଜ୍ଜ୍ୱଳ
ଭୁଜରେ ତାଡ ତୋଡର କଣ୍ଠେ କର୍ଣ୍ଣାଞ୍ଚଳ
ତାଡଝୁମ୍ପା ବାହୁଟି ଯେ ପାଦବଳା
ଶିରକୁ ସୀମନ୍ତ ହାର ହୃଦୟକୁ ମାଳା
ରତ୍ନମଣି ମୁକୁଟ ଯେ ବିରାଜଇ ଶିରେ
ବିଦମୁଦି କଙ୍କଣ ଯେ ଶୋଭଇ ବାହୁରେ।"

ପଞ୍ଚଦଶ ଶତାବ୍ଦୀର ବହୁ ପୂର୍ବରୁ ଉଭୟ ନାରୀ ଓ ପୁରୁଷ ଅଳଙ୍କାର ପରିଧାନ କରିବାର ପରମ୍ପରା ରହିଥିଲା।

**୨. ବସ୍ତ୍ର :**

ଋକ୍‌ବେଦରେ ଏହା ସମ୍ପର୍କରେ ଉଲ୍ଲେଖ ରହିଛି। ସଂସ୍କୃତ ମହାଭାରତରେ ଶୁକ୍ଳବସ୍ତ୍ର, ପୀତବସ୍ତ୍ର ଓ ନୀଳବସ୍ତ୍ରର ଉଲ୍ଲେଖ ରହିଛି। ମାହାଭାଷ୍ୟରେ ଧୋତି, ପାଟବସ୍ତ୍ର ଆଦିର ଉଲ୍ଲେଖ ରହିଛି। ସାରଳା ମହାଭାରତରେ କୁହାଯାଇଛି ଯେ, ସେ ସମୟରେ ରାଜକୁମାରୀମାନେ ଝିନ୍ନବସ୍ତ୍ର ଓ ପଟବସ୍ତ୍ର ଧାରଣ କରୁଥିଲେ। କୁମାରମାନେ ସୁଝୀନ ପୀତାମ୍ବର ପରିଧାନ କରୁଥିଲେ। କେହି କେହି ବକ୍କୁ, ରେଶମର ବସ୍ତ୍ର ମଧ୍ୟ ପିନ୍ଧୁଥିଲେ।

୧. ଦ୍ରୌପଦୀ ଝୀନବସ୍ତ୍ର ପିନ୍ଧି ସ୍ୱୟଂମ୍ବର ସଭାକୁ ଆସିଥିଲେ।

୨. ଶ୍ରୀକୃଷ୍ଣ ଅର୍ଜ୍ଜୁନଙ୍କ ସୁଝୀନ ପୀତାମ୍ବର ପିନ୍ଧାଇଥିଲେ।

୩. ଜରାଶବର ନାଲି ରଙ୍ଗର ଦୁକୂଳ ପିନ୍ଧି ଅସ୍ତ୍ର ଶିକ୍ଷା ନିମିତ୍ତ ଦ୍ରୋଣାଚାର୍ଯ୍ୟଙ୍କ ପାଖକୁ ଯାଇଥିଲା।

ବିଭିନ୍ନ ବର୍ଣ୍ଣର ବସ୍ତ୍ର ସେତେବେଳେ ବ୍ୟବହାର ହେଉଥିଲା। ଖନିକାର ପରିଧାନ ନିମିତ୍ତ କଳାବସ୍ତ୍ର, ଗଣେଶ ନାଲିରଙ୍ଗରେ ଶୋଭିତ ହୋଇଥିଲେ, ଶ୍ରୀକୃଷ୍ଣଙ୍କ ପୀତସନ ଓ ସନ୍ୟାସୀ କଷାୟବସ୍ତ୍ର ଧାରଣ କରୁଥିଲେ।

ଅତି ପ୍ରାଚୀନ କାଳରୁ ଅଷ୍ଟାଦଶ ଶତାବ୍ଦୀ ପର୍ଯ୍ୟନ୍ତ ଉତ୍କଳରେ ବସ୍ତ୍ରଶିଳ୍ପର ଭୂୟୋବିକାଶ ଘଟିଥିଲା। ଉଦୟଗିରିର ରାଣୀଗୁମ୍ଫା ଓ ଗଣେଶ ଗୁମ୍ଫାରେ ଥିବା ନାରୀ

ଚରିତ୍ରରେ ସୂକ୍ଷ୍ମବସ୍ତ୍ରର କାରୁକାର୍ଯ୍ୟକୁ ଦେଖିଲେ ବସ୍ତ୍ରର ସୌନ୍ଦର୍ଯ୍ୟତା ଫୁଟିଉଠେ। ସେ ସମୟରେ ସାଧାରଣତଃ ପୁରୁଷମାନେ ଧୋତି ଓ ଉତ୍ତରୀୟ ଓ ନାରୀମାନେ ଲୁଗା ପରିଧାନ କରୁଥିଲେ।

"ଦଦରା ଛତା ଖଣ୍ଡିଏ କାନ୍ଧରେ ଗାମୁଛା
ଧୋତି ମଳିନ ଉତ୍ତରୀ ପଇତା ହିଁ ଲୋଚ଼
ପାଟପତନୀ ଖଣ୍ଡୁଆ ନାନା ଜାତି ଶାଢ଼ୀ।"

ପରିଧେୟ ଛଡ଼ା ଅନ୍ୟ ବ୍ୟବହାର୍ଯ୍ୟ ଜିନିଷ ଲୋକେ ବ୍ୟବହାର କରୁଥିଲେ। ପତାକା, ବିଛଣା, ଚ଼ଦର, ମଶାରୀ, ଆଲମ୍ବ ଓ ମୁଚୁଳି। ଏହିପରି ଭାବରେ ସେତେବେଳେ କଳିଙ୍ଗର ବସ୍ତ୍ର ରାଜଯୋଗ୍ୟ ଭୂଷଣ ଭାବରେ ପ୍ରତିଷ୍ଠିତ ହୋଇଥିଲା।

**୩. ରୌପ୍ୟଦ୍ରବ୍ୟ :**

ସେ ସମୟରେ ରାଜକୀୟ ବଂଶାବଳୀର ବମାନରେ ସୁନା, ରୂପା ଓ ମଣିମାଣିକ୍ୟ ଖଞ୍ଜା ଯାଉଥିଲା। ରାଜପ୍ରାସାଦଗୁଡିକ ନିର୍ମାଣ କାଳରେ ରୌପ୍ୟ ଓ ଅଷ୍ଟଧାତୁର ବ୍ୟବହାର ରହିଥିଲା। କବିଙ୍କ ଲେଖନୀରୁ ଯାହା ଜଣାପଡ଼େ –

୧. ଅଭିମନ୍ୟୁଙ୍କ ବିବାହ ମଣ୍ଡପରେ ଉପବେଶନ କରିବା ନିମନ୍ତେ ତା'ର ପାବଛଗୁଡ଼ିକ ରୌପ୍ୟରେ ନିର୍ମିତ ଥିଲା।

୨. ଯୁଧିଷ୍ଠିରଙ୍କ ଯଜ୍ଞଶାଳା ମଧ୍ୟ ରୂପାରେ ଛାଉଣି କରାଯାଇଥିଲା।

୩. ପାଣ୍ଡବମାନେ ଇନ୍ଦ୍ରପ୍ରସ୍ଥ ନଗରୀକୁ ଗମନ କଲାବେଳେ ଅନୁକୂଳ ପୂର୍ବକ ରୂପା ଘଡ଼ିରେ ଦଧିର ଯୋଗାଡ଼ କରାଯାଇଥିଲା।

୪. ମଧ୍ୟ ଯୁଗରେ ରୂପା ବ୍ୟବହାରର ପ୍ରମାଣ ପର୍ଶୁରାମ ମନ୍ଦିର ଗାତ୍ରରୁ ମିଳେ।

**୪. ସୁବର୍ଣ୍ଣ ଉପକରଣ :**

ଅଳଙ୍କାର ବ୍ୟତୀତ ନାନାବିଧ ବ୍ୟବହାର୍ଯ୍ୟ ବସ୍ତୁ ମଧ୍ୟ ସୁନା ଦ୍ୱାରା ପ୍ରସ୍ତୁତ କରାଯାଇଛି। ସୁବର୍ଣ୍ଣଘଟ, ଆସନ, ପଲଙ୍କ ଇତ୍ୟାଦି। ସାରଳା ଦାସଙ୍କ ସମୟରେ ସୁବର୍ଣ୍ଣର ନାନା ଉପକରଣ ଓଡ଼ିଆ ଶିଳ୍ପୀମାନେ ପ୍ରସ୍ତୁତ କରିଥିଲେ। ଯଥା – ସୁବର୍ଣ୍ଣ ରଥ, ହାନ୍ଦୋଳା ପଲଙ୍କ, ଥାଳି, ଘଡ଼ି, ଅର୍ଘ୍ୟଥାଳୀ, ଦୀପ, ରୁଖା, କୁମ୍ଭ, ନୌତି, ପଞ୍ଜୁରୀ ଓ ଚ଼ଙ୍ଗୁଡ଼ା କୋଦଣ୍ଡ, ଧନୁ, ନାରାଚ, ଗଦା ଇତ୍ୟାଦି।

"ସୁବର୍ଣ୍ଣ ରଥେ ଶାର୍ଦ୍ଦୁଳ ଚର୍ମ ଯତ୍ନେ ଛାଇ
ସୁବର୍ଣ୍ଣ ହାନ୍ଦୋଳ ମଧ୍ୟେ ବିଜୟ ପାଞ୍ଚାଳୀ
ସୁବର୍ଣ୍ଣ ପିଞ୍ଜରାରେ ଅନ୍ନ ଦେଉଥିଲେ ନିତି
ସୁବର୍ଣ୍ଣ ଚ଼ଙ୍ଗୁଡାମାନ ଘେନିଣ କାମିନୀ।"

### ୫. ଲୌହ ଶିଳ୍ପ :

ସାରଳା ମହାଭାରତରେ ପଞ୍ଚଦଶ ଶତାବ୍ଦୀର ଉତ୍କଳରେ ଲୌହ ଶିଳ୍ପ ପ୍ରବାହମାନ ଥିବା କଥା ବର୍ଣ୍ଣନା କରାଯାଇଛି। ସେ ସମୟରେ ଓଡ଼ିଶାରେ ଗ୍ରାମୀଣ କମାରଶାଳ ଥିଲା ଯାହା ଲୌହ ଶିଳ୍ପର କେନ୍ଦ୍ର ଥିଲା ଓ କମାରମାନେ ସେଠାରେ କାମ କରୁଥିଲେ। ସାରଳା ମହାଭାରତର ଖନିକାର ଜନ୍ମ ବୃତ୍ତାନ୍ତ ଉପାଖ୍ୟାନରେ ବର୍ଣ୍ଣିତ ରହିଛି।

"ରାତ୍ରେ ହୋଇଲେ ଯତନେ ଶାଳପୂଜା କରି
ନୂତନ ଅଗ୍ନି ଉଭାରି ଚମକ କି ଧରି
ରାତ୍ର ତିନିପ୍ରହରେ କୃଷ୍ଣଛାଗ ନେଇ
ଚଣ୍ଡୀ ଦେବୀଙ୍କୁ ରକତ ଭାତ ବଳିଦେଇ।"

ସେହିପରି ମହାଭାରତରେ ଦୁର୍ଯ୍ୟୋଧନ ଜତୁଗୃହ ନିର୍ମାଣ କଲାବେଳେ ଲୌହ କର୍ମରେ ନିଯୁକ୍ତ ବିନ୍ଧାଣୀମାନେ ଯେଉଁ ଲୌହ ଦ୍ରବ୍ୟର ବ୍ୟବହାର କରିଥିଲେ ତା'ର ବର୍ଣ୍ଣନା ରହିଛି।

"ହାଣନ୍ତେ ପାଷାଣେ ଯାଇ ଲାଗିଲାକ କୋଡି
ଲେଖନୀ ଧରି ବସିଲେ ତାଳପତ୍ର ଘେନି
ଲୁହାଣସ୍ତ୍ର ଦେଉଅଛି ତୋତେ ବନମାଳୀ
ନାରାୟଣ ଚକ୍ର କୁନ୍ତ ମୁଷଳ ଭୂଷଣ୍ଡୀ
ଲୁହା ଚଟୁରେ ପିଠଉ ଲୁଚି ଏ ଯେ ଦେଇ
ଭୁଜେ ବାଜି ଲୌହଗଦା ଚୂର୍ଣ୍ଣ ଗଲା ହୋଇ।"

ଗଙ୍ଗ ଓ ସୂର୍ଯ୍ୟବଂଶର ରାଜତ୍ୱ କାଳରେ ଲୌହ ଶିଳ୍ପର କାରଖାନାମାନ ରହିଥିଲା ଐତିହାସିକଙ୍କ ମତ।

### ୬. ତାମ୍ର ଶିଳ୍ପ :

ପ୍ରାଚୀନ କାଳରେ ରାଜାନୁଶାସନର ବ୍ୟବସ୍ଥା, ବଂଶାବଳୀର ଗାଥା ଓ ସନନ୍ଦ ସବୁ ତମ୍ବାଫଳକରେ ଲେଖାଯାଉଥିଲା। ମହାଭାରତ, ମନୁସ୍ମୃତି ଓ ମହାଭାଷ୍ୟରୁ ତମ୍ବା ବ୍ୟବହାରର ପ୍ରାଚୀନତା ଉପଲବ୍ଧ। ମହାଭାରତରେ ଉଲ୍ଲେଖ ଅଛି ଯୁଧିଷ୍ଠିରଙ୍କ ଯଜ୍ଞଶାଳା ନିର୍ମାଣ ସମୟରେ ତମ୍ବାର ବିନ୍ଧାଣିମାନେ ତାମ୍ର ଯୋଗାଡ଼ କରିଥିଲେ। ଆହୁରି ମଧ୍ୟ ଲେଖା ଅଛି କ୍ରମିଳା ନାମକ ବାଉରୀକୁ ଶାସନ ଦାନ କରାଯିବା ଉଦ୍ଦେଶ୍ୟରେ ତମ୍ବାପଟିଆ ସନନ୍ଦ ପ୍ରଦତ୍ତ ହୋଇଥିଲା।

"ବାଉରୀ ଶାସନ ବୋଲି ଏହା ନାମ ହେଉ
ଆମ୍ଭର ଏ କଥା ଯୁଗେ ଯୁଗେ ରହିଥାଉ
ତମ୍ବାପଟରେ ସମସ୍ତ କଥା କୃଷ୍ଣ ବଜ୍ରଧାରୀ।"

ଇତିହାସରୁ ଜଣାଯାଏ ସେ ସମୟରେ ତମ୍ବାରେ ବହୁବିଧ ଶିଳ୍ପର ପ୍ରସ୍ତୁତ ଓ ପ୍ରସାର ମଧ୍ୟ ହୋଇଥିଲା। ସେ ସମୟରେ କପିଳେନ୍ଦ୍ର ଦେବ ବ୍ରାହ୍ମଣମାନଙ୍କୁ ଜାଗେଶ୍ୱର ପୁର, ବେଲମାପୁର ଓ ପ୍ରତାପ କପିଳେଶ୍ୱର ପୁର ଗ୍ରାମମାନ ଦାନ କରି ତାଙ୍କ ରାଜତ୍ୱର ୨୮ ଅଙ୍କ ତାମ୍ରପଟା ସନନ୍ଦ ପ୍ରଦାନ କରିଥିବା କଥା ଉଲ୍ଲେଖ ରହିଛି। ତମ୍ବାରେ କୁଣ୍ଡଳ, ନୌକା, ପାତ୍ରୀ ଓ କୁଣ୍ଡ ଭଳି ବ୍ୟବହାର୍ଯ୍ୟ ବସ୍ତୁ ମଧ୍ୟ ତିଆରି ହୋଇଥିବା କଥା ବର୍ଣ୍ଣନା କରାଯାଇଛି।

**୭. କାଂସ୍ୟ ଶିଳ୍ପ :**

କାଂସ୍ୟ ଶିଳ୍ପ ଭାରତରେ ବହୁ କାଳରୁ ପ୍ରସିଦ୍ଧ। ପାଣ୍ଡୁଙ୍କ ଶୁଦ୍ଧିକ୍ରିୟାବେଳେ କାଂସ୍ୟ-ବାସନ ଦାନ କରାଯିବା କଥା, ଦୁର୍ଯ୍ୟୋଧନ ଗାନ୍ଧାରସେନଙ୍କୁ ବନ୍ଦୀଗୃହରେ କଂସା ଥାଳିରେ ଅନ୍ନ ଦେଉଥିବା କଥା ମହାଭାରତରେ ବର୍ଣ୍ଣିତ ହୋଇଛି। କବିଙ୍କ ବର୍ଣ୍ଣନାରେ ବାଦ୍ୟଯନ୍ତ୍ର କଂସାଳ, ମର୍ଦ୍ଦଳ ଓ ଝାଞ୍ଜ କାଂସ୍ୟରେ ତିଆରି।

"ଦେ ବେଶ କଂସାଳ ନେଲେ ପବନ କାହାଳ
ଝାଞ୍ଜ ମୃଦଙ୍ଗ ମର୍ଦ୍ଦଳେ ପୃଥ୍ୱୀ କମ୍ପମାନ
ମର୍ଦ୍ଦ, କଂସାଳ ତୁରୀ ତାଳର ବିଧାନେ।"

ଇତିହାସକୁ ଅନୁଧାନ କଲେ ଜଣାଯାଏ ସେ ସମୟରେ କଣ୍ଟିଲେ ଓ ବାଲେଶ୍ୱର କଂସାବାସନର ପ୍ରଧାନ କେନ୍ଦ୍ର ଥିଲା ଏବଂ ସେହି ଠାରୁ ବହୁ କଂସାବାସନ ବିଦେଶକୁ ରପ୍ତାନି ହେଉଥିଲା।

**୮. ମୃଣ୍ମୟ ଶିଳ୍ପ :**

ସାରଳା ମହାଭାରତରେ କୁମ୍ଭାରମାନେ କୁମ୍ଭାର ଶାଳରେ ମୃଣ୍ମୟ ଶିଳ୍ପ ପ୍ରସ୍ତୁତ କରିଥାନ୍ତି ବୋଲି ଉଲ୍ଲେଖ ରହିଛି। ମହାଭାରତରେ ବର୍ଣ୍ଣିତ ଅଛି ଯୁଧିଷ୍ଠିରଙ୍କ ଯଜ୍ଞକୁ ହାଣ୍ଡି ଯୋଗାଇବା ପାଇଁ ବତିଶି ଲକ୍ଷ କୁରାଳଶାଳ ପ୍ରତିଷ୍ଠା କରାଯାଇଥିଲା। ପାଣ୍ଡବମାନେ ବନବାସ କାଳରେ କୁରାଳଶାଳାରେ ଆଶ୍ରୟ ନେଇଥିବା କଥା ଉଲ୍ଲେଖ ରହିଛି। ତାହା ଶୁଦ୍ଧସ୍ଥାନ ଓ ପାପନାଶକ ବୋଲି କହିଛନ୍ତି।

"ଯୁଧିଷ୍ଠିର ବୋଇଲେ ବାବୁ କହନ୍ତି ପଣ୍ଡିତ
ସେ ସ୍ଥାନ ଗୋଟି ଅଟଇ ଅତ୍ୟନ୍ତ ପବିତ୍ର
ଗୋରୁ ଗୁହଳେ ଅଥବା କୁରାଳର ଶାଳ
ଏଥି ଯେ ରହେ ତା ପାପ ଖଣ୍ଡଇ ସକଳ।"

ଏବେ ମଧ୍ୟ ପୁରୀରେ ଓ ଭୁବନେଶ୍ୱର ମନ୍ଦିରମାନଙ୍କରେ ମାଟି କୁଡୁଆ ବ୍ୟବହୃତ ହୋଇଥାଏ। ମାଟିର ବିଭିନ୍ନ ପାତ୍ର ତିଆରି ହୁଏ। ଯଥା- ମାଟିହାଣ୍ଡି, ଘଟ, କଳସୀ, ନଉତି, କୁଡୁଆ, ଦୀପ ପ୍ରଭୃତି ଏସବୁର ବ୍ୟବହାର ଭାରତର ଅନ୍ୟ ସ୍ଥାନରେ ବିରଳ।

**୯. କାଷ୍ଠଶିଳ୍ପ :**

ଋକ୍‌ବେଦରେ ବର୍ଣ୍ଣିତ ରହିଛି ଏହି ମନ୍ତ୍ର ଉଚ୍ଚାରଣ କରି ବିଶ୍ୱକର୍ମା କାଠଚକ୍ର ନିର୍ମାଣ କରି ସୁଦୃଢ଼ ରଥ ଗଠନ କରିଥିଲେ।

"କବାଟେ କର ଦିଅନ୍ତେ ମଥାରେ କିଳିଣୀ
ପାଦରେ କଠଉ ପୁଣି ମଥାରେ ଖୋଲରି
ବେଲ କାଷ୍ଟେ ପୁଣି ଷଣ୍ଢେ କରନ୍ତି ସେହଳ
କୁନ୍ଦ 'ରୁଆ କାଞ୍ଚଲା ବିନ୍ଧେ ବକ୍ଷସ୍ଥଳେ।"

ସାରଳା ଦାସଙ୍କ ସମୟରେ ଉତ୍କଳରେ ବଢ଼େଇମାନେ କାଠର ନାନାବିଧ ଶିଳ୍ପ କରି ଜୀବିକା ନିର୍ବାହ କରୁଥିଲେ। ହିନ୍ଦୋଳ, ବିମାନରଥ, ପଲଙ୍କ, କବାଟ, କଠଉ, ଧନୁ, ହଳ, 'ରୁଆ, କାଠପେଡ଼ି, ଲଙ୍ଗଳ, ପିଢ଼ା ଇତ୍ୟାଦି।

**୧୦. ଗୌଣଶିଳ୍ପ :**

ସାରଳା ଦାସଙ୍କ ସମୟରେ ଚମଡ଼ା, ହାତୀଦାନ୍ତ, ଅସ୍ଥି ଓ କାଚ ଶିଳ୍ପର ପ୍ରଚଳନ ରହିଥିଲା। ମହାଭାରତରେ ବର୍ଣ୍ଣିତ ଅଛି ଗଙ୍ଗାଦେବୀ ରାଜା ଗାନ୍ଧାରସେନଙ୍କୁ ହାତର ଅସ୍ଥିରେ ପଶାକାଠି ଗୋଟିଏ ପ୍ରସ୍ତୁତ କରବାକୁ ଦେଇଥିଲେ। ଶକୁନି ମଧ୍ୟ ନିଜ ପିତାଙ୍କ ହାତର ଅସ୍ଥିକୁ ଘୋରି ଘୋରି କାଠି ତିଆରି କରିଥିଲେ। କବି, ଦର୍ପଣରେ ଦେଖିବା ଓ ରଥରେ ଦର୍ପଣ ଖଞ୍ଜା ହେବା କଥା ଉଲ୍ଲେଖ କରିଛନ୍ତି। ଚମଡ଼ା ଶିଳ୍ପର ଅସ୍ତିତ୍ୱ କବି-ବର୍ଣ୍ଣନା କରିଛନ୍ତି ମୃଦଙ୍ଗ, ଢୋଲ ଇତ୍ୟାଦି।

"ମୃଦଙ୍ଗ ତାଳ, କଂସାଳ ଶଙ୍ଖ ତନ୍ତ୍ର ବୀଣା
ବଜାନ୍ତି ଦୁନ୍ଦୁଭି ଯେ ମହୁରୀ ଢୋଲ ଭେରୀ

x x x

ଖଞ୍ଜି ହୀରା ନୀଳା ଗଜଦନ୍ତ ପୀଢ଼ା ପାରି
ବସାଇଲେ ଗଜଦନ୍ତ ପଲ୍ୟଙ୍କ ଉପରେ
ହାତୀଦାନ୍ତ ପାନିଆରେ କେଶ ତା ସମାଳି।"

କେତେକ ବେତ କାମର ମଧ୍ୟ ଚିତ୍ର ଦେଖାଯାଏ ଓଡ଼ିଶାରେ। ପାଣ୍ଡବମାନେ ବେତଛତ୍ର ନିର୍ମାଣ କରି ଭିକ୍ଷା ପାଇଁ ଯାଉଥିବା କଥା କବି ଲେଖିଛନ୍ତି ମହାଭାରତ ଗ୍ରନ୍ଥରେ। ବାଉଁଶରେ କେତେକ ସାମଗ୍ରୀ ତିଆରି ହେଉଥିବା କଥା ଉଲ୍ଲେଖ ରହିଛି।

ରମ୍ଭା ଓ ଉର୍ବଶୀ ଆଦି ବାଳିକାମାନେ ଧୂଳିଖେଳ ପ୍ରସଙ୍ଗରେ ଟୋକେଇ ଓ କୁଲେଇର ବ୍ୟବହାର କଥା କବି ଲେଖିଛନ୍ତି।

**ବାଣିଜ୍ୟ :**

ଶିଳ୍ପ ସହ ବାଣିଜ୍ୟର ଘନିଷ୍ଠ ସମ୍ପର୍କ ରହିଛି। ବାଣିଜ୍ୟ ଓ ବ୍ୟବସାୟ ମାଧ୍ୟମରେ ଶିଳ୍ପଜାତ ଦ୍ରବ୍ୟର ବଣ୍ଟନ ବା ବିତରଣ ସମ୍ଭବ ହୁଏ। ବାଣିଜ୍ୟ ମୁଖ୍ୟତଃ ୨ଟି ଭାଗରେ କରାଯାଇଥାଏ। ଅନ୍ତଃବାଣିଜ୍ୟ ଓ ବର୍ହିବାଣିଜ୍ୟ ଯାହା ସାରଳା ଦାସଙ୍କ ଗ୍ରନ୍ଥରେ ଉଲ୍ଲେଖ ରହଛି।

**ଅର୍ନ୍ତବାଣିଜ୍ୟ :**

ଋକ୍‌ବେଦରେ ଋଷି ଅଗ୍ନିଙ୍କୁ ବାଣିଜ୍ୟ କର୍ମ ପ୍ରବର୍ତ୍ତନ କରିବା ନିମିତ୍ତ ପ୍ରାର୍ଥନା କରିଛନ୍ତି। ସେହିପରି ମହାଭାରତରେ ବାଣିଜ୍ୟର ଯତ୍ନ ନେବା ଓ ସୁରକ୍ଷା କରିବା ରାଜାର କର୍ତ୍ତବ୍ୟ କୁହାଯାଇଛି। କୌଟିଲ୍ୟଙ୍କ ମତରେ ରାଜା ଲୋକ ନିଯୁକ୍ତି କରି ବାଣିଜ୍ୟିକ ଦ୍ରବ୍ୟର ବଣ୍ଟନ ଓ କ୍ରୟ ବିକ୍ରୟାଦିର ନୀତି ନିର୍ଦ୍ଧାରଣ କରିବେ। ପଞ୍ଚଦଶ ଶତାବ୍ଦୀରେ ଉତ୍କଳରେ ଆଭ୍ୟନ୍ତରୀଣ ବାଣିଜ୍ୟ ସାରଳା ଦାସଙ୍କ ମହାଭାରତରେ ପର୍ଯ୍ୟାପ୍ତ ମୁଦ୍ରାଙ୍କ ବହନ କରେ। ସେ ଲେଖିଛନ୍ତି –

୧. କୃଷ୍ଣାବେଣୀ ନଦୀ ତୀରରେ ଲୋକେ କାଠର ବ୍ୟବସାୟ କରୁଥିଲେ।

୨. ମରହଟ୍ଟା ନଗରର ସୁଜାଣେଶ୍ୱର ଶବର ମାଂସ ବିକ୍ରୟ କରୁଥିଲେ।

୩. ଯାଜପୁରର ବୈଶ୍ୟ ହରି ସାହୁ ସୁନା ରୂପାର ବ୍ୟବସାୟ କରୁଥିଲେ।

୪. ବିରାଟ ରାଜ୍ୟର ଲୋକେ ଦୁଗ୍ଧ ବ୍ୟବସାୟ କରୁଥିଲେ।

୫. ଗୋପାଳୁଣୀମାନେ ମୁଣ୍ଡରେ ଦହି ପସରା ଧରି ରାସ୍ତା ଉପରେ ବିକାକିଣା କରୁଥିଲେ।

୬. ବଳଦ ଉପରେ ଜିନିଷ ଲଦି ବାଣିଜ୍ୟ ଉଦ୍ଦେଶ୍ୟରେ ଯାତ୍ରା କରୁଥିଲେ।

**ବହିର୍ବାଣିଜ୍ୟ :**

ବହିର୍ବାଣିଜ୍ୟ ଭାରତରେ ସୁପ୍ରାଚୀନ ଋକ୍‌ବେଦରେ ବରୁଣଙ୍କୁ ସାମୁଦ୍ରିକ ମାର୍ଗର ଜ୍ଞାତା ବୋଲି କୁହାଯାଇଛି। ଚନ୍ଦ୍ରଗୁପ୍ତ ମୌର୍ଯ୍ୟଙ୍କ ସମୟରେ ଭାରତର ବାଣିଜ୍ୟ ତରୀମାନେ ବାବିଲୋନ୍, ଚୀନ୍ ଓ ବ୍ରହ୍ମଦେଶ ଅଭିମୁଖେ ଯାତ୍ରା କରୁଥିଲେ। ଏଥିସହିତ ସିଂହଳ, କାମ୍ବୋଡ଼ିଆ, ଶ୍ୟାମ, ଗ୍ରୀସ୍, ରୋମ, ଆରବ ପ୍ରଭୃତି ଦେଶମାନଙ୍କ ସହ ବାଣିଜ୍ୟିକ ସମ୍ପର୍କ ସମୁଦ୍ର ପଥରେ ଗଢ଼ି ଉଠିଥିଲା। ସାରଳା ଦାସଙ୍କ ସମୟର ଚିତ୍ର ଏହା ହୋଇଥିବାରୁ ସମୁଦ୍ର ପଥର ବାଣିଜ୍ୟ କାରବାର ସାରଳା ମହାଭାରତରେ ପ୍ରଦତ୍ତ ରହିଛି। 'ଶ୍ରୀକୃଷ୍ଣଙ୍କ ଗୁରୁପୁତ୍ରମାନଙ୍କ ଅନ୍ୱେଷଣ ନିମିତ୍ତ ସମୁଦ୍ରରେ ପ୍ରବେଶ କରିବା

ଚିତ୍ର ଅବଧାରିତ ହୋଇଛି। ସେହିପରି ସାଧବପୁଅମାନେ ବୋଇତ ନେଇ ଦେଶ ବିଦେଶ ବାଣିଜ୍ୟ କରୁଥିବା କଥା କବି ମଳୟାନିଳ ବୃତ୍ତାନ୍ତରେ ଅବଧାରିତ କରିଛନ୍ତି।

"ଉଜାଣି ବୋଲି କରିବା ଏକଇ ନଗରୀ
ମଳୟା ନୀଳ ହିଁରେ ଅଟେ ଅଧିକାରୀ
ବଡ଼ ସାଧୁସମ୍ପଦେ ସେ ଅଟେ ଲକ୍ଷ୍ମୀଧର
ଅନେକ ବୋଇତ ସେହୁ କରଇ ବେଭାର।"

ଖ୍ରୀଷ୍ଟୀୟ ଷୋଡ଼ଶ ଓ ସପ୍ତଦଶ ଶତାବ୍ଦୀ ଉତ୍କଳୀୟ ବର୍ହିବାଣିଜ୍ୟର ସମୃଦ୍ଧତମ ଏବଂ ଅନ୍ତିମ କାଳ ଥିଲା।

**ନୌବାଣିଜ୍ୟ :**

ସାରଳା ଦାସଙ୍କ ଯୁଗରେ ଓଡ଼ିଶାର ନଦୀପଥରେ ବାଣିଜ୍ୟ କରିହୁଏ। କବିଙ୍କ ଲେଖନୀରେ ଏହାର ସ୍ୱରୂପ ଆକଳନ କରିହୁଏ। ଶ୍ରୀକୃଷ୍ଣ ମହ୍ଲାର ଦେଶର ରାଜାଙ୍କୁ ରାଜସୂୟ ଯଜ୍ଞ ପାଇଁ ନାବରେ ତଣ୍ଡୁଳ ପ୍ରେରଣ କରିବା ନିମିତ୍ତ ଆଦେଶ ଦେଇଥିବା କଥା ସାରଳାଙ୍କ ମହାଭାରତରେ ଉଲ୍ଲେଖ ରହିଛି। ପ୍ରଚଳିତ ଢ଼ଗଢ଼ମାଳିରେ ମଧ୍ୟ ନୌଚଳନାର କଥା ପ୍ରଚଳନ ରହିଥିବାର ଦେଖାଯାଏ। ଯେମିତି – "ଏଇ କଥାକୁ ନାବ ପେଲି ଦେଲି କଲିକତାକୁ।"

**ମୁଦ୍ରାର ସ୍ୱରୂପ :**

ପ୍ରାଚୀନ କାଳରେ ଭାରତରେ ବହୁ ମୁଦ୍ରାର ପ୍ରଚଳନ ରହିଥିଲା। ସଂସ୍କୃତ ମହାଭାରତରେ ନିଷ୍କ ନାମକ ମୁଦ୍ରାର ଉଲ୍ଲେଖ ରହିଛି। ମନୁସ୍ମୃତିରେ ନିଷ୍କ, ଶତମାଣ, କର୍ଷାପଣ ଆଦି ମୁଦ୍ରାର କଥା କୁହାଯାଇଛି। ମାତ୍ର ଷୋଡ଼ଶ ଶତାବ୍ଦୀ ବେଳକୁ ରୌପ୍ୟ, ସ୍ୱର୍ଣ୍ଣ ଓ ତାମ୍ର ମୁଦ୍ରାର ପ୍ରଚଳନ ହୋଇଥିଲା। ପଞ୍ଚଦଶ ଶତାବ୍ଦୀରେ ଉତ୍କଳରେ ମାଢ, କର୍ଷ ଓ ଚିନାର ବ୍ୟବହାର ହୋଇଥିବା କଥା କୁହାଯାଇଛି ଯାହା ସାରଳା ଦାସଙ୍କ ମହାଭାରତରେ ଲେଖିଛନ୍ତି, ଯେ ରାଜା ସମ୍ବରଣ ଏହି କର୍ଷ ଓ ମାଢର ସୃଷ୍ଟି କରିଥିଲେ। ରାଜା ଯଯାତି କେଶରୀ ଚିନାର ପ୍ରଚଳନ କରିଥିଲେ। କଉଡ଼ିର ପ୍ରଚଳନ ମଧ୍ୟ ରହିଥିଲା ସାରଳା ମହାଭାରତର ସ୍ୱର୍ଗାରୋହଣ ପର୍ବରେ ଯମ ଓ ହରି ସାହୁ ବୃତ୍ତାନ୍ତରୁ ଜଣାଯାଏ।

"ଗଣ୍ଡାକେ କଡ଼ା ବୋଡ଼ି କେ
ଘେନିବ ଗଣ୍ଡାଏ
ପଣକେ ବୋଡ଼ି କାହାଣେ
ଲାଭ ପଦିକାଏ
ଗଣ୍ଡାକ ମାଂସକୁ ପାଞ୍ଚ କଡ଼ାରେ ବିକଇ

বেশী লাভপাইঁ কেবে
মিছ ন কহই।"

ସେହିପରି ମାଦାଳାପାଞ୍ଜିରେ କଉଡ଼ି, ଗଣ୍ଡା ଓ ବୋଡ଼ିର ଉଲ୍ଲେଖ ରହିଛି। ଗଙ୍ଗବଂଶୀୟ ରାଜାମାନେ ମାଢ ନାମକ ମୁଦ୍ରା ପ୍ରଚଳନ କରାଇଥିଲେ। କପିଳେନ୍ଦ୍ର ଦେବଙ୍କ କାଳରେ ଗଜପତି ମୁଦ୍ରା ପ୍ରଚଳିତ ହୋଇଥିଲା।

**ଓଜନ ବିଧି :**

ଶସ୍ୟାଦିର ଓଜନ କରିବା ରୀତି ଭାରତରେ ଏକ ପ୍ରାଚୀନ କଥା। ସିନ୍ଧୁ ସଭ୍ୟତାରେ ଓଜନ ସମ୍ବନ୍ଧରେ ବଟକରା ଓ କାଷ୍ଠ ନିର୍ମିତ ତରାଜୁ ବ୍ୟବହୃତ ହୋଇଥିଲା।

ସାରଳା ମହାଭାରତ ରଚନା ସମୟରେ ତତ୍‌କାଳୀନ ଉତ୍କଳରେ ବିଶା ଓ ପଳାର ପ୍ରଚଳନ ରହିଥିଲା ବୋଲି ଅନୁମାନ କରାଯାଏ। କବିଙ୍କ ମତରେ – ରାଜା ସମ୍ବରଣ ବିଶା ପଳର ସୃଷ୍ଟି କରିଥିଲେ।

"ଅଜାମୀଢର ନନ୍ଦନ ହେଲା ସମ୍ବରଣ
ବିଶା ପଳ ମାଢ଼ କର୍ଷ କଲେ କ ଭିଆଣ।"

ପ୍ରାଚୀନ ଯୁଗରେ ଗ୍ରାମାଞ୍ଚଳରେ ଏହାର ପ୍ରଚଳନ ରହିଛି। ସଂସ୍କୃତ ବିଶ୍ୱା ଶବ୍ଦରୁ ବିଶାର ସୃଷ୍ଟି। ବିଶାର ପରିମାଣ ଅଠର, ଅର୍ଥାତ୍ କୋଡ଼ିଏ ବା ବାଇଶି ପଳ ବୋଲି ଧରାଯାଏ।

**ବଳଦ ପ୍ରଥା :**

ଧାନ ଅଥବା ଚାଉଳ ଦେଇ ଦ୍ରବ୍ୟ କିଣିବା କଥାକୁ ବୁଝାଏ। ମଧ୍ୟଯୁଗରେ ଏହି ପ୍ରଥାର ପ୍ରଚଳନ ରହିଥିଲା। ପାର୍ବତୀଙ୍କ ଦହିବିକା ଦୃଶ୍ୟରେ ଧାନ ଦେଇ ଦହି ନେବା କଥା ବର୍ଣ୍ଣିତ ରହିଛି ସ୍ୱର୍ଗାରୋହଣ ପର୍ବରେ।

"ତହୁଁ ଦେବୀ ବୋଇଲେ ମୁଁ କୁଳ ଭୁଆସୁଣୀ
ଧାନ ପୁଳାଏ ପାଇଲେ ବଞ୍ଚୁ ଦୁଇ ପ୍ରାଣୀ
ଶୁଣି ବୋଇଲେ ଦାନବେ ଛାର ଧାନ ନେବୁ
ହୀନା ନଉତିଏ ଆଣି ତୋ ଭାଣ୍ଡରେ ଦେବୁ।"

**ସ୍ଥାପତ୍ୟ :**

ବେଦ କାଳରୁ ଭାରତରେ ସ୍ଥାପତ୍ୟର କ୍ରମବିକାଶ ହୋଇଥିଲା। ଋକ୍ ବେଦରେ ବହୁ ସ୍ତମ୍ଭଯୁକ୍ତ ସଭା ମଣ୍ଡପ ପ୍ରାଚୀନ କାଳରୁ ରହିଛି ସୂଚନା ମିଳେ। ବୈଦିକ ଋଷି ପ୍ରାସାଦ ବା ହର୍ମ୍ୟ ଓ ତ୍ରିତଳ ବିଶିଷ୍ଟ ଗୃହର ଉଲ୍ଲେଖ ପ୍ରାଚୀନ ଗ୍ରନ୍ଥରେ ରହିଛି। ସଂସ୍କୃତ ମହାଭାରତରେ ଜତୁଗୃହ, ସ୍ୱୟଂବର ସଭା, ଶିବିର, ଯଜ୍ଞ ମଣ୍ଡପ ଏସବୁ ନିର୍ମାଣର

ବର୍ଣ୍ଣନା ମିଳେ। ରାମାୟଣରେ ମଧ୍ୟ ଏପରି ବର୍ଣ୍ଣନା ରହିଛି। ଭାଗବତରେ ପୃଥୁ ରାଜା ପ୍ରଥମେ କିପରି ଗ୍ରାମ, ନଗର ଓ ଦୁର୍ଗର ସୃଷ୍ଟି କରିଥିଲେ ତା'ର ଉଲ୍ଲେଖ ରହିଛି। ସେହିପରି ବିଷ୍ଣୁପୁରାଣରେ ଶ୍ରୀତୋଷ୍ଣ ନିରୋଧକ ଗୃହ, ଦୁର୍ଗ, ସ୍ଫଟିକ ଓ ଅଭ୍ରଶିଳା ନିର୍ମିତ ସୁନ୍ଦର ଗୃହର ବର୍ଣ୍ଣନା ରହିଛି। ସାରଳା ଦାସଙ୍କ ମହାଭାରତରେ ମଧ୍ୟ ଏପରି ଅନେକ ସ୍ଥାପତ୍ୟର ବର୍ଣ୍ଣନା ରହିଛି ଯାହା ଓଡ଼ିଶାର ଐତିହ୍ୟ ଓ ସଂସ୍କୃତିକୁ ଦ୍ୱିଗୁଣିତ କରିପାରିଛି।

**୧. ଗୃହ, ପ୍ରାସାଦ :**

କବିଙ୍କ ଭାଷାରେ, ଦୁର୍ଯ୍ୟୋଧନ ଗାନ୍ଧାରସେନଙ୍କ ପାଇଁ ଯେଉଁ ବନ୍ଦୀଶାଳା ନିର୍ମାଣ କଲେ ତା'ର ବିସ୍ତାର ଏକ ଯୋଜନ ଓ ଉଚ୍ଚତା ତିନି ଶହ ହାତ ଥିଲା। ସେହିପରି କବି ଉଲ୍ଲେଖ କରିଛନ୍ତି ଯୁଧିଷ୍ଠିରଙ୍କ ଶୟନ କକ୍ଷର ଦୈର୍ଘ୍ୟ ଚାରିକ୍ରୋଶ ଥିଲା। ସେ କାଳର ପ୍ରାସାଦ ନିର୍ମାଣବେଳେ ପାହାଚ, କବାଟ, କିଳିଣୀ ଓ ଜଳା କବାଟ ତିଆରି କରାଯାଇଥିଲା। ସାଧାରଣ ଘରଗୁଡ଼ିକ ଚାଳ ରହୁଥିଲା। ସ୍ତମ୍ଭଗୁଡ଼ିକ ଉପରେ ଚାଳ ରଖାଯାଉଥିଲା। ସେଥିରେ ଓରା, ଶେଣି ଓ ବତାର ବ୍ୟବହାର ହେଉଥିଲା। ଉଦାହରଣ ସ୍ୱରୂପ –

"କାନ୍ଥ ଚାଳ ରୁଅ ବତା ଶେଣି ଆଦି କରି
ଜଉ ସଜଳସ ଘୃତ ଛଣପଟେ ଜଡି
ସୁବର୍ଣ୍ଣର ସ୍ତମ୍ଭ ହୋଇବ ସୁବର୍ଣ୍ଣର ଚାଳ
ସ୍ଫଟିକର ସ୍ତମ୍ଭରେ ଯେ ଚନ୍ଦନର ଶେଣି।"

ପ୍ରାଚୀନ ଉତ୍କଳରେ ବହୁ ପ୍ରାସାଦ ନିର୍ମାଣ କରାଯାଇଥିଲା। ସାରଳା ଦାସଙ୍କ ଯୁଗରେ ମଣ୍ଡପ, ଅଟାଳିକା ନିର୍ମିତ ହେଉଥିଲା। ଯାହାର ଚିତ୍ର ତାଙ୍କ ରଚିତ ମହାଭାରତ ଗ୍ରନ୍ଥରେ ପରିସ୍ଫୁଟ।

"ହାଟବାଟ ଦେଉଳ ଯେ ମଣ୍ଡପ ଜଗତୀ
ସବୁଠାରେ ଲୋକ ରହି ପାର୍ଥକୁ ଦେଖନ୍ତି
ମେଢ଼ ମଣ୍ଡପ ଦେଉଳ ଆବର ଅଟାଳି
ନୀଳ ମେଘେ ଦିଶେ ଯେହ୍ନେ ଶରତ ବିଜୁଳୀ।"

**୨. ଯଜ୍ଞଶାଳା ଓ ସଭାଗୃହ :**

ସାରଳାଙ୍କ ମହାଭାରତରେ ସ୍ୱୟମ୍ବର ସଭାର ବର୍ଣ୍ଣନା ରହିଛି। ଏଥିରୁ ସ୍ପଷ୍ଟ ହୁଏ ସଭାଗୃହର ଆକାର ସୁବିଶାଳ। ପୁଣି ପ୍ରାସାଦ ମଧ୍ୟରେ ଗଜଶାଳ ଓ ଅଶ୍ୱଶାଳ ମଧ୍ୟ ରହିଥାଏ।

"ଛାୟାମଣ୍ଡପେ କି ଭିଆଇଲେ ଶୁଭ ଯୋଗେ
ଅକ୍ଷତ ଅର୍ଘ୍ୟ ଯେ ଭିଆଇଲେ ଆଗେ
ଅଶ୍ୱଶାଳ ଗଜଶାଳ କଲେ ନଦୀ କୂଳେ
ସୁବର୍ଣ୍ଣ କଳସ ଘରେ ଥାପି ଅନୁକୂଳେ।"

ସେଥିରେ ବହୁ କୋଠରୀ ରହୁଥିଲା, ଶହେ ବଖରାରେ ପ୍ରତିଷ୍ଠିତ ହୋଇଥିଲା। ପ୍ରତି ବଖରା ପଞ୍ଚନଳ ଆୟତନ ବିଶିଷ୍ଟ କରାଯାଇଥିଲା। ରନ୍ଧନ, ଗଜଶାଳ, ଅଶ୍ୱଶାଳ, ରାଜାଙ୍କ ନବର ସହିତ ଋଷି ଓ ରାଜାଙ୍କ ପାଇଁ ଭିନ୍ନ ଭିନ୍ନ ଆସ୍ଥାନର ବ୍ୟବସ୍ଥା ରହିଥିଲା।

**୩. ଦୁର୍ଗ :**

ମଧ୍ୟଯୁଗରେ ଉତ୍କଳ ପ୍ରକୃତ ପକ୍ଷରେ ଦୁର୍ଗମୟ ଥିଲା। ବାରବାଟୀ ଦୁର୍ଗ ଅନଙ୍ଗ ଭୀମଦେବଙ୍କ ଠାରୁ ମୁକୁନ୍ଦଦେବଙ୍କ କାଳ ପର୍ଯ୍ୟନ୍ତ ଉତ୍କଳୀୟ ସ୍ଥାପତ୍ୟର ପରାକାଷ୍ଠା ଦେଖାଇଥିଲା। ସାରଳାଙ୍କ ମହାଭାରତରେ ରଚିତ ଅଛି ବ୍ରହ୍ମାଙ୍କ ଆଦେଶରେ ରଣଭକ୍ଷ ନାମ ଦୈତ୍ୟ ମହାକାମରୂପୀ ଗଡ ସ୍ଥାପନ କରି ଚିତ୍ରୋତ୍ପଳା ନଦୀତଟରେ କଳକଳା ଗଡ଼ରେ ଅର୍ଜ୍ଜୁନ ଯମଙ୍କୁ ବାନ୍ଧି ରଖିଥିଲେ। ସ୍ତମ୍ଭନଗଡ଼ରେ ପାଣ୍ଡବମାନେ ହିଙ୍ଗୁଳା ଦେବୀଙ୍କୁ ଦର୍ଶନ କରିଥିବା କଥା ମଧ୍ୟ ଉଲ୍ଲେଖ ରହିଛି।

"ବଡ଼ଯନ୍ତ୍ର କବାଟ ହୋଇବ କିଳିଣୀ
ପାଚେରୀ ଉଚ୍ଚ ହୋଇବ ବଡ଼ ସଞ୍ଚା ଜାଣି
ଗଡ଼ଖାଇମାନ କରି ଭିଆଇଲେ ପୁର
ଖଞ୍ଜିଲେ ପାତ୍ର ସାମନ୍ତ ନିଜ ପରିବାର।"

**୪. ପୁଷ୍କରିଣୀ :**

ସେ ସମୟରେ ପୁଷ୍କରିଣୀମାନ ମଧ୍ୟ ଖୋଦନ କରାଯାଉଥିଲା ସାରଳା ଦାସଙ୍କ ମହାଭାରତରୁ ଜଣାଯାଏ। ତାଙ୍କ ଲେଖା ମଧ୍ୟରେ ପୁରୀର ଶ୍ୱେତଗଙ୍ଗା, ଭୁବନେଶ୍ୱରର ବିନ୍ଦୁସାଗର ଉଲ୍ଲେଖ ରହିଛି। କବି ସୁଦେବ ଗିରି ନିକଟରେ ଅକ୍ଷକ ନାମକ ବିଶାଳ ସରୋବର ଥିବା କଥା ବର୍ଣ୍ଣନା କରିଛନ୍ତି।

"ଅକ୍ଷକ ସରୋବର ସୁଦେବ ଗିରିତଳ
ପନ୍ଦର କ୍ରୋଶ ବିସ୍ତାରେ ରହିଅଛି ଜଳ
ସେ ସରୋବର ଅଟଇ ଯୋଜନେ ବିସ୍ତୀର୍ଣ୍ଣ
ଅଛଇ ଶିମ୍ବଳୀ ବୃକ୍ଷ ମଧ୍ୟେ ବିଦ୍ୟମାନ।"

**୫. ଉପକରଣ :**

ସେ ସମୟରେ ମାଟି, ପଥର ଓ କାଠରେ ଗୃହଗୁଡ଼ିକ ନିର୍ମାଣ କରାଯାଉଥିଲା।

କବି ଲେଖିଛନ୍ତି - ଯୁଧିଷ୍ଠିରଙ୍କ ରାଜସୂୟ ଯଜ୍ଞକାଳରେ ସମସ୍ତ କୋଠିମାନ ମାଟିରେ ଗଢ଼ା ଯାଇଥିଲା। ଗାନ୍ଧାରସେନଙ୍କ ପାଇଁ ଦୁର୍ଯ୍ୟୋଧନ ପଥରରେ ବନ୍ଦୀଶାଳା ନିର୍ମାଣ କରିଥିଲେ। ରାଜକୀୟ ଗୃହଗୁଡ଼ିକରେ ହୀରା, ଲୀଳା, ମାଣିକ୍ୟ, ପ୍ରବାଳର ସ୍ତମ୍ଭଗୁଡ଼ିକରେ ରତ୍ନଦ୍ୱୀପ, ପାଟବସ୍ତ୍ରର ପ୍ରଭୃତି ଶୋଭା ପାଉଥିଲା। କବିଙ୍କ ଭାଷାରେ–

"ବାଡ଼େ ଚିତ୍ର ଯେ ହୋଇବ ଲେଖନ
ଜଡ଼ି ସ୍ଫଟିକରେ ହୋଇବ ଏକବର୍ଣ୍ଣ
ଜଳେ ଥଳେ ହାଦେ ହୋଇବ ଏକ ଜଳ
ସୁବର୍ଣ୍ଣର ସ୍ତମ୍ଭ ହୋଇବ ସୁବର୍ଣ୍ଣର ଥଳ।"

**୬. ଯୋଜନା :**

ବିଭିନ୍ନ ଗୃହ ନିର୍ମାଣ ସମୟରେ ଯୋଜନାମାନ ପ୍ରସ୍ତୁତ ହେଉଥିଲା। ଲଙ୍କାଗଡ଼ ନିର୍ମାଣ ପୂର୍ବରୁ ଏକ ଚିତ୍ରକଟ ପ୍ରସ୍ତୁତ ହୋଇଥିଲା। ଯୁଧିଷ୍ଠିରଙ୍କ ରାଜସୂୟ ଯଜ୍ଞ ମଣ୍ଡପ ନିମିତ୍ତ ଶ୍ରୀକୃଷ୍ଣ ବିଶ୍ୱକର୍ମାଙ୍କୁ ଏକ ଚିତ୍ରପଟ ଦେଇଥିଲେ। ପୁରୀ ମନ୍ଦିର ନିର୍ମାଣ ସମୟରେ ବିଶ୍ୱାବସୁ ମାପଚୁପ ପରେ ମନ୍ଦିର ଗଠନ ଆରମ୍ଭ କରିଥିଲେ। ପ୍ରଭୃତିର ସମ୍ୟକ ଚିତ୍ର କବି ବର୍ଣ୍ଣନା କରିଛନ୍ତି।

"ଯାଗକୁ ପର ସଞ୍ଚା ବ୍ରହ୍ମବେତ
ଅଶ୍ୱମେଧ ଘୃତ ଯଜ୍ଞକୁ ତିଳ ନିର୍ମିତ
ରାଜାଙ୍କ ନବର ଅଶ୍ୱଶାଳ ଗଜଶାଳ
ଭାଗମାପ କରିଣ ନେଇ ପାତିଲେକ ନଳ।"

ଉପରୋକ୍ତ ଆଲୋଚନାରୁ ପଞ୍ଚଦଶ ଶତାବ୍ଦୀର ଶିଳ୍ପର ପ୍ରସାର ହୋଇଥିବା କଥା ଜଣାପଡ଼େ। ଦେଶରେ ଅନ୍ତର୍ବାଣିଜ୍ୟ, ବର୍ହିବାଣିଜ୍ୟ, ନୌବାଣିଜ୍ୟ ପ୍ରଚଳନ ଥିଲା। ଲୌହ, ତାମ୍ର, କାଂସ୍ୟ, ସ୍ୱର୍ଣ୍ଣ, ରୌପ୍ୟ, କାଷ୍ଠ, ବସ୍ତ୍ର ଓ ମୃଣ୍ମୟାଦିର ପ୍ରଚଳନ ସହିତ ହସ୍ତୀଦନ୍ତ, ଅସ୍ଥି, ବାଉଁଶ ଓ ବେତର ପ୍ରଚଳନ ରହିଥିଲା। ମୁଦ୍ରା ଓ କଉଡ଼ିର ପ୍ରଚଳନ ରହିଥିଲା। ବିଶା ଓ ପଳଦ୍ୱାର ଓଜନମପା ହେଉଥିଲା। ବିଭିନ୍ନ ଗୃହ, ମନ୍ଦିର, ପ୍ରାସାଦ, ଯଜ୍ଞ ମଣ୍ଡପ, ସଭାଗୃହ, ଦୁର୍ଗ ପ୍ରଭୃତି ସାଜସଜ୍ଜାରେ ପରିପୂର୍ଣ୍ଣ ଥିଲା। ଶୁଭ ଅନୁକୂଳ ଧରି ଯୋଜନା ପୂର୍ବକ ସମସ୍ତ ନିର୍ମାଣ କାର୍ଯ୍ୟ ସମାପନ କରାଯାଉଥିଲା।

■

**ସହାୟକ ଗ୍ରନ୍ଥସୂଚୀ**

୧. ମହାପାତ୍ର, ପ୍ରେମାନନ୍ଦ : ଓଡ଼ିଆ ସାହିତ୍ୟର ଇତିହାସ, ସତ୍ୟନାରାୟଣ ବୁକ୍ ଷ୍ଟୋର, ବିନୋଦବିହାରୀ, କଟକ-୨, ପ୍ରଥମ ସଂସ୍କରଣ, ୨୦୧୫

୨. ମହାରଣା, ସୁରେନ୍ଦ୍ର କୁମାର : ସାରଳା ସାହିତ୍ୟର ପରିକ୍ରମା, ଓଡ଼ିଶା ବୁକ୍ ଷ୍ଟୋର୍, କଟକ-୨, ୨ୟ ସଂସ୍କରଣ, ପ୍ରକାଶ କାଳ ୨୦୧୩

୩. ରଥ, ଦୀନବନ୍ଧୁ : ସାରଳା ମହାଭାରତରେ ସାମାଜିକ ଜୀବନ

୪. ମାନସିଂହ, ମାୟାଧର : ଓଡ଼ିଆ ସାହିତ୍ୟର ଇତିହାସ, ଗ୍ରନ୍ଥମନ୍ଦିର, ବିନୋଦବିହାରୀ, କଟକ, ଷଷ୍ଠ ସଂସ୍କରଣ. ୧୯୯୩

# ପଞ୍ଚସଖା ସାହିତ୍ୟର ବୈଶିଷ୍ଟ୍ୟ

ବିଷ୍ଣୁ ଉପାସନା ଧର୍ମକୁ ବୈଷ୍ଣବଧର୍ମ କୁହାଯାଏ। ଏହି ଧର୍ମ ସଗୁଣ ଉପାସନା, ପ୍ରତୀକ ଉପାସନା ଭାବରେ ପ୍ରସିଦ୍ଧି ଲାଭ କରିଛି। ଏହି ପ୍ରତୀକ ରୂପେ ନାରାୟଣ, ବାସୁଦେବ, ରାମ, କୃଷ୍ଣ, ବିଷ୍ଣୁଙ୍କର ବିଭିନ୍ନ ଅବତାର ସନ୍ନିବେଶିତ। ଏଥିରେ ବ୍ରହ୍ମା, ବିଷ୍ଣୁ ଓ ମହେଶ୍ୱରଙ୍କୁ ବିଶ୍ୱର ସୃଷ୍ଟି ପାଳନ ଓ ସଂହାରକର୍ତ୍ତା ଭାବରେ ଅଭିହିତ କରାଯାଇଛି। କାରଣ ଈଶ୍ୱର ବିଶ୍ୱାସ ଓ ଧର୍ମ ମାନବ ସମାଜର ଧାରଣା ଉପରେ ନିର୍ଭରଶୀଳ। ଏହି ବିଶ୍ୱାସଟି ମଣିଷ ମନରେ ସ୍ୱତଃଜାତ ହୋଇଥାଏ। ପ୍ରକୃତିର ଯେଉଁ ବିଭାଗ ତା'ର ବଞ୍ଚିବା ନିମନ୍ତେ ଅପରିହାର୍ଯ୍ୟ ହୋଇଛି ସେସବୁ ପ୍ରତି ମଣିଷ ଚିରକୃତଜ୍ଞ ରହିଛି। ଏହି କୃତଜ୍ଞତାରୁ ମନରେ ଭକ୍ତିର ସଂଶୟ ଘଟିଥାଏ। ଫଳସ୍ୱରୂପ ପ୍ରକୃତିର ବିଭିନ୍ନ ବିଭାବକୁ ଉପାସନା କରିବା ଉଦ୍ଦେଶ୍ୟରେ ବିଭିନ୍ନ ଧର୍ମୀୟ ଭାବନାର ସୃଷ୍ଟି। ମାନବ ସମାଜର ସୃଷ୍ଟି କାଳରୁ ଏହି ଧର୍ମୀୟ ଭାବନାର ସୃଷ୍ଟି ହୋଇଛି। ଏଥିରେ ଭାବନାର ସୃଷ୍ଟି ହୋଇଛି ଏଥିରେ ସନ୍ଦେହ ନାହିଁ।

ବ୍ରାହ୍ମଣ ସାହିତ୍ୟରେ ବିଷ୍ଣୁଙ୍କ ଅବତାର ସମ୍ପର୍କରେ ଆଭାସ ମିଳେ ଯେ ପାଳନକର୍ତ୍ତା ହେତୁ ବିଷ୍ଣୁଙ୍କର ବହୁ ଅବତାର ଗ୍ରହଣ କରୁଥିବାର କଳ୍ପନା ରହିଛି। ଯେପରି ମତ୍ସ୍ୟ, କୂର୍ମ, ବରାହ, ବାମନ, ପର୍ଶୁରାମ, ନାରାୟଣ, ବାସୁଦେବ, ହରି, ରାମ, କୃଷ୍ଣ ପ୍ରଭୃତି ବିଭିନ୍ନ ମନୋରମ ରୂପର ବର୍ଣ୍ଣନା ରହିଛି। ବୈଷ୍ଣବ ଧର୍ମର ଶ୍ରୀଜଗନ୍ନାଥଙ୍କ ଠାରେ ବିଷ୍ଣୁତ୍ୱ ଆରୋପ କରି ସମସ୍ତ ଅବତାରର ସେ ଜନ୍ମଦାତା ବୋଲି ସ୍ୱୀକାର କରିଛନ୍ତି। ଏହି ଅବତାର ମାଧ୍ୟମରେ ବୈଷ୍ଣବ ଧର୍ମର ଗତି ନିରବଚ୍ଛିନ୍ନ ସାଧନାରେ ବ୍ରତୀ ହୋଇ ଆସିଛି। ଐତିହାସିକ ଦୃଷ୍ଟିକୋଣରୁ ଆଲୋଚନା କଲେ ଜଣାଯାଏ ଖ୍ରୀ.ପୂ. ଚତୁର୍ଥ ଶତାବ୍ଦୀରେ ମେଘାସ୍ଥିନ୍ ଭାରତକୁ ଆସିଥିଲେ। ସେ ତାଙ୍କର 'ଇଣ୍ଡିକା'ରେ ଲେଖିଛନ୍ତି ଯେ, ମଥୁରାରେ ଯମୁନା ନଦୀ କୂଳରେ ହରେକୃଷ୍ଣ ପୂଜା ପାଇଥିଲେ। ଖ୍ରୀ.ପୂ. ୨ୟ ଶତାବ୍ଦୀର ମଧ୍ୟ ଭାରତର 'ଘୋସୁଣ୍ଡି' ଶିଳାଲେଖରେ ଶଙ୍କର୍ଷଣ

ଓ ତାଙ୍କ ଭାଇ କୃଷ୍ଣଙ୍କ ନାମ ଉଲ୍ଲେଖ ରହିଛି। ମେଘାସ୍ଥିନିସ୍‌ଙ୍କ ଭାରତ ବିବରଣୀ ଘୋସୁଣ୍ଡି ଶିଳାଲେଖ ଓ ନାଗାଘାଟ ଶିଳାଲେଖରୁ ସ୍ପଷ୍ଟ ହୁଏ ଯେ ଯୀଶୁଖ୍ରୀଷ୍ଟଙ୍କ ଜନ୍ମ ହେବାର ଶତଶତ ବର୍ଷ ପୂର୍ବରୁ ଉତ୍ତର ଭାରତ, ପଶ୍ଚିମ-ଭାରତ, ଦକ୍ଷିଣ ଭାରତ ଇତ୍ୟାଦି ସ୍ଥାନମାନଙ୍କରେ ବୈଷ୍ଣବ ଧର୍ମର ଧାରା ପ୍ରବାହମାନ। ସେ ସମୟରେ ଭାରତ ବିଭିନ୍ନ ପ୍ରାନ୍ତ ପ୍ରସିଦ୍ଧ ରାଜପଥମାନଙ୍କ ଦ୍ୱାରା ସଂଯୁକ୍ତ ଥିଲା। ରାଜପଥ ଉପରେ ଓଡ଼ିଶା ଅବସ୍ଥିତ ଥିବାରୁ ଭାରତର ଅନ୍ୟାନ୍ୟ ପ୍ରାନ୍ତରେ ପ୍ରଚାରିତ ଓ ପ୍ରସାରିତ ବୈଷ୍ଣବ ଧର୍ମ ଦ୍ୱାରା ପ୍ରଭାବିତ ହୋଇଥିବା ସୁନିଶ୍ଚିତ।

ଓଡ଼ିଶାରେ ଜଗନ୍ନାଥଙ୍କ ପ୍ରାଚୀନତାକୁ ଅବଲୋକନ କଲେ ବୈଷ୍ଣବ ଧର୍ମର ପ୍ରାଚୀନତା ପ୍ରମାଣିତ ହୁଏ ଏହାର କାରଣ ଜଗନ୍ନାଥ ସଂସ୍କୃତିର ସୁଦୃଢ଼ ଭିତ୍ତିଭୂମି ଉପରେ ଓଡ଼ିଶାର ବୈଷ୍ଣବ ଧର୍ମ ପ୍ରତିଷ୍ଠା ଲାଭ କରିଛି। ଖ୍ରୀଷ୍ଟୀୟ ସପ୍ତମ ଓ ଅଷ୍ଟମ ଶତାବ୍ଦୀର ବୌଦ୍ଧ ଦେବତା ଜଗନ୍ନାଥ କ୍ରମେ (ବୌଦ୍ଧ ଶ୍ରେଷ୍ଠ ଜୀନଙ୍କ ଦ୍ୱାରା ପୂଜିତ ହୋଇଥିବାରୁ ଜଗନ୍ନାଥଙ୍କୁ ଜୀନନାଥ ମଧ୍ୟ କୁହାଯାଏ) ବ୍ରାହ୍ମଣ ଧର୍ମର ଶ୍ରେଷ୍ଠ ଦେବତା ଭାବେ ଖ୍ୟାତି ହୋଇଥିଲେ। ନବମ ଶତାବ୍ଦୀରେ ଜଗତ୍‌ଗୁରୁ ଶଙ୍କରାଚାର୍ଯ୍ୟଙ୍କ ପୁରୀ ଆଗମନ ଏବଂ ଶ୍ରୀକ୍ଷେତ୍ରରେ ଅଦ୍ୱୈତ ମତବାଦ ପ୍ରଚାର ଓ ବୌଦ୍ଧ ପଣ୍ଡିତମାନଙ୍କୁ ଧର୍ମୀୟ ଯୁକ୍ତିରେ ପରାସ୍ତ କରି ବ୍ରାହ୍ମଣ ଧର୍ମରେ ଦୀକ୍ଷିତ କରାଇ ପାରିଥିଲେ। ଜଗନ୍ନାଥଙ୍କର ମନ୍ଦିର ପୁନଃ ନିର୍ମିତ ହୋଇଥିଲା ଚୋଡ଼ଗଙ୍ଗ ଦେବଙ୍କ ରାଜତ୍ୱ କାଳରେ ଦ୍ୱିତୀୟ ଶତାବ୍ଦୀରେ। ବୈଷ୍ଣବ ଧର୍ମର ତ୍ରିଧାରା ଶ୍ରୀରାମ, ଶ୍ରୀକୃଷ୍ଣ ଓ ଶ୍ରୀଜଗନ୍ନାଥ ଉପାସନାର ସମନ୍ୱିତ ରୂପ ହେଉଛି ପଞ୍ଚସଖା ଧର୍ମ। ଶୈବ, ଶାକ୍ତ, ଗାଣପତ୍ୟ ଧର୍ମ ଇତ୍ୟାଦିର ପ୍ରଭାବ ପଞ୍ଚସଖା ଧର୍ମରେ ପରିଦୃଷ୍ଟ ହୁଏ। ଯାହା ପଞ୍ଚସଖା ଧର୍ମର ଅନ୍ୟାନ୍ୟ ବୈଶିଷ୍ଟ୍ୟ ରୂପେ ବିବେଚନା କରାଯାଏ। ଷୋଡ଼ଶ ଶତାବ୍ଦୀରେ ସୂର୍ଯ୍ୟବଂଶୀ ନରପତି ପ୍ରତାପରୁଦ୍ର ଦେବଙ୍କ ରାଜତ୍ୱ କାଳରେ ପ୍ରଚଳିତ ଧାର୍ମିକ ପରମ୍ପରାରେ ଏକ ନୂତନ ଧାର୍ମିକ ଆନ୍ଦୋଳନର ସୂତ୍ରପାତ ହୋଇଥିଲା। ଏହି ସମୟରେ ଉତ୍କଳୀୟ ଧର୍ମର ନୂଆ ରୂପ ମର୍ଯ୍ୟାଦା ପ୍ରକାଶିତ ହେବା ସହ ଓଡ଼ିଆ ସାହିତ୍ୟକୁ ବିଭିନ୍ନ ଧର୍ମଗ୍ରନ୍ଥର ରଚନା କରି ଶ୍ରୀବୃଦ୍ଧି ସାଧନ କରିଥିଲେ।

ଗୁପ୍ତ ରାଜତ୍ୱ କାଳରେ ବ୍ରାହ୍ମଣ୍ୟ ଧର୍ମର ଅଭ୍ୟୁତ୍‌ଥାନ ପରେ ବର୍ଣ୍ଣାଶ୍ରମ ଧର୍ମର ପ୍ରତିଷ୍ଠା ପଥ ସୁଗମ ହୋଇଥିଲା। ବର୍ଣ୍ଣାଶ୍ରମ ଧର୍ମାନୁସାରେ ସମାଜ ଚାରୋଟି ବର୍ଣ୍ଣରେ ବିଭକ୍ତ ହେଲା- ବ୍ରାହ୍ମଣ, କ୍ଷତ୍ରିୟ, ବୈଶ୍ୟ ଓ ଶୂଦ୍ର। ସେହିପରି ନୃତ୍ୟ, ସଙ୍ଗୀତ ବିଦ୍ୟା, ଗଣିତ ବିଦ୍ୟା ଆଦିର ଆଦର ରହିଥିଲା। ଏଥି ସହିତ ସମାଜ ଶୃଙ୍ଖଳା ପାଇଁ ଧର୍ମ, ରାଜନୀତି, ଧନୁର୍ବିଦ୍ୟା, ମୀମାଂସା, ନ୍ୟାୟ, ତର୍କ ଆଦି ସମ୍ବନ୍ଧରେ ଶିକ୍ଷା ବ୍ୟବସ୍ଥା ରହିଥିଲା। ବିଭିନ୍ନ ପର୍ବପର୍ବାଣି ଓ ଓଷାବ୍ରତ ପାଳିତ ହେଉଥିଲା। ଅକ୍ଷୟ ତୃତୀୟା,

ଚନ୍ଦନଯାତ୍ରା, ମଦନ ମହୋତ୍ସବ (ହୋଲି), ରଥଯାତ୍ରା, ଗଣେଶ ପୂଜା, ଦୁର୍ଗାପୂଜା, କୁମାର ପୂର୍ଣ୍ଣିମା, ଦୀପାବଳୀ, କାର୍ତ୍ତିକ ପୂର୍ଣ୍ଣିମା, ମାଘସ୍ନାନ ଏଥି ସହିତ ବିଭିନ୍ନ ପର୍ବପର୍ବାଣି ଦୋଳ ପୂର୍ଣ୍ଣିମା, ଚମ୍ପକ ଦ୍ୱାଦଶୀ, ପ୍ରଥମାଷ୍ଟମୀ, ଶିବ ଚତୁର୍ଦ୍ଦଶୀ, ଧନୁଯାତ୍ରା, ଚନ୍ଦନଯାତ୍ରା ଇତ୍ୟାଦି କଥା ପଞ୍ଚସଖା ଯୁଗର ବୈଶିଷ୍ଟ୍ୟ। ପଞ୍ଚସଖା ସାହିତ୍ୟରେ ଶକୁନ ଶାସ୍ତ୍ରକୁ ବହୁ ମାନ୍ୟତା ଦିଆଯାଇଛି। ଶୁଭ ଶକୁନ ଦର୍ଶନ କାର୍ଯ୍ୟରେ ସଫଳତାର ପ୍ରତୀକ। ସେହିପରି ଅଶୁଭ ଶକୁନ ଦର୍ଶନ କାର୍ଯ୍ୟରେ ବିଘ୍ନକାରକ।

ଶ୍ରୀଚୈତନ୍ୟ ଉତ୍କଳୀୟ ବୈଷ୍ଣବମାନଙ୍କ ଚିନ୍ତାଧାରା ଦ୍ୱାରା ପ୍ରଭାବିତ ହୋଇଥିଲେ। ୧୫୧୧ ଖ୍ରୀଷ୍ଟାବ୍ଦ ପର ଠାରୁ ଜୀବନର ଶେଷ ୧୮ ବର୍ଷ ସେ ଶ୍ରୀକ୍ଷେତ୍ରରେ କଟାଇଥିଲେ। ଶ୍ରୀଚୈତନ୍ୟ ଓଡ଼ିଶା ଆଗମନ କାଳରୁ ଓଡ଼ିଶାରେ ଶୂନ୍ୟବାଦୀ ପଞ୍ଚସଖା ସେମାନଙ୍କ ଯୋଗ ପଣ୍ଡିତ ଜ୍ଞାନ ମିଶ୍ରା ଭକ୍ତିର ପ୍ରଚାର ଆରମ୍ଭ କରି ସାରିଥିଲେ। କଷ୍ଟସାଧ ଯୋଗଧର୍ମୀ ସାଧନା ଅପେକ୍ଷା ଚୈତନ୍ୟଙ୍କ ପ୍ରଚାରିତ ପ୍ରେମ ଭକ୍ତିଟି ଧୀରେ ଧୀରେ ଲୋକ ଧର୍ମରେ ପରିଣତ ହୋଇଥିଲା। ଓଡ଼ିଆ ଜ୍ଞାନ ମିଶ୍ରା ଭକ୍ତିଧାରାର ଶ୍ରେଷ୍ଠ ସାଧକ ପାଞ୍ଚଜଣ – ବଳରାମ ଦାସ, ଜଗନ୍ନାଥ ଦାସ, ଅଚ୍ୟୁତାନନ୍ଦ ଦାସ, ଯଶୋବନ୍ତ ଦାସ ଓ ଶିଶୁ ଅନନ୍ତ ଦାସ। ଏମାନେ ସମସ୍ତେ 'ଦାସ' ସଂଜ୍ଞାଧାରୀ। ଅଚ୍ୟୁତାନନ୍ଦ ଦାସଙ୍କ 'ଶୂନ୍ୟ ସଂହିତା' ଗ୍ରନ୍ଥରେ ଶ୍ରୀଚୈତନ୍ୟଙ୍କର ଏହି ପାଞ୍ଚ ଜଣ ପଞ୍ଚ ଆତ୍ମା ଭାବରେ ଉଲ୍ଲେଖ ରହିଛି।

ପଞ୍ଚସଖା ସାହିତ୍ୟରେ ଶୂନ୍ୟବାଦର ପରିକଳ୍ପନା ରହିଛି। ଯେଉଁଥିରେ ହୀନଯାନ ଓ ମହାଯାନର ପ୍ରଭାବ ପରିଲକ୍ଷିତ ହୁଏ। ବ୍ୟକ୍ତିଗତ ଜୀବନ ମଧ୍ୟ ୪ଟି ଆଶ୍ରମରେ ବିଭକ୍ତ; ଯଥା- ବ୍ରହ୍ମଚର୍ଯ୍ୟା, ଗ୍ରାହ୍ୟସ୍ଥ, ବାନପ୍ରସ୍ଥ ଓ ଯତିବ୍ରତ। ଏହାର ଉଦ୍ଦେଶ୍ୟ ଥିଲା ବ୍ୟକ୍ତି ଜୀବନରେ ପ୍ରତି ପର୍ଯ୍ୟାୟଟି ଶାସ୍ତ୍ରସମ୍ମତ କର୍ତ୍ତବ୍ୟର ସମ୍ପାଦନ କରିବା। ରାଜାମାନେ ମଧ୍ୟ ବର୍ଣ୍ଣାଶ୍ରମ ଧର୍ମର ସୁରକ୍ଷା ଓ ପ୍ରତିଷ୍ଠା ଉପରେ ବିଶେଷ ଧ୍ୟାନ ଦେଉଥିଲେ। ଏହି ଧର୍ମରେ ବ୍ରାହ୍ମଣମାନଙ୍କୁ ଶ୍ରେଷ୍ଠ ଆସନ ଦିଆଯାଇଥିଲା। ମାଠର, ନଳ, ଗଙ୍ଗ, ଶୈଳୋଦ୍ଭବ, କାଦମ୍ବ ଓ ଗଙ୍ଗବଂଶୀୟ ରାଜାମାନେ ବ୍ରାହ୍ମଣ ଥିଲେ। ସମାଜରେ ଶିକ୍ଷାଦାନ କ୍ଷେତ୍ରରେ ଏହି ବ୍ରାହ୍ମଣମାନେ ନିଯୁକ୍ତି ପାଇଥିଲେ। ସେହିପରି କ୍ଷତ୍ରିୟମାନେ ଦେଶର ଶାସନ ଓ ସୁରକ୍ଷା ଦାୟିତ୍ୱରେ ଥିଲେ। ବୈଶ୍ୟମାନଙ୍କର ମୁଖ୍ୟ କର୍ମ ଥିଲା ବାଣିଜ୍ୟ, କୃଷି ଓ ପଶୁପାଳନ। ଶୂଦ୍ରମାନଙ୍କର ଥିଲା ଗୋପାଳକ, ଚିତ୍ରକଳା, ନୃତ୍ୟ, ଗାୟକ ଓ ବାଦନ ସେମାନଙ୍କ କାର୍ଯ୍ୟ ଥିଲା। ଏହିପରି ବର୍ଣ୍ଣାଶ୍ରମ ଧର୍ମର ଅନେକ ସୂଚନା ପଞ୍ଚଦଶ ଶତାବ୍ଦୀର ପଞ୍ଚସଖାଙ୍କ ରଚନାବଳୀରେ ଉଲ୍ଲେଖ ଥିବା ଜଣାଯାଏ। ସଂଭ୍ରାନ୍ତ ବଂଶୀୟ ନାରୀମାନେ ଉଚ୍ଚଶିକ୍ଷା ଲାଭ କରୁଥିଲେ ଏହା ସହ ରାଜ୍ୟ ଶାସନ ମଧ୍ୟ କରୁଥିଲେ। ଅଭିଲେଖରୁ ଜଣାଯାଏ, ସୋମବଂଶୀ ରାଣୀ କର୍ପୂରଶ୍ରୀ ଉଚ୍ଚ ଶିକ୍ଷିତା

ଥିଲେ ଏବଂ ତୃତୀୟ ଅନଙ୍ଗଭୀମ ଦେବଙ୍କ କନ୍ୟା ଚନ୍ଦ୍ରିକା ଦେବୀ ନୃତ୍ୟଗୀତରେ ବିଷାରଦା ଥିଲେ। ସେହିପରି ଭୌମକର ବଂଶୀୟ ତ୍ରିଭୁବନ ଦେବୀ, ପୃଥ୍ୱୀ ମହାଦେବୀ ଆଦି କେତେ ଜଣ ରାଣୀ ସିଂହାସନ ଆରୋହଣ ମଧ୍ୟ କରିଥିଲେ। ନାରୀର ଗୁରୁ ସାମାଜିକ ଦାୟିତ୍ୱ ଥିଲେ ମଧ୍ୟ ସେ ସ୍ୱେଚ୍ଛାଚାରିଣୀ ନ ଥିଲା। ନାରୀ ସ୍ୱାଧୀନ ଥିଲା। ପଞ୍ଚସଖା ସାହିତ୍ୟରେ ନାରୀକୁ ଉଚ୍ଚ ସ୍ଥାନ ଦିଆଯାଇଛି। ବଳରାମ ଦାସଙ୍କ 'ଜଗମୋହନ ରାମାୟଣ', ଜଗନ୍ନାଥ ଦାସଙ୍କ 'ଭାଗବତ' ଓ ଅଚ୍ୟୁତାନନ୍ଦ ଦାସଙ୍କ 'ହରିବଂଶ'ରେ ନାରୀର ଗୁରୁ ଦାୟିତ୍ୱ ପ୍ରସଙ୍ଗ ଉଲ୍ଲେଖ ରହିଛି। ଶିକ୍ଷାର ପ୍ରାଚୀନ ପରମ୍ପରା ପଞ୍ଚଦଶ ଶତାବ୍ଦୀରେ ପ୍ରଚଳନ ଥିଲା। ଯେମିତି ଶାସ୍ତ୍ର ଅଧ୍ୟୟନ କରିବା, ଶିକ୍ଷାକୁ ଉତ୍ସାହିତ କରିବା ପାଇଁ ଭୂମି ଓ ଗ୍ରାମ ଦାନ କରିବା, ଜ୍ୟୋତିଷ ବିଦ୍ୟା, ତନ୍ତ୍ର ବିଦ୍ୟା, ଶୂନ୍ୟବାଦର ଆଦି ପ୍ରବର୍ତ୍ତକ ହେଉଛନ୍ତି ବୌଦ୍ଧ ଦାର୍ଶନିକ ଆଚାର୍ଯ୍ୟ ନାଗାର୍ଜ୍ଜୁନ। ଉତ୍ପତ୍ତି, ଗତି, ଦୁଃଖ, ବନ୍ଧନ, ମୋକ୍ଷ, କର୍ମ, କର୍ମଫଳ, ସଂସାର ଆଦି ହେଉଛି ଶୂନ୍ୟବାଦ ତାଙ୍କ ମତରେ। ଶୂନ୍ୟ ସାଧନା ନିମନ୍ତେ ପଞ୍ଚସଖା ଯୋଗ ସାଧନାକୁ ଗୁରୁତ୍ୱ ଦେଇଛନ୍ତି। ଯୋଗର ମୂଳ ଅର୍ଥ ଆତ୍ମା ଓ ପରମାତ୍ମା। ଯୋଗ ଅର୍ଥ ଚିତ୍ତ ସଂଯତ ଓ ଦେହବାଦ ବା କାୟା ସାଧନା ଜରୁରୀ। ପଞ୍ଚସଖା ସାହିତ୍ୟରେ ବହୁବିଧ ଯୋଗ ସାଧନା ରହିଛି; ଆରମ୍ଭ ଯୋଗ, ହଂ ଯୋଗ, ପରଚେ ଯୋଗ, ନିସ୍ୱତୀ ଯୋଗ। ମାତ୍ର ହଂ ଯୋଗର ପ୍ରାଧାନ୍ୟ ପଞ୍ଚସଖା ସାହିତ୍ୟରେ ଉଲ୍ଲେଖ ହୋଇଛି। ଏହି ହଂ ଯୋଗ ଷଡ଼ଚକ୍ର ସାଧନାର ମାଧ୍ୟମରେ ସାଧିତ ହୋଇଥାଏ। ଏହି ଷଡ଼ଚକ୍ର ହେଲେ; ମୂଳାଧାର, ସ୍ୱାଧିଷ୍ଠାନ, ମଣିପୁର, ଅନାହତ, ବିଶୁଦ୍ଧାକ୍ଷୟ ବିଶୁଦ୍ଧ ବା ଆଜ୍ଞା ଚକ୍ର ଓ ସହସ୍ରାର ଚକ୍ର। ଏହି ଚକ୍ରଗୁଡ଼ିକ କମଳ ବା ପଦ୍ମ ନାମରେ ଆଖ୍ୟାତ। ପଞ୍ଚସଖା ସାହିତ୍ୟରେ ପିଣ୍ଡ ବ୍ରହ୍ମାଣ୍ଡ, ତତ୍ତ୍ୱର ଅବିକଳ ଅନୁସରଣ ଦେଖାଯାଏ। ସକଳ ଭୁବନ, ଦ୍ୱୀପ, ସମୁଦ୍ର, ନଦୀ, ସୂର୍ଯ୍ୟ, ଚନ୍ଦ୍ର, ଗ୍ରହ, ନକ୍ଷତ୍ର ଇତ୍ୟାଦି ପିଣ୍ଡ – ବ୍ରହ୍ମାଣ୍ଡ ମଧ୍ୟରେ ଅବସ୍ଥିତ। ପଞ୍ଚସଖା ସାହିତ୍ୟରେ ପରମେଶ୍ୱରଙ୍କ ପ୍ରତି ଅନୁରକ୍ତିକୁ ଭକ୍ତି କୁହାଯାଏ। ଦ୍ୱିବିଧ – ପରା, ଅପରା। ଅପରା ଭକ୍ତି ହେଉଛି ଶୁଦ୍ଧାଭକ୍ତି। ଯାହା ୯ଟି କର୍ମ ବିଶିଷ୍ଟ ଅର୍ଥାତ୍ ନବଧା ଭକ୍ତି ଭାବରେ ପରିଚିତ। ଏହା ଶ୍ରବଣ, କୀର୍ତ୍ତନ ଠାରୁ ଆରମ୍ଭ କରି ଆତ୍ମ ନିବେଦନ ପର୍ଯ୍ୟନ୍ତ। 'ପରା ଭକ୍ତି' ହେଉଛି ଜ୍ଞାନ ମିଶ୍ରା ଭକ୍ତି। ଏହାର ମୁଖ୍ୟ ଉଦ୍ଦେଶ୍ୟ ଜ୍ଞାନ ସାହାଯ୍ୟରେ ମୁକ୍ତି ଲାଭ କରିବା। ପଞ୍ଚସଖା ସାହିତ୍ୟରେ ସୃଷ୍ଟି ତତ୍ତ୍ୱର ବିବରଣୀ ପ୍ରକ୍ରିୟା ବିଭିନ୍ନ ଗ୍ରନ୍ଥ ମାଧ୍ୟମରେ ପ୍ରକାଶିତ। ଯଥା- ବ୍ରହ୍ମାଣ୍ଡ ଭୂଗୋଳ, ବିରାଟ ଗୀତା, ଅମରକୋଷ ଗୀତା, ତୁଳାଭିଣା, ଶୂନ୍ୟ ସଂହିତା ଆଦି ଗ୍ରହଣୀୟ।

ବଳରାମ ଦାସଙ୍କ 'ବିରାଟ ଗୀତା'ରେ ଭଗବାନ ବିରାଟ ରୂପରେ ଶୂନ୍ୟରେ

ଅବସ୍ଥାନ କରୁଥିଲେ। ଏହି ସମୟରେ ସୃଷ୍ଟିର କ୍ରିୟା ସମ୍ପାଦନ ନିମନ୍ତେ ଶୂନ୍ୟରୁ ବିନ୍ଦୁ ନିକ୍ଷେପ କଲେ। ସେହି ବିନ୍ଦୁ ଆକାଶରୁ ଧୂମବର୍ଣ୍ଣ ଧାରଣ କରି ଖସିଥିଲା। ସେଥିରୁ ଶକ୍ତି ଓ ଶକ୍ତିରୁ ଓଁକାର ସୃଷ୍ଟି ହେଲା। ଓଁକାରରୁ ତ୍ରିବୀଜ ଓ ତ୍ରିବୀଜର ନାମର ଉତ୍ପତ୍ତି ହେଲା ଏବଂ ନାମରୁ ବ୍ରହ୍ମା, ବିଷ୍ଣୁ ଓ ମହେଶ୍ୱରଙ୍କ ସୃଷ୍ଟି ପରେ ଜଗତ ଓ ଛପନ କୋଟି ଜନ୍ତୁଙ୍କର ଉତ୍ପତ୍ତି ହେଲା। ସେହିପରି ଜଗନ୍ନାଥ ଦାସଙ୍କ 'ତୁଳାଭିଣା'ରେ ମହାଶୂନ୍ୟରେ ଜ୍ୟୋତି ରୂପ ରହିଛି। ମୂଳ ରୂପ ଜ୍ୟୋତିରୁ ଜାତ। ଏହି ମୂଳରୁ ଅର୍ଦ୍ଧମାତ୍ରା ଓ ଅର୍ଦ୍ଧମାତ୍ରାରୁ ଓଁକାର ଜନ୍ମିଲା। ଏହି ଓଁକାରରୁ ଜଗତର ସୃଷ୍ଟି ପଞ୍ଚସଖାଙ୍କ ସାହିତ୍ୟରେ ସୃଷ୍ଟି କର୍ମ ସହ ପ୍ରକୃତିକୁ ମଧ୍ୟ ବିଶେଷ ଧ୍ୟାନ ଦିଆଯାଇଛି। ପଞ୍ଚସଖା ସାହିତ୍ୟରେ ଅବତାରବାଦର ଭୂମିକା ମଧ୍ୟ ରହିଛି। ହିନ୍ଦୁତତ୍ତ୍ୱ ଦ୍ୱାରା ପ୍ରଭାବିତ ପଞ୍ଚସଖା ନିଜକୁ ଭଗବାନଙ୍କ ସହଚର ଭାବେ ଅଭିହିତ କରି ଅନନ୍ତ, ସତ୍ୟ, ତ୍ରେତା, ଦ୍ୱାପର ଓ କଳିଯୁଗର ବିବରଣୀ ଦେଇଛନ୍ତି। ଏହି ସାହିତ୍ୟରେ ଆଚାର୍ଯ୍ୟ ଶଙ୍କରଙ୍କ ଠାରୁ ଆରମ୍ଭ କରି ବହୁ ଅର୍ବାଚୀନ ଦାର୍ଶନିକ ନାମରେ ମହତ୍ତ୍ୱକୁ ସ୍ୱୀକାର  କରିଛନ୍ତି। ପଞ୍ଚସାଧକମାନେ ମଧ୍ୟ ନାମକୁ ଏକାକ୍ଷର, ପ୍ରଣବ ଓ ଅଜପା-ଗାୟତ୍ରୀ ଭାବରେ ଗ୍ରହଣ କରିଛନ୍ତି। ନାମ ଭଜନ ହିଁ ଗତି ଓ ମୁକ୍ତିର ଏକ ମାତ୍ର ପଥ, ତାଙ୍କର ବିଶ୍ୱାସ। ତେଣୁ ବ୍ରହ୍ମ ଅପେକ୍ଷା ନାମର ଗୁରୁତ୍ୱ ରହିଛି। ପ୍ରେମ ଭକ୍ତିଟି ଏଥିରେ ଯୋଗମୁଖୀ, ଉଚ୍ଛ୍ୱାସଧର୍ମୀ ନ ହୋଇ ଗାମ୍ଭୀର୍ଯ୍ୟଧର୍ମୀ ହୋଇଛି। ଏହି ସାଧନାପଥରେ ଅଗ୍ରସର ହେବା ପାଇଁ ଗୁରୁବାକ୍ୟ, ଗୁରୁଦୀକ୍ଷା ଓ ଗୁରୁଙ୍କ ଆଶୀର୍ବାଦର ଗୁରୁତ୍ୱ ରହିଛି। ଏହା କେବଳ ପଞ୍ଚସଖାଙ୍କ ଭିତରେ ସୀମିତ ନ ହୋଇ ଭାରତୀୟ ଧର୍ମ ସାଧନ ପରମ୍ପରାରେ ଗୁରୁଦାନ ଏକ ଅବିଚ୍ଛେଦ୍ୟ ଅଙ୍ଗ। ଉଦାହରଣ ସ୍ୱରୂପ ଶିଶୁ ଅନନ୍ତ ଦାଶଙ୍କ 'ହେତୁ ଉଦୟ ଭାଗବତ' ଗୁରୁଙ୍କ ମହିମା ଉପରେ ପର୍ଯ୍ୟବସିତ। ଯଦି ଯନ୍ତ୍ର, ତନ୍ତ୍ର ଓ ମନ୍ତ୍ର ଉପରେ ଦୃଷ୍ଟି ଆକର୍ଷଣ କରାଯାଏ ତେବେ ପଞ୍ଚସଖାଙ୍କ ସାହିତ୍ୟରେ ତନ୍ତ୍ରର ୪ଟି ପୀଠ ଶରୀର ମଧ୍ୟରେ ପରିକଳ୍ପିତ କରାଯାଇଛି।

ପଞ୍ଚସଖା, ଧର୍ମରେ ଶୂନ୍ୟ ଉପାସନାର ପ୍ରାଧାନ୍ୟ ରହିଥିଲେ ହେଁ ସଗୁଣ ଓ ନିର୍ଗୁଣ ଓ ସାକାର ଓ ନିରାକାରର ଉପାସକ ମଧ୍ୟ ଥିଲେ। ଶ୍ରୀଜଗନ୍ନାଥଙ୍କୁ ପଞ୍ଚସଖା ଉଭୟ ରୂପରେ ଦେଖିଛନ୍ତି। 'ଅକ୍ଷରମୟୀ ଆରାଧନା' ପଞ୍ଚସଖା ଧର୍ମର ଅନ୍ୟତମ ବୈଶିଷ୍ଟ୍ୟ। ଯଥା- "ଓଁ ହରେ ରାମ କୃଷ୍ଣ ଶ୍ୟା ହ୍ଲାଂ ଶ୍ଳୀଂ କ୍ଲାଂ।" ଓଁ ବ୍ରହ୍ମର ନିକଟତମ ନାମ। ହ୍ଲାଂ - ବଳଭଦ୍ର, ଶ୍ଳୀଂ - ସୁଭଦ୍ରା ଓ କ୍ଲାଂ - ଜଗନ୍ନାଥ ଭାବେ ଅକ୍ଷରମୟୀ ଆରାଧନା ଭାବରେ ପରିକଳ୍ପିତ। ସେହିପରି 'ଅକର୍ମ ସାଧନା' ପଞ୍ଚସଖା ସାହିତ୍ୟର ଅନ୍ୟତମ ବୈଶିଷ୍ଟ୍ୟ। ଅର୍ଥାତ୍ ଭଗବାନଙ୍କ ପ୍ରତି ନିଷ୍କର୍ମ ପ୍ରେମଭାବ ହିଁ ଏହାର ପରାକାଷ୍ଠା। 'ଘଟସାଧନା' ମଧ୍ୟ ପଞ୍ଚସଖା ସାହିତ୍ୟର ଅନ୍ୟତମ ବିଶେଷତ୍ୱ। ଘଟସାଧନା ଦ୍ୱାରା

ଜୀବ-ପରମର ମିଳନ ହୋଇଥାଏ। ପଞ୍ଚସଖା ଧର୍ମର ତ୍ରିବେଣୀ ତତ୍ତ୍ୱ ହେଉଛନ୍ତି ଜଗନ୍ନାଥ, ଯୋଗ ଓ ଜ୍ଞାନ ମିଶ୍ରା ଭକ୍ତି। ବେଦ, ବେଦାନ୍ତ, ଉପନିଷଦ, ସଂହିତା ପ୍ରଭୃତିର କଠିନ ଭାବସମୂହକୁ ସରଳ ପ୍ରାନ୍ତୀୟ ଭାଷାରେ ପରିପ୍ରକାଶ କରିବା ଏହି ସାହିତ୍ୟର ଅନ୍ୟତମ ବୈଶିଷ୍ଟ୍ୟ। କାବ୍ୟର କୋମଳ ବିଷୟବସ୍ତୁ ନୁହେଁ ଦର୍ଶନର କଠିନ ତତ୍ତ୍ୱରାଜି ପଞ୍ଚସଖା ସାଧକଗଣ ପ୍ରକାଶ କରିଛନ୍ତି। ପଞ୍ଚସଖା ସାହିତ୍ୟରେ ବ୍ୟବହୃତ କେତେକ ଛନ୍ଦ ମଧ୍ୟ ଏହାର ଅନ୍ୟତମ ବୈଶିଷ୍ଟ୍ୟ ଯେମିତି ଛନ୍ଦ ମଧ୍ୟ ଏହାର ଅନ୍ୟତମ ବୈଶିଷ୍ଟ୍ୟ ଯେମିତି ଦାଣ୍ଡିବୃତ୍ତ ଓ ନବାକ୍ଷରୀ ବୃତ୍ତ। ଗାନ ନିମିତ୍ତ ସହଜ ଥିବାରୁ ଏହି ଦ୍ୱୟ ବୃତ୍ତ ଶୈଳୀରେ ପଞ୍ଚସଖା ସାହିତ୍ୟ ରଚିତ। ଅନୁବାଦ ପରିବର୍ତ୍ତେ ଅନୁସରଣ ଓ ସ୍ୱକଳ୍ପନା ପ୍ରସୂତ କଥାବସ୍ତୁର ସଂଯୋଜନା ସ୍ୱକୀୟତା ବଳରେ ବୈଚିତ୍ର୍ୟ ପ୍ରତିପାଦନ କରିବା ହେଉଛି ପଞ୍ଚସଖା ସାହିତ୍ୟର ବିଶେଷତ୍ୱ। ଏହାର ପ୍ରକୃଷ୍ଟ ଉଦାହରଣ ବଳରାମ ଦାସଙ୍କ 'ଦାଣ୍ଡି ରାମାୟଣ', ଜଗନ୍ନାଥ ଦାସଙ୍କ 'ଭାଗବତ' ଏବଂ ଅଚ୍ୟୁତାନନ୍ଦ ଦାସଙ୍କ 'ହରିବଂଶ'।

ଉଦ୍‌ଯୋଗ ହିଁ ସର୍ବସିଦ୍ଧିର ମୂଳ ମନ୍ତ୍ର। ଜ୍ଞାନ, ଭକ୍ତି ଓ କର୍ମଦ୍ୱାରା ସିଦ୍ଧିଲାଭ ହୁଏ। ଚିତା-ଚଇତନ, ଜପାମୁଣି, ତୁଳସୀମାଳା ଓ ଲେଙ୍ଗୁଟି ଦ୍ୱାରା ମଣିଷ ଏକ ଆଧ୍ୟାତ୍ମିକ ସ୍ତରକୁ ଯାଏ ସତ କିନ୍ତୁ ପ୍ରକୃତ ଆତ୍ମାରେ ଆତ୍ମାର ସନ୍ଧାନ ନିମିତ୍ତ, ଆତ୍ମ-ସଂଯମ, ଆତ୍ମ-ସଂଯୋଗ, ଆତ୍ମ-ଶୁଚି, ଆତ୍ମ-ତ୍ୟାଗ ଓ ଆତ୍ମ-ସନ୍ତୋଷର ମନୋଭାବ ରହିବା ଆବଶ୍ୟକ। ଏହି ଉପଦେଶ ଓ ମହାନ ଆଦର୍ଶ ପଞ୍ଚସଖା ସାହିତ୍ୟକୁ ଋଦ୍ଧିମନ୍ତ ଓ ଚିର ସୌନ୍ଦର୍ଯ୍ୟମୟ କରିପାରିଛି।

■

**ସହାୟକ ଗ୍ରନ୍ଥସୂଚୀ :**


୧. ପଟ୍ଟନାୟକ, ଜାନକୀ ବଲ୍ଲଭ : ପଞ୍ଚତତ୍ତ୍ୱାତ୍ମକ ଶ୍ରୀ ଚୈତନ୍ୟ ଓ ପଞ୍ଚସଖା

୨. ପ୍ରଧାନ, କୃଷ୍ଣଚନ୍ଦ୍ର : ଓଡ଼ିଆ ସାହିତ୍ୟର ଇତିହାସ

୩. ପ୍ରଧାନ, ନଗେନ୍ଦ୍ରନାଥ : ଓଡ଼ିଆ ନିର୍ଗୁଣ ସାହିତ୍ୟର ଭୂମିକା

୪. ମହାନ୍ତି, ଦେବେନ୍ଦ୍ର : ପଞ୍ଚସଖା ଓଡ଼ିଆ ସାହିତ୍ୟ

୫. ମହାପାତ୍ର, ପ୍ରେମାନନ୍ଦ : ଓଡ଼ିଆ ସାହିତ୍ୟର ଇତିହାସ

୬. ମହାରଣା, ସୁରେନ୍ଦ୍ର କୁମାର : ଓଡ଼ିଆ ସାହିତ୍ୟର ଇତିହାସ

୭. ମହାରଣା, ସୁରେନ୍ଦ୍ର କୁମାର : ପଞ୍ଚସଖା ଧର୍ମ ଓ ସାହିତ୍ୟ

# ମଧ୍ୟଯୁଗୀୟ ସାହିତ୍ୟାଦର୍ଶରେ 'ବିଦଗ୍ଧ ଚିନ୍ତାମଣି' ଏକ ଆଲେଖ୍ୟ

ପ୍ରାଚୀନ ସାହିତ୍ୟ ଥିଲା ଆଧ୍ୟାତ୍ମିକ ଭିତ୍ତିକ। ଧର୍ମ ହିଁ ଜୀବନକୁ ନିୟନ୍ତ୍ରଣ କରେ ଏହା ଥିଲା ବିଶ୍ୱାସ। ତେଣୁ ଏ ଯୁଗର ପ୍ରତ୍ୟେକ ସାହିତ୍ୟିକ କୃତି ବାସ୍ତବ ଭିତ୍ତିକ ନ ହୋଇ ଆଦର୍ଶ ଭିତ୍ତିକ ହୋଇ ଉଠିବା ସ୍ୱାଭାବିକ। ସାହିତ୍ୟ ଥିଲା ନୀତି ପ୍ରତିଷ୍ଠାର ଏକ ମାଧ୍ୟମ। ନୀତିଶିକ୍ଷା ମାଧ୍ୟମରେ ଆନନ୍ଦ ପରିବେଷଣ ହେଉଛି ମଧ୍ୟଯୁଗୀୟ ସାହିତ୍ୟର ଲକ୍ଷ୍ୟ ଥିଲା। ଖ୍ରୀ. ୧୫୯୨ରେ ଓଡ଼ିଶା ମୋଗଲମାନଙ୍କ ଅଧିନକୁ ଚାଲିଗଲା। ପରବର୍ତ୍ତୀ କାଳରେ ବହୁ ଅତ୍ୟାଚାରୀ ସୁବାଦାର ଓଡ଼ିଶାର ଜନଜୀବନକୁ ବିପର୍ଯ୍ୟସ୍ତ କରି ଦେଇଥିଲେ। 'ସୁବା' ହେଉଛନ୍ତି ମୋଗଲ ଶାସନରେ ଜଣେ ଜଣେ ଦାୟିତ୍ୱରେ ନିଯୁକ୍ତ ଥିବା ସୁବାଦାର। ଏହି ସମୟରେ ଓଡ଼ିଶାର ବିଭିନ୍ନ ଗଡ଼ଜାତ ରାଜାମାନେ ମୁଣ୍ଡଟେକି ଉଠିଥିଲେ। ଗଡ଼ଜାତ ରାଜାମାନେ ମୋଗଲ ସମ୍ରାଟମାନଙ୍କ ବିଳାସପୂର୍ଣ୍ଣ ଜୀବନଚର୍ଯ୍ୟାକୁ ଆଦର୍ଶ ରୂପେ ଗ୍ରହଣ କରିନେଇଥିଲେ। ସାମନ୍ତ ରାଜାମାନେ ଶୃଙ୍ଗାରରସ ଭିତ୍ତିକ କାବ୍ୟ ରଚନା ଓ କାବ୍ୟ ଚର୍ଚ୍ଚାରେ ମନୋନିବେଶ କରୁଥିଲେ। ତେଣୁ ବହୁ ଜ୍ଞାନୀଗୁଣି କବିମାନଙ୍କର ଆଦର ରାଜଦରବାରରେ ରହିଥିଲା। ସାମନ୍ତ ରାଜାମାନେ ନିରୀହ ପ୍ରଜାଙ୍କ ଠାରୁ ଟଙ୍କା ଆକାରରେ ଯାହା ଆଣୁଥିଲେ କିଛି ଅଂଶ ମୋଗଲ ସୁବାଦାରଙ୍କ ଠାରେ ପୈଠ କରୁଥିଲେ। ଏହିପରି ତତ୍‌କାଳୀନ ସାମନ୍ତ ରାଜନ୍ୟବର୍ଗ ନିଜ ଦରବାରରେ ସ୍ୱର ଓ ସଂଗୀତର ପରବେଶ ସୃଷ୍ଟି କରୁଥିଲେ। ମାତ୍ର ଜନସାଧାରଣଙ୍କ ଜୀବନ ଥିଲା ଅବହେଳିତ ଓ ଦୁଃଖପୂର୍ଣ୍ଣ। ମଧ୍ୟଯୁଗୀୟ ସାହିତ୍ୟର ଆଦର୍ଶ ଥିଲା ଭିନ୍ନ। ସମାଜର ସୁରକ୍ଷା ପାଇଁ ଧର୍ମର ପରିକଳ୍ପନା କରାଯାଇଥିଲା। ଏହା ହିଁ ସମାଜକୁ ଏକ ଶୃଙ୍ଖଳିତ ସ୍ତରକୁ ନେଇପାରିବ ଚିନ୍ତା କରାଯାଇଥିଲା। ତେଣୁ

ସାହିତ୍ୟ ମାଧ୍ୟମରେ ନ୍ୟାୟ, ଅନ୍ୟାୟ, ପାପପୁଣ୍ୟ, ନୀତିଅନୀତି ପ୍ରଭୃତି ବିଷୟରେ ପାଠକଙ୍କ ପାଖରେ ପହଞ୍ଚାଇ ଦେବାର ଦୁର୍ବାର ଜିଜ୍ଞାସା ମଧ୍ୟଯୁଗୀୟ କବିମାନଙ୍କର ଚେତନାକୁ ଆଚ୍ଛାଦିତ କରିଥିଲା। ଦେବାଦେବୀଙ୍କ ମାନସପୁତ୍ର ଭାବରେ ନିଜକୁ ଉପସ୍ଥାପିତ କରୁଥିଲେ। ନିଜ ପ୍ରତିଭାର ପରାକାଷ୍ଠା ଦେଖାଇବା ଉଦ୍ଦେଶ୍ୟରେ ନୁହେଁ। ଅଲୌକିକତା ବଳରେ ପାଠକମାନଙ୍କ ଭିତରେ ସ୍ୱମ୍ଭମତା ସୃଷ୍ଟି କରିପାରିବେ।

"ଅମ୍ବୁ ଯେ ହେଉ ସେ ହେଉ ଶାଳଗ୍ରାମ ସ୍ନାନେ
ଅଗ୍ରାହ୍ୟ କାହାର ପାଦୋଦକ ତାହା ନାମଜ୍ଞାନେ ହେ।"

ପାଣି ଯେପରି ହେଉ ଶାଳଗ୍ରାମଙ୍କ ସ୍ନାନ ପରେ ତାହା ପାଦୋଦକ ହୋଇଯାଏ ଏହାକୁ କେହି ଅସ୍ୱୀକାର କରିପାରିବେ ନାହିଁ। ତେଣୁ କବି କୃଷ୍ଣ ନାମର ଆଟୋପ ତଳେ ସବୁ କିଛି ଲେଖି ପାରିବାର ସ୍ୱାଧୀନତା ପାଇଛନ୍ତି। ନାମର ମାହାତ୍ମ୍ୟ ବଳରେ ଦୁସ୍ତର ସଂସାର ସାଗରକୁ ପାରି ହୋଇଯିବାର ଦୃଷ୍ଟିକୋଣ ଅଭିମନ୍ୟୁଙ୍କ 'ବିଦଗ୍ଧ ଚିନ୍ତାମଣି' କାବ୍ୟରେ ସ୍ପଷ୍ଟ ଭାବେ ଜଣାପଡ଼େ। ଜୀବନକୁ ସରଳ ଭଙ୍ଗୀରେ ଦେଖିବା ନିମନ୍ତେ ସେ କାଞ୍ଚନିକ ଆନନ୍ଦ ଆଶାରେ କାବ୍ୟରେ ସାଂଗୀତିକତା, ଅଲଙ୍କାରିତା, ଶୃଙ୍ଗାରିକତା, ଶାବ୍ଦିକତା ପ୍ରଭୃତି ଉପରେ ଭକ୍ତିରସର ଆରୋପ କରି ପାଠକଙ୍କ ସମ୍ମୁଖରେ ଉପସ୍ଥାପନ କରାଯାଉଥିଲା। ଜୀବନର ପ୍ରକୃତ ଆନନ୍ଦର ସନ୍ଧାନ ସହିତ ଚତୁର୍ବର୍ଗ ଫଳପ୍ରାପ୍ତିର କଥା କାବ୍ୟରେ ନିହିତ ରହିଥିଲା। ଯେପରି ତୁଳସୀ ପତ୍ର ରୂପରେ ଭକ୍ତି ଓ ଆନନ୍ଦ ସଂଗ୍ରହ ହିଁ କାବ୍ୟ ସହିତ ସମ୍ପର୍କ ସ୍ଥାପନ ପ୍ରଧାନ ମାଧ୍ୟମ ଥିଲା। ମହାକାବ୍ୟ ଗୁଡ଼ିକରେ ଅଲଙ୍କାରିକମାନଙ୍କ ଦ୍ୱାରା ସୃଷ୍ଟି ସାଧୁସ୍ତୁତି ଓ ଖଳନିନ୍ଦାର ପରମ୍ପରା ମଧ୍ୟ ବଜାୟ ରହିଥିଲା।

ଅଭିମନ୍ୟୁ ସାମନ୍ତ ସିଂହାରଙ୍କ 'ବିଦଗ୍ଧ ଚିନ୍ତାମଣି'ରେ ଉପମା, ଅର୍ଥଗୌରବ, ପଦ ଲାଳିତ୍ୟ ସହିତ ପ୍ରକୃତି ବର୍ଣ୍ଣନା, ଋତୁବର୍ଣ୍ଣନା, ନାୟକ ନାୟିକାଙ୍କ ଅଙ୍ଗ ସୌଷ୍ଠବ ବର୍ଣ୍ଣନା, ଶିକାର ବର୍ଣ୍ଣନା ସର୍ବୋପରି ଈଶ୍ୱରଙ୍କ ଗୁଣକୀର୍ତ୍ତନ ଆଦି ବର୍ଣ୍ଣନାମାନ ଆଧାତ୍ମିକ ଭାବାବେଗ ସହ କାବ୍ୟକୁ ରସାତ୍ମକ କରିପାରିଛି। ଅଭିମନ୍ୟୁଙ୍କ ଶବ୍ଦର ବିଚିତ୍ର ପ୍ରୟୋଗ ଦ୍ୱାରା କାବ୍ୟର ବହିଃରଂଗ ଶୋଭାକୁ ଏତେ ଚିତ୍ରମୟ କରିବାର ଅଭିପ୍ସା ଏହି କାବ୍ୟରେ ଏତେ ବ୍ୟାପକ ଭାବେ ପ୍ରକାଶିତ ଯେ, ପାଠକଙ୍କ ସମ୍ମୁଖରେ ଏକ ସ୍ୱତନ୍ତ୍ର ସ୍ଥାନ ତାଙ୍କର ରହିଛି। କାବ୍ୟର ଦ୍ୱିବିଧ ରୂପ ଯଥା- ଚିତ୍ରକାବ୍ୟ ଓ ଧ୍ୱନିକାବ୍ୟ। ଏହି ଦୃଷ୍ଟିକୋଣରୁ ବିଚାର କଲ ବିଦଗ୍ଧ କାବ୍ୟଧାରାର ଏକ ସମନ୍ୱିତ ଦୃଷ୍ଟିଭଙ୍ଗୀ କଳ୍ପନା ଶକ୍ତିର ମଧୁରତା ବିଦଗ୍ଧ ଚିନ୍ତାମଣିରେ ଫୁଟି ଉଠିଛି। ଏହା କେବଳ ବୈଷ୍ଣବ ଧର୍ମାଶ୍ରିତ, ରାଗାନୁରାଗ ଭକ୍ତି ମିଶ୍ରିତ ଗ୍ରନ୍ଥ ନୁହେଁ ଏହା ବିଦଗ୍ଧ ଅର୍ଥାତ୍ ଜ୍ଞାନୀଗୁଣୀ ଜ୍ଞାନୀଜନମାନଙ୍କର ଚିନ୍ତାମଣି ସଦୃଶ।

"ସଂସାର-କାନ୍ତି-ସାରକୁ ଆଣିଲା
ଅମୃତ ମିଶାଇ ବାଟି ଛାଣିଲା
ବିହି ଏ ମୂରତି କି ନିର୍ମାଣିଲା
ମର୍କତ ରସାଣରେ ରସାଣିଲା ।"

'ବିଦଗ୍ଧ ଚିନ୍ତାମଣି'ର ତୃତୀୟ ଛାନ୍ଦରେ ଏହା ବର୍ଣ୍ଣିତ ରହିଛି । ରସିକ ଜନର ରସମୁଖ ଆନନ୍ଦର ମନ୍ଦିର ସଦୃଶ । ସେହିପରି ତ୍ରିଂଶ ଛାନ୍ଦରେ ସନ୍ଧ୍ୟାର ବର୍ଣ୍ଣନା ସ୍ୱତନ୍ତ୍ରତା ମନେହୁଏ ।

"ତାତ ସିନ୍ଧିକ ବଳିବ ବିଚାରି କି କାମଦେବ
ମାଣିକ୍ୟ ହୀରା ରଥଶାଙ୍ଗ ପେଷି ଦେଇଛି
ବିଯୋଗୀ ସୁଖ ଦୁଃଖଦ ସଂଯୋଗୀ ସୁଖ ଦୁଃଖଦ
ପରସ୍ପର ବିରୋଧାଭାସକୁ କରୁଛି ।"

ତମରେ ବିଳୟ ତମରୁ ସୃଷ୍ଟିକୁ ସୂର୍ଯ୍ୟ ବୁଡ଼ି ଯାଉଥିବା ଏବଂ ଚନ୍ଦ୍ର ଉଠି ଆସୁଥିବା ସମୟର ବର୍ଣ୍ଣନା ବାସ୍ତବିକ୍ ଲକ୍ଷ୍ୟ କଲେ କବିଙ୍କର କଳ୍ପନା ଚକ୍ଷୁର ତୀକ୍ଷ୍ଣତା ବୋଧଗମ୍ୟ ହୁଏ । ସେହିପରି

"ଧୀରେ ଘେନ କାନନରେ କୃଷ୍ଣ ବିଳମ୍ବିତ
ବାତ୍ସଲ୍ୟ ମମତା ଘେନି ଭାଳୁଛନ୍ତି ମାତ କଳାମାଣିକରେ
ନିଧନ ସଞ୍ଚାଳି ମୋର ଦରିଦ୍ର ପସରା
ଅନ୍ଧର ଲଉଡ଼ ବାବୁ ହୃଦରତ୍ନ ହାର ।" କଳାମାଣିକରେ

ଏହି ଛାନ୍ଦର କାରୁଣ୍ୟ ପ୍ରତ୍ୟେକ ପାଠକକୁ ବିହ୍ୱଳିତ କରି ଦିଏ । ପ୍ରେମ ତତ୍ତ୍ୱର ବୈଜ୍ଞାନିକ ପରିକଳ୍ପନା ବିଦଗ୍ଧ ଚିନ୍ତାମଣିର ଅନ୍ୟତମ ବୈଶିଷ୍ଟ୍ୟ । ଲାଖର ଘୋଡ଼ାରେ ଲହୁଣୀରେ ଗଢା ସବାର ବସି ପ୍ରଚଣ୍ଡ ଅନଳରେ ଚାଲିବା ଅର୍ଥ ପ୍ରେମରେ ସଫଳ ହେବା । କବିଙ୍କ ଏହି ମର୍ମର କଥା ମଧ୍ୟଯୁଗୀୟ ସାହିତ୍ୟର ଚରମ ନିଦର୍ଶନ । ତାଙ୍କ ଭାଷାରେ –

"ଅନଳରେ ବସି ପ୍ରଚଣ୍ଡ ଅନଳରେ ଚାଲିବା ଅର୍ଥ ପ୍ରେମରେ ସଫଳ ହେବା । କବିଙ୍କ ଏହି ମର୍ମର କଥା ମଧ୍ୟଯୁଗୀୟ ସାହିତ୍ୟର ଚରମ ନିଦର୍ଶନ । ତାଙ୍କ ଭାଷାରେ-

ଲହୁଣୀରେ ଗଢ ନୁହଇଁ ଦେହ ଦହଇ
ଅସ୍ତ୍ର ନୁହଁଇ ମରମରେ ଭେଦଇ
ନୁହଇଁ ତ ଜଳ ବଢ଼ାଏ କୂଳ
ନୁହଇଁ ମାଦକ କରେ ବିହ୍ୱଳ

ରାଧାକୃଷ୍ଣଙ୍କର ପରସ୍ପର ପ୍ରତି ଯେଉଁ ଅନୁରାଗ ତାକୁ କବି ଆତ୍ମା-ପରମାତ୍ମାର ପାରସ୍ପରିକ ସମ୍ପର୍କ ଭାବେ ପ୍ରକାଶ କରିଛନ୍ତି । ସେହି ପ୍ରେମକୁ କବି ଅପ୍ରାକୃତିକ ପ୍ରେମ

ବୋଲି ଯୁକ୍ତିଯୁକ୍ତ ଭାବରେ ଉପସ୍ଥାପନା କରିବା ସହିତ ପ୍ରେମରୁ ସଂଜାତ ଅନ୍ୟାନ୍ୟ କ୍ରିୟାକଳାପକୁ ଅସାଧାରଣ ଭାବରେ ବର୍ଣ୍ଣନା କରିଛନ୍ତି।

ଅଭିମନ୍ୟୁ ସାମନ୍ତସିଂହାର ସଂସ୍କୃତ ସାହିତ୍ୟ ସହିତ ବୈଷ୍ଣବ କାବ୍ୟାଦର୍ଶକୁ ଅତ୍ୟନ୍ତ ନିବିଡ଼ ଭାବରେ ଅଧ୍ୟୟନ କରିଥିଲେ। ଅଭିମନ୍ୟୁଙ୍କ ରଚିତ ଅନ୍ୟାନ୍ୟ କୃତି ଯଥା ପ୍ରେମକଳା, ସୁଲକ୍ଷଣା, ରସବତୀ, ପ୍ରେମ ଚିନ୍ତାମଣି ପ୍ରଭୃତିରୁ ବିଦଗ୍ଧ ଚିନ୍ତାମଣି ଶ୍ରେଷ୍ଠକୃତି। ଏହି କାବ୍ୟର ପଦଲାଳିତ୍ୟ, ଉପମା, ଅଳଙ୍କାର ଓ ଅର୍ଥ ଗୌରବର ପାଣ୍ଡିତ୍ୟ ପୂର୍ଣ୍ଣ ବର୍ଣ୍ଣନା ମଧ୍ୟଯୁଗୀୟ କବିଙ୍କ ମଧ୍ୟରୁ ଶ୍ରେଷ୍ଠ ଆଳଙ୍କାରିକ କବି ଭାବରେ ଗ୍ରହଣୀୟ। ଓଡ଼ିଆ ସାହିତ୍ୟର ବିକାଶ ପଥରେ ସେ ଜଣେ ସଫଳ କ୍ରାନ୍ତିକାରୀ କବି। ପୁରାତନରେ ନୂତନତା, ଛନ୍ଦରେ ଚମକତା, ଭାଷାରେ ମାଦକତା ଭାବରେ ଚିରନ୍ତନତା ଭରି ଦେଇଛନ୍ତି। ଅପୂର୍ବ ଗାମ୍ଭୀର୍ଯ୍ୟତା ସମଗ୍ର ବିଦଗ୍ଧ ଚିନ୍ତାମଣି କାବ୍ୟରେ ଉପମା, ଉପମେୟ, ଯମକ, ଅନୁପ୍ରାସ, ମହାରୂପକ, ଶ୍ଳେଷ, ଭଙ୍ଗାଭଙ୍ଗ ଶ୍ଳେଷ, ଲକ୍ଷଣା, ବନା, ଅବନା, ଅନ୍ତର୍ଲିପି, ବହିର୍ଲିପି ପ୍ରଭୃତି ବିଭିନ୍ନ ଅଳଙ୍କାରର ପ୍ରୟୋଗ କରିଛନ୍ତି।

ଅଭିମନ୍ୟୁ ସାମନ୍ତସିଂହାର 'ବିଦଗ୍ଧ ଚିନ୍ତାମଣି' କାବ୍ୟରେ ରାଧାକୃଷ୍ଣଙ୍କ ପ୍ରେମକୁ ଅକ୍ଷୁର୍ଣ୍ଣ ରଖିଥିଲେ ହେଁ ସ୍ଥଳ ବିଶେଷରେ ସମାଜର ବିଧି ବ୍ୟବସ୍ଥାର ବିବିଧ ଚିତ୍ର ବର୍ଣ୍ଣନା କରିଛନ୍ତି। ସେ ସମୟର ବିଦ୍ୟାଶିକ୍ଷା, ରାଜା ଓ ଜମିଦାରଙ୍କ ଦରବାରରେ ସଂଗୀତ ଚର୍ଚ୍ଚା, ଶାସ୍ତ୍ର, ଦର୍ଶନଶାସ୍ତ୍ର, ଆୟୁର୍ବେଦ, ଜ୍ୟୋତିଷଶାସ୍ତ୍ର ଉପରେ ଗଭୀର ପାଣ୍ଡିତ୍ୱ ଥିବା ଅଭିମନ୍ୟୁଙ୍କ କାବ୍ୟରୁ ଜଣାପଡ଼େ। କାବ୍ୟର ପ୍ରଥମ ଛାନ୍ଦରେ ଯମକାଦି ଅଳଙ୍କାର ଋକ୍, ଯର୍ଜୁ, ସାମ, ଶ୍ରୁତି, ନ୍ୟାୟ, ବେଦାଗମ୍ୟ ଆଦିର ଉଲ୍ଲେଖ ମଧ୍ୟ ରହିଛି। ବିଦଗ୍ଧ ଚିନ୍ତାମଣିର ୩୦ ଛାନ୍ଦ ଓ ୫୯ ଛାନ୍ଦରେ ରାଧାଙ୍କ ବେଶଭୂଷା ବର୍ଣ୍ଣନାକୁ ଯଦି ଦେଖାଯାଏ ତେବେ ଓଡ଼ିଆ ରୀତିର ପ୍ରତିଫଳନ ହୋଇଥିବାର ଲକ୍ଷ୍ୟ କରାଯାଏ। ନାରୀର ବିଭିନ୍ନ ଅଳଙ୍କାର ଯଥା– ମାଣିକ୍ୟ ମଣି, ଝରା, ମୋତି, ମଲ୍ଲୀକଢ଼ି, ଜାଲିନଥ, ରତ୍ନମାଳି, ନୂପୁର, ବାହୁଟୀ, କଙ୍କଣ, ଝୁଣ୍ଟିଆ ଆଦିର ବର୍ଣ୍ଣନା ସହ ବିଭିନ୍ନ ପ୍ରସାଧନ ସାମଗ୍ରୀରେ ପ୍ରାଚୀନ ବେଶଭୂଷାର ପରମ୍ପରା ସୁନ୍ଦର ଭାବରେ ରଚନା କରାଯାଇଛି। 'ବିଦଗ୍ଧ ଚିନ୍ତାମଣି'ରେ ଆଭିଜାତ୍ୟ ସଂପନ୍ନ ନାରୀମାନଙ୍କର କଥା ଲେଖାଯାଇଛି। ମଧ୍ୟଯୁଗୀୟ କାବ୍ୟ ଗୁଡ଼ିକରେ ନାୟକ ଚରିତ୍ରକୁ ଗୌଣ କରି ନାୟିକା ଚରିତ୍ରକୁ ମୁଖ୍ୟ ରୂପେ ପ୍ରତିପାଦନ କରାଯାଇଛି। ମାତ୍ର ତାହା ଏକ ଉଚ୍ଚତମ ମହତ ଆକାଂକ୍ଷାକୁ ପରିପ୍ରକାଶ କରେ ଏହି ପ୍ରୀତି ଜୀବାତ୍ମା ଓ ପରମାତ୍ମାର ଅଭେଦ ମିଳନକୁ ବୁଝାଏ।

'ବିଦଗ୍ଧ ଚିନ୍ତାମଣି'ରେ ଜନ ଜୀବନର ବିବିଧ ପର୍ଯ୍ୟାୟ ବର୍ଣ୍ଣନା କରିବା ସମୟରେ କବି ଏହି କାବ୍ୟରେ ଲୋକ ବିଶ୍ୱାସ କଥା ମଧ୍ୟ ଉଲ୍ଲେଖ କରିଛନ୍ତି।

ଅନୁକୂଳ ଶୁଭାଶୁଭ କଥା, ଯେମିତି ଦକ୍ଷିଣରେ ବ୍ରାହ୍ମଣ ଦେଖିବା, ବାମରେ ବିଲୁଆ ଦେଖିବା, ପୂର୍ଣ୍ଣକୁମ୍ଭ ଦେଖିବା, ସାରୀ କଣ୍ଠସ୍ୱର ଶୁଣିବା, ଶଙ୍ଖର ନିନାଦ, ଗଉଡୁଣୀର ଦହି ପସରା ଧରି ଡାକ ଶୁଣିବା, ଅକସ୍ମାତ ପକ୍ଷୀ ଉଡ଼ିଯିବା ପ୍ରଭୃତି କଥା ମଧ୍ୟ ରହିଛି। ଏହା ଉଲ୍ଲେଖ କରାଯିବାର କାରଣ ସମ୍ଭବତଃ ସମାଜରେ ଏଭଳି ବିଶ୍ୱାସ ହିଁ ଜୀବନକୁ ଶୃଙ୍ଖଳିତ ତଥା ନିୟନ୍ତ୍ରିତ କରିଥାଏ। ବିଭିନ୍ନ ଦେବଦେବୀଙ୍କ ଉପାସନା, ସ୍ୱାଦିଷ୍ଟ ଖାଦ୍ୟ ପଦାର୍ଥର ରନ୍ଧନ ପ୍ରଣାଳୀ ବର୍ଣ୍ଣନା ରହିଛି। ୬୮ ଛାନ୍ଦରେ ଷଡ଼ରସ ଭୋଜନର ରୀତି ଓ ୬୩ ଛାନ୍ଦରେ କିଶୋରୀଙ୍କ ପାକ କର୍ମାଦି କଥା ବର୍ଣ୍ଣିତ। ଭୋଜନ ଶେଷରେ ତାମ୍ବୁଳ ପ୍ରଭୃତି ମୁଖବାସ ସେବନ ଓ ନିର୍ମାଲ୍ୟ ସେବନର ପ୍ରଥା ରହିଛି। ବସନ୍ତ କାଳରେ କାମଦେବଙ୍କର ଦିଗ୍‌ବିଜୟ ଯାତ୍ରା ପ୍ରସଙ୍ଗରେ ମରହଟ୍ଟା ଶାସନ କାଳରେ ଯୁଦ୍ଧର ଘନଘଟାର ବିଶଦ ବିବରଣୀ କବି ବର୍ଣ୍ଣନା କରିଛନ୍ତି। ୫୫ ଛାନ୍ଦରେ ତାହା ପ୍ରକାଶିତ। ୪୧ ଛାନ୍ଦରେ ବିଭିନ୍ନ ବ୍ୟକ୍ତି ବିଶେଷ ନିଜର ଗୁଜୁରାଣ ପାଇଁ ମାଛ ଧରିବା, ଶିକାର କରିବା ଏପରି ବାଣିଜ୍ୟ ବ୍ୟବସାୟର ବହୁ ଚିତ୍ର ପ୍ରଦତ୍ତ ରହିଛି। ଏ ସବୁକୁ ଅବଲୋକନ କଲେ ସ୍ପଷ୍ଟ ଅନୁମେୟ ହୁଏ ମଧ୍ୟଯୁଗୀୟ ସାହିତ୍ୟ ରାଜ ଦରବାରକୁ ଆଶ୍ରୟ କରି ସୀମିତ ଥିଲା। ସାଧାରଣ ଲୋକଙ୍କ ଦୁଃଖ ଦୁର୍ଦ୍ଦଶାର ଚିତ୍ର ପ୍ରାୟତଃ କାବ୍ୟ ଗୁଡ଼ିକରେ ସ୍ଥାନ ପାଇପାରି ନଥିଲା।

କବି ଅଭିମନ୍ୟୁ 'ବିଦଗ୍ଧ ଚିନ୍ତାମଣି' କାବ୍ୟରେ ବ୍ୟବହୃତ ଭାଷା ସମ୍ପର୍କରେ ଉଭୟ ଦିବ୍ୟ (ସଂସ୍କୃତ) ଓ ଅଦିବ୍ୟ (ପ୍ରାକୃତ) ଭାଷାର ପ୍ରୟୋଗ କରିଛନ୍ତି। ଏଥିରେ ରାଧାକୃଷ୍ଣଙ୍କର ଅପ୍ରାକୃତିକ ପ୍ରେମ ସମ୍ବଳିତ ଏକ ଉଚ୍ଚକୋଟୀର ସର୍ଜନା କରାଯାଇଛି। ଅଭିମନ୍ୟୁ ସାମନ୍ତ ସିଂହାର ସଂସ୍କୃତ, ମରାଠୀ, ହିନ୍ଦୀ ଓ ବଙ୍ଗଳା ଭାଷା ସହିତ ପରିଚିତ ଥିବାରୁ ବହୁ ଶାସ୍ତ୍ରଦର୍ଶୀ କବି ରୂପେ ନିଜକୁ ପ୍ରତିଷ୍ଠା କରପାରିଛନ୍ତି। ୯୬ ବିଶିଷ୍ଟ ଛାନ୍ଦ ବିଦଗ୍ଧ ଚିନ୍ତାମଣି ହୋଇଥିଲେ ମଧ୍ୟ ଏକ ଅସଂପୂର୍ଣ୍ଣ କାବ୍ୟ ଭାବରେ ଏହା ପରିଗଣିତ। ତଥାପି 'ବିଦଗ୍ଧ ଚିନ୍ତାମଣି' ଏକ ଉଚ୍ଚକୋଟୀର ବୈଷ୍ଣବ କାବ୍ୟ ସାହିତ୍ୟ ଏଥିରେ ଦ୍ୱିମତ ନାହିଁ।

■

**ସହାୟକ ଗ୍ରନ୍ଥସୂଚୀ :**


୧. ଆଚାର୍ଯ୍ୟ, ବୃନ୍ଦାବନ : ଓଡ଼ିଆ ସାହିତ୍ୟର ସଂକ୍ଷିପ୍ତ ପରିଚୟ

୨. ମହାନ୍ତି, କାହ୍ନୁଚରଣ : ବିଦଗ୍ଧ କବି ଅଭିମନ୍ୟୁ

୩. ମହାନ୍ତି, ସୁରେନ୍ଦ୍ର : ଓଡ଼ିଆ ସାହିତ୍ୟର ମଧ୍ୟପର୍ବ

୪. ମହାନ୍ତି, ସୁରେନ୍ଦ୍ର : ଓଡ଼ିଆ ସାହିତ୍ୟର କ୍ରମବିକାଶ

୫. ମହାରଣା, ସୁରେନ୍ଦ୍ର : ଓଡ଼ିଆ ସାହିତ୍ୟର ଇତିହାସ

# ଭକ୍ତଚରଣ ଦାସଙ୍କ ମଥୁରାମଙ୍ଗଳ

(୧୭୨୯-୧୮୧୩ ସାଲ)

ଓଡ଼ିଶାର ବୈଷ୍ଣବ କବିମାନଙ୍କ ମଧ୍ୟରେ ଭକ୍ତଚରଣ ଦାସଙ୍କ ସ୍ଥାନ ସ୍ୱତନ୍ତ୍ର। ସେ ଥିଲେ ବ୍ରଜ ପନ୍ଥୀ ବୈଷ୍ଣବ। ପ୍ରେମଭକ୍ତି ମାର୍ଗର ଉପାସକ ଥିଲେ। କବିତ୍ୱର ସାରଲ୍ୟ ଶୋଭିତ ସୁଷମାରେ ଭକ୍ତଚରଣଙ୍କ ପ୍ରତିଭା ଯଥାର୍ଥରେ ଅତୁଳନୀୟ। ଗୋପୀମାନଙ୍କ ସହ କୃଷ୍ଣଙ୍କ ପ୍ରେମ ଭକ୍ତିର ପ୍ରାଧାନ୍ୟକୁ ସେ ପ୍ରଚାର କରିଯାଇଛନ୍ତି। ସେ ଜଣେ ସଂସାର ବୈରାଗୀ ସନ୍ୟାସୀ ଥିଲେ। ଖୋର୍ଦ୍ଧା ଜିଲ୍ଲା ଅନ୍ତର୍ଗତ ୧୭୨୯ ସାଲରେ ସାନପଦ ଗ୍ରାମରେ ତାଙ୍କର ଜନ୍ମ। ପିତୃଦତ୍ତ ନାମ ଥିଲା ବୈରାଗୀ ଚରଣ ପଟ୍ଟନାୟକ। ଅଷ୍ଟାଦଶ ଶତାବ୍ଦୀର ଶେଷ ଭାଗ ଏବଂ ଊନବିଂଶ ଶତାବ୍ଦୀର ପ୍ରଥମ ଭାଗ ମଧ୍ୟରେ ସେ ଜୀବିତ ରହିଥିଲେ। ବୈଷ୍ଣବ କବି ଭାବରେ ତାଙ୍କର ଖ୍ୟାତି ଅନନ୍ୟ ଓ ଅସାଧାରଣ। ସଂସାରର ଅଳିକତା ଏବଂ ଜୀବନର ନଶ୍ୱରତାକୁ ସେ ଖୁବ୍ ନିକଟରୁ ଉପଲବ୍ଧି କରିପାରିଥିଲେ। ଏହି ସାରା ସଂସାର ମିଥ୍ୟା, ଅଳୀକ ଏବଂ କୃଷ୍ଣଭକ୍ତି ଏକ ମାତ୍ର ସତ୍ୟ ବୋଲି ତାଙ୍କର ଗଭୀର ବିଶ୍ୱାସ ରହିଥିଲା। ଭକ୍ତଚରଣ ଦାସ ବୈଷ୍ଣବ ଦୀକ୍ଷା ଗ୍ରହଣ କଲା ପରେ ଏହି ନାମରେ ପରିଚିତ ହୋଇଥିଲେ। ଭକ୍ତଚରଣ ମାଧ୍ୱାଚାର୍ଯ୍ୟ ସମ୍ପ୍ରଦାୟର ବୈଷ୍ଣବ ଥିଲେ। ପଦବ୍ରଜରେ ସେ ଭାରତର ବିଭିନ୍ନ ସ୍ଥାନ ଭ୍ରମଣ କରିପାରିଥିଲେ। ଦେହ ତ୍ୟାଗ ପୂର୍ବରୁ ସେ ନିଜ ଆସନ୍ନ ମୃତ୍ୟୁ ପ୍ରତି ଅବଗତ ହେବାପରେ ନିଜର ଅନୁଗତ ଶିଷ୍ୟମାନଙ୍କ ସହ ଶ୍ରୀକ୍ଷେତ୍ରଧାମକୁ ଯାତ୍ରା କରି ପୁରୀର ବାସେଳୀ ସାହି ସ୍ଥିତ ଦୁଃଖୀଶ୍ୟାମ ଦାସଙ୍କ ଶୁକ୍ଳ ମଠ ଠାରେ କାର୍ତ୍ତିକ ଶୁକ୍ଳ ଏକାଦଶୀ ତିଥିରେ ୮୪ ବର୍ଷ ବୟରେ ସଂକୀର୍ତ୍ତନ ସମୟରେ ସାଲ ୧୮୧୩ରୁ ଦିବ୍ୟଧାମ ଗମନ କରିଥିଲେ। ଓଡ଼ିଶାର ପୁରପଲ୍ଲୀରେ ଘରେ ଘରେ ଭକ୍ତଚରଣ ଦାସ ସୁପରିଚିତ। 'ମଧୁରାମଙ୍ଗଳ' କାବ୍ୟ 'ମନବୋଧ ଚଉତିଶା' ଏବଂ 'କଳା କଳେବର ଚଉତିଶା'

ତାଙ୍କର ଜନପ୍ରିୟ ଲେଖା । ଏଥି ମଧ୍ୟରୁ କାଳଜୟୀ କୃତି ହେଉଛି 'ମଥୁରାମଙ୍ଗଳ' । ସୃଜନମାନସର ମହିମାନ୍ୱିତ କୃତି ମଥୁରାମଙ୍ଗଳ କାବ୍ୟ ତ୍ରିଂଶ ଛାନ୍ଦ ବିଶିଷ୍ଟ । ଏଥିରେ କବିଙ୍କର ଦିବ୍ୟ କବିତ୍ୱ ଏବଂ ଭଗବାନ କୃଷ୍ଣଚନ୍ଦ୍ରଙ୍କର ଦିବ୍ୟ ଲୀଳା ବର୍ଣ୍ଣିତ । ମଥୁରାମଙ୍ଗଳର କଥାବସ୍ତୁରେ ନୂତନତାର କୌଣସି ଆଭାସ ନ ଥିଲେ ମଧ୍ୟ ପରିବେଷଣ ଗତ ଚତୁରୀ ପାଇଁ ସରସତା ଲାଭ କରିପାରିଛି । 'ମଥୁରାମଙ୍ଗଳ' କାବ୍ୟରେ ଶ୍ରୀକୃଷ୍ଣଙ୍କର ଗୋପଲୀଳା ମଥୁରା ଲୀଳା ଓ ପ୍ରସଙ୍ଗ ସ୍ଥାନ ପାଇଛି । ଗୋପଲୀଳା ଅପେକ୍ଷା ମଥୁରା ଲୀଳାର ପ୍ରାଧାନ୍ୟ ଓ ମହତ୍ତ୍ୱ ରହିଥିବାରୁ ନାମକରଣର ସାର୍ଥକତା ରହିଛି । ଗୋପପୁରର ଶ୍ରୀକୃଷ୍ଣଙ୍କ ମଥୁରାର ପ୍ରତାପୀ ରାଜାକଂସ ତା'ର ପ୍ରାଣନାଶକାରୀ ବୋଲି ଜାଣିଥିଲା । ତେଣୁ ବିଭିନ୍ନ ସମୟରେ ଭିନ୍ନଭିନ୍ନ ଅସୁର-ଅସୁରୁଣୀମାନଙ୍କ ଦ୍ୱାରା ଶ୍ରୀକୃଷ୍ଣଙ୍କୁ ହତ୍ୟା କରିବା ଉଦ୍ଦେଶ୍ୟରେ ପ୍ରେରଣ କରିଥିଲା । ମାତ୍ର ସେଥିରେ ସୁଫଳ ନ ହେବାରୁ ଧନୁ ଉତ୍ସବର ଆୟୋଜନ କରି ମନ୍ତ୍ରୀ ଅକ୍ରୁରଙ୍କୁ ଗୋପପୁରରୁ ମଥୁରାକୁ କୃଷ୍ଣ ଓ ବଳରାମଙ୍କୁ ଡକାଇ ଆଣିବା ପାଇଁ ପଠାଇ ଥିଲା । ମାତ୍ର କୃଷ୍ଣ ଗୋପରୁ ମଥୁରାକୁ ଯାଇ କଂସର ନିଧନ କରି ମଥୁରାରେ ଶାନ୍ତି ପ୍ରତିଷ୍ଠା କରିଥିଲେ ଏବଂ ଶେଷରେ ସେ ଗୋପପୁରକୁ ଫେରି ଆସିବେ ବୋଲି ଉଦ୍ଧବ ଦ୍ୱାରା ସମ୍ବାଦ ପ୍ରେରଣ କରିଥିଲେ, ଏହି ଠାରେ କଥାବସ୍ତୁର ସମାପ୍ତ ଘଟିଛି । କିନ୍ତୁ ଭକ୍ତଚରଣଙ୍କ ପ୍ରତିଭା ଏହି କଥାବସ୍ତୁରେ କାବ୍ୟ-ବୈଚିତ୍ର୍ୟ ସୃଷ୍ଟି କରିବାକୁ ଯାଇ ଅତ୍ୟନ୍ତ ସରସ ବିଷୟର ଅବତାରଣା ଦ୍ୱାରା କାବ୍ୟଟି ସୁପାଠ୍ୟ ହୋଇ ପାରିଛି । ସଂସାର ରୂପକ ଜଳଧିରୁ ମୁକ୍ତି କାମନା ନିମିତ୍ତ ଶ୍ରୀକୃଷ୍ଣ ଏକ ମାତ୍ର ସହାୟ କବିଙ୍କ ବିଚାରରେ –

"ଜୟ ଗୋବିନ୍ଦ ଗୋକୁଳ ସୁନ୍ଦର
ଜୟ ରାମ ଅନୁଜ ଦାମୋଦର
ଜୟ କଇସାରି ଜଗତ ତାରଣ
ଜୟ ମାଧବ ରମଣ ଧାରଣ
ଜୟ ରାମା ମରଣ ଦୈତାରୀ
ଜୟ ଅନନ୍ତ ଅଖିଳ ବିହାରୀ

x x x

ସୁଜ୍ଞ ଜନଙ୍କର ମୁଖରୁ ଶୁଣିଲି
କୃଷ୍ଣ ଭଜିଲେ ତରନ୍ତି ଜାଣିଲି
ଜ୍ଞାନ ସ୍ମରଣ ପାଠନ ଶ୍ରବଣେ

ପୂର୍ବେ ତରି ଅଛନ୍ତି ମୁନିଗଣେ
ସେହି ହୋଇଛି ପୁରାଣେ ଲିଖନ
ମିଥ୍ୟା ନୁହଁଇ ପୁରାଣ ବଚନ।"

ଶ୍ରୀକୃଷ୍ଣଙ୍କୁ ଭଜିଲେ ମନୁଷ୍ୟ ସଂସାରରୁ ପାର ହୁଏ ଏହା ମିଥ୍ୟା ନୁହେଁ। କବି ପ୍ରେମଭକ୍ତିର ମାର୍ଗରେ ଉତ୍କର୍ଷ ପ୍ରତିପାଦନ କରିବାରେ ପ୍ରୟାସୀ ଥିଲେ। ତେଣୁ ଉଦ୍ଧବ ଓ ଗୋପୀମାନଙ୍କର କଥୋପ କଥନରେ ଗୋପୀଙ୍କ ମୁଖରୁ କୁହାଯାଇଛି ପ୍ରେମଭକ୍ତି – ରତ୍ନାକର, ଜାଇଫୁଲ, ରସ ଭଣ୍ଡାର ହୀରକ, ସୁଧାପାନ ଏବଂ ଜ୍ଞାନଭକ୍ତି ହେଉଛି ନଦୀ, କରକା ଓ ବାସଙ୍ଗ ଫୁଲ। କବିଙ୍କର କହିବାର ତାତ୍ପର୍ଯ୍ୟ ଜ୍ଞାନଭକ୍ତି ଓ ପ୍ରେମଭକ୍ତି ସମାନ ହୋଇପାରେନା। ମଧୁର ରସରେ ଜ୍ଞାନ ମିଶିଲେ ତାର ମଧୁରତା ନଷ୍ଟ କରି ଦିଏ। ତେଣୁ ଜ୍ଞାନଯୋଗୀ ଉଦ୍ଧବ ଗୋପୀମାନଙ୍କ ପ୍ରେମଭକ୍ତି ନିକଟରେ ଆତ୍ମସମର୍ପଣ କରିଛନ୍ତି।

"ଶୁଣ ଗୋ ଗୋବିନ୍ଦ ପ୍ରିୟେ
କୃଷ୍ଣ ଭକ୍ତି ତୁମ୍ଭ ଦେହେ
ଯେଣୁ ଅଛି ତେଣୁ ତୁମ୍ଭେ ବଡ଼
ଆମ୍ଭେ ନ ଜାଣୁ ସେ ରସ
ଶେଷ ବିରଞ୍ଚି ମହେଶ
ଯେଉଁ ପ୍ରେମ ଅଟେ ମହାଚୂଡ଼ ଗୋ
ଗୋପୀମାନେ
ତୁମ୍ଭେ ତା କରିଛ ଦେହ ବହି
ତୁମ୍ଭ ସମ ହେବୁ କାହିଁ ଆମ୍ଭେ ଗୋ
ଆନନ୍ଦେ ବୋଲଇ ହରି
ଉଠି ନାଚ କର ତୋଳି
ପ୍ରେମେ ମଦେ ହେଲା ଜର ଜର ସେ।"

x x x

ଯାର ରୋମ ମୂଳେ ମେଦିନୀ ମାଳ
ଭ୍ରମନ୍ତି ହୋଇ ଅତି ଅନ୍ତରାଳ
ନେତ୍ର ଚନ୍ଦ୍ର ସୂର୍ଯ୍ୟ ଶିର ଅମ୍ବର
କଟି ହିମାଦ୍ରୀ ପାତାଳ ପୟର
ସ୍ବଜନ ବାନ୍ଧବ ଦୁର୍ଜ୍ଜନ ଯମ

ଶରଣ ତାରଣ କାମିନୀ-କାମ
ରୂପ ଅରୂପ ନାନ ଗତି ହୋଏ
ଯା ନାମେ ଅଶେଷ କଲୁଷ ଦହେ।"

ନିରନ୍ତର କୃଷ୍ଣ ଭାବନାରେ ନିମଗ୍ନ ଥିବା ଏକନିଷ୍ଠ ଭାବରେ ସାଧୁ ଜୀବନ ଅତିବାହିତ କରୁଥିଲେ ବୈଷ୍ଣବ କବି ଭକ୍ତଚରଣ ଦାସ। ମାତ୍ର ତତ୍କାଳୀନ ସମାଜରେ ସାଧୁ ସନ୍ୟାସୀଙ୍କ ମାତ୍ରାଧିକ ସଂଖ୍ୟା ନ ଥିବାରୁ ସେ ବୈଷ୍ଣବ ସନ୍ୟାସୀଙ୍କ ସାନ୍ନିଧ୍ୟରୁ ବଞ୍ଚିତ ଥିଲେ କବି ଏହାରି ଉପରେ ନିଜର କ୍ଷେଦୋକ୍ତି ପ୍ରକାଶ କରି ଲେଖିଛନ୍ତି –

"ଭକତ ଚରଣ ଦାସ ବଡ଼ ହୋଇଲା ନିରାଶ
ଯେଣୁ ନ ପାଇଲା ସାଧୁସଙ୍ଗ
ସଂସାର ସାଗରେ ଜଡ଼ି ନିରତେ ରହିଲା ବୁଡ଼ିମଲା
ବାଜି ବିଷମ ତରଙ୍ଗ ହେ।"

'ମଥୁରାମଙ୍ଗଳ' କାବ୍ୟଟିରେ ପ୍ରେମଭକ୍ତି ବା ସୁଧାଭକ୍ତିର ଉପାସକମାନେ ନିଜ ନିଜକୁ ଗୋପୀ ଭାବରେ ଶ୍ରୀକୃଷ୍ଣଙ୍କ ନିକଟରେ ସମର୍ପଣ କରିଥାନ୍ତି। କେତେକ ଗୌଡ଼ୀୟ ବୈଷ୍ଣବ ନିଜର ଭାବାବେଗକୁ ପ୍ରକାଶ କରିବାକୁ ଯାଇ ନିଜକୁ ଗୋପୀ ଅଥବା ଶ୍ରୀରାଧାଙ୍କର ଦାସୀ ଭାବରେ ଅର୍ପଣ କରିଥାନ୍ତି। ମଥୁରାମଙ୍ଗଳ କାବ୍ୟଟିରେ ତା'ର ପରିପ୍ରକାଶ କରି ଉଦ୍ଧବ ଚରିତ୍ର ମାଧ୍ୟମରେ କରିଛନ୍ତି। ବୈଷ୍ଣବ ଧର୍ମ ଅନୁସାରେ ଗୋପୀମାନଙ୍କ କଥା ଶୁଣିବା ପରେ ଉଦ୍ଧବ ଶ୍ରୀକୃଷ୍ଣଙ୍କ ସାନିଧ୍ୟ ଲାଭ କରିଥିଲେ ମଧ୍ୟ ଭଗବାନଙ୍କୁ ଛାଡ଼ି ଭକ୍ତଙ୍କ ସେବା କରିବାକୁ ବ୍ୟଗ୍ର ହୋଇ ଉଠିଛନ୍ତି। ସେହି ପ୍ରକାର ପ୍ରକୃତ ଭକ୍ତମାନଙ୍କର ସେବା କରିବା ଉଦ୍ଦେଶ୍ୟରେ ଉଦ୍ଧବଙ୍କ ଉକ୍ତି –

"ଏବେ ଏହି କୃପାକର ଆଜ୍ଞା ଦିଅ ଶିରୀଧର
ଫେରି ଯିବି ସେହି ବୃନ୍ଦାବନେ। ହେ ଦୀନବନ୍ଧୁ
ଗୋପୀଙ୍କ ସଙ୍ଗେ ବଞ୍ଚିଥିବି
ଏଥେ ଥାଇ କି ସୁଖ ଭୁଞ୍ଜିବି ସେ।
କରୁଥିବି ତାଙ୍କ କର୍ମ ସାଧୁଥିବି ତାଙ୍କ ଧର୍ମ
କାନ୍ଦୁଥିବି ତାଙ୍କର ପରାୟେ
ହେଉଥିବି ତାଙ୍କ ବେଶ କରୁଥିବି ବ୍ରଜେ ଦାସ
କରୁଥିବି ତବ ରୂପ ଧ୍ୟାୟେ ହେ ଦୀନବନ୍ଧୁ
କୃଷ୍ଣ ବୋଲି ଗାଉଥିବି ମୁଖେ
ଥିବି ସେ ଗୋପୀଙ୍କ ପାଖେ ପାଖେ।"

'ମଥୁରାମଙ୍ଗଳ' କାବ୍ୟରେ ପ୍ରକୃତି ବର୍ଣ୍ଣନାରେ କବିଙ୍କର ସିଦ୍ଧହସ୍ତତା ପରିଲକ୍ଷିତ ହୁଏ। ଏହି ବର୍ଣ୍ଣନା ମଧ୍ୟଯୁଗୀୟ ଅନ୍ୟାନ୍ୟ କବିମାନଙ୍କର ବର୍ଣ୍ଣନାରୁ ଅନୁରୂପ ହୋଇ ଥିଲେ ହେଁ କବିଙ୍କର ବର୍ଣ୍ଣନା ଶୈଳୀର ଉତ୍କର୍ଷତା ଦେଖିବାକୁ ଏଥିରେ ମିଳେ –

"ଏଥୁ ଅନ୍ତରରେ ରଜନୀ ଶେଷରେ
ପରଭୃତ ଧୀରେ ଭାଷି
ଶମ୍ଭୁ ଆଳେ କୁମ୍ଭ ଶବଦ ଶୁଭିଲା
ଜାଣିଲେ ମଧୁରାବାସୀ
ବାୟାସ କହିଲା କୁକୁଟ ଡାକିଲା
ଦିଗ ଦିଶେ ପରିମଳ
କୁଳବତୀ ଲଜ୍ଜା ପଥ ଆବୋରିଲେ
ଶୁଭିଲା ମୁଖ ଚହଳ
ପୁଣ୍ୟ ପ୍ରାଣୀମାନେ ଯମୁନା ତଟକୁ
ଚଳିଲେ ସ୍ନାହାନ ଅର୍ଥେ
ଘେର ବିଟପୀ ଭଲ୍ଲୁକ ନିଶାଚରେ
ଭୟ ଆରମ୍ଭିଲେ ଚିତ୍ତେ
ପୂର୍ବ ଦିଗେ ରବି ଉଦୟ ହୋଇଲେ
ପ୍ରଫୁଲ୍ଲିତ ହେଲେ କଞ୍ଜ
କୁମୁଦ ମୁଦ୍ରିତ ତେଜି ପ୍ରଫୁଲ୍ଲିତ
କାନ୍ତ ବିନୁ ପାଇ ଲାଜ।"

ଏହି କାବ୍ୟଟିରେ କୃଷ୍ଣ ଚାଣୂରଙ୍କର ସମର ପ୍ରସଙ୍ଗଟିର ସ୍ୱାତନ୍ତ୍ର୍ୟତା ରହିଛି। ସମର ଛାନ୍ଦରେ କବି ଲେଖିଲେ –

"କୃଷ୍ଣ ଚାରୂଣ          ସମର ଗୁରୁତର
ଥର ଥର ଧରା ହୋଇଲା
କୃଷ୍ଣ ବଳବୀର୍ଯ୍ୟ          ଜାଣି ନିଶାଚର
ବିଚାରେ ମରଣ ହୋଇଲା
କାହିଁକି, କଳିଟି          ରାଜନ ବଚନ
ହରି କୋପାନଳ          ଅତି ହିଁ ପ୍ରବଳ
ଦହିବ ମୋ ତୃଣ ଜୀବନ।"

ଶ୍ରୀକୃଷ୍ଣ ମଥୁରାପୁରରେ ଥିବା ସମୟରେ ଗୋପୀମାନଙ୍କର କଥା ମନେ ପକାଇ

ଅତ୍ୟନ୍ତ ଦୁଃଖ ଅନୁଭବ କରିଛନ୍ତି । ଗୋପୀମାନଙ୍କ ଅବସ୍ଥା ଦେଖି ସେମାନଙ୍କୁ ପ୍ରବୋଧନା ଦେବାକୁ ଉଦ୍ଧବଙ୍କୁ ଶ୍ରୀକୃଷ୍ଣ ଗୋପପୁରକୁ ପଠାଇଛନ୍ତି । ଉଦ୍ଧବଙ୍କ ହାତରେ ଗୋପୀମାନଙ୍କର ନିକଟକୁ ଶ୍ରୀକୃଷ୍ଣଙ୍କ ପତ୍ରଟି ଅତ୍ୟନ୍ତ ହୃଦୟସ୍ପର୍ଶୀ ରଚନା । ସେଥିରେ ଗୋପୀମାନଙ୍କ ସୌନ୍ଦର୍ଯ୍ୟ ଓ କାମକମଳା କୁଶଳତା ବର୍ଣ୍ଣିତ ହୋଇଛି । ଗୋପୀମାନେ ଶ୍ରୀ ରାଧାଙ୍କ ଦ୍ୱାରା ଶ୍ରୀକୃଷ୍ଣଙ୍କ ନିକଟକୁ ପତ୍ର ଲେଖିଛନ୍ତି ଏବଂ ଗୋପପୁରକୁ ଫେରି ଆସିବାକୁ ଆକୁଳ ନିବେଦନ କରିଛନ୍ତି । କବି ଶ୍ରୀରାଧାଙ୍କ ମୁଖରେ ଲେଖିଛନ୍ତି;-

"ସେ ଦେଶେ କି ଷଡ଼ଋତୁଟିଏ ନାହାନ୍ତି
ନାହାନ୍ତି କି ରସ ଗାୟକ
ଚନ୍ଦ୍ର କୋକିଳ କେଳି- କେବା ରସାଳ
ଜୀମୂତ ଗର୍ଜନ ଡାହୁକ
ନାଥ ହେ, ନୟନେଙ୍କ ଦେଖି ନଶୁଣ ।"

ମଥୁରାମଙ୍ଗଳ ଏକ ସମ୍ଭ୍ରାନ୍ତ ସ୍ଥାନରେ ଅଧିକାର ଶ୍ରୀକୃଷ୍ଣଙ୍କ ମଥୁରା ଲୀଳା ହିଁ କାବ୍ୟରେ ମୁଖ୍ୟ ଆଭିମୁଖ୍ୟ ଦୃଷ୍ଟିରୁ ନାମକରଣର ସାର୍ଥକତା ରହିଛି । ଗୋପପୁରରେ ଥିବା ସମୟରେ ଶ୍ରୀକୃଷ୍ଣଙ୍କ ଲୀଳାଖେଳା, ସେ ସବୁ ଏଥିରେ ସନ୍ନିବେଶିତ ଥିଲେ ମଧ୍ୟ ମଥୁରାର ମଙ୍ଗଳ ସାଧନ ବହୁ ଅଂଶରେ କରାଯାଇଛି । କବିଙ୍କ ଭାଷାରେ-

"ଦିନୁ ଦିନ ବଢ଼ିଲେ ନନ୍ଦ ଘରେ
ଚନ୍ଦ୍ର ଯେସନେ ଚନ୍ଦ୍ରମା ପକ୍ଷରେ
ସାତ ଦିନରେ ମାଇଲେ ପୂତନା
ଯାର ନାମ ଅଟେ ବଜ୍ର ସେହ୍ନା
ତୃଣା ଶକଟା ବକା ଅଘାସୁର
ମାରି ତାରିଲେ କୁବେର କୁମର
x x x
କେଶୀ ପିଣ୍ଡ ମନ୍ଥିଲେ ବାହୁବଳେ
ପ୍ରାଣୀ ମାଇଲେ ଯେତେ ଦୈତ୍ୟ ଗଲେ
ତାହା ଶୁଣି ଡରିଲା କଂସାସୁର
ଉଭୟ କମ୍ପଇ ହୋଇ ଥରହର ।"

ଭକ୍ତଚରଣ ଥିଲେ ଶୁଦ୍ଧ ପ୍ରେମଭକ୍ତିର ଉପାସକ । ଶୁଷ୍କ ଜ୍ଞାନ ଅପେକ୍ଷା କୋମଳ ମଧୁର ଭକ୍ତ ଭାବଧାରାର ତନ୍ମୟତାରେ ଆପଣାର କବି ଚୈତନ୍ୟକୁ ସେ ସର୍ବଦା ନିମଜ୍ଜିତ କରି ରଖିଥିଲେ । ସେ ଥିଲେ ଭକ୍ତ ଓ କବି । ସେ ଥିଲେ ଜଣେ ଉଚ୍ଚକୋଟୀର

ବୈଷ୍ଣବ ସାଧକ ଏବଂ ସାଧ୍ୱୀ। ଗୋପୀ-କୃଷ୍ଣ ପ୍ରେମଭକ୍ତିର ସେ ଥିଲେ ନିଷ୍ଠାପର ପୂଜାରୀ। ଓଡ଼ିଶାର ମାଟିରେ ଜନ୍ମ ଗ୍ରହଣ କରି ଶ୍ରୀଜଗନ୍ନାଥଙ୍କ ଅସୀମ ଶକ୍ତିକୁ ସମ୍ମାନ ଜଣାଇ ମଧ୍ୟଯୁଗୀୟ କବିମାନଙ୍କର କାବ୍ୟ ପରମ୍ପରକୁ ବଜାୟ ରଖି ଶ୍ରୀଜଗନ୍ନାଥଙ୍କୁ ଅବତାରୀ ଏବଂ ଶ୍ରୀକୃଷ୍ଣଙ୍କୁ ଅବତାର ରୂପରେ ତାଙ୍କର ମହାତ୍ମ୍ୟ ବର୍ଣ୍ଣନା କରି କବି ଭକ୍ତଚରଣ ଦାସ ଓଡ଼ିଆ ସାହିତ୍ୟରେ ମର୍ଯ୍ୟାଦାପୂର୍ଣ୍ଣ ସ୍ଥାନ ଅଧିକାର କରିପାରିଛନ୍ତି। ଭବସାଗର ପାରି ହେବା ନିମିତ୍ତ ସେ ସମଗ୍ର ମାନବ ସମାଜକୁ ଆହ୍ୱାନ ଦେଇ ମଥୁରାମଙ୍ଗଳରେ ଲେଖିଛନ୍ତି–

"ସର୍ବେ ଜୀବେ ଦୟାବହ
ମୁଖେ ହରେ କୃଷ୍ଣ କହ
କାମ କ୍ରୋଧ ଲୋଭ ମୋହ ମଦ।"

■

**ସହାୟକ ଗ୍ରନ୍ଥସୂଚୀ**


୧. ପଣ୍ଡିତ ସୂର୍ଯ୍ୟନାରାୟଣ ଦାଶ : ଓଡ଼ିଆ ସାହିତ୍ୟର ଇତିହାସ, ୧ମ ଖଣ୍ଡ, ୨ୟ ଖଣ୍ଡ, ୩ୟ ଖଣ୍ଡ

୨. ଡ. କୃଷ୍ଣଚନ୍ଦ୍ର ପ୍ରଧାନ : ଓଡ଼ିଆ ରୀତି ସାହିତ୍ୟ ପରଂପରା ଓ ପୁରୋଦୃଷ୍ଟି

୩. ଡ. ମାୟାଧର ମାନସିଂହ : ଓଡ଼ିଆ ସାହିତ୍ୟର ଇତିହାସ

୪. ଡ. ଦେବେନ୍ଦ୍ର ମହାନ୍ତି : ମଥୁରାମଙ୍ଗଳ

୫. ଜାନକୀବଲ୍ଲଭ ମହାନ୍ତି (ଭରଦ୍ୱାଜ) : ଓଡ଼ିଆ ଗୀତିକାବ୍ୟ

# ସଂଗୀତର ମୂର୍ଚ୍ଛନାରେ ସାହିତ୍ୟର ଉପଲବ୍ଧି

କଳାମୟ ଉତ୍କଳ ଚିରକାଳ ସଂଗୀତର ଗୀତିମୟତାରେ ପ୍ରଲୁବ୍ଧ। ନୀଳ ନିଘଞ୍ଚ ଅରଣ୍ୟାନୀ ଭିତରେ ଅଗଣିତ ପକ୍ଷୀଙ୍କର ସୁମଧୁର କାକଳୀ, କଳକଳ ନଦୀର ଅପୂର୍ବ ନିତ୍ୟ ଝଙ୍କାର ଓ ସୁବିସ୍ତୀର୍ଣ୍ଣ ସାଗରର ଗୁରୁଗମ୍ଭୀର ଗର୍ଜନ : ଏହି ଗୀତିଭରା ପ୍ରାକୃତିକ ସୌନ୍ଦର୍ଯ୍ୟ ଓଡ଼ିଆ ପ୍ରାଣକୁ ସଂଗୀତ ମୁଖର କରିଆସିଛି। ଏହିପରି ପରିବେଶ ଭିତରେ ଉତ୍କଳରେ ସାହିତ୍ୟ ଓ ସଂଗୀତର ଅପୂର୍ବ ପରିଣୟ ସଂଘଟିତ ହୋଇଛି। ଆର୍ଯ୍ୟ, ଦ୍ରାବିଡ଼ ଓ ଅଷ୍ଟ୍ରିକ୍ ସଭ୍ୟତାର ତ୍ରିବେଣୀ ସଂଗମ ଉତ୍କଳର ସ୍ଥାପତ୍ୟ, ଭାସ୍କର୍ଯ୍ୟ, ସଂଗୀତ-ନୃତ୍ୟ, ପାରିମ୍ପରିକତାରେ ରସାଣିତ ହୋଇଛି। ଇତିହାସର ପୃଷ୍ଠା ଲେଉଟାଇଲେ ଏ ଦେଶରେ ସଂଗୀତ ଓ ସାହିତ୍ୟର ମହାନ ପରମ୍ପରା ଜଣାପଡେ। ଖ୍ରୀ.ପୂ. ଦ୍ୱିତୀୟ ଶତାବ୍ଦୀବେଳକୁ ଖାରବେଳ ତାଙ୍କର ତୃତୀୟ ବର୍ଷର ଶାସନ କାଳରେ ସମଗ୍ର ରାଜ୍ୟରେ 'ଗାନ୍ଧର୍ବ ବିଦ୍ୟା-ନିପୁଣ ମହାଜନ ଦର୍ପ' ନୃତ୍ୟଗୀତର ସଂଦର୍ଶନ କରାଇ ସମାଜରେ ନାନା ଉତ୍ସବର ଆୟୋଜନ କରି ନଗରୀବାସୀଙ୍କୁ ଆନନ୍ଦ ଦାନ କରିବାର ଉଲ୍ଲେଖ ରହିଛି। ଖଣ୍ଡଗିରି, ଉଦୟଗିରିରେ ଖୋଦିତ ଚିତ୍ରଗୁଡ଼ିକରେ ତତ୍କାଳୀନ ଓଡ଼ିଶାରେ ସଂଗୀତ ଓ ସାହିତ୍ୟର ପ୍ରତ୍ୟେକ ଗୋଷ୍ଠୀର ଆବାଳ ବୃଦ୍ଧବନିତା ଏହାର ପିପାସାରେ ନିମଗ୍ନ ଥିଲେ। ଜୀବନ ଜଞ୍ଜାଳ ଭିତରୁ ଅଳ୍ପ ସମୟ ପାଇଁ ମିଳିଥିବା ଅବକାଶ ଦ୍ୱାରା ମନୁଷ୍ୟ ନିଜ ଭିତରେ ଲୁକ୍କାୟିତ ଭାବେ ଥିବା ଉତ୍କୃଷ୍ଟ ସୌନ୍ଦର୍ଯ୍ୟ ଚେତନାକୁ ନିଜର ରଚନାତ୍ମକ କଳା ଦ୍ୱାରା ବିକଶିତ କରାଇଥାଏ। କେବଳ ଭୌତିକ ସୁଖ, ସୁବିଧା ଓ ଦୈହିକ ଆବଶ୍ୟକତା ପୂରଣ ଲାଗି ମନୁଷ୍ୟ ଯେ ସଚେତନ, ତା' ନୁହେଁ, ଅଧିକନ୍ତୁ ମାନସିକ ସୁଖ ପାଇଁ ତତୋଽଧିକ ଯତ୍ନବାନ। ମାନସିକ ଦୃଷ୍ଟିକୋଣରୁ ଆନନ୍ଦଦାୟକ ଚେତନା ଓ କର୍ମକୁଶଳତାକୁ ଚିରକାଳ ସାହିତ୍ୟ ଓ ସଂଗୀତ ଗ୍ରହଣ କରିଆସିଛି। ସମଗ୍ର ମାନବ ସମାଜର ଭାବଜଗତକୁ ନିରନ୍ତର ଆନନ୍ଦ ଓ ସୁନ୍ଦରତା ସାହିତ୍ୟ ଏବଂ କଳା ପ୍ରଦାନ କରିଥାଏ। ଯେତେବେଳେ ଆତ୍ମା ସ୍ୱର୍ଗୀୟ ଆନନ୍ଦରେ ବିଭୋର ହୋଇ ନିଜର ଆନନ୍ଦକୁ

ବାହାରେ ପ୍ରକାଶ କରିବାକୁ ଇଚ୍ଛାକରେ ସେତେବେଳେ ସାହିତ୍ୟ ହେଉ, ସଂଗୀତ ହେଉ କି ଲୋକକଳା ହେଉ ପ୍ରକୃତି ଓ ପ୍ରାକୃତିକ ଉପାଦାନ ଦ୍ୱାରା ପ୍ରସିଦ୍ଧ ଲାଭ କରିଥାଏ। ଅଦୃଶ୍ୟ, ଅବ୍ୟକ୍ତ, ଆଧାତ୍ମିକ, ନୈସର୍ଗିକ ସୂକ୍ଷ୍ମ ଅନୁଭୂତି କଳା ଦ୍ୱାରା ଦୃଶ୍ୟ ରୂପରେ ପ୍ରକାଶ ପାଇଥାଏ। ଆନନ୍ଦ ହେଉଛି ସୃଜନକଳାର ଆତ୍ମା ଓ ସୌନ୍ଦର୍ଯ୍ୟ ଏହାର ବାହ୍ୟରୂପ। ସାହିତ୍ୟ ଓ ସଂଗୀତ ସୌନ୍ଦର୍ଯ୍ୟର ଉପାସକ। ମାନବ ଜୀବନରେ ସଂଗୀତର ଆବଶ୍ୟକତାକୁ ଉପଲବ୍ଧି କରି ଭର୍ତ୍ତୃହରି କହିଛନ୍ତି – "ସଂଗୀତ ଓ ସାହିତ୍ୟ ରସାନୁଭୂତିହୀନ ବ୍ୟକ୍ତି ପୁଚ୍ଛବିହୀନ ପଶୁ ସହିତ ତୁଳନୀୟ।" ପଣ୍ଡିତ ଜଗନ୍ନାଥ ମିଶ୍ରଙ୍କ ମତରେ – "ଶ୍ରୁତି, ସାହିତ୍ୟ ଓ ଶାସ୍ତ୍ରଜ୍ଞାନ ଅର୍ଜନ କରି ମଧ୍ୟ ମାନବ ସଂଗୀତ ବିଦ୍ୟାରେ ଅଜ୍ଞ ହେଲେ ତାକୁ ଦ୍ୱିପାଦ ମୃଗ କୁହାଯାଏ।" ପାଶ୍ଚାତ୍ୟ ସାହିତ୍ୟ ଜଗତର ମହାନ୍ କବି ଓ ନାଟ୍ୟକାର ସେକ୍ସପିୟରଙ୍କ ମତ ଉଲ୍ଲେଖଯୋଗ୍ୟ। ତାଙ୍କ ମତରେ – "ଯାହାର ଗାୟନ ପ୍ରତି ରୁଚି ନାହିଁ ଯିଏ ଗୀତର ମଧୁର ସ୍ୱର ଦ୍ୱାରା ମୋହିତ ହୁଏ ନାହିଁ, ସେ ପତିତ, ଅବିଶ୍ୱସ୍ତ ଓ ଆତ୍ମଦ୍ରୋହୀ ତା'ର ହୃଦୟ ଅନ୍ଧକାରମୟ ରାତ୍ରୀ ଠାରୁ ଆହୁରି ଭୟଙ୍କର।" ମହାତ୍ମାଗାନ୍ଧୀଙ୍କ ମତରେ ସଂଗୀତର ପ୍ରଭାବ ଦ୍ୱାରା ମନୁଷ୍ୟର କ୍ରୋଧ ଆଦିକୁ ପ୍ରବୃତ୍ତିଗୁଡ଼ିକ ଦମନ ହୋଇ ହୃଦୟରେ ଅପୂର୍ବ ଶାନ୍ତି ଉଦ୍ରେକ ହୋଇଥାଏ। ଭାରତୀୟ ସଂସ୍କୃତିରେ କେବଳ ସଂଗୀତ ସାଧନା ଦ୍ୱାରା ହିଁ ଧର୍ମ, ଅର୍ଥ, କାମ, ମୋକ୍ଷାଦି ଚତୁର୍ବର୍ଗ ସିଦ୍ଧି ହୁଏ। ଶ୍ରୀମଦ୍ ଭାଗବତରେ ଭଗବନା ଶ୍ରୀକୃଷ୍ଣ କହିଛନ୍ତି –

"ନାହଂ ତିଷ୍ଠାମି ବୈକୁଣ୍ଠେ ଯୋଗୀନାଂ ହୃଦୟେ ନ ଚ
ମଦ୍‌ଭକ୍ତା ଯତ୍ର ଗାୟନ୍ତି ତତ୍ର ତିଷ୍ଠାମି ନାରଦ।"

ମନୁଷ୍ୟ ଚିରକାଳ ଅମୃତର ସନ୍ଧାନୀ। ଜୀବନକୁ ତନ୍ନତନ୍ନ କରି ସାହିତ୍ୟ ଦେଖେ। ସାହିତ୍ୟକୁ ଜୀବନର ବ୍ୟାଖ୍ୟା କୁହାଯାଏ। ସାହିତ୍ୟରେ ସ୍ରଷ୍ଟାଟି ସତ୍ୟ-ଶିବ-ସୁନ୍ଦରର ସାଧନା କରିଥାଏ। ସାହିତ୍ୟର ପ୍ରତ୍ୟେକ ବିଭାଗ ପାଠକକୁ ଅତୀନ୍ଦ୍ରିୟ ରାଜ୍ୟରେ ପହଞ୍ଚାଇ ଦେଇଥାଏ। ରୁଷୋ, ଭଲ୍‌ଟାୟାର, ମଣ୍ଟେସ୍କ୍ୟୁ, ଟଲଷ୍ଟୟ ଆଦି ଲେଖକମାନଙ୍କର ଲେଖା ସମୂହ ତତ୍‌କାଳୀନ ଜନମାନସରେ ଆଲୋଡନ ସୃଷ୍ଟି କରିଥିଲା ଏବଂ ଜନତା ମୁକ୍ତିର ସ୍ୱପ୍ନ ଦେଖିଥିଲା। ମାର୍ଟିନ୍ ଲୁଥରଙ୍କ ଖ୍ରୀଷ୍ଟଧର୍ମ ସଂସ୍କାର ସମ୍ପର୍କିତ ଲେଖାବଳୀ କମ୍ ପ୍ରେରଣା ଦେଇ ନାହିଁ ଜନମାନସକୁ। ଓଡ଼ିଶାରେ ଜଗନ୍ନାଥ ଦାସଙ୍କ 'ଭାଗବତ', ବଳରାମ ଦାସଙ୍କ 'ଲକ୍ଷ୍ମୀପୁରାଣ', ସାରଳା ଦାସଙ୍କ 'ମହାଭାରତ' ସମଗ୍ର ଓଡ଼ିଆମାନଙ୍କ ହୃଦୟରେ ଚିରସ୍ମରଣୀୟ ହୋଇରହିଛି। ଭରତଙ୍କ ନାଟ୍ୟଶାସ୍ତ୍ରରେ ଓଡ଼ିଶାରେ ସେ କାଳର ସଂଗୀତ ପ୍ରୀତିର ବିବରଣୀ ମିଳେ। ତ୍ରୟୋଦଶ ଶତାବ୍ଦୀର କବି ଜୟଦେବ ଓଡ଼ିଶୀ ସଂଗୀତ ପରମ୍ପରାର ଏକ ଦୀପ୍ତ ଆଲୋକ ରେଖା। ଗୀତଗୋବିନ୍ଦର

ଅପୂର୍ବ ସାଙ୍ଗୀତିକତା ପରବର୍ତ୍ତୀ ବହୁ ଓଡ଼ିଶୀ ସାହିତ୍ୟିକ ଓ ସଂଗୀତଜ୍ଞଙ୍କୁ ପ୍ରେରଣା ଯୋଗାଇଛି। ସୂର୍ଯ୍ୟବଂଶୀ ରାଜା ପ୍ରତାପରୁଦ୍ର ଦେବଙ୍କ ସମୟରେ ଏହି କାବ୍ୟ ହିଁ ଶ୍ରୀମନ୍ଦିରରେ ଗାନଯୋଗ୍ୟ ବୋଲି ନିର୍ଦ୍ଦେଶ ଦିଆଯାଇଛି। ଏହି କାବ୍ୟ ଓଡ଼ିଶାର ନୃତ୍ୟଗୀତ ପରମ୍ପରାରେ ବିପୁଳ ପ୍ରେରଣା ଯୋଗାଇଛି। ସାହିତ୍ୟ କ୍ଷେତ୍ରରେ ଅନ୍ୟ ଜଣେ ପ୍ରତିଷ୍ଠିତ ସ୍ରଷ୍ଟା ରାୟ ରାମାନନ୍ଦ ପଟ୍ଟନାୟକ ତାଙ୍କର 'ଜଗନ୍ନାଥ ବଲ୍ଲଭ ନାଟକ'ଟିକୁ ଶ୍ରୀମନ୍ଦିର ଦେବଦାସୀଙ୍କ ସହିତ ନିଜେ ଅଂଶ ଗ୍ରହଣ କରି ମଞ୍ଚସ୍ଥ କରିଥିବାର ଜଣାଯାଏ। 'ବୌଦ୍ଧଗାନ ଓ ଦୋହା'କୁ ପ୍ରଥମ ଓଡ଼ିଆ ସଂଗୀତ କାହ୍ନୁପା, ଲୁଇପା, ଶବରୀପା ଆଦି ଓଡ଼ିଆ ଗୀତିକାରଗଣ ପଟ୍ଟମଞ୍ଜରୀ, ଦେବକ୍ରୀ, ରାମକେରୀ, ଦେଶାକ୍ଷ, ଧନାଶ୍ରୀ ଅତି ପରିଚିତ ରାଗରାଗିଣୀ। ଚିଲିକା ଓ ମହେନ୍ଦ୍ରଗିରି ମଧ୍ୟବର୍ତ୍ତୀ ଓଡ଼ିଶାରେ ସଂଗୀତର ବିଶେଷ ଚର୍ଚ୍ଚା ଥିବାର ସାରଳା ମହାଭାରତରେ ଉଲ୍ଲେଖ ରହିଛି। ପଞ୍ଚଦଶ ଶତାବ୍ଦୀର ଗଜପତି କପିଳେନ୍ଦ୍ର ଦେବଙ୍କ 'ପର୍ଶୁରାମ ବିଜୟ' ନାଟକରେ ଏକ ଓଡ଼ିଆ ସଂଗୀତ ଆମର ଦୃଷ୍ଟି ଆକର୍ଷଣ କରିଛି। ଊନବିଂଶ ଶତାବ୍ଦୀ ମଧ୍ୟରେ ବହୁ ଓଡ଼ିଆ କବି ଓ ସଂଗୀତଜ୍ଞ ବ୍ରଜ ବୋଲି ଭାଷାରେ ସାହିତ୍ୟ ରଚନା କରିଛନ୍ତି। ୧୬ଶ ଶତାବ୍ଦୀର ମାଦାଳାପାଞ୍ଜିରେ ମଧ୍ୟ ଓଡ଼ିଶାରେ ସଂଗୀତ ପରମ୍ପରା ସମ୍ପର୍କରେ ତଥ୍ୟ ରହିଛି। ଶ୍ରୀମନ୍ଦିରରେ ସେବାୟତ ଭାବରେ ବୀଣାକାର, ନାଚୁଣୀ ଓ ସଂଗୀତରାୟଙ୍କୁ ନିଯୋଜିତ କରିବା ପ୍ରମାଣ ଏଥିରେ ସ୍ପଷ୍ଟ ହୋଇଛି। ପଞ୍ଚଦଶ ଶତାବ୍ଦୀରୁ ରାଧାନାଥ ରାୟଙ୍କ ପର୍ଯ୍ୟନ୍ତ ରଚିତ ହୋଇଥିବା ବିପୁଳ ଓଡ଼ିଆ କାବ୍ୟ ଓ ଚଉପଦୀଗୁଡ଼ିକ ସଂଗୀତାନୁସାରୀ ରହିଥିଲା। ଏଥିରେ ଭାବର ଗଭୀରତା, ପ୍ରେମ ତୀବ୍ର ଅନୁଭୂତି, ଲଳିତ ପଦବିନ୍ୟାସ ଥିବା ସଂଗେ ସଂଗେ ବିଭିନ୍ନ ରାଗ ନିର୍ଦ୍ଦିଷ୍ଟ ହୋଇଥିବାରୁ ଉଭୟ ସାହିତ୍ୟ ଓ ସଂଗୀତର ଅପୂର୍ବ ସମନ୍ୱୟ ପରିଲକ୍ଷିତ ହୁଏ। କାବ୍ୟର ଛାନ୍ଦ, ଚଉପଦୀ, ଚଉତିଶା, ପଦିଆ, କୋଇଲି, ପୋଇ, ଚମ୍ପୁ, ବୋଲି ପ୍ରଭୃତି ଓଡ଼ିଆ ଗୀତ ସାହିତ୍ୟ ଜଗତରେ ଗୌରବମୟ ସ୍ଥାନ ଅଳଂକୃତ କରିଛି। ଓଡ଼ିଆ କାବ୍ୟ ଓ ଚଉପଦିଗୁଡ଼ିକ ସଂଗୀତାନୁସାରୀ ଭାବେ ରଚିତ। ଦେବଦାସୀ ଓ ଗୋଟିପୁଅ ନୃତ୍ୟ ପରମ୍ପରାରେ ସାହିତ୍ୟ ଓ ସଂଗୀତର ମଧୁରତା ଉପଲବ୍ଧି ହୁଏ। ପ୍ରାଚୀନ ଓଡ଼ିଶାରେ ନିର୍ମିତ ମନ୍ଦିରଗୁଡ଼ିକରେ ସଂଗୀତ ଚର୍ଚ୍ଚା ମୁଖ୍ୟକେନ୍ଦ୍ର ଥିଲା। ନାଟ ମନ୍ଦିରଗୁଡ଼ିକରେ ବିଭିନ୍ନ ସଂଗୀତ ଆସର ହେଉଥିଲା। ପ୍ରାଚୀନ କାଳରେ ରାଜଦରବାରଗୁଡ଼ିକରେ ମଧ୍ୟ ସଂଗୀତ ଗାୟନର ବହୁ ଆଦର ରହିଥିଲା। କେନ୍ଦୁଝର ରାଜଦରବାର, ଗଞ୍ଜାମ ଜିଲ୍ଲାର ବିଭିନ୍ନ ରାଜଦରବାର ଓ ଭିଙ୍ଗାରପୁର, କେନ୍ଦ୍ରାପଡ଼ା ଜମିଦାରଙ୍କ ଗୃହରେ ପ୍ରତ୍ୟହ ସଂଗୀତ ଓ ସାହିତ୍ୟର ଯଥେଷ୍ଟ ଆଦର ରହିଥିବାର ପ୍ରମାଣ ମିଳେ। ସେ ସମୟରେ ବିଭିନ୍ନ ଅଖଡ଼ାଘରେ ମଧ୍ୟ ଏହି ପରମ୍ପରା ପ୍ରଚଳିତ ଥିଲା।

ଓଡ଼ିଶାର କବିମାନେ ପ୍ରଥମେ ସଂଗୀତଜ୍ଞଙ୍କଠାରୁ ସଂଗୀତ ବିଦ୍ୟାରେ ପ୍ରବୀଣ ହେଉଥିଲେ ପରେ କାବ୍ୟ, କବିତା, ପୁରାଣ ରଚନା କରୁଥିଲେ। ସଂଗୀତଶାସ୍ତ୍ରରେ ଦକ୍ଷତା ଆଣିସାରି କବିଗଣ ନିର୍ଦ୍ଦିଷ୍ଟ ରାଗରେ କବିତାର ପଂକ୍ତିକୁ ସଜାଇ ଅତ୍ୟନ୍ତ ମନୋରମ ପଦାବଳୀ ସାହିତ୍ୟ ସୃଷ୍ଟି କରି ସ୍ୱର୍ଣ୍ଣାକ୍ଷରରେ ନିଜ ନାମକୁ ଲେଖିଯାଇଛନ୍ତି ଯାହାର ମଧୁରତା ଆଜି ବି ବିଶ୍ୱର କୋଣେ ଅନୁକୋଣେ ରହିଥିବା ପ୍ରତିଟି ଓଡ଼ିଆଙ୍କ ପ୍ରାଣକୁ ସ୍ପର୍ଶ କରିପାରିଛି। ଏହିପରି କବିମାନଙ୍କ ମଧ୍ୟରୁ ରଘୁନାଥ ହରିଚନ୍ଦନ ଜଣେ ବ୍ୟକ୍ତିତ୍ୱ ଯିଏ କି ତାଙ୍କ ସଭାକବି ବିଷ୍ଣୁଦାସଙ୍କ ଠାରୁ ପ୍ରଥମେ ସଂଗୀତ ଶିକ୍ଷା କରିବା ପରେ କାବ୍ୟ ରଚନା କରିଥିଲେ। ଉଦାହରଣ ସ୍ୱରୂପ -

"ବିଷ୍ଣୁଦାସ ନାମରେ ଏକ କବି
ସେହୁ ଗୀତେ ପୁରୋଇଲା ପୃଥିବୀ
ତାଙ୍କ ଠାରୁ ମୁଁ କଲି ଶିକ୍ଷାବିଧି
ଯେଉଁ ପ୍ରକାରେ ଗୀତ ପଦ ସିଦ୍ଧି
x x x
ବାଦ୍ୟ ନୃତ୍ୟ ହିଁ କଲି ଆକଳନ
ସ୍ୱର ପ୍ରବନ୍ଧାଦିରେ ତତ୍ତ୍ୱମନ
ତେଣୁ ହୋଇଲା ଅତି ବିତପତ୍ତି
ଗୀତ କରିବା ବାଟେ ଗଲା ମତି।"

ପରବର୍ତ୍ତୀ ସମୟରେ ଓଡ଼ିଶାରେ ଓଡ଼ିଆ ସାହିତ୍ୟକୁ ଆଧାର କରି ସଂଗୀତର ମହାପ୍ଳାବନ ସୃଷ୍ଟି ହେଲା। କବିସୂର୍ଯ୍ୟ ବଳଦେବ ରଥଙ୍କ ରଚିତ 'କିଶୋର ଚନ୍ଦ୍ରାନନ୍ଦ ଚମ୍ପୂ' ଗଦ୍ୟ-ପଦ୍ୟ ମିଶ୍ରିତ କାବ୍ୟରେ ସଂଗୀତ-ସାହିତ୍ୟ-ନାଟକୀୟତାର ଚମତ୍କାର ସମନ୍ୱୟ ପ୍ରକଟିତ ହୋଇଛି। ଓଡ଼ିଆ ସାହିତ୍ୟରେ ନିଜର ସ୍ୱତନ୍ତ୍ର ସ୍ଥାନ ଅଳଂକୃତ କରିଥିବା ବହୁ କବିଙ୍କର ଗୀତକୁ ସଂଗୀତ ଶାସ୍ତ୍ର ଗାୟନରେ ସାମିଲ କରାଯାଇଛି। ସେଇ ଅମର ଲେଖନୀଚାଳନା କରିଥିବା ଘୁମସୁରର ମହାରାଜ ଧନଞ୍ଜୟ ଭଞ୍ଜ, ଗୋବିନ୍ଦ ବିଦ୍ୟାଧର, ଭକ୍ତଚରଣ ଦାସ, ଅଭିମନ୍ୟୁ ସାମନ୍ତ ସିଂହାର, ଗୋପାଳକୃଷ୍ଣ, ଉପେନ୍ଦ୍ର ଭଞ୍ଜ, ବଳରାମ ଦାସ, ଜଗନ୍ନାଥ ଦାସ, ଅଚ୍ୟୁତାନନ୍ଦ ଦାସ ପ୍ରଭୃତି ଅନ୍ୟତମ। ପ୍ରତ୍ୟେକ ଓଡ଼ିଆ କାବ୍ୟ ସଂଗୀତର ରାଗରାଗିଣୀରେ ପରିବେଶିତ ହୁଏ। ତନ୍ମଧ୍ୟରୁ କେତେକ ପ୍ରଧାନ ରାଗ ରହିଛି - ଶଙ୍କରାଭରଣ, ଭୈରବୀ, ବାଗେଶ୍ରୀ, ଗୁଣ୍ଡକେରୀ, ଆଶାବରୀ, ମାଳବ, ବସନ୍ତ, ରେଖୀ, ମୁଖାରୀ, କଳହଂସ କେଦାର ପ୍ରଭୃତି। ସାହିତ୍ୟର ଅନ୍ୟ ଏକ ବିଭାଗ ହେଉଛି ଲୋକସାହିତ୍ୟ। ବୈଦିକ ଶାସ୍ତ୍ର ବହିର୍ଭୂତ ଏକ ସାର୍ବଜନୀନ

ଆବେଦନ ଏହାର ସ୍ଥିତିକୁ ପ୍ରକାଶ କରେ। ସମସ୍ତ କୃତ୍ରିମତାର ଉର୍ଦ୍ଧ୍ୱରେ ଲୋକ ସଂସ୍କୃତିର ସ୍ଥାନ। ଜନହିତ ଉଦ୍ଦେଶ୍ୟରେ ଲୋକକଳା, ଲୋକଗୀତ, ଲୋକକାହାଣୀ, ପ୍ରବାଦ, ପ୍ରବଚନ, ବହୁ ଢଗଢ଼ମାଳି, ଲୋକକ୍ତି, ମୋଟିଫ୍ ଆଦିର ସୃଷ୍ଟି ହୋଇଛି। ଏହାର ପ୍ରବାହ ସ୍ୱତଃ ଓ ସ୍ୱାଭାବିକ। ଅଗଣିତ ଜନ ହୃଦୟର ସ୍ମାରକୀ ହେଉଛି ଲୋକ ସାହିତ୍ୟ। ଯାହାର ରୂପକାର ଲୋକ ସଂସ୍କୃତି। ଆଦିମ ସାମାଜିକ ଜୀବନ, ସାଂସ୍କୃତିକ ଚେତନା ଏବଂ ସଭ୍ୟତାର ବିକାଶ ସମ୍ପର୍କରେ ଏହା ଏକ ସୁନିଶ୍ଚିତ ଆଲେଖ୍ୟ। ଜନମାନସର ବିଶ୍ୱାସ ଚିରନ୍ତନ ଅନୁଭୂତିର ପ୍ରତିନିଧିତ୍ୱ କରେ ଲୋକ ସାହିତ୍ୟ। କେବଳ ଅବସର ବିନୋଦନ ଏହାର ଲକ୍ଷ୍ୟ ନୁହେଁ ବହୁ ଭାବେ ଏହା କର୍ମର ସାଥୀ ଓ ଧର୍ମର ସହଚର। ଲୋକ ସାହିତ୍ୟର ଆବେଦନରେ ଲୋକଗୀତ ଜୀବନ ରସର ପ୍ରାଚୁର୍ଯ୍ୟରେ ପରିପୂର୍ଣ୍ଣ। ଏହି ଲୋକଗୀତର ପରମ୍ପରାରେ ହଳିଆ ଗୀତ, ଶଗଡ଼ିଆ ଗୀତ, ନାଉରିଆ ଗୀତ, ଦଣ୍ଡନାଚ ଗୀତ, ପାଟୁଆ ଗୀତ, ଘୋଡ଼ାନାଚ ଗୀତ, ଓଗାଳ ଗୀତ ଇତ୍ୟାଦି ସଂଗୀତର ପ୍ରାଣକେନ୍ଦ୍ର। ଏହାଛଡ଼ା ପାଲା, ଦାସକାଠିଆ, ଏକତାରା, ଭଜନ, ଘୁମୁରା ଗୀତ, କେନ୍ଦରା ଗୀତ, ଯୋଡ଼ିଶଙ୍ଖ, ଘଣ୍ଟ ମୃଦଙ୍ଗ, ମର୍ଦ୍ଦଳ, ଓଡ଼ିଶୀ କୀର୍ତ୍ତନ, ତେଲିଙ୍ଗୀ ବାଦ୍ୟ, ମହୁରୀ, ଯୋଡ଼ି ନାଗରା, ନାଗେଶ୍ୱରୀ, ଘୋଡ଼ାନାଚ ଗୀତ, ଗୋପାଳଙ୍କ ଓଗାଳ, ଧୁଡୁକୀ ନାଚଗୀତ ପ୍ରଭୃତି ସଂଗୀତକୁ ଧରିରଖି ସାହିତ୍ୟର ଉପଲବ୍ଧି କରାଏ। ଏହି ଦୃଷ୍ଟିରୁ ଲୋକଗୀତ ଓ ଲୋକବାଦ୍ୟର ସ୍ଥାନ ଓଡ଼ିଶାରେ ବିଶେଷ ଗୁରୁତ୍ୱପୂର୍ଣ୍ଣ। ପ୍ରାଚୀନ କାଳରେ ଦିନ ସାରାର ପରିଶ୍ରମ ପରେ ଅବସର ବିନୋଦନ ନିମନ୍ତେ ପାଠାଗାର, ଚଉପାଢ଼ୀ ଗୃହ, ଆଖଡ଼ାଘର କି ଭାଗବତଟୁଙ୍ଗୀରେ ଲୋକଗୀତର ଆଦର ଢେର ବେଶୀ ଥିଲା। ରସମୟ ବାତାବରଣଟିଏ ସୃଷ୍ଟି କରିବା ସଂଗୀତର ଏକମାତ୍ର ଉଦ୍ଦେଶ୍ୟ। ସାଙ୍ଗୀତିକତା ସବୁଠାରୁ ଶ୍ରେଷ୍ଠ କଳାକାର। ସଂଗୀତ ବିନା ମାନବ ଜୀବନ ଅଧୁରା ଲାଗେ ଠିକ୍ ଯେମିତି ସାହିତ୍ୟ ବିନା ସମାଜର ପ୍ରଗତି ଅଧୁରା ଲାଗେ। ସାହିତ୍ୟର ଶବ୍ଦାବଳୀ ସଂଗୀତର ଭାବପକ୍ଷକୁ ପ୍ରକାଶ କରିବାରେ ସାହାଯ୍ୟ କରେ।

ଭାଷା ସଂସାରର ନାଦମୟ ଉଚ୍ଚାରଣ ହେଲେ ସଂଗୀତ ଏହାର ଧ୍ୱନିମୟ ମଧୁରତାର ପ୍ରକାଶ। ବିଶ୍ୱ ହୃଦୟତନ୍ତ୍ରୀର ପ୍ରକାଶ ଉଭୟ। ଭାଷା କବିର ଲେଖନୀକୁ ବଳିଷ୍ଠ କରାଇ ହୃଦୟର ଅନ୍ତରତମ ଭାବନାନୁଭୂତିକୁ ବ୍ୟକ୍ତ କରାଇଥାଏ। ଭାବ ଅଭିବ୍ୟକ୍ତିର ମାଧ୍ୟମ ଭାଷା ହୋଇଥିବାରୁ ସାହିତ୍ୟରେ ଏହାର ପ୍ରାଧାନ୍ୟ ଅଧିକ ରହେ। କିନ୍ତୁ ଯେ ପର୍ଯ୍ୟନ୍ତ ଏହି ଅଭିବ୍ୟକ୍ତିରେ ମାଧୁର୍ଯ୍ୟ ତଥା ସୌନ୍ଦର୍ଯ୍ୟତା ପରିସ୍ଫୁଟ ହୋଇ ନଥାଏ ସେତେବେଳ ପର୍ଯ୍ୟନ୍ତ ଏହା ପ୍ରକୃତ କାବ୍ୟରୂପ ଧାରଣ କରିପାରେ ନାହିଁ। ଏହି ସୌନ୍ଦର୍ଯ୍ୟ ମାଧୁର୍ଯ୍ୟ ପାଇଁ ସଂଗୀତର ସାହାଯ୍ୟ ଭାଷା ଓ ସାହିତ୍ୟ ନେଇଥାଏ।

ଭାଷା ସାହିତ୍ୟକୁ ପାଠକ ପାଖରେ ପହଞ୍ଚାଇ ସର୍ବଜନାଦୃତ କରାଇଥାଏ। କାବ୍ୟର ମାଧୁର୍ଯ୍ୟ ବୃଦ୍ଧି କରିବା ଏବଂ ତାକୁ ସର୍ବଗୁଣ ଦ୍ୱାରା ଅଳଂକୃତ କରିବାରେ ସଂଗୀତର ଯଥେଷ୍ଟ ଆବଶ୍ୟକ ପଡ଼ିଥାଏ। ସଂଗୀତର ଆତ୍ମା, ଲୟ, ତାଳ ଏବଂ ସ୍ୱର ଏଥି ସହିତ ଭାବ ନିତ୍ୟାନ୍ତ ଜରୁରୀ ହୋଇଥାଏ। ରାଗ ଅନୁସାରୀ ସାହିତ୍ୟିକ ଭାଷା, ସଂଗୀତକୁ ଅଧିକ ମାର୍ମିକ, ଜୀବନ୍ତ ଓ ମନୋରଞ୍ଜକ କରିଥାଏ। ସାହିତ୍ୟ ସହିତ ସଂଗୀତର ଘନିଷ୍ଠ ସମ୍ପର୍କ ରହିଛି ପ୍ରାଚୀନ କାଳରୁ ଭାରତୀୟ ସଂସ୍କୃତି ସ୍ୱୀକାର କରିଆସିଛି। କାବ୍ୟର ଶବ୍ଦ ଦ୍ୱାରା ସଂଗୀତ ଓ ସଂଗୀତର ସ୍ୱର ଦ୍ୱାରା କାବ୍ୟ ସୃଷ୍ଟି ହୋଇଥାଏ। ସାହିତ୍ୟ ଓ ସଂଗୀତକୁ ସରସ୍ୱତୀଙ୍କ ଆଶୀର୍ବାଦ ନ ଥିଲେ ସେ କାବ୍ୟ ଓ ସେ ସଂଗୀତ ଜନାଦୃତ ହୋଇପାରେ ନାହିଁ। ଏହା ଉପରେ ଲେଖାଟି ଅଛି –

"ସଂଗୀତ ଚୈବ ସାହିତ୍ୟଂ ସରସ୍ୱତ୍ୟାଃ ସ୍ତନ ଦ୍ୱୟମ୍
ଆଦ୍ୟାମାପାତ ମଧୁର ମନ୍ତ୍ୟମତେ ସୁଖାବହମ୍।"

ସଂଗୀତ ଶ୍ରେଷ୍ଠ ଦେବ ଦେବ ମହାଦେବଙ୍କର ନଟରାଜ ଅବତାରରେ ତାଳ ଲୟ ସମନ୍ୱିତ ତାଣ୍ଡବ ନୃତ୍ୟରୁ ଉଭୟ ସାହିତ୍ୟ ଓ ସଂଗୀତର ସୃଷ୍ଟି। ସଂଗୀତର ପ୍ରଥମ ଭାଗ ଶିବଙ୍କ ମୁଖରୁ ଏବଂ ସାହିତ୍ୟର ଆଦିମ ବର୍ଣ୍ଣମାଳା ଶିବଙ୍କ ପାଦ ଚାପରୁ ଉଦ୍‌ଭୂତ। ବୈଜ୍ଞାନିକ ଦୃଷ୍ଟିକୋଣରୁ ବିଚାର କଲେ ଉଭୟଙ୍କ ସୃଷ୍ଟି ନାଦରୁ। ବିଶେଷତଃ ସାହିତ୍ୟର କାବ୍ୟ ବିଭାଗ ସଂଗୀତ ଉପରେ ସଂପୂର୍ଣ୍ଣ ନିର୍ଭର କରିଆସିଛି। ସାହିତ୍ୟ ଯୁଗ ଯୁଗ ଧରି ଗାୟକର କଣ୍ଠ ସ୍ୱରରେ ସୁମଧୁର ଶୈଳୀରେ ଅନୁରଣିତ ହୋଇଥାଏ। କାବ୍ୟ ସାହିତ୍ୟ ଅଧିକ ଲୋକପ୍ରିୟ ସେତେବେଳେ ହୁଏ ଯେତେବେଳେ ତାହା ସଂଗୀତାଶ୍ରୟୀ ହୋଇଥାଏ। କାବ୍ୟ ସାହିତ୍ୟା କ୍ଲିଷ୍ଟ ଶାବ୍ଦିକ ଅର୍ଥତତ୍ତ୍ୱକୁ ବୁଝି ନ ପାରିଲେ ମଧ୍ୟ ନିରକ୍ଷର କି ଅପାଠୁଆ ସାଧାରଣ ନରନାରୀମାନେ ସ୍ୱର ମାଧୁର୍ଯ୍ୟ ଦ୍ୱାରା ମୁଗ୍ଧ ହୋଇ ଶୁଣି ଶୁଣି ମନେ ରଖି ଗାନ କରିଥାନ୍ତି। କାବ୍ୟରେ ନିହିତ ସଂଗୀତ ତତ୍ତ୍ୱ କାବ୍ୟର ଆହ୍ଲାଦକାରୀ ପ୍ରଭାବ ଓ ମହତ୍ତ୍ୱକୁ ଦ୍ୱିଗୁଣିତ କରି ହୃଦୟରେ ଅଲୌକିକ ଆନନ୍ଦ ଭରିଦିଏ। ଏହି ମର୍ମରେ ବାଲ୍ମୀକି, କାଳିଦାସ ପ୍ରଭୃତି ପ୍ରାଚୀନ କବିମାନେ ସଂଗୀତଜ୍ଞରୁ ହିଁ ସାହିତ୍ୟିକର ଆସନକୁ ଉତ୍ତୀର୍ଣ୍ଣ ହୋଇଛନ୍ତି। ବିଶେଷତଃ ଓଡ଼ିଆ ରୀତିଯୁଗୀୟ କବିମାନେ ଏହି ବିଷୟରେ ଅତ୍ୟନ୍ତ ପାରଦର୍ଶିତା ଲାଭ କରିଥିଲେ। ସଂଗୀତର ବିଶେଷତା ହେଉଛି ସାହିତ୍ୟର ସମସ୍ତ ଦୋଷ ଦୁର୍ବଳତାକୁ ଘୋଡ଼ାଇ ମଧୁରତାରେ ଭରିଦିଏ ଶ୍ରୋତାଙ୍କ ନିକଟରେ। ସାହିତ୍ୟ ଓ ସଂଗୀତ ଅମୃତ ଝରଣା ସଦୃଶ। ଏହାର ରସ ଏତେ ମଧୁର ଯେ ଶ୍ରୋତାର ଚିତ୍ତକୁ ପ୍ରଭାବିତ କରି ତା'ର କ୍ଷୁଧା, ତୃଷା, ଦୁଃଖ ଓ ଭୋକିଲା ପ୍ରାଣର ଆର୍ତ୍ତଚିତ୍କାର। ପୁଣି ହୃଦୟରେ ତା'ର ଭରିଦିଏ ଭକ୍ତି, ପ୍ରୀତି, ହାସ୍ୟ, ବାତ୍ସଲ୍ୟ ଓ

ପ୍ରଶାନ୍ତିର ନବ ଉନ୍ମେଷ। ଭାରତର ପ୍ରାଚୀନ ସାହିତ୍ୟର ବେଦକୁ ଗାୟନ କରାଯାଉଥିଲା। ଏଥିରେ ଉଦାତ୍ତ, ଅନୁଦାତ୍ତ, ସ୍ଫୁରିତ ଆଦି ସ୍ୱର ବ୍ୟବହାର ହେଉଥିଲା ଯାହା ସାମ୍‌ବେଦରେ ଅନ୍ତର୍ଭୁକ୍ତ। ଏହା ସହଜ ହେଉ ନ ଥିବାରୁ ଗାନ୍ଧର୍ବବେଦକୁ ସାମବେଦର ଏକ ଉପବେଦର ମାନ୍ୟତା ମିଳିଥିଲା। ବହୁ ଆଲୋଚକ ସମାଲୋଚକ, ଗବେଷକ ଓ ତତ୍ତ୍ୱଦର୍ଶୀଙ୍କ ମତରେ ଗାନ କରିବା ଏହି ବେଦର ଧର୍ମ ହୋଇଥିବାରୁ ଏହାର ନାମ 'ଗାନ୍ଧର୍ବ ବେଦ' ରହିଛି। ସ୍ୱୟଂ ବିଧାତା ସଂଗୀତର ସ୍ରଷ୍ଟା। ସଂଗୀତରେ ସାହିତ୍ୟର ଉପଲବ୍ଧିକୁ ଦର୍ଶାଇ ସଂସ୍କୃତ ସାହିତ୍ୟରେ କୁହାଯାଇଛି–

"ପୂର୍ଣ୍ଣ ଚତୁର୍ଣ୍ଣାଂ ବେଦାନାଂ ସାରମାକୃଷ୍ୟ ପଦ୍ମଭୂଃ
ଇମଂତୁ ପଞ୍ଚମବେଦଂ ସଂଗୀତାଖ୍ୟମ କଳ୍ପୟତ।"

କେବଳ ସଂସ୍କୃତ ସାହିତ୍ୟ ନୁହେଁ ଓଡ଼ିଆ ସାହିତ୍ୟରେ ଅନେକ ବିଦ୍ୱାନ ସଂଗୀତଧର୍ମୀ ଗୀତିକବିତା ରଚନା କରି ସାହିତ୍ୟ ସହିତ ସଂଗୀତ ଜଗତରେ ଜୀବନ୍ତ ରହିଆସିଛନ୍ତି। ସୁସ୍ଥ ଓ ଶୃଙ୍ଖଳିତ ସମାଜ ଗଠନର ରକ୍ଷା କବଚ ଭାବରେ ଉଭୟଙ୍କ ଆବଶ୍ୟକତାର ଉପଲବ୍ଧି ହୁଏ। ଓଡ଼ିଆ ଭକ୍ତି ସଂଗୀତ ସୃଷ୍ଟି ସର୍ଜନା କରିବାରେ ପଞ୍ଚସଖା ସାହିତ୍ୟର ଭୂମିକା ଯଥେଷ୍ଟ ଅଧିକ। ପଞ୍ଚସଖାଙ୍କ ରଚିତ ଭଜନ ଓ ଜଣାଣ ସମୂହ ଶହ ଶହ ବର୍ଷଧରି ଉତ୍କଳୀୟ ପ୍ରାଣରେ ଭକ୍ତି ଭାବନା ଜାଗ୍ରତ କରିବା ସହ ଆଧାତ୍ମିକ ଜୀବନକୁ ଋଦ୍ଧିମନ୍ତ କରିଆସିଛି। ସାହିତ୍ୟ ଓ ସଂଗୀତ ଜଗତରେ ପଞ୍ଚସଖାର କବିମାନେ ଜଣେ ଜଣେ ସୁଦକ୍ଷ ବିନ୍ଧାଣୀ। ସେମାନେ ସାହିତ୍ୟ ସୃଷ୍ଟି କରିବାରେ ଯେତିକି ପ୍ରଖରବାଦୀ ତତୋଧିକ ଥିଲା ସଂଗୀତ ସୃଷ୍ଟି ସର୍ଜନା କରିବାର କ୍ଷମତା। ଏହି ମର୍ମରେ ସଂଗୀତ ଓ ସାହିତ୍ୟର ମୈତ୍ରୀ ବନ୍ଧନକୁ ପ୍ରାଚୀନ କବିମାନେ ଗୁରୁତ୍ୱପୂର୍ଣ୍ଣ ଜନସଚେତନ ଭୂମିକା ଦର୍ଶାଇ ଅସାଧାରଣ କୃତିତ୍ୱର ପରାକାଷ୍ଠା ଦେଖାଇଛନ୍ତି। ଏହି ପ୍ରସଙ୍ଗକୁ ନେଇ ସଂସ୍କୃତ ଭାଷା ସାହିତ୍ୟରେ ବର୍ଣ୍ଣିତ ଅଛି –

"ତ୍ରିବର୍ଗ ଫଳଦାଃ ସର୍ବେ ଦାନ ଯଜ୍ଞ ସ୍ତବାଦୟଃ
ଏକଂ ସଂଗୀତ ବିଜ୍ଞାନଂ ଚତୁବର୍ଗ ଫଳପ୍ରଦମ୍।"

ବିବର୍ତ୍ତନ ଭିତରେ ଆଧୁନିକ ସାହିତ୍ୟର ଅଭ୍ୟୁଦୟ। ନୂତନ ସାହିତ୍ୟ ସ୍ରୋତରେ ଅନେକ ମିଶ୍ରଣର ପ୍ରଭାବ ଅନୁଭୂତ ହୋଇଛି। ମାତ୍ର ସାଂଗୀତିକତା ହରାଇ ନାହିଁ। ଅନୁଭବ, କଳ୍ପନା, ସନ୍ଦେଶ, ସ୍ୱଦେଶ ପ୍ରେମ ସହିତ ଭକ୍ତି ଭାବନାର ଉତ୍ସ ସଂଗୀତ କ୍ଷେତ୍ରକୁ ବ୍ୟାପକତା ଦେଇଛି। ଆଧୁନିକତାର ସ୍ପର୍ଶରେ ଅସଂଖ୍ୟ ଗୀତିକବିଙ୍କର ଆବିର୍ଭାବ ହୋଇଛି। ଗଙ୍ଗାଧର ମେହେର, ରାଧାନାଥ ରାୟ, ମଧୁସୂଦନ ରାଓ, ଫକୀରମୋହନ ସେନାପତି, ଭଗବତୀ ଚରଣ ପାଣିଗ୍ରାହୀ, ବୈକୁଣ୍ଠ ନାଥ ପଟ୍ଟନାୟକ, ମାୟାଧର ମାନସିଂହ, ରାଧାମୋହନ ଗଡ଼ନାୟକ, ସଚ୍ଚି ରାଉତରାୟ, ଗୋଦାବରୀଶ ମିଶ୍ର,

କାଳିନ୍ଦୀଚରଣ ପାଣିଗ୍ରାହୀ ପ୍ରଭୃତିଙ୍କ କାବ୍ୟଗୁଡ଼ିକର ମଧୁରତା ସଙ୍ଗୀତର ମୂର୍ଚ୍ଛନାରେ ଆଜିବି ଅନୁରଣୀତ। ମାନବ ଜୀବନରେ ସଙ୍ଗୀତର ବହୁବିଧ ଭୂମିକା ସମ୍ପର୍କରେ ନାନା ପ୍ରକାର ମତ ରହିଛି। ସାହିତ୍ୟ ଓ ସଙ୍ଗୀତକୁ ସାଂସାରିକ ଦୁଃଖ ଜଞ୍ଜାଳରେ ଜର୍ଜରିତ ମନୁଷ୍ୟ ଜୀବନର ସଂଜୀବନୀ ରୂପେ କଳ୍ପନା କରାଯାଏ। ସଙ୍ଗୀତ ଦ୍ୱାରା କାମ, କ୍ରୋଧ ଆଦି ପଶୁ ପ୍ରବୃତ୍ତିଗୁଡ଼ିକ ଶୃଙ୍ଖଳିତ ହେଉଥିବା ବେଳେ ସାହିତ୍ୟ ଦ୍ୱାରା ମୌଳିକ ଜ୍ଞାନର ବିକାଶ ସାଧିତ ହୋଇଥାଏ। ସାହିତ୍ୟ ଓ ସଙ୍ଗୀତ ଉଭୟ କ୍ଷେତ୍ରଟି ଶିଶୁର ଚପଳତା, କିଶୋରର ସହଚର, ବୃଦ୍ଧର ଆଶାବାଡ଼ି, ଯୋଗୀର ମୋକ୍ଷ, ଭୋଗୀର ଭାଗ୍ୟ, ରୋଗୀର ଔଷଧ ରୂପେ ମନୁଷ୍ୟକୁ ସାହାଯ୍ୟ କରିଥାଏ। ସଙ୍ଗୀତ ମଣିଷର ଶାରୀରିକ ବିଦ୍ୟା ଅଧ୍ୟୟନ ହୋଇଥିଲା ବେଳେ ସାହିତ୍ୟ ମାନସିକ ଅଧ୍ୟୟନକୁ ପ୍ରେରଣା ଦେଇଥାଏ। ଆତ୍ମା ସହ ପରମାତ୍ମାଙ୍କ ମିଳନ କରାଇଥାଏ। ସମାଜରେ ପ୍ରଚଳିତ ପରମ୍ପରା ମଧ୍ୟରେ ଉଭୟଙ୍କ ଯୋଗଦାନ ଯଥେଷ୍ଟ ରହିଛି। ବିବାହ ବ୍ରତ ଆଦି ମାଙ୍ଗଳିକ ଉତ୍ସବରେ ସଙ୍ଗୀତର ଗୁଞ୍ଜରଣ ଉତ୍ସବକୁ ଆନନ୍ଦବିଭୋର କଲାବେଳେ ସାହିତ୍ୟର ଶାବ୍ଦିକ ସରଞ୍ଜନା ମନରେ ଉନ୍ମାଦନା ଭରିଥାଏ।

ପରିଶେଷରେ ସାହିତ୍ୟ ଓ ସଙ୍ଗୀତର ଅନ୍ତର୍ନିହିତ ସୌନ୍ଦର୍ଯ୍ୟ ଅନନ୍ତ ଓ ଅସୀମ। ଯେପରି ଶବ୍ଦ ଓ ସ୍ୱରର ତରଙ୍ଗ ଗୋଟିକ ପରେ ଗୋଟିଏ ଛୋଟବଡ଼ ଅନେକ ଲହରୀ ପରି ଆସି ସଂସାରର ପରିବର୍ତ୍ତିତ ଧାରାରେ ପ୍ଲାବିତ ହୋଇ କୂଳକୁ ସିକ୍ତ କରି ମଣିଷ ମନକୁ ଆବେଗ ପ୍ରବଣତାରେ ଭରିଦିଅନ୍ତି ସେହିପରି ସ୍ୱର, ତାଳ, ଲୟ, ଅଭିନୟ ଦ୍ୱାରା ପୁଣି ଅଳଙ୍କାରର ପ୍ରୟୋଗ, ରସର ଅବତାରଣା ଗମ୍ଭୀର, ଚଞ୍ଚଳ, ସରଳ ଶବ୍ଦ ସଂଯୋଜନାରେ ବକ୍ର ରୂପେ ଆସି ଶ୍ରୋତା ଓ ପାଠକ ପ୍ରାଣରେ ନିଜ ସ୍ଥାନ ସଂରକ୍ଷିତ କରି ସୌନ୍ଦର୍ଯ୍ୟ ବିତରଣ କରି ଦେଇଥାନ୍ତି।

■

ସହାୟକ ସୂଚୀ


୧. ଉତ୍କଳ ପାଠକ ସଂସଦ : ଓଡ଼ିଶୀ ସଙ୍ଗୀତ

୨. ଶ୍ରୀ ଧୀରେନ୍ଦ୍ର ନାଥ ପଟ୍ଟନାୟକ : ଅଭିନୟ ଦର୍ପଣମ୍

୩. ଗୁରୁ ରାମହରି ଦାସ : ଓଡ଼ିଶୀ ସଙ୍ଗୀତର ପରଂପରା ଓ ପ୍ରୟୋଗ

୪. ଡ. ସୁଧା ମିଶ୍ର : ସଙ୍ଗୀତ ସୁଧା

୫. ଉତ୍କଳ ପାଠକ ସଂସଦ : ଯାହା ଓଡ଼ିଶାର ତାହା ଓଡ଼ିଶୀ

୬. ଡ. ପ୍ରେମାନନ୍ଦ ମହାପାତ୍ର : ଓଡ଼ିଆ ସାହିତ୍ୟର ଇତିହାସ

୭. ଡ. ସୁରେନ୍ଦ୍ର ମହାରାଣା : ଓଡ଼ିଆ ସାହିତ୍ୟର ଇତିହାସ

# ଓଡ଼ିଶାର ନୌବାଣିଜ୍ୟର ପରମ୍ପରା

ବୈଷୟିକ କ୍ରିୟାକଳାପ ଦୃଷ୍ଟିରୁ ବିଭିନ୍ନ ଅବସ୍ଥାରେ ସୁବିଧା ଅସୁବିଧା ନିମିତ୍ତ ଭୌଗୋଳିକ ଅବସ୍ଥିତି ମୁଖ୍ୟତଃ ମହାଦେଶୀୟ, ସମୁଦ୍ର ତଟବର୍ତ୍ତୀ, ଦ୍ୱିପୀୟ, ଉପ-ଦ୍ୱିପୀୟ ଏହିପରି ଚାରି ଭାଗରେ ଭୂପୃଷ୍ଠକୁ ବିଭକ୍ତ କରାଯାଇଛି। ମହାଦେଶୀୟ ଦେଶଗୁଡ଼ିକର ସମୁଦ୍ର ସହିତ ସଂଯୋଗ ନ ଥିବାରୁ ସେମାନଙ୍କର ବାଣିଜ୍ୟ ଅଭିବୃଦ୍ଧିରେ ନାନା ରକମର ଅସୁବିଧା ଦେଖାଯାଏ। ଏପରି ଦେଶଗୁଡ଼ିକ ସାଧାରଣତଃ ଆନ୍ତର୍ଜାତିକ ବାଣିଜ୍ୟ କ୍ଷେତ୍ରରେ ବିଶେଷ ଅଂଶଗ୍ରହଣ କରିପାରନ୍ତି ନାହିଁ। ଗୋଟିଏ ଦେଶର ବାଣିଜ୍ୟ କେବଳ ନୁହେଁ, ତା'ର ଉନ୍ନତି, ଅବନତି ଓ ଅସ୍ତିତ୍ୱ ସାଧାରଣତଃ ତା'ର ପାର୍ଶ୍ୱବର୍ତ୍ତୀ ଦେଶଗୁଡ଼ିକର ସହୃଦୟତା ଓ ନିରପେକ୍ଷତା ଉପରେ ନିର୍ଭର କରନ୍ତି। ସମୁଦ୍ର ତଟବର୍ତ୍ତୀ ସ୍ଥାନଗୁଡ଼ିକ ବାଣିଜ୍ୟ ଦୃଷ୍ଟିରୁ କେତେଗୁଡ଼ିଏ ସ୍ୱାଭାବିକ ସୁବିଧା ଭୋଗ କରନ୍ତି। ଯଦି ଏହି ସ୍ଥାନ କିମ୍ବା ଦେଶଗୁଡ଼ିକ ଆନ୍ତର୍ଜାତିକ ବାଣିଜ୍ୟ ପଥ ଉପରେ ଅବସ୍ଥିତ, ତା' ହେଲେ ସେମାନଙ୍କର ବାଣିଜ୍ୟ ବ୍ୟବସାୟ କ୍ଷେତ୍ରରେ ବିଶେଷ ଉନ୍ନତି ପରିଲକ୍ଷିତ ହୁଏ। ଦ୍ୱିପୀୟ ଦେଶଗୁଡ଼ିକ ଜଳଭାଗ ଦ୍ୱାରା ପରିବେଷ୍ଟିତ ହୋଇଥିବାରୁ ସେଠାରେ ଜଳବାୟୁର ତୀବ୍ରତା ଅନୁଭୂତ ହୁଏ ନାହିଁ। ପୁନଶ୍ଚ ଜଳପଥ ଦ୍ୱାରା ବିଭିନ୍ନ ଦେଶ ସହିତ ସମ୍ପୃକ୍ତ ହୋଇଥିବାରୁ ସେମାନଙ୍କ ପକ୍ଷରେ ବର୍ହିବାଣିଜ୍ୟ ସହଜସାଧ୍ୟ। ଅଧିବାସୀମାନେ ସାଧାରଣତଃ ମାଛ ବ୍ୟବସାୟ ଓ ନୌଚାଳନା କାର୍ଯ୍ୟରେ ଦକ୍ଷତା ଲାଭ କରନ୍ତି। ସ୍ପେନ, ବ୍ରିଟେନ, ଜାପାନ, ନିଉଜଲାଣ୍ଡ ପ୍ରଭୃତି ଦେଶ ଏଇ ଶ୍ରେଣୀୟ ଏବଂ ୟୁରୋପର ସୁଇଜରଲ୍ୟାଣ୍ଡ, ଏସିଆ ମହାଦେଶର ଆ'ଗାନିସ୍ଥାନ, ନେପାଳ, ମଙ୍ଗୋଲିଆ ଓ ଦକ୍ଷିଣ ଆମେରିକାର ବଲ୍‌ଭିଆ ପ୍ରଭୃତି ମହାଦେଶୀୟ ଅନ୍ତର୍ଭୁକ୍ତ। ନଦୀ ମାତୃକା ଦେଶ ସର୍ବଦା ସମ୍ପଦଶାଳୀ ଓ ମଣିଷର ବସବାସ ପାଇଁ ଉପଯୋଗୀ। ନଦୀ ହିଁ ବାଣିଜ୍ୟ ବିସ୍ତାରର ପ୍ରଧାନ ଅବଲମ୍ବନ ଥିଲା ଅତୀତର। ଏବେ ମଧ୍ୟ ବ୍ୟବସାୟ ବାଣିଜ୍ୟ ପରିବହନ ପାଇଁ ଯେତେ ପ୍ରକାର ବ୍ୟବସ୍ଥା

ରହିଛି, ତା' ମଧ୍ୟରେ ଅନୁକୂଳ ଜଳପଥ ହିଁ ସର୍ବପେକ୍ଷା ସୁବିଧାଜନକ। ଏହାଛଡ଼ା ସମୁଦ୍ରର ଅନୁକୂଳ ସ୍ରୋତରେ ଜାହାଜ ଚଳାଇବା ବ୍ୟବସ୍ଥା ସହଜ ଓ ସୁବିଧାଜନକ ଏବଂ ଏହା ମଧ୍ୟ ଅର୍ଥନୀତିକ ଉପରେ ସୁପ୍ରଭାବ ପକାଇଥାଏ। ବ୍ୟବସାୟ ବାଣିଜ୍ୟର ଅଭିବୃଦ୍ଧି ପାଇଁ ତୀରଭୂମି ଭଗ୍ନ, ନିମ୍ନ, ଗଭୀର, ସୁବିସ୍ତୃତ ଓ ତରଙ୍ଗ କ୍ଷେତ୍ରରୁ ସୁରକ୍ଷିତ ହେଲେ ବନ୍ଦର ଓ ପୋତାଶ୍ରୟ ନିର୍ମାଣ ସହଜ ହୋଇଥାଏ ଫଳରେ ବ୍ୟବସାୟ ବାଣିଜ୍ୟ ନିମନ୍ତେ ସହଜସାଧ୍ୟ ହୁଏ। ଏଣୁ ନୌଚାଳନାରେ ପାରଦର୍ଶୀ ବ୍ରିଟିଶ ଜାତି ଅତି ପ୍ରାଚୀନ କାଳରୁ ସମୁଦ୍ର ପଥରେ ଆସି ଦୂରଦୂରାନ୍ତର ଦେଶ ସହିତ ବାଣିଜ୍ୟ ସମ୍ପଦ ସ୍ଥାପନ କରିବାରେ ସକ୍ଷମ ହୋଇଥିଲେ। ବାଣିଜ୍ୟର ସ୍ୱାଭାବିକ ସୁବିଧା ହେତୁ ବ୍ରିଟେନର ଶ୍ରମ ଶିଳ୍ପଜାତ ଦ୍ରବ୍ୟ ଦେଶ ବିଦେଶରେ ପ୍ରଚୁର ପରିମାଣରେ ବିକ୍ରି ହୋଇପାରିଥିବାର ସେ ଦେଶରେ ଶ୍ରମ ଶିଳ୍ପର ବିଶେଷ ପ୍ରସାର ଘଟିଛି। ଅପର ପକ୍ଷରେ ଭାରତବର୍ଷ ଓ ଆଫ୍ରିକାର ତଟଦେଶ ଦନ୍ତୁରିତ ହୋଇ ନଥିବାରୁ ସେଠାରେ ବନ୍ଦର ଓ ପୋତଶ୍ରୟ ନିର୍ମାଣ କରାଯାଇଛି ଯାହା ବ୍ୟୟସାପେକ୍ଷ।

ଗୋଟିଏ ଦେଶ ଯେତେ ସମୃଦ୍ଧିଶାଳୀ ହେଲେ ମଧ୍ୟ ସେ ଦେଶ ଅନ୍ୟ ଦେଶ ଉପରେ କୌଣସି ନା କୌଣସି ଦ୍ରବ୍ୟ ଉପରେ ନିର୍ଭର କରିଥାଏ। କୃଷିଜାତ ଦ୍ରବ୍ୟ, ଖଣିଜ ପଦାର୍ଥ ଇତ୍ୟାଦି ଦେଶର ଚାହିଦା ପରେ ଉଦ୍‌ବୃତ୍ତ ଦ୍ରବ୍ୟ, ବିକ୍ରୟ ପାଇଁ ଅନ୍ୟ ଦେଶକୁ ପ୍ରେରିତ ହୋଇଥାଏ। ସେହିପରି ଦେଶରେ ଯେଉଁ ସମସ୍ତ ଦ୍ରବ୍ୟର ଅଭାବ ରହିଛି ତାହା ଅନ୍ୟ ଦେଶରୁ ଆମଦାନୀ କରିବାକୁ ପଡ଼ିଥାଏ କାନାଡ଼ା, ମାର୍କିନ ଯୁକ୍ତରାଷ୍ଟ୍ର, ଆର୍ଜେଣ୍ଟିନା, ଅଷ୍ଟ୍ରେଲିଆ ପ୍ରଭୃତି ରାଷ୍ଟ୍ରକୁ ଉଦାହରଣରେ ନିଆଯାଇ ପାରେ। ଏହି ରାଷ୍ଟ୍ରଗୁଡ଼ିକ ନିଜ ଚାହିଦା ଠାରୁ ଯଥେଷ୍ଟ ଅଧିକ ପରିମାଣରେ ଗହମ ଉତ୍ପାଦନ କରନ୍ତି ଯାହା ଅନ୍ୟ ଦେଶମାନଙ୍କୁ ପଠାଇବାର ସୁବିଧା ଖୋଜନ୍ତି। ସୁଇଡ୍ରେନରେ ଉଚ୍ଚକୋଟୀର ଲୁହାପଥର ମିଳେ। ଲୌହ ଓ ଇସ୍ପାତ ଶିଳ୍ପ ପାଇଁ ଆବଶ୍ୟକ ହେଉଥିବା ଅନ୍ୟାନ୍ୟ ଦ୍ରବ୍ୟ, କୋଇଲା ଓ ମାଙ୍ଗାନିଜ ସୁଇଡେନରେ ମିଳେ ନାହିଁ। ତେଣୁ ନିଜ ଦେଶର ଦ୍ରବ୍ୟ ବିନିମୟରେ ଆବଶ୍ୟକୀୟ ଦ୍ରବ୍ୟକୁ ଆମଦାନୀ କରିବାକୁ ବାଧ୍ୟ ହୁଏ। ବିଭିନ୍ନ ଦେଶ ମଧ୍ୟରେ ବାଣିଜ୍ୟ ଦ୍ରବ୍ୟର ଯେଉଁ ପ୍ରାଚୁର୍ଯ୍ୟ କିମ୍ବା ନିଅଣ୍ଟ ରହିଛି ତାହା ଦେଶ ଦେଶ ମଧ୍ୟରେ ବାଣିଜ୍ୟର କାରଣ ହୋଇଥାଏ। କିନ୍ତୁ ବାଣିଜ୍ୟର ଦୂରତ୍ୱ ଯାହାର ଫଳସ୍ୱରୂପ ପରିବହନର ଆବଶ୍ୟକତା ପଡ଼େ। ଜଳପଥ ଏବଂ ଆକାଶପଥ ମାଧ୍ୟମରେ ଏହାର ସମାଧାନ ହୋଇଛି। ଜଳପଥରେ ନୌକା, ଷ୍ଟିମର, ଜାହାଜ ପ୍ରଭୃତି ଯାନବାହାନ ଦ୍ୱାରା ପରିବହନ କାର୍ଯ୍ୟ ସାଧିତ ହୋଇଥାଏ। ବ୍ୟବସାୟ ଓ ବାଣିଜ୍ୟ କ୍ଷେତ୍ରରେ ଅନ୍ତରାଷ୍ଟ୍ରୀୟ ଜଳପଥର ଭୂମିକା ଗୁରୁତ୍ୱପୂର୍ଣ୍ଣ।

କମ୍ବୋଡ଼ିଆ ତଥା ସୁବର୍ଣ୍ଣ ଦ୍ୱୀପରେ କଳିଙ୍ଗରୁ ଉଠିଯାଇ କୌଣ୍ଡିନ୍ୟ ଗୋତ୍ରୀୟ ଜଣେ ବ୍ରାହ୍ମଣ ସେଠାରେ ଏକ ସାମ୍ରାଜ୍ୟ ସ୍ଥାପନ କରିଥିଲେ। ଏ ପ୍ରସଙ୍ଗ ସେଠାରେ କେତେକ ପ୍ରାଚୀନ ଗ୍ରନ୍ଥରେ ବର୍ଣ୍ଣିତ ହୋଇଛି। କମ୍ବୋଡ଼ିଆର ସେହି ରାଜବଂଶ ବ୍ରାହ୍ମଣ୍ୟ ଧର୍ମର ସୁରକ୍ଷା ନିମନ୍ତେ ସେଠାରେ ଯେଉଁ ମନ୍ଦିରଗୁଡ଼ିକ ଗଠନ କରାଇଥିଲେ ସେଥି ସଙ୍ଗେ ତତ୍‌କାଳୀନ ଓଡ଼ିଶାର ମନ୍ଦିର ଶିଳ୍ପ ତୁଳନୀୟ। ତେଣୁ ଏ ଅଞ୍ଚଳ ସେଠାକୁ ଆସିଥାଇପାରନ୍ତି ବୋଲି କହିଲେ ଅତ୍ୟୁକ୍ତି ହେବ ନାହିଁ। ଖ୍ରୀ. ପଞ୍ଚମ ବା ଷଷ୍ଠ ଶତାବ୍ଦୀରେ 'ଚନ୍ଦ୍ର' ନାମାନ୍ତ ରାଜାମାନେ ବୈଦିକ ଧର୍ମର ପ୍ରସାର କରି ଭାରତର ପୂର୍ବାଞ୍ଚଳ ସମେତ ଆଧୁନିକ ବଙ୍ଗଳା ଦେଶର ଫରିଦ୍‌ପୁର ଜିଲ୍ଲା ପର୍ଯ୍ୟନ୍ତ ରାଜତ୍ୱ ବିସ୍ତାର କରିଥିଲେ। ସେମାନଙ୍କର କେତେକ ତାମ୍ରଶାସନ ଫରିଦ୍‌ପୁର ଜିଲ୍ଲାରୁ ଆବିଷ୍କୃତ ହୋଇ ୧୯୧୦ ସାଲରେ ଇ.ଏଫ. ପାର୍ଜିଟରଙ୍କ ଦ୍ୱାରା ପ୍ରକାଶିତ ହୋଇଥିଲା। ସେଥିରେ 'ଚନ୍ଦ୍ର' ନାମାନ୍ତ ମହାରାଜାଧିରାଜ ଉପାଧି ଭୂଷିତ ଗୋପାଳଚନ୍ଦ୍ରଙ୍କ ନାମ ଖୋଦିତ ଅଛି। ତାଙ୍କର ଜଣେ ମହାସମାନ୍ତ ମହାରାଜ ଉପାଧିଧାରୀ ଅଧସ୍ତନ ରାଜା ଅଚ୍ୟୁତ ଓଡ଼ିଶାର ପୂର୍ବାଞ୍ଚଳ 'ଦଣ୍ଡଭୁକ୍ତି' ଠାରେ ଗୋଟିଏ ବୌଦ୍ଧ ମହାବିହାର ନିର୍ମାଣ କରି ଅବଲୋକିତେଶ୍ୱରଙ୍କ ଆରାଧନା ସକାଶେ ଗ୍ରାମ ଦାନ କରିଥିଲେ। ଏହି ପ୍ରସଙ୍ଗ ବାଲେଶ୍ୱରସ୍ଥ ଭୋଗରାଇ ଥାନାରେ ଥିବା ଜୟରାମପୁର ଗ୍ରାମରୁ ଆବିଷ୍କୃତ ତାମ୍ରଶାସନରୁ ଜଣାଯାଏ। ସେହି ତାମ୍ରଶାସନରେ ପ୍ରଥମ ଚନ୍ଦ୍ର ବଂଶୀୟ ମହାରାଜଧିରାଜ ଧନଚନ୍ଦ୍ର ଓ ଗିରି ଦେବୀଙ୍କ ପୁତ୍ର ଗୋପଚନ୍ଦ୍ରଙ୍କ 'ଦୀର୍ଘ ପ୍ରଶସ୍ତି'ରେ ବର୍ଣ୍ଣିତ ହୋଇଅଛି ଯେ, ତାଙ୍କ ସାମ୍ରାଜ୍ୟର ସୀମା ଚତୁଃ ସମୁଦ୍ରକୁ ସ୍ପର୍ଶ କରିଥିଲା। ସେ ବହୁ ଦେବ ମନ୍ଦିର ଗଠନ କରି ଧର୍ମ କାର୍ଯ୍ୟରେ ଲିପ୍ତ ହୋଇ ଚତୁଃ ବର୍ଣ୍ଣର ସୁରକ୍ଷା କରିଥିଲେ। ଅଗ୍ନି ହୋତ୍ର-ବେଦାଧ୍ୟାୟୀ ବ୍ରାହ୍ମଣମାନଙ୍କୁ ବହୁ ସଂଖ୍ୟାରେ ଶାସନମାନ ଦାନ କରିଥିଲେ। ଫଳ ପୁଷ୍ପ ଉଦ୍ୟାନ ପ୍ରତିଷ୍ଠା କରି ପ୍ରଜା ପୁଞ୍ଜିର କଲ୍ୟାଣରେ ବ୍ରତୀ ହୋଇଥିଲେ। ଉଦାର ଗୁଣସମ୍ପନ୍ନ ସେହି ରାଜାଙ୍କର କୀର୍ତ୍ତି ଚତୁଃ ସମୁଦ୍ର ତ୍ରିକାନ୍ତି ଦେଶମାନଙ୍କରେ ଖ୍ୟାତି ବିସ୍ତାର କରିଥିଲା। ସେ ନିଜେ ମହେଶ୍ୱରଙ୍କ ପରମ ଭକ୍ତ ରୂପେ ପରିଚିତ ହୋଇଥିଲେ। ତାଙ୍କ ଅଧୀନରେ ଅଚ୍ୟୁତ ନାମକ ଜଣେ ସମାନ୍ତରାଜା ଦଣ୍ଡ ଭୁକ୍ତି – ମଣ୍ଡଳର ଶାସକ ରୂପେ ରହି ବୋଧି ପଦ୍ରକ ଠାରେ ଏକ ବୌଦ୍ଧ ବିହାର ପ୍ରତିଷ୍ଠା କରିଥିଲେ। ସେଥିରେ ପରିଚାଳନା ନିମନ୍ତେ ଯେଉଁ ଗ୍ରାମଟି ସେ ଦାନ କରିଥିଲେ, ସେଥିରେ ଦକ୍ଷିଣରେ ଅବସ୍ଥିତ ସମୁଦ୍ରକୁ ପୁଣ୍ୟପ୍ରଦ ଦେବତାଙ୍କ ସଙ୍ଗେ ସମାନ କରି "ସୁରାସୁର ମୁନିସିଦ୍ଧ-ଚାରଣ-ମନୁଜ-ମାନୁଜେନ୍ଦ୍ରା ବିଭଃ ସଂସ୍ତୁତାନ୍ୟାନ୍ୟ ନିବେଶୋତଥିତ ପୁଣ୍ୟ ସଲିଳ କଳି କଲୁଷ। ପହର ବିବିଧ ରତ୍ନ ନିଚୟୋ ଭଗବାନ ଜଳନିଧି..." ବର୍ଣ୍ଣନା କରାଯାଇଛି। ଏହି ତାମ୍ରଶାସନରେ

ସ୍ପଷ୍ଟ ପ୍ରମାଣିତ ହେଉଛି ଯେ ପୂର୍ବ ଭାରତୀୟ ଉପକୂଳ ଅଞ୍ଚଳର ରାଜାପ୍ରଜା ନିର୍ବିଶେଷରେ ସମସ୍ତେ ସମୁଦ୍ରକୁ ଏକ ବିଶିଷ୍ଟ ପୁଣ୍ୟତୀର୍ଥ ରୂପେ ଗ୍ରହଣ କରୁଥିଲେ। କାରଣ ସେଥିରେ ବାଣିଜ୍ୟର ପ୍ରସାର ହେତୁ ବିବିଧ ରତ୍ନ ଅର୍ଥାତ ମୁକ୍ତା ପ୍ରବାଳ ପ୍ରଭୃତି ମୂଲ୍ୟବାନ ବସ୍ତୁ ସଂଗ୍ରହ କରି ଏ ଅଞ୍ଚଳର ବଣିକମାନେ ଦଣ୍ଡଭୁକ୍ତି ବନ୍ଦର ତଥା ସୁବର୍ଣ୍ଣରେଖା ମୁହାଣରେ କିମ୍ବା ଟଂରଲିପି ବନ୍ଦରର ନୌକାରେ ସିନ୍ଧ, ବରୁଣ, ମନୁଜ, ମାନୁଜେନ୍ଦ୍ର ପ୍ରଭୃତି ସ୍ତୁତି କରୁଥିଲେ। କାରଣ ସମୁଦ୍ର ଅଶାନ୍ତ ରହିଲେ ହିଁ ନୌଯାତ୍ରା ନିରାପଦ ହେଉଥିଲା।

କଳିଙ୍ଗ ଓ ତୋଷଳୀ ରାଜ୍ୟରୁ ନାବିକମାନେ ଯେଉଁ ସମୁଦ୍ର ପଥରେ ସିଂହଳ ଓ ପୂର୍ବ ଦ୍ୱୀପପୁଞ୍ଜକୁ ନୌକାଗୁଡ଼ିକ ବାହି ନେଉଥିଲେ, ସେଥିରେ ଜଳପଥ ଉପକୂଳ ଠାରୁ ଅଳ୍ପ ଦୂରରେ ରହୁଥିଲା। ଯେପରିକି ବାତ୍ୟା ଓ ବିପଦ ଦେଖାଦେବା ମାତ୍ରେ ନୌକାକୁ ଚଞ୍ଚଳ ଉପକୂଳକୁ ନେଇ ସୁରକ୍ଷିତ କରାଯାଇପାରିବ। ଏ ଦୃଷ୍ଟିରୁ ବିଚାର କଲେ ଜଣାଯାଉଛି ଯେ, ତାମ୍ର ଲିପି, ପଲୁରା, କଳିଙ୍ଗ ପତ୍ତନ ପ୍ରଭୃତି ବନ୍ଦରରୁ ନୌକାରେ ପୂର୍ବ ଦିଗକୁ ଯାତ୍ରା କରି ପଣ୍ୟବାହୀ ଯାନଗୁଡ଼ିକ ଦଣ୍ଡ ଭୁକ୍ତି ଓ ତୀର ଭୁକ୍ତି (ପଶ୍ଚିମ ବଙ୍ଗର ଉପକୂଳ) ଅତିକ୍ରମ କରି ପ୍ରଥମେ ବର୍ମାରେ ପହଞ୍ଚି ପାରୁଥିଲେ। ବ୍ରହ୍ମଦେଶ (ବର୍ମା)ର ନାମ ଥିଲା 'ଶ୍ରୀକ୍ଷେତ୍ର'। ସେଠାରେ ନାରାୟଣ ଓ ଶିବଙ୍କ ମନ୍ଦିରମାନ ଗଠିତ ହୋଇଥିବାରୁ ନୌଯାତ୍ରୀମାନେ ସୁବିଧାରେ କିଛି କାଳ ସେଠାରେ ରହି ବାଣିଜ୍ୟ ଦ୍ରବ୍ୟର ଆଦାନପ୍ରଦାନ କରିପାରିଥିଲେ। ଶ୍ରୀକ୍ଷେତ୍ରରୁ ସେମାନେ ବିଭିନ୍ନ ଦ୍ୱୀପକୁ ବିଶେଷତଃ କାମ୍ବୋଡ଼ିଆ ଆଇଲାଣ୍ଡ ପ୍ରଭୃତି ରାଜ୍ୟମାନଙ୍କୁ ଯାଇପାରୁଥିଲେ। ସେଠାରୁ ମଧ୍ୟ ସେମାନଙ୍କର ଅବସ୍ଥାନ ପାଇଁ ମଠ-ମନ୍ଦିର ମାନଙ୍କରେ ସୁବିଧା ରହିଥିଲା କାମ୍ବୋଜାଧିପତି ନିଜେ ବ୍ରାହ୍ମଣ୍ୟ ଧର୍ମରେ ଦୀକ୍ଷା ଲାଭ କରି ଭାରତୀୟ ଧର୍ମ ଓ ସଂସ୍କୃତି ସେ ଦେଶରେ ପ୍ରସାରିତ କରିଥିଲେ। ସେଠାରେ ବହୁଗୁଡ଼ିଏ ଶିଳାଲେଖରେ ସଂସ୍କୃତ ଭାଷା ସଙ୍ଗେ ଭାରତରେ କୁଟିଳ ଲିପି ବ୍ୟବହୃତ ହୋଇଥିବା ଦେଖାଯାଏ। ମଧ୍ୟଯୁଗରେ କଳିଙ୍ଗର ଗଙ୍ଗ ବଂଶରେ ଯେପରି ଇନ୍ଦ୍ର ବର୍ମା, ଜୟ ବର୍ମା ପ୍ରଭୃତି ନାମ ବ୍ୟବହୃତ ହେଉଥିଲା, ଠିକ୍ ସେହି ନାମରେ କେତେକ ରାଜାଙ୍କ ନାମ ସେହି ରାଜ୍ୟର ଆବିଷ୍କୃତ ଶିଳାଲେଖରେ ମଧ୍ୟ ଉତ୍କୀର୍ଣ୍ଣ ହୋଇଅଛି। କଳିଙ୍ଗର ସେହି ରଜବଂଶର ଏକ ଶାଖା କାମ୍ବୋଡ଼ିଆ ଓ ଥାଇଲ୍ୟାଣ୍ଡରେ ରାଜତ୍ୱ କରିଥିବା ହେତୁ ରାଜବଂଶରେ ପ୍ରଚଳିତ ନାମଗୁଡ଼ିକ ସେଠାରେ ବ୍ୟବହାର କରୁଥିବା ସମ୍ଭବ। କଳିଙ୍ଗର ପ୍ରାଚୀନ ଗଙ୍ଗବଂଶୀୟ ରାଜାମାନଙ୍କ ପଡ଼ୋଶୀ ରୂପେ କୋଙ୍ଗଦର ଶୈଳୋଦ୍ଭବ ରାଜବଂଶ ଓଡ଼ିଶାର କେନ୍ଦ୍ର ଭାବରେ ରାଜତ୍ୱ କରିଥିଲେ। ତାଙ୍କ ରାଜ୍ୟର ଉପକୂଳ ଅଞ୍ଚଳରେ ନୌଯାତ୍ରାର ସୁପ୍ରସିଦ୍ଧ କେନ୍ଦ୍ର ଥିଲା 'ଚିଲିକା ହ୍ରଦ'। ଅନ୍ୟ ଦିଗରେ ମଧ୍ୟ ପାଲୁର ଓ ଗଞ୍ଜାମ ନାମରେ ଦୁଇଟି

ବନ୍ଦରର ଅବସ୍ଥିତି ହେତୁ ସେ ଅଞ୍ଚଳର ଯାତ୍ରୀମାନେ ବିଶେଷତଃ ବଣିକ ସମ୍ପ୍ରଦାୟ, ସାମୁଦ୍ରିକ ପଥରେ ବାଣିଜ୍ୟର ପ୍ରସାର କରିବା ସୁବିଧା ଲାଭ କରିଥିଲେ। କୋଙ୍ଗଦରେ ବହୁ ସଂଖ୍ୟାରେ ବ୍ରାହ୍ମଣ ପଣ୍ଡିତମାନେ ରହୁଥିବାରୁ ଏବଂ ସେମାନେ ସଂସ୍କୃତ ଭାଷାରେ ନୈପୁଣ୍ୟ ଲାଭ କରିଥିବାରୁ ବୈଦିକ ଧର୍ମର ପ୍ରସାରଣ ସକାଶେ ଦୂର ଦେଶମାନଙ୍କୁ ନୌକାରେ ତୀର୍ଥଯାତ୍ରା କରୁଥିଲେ। କୋଙ୍ଗଦର ଦକ୍ଷିଣରେ ବରୁଣା ନାମକ ବନ୍ଦରରୁ ମଧ୍ୟ ନୌଯାତ୍ରୀମାନେ ଦୂର ଦେଶମାନଙ୍କୁ ଯାଉଥିବାର ପ୍ରମାଣ ରହିଛି। କବି ବାସୁଦେବ ରଥଙ୍କ ରଚିତ 'ଗଙ୍ଗ ବଂଶାନୁଚରିତ' ନାମକ ଚମ୍ପୂ କାବ୍ୟରେ ବୁରଣ ବନ୍ଦର ଠାରୁ ବିଦ୍ୟାପତି ନାମକ ଜଣେ ବ୍ରାହ୍ମଣ ତାଙ୍କ ସହଧର୍ମିଣୀଙ୍କ ସଙ୍ଗେ ନୌକା ଯୋଗେ ନୀଳାଚଳ – କ୍ଷେତ୍ରକୁ ଯାତ୍ରା କରିଥିବା କଥା ରହିଛି। ଏଥିରୁ ଅନୁମିତ ହୁଏ ଯେ ସେହି ବନ୍ଦରଟି ବହୁ କାଳ ପର୍ଯ୍ୟନ୍ତ ଦକ୍ଷିଣ ଭାରତୀୟ ଯାତ୍ରୀମାନଙ୍କର ଏକ ପ୍ରଧାନ ଯାତ୍ରପଥ ହୋଇ ରହିଥିଲା। କେତେକ ଐତିହାସିକ ଅନୁମାନ କରନ୍ତି ଯେ ଜାଭା, ସୁମାତ୍ରା ବା ସୁବର୍ଣ୍ଣ ଦ୍ୱୀପରେ ଯେଉଁ ଶୈଳେନ୍ଦ୍ର ବଂଶୀୟ ରାଜାମାନେ ରାଜତ୍ୱ କରୁଥିଲେ, ସେମାନେ ଶୈଳୋଦ୍ଭବ ବଂଶର ପରବର୍ତ୍ତୀ ଗୋଟିଏ ଶାଖା। ବାସ୍ତବରେ ସେଠାରେ ସଂସ୍କୃତି ଓ ପ୍ରତିଷ୍ଠା ଯୋଗୁଁ ଉପରୋକ୍ତ ଆଶଙ୍କା ସତ୍ୟ ହୋଇପାରେ। ଶୈବ ଧର୍ମରେ ଦୀକ୍ଷିତ ବହୁ ରାଜବଂଶ କଳିଙ୍ଗର ରାଜତ୍ୱ କରିଥିଲେ। ଶିଳାବଂଶ ନାମରେ ଅନ୍ୟ ଏକ ରାଜବଂଶ କୋରାପୁଟ ଓ ବିଶାଖାପାଟଣା ଜିଲ୍ଲାର ମାଳ ଅଞ୍ଚଳରେ ମଧ୍ୟଯୁଗରେ ରାଜ୍ୟ ବିସ୍ତାର କରିଥିବା ଜଣାଯାଏ। ସେ ଯାହା ହେଉ ସୁବର୍ଣ୍ଣ ଦ୍ୱୀପର ରାଜବଂଶ ସଙ୍ଗେ ପଶ୍ଚିମ ଓଡ଼ିଶାର ସୋମବଂଶୀୟ ରାଜାମାନଙ୍କ ବୈବାହିକ ସମ୍ପର୍କ ଥିବା ପ୍ରସଙ୍ଗ କେତେକ ଅଭିଲେଖରୁ ସୂଚିତ ହୋଇଅଛି। ଯବ ଦ୍ୱୀପର ମହାରାଜା ସମରାଗ୍ରବୀରଙ୍କ ରାଣୀ ଓ ବାଳପୁତ୍ର ଦେବଙ୍କ ମାତା ତାରା ମହିଷୀ ସୋମବଂଶୀୟ ରାଜା ଶ୍ରୀଧର୍ମ ସେତୁଙ୍କ କନ୍ୟା ଥିବା ପ୍ରସଙ୍ଗ ଦେବପାଳଙ୍କ ନାଳନ୍ଦା ତାମ୍ରଶାସନରେ ଲେଖାଅଛି। ସମ୍ଭବତଃ ସେ ଦକ୍ଷିଣ କୋଶଳ (ପଶ୍ଚିମ ଓଡ଼ିଶା)ର ସୋମବଂଶୀ ମହାରାଜା (ଧର୍ମ-କନ୍ଦର୍ପ) ହୋଇଥିବେ, ଯାହାଙ୍କ ନାମ ନାଳନ୍ଦା ଅଭିଲେଖରେ 'ଧର୍ମ ସେତୁ' ବୋଲି କୁହାଯାଇଛି।

'ବାଣିଜ୍ୟେ ବସତି ଲକ୍ଷ୍ମୀ' ଏହା ସଂସ୍କୃତର ଏକ ପ୍ରଚଳିତ ଶ୍ଲୋକ ରହିଛି। ଏହାର ଅର୍ଥକୁ ବୁଝିବାକୁ ଗଲେ ଦେଶର ଅର୍ଥନୈତିକ ସମୃଦ୍ଧି ବାଣିଜ୍ୟ ଉପରେ ଅନେକ କ୍ଷେତ୍ରରେ ନିର୍ଭରଶୀଳ। ଦୂର ଅତୀତରୁ ଓଡ଼ିଶାର ସାଧବ ପୁଅମାନେ ଏହା ହୃଦୟଙ୍ଗମ କରିଥିଲେ ଏବଂ ଓଡ଼ିଶାର ସାଧବ ପୁଅମାନେ ବାଣିଜ୍ୟକରଣ ଉପରେ ବିଶେଷ ଗୁରୁତ୍ୱ ଦେଇଥିଲେ। ଏହା ମୁକସାକ୍ଷୀ ହେଉଛି ଆମ ଅତୀତ ଇତିହାସର କଥା

ଓ କାହାଣୀ। ପ୍ରାଚୀନ ଉତ୍କଳର ଅର୍ଥନୈତିକ ସମୃଦ୍ଧି ନୌବାଣିଜ୍ୟର ମାଧ୍ୟମରେ ଅନ୍ୟାନ୍ୟ ଦେଶକୁ ସମ୍ପ୍ରସାରିତ ହୋଇପାରିଥିଲା। ଅତୀତରରେ ଉତ୍କଳର ବହୁ ସ୍ଥାନ ବାଣିଜ୍ୟର ପେଣ୍ଠସ୍ଥଳୀ ରହିଥିଲା। ତନ୍ମଧ୍ୟରୁ ବାଲେଶ୍ୱରର ଚାନ୍ଦବାଲି ଓ ଧାମରା ଅନ୍ୟତମ। ଫକୀରମୋହନ ବାଲେଶ୍ୱର ବନ୍ଦରରେ 'ଓଲନ୍ଦାଜ ଜାତି' ପ୍ରବନ୍ଧରେ ନୌବାଣିଜ୍ୟ ସମ୍ପର୍କରେ ଆଲୋଚନା ରହିଛି। ଜଳଦସ୍ୟୁ ଗଞ୍ଜାଲିଶଙ୍କ ବୋଇତ ଲୁଣ୍ଠନ ବିଷୟର ବିଭିନ୍ନ ସମୟର କଥା 'କାଳିକା ପ୍ରସାଦ ଗୋରାପ'ରେ ବର୍ଣ୍ଣନା ରହିଛି। ତତ୍କାଳୀନ ସମୟରେ ବାଲେଶ୍ୱର ଏକ ପ୍ରଧାନ ବାଣିଜ୍ୟ କେନ୍ଦ୍ର ଥିଲା ବୋଲି ୟୁରୋପରେ ଖ୍ୟାତିଲାଭ ମଧ୍ୟ କରିଥିଲା। ବଙ୍ଗଦେଶକୁ ପ୍ରବେଶ କରିବା ପୂର୍ବରୁ ଓଲନ୍ଦାଜ, ଦିନାମାର, ଫରାସୀ ଓ ଇଂରେଜ ପ୍ରଭୃତି ୟୁରୋପୀୟ ବଣିକ ଦଳ ଏହି ସ୍ଥାନରେ ଅନେକ ବାଣିଜ୍ୟ କାରବାର ଆରମ୍ଭ କରିଥିଲେ। ସେ ସମୟରେ ମୁଖ୍ୟତଃ ନୌକା, ହାତୀ, ବଳଦଗାଡ଼ି ସାହାଯ୍ୟରେ କାର୍ଯ୍ୟ ସମାପନ ହେଉଥିଲା। ସେ ସମୟରେ ଅନ୍ୟ ବ୍ୟବସ୍ଥା ଯଥା ରେଳପଥ କି କେନାଲର ସୁବିଧା ନ ଥିଲା। ବାହାର ଦେଶରେ ଓଡ଼ିଶାର ଦ୍ରବ୍ୟର ଚାହିଦା ଥିବାରୁ ୟୁରୋପୀୟ ବଣିକମାନେ ଏ ଦେଶର ପଣ୍ୟଦ୍ରବ୍ୟ ମିଶର ଓ ପାରସ୍ୟ ପ୍ରଭୃତି ଦେଶକୁ ବିକ୍ରୟ କରୁଥିଲେ। ଲବଣ ରପ୍ତାନି ସେ ସମୟର ମୁଖ୍ୟ ବାଣିଜ୍ୟ ବ୍ୟବସାୟ ଥିଲା ଓଡ଼ିଶାର। ବ୍ରିଟିଶମାନଙ୍କର ମଧ୍ୟ ଲୁଣମରା ପ୍ରଧାନ ବ୍ୟବସାୟ ଥିଲା ସେତେବେଳେ। ଓଡ଼ିଶା ବିଜୟ ପରେ ଓଡ଼ିଶାବାସୀଙ୍କ ଲୁଣ ଉତ୍ପାଦନ ବନ୍ଦ କରିଦେଲା ଫଳରେ ଓଡ଼ିଶାର ଅର୍ଥନୈତିକ ସ୍ଥିତି ବିଗିଡ଼ି ଯାଇଥିଲା। ପରେ ଚାଉଳ, ଜାହାଜ ମରାମତି, ସିଲେଇ ଶିଳ୍ପ, ଲୌହ ପଥର, ମୃଣ୍ମୟ ବାସନ, ବିଭିନ୍ନ କାଷ୍ଠ ନିର୍ମିତ ସାମଗ୍ରୀ, ବସ୍ତ୍ର ଶିଳ୍ପ (ଯାହା ଆଜିବି ଓଡ଼ିଶାରେ ସ୍ଥାନ ସ୍ୱତନ୍ତ୍ର ରହିଛି) ଓ ପଣ୍ୟ ଦ୍ରବ୍ୟର ଯୋଗାଣ ପ୍ରଭୃତି ପ୍ରସିଦ୍ଧି ଲାଭ କରିଥିଲା। ସୁଲଭ ମୂଲ୍ୟରେ ବିକ୍ରି କରାଯାଉଥିବା କାରଣରୁ ଓଡ଼ିଶାରେ ଅନେକ କୁଟୀର ଶିଳ୍ପ ଗଢ଼ି ଉଠିଥିଲା। ସର୍ବ ଭାରତୀୟ ସ୍ତରରେ ବାଣିଜ୍ୟ କ୍ଷେତ୍ରରେ ସେ ସମୟରେ ଉତ୍କଳର ସ୍ୱତନ୍ତ୍ରତା ରହିଥିଲା। ଏବେବି ଉତ୍କଳର ସେଇ ଅତୀତ ଗାଥା କାର୍ତ୍ତିକ ପୂର୍ଣ୍ଣମୀ ଡଙ୍ଗାଭସା ପରମ୍ପରାରୁ ବୁଝି ହୁଏ। ଓଡ଼ିଶାରେ ସାଧବମାନଙ୍କର ବାଣିଜ୍ୟିକ ଜୀବନ, ସମୁଦ୍ରତଟରେ ନୌଯାତ୍ରାର ସମ୍ଭାର ବିଭିନ୍ନ ସମୟରେ ବିଭିନ୍ନ ସାହିତ୍ୟିକ ମାଧ୍ୟମରେ ବିଭିନ୍ନ ଗଳ୍ପ ପ୍ରବନ୍ଧରେ ଉଲ୍ଲେଖ ରହିଛି। ନୌବାଣିଜ୍ୟ ପାଇଁ ଉତ୍କଳର ଭୌଗୋଳିକ ସ୍ଥିତି ଅତ୍ୟନ୍ତ ଅନୁକୂଳ। ଉତ୍କଳର ସୁଦୀର୍ଘ ସମୁଦ୍ର ଉପକୂଳରେ ବିଭିନ୍ନ ବନ୍ଦରରୁ ଏକଦା ଏ ଦେଶର ଅଗଣିତ ବୋଇତ ଦୂର ବିଦେଶକୁ ଯାଉଥିଲା। ସଂସ୍କୃତ ପୁରାଣରେ ମଧ୍ୟ ଆମ ଦେଶର ନୌବାଣିଜ୍ୟ କଥା ବର୍ଣ୍ଣିତ ହୋଇଛି। ବୋଇତ ନିର୍ମାଣ ଓ ନୌବାଣିଜ୍ୟରେ କଳିଙ୍ଗର

କୃତିତ୍ୱ ବ୍ରହ୍ମାଣ୍ଡ ପୁରାଣରେ ଓ ମହାଭାରତରେ ବର୍ଣ୍ଣିତ ରହିଛି। ସୁଦୂର ଅତୀତର ପ୍ରାଚୀନ କଳିଙ୍ଗ ତ୍ରିକଳିଙ୍ଗ ନାମରେ ପରିଚିତ ଥିଲା। ମେଘାସ୍ଥିନଙ୍କ ବିବରଣୀରୁ ଜଣାଯାଏ କଳିଙ୍ଗର ଉପକୂଳ ସୁଦୀର୍ଘ ଥିଲା। ଅର୍ଥାତ୍ ୭ ଶହ ମାଇଲ। ଅଶୋକଙ୍କର କଳିଙ୍ଗ ବିଜୟ ପୂର୍ବରୁ ବ୍ରହ୍ମଦେଶରେ କଳିଙ୍ଗର ଆଧିପତ୍ୟ ବିସ୍ତୃତି ଲାଭ କରିଥିଲା। ଆଜି ସେହି ସ୍ୱର୍ଣ୍ଣ ଯୁଗର କଥା ସ୍ୱପ୍ନ ପରି ଲାଗେ। ମାତ୍ର ଇତିହାସ ପୃଷ୍ଠାରେ ସେହି ଓଡ଼ିଶାର ସମୃଦ୍ଧିର ଚିତ୍ର ଲିପିବଦ୍ଧ ହୋଇ ରହିଛି। ଅତୀତର ନୌବାଣିଜ୍ୟ ସୁଦୂର ବାର୍ଲି, ଜାଭା, ସୁମାତ୍ରା, ବୋର୍ଣ୍ଣିଓ, ରେଙ୍ଗୁନ, ମାଲଦ୍ୱୀପ, ମାଳୟ, ସିଂହଳ ପ୍ରଭୃତି ଅଞ୍ଚଳରେ ପ୍ରଚଳିତ ଥିଲା। ଭୌଗୋଳିକ ସୀମା ଦୃଷ୍ଟିରୁ ମହାନଦୀ, ବ୍ରାହ୍ମଣୀ, ବୈତରଣୀ, ସୁବର୍ଣ୍ଣରେଖା, ଋଷିକୂଲ୍ୟା, ବଂଶଧାରା, ନାଗାବଳୀ, ସିଲେରୁ, ଇନ୍ଦ୍ରାବତୀ ପ୍ରଭୃତି ବାଣିଜ୍ୟର ବିକାଶର ମାଧ୍ୟମ ରୂପେ ପରିଚିତ ରହିଥିଲା। ଇତିହାସ କହେ ଅତୀତର ନୌବାଣିଜ୍ୟ ନିମିତ୍ତ ଅନୁକୂଳ ବନ୍ଦର ଭାବରେ ଚନ୍ଦବାଲି, ଧାମରା, ଚୂଡ଼ାମନ, ସାରଥୀ, ପିପିଲି, ବାଲେଶ୍ୱର, ପୁରୀ, ମାଛ ଗାଁ ପ୍ରସିଦ୍ଧି ଥିଲା। ଉତ୍କଳର ବାଣିଜ୍ୟ ସମ୍ପର୍କରେ ଐତିହାସିକ ପ୍ରମାଣ ମିଳେ - ପୁରୀ ଜିଲ୍ଲାର କାକଟପୁର ନିକଟବର୍ତ୍ତୀ ଦେଉଳି ମଠ ନିକଟରେ 'ବୋଇତ କୁଦ' ନାମରେ ଗୋଟିଏ ଉଚ୍ଚ ବାଲିସ୍ତୁପ ରହିଛି ସମ୍ଭବତଃ ପ୍ରାଚୀନ କାଳରେ ଏହିଠାରେ ବୋଇତ ଆସି ରହୁଥିଲା। ତାମିଲନାଡୁ ଠାରୁ ଆରମ୍ଭ କରି ଚିଲିକା ପର୍ଯ୍ୟନ୍ତ ଅନେକ ବନ୍ଦର ରହିଥିଲା ଯାହା ଇତିହାସରୁ ଜଣାଯାଏ। ସୁବର୍ଣ୍ଣରେଖା, ନରେଖା, ସାରଗୋ, ଛତ୍ରୁୟ, ଲୋଇଚନପୁର, ବାଲେଶ୍ୱର, ଚୂଡ଼ାମନ, ଧାମରା ପ୍ରଭୃତି ଓଡ଼ିଆ ଉପକୂଳରେ ପ୍ରଧାନ ବନ୍ଦର ଥିଲା। କୃଷିଜାତ ଦ୍ରବ୍ୟ ଠାରୁ ଆରମ୍ଭ କରି କୁଟୀର ଶିଳ୍ପ ତଥା ସମ୍ବଲପୁରର ହୀରା ନୌକା ଯୋଗେ ଜଳପଥରେ ପୂର୍ବ ଉପକୂଳରୁ ବିଦେଶକୁ ରପ୍ତାନି କରାଯାଉଥିଲା। ବିଶ୍ୱର ବୃହତ୍ତମ ହୀରା ସହ ଏହି ଅଞ୍ଚଳର ହୀରା ତୁଳନୀୟ ଥିଲା। ୧୫୧୪ ଖ୍ରୀଷ୍ଟାବ୍ଦରେ ପର୍ତ୍ତୁଗୀଜମାନେ ସୁବର୍ଣ୍ଣରେଖା କୂଳବର୍ତ୍ତୀ ପିପିଲି ଠାରେ ପ୍ରଥମ ବାଣିଜ୍ୟ କୋଠି ସ୍ଥାପନ କରିଥିଲେ। ବଙ୍ଗୋପସାଗର ଦେଇ ଶହେ ବର୍ଷ ପର୍ଯ୍ୟନ୍ତ ବାଣିଜ୍ୟ କାରବାର ଚାଲୁ ରହିଥିଲା। ୧୬୦୦ ଖ୍ରୀଷ୍ଟାବ୍ଦରେ ଇଂଲଣ୍ଡର ମହାରାଣୀଙ୍କ ଠାରୁ ଅନୁମତି ନେଇ ଇଂରେଜମାନେ ଓଡ଼ିଶାରେ ବାଣିଜ୍ୟ କରିବା ନିମନ୍ତେ ଭାରତ ବର୍ଷରେ ଇଷ୍ଟ ଇଣ୍ଡିଆ କମ୍ପାନୀ କରିବା ପାଇଁ ସନନ୍ଦ ପାଇଥିଲେ। ଇଂରେଜମାନଙ୍କ ତରୀ ପ୍ରଥମେ ୧୬୧୧ରେ ଓଡ଼ିଶାର ପିପିଲି ବନ୍ଦର ଠାରେ ଲାଗିଥିଲା। ସାହାଜାନଙ୍କ ଅନୁମତି କ୍ରମେ ୧୬୩୪ରେ ଇଂରେଜମାନେ ବଙ୍ଗ ଓ ଓଡ଼ିଶାରେ ବ୍ୟବସାୟ କରିବାର ସୁଯୋଗ ପାଇଥିଲେ। ପର୍ତ୍ତୁଗୀଜମାନେ ପୋତ ଚାଳନା ବିଦ୍ୟାରେ ପାରଦର୍ଶୀ ଥିବାରୁ ଉତ୍ତାଳ ତରଙ୍ଗରୁ ବାଟ କଢ଼େଇ ନେବାରେ ସକ୍ଷମ ହୋଇ ପାରିଥିଲେ। ଫଳରେ ଏମାନେ

ବିଶେଷ ଲାଭବାନ ହେଉଥିଲେ। ଏହି ଜାତି ପ୍ରଥମେ ବଙ୍ଗୋପସାଗରରେ ଯାଇ ସୁମାତ୍ରା ଓ ଯବ ଦ୍ୱୀପରେ ବାଣିଜ୍ୟ କାରବାର ଆରମ୍ଭ କରିଥିଲେ। ସୁମାତ୍ରା ଦ୍ୱୀପ ଏମାନଙ୍କର ପ୍ରଧାନ କେନ୍ଦ୍ର ଥିଲା। ବାଲେଶ୍ୱର ସମସ୍ତ ଦ୍ୱୀପବାସୀଙ୍କର ପରିଚିତି ରହିଥିଲା। ବାଲେଶ୍ୱର ସହରର ପୂର୍ବ-ଉତ୍ତର ବାହିନୀ ବଳଙ୍ଗ ନଦୀର ବାଲିଘାଟ ନାମକ ସ୍ଥାନରୁ ପଶ୍ଚିମ ଦିଗରେ ଥିବା ଶାଖାରେ ଓଲନ୍ଦାଜ ନାଳ ରହିଛି। ପ୍ରାୟ ୫୦ ବର୍ଷ ପୂର୍ବ ପର୍ଯ୍ୟନ୍ତ ଏହି ନାଳଟି ଦେଶୀୟ ପୋତମାନଙ୍କରେ ପୂର୍ଣ୍ଣ ରହିଥିଲା। ଅଦ୍ୟାବଧି ତାହା ପୋତା ହୋଇଯାଇଛି ଏବଂ ଏହାର ସ୍ଥିତି ଏବେ ପରିଦୃଷ୍ଟ ହୁଏ ନାହିଁ ସତ କିନ୍ତୁ ଏହି ନଦୀ କୂଳରେ ସମସ୍ତ ବଙ୍କଶାଳ ଓ ଗୋଦିମାନ (ବୋଇତ ନିର୍ମାଣ ଓ ବିଶ୍ରାମ ଘର) ରହିଥିଲା। ଇଂରେଜମାନେ ପ୍ରଥମେ ବଳଙ୍ଗ ନଦୀର ମୁହାଣ ବଳରାମଗଡ଼ ନାମକ ସ୍ଥାନରେ ନିଜର ଖଟି ସ୍ଥାପନ କରିଥିଲେ। ମହୋତ୍ସବ ସମୟରେ ସମୁଦ୍ରତଟରେ ଓ ନଦୀକୂଳ ମାନଙ୍କରେ ସହସ୍ରାଧିକ ଜାହାଜ ତଟଗୁଡ଼ିକୁ ଆଚ୍ଛାଦନ କରି ଭାସୁଥିଲେ। ଲୋକଙ୍କ ଗହଳିଚହଳି ହାଟବଜାର ଆଦି ଲାଗି ରହୁଥିଲା। ଉତ୍କଳ ନିଜର ପଣ୍ୟଦ୍ରବ୍ୟ ମାଧ୍ୟମରେ ଅର୍ଥନୈତିକ ସମୃଦ୍ଧି ଆଣିପାରିଥିଲା। ତଥାପି ଜଳଦସ୍ୟୁମାନଙ୍କର ବାରମ୍ବାର ଆକ୍ରମଣ ଫଳରେ ବୋଇତ ଲୁଣ୍ଠନ ହେବାରୁ ଉତ୍କଳର ନୌବାଣିଜ୍ୟ ବିପଦଗ୍ରସ୍ତ ହୋଇଗଲା। ଅତୀତର ଏଇ ସୁନ୍ଦର ମୁହୂର୍ତ୍ତ ଅତ୍ୟନ୍ତ ନୈତିକ ମୂଲ୍ୟବୋଧକୁ ହୃଦୟଙ୍ଗମ କରାଏ କି ସେ ସମୟର ଉତ୍କଳୀୟ ସଂସ୍କୃତି ଖୁବ ଯୁଗପୋଯୋଗୀ ରହିଥିଲା। ଆମ ଐତିହ୍ୟର ଜୟଯାତ୍ରାରେ ସେ ସମୟରେ କଳିଙ୍ଗର ରାଜାମାନେ ସାଧବ ପୁଅମାନଙ୍କୁ ପ୍ରୋତ୍ସାହିତ କରୁଥିଲେ ଯାହା ଅନେକ ଗଳ୍ପ, ଜନଶ୍ରୁତି, ଉପାଖ୍ୟାନରୁ ଜାଣିହୁଏ। ତଅପୋଇ କଥା ଓ ଧନେଶ୍ୱର ସୌଦାଗର କାହାଣୀ ପରି ସୁନ୍ଦର ଉଦାହରଣ ରହିଛି। ଦୃଷ୍ଟାନ୍ତ ସ୍ୱରୂପ ଏବେ ବି ବାଲିଦ୍ୱୀପରେ ଖାଦ୍ୟପେୟ, ବେଶଭୂଷା, ନୃତ୍ୟ ସଂଗୀତ, ବସ୍ତ୍ରବୟାନ, ପର୍ବପର୍ବାଣି, ହସ୍ତକର୍ମ ଆଦିର ରହିଦା ଦେଖିଲେ ଉତ୍କଳର ସଂସ୍କୃତି ଓ କଳା କୌଶଳର ଛାପ ସ୍ପଷ୍ଟ ଦେଖିହୁଏ। ଲକ୍ଷ୍ମୀପୂଜା ଠାରୁ କାର୍ତ୍ତିକ ମାସ ଚତୁର୍ଦ୍ଦଶୀ ପର୍ଯ୍ୟନ୍ତ ଉତ୍କଳର ସାଧବ ପୁଅମାନେ ଜାହାଜରେ ସାଇତି ରଖୁଥିଲେ ପୂର୍ବରୁ ସଂଗ୍ରହ କରିଥିବା ବିଭିନ୍ନ କୃଷିଜାତ ଦ୍ରବ୍ୟ, ଗୁଆ, ହଳଦୀ, ଅରଣ୍ୟ ସମ୍ପଦ, ପାନ, ଶଙ୍ଖ, ଲୌହ, ଟସର ବସ୍ତ୍ର, ଗରମ ମସଲା, ଲୁଣ, ଗୁଡ଼, ନବାତ, ତୈଳଦ୍ରବ୍ୟ ଇତ୍ୟାଦି। ପୂର୍ଣ୍ଣମୀ ଦିନ ଭୋରୁ ମା' ମଙ୍ଗଳାଙ୍କୁ ପୂଜାର୍ଚ୍ଚନା କରି ଯାତ୍ରା ଆରମ୍ଭ କରିଥାନ୍ତି। ସେ କାଳରେ ନାବିକଙ୍କ ପାଖରେ ନା ଥିଲା ଦିଗ ନିର୍ଣ୍ଣୟ ଯନ୍ତ୍ର ନା ଆଧୁନିକ ଜ୍ଞାନକୌଶଳର ଜ୍ଞାନର ପ୍ରୟୋଗ, ମାତ୍ର ସେ ଜାଣିଥିଲେ ବାୟୁର ଗତି ସହ ସମୁଦ୍ର ଜଳର ସ୍ରୋତ ନିର୍ଣ୍ଣୟ କରି ଅନୁକୂଳ ସାମୁଦ୍ରିକ ଓ ସପ୍ତର୍ଷିମଣ୍ଡଳରୁ ଦେଖି ତଳେଇ ବନ୍ଧା ବୋଇତ ସାତ ସମୁଦ୍ର ତେର ନଈ

ପାରି କରିବାର କଳା। ଓଡ଼ିଶାରେ ନିର୍ମିତ ହୋଇଥିବା ବୋଇତଗୁଡ଼ିକର ସୂଚନା ଦିଏ ଯେ କହ୍ଣେଇବର ଚମ୍ପତି ରାୟ ଚୁଡ଼ାମଣିଙ୍କ ରଚିତ ପାଇକ ଖେଦା। ଶ୍ରୀଜଗନ୍ନାଥ ମନ୍ଦିରରେ ବୋଇତ ଚିତ୍ର ଥିବାବେଳେ ରାମାୟଣ ଠାରୁ ଆରମ୍ଭ କରି ମହାଭାରତ, ଭରତମୁନିଙ୍କ 'ନାଟ୍ୟଶାସ୍ତ୍ର' ଓ 'କୌଟିଲ୍ୟଙ୍କ ଅର୍ଥଶାସ୍ତ୍ର' ପର୍ଯ୍ୟନ୍ତ ସବୁଠି ପ୍ରସିଦ୍ଧ ଉତ୍କଳର ନୌଯାତ୍ରାର ଗାଥା ପ୍ରକାଶିତ। ଏଥିସହିତ ଓଡ଼ିଆ ସାହିତ୍ୟକୁ ରସସିକ୍ତ କରିଛି ଅତୀତର ନୌବାଣିଜ୍ୟ, ସାରଳା ଦାସଙ୍କ 'ମହାଭାରତ', ଅଚ୍ୟୁତାନନ୍ଦ ଦାସଙ୍କ 'ବୈବର୍ତ୍ତ ଗୀତା', ଉପେନ୍ଦ୍ର ଭଞ୍ଜଙ୍କ 'ଲାବଣ୍ୟବତୀ', 'ପ୍ରେମ ସୁଧାନିଧି', ଦୀନକୃଷ୍ଣଙ୍କ 'ପ୍ରସ୍ତାବ ସିନ୍ଧୁ', ଶିଶୁ ଶଙ୍କର ଦାସଙ୍କ 'ଭାଷାଭିଳାଷ'ରେ। ବାସ୍ତବରେ ବିଭୋର କବିର ମନ ନୌବାଣିଜ୍ୟ ପରମ୍ପରାକୁ ମନେପକାଇ ଗାଇଛି ଆ କା ମା ବୈ... ଯାହା ଚିର ସ୍ମରଣୀୟ ହୋଇରହିଛି ଓଡ଼ିଶାବାସୀଙ୍କ ମନ ପ୍ରାଣ ହୃଦୟରେ।

■

**ସହାୟକ ଗ୍ରନ୍ଥସୂଚୀ**


୧. ପ୍ରାଚୀନ ଭାରତ ଇତିହାସ – ଡ. ଜୟକୃଷ୍ଣ ସାମଲ

୨. ଫକୀରମୋହନ ଗ୍ରନ୍ଥାବଳୀ - ଫକୀରମୋହନ ସେନାପତି

୩. ଓଡ଼ିଆ ଜାତିର ଇତିହାସ – ଡ. ନବୀନ କୁମାର ସାହୁ

୪. ଓଡ଼ିଆ ଇତିହାସ – ଡ. ହରେକୃଷ୍ଣ ମହତାବ

୫. ଓଡ଼ିଶାର ପର୍ବପର୍ବାଣୀ, ଓଷାବ୍ରତ ଓ ଯାନିଯାତ୍ରା – ଉତ୍କଳ ପାଠନ ସଂସଦ

୬. ଓଡ଼ିଆ ସାହିତ୍ୟର ଇତିହାସ (୧୮୦୩-୧୯୨୦) – ଡ. ନଟବର ସାମନ୍ତରାୟ

୭. ଓଡ଼ିଆ ସାହିତ୍ୟର ଇତିହାସ – ପଠାଣି ପଟ୍ଟନାୟକ

୮. ଓଡ଼ିଆ ସାହିତ୍ୟର ଇତିହାସ (୧୮୫୦-୧୯୪୧) ଡ. କୃଷ୍ଣଚନ୍ଦ୍ର ପ୍ରଧାନ

୯. ଓଡ଼ିଶାର ସାଂସ୍କୃତିକ ଇତିହାସ – ଡ. ସତ୍ୟନାରାୟଣ ରାଜଗୁରୁ

୧୦. ଆଧୁନିକ ଓଡ଼ିଆ ସାହିତ୍ୟ – ବୈଷ୍ଣବ ଚରଣ ବଳ

୧୧. ଓଡ଼ିଶାର ନୌବାଣିଜ୍ୟ – ରବୀନ୍ଦ୍ର ମୋହନ ସେନାପତି

# ସମାଜ ଜୀବନର ଚିତ୍ରକର ଫକୀରମୋହନ ସେନାପତି

ପ୍ରଖ୍ୟାତ ଔପନ୍ୟାସିକ, ଓଡ଼ିଆ କଥା ସାହିତ୍ୟର ଜନକ, ଭାଷା ଆନ୍ଦୋଳନର ଜାଗ୍ରତ ପ୍ରହରୀ ବ୍ୟାସକବି ଫକୀରମୋହନ ଆବିର୍ଭାବ ଆଧୁନିକ ଓଡ଼ିଆ ସାହିତ୍ୟର ଇତିହାସରେ ଏକ ଗୌରବମୟ ଅଧ୍ୟାୟ। ଊନବିଂଶ ଶତାବ୍ଦୀରେ ମିଶନାରୀ ରଚନା, ପାଠ୍ୟ ପୁସ୍ତକ ପ୍ରଣୟନ, ସମ୍ବାଦପତ୍ର ଓ ସାହିତ୍ୟ ପତ୍ରପତ୍ରିକା, ମୁଦ୍ରାଯନ୍ତ୍ରର ପ୍ରଚଳନ, ସାମାଜିକ ଓ ସାଂସ୍କୃତିକ ନବଜାଗରଣ ଓଡ଼ିଆ ଭାଷା ଆନ୍ଦୋଳନର ନବ ଉନ୍ମେଷ ଆଦି ସାହିତ୍ୟର ସମସ୍ତ ବିଭାଗର ସାଧନା କ୍ଷେତ୍ରରେ ତାଙ୍କର ଯୋଗଦାନ ଅବର୍ଣ୍ଣନୀୟ। ତେଣୁ ଏହି ସାରସ୍ୱତ ସ୍ରଷ୍ଟା ଏକ ଅତୁଳନୀୟ ବ୍ୟକ୍ତିତ୍ୱ। ସେ ଏକାଧାରରେ ଜଣେ ଔପନ୍ୟାସିକ, କବି, ଗାଳ୍ପିକ, ପ୍ରାବନ୍ଧିକ, ଅନୁବାଦକ, ଆତ୍ମ ଜୀବନୀକାର, ଭ୍ରମଣ ବୃତ୍ତାନ୍ତ ଲେଖକ, ଶିଶୁ ସାହିତ୍ୟିକ ଏବଂ ପରିଶେଷରେ ସେ ଜଣେ ଦୂରଦ୍ରଷ୍ଟା ସଂପନ୍ନ ସମାଜ ସଚେତନ ଶିଳ୍ପୀ। ଭାବପ୍ରାଣ ଓ ଜାତିପ୍ରାଣ ଯୋଗଜନ୍ମା ଫକୀରମୋହନ ଓଡ଼ିଆ ଜାତିର ଦୁର୍ଦ୍ଦିନ କାଳରେ ଏ ଜାତିକୁ ମାର୍ଗ ଦର୍ଶନ ଦେଇ ପାରିଥିଲେ।

୧୮୪୩ ମସିହା ଜାନୁଆରୀ ମାସ ମକର ସଂକ୍ରାନ୍ତି ଦିନ ବାଲେଶ୍ୱର ଜିଲ୍ଲାର ମଲ୍ଲିକାଶପୁର ଗ୍ରାମରେ ଜନ୍ମ ଗ୍ରହଣ କରିଥିବା ବ୍ୟାସକବିଙ୍କ ଜୀବନ ଥିଲା ସଂଘର୍ଷମୟ ଓ ଦୁଃଖପୂର୍ଣ୍ଣ। ସମଗ୍ର ଉତ୍କଳର ଚରମ ଦୁର୍ଦ୍ଦିନ ସମୟରେ ଫକୀରମୋହନଙ୍କ ଆର୍ବିଭାବ ହୋଇଥିଲା। ଫକୀରମୋହନଙ୍କ ସମୟକୁ ବଂଶ ଗାରିମାର ପ୍ରତୀକ ସାମରିକ ମର୍ଯ୍ୟାଦା ନିଃଶେଷ ହୋଇ ସାରିଥିଲା। ତେଣୁ ପୂର୍ବପୁରୁଷଙ୍କ ପରି ହାତରେ ତରବାରି ଧରି ରଣାଙ୍ଗନରେ ଆବିର୍ଭୁତ ହେବାର ସୁଯୋଗ ସେ ପାଇ ନ ଥିଲେ। ମାତ୍ର ତାଙ୍କ ରକ୍ତରେ ଥିବା ବୀରତ୍ୱର ସ୍ପନ୍ଦନ ତାଙ୍କୁ ଦିନେ ଅସି ଠାରୁ ଅଧିକ ଶକ୍ତିଶାଳୀ ଲେଖନୀ ଧରି

ସାମାଜିକ, ସାଂସ୍କୃତିକ ଓ ଜାତୀୟ ଜୀବନର ବିସ୍ତୃତ ଅଙ୍ଗନରେ ପ୍ରତିକୂଳ ଶକ୍ତି ବିରୁଦ୍ଧରେ ସଂଗ୍ରାମ ପାଇଁ ସତେ ଯେପରି ଅଦ୍ୟମ ଓ ଅଶେଷ ପ୍ରେରଣା ଯୋଗାଇ ଦେଇଥିଲା। ଫକୀରମୋହନ ଜଣେ ବହୁମୁଖୀ ପ୍ରତିଭା। ଗଙ୍ଗାଧରଙ୍କ ଭାଷାରେ "ସେ ଉତ୍କଳର ଜାତୀୟ ଜୀବନ ସଂଗ୍ରାମର ସେନାପତି।" ନଟବର ସାମନ୍ତରାୟଙ୍କ ଭାଷାରେ "କାଳଜୟୀ ସୃଷ୍ଟି ସଂପଦଶାଳିନୀ, ରସ, ସୌନ୍ଦର୍ଯ୍ୟ-ପ୍ରଖ୍ୟାପିନୀ ଗଦ୍ୟ ସାହିତ୍ୟର ଯଥାର୍ଥ ସଂସ୍ଥାପକ ଓ ପ୍ରତିଷ୍ଠାପକ ଥିଲେ ବ୍ୟାସକବି ଫକୀରମୋହନ।" ସୁରେନ୍ଦ୍ର ମହାନ୍ତିଙ୍କ ମତରେ "ଫକୀରମୋହନଙ୍କ ଉଦାର ମାନବବାଦୀ ଯେପରି ସେ, ତୁଷାର-ଧବଳ-ହିମାଦ୍ରି, ମଣିଷ ମଣିଷକୁ ଯେ ଏତେ ସମ୍ମାନ ଦେଇପାରେ, ପାପୀ-ପୁଣ୍ୟବାନ୍‌ର ବିଚାର ନକରି, ମଣିଷକୁ ମଣିଷ ବୋଲି ସସ୍ନେହ ଆଲିଙ୍ଗନ କରିପାରେ, ତାହା କେବଳ ଏକା ବ୍ୟାସକବି ଫକୀରମୋହନ ହିଁ କରି ପାରନ୍ତି।" ଡ. ଖଗେଶ୍ୱର ମହାନ୍ତିଙ୍କ ମତରେ "ଫକୀରମୋହନଙ୍କ ବ୍ୟକ୍ତିଗତ ଜୀବନର ସମୃଦ୍ଧି ଓ କ୍ରମୋନ୍ନତି ଓଡ଼ିଆ ଜାତୀୟ ଜୀବନର ବିକାଶଧାରା ସଂଗେ ସମାନ୍ତରାଳ ଭାବରେ ଗତି କରିଛି।" ଯଥାର୍ଥରେ ଫକୀରମୋହନ ଊନବିଂଶ ଶତାବ୍ଦୀର ଓଡ଼ିଆ ଜାତିର ପ୍ରତିନିଧି। ଓଡ଼ିଶାର ବହୁ କବି ଓ ସମାଲୋଚକ ବିଭିନ୍ନ ଦୃଷ୍ଟିକୋଣରୁ ତାଙ୍କ ସାହିତ୍ୟ ଓ ତାଙ୍କ ବ୍ୟକ୍ତିତ୍ୱର ଉଚିତ୍ ମୂଲ୍ୟାଙ୍କନ କରିଛନ୍ତି।

ଫକୀରମୋହନ ଜଣେ ଉଚ୍ଚକୋଟୀର ପ୍ରତିଭାବନ୍ତ ଲେଖକ। ଜୀବନବ୍ୟାପୀ ବହୁ ଅଭିଜ୍ଞତା, ଅନୁଭୂତି ଓ ଲୋକ ଚରିତ୍ରର ନିଛକ ଚିତ୍ର ତାଙ୍କ ସାରସ୍ୱତ କୃତିକୁ ସମୃଦ୍ଧ କରିପାରିଛି। ସାହିତ୍ୟର ସମସ୍ତ ଦିଗରେ ତାଙ୍କର ଲେଖନୀ ଚାଳନା ନିଶ୍ଚିତ ପ୍ରଶଂସନୀୟ।

**ଫକୀରମୋହନଙ୍କ ସୃଷ୍ଟି ସଂପଦ -**

(୧) ଉପନ୍ୟାସ : ଛ'ମାଣ ଆଠଗୁଣ୍ଠ, ଲଛମା, ମାମୁଁ, ପ୍ରାୟଶ୍ଚିତ

(୨) ଗଳ୍ପ : ଗଳ୍ପସ୍ୱଳ୍ପ ୧ମ ଓ ୨ୟ

(୩) କାବ୍ୟ କବିତା : ପୁଷ୍ପମାଳା, ଉପହାର, ଅବସର ବାସରେ, ପୂଜାଫୁଲ, ଧୂଳି, ପ୍ରାର୍ଥନା, ବୌଦ୍ଧାବତାର କାବ୍ୟ

(୪) ଆତ୍ମଜୀବନ ଚରିତ

(୫) ଭ୍ରମଣ ବୃତ୍ତାନ୍ତ : ଉତ୍କଳ ଭ୍ରମଣ (ୱାଲଟିଅର ଦର୍ଶନ)

(୬) ରମ୍ୟରଚନା : ନାନଙ୍କ ପାଞ୍ଜି

(୭) ଜୀବନୀ : ଈଶ୍ୱରଚନ୍ଦ୍ର ବିଦ୍ୟାସାଗରଙ୍କର ବଙ୍ଗଳା ପୁସ୍ତକ 'ଜୀବନ ଚରିତ'କୁ ଓଡ଼ିଆ ଅନୁବାଦ।

ସଂଘର୍ଷ ଭିତରେ ହିଁ ଫକୀରମୋହନଙ୍କ ଜୀବନର ସ୍ୱର୍ଣ୍ଣଦ୍ୟୁତି ଫୁଟି ଉଠେ।

ଏହି ସଂଘର୍ଷ ଭିତରେ ପ୍ରଚଣ୍ଡ ପ୍ରତିଭାର ଆତ୍ମପ୍ରକାଶ ଶୁଦ୍ଧ ସବୁର୍ଣ୍ଣ ପରି ଜାଜ୍ୱଲ୍ୟମାନ ହୁଏ। ଜ୍ଞାନ ଆହରଣ କରିବାର ଅଦମ୍ୟ ଅଭିପ୍ସା ଯୋଗୁଁ ହିଁ ପରିବର୍ତ୍ତିତ ସମୟରେ ନିଜର ବ୍ୟକ୍ତିଗତ ପ୍ରଚେଷ୍ଟା ଓ ଜିଜ୍ଞାସା ଯୋଗୁଁ ସେ ସଂସ୍କୃତ, ବଙ୍ଗଳା, ଉର୍ଦ୍ଦୁ, ଇଂରାଜୀ ଭାଷାରେ ଜ୍ଞାନ ଲାଭ କରିଥିଲେ। ତତ୍‌କାଳୀନ ବାଲେଶ୍ୱର କଲେକ୍ଟର ଜନ୍ ବୀମସ୍ ସାହେବ ଓ ଫକୀରମୋହନଙ୍କ ସାକ୍ଷାତ ତାଙ୍କର ଜୀବନର ଗତିପଥକୁ ବଦଳାଇ ଦେଇଥିଲା। ଫକୀରମୋହନଙ୍କ ସତ୍ୟନିଷ୍ଠତା, ଆଦର୍ଶବାଦୀତା ଏବଂ କର୍ମତତ୍ପରତା ଯୋଗୁଁ ବୀମସ୍‌ଙ୍କ ସାହଚର୍ଯ୍ୟରେ ସେ ନୀଳଗିରି, ଡମପଡ଼ା, ଢେଙ୍କାନାଳ, କେନ୍ଦୁଝର, ଦଶପଲ୍ଲା, ପାଲଲହଡ଼ା ଏବଂ କେନ୍ଦ୍ରାପଡ଼ାରେ ଦେଓ୍ୱାନ, ଆସିଷ୍ଟାଣ୍ଟ ମ୍ୟାନେଜର ଓ ମ୍ୟାନେଜର ଭାବରେ କାମ କରିଥିଲେ। ଦୀର୍ଘ କର୍ମମୟ ଜୀବନର ସୁବିପୁଳ ଅଭିଜ୍ଞତା ତାଙ୍କର ପ୍ରତିଟି ସାହିତ୍ୟ ସର୍ଜନାକୁ ପ୍ରାଣବନ୍ତ କରି ଗଢ଼ି ତୋଳିଥିଲା। ୧୮୬୮ରେ ସେ ବାଲେଶ୍ୱର ଠାରେ ବାଲେଶ୍ୱର ସମ୍ବାଦବାହିକା ଓ ବୋଧଦାୟିନୀ ପତ୍ରିକା ପ୍ରକାଶ କରିଥିଲେ ଏବଂ ସେ ୧୮୬୮ ମସିହାରେ ବହୁ ଶ୍ରମ ଓ ଅର୍ଥ ବ୍ୟୟ କରି 'ଉତ୍କଳ ପ୍ରିଣ୍ଟିଂ' କମ୍ପାନୀ ଓ 'ପି.ଏମ୍. ସେନାପତି ଏଣ୍ଡ କମ୍ପାନୀ' ପ୍ରତିଷ୍ଠା କରିଥିଲେ।

ତାଙ୍କର ସୃଷ୍ଟି ପ୍ରତିଭାର ଚମତ୍କାରିତା ତାଙ୍କ ଚାରୋଟି ଉପନ୍ୟାସ। ଫକୀରମୋହନଙ୍କ 'ଛ'ମାଣ ଆଠ ଗୁଣ୍ଠ' ଓଡ଼ିଆ ଉପନ୍ୟାସ ସାହିତ୍ୟରେ ଏକ ନୂତନ କ୍ରାନ୍ତି। ଓଡ଼ିଶାର କୃଷିଭିତ୍ତିକ ସାମାଜିକ ଚିତ୍ର ବହନ କରି ଏହି ଉପନ୍ୟାସଟି ଗଢ଼ି ଉଠିଛି। ଏଥିରେ ତତ୍‌କାଳୀନ ସମାଜର ଜମିଦାରମାନଙ୍କର ଅତ୍ୟାଚାର, ଶୋଷଣର ଚିତ୍ର ରହିଛି। ଉପନ୍ୟାସଟିରେ ସଇତାନ ଚରିତ୍ରମାନଙ୍କର କୃତକର୍ମର ଦୁଃଖଦ ପରିଣାମକୁ ଚମ୍ପା ଓ ମଙ୍ଗରାଜ ଚରିତ୍ର ମାଧ୍ୟମରେ ଦର୍ଶାଯାଇଛି। ଉପନ୍ୟାସର ନିଷ୍ପାପ ଚରିତ୍ର ସାରିଆ ଓ ଭଗିଆ ପ୍ରତି ଲେଖକଙ୍କର ସମ୍ବେଦନଶୀଳ ମନୋଭାବର ପରିଚୟ ମିଳେ। ପର ଧନ ହରଣର ପରିଣତି, ପର ନାରୀ ପ୍ରୀତିର ପରିଣତି, ଇଂରେଜ ଶାସନ କାଳରେ ଲୋକମାନଙ୍କର ଦୁଃଖ ଦୁର୍ଦ୍ଦଶା, ଏ ସବୁର ଚିତ୍ର ଦେଖିବାକୁ ମିଳେ। ବାସ୍ତବିକ୍ ସମାଜ ଚିତ୍ର, ନୈତିକତା, ଆଧ୍ୟାତ୍ମିକତା ଏବଂ ବିଭିନ୍ନ ରସର ପରିବେଷଣରେ ଲେଖକଙ୍କର କୃତବିଦ୍ୟତା ପାଠକ ମନରେ ଆନନ୍ଦ ଓ ଆଲୋକର ଝଡ଼ ସୃଷ୍ଟି କରେ। 'ମାମୁଁ' ଉପନ୍ୟାସର ମୂଳ ଅଂଶ ଏବଂ ମଧ୍ୟ ଭାଗ ଅତ୍ୟନ୍ତ ପ୍ରାଣବନ୍ତ, ସରସ ଚିତ୍ତଉଲ୍ଲାସକ ସୁଖପାଠ୍ୟ କିନ୍ତୁ ଶେଷ ଭାଗଟି ପ୍ରାଣବତ୍ତାର ସ୍ୱରୂପ ଗୌଣ ମନେ ହୁଏ। ଏଥିରେ ଚରିତ୍ରଗୁଡ଼ିକର ଉପସ୍ଥାପନ ପ୍ରଶଂସନୀୟ, ଭ୍ରଷ୍ଟାଚାରୀଙ୍କ ପାଇଁ ଦଣ୍ଡବିଧାନ, ଗୋରା ହାକିମମାନଙ୍କର କିପରି ଜଣେ ସାଧାରଣ ନାଜରର ହାତବାରିସୀ ହୋଇଥିଲେ ଏବଂ ଉନବିଂଶ ଶତାବ୍ଦୀର ବିଦେଶୀ ଶାସନରେ ଲୋକଙ୍କୁ ନ୍ୟାୟ ମିଳିବା କିପରି କଷ୍ଟକର

ହେଉଥିଲା, ତାହା ବର୍ଣ୍ଣିତ। ସମାଜ ସଂସ୍କାର, ଶାସନ ସଂସ୍କାର ଏବଂ ଲୋକ ଚରିତ୍ର ସଂସ୍କାର ପାଇଁ ଏହି 'ମାମୁଁ' ଉପନ୍ୟାସ ତର୍ଜନୀ ସଂକେତ।

ଫକୀରମୋହନଙ୍କ 'ପ୍ରାୟଶ୍ଚିତ' ଉପନ୍ୟାସଟିରେ ତତ୍‌କାଳୀନ ସମୟର ଓଡ଼ିଶାରେ ସହରମାନଙ୍କର ସାମାଜିକ ଓ ଶିକ୍ଷାଗତ ପରିସ୍ଥିତିକୁ ନେଇ ରୂପ ପ୍ରଦାନ କରାଯାଇଛି। କ୍ରମବର୍ଦ୍ଧିଷ୍ଣୁ ଶିକ୍ଷିତ ଶ୍ରେଣୀର ମନସ୍ତତ୍ତ୍ୱ ଓ ସମାଜ ସଂସ୍କାର ମନୋଭାବ ପ୍ରତିଫଳନ। ଇଂରାଜୀ ଶିକ୍ଷାର ପ୍ରଭାବରେ ଯେଉଁ ଯୁବକ ସମାଜ ଗଢ଼ି ଉଠିଥିଲା, ତା'ର ମନସ୍ତତ୍ତ୍ୱ କଥା ଚିତ୍ରିତ। ହିନ୍ଦୁ ଧର୍ମର ବିଧିବିଧାନ ପରମ୍ପରା ପ୍ରତି ଅନାସ୍ଥାଭାବ, ଉଚ୍ଛୃଙ୍ଖଳତା ଆଦି କଥା ବର୍ଣ୍ଣିତ। ସଂସ୍କାରଧର୍ମୀ ଫକୀରମୋହନଙ୍କ ଲେଖନୀରେ ଏତିକି କଥା ଫୁଟି ଉଠିଛି ଯେ- ପରମ୍ପରାକୁ ଛାଡି ପାଶ୍ଚାତ୍ୟ ସଭ୍ୟତାର ଅନୁସରଣ କଲେ କିପରି ବରଣ କରିବାକୁ ପଡ଼ିଥାଏ। 'ଲଛମା' ଫକୀରମୋହନଙ୍କ ଐତିହାସିକ ଉପନ୍ୟାସ। ମରହଟ୍ଟା ଓ ମୁସଲମାନଙ୍କ କବଳରେ ଓଡ଼ିଶାର ଜନସାଧାରଣଙ୍କ ଘୋର ଦୁଃଖ ଓ ସଂଘର୍ଷମୟ କଥା ଏଥିରେ ବର୍ଣ୍ଣିତ। ମରହଟ୍ଟାମାନେ ଦଳବଦ୍ଧ ଭାବରେ ଗାଁ ଗଣ୍ଡାରୁ ଲୁଟ୍ କରୁଥିଲେ। ଜନସାଧାରଣ ବାଧା ଦେଲେ ସେମାନଙ୍କୁ ହତ୍ୟା କରୁଥିଲେ। ଫକୀରମୋହନ ସେ ସମୟର 'ବର୍ଗୀ' ଅତ୍ୟାଚାରର ଚିତ୍ର ଏହି ଉପନ୍ୟାସରେ ଅଙ୍କନ କରିଛନ୍ତି ଏବଂ ଅତ୍ୟାଚାରୀମାନଙ୍କୁ ଲୋକେ କିପରି ଠିକଣା ଜବାବ୍ ଦେଇପାରନ୍ତି ଓ ପ୍ରତିଶୋଧ ନେଇ ପାରନ୍ତି ସେ ସବୁର ଶିକ୍ଷଣୀୟ କଥା ନେଇ 'ଲଛମା' ଉପନ୍ୟାସଟିର ବିଷୟବସ୍ତୁ ଫୁଟି ଉଠିଛି। ଫକୀରମୋହନଙ୍କ ଉପନ୍ୟାସଗୁଡ଼ିକରେ ଶୋଷଣ କରୁଣ କାହାଣୀରେ ପରିପୂର୍ଣ୍ଣ। ଦୀର୍ଘ ବର୍ଷ ଧରି ଓଡ଼ିଶାର ସମାଜ ଜୀବନ ପରାଧୀନତା ବିଷ ଜର୍ଜରିତ ହୋଇ ରହିଥିବା କଥା ସମାଜର ନିମ୍ନସ୍ତରରେ ଶୋଷଣ ଓ ଅତ୍ୟାଚାରର ଭୟଙ୍କର ରୂପ ଅପୂର୍ବ କଳା କୁଶଳତାର ମଧ୍ୟରେ ଏବଂ କରୁଣ ରସ ଭିତ୍ତିରେ ସାମାଜିକ ଶୋଷଣର ବିଭୀଷିକାକୁ ନିଖୁଣ ଭାବରେ ବର୍ଣ୍ଣିତ ହୋଇଥିବାର ଲକ୍ଷ୍ୟ କରାଯାଏ।

ତାଙ୍କ ରଚିତ ଗଳ୍ପସ୍ୱଳ୍ପରେ ବର୍ଣ୍ଣିତ ସମସ୍ତ ଗଳ୍ପ ଅତ୍ୟନ୍ତ ସୁଖପାଠ୍ୟ ଓ ଭାବ ପ୍ରକାଶରେ ସୁତୀକ୍ଷ୍ଣ। ତାଙ୍କ ସମୟର ଓଡ଼ିଶାରେ ଲୋକଙ୍କ ଭିତରେ ଥିବା ନାନା ଧରଣର କୁସଂସ୍କାର ଓ ଅନ୍ଧବିଶ୍ୱାସକୁ ଦୂର କରିବା ଥିଲା ଗାଳ୍ପିକଙ୍କର ଉଦ୍ଦେଶ୍ୟ। ଗାରୁଡ଼ିମନ୍ତ୍ର, ପାଠୋଇ ବୋହୂ, ସଭ୍ୟ ଜମିଦାର, ଡାକମୁନ୍‌ସୀ', ପେଟେଣ୍ଟ ମେଡ଼ିସିନ୍, ରେବତୀ, ବିରେଇ ବିଶାଳ, ବଗଲା ବଗୁଲୀ, ମାଧ ମହାନ୍ତିଙ୍କ କନ୍ୟାସୁନା ପ୍ରଭୃତି ବିଭିନ୍ନ ଗଳ୍ପଗୁଡ଼ିକୁ ବିଶ୍ଳେଷଣ କଲେ ଏତିକି ହୃଦୟଙ୍ଗମ ହୁଏ ଉଭୟ ବିଧାନ ଜୀବନଧାରାର ଚିତ୍ର ପ୍ରକାଶିତ। ତାଙ୍କ ସମୟରେ ଜନଜୀବନର ପ୍ରାଚୀନ ଓ ନୂତନ ଜୀବନଧାରା ମଧ୍ୟରେ ସ୍ୱାଭାବିକ ଭାବରେ ସଂଘର୍ଷ ଦେଖା ଦେଇଥିଲା। ନୂତନର

ଉନ୍ମେଷ କାଳରେ ପୁରାତନ ସହିତ ତା'ର ସଂଘର୍ଷ ସବୁ ଫକୀରମୋହନଙ୍କ କ୍ଷୁଦ୍ରଗଳ୍ପରେ ଫୁଟି ଉଠିଛି। ସମକାଳୀନ ଜୀବନଧାରାର ଯେଉଁ ସକଳ ବିଭାଗ କ୍ଷୁଦ୍ରଗଳ୍ପର ଆତ୍ମିକ କଳା-ବିଭବରେ ତାଙ୍କର ଲେଖନୀ ଜୀବନ୍ତ ହୋଇଛି। ତାଙ୍କର ରୁଚିପୂର୍ଣ୍ଣ, ମାର୍ଜିତ ଏବଂ ଭାବର ଯଥାର୍ଥ ବାହକ ଶବ୍ଦ ବସାଣ ବାକ୍ୟମାନଙ୍କ ଦ୍ୱାରା ପାଠକ ଭାବବିହ୍ୱଳ ହର୍ଷମୁଖର, କେବେକେବେ ଅଶ୍ରୁଳ ଓ ପୁଣି କେବେ ଚିନ୍ତା ଶ୍ରବଣ କରି ଦିଏ ପାଠକମାନଙ୍କୁ। ଅତ୍ୟାଚାର, ଅନ୍ଧବିଶ୍ୱାସ, ଚରିତ୍ରହୀନତା, ଅସାଧୁତା, ହୃଦୟହୀନତା, ଧନଲୋଲୁପତା ପ୍ରଭୃତି ଲୋକ ଲୋଚନକୁ ଏବଂ ନାରୀଶିକ୍ଷା ପ୍ରତି ସଚେତନତା ଆଣିବା ସତେ ଯେପରି ତାଙ୍କ ଗଳ୍ପଗୁଡ଼ିକର ସ୍ୱର।

ଓଡ଼ିଶାର ସାହିତ୍ୟରେ ଫକୀରମୋହନ ସେନାପତି ଜଣେ କଥାକାର ନୁହନ୍ତି। ସେ ଜଣେ ଆଦର୍ଶ ଗୀତିକବି ଭାବରେ ବେଶ୍ ପରିଚିତ। ପ୍ରିୟତମା ପତ୍ନୀ କୃଷ୍ଣା କୁମାରୀଙ୍କ ବିୟୋଗ ପରେ ସେ ଅନେକ ଗୀତି କବିତା ରଚନା କରିବାର ପ୍ରେରଣା ପାଇଥିଲେ। ସେ ଅନେକ ଶୋକ ଗୀତିକା, ସମ୍ବୋଧଗୀତିକା, ଗାଥା କବିତା, ଚତୁର୍ଦ୍ଦଶପଦୀ କବିତା, ବ୍ୟଙ୍ଗ କବିତା, କୌତୁକ କବିତା ଓ ଶିଶୁ କବିତା ରଚନା କରିଛନ୍ତି। ଏତଦ୍ ବ୍ୟତୀତ ଜାତୀୟତା, ଜରା, ମୃତ୍ୟୁ, ମାତୃଭାଷା, ପ୍ରୀତି, ସମାଜ ସଂସ୍କାର, ମାନବ ବନ୍ଦନା, ପ୍ରକୃତି ଓ ସୌନ୍ଦର୍ଯ୍ୟ ପ୍ରୀତି, ଈଶ୍ୱର ଭକ୍ତି ପରି ନାନା ଚିନ୍ତାମୂଳକ କବିତା ରଚନା କରିଛନ୍ତି। ପରିମାଣାତ୍ମକ ଓ ଗୁଣାତ୍ମକ ଦୃଷ୍ଟିରୁ ତାଙ୍କ କବିତାଗୁଡ଼ିକ ପାଠକ ମହଲରେ ବେଶ୍ ସୁଖବୋଧ। ପ୍ରତ୍ୟେକ କବିତାଗୁଡ଼ିକରେ ସ୍ୱାଭାବିକ ଭାବରେ ହୃଦୟର ଉଚ୍ଛ୍ୱାସ ପ୍ରକାଶିତ। ଫକୀରମୋହନ କାବ୍ୟିକ ଚେତନାରେ ମଧ୍ୟ ଜାତୀୟ ଚେତନାର ସ୍ୱର ଶାଣିତ। 'ପୁଷ୍ପମାଳା' ତାଙ୍କ ହୃଦୟର ପ୍ରଥମ କବିତା ଉଚ୍ଛ୍ୱାସ। ପତ୍ନୀ ବିୟୋଗ ବିଧୁର କରୁଣ ଅଭିବ୍ୟକ୍ତିର ଧାରା ଏପରି ଥିଲା – ରହିଁଛନ୍ତି ବନ୍ଧୁ ମୋର କିଏ ଦେବ କହି, ପୁଣି କି ଦେଖିବି ସେହି ସାହାସ୍ୟ ବଦନ, ହସି ହସି ଗଲା ମୋତେ କନ୍ଦାଇ କନ୍ଦାଇ, ମୋ କ୍ଷୁଦ୍ର ତାରା। ଏହି କବିତାଗୁଡ଼ିକୁ ଅନୁଧ୍ୟାନ କଲେ ସତେ ଯେପରି କ୍ରିଷ୍ଣା କୁମାରୀ ଥିଲେ ତାଙ୍କର ପ୍ରାଣର ପ୍ରତିମା ଓ ପ୍ରେରଣାର ଉତ୍ସ। 'ଉପହାର'ରେ କାରୁଣ୍ୟୋଦୀପ୍ତ ଭାବର ଗଭୀରତା ପ୍ରକାଶିତ। 'ଅବସର ବାସରେ' କବିଙ୍କର ବ୍ୟାଧିଜନିତ ପୀଡ଼ା ଓ ମାନସିକ ଯନ୍ତ୍ରଣା ସମୟର ପ୍ରାଣସ୍ପର୍ଶୀ କବିତା। 'ପୂଜାଫୁଲ'ରେ ବିଭୁବୋଧ ଚେତନା, ମାନବ ବନ୍ଦନା ଓ ନିଜ ହାତରେ ତିଆରି ଶାନ୍ତି କାନନର ମନୋଜ୍ଞ ବର୍ଣ୍ଣନା ରହିଛି। 'ଧୂଳି' କବିତା ସଂକଳନରେ ସାଧାରଣ ମଣିଷ ପ୍ରତି ସମ୍ବେଦନା ଏବଂ କର୍ମଫଳ ଉଦ୍ଦେଶ୍ୟ କଥା ବର୍ଣ୍ଣିତ। 'ମୁଁ ହାଟ ବାହୁଡ଼ା' କବିତାଟି ଫକୀରମୋହନଙ୍କର ଏକ ସାମାଜିକ ବ୍ୟଙ୍ଗ କବିତା। ଏଥିରେ ସଂସାର ହାଟ ସ୍ୱରୂପ ଏବଂ ସମାଜର ବାସ୍ତବ

ଚିତ୍ରର ରୂପରେଖ ପ୍ରକାଶିତ, ଯାହା ଅତ୍ୟନ୍ତ ହୃଦୟସ୍ପର୍ଶୀ। ଏଥିରେ ଓଡ଼ିଆ ଭାଷା, ସାହିତ୍ୟ, ପରମ୍ପରା, ସଂସ୍କୃତି କିପରି ଦୁର୍ଦ୍ଦିନ ଦେଇଗତି କରିଛି, ତାହାର ଜୀବନ୍ତ ଚିତ୍ରଟିଏ କବି ଉପସ୍ଥାପନ କରିଛନ୍ତି। 'ବୌଦ୍ଧାବତାର' ତାଙ୍କର ଏକ ବିଶିଷ୍ଟ କାବ୍ୟଗ୍ରନ୍ଥ। ଭଗବାନ ବୁଦ୍ଧଙ୍କ ଉପରେ ରଚିତ, ଦେଶର ଶିକ୍ଷିତ ସମାଜ ପରିଚିତ। ରାଜସୁଖକୁ ତ୍ୟାଗ କରି ବୁଦ୍ଧଦେବ ମାନବ ମୁକ୍ତିର ପଥ ଅନ୍ୱେଷଣ, ତାଙ୍କର ଯେଉଁ ଲକ୍ଷ୍ୟ ଥିଲା ସେହି ତତ୍ତ୍ୱଜ୍ଞାନ ଏବଂ ଗୌତମଙ୍କର ଜୀବନଗାଥା ଗାନ କରିଛନ୍ତି ଏବଂ ଏଥିରେ ଫକୀରମୋହନ ନିଜର ଅପୂର୍ବ ଦକ୍ଷତା ଦେଖାଇ ଦେଇଛନ୍ତି। ଗଦ୍ୟ ପ୍ରଧାନ ଆଧୁନିକ ଯୁଗରେ ରସପୂର୍ଣ୍ଣ ଓ ତତ୍ତ୍ୱପୂର୍ଣ୍ଣ କାବ୍ୟ ଓ କବିତା ରଚନା କରି ଫକୀରମୋହନ ସେନାପତି ଅନନ୍ୟ ପ୍ରତିଭାର ଅଧିକାରୀ ଭାବରେ ନିଜକୁ ପ୍ରତିଷ୍ଠିତ କରାଇ ପାରିଥିଲେ।

ଆତ୍ମଜୀବନ ଚରିତରେ ଫକୀରମୋହନ ତାଙ୍କର ଅଭିଜ୍ଞତାପୂର୍ଣ୍ଣ ଜୀବନର ଇତିବୃତ୍ତିଗୁଡ଼ିକ ନେଇ 'ଆତ୍ମଜୀବନ ଚରିତ' ରଚନା କରିଛନ୍ତି। ଏହା ତାଙ୍କ ଜୀବନର ଓ ସମକାଳୀନ ଓଡ଼ିଶାର ପ୍ରାମାଣିକ ଗ୍ରନ୍ଥ। ଏଥିରେ ଲେଖକ ନିଜ ଜୀବନର ଟିକ୍‌ନିଖ୍ କଥା, ତା'ର ପରିବେଶର ଆତ୍ମିକ ଗାଥା ଏବଂ ସାମାଜିକ ଜୀବନର ଅନ୍ତର'ଟା କାହାଣୀ ଲେଖିଛନ୍ତି। ତେଣୁ ଲଳିତ କଳା ବିଭବର ଏହା ପରମ ସଂପଦ। ଓଡ଼ିଶାର ନୌବାଣିଜ୍ୟ ଓ ଲବଣ ଶିଳ୍ପର ବିପର୍ଯ୍ୟୟ, ବାଲେଶ୍ୱରରେ ମୁଦ୍ରାଯନ୍ତ୍ରର ପ୍ରତିଷ୍ଠା, ପତ୍ରପତ୍ରିକା ପ୍ରକାଶନ, ଓଡ଼ିଆ ଭାଷା ବିରୁଦ୍ଧରେ ଚକ୍ରାନ୍ତ, ଦେଶୀୟ ରାଜ୍ୟର ରାଜାମାନଙ୍କର ସ୍ୱରୂପ ପ୍ରଭୃତି ବହୁ ଜ୍ଞାତବ୍ୟ ବିଷୟର କଥା ଏଥିରେ ସନ୍ନିବେଶିତ। 'ଶୁଦ୍ର ଓ ବେଦାଧିକାର' ଏବଂ 'ନନାଙ୍କ ପାଞ୍ଜି' ଏ ଦୁଇଟି ତାଙ୍କ ପ୍ରବନ୍ଧ ରଚନା। ପ୍ରଥମଟି ବସ୍ତୁନିଷ୍ଠ ପ୍ରବନ୍ଧ ଏବଂ ଦ୍ୱିତୀୟଟି ରମ୍ୟ ରଚନା। ପ୍ରଥମଟିରେ ଉପେକ୍ଷିତ, ଅବହେଳିତ, ସମାଜର ନିମ୍ନ ଶ୍ରେଣୀ ପାଇଁ ବେଦାଧିକାର ରହିଛି ବୋଲି ଯୁକ୍ତିଯୁକ୍ତତା ସହିତ ସେ ମତବ୍ୟକ୍ତ କରିଛନ୍ତି ଏବଂ ଦ୍ୱିତୀୟଟିରେ ସାମାଜିକ ଜୀବନର ରଙ୍ଗମଞ୍ଚରେ ତତ୍‌କାଳୀନ ସାଂସ୍କୃତିକ ରଙ୍ଗାରଙ୍ଗର ପରିଚୟ ଏବଂ ମୂଲ୍ୟାୟନ କରିବା ସହିତ ସମାଜ ଜୀବନ ସମ୍ପର୍କରେ ସ୍ନିଗ୍ଧ ଉପାଦେୟ ମନ୍ତବ୍ୟ ପ୍ରଦାନ କରିଛନ୍ତି। ଭ୍ରମଣ ବୃତ୍ତାନ୍ତରେ କୌଣସି କାବ୍ୟିକ ପରିକଳ୍ପନା ତାଙ୍କର ନାହିଁ। ଏହା ଏକ ଅଭିନବ ଭ୍ରମଣ ବୃତ୍ତାନ୍ତ। ଏଥିରେ ଜନଜୀବନକୁ ଯେଉଁମାନଙ୍କର ଅବଦାନ ରହିଛି, ସେମାନଙ୍କୁ ସଲାମ୍ ବା କରମର୍ଦ୍ଦନ। ସେ ଦର୍ଶାଇଛନ୍ତି, କାହାର ପ୍ରତିଭାର ବନ୍ଦନାଗୀତରେ ମୁଖରିତ ହେଲା ବେଳେ, କାହାର ଦୁଷ୍କୃତିକୁ ବ୍ୟଙ୍ଗାତ୍ମକ ଶୈଳୀରେ ସେ ଉପସ୍ଥାପନା କରିଛନ୍ତି। କେଉଁଠି ଉତ୍କଳର ଆଲୋକର ମହିମା ପ୍ରକାଶିତ ତ କେଉଁଠି ଅନ୍ଧକାରର ଭୟାଭୟ ବିଭୀଷିକା ଆଭାସିତ ହୋଇଛି। ହାସ୍ୟ, ଅଶ୍ରୁ ଓ ହାହାକାର ଚିତ୍ର ପ୍ରଦାନ ଭିତରେ ବ୍ୟାସକବି

ଫକୀରମୋହନ ସେନାପତି ସମାଜ ଜୀବନର ନିଛକ ଚିତ୍ର ପ୍ରଦାନ କରି ନିଜ କଳାକୁଶଳତାର ସୁପରିଚୟ ଦେଇଛନ୍ତି।

ଏ ଦେଶର ସମାଜ ଜୀବନର ଏକ ଘଡ଼ିସନ୍ଧି ସମୟରେ ଫକୀରମୋହନ ସେନାପତିଙ୍କର ଆଗମନ ହୋଇଥିଲା। ତାଙ୍କ ଜୀବନ କାଳ ଭିତରେ ଉତ୍କଳୀୟ ସମାଜର ଯେଉଁ କ୍ରମ ବିବର୍ତ୍ତନ ଘଟିଥିଲା, ସେ ତାହା ଲକ୍ଷ୍ୟ କରିଥିଲେ। ତେଣୁ ତାଙ୍କ ସାହିତ୍ୟ ରଚନା ସାମାଜିକ ପରିବେଶ ଓ ଓଡ଼ିଶାର ସାମାଜିକ ଚିତ୍ର ଉପରେ ପର୍ଯ୍ୟବସିତ। ସର୍ବୋପରି ତାଙ୍କର ମାତୃଭାଷା ପ୍ରତି ମୋହ ଏବଂ ଜାତୀୟ ଚେତନା ନାନା ଭାବରେ ତାଙ୍କର ସମଗ୍ର କୃତିଗୁଡ଼ିକରେ ସ୍ଥାନ ପାଇଛି। ଓଡ଼ିଶାର ଲୋକେ ଉନ୍ନତ, ମହାନ୍ ଓ ଆଲୋକଦୀପ୍ତ ହୁଅନ୍ତୁ, ଓଡ଼ିଆ ଭାଷା ଓ ସାହିତ୍ୟ ସମୃଦ୍ଧ ହେଉ ଏହାହିଁ ତାଙ୍କ ଜୀବନର ଆଶା ଓ ଆକାଂକ୍ଷା ରହିଥିଲା। ଯାହାକି ନିଜ ସାହିତ୍ୟ ସଂରଚନାରେ ସେ ପ୍ରକାଶ କଲା ବେଳେ ଗୋଟିଏ ପଦରେ ଓଡ଼ିଆ ଜାତିକୁ ଋଦ୍ଧିମନ୍ତ କରିବାର ପ୍ରୟାସରେ ଲେଖିଥିଲେ – "ଭାଷା ହିଁ ଜୀବନ ଶକ୍ତି ଜାତିମାନଙ୍କ। ଯେଉଁ ଜାତି ଭାଷାହୀନ ସେ ଜାତି ବର୍ବର।"

■

ସହାୟକ ଗ୍ରନ୍ଥସୂଚୀ

୧. କବି ଫକୀରମୋହନ : ଉତ୍କଳ ସାହିତ୍ୟ

୨. ଫକୀରମୋହନ ସେନାପତି : ନବମ ପରିଚ୍ଛେଦ, ପ୍ରଥମ ସଂସ୍କରଣ, ଫକୀରମୋହନ ଓ ଓଡ଼ିଆ ସମାଜ- ସମାଲୋଚନାର ଦିଗଦିଗନ୍ତ, ପ୍ରଥମ ପ୍ରକାଶ

୩. ସାହିତ୍ୟରେ କ୍ଷୁଦ୍ରଗଳ୍ପ, ଦୃଷ୍ଟି ଓ ସୃଷ୍ଟି – ପ୍ରଥମ ପ୍ରକାଶ, ୧୯୬୬

୪. ଆତ୍ମଜୀବନ ଚରିତ, ପ୍ରଥମ ଭାଗ, ୨ୟ ସଂସ୍କରଣ, ପ୍ରବନ୍ଧ ସାହିତ୍ୟ, ସାହିତ୍ୟ ସନ୍ଦର୍ଶନ

୫. ଫକୀରମୋହନଙ୍କ କୃତିରେ ସମକାଳୀନ ସମାଜ ଚିତ୍ର, ଗ୍ରନ୍ଥମନ୍ଦିର, ଡ. ଅସିତ୍ କବି

୬. ଆଧୁନିକ ଓଡ଼ିଆ କାବ୍ୟ କବିତା ଓ ନାଟ୍ୟ ସାହିତ୍ୟ, ଡ. ନିରଞ୍ଜନ ସାହୁ, କଲ୍ୟାଣୀ ପବ୍ଲିକେଶନ

୭. ଓଡ଼ିଆ ସାହିତ୍ୟର ଇତିହାସ : ଡ. ପ୍ରେମାନନ୍ଦ ମହାପାତ୍ର, ସତ୍ୟନାରାୟଣ ବୁକ୍ ଷ୍ଟୋର, ବିନୋଦ ବିହାରୀ, କଟକ-୨, ପ୍ରଥମ ସଂସ୍କରର, ୨୦୧୫

୮. ଓଡ଼ିଆ ସାହିତ୍ୟର ଇତିହାସ : ଅଧାପକ ଗୌରୀ କୁମାର ବ୍ରହ୍ମା, ଷ୍ଟୁଡେଣ୍ଟସ୍ ବୁକ୍ ଷ୍ଟୋର, ଦଶମ ସଂସ୍କରଣ, ଆନନ୍ଦ ପ୍ରେସ୍

# ଦଳିତ ଜନତାର ଦେବଦୂତ
# ପ୍ରାଣନାଥ ପଟ୍ଟନାୟକ

ପରାଧୀନତା ଯୁଗର ନିବିଡ଼ ଅନ୍ଧକାର ରାତିରେ ବିଦେଶୀ ଶାସନରେ ଅତ୍ୟାଚରିତ, ନିପୀଡ଼ିତ ଓ ନିର୍ଯ୍ୟାତିତ ଜନସାଧାରଣଙ୍କ ପାଇଁ ସ୍ୱର ଉତ୍ତୋଳନ କରିବାର ବଦ୍ଧପରିକର ଥିବା ମହାତ୍ମାଗାନ୍ଧୀଙ୍କ ଆହ୍ୱାନରେ ଯେଉଁ ସଂଗ୍ରାମୀ ପୁଅ ବୀରମାନେ ନିଜ ଜୀବନର ସୁଖ ସ୍ୱାଚ୍ଛନ୍ଦ୍ୟକୁ ଜଳାଞ୍ଜଳି ଦେଇ ମୁକ୍ତି ସଂଗ୍ରାମର ମଶାଲ ଧରି ଗୋରା ସାହେବମାନଙ୍କ ବିରୁଦ୍ଧରେ ବାହାରି ଥିଲେ। ସେମାନଙ୍କ ମଧ୍ୟରୁ ସ୍ୱର୍ଗତ ପ୍ରାଣନାଥ ପଟ୍ଟନାୟକ ଅନ୍ୟତମ। ସେ ଥିଲେ ସ୍ୱାଧୀନତା ସଂଗ୍ରାମୀ, ଦେଶପ୍ରେମୀ, ବିପ୍ଳବୀ ଜନନାୟକ। ସେ ଥିଲେ କର୍ମଯୋଗୀ, ସାହିତ୍ୟାନୁରାଗୀ, ସୁବକ୍ତା, ସୁଲେଖକ, ସାମ୍ବାଦିକ, ମାନବବାଦୀ ଓ ଶିକ୍ଷାପ୍ରେମୀ। ଓଡ଼ିଶାର ଚଷୀ ମୂଲିଆ ଓ ଖଟିଖିଆ ମଣିଷମାନଙ୍କର ସ୍ୱାର୍ଥ ପାଇଁ ଆଜୀବନ ଲଢ଼ିଥିବା ପ୍ରଖ୍ୟାତ ସ୍ୱାଧୀନତା ସଂଗ୍ରାମୀ ପ୍ରାଣନାଥ ପଟ୍ଟନାୟକ ୧୯୦୫ ମସିହା ନଭେମ୍ବର ମାସ ୧୬ ତାରିଖରେ ଜନ୍ମ ଗ୍ରହଣ କରିଥିଲେ ପୁରୀ ଜିଲ୍ଲା କଣାସ ଥାନା ଅର୍ନ୍ତଗତ ଡିମିରି ଗ୍ରାମରେ। ସେ ଅଢ଼େଇ ବର୍ଷ ବୟସରେ ମା’ ଚିତ୍ରା ଦେବୀଙ୍କୁ ହରାଇବା ପରେ ପିତା ମଦନମୋହନ ଭଉଣୀ ଧନମଣୀ ଓ ଅନ୍ୟ ଭାଇମାନଙ୍କର ଶ୍ରଦ୍ଧା ଆଦରରେ ବଡ଼ ହୋଇଥିଲେ। ସେ କଣାସ ପ୍ରାଇମେରୀ ସ୍କୁଲ ଓ ପରେ ପୁରୀ ଜିଲ୍ଲା ସ୍କୁଲରୁ ଚଟଶାଳୀ ସହ ଉଚ୍ଚ ଶିକ୍ଷା ଲାଭ କରିଥିଲେ। ସ୍କୁଲରେ ପଢୁଥିବା ସମୟରେ ୧୯୨୦ ମସିହାରେ ସମାଜ ସେବା ପାଇଁ ମନ ବଳାଇ ଥିଲେ। ସେହି ସମୟରେ ଭଗବତୀ ଚରଣ ପାଣିଗ୍ରାହୀ ଓ କାଳିନ୍ଦୀ ଚରଣ ପାଣିଗ୍ରାହୀଙ୍କ ସାନ୍ନିଧ୍ୟ ପାଇ ବାମପନ୍ଥୀ ଚିନ୍ତାଧାରା ଦ୍ୱାରା ପ୍ରଭାବିତ ହୋଇଥିଲେ। ଉତ୍କଳମଣି ଗୋପବନ୍ଧୁ ଦାସଙ୍କ “ମିଶୁ

ମୋର ଦେହ ଏ ଦେଶ ମାଟିରେ, ଦେଶବାସୀ ଚାଲି ଯାଆନ୍ତି ପିଠିରେ" ପଦଟି ପ୍ରାଣନାଥଙ୍କୁ ଆକର୍ଷିତ କରିଥିଲା। ଏବଂ ସେ ଏହାକୁ ସାରା ଜୀବନର ମନ୍ତ୍ର ରୂପେ ଗ୍ରହଣ କରି ନେଇଥିଲେ। ପ୍ରାଣନାଥଙ୍କ ସହପାଠୀ ତାଙ୍କୁ ଦେଖା କରିବାକୁ ଯିବା ସମୟରେ ସେ ମଧ୍ୟ ନିୟମିତ ତାଙ୍କ ପାଖକୁ ଯାଉଥିଲେ। ଗୋପବନ୍ଧୁ ଅନେକ ସମୟରେ ସମାଜକୁ କିଭଳି ଅନ୍ଧବିଶ୍ୱାସ ଦୂର ହେବ ସେ ବିଷୟରେ ପିଲାମାନଙ୍କ ସହ ଆଲୋଚନା କରୁଥିଲେ। ଯାହାଙ୍କ କଥା ଦ୍ୱାରା ପ୍ରାଣନାଥ ଖୁବ୍ ପ୍ରଭାବିତ ହୋଇଥିଲେ।

୧୯୩୦ ମସିହାରେ ରେଭେନ୍‌ସା କଲେଜରେ ବି.ଏସ୍.ସି. ସେ ପଢୁଥିବା ସମୟରେ ଗାନ୍ଧୀଜୀଙ୍କ ଲବଣ ସତ୍ୟାଗ୍ରହ ଆନ୍ଦୋଳନ ଡାକରାରେ ସକ୍ରିୟ ଯୋଗଦାନ କରିଥିଲେ ଏବଂ ପୋଲିସ୍ ଦ୍ୱାରା ଗିରଫ ହୋଇ ପୁରୀ ଓ ବାଲେଶ୍ୱର ଜେଲ୍‌ରେ ରହିଥିଲେ। ୧୯୩୧ ଜାତୀୟ ଶିକ୍ଷାନୁଷ୍ଠାନ କାଶୀ ବିଦ୍ୟାପୀଠରେ ଥିବା ତାଙ୍କ ସହପାଠୀ ଲାଲବାହାଦୂର ଶାସ୍ତ୍ରୀଙ୍କ ସହ ବନ୍ଧୁତା ସ୍ଥାପନ ହୋଇଥିଲା। କାଶୀ ବିଦ୍ୟାପୀଠରେ ସେ ସମୟର ଛାତ୍ର ଆଚାର୍ଯ୍ୟ ନରେନ୍ଦ୍ର ଦେବଙ୍କ ଆଦର୍ଶରେ ସେ ଅନୁପ୍ରାଣିତ ହୋଇଥିଲେ। ୧୯୩୪ ମସିହାରେ କାଶୀ ବିଦ୍ୟାପୀଠରୁ 'ଶାସ୍ତ୍ରୀ' ଉପାଧି ଲାଭ କରି ଓଡ଼ିଶା ଫେରି ଆସିଥିଲେ। ଦଶ ଥର ସେ କାରାବରଣ କରିଥିଲେ ବି ତାଙ୍କ ଦେଶ ଭକ୍ତିର ଉତ୍ସର୍ଗୀକୃତ ମନୋଭାବରୁ କେବେ ବି ବିରତ ହୋଇ ନ ଥିଲେ। ୧୯୩୬ ମସିହାରେ ଓଡ଼ିଶା ସ୍ୱତନ୍ତ୍ର ପ୍ରଦେଶ ହେବା ପରେ ୬୦ ଜଣିଆ ପ୍ରଥମ ବିଧାନସଭାକୁ ବିଧାୟକ ଭାବରେ ସେ ଖୋର୍ଦ୍ଧା ନିର୍ବାଚନ ମଣ୍ଡଳୀରୁ ନିର୍ବାଚିତ ହୋଇଥିଲେ। ପଣ୍ଡିତ ଜବାହାରଲାଲ୍ ନେହେରୁ ପ୍ରାଣନାଥଙ୍କ ସପକ୍ଷରେ ନିର୍ବାଚନ ପ୍ରଚାର କରିବାକୁ ଆସିଥିଲେ। ୧୯୩୯ ମସିହା ଜାନୁଆରୀ ୫ ତାରିଖ ଦିନ ବ୍ରିଟିଶ୍ ପଲିଟିକାଲ୍ ଏଜେଣ୍ଟ ଅତ୍ୟାଚାରୀ ବେଜେଲ୍ ଗେଟ୍‌ଙ୍କୁ ରଣପୁରରେ ହତ୍ୟା କରାଯାଇଥିଲା। ଏହି ହତ୍ୟାକାଣ୍ଡ ପରେ ପ୍ରାଣନାଥ ସର୍ବପ୍ରଥମେ ରଣପୁର ଯାଇ ପୋଲିସ୍ ଗିରଫ କରିଥିବା ରଘୁ, ଦିବାକର ଓ ଅନ୍ୟାନ୍ୟ ଲୋକଙ୍କୁ ସାହାଯ୍ୟ କରିବା ପାଇଁ ଏକ ପ୍ରତିରକ୍ଷା କମିଟି ରକ୍ଷା କରିଥିଲେ। ୧୯୪୮ ମସିହାରେ ସେ ବିଧିବଦ୍ଧ ଭାବରେ କମ୍ୟୁନିଷ୍ଟ ପାର୍ଟିରେ ଯୋଗ ଦେଇଥିଲେ। କେନ୍ଦ୍ର ସରକାର ଏହି ପାର୍ଟିକୁ ବେଆଇନ ଘୋଷଣା କଲା ପରେ ପୋଲିସ୍ ଦ୍ୱାରା ଗିର' ହୋଇ ବ୍ରହ୍ମପୁର ଜେଲ୍‌ରେ ବନ୍ଦୀ ଜୀବନ ବିତାଇ ଥିଲେ। ୪୩ ଦିନ ଜେଲରେ ଅନଶନ କରିବା ଫଳରେ ରକ୍ତବାନ୍ତି କରି ଶାରୀରିକ ଦୁର୍ବଳତା ଥିବା ସତ୍ତ୍ୱେ ନିଜ ମତରେ ସେ ଅଟଳ ରହିଥିଲେ। ୧୯୫୭ ମସିହାରେ ଦେଶର ଦ୍ୱିତୀୟ ସାଧାରଣ ନିର୍ବାଚନରେ ସେ ଖୋର୍ଦ୍ଧା ନିର୍ବାଚନ ମଣ୍ଡଳୀରୁ କମ୍ୟୁନିଷ୍ଟ ପାର୍ଟି ପ୍ରାର୍ଥୀ ଭାବେ ନିର୍ବାଚିତ ହୋଇଥିଲେ। ୧୯୫୮ ମସିହାରେ ଖୋର୍ଦ୍ଧାରେ ଏକ କଲେଜ ପ୍ରତିଷ୍ଠା କରିବାକୁ

ସଂକଳ୍ପ କରି ତତ୍‌କାଳୀନ କେନ୍ଦ୍ରମନ୍ତ୍ରୀ ହ୍ୟୁମାୟୁନ୍ କବୀରଙ୍କୁ ଖୋର୍ଦ୍ଧା ଆଣି କଲେଜ ଭିତ୍ତିପ୍ରସ୍ତର ସ୍ଥାପନ କରିଥିଲେ।

ସ୍ୱାଧୀନତା ସଂଗ୍ରାମରେ ୧୯୩୦, ୧୯୩୨, ୧୯୩୯, ୧୯୪୦ ଓ ୧୯୪୨ ଭାରତଛାଡ଼ ଆନ୍ଦୋଳନରେ ଝାସ ଦେଇ ସେ ୧୦ ବର୍ଷ କାରାବରଣ କରିଥିଲେ। ବର୍ଷ ବର୍ଷ ବ୍ରିଟିଶ୍‌ମାନଙ୍କ ଜେଲରେ ରହି ନିଜର ଇଚ୍ଛାଶକ୍ତିକୁ ଦୃଢ଼ରୁ ଦୃଢ଼ତର କରି ପାରିଥିଲେ ପତିତ ଦରିଦ୍ର ଜନତାଙ୍କ ସେବାପାଇଁ। ବନ୍ଦୀ ଥିବା ବେଳେ ଦୀର୍ଘ ୪୫ ଦିନର ଅନଶନ ତାଙ୍କର ଅସୀମ ସାହସ, ମନୋବଳ, ଦୃଢତା ଓ ଆତ୍ମବିଶ୍ୱାସର ପରିଚୟ ଦିଏ। ସ୍ୱାଧୀନତା ଆସିବା ପରେ ମଧ୍ୟ ତାଙ୍କ ସଂଗ୍ରାମର ଶେଷ ହୋଇ ନ ଥିଲା। ବିପ୍ଳବୀ କ୍ରାନ୍ତିକାରୀ ପ୍ରାଣନାଥଙ୍କର ସଂଗ୍ରାମ ଦ୍ୱିଗୁଣିତ ହୋଇଥିଲା। ଶୋଷଣ, ଦାରିଦ୍ର, କ୍ଷୁଧା, ସାମାଜିକ ଅନ୍ୟାୟ ଏବଂ ଅସମାନତା ମୁକ୍ତ ସମାଜ ପ୍ରତିଷ୍ଠା ସ୍ୱପ୍ନରେ ସେ ନିଜକୁ ନିମଗ୍ନ କରି ମୁକ୍ତି ସଂଗ୍ରାମରେ ଯୋଗ ଦେଇଥିଲେ। ୧୯୨୦ ଜାତୀୟ ମୁକ୍ତି ଆନ୍ଦୋଳନ ସମୟରେ ଛାତ୍ର ପ୍ରାଣନାଥ ମହାତ୍ମାଗାନ୍ଧୀଙ୍କୁ ଏକ ପତ୍ର ଲେଖି ଥିଲେ। ସେଥିରେ ଲେଖା ଥିଲା ଜଣେ ସ୍ୱାଧୀନତା ଆନ୍ଦୋଳନରେ ଛାତ୍ରର କର୍ତ୍ତବ୍ୟ କ'ଣ, ଛାତ୍ର ଜୀବନରୁ ହିଁ ତାଙ୍କର ଦାମ୍ଭିକତାର ପରିଚୟ ମିଳେ। ମଳୟର ସ୍ପର୍ଶରେ ନିମ୍ବବୃକ୍ଷ ଯେପରି ଚନ୍ଦନରେ ପରିଣତ ହୁଏ, ପରଶମଣିର ସ୍ପର୍ଶରେ ଲୁହାଖଣ୍ଡ ସୁବର୍ଣ୍ଣରେ ପରିଣତ ହେବା ପରି ମହତ ଦେଶପ୍ରେମୀଙ୍କ ସଂସ୍ପର୍ଶରେ ଆସି ପ୍ରାଣନାଥ ଦେଶପ୍ରେମୀ ଓ ଉତ୍ତମ ମଣିଷରେ ପରିଣତ ହୋଇଥିଲେ। ୧୯୬୫ କଳାହାଣ୍ଡିରେ ଦୁର୍ଭିକ୍ଷ ପଡ଼ିଥିବା ସମୟରେ ପ୍ରାଣନାଥ ପ୍ରଥମେ ସେଠାରେ ପହଞ୍ଚି ପ୍ରଚଣ୍ଡ ଖରାତାପ ସତ୍ତ୍ୱେ ଗାଁକୁ ଗାଁ ବୁଲି ଦରିଦ୍ର, ତୃଷାର୍ତ୍ତ, କ୍ଷୁଧାର୍ତ୍ତ ଜନସାଧାରଣମାନଙ୍କ ଚିତ୍ର ଭାରତବାସୀଙ୍କ ଦୃଷ୍ଟିକୁ ଆଣିଥିଲେ। ପରବର୍ତ୍ତୀ ସମୟରେ ତତ୍‌କାଳୀନ ପ୍ରଧାନମନ୍ତ୍ରୀ ଇନ୍ଦିରାଗାନ୍ଧୀ ଓଡ଼ିଶା ଗ୍ରସ୍ତରେ ଆସି ମରୁଡି ପ୍ରପୀଡ଼ିତ ଗାଁଗୁଡ଼ିକୁ ଅନୁଶୀଳନ କରିଥିଲେ। ମାତ୍ର ଆଜି ସେଇ କଳାହାଣ୍ଡିର ଚିତ୍ର ବୁକୁଫଟା କରୁଣ ଚିତ୍କାର କାହାରି ଦୃଷ୍ଟି ଆକର୍ଷଣ କରିପାରେ ନାହିଁ। ଯେଉଁ ଠାରେ ଦୁର୍ଦ୍ଦଶାଗ୍ରସ୍ତ ମଣିଷର ଆର୍ତ୍ତ ଚିତ୍କାର, ଯେଉଁ ଠାରେ ଅନାହାର ମୃତ୍ୟୁର ବିଭୀଷିକା ସେଇ ଠାରେ ପ୍ରାଣନାଥଙ୍କର ପଦଧ୍ୱନୀ ଆପେ ଆପେ ଅନୁରଣିତ ହୁଏ। ଓଡ଼ିଶାର ଯେଉଁ ଠାରେ ଝଡ଼ି, ମରୁଡ଼ି, ବଢ଼ି ପଡ଼ିଛି ସେ ସମୟରେ ସେଇ ଠାରେ ପ୍ରାଣନାଥଙ୍କ ଉପସ୍ଥିତି ରହିଥିବାର ଜଣାଯାଏ।

ଓଡ଼ିଶାର ଶିଳ୍ପ, କୃଷି, ଶିକ୍ଷାକୁ ପ୍ରଗତି ଦିଗରେ ନେବା ପାଇଁ ସେ ସର୍ବଦା ଚେଷ୍ଟିତ ଥିଲେ। ଶିଳ୍ପର ବିକାଶ, ଭୂବ୍ୟବସ୍ଥାର ଆମୂଳ ପରିବର୍ତ୍ତନ ଦିଗରେ ତାଙ୍କର ଯଥେଷ୍ଟ ଉଦ୍ୟମ ରହିଥିଲା। ଅସୀମ ତ୍ୟାଗ ସ୍ୱୀକାର କରି ଅସାଧାରଣ ସଂଗଠନ ଶକ୍ତି

ବଳରେ ପ୍ରାଣନାଥ ଓଡ଼ିଶାର ଛାତ୍ର, ଯୁବକ, ଚାଷୀମୂଲିଆଙ୍କ ପାଇଁ ସଂଗ୍ରାମ, ଗଡଜାତ ପ୍ରଜାମାନଙ୍କ ସୁରକ୍ଷା, ଜମିଦାରୀ ଉଚ୍ଛେଦ ପ୍ରଥା, ଭାଗଚାଷୀ ଆନ୍ଦୋଳନ ପ୍ରଭୃତି ତାଙ୍କର ସତତ୍ ଉଦ୍ୟମ ରହିଥିଲା। ୧୯୩୬ରେ ଓଡ଼ିଶା କୃଷକ ସଂଗଠନ ଠାରୁ ତାଙ୍କର ମୃତ୍ୟୁ ପର୍ଯ୍ୟନ୍ତ ସେ ଏହାର କର୍ଣ୍ଣଧାର ଥିଲେ। ଶିକ୍ଷାପ୍ରାଣ ପ୍ରାଣନାଥ କ୍ଷମତାସୀନ ଗୋଷ୍ଠୀଙ୍କ ପ୍ରବଳ ବାଧାବିଘ୍ନକୁ ଭ୍ରୂକ୍ଷେପ ନକରି ଖୋର୍ଦ୍ଧାରେ ବିଶାଳ କଲେଜ ସ୍ଥାପନ କରିଥିଲେ ଯାହା ଆଜି ତାଙ୍କ ନାମରେ ନାମିତ କରାଯାଇଛି ଏବଂ ଏହି ମହାବିଦ୍ୟାଳୟଟି ଆଜି କ୍ରମଶଃ ଉତ୍ତୋରତର ଉନ୍ନତି ପଥରେ ଅଗ୍ରଗତି କରି ଚାଲିଛି। ଜଟଣୀରେ ମଧ୍ୟ ହାଇସ୍କୁଲ ପ୍ରତିଷ୍ଠା କରି ତାଙ୍କର ଅଦମ୍ୟ ଇଚ୍ଛାଶକ୍ତିର ପରାକାଷ୍ଠା ଦେଖାଇଛନ୍ତି। ତାଙ୍କର ରଚିତ ମନୁଷ୍ୟ ସମାଜ, ମାର୍କ୍ସବାଦ ଦର୍ଶନ, ସରଳ ମାର୍କ୍ସବାଦୀ ପାଠଶାଳାର ଶିଶୁପାଠ୍ୟ, ମନ୍ଦିର ବନାମ ମସଜିଦ୍ ଓ ମସ୍‌ଜିଦ୍ ବନାମ ମନ୍ଦିର ପ୍ରଭୃତି ସାଂପ୍ରଦାୟିକ ସଦ୍‌ଭାବରେ ଉତ୍ତମ ପରିପ୍ରକାଶ। ତାଙ୍କର ବହୁ ପ୍ରବନ୍ଧ, କବିତା ମଧ୍ୟରୁ ଆସନ୍ତା କାଲିର ସାହିତ୍ୟ ପୁସ୍ତକ ଓଡ଼ିଆ ସମାଲୋଚନା ସାହିତ୍ୟ କ୍ଷେତ୍ରରେ ଏକ ମାଇଲ ଖୁଣ୍ଟ।

୧୯୩୬ ସେପ୍ଟେମ୍ବର ୧୫ ତାରିଖରେ ଖୋର୍ଦ୍ଧାର ଚନ୍ଦମାରୀ ପଡ଼ିଆରେ ଏକ ବିଶାଳ କୃଷକ ସମାବେଶ କରିଥିଲେ। ରାଜା, ଜମିଦାର, ବ୍ରିଟିଶ୍ ସରକାର ତାଙ୍କର ଏପରି ଦୁର୍ବାର ସାହାସରେ ଭୀତଚକିତ ହୋଇ ଯାଇଥିଲେ। ପୁରୀଠାରେ ଅନ୍ୟ ଏକ ସମ୍ମିଳନୀ ଗଢିଥିଲେ ଯେଉଁଥିରେ ପ୍ରାୟ ୧୦ ହଜାର ଚାଷୀ ଯୋଗଦାନ କରିଥିଲେ। ଏହି ଆନ୍ଦୋଳନର ନେତୃତ୍ୱରେ ପ୍ରାଣନାଥ ନିଜେ ରହିଥିଲେ। ଏଥିରେ ମୋହନ ଦାସ, ଘନଶ୍ୟାମ ଦାସ, ଗୋକୁଳ ମୋହନ ରାୟ ଚୂଡ଼ାମଣି, ଗଙ୍ଗାଧର ପାଇକରାୟ ପ୍ରମୁଖ ପରିଚାଳନା ଦାୟିତ୍ୱରେ ଥିଲେ। ଏହି ସମ୍ମିଳନୀ ଓଡ଼ିଶାର ସାରା ଜିଲ୍ଲାକୁ ପ୍ରଭାବ ପକାଇଥିଲା। ନିମାପଡ଼ା, ନୟାହାଟ, ଅସ୍ତରଙ୍ଗ, ଚନ୍ଦନପୁର, ବଳଙ୍ଗା, ଜଟଣୀ, ପାରିକୁଦ ପ୍ରଭୃତି ବିଭିନ୍ନ ଜାଗାରେ ସେ କୃଷକ ଭାଇମାନଙ୍କୁ ଏକାଠି କରି ତାଙ୍କର ଭଲମନ୍ଦ ବିଷୟରେ ବୁଝିଥିଲେ। କଟକ, ଯାଜପୁର, ଗଞ୍ଜାମ ପ୍ରଭୃତି ଜିଲ୍ଲାମାନଙ୍କରେ କୃଷକ ସଂଗଠନ ଗଢ଼ିଥିଲେ। ପ୍ରାଣନାଥ ଖୋର୍ଦ୍ଧାକୁ ନିଜର କର୍ମସ୍ଥଳୀ କରି ସାରା ଓଡ଼ିଶାରେ ଏହି ଆନ୍ଦୋଳନକୁ ପରିଚାଳନା କରିଥିଲେ। ଏହାର ମୁଖ୍ୟ ଉଦ୍ଦେଶ୍ୟ ଥିଲା –

- ମହାଜନୀ ଚକ୍ରବୃଦ୍ଧି ସୁଧ ବନ୍ଦ କରାଯାଉ।
- ସୁଧକୁ କମାଇ ଦିଆଯାଉ।
- ବେଠି ଓ ଭେଟିକୁ ବେଆଇନ୍ ଘୋଷଣା କରାଯାଉ।
- ଜମିଦାରୀ ପ୍ରଥା ଧ୍ୱଂସ ହେଉ।

- ମଠ ଧନ କୋଠ ହେଉ ।
- ଲଙ୍ଗଳ ଯା'ର ଜମି ତା'ର ହେଉ
- ଭାରତକୁ ପୂର୍ଣ୍ଣ ସ୍ୱାଧୀନତା ମିଳୁ

ପରକୁ ଆପଣା କରିବାର ମହତ୍ ଗୁଣ ତାଙ୍କର ଥିଲା 'ବସୁଧୈବ କୁଟୁମ୍ବକମ୍' ଆଦର୍ଶରେ ଅନୁପ୍ରାଣିତ ହୋଇ ସେ ଜଣେ ଆନ୍ତର୍ଜାତୀୟବାଦୀ ହୋଇଥିଲେ । କ୍ଳାନ୍ତି ବିଷାଦର ଘନଛାୟା ତାଙ୍କ ମୁଖମଣ୍ଡଳକୁ କେବେ ସ୍ପର୍ଶ କରି ନ ଥିଲା । ହସ ହସ ମୁହଁରେ ସଭିଙ୍କୁ ଆପଣାର କରି ନେବାରେ ସେ ଥିଲେ ସିଦ୍ଧହସ୍ତ । ସେ ସଂସାରରେ ରହି ମଧ୍ୟ ମାନସିକତାରେ ଥିଲେ ସନ୍ୟାସୀ । ନିନ୍ଦା ଓ ପ୍ରଶଂସାକୁ ଖାତିର ନ ଥିଲା ତାଙ୍କର ଦୁଇଟି ପାଦରେ ସେ ଯୋଜନ ଯୋଜନ ଦୂରକୁ ପଦଯାତ୍ରା କରି ଲୋକଙ୍କର ଦୁଃଖ ଦୈନ୍ୟତାକୁ ପଚାରି ବୁଝିଥିଲେ । ତାଙ୍କର ତ୍ୟାଗପ୍ଲୁତ ଜୀବନାଦର୍ଶ କାଳେ କାଳେ ଜନମାନସକୁ ପ୍ରଲୁବ୍ଧ କରୁଥିବ ଏଥିରେ ସନ୍ଦେହ ନାହିଁ । ଜଣେ ସରଳ ନିଷ୍ପାପର ଅମାୟିକ ବ୍ୟକ୍ତିତ୍ୱ ସଂପନ୍ନ ମଣିଷ ହେବା ସହିତ ଜଣେ ପ୍ରବୀଣ ବ୍ୟବସ୍ଥାପକ, ସୁଚିନ୍ତିତ ପ୍ରାବନ୍ଧିକ, ସୁବକ୍ତା ଭାବରେ ନିଜକୁ ବେଶ୍ ପ୍ରତିଷ୍ଠିତ କରିପାରିଥିଲେ । ତାଙ୍କର ପ୍ରମୁଖତା ହେଉଛି ଯେଉଁ ନୀତି ଆଦର୍ଶରେ ବିଶ୍ୱାସୀ ଥିଲେ ସେହି କଥାଗୁଡ଼ିକୁ ନିଜ ଦୈନନ୍ଦିନ ଜୀବନରେ କାର୍ଯ୍ୟରେ ଲଗାଉଥିଲେ । ୧୯୬୫-୬୬ ମସିହାରେ କଳାହାଣ୍ଡିରେ ଦୁର୍ଭିକ୍ଷ ପଡ଼ିଥିବା ସମୟରେ ପ୍ରଚଣ୍ଡ ଗ୍ରୀଷ୍ମରେ ଗାଁ ଗାଁ ବୁଲି ଲୋକଙ୍କ ଅକଥନୀୟ ଦୁର୍ଦ୍ଦଶା ବିଷୟରେ ପ୍ରଥମେ ଖବରକାଗଜ ମାନଙ୍କରେ ପ୍ରକାଶ କରି ସରକାରଙ୍କ ଉଦାସୀନତାକୁ ଲୋକ ଲୋଚନକୁ ଆଣିଥିଲେ । ତତ୍କାଳୀନ ପ୍ରଧାନମନ୍ତ୍ରୀ ଇନ୍ଦିରାଗାନ୍ଧୀଙ୍କୁ ଚିଠି ଲେଖି ଏ ସମସ୍ତ ବିଷୟ ଜଣାଇ ଥିଲେ । ଓଡ଼ିଶାର କୃଷକ, ଶ୍ରମିକ ଓ ବାମପନ୍ଥୀ ଆନ୍ଦୋଳନର ଆଦ୍ୟ ପ୍ରବର୍ତ୍ତକ ପାଖରେ ସେ ଖୁବ୍ ପରିଚିତ । ୧୯୭୦ ମସିହା ଅକ୍ଟୋବର ୫ ତାରିଖରେ ଏହି କର୍ମଯୋଗୀ କଲିକତାରେ ଚିକିତ୍ସିତ ସମୟରେ ମୃତ୍ୟୁବରଣ କରିଥଲେ । ଓଡ଼ିଆ ଜାତିର ଉତ୍ଥାନ ଓ ଦରିଦ୍ର ଜନତାଙ୍କ ପ୍ରତି ତାଙ୍କର ତ୍ୟାଗ ଅବର୍ଣ୍ଣନୀୟ ।

ସାଂପ୍ରତିକ ସମାଜରେ ନୀତି, ଆଦର୍ଶ ଓ ମୂଲ୍ୟବୋଧର ଯେଉଁ ଅବକ୍ଷୟ ଘଟିଛି, ମଣିଷ ମନରେ ଭୋଗର ଲାଳସା, ପରଶ୍ରୀକାତରତା, ହିଂସାର ମନୋଭାବ ଯୋଗୁଁ ଆଜିର ସମାଜରେ ଅସାମାଜିକ, ଅସାଧୁ, ସ୍ୱାର୍ଥାନ୍ଧ ବ୍ୟକ୍ତି ବିଶେଷଙ୍କର ବୃଦ୍ଧି ପାଉଛି । ବହୁ ଜାତୀୟ ପୁଞ୍ଜି ଭାରତ ବର୍ଷକୁ ଆଜି କବଳିତ କରିଛି । ଫଳରେ ଭାରତର ସ୍ୱାଧୀନତା, ଗଣତନ୍ତ୍ର ଓ ସାର୍ବଭୌମତ୍ୱ ଉପରେ ବିପଦ ଦେଖା ଦେଇଛି । ଗଣତନ୍ତ୍ର ନାମରେ ଭୋଟ ଓ ପ୍ରତିନିଧି କିଣାବିକା ଚାଲିଛି । ଧର୍ମ ନାମରେ ନାନା ବ୍ୟଭିଚାର, ନରସଂହାର, ଧର୍ମାନ୍ଧତା ମଧ୍ୟ ଚାଲିଛି । ଶାସନ କ୍ଷମତା କ୍ରମଶଃ ସାଂପ୍ରଦାୟତାବାଦୀମାନଙ୍କ କବଳକୁ ଚାଲି

ଯାଉଛି । ଆଜିର ଏପରି ସମୟରେ ଉତ୍କଳ ଜନନୀର ସୁଯୋଗ୍ୟ ସନ୍ତାନ ପ୍ରାଣନାଥଙ୍କ ଭଳି ନେତୃତ୍ୱର ଆବଶ୍ୟକତା କରୁଛି । ଓଡ଼ିଶାର ପାରାଦ୍ୱୀପ ବନ୍ଦରରେ ଇସ୍ପାତ ଶିଳ୍ପ କାରଖାନା ବସାଇବା ତାଙ୍କର ଶେଷ ଇଚ୍ଛା ଥିଲା । ତାଙ୍କର ସରଳ ବ୍ୟବହାର ହିଁ ତାଙ୍କୁ ଚିରସ୍ମରଣୀୟ କରିପାରିଛି । ପ୍ରାଣନାଥ କଲେଜ ପ୍ରତିଷ୍ଠାପକ ଭାବରେ ସେ ଆଜି ଚିର ଅମର ହୋଇଛନ୍ତି । ତେଣୁ ସେ ଜଣେ ଯୋଗଜନ୍ମା ମହାପୁରୁଷ ସହିତ ଅତୀତ ଓ ବର୍ତ୍ତମାନର ସେତୁ ସ୍ୱରୂପ କହିଲେ ଅତ୍ୟୁକ୍ତି ହେବ ନାହିଁ । ପରିଶେଷରେ ସେ ଜଣେ ମନୁଷ୍ୟତାରେ ବିଶ୍ୱାସୀ ଓ ଦରିଦ୍ର ଜନତାଙ୍କର ଚିରସାଥୀ ଥିଲେ ।

ସହାୟକ ସୂଚୀ

୧. ବିମଳା ସିଂହ : ସର୍ବହରାର ସାଥୀ ପ୍ରାଣନାଥ ପଟ୍ଟନାୟକ
୨. ଜବାହାରଲାଲ ସୁବୁଦ୍ଧି : ଦେଶ ସେବକ ପ୍ରାଣନାଥ ପଟ୍ଟନାୟକ
୩. ସୋମନାଥ ପାତ୍ର : ବିପ୍ଳବର ସନ୍ଧାନୀ କ୍ରାନ୍ତିକାରୀ ପ୍ରାଣନାଥ
୪. ବିମଳେନ୍ଦୁ ମହାନ୍ତି : ସଂଗ୍ରାମୀ ଜନନେତା ବିପ୍ଳବୀ ପ୍ରାଣନାଥ

# ସ୍ୱାଧୀନତା ସଂଗ୍ରାମୀ ମା' ରମାଦେବୀ

ସୁନାମଧନ୍ୟା ମା' ରମାଦେବୀଙ୍କ ପ୍ରକୃତ ନାମ ରମାଦେବୀ ଚୌଧୁରୀ। ମା' ରମାଦେବୀ ୩ ଡ଼ିସେମ୍ବର ୧୮୯୯ ମସିହାରେ ଜନ୍ମଗ୍ରହଣ କରିଥିଲେ। ଜଣେ ନିରଳସ, ଶାନ୍ତ, ପ୍ରଶାନ୍ତି ହୃଦୟସଂପନ୍ନ ମଣିଷ ଭାବରେ ଏବଂ ସମାଜ ସଂସ୍କାରକ ସ୍ୱାଧୀନତା ସଂଗ୍ରାମୀ ଭାବରେ ସେ ଖୁବ୍ ପରିଚିତ ସାରା ଭାରତବର୍ଷରେ। ତାଙ୍କ ତ୍ୟାଗର ମହନୀୟତାକୁ ସମ୍ମାନ ଜଣାଇ ଓଡ଼ିଶା ପ୍ରତ୍ୟେକଟି ସହୃଦୟ ମଣିଷଙ୍କ ପାଖରେ ସେ ମା ଭାବରେ ପରିଚିତ ମଧ୍ୟ। ମା' ରମାଦେବୀ କଟକ ଜିଲ୍ଲାର ଡେପୁଟି ମାଜିଷ୍ଟ୍ରେଟ ଶ୍ରୀ ଗୋପଳ ବଲ୍ଲଭ ଦାସ ଏବଂ ବସନ୍ତ କୁମାରୀ ଦେଈଙ୍କ କନ୍ୟା ଏବଂ ତାଙ୍କର ବଡ଼ବାପା ଉତ୍କଳ ଗୌରବ ମଧୁସୂଦନ ଦାସଙ୍କ ଅଲିଅଳି ଝିଆରୀ ଥିଲେ। ୧୯୧୪ ମସିହାରେ ଶ୍ରୀ ଗୋକୁଳାନନ୍ଦ ଚୌଧୁରୀଙ୍କ ପୁତ୍ର ତତ୍କାଳୀନ ଡେପୁଟି କଲେକ୍ଟର ଶ୍ରୀ ଗୋପବନ୍ଧୁ ଚୌଧୁରୀଙ୍କ ସହିତ ରମାଦେବୀଙ୍କ ବିଭାବ ସଂପନ୍ନ ହୋଇଥିଲା। ଆନ୍ତରିକ ସ୍ନେହ, ଶ୍ରଦ୍ଧା, ସହଯୋଗ ଓ ସେବା ବଳରେ ସେ ସମୂହ ଜନତାର ହୃଦୟ ଜୟ କରିଥିଲେ। ସତ୍ୟ, ନ୍ୟାୟ ଓ ନିଜର ଅମାନୁଷିକ ଅତ୍ୟାଚାରରେ ପୀଡ଼ିତ ମଣିଷମାନଙ୍କୁ ସ୍ନେହଭରା ଅମୃତବାଣୀ ମାଧ୍ୟମରେ ଶତସିଂହର ପରାକ୍ରମ ନିଜର ନ୍ୟାର୍ଯ୍ୟଦାବି ଉଦ୍ଦେଶ୍ୟକୁ ପୂର୍ଣ୍ଣ କରିବା କଥା ଶିଖାଇଥିଲେ। ଦୁସ୍ଥ ଜନତାଙ୍କ ସେବା ପାଇଁ ସେ କେବଳ ଓଡ଼ିଶା ନୁହେଁ ସମଗ୍ର ଭାରତର କୋଣେ ଅନୁକୋଣେ ତାଙ୍କର ସଦୟ ଉପସ୍ଥିତି ହିଁ ତାଙ୍କ ନିଆରା ବ୍ୟକ୍ତିତ୍ୱ ଆଜି ଗୌରବମୟ ଇତିହାସର କଥା ହୋଇରହିଛି। ଶିକ୍ଷା, ସ୍ୱାସ୍ଥ୍ୟ, ସମାଜ ଗଠନ, ଛୁଆଁଅଛୁଆଁ ଭେଦଭାବର ନିରାକାରଣ, ଗ୍ରାମ ସଂଗଠନ, ସମାଜବାଦର ପ୍ରତିଷ୍ଠା ଏବଂ ମାନବିକତାର ସ୍ୱର ତାଙ୍କର ପ୍ରତିଟି ଉଚ୍ଚାରଣରେ ଦୃଢ଼ତାର ସହ ଅନୁରଣିତ ହୋଇଛି।

୧୯୨୧ ମସିହା ଫେବୃୟାରୀ ୨୧ ତାରିଖରେ ଗୋପବନ୍ଧୁ ଚୌଧୁରୀ

ଗାନ୍ଧୀବାଦୀ ଦର୍ଶନରେ ଅନୁପ୍ରାଣିତ ହୋଇ ନିଜର ଚାକିରୀ ଜୀବନରୁ ଇସ୍ତଫା ନେଇ ମା ରାମଦେବୀଙ୍କ ତ୍ୟାଗପୁତ ମନୋଭାବକୁ ସମ୍ମାନ ଜଣାଇ ପୂର୍ଣ୍ଣ ପ୍ରାଣରେ ସମର୍ଥନ ଜଣାଇ ସହଯୋଗର ହାତ ବଢାଇଥିଲେ। ଉଭୟ ନିଜର ସୁଖ ସ୍ୱାଚ୍ଛନ୍ଦ୍ୟକୁ ଜଳାଞ୍ଜଳି ଦେଇ ଭାରତର ସ୍ୱାଧୀନତା ସଂଗ୍ରାମରେ ସକ୍ରିୟ ଯୋଗଦାନ କରି ଗାନ୍ଧିଜୀଙ୍କୁ ପୂର୍ଣ୍ଣ ସମର୍ଥନ କରିଥିଲେ। ୧୯୪୬ ନିର୍ବାଚନ ସମୟରେ ଭାରତୀୟ ଜାତୀୟ କଂଗ୍ରେସର ତୁଙ୍ଗ ନେତା ରାଜେନ୍ଦ୍ର ପ୍ରସାଦଙ୍କ ଅନୁରୋଧକୁ ଅତ୍ୟନ୍ତ ସମ୍ମାନର ସହ ନମ୍ରତା ପୂର୍ବକ ମା' ରମାଦେବୀ କଂଗ୍ରେସ ପାର୍ଥୀ ଭାବରେ ନିର୍ବାଚନ ଲଢ଼ିବାକୁ ମନ କରି କହିଥିଲେ – "ମୋର ଧାନକୁଟା ଛାଡ଼ି ଚଷୁ କୁଟିବାକୁ ଇଚ୍ଛା ନାହିଁ।" ସମ୍ଭ୍ରାନ୍ତ ବଂଶଜ ଏଇ କିଶୋରୀ ରମାଦେବୀ ସେ ସମୟରେ ମହାତ୍ମାଗାନ୍ଧୀଙ୍କ ଆଦର୍ଶ ଦ୍ୱାରା ଅନୁପ୍ରାଣିତ ହୋଇ ଗାଁ ଗାଁ ବୁଲି ସ୍ୱାଧୀନତା ସଂଗ୍ରାମରେ ସକ୍ରିୟ ସହଯୋଗ ନିମନ୍ତେ ନାରୀମାନଙ୍କୁ ପ୍ରୋତ୍ସାହିତ କରିଥିଲେ। ଗାନ୍ଧିଜୀଙ୍କ ବ୍ୟତୀତ ତାଙ୍କ ଉପରେ ସଂଗ୍ରାମୀ ଜନନାୟକ ଶ୍ରୀ ଜୟପ୍ରକାଶ ନାରାୟଣ, ବିନୋବା ଭାବେ ଏବଂ ବଡ଼ବାପା ପ୍ରାତଃ ସ୍ମରଣୀୟ ଉତ୍କଳ ଗୌରବ ମଧୁସୂଦନ ଦାସଙ୍କର ମଧ୍ୟ ଖୁବ୍ ପ୍ରଭାବ ପଡ଼ିଥିଲା। ପିତାମହ ଚୌଧୁରୀ ରଘୁନାଥ ଦାସ, ପିତା ଡେପୁଟି ମାଜିଷ୍ଟ୍ରେଟ୍ ସୁସାହିତ୍ୟିକ ଗୋପାଳ ବଲ୍ଲଭ ଦାସ, ଅଜା – ଗଡ଼ଜାତ ମାହାଲାର ସୁପରିଟେଣ୍ଡେଣ୍ଟ ନନ୍ଦକିଶୋର ଦାସ, ମାମୁଁ ଡେପୁଟି ମାଜିଷ୍ଟ୍ରେଟ ତଥା ପୁରୀ ଶ୍ରୀମନ୍ଦିରର ପରିଚ୍ଛଳକ ରାଜକିଶୋର ଦାସଙ୍କ ଆକଟ ଓ ରକ୍ଷଣଶୀଳତା ଭିତରେ ମଧ୍ୟ ସେ ଗୃହ ଶିକ୍ଷକଙ୍କଠାରୁ ଓଡ଼ିଆ, ହିନ୍ଦୀ, ବଙ୍ଗଳା ଓ ଇଂରାଜୀ ଭାଷା ଶିକ୍ଷା କରିଥିଲେ ଏବଂ ମାତା ବସନ୍ତକୁମାରୀଙ୍କ ଆଦର୍ଶରେ ଗୃହକର୍ମ ନିପୂଣରେ ଖୁବ୍ ଧୂରୀଣ ହୋଇପାରିଥିଲେ। ପରବର୍ତ୍ତୀ ସମୟରେ ବିବାହ ପରେ ତାଙ୍କର ଶ୍ୱଶୁର ଖେରସ ଜମିଦାର ତଥା କଟକର ଓକିଲ ଗୋକୁଳାନନ୍ଦ ଚୌଧୁରୀଙ୍କ ବୋହୂ ହେବା ପରେ ଅଲିଅଳି, ଲାବଣ୍ୟ ପିତୁଳା, ଅସୂର୍ଯ୍ୟଂପଶ୍ୟା ଯୁବତୀ ରମାଦେବୀ ବଂଶ ମର୍ଯ୍ୟାଦାକୁ ଅତ୍ୟନ୍ତ ଶ୍ରଦ୍ଧାର ସହ ତୁଲାଇଥିବା ସତ୍ତ୍ୱେ କାଠଯୋଡ଼ି ନିକଟସ୍ଥ ନଦୀକୂଳ ବାଖରାବାଦସ୍ଥ ବିରାଟ ଅଟ୍ଟାଳିକାର ଗମ୍ଭୀର ଭିତରେ ରହି ମଧ୍ୟ ଜାତୀୟତାବୋଧର ପ୍ରବାହିତ ଧାରାରେ ନିଜକୁ ନିମଗ୍ନ କରି ରଖିଥିଲେ। ଘରର ସମସ୍ତ କାର୍ଯ୍ୟ ସରିବା ପରେ ସମୟ ଖୋଜି ବିଭିନ୍ନ ପତ୍ରପତ୍ରିକାରୁ ଦେଶଜାତି ବିଷୟରେ ଜାଣିବାର ଆଗ୍ରହ ରଖିଥିଲେ।

୧୯୨୧ରେ ଶ୍ୱଶୁରଙ୍କ ଠାରୁ ଅନୁମତି ନେଇ କାଠଯୋଡ଼ିର ନଦୀବାଲିରେ ବିରାଟ ରାଜନୀତିକ ସଭାର ଆୟୋଜନ କରାଯାଇଥିଲା। ଯାହାର ମୁଖ୍ୟ ଆକର୍ଷଣ ଥିଲା ଗାନ୍ଧିଜୀଙ୍କ ଭାଷଣ, ଯାହା ମା' ରମାଦେବୀଙ୍କ ମନ ଆତ୍ମାକୁ ଦେଶ ପ୍ରେମରେ ପ୍ଳାବିତ କରିଥିଲା। ସେଇ ଦିନ ଠାରୁ ତାଙ୍କ ଜୀବନର ମୋଡ ସଂପୂର୍ଣ୍ଣ ବଦଳି ଯାଇଥିଲା।

ଏହା ପରେ ଉଭୟ ଦମ୍ପତି ଗାନ୍ଧିଜୀଙ୍କ ରଚନାତ୍ମକ କାମରେ ଅତ୍ୟନ୍ତ ନିଷ୍ଠାର ସହ କର୍ତ୍ତବ୍ୟ ପାଳନ କରି ଭାରତୀୟ ଜାତୀୟ କଂଗ୍ରେସରେ ଯୋଗ ଦେଇଥିଲେ। ମା' ରମାଦେବୀ ଖଦିବୋର୍ଡ଼ର ସଭ୍ୟ ହୋଇଥିଲେ ଯାହା ଫଳରେ ସେ ମହିଳାମାନଙ୍କୁ ସଂଗଠିତ କରି ଚରଖା ଚଳାଇ ସୂତା କାଟିବା ଆଦି କାମର ନେତୃତ୍ୱ ନେଇଥିଲେ। ଏହାଛଡ଼ା ସ୍ୱାମୀଙ୍କ ପଦାଙ୍କ ଅନୁସରଣ କରି ୧୯୩୦ ମସିହାର 'ସତ୍ୟାଗ୍ରହ' ଆନ୍ଦୋଳନରେ ସକ୍ରିୟ ଭୂମିକା ନେଇଥିଲେ। ଏଥିପାଇଁ ଅର୍ଥ ସଂଗ୍ରହ ନିମିତ୍ତ ଇଞ୍ଚୁଡ଼ି ଓ ଶ୍ରୀଜଙ୍ଗକୁ ଯାତ୍ରା କରିଥିଲେ। ସେଇ ସମୟରେ ଲବଣ ଆଇନ୍ ଭଙ୍ଗ କରି ମାଡ଼ଖାଇ ରକ୍ତାକ୍ତ ହୋଇପଡ଼ିଥିବା କର୍ମୀମାନଙ୍କୁ ସେ ସେବା କରିଥିଲେ। ବେତମାଡ଼ରେ ହାତ ଫାଟିଯାଇଥିବା କିଶୋର କର୍ମୀମାନଙ୍କୁ ସେ ଭାତ ଖୁଆଇ ଦେଉଥିଲେ। ଏହି କାରଣରୁ ସେ ୧୯୩୦ ମସିହାରେ ଭାଗଲପୁର କେନ୍ଦ୍ରୀୟ ଜେଲ୍‌ରେ ରହିଥିଲେ। ମାତ୍ର ତାଙ୍କର ଏ ଦେଶ ସେବା ପ୍ରତି ତ୍ୟାଗପୂତ ମନୋଭାବରେ ତତ୍‌କାଳୀନ କିରଣବାଳା ସେନ୍, ମାଳତୀ ଦେବୀ, ସାରଳା ଦେବୀ, ପ୍ରାଣକୃଷ୍ଣ ପଢ଼ିଆରୀ ଆଦି ବହୁ ବିଶିଷ୍ଟ ନାରୀ ସଂଗ୍ରାମରେ ଅନୁପ୍ରାଣିତ ହୋଇ ଦେଶ ସେବାରେ ନିଜକୁ ନିୟୋଜିତ କରିଥିଲେ। ୧୯୨୧, ୧୯୩୦, ୧୯୩୬, ୧୯୪୨ ମସିହାରେ ଅନ୍ୟାନ୍ୟ ନାରୀ ସଂଗ୍ରାମୀଙ୍କ ସହ କାରାଦଣ୍ଡ ମଧ୍ୟ ଭୋଗ କରିଥିଲେ। ହଜାରିବାଗ୍ ଜେଲରୁ ମୁକ୍ତ ହୋଇ ୧୯୩୧ ମସିହାରେ ହରିଜନ ବସ୍ତିର ସଫେଇ ଓ ଅସ୍ପୃଶ୍ୟତା ନିବାରଣ କାର୍ଯ୍ୟରେ ଲାଗିଥିଲେ। ମା' ରମାଦେବୀ ଦଳିତ ସର୍ବହରାମାନଙ୍କ ନିମନ୍ତେ ଏକ ସମିତି ମଧ୍ୟ ପ୍ରତିଷ୍ଠା କରିଥିଲେ। ଯାହାର ନାମ ଥିଲା 'ହରିଜନ ସେବା ସଂଘ'। ୧୯୩୨ ମସିହାରେ କର୍ଣ୍ଣାଟକ ହୁନ୍ଦଲୀ ଠାରେ ଅନୁଷ୍ଠିତ ସଂଘର ବାର୍ଷିକ ଅଧିବେଶନରେ ଯୋଗ ଦେବା ପରେ ସମ୍ଭ୍ରାନ୍ତ ଘରର ବଧୂ ହୋଇ ଏତେ ଦେଶଭକ୍ତିର ଭାବନା ରହିଥିବା ଦେଖି ଏବଂ ତାଙ୍କର ଉଭୟ ଜୀବନକୁ ଚଳେଇ ନେବାର ଦକ୍ଷତାରେ ଅନୁପ୍ରାଣିତ ହୋଇ ବହୁ ନାରୀ କିଶୋରୀ ତାଙ୍କ ସହିତ ରଚନାତ୍ମକ କାର୍ଯ୍ୟରେ ଲାଗି ପଡ଼ିଥିଲେ। ୧୯୩୩ ମସିହାରେ ସେ ଓଡ଼ିଶା ରିଲିଫ କମିଟିର ସଦସ୍ୟା ଭାବରେ ବହୁ ଉନ୍ନୟନ ମୂଳକ କାର୍ଯ୍ୟ କରିଥିଲେ। ୧୯୩୪ ମସିହାରେ ମା' ରମାଦେବୀ, ଗାନ୍ଧିଜୀ, କସ୍ତୁରବା, ସର୍ଦ୍ଦାର ପଟେଲ୍, ରାଜେନ୍ଦ୍ର ପ୍ରସାଦ, ମୌଲାନା ଆଜାଦ୍, ଜବାହରଲାଲ୍ ନେହେରୁ ଏବଂ ଅନ୍ୟାନ୍ୟ ବିଶିଷ୍ଟ ଜନନାୟକଙ୍କ ସହିତ ଓଡ଼ିଶା ପରିଭ୍ରମଣ ମଧ୍ୟ କରିଥିଲେ। ଏହାର ମୁଖ୍ୟ ଉଦ୍ଦେଶ୍ୟ ଥିଲା ମୁକ୍ତି ସଂଗ୍ରାମ ଓ ଅସ୍ପୃଶ୍ୟତା ନିବାରଣ। ଓଡ଼ିଶାର 'ବରୀ' ଠାରେ ଖଦି ବିକାଶ ନିମନ୍ତେ ଏକ ଆଶ୍ରମ ମଧ୍ୟ ଖୋଲିଥିଲେ। ଯାହାକୁ ଗାନ୍ଧିଜୀ 'ସେବାଘର' ନାମରେ ନାମିତ କରିଥିଲେ। ୧୯୪୨ ମସିହାର ଭାରତଛାଡ଼

ଆନ୍ଦୋଳନରେ ସକ୍ରିୟ ଥିବା କାରଣରୁ ସେ ପରିବାରର ଅନେକ ସଦସ୍ୟଙ୍କ ସମେତ ଉଭୟ ସ୍ୱାମୀ ଗୋପବନ୍ଧୁ ଚୌଧୁରୀ ଓ ମା' ରମାଦେବୀ ବନ୍ଦୀ ହୋଇଥିଲେ। ଏକ ଶୋଷଣମୁକ୍ତ ସମାଜ ଭାରତୀୟ ସମ୍ବିଧାନ ପ୍ରତିଷ୍ଠା, ପୂର୍ଣ୍ଣ ସ୍ୱରାଜ୍ୟ ଗଠନ ତାଙ୍କର ସ୍ୱପ୍ନ ରହିଥିଲା। ଯାହାକୁ ସେ ପ୍ରାଣ ପ୍ରଣେ ସଫଳ କରିବାର ଚେଷ୍ଟା ଚଳାଇଥିଲେ। ପରବର୍ତ୍ତୀ ସମୟରେ କସ୍ତୁରବା ଗାନ୍ଧୀଙ୍କ ମୃତ୍ୟୁ ପରେ ଗାନ୍ଧିଜୀ ଓଡ଼ିଶାର 'କସ୍ତୁରବା ଟ୍ରଷ୍ଟ'ର ପ୍ରତିନିଧି ରୂପେ ମା' ରମାଦେବୀଙ୍କ ଉପରେ ଦାୟିତ୍ୱ ନ୍ୟସ୍ତ କରିଥିଲେ। ୧୯୪୪ ମସିହାରେ ଜାତୀୟସ୍ତରର ଓଡ଼ିଶା ପ୍ରତିନିଧି ଭାବରେ ମା' ରମାଦେବୀ ମନୋନୀତ ହୋଇ ୧୯୪୫ରେ ତା'ର ଶାଖା ଓଡ଼ିଶାରେ ଖୋଲିଥିଲେ। ୧୯୫୦ରେ ଅନୁଗୁଳ ଠାରେ ଅନୁଷ୍ଠିତ ଅଖିଳ ଭାରତ ସର୍ବୋଦୟ ସମ୍ମିଳନୀ ପରିଚାଳନାରେ ସ୍ୱାମୀ ଗୋପବନ୍ଧୁ ଚୌଧୁରୀ, ଦିଅର ନବକୃଷ୍ଣ ଚୌଧୁରୀ ଓ ଯାଆ ମାଳତୀ ଚୌଧୁରୀଙ୍କ ସହ ରମାଦେବୀ ମିଶି ପ୍ରମୁଖ ଭୂମିକା ଗ୍ରହଣ କରିଥିଲେ।

୧୯୪୭ ମସିହାରେ ଭାରତ ସ୍ୱାଧୀନତା ପାଇବା ପରେ ରମାଦେବୀ ନିଜକୁ ଆଚାର୍ଯ୍ୟ ବିନୋବା ଭାବେଙ୍କ ଭୂଦାନ ଏବଂ ଗ୍ରାମଦାନ ସଂଗ୍ରହ କାର୍ଯ୍ୟରେ ଲାଗି ପଡ଼ିଥିଲେ। ଓଡ଼ିଶା ଭୂଦାନ ସମିତିର ଅଗ୍ରଗଣ୍ୟ ନେତ୍ରୀ ଭାବରେ ସେ ପରିଚିତ ଥିଲେ। କୋରାପୁଟ ଜିଲ୍ଲାରେ ୧୯୫୧ ବେଳେ ଦୁର୍ଭିକ୍ଷ ପ୍ରପୀଡିତ ଲୋକଙ୍କ ମୁଖରେ ଅନ୍ନ ମୁଠାଏ ଦେବାପାଇଁ ସେ ଗୁଣପୁର, ବଷମ କଟକ ଓ ରାମନାଗୁଡ଼ା ଠାରେ ମାଗଣା ଭୋଜନ କେନ୍ଦ୍ରମାନ ଖୋଲି ଦେଇଥିଲେ। ଏଥିପାଇଁ ଓଡ଼ିଶା ଏବଂ ଓଡ଼ିଶା ବାହାରୁ ଅନେକ ସହାୟତାର ରାଶି ପହଞ୍ଚିଯାଇଥିଲା ତାଙ୍କର ନିଷ୍ଠାପର ଉଦ୍ୟମ ପାଇଁ। ୧୯୫୧ ମସିହାରେ ଭୂଦାନ ଯଜ୍ଞ ଆରମ୍ଭ ହୋଇ ବିନୋବା ଭାବେଙ୍କ ନେତୃତ୍ୱରେ ସମଗ୍ର ଦେଶରେ ବ୍ୟାପୀଥିଲା। ଓଡ଼ିଶାରେ ଏହି କାର୍ଯ୍ୟ ମା' ରମାଦେବୀ ତୁଲାଇଥିଲେ। ଆହୁରି ମଧ୍ୟ ସେ ରାମଚନ୍ଦ୍ରପୁରର ବାଲୱାଡ଼ି ବା ନର୍ସରୀ ସ୍କୁଲରେ 'ଉତ୍କଳ ଖଦୀମଣ୍ଡଳ' ପ୍ରତିଷ୍ଠା କରିବା ସହିତ ଶିକ୍ଷକମାନଙ୍କୁ ସେ ସମ୍ବନ୍ଧୀୟ ପ୍ରଶିକ୍ଷଣ ମଧ୍ୟ ଦେଇଥିଲେ। ୧୯୫୦ ମସିହାରେ ଡୁମ୍ବିଗୁଡ଼ା ଠାରେ ରମାଦେବୀ ଆଦିବାସୀ ଉନ୍ନୟନ କେନ୍ଦ୍ର ସ୍ଥାପନ କରିଥିଲେ। ୧୯୫୧ ମସିହାର ଦୁର୍ଭିକ୍ଷ ପ୍ରପୀଡ଼ିତ କୋରାପୁଟ ଅଞ୍ଚଳରେ ଉଭୟ ରମାଦେବୀ ଓ ମାଳତୀଦେବୀ ରିଲିଫ କାର୍ଯ୍ୟରେ ଯୋଗ ଦେଇ ପୀଡ଼ିତ ଲୋକଙ୍କ ମୁଖରେ ଅନ୍ନ ଯୋଗାଇ ଦେଇଥିଲେ। ଦରିଦ୍ରଙ୍କ ସହାୟତା ନିମନ୍ତେ ସ୍ୱାମୀଙ୍କ ସହିତ ସେ ପ୍ରାୟ ୪୦୦୦ କି.ମି. ପଦଯାତ୍ରା କରିଥିଲେ। ଭୂମିହୀନଙ୍କୁ ଜମି ଏବଂ ଗରିବଙ୍କୁ ଚାଷ ଜମି ଯୋଗାଇ ଦେବା ଏବଂ ସେମାନଙ୍କୁ ଏକ ସୁସ୍ଥ ଜୀବନ ଯୋଗାଇ ଦେବା ଏହି ଯାତ୍ରାର ଆଭିମୁଖ୍ୟ ଥିଲା। ଏହି କାର୍ଯ୍ୟ ନିମିତ୍ତ ଭାରତବର୍ଷରେ ଓଡ଼ିଶା ପ୍ରଥମ

ସ୍ଥାନରେ ରହିପାରିଥିଲା । ମା' ରମାଦେବୀଙ୍କ ନିଷ୍ଠାପର ବ୍ୟକ୍ତିତ୍ୱ ପାଇଁ ସେ ୧୯୫୮ ମସିହାରେ ଅଖିଳ ଭାରତ ସର୍ବୋଦୟ ସମ୍ମିଳନୀ ମହାରାଷ୍ଟ୍ର ଅଧିବେଶରେ ସଭାପତିତ୍ୱ କରିଥିଲେ । ସେବା କ୍ଷେତ୍ରରେ ସାରା ଭାରତ ବର୍ଷରେ ସୁଖ୍ୟାତି ଅର୍ଜନ କରିଥିବା ମା' ରମାଦେବୀ ୧୯୬୨ ମସିହାରେ ଚୀନ ଓ ଭାରତ ଯୁଦ୍ଧ ସମୟରେ ବିପନ୍ନ ସୈନ୍ୟମାନଙ୍କୁ ସୀମାନ୍ତ ଅଞ୍ଚଳରେ ପହଞ୍ଚି ସେବା ଯୋଗାଇ ଦେଇଥିଲେ । ଯେଉଁଥି ପାଇଁ ସେ ଆଜି ମଧ୍ୟ ଅନନ୍ୟା ନାରୀନେତ୍ରୀ ମହୀୟସୀ ମହିଳା ଭାବରେ ସ୍ୱୀକୃତି ପାଇଛନ୍ତି । ମା' ରମାଦେବୀ ୧୯୬୨ରେ କଟକ ଠାରେ 'ଶିଶୁ ବିହାର' ମଧ୍ୟ ପ୍ରତିଷ୍ଠା କରିଥିଲେ । ୧୯୬୪ ମସିହାରେ ଛାତ୍ର ଆନ୍ଦୋଳନ ରାଉରକେଲା ସାଂପ୍ରଦାୟିକ ଦଙ୍ଗା ପ୍ରଭୃତି ବେଳେ ଶାନ୍ତି କମିଟି ସଭ୍ୟା ଭାବରେ ସମସ୍ୟା ସମାଧାନରେ ଉଲ୍ଲେଖନୀୟ ଭୂମିକା ଗ୍ରହଣ କରିଥିଲେ । ୧୯୬୬ କଳାହାଣ୍ଡିରେ ଦୁର୍ଭିକ୍ଷ ସମୟରେ ସେଠାରେ ମାଗଣା ଭୋଜନ କେନ୍ଦ୍ରମାନ ସ୍ଥାପନ କରିଥିଲେ । ଭାରତର ଜରୁରୀକାଳୀନ ପରିସ୍ଥିତିରେ ମଧ୍ୟ ରମାଦେବୀ, ହରେକୃଷ୍ଣ ମହତାବ ଏବଂ ନୀଳମଣି ରାଉତରାୟଙ୍କ ସହଯୋଗରେ ଏବଂ ବଳିଷ୍ଠ ନେତୃତ୍ୱରେ ସାପ୍ତାହିକ 'ସର୍ବୋଦୟ ପତ୍ରିକା' ପ୍ରକାଶନରେ ସକ୍ଷମ ହୋଇଥିଲେ । ସେବାର ମୂର୍ତ୍ତିମନ୍ତ ବିଗ୍ରହ ମା' ରମାଦେବୀ ଅବହେଳିତ ଶିଶୁମାନଙ୍କ ପାଇଁ ପ୍ରାଇମେରୀ ସ୍କୁଲ ଏବଂ ଜନସମାଜ ପାଇଁ ୧୯୭୮ ଏକ କର୍କଟ ଚିକିତ୍ସାଳୟ ମଧ୍ୟ ସ୍ଥାପନ କରିଥିଲେ ।

ମହାତ୍ମାଗାନ୍ଧୀଙ୍କ ପ୍ରଭାବଶାଳୀ ନେତୃତ୍ୱରେ 'ସ୍ୱରାଜ' ଆହ୍ୱାନ ସମଗ୍ର ଭାରତବର୍ଷର ପାଣିପବନକୁ ଯେତେବେଳେ ଆନ୍ଦୋଳିତ କରିଥିଲା ସେତିକିବେଳେ ଶିକ୍ଷିତ-ଅର୍ଦ୍ଧଶିକ୍ଷିତ ନିର୍ବିଶେଷରେ ହଜାର ହଜାର ନାରୀ ଭାରତବର୍ଷର ଭାଗ୍ୟ ବଦଳାଇବାର ଆଭିମୁଖ୍ୟ ନେଇ ଗାଁ ଗହଳିରେ ସ୍ୱର ଉତ୍ତୋଳନ କରିଥିଲେ । ସେହି ବିପ୍ଳବିନୀମାନଙ୍କର ପ୍ରେରଣାରେ ଉତ୍ସ ମା' ରମାଦେବୀ ଚୌଧୁରୀ ଦୀର୍ଘ ଅର୍ଦ୍ଧ ଶତାବ୍ଦୀ ଧରି ଭାରତୀୟ ସ୍ୱାଧୀନତା ସଂଗ୍ରାମ ଏବଂ ସାମାଜିକ ସଂସ୍କାର କ୍ଷେତ୍ରରେ ସମାଜବାଦୀ ରାଜନୀତିକୁ ଏକ ନୂଆ ପରିଚୟ ପ୍ରଦାନ କରିଥିଲେ । ପ୍ରଥମ କରି ଗଣ ଜୀବନ ସହିତ ସାମ୍ମୁଖ୍ୟ ସାକ୍ଷାତ୍‌କାର କ୍ଷେତ୍ରରେ ଜଣେ ଓଡ଼ିଆ ନାରୀର ଏଭଳି ପଦକ୍ଷେପ ନିଶ୍ଚିତ ଭାବରେ ଇତିହାସ ପୃଷ୍ଠାରେ ଉଲ୍ଲେଖନୀୟ ଘଟଣା ଥିଲା । ଏହା ଏଭଳି ଅଭୂତପୂର୍ବ ଘଟଣା ଥିଲା ଯେଉଁଥିରେ ଦେଶ ସେବା ଏବଂ ଅଳଙ୍କାର ବର୍ଜନ ଆହ୍ୱାନ ଥିଲା । ରମାଦେବୀଙ୍କ ହସ୍ତତନ୍ତ ସୂତା ପ୍ରଦାନ ଏବଂ ଅନ୍ୟାନ୍ୟ ଓଡ଼ିଆ ନାରୀମାନଙ୍କ ବହୁ ମୂଲ୍ୟ ଅଳଙ୍କାରକୁ ସ୍ୱାଧୀନତା ପାଇଁ ଦାନ କରିଦେବା ପ୍ରସଙ୍ଗଟି ମହାତ୍ମାଗାନ୍ଧୀଙ୍କ ଦୃଷ୍ଟିରୁ ବାଦ୍ ପଡ଼ି ନଥିଲା ଏବଂ ମହାତ୍ମାଗାନ୍ଧୀ ରମାଦେବୀଙ୍କ ଏହି ମହାନତା ଗୁଣକୁ ଉଚ୍ଚ

ପ୍ରଶଂସା ମଧ୍ୟ କରିବାକୁ କୁଣ୍ଠାବୋଧ କରି ନଥିଲେ। ଗାନ୍ଧିଜୀଙ୍କ ନିଜ ଜୀବନର ଆଦର୍ଶ ମନେକରି ତାଙ୍କ ସହ ସମତାଳରେ ପାଦ ମିଳାଇ ଦେଶ ସେବାରେ ଚାଲିବାର ବଜ୍ର ଶପଥ ନେଇଥିଲେ। ପରବର୍ତ୍ତୀ ସମୟରେ ଲବଣ ସତ୍ୟାଗ୍ରହ, ଦାଣ୍ଡିଯାତ୍ରା ସମୟରେ ଗାନ୍ଧିଜୀଙ୍କ ଆହ୍ୱାନରେ ଶହ ଶହ ମହିଳାକର୍ମୀ ଘରୁ ଗୋଡ଼ କାଢ଼ିଥିଲେ ଏବଂ ଏହି ସତ୍ୟାଗ୍ରହରେ ସାମିଲ୍ ହୋଇଥିଲେ। ଗାନ୍ଧିଜୀ କହିଥିଲେ - "କେତେକ ଭଉଣୀଙ୍କ ସଂଘର୍ଷ ନିମନ୍ତେ ବିପୁଳ ଉତ୍ସାହ ନିଶ୍ଚିତ ଭାବରେ ଅତି ଉତ୍ତମ ସୁସ୍ଥ ଲକ୍ଷଣ। ଏହି ଅହିଂସା ଯୁଦ୍ଧ ମହୋତ୍ସବରେ ସେମାନଙ୍କର ଅବଦାନ ପୁରୁଷମାନଙ୍କ ଠାରୁ ମଧ୍ୟ ମହତ୍ତର। ନାରୀକୁ ଦୁର୍ବଳା ମନେ କରାଯାଏ ମାତ୍ର ନୈତିକ ଶକ୍ତି କ୍ଷେତ୍ରରେ ସେ ପୁରୁଷଙ୍କ ଠାରୁ ମଧ୍ୟ ଶକ୍ତିଶାଳୀ। ତା'ର ପ୍ରଭାବ ଅଲୌକିକ। ନାରୀର ଆହ୍ୱାନ ସତ୍ୟାଗ୍ରହୀମାନଙ୍କ ଅନ୍ତଃଶକ୍ତି ତଥା ସକ୍ରିୟତାକୁ ଦ୍ୱିଗୁଣିତ କରିବାରେ ସମର୍ଥ।" କୁଆରପୁର ଠାରେ ୩୦ ଜଣ ମହିଳା ଲବଣ ପ୍ରସ୍ତୁତ କରି ପଟ୍ଟାମୁଣ୍ଡାଇର କୁଜଙ୍ଗ ଠାରେ ରାଣୀ ଭାଗ୍ୟବତୀଙ୍କ ସହଯୋଗରେ ଲବଣ ସତ୍ୟାଗ୍ରହ ସମସ୍ତଙ୍କ ଦୃଷ୍ଟି ଆକର୍ଷଣ କରିଥିଲା। ରାତ୍ରିର ଘନ ଅନ୍ଧକାରରେ ମାଜିଷ୍ଟ୍ରେଟ ଏବଂ ପୁଲିସ୍ କର୍ମଚାରୀଙ୍କ ତତ୍ତ୍ୱାବଧାନରେ ଡଙ୍ଗା ସାହାଯ୍ୟରେ ରାଣୀ ଭାଗ୍ୟବତୀ, ମା' ରମାଦେବୀ ଏବଂ ଅସଂଖ୍ୟ ମହିଳା ସହାୟକକର୍ମୀ କାଳିଆପଦା ଅତିକ୍ରମ କରିପାରିଥିଲେ। ଆହୁରି ମଧ୍ୟ କଂଗ୍ରେସ ନେତ୍ରୀ ରମାଦେବୀ ଏବଂ ମାଳତୀଦେବୀ କଂଗ୍ରେସ ପାର୍ଟିର ଅଗ୍ରଗତି ସହିତ ସାଂଗଠନିକ କାର୍ଯ୍ୟ ପ୍ରତି ମଧ୍ୟ ସଚେତନ ଥିଲେ। ସେମାନଙ୍କର କଠୋର ଶ୍ରମ ଆଜି ଭାରତବର୍ଷକୁ ସ୍ୱାଧୀନତା ଦେଇଛି ଓଡ଼ିଆ ମାଟିକୁ ବାଣିଜ୍ୟର ଏକ ମାର୍ଗ ନିଶ୍ଚିନ୍ତ ରୂପେ ଦେଖାଇ ପାରିଛି। ରମାଦେବୀଙ୍କ ଆହ୍ୱାନ ଥିଲା ଯେ ଜଣେ ମା' ଏବଂ ଗୋଟିଏ ନାରୀ ସମାଜ ଓ ଦେଶର ଉତ୍‌ଥାନ ନିମନ୍ତେ ବହୁ ଗୁରୁତ୍ୱପୂର୍ଣ୍ଣ ଭୂମିକା ରହିଛି ଯାହାକୁ ମର୍ମେ ମର୍ମେ ସେ ନିଜେ ଅନୁଭବ ମଧ୍ୟ କରିଥିଲେ। ମାତୃଶକ୍ତିର ଉନ୍ନତି ବ୍ୟତିରେକ ସମାଜ ଓ ଦେଶର ପ୍ରଗତି ଅସମ୍ଭବ ବୋଲି ସେ ବୁଝି ସାରିଥିଲେ। ମାତ୍ର ୧୫ ବର୍ଷ ବୟସରେ ବିବାହ କରିଥିବା ମା' ରମାଦେବୀ ଶାଶୁଙ୍କର ରକ୍ଷଣଶୀଳ ମନୋବୃତ୍ତି ଓ ଅନ୍ଧବିଶ୍ୱାସପୂର୍ଣ୍ଣ ମାନସିକତା ସହିତ ସନ୍ତୁଳନ ରକ୍ଷା କରିବାରେ ସଫଳ ମଧ୍ୟ ହୋଇଥିଲେ। ଏ କ୍ଷେତ୍ରରେ ତାଙ୍କୁ ସଂସ୍କାରବୋଧ ହିଁ ଢେର ସାହାଯ୍ୟ କରିଥିଲା। ତାଙ୍କ ଜୀବନାଦର୍ଶ ତ୍ୟାଗ ସର୍ବସ୍ୱ ଥିଲା ଦେଶ ପାଇଁ। ଏହାଦ୍ୱାରା ତାଙ୍କ ପରିବାର ଅର୍ଥନୈତିକ ସଂକଟର ସମ୍ମୁଖୀନ ହୋଇଥିଲେ ହେଁ ରମାଦେବୀ ତାଙ୍କ ସ୍ୱାମୀଙ୍କୁ ସର୍ବଦା ମାନସିକ ଦୃଢ଼ତା ପ୍ରଦାନ କରିଥିଲେ।

ଆର୍ଥିକ ପ୍ରଗତି ସାମାଜିକ ଉନ୍ନତି ସମ୍ପର୍କରେ ବିଚାର କରି ରମାଦେବୀ ଦୁଃସ୍ଥ ଜନତାଙ୍କ ଆର୍ଥିକ ପ୍ରଗତି ନିମନ୍ତେ ସେ ଅନେକ ସାଂଗଠନିକ କାର୍ଯ୍ୟକ୍ରମ କରିଥିଲେ।

ସେମାନଙ୍କ ସୁସ୍ଥ ନିରାମୟ ଜୀବନ ପ୍ରତିଷ୍ଠାର ଉଦ୍ଦେଶ୍ୟ ଥିଲା ତାଙ୍କର ପ୍ରମୁଖ ଲକ୍ଷ୍ୟ। ଚରଖାରେ ସୂତାକଟା, ତାଳଗୁଡ ପ୍ରସ୍ତୁତି ଓ ମହୁମାଛି ସଂରକ୍ଷଣ ଶିକ୍ଷା ଇତ୍ୟାଦି ପ୍ରତି ତାଲିମ୍ ଦିଆ ଯାଉଥିଲା। ତାଙ୍କ ନେତୃତ୍ୱରେ ମଧ୍ୟ କୃଷିର ବିକାଶ ନିମନ୍ତେ ବହୁ ଉଚ୍ଚକୋଟୀର ବ୍ୟବସ୍ଥା ସମ୍ପର୍କରେ ଲୋକମାନଙ୍କୁ ଶିକ୍ଷା ପ୍ରଦାନ ହେଉଥିଲା। ଚାଷୀଙ୍କ ପାଇଁ ଉତ୍କୃଷ୍ଟ ବିହନ, କେନାଲ ଦ୍ୱାରା ଜଳ ଯୋଗାଣ ଓ ଉପଯୋଗୀ ଜମିଭାଗ ବ୍ୟବସ୍ଥା ଆଦିର ସୁବନ୍ଦୋବସ୍ତ କରାଯାଇଥିଲା। ରମାଦେବୀଙ୍କ ଦୃଷ୍ଟିରେ 'ଅଶିକ୍ଷା' ହିଁ ସାମାଜିକ ଉନ୍ନତିର ଅନ୍ୟ ଏକ ପ୍ରଧାନ ପ୍ରତିବନ୍ଧକ। ତେଣୁ ଶିକ୍ଷା ଉପରେ ସେ ବିଶେଷ ଗୁରୁତ୍ୱ ଦେଇଥିଲେ। କୌଣସି ଆର୍ଥିକ ସହାୟତା ନ ପାଇ ମଧ୍ୟ ବହୁ ବିଦ୍ୟାଳୟ ସେ ଖୋଲିଥିଲେ। ନିଜକୁ ସାମାନ୍ୟ ମାତ୍ର ବିଜ୍ଞାପିତ ନ କରି ଲୋକଙ୍କ ଉନ୍ନତି ସାଧନ ମାର୍ଗ ନିର୍ମାଣ ପ୍ରତି ସଦା ଚେଷ୍ଟିତ ରହିଥିଲେ। ସେ ଜଣେ ସାଧ୍ୱୀ ଭଳି ଅଲକା ଆଶ୍ରମରେ ରହି ଜନସମାଜ ପ୍ରତିଷ୍ଠାର ବାର୍ତ୍ତା ପ୍ରଦାନ କରିଥିଲେ। ସେ ଅସୁସ୍ଥ ଜନଙ୍କୁ ସେବା କରି ଔଷଧ ପ୍ରଦାନ କରୁଥିଲେ। ସମାଜରୁ ଏବଂ ଜନମାନସରୁ ଅନ୍ଧବିଶ୍ୱାସ ଦୂର କରିବାରେ ତାଙ୍କ ପ୍ରୟାସ ନିଶ୍ଚିତ ରୂପେ ପ୍ରଭାବଶାଳୀ ଥିଲା ଯାହାକୁ ଆମେ ସାଂପ୍ରତିକ କାଳରେ ଦେଖିବାକୁ ପାଉଛେ। ଆନୁଷ୍ଠାନିକ ଶିକ୍ଷା ନ ପାଇ ମଧ୍ୟ ସେ ଉତ୍କଳ ବିଶ୍ୱବିଦ୍ୟାଳୟରୁ ସମାଜ ସେବା ଏବଂ ଜନଜୀବନର ସର୍ବାଙ୍ଗୀନ ଉନ୍ନତି ନିମନ୍ତେ 'କଳା ବିଭୂଷଣ' ଉପାଧି ପାଇଥିଲେ। ଆଜୀବନ ସେବିକା ରମାଦେବୀ ଏହି ସେବା କାର୍ଯ୍ୟ ପାଇଁ ୧୯୮୧ରେ ଜାତୀୟସ୍ତରରେ 'ଜମୁନାଲଲ୍ ବଜାଜ' ପୁରସ୍କାର ପାଇଥିଲେ। ବମ୍ବେର 'ଭାରତୀୟ ଗୃହିଣୀ ସମାଜ' ଦ୍ୱାରା ସମ୍ମାନୀତ ମଧ୍ୟ ହୋଇଥିଲେ। ତାଙ୍କ ପରିବାର ଥିଲା ସେବା ପ୍ରତିଷ୍ଠାନ। ତାଙ୍କର ପୁତ୍ର ମନମୋହନ ଏବଂ ଝିଅ ଅନ୍ନପୂର୍ଣ୍ଣା ବାଲ୍ୟକାଳରୁ ପିତାମାତାଙ୍କ ସହିତ ସେବାକାର୍ଯ୍ୟରେ ମନୋନିବେଶ କରିଥିଲେ। ଜୀବନ ମା' ରମାଦେବୀଙ୍କ ପାଇଁ ଏକ ଚ୍ୟାଲେଞ୍ଜ ଥିଲା। ଯାହାକୁ ସେ ସ୍ୱୀକାର କରିଥିଲେ। ସେ ତାଙ୍କ ଜୀବନରେ 3p ଏବଂ 3d କାର୍ଯ୍ୟ ପ୍ରଣାଳୀକୁ ସ୍ୱୀକାର କରିନେଇଥିଲେ peace (ଶାନ୍ତି), preser verance (ଦୃଢ଼ତା) ଏବଂ patience (ଧୈର୍ଯ୍ୟ) ତଥା discipline (ଶୃଙ୍ଖଳା), dedication (ସମର୍ପଣ), devotion (ଭକ୍ତି) ଇତ୍ୟାଦି। ପରିଶେଷରେ 3s ଯଥା- service (ସେବା), sacrifice (ତ୍ୟାଗ) ଏବଂ social responsibilities (ସାମାଜିକ ଦାୟିତ୍ୱବୋଧ)କୁ ପାଥେୟ କରି ସେ ତାଙ୍କ ଲକ୍ଷ୍ୟ ସ୍ଥଳରେ ପହଞ୍ଚି ପାରିଥିଲେ। ଜଣେ ମହାମାନବୀ ଭାବରେ ଉତ୍ତର ପିଢି ତଥା ଯୁବପିଢ଼ିଙ୍କ ନିମନ୍ତେ ମା' ରମାଦେବୀ ଅନିର୍ବାପିତ ଅଖଣ୍ଡ ମଶାଲ୍ ଥିଲେ। ଏହି ମହାନ୍ ଆତ୍ମା ସ୍ନେହ, ଶ୍ରଦ୍ଧା ଓ ମମତାର

ମୂର୍ତ୍ତିମନ୍ତ ପ୍ରତୀକ ମା' ରମାଦେବୀ ୧୯୮୫ ଜୁଲାଇ ୨୨ ତାରିଖରେ ଇହଲୀଳା ସମ୍ବରଣ କରିଥିଲେ।

ତାଙ୍କ ସ୍ମୃତି ଚିହ୍ନ ଉଦ୍ଦେଶ୍ୟରେ ମା' ରମାଦେବୀଙ୍କ ନାମରେ ପ୍ରଥମେ ଭୁବନେଶ୍ୱର ୟୁନିଟ୍ ୩ ସ୍ଥିତ ଲେବର 'ରମାଦେବୀ ମହିଳା ମହାବିଦ୍ୟାଳୟ' ପ୍ରତିଷ୍ଠିତ ହୋଇଥିଲା। ତାହା ସଂପ୍ରତି ରମାଦେବୀ ମହିଳା ବିଶ୍ୱବିଦ୍ୟାଳୟର ମାନ୍ୟତା ଲାଭ କରିଅଛି। କଟକ ଠାରେ ସ୍ଥାପିତ 'ଶିଶୁବିହାର' ବିଦ୍ୟାଳୟ ମଧ୍ୟ ଆଜି 'ରମାଦେବୀ ଶିଶୁବିହାର' ନାମରେ ନାମିତ ହୋଇଛି ଯାହା ଇତିହାସର ସ୍ୱର୍ଣ୍ଣମୟ ଅଧ୍ୟାୟ ନାରୀ ପ୍ରଗତି ଓ ନାରୀ ସମ୍ମାନ ଉଦ୍ଦେଶ୍ୟରେ ଉଲ୍ଲିଖିତ ହୋଇପାରିଛି।

■

**ସହାୟକ ଗ୍ରନ୍ଥସୂଚୀ :**


୧. ନାରାୟଣ ସାହୁ : ମା' ରମାଦେବୀ

୨. ଜୀବନ ପଥେ : ରମାଦେବୀଙ୍କ ଆତ୍ମଜୀବନୀ

୩. ଡ. ପ୍ରଫୁଲ୍ଲ କୁମାର ପଟ୍ଟନାୟକ : ଯଶୋଦେଃ ଆୟୁଷ୍ମାନ

୪. ଦଣ୍ଡପାଣି ପଣ୍ଡା : ଓଡ଼ିଶାର କୃତି ସନ୍ତାନଙ୍କ ଜାତକ ଓ ଜୀବନୀ

୫. ବିନୋଦ କାନୁନ୍‌ଗୋ : ରମାଦେବୀ

୬. ଡ. ବିଷ୍ଣୁଚରଣ ସ୍ୱାଇଁ : ଓଡ଼ିଶାର ମହୀୟସୀ ନାରୀ

୭. ହାରାମଣି ମହାପାତ୍ର : ଓଡ଼ିଶାର ମହୀୟସୀ ମହିଳା

# ପଣ୍ଡିତ ଗୋଦାବରୀଶ ମିଶ୍ର ଜଣେ ଯୋଗଜନ୍ମା କବି

ମାତୃଭୂମି ଓ ମାତୃଭାଷା ପ୍ରତି ଗୋଦାବରୀଶ ମିଶ୍ରଙ୍କ ସମଗ୍ର ଜୀବନ ସମର୍ପିତ । ଓଡ଼ିଆ ସାହିତ୍ୟକୁ ତାଙ୍କର ଅବଦାନ ଅତୁଳନୀୟ । ସତ୍ୟବାଦୀ ଆନ୍ଦୋଳନର ପ୍ରମୁଖ ବ୍ୟକ୍ତିତ୍ୱ ଥିଲେ ପଣ୍ଡିତ ଗୋଦାବରୀଶ ମିଶ୍ର । ସମାଜ ସଂସ୍କାର, ଜାତୀୟତା, ଗଭୀର ଦେଶ ପ୍ରେମ ଏବଂ ସେବା ତାଙ୍କ ଚେତନାର ମୂଳ ଲକ୍ଷ୍ୟ ରହିଥିଲା । ମାତ୍ର ଓଡ଼ିଆ ସାହିତ୍ୟର ବିକାଶ ଦିଗରେ ତାଙ୍କର ଚେଷ୍ଟା ଓ ସମର୍ପଣ ଭାବ ଖୁବ୍ ମାର୍ମିକ । ସତ୍ୟବାଦୀ ସାହିତ୍ୟ ସାଧକଗଣଙ୍କ ରଚନାରେ ସେମାନଙ୍କର ହୃଦୟର ବାର୍ତ୍ତା, ଗଭୀର ଆବେଗ ସାହିତ୍ୟରେ ଯଥାର୍ଥ ଭାବରେ ପ୍ରତିଫଳିତ ହୋଇଛି । ସେମାନେ ଥିଲେ ସର୍ଜନାତ୍ମକ ସ୍ରଷ୍ଟା । ଏହି ପରିପ୍ରେକ୍ଷୀରେ ପଣ୍ଡିତ ଗୋଦାବରୀଶ ମିଶ୍ର ଜଣେ ସୃଜନଶୀଳ ସାର୍ଥକ ସ୍ରଷ୍ଟା । ସାହିତ୍ୟର ବିଭିନ୍ନ ବିଭାଗକୁ ତାଙ୍କର ସ୍ୱକୀୟ ଲେଖନୀ ଚାଳନା କରି ଋଦ୍ଧିମନ୍ତ କରିଛନ୍ତି । ସେ ଏକାଧାରରେ ଜଣେ କବି, ଗାଥାକବି, ନାଟ୍ୟକାର, ଔପନ୍ୟାସିକ, ଗାଳ୍ପିକ, ପ୍ରାବନ୍ଧିକ, ସୁସମାଲୋଚକ ଓ ସଂଯୋଜକ । ମାତ୍ର କାବ୍ୟିକ କୃତି ପାଇଁ ଆଜି ସେ ଯଶସ୍ୱୀ ହୋଇ ପାରିଛନ୍ତି । ଓଡ଼ିଆ ସାହିତ୍ୟରେ ସେ ପ୍ରଥମେ ଗାଥା କବିତାର ସ୍ରଷ୍ଟା ଭାବରେ ପରିଚିତ । ତାଙ୍କ ସାରସ୍ୱତ ସୃଷ୍ଟି କୌଣସି ଭୌଗୋଳିକ ପରିସୀମା ଭିତରେ ଆବଦ୍ଧ ନ ହୋଇ ଜନଗଣର ହୃଦୟକୁ ଆନ୍ଦୋଳିତ କରିଛି । ସେଥି ପାଇଁ ସେ ନିଜେ ଲେଖିଛନ୍ତି - "ମାନବପ୍ରାଣର ସୂକ୍ଷ୍ମ ତନ୍ତ୍ରୀକୁ ସ୍ପନ୍ଦନ ଦେବା ଭଳି ଲେଖା ହେଉଛି ପ୍ରାଣର ଉଦ୍ଦେଶ୍ୟହୀନ ଭାଷା । ଉଦ୍ଦେଶ୍ୟ ବିହୀନ ହେବ ତା'ର ଶକ୍ତି ସେତିକି ବଢ଼ିବ ଓ ତା'ର ପ୍ରସାର ସେତିକି ସୁଦୂରଗାମୀ ହୋଇ ଉଠିବ । ସେହି ଭାଷା ହିଁ ବିଶ୍ୱଭାଷା ଓ ସେ ଭାଷାରେ

ଲିଖିତ ସାହିତ୍ୟ ବିଶ୍ୱ ସାହିତ୍ୟ। ତାହା ଜାତି ଧର୍ମ ବା ଭୌଗୋଳିକ ବାଧାବିଘ୍ନ ମାନି ଚଳିବାର ବସ୍ତୁ ନୁହେଁ। ସେ ଭାଷା ସର୍ବଦା ବାହାରିବା ବିରଳ। ସେପରି ଭାଷାରେ ଲିଖିତ ସାହିତ୍ୟ ପଢ଼ିଲେ ମନ ଯେତିକି ଉନ୍ନତ ସୋପାନକୁ ଉଠେ ନିଜେ ଲେଖିବାର ପ୍ରୟାସ ଜନ୍ମିଲେ ଅମୂଳକ ମଧ୍ୟ ସେତିକି ଲାଗେ। ଲେଖନୀ ହାତରୁ ଖସିପଡ଼େ।"(ଗୋଦାବରୀଶ ମିଶ୍ର, ମୁଁ କାହିଁକି ଲେଖେ, ପୃ.୪/୫) ସଂପାଦନା ଡ. ବିଜୟାନନ୍ଦ ସିଂହ, ପ୍ରକାଶନ ରମ୍ୟ ଲେଖାର ସମାଲୋଚିତ, ୨ୟ ପ୍ରକାଶ-୧୯୮୯)

ଶାଳିଆରୁ ସଂଯୋଇ, ଚିଲିକାରୁ ଷଢ଼େଇକଳା, ବାଣପୁରରୁ ଫୁଲଝର ଯାଏଁ ଯାହାଙ୍କ କବିତାର ଗୁଞ୍ଜରଣ ଅନୁରଣିତ ହୁଏ ସେ ବକୁଳ ମନର କୋକିଳ କବି ଗୋଦାବରୀଶ ମିଶ୍ର। ସ୍ମୃତିର ମୂର୍ଚ୍ଛନାରେ ଶ୍ରୁତିର ସ୍ୱରତନ୍ତ୍ରୀରୁ ନିଶୃତ ଦରଦୀ ସ୍ୱର ହେଉଛି ପଣ୍ଡିତ ଗୋଦାବରୀଶଙ୍କ କବିତା ଗୁଚ୍ଛ। ଭାଷାରେ, ଭାବରେ, ଅନୁଭବରେ, ପ୍ରକାଶ୍ୟରେ ସବୁ ଥିରେ ଦରଦୀ ଆତ୍ମାର ଅବ୍ୟକ୍ତ ଭାବକୁ ବ୍ୟକ୍ତ କରିପାରିଛି ତାଙ୍କ ସ୍ୱରଚିତ କବିତା। ବାହ୍ୟ ଜୀବନର ଗମ୍ଭୀର ଉଦାସ କର୍ମ କଠୋର ନିରଳସ ବ୍ୟକ୍ତିତ୍ୱଟିଏ ହେଉଛନ୍ତି ସେ। ଯାହା ଗୋଦାବରୀଶଙ୍କ ସାରସ୍ୱତ କର୍ମ ମୂଳରେ ପ୍ରବଣତାଟିଏ ବଳବତ୍ତର ହୋଇ ରହିଥିବାର ସ୍ପଷ୍ଟ ବାରି ହୁଏ। ଜୀବନର ତିକ୍ତ ବିଷାଦମୟ ଘଟଣାକୁ ନବ ଆସ୍ୱାଦନରେ ଛନ୍ଦି ଦିଅନ୍ତି ପଣ୍ଡିତ ଗୋଦାବରୀଶ ମିଶ୍ର। ଚିନ୍ତାଗ୍ରସ୍ତ ମଣିଷର ନିରାପଦ ମାର୍ଗ ଦର୍ଶିକା ହେଉଛନ୍ତି ଗୋଦାବରୀଶଙ୍କ କବି କଲମର ନିସୃତ ଉଚ୍ଚାରଣ। ଶିକ୍ଷକତା, ଦେଶକର୍ମ, ରାଜନୀତି, ଜନସଂଗଠନ, ଅର୍ଥୋପାର୍ଜନ, ଦାରିଦ୍ର୍ୟ, ନିଃସଂଗତା, ଦୁଃଖ ଭିତରୁ ଉଚ୍ଚାଭିଳାଷ, ବିଦ୍ୟାନୁରାଗ, ସତ୍ୟନିଷ୍ଠା ଓ ମାନବିକତାର ଆଦର୍ଶରେ ତାଙ୍କ କବିତାର ମାଧୁର୍ଯ୍ୟଗାନ ଯେ କେହି ବ୍ୟକ୍ତିସତ୍ତାର ଚେତନାକୁ ପ୍ଲାବିତ କରି ଦେବାର କ୍ଷମତା ରଖିଛି ପଣ୍ଡିତ ଗୋଦାବରୀଶଙ୍କ ସୃଷ୍ଟି ସଂପଦ। ଓଡ଼ିଶାର ନବରୁତ୍‌ଥାନ ସମୟରେ ଗୋଦାବରୀଶଙ୍କ ଜନ୍ମ (୧୮୮୬-୧୯୫୬)। (ଖ୍ରୀ.୧୯୧୨ ରୁ ୧୯୨୧) ସତ୍ୟବାଦୀ ବନବିଦ୍ୟାଳୟର ଶିକ୍ଷକତା କାଳ ତାଙ୍କ କବି ପ୍ରତିଭାର ବିକାଶ କାଳ। ବିଂଶ ଶତକର ଆଦ୍ୟ ପାଦରେ ଆଞ୍ଚଳିକ ସଂସ୍କୃତିକୁ କେନ୍ଦ୍ର କରି ଉତ୍କଳରେ ସାହିତ୍ୟରେ ନୂତନ ପ୍ରାଣଶକ୍ତି ଓ ରୂପରଙ୍ଗ ଭରିବାର ପ୍ରୟାସ କରାଯାଇଥିଲା। ନବଉତ୍କଳର ନବଜାଗରଣର ପଥିକୃତ ଥିଲେ ଗୋପବନ୍ଧୁ ଦାସ। ଏ ଯୁଗର ପଶ୍ଚାତ୍‌ରେ ରାଧାନାଥ ରାୟ, ମଧୁସୂଦନ ରାଓ, ନନ୍ଦକିଶୋର ବଳ ପ୍ରଭୃତି ଏବଂ ପୁରୋ ଭାଗରେ ବିଶୁଦ୍ଧ ରୋମାଣ୍ଟିକ୍ ସବୁଜ କବିକୁଳଙ୍କ ସହିତ ରୋମାଣ୍ଟିକ ଜାତୀୟବାଦୀ କୁନ୍ତଳା କୁମାରୀ, ପଦ୍ମଚରଣ, ମାନସିଂହ, ଗଡ଼ନାୟକ ପ୍ରମୁଖ ଆବିର୍ଭୂତ। ଗୋଦାବରୀଶଙ୍କ କାବ୍ୟ ଭାବନାରେ ବାସ୍ତବବାଦ, ସ୍ୱଭାବବାଦ, ରୋମାଣ୍ଟିକ ଭାବାଦର୍ଶ ସଂଜାତ ପ୍ରେମ ଓ

ସୌନ୍ଦର୍ଯ୍ୟ ସାଧନରେ ବିଶୁଦ୍ଧତା, ସଂବେଦନଶୀଳତା, ମାନବତାବାଦ ଓ ତା'ର ଅବକ୍ଷୟରେ ବିଷାଦବାଦ ସଂଯୋଜିତ ହୋଇଥିବାର ଲକ୍ଷ୍ୟ କରି ହୁଏ। ଗୋଦାବରୀଶ ମିଶ୍ରଙ୍କ କାବ୍ୟରେ କ୍ଲାସିକ୍, ରୋମାଣ୍ଟିକ୍ ଚେତନାର ସମପ୍ରବଣତା, ଦେଶମୁକ୍ତି ଓ ମାନବ ମୁକ୍ତିର ଆଧାତ୍ମିକତା ଏକତ୍ର ସନ୍ନିବିଷ୍ଟ ରହିଛି। ରୋମାଣ୍ଟିସିଜିମ୍ ରୂପ ଚେତନା ସହ ଗୋଦାବରୀଶଙ୍କ କବିତାରେ ଇଂରାଜୀ କବି ୱାର୍ଡ୍‌ସୱାର୍ଥ, ସେଲି, ଟେନିସନ୍ ପ୍ରଭୃତିଙ୍କ କବିତାରେ କାବ୍ୟ ଭାବନା ସମ୍ବଳିତ। ଗାଥାଗୀତି ଓ ପ୍ରଗତି ତାଙ୍କୁ ଲୋକପ୍ରିୟ କବି ରୂପେ ପ୍ରତିଷ୍ଠା ଦେଇଛି। ସାରଲ୍ୟ, ସହୃଦୟତା, ସଖ୍ୟତା, ନିର୍ମଳ ମାନବିକତାର ଉଜ୍ଜ୍ୱଳ ରୂପ ଖୁବ୍ ମାର୍ମିକ ଭାବେ ପ୍ରକାଶିତ। ତାଙ୍କ ରଚିତ ଗାଥାଗୀତିଗୁଡ଼ିକ ବର୍ଣ୍ଣନାଶ୍ରୟୀ, ଉଦ୍ଦେଶ୍ୟଧର୍ମୀ, ବ୍ୟାପକ ଲୋକାନୁଭୂତି ସମ୍ବଳିତ, ଦୃଷ୍ଟାନ୍ତମୂଳକ, ଇତିହାସ ପୁରାଣ, କିମ୍ବଦନ୍ତୀ ଆଧାରିତ।

ଗୋଦାବରୀଶଙ୍କ ପୂର୍ବରୁ ଓଡ଼ିଆ ସାହିତ୍ୟରେ ବିବିଧ ସାହିତ୍ୟିକ ଗାଥା କବିତା ଜନ୍ମ ନେଇ ସାରିଥିଲା। ଜଗନ୍ମୋହନ ଲାଲାଙ୍କ 'ଭ୍ରମଭଂଜନ', 'ପ୍ରେମତରୀ', ନୀଳକଣ୍ଠଙ୍କ 'ବିଧୁ ଓ ବାସନ୍ତୀ', ଫକୀରମୋହନଙ୍କ 'ଚନ୍ଦ୍ରପ୍ରଭାର ନିର୍ଜଳା ଏକାଦଶୀ', 'ତାରାବାଈ', ନନ୍ଦକିଶୋରଙ୍କ 'ଏକଲବ୍ୟ', ଗୋପବନ୍ଧୁଙ୍କ 'ଧର୍ମପଦ' ଗାଥା କବିତାର ଅନ୍ତର୍ଭୁକ୍ତ।

ଗୋଦାବରୀଶ ମିଶ୍ରଙ୍କ କବିତା ଗ୍ରନ୍ଥରେ କଳିକା, କିଶଳୟ, ଆଲେଖିକା, ଚୟନିକା, କୁସୁମ, କବିତାୟନ, ଗୀତାୟନ, ଗୀତିଗୁଚ୍ଛ, ଶିଶୁ କବିତା, ଆଲେଖିକା ତାଙ୍କୁ ପ୍ରିୟ କବି ଭାବରେ ପରିଚୟ ଦେଇଛି। ତାଙ୍କ ଗୀତି କବିତାଗୁଡ଼ିକର ଭାବବସ୍ତୁ ଓ ବିଷୟ ବିଭାବ ବହୁବିଧ। ଅସହାୟ ମଣିଷର ଆର୍ତ୍ତ ଚିତ୍କାର କବିପ୍ରାଣକୁ ବ୍ୟାକୁଳିତ କରିଛି। ବିଷାଦ ଓ କାରୁଣ୍ୟ ତାଙ୍କ ଛନ୍ଦୋକ୍ତି ରସାପ୍ଲୁତ ଭାବ ବନ୍ଧୁର କରିଛି। ସେହିପରି ଦାରିଦ୍ର୍ୟ, ଅନାଟନ, କ୍ଷୁଧା, ରୋଗ, ବାର୍ଦ୍ଧକ୍ୟ, ବୈଧବ୍ୟ ନିଃସଂଗତାର ପାଖେ ପାଖେ କରୁଣା, ଶ୍ରଦ୍ଧା, ସେବା, ସହାନୁଭୂତି, ତ୍ୟାଗ, ପ୍ରୀତିନିଷ୍ଠା, ଆତ୍ମସନ୍ତୋଷ ପ୍ରଭୃତି ଉଚ୍ଚତର ମାନବିକ ଭାବବୃତ୍ତିର ସଂଯୋଗ ଗୋଦାବରୀଶ ମିଶ୍ରଙ୍କୁ ମାନବବାଦୀ ବୋଲି ଚିହ୍ନାଇଛି। ପଣ୍ଡିତ ଗୋଦାବରୀଶ ମିଶ୍ର ଜଣେ ରୋମାଣ୍ଟିକ୍ କବି ଭାବରେ ପରିଚିତ। ତାଙ୍କ କବିତାର ଆଧାର ମୁଖ୍ୟତଃ ପଲ୍ଲୀ ଚେତନା, ବିସ୍ମୃତ ଲୋକକଥା, ଗୌରବାବହ ବୀରତ୍ୱ, ପ୍ରେମ, ପ୍ରକୃତି ଓ ଜୀବଜନ୍ତୁଙ୍କ ଠାରେ ପ୍ରାଣଧର୍ମିତା ଓ ସହୃଦୟତା ସହ ପଲ୍ଲୀର ପ୍ରକୃତି, ତା'ର ସମାଜ ଜୀବନ, ତା'ର ମନୋହାରିତା, ତା'ର ନିଷ୍କପଟ ସରଳ ଜୀବନାଲେଖ୍ୟ ହିଁ ତାଙ୍କର ଅଧିକାଂଶ କବିତାଗୁଡ଼ିକର ଅନ୍ତଃପ୍ରବଣତା ପ୍ରାତଃ ଅତୀତମୁଖୀ ଓ ସ୍ମୃତି ବିଧୁର ସ୍ମୃତି ସମ୍ବନ୍ଧମୂଳକ କବିତାଗୁଡ଼ିକରେ ବି ପରଲୋକଗତା ଜନନୀଙ୍କ ଉଦ୍ଦେଶ୍ୟରେ ନିଜର

ଶୋକାକୁଳତାକୁ ଅଶ୍ରୁ ଧାରାର କବିତାରେ ବର୍ଣ୍ଣନା କରିଛନ୍ତି । ପତ୍ନୀଙ୍କ ଉଦ୍ଦେଶ୍ୟରେ ବହୁ ମଧୁର ଓ ବିରହ ବିଧୁର ସ୍ମୃତି 'ତାପିତ' କବିତାରେ ସୁଖଦୁଃଖର ମିଶ୍ର ସ୍ୱରାଳାପରେ କବିଙ୍କ ପ୍ରଣୟାଦର୍ଶର ଚିତ୍ର ପ୍ରକଟିତ ।

ବିଭିନ୍ନ କର୍ମାବିକାଶରେ ଜନ୍ମସ୍ଥଳୀ ବାଣପୁର ନଦୀ ସାଳିଆ, ଚିଲିକା, ଘଣ୍ଟଶିଳା, ସତ୍ୟବାଦୀ ବନବିଦ୍ୟାଳୟ ଓ ଉପାନ୍ତ ଅଞ୍ଚଳର ସ୍ମୃତି ଚାରଣ ସହ ବହୁ ବନ୍ଧୁ ସହକର୍ମୀ ଓ ପ୍ରିୟଜନମାନେ ସମ୍ବୋଧିତ । କବିଙ୍କ ଭାଷାର ଅନ୍ତଃସ୍ୱର କରୁଣ ଭାବରସରେ ରସାଣିତ । ବାତ୍ସଲ୍ୟର ଦରଦଗାନ କେବଳ ନିଜ ବୁଢ଼ିମା, କି ଜନନୀଙ୍କୁ ନେଇ ସୀମିତ ରହି ନାହିଁ ବିସ୍ତାରିତ ହୃଦୟରେ କରୁଣାର ଧାରା ପାଳିତ ବାଘଛୁଆ, ହରିଣ ଛୁଆଙ୍କ ପାଇଁ ମଧ୍ୟ ପ୍ରକାଶିତ ହୋଇଛି । ବାଘ ଶିଶୁର ମୃତ୍ୟୁରେ ପାଳିତ ମାତାର ଶୋକାକୁଳ ଅବସ୍ଥା ଖୁବ୍ ମାର୍ମିକ ଭାବେ ବର୍ଣ୍ଣିତ ରହିଛି ଯାହାକୁ ପଢ଼ିଲେ ହୃଦୟର ନିବୃତ୍ତ କୋଣରୁ ଏକ ଉଦ୍‌ବେଳନ ନିଶ୍ଚୟ ସୃଷ୍ଟି ହୁଏ । ତାଙ୍କ ଭାବନାରେ ମଣିଷ ଓ ବାଘର ଆତ୍ମାରେ ଭିନ୍ନତା ନାହିଁ । କବିଙ୍କ ପ୍ରାଣର ପ୍ରତ୍ୟୟ "ସ୍ନେହଁ ଯେ ପଦାର୍ଥ ବିଶ୍ୱେ ଯିବ କି ବିଅର୍ଥେ ।"(ଗୀତାୟନ, ପୃ.୧୪) ସେହିପରି ନ ଥିବ ମା' କବିତାଟି କବିଙ୍କ (ରସିକ) ପାଳିତ ହରିଣ ଛୁଆ ସମ୍ପର୍କରେ ।

"ପାଳିବାକୁ ଆଣିଥିଲେ ମୃଗଶିଶୁ ବାସେ
ଏବେ ପାଳି ହେଲେ ଆପେ ରସିକ ତା ପାଶେ ।"

ପକ୍ଷୀ ଶୀର୍ଷକ କବିତାଗୁଡ଼ିକରେ କବିଙ୍କ ପ୍ରାଣର ଆକାଶିକ ଉନ୍ମୁକ୍ତିର କଥା ରହିଛି । ପକ୍ଷୀ ମୁକ୍ତି, ପ୍ରୀତି ଓ ମାଧୁର୍ଯ୍ୟର ପ୍ରତୀକ ରୂପେ ଆହରିତ । ତାଙ୍କ ପ୍ରିୟ ପକ୍ଷୀ ପିକ କଥା ବହୁ କବିତାରେ ସମ୍ବୋଧିତ ହୋଇଛି । ଗୋଦାବରୀଶଙ୍କ ପିକ, ମାଟି ପୃଥିବୀର ଅଧିକ ନିକଟ, ଅଧିକ ବାସ୍ତବ ଓ ଅଧିକ ଇନ୍ଦ୍ରିୟଗ୍ରାହୀ ମଧ୍ୟ । ଇଂରାଜୀ କବି ଶେଲିଙ୍କ 'Ode to the Nightingale' ଓ ୱାଡସ୍‌ୱାର୍ଥଙ୍କ 'To the Cuckoo' କବିତାର ସାଂକେତିକ ପକ୍ଷୀ ଠାରୁ ଗୋଦାବରୀଶଙ୍କ କୋକିଳର ସାମଞ୍ଜସ୍ୟ ଖୁବ୍ ନିବିଡ଼ତର । ଗୋଦାବରୀଶଙ୍କ ପିକ ବାସ୍ତବ ଓ ହୃଦୟଗ୍ରାହୀ । ତାଙ୍କ କବିତାରେ ପକ୍ଷୀ ମଣିଷର ଜୀବନ ବଞ୍ଚିଛି । ମାନବେତନର ହୋଇ ମଧ୍ୟ ମାନବୀୟ ଜୀବନାନୁଭୂତିର ଚିତ୍ର ଫୁଟାଇଛି । 'ଶାରୀ' କବିତାଟି ସେହି ପରି ସ୍ୱାଧୀନତା ଓ ମୁକ୍ତିର ପଥକୁ ଜୟଗାନ କରିଛି । ଦାମ୍ପତ୍ୟର ନିଗୂଢ଼ ପ୍ରେମ 'ମରାଳ ଦମ୍ପତି' କବିତାଟିରେ ପ୍ରକାଶିତ । ଯେଉଁ ଥିରେ ପ୍ରେମର ହୃଦୟ ସବୁଠି ସମାନ ସ୍ପନ୍ଦନ ବଢ଼ାଏ । ସେ ପକ୍ଷୀ ହେଉ ଅବା ମନୁଷ୍ୟ । ପ୍ରେମର ଆକର୍ଷଣ ବ୍ୟାକୁଳତା ଓ ଗୃହକର୍ତ୍ତାଙ୍କ ପ୍ରତି ମରାଳୀର ଶ୍ରଦ୍ଧା ଓ କୃତଜ୍ଞତାର ବିଦାୟୀ ପର୍ବ ଖୁବ୍ ଭାବାବେଗକୁ ପ୍ରକାଶ କରିଛି । 'ଯୁଗଳ ଜୀବନ'

କବିତାଟିରେ ପୋଖରୀ କୂଳରେ ପୁରାତନ ମହାଲିମ୍ବ ବୃକ୍ଷଟି ତା'ର ତିକ୍ତ ରୁକ୍ଷ ପ୍ରତିବିମ୍ବକୁ ଜୀବନରେ ମାଧୁର୍ଯ୍ୟ ଭରିଲା ଭଳି ତା'ରି ମୂଳରେ ମାଳତୀ ଲଟାଟିଏ ଜନ୍ମିଛି। ଲିମ୍ବ ଦେହରେ ଗୁଡ଼ାଇ ହୋଇ ଲିମ୍ବକୁ ଏକ ସୁନ୍ଦର ମନୋରମ ରୂପ ଲାବଣ୍ୟ ଦେଇଛି। ତା' କାଠରେ ସେ ଅନ୍ୟ ପ୍ରାଣକୁ ଜାଳୁଥିବା ବେଳେ ମାଳତୀ ଲଟାର କୋମଳତା ତାକୁ ଅମରତ୍ୱ ସୁଖ ଦେବା ଭଳି ଅନୁଭବ ହୋଇଛି। ପ୍ରୀତିର ଚିରକାଳ ସୁଖଦ ଅନୁଭବ ଓ ମରଣଶୀଳ ପୃଥିବୀ ପାଇଁ ଖୁବ୍ ଆକର୍ଷଣୀୟ। ପରବର୍ତ୍ତୀ ସମୟରେ ସେହି ମାଳତୀ ଯେବେ ପତ୍ର ଫୁଲ ମଣ୍ଡିତ ହୋଇଛି ମଧୁପ ସହିତ ପ୍ରୀତି ବଢ଼ିଛି। ଲିମ୍ବ କ୍ଷୁବ୍ଧ ହେଲେ ମଧ୍ୟ ମାଳତୀକୁ ଆଶ୍ରୟ ଦେଇଛି। ପ୍ରୀତିର ବେଦନାକୁ ହୃଦୟରେ ଲୁଚାଇ ମାଳତୀକୁ ସୁଖ ଦେଇଛି। ଏଠାରେ ଯଥାର୍ଥରେ କବିପ୍ରାଣ ଭୋଗ ଅପେକ୍ଷା ତ୍ୟାଗକୁ ବିଶେଷତା ଦୃଷ୍ଟିରେ ଦେଖିଛନ୍ତି। ପ୍ରତ୍ୟାଖ୍ୟାନ ଓ ପ୍ରୀତିନିଷ୍ଠା କବିତାରେ ପ୍ରେମ ଓ ତ୍ୟାଗର ଏକ ମହନୀୟ ଆଦର୍ଶ ପ୍ରତିଷ୍ଠା ଲାଭ କରିଛି। ଝରା କେଶର ପାଖୁଡ଼ାର ବାସନା ରାଜ୍ୟ ତା'ର ଶ୍ମଶାନ ହୋଇ ଯାଇଛି। ଚନ୍ଦ୍ରିକା ସ୍ପର୍ଶରେ ବଞ୍ଚିଉଠିଛି ମୃତ କଇଁର ହୃଦୟ। ଭାବନା କ୍ରମର ପ୍ରସାରଣ ଭାଷାର ସାବଲୀଳ ଛନ୍ଦ, ବାସ୍ତବ ସ୍ମୃତିର ନିବିଡ଼ ସଂଯୋଜନା ଓ ଆବେଗର ମୁକ୍ତ ସ୍ୱଚ୍ଛନ୍ଦର ଅବାରିତ ପ୍ରବାହ 'ସଂଯୋଇ ତୀରେ ସକାଳେ' କବିତାରେ ପ୍ରକାଶିତ। 'ଶେଷ ବିଦାୟ ବାଣୀ' କବିତାଟିରେ ଅପରାଧବୋଧର ମର୍ମବାଣୀ ପ୍ରକାଶିତ। ସ୍ମୃତି ଦଂଶନ ତୀବ୍ର। ଶୈଶବ, କୈଶୋର, ଉଷା ସଂଜର ଖେଳ ସାଥୀର ସାଳିଆତଟରୁ କବିଙ୍କ ଫେରନ୍ତା ବାଟକୁ ଜନନୀଙ୍କ ଅଧୀର ଅପେକ୍ଷା, ସ୍ନେହ ସଂଭାଷଣ ଓ ପରିଚର୍ଯ୍ୟାର ସ୍ମୃତି ଜୀବନ୍ତ ହୋଇ ଉଠିଛି। ଚଉଦ ବର୍ଷ ତଳୁ ଜନନୀ ବିୟୋଗ ପରେ ଆଜି ଭୋକ ଶୋଷ ଆତୁର ନିଃସଂଗ କବିଙ୍କ ମାଆ ଅଧିକ ମନେ ପଡ଼ିଛନ୍ତି ପୁଣି ମନେ ପଡ଼େନି ବିଗତ ଆତ୍ମୀୟ ସ୍ୱଜନ।

କବିଙ୍କ ରଚିତ 'ନାସ୍ତିକର ଉକ୍ତି' କବିତାଟି ଆଧ୍ୟାତ୍ମ ଦର୍ଶନ ଓ ଧର୍ମ ବିଚାର ଉପରେ ପର୍ଯ୍ୟବସିତ। ଏହା ଏକ ଆତ୍ମ ଉନ୍ମୋଚନକାରୀ କବିତା। ସ୍ୱୟଂ କବି ହିଁ କବିତାର ନାସ୍ତିକ। ସମସ୍ତେ ଜାଣିବାରେ ନାସ୍ତିକର ଈଶ୍ୱର ବିଶ୍ୱାସ ନାହିଁ। ଅଥଚ ଜଗନ୍ନାଥଙ୍କ ମନ୍ଦିରରେ ନିରୋଳା ଭକ୍ତିରେ ପ୍ଲାବିତ ମନୋଭାବଟିଏ ପ୍ରକାଶ ପାଇଛି। ଗୋଦାବରୀଶ ଦୁଃଖାନୁଭବ ସମ୍ବଳିତ ଅନ୍ୟ ଏକ ଧାରାର କବିତା ହେଉଛି 'ଦାରିଦ୍ର୍ୟ ଓ ଅନାଟନ'। ୱାର୍ଡସ ୱାର୍ଥଙ୍କ ଭାବାନୁଚିନ୍ତାର ସ୍ପଷ୍ଟ ପ୍ରତିଫଳନ ଏହି କବିତାର ରୂପରେଖରେ ସାମ୍ୟ ରହିଛି। ହତାଦର, ଲାଞ୍ଛନା, ତିରସ୍କାର ତା'ର ଦେହସୁଆ। ଧନୀକର ରକ୍ତ ଚାହାଣୀ ତା'ର କପାଳ ଲିଖନ। ମାତ୍ର ସେ ଭାଗ୍ୟବାଦୀ। ପାଦତଳର

ଘାସ କେବଳ ତା'ର ଚଲାପଥର ଚିର ସାଥୀ। ଗୋଦାବରୀଶଙ୍କ ପ୍ରକୃତିର ପରିବେଶର ରୂପଛବି ମଣିଷ ଓ ମାନବିକତାର ଆବେଦନରେ ଜୀବନ୍ତ। ନିରୀହ ଭାବପ୍ରବଣତା ତାଙ୍କ କବିତାର ଅନ୍ୟତମ ଆକର୍ଷଣ। ଗୋଦାବରୀଶଙ୍କ ସ୍ରଷ୍ଟାମାନସ ଯେପରି ସଫଳତାର ସହ ଆତ୍ମପ୍ରକାଶ କରିଛି ଅନୁରୂପ ଭାବରେ ଶିଶୁସାହିତ୍ୟ ଜରିଆରେ ତା' ଠାରୁ ଅଧିକ ପ୍ରକାଶିତ ହୋଇଛି। 'ରାମର ଫୁଲତୋଳା'ଠାରୁ ଘେନ ନମସ୍କାର ଯାଏଁ ମୋଟ ୬୬ଟି ଶିଶୁ କବିତା ମଧ୍ୟରେ ଗୋଦାବରୀଶ ଶିଶୁ ମନସ୍ତତ୍ତ୍ୱକୁ ଖୁବ୍ ସଫଳତାର ସହ ବିଶ୍ଳେଷଣ କରିଛନ୍ତି। ଶିଶୁ ଭଲ ପାଉଥିବା ଖାଦ୍ୟ ପେୟ, ପୋଷାକ ପତ୍ର, ସାଙ୍ଗସାଥୀ ଇତ୍ୟାଦିର ନିଖୁଣ ଚିତ୍ର ଅଙ୍କନ କରିଛନ୍ତି। ଏହା ବ୍ୟତୀତ ଦେଶ ପ୍ରେମ, ଚରିତ୍ର ଗଠନ ପାଇଁ ନୀତି ଶିକ୍ଷା, ପ୍ରକୃତି ଚିତ୍ର, ଭବିଷ୍ୟତର ଚିନ୍ତା, ସାଂସାରିକ ଜୀବନ ପ୍ରତି ସତର୍କ ଦୃଷ୍ଟି, ପୌରାଣିକ ଚରିତ୍ର ମାଧ୍ୟମରେ ଆଦର୍ଶବାଦର ଅବତାରଣା ଏବଂ ସର୍ବୋପରି ସରଳ ହାସ୍ୟରସ ମାଧ୍ୟମରେ ଶିଶୁ ପ୍ରାଣରେ ଯେପରି ଆଲୋଡ଼ନ ସୃଷ୍ଟି କରିଛନ୍ତି ତାହା ତାଙ୍କ ସାର୍ଥକ କବି ଜୀବନର ପରିଚୟ। କବି ଭାଷାରେ ସେ ପରାମର୍ଶ ଦେଇଛନ୍ତି :-

ଡାଳୁ ଡାଳେ ଉଠି ବୁଲୁ ସେ ଫୁଲ ଫୁଲରେ ବସି
ଦେଖି ତାକୁ କେତେ କାନ୍ଦିଲା ପିଲା ପାରିବେ ହସି
ତୋ ବାଟେ ଯାଅତୁ ତୁରିତେ ସେହୁ ତା'ବାଟେ ଯାଉ
ପଛେ ପଛେ ଧାଇଁ ନ କର ତାକୁ ବ୍ୟଥିତ ଆଉ। (ପ୍ରଜାପତିର ନିଧନ)

'ବୁଢ଼ିଆଣୀ ଜାଲ' କବିତାଟିରେ ବୁଢ଼ିଆଣୀଟି ମାଛିମାନଙ୍କୁ ମାରି ଖାଇବାକୁ ଯେଉଁ ଫିକର କରିଛି ତାହା ଜାଣିପାରି ମହୁମାଛିମାନେ ଉଡ଼ିଯିବା, ଏବଂ 'ବିରାଡ଼ି ବୈଷ୍ଣବ' କବିତାରେ କୁଆଛୁଆମାନଙ୍କୁ ଖାଇବାକୁ ବିରାଡ଼ିର ଭଣ୍ଡାମି ଧରାପଡ଼ିବା ପ୍ରସଙ୍ଗ ମାଧ୍ୟମରେ କବି ପିଲାମାନଙ୍କ ମନରେ ଭଲ ମନ୍ଦର ଚେତନା ଜଣାଇବାର ପ୍ରଚେଷ୍ଟା କରିଛନ୍ତି। ଶିଶୁ ଦିନେ ବଡ଼ ହେବ, ସଂସାରର ବହୁବିଧ ସମସ୍ୟା ସହ ଜଡ଼ିତ ହେବ। ବିଭିନ୍ନ ପେଷା ଓ ବୃତ୍ତି ଅବଲମ୍ବନ କରି ସାଂସାରିକ ଜୀବନ ଅତିବାହିତ କରିବ ଏବଂ ବିଭିନ୍ନ କ୍ଷେତ୍ରରେ ପ୍ରବେଶ କରିବ। କବିଙ୍କ ଭାଷାରେ –

ଭଲ ଭାବେ ଆମେ ଗଢ଼ିବୁ ଜୀବନ
ଦିଅନ୍ତୁ ଈଶ୍ୱର ବଳ ଆଉ ମନ। (ବଡ଼ହେଲେ)

'ଜନ୍ଦା ଓ ପାରା' କବିତାଟିରେ ପ୍ରେମ ଓ ସହଯୋଗ ପାରସ୍ପରିକ ଶ୍ରଦ୍ଧା ମଣିଷ ମଣିଷ ଭିତରେ ରହିବା ଉଚିତ ବୋଲି କବି ଦର୍ଶାଇଛନ୍ତି। ଏକଦା ଜନ୍ଦାଟି ପାଣିରେ ଭାସି ଭାସି ଯାଉଥିବା ବେଳେ ପାରାଟି ଗଛ ଉପରେ ଥାଇ ପତ୍ରଟିଏ ପକାଇ ତା'

ଜୀବନ ବଞ୍ଚାଇବା ପରେ ଦିନେ ଶିକାରୀଟିଏ ପାରାକୁ ମାରିବାକୁ ଯାଉଥିବା ବେଳେ ଜନ୍ଦାଟି ଶିକାରୀଟିକୁ କାମୁଡ଼ି ଲକ୍ଷ୍ୟଭ୍ରଷ୍ଟ କରି ନିଜେ ମରି ଯାଇଥିଲା ମାତ୍ର ପାରାର ଜୀବନ ରକ୍ଷା କରିପାରି ଥିଲା। ସେହି ପରି 'ଆମ ଜନ୍ମଭୂମି' କବିତାଟିରେ ପର ଲାଗି ଜୀବନ ଦେବା ହିଁ ଜୀବନର ସାର୍ଥକତା ବୋଲି ସେ ଅନୁଭବ କରିଛନ୍ତି। ଦେଶ ସେବାରେ ଯଦି ଜୀବନ ବିସର୍ଜିତ ହୋଇଯାଏ ତେବେ ସେଥିରେ ମହାପୁଣ୍ୟ ରହିଛି। ଜାତୀୟ ପତାକାକୁ ଜାତିର ଗର୍ବ ଓ ଗୌରବ ରୂପେ ବର୍ଣ୍ଣନା କରି ତାହାର ମର୍ଯ୍ୟାଦା ଅକ୍ଷୁର୍ଣ୍ଣ ରଖିବାକୁ ପିଲାମାନଙ୍କୁ ପରାମର୍ଶ ଦେଇଛନ୍ତି। ଏହି ମର୍ମରେ ଘେନ ନମସ୍କାର ଓ ଆମେ ଛାତ୍ର ଛାତ୍ରୀ ଅତ୍ୟନ୍ତ ହୃଦୟଗ୍ରାହୀ।

ତହୁଁ ସ୍ୱାଧୀନତା ଆସିଛି ରାଇଜେ
ଯାଇଛନ୍ତି ଚାଲି ବିଦେଶୀ ରାଜା
ଛାର କନା ଖଣ୍ଡେ ନମଣ ଏହାକୁ
ଏତ ଆମ ପ୍ରିୟ ଜାତୀୟ ଧ୍ୱଜା। (ଜାତୀୟ ପତାକା)

ଏତଦ୍ ବ୍ୟତୀତ ଛଅ ଋତୁ, ଚଢ଼େଇ ସଂସାର, ଶ୍ରମକର, ଚଷାପୁଅର ବାରମାସ, ଚଷାପୁଅର ମାଗୁଣୀ, ଟିକି ଟିକି ପ୍ରଭୃତି କବିତାରେ ସମୟ, କର୍ତ୍ତବ୍ୟ ଓ ଉଦ୍ୟମର ମୂଲ୍ୟ ସମ୍ପର୍କରେ ପିଲାଙ୍କୁ ସଚେତନ କରିଛନ୍ତି। ଏତଦ୍ ବ୍ୟତୀତ ହାତୀ, ମାଛି, ମୂଷା, ବାପାଙ୍କ ଛତା, କୁକୁର ଓ ମନୁଷ୍ୟ, ରାମଙ୍କ ବନବାସ, ଚିଡ଼ିଆଖାନା ଦେଖା, ଚିନ୍ତାର ମାଛଧରା, କଇଁ ଓ ମହୁମାଛି, ବୁଦ୍ଧ ଓ ଗୁଣ୍ଡୁଚିମୂଷା, ଦସ୍ୟୁରୁ ଋଷି, ଆଖୁଫଳ ମଜା, ଅଛୁଆଁ ବାରଣ ତେଜିଲି, ଗଧିଆ ବାହା କଲି, ଅଲକ୍ଷଣାର ଫାଶୀ, ନାକ ଆଖି ମକଦ୍ଦମା ପ୍ରଭୃତି ହାସ୍ୟରସ ଅବତାରଣା କରିବା ସହ ପିଲାଙ୍କୁ ପୌରାଣିକ ଦର୍ଶନରେ ଅନୁପ୍ରାଣିତ କରିବାର ଚେଷ୍ଟା କରିଛନ୍ତି। ମାନବିକତା ଭିତ୍ତିରେ ଐତିହ୍ୟର ପରିଚର୍ଯ୍ୟା 'ଆଲେଖିକା'ର ମର୍ମବାଣୀ। ଅତୀତର ଐତିହ୍ୟ, କିମ୍ବଦନ୍ତୀ ଓ ଲୋକ କଥାକୁ ମୂଳ କର୍ମ ରୂପେ କବି ଗୋଦାବରୀଶ ମିଶ୍ର ଗାଥା ଗୀତିକା  ଲେଖିଛନ୍ତି। 'ଆଲେଖିକା' ଦଶଗୋଟି ଗାଥା ଗୀତିକାର ଏକ ମନୋଜ୍ଞ ସଂକଳନ। କାଳିଜାଇ ଏବଂ ମଧୁର ସଂଗୀତ ରୂପକ ଏବଂ ଭାଷା ଭାବର ସମନ୍ୱୟରେ ଆଲେଖିକା ରଚିତ। ଉତ୍କଳର ଐତିହ୍ୟଦୀପ୍ତ ପରିକଳ୍ପନାର ଏକ ମନୋଜ୍ଞ ପ୍ରୟାସ।

ମାନବିକତାବୋଧର ପଟ୍ଟଭୂମି ଉପରେ ଆଧାରିତ ଆଲେଖିକା ସଂକଳନର 'ଅଭିରାମ ସିଂହ'। ଖରସୁଆଁ ଷଢ଼େଇକଳା ସିଂହଭୂମିର ଦେଶୀୟ ରାଜାଙ୍କ କାହାଣୀ ଉପରେ ପର୍ଯ୍ୟବସିତ। ବୀରତ୍ୱରେ ଅଭିମନ୍ତ୍ରରେ ଅଭିମନ୍ତ୍ରିତ ହେବା ପାଇଁ କଳିଙ୍ଗବାସୀଙ୍କୁ କବି ରାଜା ଅଭିରାମଙ୍କ ମୁଖରେ ଆହ୍ୱାନ ଦେଇଛନ୍ତି।

ଉଠ ବୀର ଆଜି ଧର ଧନୁଶର
ଭେଟ ତ ବଇରି ଥାଟ
ଦେଖ ବାବୁ ବଳେ କି କରି ପାରୁଛ
ମହୀ ତଳେ ବିପରୀତ।

ପରାଧୀନ ଜାତିର ବନ୍ଧନ ବେଡ଼ିକୁ ବିମୁକ୍ତ କରିବା ଏବଂ ଅତୀତ ଗୌବର ଗାଥା ସ୍ମୃତି ଚାରଣ ଥିଲା କବିଙ୍କର ଲକ୍ଷ୍ୟ 'ପଦ୍ମାବତୀ'। ଏହା ପୁରୁଷୋତ୍ତମ ଦେବଙ୍କ ବୀର ଗାଥା। ଉତ୍କଳୀୟ ରାଜାଙ୍କ ନିପୁଣ ସମର କୌଶଳ ନିକଟରେ ପରାଜୟ ସ୍ୱୀକାର କରିବା, ମାଲିକ, ଗଉଡୁଣୀର ଦହି ପ୍ରସଙ୍ଗ ପଦ୍ମାବତୀଙ୍କ ବିବାହ ପ୍ରସଙ୍ଗ ଏବଂ ପୁରୁଷୋତ୍ତମ ଦେବଙ୍କ ବିଜୟ ଯାତ୍ରାର ସ୍ମାରକୀ କଥା ରହିଛି। 'ମାମୁ ଭଣଜା' ଗାଥାରେ ନୀଳାଚଳର ମାହାତ୍ମ୍ୟ କଥା ବର୍ଣ୍ଣିତ ରହିଛି। ଓଡ଼ିଶା ଖଣ୍ଡାୟତ ବୀରମାନଙ୍କର ସମୟ କୌଶଳ ବର୍ଣ୍ଣନା କରି କବି କହିଛନ୍ତି।

ଭାଗିଲେ ବଡ଼ାଇ ଘଡ଼ିକ ଭିତରେ
ବାଣପୁର ଖଣ୍ଡାୟତେ
ଶିଶୁପାଳ ପ୍ରାୟେ ସେ ରକ୍ତ ବାହୁଲେ
ହଟି ଲେଉଟିଲା ସତେ।

'ବିକ୍ରମ ସିଂହ' ଗାଥାଗୀତିକା ଏକ ଅମଳିନ କୀର୍ତ୍ତିର ଏକ କାହାଣୀ। ସିଂହଭୂମ୍‌ର ରାଜା ବିକ୍ରମ ସିଂହ ଭଟ୍ଟ ହସ୍ତରେ ଏକ ବିଜୟ ପତାକା ଦେଇ ନିଜ କୀର୍ତ୍ତିର ପ୍ରଚାର କରିବା ପାଇଁ ନିର୍ଦ୍ଦେଶ ଦେଇଥିଲେ। କଳିଙ୍ଗର ବୀରତ୍ୱ ଓ କୀର୍ତ୍ତିକଳାର ଅମରତ୍ୱ ପ୍ରକଟନ ପାଇଁ କବି ପୂର୍ଣ୍ଣ ଭାବରେ ପ୍ରୟାସ କରିଛନ୍ତି। କୋଣାର୍କର ଅକ୍ଷୟ ଅମର ଭାରସ୍ୱର ମହିମା ପ୍ରଖ୍ୟାପନ ଓ ଗୁଣଗାନ କରିଛନ୍ତି। 'ସାକ୍ଷୀଗୋପାଳ' ଗାଥାରେ ଧର୍ମଜନିତ ଅବକ୍ଷୟ ଚିତ୍ରିତ ହୋଇଛି। 'ଦୁଃଖୀଧନ' ଗାଥାରେ ବୀର ଓ କରୁଣ ରସର ଅବତାରଣା ହୋଇଛି। ଏହି ସ୍ତବକ ଗୁଚ୍ଛଟି ଓଡ଼ିଶାର ତତ୍‌କାଳୀନ ପରିସ୍ଥିତି ସମ୍ପର୍କରେ କବି ଦର୍ଶାଇବାକୁ ଚାହିଁଛନ୍ତି।

"ବଡ଼ ହୀନିମାନ ଆମ ଘର ଦଶା
ଶୁଣିଲେ ଫାଟଇ ବୁକୁ
ଚଉଖଣ୍ଡ ହୋଇ ଓଡ଼ିଶା ଦେଶ ଲୋ
ଫାଟି ହୁଏ ଦୁକୁ ଦୁକୁ।"

'ଗାଲମାଧବ'ରେ ରାଜା ଗାଲମାଧବ ଆବିଷ୍କାର କରିଛନ୍ତି ଇନ୍ଦ୍ରଦ୍ୟୁମ୍ନଙ୍କ ପ୍ରାଚୀନ ଜଗନ୍ନାଥ ମନ୍ଦିର। ଏଥିରେ ଶ୍ରମର ମହତ୍ତ୍ୱ ସ୍ୱୀକୃତ ହେବା ସଂଗେ ସଂଗେ ଶ୍ରୀକ୍ଷେତ୍ରର

ମାହାତ୍ମ୍ୟ ସାମନ୍ତରାଜ ଗୁରୁତ୍ୱ ରହିଛି । 'ଅର୍ଜୁନ ସିଂହ' ଗାଥା ଗୀତିକାରେ ଅନ୍ତଃଶକ୍ତି ଦୁର୍ବଳ ହୋଇଗଲେ ରାଜ୍ୟର ପରିଣତ କିପରି ହୁଏ ତାହା ପ୍ରକାଶିତ । 'ଆଲେଖିକା' ବିଶେଷତଃ କାଳିଜାଈ ଗୀତିକାଟି ସହଜ, ସରଳ, ସାବଲୀଳ ପଦାବଳୀର ସ୍ୱର୍ଗୀୟ ସୁଷମା ବହନ କରିଛି । ଏକ ସାଧାରଣ ଝିଅଟିର କାରୁଣ୍ୟଭରା ଜୀବନଗାଥା ଲିପିବଦ୍ଧ । ଜୀବନ ଓ ଜୀବନର ମର୍ମବାଣୀ ଉପରେ ପ୍ରତିଷ୍ଠିତ । ଦେଶ, ଜାତି, ସମୟ, ପରିସ୍ଥିତି ତଥା ବୈକ୍ତିକ ଆଶା-ଅଭୀପ୍‌ସାର ପୂର୍ଣ୍ଣତମ ରୂପ ଭାବରେ ଗୁରୁତ୍ୱ ବହନ କରିଛି । ଗୋଦାବରୀଶ ଜଣେ ଐତିହ୍ୟ ସଂପନ୍ନ ମାର୍ମିକ କବି ହୋଇଥିବାରୁ ଉଚ୍ଚ ଚିନ୍ତା ସହ ହୃଦୟାବେଗର ସମଭାବାପନ୍ନ ଭିତରେ ହିଁ ସୃଷ୍ଟି ସଂପଦ ଏକ ସର୍ବକାଳିକ ମାଧୁର୍ଯ୍ୟ ତାଙ୍କ ଗାଥା କବିତାଗୁଡ଼ିକ ବହନ କରିଛି । ବେଦ ଓ ମାନବର ସଂଗୋପିତ କାହାଣୀ ସହିତ ମନୁଷ୍ୟଙ୍କୁ ଊର୍ଦ୍ଧ୍ୱ କରିବାର ସ୍ୱପ୍ନ ନିହିତ । ବର୍ଣ୍ଣନାତ୍ମକ ଶୈଳୀ ଦୃଷ୍ଟିରୁ ଓ ଗୀତିଧର୍ମୀ ଦୃଷ୍ଟିରୁ ବିଚାର କଲେ କାଳିଜାଈ କବିତାଟିର ଭାବାର୍ଥ ମଣିକାଞ୍ଚନ ସଦୃଶ ।

'ଚୟନିକା' ଏକ ଅନୁଦିତ ସଂକଳନ । ଯେଉଁଥିରେ କବିତାର ସାବଲୀଳ ସୌନ୍ଦର୍ଯ୍ୟ, ଗୀତିମୟ ଶବ୍ଦସଜ୍ଜା ଓ ଛନ୍ଦମାଧୁରୀ ସେତେଟା ପରିଲକ୍ଷିତ ହୋଇପାରି ନଥିଲେ ମଧ୍ୟ ଭାବସଂପଦକୁ ଅକ୍ଷୁର୍ଣ୍ଣ ଥିବା ପରି ମନେ ହୁଏ । କୋଇଲି, ଭିକାରୁଣୀ, ଆମେ ସାତ, ଅନ୍ଧପିଲା ଜୀବନ, ନିର୍ଝର ଇତ୍ୟାଦିର ରଚନା କ୍ଷେତ୍ରରେ ଭାବ ଓ ବକ୍ତବ୍ୟକୁ ଅନୁବାଦରେ ଅକ୍ଷୁର୍ଣ୍ଣ ରଖିଥିଲେ ମଧ୍ୟ ଓଡ଼ିଆ ଭାଷାରେ ଭାଷାନ୍ତରିତ କବିତାଗୁଡ଼ିକୁ ନିଛକ ଓଡ଼ିଆ ରୂପ ଦେବା ପାଇଁ ଅନୁବାଦକ କବି ନାମ-ଧାମ, ପ୍ରକୃତି-ସଂସ୍କୃତି ଆଦିର ବର୍ଣ୍ଣନାକୁ ଏବଂ ଉପମା ଆଦିକୁ ପ୍ରୟୋଗରେ ଓଡ଼ିଶାର ପରମ୍ପରାକୁ ବଜାୟ ରଖିଛନ୍ତି । ଯେମିତି 'Edwin & Anjelina' ରେ ଗୋଲଡ ସ୍ମିଥ୍‌ଙ୍କ ନିବିଡ଼ ପ୍ରୟୋଗକୁ ପ୍ରତୀକ ରୂପେ କୂର୍ମ-ଦମ୍ପତିଙ୍କର ପ୍ରେମର ଉଲ୍ଲେଖ କରିଥିବା ବେଳେ ଗୋଦାବରୀଶ ଏ ଦେଶର କାବ୍ୟ ପରମ୍ପରାରେ ପ୍ରତିଷ୍ଠିତ ଚକୁଆ-ଚକୋଈଙ୍କର ଉଲ୍ଲେଖ କରିଛନ୍ତି । ଏଥି ସହିତ ତାଙ୍କ ଅନୁଦିତ କବିତାରେ କେତେକ ସ୍ଥଳରେ ଓଡ଼ିଶୀ ଆଭିମୁଖ୍ୟ ପ୍ରତିଧ୍ୱନିତ କରିଛି । ସ୍ୱର୍ଗୀୟ ଆଲୋକରେ ଉଦ୍‌ଭାସିତ ପ୍ରକୋଷ୍ଠର ଉଜ୍ଜ୍ୱଳତାକୁ 'ପୂର୍ଣ୍ଣ ପ୍ରସ୍ଫୁଟିତ ନବକୁମୁଦରୁ ବଳି' ବର୍ଣ୍ଣନା ଏବଂ ନୃପ ଭୀମଙ୍କ କଟକର କାରାକୁ ଯମପୁର ସହିତ ତୁଳନା କରିବାରେ ମଧ୍ୟ କବିଙ୍କର ମୌଳିକତା ସୁସ୍ପଷ୍ଟ । 'ମଦନ ମାଳତୀ'ରେ ପୁରୁଷ-ରୂପଧାରୀ ମାଳତୀର ନାରୀ ରୂପକୁ ପରିବର୍ତ୍ତନ ଏବଂ ମଦନ ପ୍ରତି ଆନ୍ତରିକ ଭାବ ଓ ମଧୁର ମିଳନର ଆବେଗଧର୍ମୀ ହୃଦୟସ୍ପର୍ଶୀ ବର୍ଣ୍ଣନା ଗୋଲଡ୍ ସ୍ମିଥ୍‌ଙ୍କ ମୂଳ କବିତା ଠାରୁ କୌଣସି କ୍ଷେତ୍ରରେ କମ୍ ନୁହେଁ । 'ଚିତାତଳେ ସଖୀ'ରେ ବାଳିକାର ସରଳ ସୁକୁମାର ରୂପର ସୁନ୍ଦର ବର୍ଣ୍ଣନା କବି କରିଛନ୍ତି । 'କନିକା ନୃପ କୁମାରୀ'ର ଶେଷାଂଶରେ ରାଜକୁମାରୀ ପ୍ରଣୟୀ-ପୁରୁଷର କଣ୍ଠରେ ବାହୁ ଛନ୍ଦି ଅଥଳ

ଜଳରାଶିରେ ବୁଡ଼ି ମରିବାର ଦୃଶ୍ୟ ମୂଳ କବିତା ଠାରୁ ଅନେକାଂଶରେ ଜୀବନ୍ତ ହୋଇ ଉଠିଛି। 'ତୁନି ହୁଅ' କବିତାଟିରେ ମୂଳ ଲେଖା ଠାରୁ ଅଧିକ ରସସିକ୍ତ କବିତା ପରି ମନେ ହୁଏ। ଏହା ପରେ 'ଯୁଗଳ ସଖା' ମୋ ପୁଅ, ବିଦାୟ କାଳେ, ଲଳିତା, କଣ୍ଠସ୍ୱର ପ୍ରଭୃତି ଅନେକ କବିତାରେ ମଧୁରତା ଭରି ରହିଛି। I. A. Richardsଙ୍କ ମତାନୁସାରେ ଗୋଦାବରୀଶଙ୍କ କବିତାରେ ଚମତ୍କାର ଶବ୍ଦ ସଂଯୋଜନାର ପ୍ରୟୋଗ ରହିଛି। ସରଳ, ମାର୍ଜିତ, କୋମଳ ରୁଚିସଂପନ୍ନ ଏବଂ କେତେକ ସ୍ଥଳରେ ଗ୍ରାମ୍ୟ ଲୋକାଭିମୁଖୀ ଶବ୍ଦର ପ୍ରୟୋଗ ଓ ପ୍ରାଞ୍ଜଳ ଭାବରେ ବର୍ଣ୍ଣିତ ଥିବାରୁ ତାଙ୍କ କବିତାଗୁଡ଼ିକ ଅତ୍ୟନ୍ତ ହୃଦୟସ୍ପର୍ଶୀ। ବନସ୍ତ, ନଈଘାଟ, ବିଧାତା, ହୁଳହୁଳି, ଦାରୁଣ, ସପନ, ପିଲାଟି, ଗଡ଼ିଆ, ନାଆ ପ୍ରଭୃତି ପ୍ରାଚୀନ ଓଡ଼ିଆ ଶବ୍ଦମାନଙ୍କର ପ୍ରୟୋଗ କବିତାକୁ ଶ୍ରୁତିମଧୁର କରିପାରିଛି। ବୈଦେଶିକ କବିଙ୍କ ଅନୁଭୂତିର ଆତ୍ମପ୍ରକାଶକୁ କବି ଆତ୍ମୀକୃତ କରି ପ୍ରକାଶଭଙ୍ଗୀରେ ଭାବର ପ୍ରକାଶରେ ଏବଂ ଶବ୍ଦବିନ୍ୟାସରେ ଏହି 'ଚୟନିକା' ଅନୁଦିତ ଗ୍ରନ୍ଥ ହେଲେ ମଧ୍ୟ ଗୋଦାବରୀଶଙ୍କ ସ୍ୱାଭାବିକ ଓ କଳାତ୍ମକ ସରଳ ମାଧୁରୀରେ ସୁନ୍ଦର ଭାବେ ପରିପ୍ରକାଶ।

କବିଙ୍କର 'କିଶଳୟ' ସଂକଳନଟି ଓଡ଼ିଆ ସାହିତ୍ୟରେ ସ୍ୱତନ୍ତ୍ରତା ବହନ କରିଛି। ଏହାର ଶୁଭ ପ୍ରକାଶନ ୧୯୨୭। ୬୦ଟି କବିତାର ସମାହାରରେ ରହିଛି ବିଭୁବନ୍ଦନା, ପ୍ରକୃତି ବର୍ଣ୍ଣନା, ଆବେଗ, ଆନ୍ତରିକତାର ଛାପ, ଆନନ୍ଦର ପରାକାଷ୍ଠା 'କିଶଳୟ'ର ବଳିଷ୍ଠ ଦିଗ। ଏଥିରେ ପ୍ରଥମ କବିତା 'ମାଗୁଣୀ' କବିତାଟି କବିପ୍ରାଣର ସଂପୂର୍ଣ୍ଣ ସମର୍ପଣ ଭାବ ପ୍ରକାଶିତ। ଜୀବନର ଦୃଷ୍ଟି ଦର୍ଶନକୁ ପ୍ରକାଶ କରିବାରେ କବି ଗୋଦାବରୀଶ ଜଣେ ସମର୍ଥ ଶିଳ୍ପୀ। ଜୀବନକୁ ଭିନ୍ନ ଭାବରେ ଓ ନୂତନ ଭାବରେ ଅନୁଶୀଳନ କରିଛନ୍ତି।

ବଦନେ ଲାଗିଲା ନାହିଁ ଆତପ କିରଣ
ନେତ୍ରେ ନ ଦିଶିବା ବ୍ୟୋମ ବିମଳ ତପନ
ସୋଦର କଳିକା ଯେତେ ଗଲେ ତା' ପାସୋର
ଘୋଟି ଗଲା ଚଉଦିଗେ ବିଷମ ଅନ୍ଧାର।

କଳା ସଂସ୍କୃତିର ପରମ ଉପାସକ କବି ଗୋଦାବରୀଶଙ୍କ କବିତା ବାସ୍ତବ ଅନୁଭୂତି ଓ ଅନୁଭବର କଥା କହିଛି। ଜୀବନର ବ୍ୟାପକ ଅଭିଜ୍ଞତାର ଆତ୍ମିକ ଅଭିବ୍ୟକ୍ତି ଏବଂ ବନ୍ଧୁ ପରିଜନଙ୍କ ଅଭେଦ୍ୟ ପ୍ରୀତି ଗାଥା ତାଙ୍କ କାବ୍ୟ ସମ୍ଭାରରେ ଏକ ନିଆରା ଝଲକ ଦେଖାଇଛି। କରୁଣଭାବ ଓ କରୁଣରସ ପରିବେଷଣରେ କବିଙ୍କର କୃତିତ୍ୱ ଅବସମ୍ବାଦିତ। ତାଙ୍କ ରଚିତ ତୃଷା, ଭେଟି, ପିଲାଟି, ବିଦାୟ, ଲତାଟି ଅନାଇ ବସିଛି, ଯାଆ ସ୍ମୃତି, ଅଭୟ, ଶାଳିଆ, ଭାବୁକ, ସ୍ମୃତି, ବନଭୂମି ପ୍ରଭୃତି କବିତାରେ

ସୌନ୍ଦର୍ଯ୍ୟ ଅଭିନବତ୍ୱ ଏବଂ କଳାର ନୂତନ ଦିଗନ୍ତ ଉନ୍ମୋଚିତ ହୋଇଛି। 'ଯାଉଛି' କବିତାଟି କବିଙ୍କର ସଫଳ ଚେତନାର ଏକ ସ୍ୱଷ୍ଟ ସଂକେତ। ପାରିପାର୍ଶ୍ୱିକ ବସ୍ତୁକୁ ହୀନ ନ ମଣି ସେ ଅନୁଭୂତି ମିଶା ମଞ୍ଜୁଳ ଭାଷା ଭୂଷଣରେ କବିତାର କଳେବରକୁ ମଣ୍ଡିତ କରିଛନ୍ତି। ପ୍ରକୃତିର ଯେଉଁ ବିଭାବରେ ଯେତେ ବେଳେ ସେ ତନ୍ମୟ ହୋଇଛନ୍ତି ତହିଁରେ ମୌଳିକ ଚିନ୍ତା ଚେତନାର ବାସ୍ତବ ଅନୁଭୂତିକୁ କବିତାରେ ଫୁଟାଇ ପାରିଛନ୍ତି।

ଗୋଦାବରୀଶ ଓଡ଼ିଶାର ସାମାଜିକ ଜୀବନରେ ପରିପୂରିତ ବିଭିନ୍ନ ସାମାଜିକ ସଂସ୍କାର ଓ ପାରମ୍ପରିକ ନୀତିନିୟମ ପ୍ରତି ସେ ପିଲାଟି ଦିନରୁ ପ୍ରତିକ୍ରିୟାଶୀଳ ଥିଲେ। ଜଣେ ବ୍ରାହ୍ମଣ ସନ୍ତାନ ଭାବରେ ଯେଉଁ ସମସ୍ତ ନୀତିନିୟମ ପାଳନ କରିବା କଥା, ତାହା ସେ ଉଲ୍ଲଙ୍ଘନ କରୁଥିବାରୁ ତାଙ୍କ ରକ୍ଷଣଶୀଳ ପିତା ଅନେକ ସମୟରେ ଅସନ୍ତୋଷ ପ୍ରକାଶ କରୁଥିଲେ। 'ଗଣ୍ଠିଧନ ସାଥୀ' କବିତାରେ ସେ ତାଙ୍କର ସେହି ଅନୁଭୂତିକୁ ପ୍ରକାଶ କରିଛନ୍ତି – "ଏକଦା ବାରିପଦା ଯିବା ସମୟରେ ତୃଷାର୍ତ୍ତ ହୋଇ ବାଉରୁଣୀକୁ ପାଣି ମାଗି ଶୋଷ ମେଣ୍ଟାଇବାକୁ ଚାହୁଁଥିଲେ ହେଲେ ସେ ଜଣେ ବ୍ରାହ୍ମଣକୁ ଜଳଦାନ କରିବା ଗର୍ହିତ କାର୍ଯ୍ୟ ଭାବି କବିଙ୍କୁ ନିରାଶ କରିଥିଲେ। ଅଥଚ ଜଣେ ଚଣ୍ଡାଳୁଣୀ ବିନା ଦ୍ୱିଧାରେ ଜଳ ଦାନ କରି ସମାଜର ତିରସ୍କାର ଶୁଣିବାକୁ ପଡ଼ିଥିଲା। 'ଅଜାତି ହୋଇ' କବିତାଟିରେ ସମାଜର କୁସଂସ୍କାର ପୂର୍ଣ୍ଣ ନୀତିନିୟମକୁ ବିରୋଧ କରିଛନ୍ତି। ସେହିପରି 'ବିଧବା' କବିତାରେ ସମାଜର ନିଷ୍ଠୁର ନିୟମକୁ ବ୍ୟଙ୍ଗୋକ୍ତି ମାଧ୍ୟମରେ ପ୍ରତିକ୍ରିୟାଶୀଳ ହୋଇ ପ୍ରକାଶ କରିଛନ୍ତି। ଊନବିଂଶ ଶତକର ପ୍ରଥମାର୍ଦ୍ଧରେ ପାଶ୍ଚାତ୍ୟ ଜ୍ଞାନ ପ୍ରାପ୍ତ ରାଜା ରାମମୋହନ ରାୟ 'ବ୍ରାହ୍ମ ସମାଜ' ପ୍ରତିଷ୍ଠା କରିବା ଉଦ୍ଦେଶ୍ୟ ଥିଲା ସମାଜରେ ପ୍ରଚଳିତ କୁସଂସ୍କାରର ବିଲୋପ ସାଧନ। ଓଡ଼ିଶାରେ ଏହି ଶତକର ଦ୍ୱିତୀୟାର୍ଦ୍ଧରେ ତା'ର ପ୍ରତିକ୍ରିୟା ଆରମ୍ଭ ହୋଇଥିଲା ଏବଂ ବିଂଶ ଶତକର ପ୍ରଥମାର୍ଦ୍ଧରେ ଏହାକୁ ବହୁ ଜନ ସମର୍ଥନ ମିଳିଥିଲା। ବିଧବା ନାରୀ ଜୀବନର ଅସହାୟତା ଏବଂ କରୁଣତାକୁ ନେଇ ସ୍ରଷ୍ଟା ମନରେ ଭାବାନ୍ତର ସୃଷ୍ଟି ହୋଇଥିଲା। ସେହିପରି ଅନ୍ଧବିଶ୍ୱାସ ଆଗରେ ଛେଳି ଛୁଆଟିର ଅସହାୟତା କବିଙ୍କ ହୃଦୟରେ ଯେଉଁ ଆଘାତ ସୃଷ୍ଟି କରିଥିଲା ତାହା 'ଅନାଥ ଶିଶୁ'ରେ ପ୍ରକାଶିତ। ନାବିକଟି କାଳିଜାଈ ପାହାଡ଼ରୁ ଅନ୍ଧବିଶ୍ୱାସର ବଶବର୍ତ୍ତୀ ହୋଇ ଛେଳି ଛୁଆଟିକୁ ସାଥିରେ ଆଣିଲା ନାହିଁ କାଳେ ତା'ର ନାବଟି ବୁଡ଼ିଯିବ ଯଦି ପଶୁକୁ ନୌକାରେ ବସାଇ ଆଣିବ ଯେଉଁଥିରେ ଗୋଦାବରୀଶ ନିଜେ ଦର୍ଶନ ସାରି ଫେରୁଥିଲେ। ତାଙ୍କ ଲେଖନୀରେ –

"ଆଉ କିମ୍ପା ରାବୁ ଶିଶୁ ବିକଳେ ଏଭଳି
ବୃଥା ତୋର ଏତେ ଡାକ ଏତେ ତୋର ଅଳି

ପାଷାଣ ପାଦ ପରଶ କି କରିବେ ଶୁଣି
ବୃଥା ଏତେ ବ୍ୟାକୁଳତା ନ ହୁଅ ବାହୁନି।"

ଆତ୍ମମର୍ଯ୍ୟାଦା ସଚେତନ ମଣିଷଟିଏ ଥିଲେ ଗୋଦାବରୀଶ ମିଶ୍ର। ଆବାଲ୍ୟ ଦରିଦ୍ର ଥିବା କାରଣରୁ ସେ ଦୁଃଖ ଯାତନାର ସ୍ୱରୂପକୁ ଦେଖିଛନ୍ତି ମର୍ମେ ମର୍ମେ, ଅନୁଭବ କରିଛନ୍ତି ଦରିଦ୍ରର ଆର୍ତ୍ତଚିତ୍କାର ଅସହାୟର ମର୍ମଦାହ, ରୋଗୀ ଓ ଦୁଃଖୀର ଶାରୀରିକ, ମାନସିକ ଯନ୍ତ୍ରଣା ଆଦି କ୍ଷେତ୍ରରେ ତାଙ୍କର ଲେଖନୀଚାଳନା ବାସ୍ତବ ଜଗତକୁ ପ୍ରସାରିତ ନୟନରେ ଅବଲୋକନ କରିପାରିଛି। ଗୋପବନ୍ଧୁଙ୍କ ଜୀବନାଦର୍ଶରେ ଅନୁପ୍ରାଣିତ ସତ୍ୟବାଦୀ ବନବିଦ୍ୟାଳୟରେ ଶିକ୍ଷକ ଭାବରେ ସେ ଯୋଗ ଦେଲେ ସ୍ୱତଃ ପ୍ରବୃତ୍ତ ଭାବରେ ଜଣେ ସହାନୁଭୂତି ସଂପନ୍ନ ଓ ସମ୍ବେଦନଶୀଳ ମଣିଷ ଭାବରେ ପରିଚିତ ହୋଇଥିଲେ। କ୍ଷୁଦ୍ରାତିକ୍ଷୁଦ୍ର ପଶୁପକ୍ଷୀ ଠାରୁ ଆରମ୍ଭ କରି ବିଶ୍ୱ ଦରବାର ପର୍ଯ୍ୟନ୍ତ ସମସ୍ତଙ୍କ ପାଇଁ ତାଙ୍କର କବିତା ରାଜ୍ୟ ଥିଲା ଉନ୍ମୁକ୍ତ। ଗୋଦାବରୀଶଙ୍କର ପ୍ରତିଟି ଗାଥା ଓ ଜାତିର କଥା, ଏ ଜାତିର ଜନତାର ବ୍ୟଥା, ବେଦନା, ଏ ସମାଜର ସ୍ୱପ୍ନ ସଂଘର୍ଷ ଆଶା ଆକାଂକ୍ଷା ସବୁ କିଛି ତାଙ୍କ ଗାଥା କବିତାରେ ରଚିତ। କୌଣସି ଉଚ୍ଚ ସମସ୍ୟା, ଉଚ୍ଚ ଚିନ୍ତାକୁ ନେଇ ସେ କେବେ ଭାବି ନାହାନ୍ତି। ସେଦିନ ଧୂଳି ମାଟିର ସାଧାରଣ ମଣିଷଟି ମଣିଷ ଜୀବନ ଓ ତା'ର ଭାଷାକୁ ନେଇ ସୃଷ୍ଟି କରିଛନ୍ତି କେତେ ବିନ୍ଦୁ ଯାହା ପ୍ରକୃତ କାବ୍ୟ ସୁଧା। ତାଙ୍କର ପ୍ରତ୍ୟେକଟି ସୃଷ୍ଟି-କ୍ଲାସିକ୍ ସୃଷ୍ଟି। ପରିଶେଷରେ ସେ ଗୌରବାବହ ଉତ୍କଳର ଜଣେ ଯଥାର୍ଥ ଦାୟାଦ, ଜଣେ ପ୍ରବୀଣ ଶିକ୍ଷକ ଓ ମଣିଷଗଢ଼ା କାରଖାନାର ସୁନିପୁଣ କର୍ମବୀର।

■

**ସହାୟକ ସୂଚୀ**


୧. ଗୋଦାବରୀଶ ଗ୍ରନ୍ଥାବଳୀ (୧ମ ଖଣ୍ଡ)
୨. ଆଧୁନିକ ଯୁଗ – ଓଡ଼ିଆ ସାହିତ୍ୟର ସଂକ୍ଷିପ୍ତ ପରିଚୟ
୩. ନୀଳକଣ୍ଠ ଗ୍ରନ୍ଥାବଳୀ (୧ମ ଖଣ୍ଡ)
୪. ସୃଷ୍ଟି ଓ ସମୀକ୍ଷା (ଲୋକସାହିତ୍ୟ ବିଶେଷାଙ୍କ)
୫. ସାହିତ୍ୟ ସମାଲୋଚନା ଡ. କ୍ଷେତ୍ରବାସୀ ନାୟକ - ଆଧୁନିକ ଓଡ଼ିଆ କାବ୍ୟ ଓ କବିତାରେ ପାଶ୍ଚାତ୍ୟ ପ୍ରଭାବ
୬. ସତ୍ୟବାଦୀ ୧ମ ବର୍ଷ, ୧ମ ଖଣ୍ଡ
୭. ଆଧୁନିକ ଯୁଗ ଓଡ଼ିଆ ସାହିତ୍ୟର ସଂକ୍ଷିପ୍ତ ପରିଚୟ - ଡ. ବୃନ୍ଦାବନ ଚନ୍ଦ୍ର ଆଚାର୍ଯ୍ୟ

# ନାଟ୍ୟକାର ମାୟାଧର ମାନସିଂହ

ନାଟକ ଏକ ଅଭିନୟ କଳା। ବାସ୍ତବ ଜଗତ ଠାରୁ ଏହା ଅଧିକ ପ୍ରଭାବଶାଳୀ। ମଣିଷ ମନୋରାଜ୍ୟରେ ଯେବେ ଠାରୁ 'ମୁଁ' ଭାବର ଅନୁଭବ ଆସିଛି ସେବେ ଠାରୁ ମଣିଷ ଜୀବନରେ ସେ ସଂଘର୍ଷ ଦେଖିଆସିଛି। ସେହି ସଂଘର୍ଷରୁ ଜନ୍ମ ନେଇଛି ନାଟକ। ଏହି ସଂଘର୍ଷ ବ୍ୟକ୍ତି ଓ ଜୀବନ ସହିତ ସମାଜ-ଜୀବନର ବ୍ୟକ୍ତି ସହିତ ବ୍ୟକ୍ତିର, ବ୍ୟକ୍ତି ସହିତ ବିଶ୍ୱର, ବ୍ୟଷ୍ଟି ସହିତ ସମଷ୍ଟିର ତଥା ମନ ସହିତ ହୃଦୟର ଏବଂ ଏହି ସଂଘର୍ଷମୟ ଜୀବନ ହିଁ ବ୍ୟକ୍ତିକୁ ଆଗେଇ ଯିବାର ପ୍ରେରଣା ଦେଇଥାଏ। ଅନ୍ଧାର ଭିତରେ ଦେଖାଏ ପଥ ଏବଂ ଜୀବନର ନୂଆ ପ୍ରକାଶ ଦିଏ ନାଟକ। ନାଟକ ବାସ୍ତବ ଜଗତ ନୁହେଁ ଏହା ବାସ୍ତବ ଜଗତ ଠାରୁ ଆହୁରି ପ୍ରଭାବଶାଳୀ। ଏକ ସମୟରେ ଅନେକ ଦର୍ଶକଙ୍କୁ ଅଭିଭୂତ କରି ପାରିଥିବାରୁ ଏହାକୁ ପଞ୍ଚମ ବେଦ ବୋଲି ଗ୍ରହଣ କରାଯାଇଛି। ବେଦ ପରି ଏହାର ପ୍ରଭାବ ମଣିଷ ଜୀବନ ପାଇଁ ଚିରକାଳ ପ୍ରେରଣାଦାୟୀ ରହିଛି। ନାଟ୍ୟଶାସ୍ତ୍ରନୁସାରେ ଋରିବେଦରୁ ଉପାଦାନ ସଂଗ୍ରହ କରି ନାଟକର ସୃଷ୍ଟି। ଋକ୍‌ବେଦରୁ 'କଥା', ସାମବେଦରୁ 'ଗାନ', ଯର୍ଜୁବେଦରୁ 'କ୍ରିୟା / ଅଭୀନୟ' ଏବଂ ଅଥର୍ବ ବେଦରୁ 'ରସ'। 'ନଟ୍' ଧାତୁ 'ନୃତ୍' ଧାତୁର ପ୍ରକୃତ ରୂପ। ଭରତମୁନିଙ୍କ 'ନାଟ୍ୟଶାସ୍ତ୍ର'ରେ 'ଦଶରୂପ' ଅନୁସାରେ ନାଟକ ଏକ 'ରୂପ'। ସେ ସବୁର ପ୍ରୟୋଗ ଓ କ୍ରିୟା ଆଧାରରେ 'ନାଟକ' ପ୍ରକରଣ, ଅଙ୍କ, ବ୍ୟାୟୋଗ, ଭାଗ, ସମବାକାର, ବୀଥୀ, ପ୍ରହସନ, ଡିମ, ଇହାମୃଗ। ଏ ସମସ୍ତ ରୂପ ମଧ୍ୟରେ ନାଟକ ସର୍ବାଧିକ ମହତ୍ତ୍ୱପୂର୍ଣ୍ଣ ଏବଂ ଏହା ସାହିତ୍ୟର ସମସ୍ତ ବିଭାଗ ଅପେକ୍ଷା ଅଧିକ ଜନାଦୃତ।

ନାଟକ ଏକ ପ୍ରତ୍ୟକ୍ଷ କଳା। ଅଧ୍ୟବସାୟ, ସତ୍ୟ ଓ ଅସତ୍ୟର ବିଲକ୍ଷଣ ରୂପକୁ ନିଜେ ଧାରଣ କରି ଅଭିନୟ ମାଧ୍ୟମରେ ଚରିତ୍ରର ସଂଳାପ ମାଧ୍ୟମରେ ଅବହିତ କରାଇ ଆନନ୍ଦ ବିଷାଦ, ଅଶ୍ରୁ, ପ୍ରେମ, କାରୁଣ୍ୟ, ନୈତିକତା, ମାନବିକତା, ସାମାଜିକ

ପରମ୍ପରା, ରାଜନୀତିର କଥା, ଯୋଗ ବିଦ୍ୟା, ବେଦ, ଇତିହାସ, ଜଗତର ଯାବତୀୟ ଜ୍ଞାନ, ପୁରାଣ ଶାସ୍ତ୍ର, ଶିଳ୍ପ ଆଦି ନାନା ବିଷୟରେ ଧାରଣା ଦିଏ। ନାଟକର ଶରୀର ବସ୍ତୁ, ଉଦ୍ଦେଶ୍ୟ, ପାତ୍ର, ଶୈଳୀ, ସଂଳାପ ଓ ଅବସ୍ଥାକୁ ନେଇ ଗଠିତ ଯାହା ଭାବ ଓ ରସ ପ୍ରଦାନ କରିଥାଏ। ଭାବସଂପନ୍ନ କରାଏ, ଅତଏବ ନୃତ୍ୟ, ସଂଗୀତ, କାବ୍ୟ, ଦର୍ଶନ, ଅଭିନୟ, ବାଦ୍ୟ ପ୍ରଭୃତି ନାନା କଳାର ସମନ୍ୱିତ ରୂପ ହେଉଛି ନାଟକ। ଯାହା ମାଧ୍ୟମରେ ସୁଗଠିତ ଓ ସୁପରିକଳ୍ପିତ କାହାଣୀ ପରିବେଷଣ କରାଯାଏ।

ଊନବିଂଶ ଶତାବ୍ଦୀର ଶେଷ ଦୁଇ ଦଶକକୁ ଓଡ଼ିଆ ନାଟକର ଉନ୍ମେଷ କାଳ ଭାବରେ ଗ୍ରହଣ କରାଯାଏ। ପ୍ରାଚୀନ କାଳରୁ ଉତ୍କଳ ନାଟ୍ୟକଳା ସହିତ ସଂପୃକ୍ତ। ସଂସ୍କୃତ ନାଟ୍ୟ ସାହିତ୍ୟକୁ ଉତ୍କଳର ଦାନ ମଧ୍ୟ ଅତୁଳନୀୟ। ଜଗନ୍ନାଥଙ୍କ ମନ୍ଦିର ଜଗମୋହନ ଭଳି କୋଣାର୍କ ଓ ଅନ୍ୟାନ୍ୟ ବହୁ ମନ୍ଦିରରେ ରହିଥିବା ନାଟ ମନ୍ଦିର ଏହାର ପ୍ରକୃଷ୍ଟ ଉଦାହରଣ। ପ୍ରାଚୀନ କାଳରେ ସୂର୍ଯ୍ୟବଂଶୀ ରାଜା ପ୍ରତାପରୁଦ୍ର ଦେବଙ୍କ ଦ୍ୱାରା ପୁରୀ ମନ୍ଦିରରେ ଉତ୍‌କୀର୍ଣ୍ଣ ଅଭିଲେଖରୁ ଜଗନ୍ନାଥ ମନ୍ଦିରରେ ନାଟକ ଅଭିନୀତ ହେଉଥିବାର ଜଣାଯାଇଛି। ଓଡ଼ିଆ ନାଟ୍ୟ ସାହିତ୍ୟର ଉନ୍ମେଷ ଓ ଉତ୍ତରଣରେ ଲୋକ ନାଟକର ଗୁରୁତ୍ୱପୂର୍ଣ୍ଣ ଭୂମିକା ରହିଛି ଯାହା ଯାତ୍ରା, ତାମସା, ସୁଆଙ୍ଗ, ଗୀତିନାଟ୍ୟ, ଦାସକାଠିଆ, ଘୋଡ଼ାନାଚ, ଗୋଟିପୁଅ, ରାସଲୀଳା, ପାଟୁଆ ନାଚ ପ୍ରଭୃତିରୁ ଅନୁମିତ ହୁଏ। ଊନବିଂଶ ଶତାବ୍ଦୀର ଦ୍ୱିତୀୟାର୍ଦ୍ଧରେ ନୂତନ ରୀତିରେ ଆଧୁନିକ ନାଟକ ରଚନାର ସୂତ୍ରପାତ ହୋଇଥିଲା। ୧୮୭୭ରେ ଅଭିନୀତ ଜଗମୋହନ ଲାଲଙ୍କ ଦ୍ୱାରା ରଚିତ 'ବାବାଜୀ' ନାଟକ ଓଡ଼ିଆ ନାଟ୍ୟ ସାହିତ୍ୟର ଗୌରବ ଗାଥା ବହନ କରିଛି। ୧୮୬୮ ଖ୍ରୀଷ୍ଟାବ୍ଦରେ ରଘୁନାଥ ପରିଚ୍ଛାଙ୍କ 'ଗୋପୀବଲ୍ଲଭ' ନାଟକ ପ୍ରଥମେ ମୁଦ୍ରିତ ହୋଇଥିଲେ ମଧ୍ୟ ଏହାର ନାଟକୀୟତା ଦୃଷ୍ଟି ଆକର୍ଷଣ କରିପାରି ନଥିଲା। ତଥାପି ସେ ସମୟରେ ରଚିତ ରାମଶଙ୍କର ରାୟଙ୍କର (୧୮୮୦-୧୯୧୭) ମଧ୍ୟରେ 'କାଞ୍ଚିକାବେରୀ', 'ବୁଢ଼ାବର', 'ବନମାଳା', 'କଳିକାଳ', 'ବିଷମୋଦକ' ପ୍ରଭୃତି ୧୪ ଗୋଟି ନାଟକ ରଚନା କରିଥିଲେ। ତନ୍ମଧ୍ୟରୁ 'କାଞ୍ଚି କାବେରୀ' ନାଟକଟି ତାଙ୍କୁ ପ୍ରତିଷ୍ଠା ଅର୍ଜନ କରାଇ ପାରିଥିଲା। କାମପାଳ ମିଶ୍ରଙ୍କ 'ସୀତା ବିବାହ', 'ବସନ୍ତ ଲତିକା', 'ହରିଶ୍ଚନ୍ଦ୍ର' ଓ 'ଦୁର୍ଗା ଶର୍ବରୀ' ଚାରୋଟି ନାଟକରୁ 'ସୀତା ବିବାହ'ଟି ପ୍ରଥମ ଓଡ଼ିଆ ଚଳଚ୍ଚିତ୍ରରେ ରୂପାୟିତ ହେବା ଦ୍ୱାରା ତାଙ୍କୁ ସଫଳ ନାଟ୍ୟକାରର ପରିଚୟ ଦେଇଥିଲା। ଭିକାରୀ ଚରଣ ପଟ୍ଟନାୟକ ଓଡ଼ିଆ ନାଟ୍ୟ ସାହିତ୍ୟକୁ ରତ୍ନମାଳୀ, ନନ୍ଦିକେଶ୍ୱରୀ, ସଂସାର ଚିତ୍ର, ସୁଶୀଳା, ନିରୂପମା ଭେଟି ଦେଇଛନ୍ତି। ଜଗନ୍ନାଥ ପାଣିଙ୍କର 'ସୀତା ବନବାସ', 'ସୁଭଦ୍ରା ପରିଣୟ', 'ମହୀରାବଣ ବଧ', 'କପଟପାଶା' ପ୍ରଭୃତି ବହୁ ଗୀତିନାଟ୍ୟ ତାଙ୍କର

ଚମତ୍କାର ଓ ହୃଦୟସ୍ପର୍ଶୀ ଭାଷା ଓ ଭାବ ପାଇଁ ଚର୍ଚ୍ଚିତ ହୋଇ ପାରିଛି। ହରିହର ରଥଙ୍କର ବେଣୀ ସଂହାର, ଶକୁନ୍ତଳା, ରାମ ନିର୍ବାସନ, ରାବଣ ବଧ ଇତ୍ୟାଦି ୧୬ ଖଣ୍ଡ ନାଟକ ରଚନା କରି ଜନସାଧାରଣଙ୍କ ଚିତ୍ତରେ ଭକ୍ତିଧାରାର ରସ ସଂଚ୍ଚର କରିବାର ପ୍ରୟାସ କରିଛନ୍ତି। ଗୋଦାବରୀଶ ମିଶ୍ରଙ୍କ 'ପୁରୁଷୋତ୍ତମ ଦେବ' ଓ 'ମୁକୁନ୍ଦଦେବ ନାଟକ' ଦୁଇଟି ପ୍ରାଚୀନ ନାଟ୍ୟ ଶୈଳୀକୁ ବିଦାୟ ଦେଇ ଓଡ଼ିଆ ନାଟକରେ ଏକ ନବନାଟ୍ୟ ଶୈଳୀ ପ୍ରବର୍ତ୍ତନ କରିଥିଲେ। ବୈଷ୍ଣବ ପାଣି ବିଷୟବସ୍ତୁ ନିର୍ବାଚନରେ ଚରିତ୍ର ଚିତ୍ରଣ ଆହରଣରେ ଧୁରୀଣ ଏବଂ ସଂଗୀତରେ ବିଭିନ୍ନ ରସର ପରିପାଟୀ ରଖି ଶତାଧିକ ଗୀତିନାଟ୍ୟ, ସୁଆଙ୍ଗ ଓ ଫାର୍ସ ରଚନା କରି ଆଶ୍ଚର୍ଯ୍ୟ ଚକିତ ସହିତ ସାଫଲ୍ୟ ହାସଲ କରିଛନ୍ତି। ପାତ୍ରୋଚିତ ଭାଷା ନିର୍ବାଚନରେ ସେ ଜଣେ ସଫଳ ଶିଳ୍ପୀ।

ପରବର୍ତ୍ତୀ ସମୟରେ ଓଡ଼ିଆ ନାଟ୍ୟ ସାହିତ୍ୟ କ୍ଷେତ୍ରରେ ଆବିର୍ଭାବ ହୋଇଛନ୍ତି ବହୁ ପ୍ରତିଭାବନ୍ତ ନାଟ୍ୟକାର। ସେମାନଙ୍କ ମଧ୍ୟରେ ପ୍ରଥମରେ ଆସିଛନ୍ତି ଅଶ୍ୱିନୀ କୁମାର ଘୋଷ। ୨୫ଟି ପୌରାଣିକ ଓ କିମ୍ବଦନ୍ତୀ ମୂଳକ ନାଟକ ରଚନା କରିଛନ୍ତି - ଭୀଷ୍ମ, ସେଓଜୀ, ସାବିତ୍ରୀ, କଳାପାହାଡ଼, କୋଣାର୍କ, ହିନ୍ଦୁ ରମଣୀ, ଗୋବିନ୍ଦ ବିଦ୍ୟାଧର ନାଟକ ପ୍ରଭୃତି ଗତାନୁଗତିକ ଧାରାକୁ ପରିବର୍ତ୍ତନ କରି କାହାଣୀକୁ ଯୁଗୋପଯୋଗୀ କରିପାରିଛି। କାଳିଚରଣ ପଟ୍ଟନାୟକଙ୍କର 'ଜୟଦେବ' ସ୍ୱଦେଶ ପ୍ରୀତିର ବାର୍ତ୍ତାବହନ କରିଥିଲା ବେଳେ 'ଭାତ' ନାଟକଟି ତତ୍‌କାଳୀନ ସମାଜର ସ୍ଥିତି ସମ୍ପର୍କରେ ଦର୍ଶାଇ ପରିବର୍ତ୍ତନର ସ୍ୱର ଉତ୍ତୋଳନ କରିଛନ୍ତି ଯାହା ଲୋକପ୍ରିୟ ନାଟକ ଭାବରେ ଗୃହୀତ ହୋଇଛି। ଲାଲା ନଗେନ୍ଦ୍ର କୁମାର ରାୟ 'ରଘୁ ଅରକ୍ଷିତ', 'ଶେଷ ସ୍ୱାଧୀନତା', 'କଳିଙ୍ଗ ବିଜୟ' ପ୍ରଭୃତି ମଞ୍ଚୋପଯୋଗିତା ପ୍ରତି ଧ୍ୟାନ ଦେଇ ସେ ନାଟକ ରଚନା କରିଛନ୍ତି ଯାହା କାଳଜୟୀ ହୋଇପାରିଛି। ହରେକୃଷ୍ଣ ମହତାବଙ୍କ 'ଶେଷ ଅଶ୍ରୁ', 'ଆତ୍ମଦାନ' ଓ 'ଜୀବନ ସମସ୍ୟା' ନାଟକ କ୍ଷେତ୍ରରେ ଖୁବ୍ ଚର୍ଚ୍ଚିତ। ରାମଚନ୍ଦ୍ର ମହାପାତ୍ରଙ୍କର ରଚିତ 'ବିଲ୍ୱମଙ୍ଗଳ', 'ସୁଦାମା' ନାଟକ ବହୁ ଖ୍ୟାତି ଅର୍ଜନ କରିପାରିଛି। କାଳିନ୍ଦୀଚରଣ ପାଣିଗ୍ରାହୀଙ୍କ ଦ୍ୱାରା ରଚିତ ସୌମ୍ୟା ଏକ କାବ୍ୟ ନାଟିକା ଏବଂ ପଦ୍ମିନୀ ଓ ପ୍ରିୟଦର୍ଶୀ ନାଟକ ଦ୍ୱୟ ଐତିହାସିକ ପୃଷ୍ଠଭୂମି ଉପରେ ଆଧାରିତ। ଉଚ୍ଚକୋଟୀର ସାହିତ୍ୟିକ ସଂଳାପ ନାଟକ ଗୁଡ଼ିକୁ ବଳିଷ୍ଠ କରିପାରିଛି। ବୈକୁଣ୍ଠନାଥ ପଟ୍ଟନାୟକଙ୍କ 'ମୁକ୍ତିପଥେ' ନାଟକ ଖୁବ୍ ହୃଦୟସ୍ପର୍ଶୀ ଓ ଚର୍ଚ୍ଚିତ ଯାହା ହିନ୍ଦୁ ପତିପତ୍ନୀଙ୍କ ସମ୍ପର୍କିତ କାହାଣୀ ନେଇ ରଚିତ। କାର୍ତ୍ତିକ କୁମାର ଘୋଷଙ୍କ 'ମାତୃପୂଜା', 'ମୀରକାଶିମ୍', 'ଗୁରୁ ଦକ୍ଷିଣା', 'ରକ୍ତର ଡାକ', 'ବାରବଧୂ', 'ଲକ୍ଷହୀରା', 'କାପୁରୁଷ' ପ୍ରଭୃତି ନାଟକ ସରଳ ଭାଷା ଓ ଆବେଗମୟୀ ଭାବପ୍ରବଣତାରେ ପାଠକଙ୍କୁ ଆହ୍ଲାଦ ପ୍ରଦାନ କରିପାରିଛି।

ଏହି ନାଟ୍ୟ ପୃଷ୍ଠଭୂମି ଉପରେ ପାଠକମାନେ ଜଣେ ପ୍ରତିଭା ସଂପନ୍ନ ନାଟ୍ୟକାରଙ୍କୁ ଅବଲୋକନ କରନ୍ତି ସେ ଥିଲେ ଡ. ମାୟାଧର ମାନସିଂହ। ମାୟାଧର ମାନସିଂହ ଜଣେ ବହୁମୁଖୀ ପ୍ରତିଭା ସଂପନ୍ନ ବ୍ୟକ୍ତିତ୍ୱ। କାବ୍ୟ, ପ୍ରବନ୍ଧ ଓ ସମାଲୋଚନା କ୍ଷେତ୍ରରେ ସେ ଯେତିକି ସୁଖ୍ୟାତି ଅର୍ଜନ କରିଛନ୍ତି ନାଟକ ରଚନା କ୍ଷେତ୍ରରେ ସେତିକି ସଫଳତା ପାଇପାରି ନାହାନ୍ତି। ତଥାପି ଓଡ଼ିଆ ସାହିତ୍ୟ ଜଗତରେ ସେ ହେଉଛନ୍ତି ଉଜ୍ଜ୍ୱଳ ଜ୍ୟୋତିଷ୍କ। ଜୀବନବାଦୀ, ମାନବବାଦୀ ଓ ପ୍ରେମ-ପ୍ରଣୟର ଜଣେ ସଫଳ ନାଟ୍ୟକାର ହେଉଛନ୍ତି ମାନସିଂହ। ମାନବ ଆତ୍ମାର ସ୍ୱର ପ୍ରକାଶ ହେଉଛି ମାନସିଂହଙ୍କ ସ୍ୱତନ୍ତ୍ରତା। ତାଙ୍କର ପ୍ରତ୍ୟେକଟି ନାଟକ ଏକ ବାସ୍ତବବାଦୀ ଦୃଷ୍ଟିଭଙ୍ଗୀ ବହନ କରିଛି। ପ୍ରାକ୍ ସ୍ୱାଧୀନତା କାଳର ନାଟ୍ୟକାର ଡକ୍ଟର ମାୟାଧର ମାନସିଂହ (୧୯୦୫-୧୯୭୩) ସାହିତ୍ୟର ବିଭିନ୍ନ ବିଭାଗରେ ଲେଖନୀ ଚାଳନା କରି ଓଡ଼ିଆ ସାହିତ୍ୟରେ ସ୍ମରଣୀୟ ପ୍ରତିଭାର ଅଧିକାରୀ ହୋଇ ପାରିଛନ୍ତି। କାବ୍ୟ, କବିତା, ପ୍ରବନ୍ଧ, ସମାଲୋଚନା, ଜୀବନୀ ଏବଂ ନାଟକ ରଚନା କ୍ଷେତ୍ରରେ ଉଲ୍ଲେଖନୀୟ ସାମର୍ଥ ଦେଖାଇଛନ୍ତି। ତାଙ୍କ ସ୍ରଷ୍ଟାମାନସ ଆତ୍ମପ୍ରକାଶର ବିଭିନ୍ନ ମାର୍ଗ ଖୋଜେ ତାଙ୍କ ରଚନା ସମଗ୍ରକୁ ଦୃଷ୍ଟିପାତ କଲେ ଜଣାଯାଏ। ମାୟାଧର ମାନସିଂହଙ୍କ ସାହିତ୍ୟର ପ୍ରଭାବିତ ଧାରା ଚିରକାଳ ପ୍ରବାହିତ ହେବାର ପ୍ରୟାସ ରଖିଛି ଆଉ ଯେଉଁଠି ପ୍ରବାହିତ ହୋଇପାରି ନାହିଁ ସେଠାରେ ଛୋଟ ବିକାଶଟିଏ ସୃଷ୍ଟି କରିପାରିଛି ନିଶ୍ଚୟ। ନାଟକ-ନାଟିକା ତାଙ୍କ ସୃଷ୍ଟି ସଂପଦର ଏକ ବିଶେଷ ଅଙ୍ଗ। ୧୯୨୫ ରୁ ୧୯୫୫ ମସିହା ଦୀର୍ଘ ୩୦ ବର୍ଷ ଧରି ତାଙ୍କ ନାଟକ ରଚନାର ପ୍ରଭାବ ସାହିତ୍ୟ କ୍ଷେତ୍ରରେ ଦେଖିବାକୁ ମିଳେ। ମାନସିଂହଙ୍କର ଜନ୍ମ ୧୯୦୫ ନଭେମ୍ବର ୧୩ ତାରିଖରେ ଉତ୍କଳ ପ୍ରକୃତିର ଗନ୍ତାଘର ମରାଳ-ମାଳିନୀ-ନୀଳାମ୍ବୁ-ଚିଲିକା ମଧ୍ୟସ୍ଥ ମାଲୁଦ ଦ୍ୱୀପରେ ପାରିକୁଦ ଅଞ୍ଚଳର ଏକ ଶାନ୍ତ ସରଳ ପଲ୍ଲୀ ନାଳନ୍ଦା ଗ୍ରାମରେ। ଏହି ଅଞ୍ଚଳ ମଧ୍ୟଯୁଗୀୟ ଓଡ଼ିଆ ସାହିତ୍ୟର ଲୀଳାଭୂମି ଗଞ୍ଜାମ ନିକଟବର୍ତ୍ତୀ ଯାହା କାବ୍ୟ-କବିତାରେ ସମୃଦ୍ଧ। ପାରିକୁଦର ପ୍ରାଥମିକ ଶିକ୍ଷା ବାଣପୁରର ଗ୍ରାମୀଣ ଜୀବନ ଭିତରେ ମାଇନର ସ୍କୁଲର ପାଠ୍ୟ ସମାପ୍ତ ପରେ ୧୯୩୨ ଖ୍ରୀଷ୍ଟାବ୍ଦରେ ସେ ଇଂରାଜୀରେ ଏମ୍.ଏ. ପାଶ୍ କରିଥିଲେ। ସ୍ୱାଧୀନତା ସଂଗ୍ରାମୀ ପଣ୍ଡିତ ଗୋପବନ୍ଧୁଙ୍କ ସମ୍ପର୍କରେ ଓଡ଼ିଆ ଓ ଇଂରାଜୀରେ କେତେକ ଲେଖାଲେଖି ସେ ବ୍ରିଟିଶ୍ ସରକାରଙ୍କ କ୍ରୁର ଦୃଷ୍ଟିରେ ପଡ଼ିଥିଲେ ଓ ନିଜର ଯୋଗ୍ୟତା ସତ୍ତ୍ୱେ କୌଣସି ଉଚ୍ଚ ସରକାରୀ ଚାକିରି ପାଇ ନଥିଲେ, ଫଳରେ ସେ ବାଧ୍ୟ ହୋଇ ଶିକ୍ଷକତା ଚାକିରିକୁ ଆଦରୀ ନେଇଥିଲେ। ବିଲାତର ଡହରାମ ବିଶ୍ୱବିଦ୍ୟାଳୟରୁ କାଳିଦାସ ଓ ସେକ୍ସପିୟରଙ୍କ ବିଷୟରେ ତୁଳନାତ୍ମକ ଅଧ୍ୟୟନ କରି ଡକ୍ଟରେଟ୍ ଉପାଧି ଲାଭ

କରିଥିଲେ। ୧୯୩୯ ଖ୍ରୀଷ୍ଟାବ୍ଦରେ ବିଲାତରୁ ଫେରି ପୂର୍ବ ଭଳି ଚାକିରୀରେ ଯୋଗ ଦେଇଥିଲେ। ପରବର୍ତ୍ତୀ ସମୟରେ ଆଠଗଡ଼ ହାଇସ୍କୁଲର ପ୍ରଧାନ ଶିକ୍ଷକ, ସ୍କୁଲ ପରିଦର୍ଶକ, ଓଡ଼ିଆ ଅଧ୍ୟାପକ, ଗଙ୍ଗାଧର ମେହେର କଲେଜର ଅଧ୍ୟକ୍ଷ, ପ୍ରୌଢ଼ଶିକ୍ଷା ଅଫିସର ଇତ୍ୟାଦି ସରକାରୀ କାର୍ଯ୍ୟକୁ ସଠିକ୍ ଭାବରେ ତୁଲାଇ ଥିଲେ। ଏହା ବ୍ୟତୀତ ସେ ଉତ୍କଳ ବିଶ୍ୱବିଦ୍ୟାଳୟର ସନେଟ୍ ସଭ୍ୟ ଥିଲେ ଏବଂ କେନ୍ଦ୍ର ସାହିତ୍ୟ ଏକାଡ଼େମୀର ସିନେଟ୍ ସଭ୍ୟ ଥିଲେ। ୧୯୬୭ ଖ୍ରୀଷ୍ଟାବ୍ଦରେ ସେ 'ପଦ୍ମଶ୍ରୀ' ଉପାଧିରେ ଭୂଷିତ ହୋଇଥିଲେ। ସେ 'ଆରତୀ', 'ଶଙ୍ଖ', 'ଆଲୋକ', 'ସ୍ୱରାଜ୍ୟ', 'ମେହେର ପ୍ରଦୀପ' ଓ 'ପୁସ୍ତକ' ଇତ୍ୟାଦି ପତ୍ରପତ୍ରିକାର ସଂପାଦକ ଓ 'ଝଙ୍କାର' ସଂପାଦକ ମଣ୍ଡଳୀର ଅନ୍ୟତମ ସଭ୍ୟ ଥିଲେ।

ବହୁମୁଖୀ ପ୍ରତିଭାର ଅଧିକାରୀ ମାନସିଂହ କବିତା ରଚନା କ୍ଷେତ୍ରରେ ଜୀବନବାଦୀ, ମାନବବାଦୀ ଓ ପ୍ରେମପ୍ରଣୟାନୁଭୂତିର କବି। ତାଙ୍କ କବିତା ଗୁଡ଼ିକରେ ଉତ୍କଳପ୍ରୀତି, ପ୍ରକୃତି ପ୍ରାଣତା, ଐତିହ୍ୟର ପ୍ରେମାନୁଭୂତି ପ୍ରକାଶିତ। ସାହିତ୍ୟର ପ୍ରତିଟି କ୍ଷେତ୍ରରେ ମାନବିକ ମୂଲ୍ୟବୋଧର ନିଷ୍ଠାପର ଉପାସକ। ମାୟାଧର ମାନସିଂହଙ୍କ କବିତା ଗୁଡ଼ିକ: 'ଧୂପ', 'ହେମପୁଷ୍ପ', 'ହେମଶସ୍ୟ', 'କୋଣାର୍କ', 'ବାପୁତର୍ପଣ', 'ଅକ୍ଷତ', 'ମାଟି-ବାଣୀ', 'ଜୀବନ-ଚିତା', 'କ୍ରୁଶ', 'ସିନ୍ଧୁ ଓ ବିନ୍ଦୁ', 'ଗୀତରେଣୁ', 'କିଶୋର କବିତା', 'ସାଧବ ଝିଅ', 'କମଳାୟନ' ଇତ୍ୟାଦି। ପ୍ରବନ୍ଧ ଓ ସମାଲୋଚନା କ୍ଷେତ୍ରରେ ସାହିତ୍ୟକୁ ତାଙ୍କର ଦାନ ଅତୁଳନୀୟ। ଗଭୀର ଅଧ୍ୟୟନ, ମନନଶୀଳ, ଅର୍ନ୍ତଦୃଷ୍ଟି ଏବଂ ତୁଳନାତ୍ମକ ଧାରାରେ ବିଚାର କରିବାର ଧାରା ତାଙ୍କ ପ୍ରବନ୍ଧ ଓ ସମାଲୋଚନାର ବଳିଷ୍ଠ ଦିଗ। ଗ୍ରନ୍ଥ ଗୁଡ଼ିକ ମଧ୍ୟରେ 'ସାହିତ୍ୟ ପ୍ରଭା', 'ଶିକ୍ଷା ଶିକ୍ଷକ ଶିକ୍ଷାୟତନ', 'ମାଟିର ମହାକବି ସାରଳା ଦାସ', 'ଓଡ଼ିଆ ସାହିତ୍ୟର ଇତିହାସ', 'କବି ଓ କବିତା', 'ଶିକ୍ଷାର କିଏ କ'ଣ କାହିଁକି', ସରସ୍ୱତୀ ଫକୀରମୋହନ ବ୍ୟତୀତ 'A History of Odia Literature' ଗ୍ରନ୍ଥ ଏକ ଅମୂଲ୍ୟ ପ୍ରକାଶ। ସେହିପରି ମାନସିଂହଙ୍କର ରଚିତ 'ପଶ୍ଚିମ ପଥିକ', 'ଭ୍ରମଣ କାହାଣୀ' ଏବଂ 'ଶିକ୍ଷାବିତ୍‌ର ଗାଥା' ଆତ୍ମଜୀବନୀ ଉଲ୍ଲେଖଯୋଗ୍ୟ କୃତି। ମାୟାଧର ମାନସିଂହଙ୍କର ଗୋଟିଏ ମାତ୍ର ଉପନ୍ୟାସ ହେଉଛି 'ଅନ୍ୱେଷଣ'। ଅନୁବାଦ କ୍ଷେତ୍ରରେ ସେ ଖୁବ୍ ସଫଳତା ଲାଭ କରିଛନ୍ତି। ତାଙ୍କ ଅନୁଦିତ ଗ୍ରନ୍ଥ ଗୁଡ଼ିକ : 'ଅଥେଲୋ', 'ଗୁରୁ ନାନକଙ୍କ ବାଣୀ ଓ ରଚନା'। ନାଟକ ରଚନା କ୍ଷେତ୍ରରେ ଡକ୍ଟର ମାୟାଧର ମାନସିଂହଙ୍କର ସ୍ୱତନ୍ତ୍ରତା ରହିଛି। ତାଙ୍କର ପ୍ରତ୍ୟେକ ନାଟକ ଗୁଡ଼ିକ ହେଉଛି – 'ରାଜକବି ଉପେନ୍ଦ୍ର' (୧୯୨୮), 'ପୁଷ୍ପିତା' (୧୯୩୦), 'ନଷ୍ଟନୀଡ଼' (୧୯୩୭), 'ପୂଜାରିଣୀ' (୧୯୩୭), 'ବାରବାଟୀ' (୧୯୫୧),

'ବୁଦ୍ଧ' (୧୯୫୧), 'ଶାସନ ଚକ୍ର' (୧୯୫୧), 'ଦୁର୍ଭିକ୍ଷ' (୧୯୫୫), 'ବୁଦ୍ଧଦୂତୀ' (୧୯୫୫), 'ପୁଷ୍ପାଭିନୟ' (୧୯୫୫)। ସାହିତ୍ୟିକ ମୂଲ୍ୟ ଦୃଷ୍ଟିରୁ ଆକଳନ କଲେ ଏହା ଗୋଟିଏ ଗୋଟିଏ ସାର୍ଥକ ନାଟକ। କୋଡ଼ିଏ ବର୍ଷ ବୟସରେ ଖ୍ରୀ ୧୯୨୫ ମସିହାରେ ମାନସିଂହଙ୍କର ପ୍ରଥମ ନାଟିକା ରାଜକବି ରଚନା କରିଥିଲେ। ଏହା ପ୍ରଥମ ନାଟିକା 'ରାଜକବି ଉପେନ୍ଦ୍ର' ଭାବରେ ୧୯୨୮ ମସିହାରେ ପ୍ରଗତି ସଂଘ ଆନୁକୂଲ୍ୟରେ ପ୍ରକାଶିତ ହୋଇଥିଲା। ତାଙ୍କର ପରବର୍ତ୍ତୀ ନାଟକ ପୁଷ୍ପିତା ସହକାର ପତ୍ରିକା ୪ର୍ଥ ସଂଖ୍ୟା ୧୯୩୦ରେ ପ୍ରକାଶ ପାଇଥିଲା। ତୃତୀୟ ନାଟିକା 'ପୂଜାରିଣୀ' ସବୁଜ ସାହିତ୍ୟ ଆନୁକୂଲ୍ୟରେ ୧୯୩୨ ମସିହାରେ ପ୍ରକାଶ ପାଇଥିଲା। ଯାହା ପରବର୍ତ୍ତୀ ସମୟରେ ନୃତ୍ୟ ନାଟିକା କରିବା ପାଇଁ କିଛି ନୂତନତା ମାନସିଂହଙ୍କ ଦ୍ୱାରା ସଂଯୋଜିତ କରାଯାଇଥିଲା। ଚତୁର୍ଥ ନାଟକ 'ନଷ୍ଟନୀଡ଼' (୧୯୩୯) ମସିହାରେ ପ୍ରକାଶିତ। ଆକାଶବାଣୀରେ ବହୁବାର ଏହା ପ୍ରକାଶିତ ମଧ୍ୟ ହୋଇଅଛି। ପରବର୍ତ୍ତୀ ନାଟକ 'ବାରବାଟୀ' ଏହା ନାଟ୍ୟକାରଙ୍କ ଦୀର୍ଘ ପରିକଳ୍ପନା। ଏହା ଆଠଗଡ଼ ଓ ଆଠମଲ୍ଲିକରେ ଅଭିନୀତ ମଧ୍ୟ ହୋଇଥିଲା। ମାନସିଂହ ପରବର୍ତ୍ତୀ ସମୟରେ ଏହା ମଧ୍ୟରେ କିଛି ପରିବର୍ତ୍ତନ କରି ନୂତନତା ଆଣିଥିଲେ। 'ବୁଦ୍ଧ' ନାଟକଟି ୧୯୫୦ ମସିହାରେ ଝଙ୍କାରରେ ପ୍ରକାଶ ପାଇଥିଲା। ୧୯୫୧ ମସିହାରେ ଗଙ୍ଗାଧର ମେହେର କଲେଜର ଛାତ୍ର ଓ ଲେଡ଼ି ଲୁସ୍ ବାଳିକା ବିଦ୍ୟାଳୟରୁ ଛାତ୍ରମାନଙ୍କ ଦ୍ୱାରା ଅଭିନୀତ ମଧ୍ୟ ହୋଇଥିଲା। 'ଦୁର୍ଭିକ୍ଷ' ନାଟକଟି ୧୯୫୫ ମସିହାରେ ପ୍ରକାଶିତ ମାନସିଂହଙ୍କ ସମସ୍ତ ନାଟ୍ୟକୃତି ମଧ୍ୟରେ ବୁଦ୍ଧଦୂତୀ ଓ ପୁଷ୍ପାଭିନୟ ଦୁଇଟି କ୍ଷୁଦ୍ର ଲେଖା।

ତତ୍ କାଳୀନ ରାଜନୈତିକ ପରିବେଶ ଓ ମାତୃଭୂମିର ଅତୀତ ଗୌରବ କଥା ମାନସିଂହଙ୍କ ମନରେ ଜାତୀୟତାର ଭାବ ଉଦ୍ରେକ ହୋଇଥିଲା। ସଂସ୍କୃତ ଓ ଇଂରାଜୀ ନାଟକକୁ ପଢ଼ିବାର ରୁଚି ଥିବା ହେତୁ ନିଜ ଆଞ୍ଚଳିକ ଭାଷାରେ ନାଟକ ଲେଖିବାର ଆକାଂକ୍ଷା ଆସିଥିଲା ଏବଂ ପ୍ରେରଣା ମଧ୍ୟ ଯୋଗାଇ ପାରିଥିଲା। ତତ୍କାଳୀନ ସମୟର ଇଂରେଜ ନାଟ୍ୟକାରଙ୍କ ଭିତରେ ସେକ୍ସପିୟର, ଜର୍ଜ ବର୍ଣ୍ଣାଡ଼ଶ, ଇବ୍‌ସେନ୍, ଇଟସ୍ ପ୍ରଭୃତିଙ୍କ ନାଟକ ମାନସିଂହଙ୍କ ମନୋରାଜ୍ୟକୁ ପ୍ରଭାବିତ କରିଥିଲା। ମାନସିଂହଙ୍କ ସମୟରେ ପଣ୍ଡିତ ଗୋପୀନାଥ ନନ୍ଦଶର୍ମା ଏବଂ ପଣ୍ଡିତ ମୃତ୍ୟୁଞ୍ଜୟ ରଥ ପ୍ରଭୃତି ସଂସ୍କୃତ ନାଟକ ଅନୁବାଦ କରିଥିବା କଥାର ପ୍ରଭାବ ମାନସିଂହଙ୍କ ନାଟକ ଲେଖିବାର ଅଭୀପ୍ସାକୁ ବଢ଼ାଇଥିଲା। 'ରାଜକବି ଉପେନ୍ଦ୍ର' ନାଟିକାଟିରେ ଉପେନ୍ଦ୍ରଙ୍କ ସମଗ୍ର ଜୀବନ ରହସ୍ୟମୟ ହୋଇ ରହିଛି। କବିସମ୍ରାଟ ଉପେନ୍ଦ୍ର ଭଞ୍ଜଙ୍କ ଜୀବନୀ ଅନୁସରଣରେ ରଚିତ ହୋଇଛି। 'ପୂଜାରିଣୀ' ନାଟକଟି ପ୍ରଣୟ ପ୍ରୀଡ଼ିତ ପ୍ରାଣର ଆବେଗ ଉପରେ

ବର୍ଣ୍ଣିତ। ଏକ ମହିୟସୀ ବାଳିକାର କଥା ଯଥାଶକ୍ତି ଏଥିରେ ରୂପ ପାଇଛି। ଆଇରିଶ୍ କବି ଇଏଟ୍‌ସଙ୍କର ଏକ ଛୋଟ ନାଟକର ଭାବଧାରାକୁ ନେଇ ସଂପୂର୍ଣ୍ଣ ଓଡ଼ିଆ ମାଟିର ମହକକୁ ବାନ୍ଧି ରଖି ଏହି ନାଟକଟି ରଚିତ ହୋଇଛି। ସାକ୍ଷୀଗୋପାଳର ଲକ୍ଷ୍ମୀ କିମ୍ବଦନ୍ତୀକୁ ପରୀକ୍ଷା ସ୍ୱରୂପ ନାଟ୍ୟକାର ନେଇଛନ୍ତି ବୋଲି ସେ ସ୍ୱୀକାର କରନ୍ତି। 'ନଷ୍ଟନୀଡ଼' ପରି ସାମାଜିକ ନାଟକ ରଚନା କ୍ଷେତ୍ରରେ ମାନସିଂହ କହିଛନ୍ତି- "ସେ ସମୟରେ ସାମାଜିକ ନାଟକ କହିଲେ ଅଭିନେତା ଗଣ ପସନ୍ଦ କରୁ ନଥିଲେ। ମାତ୍ର ମୋ ଛାତ୍ର ଜୀବନ ସମୟରେ ଆମେମାନେ ଇଂରାଜୀର ନାଟ୍ୟକାର ବର୍ଣ୍ଣାଡ଼୍‌ଶ ଓ ଇବ୍‌ସନଙ୍କ ନାଟକ ପଢ଼ିବା ପରେ ଓଡ଼ିଶା ରଂଗମଞ୍ଚରେ ଏହିପରି ନାଟକ ସବୁର ପରିବେଷଣ ହେବା କଥା ମନକୁ ଆସିଥିଲା। 'ବାରବାଟୀ' ନାଟକ ରଚନା କ୍ଷେତ୍ରରେ ଉତ୍କଳର ଗୌରବମୟ ଅତୀତର ଇତିହାସକୁ ଦର୍ଶାଇ ଉଗ୍ର ଦେଶାତ୍ମବୋଧର ପରିଚୟ ଦେଇ 'ବାରବାଟୀ'ର ଇତିହାସ ହିଁ ଉତ୍କଳର ଇତିହାସ ବୋଲି ମତପୋଷଣ କରିଛନ୍ତି। 'ବୁଦ୍ଧ' ନାଟକ ରଚନା କ୍ଷେତ୍ରରେ ନାଟ୍ୟକାର ମାନସିଂହ ଲେଖିଛନ୍ତି "ନିଜ ମନର କ୍ଷୁଧାକୁ ମେଣ୍ଟାଇବାକୁ ଯାଇ କେବେ କେବେ ଧର୍ମଶାସ୍ତ୍ର ଉପରେ ଆଲୋଚନା କରୁ କରୁ ବୁଦ୍ଧଙ୍କ ବାଣୀ ଦ୍ୱାରା ପ୍ରଭାବିତ ହୋଇ ତାଙ୍କ ଜୀବନାଦର୍ଶକୁ ମର୍ମେ ମର୍ମେ ଅନୁଭବ କରି ତାଙ୍କ ଜୀବନୀ ଓ ଜୀବନ ତତ୍ତ୍ୱକୁ ଆଲୋଚନା କରିବାକୁ ଇଚ୍ଛା କଲି। ସେହିପରି 'ଦୁର୍ଭିକ୍ଷ' ନାଟକଟି ବଙ୍ଗଳା ଭାଷାର 'ସନାତନ କାହାଣୀ' ଏବଂ ପ୍ରଭାତୀ ପତ୍ରିକାରେ ପ୍ରକାଶିତ 'ଅନନ୍ତ ଦାସଙ୍କ ଆତ୍ମଜୀବନୀ' ଉପରେ ଗୁରୁତ୍ୱ ରଖି ସେ ଲେଖିଛନ୍ତି।"

ଓଡ଼ିଆ ସାମାଜିକ ନାଟକ ରଚନା କ୍ଷେତ୍ରରେ 'ନଷ୍ଟନୀଡ଼' ଏକ ଟ୍ରାଜେଡ଼ି ଓ ସର୍ବୋଚ୍ଚ ସ୍ଥାନ ପାଇଥିବା ସାମାଜିକ ନାଟକ। ପୂର୍ଣ୍ଣ ଓ ମାଧବୀଙ୍କ ଅନାବିଳ ପ୍ରେମ ଓ ଆଦର୍ଶର ଚିତ୍ର ପ୍ରକାଶିତ। ପୂର୍ଣ୍ଣ ଏଥିରେ ନଷ୍ଟନୀଡ଼ର ପକ୍ଷୀ ହୋଇଛି। ଶିକ୍ଷକ ମଧୁବାବୁଙ୍କ ଝିଅ ମାଧବୀ ଶାନ୍ତ ସରଳ କଲେଜ ଛାତ୍ର ପୂର୍ଣ୍ଣକୁ ବିବାହ କରିବା ପାଇଁ ଚାହିଁଥିଲା। ମଧୁବାବୁଙ୍କ ଝିଅ ଖୁସିରେ ଖୁସି ହୋଇ ସମ୍ମତି ଜଣାଇ ଥିଲେ ମଧ୍ୟ ପୂର୍ଣ୍ଣର ପରିବାର ଏ ପ୍ରସ୍ତାବକୁ ଗ୍ରହଣ କରି ନାହାନ୍ତି। ପୂର୍ଣ୍ଣ ପରୀକ୍ଷାରେ ଫେଲ୍ ହୋଇଛି। ବାପାଭାଇଙ୍କ ଅସନ୍ତୋଷ ଭାବକୁ ସହି ନ ପାରି ଘର ଛାଡ଼ିଛି। ଏପଟେ ମଧୁବାବୁଙ୍କ ଶ୍ୱଶୁରଙ୍କ ଚକ୍ରାନ୍ତ କ୍ରମେ ଜମିଦାରଙ୍କ ପୁତ୍ର କିଶୋର ଯିଏ କି ଚରିତ୍ରହୀନ, ତା' ସହ ମାଧବୀର ବିବାହ ହୋଇ ଯାଇଛି। ଶେଷରେ କିଶୋର ମାଧବୀ ପ୍ରେମ କାହାଣୀ ଜାଣିବା ପରେ ମାଧବୀ ଆତ୍ମହତ୍ୟା କରିଛି। 'ବାରବାଟୀ' ନାଟକର କଥାବସ୍ତୁ ସରଳ। ଏହା କୃପାସିନ୍ଧୁ ମିଶ୍ରଙ୍କ 'ଉତ୍କଳ ଇତିହାସ'ରୁ ଗୃହୀତ। ଐତିହାସିକ କାହାଣୀ ସହ କଳ୍ପନା ମଧ୍ୟ ରହିଛି। ଅନଙ୍ଗ ଭୀମଦେବ ମୁସଲମାନଙ୍କୁ ପରାଜିତ କରି ଲକ୍ଷ୍ମଣ ସେନଙ୍କୁ ବଙ୍ଗରେ ପୁନଃ ସ୍ଥାପନ

କରାଇବା ନାଟକର ମୁଖ୍ୟ ବିଷୟବସ୍ତୁ ଏବଂ ମାଳବ ରାଜକନ୍ୟାଙ୍କ ସହ କାଞ୍ଚନମାଳାଙ୍କ ସହିତ ନରସିଂହଙ୍କର ବିବାହ ପ୍ରସଙ୍ଗ ଖୁବ୍ ଆକର୍ଷଣୀୟ। ନରସିଂହ ଦେବ ଦାକ୍ଷିଣାତ୍ୟର ଦିଗ ବିଜୟ ସମ୍ରାଟ। 'ବୁଦ୍ଧ' ମଧ୍ୟ ଏକ ଐତିହାସିକ ନାଟକ। ହିମାଳୟର ଏକ ଦୃଶ୍ୟ ଏଥିରେ ରହିଛି। ପୃଥିବୀର ଅନୁରୋଧ କ୍ରମେ ବ୍ରାହ୍ମଣଧର୍ମର ଅତ୍ୟାଚାରରୁ ମୁକ୍ତି ନିମନ୍ତେ ଶାନ୍ତି ସ୍ଥାପନ ପାଇଁ ଶଙ୍କର ବୁଦ୍ଧଙ୍କୁ ପ୍ରେରଣ ଏବଂ ତାଙ୍କ ବାଣୀର ମାର୍ଗ ଅବତାରଣା କରାଯାଇଛି। 'ଦୁର୍ଭିକ୍ଷ' ନାଟକଟିରେ ନାୟକ ସନାତନ ଦୁର୍ଭିକ୍ଷ କବଳରେ ପୀଡ଼ିତ ହୋଇ ଭିକ୍ଷା ମାଗି ନିଜ ପିତାମାତା ତଥା ଛୋଟ ଭଉଣୀ କମଳୀ ମୁହଁରେ ଆହାର ଦେଇଛି। ଭୋକିଲା ପରିବାର କଥା ଚିନ୍ତା କରି ଭୋକିଲା କଙ୍କାଳକୁ ଧରି ଦୂର ଗାଁରୁ ଖୁବ୍ କଷ୍ଟରେ ଫେରିଛି। ହେଲେ ଅନାହାରରେ ମୃତ୍ୟୁବରଣ କରିଛି ଯଦିଓ ଭିକ୍ଷାକରି ଆଣିଥିବା ଖାଦ୍ୟକୁ ସେ ଯତ୍ନରେ ତା' ପାଖରେ ରଖିଚି। ରକ୍ତର ଡାକ ସ୍ନେହଁ ଓ ପ୍ରେମ କ୍ଷୁଧାର ତାଡ଼ନାକୁ ଟପି ପାରିଛି। ଶେଷରେ ସନାତନର ମୃତ୍ୟୁ ହୋଇଥିବା ଜାଣି ତା' ସ୍ତ୍ରୀ ମଧ୍ୟ ମରିଯାଇଛି। 'ରାଜକବି ଉପେନ୍ଦ୍ର' ଘୁମୁସୁରର ସିଂହାସନ ପାଇଁ ଗୃହବିବାଦ ସମୟରେ ଉପେନ୍ଦ୍ର ରାଜ୍ୟ ବାହାରେ ପ୍ରକୃତି କୋଳରେ ସାହିତ୍ୟ ସଧନା କରିଛନ୍ତି ରାଜପ୍ରାସାଦର ସମସ୍ତ ପାରିଷଦ ବର୍ଗଙ୍କର ଅନୁରୋଧ ପ୍ରତ୍ୟାଖ୍ୟାନ କରି। 'ପୂଜାରିଣୀ' ଏକ କିମ୍ବଦନ୍ତୀମୂଳକ ନାଟକ। ସତ୍ୟବାଦୀର ସାକ୍ଷୀଗୋପାଳ ଜନୈକ ବ୍ରାହ୍ମଣର ସୁନ୍ଦରୀ କନ୍ୟା ଲକ୍ଷ୍ମୀ ପ୍ରତି ଆକୃଷ୍ଟ ହୁଅନ୍ତି। ଲକ୍ଷ୍ମୀର ଗୃହରୁ ସାକ୍ଷୀଗୋପାଳଙ୍କ ବଂଶୀ, ମୁଦ୍ରିକା, ବସ୍ତ୍ର ଆଦି ମିଳିବା ପରେ ମନ୍ଦିର କର୍ତ୍ତୃପକ୍ଷ ଦେବତାଙ୍କୁ ରାଧାବିରହିତ ଭାବି ସୁବର୍ଣ୍ଣ ରାଧା ପ୍ରତିମା ଗଢ଼ାଇଛନ୍ତି। ମୂର୍ତ୍ତି ଗଢ଼ିବା ଆରମ୍ଭ ଦିନ ଲକ୍ଷ୍ମୀଙ୍କୁ ଜ୍ୱର ହେଇଛି। ଗଢ଼ା ଶେଷ ଦିନ ଲକ୍ଷ୍ମୀ ମରିଯାଇଛି। ଏଥିରେ ମାନବିକ ମନସ୍ତତ୍ତ୍ୱର ଏକ ରହସ୍ୟମୟ ବିଭବଟି ରୂପ ଲାଭ କରିଛି। 'ଶାସନ ଚକ୍ର' ଏକ ନାଟକ ନୁହେଁ ଏହା ଏକାଙ୍କିକା। ଗଣତନ୍ତ୍ର ରାଷ୍ଟ୍ରରେ ପ୍ରତିଭା କିପରି ଅବହେଳିତ ହୁଏ ତା'ର ଦୃଷ୍ଟି ଆକର୍ଷଣ ହୋଇଛି। ସାଧୁ ହୁଏ ଏଠି ଦୋଷୀ। ଜୀବନ ବନ୍ଧୁ ଜଣେ ବଳିଷ୍ଠ କବି ଏବଂ ସ୍ୱାଧୀନଚେତା। ମଣିଷ ଦୁଃଖ ଦୈନ୍ୟତା ଭିତରେ ତାଙ୍କର ମୃତ୍ୟୁ ହେବା ପରେ ଆନ୍ଦୋଳନ ଆରମ୍ଭ ହୋଇଛି ସାରା ରାଜ୍ୟରେ। ସରକାର ତାଙ୍କୁ ଉପାଧି ଦେଇ ଆନ୍ଦୋଳନ ବନ୍ଦ କରିବା କଥା ସ୍ଥିର କରିଛନ୍ତି। ସରକାରଙ୍କୁ ତୋଷାମତ କରି ସାହିତ୍ୟ ରଚନା କରିବା ଓ ବିଶିଷ୍ଟ କବିର ସମ୍ମାନ ପାଇବା ପାଇଁ ଇଚ୍ଛା କରି ନାହାନ୍ତି। ଶିଷ୍ୟାନନ୍ଦଙ୍କ ପରାମର୍ଶ କ୍ରମେ ଚାକିରୀ ଛାଡ଼ି ସାହିତ୍ୟରେ ମନୋନିବେଶ କରିଛନ୍ତି ଏଥିପାଇଁ ତାଙ୍କ ସ୍ତ୍ରୀ ସାରା ଜୀବନ ଖୁବ୍ କଷ୍ଟ ମଧ୍ୟ ପାଇଛନ୍ତି। ସରକାର ପ୍ରକୃତ ଅବସ୍ଥା ବୁଝି ସାହାଯ୍ୟର ବ୍ୟବସ୍ଥା କଲାବେଳକୁ ଲେଡ଼ିଗୁଡ଼ କହୁଣୀକୁ ଯିବା ପରି। ପ୍ରତିଭାର ଅବହେଳା ପ୍ରଦର୍ଶନ ଓ

ସରକାରଙ୍କର ଅପାରଗତା ପ୍ରଦର୍ଶନ ଏଥିରେ ପ୍ରକାଶିତ ଏବଂ ଲୋକଙ୍କର ବାସ୍ତବ ଜୀବନର ରୂପରେଖ ମଧ୍ୟ ପ୍ରତିଫଳିତ। 'ପୁଷ୍ପିତା' କଥାବସ୍ତୁରେ ମାନସିଂହଙ୍କ କୃତିରେ ଏକ ନୂତନ ଦିଗ ଦେଖା ଯାଇଛି। କିଶୋରୀ ନାମକ ବାଳିକାର ଯୌବନପ୍ରାପ୍ତି ଏହି ନାଟିକାର  ବିଷୟବସ୍ତୁ। ସବୁ ସାଙ୍ଗସାଥୀଙ୍କ ମେଳରେ ଖେଳିଲା ବେଳେ ତାଙ୍କୁ ନାନା କଥା ସମସ୍ତେ କହିଛନ୍ତି। ଅନୂଢ଼ା ବାଳିକାଟି କିଛି ବୁଝି ନ ପାରିବାରୁ ପ୍ରକୃତି ତାକୁ ସାହାଯ୍ୟ କରିଛି। ପୁଷ୍ପ, ବସନ୍ତ, ମଳୟ, ପରିମଳ ଓ କାମଦେବ କିଶୋରୀକୁ ଯୁବତୀ କରିବାରେ ଲାଗିପଡ଼ିଛନ୍ତି। ତା'ପରେ ସେ ନିଃସଂଗ ମନେ କରିବା ଦେଖି ମଦନ ଓ ରତୀ ତା' କିଶୋରୀ ପ୍ରାଣର ଭାବକୁ ପରିବର୍ତ୍ତନ କରିଛନ୍ତି। 'ପୁଷ୍ପାଭିନୟ' କାହାଣୀରେ ପ୍ରକୃତି ଓ ପରିବେଶର ମନୋରମ ଉପସ୍ଥାପନା ରହିଛି। 'ବୁଦ୍ଧଦୂତୀ'ରେ କଳିଙ୍ଗର ରାଜବାଳା, ହେମମାଳା ବୁଦ୍ଧଦନ୍ତକୁ ନେଇ ବହୁ ବିବାଦ ଅତିକ୍ରମ କରି ସିଂହଳରେ ପହଞ୍ଚି ମୃତ୍ୟୁବରଣ କରିଛି।

ମାନସିଂହଙ୍କ ନାଟକ ଗୁଡ଼ିକର ଅଧିକାଂଶ ଚରିତ୍ର ସରଳ। 'ନଷ୍ଟନୀଡ଼'ରେ ଏକନିଷ୍ଠ ପ୍ରେମ, ଜାତୀୟତା, ସ୍ୱାବଲମ୍ବନଶୀଳ ହେବା କଥା ଏବଂ ସମାଜ ସଂସ୍କାର ରହିଛି। 'ବାରବାଟୀ'ରେ ନରସିଂହ ଦେବଙ୍କ ଜାତୀୟପ୍ରୀତି, ପରାକ୍ରମ ଓ କାଞ୍ଚନମାଳାର ସାହାସିକତା କଥା ରହିଛି। 'ବୁଦ୍ଧ' ନାଟକରେ ଧର୍ମ ନାମରେ ଅତ୍ୟାଚାରକୁ ଧ୍ୱଂସ କରି ମାନବପ୍ରାଣରେ ଆତ୍ମବିଶ୍ୱାସ ଜାଗ୍ରତ କରାଇବାର କଥା ରହିଛି। 'ରାଜକବି ଉପେନ୍ଦ୍ର'ରେ ପ୍ରକୃତିର କମନୀୟ ରୂପରେ ବିମୁଗ୍ଧ ହୋଇ ସାରା ଜୀବନ ଅତିବାହିତ କରିନେବା କଥା ବର୍ଣ୍ଣିତ, ଯାହା ନାୟକ ଭାବରେ ଉପେନ୍ଦ୍ର ଚରିତ୍ରଚିତ୍ରଣ ଦୁର୍ବଳ ମନେହୁଏ। 'ଦୁର୍ଭିକ୍ଷ'ରେ ସନାତନ ଓ ତା'ର ସ୍ତ୍ରୀ ଚରିତ୍ର ସ୍ନେହ ଓ ପ୍ରେମର ମହତ୍ତ୍ୱ ଚିରକାଳ ପାଇଁ ଜୀବନକୁ ଆଚ୍ଛାଦିତ କରିଥାଏ ଓ ରକ୍ତର ସମ୍ପର୍କ କ୍ଷୁଧା ଠାରୁ ବଡ଼ ହୋଇପାରେ ତାହା ପ୍ରକାଶିତ ହୋଇଛି। 'ପୂଜାରିଣୀ'ରେ ସାକ୍ଷୀଗୋପାଳ ଓ ଲକ୍ଷ୍ମୀ ଚରିତ୍ର ମାଧ୍ୟମରେ ପ୍ରେମିକ ପ୍ରେମିକାଙ୍କ ପ୍ରାଣର ଭାଷା ନୀରବରେ ମୁଖରେ ପ୍ରକାଶିତ ହୋଇଛି। 'ପୁଷ୍ପିତା'ରେ କିଶୋରୀ ନିଜ ଇଚ୍ଛାରେ ନୁହେଁ ପରିବେଶ ଅନୁସାରେ ନିଜକୁ ସେଥିରେ ତଲ୍ଲୀନ କରି ଗତି କରିଛି। 'ପୁଷ୍ପାଭିନୟ'ରେ ଚରିତ୍ରଗୁଡ଼ିକ ପ୍ରକୃତିର ବିଭବ ତୋଳିଛନ୍ତି ମାତ୍ର ବୁଦ୍ଧଦୂତୀରେ ମୁଖ୍ୟ ଚରିତ୍ର ହେମମାଳା ଦୁର୍ବାର ସାହସରେ କଳିଙ୍ଗରୁ ସିଂହଳ ଯାତ୍ରା କରିଛି। 'ଶାସନ ଚକ୍ର'ରେ ନାୟକ ଜୀବନବନ୍ଧୁ କେବଳ ନିମିତ୍ତ ମାତ୍ର ଚରିତ୍ରରେ ଉଦ୍‌ଭାସିତ ହୋଇଛନ୍ତି।

ମାନସିଂହଙ୍କ ନାଟକରେ ପାର୍ଶ୍ୱ ଚରିତ୍ର ମଧ୍ୟ ଗୁରୁତ୍ୱପୂର୍ଣ୍ଣ ରହିଛି। ନଷ୍ଟନୀଡ଼, ବୁଦ୍ଧ ଓ ବାରବାଟୀର ପ୍ରତି ନାୟକମାନଙ୍କ ବ୍ୟତୀତ ଅନେକ ଚରିତ୍ର ରହିଛନ୍ତି। ଯେମିତି

ଦେବଦତ୍ତ, ଉପାଲୀ, ଗୋପା, କିସା, ଶୁଦ୍ଧୋଧନ, ଛନ୍ଦକ, ଆମ୍ରପାଲ୍ଲୀ, ଆନନ୍ଦ ଏବଂ କାଳ୍ପନିକ ଚରିତ୍ରରେ ପୁରୋହିତ, ସୁମିତ୍ରା, ଆର୍ଯ୍ୟେ, ବିପ୍ରଜିତ, ପ୍ରଜାବତୀ ପ୍ରଭୃତି ନାଟକର ଗତିଶୀଳତା ଉପରେ ଗୁରୁତ୍ୱପୂର୍ଣ୍ଣ ଭୂମିକା ଗ୍ରହଣ କରିଛନ୍ତି। ପ୍ରସ୍ତାବନା ଚରିତ୍ର ଭାବରେ ବ୍ରହ୍ମା, ବିଷ୍ଣୁ, ଗୌର, ଶିବ ଓ ପୃଥିବୀକୁ ନେଇଛନ୍ତି। ବ୍ୟକ୍ତିତ୍ୱର ଆରୋପ ମଧ୍ୟ ମାନସିଂହଙ୍କ ନାଟକରେ ଦେଖିବାକୁ ମିଳେ। 'ଦୁର୍ଭିକ୍ଷ'ରେ ସନାତନ ଚରିତ୍ରକୁ ଜୀବାନନ୍ଦ, ଶିବାନନ୍ଦ, କାଙ୍ଗାଳଦଳ ଓ ପାଦ୍ରୀ ଦ୍ୱୟ ସ୍ୱଷ୍ଟ ଚିତ୍ର ରୂପ ଦେଇଛନ୍ତି। ଆହୁରି ମଧ୍ୟ ସନାତନର ପିତା, ମାତା, କମଳୀ ଓ ପୀତେଇ ନାନୀର ଉପସ୍ଥିତି ହିଁ ସନାତନ ଚରିତ୍ରର ମାନ ବଢ଼ାଇଛି। 'ରାଜକବି ଉପେନ୍ଦ୍ର'ରେ ପୁରୋହିତ, ବଣ୍ୟ ସର୍ଦ୍ଦାର, ନାଗରିକ ବନବାଳକ-ବାଳିକା ପ୍ରଭୃତି ଉପେନ୍ଦ୍ରଙ୍କ ଚରିତ୍ରକୁ ଉଚ୍ଚତର କରିପାରିଛି। 'ପୂଜାରିଣୀ'ରେ ଦେବତା ଓ ଲକ୍ଷ୍ମୀ ବ୍ୟତୀତ ପୂଜାରୀ, ପୂଜକ ପତ୍ନୀ, ସୁନାରୀ, ସୁନାରିଣୀ, ଦେବଦାସୀ, ଲକ୍ଷ୍ମୀର ସାଙ୍ଗ, ବେଲେଶ୍ୱର ମହାପାତ୍ର, ମହାପାତ୍ରୀ ପ୍ରଭୃତି ସାକ୍ଷୀଗୋପାଳ ଓ ଲକ୍ଷ୍ମୀଙ୍କ ଚରିତ୍ରର ମାନ ବଢ଼ାଇଛନ୍ତି। 'ପୁଷ୍ପିତା'ରେ କିଶୋରୀବନ୍ଧୁ ହେମା, ସରଳା ଚଣ୍ଡୀ, ନାୟିକା ମନର ଭାବକୁ ପ୍ରକାଶ କରିବାରେ ଭୂମିକା ନିର୍ବାହ କରିଛନ୍ତି।

ମାୟାଧର ମାନସିଂହଙ୍କ ପ୍ରତ୍ୟେକଟି ନାଟକ-ନାଟିକାର ସଂଳାପ ନାଟ୍ୟ କାହାଣୀକୁ ବ୍ୟକ୍ତ କରି ଚରିତ୍ରକୁ ପରିସ୍ଫୁଟ କରପାରିଛି। ନାଟକରେ ଚରିତ୍ରର ଭାଷାଗୁଡ଼ିକୁ ପାତ୍ରମୁଖୀ ଓ ବାସ୍ତବତାକୁ ଗ୍ରହଣ କରିଛି ଏବଂ ସଂଳାପ ଗୁଡ଼ିକୁ ହୃଦୟଗ୍ରାହୀ ଓ ରସସିକ୍ତ କରିବା ପାଇଁ ମାନସିଂହ ଗୀତ ଓ ସଂଗୀତର ଛନ୍ଦରେ ଛୋଟ ଛୋଟ ମଧୁର ସଂଳାପ ସଂଲଗ୍ନ କରିଛନ୍ତି। ଆବଶ୍ୟକ ସ୍ଥଳେ ବଳିଷ୍ଠ ସଂଳାପ ମଧ୍ୟ ରଖିଛନ୍ତି। ପ୍ରତ୍ୟେକ ଚରିତ୍ରର ମୁଖରେ କାହାଣୀ ଅନୁଯାୟୀ ପ୍ରତ୍ୟକ୍ଷ ଅବା ପରୋକ୍ଷ ଭାବରେ ସେମାନଙ୍କ ଉପଯୋଗୀ ଭାଷାର ସଂଳାପ ରହିଛି। ଯେମିତି 'ନଷ୍ଟନୀଡ଼'ର ସଂଳାପ ପାତ୍ରମୁଖୀ ହୋଇଛି। 'ବାରବାଟୀ'ର ସଂଳାପ ଐତିହାସିକ ଗାମ୍ଭୀର୍ଯ୍ୟ ପ୍ରକାଶିତ କରୁଛି। 'ବୁଦ୍ଧ' ନାଟକରେ ଚରିତ୍ର ମାଧ୍ୟମରେ ସଂଳାପ ଗୁଡ଼ିକ ଐତିହାସିକରୁ ଆସି ସାମାଜିକ ସ୍ତରକୁ ଛୁଇଁ ପାରିଛି। 'ରାଜକବି ଉପେନ୍ଦ୍ର'ରେ ସଂଳାପଗୁଡ଼ିକ ଗାଁ'ର ସ୍ୱାଭାବିକ ସଂଳାପ ସହ ନିଜର କବିତ୍ୱର ପରାକାଷ୍ଠା ଦର୍ଶାଇଛନ୍ତି। 'ଦୁର୍ଭିକ୍ଷ' ନାଟିକା ଅମିତ୍ରାକ୍ଷର ଛନ୍ଦରେ ନାଟ୍ୟକାର ମାନସିଂହ ଲେଖିଛନ୍ତି ଏବଂ କଙ୍କାଳମୁଖୀ ନରର ଭାଷାକୁ ସଂଳାପରେ ସ୍ଥାନ ଦେଇଛନ୍ତି। 'ବୁଦ୍ଧଦୂତୀ'ରେ ମୁକାଭିନୟ ଦ୍ୱାରା କାହାଣୀ ପ୍ରକାଶିତ ହୋଇଛି ଠିକ୍ ସେହିପରି 'ପୁଷ୍ପାଭିନୟ' ମୁକାଭିନୟର ଦ୍ୱାରା ନାଟିକାଟି ଗତିଶୀଳ ହୋଇଛି। ମାନସିଂହଙ୍କର ଶାସନ ଚକ୍ର ଏକାଙ୍କିକାଟି ସଂଳାପ ରଚନା କ୍ଷେତ୍ରରେ ସଂପୂର୍ଣ୍ଣ ସାର୍ଥକତା ଲାଭ କରିଛି। ମାନସିଂହଙ୍କର ପ୍ରତ୍ୟେକଟି ନାଟକ ନାଟିକାରେ ସଂଳାପ ମାଧ୍ୟମରେ ଭାବପ୍ରବଣତାର

ଏକ ମଧୁର ସମନ୍ୱୟ ପ୍ରକାଶିତ ହୋଇଛି ଯାହା ସ୍ୱତନ୍ତ୍ର ନାଟ୍ୟକାର ଭାବରେ ପାଠକ ପ୍ରାଣରେ ସଂଚାରିତ ହୋଇ ପାରିଛି।

ନାଟକରେ ଅନ୍ତର୍ଦ୍ୱନ୍ଦ୍ୱ ଓ ବର୍ହିଦ୍ୱନ୍ଦ୍ୱ ମହତ୍ତ୍ୱ ରହିଲେ ନାଟକଟି ସଫଳ ହୋଇଥାଏ। ମାନସିଂହଙ୍କ 'ନଷ୍ଟନୀଡ଼' ନାଟକରେ ସମାଜର ସବର୍ଣ୍ଣ ଓ ଅସବର୍ଣ୍ଣଙ୍କ ମଧ୍ୟରେ ଦ୍ୱନ୍ଦ୍ୱ ରହିଛି ଏବଂ ଆଦର୍ଶବାଦ ଓ ବାସ୍ତବବାଦ ଦ୍ୱନ୍ଦ୍ୱ ମଧ୍ୟ ସୂଚୀତ। 'ଦୁର୍ଭିକ୍ଷ' ନାଟିକାରେ ସ୍ନେହ ଓ ସ୍ୱାର୍ଥ ମଧ୍ୟରେ ଦ୍ୱନ୍ଦ୍ୱ  ରହିଛି। ପଶୁ ପ୍ରବୃତ୍ତି ଓ ମାନବିକ ପ୍ରବୃତ୍ତିର ଦ୍ୱନ୍ଦ୍ୱ ମଧ୍ୟ ରହିଛି। 'ବୁଦ୍ଧଦୂତୀ'ରେ ଧର୍ମକୁ ନେଇ ରାଜବାଳା ହେମମାଳାର ଅନ୍ତର୍ଦ୍ୱନ୍ଦ୍ୱ ଦେଖା ଦେଇଛି। 'ରାଜକବି ଉପେନ୍ଦ୍ର'ରେ ବ୍ୟକ୍ତି ମଧ୍ୟରେ ଦ୍ୱନ୍ଦ୍ୱ ଲାଗି ରହିଛି କାହାଣୀ ଶେଷ ପର୍ଯ୍ୟନ୍ତ। 'ପୁଷ୍ପିତା'ରେ କିଶୋରୀ ମନର ଅନ୍ତର୍ଦ୍ୱନ୍ଦ୍ୱ ନାଟିକାଟିକୁ ଆକର୍ଷଣୀୟ ଓ ସୁଖପାଠ୍ୟ କରିପାରିଛି। 'ପୂଜାରିଣୀ' କାବ୍ୟ ନାଟିକାଟିରେ ହୃଦୟ ମଧ୍ୟରେ ହୃଦୟର ଦ୍ୱନ୍ଦ୍ୱ ସୃଷ୍ଟି ହୋଇଛି। 'ଶାସନ ଚକ୍ର' ଏକାଙ୍କିକାରେ ସରକାରୀ ଶାସନକଳର ଦ୍ୱନ୍ଦ୍ୱ ଆରମ୍ଭରୁ ଶେଷ ଯାଏଁ ରହିଛି। ଶିକ୍ଷାମନ୍ତ୍ରୀ ଓ ଘରୋଇ ମନ୍ତ୍ରୀଙ୍କ ମଧ୍ୟରେ ସଂଘର୍ଷ। ପୁଣି ସନ୍ୟାସୀ ଶିକ୍ଷକ ଓ ଶିଷ୍ୟାନନ୍ଦ ଭିତରେ ଅନ୍ତର୍ଦ୍ୱନ୍ଦ୍ୱ କଥା ମଧ୍ୟ ରହିଛି। କେବଳ 'ବାରବାଟୀ' ନାଟକଟିରେ କୌଣସି ଦ୍ୱନ୍ଦ୍ୱର ସୂତ୍ରପାତ ଘଟି ନାହିଁ କେବଳ ସଂଘର୍ଷ କଥା ଚିତ୍ରଣ କରାଯାଇଛି।

ମାନସିଂହଙ୍କ ନାଟକ-ନାଟିକାରେ ଉତ୍କଣ୍ଠା ଏପରି ଭାବରେ ସନ୍ନିବେଶିତ ହୋଇଚି ଯାହାକି ପାଠକ ମନରେ କୌତୁହଳ ସୃଷ୍ଟି କରିଛି। 'ନଷ୍ଟନୀଡ଼'ର ପ୍ରଥମରୁ ଉଭୟ ମାଧବୀ ଓ ପୂର୍ଣ୍ଣଙ୍କର ବିବାହ ସ୍ଥିର ହୋଇଛି, ପୁଣି ପୂର୍ଣ୍ଣ ପରୀକ୍ଷାରେ ଫେଲ୍ ହେବା ପରର ଘଟଣାରେ ପାଠକ ମନରେ ଭାବାନ୍ତର ସୃଷ୍ଟି ହୋଇଚି ଯେତେ ବେଳେ ମାଧବୀର ବାହାଘର ଅନ୍ୟ ଜାଗାରେ ଠିକ୍ ହୋଇଛି ପୁଣି ବିବାହ ପରର ଦାମ୍ପତ୍ୟ ଜୀବନ କିପରି କଟିଛି ଏସବୁ ଜାଣିବାର ଉତ୍କଣ୍ଠିତ ପାଠକ ନିଶ୍ଚିତ ଭାବରେ ନାଟକର କଥାବସ୍ତୁ ଜାଣିବା ଉଦ୍ଦେଶ୍ୟରେ ଶେଷ ପର୍ଯ୍ୟନ୍ତ ପାଠ କରିବ। ଶେଷରେ ଉତ୍କଣ୍ଠାର ସମାପ୍ତିରେ ନାଟକର ବି ସମାପ୍ତ ଘଟିଛି। ସେହିପରି 'ବାରବାଟୀ' ନାଟକରେ ମୁସଲମାନ ଆକ୍ରମଣର ସାମାନ୍ୟ ସୂଚନା ଜଳେଶ୍ୱର ଦୁର୍ଗକୁ ମୁସଲମାନଙ୍କ ଆକ୍ରମଣ ସମୟରେ ନରସିଂହ ଦେବଙ୍କ ଅନୁପସ୍ଥିତି, ଦୁର୍ଗ ଭିତରେ ବନ୍ଦୀ ଲୋକମାନଙ୍କ ଦୟନୀୟ ଅବସ୍ଥା ଏବଂ ଶେଷ ଦୃଶ୍ୟରେ ନରସିଂହ ଦେବ ଓ ଓଡ଼ିଆ ସୈନ୍ୟମାନଙ୍କ ପ୍ରତିଜ୍ଞା ନାଟକଟିରେ ଉତ୍କଣ୍ଠା ଭରିଛି। 'ବୁଦ୍ଧ' ନାଟକରେ ସେପରି ଉତ୍କଣ୍ଠା ହୋଇପାରି ନାହିଁ କେବଳ ପ୍ରସ୍ତାବନାରେ କିଛି ଉତ୍କଣ୍ଠା ରହିଛି। 'ଦୁର୍ଭିକ୍ଷ' ନାଟିକାରେ ନ'ଅଙ୍କ ଦୁର୍ଭିକ୍ଷର ଚିତ୍ର ଉତ୍କଣ୍ଠା ଭରିଛି। 'ପୁଷ୍ପିତା' ନାଟିକାରେ ଆରମ୍ଭରୁ ଶେଷ ପର୍ଯ୍ୟନ୍ତ ଉତ୍କଣ୍ଠା ରହିଛି

ହେଲେ ଏହାର କଥାବସ୍ତୁ ସୀମିତ ଥିବାରୁ ପାଠକର ଉତ୍କଣ୍ଠାର ପରିସମାପ୍ତି ମଧ୍ୟ ଯଥାଶୀଘ୍ର ହୋଇ ପାରିଛି। 'ପୂଜାରିଣୀ' କାବ୍ୟ ନାଟିକାରେ ସାକ୍ଷୀଗୋପାଳ ଓ ଲକ୍ଷ୍ମୀଙ୍କର କଥୋପକଥନ ଉତ୍କଣ୍ଠା ଭରିଛି।

'ରାଜକବି ଉପେନ୍ଦ୍ର'ର ପାଞ୍ଚଟି ଦୃଶ୍ୟ ଓ ଏକ ନାଟିକା ହୋଇଥିବାରୁ ସଂଳାପ ସହିତ ଗୀତର ବାହୁଲ୍ୟ ଦେଖାଯାଏ। 'ନଷ୍ଟନୀଡ଼'ରେ ପ୍ରସ୍ତାବନାରେ ନଟୀ ମାଙ୍ଗଳିକ ଗୀତ ଗାନ କରିଛି। ମାଧବୀ ଚରିତ୍ର, ପୂର୍ଣ୍ଣ ସହିତ ଗ୍ରାମ ଯୁବକମାନେ ଶୋଭା ଯାତ୍ରା କରି ଯିବା ସମୟରେ ଦେଶାତ୍ମବୋଧ ସଂଗୀତ ସଂଯୋଜନା କରାଯାଇଛି। ନଟୀ ମାଧ୍ୟମରେ ବିଷୟବସ୍ତୁର ଅବତାରଣା କରାଯାଇଛି। 'ବାରାବାଟୀ' ନାଟକରେ ଜାତୀୟତା ମୂଳକ, ଶବର ଶବରୁଣୀ, ନାଚଗୀତ, ଖଞ୍ଜଣୀ ଗୀତ ଓ କେନ୍ଦରା ଗୀତ ରହିଛି। ମୁସଲମାନମାନଙ୍କ କବାଲି ପରିବେଷଣ ମାଧ୍ୟମରେ ସଂଗୀତର ଆଦର ଫୁଟି ଉଠିଛି। ବନ୍ଦୀମାନଙ୍କର ଜାତୀୟତା ଉଦ୍‌ବୋଧନ ଉପଲକ୍ଷେ ରଚିତ ସଂଗୀତ ଖୁବ୍ ମର୍ମସ୍ପର୍ଶୀ। 'ବୁଦ୍ଧ' ନାଟକରେ ଶିବ-ଗୌରୀଙ୍କର ନୃତ୍ୟ ଓ ଗୀତ ଧାର୍ମିକ ପରିବେଶ ସୃଷ୍ଟି କରିଛି। ଗୋପୀଙ୍କ ଦ୍ୱାରା ମଧ୍ୟ ନୃତ୍ୟଗୀତ ସଂଯୋଜିତ ହୋଇଛି। 'ଶାସନ ଚକ୍ର' ଏକାଙ୍କିକାରେ ସ୍କୁଲର ବାଳକ ବାଳିକାମାନେ ଶୋଭା ଯାତ୍ରାରେ ଗୋଟିଏ ମିଳିତ ସଂଗୀତ ଗାଇଛନ୍ତି ଯେଉଁଥିରେ ଜୀବନ ବନ୍ଧୁଙ୍କ କବିତ୍ୱ, ଶିକ୍ଷ୍ୟାନନ୍ଦଙ୍କ ସଂଗଠନ ଓ ଶାସନ ଚକ୍ରର ଦୁର୍ବଳତା ପ୍ରକାଶ କରିଛି। ସଂଗୀତର ପ୍ରୟୋଗ ମାନସିଂହ କରିବାର କାରଣ ନାଟକୀୟ ଅବସ୍ଥାର ପରିବର୍ତ୍ତନ ଓ ପାଠକୀୟ ଆଦର ନିମନ୍ତେ। ପରମ୍ପରାକୁ ଅଗ୍ରାଧିକାର ଦେବାକୁ ଯାଇ ମାନସିଂହଙ୍କ ନାଟକରେ ସଂଗୀତକୁ ପ୍ରାଧାନ୍ୟ ଦେଇଛନ୍ତି।

ହାସ୍ୟରସ ଭିତରେ 'ନଷ୍ଟନୀଡ଼'ର କମଳୀ ଓ ରାଧୀ ଚରିତ୍ର ମାଧ୍ୟମରେ ପ୍ରକାଶିତ। 'ବୁଦ୍ଧ' ନାଟକରେ ଛନ୍ଦକ ଓ ଛନ୍ଦକ ସ୍ତ୍ରୀ ମଧ୍ୟରେ ପ୍ରଦତ୍ତ ସଂଳାପରେ ହାସ୍ୟରସ ସୃଷ୍ଟି କରାଯାଇଛି। ବ୍ରାହ୍ମଣ ଓ ବ୍ରାହ୍ମଣୀ ସଂଳାପରେ ମଧ୍ୟ ହାସ୍ୟରସର ଅବତାରଣା ହୋଇଛି। 'ବାରବାଟୀ' ନାଟକରେ ବଙ୍ଗୀୟ ଯାତ୍ରୀ ଓ ପ୍ରହରୀର କଥୋପକଥନରୁ ହାସ୍ୟରସର ଆରମ୍ଭ ହୋଇଛି। ଦ୍ୱାରୀ ଓ ସଦସ୍ୟଙ୍କ ସଂଳାପରେ ମୁସଲମାନ ସୈନ୍ୟ ଓ ମୌଲବୀଙ୍କର ଅସ୍ୱାଭାବିକ ବାର୍ତ୍ତାଳାପ ହାସ୍ୟରସ ସୃଷ୍ଟି କରିଛି। ମାତ୍ର ଅନ୍ୟ କୌଣସି ନାଟକ ଯଥା ଦୁର୍ଭିକ୍ଷ, ଶାସନ ଚକ୍ର, ପୂଜାରିଣୀ, ବୁଦ୍ଧଦୂତୀ, ରାଜକବି ଉପେନ୍ଦ୍ର ଇତ୍ୟାଦି କଥାବସ୍ତୁ ଦୁଃଖପୂର୍ଣ୍ଣ ଥିବାରୁ ହାସ୍ୟରସ ଦିଗଟି ଦୁର୍ବଳ ରହିଛି।

ସ୍ୱଦେଶାନୁରକ୍ତିର ଦୃଷ୍ଟି ବଳୟରୁ ପଲ୍ଲୀ ଜୀବନର ଅସଂଖ୍ୟ ଭାବାନୁଭୂତି ଓ ରୂପବିଭବ ପଥ ଦେଇ ଆର୍ତ୍ତ ମାନବାତ୍ମାର ସ୍ୱର କଳା ସୃଷ୍ଟିର ଉଚ୍ଛ୍ୱସିତ ଆହ୍ୱାନରେ ଅତୀତକୁ ରୂପାନ୍ୱିତ ନ କରି ବହୁ ବିଡ଼ମ୍ବିତ କାହାଣୀର ପ୍ରକାଶ କରିଛି ନାଟ୍ୟକାର

ମାନସିଂହଙ୍କ ନାଟକ। ସତ୍ୟବାଦୀର ଉଗ୍ର-ଜାତୀୟ-ଆଭିମୁଖ୍ୟ ସମନ୍ୱିତ ଏକ ଚମତ୍କାର କଳାତ୍ମକ ରୂପ ଗ୍ରହଣ କରିଛି ମାନସିଂହଙ୍କ ସମଗ୍ର ନାଟ୍ୟ ନାଟିକା ତାଙ୍କର ବିଶିଷ୍ଟ ଲିଖନଭଙ୍ଗୀ ଓ ମାଧୁର୍ଯ୍ୟ ଓଡ଼ିଆ ସାହିତ୍ୟରେ ଏକ ନୂତନ ଧାରାକୁ ଗ୍ରହଣ ନିଶ୍ଚୟ କରିପାରିଛି। ସେଥିପାଇଁ ତାଙ୍କ ପ୍ରତିଭା ଆଜି ସର୍ବଜନସମ୍ମତ।

■

**ଗ୍ରନ୍ଥସୂଚୀ**


୧. ମାନସିଂହ ଗ୍ରନ୍ଥାବଳୀ, ୨ୟ ଖଣ୍ଡ

୨. ମାନସିଂହ ଗ୍ରନ୍ଥାବଳୀ, ୯ମ ଖଣ୍ଡ

୩. ଓଡ଼ିଆ ସାହିତ୍ୟର ଇତିହାସ – ଡକ୍ଟର ସୁରେନ୍ଦ୍ର ମହାରଣା

୪. ଓଡ଼ିଆ ସାହିତ୍ୟର ଇତିହାସ – ଡକ୍ଟର ପ୍ରେମାନନ୍ଦ ମହାପାତ୍ର

୫. ସାହିତ୍ୟର ଗଠନରୀତି – ଡକ୍ଟର ବୈଷ୍ଣବ ଚରଣ ସାମଲ

୬. ସାହିତ୍ୟର ତାଳପତ୍ର – ଡକ୍ଟର ସୁରେନ୍ଦ୍ର ମହାରଣା

# ଆଧୁନିକ ଓଡ଼ିଆ ସାହିତ୍ୟକୁ ଶ୍ରୀ ସଚ୍ଚି ରାଉତରାୟଙ୍କ ଅବଦାନ

ବିଂଶ ଶତାବ୍ଦୀର ଓଡ଼ିଆ ସାହିତ୍ୟକୁ ଆଧୁନିକତାର ଯଥାର୍ଥ ବାର୍ତ୍ତାବହ ହେଉଛନ୍ତି ପଦ୍ମଶ୍ରୀ ଡକ୍ଟର ସଚ୍ଚିଦାନନ୍ଦ ରାଉତରାୟ। ଜଣେ ସଫଳ ପ୍ରଗତିବାଦୀ କବି ଭାବରେ ସେ ପରିଚିତ। କିଶୋର ବୟସରୁ ସାହିତ୍ୟ ସାଧନା କରି ଦୀର୍ଘ ୬୦ ବର୍ଷ ଭିତରେ ନିଜକୁ ଜଣେ ସଫଳ କବି ଓ ଗାଳ୍ପିକ ଭାବରେ ଓଡ଼ିଆ ସାହିତ୍ୟ କ୍ଷେତ୍ରରେ ପରିଚିତ କରାଇ ପାରିଛନ୍ତି। ଖୋର୍ଦ୍ଧା ନିକଟସ୍ଥ ଗୁରୁଜଙ୍ଗ ଗ୍ରାମରେ ୧୯୧୩ ମସିହା ମେ ମାସ ୧୩ ତାରିଖରେ  ସଚ୍ଚିଦାନନ୍ଦ ରାଉତରାୟ ଜନ୍ମ ଗ୍ରହଣ କରିଥିଲେ। ଲୋକପ୍ରିୟତା ଦୃଷ୍ଟିରୁ ଆଜି ସେ ସଚ୍ଚି ରାଉତରାୟ ଭାବେ ପରିଚିତ। ଛାତ୍ରାବାସରୁ ସେ ଥିଲେ ବିପ୍ଳବୀ। ଓଡ଼ିଶାର ସାମ୍ୟବାଦ ଆନ୍ଦୋଳନର ପୁରୋଧା ଓ କୃଷକ ଆନ୍ଦୋଳନର ପ୍ରମୁଖ ନେତା ଭାବେ ସୁପରିଚିତ। ୧୯୩୫ ମସିହାରେ କଲିକତାର ବ୍ରହ୍ମ ବୟେଜ୍ ହାଇସ୍କୁଲରୁ ମ୍ୟାଟ୍ରିକ୍ୟୁଲେସନ୍ ପାଶ କରିଥିଲେ। ୧୯୩୭ରେ କଲିକତା 'ସିଟି କଲେଜରୁ ଆଇ.ଏ. ପାଶ୍ କଲେ ଏବଂ ୧୯୩୯ରେ ରେଭେନ୍‌ସା କଲେଜରୁ ବି.ଏ. ପାଶ୍ କଲେ ଏବଂ ୧୯୪୭ ରେ କଲିକତାସ୍ଥିତ କେଶୋରାମ୍ କଟନ ମିଲ୍‌ସରେ ମୁଖ୍ୟ ଲେବର ଓୟେଲଫେଆର ଅଫିସର ରୂପେ ନିଯୁକ୍ତି ପାଇଥିଲେ। ବହୁ ଦେଶ ପରଭ୍ରମଣ ସେ କରିଥିବା କାରଣରୁ ତାଙ୍କ ସୃଜନ କଞ୍ଚା କ୍ଷେତ୍ରରେ ନୂଆ ଦିଗ, ନୂଆ ଅନ୍ୱେଷଣ ଓ ନୂଆ ସମ୍ଭାବନା ପରିଦୃଷ୍ଟ ହୁଏ।

କାବ୍ୟ ଶିଳ୍ପୀ ସଚ୍ଚି ରାଉତରାୟ ଆଧୁନିକ ଓଡ଼ିଆ କବିତାର ନୂଆ ଧାରା ସୃଷ୍ଟି କରିବାରେ ସମର୍ଥ ହୋଇଥିଲେ। ତାଙ୍କ କବିତାରେ ବିଷୟ ବସ୍ତୁର ନୂତନ ପରୀକ୍ଷା ଓ ପ୍ରୟୋଗ ବିଶେଷ ଭାବେ ଦେଖିବାକୁ ମିଳେ। ତେଣୁ ତାଙ୍କୁ ଆଧୁନିକତାର ପ୍ରବର୍ତ୍ତକ

ଭାବେ ଓଡ଼ିଆ ସାହିତ୍ୟ କ୍ଷେତ୍ରରେ ଯଶସ୍ୱୀ କରିପାରିଛି । ଶ୍ରୀ ରାଉତରାୟଙ୍କ ମତରେ – "ବାକ୍‌ରୀତି ସଂଗେ କାବ୍ୟିକ ରୀତିର ସମନ୍ୱୟ ଘଟାଇବା ଓ ନୂତନ ଜୀବନର ପ୍ରତିନିଧିତ୍ୱ କରିବା ହିଁ କବିତାର ମୂଳମନ୍ତ୍ର ।" ଏହି ମହାନ ସାରସ୍ୱତ ସାଧକ ଶ୍ରୀ ରାଉତରାୟ ଏକାଧାରାରେ ଥିଲେ କବି, ଗାଳ୍ପିକ, ଔପନ୍ୟାସିକ, ଆତ୍ମଜୀବନୀକାର, ସମାଲୋଚକ ଏବଂ ନାଟ୍ୟକାର ଭାବେ ପରିଚିତ ।

**ତାଙ୍କ ସୃଷ୍ଟି ସମ୍ଭାର :**

**କବିତା ଗ୍ରନ୍ଥ :** 'ପାଥେୟ' (୧୯୩୨), 'ପୂର୍ଣ୍ଣିମା' (୧୯୩୩), 'ବାଜିରାଉତ' (୧୯୩୮), 'ପଲ୍ଲିଶ୍ରୀ' (୧୯୪୦), 'ପାଣ୍ଡୁଲିପି' (୧୯୪୭), 'ଅଭିଯାନ' (୧୯୪୮), 'ହସନ୍ତ' (୧୯୪୮), 'ଅଭିଜ୍ଞାନ' (୧୯୪୮), 'ଭାନୁମତୀର ଦେଶେ' (୧୯୪୯), 'ସ୍ୱଗତ' (୧୯୫୮), 'ଏସିଆର ସ୍ୱପ୍ନ' (୧୯୬୯)।

**ଗଳ୍ପ ସଂକଳନ :** 'ମଶାଣିର ଫୁଲ' (୧୯୪୭), 'ମାଟିର ତାଜ' (୧୯୪୭), 'ଛାଇ' (୧୯୪୮), 'ମାଙ୍କଡ଼ ଓ ଅନ୍ୟାନ୍ୟ ଗଳ୍ପ' (୧୯୮୩), 'ନୂତନ ଗଳ୍ପ' (୧୯୯୦)

**ଉପନ୍ୟାସ :** 'ଚିତ୍ରଗ୍ରୀବ' (୧୯୩୫)

**ସମାଲୋଚନା :** 'ସାହିତ୍ୟର ମୂଲ୍ୟବୋଧ' (୧୯୭୪), 'ସାହିତ୍ୟ ବିଚାର ଓ ମୂଲ୍ୟବୋଧ' (୧୯୭୨), 'ଆଧୁନିକ ସାହିତ୍ୟର କେତେ ଦିଗ' (୧୯୮୩)

**କାବ୍ୟ ନାଟିକା :** 'ପୂର୍ଣ୍ଣିମା' (୧୯୩୩)

**ଆତ୍ମଜୀବନୀ :** 'ଉତ୍ତର କକ୍ଷ' (୧ମ ଭାଗ) ୧୯୯୮

କବି ଶ୍ରୀ ରାଉତରାୟ କବିତା ରଚନାରେ ବହୁ ଛନ୍ଦର ପ୍ରୟୋଗ କରିଛନ୍ତି । ଯେମିତି 'ଜାତୀୟ ଛନ୍ଦ' (ପ୍ରତିମା ନାୟକରେ), 'ମିଶ୍ରିତ ଛନ୍ଦ' (ଗୋପବନ୍ଧୁ ଦାସ କବିତାରେ), 'ବାକ୍ ଛନ୍ଦ' (ମାଟିଆ ବୁରୁଜରେ ଜହ୍ନ କବିତାରେ), 'ଗଦ୍ୟ ଛନ୍ଦ' (ବୋମାରୁ) ଓ 'ଗଦ୍ୟଧର୍ମୀ ଛନ୍ଦ' (ରାଜଜେମାରେ) । ସାମ୍ୟବାଦୀ ଆଦର୍ଶରେ ଅନୁପ୍ରାଣିତ ହେବା ସହ ପ୍ରଗତିବାଦୀ କାବ୍ୟ ଚେତନାରେ ନିଜ ଚିତ୍ତକୁ ବ୍ରତୀ କରି ନିଜ କବିତା ରଚନାରେ ଅପ୍ରତିଦ୍ୱନ୍ଦ୍ୱୀ ଭାବେ ପ୍ରତିଷ୍ଠା ଅର୍ଜନ ପାଇଛନ୍ତି । ତାଙ୍କ କବିତାରେ ଭାବ ସଂହତି, ଐତିହାସିକ ପୁରୋଦୃଷ୍ଟି ଓ ଶୋଷିତ ନିଷ୍ପେଷିତ ମଣିଷ ପାଇଁ ସମବେଦନାର ସ୍ୱର ତଥା ସାମାଜିକ ବ୍ୟବସ୍ଥା ସାମ୍ୟହୀନ ବିରୋଧରେ ତାଙ୍କ ଲେଖନୀ ଚଳନା ଖୁବ୍ ରୁଚି ସଂପନ୍ନ । ସଚ୍ଚି ରାଉତରାୟଙ୍କ କାବ୍ୟ ମାନସରେ

ପ୍ରକୃତିର ସୌନ୍ଦର୍ଯ୍ୟ, ପ୍ରେମ ପ୍ରଣୟ, ଜାତୀୟ ଆନ୍ଦୋଳନର ଚିତ୍ର, ସାଂପ୍ରତିକ ଜୀବନ ଶୈଳୀ ଓ ତା'ର ସମସ୍ୟାର ଚିତ୍ର, ମହାଯୁଦ୍ଧ, ଗାନ୍ଧିଜୀ, ମାର୍କସ, ଇଁଗେଲସ୍, ଫ୍ରଏଡୀୟ ଚିନ୍ତାଧାରା, ସମ୍ଭାବନାର ଦିଗ ଦିଗନ୍ତ, ଫସଲର ରୋମାଞ୍ଚ ଓ ଉନ୍ମାଦନା ଆଦି ବିଭିନ୍ନ ବିଷୟ ସମ୍ପର୍କିତ ଭାବଧାରା ତାଙ୍କ ସୃଷ୍ଟି ମାନସକୁ ରସାଣିତ ଓ ବିଚିତ୍ରବର୍ଣ୍ଣା କରିପାରିଛି।

ଶ୍ରୀ ରାଉତରାୟ ପ୍ରଥମରୁ ହିଁ ରବୀନ୍ଦ୍ରନାଥ ଓ ସବୁଜ ଗୋଷ୍ଠୀର ଲେଖକମାନଙ୍କ ପ୍ରତି ଅନୁକରଣୀୟ ଥିଲେ। ରବୀନ୍ଦ୍ରନାଥଙ୍କ ବହୁ କବିତାକୁ ବିଶ୍ଲେଷଣ କଲେ ଆଧିଭୌତିକ ଚେତନା ଓ ରହସ୍ୟମୟତା ପରିଦୃଷ୍ଟ ହୋଇଛି ପ୍ରାରମ୍ଭିକ କାବ୍ୟ ରଚନାଗୁଡ଼ିକରେ। ଭଗବାନଙ୍କ ପ୍ରତି ଥିବା ଗଭୀର ଅନୁରକ୍ତି ଓ ସମର୍ପଣ ଭାବଟି ପ୍ରଣୟ ନାୟିକା ପରି ସେ ନିଜକୁ ଉପସ୍ଥାପନା କରିଛନ୍ତି। 'ପାଥେୟ' କବିତା ଗ୍ରନ୍ଥରେ ଏହିପରି ଭାବଧାରାର ଝଲକ ଚିତ୍ରିତ ଯାହା ଖୁବ୍ ମାର୍ମିକ ଓ ଉଚ୍ଚକୋଟୀର। ଧୀରେ ଧୀରେ ଆଧିଭୌତିକ ଚେତନା ସ୍ୱରରୁ ତାଙ୍କ କବିତା ରହସ୍ୟବାଦୀ ଚେତନା ଓ ଚିନ୍ତାଧାରାକୁ ପ୍ଲାବିତ କରିଛି। ଯେମିତି ତାଙ୍କ ରଚିତ 'ଜୀବନ ଫୁଲ', 'ଅରୂପ ସ୍ପର୍ଶ', 'ସଂସାର ପଥେ', 'ଜୀବନ କବିତା' (ଉତ୍କଳ ସାହିତ୍ୟରେ ପ୍ରକାଶିତ) ଆଦି ରହସ୍ୟବାଦୀ ଚେତନାରେ  ବର୍ଣ୍ଣିତ। 'ପାଥେୟ' କବିତା ଗ୍ରନ୍ଥରେ ରଚିତ କିଛି ସନେଟ୍ ମଧ୍ୟ ରହସ୍ୟବାଦୀ ଚେତନା ସମ୍ବଳିତ। ବୈକୁଣ୍ଠ ନାଥଙ୍କ 'ମୂକ ଭଗବାନ' ଓ ରବୀନ୍ଦ୍ରନାଥଙ୍କ 'ଜୀବନର ସଂଗୀ' କବିତାର ଭାବଧାରାର ଅନୁସରଣରେ କବି ସଚ୍ଚି ରାଉତରାୟ ବହୁ ସନେଟ ରଚନା କରିଛନ୍ତି। ରବୀନ୍ଦ୍ର ନାଥଙ୍କ ରଚିତ 'ନମସ୍କାର' କବିତାର ଛାୟାରେ ଶ୍ରୀ ସଚ୍ଚି ରାଉତରାୟ ତାଙ୍କର 'ସୃଷ୍ଟି ଛନ୍ଦେ' କବିତା ଲେଖିଛନ୍ତି।

"ଶୂନ୍ୟ ମୋ ଜୀବନ ବେଣୁ ଶତ ଛିଦ୍ରେ ଭରା
ତହିଁ ମଧ୍ୟେ ତୁମ ଗାନ ବାଜି ଉଠେ ପରା।" (ପାଥେୟ)

(ଆଧିଭୌତିକ ଚେତନା ସମ୍ବଳିତ ହତାଶା ଓ ତାରୁଣ୍ୟର ଚିତ୍ର ପ୍ରକାଶିତ)

x x x

"ଯିବେ ପୁଣି ଏକା ଶୂନ୍ୟେ ଫେରିଯିବେ ନିଜ ପଥେ
ମିଳନର ଆଡମ୍ବର ଲିଭିଯିବ ସତେ।"(ପାଥେୟ)

(ରହସ୍ୟବାଦୀ ଚେତନା ଉପରେ ଆଧାରିତ)

ସଚ୍ଚି ରାଉତରାୟଙ୍କ 'ବାଜି-ରାଉତ' କବିତା ଗ୍ରନ୍ଥ ପ୍ରଗତିବାଦୀ ମାନସର ରୂପରେଖ। ଶୋଷଣ, ଅତ୍ୟାଚର, ମୁକ୍ତି ସଂଗ୍ରାମରେ ଅମର ସହୀଦ୍ ବାଜିରାଉତ କଥା ମାଧ୍ୟମରେ ଦୃପ୍ତ ଆହ୍ୱାନ ସମାଜ ପାଇଁ ନୂତନ ଦିଗ୍‌ଦର୍ଶନ ଦେଖାଇଛନ୍ତି।

"ନୁହେଁ ବନ୍ଧୁ ନୁହେଁ ଏ ଯେ ଏକା
ସେ ତୁମର କ୍ଷମାହୀନ ମୃତ୍ୟୁଶିଖା ଅମର କବିତା।" (ବାଜିରାଉତ)

ପରବର୍ତ୍ତୀ ସମୟରେ ତାଙ୍କ କବିତାଗୁଡ଼ିକରେ ବୈପ୍ଲବିକ ଚେତନାର ସ୍ୱର ଉଦ୍‌ଭାସିତ ହୋଇ ସୁପ୍ତ ପରିଚୟ ବହନ କରିଛି। ମାନବିକତାର ମହିମାଗାନ ମଧ୍ୟ ତଙ୍କ କବିତାରେ ବାରି ହୁଏ। ଦୁଃଖ ଭିତରେ ଅମୃତର ଅସରନ୍ତି ଉତ୍ସ ରହିଛି ତାଙ୍କ କାବ୍ୟ କବିତାରେ ଫୁଟି ଉଠେ।

ପ୍ରଣୟାନୁଭୂତି ଓ ରୋମାଣ୍ଟିକ୍ ଭାବ ବିଳାସର ସ୍ପଷ୍ଟ ଚିତ୍ର ମଧ୍ୟ ତାଙ୍କର 'ପୂର୍ଣ୍ଣିମା' କବିତା ସଂକଳନରେ ରହିଛି। 'ମାଳା', 'ମହୁମାଛି', 'ମେଲାଣି', ପ୍ରିୟା', 'ବିଦାୟ ଅଭିନନ୍ଦନ', 'ମାଳବିକା', 'ଦୃଷ୍ଟି ମୁଖର ନିଶା' ପ୍ରଭୃତି ରୋମାଞ୍ଚକର କବିତା। ରୋମାଣ୍ଟିକ୍ ଚେତନା ସହିତ ବାସ୍ତବବାଦୀ ଚିନ୍ତାଧାରାର ସମାରୋହ 'ପଲ୍ଲୀଶ୍ରୀ' କବିତା ସଂକଳନ ଏକ ସୁନ୍ଦର ପରିପ୍ରକାଶ। ନନ୍ଦକିଶୋର ଓ ଗୋଦାବରୀଶଙ୍କ କାବ୍ୟ ଅନୁସରଣରେ ପଲ୍ଲୀ ଜୀବନର ରୂପଚିତ୍ର ସଚ୍ଚି ରାଉତରାୟ ଖୁବ୍ ସୁନ୍ଦର ଭାବରେ 'ପଲ୍ଲୀଶ୍ରୀ' ସଂକଳନରେ ପ୍ରକାଶ କରିଛନ୍ତି। 'ପଲ୍ଲୀ ଜୀବନର ସୌନ୍ଦର୍ଯ୍ୟ, ଗ୍ରାମୀଣଙ୍କ ସାମାଜିକ ପ୍ରଥା, ପରମ୍ପରା, ଅନ୍ଧବିଶ୍ୱାସ, କୁସଂସ୍କାର, ଦୁଃଖ-ସୁଖର ଆବେଗର କଥା, ହିନ୍ଦୁଧର୍ମର ଅପାଙ୍‌କ୍ତେୟ ଚିତ୍ର ତାଙ୍କ କାବ୍ୟ ମାନସରେ ନିଖୁଣ ଭାବେ ଉଦ୍‌ଭାସିତ। ତାଙ୍କ ରଚିତ 'ପଲ୍ଲୀ ସକାଳ', 'ପଲ୍ଲୀ ସଂଜ', 'ମାଲୁଣୀ', 'ପହିଲିରଜ', 'ଛୋଟ ମୋର ଗାଁ'ଟି' ଅନ୍ୟତମ।

"ତାହାରି ଜଳ ରକତ ହୋଇ
ଶିରାରେ ବହେ ଯେସନେ ନଈ
ନିଶ୍ୱାସେ ମୋର ତାହାରି ବାୟୁ।
ଚଳାଏ ପ୍ରାଣ ନାହାଚି।" (ପଲ୍ଲିଶ୍ରୀ)

ସଚ୍ଚି ରାଉତରାୟଙ୍କ 'ହଂସତ' ସଂକଳନଟି ଲଘୁରସରେ ପରିପୂର୍ଣ୍ଣ। ଅବସର ବିନୋଦନ ନିମିତ୍ତ ଅନେକ ଗୁଡ଼ିଏ କବିତା ରହିଛି। 'ପଶୁ', 'ଦେବଲୋକରେ ଘୋଡ଼ା ଦୌଡ଼', 'କଳାପାନ ବିବି', 'ଗୋପବନ୍ଧୁଙ୍କ ଶ୍ରାଦ୍ଧ', 'ଦେବ ସଭା' ଏହିପରି ଅନେକ ସୁନ୍ଦର ସୁନ୍ଦର କବିତା ଯାହା ଖୁବ୍ ଆକର୍ଷଣୀୟ ପାଠକମାନଙ୍କ ଚିତ୍ତ ବିନୋଦନ ନିମିତ୍ତ ଉଦ୍ଦିଷ୍ଟ। ସେହିପରି 'ପାଣ୍ଡୁଲିପି' ସଂକଳନରେ ଉଭୟ ସାମ୍ୟବାଦୀ ଓ ପ୍ରଗତିବାଦୀ ଚିନ୍ତାଧାରା ପ୍ରତିଫଳିତ ହୋଇଛି। ଆଙ୍ଗିକ ଦୃଷ୍ଟିରୁ ଏହା ନୂତନତା ଓ ଚିତ୍ରକଳ୍ପର ପ୍ରୟୋଗର ଦକ୍ଷତା ପରିଦୃଷ୍ଟ ହୁଏ। ଏହି 'ପାଣ୍ଡୁଲିପି' ସଂକଳନଟି ଓଡ଼ିଆ ଆଧୁନିକ କାବ୍ୟ ଜଗତର ସାର୍ଥକ ଓ ମାଇଲଖୁଣ୍ଟ। 'ଝଡ଼', 'ଭାରସାମ୍ୟ', 'ରାଜଜେମା', 'କୋଣାର୍କ', 'ସଂକ୍ରାନ୍ତି'

'କବିତାର କବର', 'ହେ ମୋର ନିରପରାଧ ଦେଶ', 'ଅଳକା ସାନ୍ୟାଲ' ପ୍ରଭୃତି କବିତାରେ ସଚ୍ଚି ରାଉତରାୟଙ୍କ ଚିନ୍ତା ଓ ଚେତନାର ମିଶ୍ର ସ୍ୱର ପ୍ରକାଶ କରେ।

ଏଥିରେ ମାନବବାଦ କଥା ମଧ୍ୟ ରହିଛି। ଯେଉଁ ମଣିଷ ଅବହେଳିତ, ଅପମାନିତ ଓ ନିଷ୍ପେଷିତ ସେମାନଙ୍କ ପ୍ରତି ତାଙ୍କର ବିଦ୍ରୋହର ସ୍ୱର 'ପଶୁ' କବିତାରେ ଦେଖିବାକୁ ମିଳେ। ସେହିପରି କଳା ମଣିଷର ଦୁଃଖ, ଯନ୍ତ୍ରଣା ଓ କ୍ଷତ ତାକୁ ଗ୍ରହଣ କରିବା ହିଁ ତା'ର ପ୍ରକୃତ ଧର୍ମ, ଏହା ଉପରେ ସୁନ୍ଦର କଥା କବି ତାଙ୍କ କବିତାରେ ରୂପ ଦେଇଛନ୍ତି।

"ଏ ଝଡ଼ ଦେଇଚି ସଖି
ତୁମକୁ ଯେ ମୋର ପରିଚୟ
ଭାଙ୍ଗିବାର ମନ୍ତ୍ର ସାଥେ
ଗଢ଼ିବାର ଭୂମିକା ଅକ୍ଷୟ।" (ଝଡ଼)

'ଭାନୁମତୀର ଦେଶେ' ଏକ ଦୀର୍ଘ କବିତା। ସ୍ୱପ୍ନ ଓ ବାସ୍ତବତାର ସଂଘାତରେ ଜୀବନର ପ୍ରତି ଦିନର ଚଳଣି ନିୟନ୍ତ୍ରିତ ହୋଇଥାଏ। ଏହାରି ଉପରେ 'ଭାନୁମତୀର ଦେଶ' କବିତା ରୂପଜୀବ୍ୟ। ପ୍ରେମ ଠାରୁ ଜୀବନ ବଡ ଏବଂ ଅଲଙ୍ଘନୀୟ ଏହାର ଆହ୍ୱାନ ମାନବ ସମାଜ ପାଇଁ ଏଥିରେ ପ୍ରକାଶିତ।

ବିବିଧ ଅନୁଭୂତିର ସାର୍ଥକ ରୂପକଳ୍ପ ହେଉଛି 'ସ୍ୱଗତ' କବିତା ସଂକଳନ। 'ବିଚିତ୍ରବର୍ଣ୍ଣା', 'ଉଜ୍ଜ୍ୱଳ ପୁରୁଷ', 'ଦିଗନ୍ତ', 'ଭଗ୍ନ ନାୟକ', 'ଅନ୍ତରାଳ', 'ପୂର୍ଣ୍ଣିମାରେ ମହାନଦୀ କୂଳେ', 'ମତ୍ସ୍ୟଗନ୍ଧ' ପ୍ରଭୃତି ସାର୍ଥକ ଅନୁଭବ ଓ ଅନୁଭୂତିର ଉଚ୍ଚାରଣ। ମୁକ୍ତଛନ୍ଦ ସହିତ ନୂଆ ଭାବନାର କଥା ଆଧୁନିକ ଜୀବନର ଜଟିଳତା ଓ ଆଗାମୀ ଜୀବନ ଚର୍ଯ୍ୟାର ସଂକେତ ଏହି କବିତାଗୁଡ଼ିକରେ ଭରି ରହିଛି।

ଶ୍ରୀ ରାଉତରାୟ ଗଳ୍ପ ରଚନା କ୍ଷେତ୍ରରେ ମଧ୍ୟ ଯଶସ୍ୱୀ କଥାକାର। କେତେକ କ୍ଷୁଦ୍ର ଗଳ୍ପ ତାଙ୍କର ଅନୁଦିତ ହୋଇଥିବାରୁ ଆନ୍ତର୍ଜାତିକ ସ୍ତରରେ ଜଣେ ସଫଳ ସାହିତ୍ୟିକ ଭାବେ ପରିଚୟ ମିଳିଛି। ତାଙ୍କର ପ୍ରତ୍ୟେକଟି ଗଳ୍ପ ସଂକଳନ ବିଷୟ ମାନବବାଦର ଚିତ୍ର, ପଲ୍ଲୀ ପ୍ରକୃତିର ଚିତ୍ର, ରୋମାଣ୍ଟିକ୍ ଭାବ ଚେତନାର ଦିଗ ଦିଗନ୍ତ ଉପରେ ଆଧାରିତ। ସେହି ପରି ପ୍ରଗତିଶୀଳ ଦୃଷ୍ଟିକୋଣରୁ 'ଚିତ୍ରଗ୍ରୀବ' ଉପନ୍ୟାସ ବହୁ ଉଚ୍ଚକୋଟୀର ରଚନା। କାବ୍ୟ ନାଟିକା 'ପୂର୍ଣ୍ଣିମା' ପୌରାଣିକ କଥାବସ୍ତୁକୁ ନେଇ ରଚନା କରିଛନ୍ତି। ଯେଉଁ ଥିରେ ଶିବ ଓ ପାର୍ବତୀଙ୍କ ପ୍ରଣୟ କାହାଣୀ ରହିଛି। ତାଙ୍କର ସମାଲୋଚନା କ୍ଷେତ୍ରଟି ଗଭୀର ଅଧ୍ୟୟନ ଓ ବୌଦ୍ଧିକ ଜ୍ଞାନର ସାର୍ଥକ ପରିପ୍ରକାଶ। ସମାଜତାତ୍ତ୍ୱିକ, ଧାର୍ମିକ, ସାଂସ୍କୃତିକ, ସାହିତ୍ୟ ଓ ଭାଷାତାତ୍ତ୍ୱିକ ବିଚାର ବିମର୍ଷ ପ୍ରଭୃତି

ବିଭିନ୍ନ ଦୃଷ୍ଟିକୋଣ ନେଇ ବର୍ଣ୍ଣିତ ସେଥିରେ ଲକ୍ଷ୍ୟ କରାଯାଏ। ଏହି ସବୁ ତାଙ୍କର ବଳିଷ୍ଠ ସାହିତ୍ୟିକ ଅଧ୍ୟୟନ ଓ ପ୍ରୟୋଗ ଶୈଳୀ ହିଁ ଦର୍ଶାଇ ଦିଏ।

ଶ୍ରୀ ରାଉତରାୟ 'କବିତା-୧୯୬୨' ପାଇଁ କେନ୍ଦ୍ର ସାହିତ୍ୟ ଏକାଡ଼େମୀ ପୁରସ୍କାର ପାଇଥିଲେ। ସେ ପ୍ରଗତିଶୀଳ ସାହିତ୍ୟ ପତ୍ରିକା 'ଦିଗନ୍ତ' ସଂପାଦକ ଓ ଓଡ଼ିଆ ସାହିତ୍ୟ ଏକାଡ଼େମୀର ସଭାପତି ମଧ୍ୟ ଥିଲେ। 'ମାୟା କୋଭଲ୍ସି କବିତା ସଂଗ୍ରହ' ପାଇଁ ସେ ସୋଭିଏତ୍‌ଲ୍ୟାଣ୍ଡ ନେହେରୁ ପୁରସ୍କାର ପାଇଥିଲେ। ସମଗ୍ର କାବ୍ୟକୃତି ପାଇଁ ୧୯୯୬ ରେ 'ସାହିତ୍ୟ ଭାରତୀ' ସମ୍ମାନ ଓ ୧୯୬୨ରେ ସାହିତ୍ୟ ଓ ସମାଜ ପାଇଁ ତାଙ୍କ ଅବଦାନ ଅକଳ୍ପନୀୟ ଦୃଷ୍ଟିରୁ 'ପଦ୍ମଶ୍ରୀ' ଉପାଧି ପାଇଥିଲେ। ବ୍ରହ୍ମପୁର ବିଶ୍ୱବିଦ୍ୟାଳୟ ଦ୍ୱାରା ଡି.ଲିଟ୍ ଉପାଧି ମଧ୍ୟ ପ୍ରାପ୍ତ କରିଥିଲେ। ୧୯୮୬ରେ ଭାରତର ଶ୍ରେଷ୍ଠ ସାହିତ୍ୟ ସମ୍ମାନ 'ଭାରତୀୟ ଜ୍ଞାନପୀଠ' ପୁରସ୍କାର ପାଇ ଉତ୍କଳ ଜନନୀର ଗୌରବ ଆଣିଥିଲେ। ତେଣୁ ସେଇ ମହାନ ଆତ୍ମାଙ୍କ ସାହିତ୍ୟକୃତି ପାଇଁ ମୁଁ ଏବଂ ପ୍ରତିଟି ଓଡ଼ିଆ ଗର୍ବିତ, ମହିମାନ୍ୱିତ ଓ ତାଙ୍କ ପଦାରବିନ୍ଦେ ଭକ୍ତଭରା ବିନମ୍ର ପ୍ରଣାମ।

■

# ଓଡ଼ିଆ କାବ୍ୟ କବିତାରେ ନାରୀ ଚେତନା

ନାରୀ - ନ ଅରୀ ଅର୍ଥାତ୍ ଯାହାର କେହି ଶତ୍ରୁ ନାହାନ୍ତି। ନାରୀ ରହସ୍ୟମୟତାର ଏକ ଛନ୍ଦୋମୟ ଉଚ୍ଚାରଣ। ପୁରୁଷ ସତ୍ୟ ହେଲେ ନାରୀ ଶ୍ରଦ୍ଧାର ପ୍ରତୀକ। ସତ୍ୟ ଯଥାର୍ଥ ମୁହୂର୍ତ୍ତରେ ନିଷ୍ଠୁର ମନେ ହୁଏ ମାତ୍ର ଶ୍ରଦ୍ଧା ଚିରକାଳ ମଧୁରତା ପ୍ରଦାନ କରିଥାଏ। ସତ୍ୟ ଓ ଶ୍ରଦ୍ଧାର ସଂଯୋଗରେ ଏ ସୁନ୍ଦର ପୃଥିବୀର ସଂରଚନା ହୋଇଛି। ସକଳ ଦୁଃଖ, ଗ୍ଲାନି, ଯନ୍ତ୍ରଣାର ଦହନ ଭିତରେ ଦ୍ରବୀଭୂତ ହେଉଥିଲେ ବି ସେ ଦିଏ ଜୀବନ, ଦିବ୍ୟସତ୍ତାର ଅନୁଭବ ଓ ଶାଶ୍ୱତ ପ୍ରେମର ସ୍ପର୍ଶ। ନାରୀ ଏକ ଜୀବନ୍ତ ବାସ୍ତବ, ଜୀବନ୍ତ ସୌନ୍ଦର୍ଯ୍ୟ ଏବଂ ପୁରୁଷର ଅବ୍ୟର୍ଥ ଶକ୍ତି। ନାରୀ ଭୋଗର ପ୍ରତିମା, ମୋକ୍ଷର ହୋମ ଶିଖା। ପୁରୁଷ ପାଇଁ ନାରୀ ସର୍ବଦା ନିଜର ଦେହ-ମନ-ହୃଦୟ ଓ ଆତ୍ମାକୁ ସର୍ବଦା ସମର୍ପିତ କରିଆସିଛି। ଲାଗେ ଯେମିତି ତ୍ୟାଗ ଓ ତପସ୍ୟା ପାଇଁ ତା'ର ଜନ୍ମ। ଯନ୍ତ୍ରଣା ଓ ଶୋଷଣ ହିଁ ତା ଜୀବନର ଏକମାତ୍ର ଛନ୍ଦ। ଆରାଧନା ନୁହେଁ ଆହୁତି ହିଁ ନାରୀର ପ୍ରକୃତ ପରିଚୟ। ତଥାପି ନାରୀ ଅମୃତମୟୀ, କରୁଣାମୟୀ, ସ୍ନେହମୟୀ, ଜନନୀ, ଭଗିନୀ, ସହଧର୍ମିଣୀ, ସହକର୍ମିଣୀ ଏବଂ ଅନ୍ନପୂର୍ଣ୍ଣା। ଭୋକିଲା ମଣିଷଟିର ପେଟକୁ ଭରି ଦେବାର ସ୍ପୃହା ନାରୀର ସହଜାତ ପ୍ରବୃତ୍ତି। ପରିବାର ଓ ସମାଜରେ ନାରୀର ଭୂମିକା ଅନନ୍ୟ। ସେ ପାରିବାରିକ ଜୀବନ ପାଇଁ ସୁଖ ଓ ଶାନ୍ତିର ପାରାବାର। ପାରିବାରିକ ଜୀବନର ପ୍ରାଣସ୍ପନ୍ଦନ। ତପସ୍ୟାର ଅମୃତ ଫଳ ସିଏ ପରିବାରର। କେବେ କନ୍ୟା ହୋଇ, କେବେ ବଧୂ, କେବେ ଭଗିନୀ, କେବେ ଜନନୀ ସାଜି ଘରର ପ୍ରକୃତ ସୌନ୍ଦର୍ଯ୍ୟକୁ ଉପଲବ୍ଧି କରାଇଥାଏ। ପ୍ରତ୍ୟେକ ପ୍ରତିକୂଳ ପରିସ୍ଥିତିରେ ମଧ ନିଷ୍ଠୁର ଅବଦମନ ମଧରେ ନିଜକୁ ଉତ୍ସର୍ଗ କରିବା ଦ୍ୱାରା ନାରୀ ଯେଉଁ ମହାନ ପ୍ରତିଷ୍ଠା ଲାଭ କରିଛି ତାହା ଶୃଙ୍ଖଳାଗତ ସମାଜରେ ନାରୀ ମନସ୍ତତ୍ତ୍ୱ ଏକ ଉଜ୍ଜ୍ୱଳମୟ ଦିଗ। ଧର୍ମ ପଥରେ ପୁରୁଷ ପାଇଁ ନାରୀ ପ୍ରତିବନ୍ଧକ ନୁହେଁ। ଧର୍ମ

ସାଧନା କ୍ଷେତ୍ରରେ ନାରୀ ପୁରୁଷ ପାଇଁ ପ୍ରେରଣାର ଉତ୍ସ। ବୈଦିକ ଯୁଗରୁ ଅଦ୍ୟାବଧି ନାରୀତ୍ୱର ନିର୍ଯ୍ୟାସ ରହିଛି।

ବୈଦିକ ଯୁଗରେ ଦିବ୍ୟ ପୁରୁଷ ଋଷିମାନେ ନାରୀକୁ ଉପଯୁକ୍ତ ମର୍ଯ୍ୟାଦା ଦେଇଛନ୍ତି। ଆର୍ଯ୍ୟ ସଂସ୍କୃତି ବିଶ୍ୱାସ କରେ ଯେ ନାରୀ ପକ୍ଷରେ ମାତୃତ୍ୱ ହିଁ ପ୍ରଥମ ଓ ଶେଷ କଥା। କାରଣ ମା' ଶବ୍ଦ ଦ୍ୱାରା ଐଶ୍ୱରିକ ସତ୍ତାକୁ ଉପଲବ୍ଧି କରିବା ନାରୀର ପୂର୍ଣ୍ଣତା ଜନନୀତ୍ୱ ଲାଭ ଦ୍ୱାରା ସମ୍ଭବ ହୋଇଥାଏ ବୋଲି ଆର୍ଯ୍ୟ ସଂସ୍କୃତି ବିଶ୍ୱାସ କରେ। ପ୍ରତ୍ୟେକଙ୍କୁ ଆପଣାର ଜ୍ଞାନ କରିବା ଏବଂ ପ୍ରତ୍ୟେକ ମଣିଷର ପ୍ରିୟତମ ହେବା ପାଇଁ ଯତ୍ନ କରିବା ହେଉଛି ଆର୍ଯ୍ୟର ନିଜସ୍ୱ ଆଚରଣ। ବୈଦିକ ଯୁଗର ନାରୀ ବା ପୁରୁଷ ନିଷ୍ଠାର ସହ ଇଚ୍ଛା କରିଥାନ୍ତି ଯେ, "ମୋତେ ବ୍ରାହ୍ମଣ, କ୍ଷତ୍ରୀୟ, ବୈଶ୍ୟ ଓ ଶୁଦ୍ରଙ୍କର ପ୍ରିୟ କର। ମୋର ଚତୁର୍ଦ୍ଦିଗରେ ଯେଉଁମାନେ ବିଦ୍ୟମାନ ଏବଂ ଯେଉଁମାନେ ମୋତେ ନିଜ ପ୍ରତି ଦେଖୁଛନ୍ତି ବା ମୁଁ ଯେଉଁମାନଙ୍କୁ ଦେଖୁଛି, ସେମାନେ ଆର୍ଯ୍ୟ ହୁଅନ୍ତୁ ବା ଅନାର୍ଯ୍ୟ ହୁଅନ୍ତୁ ପ୍ରତ୍ୟେକଙ୍କ ନିକଟରେ ମୁଁ ପ୍ରିୟତମ ହୋଇଉଠେ। ପାପୀ ହେଉ ବା ପୁଣ୍ୟବାନ ହେଉ ମଣିଷର ପ୍ରିୟ ହେବା ପାଇଁ ଯାହାର ଆକାଂକ୍ଷା ଅଛି, ତାହା ନିକଟରେ ମୁଁ ପ୍ରିୟ ବିବେଚିତ ହୁଏ।" ଏହି ଅଚରଣକୁ ଜୀବନରେ ପ୍ରତିଫଳିତ କରି ନାରୀ ତଦନୁଯାୟୀ ପରିବାର ଗଢ଼ିଥାଏ। ଏହାର ମୂଳ କଥା ହେଉଛି ପ୍ରେମ, ପ୍ରିୟ ଭାବନା ଓ ଆଦର୍ଶର ପ୍ରତିମୂର୍ତ୍ତି। ମୈତ୍ରୀବୋଧର ଉନ୍ମେଷ ହୋଇଥାଏ ଆର୍ଯ୍ୟ ସଂସ୍କୃତିରୁ। ସମସ୍ତଙ୍କୁ ମିତ୍ର ଦୃଷ୍ଟିରେ ଦେଖିବା ଆର୍ଯ୍ୟ ସଂସ୍କୃତିର ଅଭିଳାଷ।

ବେଦରେ ନାରୀ ହେଉଛି ପରିବାରର ସାମ୍ରାଜ୍ଞୀ। ବୈଦିକ ଯୁଗରେ ନାରୀ ଏକ ନିର୍ଣ୍ଣାୟକ ଭୂମିକାରେ ଅବତୀର୍ଣ୍ଣ। ରାମାୟଣରେ କୈକେୟୀ ଦଶରଥଙ୍କ ପତ୍ନୀ ଭାବରେ କେବଳ ନଥିଲେ ସେ ଥିଲେ ଯୁଦ୍ଧର ସାରଥୀ। ସେ ଥିଲେ ଦଶରଥଙ୍କ ମନ୍ତ୍ରଣାଦାତ୍ରୀ। ଆର୍ଯ୍ୟ ନାରୀକୁ ତିନୋଟି ଭୂମିକାରେ ଅବସ୍ଥାପିତ କରାଯାଇଛି। ଦେବୀ, ଦାନବୀ ଓ ମାନବୀ ରୂପରେ। ଆମ ସଂସ୍କୃତିର ବିଚାର ଧାରାରେ ଚରିତ୍ରଗତ ପାର୍ଥକ୍ୟ ଓ ବିଲକ୍ଷଣ ଯେଉଁଠି ଦୃଷ୍ଟି ଆକର୍ଷଣ ହୁଏ ସେହି ନାରୀ ଚରିତ୍ର ଠାରେ ଭିନ୍ନଭିନ୍ନ ରୂପ ଅନୁଭବ କରିହୁଏ। ତଥାପି ବାସ୍ତବତାର ଦୃଷ୍ଟିରେ ବିଚାର କଲେ ଦେବୀ ବା ଦାନବୀ ଅପେକ୍ଷା ମାନବୀ ଆତ୍ମାରେ ନିଦର୍ଶନ ଅଧିକ ମାତ୍ରାରେ ପରିଲକ୍ଷିତ ହୋଇଥାଏ। ବେଦରେ ନାରୀକୁ ଶୁଦ୍ଧ, ପବିତ୍ର ଓ ପୂଜନୀୟ ରହିବା ପାଇଁ ଶିକ୍ଷା ଦିଆଯାଇଛି। ଏହି ଅନୁସାରେ ନାରୀ ବୀରାଙ୍ଗନା ଓ ବୀରପତ୍ନୀ ହେବା ପାଇଁ ତା'ର ମାନସିକତାକୁ ଦୃଢ଼ କରାଯାଇଛି। ଆଦର୍ଶବୋଧରୁ ବୈଦିକ ଯୁଗର ନାରୀ କେବେ ବିଚ୍ୟୁତ ହୋଇ ନାହିଁ।

ସେହି ଆଦର୍ଶରେ ନିଜକୁ ସେ ଧନ୍ୟମନେ କରେ ଏବଂ ପରିବାର, ସମାଜ ପାଇଁ ଆର୍ଯ୍ୟନାରୀ ଶୁଦ୍ଧ ସୁବର୍ଣ୍ଣ ପରି ଦେଦୀପ୍ୟମାନ ରହିଆସିଛି।

"ନରାସ୍ତୁଷ୍ଟା ଅନୈଃ ସ୍ୱୈଃ
ସ୍ୱୈରଲୁବ୍ଧାଃ ସତ୍ୟବାଦିନଃ
କାମୀ ବା ନ କଦର୍ଯ୍ୟୋ ବା
ନୃଶଂସଃ ପୁରୁଷଃ କ୍ୱଚିତ୍
ଦ୍ରଷ୍ଟୁଂ ଶକ୍ୟମଯୋଧାୟାଂ
ନା ବିଦ୍ୱାନ ନଚ ନାସ୍ତିକଃ।" (ବାଲ୍ମୀକିଙ୍କ ରଚନା)

ବାଲ୍ମୀକିଙ୍କ 'ରାମାୟଣ'ରେ ସୀତା, କୌଶଲ୍ୟା, କୈକେୟୀ, ସୁମିତ୍ରା, ଅହଲ୍ୟା ଆଦି ବହୁ ନାରୀ ଚରିତ୍ରଙ୍କ କଥା ରହିଛି। ବାଲ୍ମୀକି ସୀତାଙ୍କୁ ଲକ୍ଷ୍ମୀଙ୍କ ଅବତାର ଭାବରେ ଚିତ୍ରଣ କରିଛନ୍ତି। ଦେବୀତ୍ୱ ଓ ମାନବୀତ୍ୱର ପରାକାଷ୍ଠା ଦେଖାଇଛନ୍ତି। ସତୀ ସାଧ୍ୱୀମାନଙ୍କ ପୁଣ୍ୟାତ୍ମାର ଚାରିତ୍ରିକ ସୌନ୍ଦର୍ଯ୍ୟ ମାଧ୍ୟମରେ ସେ ସମୟରେ ସମାଜରେ ଶୃଙ୍ଖଳିତ ଭାବଧାରାଟିଏ ପ୍ଲାବିତ ହୋଇଯାଇଥିଲା। ଦଶରଥଙ୍କ ରାଜ୍ୟର ଗୌରବମୟକୁ ମହାକବି ବାଲ୍ମୀକି ତାଙ୍କ କାବ୍ୟରେ ଅତ୍ୟନ୍ତ ମନୋରମ ଭାବରେ ପ୍ରକାଶ କରିଛନ୍ତି। ଭାରତୀୟ ସଂସ୍କୃତିରେ ନାରୀର ମହନୀୟତାକୁ ପ୍ରଶଂସା କରିବାରେ ବାଲ୍ମୀକି କୌଣସି ଦିଗକୁ ତାଙ୍କ କାବ୍ୟରେ ବାଦ୍ ଦେଇନାହାନ୍ତି। ସେହିପରି ମହାଭାରତରେ ବହୁ ନାରୀ ଚରିତ୍ର ରହିଛନ୍ତି। କୁନ୍ତୀ, ଗାନ୍ଧାରୀ, ଦ୍ରୌପଦୀ, ସୁଭଦ୍ରା, ଭାନୁମତୀ, ସତ୍ୟବତୀ, ଚିତ୍ରାଙ୍ଗଦା, ସୁଦେଷ୍ଣା, ଦୁଃଶୀଳା ପ୍ରଭୃତି। ବ୍ୟାସଦେବଙ୍କ ରଚିତ ମହାଭାରତର ନାରୀ ଚରିତ୍ରମାନେ ଟିକେ ଭିନ୍ନ। ଯେମିତି ରୁଦ୍ର ସେମିତି କଠୋର ମଧ୍ୟ। କେତେବେଳେ ପତି ଅନୁଗତା, ବାତ୍ସଲ୍ୟମୟୀ ତ ପୁଣି କେତେବେଳେ ପ୍ରତିହିଂସା ପରାୟଣା ପୁଣି ଭୋଗବିଳାସିନୀ। କାଳିଦାସଙ୍କ ରଚିତ 'ରଘୁବଂଶ', 'ମେଘଦୂତ'ରେ ମହାକବି ନାରୀକୁ ଆତ୍ମୀୟତା ଓ ଆନ୍ତରିକତାରେ ଉଷ୍ମ ଓ ମଧୁରତାର ତୃପ୍ତି ଭାବରେ ବର୍ଣ୍ଣନା କରିଛନ୍ତି। ଜଡ଼ ହେଉ ଅବା ପ୍ରକୃତି ସମସ୍ତଙ୍କ ପାଇଁ ନାରୀ ମନରେ ଖୁବ୍ ଉଦାରତା ଭରି ରହିଛି। ଶକୁନ୍ତଳାଙ୍କର ଆଶ୍ରମବାସୀଙ୍କ ପ୍ରତି ସ୍ନେହ ଓ ମମତାର ଉଚ୍ଛ୍ୱସିତ ଧାରାକୁ କବି ଖୁବ୍ ସୁନ୍ଦର ଭାବରେ ଉପସ୍ଥାପନ କରିଛନ୍ତି। କବିଙ୍କ ଲେଖନୀରେ ସୀତା ଏବଂ ଶକୁନ୍ତଳା ଦୁଇଜଣ ନୈସର୍ଗୀକ ସୁନ୍ଦରୀ ଜନନୀ। ତାଙ୍କ ରଚିତ 'କୁମାର ସମ୍ଭବମଃ'ରେ ସାଂସାରିକ ସୁଖକୁ ତ୍ୟାଗ କରି କଠୋର ତପସ୍ୟା ବଳରେ ଶିବଙ୍କୁ ପତି ରୂପେ ଲାଭ କରିବା ହିମଗିରି ନନ୍ଦିନୀ ପାର୍ବତୀଙ୍କ ମାଧ୍ୟମରେ ନାରୀ ଧର୍ମର ମନୋଜ୍ଞ ଚିତ୍ର ପ୍ରକାଶିତ। ଶ୍ରୀହର୍ଷଙ୍କ 'ନୈଷଧୀୟ ଚରିତ୍ରମ୍'ରେ ଦମୟନ୍ତୀଙ୍କ ମାଧ୍ୟମରେ ନାରୀର ଉଜ୍ଜ୍ୱଳ ଚରିତ୍ର ବର୍ଣ୍ଣିତ। ଦମୟନ୍ତୀଙ୍କ ରୂପରେ ମୁଗ୍ଧ ଇନ୍ଦ୍ର, ବରୁଣ ଆଦି

ଦେବତାମାନେ ନଳଙ୍କ ବେଶ ଧାରଣ କରି ଆସିଥିଲେ ମଧ୍ୟ ସେ ନଳକୁ ହିଁ ବରଣମାଳା ପିନ୍ଧାଇଛନ୍ତି । କାଳିଦାସଙ୍କ 'ମେଘଦୂତ' କାବ୍ୟରେ ପ୍ରିୟତମଙ୍କ ବିଚ୍ଛେଦରେ ନାରୀ ନିଜକୁ କେତେ ଅସହାୟ ମନେ କରେ ତା'ର ଚିତ୍ର ପ୍ରକାଶିତ । 'ବିକ୍ରମୋର୍ବଶୀୟମ' କାବ୍ୟରେ ରାଜା ବିକ୍ରମ ଓ ଉର୍ବଶୀଙ୍କ ପ୍ରଣୟର ମୁଗ୍ଧ ଅନୁଭବ ରହିଛି । ଯେମିତି ପ୍ରେମିକର ହୃଦ ସିଂହାସନରେ ପ୍ରେମିକାର ଆସନ ଅତି ନିରାପଦ, ପ୍ରାଚୀନ ସାହିତ୍ୟ ଆଦର୍ଶ ଦାମ୍ପତ୍ୟ ଜୀବନର ପରାମର୍ଶ ଦେବାରେ ସେତିକି ନିଜର ଦକ୍ଷତା ପ୍ରଦର୍ଶନ କରିଛି । ପରବର୍ତ୍ତୀ କାଳରେ ସଂସ୍କୃତ କବିମାନେ ନାରୀ ଚରିତ୍ର ମାଧ୍ୟମରେ ବିଦ୍ୟା, ଧନ ଓ ଶକ୍ତି ରୂପକୁ ପ୍ରକଟ କରିଛନ୍ତି । ଚଣ୍ଡୀ, ଚାମୁଣ୍ଡା, ବେତାଳୀ ଆଦି ଚରିତ୍ର ମାଧ୍ୟମରେ ନାରୀ ଚରିତ୍ରର ବ୍ୟତିକ୍ରମକୁ ଦର୍ଶାଇଛନ୍ତି । ଅପ୍ସରା, ଗନ୍ଧର୍ବୀ, କିନ୍ନରୀଙ୍କ ମାଧ୍ୟମରେ କଳା ନୈପୁଣ୍ୟ ଦର୍ଶାଇଛନ୍ତି । ମନ୍ଦୋଦରୀ, ହିଡ଼ିମ୍ବୀ ଆଦି ନାରୀ ଚରିତ୍ର ମାଧ୍ୟମରେ ରାକ୍ଷସ କୁଳରେ ଜନ୍ମ ଲାଭ ପାଇ କିପରି ପତିବ୍ରତା ଓ ଧର୍ମପ୍ରାଣା କବି ଉଲ୍ଲେଖ କରିଛନ୍ତି ।

ଓଡ଼ିଶାରେ ଭୌମକର ଏବଂ ସୋମବଂଶୀ ରାଜାମାନଙ୍କ ସମୟରେ କଳା, ସାହିତ୍ୟ ଓ ସଂସ୍କୃତିର ଭୂୟୋବିକାଶ ଘଟିଥିଲା । ଓଡ଼ିଶାରେ ସଂସ୍କୃତ ସାହିତ୍ୟର ଆଦର ମଧ୍ୟ ସେ ସମୟରେ ବେଶ୍ ଥିଲା । ନାରୀମାନଙ୍କର ଶୃଙ୍ଗାରିକ ରୂପର ଲାବଣ୍ୟ ବର୍ଣ୍ଣନା କବିମାନେ କରିଛନ୍ତି ଏବଂ ନିଜ ନିଜର ସୃଷ୍ଟି ସଂପଦକୁ ସୁଷମାମୟ ମଧ୍ୟ କରିଛନ୍ତି । କଳିଙ୍ଗ ଚକ୍ରବର୍ତ୍ତୀ ମହାମେଘବାହନ ଶ୍ରୀ ଖାରବେଳ ହିଁ ଓଡ଼ିଶାର ପ୍ରଥମ ରାଜା । ତାଙ୍କ ଦ୍ୱାରା ଖୋଦିତ ହାତୀଗୁମ୍ଫା ଶିଳାଲେଖାରୁ ପ୍ରମାଣ ମିଳେ । ଏକାଧିକ ପତ୍ନୀ ଗ୍ରହଣ ସେ ସମୟରେ ପ୍ରଚଳିତ ଥିଲା । ମାତ୍ର ପ୍ରଥମା ପତ୍ନୀକୁ ଅଗ୍ରାଧିକାର ଦିଆଯାଉଥିଲା । କାରଣ ଖାରବେଳଙ୍କ ଅଗ୍ରମହିଷୀ ନିଜ ଗୁମ୍ଫା ନିର୍ମାଣ କରାଇଥିଲେ ମାତ୍ର ତାଙ୍କର ଦ୍ୱିତୀୟ ପତ୍ନୀ ଭମ୍ୟ ନିର୍ମାଣ ପାଇଁ ଅନୁରୋଧ କରିଥିଲେ । ପ୍ରଥମା ପତ୍ନୀଙ୍କର ନିଜସ୍ୱ ସମ୍ପତ୍ତି ରହିଥିଲାବେଳେ ଅନ୍ୟ ପତ୍ନୀମାନଙ୍କର ସେ ଅଧିକାର କି ଗୌରବ ରହୁ ନଥିଲା । ଖ୍ରୀଷ୍ଟୀୟ ୫ମ ଶତାବ୍ଦୀ ପାଣ୍ଡବ ବଂଶୀୟ ମହାରାଜା ଶ୍ରୀ ଭରତବଳଙ୍କ 'ବ୍ରାହ୍ମଣୀ' ତାମ୍ରଶାସନରୁ ଜଣାଯାଏ ମାତାଙ୍କୁ ଦୟାଶୀଳା, ଔଦର୍ଯ୍ୟ, ଚତୁର୍ଯ୍ୟଗୁଣ ଭାବରେ ବର୍ଣ୍ଣିତ କରାଯାଇଛି । ନାବାଳକ ପୁତ୍ରମାନେ ଆଜ୍ଞାକାରୀ ରହୁଥିଲେ । ନାରୀମାନଙ୍କର ବେଦାଧିକାର ରହିଥିଲା । ମୈତ୍ରେୟୀ, ଗାର୍ଗୀ ଓ ବିଶ୍ୱବାରା ପ୍ରଭୃତି ନାରୀମାନେ ବୈଦ୍ଧିକ ଅଧିକାର ପ୍ରତିଷ୍ଠା କରିପାରିଥିଲେ । ନୀତିନିୟମ ଜୀବନର ଶ୍ରେୟସ୍କରତା ସେ ସମୟର ବିଶ୍ୱାସ ରହିଥିଲା । କୌନଜ ରାଜକବି ଯଶୋବର୍ମଣଙ୍କ ରଚିତ 'ଗଉଡ଼ ବହୋ' ପ୍ରାକୃତ ଭାଷାରେ ରଚିତ ମହାକାବ୍ୟରେ ସେ ସମୟରେ ନାରୀ ସମାଜର ରକ୍ଷଣଶୀଳତାକୁ ତାଙ୍କ କାବ୍ୟରେ ରୂପ ଦେଇଛନ୍ତି । ସେହିପରି 'ଗାଥା ସତ୍ତସାଇ' ୨ୟ ଶତାବ୍ଦୀର ଏକ

ଅମୂଲ୍ୟ ଗୀତିକାବ୍ୟ। ଏଥିରେ ତରୁଣୀ, ବର୍ଷିୟସୀ ନାରୀ, ମାତା, ମାଉସୀ ଓ କନ୍ୟାର ହୃଦୟ ବେଦନାର ମାର୍ମିକ ଉତ୍ତରଣ ଘଟିଛି। କୁଳ ସ୍ତ୍ରୀର ଯୌବନ, ଲାବଣ୍ୟ, ମଧୁଶଯ୍ୟା ଓ ବିଭ୍ରମ ବିଳାସ ସମୂହ ସ୍ୱାମୀ ପ୍ରବାସ ଚାଲିଗଲା ବେଳେ ବିଦାୟ ନିଏ। ସ୍ୱାମୀଙ୍କ ଆଗମନରେ ପୁଣି ସେ ସବୁ ନାରୀର ଭୂଷଣ ହୋଇଥାଏ।

ଋକ୍‌ବେଦରେ ନାରୀକୁ ବ୍ରହ୍ମା ରୂପରେ ବର୍ଣ୍ଣନା କରାଯାଇଛି। ସେ ସମାଜର ନିର୍ମାଣ କର୍ତ୍ତୀ। ଭାରତୀୟ ଦର୍ଶନରେ ପ୍ରାଚୀନ କାଳରେ ନାରୀ ନୀରବରେ ଲାଞ୍ଛନା ସହିଚି। ଦୋଷୀ ପ୍ରତି ତା'ର ଭାବନା ଥିଲା କଠୋର। ପାପୀ ପାଇଁ କଣ୍ଠ ତୀବ୍ର। ଅନ୍ୟର ଦୋଷତ୍ରୁଟିକୁ ସେ ଉଚିତ ଶିକ୍ଷା ଦେଇଛି। ଏ କାଳରେ ନାରୀକୁ ସେନା ପରିଚାଳନା ଓ ରାଷ୍ଟ୍ରର ଯୋଗ୍ୟା ଭାବରେ ବିବେଚିତ କରାଯାଇଛି। ମହାଭାରତ ଯୁଦ୍ଧ ସମୟରେ ଦୁର୍ଯ୍ୟୋଧନ ମାତା ଗାନ୍ଧାରୀଙ୍କ ନିକଟରେ ଆଶୀର୍ବାଦ ପୂର୍ବକ ଉପସ୍ଥିତ ହେବା ଏହାର ଯଥେଷ୍ଟ ପ୍ରମାଣ। ଗାନ୍ଧାରୀ କହିଛନ୍ତି -ଆଶୀର୍ବାଦ ପ୍ରଦାନ କରି – "ଅକ୍ଷୟ ହେଉ ପୁଣ୍ୟ ଜଗତେ ଧର୍ମର ହେଉ ଜୟ।" ଏହା ହେଉଚି ନାରୀର ଉପଯୁକ୍ତ ସମ୍ମାନ ଥିଲା ଯାହା ସେ ସମୟର ସାହିତ୍ୟାଦର୍ଶରେ ପ୍ରତିଫଳିତ ହୋଇଛି। ଇତିହାସରେ ପଦ୍ମିନୀ, ଦୁର୍ଗାବତୀ, ଶୁକଦେଈ, ଲକ୍ଷ୍ମୀବାଈ ନାରୀର ଅସୀମ ବୀରତ୍ୱର ପରାକ୍ରମ ଦେଖାଇ ଶତ୍ରୁକୁ ଭୟଭୀତ କରାଇ ପାରିଛନ୍ତି। ପୁରୁଷର ଶକ୍ତି ଯେଉଁଠି ପରାସ୍ତ ନାରୀର ଶକ୍ତି ସେଇଠି ଜାଗ୍ରତ। ଦେବଗଣଙ୍କ ପରାସ୍ତ ପରେ ମହାମୟୀଙ୍କ ଆବିର୍ଭାବ। ଏସବୁ ନାରୀର ମହନୀୟତାର ଚରମ ନିଦର୍ଶନ। ଖ୍ରୀଷ୍ଟୀୟ ୭ମ ଓ ୮ମ ଶତାବ୍ଦୀରେ ରଚିତ ଚର୍ଯ୍ୟାପଦରେ ସହଜଯାନର ଯୋଗ ଏବଂ ତନ୍ତ୍ର ସାଧାନାରେ ନାରୀ ବିଶେଷତଃ ଡୁମୁଣୀ, ଶବରୀ, ଚଣ୍ଡାଳୀ ଭାବରେ ବର୍ଣ୍ଣିତ ରହିଛି। ଆଧାତ୍ମିକ ସାଧନା ପାଇଁ ଦେହର ସୁଖ କାମନା କରି କାହ୍ନୁପା ଲେଖିଛନ୍ତି –

"ଛାଇ ଛାଇ ଜାଇ ସୋ ବ୍ରାହ୍ମଣ ନାଡିଆ
ଆଲୋ ଡୋମ୍ବୀ ତୋଏ ସମ କରିବ ମୋ ସାଙ୍ଗ
ନିଘିନ କାହ୍ନୁ କପାଳି ଜୋଇ ଲାଙ୍ଗ।"

ଏଠାରେ ପରକୀୟା ପ୍ରୀତିର କଥା କୁହାଯାଇଛି। ଧର୍ମ ମତର ସଂକ୍ରମଣରେ ପରକୀୟା ପ୍ରୀତିର ପ୍ରାବଲ୍ୟ ଏଠାରେ ସହଜ ସାଧନା ପନ୍ଥୀମାନଙ୍କର ପ୍ରମୁଖ ମାର୍ଗ ହୋଇଥିବା ପରି ଅନୁଭବ ହୁଏ। ପଲ୍ଲୀଗୀତ ବା ଲୋକ ଗାଥାରେ ନାରୀର ଭୂମିକା ଅତୁଳନୀୟ। ବାଲ୍ୟ ଜୀବନର ସ୍ମୃତି ସହିତ ଝିଅଟି ଶାଶୁଘର ଯିବା ପର୍ଯ୍ୟନ୍ତ ନାରୀର ମନର ଗଭୀର ଅନୁଭୂତିର ଆବେଗମୟ ଉଚ୍ଛ୍ୱାସ ଶୋକର କାରୁଣ୍ୟ ଚିତ୍ର ପ୍ରଦାନ କରେ। ଏଥି ସହିତ ବଉଳାଗାଈ ଗୀତ, ଗୋବିନ୍ଦ ଚନ୍ଦ୍ର, ମାଣବସା ଲକ୍ଷ୍ମୀପୁରାଣ,

ବିଭିନ୍ନ ଓଷାବ୍ରତ ଆଦିରେ ନାରୀମାନଙ୍କର ଭୂମିକା ଅତ୍ୟନ୍ତ ହୃଦୟସ୍ପର୍ଶୀ। ପ୍ରଚଳିତ ଅସଂଖ୍ୟ ଢଗଢମାଳିରେ ନାରୀର ଜୀବନଚର୍ଯ୍ୟା, ସହିଷ୍ଣୁତା, ତ୍ୟାଗ, କର୍ମନିଷ୍ଠା ସୁନ୍ଦର ଭାବରେ ନାରୀର ମହନୀୟତାକୁ ଦର୍ଶାଇଛନ୍ତି। ସେହିପରି ମାଦଳାପାଞ୍ଜିରେ ନାରୀର ସୁରକ୍ଷା ବିଷୟରେ ବର୍ଣ୍ଣନା ରହିଛି।

**ପ୍ରାଚୀନ ଓଡ଼ିଆ କାବ୍ୟରେ ନାରୀର ଚରିତ୍ର :**

ପ୍ରାଚୀନ ଓଡ଼ିଆ ସାହିତ୍ୟରେ ନାରାୟଣ ନନ୍ଦ ଅବଧୂତ ସ୍ୱାମୀଙ୍କ 'ରୁଦ୍ର ସୁଧାନିଧି'ରେ ମୋହିନୀ କନ୍ୟାର ରୂପ ବିଭବ ବର୍ଣ୍ଣନା ପୂର୍ବକ ନାରୀର ସୌନ୍ଦର୍ଯ୍ୟକୁ କବି ଖୁବ୍ ସୁନ୍ଦର ଭାବରେ ଉପସ୍ଥାପନା କରିଛନ୍ତି। ସଂସ୍କୃତ ସାହିତ୍ୟର କାବ୍ୟ ଆଧାରରେ ନାୟିକାର ନଗ୍ନ ତନୁର ବର୍ଣ୍ଣନାକୁ ମଧ୍ୟ କବି ଗ୍ରହଣ କରିଛନ୍ତି। କବି ରାଣୀପ୍ରଭାଙ୍କ ରୂପ ବର୍ଣ୍ଣନା କରି ଲେଖିଛନ୍ତି, ସେ ଶରଦ ଚନ୍ଦ୍ର ବଦନୀ, ନିଳୋତ୍ପଳ ନୟନୀ, ତୁଙ୍ଗ ପୀନସ୍ତନୀ, ନିତମ୍ବିନୀ, ମତ୍ତ ଗଜେନ୍ଦ୍ର ଗାମିନୀ, କୋକିଳା ବଚନୀ ଇତ୍ୟାଦି। ସେମିତି ମୋହିନୀ କନ୍ୟାଙ୍କ ରୂପ ବର୍ଣ୍ଣନାରେ ସେ ଲେଖିଛନ୍ତି –"ଆହା ବାବୁ କନ୍ୟା ସେ ରସେ ଜଗତ ମୋହିଲା ପୃଥିବୀ ଶୋହିଲା। ପ୍ରାଣୀଙ୍କ ଧଇର୍ଯ୍ୟ ଉଡିଲା। ଅନଙ୍ଗ ଅମ୍ବୁନିଧିକି ଆସି କପିଳାସ କନ୍ଦର ଯାକେ ବଢ଼ିଲା।" ଏହିପରି ନାରୀର ରୂପ ସୌନ୍ଦର୍ଯ୍ୟକୁ ଦୀପ୍ତିମୟ କରି କବି ଗଢ଼ି ତୋଳିଛନ୍ତି ଯେ, ଜଣେ ସ୍ୱପ୍ନରେ ମଧ୍ୟ ନାୟିକାର ଅପରୂପ ଶୋଭା ଭିତରେ ବିଭୋର ହୋଇପଡ଼ିବ। "ସୋମନାଥ ବ୍ରତ'କଥାରେ ସେହିପରି ସେ କାଳର ସମାଜରେ ନାରୀ ପୁରୁଷ ସମାଜ ଦ୍ୱାରା କିପରି ନିର୍ଯ୍ୟାତିତ ହେଉଥିଲା ତା'ର ଚିତ୍ର ରହିଛି। ରାଣୀଙ୍କୁ ମନ୍ତ୍ରୀ ସମିଗ୍ରହା ଯେଉଁ ଭଳି ନିର୍ଯ୍ୟାତନା ଦେଇଛନ୍ତି ତାହା ନାରୀ ଜାତି ପ୍ରତି ଘୋର ନିନ୍ଦନୀୟ। ରାଜାଙ୍କ ଅଙ୍ଗରେ କୁଷ୍ଠରୋଗ ଦେଖା ଦେବା ପରେ ରାଜା ମନ୍ତ୍ରୀ ସମିଗ୍ରହାଙ୍କୁ ରାଜ୍ୟଭାର ଅର୍ପଣ କରି ଦେଶାନ୍ତରକୁ ଗମନ କରିଥିଲେ। ଏହି ସୁଯୋଗର ଦୂରପଯୋଗ କରି ମନ୍ତ୍ରୀ ସମିଗ୍ରହା ରାଣୀ ଓ ରାଜକୁମାରୀ ମଧୁମତୀଙ୍କ ପ୍ରତି ଘୋର ଅବିଚ୍ଛର କରିଥିଲେ। ଶିବଙ୍କ ମହାତ୍ମ୍ୟ ଉପରେ ଆଧାରିତ ଯାହାର ବ୍ରତପାଳନ ପୂର୍ବକ ରାଣୀଙ୍କର ସମସ୍ତ ଦୁର୍ଦ୍ଦିନ ସମୟର ପରିବର୍ତ୍ତନ ହୋଇଥିଲା। ଏହି କଥା ମାଧ୍ୟମରେ ସଂସ୍କୃତି ସହିତ ନାରୀମାନଙ୍କର ମହତ୍ତ୍ୱକୁ କବି ଯଥାର୍ଥ ସ୍ଥାନ ଦେଇଛନ୍ତି। ଗୋରଖନାଥଙ୍କ ଦ୍ୱାରା ରଚିତ ଅଷ୍ଟାଙ୍ଗ ଯୋଗରେ ନାରୀକୁ କେବଳ ଉପଭୋଗର ସାମଗ୍ରୀ ରୂପେ ସେ ସମୟରେ କିପରି ବିବେଚନା କରାଯାଉଥିଲା ଏବଂ ସ୍ଥାନ-କାଳ-ପାତ୍ର ନିର୍ବିଶେଷରେ ପୁରୁଷ ସମାଜ କିପରି ରତି କାର୍ଯ୍ୟ ସମାପନ ନିମନ୍ତେ ବ୍ୟାକୁଳ ହେଉଥିଲେ ତା'ର ଚିତ୍ର ରହିଛି। ଏହି ଲେଖା ମାଧ୍ୟମରେ କାମକ୍ରୀଡ଼ାକୁ କିପରି ଶୃଙ୍ଖଳିତ ଓ ସଂଯତ କରାଯାଇପାରିବ ପରାମର୍ଶ ରହିଛି। ପ୍ରାଚୀନ ଗ୍ରନ୍ଥ 'ଅମରକୋଷ ଗୀତା'ରେ ନାରୀକୁ

ସଂହାରିଣୀ ମୂର୍ତ୍ତି ଭାବରେ ଗ୍ରହଣ କରି ଯୋଗ ସାଧକମାନଙ୍କୁ ସଚେତନ କରାଯାଇଛି। ନାରୀ ସୁନ୍ଦରୀ ଏବଂ ହୃଦୟଗ୍ରାହୀ। ସେ ସମୟ ଦେଖି ଆଲିଙ୍ଗନ କରେ ପୁଣି ଶରୀରକୁ ଧ୍ୱଂସ ମଧ୍ୟ କରିଦିଏ। ନାରୀ ମାୟାବୀ ତେଣୁ ତା ମୋହରେ ପଡି ଧ୍ୱଂସ ହୋଇଯିବା ପୂର୍ବରୁ ସେଥିରୁ ନିଜକୁ ନିବୃତ୍ତ ରଖି ସଂସାର ସାଗରକୁ ପାରି ହେବାର ପ୍ରକୃତ ମାର୍ଗ ନିର୍ଣ୍ଣୟ କରିବା ଆବଶ୍ୟକ କଥା କୁହାଯାଇଛି।

ଯଶୋବନ୍ତ ଦାସଙ୍କ ରଚିତ 'ଗୋବିନ୍ଦ ଚନ୍ଦ୍ର' ଗ୍ରନ୍ଥଟିରେ ମାତାଙ୍କର ଶ୍ରେଷ୍ଠ ତ୍ୟାଗର ଚିତ୍ର ରହିଛି। ଗୋବିନ୍ଦ ଚନ୍ଦ୍ରଙ୍କର ଅନେଶ୍ୱତ ରାଣୀ। ନିଜର ସୌନ୍ଦର୍ଯ୍ୟ ଓ ପୌରୁଷତ୍ୱ ପାଇଁ ସେ ଗର୍ବ କରୁଥିବାର ଦେଖି ଗୋବିନ୍ଦ ଚନ୍ଦ୍ରଙ୍କ ମାତା ମୁକୁତା ଦେଈ କ୍ରୋଧ ପ୍ରକାଶ କରି ଏହିପରି ଏକ କାଳଦଣ୍ଡରୁ ରକ୍ଷା ପାଇବା ନିମନ୍ତେ ଉପଦେଶ ଦେଇଥିଲେ ଏବଂ ପରବର୍ତ୍ତୀ ସମୟରେ ହାଡିପାଙ୍କ ଶିଷ୍ୟତ୍ୱ ଗ୍ରହଣ କରି ସେ ଯୋଗୀ ହୋଇଥିଲେ। ହାଡିପା ପରୀକ୍ଷା ଉଦ୍ଦେଶ୍ୟରେ ରମ୍ଭା ନାମ୍ନୀ ଗଣିକା ନିକଟରେ ଗୋବିନ୍ଦ ଚନ୍ଦ୍ରଙ୍କୁ ଛାଡ଼ି ହିମାଳୟ ଯାତ୍ରା କରିଥିଲେ। ମାତ୍ର ଗୋବିନ୍ଦ ଚନ୍ଦ୍ର ରମ୍ଭା ନାମ୍ନୀ ଗଣିକା, ଧନା ଶୁଣ୍ଡିର ପତ୍ନୀ, ରାତିଆଣୀ ଆଦି ରୂପସୀମାନଙ୍କ ସଂସ୍ପର୍ଶରେ ଆସିଥିଲେ ମଧ୍ୟ ନିଜର ଚରିତ୍ରବତ୍ତାକୁ ଅକ୍ଷୁର୍ଣ୍ଣ ରଖିପାରିଥିଲେ। ମୁକୁତା ଦେଈ ମାତା ହୋଇ ପୁତ୍ରକୁ ରାଜଭୋଗ ପରିବର୍ତ୍ତେ ଦିବ୍ୟ ଆତ୍ମା ଧାରଣ କରିବାର ମହତ୍ତ୍ୱ ବାଣୀରେ ପ୍ରଲୁବ୍ଧ କରାଇ ଜାତି ପାଇଁ ନିଜେ କାଳଜୟୀ ହୋଇଯାଇଥିଲେ। ସେହିପରି 'ଟୀକା ଗୋବିନ୍ଦ ଚନ୍ଦ୍ର' ଯୋଗୀନ୍ଦ୍ର ଦୈବୀଙ୍କ ବିପ୍ରଙ୍କ ରଚନା। ଏଥିରେ ଗୋବିନ୍ଦ ଚନ୍ଦ୍ରଙ୍କ ମାତା ପୁତ୍ରକୁ ସଂସାରର ମାୟା, ରାଜଗାଦି, ବିଭବ, ପତ୍ନୀମାୟା ଆଦିକୁ ତ୍ୟାଗ କରିବାର ପରାମର୍ଶ ଦେଇଥିଲେ। ପୁତ୍ର ସଂଶୟରେ ମାତାଙ୍କୁ ପ୍ରଶ୍ନ କଲେ, ତେବେ ମାତା ତୁମେ ମୋତେ କାହିଁକି ଜନ୍ମ ଦେଲ। ଏ ପ୍ରଶ୍ନର ଉତ୍ତରରେ ତାଙ୍କ ମାତା ନିମଡ଼୍ରୋହୀ ଅପୁତ୍ରିକ ନାରୀ ସମ୍ବନ୍ଧରେ ସମାଜରେ ପ୍ରଚଳିତ ବିଶ୍ୱାସକୁ କହିଥିଲେ।

"ଅପୁତ୍ରିକ ନାରୀ ପିତୃଶ୍ରାଦ୍ଧ ଦେଲେ
ପିତୃଲୋକ ନ ଆସଇ
ଅପୁତ୍ରିକ ନାରୀ ଯେ ଦାଣ୍ଡେ ଚଲିଲେ
ବସୁଧା ତାକୁ ଡରଇ
ଅପୁତ୍ରିକ ନାରୀ ବୃକ୍ଷମୂଳେ ବସେ
ବୃକ୍ଷଗୋଟି ଜଳିଯାଇ
ସେ ବୃକ୍ଷର ଯେଉଁଫୁଲ କର୍ଷମାନ
ସେମାନେ ଝଡ଼ି ପଡଇ।"

ଅପୁତ୍ରିକ ନାରୀର ଯାତନା ରାଣୀ ନିମଡ଼ୋହୀଙ୍କ ମୁଖରେ ବେଶ ମର୍ମସ୍ପର୍ଶୀ ହୋଇଛି। ବେଦ ଠାରୁ ଆରମ୍ଭ କରି ପୁରାଣ ପର୍ଯ୍ୟନ୍ତ କାବ୍ୟ, କବିତା, ନୀତିଶାସ୍ତ୍ର ଓ ଧର୍ମଶାସ୍ତ୍ର ସର୍ବତ୍ର ନାରୀର ଭୂମିକା ଉପଲବ୍ଧ ହୋଇଛି। ପ୍ରାଚୀନ ସାହିତ୍ୟରେ ନାରୀର ବ୍ୟକ୍ତିସତ୍ତାକୁ ଆବିଷ୍କାର କରିବା ହିଁ ତା'ର ମୁଖ୍ୟ ଆଭିମୁଖ୍ୟ ରହିଥିଲା।

**ମଧ୍ୟଯୁଗୀୟ ଓଡ଼ିଆ କାବ୍ୟରେ ନାରୀ ଚରିତ୍ର :**

ଚିତ୍ରକଳା, ନୃତ୍ୟ, ସଂଗୀତ ଓ ସାହିତ୍ୟ ଠାରୁ ଆରମ୍ଭ କରି ଭାସ୍କର୍ଯ୍ୟ, ସ୍ଥାପତ୍ୟ ସର୍ବତ୍ର ଧର୍ମାଚାରର ଭାବନା ଦ୍ୱାରା ଆଚ୍ଛାଦିତ ଥିଲା ମଧ୍ୟଯୁଗୀୟ ସାହିତ୍ୟ। ଊନବିଂଶ ଶତାବ୍ଦୀର ଶେଷପାଦ ପର୍ଯ୍ୟନ୍ତ ବସ୍ତୁତ ପଞ୍ଚଦଶ ଶତାବ୍ଦୀ ଓଡ଼ିଆ ସାହିତ୍ୟର ମଧ୍ୟଯୁଗ। ଇହକାଳ ଅପେକ୍ଷା ପରକାଳକୁ ଗୁରୁତ୍ୱ, ଦେବଦେବୀମାନଙ୍କର ଅଲୌକିକ ଲୀଳାର ନେପଥ୍ୟରେ ମାନବୀୟ ଅନୁଭବର ଆଳଙ୍କାରିକତା, ଶୃଙ୍ଗାର ରସର ପ୍ରାବଲ୍ୟ, ବୈଷ୍ଣବ ରସ ଶାସ୍ତ୍ରର ପ୍ରେରଣା ଏବଂ ସଂସ୍କୃତ କାବ୍ୟର ପ୍ରଭାବ ଲକ୍ଷ୍ୟ କରାଯାଏ। ଅର୍ଜୁନ ଦାସଙ୍କ 'ରାମବିଭା' ଓ 'କଳ୍ପଲତା', ନରସିଂହ ସେଣଙ୍କ 'ପରିମଳା', ବନମାଳୀ ଦାସଙ୍କ 'ଚଟ ଇଚ୍ଛାବତୀ', ପ୍ରତାପ ରାୟଙ୍କ 'ଶଶିସେଣା' କାବ୍ୟଗୁଡ଼ିକ ନାୟକ ନାୟିକାଙ୍କ ରତି ସମ୍ଭୋଗର ଚିତ୍ର ରହିଥିଲେ ମଧ୍ୟ ଏ ସବୁ ଶାଳୀନତା ବୋଧକୁ ଉଲଘଂନ କରି ନାହିଁ। ଧନଞ୍ଜୟ ଭଞ୍ଜଙ୍କ 'ସୁରତି ସମୟ' ରଚନା ପରେ ଏହି ଭାବଧାରା ଆବେଗଧର୍ମୀ ହୋଇ ଅଷ୍ଟାଦଶ ଶତାବ୍ଦୀରେ ଉପେନ୍ଦ୍ର ଭଞ୍ଜଙ୍କ ରଚନାରେ ଏହାର ନିଦର୍ଶନ ଚୂଡ଼ାନ୍ତ ରୂପ ପାଇଥିଲା। ଶୁଦ୍ଧାଭକ୍ତି ଭିତ୍ତିକ ଓଡ଼ିଆ କାବ୍ୟରେ ବିଭାବ, ଅନୁଭାବ ଓ ବ୍ୟଭିଚାରୀ ଭାବର ପ୍ରୟୋଗ କରାଗଲା। ଷୋଡ଼ଶ ଶତାବ୍ଦୀରୁ ସପ୍ତଦଶ ଶତାବ୍ଦୀର ମଧ୍ୟଭାଗ ପର୍ଯ୍ୟନ୍ତ ଅଳଙ୍କାର, ରୀତି ଅପେକ୍ଷା ରସର ଗୁରୁତ୍ୱ ପରିଲକ୍ଷିତ ହୋଇଛି। ଚମକପ୍ରଦ ରୀତି ଦ୍ୱାରା କାବ୍ୟଗୁଡ଼ିକ ରଚନା କରାଗଲା। ନାରୀ ଚରିତ୍ରର ଗୁରୁତ୍ୱ ଦେଖିଲେ ଅର୍ଜୁନ ଦାସଙ୍କ କାବ୍ୟରେ କଳ୍ପଲତା, ବିଷ୍ଣୁ ଦାସଙ୍କ କାବ୍ୟରେ କଳାବତୀ ଓ ପ୍ରେମଲତା, ନରସିଂହ ସେଣଙ୍କ କାବ୍ୟରେ ପରିମଳା, ଶିଶୁ ଶଙ୍କରଙ୍କ କାବ୍ୟରେ ଭାଷା, ପ୍ରତାପ ରାୟଙ୍କ କାବ୍ୟର ଶଶିସେଣା, କାର୍ତ୍ତିକ ଦାସଙ୍କ କାବ୍ୟରେ ରୁକ୍ମିଣୀ, ବନମାଳୀ ଦାସଙ୍କ କାବ୍ୟରେ ଇଚ୍ଛାବତୀ, ସାରଳା ଦାସଙ୍କ ମହାଭାରତରେ ଥିବା ଦ୍ରୌପଦୀ, ଉଷା, ସୁରେଖା, ଶୋଭାବତୀ, ବଳାରାମ ଦାସଙ୍କ ରାମାୟଣରେ ସୀତା, ବେଦବତୀ, ରମ୍ଭା ପ୍ରଭୃତିଙ୍କ ପୁରାଣ ଶୈଳୀରେ ଉଚ୍ଚତର ବର୍ଣ୍ଣନା କରାଯାଇଛି। ଏହି ଯୁଗର ସାହିତ୍ୟରେ ନାରୀର କ୍ଷୟମାଣ ଚିତ୍ର ରହିଛି। ସପ୍ତଦଶ ଶତାବ୍ଦୀରେ ଶ୍ରୀଧର ଦାସଙ୍କ 'କାଞ୍ଚନଲତା', ରଘୁନାଥ ହରିଚନ୍ଦନଙ୍କ 'ଲୀଳାବତୀ', ଧନଞ୍ଜୟ ଭଞ୍ଜଙ୍କ 'ଇଚ୍ଛାବତୀ', ତ୍ରିପୁର ସୁନ୍ଦରୀ, ମନଦ ମଞ୍ଜରୀ,

ସର୍ବାଙ୍ଗ ସୁନ୍ଦରୀ ଆଦି କାବ୍ୟରେ ନାରୀ ଚରିତ୍ରକୁ ଗୁରୁତ୍ୱ ଦେଇଛନ୍ତି। ଉଦାହରଣ ସ୍ୱରୂପ -

"ମଳୟ ସମୀର ମନ୍ଦିର ନାସା ଅଟଇ ତା'ର
ବସନ୍ତି ଆମେ ବିଙ୍ଗସିତ ହୋ ଏ କିଂ ଶୁକଧର
ଘନ କୁଟିଳ ଭୃଙ୍ଗ ନିଳେ ତା'ର ଚ଼ର ଚିକୁର
ଦଳିତ ଅଞ୍ଜନ ଚିକ୍କଣ ମୃଗମଦ ସୁନ୍ଦର।"

**ସାରଳା ସାହିତ୍ୟରେ ନାରୀ ଚରିତ୍ର :**

ସାରଳା ଦାସଙ୍କ ସାହିତ୍ୟରେ ସମାଜ ଭ୍ରଷ୍ଟାଚାରରେ କବଳିତ ଥିଲା। ଆଧ୍ୟାତ୍ମିକ ଜୀବନକୁ ଯୌନ ବ୍ୟଭିଚାରର ପଙ୍କରୁ ଉଦ୍ଧାର କରି ସମାଜରେ ଅଦ୍ୱୈତ ଓ ଶୂନ୍ୟ ଉପସନା ଓ ଯୋଗ ସଂଯମ ସାଧନାର ବାର୍ତ୍ତା ପ୍ରଚାର କରିଥିଲେ ସାରଳ ଦାସ। ଆଧ୍ୟାତ୍ମିକତାର ମର୍ମବାଣୀ, ନାରୀ ଜୀବନର ରୂପ ବୈଚିତ୍ର୍ୟ, ସାମାଜିକ ଚଳଣି, ରାଜନୈତିକ ସ୍ଥିତି ଓ ଅର୍ଥନୈତିକ ଜାତିର ସମସ୍ତ ଚିତ୍ର କବି ତାଙ୍କ ରଚନାବଳୀରେ ସନ୍ନିବେଶିତ କରିଛନ୍ତି। ସାରଳା ସାହିତ୍ୟରେ ନାରୀ ଚରିତ୍ରଗୁଡ଼ିକ ବହୁ ବର୍ଣ୍ଣା। କେଉଁଠି ଦୈବୀ ଶକ୍ତିପ୍ରାପ୍ତ ତ କେଉଁଠି ମାନବୀ ରୂପେ ଅବତୀର୍ଣ୍ଣ। ନାରୀ ଶକ୍ତିକୁ ମାତୃଶକ୍ତି ଭାବରେ ସେ କଳ୍ପନା କରିଛନ୍ତି। ଅତ୍ୟାଚାରୀ ଓ ଅନାଚାରୀଙ୍କ ରକ୍ତପାନ କରି କେଉଁଠି କରାଳୀ, ଚଣ୍ଡୀକା, ଜ୍ୱାଳାମୟୀ ପାଲଟିଛନ୍ତି ପୁଣି ପ୍ରତିହିଂସା ସାଧନ ପୂର୍ବକ ଧୂମକେତୁ ପରି ସ୍ୱର୍ଗ, ମର୍ତ୍ତ୍ୟ, ପାତାଳ ଭ୍ରମଣ କରିଛନ୍ତି ତ କେଉଁଠି ବିଶ୍ୱବନ୍ଦ୍ୟା ମଧ୍ୟ ହୋଇଛନ୍ତି। ସ୍ୱଜନ ନିଧନ, ବନ୍ଧୁଦ୍ରୋହ, ବିଶ୍ୱାସଘାତକତା ଓ ମଦମତ୍ତ ଅହଂକାରରେ ନିଷ୍ପ୍ରାଣ ମହାଭାରତ ଭୂମି ଗାନ୍ଧାରୀଙ୍କ ଛାୟାରେ ହିଁ ସ୍ନିଗ୍ଧ ଓ ଶୀତଳ ହୋଇଛି। ମହାସତୀ ଭାବରେ ଗାନ୍ଧାରୀ ଚରିତ୍ରକୁ କବି ସ୍ୱାମୀ ଅନୁରାଗୀ ଭାବରେ ବର୍ଣ୍ଣନା କରିଛନ୍ତି। ସତୀ ଶିରୋମଣି ସତ୍ୟବତୀଙ୍କ ଜନ୍ମ ବୃତ୍ତାନ୍ତ, ଅନ୍ୟତମ ଚରିତ୍ର କୁନ୍ତୀଙ୍କ ମାଧ୍ୟମରେ ନାରୀର ଦୁର୍ବଳତା ଓ ମନର କଷ୍ଟ ପ୍ରକାଶିତ ଏକ ଜ୍ୱାଳାମୁଖୀ ଅଗ୍ନିରୂପା। କୁନ୍ତୀ ଜଣେ ସାଧାରଣ ନାରୀ ଭଳି ସ୍ୱାମୀଙ୍କ ଆଦର୍ଶବାଦ ଓ ଅପରିଣାମଦର୍ଶୀ କାର୍ଯ୍ୟରେ କ୍ଷୁବ୍ଧ ହୋଇଛନ୍ତି। ତଥାପି ମାଦ୍ରୀଙ୍କ ପ୍ରତି ତାଙ୍କର ଶ୍ରଦ୍ଧାଶୀଳ ମନୋଭାବ ତାଙ୍କ ଚରିତ୍ରକୁ ମହିମାନ୍ୱିତ୍ୱ କରିଛି। ଦ୍ରୌପଦୀ ଚରିତ୍ର କବିଙ୍କର ଅପୂର୍ବ କଳ୍ପନାଶକ୍ତି। ଯାଜ୍ଞସେନୀ ପିତାଙ୍କ ଅପମାନର ପ୍ରତିଶୋଧ ନେବାର ସଂକଳ୍ପିତ ଚରିତ୍ର। ସେହିଭଳି ଗଙ୍ଗାଙ୍କ ଚରିତ୍ରକୁ କବି ଦୁଷ୍ଟା ସ୍ୱଭାବର ରୂପରେ ଚିତ୍ରଣ କରିଛନ୍ତି। ନିଜ ପୁତ୍ରକୁ ନିଜ ହାତରେ ଗଙ୍ଗା ହତ୍ୟା କଲାବେଳେ ସ୍ୱାମୀ ଶାନ୍ତନୁ ଗଙ୍ଗାକୁ ଗାଙ୍ଗୀ ଉଚ୍ଚାରଣ କରିବା କାରଣରୁ ସେ ଜଳରେ ଅନ୍ତର୍ଦ୍ଧାନ ହୋଇଯାଇଛନ୍ତି। ନାରୀର କରାଳୀ ରୂପ ବର୍ଣ୍ଣନା ଏଥିରେ ରହିଛି। ସତ୍ୟବତୀ,

କୁନ୍ତୀ, ଅମ୍ବିକା, ଅମ୍ବାଳିକା, ରତ୍ନାବତୀ ପ୍ରଭୃତି ନାରୀ ଚରିତ୍ର ମାତୃତ୍ୱର ମହିମାରେ ମାହିମାନ୍ୱିତ୍ୱ ।

**ପଞ୍ଚସଖା ସାହିତ୍ୟରେ ନାରୀ ଚରିତ୍ର :**

ବୈଷ୍ଣବ ଧର୍ମମତ ଦର୍ଶନ ତତ୍ତ୍ୱ ଶ୍ରୀଜଗନ୍ନାଥଙ୍କ କୈନ୍ଦ୍ରିକ ଥିଲା । ପ୍ରେମ ଭକ୍ତିର ସରଳ ମାର୍ଗଟିକୁ ଶ୍ରୀ ଚୈତନ୍ୟ ପ୍ରଚ୍ଛରିତ କରିଥିଲେ । ଗୌଡ଼ୀୟ ବୈଷ୍ଣବ ଧର୍ମର ମୂଳ ସାଧନା ରାଧା-କୃଷ୍ଣ ଭକ୍ତି । କୃଷ୍ଣ ଓ ଜଗନ୍ନାଥ ଏକ ଅଭିନ୍ନ । ପ୍ରେମ ଦ୍ୱାରା ହିଁ ଜୀବନର ପୂର୍ଣ୍ଣତା ଆସେ । ଶ୍ରୀରାଧା ସେହି ପ୍ରେମର ସ୍ୱରୂପ । ବଳରାମ ଦାସଙ୍କ ରଚିତ 'ଜଗମୋହନ ରାମାୟଣ'ରେ ମଦନିକା, ଋଷ୍ୟଶୃଙ୍ଗଙ୍କୁ କୋଳରେ ବସାଇ ସଂଗୀତ ଆଳାପ ନାମରେ ବିଷ୍ଣୁଙ୍କ ଦଶାବତାର ସ୍ତୋତ୍ର ଗାନ କରିଥିଲେ ଏବଂ ପ୍ରେମତତ୍ତ୍ୱକୁ ବୁଝାଇଥିଲେ । ନଟୀମାନଙ୍କ ଅଙ୍ଗ ଶୋଭା ଓ କନ୍ଦର୍ପ ବିଳାସ ଦର୍ଶନ ଖୁବ୍ ସୁନ୍ଦର ଭାବରେ ବର୍ଣ୍ଣିତ । 'ଲକ୍ଷ୍ମୀପୁରାଣ'ରେ ଲକ୍ଷ୍ମୀଙ୍କ ଚରିତ୍ର ମାଧ୍ୟମରେ ନାରୀର ସହନଶୀଳତା, ଦୟା ଓ କ୍ଷମା କଥାର ଖୁବ୍ ମାର୍ମିକତା ପରିଲକ୍ଷିତ ହୁଏ । ଅଭିମାନୀ ସୀତା, ଶ୍ରୀୟା ଚଣ୍ଡାଳୁଣୀ, ପ୍ରଣୟ ପାଗଳିନୀ ଗୋପୀକାଙ୍କ ଆଦି ଚରିତ୍ରଗୁଡ଼ିକ କବିଙ୍କର ଅମ୍ଲାନ କୃତିତ୍ୱର ପରିଚୟ ଦେଇଛି । ଅଚ୍ୟୁତାନନ୍ଦଙ୍କ 'ହରିବଂଶ'ରେ ନାରୀ ଚରିତ୍ର ଉପସ୍ଥାପନା ପ୍ରଭାବଶାଳୀ ଭାବେ ବର୍ଣ୍ଣିତ । ଜଗନ୍ନାଥ ଦାସଙ୍କ 'ଭାଗବତ'ରେ ଗୋପୀକା ଚରିତ୍ରଗୁଡ଼ିକ ସ୍ନିଗ୍ଧ ପ୍ରଣୟାନୁଭବ ଭାବ ଭକ୍ତି ପଟ୍ଟଭୂମି ଉପରେ ଅବସ୍ଥାପିତ କବି କରିଛନ୍ତି । ପଞ୍ଚସଖା ସାହିତ୍ୟର ନାରୀ ଚରିତ୍ରମାନେ ବିଦଗ୍ଧା, ରସବତୀ, ସହିଷ୍ଣୁ, ଉଦାରତା ଓ ତ୍ୟାଗର ମୂର୍ତ୍ତିମନ୍ତ ପ୍ରତୀକ ।

**ଓଡ଼ିଆ ରୀତି କାବ୍ୟରେ ନାରୀ ଚରିତ୍ର :**

ରୀତିଯୁଗୀୟ କବିମାନେ ରକ୍ତମାଂସର ନାୟକ ନାୟିକାମାନଙ୍କୁ ନେଇ କାବ୍ୟ ରଚନା କରିଛନ୍ତି । ବାଲ୍ୟ କାଳରୁ ଯୌବନ ଯାଏଁ ନାରୀର କ୍ରମବର୍ଦ୍ଧନ ବର୍ଣ୍ଣନା, ଯୌବନର ଉତ୍‌ଫୁଲ୍ଲ, ସ୍ୱପ୍ନଦର୍ଶନ, ଚିତ୍ରପଟ ଦର୍ଶନ, ମଙ୍ଗଳ କୃତ୍ୟ, ପୁଷ୍ପଶଯ୍ୟା, ଋତୁ ଅନୁକ୍ରମେ ରତିକ୍ରୀଡ଼ା ଆଦି ରୀତି ସାହିତ୍ୟରେ ଅନ୍ତର୍ଭୁକ୍ତ । ରାଜ ପାରିଷଦର ବିଳାସମୟ ଜୀବନଚର୍ଯ୍ୟା ଏହି ଯୁଗର ସାହିତ୍ୟର ରୂପ ବୈଭବ । ରୀତି କାବ୍ୟର ଅଧିକାଂଶ ନାରୀ ଚରିତ୍ର ରାଜ ଅନ୍ତଃପୁର ସହ ସମ୍ପର୍କୀତ । ରାଜ ସଭାରେ କାବ୍ୟ ସୌନ୍ଦର୍ଯ୍ୟକୁ ରସିକତାର ଉପଭୋଗ୍ୟ କରାଯାଏ ଏବଂ ଏହି ସୌନ୍ଦର୍ଯ୍ୟପୂର୍ଣ୍ଣ ରସଘନତା ହେଉଛି ନାରୀ । ଉପେନ୍ଦ୍ର ଭଞ୍ଜଙ୍କ କାବ୍ୟ ମଧ୍ୟରେ ତାଙ୍କର ମାନସ ପ୍ରତିମା, କୋଟି ବ୍ରହ୍ମାଣ୍ଡ ସୁନ୍ଦରୀ, ଅପରୂପା ଲାବଣ୍ୟରେ ଭରା ଲଳନା-ଲାବଣ୍ୟବତୀ, ପ୍ରୀତିର ଦୀପ୍ତିମନ୍ତ ପ୍ରତୀକ ରସିକ ହାରାବଳୀ, ଷୋଳ କଳାରେ ପରିପୂର୍ଣ୍ଣ ପ୍ରେମ ସୁଧାନିଧି ଆଦି ଚରିତ୍ର ଅତ୍ୟନ୍ତ ପ୍ରଭାବଶାଳୀ । ଭଞ୍ଜୀୟ

ନାରୀ ଚରିତ୍ରମାନେ ବେଳେ ସତୀ, କାଳେ ମନ୍ଥରା, ବିପଦେ ବୁଦ୍ଧିମତୀ ଆଉ ବ୍ୟର୍ଥ-ପ୍ରେମରେ ଶୂର୍ପଣଖା ପାଲଟିଛନ୍ତି। କୂଳବଧୂ ରୂପରେ ସେବିକା, ମାତା ରୂପରେ ସହନଶୀଳତା, ଦାସୀ ରୂପରେ ଆଜ୍ଞାକାରିଣୀ ଭାବରେ ବର୍ଣ୍ଣିତ। ସେହିପରି ରୀତିଯୁଗର ଉଜ୍ଜ୍ୱଳ ଜ୍ୟୋତିଷ୍କ କବି ଅଭିମନ୍ୟୁ ସାମନ୍ତସିଂହାରଙ୍କ 'ବିଦଗ୍ଧ ଚିନ୍ତାମଣି'ରେ ଶ୍ରୀରାଧା ଚରିତ୍ର ମାଧ୍ୟମରେ ବିରହୀ ନାରୀର ମାନସିକତାର ବର୍ଣ୍ଣନା ଯା'ର କଳନା କରିହେବ ନାହିଁ। ନାରୀର ଅଭିମାନକୁ କବି ଶ୍ରେଷ୍ଠତ୍ୱ ଭାବରେ ଉପସ୍ଥାପନ କରିଛନ୍ତି। ଦୀନକୃଷ୍ଣ ଦାସଙ୍କ 'ରସକଲ୍ଲୋଳ' ନାରୀର ମନସ୍ତତ୍ତ୍ୱକୁ ସଜୀବ ରୂପ ଦେଇଛନ୍ତି ଯାହାର ପଟାନ୍ତର ନାହିଁ। ଏହି ଯୁଗରେ ରଚିତ କାଳ୍ପନିକ କାବ୍ୟରେ ମଧ୍ୟ ନାରୀ ଚରିତ୍ରର ବିପୁଳ ମନୋରମ ଚିତ୍ର ସଂପଦ ରହିଛି। ରାମଚନ୍ଦ୍ର ପଟ୍ଟନାୟକଙ୍କର 'ଅନୁରାଗବତୀ', ନୃସିଂହ ପଟ୍ଟନାୟକଙ୍କ 'ସୁଲକ୍ଷଣା', ନରସିଂହ ସେଣଙ୍କ 'ପରିମଳା', ଲୋକନାଥଙ୍କ 'ରସକଳା', ଧନଞ୍ଜୟଙ୍କ 'ଅନଙ୍ଗରେଖା', ଉପେନ୍ଦ୍ର ଭଞ୍ଜଙ୍କ 'ଲାବଣ୍ୟବତୀ', ବ୍ରଜ ସୁନ୍ଦରଙ୍କ 'ରସ କଳ୍ପଲତା', ଅଭିମନ୍ୟୁଙ୍କ 'ପ୍ରେମ କଳା' ଆଦି ନାୟିକାର ନାମ ଅନୁସାରେ କାବ୍ୟ ରଚିତ ହୋଇଛି। ଏଥିରୁ ଜଣାପଡ଼େ ନାରୀ ସୌନ୍ଦର୍ଯ୍ୟର ସୂକ୍ଷ୍ମାତିସୂକ୍ଷ୍ମ ପରିସ୍ଫୁଟନ ପାଇଁ କବିମାନେ ଖୁବ୍ ଯତ୍ନର ସହ ବର୍ଣ୍ଣନା କରିଛନ୍ତି।

**ପଦାବଳୀ ସାହିତ୍ୟରେ ନାରୀ ଚରିତ୍ର :**

ପଦାବଳୀ ରଚନା ସମୟରେ ବୈଷ୍ଣବ କବିମାନେ ନାରୀ ହୃଦୟକୁ ମନ୍ଥନ କରି ଉଚ୍ଛ୍ୱାସିତ କରୁଣ ଅନୁଭୂତିର ଚିତ୍ର ଆଙ୍କିଛନ୍ତି। ବିରହର ଚିତ୍ର ବିଶେଷ ରହିଛି। କବିସୂର୍ଯ୍ୟ ବଳଦେବ ରଥଙ୍କ 'କିଶୋର ଚନ୍ଦ୍ରାନନ ଚମ୍ପୂ', ବନମାଳୀଙ୍କ ରାଧା, ଲଳିତା ମାଧ୍ୟମରେ ନାରୀ ମନର ହୃଦୟାନୁଭୂତି, ସାମାଜିକ ବ୍ୟବସ୍ଥା, ଚଳିଚଳନ, ପାରିପାର୍ଶ୍ୱିକ ପରିବେଶର ଉପସ୍ଥାପନା ରହିଛି। ବନମାଳୀଙ୍କ ପଦାବଳୀରେ ନାରୀକୁ ପ୍ରେମାତୁରାର ଆକାଂକ୍ଷା ଭାବେ ବର୍ଣ୍ଣନା ରହିଛି। ନାରୀ ହୃଦୟର ଆବେଗ ଓ ଭାବପ୍ରବଣତାକୁ ନିତ୍ୟ ନୂତନ ଭାବେ ଚିତ୍ରଣ କରିଛନ୍ତି କବି ବନମାଳୀ ଦାସ। ଗୋପାଳକୃଷ୍ଣଙ୍କ ପଦାବଳୀରେ କୁଳବଧୂର ଲଜ୍ଜା, ଭୟ, ସଂକୋଚର ପଶ୍ଚାତ୍‌ରେ ପ୍ରଣୟର ସୁଖ ସୌରଭ ଝରି ଯାଇଛି। ଶ୍ରୀରାଧା, ଚନ୍ଦ୍ରାବଳୀ, ଲଳିତା, ବିଶାଖା, ଶୈବ୍ୟା, ପଦ୍ମିନୀ ଆଦି ନାରୀ ଚରିତ୍ରକୁ କବି ପଦାବଳୀ ସାହିତ୍ୟର କବିମାନେ ବୈଦଗ୍ଧାଦି ଗୁଣରେ ଅଳଙ୍କୃତ ଓ ପ୍ରତିଦ୍ୱନ୍ଦ୍ୱୀନୀ ଭାବରେ ଅଭିହିତ କରିଛନ୍ତି। ନାରୀ ହିଁ ସୌନ୍ଦର୍ଯ୍ୟ ଓ ନାରୀ ହିଁ ପ୍ରେମର ଦ୍ୱିତୀ ଭାବରେ ସେମାନେ ଗ୍ରହଣ କରିଛନ୍ତି।

**ଆଧୁନିକ ଯୁଗର କାବ୍ୟ କବିତାରେ ନାରୀ ଚରିତ୍ର :**

ଓଡ଼ିଆ ସାହିତ୍ୟରେ ପାଶ୍ଚାତ୍ୟ ପ୍ରଭାବ ଊନବିଂଶ ଶତାବ୍ଦୀର ଶେଷ ଭାଗରେ ହିଁ

ଆସିଛି। ପାଶ୍ଚାତ୍ୟ ଶିକ୍ଷା ପ୍ରବର୍ତ୍ତନ, ଇଂରାଜୀ ଭାଷା ପ୍ରଚଳନ, ଶିକ୍ଷିତ ମଧ୍ୟବିତ୍ତ ଶ୍ରେଣୀ ସୃଷ୍ଟି, ମୁଦ୍ରାଯନ୍ତ୍ରର ପ୍ରଚଳନ, ପାଠ୍ୟପୁସ୍ତକ ରଚନା, ଅନୁବାଦ ପ୍ରବର୍ତ୍ତନ ଓ ପତ୍ରପତ୍ରିକା ପ୍ରକାଶନ ଆଧୁନିକ ସାହିତ୍ୟର ପଟ୍ଟଭୂମି କହିଲେ ଚଳେ। ପାଶ୍ଚାତ୍ୟ ଶିକ୍ଷାଦର୍ଶ ତଥା ଦର୍ଶନ ନବ୍ୟ ଶିକ୍ଷିତ ସଂପ୍ରଦାୟକୁ ଇଉରୋପୀୟ ଚିନ୍ତା, ଭାବନାରେ ଦୀକ୍ଷିତ ହେଲେ ଏବଂ ବାସ୍ତବ ଜୀବନରେ ପ୍ରୟୋଜନ ଓ ଯୁକ୍ତିକୁ ପ୍ରାଧାନ୍ୟ ଦେବା ପାଇଁ ଆଗ୍ରହୀ ହୋଇଥିଲେ। ବ୍ୟକ୍ତି ସ୍ୱାଧୀନତାକୁ ମଧ୍ୟ ଆଗ୍ରାଧିକାର ଦେଇଥିଲେ। ନୂତନ ଧରଣର ଧର୍ମାନୁଭୂତି ଓ ଧର୍ମାନ୍ଦୋଳନର ସୂତ୍ରପାତ ହୋଇଛି। ସମାଜ ସଂସ୍କାର ମନୋବୃତ୍ତିର ପ୍ରତିଷ୍ଠା ଘଟିଛି। ସାହିତ୍ୟ, ସମାଜ, ରାଜନୀତି ସବୁ କ୍ଷେତ୍ରରେ ଆମ ସଂସ୍କୃତିର ପ୍ରାଚୀନ ପ୍ରକୃତି ପରିବର୍ତ୍ତିତ ହୋଇଛି। ଓଡ଼ିଶାରେ ସାହିତ୍ୟ ହୋଇଛି ଆଧୁନିକ ସାହିତ୍ୟ। ନାଟକ, ଉପନ୍ୟାସ, ପ୍ରବନ୍ଧ, ଜୀବନୀ, ଆତ୍ମଜୀବନୀ, ଭ୍ରମଣକାହାଣୀ, ରମ୍ୟରଚନା ଆଦି ଗଦ୍ୟ ରଚନା ସୃଷ୍ଟି ଲାଭ କରିଛି। ପ୍ରାଚୀନ ମହାକାବ୍ୟ, ଖଣ୍ଡକାବ୍ୟ ନୁହେଁ ସଂପୂର୍ଣ୍ଣ ନୂଆ ରୀତିର କବିତା ରଚିତ ହୋଇଛି। ଆଧୁନିକ ଯୁଗର ବିପୁଳ କାବ୍ୟ ସାଧନାରେ ନାରୀର ରୂପରାଜ୍ୟ ପ୍ରତି ପ୍ରବଳ ଆକର୍ଷଣ ଲକ୍ଷ୍ୟ କରାଯାଇଛି। ଆଧୁନିକ ଯୁଗର କବି ନାରୀର ରୂପ ଓ ସୌନ୍ଦର୍ଯ୍ୟକୁ ବନ୍ଦାପନା କରିଛନ୍ତି। ନାରୀକୁ ପୁରୁଷର ମାତା ଏବଂ ପ୍ରିୟତମା ଭାବରେ ବିଶେଷ ଗୁରୁତ୍ୱ ଦେଇଛନ୍ତି। ନାରୀ ପ୍ରେମର ସ୍ପର୍ଶ ବିନା ଜୀବନ ସାର୍ଥକ ନୁହେଁ ଆଧୁନିକ କବିମାନଙ୍କର ଅଧିକାଂଶ କାବ୍ୟର ସ୍ୱର। ଆଧୁନିକ ଯୁଗର ଆଦି ପର୍ବରୁ ସାଂପ୍ରତିକ କାଳ ଯାଏଁ କବିମାନେ ନାରୀକୁ ଯଥେଷ୍ଟ ସମ୍ମାନ ଦେଇଛନ୍ତି। ମହନୀୟତାର ଶୀର୍ଷତମ ସ୍ଥାନରେ ନାରୀକୁ ରଖି ତା'ର ଗାରିମାକୁ ବଢ଼ାଇଛନ୍ତି।

**ରାଧାନାଥଙ୍କ କାବ୍ୟଧାରାରେ ନାରୀ ଚରିତ୍ର :**

ଗତାନୁଗତିକ ପରମ୍ପରାର ଏକ ପ୍ରଚଣ୍ଡ ବ୍ୟତିକ୍ରମ। ନୂତନ ବିପ୍ଳବର ଅଗ୍ରଦୂତ। ରାଧାନାଥଙ୍କ ସାହିତ୍ୟରେ ନାରୀ ଚରିତ୍ରର ବିଭିନ୍ନ ଦିଗ ବୈଚିତ୍ର୍ୟ ଉଦ୍‌ଘାଟିତ। ତାଙ୍କ ସାହିତ୍ୟରେ ନାରୀ ଏକ ସ୍ୱତନ୍ତ୍ର ଭୂମିକାରେ ଉପନୀତ। ଗୌରୀ, ନନ୍ଦିକା, ପାର୍ବତୀ ଏମାନେ ମନେ ହୁଅନ୍ତି, ଲାବଣ୍ୟବତୀ, କୋଟି ବ୍ରହ୍ମାଣ୍ଡ ସୁନ୍ଦରୀ, ସୀତା-ରାଧାଙ୍କର କୌଣସି ଆତ୍ମୀୟା ନୁହନ୍ତି। ନାରୀ ଜାତି ମଧ୍ୟରେ ଦୁଇ ବିରୁଦ୍ଧାତ୍ମକ ପ୍ରକୃତି। ଏହି ବିରୁଦ୍ଧାତ୍ମକ ପ୍ରକୃତିକୁ ଓଡ଼ିଆ ସାହିତ୍ୟରେ ପ୍ରଥମେ ରାଧାନାଥ ହିଁ ପ୍ରତିଷ୍ଠା କରିପାରିଛନ୍ତି। ରାଧାନାଥ ରାୟଙ୍କ ନାରୀ ଚରିତ୍ର ସ୍ୱତନ୍ତ୍ରତା ଏବଂ ସ୍ୱତନ୍ତ୍ର ମର୍ଯ୍ୟାଦା ଦାବି କରେ। ମାତ୍ର ତାଙ୍କ ସମସାମୟିକ କବି ସ୍ୱଭାବକବି ଗଙ୍ଗାଧର ମେହେର ଆର୍ଯ୍ୟ ସଂସ୍କୃତିର କବି। ଶାନ୍ତ-ସରଳ-କମନୀୟ-ରୂପମାଧୁରୀରେ ଅନାବିଳ ପବିତ୍ର ଜୀବନ ଧାରାର ପୃଷ୍ଠଭୂମି ଉପରେ ମେହେରଙ୍କ ନାରୀ ଚରିତ୍ର ପରିକଳ୍ପିତ। ଗଙ୍ଗାଧରଙ୍କ କାବ୍ୟର

ନାୟିକାମାନେ ଶାନ୍ତ-ଶୁଚିସ୍ମିତା-ଗମ୍ଭୀରା-ସାତ୍ତ୍ୱିକ ଗୁଣଧାରୀ-ଶୁଭ୍ରା ସ୍ୱଭାବଯୁକ୍ତ। ସଂଯମ-ସାଧନା, ବିରହ ହୋମାଗ୍ନିରେ ଉଜ୍ଜ୍ୱଳମୟୀ ଆଭା, ଚରିତ୍ରିକ ମହତ୍ତ୍ୱରେ ପରୀକ୍ଷିତା ଓ ଆତ୍ମାରେ ନିତ୍ୟ ସୁଧା ବିରାଜିତା ମେହେରଙ୍କ କାବ୍ୟ-ନାୟିକା। ବ୍ୟାସକବିଙ୍କ ନାରୀ ଚରିତ୍ର ବହୁରୂପା। ଫକୀରମୋହନ ତାଙ୍କ ସମଗ୍ର ଜୀବନର ଅନୁଭୂତିରେ ତାଙ୍କ ସୃଷ୍ଟି ସମ୍ଭାରରେ ନାରୀ ଚରିତ୍ରଗୁଡ଼ିକ ପରିସ୍ଥିତି ଓ ପରିବେଶ ମଧ୍ୟରେ ଖୁବ୍ ଯତ୍ନଶୀଳ ହୋଇପାରିଛନ୍ତି। ସେନାପତିଙ୍କର ନାରୀ ଚରିତ୍ରରେ କେଉଁଠି ଅମୃତର ସ୍ପର୍ଶ ରହିଛି ତ କେଉଁଠି ବିଷର ଜ୍ୱାଳା ପୁଣି କେଉଁଠି ଚଣ୍ଡୀରୂପ ଓ ଲକ୍ଷ୍ମୀରୂପ ଉଭୟଙ୍କୁ ଚିତ୍ରଣ କରିଛନ୍ତି। ଫକୀରମୋହନଙ୍କ ନାରୀ ସମାଜ ରସବତୀ ଓ ଗୁଣବତୀ ଅଟନ୍ତି ଯାହା ମାଧ୍ୟମରେ ନିଜର ଅସାଧାରଣ କୃତିତ୍ୱ ଦର୍ଶାଇଛନ୍ତି। ମାତ୍ର ରାଧାନାଥ ରାୟ ନିତ୍ୟ ପ୍ରଚଳିତ ନ୍ୟାୟ, ଅନ୍ୟାୟ, ଭଲମନ୍ଦ, ପାପପୁଣ୍ୟ, ସୁଖଦୁଃଖ ଆଦିର ସଂକୀର୍ଣ୍ଣ ବିଚାରବୋଧର ଊର୍ଦ୍ଧ୍ୱରେ ରହି ସରସ ହୃଦୟ ନାରୀ ଚରିତ୍ରର କଳ୍ପନା କରି ନିଜର ସୃଜନଶୀଳ ପ୍ରତିଭା ଆଧାରରେ ରୂପାୟିତ କରିଛନ୍ତି। ଲିଳତା, ଉର୍ବଶୀ, ଅନ୍ନପୂର୍ଣ୍ଣା ପ୍ରଭୃତି ନାରୀ ଚରିତ୍ରଗୁଡ଼ିକରେ ରାଧାନାଥ ନାରୀର କାମପ୍ରବଣ ଭୋଗ୍ୟ ରୂପର ବର୍ଣ୍ଣନା କରିବା ସଂଗେ ସଂଗେ କାରୁଣ୍ୟ ଜର୍ଜରିତ ବେଦନା ବିଧୁର ଲାବଣ୍ୟର ଚିତ୍ର ଆଙ୍କିଛନ୍ତି। ରାଧାନାଥଙ୍କ ଇନ୍ଦ୍ରିୟଗ୍ରାହୀ ଭାବରେ ଉପସ୍ଥାପନ କରିଛନ୍ତି।

"କିନ୍ତୁ ରୂପ ଥିଲେ ପ୍ରଚ୍ଛନେ କ'ଣ ରସିକ ଛାଡ଼େ
ପୁଷ୍ପେ ଥିଲେ ମଧୁ ଯତନେ ଖୋଜି ମଧୁପ କାଢ଼େ
ଯେ ଅଟେ ଜଗତ ଜନର ମନ ନୟନ ତାରା
ଅପ୍ରକଟ ହୋଇ ରହିବା ପାଇଁ କହିଁ ତା ଘରା।"

ସ୍ୱୀୟ, ପତ୍ନୀ ପରଶମଣି ଦାସୀ ଓ ପରବର୍ତ୍ତୀ ଜୀବନରେ ନଗେନ୍ଦ୍ରବାଳା ସରସ୍ୱତୀଙ୍କୁ ଛାଡ଼ିଦେଲେ ରାଧାନାଥଙ୍କ ବ୍ୟକ୍ତିଗତ ଜୀବନର ପରିସର ମଧ୍ୟରେ ଅପର କୌଣସି ନାରୀ ଚରିତ୍ରର ଉତ୍ତରଣ ଘଟି ନାହିଁ। ତେବେ କବି ଜୀବନର ଏହି ଦୁଇ ବିରୋଧୀ ତାଙ୍କର ନାରୀ ଚରିତ୍ର ଚିତ୍ରଣକୁ ନିଶ୍ଚୟ ପ୍ରଭାବିତ କରିଛି ଲକ୍ଷ୍ୟ କରି ହୁଏ।

**ସତ୍ୟବାଦୀ କାବ୍ୟ କବିତାରେ ନାରୀ ଚରିତ୍ର :**

ସତ୍ୟବାଦୀ ସାଧକମାନେ ବ୍ୟକ୍ତି ସ୍ୱାଧୀନତା ବଳରେ ପରସ୍ପର ଠାରୁ ଭିନ୍ନ ନୂତନ ଶୈଳୀରେ କାବ୍ୟ କବିତା ରଚନା କରିଥିଲେ। ଦେଶଭକ୍ତି, ସମାଜ ସଂସ୍କାର ମନୋବୃତ୍ତି, ଗଣଚେତନାରେ ଜାତୀୟତା ପ୍ରୀତିର ସମୁଜ୍ଜ୍ୱଳ ଚିତ୍ର ସତ୍ୟବାଦୀ ସାହିତ୍ୟ ଗୋଷ୍ଠୀର ମୂଳମନ୍ତ୍ର ଥିଲା। ଏହି ମନ୍ତ୍ରରେ ମଧ୍ୟ ସତ୍ୟବାଦୀ ବନବିଦ୍ୟାଳୟର ସାହିତ୍ୟ ସୃଷ୍ଟି କର୍ମ ଗତିମୁଖର ହୋଇଥିଲା। ଦେଶ ମିଶ୍ରଣ ଆନ୍ଦୋଳନ, ବନ୍ୟା, ମହାମାରୀ,

ଦେଶର ନୈତିକ ମାନଦଣ୍ଡର ଅଧଃପତନ ପ୍ରଭୃତିକୁ ଦୃଷ୍ଟିରେ ରଖି ଦେଶର ଗୌରବମୟ ଅତୀତର ଉଜ୍ଜ୍ୱଳ ଆଲେଖ୍ୟ ଜାତିର ପୂର୍ବସ୍ମୃତିକୁ ଫେରାଇ ଆଣିବା ଲାଗି ନୈତିକ ମାନଦଣ୍ଡର ପୁନଃ ସଂସ୍ଥାନ ସକାଶେ ଅଗ୍ରସର ହୋଇଥିଲେ। ଗୋପବନ୍ଧୁଙ୍କ ବ୍ୟାପକ ଜୀବନାନୁଭୂତି, ନୀଳକଣ୍ଠଙ୍କ ଦାର୍ଶନିକ ଐତିହ୍ୟ ଅନୁସନ୍ଧାନ, ଆଚାର୍ଯ୍ୟ ହରିହରଙ୍କ ଗୌରବର ପୁନଃପ୍ରତିଷ୍ଠା, ପ୍ରାଚୀନ କଳା ଓ ସ୍ଥାପତ୍ୟର ଉଦ୍ଧାର, ପ୍ରାଚୀନ ପରମ୍ପରାର ପୁନରୁତ୍‌ଥାନ, ନୈତିକତା ଓ ଆର୍ଯ୍ୟ ଜୀବନରେ ଆଧୁନିକ ଜୀବନର ପ୍ରତିଷ୍ଠା ଗୋପବନ୍ଧୁଙ୍କ ସାହିତ୍ୟର ମର୍ମବାଣୀ। ନାରୀ ପ୍ରତି ପ୍ରଗାଢ଼ ଭକ୍ତି ଓ ସମ୍ମାନ ଗୋପବନ୍ଧୁଙ୍କର ରହିଥିଲା। ନାରୀ ଅବଳା ଦୁର୍ବଳା ନୁହେଁ। ଦେଶ ଗଠନରେ ସକ୍ରିୟ ଯୋଗଦାନ ରହିଛି। ଏହି ମର୍ମରେ ସେ ଲେଖିଛନ୍ତି –

"ଉତ୍କଳ ତନୟେ ଦିଅ ନବ ବଳ
ଉତ୍କଳ ପାଦପେ ରସମୟ ଫଳ

x x x

ଦେଖି ନାହିଁ ମୁଁ ମାତୃବଦନ ପାନ
କରି ନାହିଁ ମାତା ସ୍ତନ
ହୋଇଣ ସଦୟ ଦେଇ ନିଜ ପୟ
ବଞ୍ଚାଇଲୁ ମୋ ଶିଶୁ ଜୀବନ।"

ବ୍ୟକ୍ତିଗତ ଜୀବନରେ ବହୁ ବାଧାବିଘ୍ନ, ବ୍ୟର୍ଥତା-ବିଡ଼ମ୍ବନା ଏବଂ ମାତୃହରା ଶୈଶବର ସ୍ମୃତି ରୋମନ୍ଥନ କବି କରିଛନ୍ତି। ମାତୃଭୂମି ତାଙ୍କ ପାଇଁ ବନ୍ଦନୀୟା ଜନନୀ ଏବଂ ନାରୀ ହେଉଛି ବିଶ୍ୱର ବିସ୍ମୟ। କବିଙ୍କ ଦୃଷ୍ଟିରେ ନାରୀ ପ୍ରେମ ଓ ତା'ର ଉଦାରତା ଏ ବିଶ୍ୱ ପାଇଁ ଏକ ମହାନ ଉପହାର। ବିଶ୍ୱ ମାନବାତ୍ମାରେ ପ୍ରେମ ହିଁ ଶ୍ରେଷ୍ଠ ଆବେଗ। ପ୍ରେମରୁ ଜାତ ଭକ୍ତି, ପ୍ରେମରୁ ଜାତ କରୁଣା, ଦୟା, କ୍ଷମା ଓ ବାତ୍ସଲ୍ୟ। ଗୋପବନ୍ଧୁଙ୍କ କାବ୍ୟ କବିତାରେ ପ୍ରେମମୟୀ ନାରୀର ଆତ୍ମା ମାର୍ମିକତାର ଭାବ ବହନ କରିଛି। ସେ ଶୁଦ୍ଧପୂତ ଶାଶ୍ୱତ ପ୍ରେମର ସନ୍ୟାସୀ ଜୀବନ ଧାରାର ସାଧକ। ନୀଳକଣ୍ଠଙ୍କ ନାରୀ ଚରିତ୍ର ଓ ପ୍ରେମ ଚେତନାର ସୂକ୍ଷ୍ମ ମିଳନାନୁଭବ ଓ ଦେହାତୀତର ପ୍ରେମ ଭାବେ ବର୍ଣ୍ଣନା କରାଯାଇଛି। ମାୟାଦେବୀ ଓ ଖାରବେଳଙ୍କ ରାଣୀ ଧୂସି ନାରୀ ଚରିତ୍ର ସକାଳର ସୂର୍ଯ୍ୟୋଦୟ ଭଳି ସ୍ୱାଭାବିକ ମନେ ହୁଅନ୍ତି। ପଣ୍ଡିତ ଗୋଦାବରୀଶ ମିଶ୍ରଙ୍କ ରଚିତ ଗୀତିକବିତା ତଥା ଗାଥା କବିତା ବ୍ୟାପ୍ତ ଏବଂ ବିସ୍ତୃତ। ତାଙ୍କର ରଚିତ କାଳିଜାଈ, ଅଭିରାମ ସିଂହ, ଧରଣୀଧର, ନିଦାଘ ସରସୀ, କିଶଳୟ, ସଞ୍ଜୋଇତୀରେ ପ୍ରଭୃତି ଗୀତିକବିତା ସଂକଳନ ଖୁବ୍ ଆବେଗଧର୍ମୀ ଓ ରସ ବତ୍ସଳ। ତାଙ୍କ କାବ୍ୟରେ ନାୟିକା

ରକ୍ତମାଂସର ଦେହ ଧାରିଣୀ ହେଲେ ମଧ୍ୟ ସମାଜର ଏକ ପରିପୂର୍ଣ୍ଣ ନାରୀ। ଗୋଦାବରୀଶଙ୍କ ଦୃଷ୍ଟିରେ ନାରୀର ସୃଷ୍ଟି ସର୍ବଦା ଅସହାୟ ଓ କରୁଣ ଭିତରେ ଜର୍ଜରିତ। ଭିକାରୁଣୀ, ବିଧବା, କାଳିଜାଇ ଆଦି ସାର୍ଥକ ନିଦର୍ଶନ।

**ସବୁଜ ଯୁଗର କାବ୍ୟ କବିତାରେ ନାରୀ ଚରିତ୍ର :**

ସବୁଜ ସାଧକମାନଙ୍କ ଚିନ୍ତାଧାରା ତତ୍‌କାଳୀନ ସାମାଜିକ ପରିବେଶ ତଥା ପରିସ୍ଥିତି ଦୃଷ୍ଟିରୁ ଥିଲା ନିହାତି ଅସଙ୍ଗତ। ପ୍ରଥମ ବିଶ୍ୱଯୁଦ୍ଧ ସମୟରେ ମାନବ ସମାଜ ଓ ଜୀବନ ସ୍ତବ୍ଧ ଥିଲା। ଏହା ପରେ ନୂତନ ଚିନ୍ତାଧାରା ଓ ପରିବର୍ତ୍ତନ ଲୋକମାନଙ୍କ ଭିତରେ ଆସିଥିଲା। କବି ଓ ଲେଖକମାନେ ନୂତନ ଜଗତର ସନ୍ଧାନରେ କଳ୍ପନାର କଳ୍ପଲୋକରେ ବିଚରଣ କଲେ। ସେ ସମୟର ସାହିତ୍ୟିକଙ୍କ ମଧ୍ୟରେ ଅନ୍ନଦାଶଙ୍କର, ବୈକୁଣ୍ଠନାଥ, କାଳିନ୍ଦୀଚରଣ, ଶରତଚନ୍ଦ୍ର ପ୍ରଭୃତି 'ଅବକାଶ' ନାମରେ ଏକ ହାତଲେଖା ପତ୍ରିକା ପ୍ରକାଶ କରି ସାହିତ୍ୟ ଜଗତରେ ଏକ ନୂତନ ଚିନ୍ତାଧାରା ଆଣିବାର ପ୍ରୟାସ କରିଥିଲେ। ସବୁଜ ଯୁଗର କବିମାନେ ନାରୀକୁ ଦେହର ରାଜପୁରରେ ଖୋଜନ୍ତି, ଅମରାବତୀର ସ୍ୱପ୍ନ ଦେଖନ୍ତି। ନିଜର ନାୟିକାକୁ ଧୂଳି ଧୂସରିତ ପୃଥିବୀରେ ଦେଖିବାକୁ ଚାହାନ୍ତି ନାହିଁ। ନାରୀ ଚରିତ୍ରକୁ କେତେବେଳେ ପ୍ରେୟସୀ, ପୁଣି କେତେବେଳେ ପ୍ରଣୟନୀ ଭୂମିକାରେ ଅବତୀର୍ଣ୍ଣ କରିଛନ୍ତି। ଅନ୍ନଦାଶଙ୍କରଙ୍କ କବିତା 'ମାନସୀ ଓ ମୁଁ' କବିତାରେ ଚରିନ୍ତନ ପ୍ରୀତି ରହିଛି। ମାନସିକ ଦ୍ୱନ୍ଦ୍ୱ ଓ ଭିନ୍ନ ବୌଦ୍ଧିକ ଚିତ୍ର ପ୍ରକାଶିତ ହୋଇଛି। ସସୀମକୁ ଦେଇଛନ୍ତି ସେ ଅସୀମର ଭାବ ବ୍ୟଞ୍ଜନା। ଅନୁରୂପ ଭାବରେ ସବୁଜ ଯୁଗର ଅନ୍ୟତମ ସାରଥୀ କାଳିନ୍ଦୀଚରଣ ପାଣିଗ୍ରାହୀଙ୍କ କବିତାରେ ନାରୀ ସ୍ୱପ୍ନବିଳାସିନୀ ରୂପପ୍ରାଣା ଓ ବିଦଗ୍ଧା। ତାଙ୍କ କଳ୍ପନାରେ ନାରୀ ରୂପ ସାମ୍ରାଜ୍ୟର ସାମ୍ରାଜ୍ଞୀ। ସେ ସ୍ନେହ, ମମତା, ପ୍ରଣୟ ପ୍ରୀତିର ଅନୁପମା ଏବଂ ଯୌବନର ସୌନ୍ଦର୍ଯ୍ୟମୟୀ ପ୍ରତିମା। ତାଙ୍କ ମତରେ ଯୁଗେ ଯୁଗେ ଯୌବନ ଠାରୁ ଜରା ଓ ମୃତ୍ୟୁ ପର୍ଯ୍ୟନ୍ତ ପ୍ରେୟସୀ, ଜାୟା ଭାବରେ ସହାନୁରାଗୀ। କାଳିନ୍ଦୀଙ୍କ କାବ୍ୟସତ୍ତା ଏକ ବିଦ୍ରୋହୀ ନାରୀ ସତ୍ତାର ଅନ୍ୱେଷଣ ଉପଲବ୍ଧି ହୋଇଛି। ନାରୀ ପୌଢ଼ ହେଲେ ମଧ୍ୟ ତା'ର ସଲ୍ଲଜ ଚାହାଣୀରେ ଅପୂର୍ବ ମାଦକତା ରହିଛି। ନାରୀର ମୁଗ୍ଧ ଦୃଷ୍ଟିରେ କବିଚିତ୍ତ ସର୍ବଦା ପ୍ରଣୟ ସିକ୍ତ ଓ ତଟିନୀ ପରି ଆବେଗ ଅଧୀର। ବୈକୁଣ୍ଠ ନାଥ ମୁଖ୍ୟତଃ ରହସ୍ୟବାଦୀ କବି। ରୂପସୀ ନାରୀର ମୁଗ୍ଧ ବର୍ଣ୍ଣନା ତାଙ୍କ କାବ୍ୟକୁ ରସୋଚ୍ଛ୍ୱଳ କରିଛି। ତଟିନୀ, ମଳୟ, ପ୍ରଣୟ, ପସରା, ଚନ୍ଦ୍ରକିରଣ, ଚୁମ୍ବନ, ଗୋଲାପୀ ଅଞ୍ଚଳ, ହଂସଗତି ପ୍ରଭୃତି ଅନେକ କବିତାରେ ନାରୀର ଚିରନ୍ତନୀ ପ୍ରେମାନୁଭୂତିର କଥା ରହିଛି। ମାନସିଂହଙ୍କ କବିତାରେ ବିଳାସର ଶ୍ରଦ୍ଧା ଅଧିକ। ତାଙ୍କ ଦୃଷ୍ଟିରେ ନାରୀର ପ୍ରେମ ଉତ୍ତପ୍ତ ଇନ୍ଦ୍ରିୟର ମୁହୂର୍ତ୍ତକର ଉଚ୍ଛ୍ୱାସ

ନୁହେଁ, ସମଗ୍ର ଜୀବନର ଏକ ଚିରସ୍ଥାୟୀ ଆବଶ୍ୟକତା। ମାନସିଂହଙ୍କ ପ୍ରଣୟାନୁଭୂତି ଚିତ୍ର ମଧ୍ୟରେ ସାଧବଝିଅ, ଜେମା, ପୂଜାରିଣୀ ଆଦି କବିତାରେ ସାର୍ଥକ ରୂପାୟନ ଘଟିଛି। ନାରୀ ହେଉଛି ମାନସିଂହଙ୍କ କାବ୍ୟର ଆତ୍ମା। ଜୀବନର ଧ୍ରୁବତାରା, କବିଙ୍କ ଦୃଷ୍ଟିରେ ନାରୀ ସନ୍ତାପହାରିଣୀ, ଜନନୀ, କନ୍ୟା, ଭଗିନୀ, ପତ୍ନୀ, ପ୍ରେୟସୀ ଓ ମାନସୀ। ସେ ନାରୀର ରୂପ ବର୍ଣ୍ଣନାରେ ଲେଖିଛନ୍ତି –

"ଯାଉଁ ପଥେ ଭେଟିଲି ମୁଁ ଷୋଡଶୀ
ବକ୍ଷତଳେ ଝୁଲୁଥିଲା ନୀଳ ଉତ୍ତରୀୟ
ଚରଣ ରୁଚିରେ ବେଣୀ ଦୋଳୁଥିଲା ଖସି
ବଞ୍ଚାଇ ଚଞ୍ଚଳ ବାୟେ ସୌରଭ ଅମୀୟ।" କ୍ରମଶଃ ...

**ପ୍ରଗତିବାଦୀ ଯୁଗର କାବ୍ୟ କବିତାରେ ନାରୀ ଚରିତ୍ର :**

ଯେଉଁ ସାହିତ୍ୟ ମାଟିର ମଣିଷକୁ ସଂଗ୍ରାମଶୀଳ କରାଏ, ଧରଣୀର ମହତ୍ତ୍ୱକୁ ବୁଝାଏ ସେହି ସାହିତ୍ୟ ହିଁ ପ୍ରଗତିର ଧାରାକୁ ତ୍ୱରାନ୍ୱିତ କରେ। ଏକ ଶୋଷଣମୁକ୍ତ ସମାଜ ପ୍ରତିଷ୍ଠା କରାଯିବା ଏହାର ମୁଖ୍ୟ ବିଷୟବସ୍ତୁ। ରାଜନୈତିକ ମୁକ୍ତିକୁ ଆଖି ଆଗରେ ରଖି ଏହି ପ୍ରଗତିବାଦୀ କାବ୍ୟ ସ୍ୱରଗୁଡ଼ିକ ସୃଷ୍ଟି ହୋଇଥିଲା। ସତ୍ୟବାଦୀ କବି ଗୋଷ୍ଠୀ ଭାରତୀୟ ମୁକ୍ତି ସଂଗ୍ରାମରେ ପ୍ରତ୍ୟକ୍ଷ ଭାବରେ ଯୋଗ ଦେଇଥିଲେ। ତାଙ୍କ ପରେ ସେହି ଯୁଗର ବଳିଷ୍ଠ ସାହିତ୍ୟ ପ୍ରବୃତ୍ତିକୁ ଉଜ୍ଜୀବିତ କରି ରଖିବା ଦିଗରେ ଲକ୍ଷ୍ମୀକାନ୍ତ ମହାପାତ୍ର, କୁନ୍ତଳାକୁମାରୀ ସାବତ୍, ପଦ୍ମଚରଣ ପଟ୍ଟନାୟକ, ଗୋଦାବରୀଶ ମିଶ୍ର, ବୀରକିଶୋର ଦାସ ଓ ବାଞ୍ଛାନିଧି ପଟ୍ଟନାୟକ ପ୍ରଭୃତି ଅନନ୍ୟ। କୁନ୍ତଳାକୁମାରୀଙ୍କ 'ଅଞ୍ଜଳି' କାବ୍ୟ ଚେତନାଟି ଏକ ଚମତ୍କାର ବିସ୍ଫୋରଣ। ତାଙ୍କ କବିତାରେ ନାରୀ ମନର ଚିରନ୍ତନତା ପ୍ରକାଶିତ ହୋଇଛି। ପ୍ରିୟତମଙ୍କ ଉଦ୍ଦେଶ୍ୟରେ ଛଳଛଳ ନାରୀ ପ୍ରାଣ କେବଳ ବର୍ତ୍ତିଯିବାକୁ ଚେଷ୍ଟା କରିଛି। ପ୍ରେମ ପାଗଳିନୀ ପ୍ରଗଲ୍‌ଭତା ସହ ବିଦ୍ରୁ ଚେତନାର ଉତ୍ତରଣ ମଧ୍ୟ ହୋଇଛି। ତାଙ୍କର ପ୍ରତିଟି କୃତିରେ ସମର୍ପଣ ଭାବଟି ବିଶେଷତା ବହନ କରିଛି। ପ୍ରିୟତମଙ୍କ ଦର୍ଶନ ନିମନ୍ତେ ପ୍ରାଣର ଶତଦଳ ସଦା ପ୍ରସ୍ଫୁଟିତ ହୋଇରହିଛି। ମାନସ ନାୟକର ପ୍ରଣୟ ଭାବକୁ ନିଜର ଭାଷା ତୂଳିକାରେ ବିଚିତ୍ର ବର୍ଣ୍ଣ ବିନ୍ୟାସ ଦେଇଛନ୍ତି। କାନ୍ତକବି ଲକ୍ଷ୍ମୀକାନ୍ତ ମହାପାତ୍ର ପ୍ରଗତି ଯୁଗର ନନ୍ଦୀକାର ସତ। ମାତ୍ର କେତେକ କବିତାରେ ପାର୍ଥିବ ପ୍ରଣୟର ସ୍ନେହ-ଉତ୍ସରେ ତାହା ନିର୍ଜିତ। ତାଙ୍କ କବିତାରେ ବ୍ୟଥାତୁର ପ୍ରେମସିକ୍ତ ହୃଦୟର ଉଚ୍ଛଳ ପ୍ରକାଶ ଦେଖାଯାଏ। ଶାଶ୍ୱତ କାରୁଣ୍ୟରେ ଏହା ଅଶ୍ରୁସଜଳ। ନିଜକୁ ସେ ନାରୀ ରୂପେ କଳ୍ପନା କରି ପରମପୁରୁଷ ସ୍ୱୟଂ ଭଗବାନଙ୍କ ଚରଣରେ ହିଁ ଜୀବନର ସମସ୍ତ ଯନ୍ତ୍ରଣାସିକ୍ତ ବ୍ୟଥାକୁ ସମର୍ପଣ

କରିଛନ୍ତି। ପଦ୍ମଚରଣ ପଟ୍ଟନାୟକଙ୍କ ବହୁ କୃତିରେ ପ୍ରଣୟିନୀ ସହିତ ଭାବଚେତନାରେ ପର ପାରିରେ ସାକ୍ଷାତ ହେବାର ସମ୍ଭାବନା ପ୍ରକାଶ ପାଇଛି। ପାରତ୍ରିକ ମିଳନ ମାଧୁରୀର ବର୍ଣ୍ଣନାରେ ତାଙ୍କ ବିଚକ୍ଷଣତା ପ୍ରତୀୟମାନ ହୁଏ ଯାହା ପାଠକ ମନରେ ଉତ୍କଣ୍ଠା ଭରେ। ନିର୍ଭୀକ ଭାବନା, ଗଭୀର ଦେଶପ୍ରେମ, ସାଂସ୍କୃତିକ ଜାଗରଣ, ଉଦାର ମାନବିକତା ଓ ଆଧୁନିକ ଚେତନାଦୀପ୍ତ ପ୍ରକାଶଭଙ୍ଗୀ ତାଙ୍କର ପ୍ରତ୍ୟେକଟି ରଚନାକୁ ରସାଣିତ ଓ ଋଦ୍ଧିମନ୍ତ କରିଛି। ପ୍ରଗତିବାଦୀ କାବ୍ୟ ଚେତନାର ସୁବର୍ଣ୍ଣ ସୌଧ ନିର୍ମାଣରେ ମୁଖ୍ୟ ଅଂଶ ଗ୍ରହଣ କରିଥିଲେ ସଚ୍ଚି ରାଉତରାୟ। ତାଙ୍କ କବିତାରେ ନାରୀର ଯେଉଁ ବିଚିତ୍ର ସ୍ୱରୂପ ଲକ୍ଷଣୀୟ, ତନ୍ମଧ୍ୟରୁ ଅନ୍ୟତମ ହେଉଛି ତା'ର ପ୍ରଗତିବାଦୀ ଆଭିମୁଖ୍ୟ। ପାଣ୍ଡୁଲିପି, ଅଲକା ସାନ୍ୟାଲ, ରାଜଜେମା, ପ୍ରତିମା ନାୟକ ପ୍ରଭୃତି କବିତା ପ୍ରଗତିଶୀଳ ଦୃଷ୍ଟିକୋଣ ଉପରେ ରଚିତ। 'ଝଡ଼' କବିତାରେ ପରିବର୍ତ୍ତିତ ପରମ୍ପରା ପ୍ରତି ସମାଜର ଭାବ ପ୍ରକାଶ କରିବା ପାଇଁ କବି 'ସଖୀ' ସମ୍ବୋଧନରେ ସାମଗ୍ରିକ ନାରୀ ଜାତିକୁ ଆହ୍ୱାନ କଲାବେଳେ 'ରାଜଜେମା'ରେ ନାରୀକୁ ଏକ ବୁଦ୍ଧିଦୀପ୍ତ ଆତ୍ମା ଭାବେ ବର୍ଣ୍ଣନା କରିଛନ୍ତି। ରାଜଜେମା ହୋଇ ମଧ୍ୟ ଅଭିଶପ୍ତ ମଣିଷର ବ୍ୟଥା ଶୁଣିବାକୁ ରହିଁଛନ୍ତି ଅର୍ଥାତ୍ ବିଂଶ ଶତକର ନାରୀ ରାଜନୀତି କ୍ଷେତ୍ରରେ ପ୍ରଗତିର ଶୀର୍ଷକୁ ଯାଇପାରିଛି। ତାଙ୍କର ପ୍ରାୟ କବିତାରେ ନାରୀ ପ୍ରଗତିର ଏକ ବିସ୍ମୟକର ନମୁନା ଭାବରେ ଦର୍ଶାଇଛନ୍ତି। ମାତ୍ର 'ଅଲକା ସାନ୍ୟାଲ', ମୁକ୍ତି କବିତାରେ ନାରୀ ଚରିତ୍ରକୁ ଭିନ୍ନ ଭାବରେ ଦର୍ଶାଇଛନ୍ତି। 'ଅଲକା ସାନ୍ୟାଲ' କବିତାରେ ଭିନ୍ନ ଚିତ୍ର ବର୍ଣ୍ଣିତ। ଦୈହିକ କ୍ଷୁଧା ଓ ଜୈବିକ ଲାଳସା ମଧ୍ୟରେ ତା'ର ସ୍ଥାନରୁ ସ୍ଥାନାନ୍ତର ହୋଇଛି ଏବଂ 'ମୁକ୍ତି' କବିତାଟିରେ ପୌଢ଼ ହୋଇଯିବା ଦୁଃଖରେ ନାୟିକା ମିସ୍ ଚୌଧୁରୀଙ୍କ ପରି ନାରୀ ଚରିତ୍ରର ମାନଦଣ୍ଡ ବିବ୍ରତ ହୋଇଛି। ଓଡ଼ିଶାର ଅନ୍ୟ ଏକ ବାମପନ୍ଥୀ ଚିନ୍ତାଧାରାର ପ୍ରତିଭା କବି ଅନନ୍ତ ପଟ୍ଟନାୟକ ପ୍ରେମ, ଯୌବନ ଓ ସୌନ୍ଦର୍ଯ୍ୟର କଥା କହିଲାବେଳେ ଏକ ନୂତନ ଜୀବନ ରୀତିର ଆଭାସ ମିଳେ। ତାଙ୍କର ପ୍ରେମ ଓ ପ୍ରଣୟ ପ୍ରତି କବି ବକ୍ତବ୍ୟ ଅତି ବାସ୍ତବବାଦୀ ଏବଂ ସଚେତନ ମଧ୍ୟ।

"ମେଘ କନ୍ୟା ସେ ପ୍ରେମ ଅନନ୍ୟା ଝରେ
ଖୋଲା କବରୀରୁ ଉଡ଼ାଏ କୃଷ୍ଣଚୂଡ଼ା
ସରୁ ପ୍ରାନ୍ତରେ ବେସୁରା ବଂଶୀ ବଜା
ସଜଳ ହୃଦେ ତା'ହୃଦ ଉତ୍ତାପ ବୁଡ଼ା।"

ସେହିପରି ମନମୋହନ ମିଶ୍ରଙ୍କ କାବ୍ୟରେ ଅଭିନବତ୍ୱ ରହିଛି। ମିଥ୍‌କୁ ଆଶ୍ରୟ କରି ସେ ସବୁ କବିତାରେ ଭାରତୀୟ ମନୋଭାବକୁ ବ୍ୟକ୍ତ କରିଛନ୍ତି। ପୌରାଣିକ

କଥାବସ୍ତୁ ପଛରେ ଜାତୀୟ ଜୀବନର ଆହ୍ୱାନ ରହିଛି। ଦ୍ରୌପଦୀ, ସୀତା ଆଦି ମିଥ୍ / ଚିତ୍ରକଳ୍ପ ମାଧ୍ୟମରେ ନାରୀ ଚରିତ୍ରର ବିକଳାଙ୍ଗ ରୂପ ଦର୍ଶାଇଛନ୍ତି। ସେହିପରି ଏହି ଯୁଗର ଅନ୍ୟ ଜଣେ ଅଗ୍ନିଶିଖା ରଘୁନାଥ ଦାସ। ତାଙ୍କ କବିତାଗୁଡ଼ିକରେ ସାମ୍ୟବାଦର ପଦଧ୍ୱନି, ଉଦାତ୍ତ କଣ୍ଠସ୍ୱର, ଶୋଷଣପିଷ୍ଟ, ଋଣଦାୟରେ ଉଚ୍ଛନ୍ନ, ବୁକୁ'ଟା ଦୀର୍ଘଶ୍ୱାସ ଓ ଚିର ସଂଗ୍ରାମଶୀଳ ମଣିଷର ସ୍ୱର ଶୁଣାଯାଉଛି। ତାଙ୍କର 'ମୃତ୍ୟୁହୀନ' କବିତାଟି ଏହି ମର୍ମରେ ଖୁବ୍ ମାର୍ମିକ।

**ସ୍ୱାଧୀନତା ପୂର୍ବବର୍ତ୍ତୀ କବିତାରେ ନାରୀ ଚରିତ୍ର :**

୧୮୮୫ ସାଲ ପରେ ଆଧୁନିକ ଓଡ଼ିଆ ସାହିତ୍ୟର ବିକାଶ ହୋଇଥିଲା। ରାଧାନାଥ ପ୍ରଥମେ ନୂତନ ଶିକ୍ଷାନୀତି ପ୍ରବର୍ତ୍ତନ ପାଇଁ ଯେଉଁ ଚେଷ୍ଟା ଚଳାଇଥିଲେ ତାହା ଯଥାର୍ଥରେ ଫଳବତୀ ହୋଇଥିଲା। ରାଧାନାଥ ରାୟ ନିଜେ ବହୁ ସ୍ୱତନ୍ତ୍ର ପାଠ୍ୟପୁସ୍ତକ ରଚନା କରିବା ସହିତ ଅନ୍ୟମାନଙ୍କ ସହାୟତାରେ ମଧ୍ୟ ବହୁ ପାଠ୍ୟ ପୁସ୍ତକ ରଚନା କରିଥିଲେ ଫଳରେ ଶିକ୍ଷିତ ଯୁବକ ଗୋଷ୍ଠୀ ଜାତିର ଏବଂ ଦେଶର ନୂତନ ଆବାହନୀ ଗାନ କରିବା ପାଇଁ ତତ୍ପର ହୋଇ ଉଠିଥିଲେ।

୧୮୭୩ ସାଲରେ ବାଲେଶ୍ୱରରୁ 'ଉତ୍କଳ ଦର୍ପଣ' ପ୍ରକାଶ ପାଇବା ପରେ ଓଡ଼ିଆ ସାହିତ୍ୟରେ ଆଧୁନିକ ଯୁଗର ଅଭ୍ୟୁଦୟ ଘଟିଥିଲା। ଏଥିରେ ମଧୁସୂଦନ ଓ ରାଧାନାଥଙ୍କ ରଚନାବଳୀ ପ୍ରକାଶିତ ହୋଇଥିଲା ଯାହା ସାହିତ୍ୟର ଆଦ୍ୟ ସଂକେତ ପ୍ରଦାନ କରିଛି। ପରବର୍ତ୍ତୀ ସମୟରେ ଓଡ଼ିଆ ସାହିତ୍ୟକୁ ଉନ୍ନତି ପଥରେ ଅଗ୍ରସର କରାଇବା ପାଇଁ ଓ ଓଡ଼ିଶାରେ ସ୍ୱାତନ୍ତ୍ର୍ୟ ପ୍ରଦର୍ଶନ କରିବା ପାଇଁ ଫକୀରମୋହନଙ୍କ ଉଦ୍ୟମ ଚିରସ୍ମରଣୀୟ। ଉନବିଂଶ ଶତାବ୍ଦୀରେ ପତ୍ରପତ୍ରିକାର ଅଭ୍ୟୁଦୟ ଓଡ଼ିଆ ସାହିତ୍ୟର ଜନ୍ମ ଇତିହାସରେ ଏକ ଗୁରୁତ୍ୱପୂର୍ଣ୍ଣ ଦିଗ। ଏହି ଆଧୁନିକ ଯୁଗର ସୃଷ୍ଟି ପ୍ରାଚ୍ୟ-ପାଶ୍ଚାତ୍ୟ ସଂଘର୍ଷରୁ ହିଁ ଘଟିଛି। ଇଂରେଜ ଶାସନ କାଳ ଭିତରେ ଓଡ଼ିଆ ସମାଜ, ଧର୍ମଧାରଣା, ସଭ୍ୟତା, ସଂସ୍କୃତି ଓ ସର୍ବୋପରି ସାହିତ୍ୟ କ୍ଷେତ୍ରରେ ଅଭୂତପୂର୍ବ ପରିବର୍ତ୍ତନ ଘଟିଥିଲା। ପାଶ୍ଚାତ୍ୟ ଶିକ୍ଷାପ୍ରାପ୍ତ ସ୍ରଷ୍ଟାମାନେ ହିଁ ନୂତନ ସାହିତ୍ୟ ସୌଧ ନିର୍ମାଣ କରିଥିଲେ। ପ୍ରାଚ୍ୟ-ପାଶ୍ଚାତ୍ୟ ସାହିତ୍ୟ ଓ ସଂସ୍କୃତିର ସମନ୍ୱିତ ରୂପ ନୂତନ ସାହିତ୍ୟର ସୃଷ୍ଟିରେ ସ୍ଥାନ ପାଇଲା। ସହଜ, ସରଳ, ଛନ୍ଦ ସହ ଅମିତ୍ରାକ୍ଷର ଛନ୍ଦର ପ୍ରୟୋଗ ଘଟିଲା। ଫକୀରମୋହନ ସେନାପତି, ମଧୁସୂଦନ ରାଓ, ଗଙ୍ଗାଧର ମେହେର ଏବଂ ନନ୍ଦକିଶୋର ବଳ ପ୍ରମୁଖ କବିମାନେ ଆଧୁନିକତାର ମାର୍ମିକ ଉପଲବ୍ଧି କରି ନିଜର ସୃଷ୍ଟି ମାଧ୍ୟମରେ ସାହିତ୍ୟକୁ ଋଦ୍ଧିମନ୍ତ କରାଇଥିଲେ। ରାଧାନାଥଙ୍କ କାବ୍ୟରେ ଭାଷା, ଗୌରୀ, ଉର୍ବଶୀ, ଚନ୍ଦ୍ରଭାଗା ଆଦି ଚରିତ୍ରମାନେ ପୁରାଣର ମହିୟସୀ ନାରୀ ଏବଂ ଆଧୁନିକତା ଛାଞ୍ଚରେ

ନୂତନ ରୂପ ଓ ବାସ୍ନାରେ ମହକିତ। ପୁଣି ନନ୍ଦିକେଶ୍ୱରୀ, ପାର୍ବତୀ ଓ କୌଶଲ୍ୟା ଆଦି ନାରୀ ଚରିତ୍ର ଐତିହାସିକ କଥାବସ୍ତୁର ଚରିତ୍ର ହେଲେ ମଧ୍ୟ ଚମତ୍କାର ଶୈଳୀରେ ନିଜ ନିଜ ସ୍ଥିତିରେ ବଳିଷ୍ଠତା ପ୍ରତିପାଦନ କରିଛନ୍ତି। ତାଙ୍କ ଚରିତ୍ରଗୁଡ଼ିକ ରାଜନନ୍ଦିନୀ ଓ ଋଷିକନ୍ୟା ଭାବରେ କବିଙ୍କ ସ୍ନିଗ୍ଧ ସୂକ୍ଷ୍ମ ମନନ ତୂଳୀରେ ଚିତ୍ରିତ ହୋଇଛନ୍ତି। ରାଧାନାଥ ରାୟଙ୍କ ପରି ଫକୀରମୋହନଙ୍କ ନାରୀ ଚରିତ୍ରଗୁଡ଼ିକ ଖୁବ୍ ସମ୍ବେଦନଶୀଳ, ଫକୀରମୋହନଙ୍କ ବାଲ୍ୟକାଳ ପିତାମହୀ କୁଚିଳାଦେଈଙ୍କ ଯତ୍ନରେ ଲାଳିତ ପାଳିତ ହୋଇଥିଲେ। ଜଣେ ପିତୃମାତୃହୀନ ଫକୀରମୋହନ ନବଜନ୍ମ ପାଇଥିଲେ। ମାତ୍ର ବିବାହ ପରେ ତାଙ୍କ ଜୀବନ ଦୁର୍ବିସହ ହୋଇପଡ଼ିଥିଲା। ଲୀଳାବତୀ ତାଙ୍କର ପ୍ରଥମା ପତ୍ନୀ ଅତ୍ୟନ୍ତ ନିଷ୍ଠୁର, କର୍କଶଭାଷିଣୀ ଥିଲେ। ତାଙ୍କ ଦ୍ୱିତୀୟା ପତ୍ନୀ କୃଷ୍ଣାକୁମାରୀ କବି ଫକୀରମୋହନଙ୍କ ପାଇଁ ଐଶ୍ୱର୍ଯ୍ୟଶାଳୀ ଥିଲେ। ଦୁଇ ବିପରୀତଧର୍ମୀ ପତ୍ନୀ ନାରୀ ଚରିତ୍ର ତାଙ୍କ ଜୀବନରେ ଗଭୀର ରେଖାପାତ କରାଇଥିଲେ। ତାଙ୍କ କଳ୍ପିତ ସୃଷ୍ଟିରେ ନାରୀ ଚରିତ୍ରକୁ କେଉଁଠି କଲ୍ୟାଣମୟୀ, କ୍ଷମାମୟୀ, ଶ୍ରଦ୍ଧାମୟୀ ଦେବୀ ଭାବେ କଳନା କରିଛନ୍ତି ତ କେଉଁଠି ଦୁର୍ଯ୍ୟୋଗ ଓ ଦୁର୍ଭାଗ୍ୟର ଅଲକ୍ଷ୍ମୀ ଭାବରେ ରୂପାୟନ କରିଛନ୍ତି। ଫକୀରମୋହନଙ୍କ କାବ୍ୟ ସୃଷ୍ଟିରେ ନାରୀ ସମାଜର ସରଳା ନାରୀ। ସେ ଜନନୀ, ଆନନ୍ଦ ପ୍ରଦାୟିନୀ। ନାରୀ ପ୍ରତି ସମ୍ମାନ ଜଣାଇ ସେ ଲେଖିଛନ୍ତି –

"ମାତାକୁ ସମ୍ମାନ ଯେ ନକରେ ଯେ ଜାଣ
ସେହି ତ ଅଧମ ସୁତ
ସେହି ସର୍ବସ୍ଥାନେ ଥାଏ ଅପମାନେ
ସମାଜରେ ଅନାଦୃତ।"

ମଧୁସୂଦନ ପ୍ରେମ ଭକ୍ତିର ପୂଜାରୀ। ତାଙ୍କ ଦୃଷ୍ଟିରେ ପ୍ରେମ ସ୍ରୋତ, ପ୍ରେମ ନୟନ, ପ୍ରାଣର ନିର୍ମଳ ଝର, ପ୍ରୀତିମୟ ଜୀବନର ରତ୍ନ। କବିଙ୍କର ଈଶ୍ୱର ଚେତନା ନାରୀ ଭାବାପନ୍ନ। 'ନଦୀପ୍ରତି'ରେ ଜୀବନର ନାରୀ ରୂପଟିକୁ ଲକ୍ଷ୍ୟ କରି ହୁଏ। 'ହିମାଚଳେ ଉଦୟ ଉତ୍ସ' ଈଶ୍ୱର ଚେତନା ରାଧା ଭାବପନ୍ନ ରହିଛି। ତାଙ୍କର ଅନେକ କାବ୍ୟ କବିତାରେ ନାରୀଧର୍ମୀ ପ୍ରତ୍ୟାଶା ପ୍ରବଣ। ତେଣୁ ମଧୁସୂଦନଙ୍କ ନାରୀ ଚେତନାରେ ସୂକ୍ଷ୍ମ ମିଳନାନୁଭବ ଓ ଦେହାତୀତର ପ୍ରେମ ଯୁଗପତ୍ ଉତ୍କୀର୍ଣ୍ଣ ହୋଇଛି ବୋଲି କୁହାଯାଇପାରେ। ମାତ୍ର 'ଶରତ ପ୍ରଭାତ' କବିତାରେ ଗ୍ରାମ୍ୟନାରୀ ଓ କୁମାରୀଙ୍କ ସୌନ୍ଦର୍ଯ୍ୟ ବର୍ଣ୍ଣନା, ପ୍ରକୃତି ବିଭବରେ ମାନବୀୟ କ୍ରିୟାକଳାପର ପରିକଳ୍ପନା ରହିଛି। ରୂପ, ପ୍ରାଣ ଓ ଆତ୍ମା ନେଇ ନାରୀ ସତ୍ତାର ଆବିଷ୍କାର କରିଛନ୍ତି। ମଧୁସୂଦନ ନାରୀର ମୁଗ୍ଧ ଦୃଷ୍ଟିରେ ତାଙ୍କର କବି ସତ୍ତା ପ୍ରଣୟସିକ୍ତ ଓ ତଟିନୀ ପରି ଆବେଗ ଅଧୀର।

କୌଣସି ପରଲୋକ ବାସିନୀର 'ପ୍ରତି' କବିତାରେ ବାଲ୍ୟକ୍ରୀଡ଼ା ସଙ୍ଗିନୀର ଜ୍ୟୋତି ପ୍ରତିମାକୁ ଅବଚେତନ ମନରେ କଳ୍ପନା କରିପାରିଛନ୍ତି। ସେହିପରି ଯୌବନର ସ୍ୱପ୍ନ କବି ଷୋଡ଼ଶୀ ସୁନ୍ଦରୀ ଆଦର୍ଶ ନାରୀ ଚରିତ୍ରର ରୂପ ବର୍ଣ୍ଣନା କରିଛନ୍ତି। ଦେବକନ୍ୟା, ଭୁବନମୋହିନୀ, ରୂପରାଶିର ଠାକୁରାଣୀ ପ୍ରଭୃତି ନାରୀ ଚରିତ୍ରଗୁଡ଼ିକ ମଧୁସୂଦନଙ୍କ ନାରୀରୂପ କଳ୍ପନାର ସର୍ବଶ୍ରେଷ୍ଠ ନିଦର୍ଶନ। ନନ୍ଦକିଶୋରଙ୍କ କବି ଧର୍ମଟି ଓଡ଼ିଶାର ପଲ୍ଲୀ ଚେତନାର ଐତିହ୍ୟ ଆଧାରରେ ବର୍ଣ୍ଣିତ। ତାଙ୍କ କାବ୍ୟର ନାରୀ ଚରିତ୍ରମାନେ ନିରୀହ ଓ ନିରବ। ସୀତା, କୃଷ୍ଣ କୁମାରୀ, ଶର୍ମିଷ୍ଠା ଆଦି ନୀରବ ପ୍ରତିବାଦ ଓ ଆଦର୍ଶଗତ। ତିନିହେଁ ସୁନ୍ଦରୀ ଏବଂ ତରୁଣୀ। ତ୍ୟାଗର ମହନୀୟା ଏଠାରେ ପ୍ରକାଶିତ। ନନ୍ଦକିଶୋରଙ୍କ କାବ୍ୟ ନାୟିକାମାନଙ୍କ ମଧ୍ୟରୁ ଦୁଇଜଣ ରାଜକୁମାରୀ ଏବଂ ଜଣେ ରାଜବଧୂ। ସେମାନଙ୍କ କରୁଣ ଜୀବନର ସ୍ୱର ପାଠକ ପ୍ରାଣରେ ଉଦ୍‌ବେଳନ ସୃଷ୍ଟି କରିଛି। 'ସୀତା ବନବାସ'ରେ ସୀତାଙ୍କ ଚରିତ୍ରଟି ଅନ୍ୟ ପାଇଁ ନିଜକୁ ଉତ୍ସର୍ଗ କରିଦେବାର ପ୍ରତିଶ୍ରୁତି ରହିଛି 'ଶର୍ମିଷ୍ଠା' ନାରୀ ମନସ୍ତତ୍ତ୍ୱର ଏକ ଉଜ୍ଜ୍ୱଳ ଦିଗ। ସେହିପରି ଗଙ୍ଗାଧରଙ୍କ କାବ୍ୟମାନସ ଏକ ସୁରଭିତ ଉଦ୍ୟାନ। ଉଚ୍ଚ ଆଦର୍ଶ ଓ ସଂଯମ ପ୍ରଣୟର ଚିତ୍ର ପ୍ରଦାନ କରିବା ପାଇଁ ତ୍ୟାଗର ମହନୀୟତାକୁ ଗୁରୁତ୍ୱ ଦେଇଛନ୍ତି। 'ତପସ୍ୱିନୀ', 'ପ୍ରଣୟବଲ୍ଲରୀ' ଇତ୍ୟାଦି କାବ୍ୟରେ ଥିବା ନାରୀ ଚରିତ୍ରଙ୍କ ମଧ୍ୟରେ ସୀତା, ଶକୁନ୍ତଳା, ଇନ୍ଦୁମତୀ ଓ ପଦ୍ମିନୀ ପ୍ରଭୃତି ଖୁବ୍ ମହନୀୟା, ସତୀତ୍ୱର ଅଧିକାରୀଙ୍କ ଭାରତୀୟ ଜୀବନବୋଧର ଉଜ୍ଜ୍ୱଳ ତାରକା ପରି ଚିରରମଣୀୟ। ଗଙ୍ଗାଧର ତାଙ୍କ କାବ୍ୟରେ ଆଦର୍ଶ ରାଜଧର୍ମ, ଆଦର୍ଶ ପ୍ରେମ, ଆଦର୍ଶ ସ୍ୱାମୀ ଓ ଆଦର୍ଶ ପତ୍ନୀର ଚିତ୍ର ରହିଛି। ଅତଏବ ସମୟର ପରିବର୍ତ୍ତନ ସହ ଯୁଗରୁଚି ଅନୁସାରେ ନାରୀର ରୂପ ମାତ୍ର ବଦଳିଛି କାବ୍ୟ କବିତାରେ ନାରୀର ବର୍ଣ୍ଣନା କିଛି ନୂଆ କଥା ନୁହେଁ।

**ସ୍ୱାଧୀନତା ପରବର୍ତ୍ତୀ କବିତାରେ ନାରୀ ଚରିତ୍ର :**

୧୯୪୮ରେ ମହାତ୍ମାଗାନ୍ଧୀଙ୍କ ମୃତ୍ୟୁ ଭାରତୀୟ ଭାବାକାଶରେ ଯେଉଁ ଶୋକାୟିତ କଳା ଛାୟା ସୃଷ୍ଟି ହୋଇଥିଲା ତାହା ସମସାମୟିକ ଓଡ଼ିଆ କବିତାର ସ୍ୱରକୁ ଅନୁସ୍ପନ୍ଦିତ କରିବା ସ୍ୱାଭାବିକ। ମାତ୍ର ପରବର୍ତ୍ତୀ କାବ୍ୟ ଚେତନାରେ ସ୍ୱାଧୀନତାର ସ୍ୱପ୍ନଭଙ୍ଗ ଜନିତ ହତାଶା ଓ ଅବସୋସ ଲକ୍ଷ୍ୟ କରି ହୁଏ। ସାମାଜିକ ସମସ୍ୟା, ଆର୍ଥନୀତିକ ନୈଷମ୍ୟଜନିତ ଶ୍ରେଣୀ ସଂଘର୍ଷ ଓ ସମସାମୟିକ ବାସ୍ତବ ପରିସ୍ଥିତି ସ୍ୱାଧୀନତା ପରବର୍ତ୍ତୀ କବିତାରେ ଦେଖାଯାଏ। ଯେଉଁ ଯନ୍ତ୍ରଣାସିକ୍ତ ସାମାଜିକ ଜୀବନ, ରାଜନୈତିକ ପ୍ରବଞ୍ଚନା ସୃଷ୍ଟି ହୋଇଛି ତାହା ଆଧୁନିକ ଓଡ଼ିଆ କବିତାକୁ ଆଛନ୍ନ କରିଛି। ପାରିବାରିକ ଜୀବନ ଆଜି ବିକଳାଙ୍ଗ ଦାମ୍ପତ୍ୟ ଜୀବନ ବୀପର୍ଯ୍ୟସ୍ତ। ନାରୀ ଚରିତ୍ରରେ ଅତୀତର

ସେହି କଲ୍ୟାଣସ୍ନିଗ୍ଧ ଦୃଷ୍ଟିକୋଣ ନାହିଁ। ସ୍ୱାଧୀନତା ପରବର୍ତ୍ତୀ କାଳରେ ସାମାଜିକ ଚେତନାଧର୍ମୀ କବିତାର ଏକ ବଳିଷ୍ଠ ଧାରା ଓଡ଼ିଆ ସାହିତ୍ୟରେ ଲକ୍ଷ୍ୟ କରିହୁଏ। ଏହି ପରିପ୍ରେକ୍ଷୀରେ ସଚ୍ଚିରାଉତରାୟଙ୍କ 'ହସନ୍ତ', 'ଶୁଆଶାରୀ'ର ସମ୍ବାଦ ଓ 'ସ୍ୱରାଜ୍ୟ ପୋଟଳ' ଆଦି କବିତାରେ ରାଜନୀତିର ବିଡ଼ମ୍ବନା ପ୍ରକାଶିତ ଏବଂ ଶାସନର ବିଫଳତା ପ୍ରତିଫଳିତ। ଜମିଦାରୀ ଶାସନର ଉଚ୍ଛେଦ ଓ ପୁଞ୍ଜିଗୋଷ୍ଠୀମାନଙ୍କର ଅଭ୍ୟୁଦୟ ଆଦିର ବର୍ଣ୍ଣନା ତାଙ୍କ କାବ୍ୟ କବିତାରେ ବର୍ଣ୍ଣିତ। ସେହିପରି ଗୋଦାବରୀଶ ମହାପାତ୍ରଙ୍କ 'ମୁକୁଟର ପରାଜୟ' ଓ 'ଟୋପି' କବିତାରେ ନବ୍ୟ ଓ ଧନୀକ ଶ୍ରେଣୀର କଥା ରହିଛି। ଜାତୀୟ ପ୍ରୀତି ଅନ୍ତରାଳରେ ରାଜନୀତିକ ନେତୃବର୍ଗଙ୍କ ଆତ୍ମ ବିଳାସ ପ୍ରୀତିକୁ କବି ତୀବ୍ର ବ୍ୟଙ୍ଗ କରିଛନ୍ତି। ସ୍ୱାଧୀନତା ପରବର୍ତ୍ତୀ ଅନ୍ୟାନ୍ୟ କବି ତଥା ରାଧାମୋହନ ଗଡ଼ନାୟକ, ବୈକୁଣ୍ଠନାଥ ପଟ୍ଟନାୟକ, ନିତ୍ୟାନନ୍ଦ ମହାପାତ୍ରଙ୍କ କବିତା ସମଗ୍ରରେ ଜାତୀୟ ବିପର୍ଯ୍ୟୟର କରୁଣ ଚିତ୍ର ପ୍ରଦର୍ଶିତ। ଅନନ୍ତ ପଟ୍ଟନାୟକ, କୃଷ୍ଣଚନ୍ଦ୍ର ତ୍ରିପାଠୀ, ମନମୋହନ ମିଶ୍ର, ମନୋଜ ଦାସ, ସୁନନ୍ଦ କର, କୁଞ୍ଜବିହାରୀ ଦାସ, ରବି ସିଂ, ରଘୁନାଥ ଦାସ, ଯଦୁନାଥ ଦାସ ମହାପାତ୍ର, ବ୍ରଜନାଥ ରଥ ପ୍ରମୁଖ ଅବହେଳିତ ସମାଜର ଅଗ୍ରଗତିର ଆଶା ଆକାଂକ୍ଷା ଓ ଆତ୍ମିକ ବିକାଶର ପଥକୁ ଶୋଷକ ସମାଜ କିପରି ବାଧା ଦିଅନ୍ତି ତା ସହିତ ସାମାଜିକ ଚେତନାଧର୍ମୀ କବିତା ରଚନା କରି ଓଡ଼ିଆ କାବ୍ୟ ଜଗତକୁ ସଂପ୍ରସାରଣ କରିଛନ୍ତି। ସମାଜରେ ଅବହେଳିତ ବର୍ଗର ଚରିତ୍ର ମାଧ୍ୟମରେ ସେ ସମୟର ସ୍ଥିତିର ଚିତ୍ର ପ୍ରକାଶିତ। ସେହିପରି ସୀତାକାନ୍ତ ମହାପାତ୍ର, ରମାକାନ୍ତ ରଥ, ବେଣୁଧର ରାଉତ, ସୌଭାଗ୍ୟ ମିଶ୍ର, ସରୋଜରଞ୍ଜନ ମହାନ୍ତି, ବଂଶୀଧର ଷଡଙ୍ଗୀ, ଦେବଦାସ ଛୋଟରାୟ, ହରପ୍ରସାଦ ଦାସ ପ୍ରଭୃତି ନଗର ଜୀବନର କୃତ୍ରିମ ଶୈଳୀ, ସହରର କୋଳାହଳମୟ ବ୍ୟସ୍ତତାରୁ ମୁକ୍ତି, ବ୍ୟାକୁଳତା ଓ ସାମାଜିକ ସମସ୍ୟା ସଙ୍କୁଳିତ ଜୀବନ ଓ ମଣିଷର ବିଷାଦଗ୍ରସ୍ତ ଜୀବନର ମୂଲ୍ୟାୟନ କବିତାଗୁଡ଼ିକରେ ରହିଛି। ଏଥିସହିତ ଆଧୁନିକ କବି ନାରୀକୁ ସ୍ୱପ୍ନରେ, ବାସ୍ତବତାରେ ଓ ପ୍ରତିବିମ୍ବରେ ସଜେଇଛନ୍ତି। ସ୍ୱର୍ଗ, ମର୍ତ୍ତ୍ୟ ଓ ପାତାଳ ନାରୀ ଚରିତ୍ରମାନେ ବିଚରଣ କରିଛନ୍ତି। ରହସ୍ୟମୟତାର ଏକ ଛନ୍ଦୋମୟ ଭାବରେ ବର୍ଣ୍ଣନା ଦେବଯାନୀ ଠାରୁ ମାଳିନୀ ପର୍ଯ୍ୟନ୍ତ ଆଧୁନିକ କବିତାର ନାୟିକା ବିସ୍ତୃତ। ଶଙ୍ଖିନୀ ଠାରୁ ପଦ୍ମିନୀର ରୂପ ଲାବଣ୍ୟର ମାଧୁରୀ। ପ୍ରତିରୂପରେ ରାଣୀ, ସ୍ୱପ୍ନରେ ଇନ୍ଦ୍ରାଣୀ, ଶକ୍ତି ଓ ପ୍ରେରଣାରେ ଶାନ୍ତି ପ୍ରଦାୟିନୀ, ଭାବରେ ଅନୁରାଗିଣୀ। ପୁରୁଷ ଅନ୍ତଃମନ ରାଜ୍ୟର ରାଜନନ୍ଦିନୀ।

ପ୍ରାଚୀନ ଯୁଗ ଠାରୁ ଆଧୁନିକ ଯୁଗ ପର୍ଯ୍ୟନ୍ତ ସାହିତ୍ୟର ବିପୁଳ ପରିସର ମଧ୍ୟରେ ନାରୀର ପ୍ରଶସ୍ତ ବର୍ଣ୍ଣନା ରହିଛି। ପ୍ରାଚୀନ ଓ ମଧ୍ୟ ଯୁଗୀୟ ସାହିତ୍ୟରେ ନାରୀ ଚରିତ୍ରରେ

ଶୃଙ୍ଗାରିକତାକୁ ପ୍ରାଧାନ୍ୟ ରହିଥିଲା। କେଉଁଠି ଜୀବ ରୂପେ, କେଉଁଠି ଦେବୀ ଅବା କେଉଁଠି ଦାନବୀ ରୂପରେ କଳ୍ପନା କରାଯାଇଥିଲା। ଆଧୁନିକ କବିତାର ଜୟଯାତ୍ରାରେ ନାରୀ ପ୍ରତି ସମାଜର ଦୃଷ୍ଟିଭଙ୍ଗୀ ପରିବର୍ତ୍ତିତ ହୋଇଛି, ନାରୀ ଶିକ୍ଷାର ପ୍ରଚାର, ପ୍ରସାର ହୋଇଛି। ନାରୀଟି ସ୍ୱାବଲମ୍ବୀ ହୋଇପାରିଛି। ଦାୟିତ୍ୱବୋଧ, ବ୍ୟକ୍ତିତ୍ୱ ଓ ସାମାଜିକ ପ୍ରତିଷ୍ଠାରେ ଯଥାଯୋଗ୍ୟ ଆସନ ଅଳଙ୍କୃତ କରିଛି। ଆଧୁନିକତାର ସ୍ପର୍ଶରେ ଆପଣାର ପରମ୍ପରା, ପ୍ରକୃତି ଓ ସମାଜ ଠାରୁ ବିଚ୍ଛିନ୍ନ ଅନୁଭବ କରୁଥିବା ନାରୀ ସତ୍ତାଟି ସମ୍ପର୍କର ଶୂନ୍ୟତାରେ ବଞ୍ଚିଛି ଏବଂ ଅହରହ ମୃତ୍ୟୁକୁ ସାମ୍ନା କରିଛି। ବିଷାଦ, ବେଦନା ଓ ଯନ୍ତ୍ରଣା ଭିତରେ ଜୀବନ ଅର୍ଥହୀନ ମନେ ହୋଇଛି। ଆଧ୍ୟାତ୍ମିକ ଆସ୍ପର୍ଦ୍ଧା ରହି ନାହିଁ। ଜୀବନ ପ୍ରତି ନାରୀର ଚରମ ଅବିଶ୍ୱାସ କବି ପ୍ରାଣକୁ ଦଗ୍ଧିଭୂତ କରିଛି। ପରିଶେଷରେ ନାରୀସତ୍ତା ମଧ୍ୟ ଦେଇ ପ୍ରତ୍ୟେକ ଯୁଗର କବିମାନେ ଏକ ବୃହତ୍ତର ଜୀବନର ସତ୍ୟତାକୁ ଅନୁରଣିତ କରିବାରେ ଯଥେଷ୍ଟ ପ୍ରୟାସ କରି ସଫଳ ହୋଇପାରିଛନ୍ତି।

■

**ସହାୟକ ଗ୍ରନ୍ଥସୂଚୀ**


୧. ମାୟାଧର ମାନସିଂହ, ଓଡ଼ିଆ ସାହିତ୍ୟର ଇତିହାସ, ଗ୍ରନ୍ଥମନ୍ଦିର, କଟକ, ୧୯୬୭

୨. ଡ. ଅରୁଣା ମହାନ୍ତି, ସଚ୍ଚି ରାଉତରାୟଙ୍କ କବିତାରେ ନାରୀ, ଓଡ଼ିଶା ବୁକ୍ ଷ୍ଟୋର, କଟକ, ୧୯୮୩

୩. କୁଞ୍ଜବିହାରୀ ଦାଶ, ଆଧୁନିକ ଓଡ଼ିଆ ସାହିତ୍ୟର ଭୂମି ଓ ଭୂମିକା, ବିଶ୍ୱଭାରତୀ, ଶାନ୍ତି ନିକେତନ

୪. ଡ. ବାଉରିବନ୍ଧୁ କର, ଓଡ଼ିଆ ସାହିତ୍ୟର ଇତିହାସ, ଓଡ଼ିଶା ବୁକ୍ ଷ୍ଟୋର, କଟକ

୫. ଡ. ଦାଶରଥି ଦାଶ, ଆଧୁନିକ କାବ୍ୟ ଜିଜ୍ଞାସା, ଅଗ୍ରଦୂତ, କଟକ, ୧୯୭୪

୬. ସୌରୀନ୍ଦ୍ର ବାରିକ, ସାମ୍ପ୍ରତିକ କାଳ ଓ ଚିରନ୍ତନ କବି, ଗ୍ରନ୍ଥମନ୍ଦିର, କଟକ, ୧୯୯୯

୭. ଡ. ନିତ୍ୟାନନ୍ଦ ଶତପଥୀ, ପ୍ରମୁଖ କବି କତିପୟ, ନାଳନ୍ଦା, କଟକ, ୧୯୮୫

୮. ଡ. ଶତ୍ରୁଘ୍ନ ପାଣ୍ଡବ, ଆଧୁନିକ ଓଡ଼ିଆ କବିତା ପରିଚର୍ଚ୍ଚା, ଫ୍ରେଣ୍ଡସ୍ ପବ୍ଲିଶର୍ସ, କଟକ, ୧୯୯୮

୯. ଡ. ବିଜୟ କୁମାର ଶତପଥୀ, ଓଡ଼ିଆ ସାହିତ୍ୟର ପ୍ରଗତିବାଦୀ ଧାରା, ଓଡ଼ିଶା ବୁକ୍ ଷ୍ଟୋର, କଟକ, ୨୦୧୦

୧୦. ଡ. ଦାଶରଥି ଦାଶ, ନାନା ନିବନ୍ଧ, ଅଗ୍ରଦୂତ, କଟକ, ୧୯୯୨

# ତରୁଣକାନ୍ତି ମିଶ୍ରଙ୍କ ଗଳ୍ପରେ ନାରୀ ଚରିତ୍ରର ତାତ୍ପର୍ଯ୍ୟ

ଓଡ଼ିଆ ସାହିତ୍ୟର ଗଳ୍ପ ଓ ଉପନ୍ୟାସ ରଚନା କ୍ଷେତ୍ରରେ କଥାକାର ତରୁଣକାନ୍ତି ମିଶ୍ର ଏକ ସମ୍ବର୍ଦ୍ଧିତ ଉଚ୍ଚାରଣ। ନୂତନ ଶୈଳୀ ଓ ଶିଳ୍ପକଳା ମାଧ୍ୟମରେ ଦୀର୍ଘ ପାଞ୍ଚ ଦଶନ୍ଧିରୁ ଊର୍ଦ୍ଧ୍ୱ ସମୟ ଧରି ସେ ଓଡ଼ିଆ ତଥା ଓଡ଼ିଶା ବାହାରର ପାଠକମାନଙ୍କୁ ମନ୍ତ୍ରମୁଗ୍ଧ କରି ଆସିଛନ୍ତି। ଜୀବନର ପ୍ରତ୍ୟେକ ପଦକ୍ଷେପରେ ଈଶ୍ୱର ଏବଂ ଭାଗ୍ୟ ଉପରେ ବିଶ୍ୱାସ ନ ରଖି ମାନବିକ ମୂଲ୍ୟବୋଧରେ ଗୁରୁତ୍ୱ ଦେଉଥିବା ଏହି ସ୍ରଷ୍ଟା ପୁରୁଷ ସର୍ବଦା ନିଛକ ବାସ୍ତବତା ଭିତରେ ବୁଡ଼ି ରହନ୍ତି। ଛଳନାକୁ ଘୃଣା କରୁଥିବା ଓ ଏକ ନିର୍ଦ୍ଦିଷ୍ଟ ପରିମାଣର ସ୍ୱାଧୀନତା ସହ ବଞ୍ଚିବାକୁ ଭଲ ପାଉଥିବା ଏହି ପୁରୁଷ ଯଶସ୍ୱୀ କଥାକାରଙ୍କ ଜନ୍ମ ହୁଏ ଭାରତ ସ୍ୱାଧୀନ ହେବାର ମାତ୍ର ତିନିବର୍ଷ ଅର୍ଥାତ୍ ୧୯୫୦ ମସିହା ଅଗଷ୍ଟ ମାସ ୩ ତାରିଖରେ ଓଡ଼ିଶାର କେନ୍ଦୁଝର ଜିଲ୍ଲାର ଏକ ସାଧାରଣ ମଧ୍ୟବିତ୍ତ ବ୍ରାହ୍ମଣ ପରିବାରରେ। ତରୁଣକାନ୍ତିଙ୍କ ପୈତୃକ ଗ୍ରାମ କେନ୍ଦୁଝର ଜିଲ୍ଲା ଅନ୍ତର୍ଗତ ଆନନ୍ଦପୁର ନିକଟସ୍ଥ ଶାଳପଡ଼ା। ସାଂପ୍ରତିକ ଓଡ଼ିଆ ତଥା ସାହିତ୍ୟର ଅନ୍ୟତମ ଯଶସ୍ୱୀ କଥାକାର ରୂପେ ତରୁଣକାନ୍ତି ମିଶ୍ର ବେଶ୍ ପରିଚିତ। ପିତାଙ୍କ ନାମ ଯୁଧିଷ୍ଠିର ମିଶ୍ର ଓ ମାତାଙ୍କ ନାମ ତିଲୋତ୍ତମା ମିଶ୍ର। ଇଞ୍ଜିନିୟର ପିତା ଓ ଧର୍ମପ୍ରାଣ ମାତାଙ୍କ କୋଳରେ ବଢ଼ିଥିବା ତରୁଣକାନ୍ତି ମିଶ୍ର ଉଭୟଙ୍କ ମୂଲ୍ୟବୋଧଭିତ୍ତିକ ଆଦର୍ଶ ଦ୍ୱାରା ଗଭୀର ଭାବରେ ଅନୁପ୍ରାଣିତ। ମଧ୍ୟବିତ୍ତ ମୂଲ୍ୟବୋଧ ସମ୍ପର୍କରେ ତାଙ୍କର ସ୍ୱୀକାରୋକ୍ତି ବଡ଼ ଧାର୍ମିକ। ସେ କୁହନ୍ତି – "ମଧ୍ୟବିତ୍ତୀୟ ମୂଲ୍ୟବୋଧ ମୋ ପାଇଁ ନିରାପଦ ପୋତାଶ୍ରୟ। ମଧ୍ୟବିତ୍ତ ପରିବାରରେ ମୋର ଜନ୍ମ ଓ ମୋର ଜୀବନଧାରା ମଧ୍ୟ ମଧ୍ୟବିତ୍ତୀୟ। ମୋ ଲେଖାରେ ସେହି ଅଭିଜ୍ଞତା ଓ ଅବବୋଧ ରହିବା ଆବଶ୍ୟକ। ମଧ୍ୟବିତ୍ତ ମଣିଷର ସୁଖ-ଦୁଃଖ, ଆଶା-ନିରାଶା ଓ ହାସ-କାନ୍ଦର

ପୃଥିବୀ ଅତି ବିଶାଳ। ତା'ର ରହସ୍ୟ ଦେଖୁ ଦେଖୁ ମୁଁ ବିସ୍ମୟରେ ହତ୍‌ବାକ୍ ହୋଇଯାଏ। ମୋର ଜନ୍ମ ମଧ୍ୟବିତ୍ତ ପରିବାରରେ। ମୁଁ ବଞ୍ଚିଛି ସେଇ ମଧ୍ୟବିତ୍ତ ମୂଲ୍ୟବୋଧକୁ ନେଇ। ମୋ ଭାତଥାଳିର ଶେଷ ଭାତଟିକୁ ମୁଁ ପୋଛି ଖାଏ।

ଶ୍ରୀ ମିଶ୍ର ଆପଣାର ଶୈଶବ ଏବଂ ବାଲ୍ୟଜୀବନ ଛୋଟ ଛୋଟ ଆଦିବାସୀ ଅଧ୍ୟୁଷିତ ଇଲାକାରେ ଅତିବାହିତ କରିଛନ୍ତି। ବୃତ୍ତିଗତ ଜୀବନରେ ତାଙ୍କ ପିତା ଯେଉଁଠି ଯେଉଁଠିକୁ ଯାଇଛନ୍ତି ଶ୍ରୀ ମିଶ୍ର ମଧ୍ୟ ତାଙ୍କ ସହିତ ଘୂରି ବୁଲିଛନ୍ତି। ଏହି କାରଣରୁ ଆଦିବାସୀ ଅଞ୍ଚଳମାନଙ୍କରେ ମଣିଷର କଷ୍ଟ ଜୀବନକୁ ଅତି ନିକଟରୁ ଦେଖିବାର ବିରଳ ସୁଯୋଗ ଲାଭ କରିଛନ୍ତି, ଯାହା ପରବର୍ତ୍ତୀ କାଳରେ ତାଙ୍କ ସାହିତ୍ୟ ଜୀବନକୁ ଗଭୀର ଭାବରେ ପ୍ରଭାବିତ କରିବା ସଙ୍ଗେ ସଙ୍ଗେ ତାଙ୍କ ସୃଷ୍ଟି ସମୂହକୁ ବିଭିନ୍ନ ଭାବରେ ରଙ୍ଗାୟିତ କରିପାରିଛନ୍ତି। ବନବାସୀ ଲୋକମାନଙ୍କ ପାଇଁ ତାଙ୍କର ଗଳ୍ପଗୁଡ଼ିକରେ ସମ୍ବେଦନଶୀଳତାର ସ୍ୱର ପୁରିରହିଛି। ଗ୍ରାମୀଣ ଭାଷା, ଗ୍ରାମୀଣ ପରିବେଶ ଓ ସମସ୍ୟାକୁ ସେ ସଫଳ ଭାବରେ ରୂପାୟିତ କରିଛନ୍ତି ତାଙ୍କ ଗଳ୍ପଗୁଡ଼ିକରେ। ଦାରିଦ୍ର୍ୟତା, ଅଭାବ ଅନାଟନ, ଗ୍ରାମୀଣ ମଣିଷମାନଙ୍କର ଦୈନ୍ୟନ୍ଦିନ ଜୀବନଚର୍ଯ୍ୟାକୁ ବେଶ୍ ମନୋରମ ଠାଣିରେ ପ୍ରକାଶ କରିଛନ୍ତି ତାଙ୍କ ରଚନା ସମ୍ଭାରରେ। ଶ୍ରୀ ମିଶ୍ର ଜଣେ ଉତ୍ତମ ଛାତ୍ର ଥିଲେ ଏବଂ ଭଲ ପାଠ ମଧ୍ୟ ପଢୁଥିଲେ। ପିଲାବେଳରୁ ସେ ରଗ୍‌ଣ ଥିବାରୁ ଖେଳାଖେଳି କରିବାରେ ତାଙ୍କର ବିଶେଷ ଆଗ୍ରହ ନ ଥିଲା। ତେଣୁ ପାଠପଢ଼ା ଛଡ଼ା ସେ ଅନ୍ୟଦିଗ ପ୍ରତି ଆଗ୍ରହୀ ନ ଥିଲେ। ଏକ ଆଦର୍ଶ ପରିବାର ଭିତରେ ବଢ଼ିଥିବାରୁ ଶ୍ରୀ ମିଶ୍ର ମଣିଷର ସରଳ ଗୁଣାବଳୀଗୁଡ଼ିକୁ ଯେପରି ପୁରାପୁରି ଶିଖି ନେଇଥିଲେ। ଯେପରି ନମ୍ରତା, ସତ୍ୟନିଷ୍ଠତା, ସାଧୁତା, ଧୈର୍ଯ୍ୟଶୀଳତା, ନିଷ୍କପଟତା, ନିଃସର୍ତ୍ତ ଭଲପାଇବା ଆଦି ମାନବିକ ଗୁଣର ସେ ଥିଲେ ଅଧିକାରୀ। ୧୯୬୬ ମସିହାରେ କଟକସ୍ଥିତ ପ୍ୟାରିମୋହନ ଏକାଡ଼େମୀ ସ୍କୁଲରୁ ମାଟ୍ରିକ୍ ପରୀକ୍ଷାରେ ସେ କୃତିତ୍ୱ ସହ ଉତ୍ତୀର୍ଣ୍ଣ ହୋଇଥିଲେ। ରେଭେନ୍ସା ମହାବିଦ୍ୟାଳୟରେ ପ୍ରି. ଡ଼ିଗ୍ରୀ ଶେଷ ହେବା ପରେ ୧୯୭୦ ମସିହାରେ ଭୁବନେଶ୍ୱରସ୍ଥିତ ବି.ଜେ.ବି ମହାବିଦ୍ୟାଳୟରୁ ଅର୍ଥନୀତି ସମ୍ମାନ ସହ ସ୍ନାତକ ପରୀକ୍ଷାରେ କୃତିତ୍ୱର ସହିତ ପାସ୍ କରି ୧୯୭୨ ମସିହାରେ ଉତ୍କଳ ବିଶ୍ୱବିଦ୍ୟାଳୟ ବାଣୀବିହାରରୁ ପ୍ରୟୋଗାତ୍ମକ ଅର୍ଥନୀତିରେ ସ୍ନାତକୋତ୍ତର ଏବଂ ୧୯୯୦ ମସିହାରେ ଲଣ୍ଡନସ୍ଥିତ ଇଷ୍ଟ ଆଙ୍ଗିଲିଆ ବିଶ୍ୱବିଦ୍ୟାଳୟରେ ଉଚ୍ଚତର ଶିକ୍ଷା ପରେ ସ୍ନାତକୋତ୍ତର ଉପାଧି ଲାଭ କରି ପାହାଚ ପରେ ପାହାଚ ଅତିକ୍ରମ କରିପାରିଥିଲେ।

୧୯୭୨ ମସିହାରେ ଶ୍ରୀ ମିଶ୍ର ଭାରତୀୟ ପ୍ରଶାସନିକ ସେବା ପରୀକ୍ଷା ଦେଇ ଆଲାଏଡ୍ ସେବା (allied service) ପାଇଁ ଯୋଗ୍ୟ ବିବେଚିତ ହୋଇଥିଲେ ଏବଂ

ଆୟକର (income-tax) ବିଭାଗରେ ତାଙ୍କର ଚାକିରୀ ଜୀବନ ଆରମ୍ଭ କରିଥିଲେ। ୧୯୭୫ ମସିହାରେ ଭାରତୀୟ ପ୍ରଶାସନିକ ସେବା ପରୀକ୍ଷା ଦେଇ କୃତିତ୍ୱ ସହକାରେ ଉତ୍ତୀର୍ଣ୍ଣ ହୋଇଥିଲେ ଏବଂ କର୍ମମୟ ପ୍ରଶାସନୀୟ ଜୀବନ ଆରମ୍ଭ କରିଥିଲେ। କର୍ମ କ୍ଷେତ୍ରରେ ଶ୍ରୀ ମିଶ୍ର ଯେପରି ସଫଳତାର ସହିତ କାର୍ଯ୍ୟ କରିଛନ୍ତି, ସେହିପରି ମଧ୍ୟ ସେ ଏକ ସୁଖମୟ ପାରିବାରିକ ଜୀବନ ବଞ୍ଚି ଆସିଛନ୍ତି। ଉଚ୍ଚଶିକ୍ଷିତା ପତ୍ନୀ ସୁନନ୍ଦା, କନ୍ୟା ମନୀଷା, ମନସ୍ୱିନୀ ଏବଂ ପୁତ୍ର ସନ୍ଦୀପଙ୍କୁ ନେଇ ତାଙ୍କର ଏକ ପରିପୂର୍ଣ୍ଣ ସୁନ୍ଦର ସଂସାର। ସଂପ୍ରତି ଉଭୟ କନ୍ୟା ଏବଂ ପୁତ୍ର ଯଥାକ୍ରମେ ଡାକ୍ତର ଏବଂ ଇଞ୍ଜିନିୟର ଭାବରେ ସୁଦୂର ଆମେରିକାରେ ଅବସ୍ଥାପିତ। ତରୁଣକାନ୍ତିଙ୍କ ପ୍ରଥମ ଗଳ୍ପ ସଂକଳନ 'ଆବର୍ତ୍ତନର ଦୁଇଟି ସ୍ୱର' (୧୯୬୮) ପ୍ରକାଶିତ ହେଲା ବେଳକୁ ସେ ମାତ୍ର ଅଠର ବର୍ଷ ବୟସର ଜଣେ ତରୁଣ। ଏତେ କମ୍ ବୟସରେ ସେ ଯେଉଁ ଗଳ୍ପ ରଚନା କରିଥିଲେ ତାହା ଆଜି ଅନୁଶୀଳନ କରିବା ସମୟରେ ବିସ୍ମିତ ହେବାକୁ ପଡ଼େ। ଶ୍ରୀ ମିଶ୍ର ଭବିଷ୍ୟତରେ ଜଣେ ସଫଳ କଥାକାର ଭାବରେ ପ୍ରତିଷ୍ଠା ଲାଭ କରିବେ ତାହା ତାଙ୍କ ତରୁଣ ଜୀବନରେ ଲିଖିତ ଗଳ୍ପଗୁଡ଼ିକରୁ ବେଶ୍ ଜଣାପଡିଥିଲା। ଛାତ୍ର ଜୀବନରୁ ଆଜି ଯାଏ ତାଙ୍କର ଅଜସ୍ର ଗଳ୍ପ ବହୁ ପ୍ରତିଷ୍ଠିତ ସମ୍ଭ୍ରାନ୍ତ ପତ୍ରପତ୍ରିକାରେ ପ୍ରକାଶିତ ହୋଇ ବିପୁଳ ପାଠକୀୟ ଶ୍ରଦ୍ଧା ଓ ସ୍ୱୀକୃତି ଲାଭ କରୁଛି। ଦୀର୍ଘ ଚାରିଦଶନ୍ଧିରୁ ଊର୍ଦ୍ଧ୍ୱକାଳ (୧୯୬୮-୨୦୧୧) ନିଜସ୍ୱ ଶୈଳୀରେ ଓଡ଼ିଆ ସାହିତ୍ୟ ଜଗତକୁ ଭେଟି ଦେଇଛନ୍ତି ସମୁଦାୟ ୧୩ଗୋଟି ଗଳ୍ପ ସଂକଳନ ଏବଂ ଗୋଟିଏ  ଉପନ୍ୟାସ। ଏଯାବତ୍ ତାଙ୍କର ପ୍ରକାଶିତ ଗଳ୍ପ ସଂକଳନଗୁଡ଼ିକ ହେଉଛି – 'ଆବର୍ତ୍ତର ଦୁଇଟି ସ୍ୱର' (୧୯୬୮), 'ନିଃସଙ୍ଗତାର ସ୍ୱର' (୧୯୮୦), 'କୋମଳ ଗାନ୍ଧାର' (୧୯୮୪), 'ବହୁବ୍ରୀହି' (୧୯୮୮), 'ପାରାଡ଼ାଇଜ ପକ୍ଷୀ ଓ ଜଣେ ନିରସ୍ତ୍ର ଆତତାୟୀ' (୧୯୯୪), 'ବୀତଂସ' (୧୯୯୬), 'ପ୍ରଜାପତିର ଡେଣା ନାହିଁ' (୧୯୯୨), 'ଆକାଶ ସେତୁ' (୧୯୯୯), 'ଲଣ୍ଠନର ରାତି' (୨୦୦୨), 'ନିର୍ବାଚିତ ଗଳ୍ପ' (୨୦୦୩), 'ଆଜି ରାତିର ଗଳ୍ପ' (୨୦୦୫), 'ଜହ୍ନ ରାତିର ଗପ ସରି ନାହିଁ' (୨୦୧୦) ଓ 'ରଜନୀଗନ୍ଧା' (୨୦୧୦)। ତାଙ୍କର ପ୍ରକାଶିତ ଏକମାତ୍ର ଉପନ୍ୟାସ ହେଉଛି 'ଶରଦଃ ଶତମ୍' (୨୦୧୫)। ତରୁଣକାନ୍ତି ମିଶ୍ର ୨୦୧୪ରେ ପ୍ରକାଶିତ 'ଭାସ୍ୱତୀ ଗଳ୍ପ' ସଂକଳନ ପାଇଁ ୨୦୧୯ରେ କେନ୍ଦ୍ର ସାହିତ୍ୟ ଏକାଡ଼େମୀ ପୁରସ୍କାର ପାଇଛନ୍ତି।  ତାଙ୍କର କେତୋଟି ବହୁ ଜନପ୍ରିୟ କ୍ଷୁଦ୍ରଗଳ୍ପ ହିନ୍ଦୀ ଭାଷାରେ ଅନୁଦିତ ହୋଇ ଭାରତୀୟ ଜ୍ଞାନପୀଠ ଦ୍ୱାରା 'ଇତ୍‌ନୀଦୂର' ଶୀର୍ଷକରେ ପ୍ରକାଶିତ।

କଥାକାର ତରୁଣକାନ୍ତିଙ୍କ ଗଳ୍ପଜଗତ ବୈଚିତ୍ର୍ୟ ବିମଣ୍ଡିତ। ସମାଜର କୌଣସି

ବର୍ଗର ଚରିତ୍ରକୁ ସେ ଉପେକ୍ଷା କରି ନାହାନ୍ତି ତାଙ୍କ ଗଳ୍ପରେ। ପୁରୁଷ ସମାଜ, ନାରୀ ସମାଜ, ଶିଶୁ କିଶୋର, ବୃଦ୍ଧ-ବୃଦ୍ଧା ସମସ୍ତଙ୍କୁ ସେ ଯଥାଯୋଗ୍ୟ ସ୍ଥାନ ଦେଇଛନ୍ତି ସ୍ୱୀୟ ସୃଷ୍ଟି ଭିତରେ। ନାରୀ ସମାଜ ପ୍ରତି ତାଙ୍କର ରହିଛି ଅଜସ୍ର ସମ୍ବେଦନା। ନାରୀର ସ୍ୱପ୍ନ, ତା'ର ସ୍ୱପ୍ନଭଙ୍ଗ, ବେଦନା ପୀଡ଼ିତ ଜୀବନ, ଦୁଃଖ ଦୁର୍ଦ୍ଦଶା, ଆଶା-ଅଭୀପ୍ସା, ଅସହାୟତା, କାରୁଣ୍ୟ, ପ୍ରାପ୍ତି-ଅପ୍ରାପ୍ତି, ପାଇବା-ହରାଇବାର ନିଖୁଣ ଚିତ୍ର ଚିତ୍ରିତ ତାଙ୍କର ଅନେକ ଗଳ୍ପରେ। ଗାଳ୍ପିକ ତରୁଣକାନ୍ତିଙ୍କର ଗଳ୍ପର ଏକ ବିଶିଷ୍ଟ ଦିଗ ରହିଛି ନାରୀ ଚରିତ୍ରମାନଙ୍କୁ ମୌଳିକ ଭାବରେ ପରିପ୍ରକାଶ କରିବାରେ। ସୃଷ୍ଟିରେ ମୌଳିକ ବିଭବ ନାରୀ କେବଳ ସମ୍ଭୋଗର ହେତୁ ଅଥବା ପୀଠାପୀଠିକା ନୁହେଁ, ପକ୍ଷାନ୍ତରରେ ସେମାନେ ସୃଜନଶୀଳତାର ପ୍ରତିଭୂ-ମାନବିକ ମୂଲ୍ୟବୋଧର ଅଙ୍ଗ ଓ ଅଂଶବିଶେଷ। ସେମାନଙ୍କୁ ବାଦ୍‌ଦେଇ ସୃଷ୍ଟିରେ ସୃଜନଶୀଳତା କଥା ଚିନ୍ତା କରାଯାଇ ନ ପାରେ। ନାରୀର ମୁକ୍ତିରେ ଯେ ନାରୀର ପ୍ରକୃତ ସ୍ଥିତି ଫୁଟିଉଠେ; ପାଠକ-ପାଠିକାଙ୍କୁ ଗାଳ୍ପିକ ଏ ପ୍ରକାର ସତ୍ୟର ନିକଟବର୍ତ୍ତୀ କରିପାରିଛନ୍ତି। ନାରୀ ସମ୍ପର୍କରେ ପୁରୁଷମାନଙ୍କର ରହି ଆସିଥିବା ଅବାଞ୍ଛିତ ଦୃଷ୍ଟିଭଙ୍ଗୀ ବଦଳାଇବା ସମ୍ପର୍କରେ ଗାଳ୍ପିକ ପ୍ରଚେଷ୍ଟା ରଖିଛନ୍ତି। ସକଳ ନାରୀମାନଙ୍କର ଭିତରେ ଉଦ୍‌ବେଗର ଯେଉଁ ବାତାବରଣ ରହିଛି ତାହା ଅତୀନ୍ଦ୍ରିୟ ଚେତନା ଅଥବା ଚିରନ୍ତନ ସମ୍ପର୍କରେ ନିବିଡ଼ତା ହୋଇପାରେ। ଗାଳ୍ପିକ ବହୁ ଭାବରେ ତାକୁ ହିଁ ଉଖାରି ଦେଖାଇବାକୁ ଆଗ୍ରହ ପ୍ରକାଶ କରିଛନ୍ତି। ନାରୀ ଚରିତ୍ର ଚିତ୍ରଣ କ୍ଷେତ୍ରରେ ଗାଳ୍ପିକ ଶ୍ରୀ ମିଶ୍ର ଅସାମାନ୍ୟ ଦକ୍ଷତା ପ୍ରଦର୍ଶନ କରିଛନ୍ତି। ତାଙ୍କ ନାରୀ ଚରିତ୍ରଗୁଡ଼ିକ ଖାଣ୍ଟି ଭାରତୀୟ ହେଲେ ହେଁ ପରିବର୍ତ୍ତିତ ପରିସ୍ଥିତି ସହିତ ଖାପଖୁଆଇ ନିଜର ସ୍ୱତନ୍ତ୍ର ପରିଧି ସୃଷ୍ଟି କରିବାରେ ସମର୍ଥ। ଏକା ଧାରାରେ ଏମାନେ ପୁରୁଷର ସହକର୍ମିଣୀ, ସହଧର୍ମିଣୀ ପୁଣି ପ୍ରତିପକ୍ଷ ମଧ୍ୟ। ଯୌନାବେଗର ରୂପାୟନ ସମୟରେ ତା'ର କଳାତ୍ମକ ରୂପ ପ୍ରତି ଅତ୍ୟନ୍ତ ସଚେତନ। ବିଭକ୍ତ ବ୍ୟକ୍ତିସତ୍ତା କଥା ପରିବର୍ତ୍ତିତ ସାମାଜିକ ଓ ସାଂସ୍କୃତିକ ମୂଲ୍ୟବୋଧ ତାଙ୍କର ଅନେକ ଗଳ୍ପରେ ଅନୁରଣିତ। ନୈତିକତା ଅପେକ୍ଷା ବାସ୍ତବତା ହିଁ ତାଙ୍କ ସୃଷ୍ଟିରେ ଅଧିକ ଗୁରୁତ୍ୱ ପାଇଛି। ପୁନଶ୍ଚ ତରୁଣକାନ୍ତିଙ୍କ ନାରୀ ଚରିତ୍ର ଚିତ୍ରଣ ଧର୍ମ ଓ ରକ୍ଷଣଶୀଳତାରୁ ମୁକ୍ତ ହୋଇ ଏକ ପ୍ରଗତିଶୀଳ ଚେତନା ଦ୍ୱାରା ମହିମାବନ୍ତ ହୋଇଥିଲେ ହେଁ, କୌଣସି କ୍ଷେତ୍ରରେ ନିଜର ସାଂସ୍କୃତିକ ବଳୟରୁ ବିଚ୍ଛିନ୍ନ ହୋଇ ନାହାନ୍ତି। ଭାରତୀୟତାର ସମସ୍ତ ଗୁଣ ନେଇ ତାଙ୍କ ଜୀବନଧାରାକୁ ତୋଳି ଧରନ୍ତି ତାଙ୍କ କାହାଣୀଗୁଡ଼ିକରେ। ଓଡ଼ିଆ ମାଟିର ଭୁରୁଭୁରୁ ଗନ୍ଧ ଭିତରେ ପାଠକ ବାରମ୍ବାର ଭେଟେ ଏକ ସାର୍ବକାଳୀକ  ମୂଲ୍ୟବୋଧକୁ। ନାରୀକୁ ସ୍ୱତନ୍ତ୍ର ମର୍ଯ୍ୟାଦା ଦେବାରେ ଗାଳ୍ପିକ ସର୍ବଦା ଉନ୍ମୁଖତା ପ୍ରକାଶ କରିଛନ୍ତି ଏବଂ ନାରୀଟିଏର ଜୀବନର ମହିମାମୟ

ଦିଗକୁ ଚମତ୍କାର ରୀତିରେ ଉନ୍ମୋଚନ କରିଛନ୍ତି ସଫଳତାର ସହିତ। ତରୁଣକାନ୍ତିଙ୍କ ଗଳ୍ପରେ ନାରୀ ଚରିତ୍ରମାନଙ୍କର ଏକ ବିଶେଷ ଭୂମିକା ରହିଛି। ପତ୍ନୀ, ପ୍ରେମିକା, ମାତା, ଭଗ୍ନୀ ଆଦି ବିଭିନ୍ନ ଭୂମିକାରେ ଅବତୀର୍ଣ୍ଣ ହୋଇ ନିଜ ଚରିତ୍ରର ବୈଶିଷ୍ଟ୍ୟ ପ୍ରଦାନ କରିଛନ୍ତି। ଏମାନେ ପ୍ରତ୍ୟେକ ନିଜ ମହିମାରେ ମହିମାନ୍ୱିତ।

'ନିଃସଙ୍ଗତାର ସ୍ୱର' ଗଳ୍ପ ସଂକଳନର ଦୁଇଟି ଉଲ୍ଲେଖନୀୟ ଗଳ୍ପ ହେଉଛି 'ତ୍ରିଭୁଜର ଚତୁର୍ଥ ବାହୁ' ଓ 'ଅନେକ ଦୂର'। ଏ ଉଭୟରେ ନାରୀ ସମାଜ ପ୍ରତି ଗାଳ୍ପିକଙ୍କର ମାନବୀୟ ସମ୍ବେଦନା ପ୍ରକାଶ ଲାଭ କରିଛି। 'ତ୍ରିଭୁଜର ଚତୁର୍ଥ ବାହୁ' ଗଳ୍ପରେ ଅଫିସ୍‌ର ବଡ଼ ସାହେବ ମିଶ୍ରବାବୁ ତାଙ୍କର ତୃତୀୟ ବିବାହ ବାର୍ଷିକୀ ପାଳନ ଅବସରରେ ସାଙ୍ଗସାଥୀମାନଙ୍କୁ ନିମନ୍ତ୍ରଣ କରିଛନ୍ତି, ହସଖୁସି, ମଉଜ ମଜ୍‌ଲିସ୍ କରିବା ପାଇଁ। ତାଙ୍କର ଅଧସ୍ତନ କର୍ମଚାରୀ କେଶବଙ୍କୁ ମଧ୍ୟ ସସ୍ତ୍ରୀକ ଆସିବାପାଇଁ ନିମନ୍ତ୍ରଣ କରିଛନ୍ତି। କେଶବ ତା'ର ସ୍ତ୍ରୀକୁ ପ୍ରସ୍ତୁତ ହେବା ପାଇଁ କହିଛି। ସ୍ତ୍ରୀ ରେଖା ସୁନ୍ଦର ଶାଢ଼ୀଟିଏ ପିନ୍ଧି ସ୍ୱାମୀ କେଶବ ସାଙ୍ଗରେ ବାହାରି ପଡ଼ିଛି। ନିର୍ଦ୍ଧାରିତ ସମୟର ଅଧଘଣ୍ଟା ପୂର୍ବରୁ ସେମାନଙ୍କ ସାହେବଙ୍କ ଘରେ ପହଞ୍ଚି ଯାଇଛନ୍ତି। ସାହେବ କେଶବକୁ ବିଭିନ୍ନ କାମ ବୁଝାବୁଝି କରିବାରେ ଲଗାଇ ଦେଇଛନ୍ତି। କେଶବର ପତ୍ନୀ ରେଖା ଏସବୁ ନୀରବରେ ଲକ୍ଷ୍ୟ କରିଛି। ଅନ୍ୟ ଅତିଥିମାନେ ଖୁସିଗପ ଓ ବିଭିନ୍ନ ଆଲୋଚନାରେ ମାତିଥିବା ବେଳେ ଗାଁ ସ୍କୁଲରେ ଏକାଦଶ ଶ୍ରେଣୀ ପାଶ୍ କରିଥିବା ରେଖା ଚୁପ୍‌ଚାପ ବସି ରହିଛି। ସାହେବମାନଙ୍କ ବିଳାସପୂର୍ଣ୍ଣ ଜୀବନ ସମ୍ପର୍କରେ ରେଖା ଯେତେବେଳେ କହେ ଯେ ସେମାନେ ବହୁତ ସୁଖରେ ବହୁତ ମଜାରେ ଅଛନ୍ତି। ସ୍ତ୍ରୀ ସହିତ ଏଇଠି କେଶବ ଏକମତ ହୁଏ ନାହିଁ। ବ୍ୟସନରେ ବିଳାସ ହୁଏ ତ ଥାଇପାରେ, କିନ୍ତୁ ସୁଖ ନାହିଁ। ଏମାନଙ୍କର ପଇସା ଅଛି ସତ, କିନ୍ତୁ ହୃଦୟ ନାହିଁ। ଦାମ୍ପତ୍ୟ ଜୀବନ ମଧ୍ୟ ଦୁଃସହ। ସାହେବ ସୁନ୍ଦରୀ ରେଖା ପାଖରେ ଠିଆହୋଇ କଣେଇ କଣେଇ ତାକୁ ଚାହିଁବା ଦୃଶ୍ୟ ଦେଖିଛି କେଶବ ଏବଂ ଏଥିପାଇଁ ପତ୍ନୀକୁ ସନ୍ଦେହ କରି ନାନା ପ୍ରଶ୍ନ ପଚାରିଛି। କେଶବକୁ ସାହେବ ଖାଇ ନେବାକୁ କହିବାରୁ ଯାଇ ଦେଖେ ତ ସବୁ ସରିଯାଇଛି। ତେଣୁ କେଶବ ଦୁଇ ଗ୍ଲାସ ଓଲଡ୍‌ମଙ୍କ୍ ରମ୍ ପିଇ ଦେଇଛି। ସ୍ୱାମୀର ମୁହଁରୁ ସେଇ ଗନ୍ଧ ବାରି ପତ୍ନୀ ରେଖା ଆର୍ତ୍ତ ଚିତ୍କାର କରି ଉଠିଛି। ସେଇ ଛାୟାଚ୍ଛନ୍ନ ଅନ୍ଧାର ରାତିରେ ଉଭୟେ ଘରକୁ ଫେରିଛନ୍ତି। କେଶବ ଠିକ୍‌ରେ ଚାଲି ପାରୁ ନଥାଏ। ଘରେ ପହଞ୍ଚି କେଶବ ରେଖାକୁ ପଚାରିଛି ମିଶ୍ର ସାହେବ ତାକୁ କ'ଣ କହୁଥିଲେ। ପୁଣି ପଚାରିଛି ଜଣେ କିରାଣୀର ସ୍ତ୍ରୀ ସୁନ୍ଦରୀ ହେବ ନାହିଁ ବୋଲି କୋଉଠି ଆଇନ୍ ଅଛି ? ଏହି ପ୍ରଶ୍ନ ବାରମ୍ବାର ପଚାରି କେଶବ ତା' ସ୍ତ୍ରୀ ଉପରକୁ ଝାମ୍ପିପଡ଼ିଛି। ଉନ୍ମତ୍ତ ଭାବରେ

ଏକ ଅଦ୍‌ଭୁତ ହିଂସ୍ର, ପାଶବିକ ଉଲ୍ଲାସରେ ତା' ଉପରେ ମାଡ଼ ଚଢ଼ାଇଛି ପ୍ରବଳ। କିଛି ସମୟ ମାଡ଼ ଦେବା ପରେ ସେ ସିଧା ଠିଆ ଦେବାକୁ ଚେଷ୍ଟା କରିଛି ଏବଂ ରେଖା ମୁହଁକୁ ଅନାଇଛି। ତା'ପରେ ଗାଳ୍ପିକ ଯାହା ବର୍ଣ୍ଣନା କରିଛନ୍ତି ତହିଁରେ ମାନବିକ ସମ୍ବେଦନା ଉକୁଟି ଉଠିଥିବା ଲକ୍ଷ୍ୟ କରି ହୁଏ। ଦୁଇ ହାତରେ ରେଖା ଲୁହଭିଜା ମୁହଁଟିକୁ ତୋଳିଧରି ଏକ ଦୃଷ୍ଟିରେ ଦେଖିଲା। ସେ ଦେଖିଲା ! ଗଭୀର ଯନ୍ତ୍ରଣା ଓ ଅପମାନରେ ରେଖାର ମୁହଁ ଲାଲ୍ ପଡ଼ିଯାଇଛି। ମାଡ଼ବାଜି ତା'ର ତଳ ଓଠରୁ ଟିକିଏ କଟିବି ଯାଇଛି। ବିନ୍ଦୁଏ ରକ୍ତ ଜମିଛି ସେ କ୍ଷତରେ। ସେଇ ମୁହଁଟିକୁ କେଶବ କିଛି ସମୟ ପାଇଁ ଚାହିଁ ରହିଲା ଏକ ଦୃଷ୍ଟିରେ କ୍ରମଶଃ ତା' ଆଖି ଦୁଇଟାର ଅଭିବ୍ୟକ୍ତି ବଦଳିଗଲା। ତା' ପରେ ସେ ବରଡାପତ୍ର ପରି ଥରୁଥିବା ରେଖାର ସେହି ଦେହକୁ ନିଜ ଛାତିରେ ଚାପିଧରି, ଅଧିର ଆଗ୍ରହରେ, ତା'ଓଠ, କପାଳ, ବେକ, କାନ୍ଧ ଓ ଛାତି ଅଜସ୍ର ଚୁମ୍ବନରେ ଭରିଦେଲା। ରେଖାର ବନ୍ଦ ଆଖି ଭିତରେ ସେତେବେଳେ କି ଭାବ ଫୁଟିଥିଲା ତାହା କେହି ଦେଖିପାରିଲେ ନାହିଁ। ପ୍ରଚୁର ସମ୍ବେଦନା ରେଖା ଚରିତ୍ରଟି ପ୍ରତି ଗାଳ୍ପିକଙ୍କ ହୃଦୟରୁ ଝରିଆସିଛି।

ସେହିପରି 'ଅନେକ ଦୂର' ଗଳ୍ପଟି ଏକ କରୁଣ ରସାଶ୍ରିତ ମାନବବାଦୀ ଗଳ୍ପ। ଜଣେ ତରୁଣୀର ଅସହାୟତା ଓ ନିଃସଂଗପଣିଆ ତା'ମନରୁ ସବୁ ସ୍ୱପ୍ନକୁ କିପରି ଲୁଟି ନେଇଥାଏ, ତା'ର ଚମତ୍କାର କଳାତ୍ମକ ପରିପ୍ରକାଶ ଘଟିଛି ଉଲ୍ଲିଖିତ ଗଳ୍ପରେ। ସଂଯୁକ୍ତା ନାମ୍ନୀ ତରୁଣୀଟି ଉଚ୍ଚଶିକ୍ଷିତା ହୋଇଥିଲେ ମଧ୍ୟ ଛୋଟୀ ହୋଇଥିବା କାରଣରୁ ତାକୁ ବିବାହ କରିବାକୁ କେହି ଆଗେଇ ଆସନ୍ତି ନାହିଁ। ଅପରପକ୍ଷେ ତାକୁ କେହି ଭଲପାଆନ୍ତି ନାହିଁ। ତାଙ୍କ ପରିବାରରେ ସେ ନିଜେ, ବାପା ଏବଂ କାନକୁ କମ୍ ଶୁଣାଯାଉଥିବା ଚାକିରିଟିଏ। ଅଧିକାଂଶ ସମୟ ବାପା ଯାଆନ୍ତି ଟୁର୍‌ରେ। ଘରର ଖାଁ ଖାଁ ପରିବେଶ ଭିତରେ ନିଃସଙ୍ଗ ଜୀବନ ବିତାଏ ତରୁଣୀଟି। ସ୍ନେହ କାଙ୍ଗାଳୀ ତରୁଣୀ ଜଣଙ୍କର ସବୁ ସ୍ୱପ୍ନ ଭାଙ୍ଗିରୁଜି ଚୂରମାର ହୋଇଯାଏ। ଗଳ୍ପନାୟକ ତା' ପାଖକୁ ଯାଏ ଗଣିତ ବୁଝିବା ଲାଗି। ସେ ଉପଲବ୍ଧି କରେ ସଂଯୁକ୍ତା ହୃଦୟରେ ରହିଥିବା ସ୍ନେହ ଓ ଭଲପାଇବାକୁ। ତାକୁ ଭୀଷଣ ଜ୍ୱର ହେଉଥିଲା ବେଳେ ଗଳ୍ପନାୟକ ରାତ୍ରି ଅନିଦ୍ରା ରହି ତା'ର ସୁଶ୍ରୁଷା କରେ ଅଥଚ ଗଳ୍ପନାୟକର ଅନୁପସ୍ଥିତିରେ ଚିରକାଳ ଆଖି ବୁଜିଦିଏ। ସେଦିନ ରାତିରେ ଅନିଦ୍ରା ରହି ସଂଯୁକ୍ତା ପାଇଁ ଲେଖିଥିବା କବିତାଟି ତା'ଖଟତଳୁ ଆବିଷ୍କାର କରେ। ଜୀବନର ଶେଷ ମୁହୂର୍ତ୍ତ ପର୍ଯ୍ୟନ୍ତ ସଂଯୁକ୍ତା ହୁଏତ ସେ କବିତାଟିକୁ ବାରମ୍ବାର ପଢ଼ିଥିବ, ଏଇ ଧାରଣା ସୃଷ୍ଟି ହୁଏ ଗଳ୍ପନାୟକ ମନରେ। ଜଣେ ତରୁଣୀର ବିଡ଼ମ୍ବିତ ସ୍ୱପ୍ନ, ଅପ୍ରାପ୍ତି, ଅସହାୟତା, ନିଃସଂଗତା ଆଦି ପ୍ରକାଶ ପାଇଛି ଗଳ୍ପଟିରେ।

'କୋମଳ ଗାନ୍ଧାର', ଗଳ୍ପ ସଂକଳନରେ ଥିବା 'ଅନ୍ଧାର ରାତିର ଲୁହ' ଓ 'ଲୁହ ରକ୍ତ ମାଟିର ଆକାଶ' ଦୁଇଗୋଟି ଅନବଦ୍ୟ ଗଳ୍ପ ଯାହା ନାରୀ ଜୀବନକୁ ନେଇ ରଚିତ। 'ଅନ୍ଧାର ରାତିର ଲୁହ' ଗଳ୍ପରେ ଆପଣାର ସ୍ୱାମୀକୁ ହରାଇଥିବା ନିରିମାଖି ନାରୀଟି ହୃଦୟରେ ଅପ୍ରମିତ ବ୍ୟଥା ସତ୍ତ୍ୱେ ନିଜ ଶାଶୂ ଓ ଶ୍ୱଶୁରଙ୍କ ନିକଟରେ ସ୍ୱାମୀ ମୃତ୍ୟୁ ସମ୍ବାଦ ଗୋପନ ରଖିଛି। ସବୁ ଦୁଃଖ, ଯନ୍ତ୍ରଣାକୁ ହୃଦୟରେ ଚାପି ରଖିଛି। ପରିବାରର ଅନ୍ୟମାନଙ୍କୁ ସେଇ ବେଦନାକ୍ତ ବଳୟକୁ ଠେଲି ଦେବା ପାଇଁ ଚାହିଁ ନାହିଁ। ଏହି ଚରିତ୍ରଟି ପ୍ରତି ସ୍ରଷ୍ଟାପ୍ରାଣର ଗଭୀର ସମ୍ବେଦନା ଫୁଟି ଉଠିଛି ସଫଳ ଭାବେ। 'ଲୁହ ରକ୍ତ ମାଟିର ଆକାଶ' ଗଳ୍ପରେ ଅଞ୍ଜନା ଚକବନ୍ଦୀ ଅଫିସର ସ୍ୱଳ୍ପ ବେତନଭୋଗୀ ଜଣେ (କ୍ଲର୍କର ସ୍ତ୍ରୀ) ଅଧସ୍ତନ କର୍ମଚାରୀର ସ୍ତ୍ରୀ। ସ୍ତ୍ରୀ ଇଚ୍ଛା ପୂରଣ କରିବାକୁ ତା'ର ସାମର୍ଥ୍ୟ ନାହିଁ। ଏକଥା ସ୍ତ୍ରୀ ଅଞ୍ଜନା ହୃଦୟଙ୍ଗମ କରିବା ପରିବର୍ତ୍ତେ ଅନ୍ୟ ଲୋକମାନଙ୍କର ପ୍ରାଚୁର୍ଯ୍ୟ, କୋଠା, ଗାଡ଼ି ଇତ୍ୟାଦିକୁ ଅନାଇ ଦୁଃଖ ପାଏ। ସ୍ୱାମୀଙ୍କ ବାରଣ ସତ୍ତ୍ୱେ ଗହଣା ଦୋକାନକୁ ଯାଇ କାଞ୍ଚନମାଳା ହାର ଦେଖାଇବାକୁ ଗହଣା ଦୋକାନୀକୁ କୁହେ। ପାଟଶାଢ଼ୀ କିଣିବାକୁ ଇଚ୍ଛା କରି ଶାଢ଼ୀ ଦୋକାନଠୁ ପୁଣି ପାଟଶାଢ଼ୀ ଦେଖେ। କାଶ୍ମୀର ଯିବାକୁ ମନ ବଳାଏ। ଏ ସବୁର ଅଭାବ ତାକୁ ଭୟଙ୍କର ଭାବେ ମାନସିକ ବିଷାଦଗ୍ରସ୍ତ କରାଏ। ଏପରିକି ଅସନ୍ତୋଷ ମଧ୍ୟରେ ଅଞ୍ଜନାର ମୃତ୍ୟୁ ହୁଏ। ଅପର ପକ୍ଷରେ ସ୍ୱଳ୍ପ ବେତନଭୋଗୀ ଶାନ୍ତନୁ ମଧ୍ୟ ସ୍ତ୍ରୀର ମନୋବାଞ୍ଛା ପୂରଣ କରି ନ ପାରି ମାନସିକ ଯନ୍ତ୍ରଣାରେ ଛଟପଟ ହଏ। ପ୍ରତ୍ୟେକ ନାରୀର ଇଚ୍ଛା ଥାଏ ଭଲ ପିନ୍ଧିବାକୁ, ସୁନ୍ଦର ଏକ ଘର ତୋଳିବାକୁ, ବାହାରକୁ ଯାଇ ବୁଲାବୁଲି କରିବାକୁ, ମାତ୍ର ତା'ର ଅଭାବରେ ସେ ଭାଙ୍ଗିପଡ଼େ, ଦୀର୍ଘଶ୍ୱାସ ପକାଏ। ବସ୍ତୁବାଦୀ ଦୁନିଆରେ ସ୍ୱାମୀ-ସ୍ତ୍ରୀର ମଧୁର ସମ୍ପର୍କ ତୁଳନାରେ ବ୍ୟକ୍ତିଗତ ଉପଭୋଗ ଅଧିକ ଗୁରୁତ୍ୱପୂର୍ଣ୍ଣ ହେବା ଯୋଗୁଁ ପରସ୍ପର ମଧ୍ୟରେ ମନୋମାଳିନ୍ୟ ଓ ଅସନ୍ତୋଷ ଭାବ ବୃଦ୍ଧି ପାଇ ଜୀବନକୁ ଏକ ଭଗ୍ନସ୍ତୂପରେ ପରିଣତ କରିଦେଇଛି। 'ପାରାଡାଇଜ୍ ପକ୍ଷୀ ଓ ଜଣେ ନିରସ୍ତ୍ର ଆତତାୟୀ' ଗଳ୍ପ ସଂକଳନସ୍ଥ 'ନଦୀର ନାମ ସ୍ରୋତ' ଗଳ୍ପର ସୁମିତ୍ରା, 'ତାଜମହଲ' ଗଳ୍ପର ମାଧୁରୀ, 'ଦିନେ ରାତିରେ', ଗଳ୍ପରେ ବିଶାଖା, 'ଗରମ ପବନ', ଗଳ୍ପର ସୁମି ଓ 'ବିଭକ୍ତ ବଳୟ' ଗଳ୍ପର ମାନସୀ ଆଦି ନାରୀ ଚରିତ୍ର ପ୍ରତି ଗାଳ୍ପିକଙ୍କ ଅକୃତ୍ରିମ ସହାନୁଭୂତି ଗଭୀର ଭାବେ ଲକ୍ଷ୍ୟ କରି ହୁଏ। ମଣିଷ ନିଜ ଜୀବନକୁ ଆପଣାର ଇଚ୍ଛା ମୁତାବକ ବଞ୍ଚିପାରେ ନାହିଁ ବୋଲି ତା'ଭିତରେ ସୃଷ୍ଟି ହୁଏ ଅଜସ୍ର ଅବସୋସ। 'ନଦୀର ନାମ ସ୍ରୋତ' ଗଳ୍ପରେ ଷ୍ଟିଲପ୍ଲାଣ୍ଟରେ ଚାକିରି କରୁଥିବା ଅରବିନ୍ଦ କାମର ଭିଡ଼ ହେତୁ ଘରକଥା, ସ୍ତ୍ରୀ ଓ ଝିଅକଥା ଭଲ ଭାବେ ବୁଝିପାରେ ନାହିଁ, ନିଜ ପରିବାର ପ୍ରତି ବେଶୀ ସମୟ

ଦେଇପାରେ ନାହିଁ। ତା'ସ୍ତ୍ରୀ ତାକୁ କହେ କାମ ପାଗଳ। ସୁଦୂର କୋରାପୁଟରୁ ଆସିଥିବା ତା'ର ସ୍କୁଲ ସାଙ୍ଗ ବିଶ୍ୱବନ୍ଧୁ ତା' ଘରକୁ ଆସି ଦିନଟିଏ ଅପେକ୍ଷା କରିବା ଭିତରେ ବି ସିଏ ଖବର ପାଇପାରେ ନାହିଁ କି ଘରକୁ ଥରୁଟିଏ ଫୋନ୍ କରି ବୁଝେ ନାହିଁ ସ୍ତ୍ରୀ ସୁମିତ୍ରା ଓ ଝିଅ ମାମି କେମିତି ଅଛନ୍ତି। ଅରବିନ୍ଦ ଏହି ଗୁଣ ଯୋଗୁଁ ସ୍ତ୍ରୀ ସୁମିତ୍ରା କ୍ଷୋଭ ପ୍ରକାଶ କରେ। ସର୍ବଦା କାମ ଭିତରେ ବୁଡ଼ି ରହିଥିବା ଅରବିନ୍ଦ ଜୀବନକୁ ବୁଝି ପାରେନା ଅଥଚ ସେଦିନର ପାଗଳ ବିଶ୍ୱବନ୍ଧୁ କିନ୍ତୁ ଜୀବନକୁ ଆଜି ଠିକ୍ ଭାବେ ବୁଝିପାରିଛି, ଏହିଭଳି ଏକ ଉପଲବ୍ଧି ହୋଇଛି ସ୍ତ୍ରୀ ସୁମିତ୍ରାର। 'ତାଜମହଲ' ଗଳ୍ପରେ ପ୍ରମୋଦ ଓ ମାଧୁରୀର ସମ୍ପର୍କ ପ୍ରତିଷ୍ଠିତ ମିଥ୍ୟାର ଏକ ଭିତ୍ତିଭୂମି ଉପରେ। ସ୍ୱାମୀ-ସ୍ତ୍ରୀ ମଧ୍ୟରେ ସହନଶୀଳତା ଓ ପରସ୍ପରକୁ ଗ୍ରହଣ କରିବାର ମାନସିକତା ନ ଥିଲେ ଦାମ୍ପତ୍ୟ ଜୀବନ ସୁଖମୟ ହୋଇ ପାରେନା। ବିଶେଷ କରି ପୁରୁଷର ଅହଂଭାବ ଓ ମିଥ୍ୟାବଡ଼ିମା ପାରିବାରିକ ଜୀବନରେ ସୃଷ୍ଟି କରିଥାଏ ଝଡ଼। କେବଳ ଅର୍ଥ ଓ ଶିକ୍ଷା ଜୀବନକୁ ଆନନ୍ଦ ମୁଖର କରିପାରେ ନାହିଁ। ଅଥଚ ତାଜମହଲ ଦର୍ଶନ ଉଦ୍ଦେଶ୍ୟରେ କେଉଁ ମଫସଲରୁ ଆସିଥିବା ଷାଠିଏ ବର୍ଷ ବୟସର ବୃଦ୍ଧ ଓ ବୃଦ୍ଧା କେଡେ ଅନ୍ତରଙ୍ଗ ଭାବିଲେ ବିସ୍ମୟ ଲାଗେ। ବୃଦ୍ଧା ଦୃଷ୍ଟିଶକ୍ତି ହରାଇଥିଲେ ହେଁ ତାଙ୍କ ଆଖିରେ ଝଲମଲ ହେଉଥିଲା ଅସୁମାରୀ ସ୍ୱପ୍ନ। ଅଥଚ ମାଧୁରୀର ଦୃଷ୍ଟିଶକ୍ତି ଥାଇ ବି ପୃଥିବୀ ପ୍ରସିଦ୍ଧ ତାଜମହଲ ତା' ଆଖିରେ ସ୍ୱପ୍ନର ଅଞ୍ଜନ ମାଖିବାକୁ ଅସମର୍ଥ। ଦିବ୍ୟଚକ୍ଷୁର ଅଧିକାରୀ ହୋଇଥିବା ମଣିଷଟି କେମିତି ତାଜମହଲର ପ୍ରାକୃତିକ ସୌନ୍ଦର୍ଯ୍ୟ ଦେଖି ଅଭିଭୂତ ହୋଇ ପାରେନା, ମାନସିକ ଅଶାନ୍ତି ପ୍ରାକୃତିକ ସୌନ୍ଦର୍ଯ୍ୟ ଉପଭୋଗରେ କିପରି ପ୍ରତିବନ୍ଧକ ସୃଷ୍ଟି କରିଥାଏ, ଏହା ତା'ର ଏକ ଉଜ୍ଜ୍ୱଳ ଦୃଷ୍ଟାନ୍ତ। 'ଦିନେ ରାତିରେ' ଗଳ୍ପରେ ବିଶାଖା ଓ ଅମରନାଥର ଦାମ୍ପତ୍ୟ ଜୀବନର ଶିଥିଳତା ପ୍ରକାଶିତ। ତେଇଶି ବର୍ଷର ଯୁବତୀ ପତ୍ନୀ ପାଖରେ ରହି ପାରେନା ସର୍ଭେ କର୍ମଚାରୀ ଚାକିରୀ କରୁଥିବା ଅମରନାଥ କିମ୍ବା ପତ୍ନୀ ବିଶାଖାକୁ ନେଇ କ୍ୟାମ୍ପରେ ରଖି ପାରେନା, କାରଣ କ୍ୟାମ୍ପ ନିୟମରେ ସେଇଟା ନିଷିଦ୍ଧ। ସ୍ୱାମୀଙ୍କର ସାନ୍ନିଧ୍ୟ ଲାଭ କରି ଜୀବନକୁ ଅର୍ଥପୂର୍ଣ୍ଣ କରିବାର ସ୍ୱପ୍ନ ଦେଖୁଥିବା ପତ୍ନୀଟିଏ ହୁଏ ବିଷାଦଗ୍ରସ୍ତ। ପରିପୂର୍ଣ୍ଣ ଦାମ୍ପତ୍ୟ ଜୀବନ ଜିଇଁବାର ସୁଖରୁ ବଞ୍ଚିତା ହୁଏ ବିଶାଖା। ଶ୍ୱାସକଷ୍ଟ ଭୋଗି ଭୋଗି ତିନୋଟି ନିଦ ବଟିକା ଏକାଥରକେ ଖାଇଦେଇ ଚିରକାଳ ପାଇଁ ଶୋଇ ପଡ଼ିଥିବା ବିଶାଖା ପ୍ରତି ଗଭୀର ମାନବିକ ସମ୍ବେଦନା ପ୍ରକାଶ ପାଇଛି ଗଳ୍ପଟିରେ। 'ଗରମ ପବନ' ଗଳ୍ପରେ ମାତା ଓ ସନ୍ତାନର ଚିରନ୍ତନ ସମ୍ପର୍କଟିଏ ଦେଖାଇ ଦେବା ମାଧ୍ୟମରେ ଶିଶୁ ମନସ୍ତତ୍ତ୍ୱର ଚମତ୍କାର ଦିଗଟିକୁ ସୁମି ଚରିତ୍ର ମାଧ୍ୟମରେ ଦେଖାଇ ଦିଆଯାଇଛି। ମାଆର ଅବର୍ତ୍ତମାନରେ ଏଗାର ବର୍ଷର ବାଳିକା ସୁମି ତା'ମାଆର

ଉପସ୍ଥିତିକୁ ବାରମ୍ବାର ଉପଲବ୍ଧି କରେ। ନାରୀଟିର ଉଦାର ହୃଦୟ, ସ୍ନେହପୂର୍ଣ୍ଣ ଅନ୍ତରର ସ୍ପର୍ଶ ତା' ସନ୍ତାନମାନଙ୍କୁ ଅଭୟ ଦେଇ ଚାଲିଥାଏ ଯେମିତି। ମାତା ବଞ୍ଚିଥିବା ସମୟରେ ତା'ର ବାରମ୍ବାର ତାଗିଦ ଓ ଆକଟ କିଛି ପରିମାଣରେ ସୁମି ମନରେ ପ୍ରତିକ୍ରିୟା ସୃଷ୍ଟି କରିଥିଲେ ହେଁ, ମାଆର ଅବର୍ତ୍ତମାନରେ ସେହି ଆଭାବଟିକୁ ସେ ଗଭୀର ଭାବେ ଉପଲବ୍ଧି କରିଛି। ସେ ଯୁଆଡ଼େ ଯାଉଛି ମାଆର ସ୍ୱର ତାକୁ ଯେମିତି ଶୁଣାଯାଉଛି। ତା'ର ମନେ ହୋଇଛି – ମାଆ ଖାଲି ଗାଳି ଦେଇ ଜାଣେ। ସେ ଖାଲି ନାଲିଆଖି ଦେଖେଇ ଡରେଇ ଜାଣେ। ସେ ମତେ ଭଲ ପାଇ ନାହିଁ। ଚୁମା ଦେଇ ନାହିଁ। ଗପଟିର ଶେଷରେ କିନ୍ତୁ ମାଆଟିର ସ୍ୱର କେଡ଼େ କୋମଳ ତା' ସନ୍ତାନ ପାଇଁ, "ତତେ ମୂତ ମାଡୁଛି ପରା ? xxx ମୂତି ଦେଉନୁ ରାସ୍ତା କଡ଼ରେ।" କିଏ ତତେ ଦେଖୁଛି କି ? ଏକା ମୋ ଛଡ଼ା। ଯାହା ପାଠକର ଅନ୍ତରକୁ ବିଚଳିତ କରି ଦିଏ। 'ବିଭକ୍ତ ବଳୟ' ଗଳ୍ପରେ ଦେବେଶ ପଟ୍ଟନାୟକ ଓ ମାନସୀ ଉଭୟେ ପତି-ପତ୍ନୀ। କବି ଦେବେଶ ପୁଣି ଭଲପାଏ ବିଧବା ସୁଷମାକୁ। ଅଢ଼େଇବର୍ଷର ପୁଅ ମୁନ୍ନା ସହିତ ବାଧହୋଇ ଅଲଗା ରହେ ମାନସୀ। ରସେଲ ଇଣ୍ଡିଆ (ପ୍ରାଇଭେଟ) କମ୍ପାନୀରେ ମାସକୁ ଚାରିହଜାର ଟଙ୍କାର ଚାକିରୀ କରେ ସେ। କୌଣସି ସ୍ତ୍ରୀ ନିଜ ସ୍ୱାମୀ ଆଉ ଗୋଟେ ନାରୀ ସହିତ ସମ୍ପର୍କିତ ହେବା ବିଷୟକୁ ବରଦାସ୍ତ କରି ପାରେନା। ସୁଷମାକୁ ଭଲ ପାଉଥିବା ସ୍ୱାମୀ ଦେବେଶ ସହିତ କୌଣସି ସମ୍ପର୍କ ରଖିବାକୁ ଚାହିଁ ନାହିଁ ମାନସୀ। ଟି.ବି. ପୀଡ଼ିତା ସୁଷମାର ଚିକିତ୍ସା ପାଇଁ ଦେବେଶ ଆସିଛି ମାନସୀ ପାଖକୁ ସାହାଯ୍ୟ ଭିକ୍ଷା କରି। ଆପଣାର ସ୍ୱାମୀଟି ଯେଉଁ ନାରୀର ପ୍ରେମ ପାଇଁ ନିଜ ପତ୍ନୀ ଓ ପୁତ୍ରକୁ ବି ଉପେକ୍ଷା କରିପାରେ ତାକୁ ମାନସୀ କେମିତି ଅବା ସାହାଯ୍ୟ କରିବ ? ପତିର ଅବିଶ୍ୱାସ ଆଚରଣ ଦେବେଶ ଓ ମାନସୀର ଜୀବନକୁ କରିଛି ବିପର୍ଯ୍ୟସ୍ତ।

'ବୀତଂସ' ଗଳ୍ପ ସଂକଳନରେ 'ରକ୍ତାକ୍ତ ହୃଦୟ' ଓ 'ବୀତଂସ' ଗଳ୍ପ ଦୁଇଟିକୁ ଆଲୋଚନା କରାଯାଇ ପାରେ। ନାରୀ ଜୀବନକୁ ନେଇ ରଚିତ 'ରକ୍ତାକ୍ତ ହୃଦୟ' ଗଳ୍ପଟି ଏକ ଚମତ୍କାର ଗଳ୍ପ। ବାହାରକୁ ମଣିଷ ଯାହା ଦିଶେ, ତାହା ତା'ର ପ୍ରକୃତ ସ୍ୱରୂପ ନୁହେଁ। ଗଳ୍ପନାୟକ ଯୁଗଳର ସ୍ତ୍ରୀ ପ୍ରତିମା ଭିତରେ କେଡ଼େ ଦୁଃଖୀ। ତା' ସ୍ୱାମୀ ତାକୁ କେତେ ଭାଗ ଭଲପାଏ ? ସେ ହୁଏତ ତାକୁ ଲୋଭ କରେ, ମାତ୍ର ଭଲପାଏ ନାହିଁ। ଏହାରି ଭିତରେ ଜଣେ ନାରୀର ଦୀର୍ଘଶ୍ୱାସ ଫୁଟି ଉଠିଛି। ସ୍ୱାର୍ଥକୁ ନେଇ ମଣିଷର ସମ୍ପର୍କଟି ତିଆରି, ନିରୋଳା ଭଲ ପାଇବା ଏଠି ସ୍ୱପ୍ନ। କିଛି ପାଇବା ଓ ଦେବା ଭିତରେ ସମ୍ପର୍କର ଡୋରିଟିଏ ଲମ୍ବି ଯାଇଥାଏ କାହିଁ କେତେ ଦୂର। ଏମିତି ଜିଇଁବାରେ ମୂଲ୍ୟ କ'ଣ ? ପ୍ରକୃତରେ ମଣିଷ ଯେଉଁ ଜୀବନ ଚାହେଁ ପାଏନା; ଅଥଚ

ଯେଉଁ ଜୀବନ ପାଏ, ତାହା ଚାହିଁ ନ ଥାଏ। ନ ଚାହିଁବାକୁ ଆପଣାର କରିବାକୁ ଯାଇ ନିଜକୁ ନିଃସ୍ୱ କରି ଦିଏ। ଜୀବନ ଲାଗେ ଜୀବନ୍ତ ମରଣ। ନୂଆ ଘରଟିରେ ତରୁଣୀର ମୃତ୍ୟୁ କାହାଣୀ ଶୁଣିବା ପରେ ପ୍ରତିମା ପୁନଃ ମୂଲ୍ୟାୟନ କରିଛି ଯୁଗଳ ଓ ତା'ର ସମ୍ପର୍କକୁ। ଅନୁଭବ କରିଛି ଯୁଗଳର ଭଲ ପାଇବାର ଅଗଭୀରତା। ବ୍ଲିଡିଙ୍ଗ୍ ହାର୍ଟସ୍ ଫୁଲଗଛର ବିଷାକ୍ତ ପତ୍ର ସେବନ କରି ମୃତ୍ୟୁ ହାତରେ ଜୀବନକୁ ସମର୍ପି ଦେଇଛି। ପ୍ରତ୍ୟେକ ନାରୀ ନିରୋଳା ଭଲ ପାଇବାରୁ ଉପବନରେ ବିଚରଣ କରିବାକୁ ଚାହେଁ। ଯେଉଁଠି ସେ ଅନୁଭବ କରେ ଭଲ ପାଇବା କୀଟଦ୍ରଂଷ୍ଟ ସେଇଠି ମୃତ୍ୟୁର ସ୍ୱାଗତ ତୋରଣଟି ଆପେ ଆପେ ଠିଆ ହୋଇଯାଏ। 'ବୀତଂସ' ଗଳ୍ପଟିର ରହସ୍ୟମୟ ବାତାବରଣ ମଧ୍ୟରେ ଅମଣିଷପଣିଆର ସାର୍ଥକ ଉଦାହରଣଟି ଲୁକ୍‌କାୟିତ। କଣ୍ଡକ୍ଟରର ବୟାନ ମଧ୍ୟରେ ସାଂପ୍ରତିକ ମଣିଷର ଅମାନବିକ ବଣିଆର ଶିକାର ହୋଇଥିବା ସୁଷମା ଓରଫ ମନ୍ଦାକିନୀ ପ୍ରତି ଲେଖକଙ୍କ ଅନୁକମ୍ପା ଓ ଗଭୀର ସମ୍ବେଦନଶୀଳତାର ତୁଳନା ନାହିଁ। ଗଳ୍ପନାୟକଙ୍କୁ କଣ୍ଡକ୍ଟର ଜଣକ ଗୋଟାଏ ପ୍ରେତାତ୍ମା ସମ୍ପର୍କରେ କହିଥିଲା ଗପଟିଏ। ଦୁଇଜଣ ବୁଢ଼ାବୁଢ଼ୀ ସୁଷମା ଓରଫ୍ ମନ୍ଦାକିନୀ ନାମ୍ନୀ ଷୋହଳ / ସତର ବର୍ଷର ଗୋଟିଏ ଝିଅକୁ ନେଇ ଯାଉଥିଲେ। ସେମାନଙ୍କ ଦୃଷ୍ଟିରେ ଝିଅଟି ପାଗଳୀ। ସେ ଝିଅଟି କିନ୍ତୁ କଣ୍ଡକ୍ଟରଙ୍କ ପାଖକୁ ପାଞ୍ଚଥର ଆସିଛି ସେ ରାତିରେ ତାକୁ ବଞ୍ଚାଇବାକୁ ଅନୁରୋଧ କରିବା ଲାଗି। କହିଛି ଯେ ସେମାନେ ତା'ର ବାପ-ମାଆ ନୁହନ୍ତି, ସେମାନେ ତାକୁ ମାରି ଦେବେ। ପରବର୍ତ୍ତୀ ଷ୍ଟେସନ୍‌ରେ ପହଞ୍ଚିଲା ବେଳକୁ ଝିଅଟି ଟ୍ରେନ୍‌ରେ ନାହିଁ। ପରେ ଖବର ମିଳିଲା ଯେ ସେଇ ଝିଅଟି ଟ୍ରେନ୍‌ରୁ ଖସିପଡ଼ି ମୃତ୍ୟୁବରଣ କରିଛି। ସେତେବେଳେ ରାତି ଗୋଟାଏ ବି ହୋଇ ନଥିଲା। ଏଥିରେ ବିସ୍ମିତ ହୋଇଛି କଣ୍ଡକ୍ଟର ଜଣକ, କାରଣ ଭୋର ସମୟରେ ବି ସେଇ ଝିଅଟି ତା' ପାଖକୁ ଆସିଥିଲା। ଏ କେମିତି ସମ୍ଭବ? ଏ ସତ ନା ସ୍ୱପ୍ନ? ସେ ଘଟଣା ପରେ ବି କଣ୍ଡକ୍ଟରଟି ସେଇ କୋମଳ ନାରୀ ସ୍ୱର ସେଇ ଦୁଇ ଷ୍ଟେସନ୍ ମଝିରେ ଟ୍ରେନ୍ ଯାଉଥିବା ସମୟରେ ଏବେ ବି ଶୁଣିପାରେ। ଝିଅଟି ପ୍ରତି ଗାଳ୍ପିକଙ୍କ ସମ୍ବେଦନା ହିଁ ଗଳ୍ପଟିକୁ କରିଛି ପ୍ରାଣସ୍ପର୍ଶୀ।

'ଆକାଶ ସେତୁ' ଗଳ୍ପ ସଂକଳନରେ ସନ୍ନିବେଶିତ 'ଅବରୋହ' ଏବଂ 'କେହି ଜଣେ ଆତତାୟୀ' ଗଳ୍ପ ଦୁଇଟି ଲେଖକଙ୍କ ନାରୀ ସମାଜ ପ୍ରତି ରହିଥିବା ଶ୍ରଦ୍ଧା ଓ ସହାନୁଭୂତିର ସାର୍ଥକ ନିଦର୍ଶନ। 'ଅବରୋହ' ଗଳ୍ପରେ ନାୟିକା ସୁମତୀର ମାନସିକ ବିଶ୍ଳେଷଣ ମଧ୍ୟରେ ନାରୀ ଚରିତ୍ରର ଏକ ବିଶିଷ୍ଟ ଦିଗ ରୂପାୟିତ। ତିନି ସପ୍ତାହ ତଳେ ବିବାହ କରିଥିବା ସୁମତୀ ତା' ସ୍ୱାମୀ ବିରୂପାକ୍ଷର ବ୍ୟବହାରରେ ଆଦୌ ଖୁସି ନୁହେଁ। ବିରୂପାକ୍ଷ ଏକ ଫମ୍ପା ମଣିଷ (Hollowman)। ଜୀବନର ନୈତିକ ଓ ମାନବୀୟ ଦିଗଟି

ପ୍ରତି ସେ ଅଚେତନ। ତା'ର ଆନ୍ତରିକତାହୀନ, ପ୍ରେମହୀନ, ଶ୍ରଦ୍ଧା ଓ ଅନୁରାଗ ବିହୀନ କର୍କଶ ହୃଦୟ ଯୋଗୁଁ ବଡ଼ କଷ୍ଟ ପାଏ ସୁମତୀ। ସ୍ୱାମୀ ପରି ଜୀବଟିଏର ସମ୍ପର୍କ ଯଦି କେବଳ ସ୍ତ୍ରୀ ସହିତ ସମ୍ଭୋଗ କ୍ରୀଡ଼ା ହୁଏ, ତେବେ ସେ ତା' ଦ୍ୱାରା ଗ୍ରହଣୀୟ ହୋଇପାରିବ କି ? ସୁମତୀ ନିଜ ସ୍ୱାମୀର ବସ୍ତୁବାଦୀ ଦୃଷ୍ଟିଭଙ୍ଗୀ ସହିତ କେବଳ ନାକାରାତ୍ମକ ଭାବପ୍ରକାଶ କରି ନାହିଁ, ସାମାନ୍ୟ ଅନ୍ଧ ଭିକାରୀ ପିଲାଟି ଗୋଟିଏ ମୁହୂର୍ତ୍ତରେ ନାରୀତ୍ୱର ଯେଉଁ ବିଶେଷ ଦିଗଟିକୁ ଉପଲବ୍ଧ କରିପାରିଛି, ଗୋଟିଏ ବିଛଣାରେ ଏକୋଇଶିଟି ରାତି ଅତିବାହିତ କଲା ପରେ ମଧ୍ୟ ସ୍ୱାମୀ ବିରୂପାକ୍ଷ ଦ୍ୱାରା ସେହି ଦିଗଟି ଉପଲବ୍ଧି ହୋଇ ପାରୁ ନଥିବା ତାକୁ ଚରମ ଆଘାତ ଦେଇଛି। ସମ୍ଭାବ୍ୟ ତାଲିକାରେ ତେଣୁ ବିରୂପାକ୍ଷର ମୃତ୍ୟୁ ସମ୍ପର୍କିତ ଅନୁମାନ ସୁମତୀକୁ ଆଦୌ ଦୁଃଖ ଦେଇ ନାହିଁ। କିନ୍ତୁ ଆଶ୍ଚର୍ଯ୍ୟ, ସୁମତୀର ଛାତି ଭିତରର ସ୍ପନ୍ଦନ ଏତେ ଟିକେବି ବଢ଼ିଲା ନାହିଁ, ଆଖି ଦୁଇଟି ଥିଲା ସ୍ଥିର ଅବିଚଳ ଭାବଶୂନ୍ୟ। ଓଠ ଦୁଇଟି ନିଶ୍ଚୁପ, ଯେମିତି କେଉଁଠି କିଛି ଘଟି ନାହିଁ। ଅଥଚ ଭିକାରୀ ପିଲାଟିର ମୃତ୍ୟୁ ସମ୍ବାଦ ଆକସ୍ମିକ ବନ୍ୟା ପରି ତା' ଧୈର୍ଯ୍ୟର ବନ୍ଧ ଭାଙ୍ଗି ଦେଇଛି। ପ୍ରତ୍ୟେକ ନାରୀ ଚାହେଁ ତା' ସ୍ୱାମୀ ଠାରୁ ସ୍ନେହ, ସରାଗ, ଭଲପାଇବା। ଅଥଚ ଗଳ୍ପନାୟକ ବିରୂପାକ୍ଷ ନିଜକୁ ବି ଭଲପାଇ ଜାଣେନା। ଏହି ସୁମତି ଚରିତ୍ରଟି ପ୍ରତି ଗାଳ୍ପିକଙ୍କ ହୃଦୟରୁ ଝରିଆସିଛି ସହାନୁଭୂତିର ବିମଳ ଧାରା। 'କେହି ଜଣେ ଆତତାୟୀ' ଗଳ୍ପରେ ନାରୀ ପ୍ରତି ରହିଥିବା ମାନବିକ ସମ୍ବେଦନା ପ୍ରକଟିତ। ଅର୍ଥନୀତିର ସିଡ଼ିରେ ଉପରକୁ, ଆହୁରି ଉପରକୁ ଉଠିବାର ଆକାଂକ୍ଷା ରଖିଥିବା ମଣିଷଟି ସମାଜ ଓ ସାମାଜିକ ଦାୟିତ୍ୱ ପ୍ରତି ଅଚେତନ। ଗୋଟିଏ ଅପରିଣାମଦର୍ଶୀ ଜୀବନକୁ ନିଜର କରିବା ପାଇଁ ଅଙ୍କ ଖଣ୍ଡିକ ବାରମ୍ବାର କଷି ଉତ୍ତରଟିଏ ନ ପାଇବାର ବିଫଳତା ସୂଚାଇ ଦିଏ ଯେ ଆଜିର ମଣିଷ ତା'ର ମୂଳ ଲକ୍ଷ୍ୟ ଠାରୁ ବିଛିନ୍ନ, ଅଙ୍କକଷା ସଭ୍ୟତା ସହିତ ମଣିଷର ମୂଳ ସତ୍ତାର କୌଣସି ସମ୍ପର୍କ ନାହିଁ। ଗଳ୍ପନାୟକ ଶମିତ୍ ସେ ରାତିରେ ଯେଉଁ ନାରୀର ବିକଳ ଅନୁନୟ, କରୁଣ ଚିତ୍କାର ଶୁଣିଛି ସେ ବ୍ୟତିବ୍ୟସ୍ତ ହୋଇପଡ଼ିଛି। ଅଙ୍କ ବି ଆଉ କଷିପାରି ନାହିଁ, ଯଦିଓ ପରଦିନ ତା'ର ପରୀକ୍ଷା ଆଉ ଏ ରାତିରେ ଆହୁରି ତେରଗୋଟି ଅଧ୍ୟାୟ ରିଭିଜନ୍ କରିବାକୁ ଅଛି। ତା'ପର ଦିନ ପରୀକ୍ଷା ହଲ୍‌ରେ ବି ସେ ଶୁଣିପାରିଛି ସେଇ ନାରୀର କାତର ଅନୁନୟ। ସେ ହଲ୍‌ରୁ ଉଠିଆସି ସିଧା ଯାଇଛି ଥାନାକୁ। ସେଇଠି ଜଣେ ସ୍ତ୍ରୀ ଲୋକର ମୃତ ଦେହ ଦେଖିବା ପରେ କହିଛି - ହଁ, ଏଇ। ଏଇ ସ୍ତ୍ରୀଲୋକଟିକୁ ମୁଁ ମର୍ଡର କରିଛି କାଲି ରାତିରେ। ଯେଉଁ ଆଧ୍ୟାତ୍ମିକ ପାପବୋଧରେ ଶମିତ ଜର୍ଜରିତ ହୋଇ ନିଜକୁ ଅପରାଧୀ ବୋଲି ଗ୍ରହଣ କରିଛି, ତାହା ମାନବୀୟ ମୂଲ୍ୟବୋଧରେ ଝଟକି ଉଠିଛି।

'ଲୁବ୍ଧକର ରାତି' ଗଳ୍ପ ସଂକଳନରେ 'ତନୟ' ଗଳ୍ପକୁ ଉଲ୍ଲିଖିତ ପ୍ରସଙ୍ଗରେ ଆଲୋଚନା କରାଯାଉ। ନାରୀଟିଏ ମାଆ ହେବାରେ ଗୌରବବୋଧ କରିଥାଏ, ମାତ୍ର ସେଇ ସନ୍ତାନକୁ ଯଦି ସେ ଅସମୟରେ ହରାଏ ତେବେ ତା'ର ହୃଦୟ ହୋଇଯାଏ ଶତଧା ବିଦୀର୍ଣ୍ଣ। ଏହି ଗଳ୍ପରେ ସନ୍ତାନଭରା ମାତାଟିର ଭାବାବେଗକୁ ଲେଖକ ଚମତ୍କାର ରୂପ ଦେଇଛନ୍ତି ଦେବଯାନୀ ଚରିତ୍ର ମାଧ୍ୟମରେ। ସାତବର୍ଷ ତଳେ ପୁରୀ ସମୁଦ୍ର ଦେଖିବାକୁ ଆସିଥିବା ସୋମନାଥ ଓ ଦେବଯାନୀଙ୍କ ତିନି ବର୍ଷର ପୁଅ ବୁବୁନ୍ ହୋଇ ଯାଇଥିଲା ନିରୁଦ୍ଦିଷ୍ଟ। ମାଆଟିଏ ତଥାପି ଖୋଜୁଥାଏ ସାତ ବର୍ଷ ତଳେ ହଜେଇଥିବା ସନ୍ତାନକୁ। ସେଥିପାଇଁ ସେ ପ୍ରତିବର୍ଷ ସ୍ୱାମୀ ସୋମନାଥଙ୍କୁ ପୁରୀ ଆସିବାର ମାଗୁଣି ମାଗେ। ଦେବଯାନୀଙ୍କର ମାନସିକତାକୁ ଗାଳ୍ପିକ ସୁନ୍ଦର ଭାବେ ଚିତ୍ରଣ କରିଛନ୍ତି। ସେ ଭାବିଛି ଯଦି ବୁବୁନ୍ ବଞ୍ଚିଥିବ ଯଦି ଏବେ କୋଉଠି ଥିବ, କି ଅବସ୍ଥାରେ, ଭିକ ମାଗୁଥିବ, ଶୋଇବା ଜାଗା ଖଣ୍ଡିଏ ପାଉ ନଥିବ କି? ଏମିତି ଅନେକ ପ୍ରଶ୍ନ ତା' ମନରେ ଉଙ୍କିମାରେ। ସେ ପୁଣି ଭାବେ ନା ଏମିତି ବଞ୍ଚିବା ଅପେକ୍ଷା ଭଲ ମରିଯିବା। ମାତୃ ହୃଦୟର କାରୁଣ୍ୟ ଗଳ୍ପଟିକୁ କରିଛି ଅତ୍ୟନ୍ତ ହୃଦୟସ୍ପର୍ଶୀ। 'ଆଜି ରାତିର ଗଳ୍ପ' ସଂକଳନର 'ନୀଳ ଉପତ୍ୟକାର କାହାଣୀ' ଓ 'ଆଜି ରାତିର ଗଳ୍ପ' ଏ ଦୁଇଟି ଗଳ୍ପରେ ନାରୀ ପ୍ରତି ଲେଖକଙ୍କର ରହିଥିବା ସମ୍ବେଦନା ଲକ୍ଷ୍ୟ କରିହୁଏ। 'ନୀଳ ଉପତ୍ୟକାର କାହାଣୀ' ଗଳ୍ପରେ ଦାମ୍ପତ୍ୟ ଜୀବନର ଶିଥିଳତା ଓ ନାରୀ ହୃଦୟର ଦୀର୍ଘଶ୍ୱାସ ବିବୃତ। ଜୀବନକୁ ସବୁବେଳେ ହିସାବକିତାବର ନିୟମରେ ବାନ୍ଧିହୁଏ ନାହିଁ। ଶୃଙ୍ଖଳା ମଧ୍ୟରେ ବ୍ୟତିକ୍ରମ ହିଁ ଜୀବନ। ନର୍ମଦା ଓ ବିମଳ ପାଇଁ ଜୀବନର ସଂଜ୍ଞା ଅଲଗା, ଯଦିଓ ସାମାଜିକ ନୀତି, ନିୟମାନୁଯାୟୀ ସେମାନେ ପତିପତ୍ନୀ। ନର୍ମଦା ସ୍ୱାଧୀନତା ଓ ଖୋଲାମେଲା ଜୀବନକୁ ପସନ୍ଦ କରେ। ସାମାନ୍ୟ ମାତ୍ର ସନ୍ଦେହ ସେମାନଙ୍କ ଦମ୍ପତ୍ୟ ଜୀବନକୁ ନଷ୍ଟ କରିଦେଇଛି। ନିଦ୍ରାରେ ବିମଳ ମୁଖରୁ ନୀଳାଞ୍ଜନା ନାମ ଶୁଣି ନର୍ମଦା ମନରେ ସନ୍ଦେହର ଯେଉଁ ବୀଜଟି ପ୍ରୋଥିତ ହୋଇଥିଲା, ପରବର୍ତ୍ତୀ ସମୟରେ ତାହା ନେଇଛି ଏକ ମାରାତ୍ମକ ରୂପ। ପତି-ପତ୍ନୀଙ୍କର ସ୍ୱାର୍ଥପର ସମ୍ପର୍କକୁ ଆଦୌ ଗ୍ରହଣ କରିପାରେନା ନର୍ମଦା। ନାରୀ ସବୁ ସହିପାରେ ମାତ୍ର, ତା'ସ୍ୱାମୀ ଆଉ କାହାକୁ ଭଲପାଏ ଏକଥାକୁ କଦାପି ସହିପାରେନା। ତେଣୁ ସେ କହିଛି – ପୃଥିବୀର ଯେତେଯେତେ ସମ୍ପର୍କ ଅଛି, ମାଧ୍ୟାକର୍ଷଣ ଶକ୍ତିଠୁ ଆରମ୍ଭ କରି, ଜଳର ଆସଞ୍ଜନ ପ୍ରକୃତି ପର୍ଯ୍ୟନ୍ତ, ସବୁଠୁ ଇତର ଓ ମିଛ ସମ୍ପର୍କ ଥାଏ ସ୍ୱାମୀ ଓ ସ୍ତ୍ରୀ ଦୁହିଁଙ୍କ ଭିତରେ। ସବୁଠୁ ଅସତ୍ୟ, ସବୁଠୁ ଫମ୍ପା। ଏହି ସନ୍ଦେହୀ ଭାବ ହିଁ ନର୍ମଦାକୁ ସବୁଦିନ ପାଇଁ ପୋଖରୀର କାଚକେନ୍ଦୁ ପାଣି ଅଜସ୍ର କଇଁଫୁଲଙ୍କ ଗହଣରେ ହଜାଇ ଦେଇଥିଲା। ନର୍ମଦାର ସଲିଳ ସମାଧିକୁ ଗାଳ୍ପିକ ଚମତ୍କାର

ଭାବରେ ଉପସ୍ଥାପନ କରିଛନ୍ତି – ନର୍ମଦାର ପାଦତଳେ କ'ଣ ଯେମିତି ହଠାତ୍ ଚହଲିଗଲା। ବଡ଼ପଥର ଖଣ୍ଡେ କିମ୍ବା ନରମ ଗେରାବାଲି। ସେ ଦୋହଲି ଗଲା ପାଣି ଭିତରେ, ଭଉଁରୀ ଭିତରେ ଡଙ୍ଗାଟିଏ ଦୋହଲିଗଲା ପରି। ତା'ପରେ ସେ ଧୀରେ ଧୀରେ ପୋତି ହେବାକୁ ଆରମ୍ଭ କରିଥିଲା, ବିସର୍ଜନ ସମୟର ଦେବୀ ପ୍ରତିମା ପରି। ନାରୀ ପ୍ରତି ଗାଳ୍ପିକଙ୍କ ଅନ୍ତରର ଅସାମାନ୍ୟ ଦରଦ ହିଁ ଗଳ୍ପଟିରେ ସୁନ୍ଦର ଭାବେ ପ୍ରକଟିତ। 'ଆଜି ରାତିରେ ଗଳ୍ପ'ରେ ପୂଜାସଂଖ୍ୟା ପାଇଁ ଭଲ ଗପଟିଏ ଲେଖିବାକୁ ରାତି ଅନିଦ୍ରା ହୋଇ ବସିଥିବାବେଳେ ଲେଖକଙ୍କ ଫୋନ୍ ବାରମ୍ବାର ବାଜିଉଠିଛି। କ୍ରସ୍‌କନେକ୍ସନ୍ ଯୋଗୁଁ ଅପରିଚିତା ଯୁବତୀର ଫୋନ୍ ବହନ କରିଆଣିଛି ପ୍ରେମିକ ଅମିତାଭ ପାଖରେ ପ୍ରେମିକାର କରୁଣ ଆବେଦନ ଓ ଶୀଘ୍ର ଫୋନ୍‌ରେ କଥା ନ କହିଲେ ଆତ୍ମହତ୍ୟା କରିବାର ଶେଷ ସିଦ୍ଧାନ୍ତ। ଝିଅଟିର ଏହି ଅଶ୍ମୁଳ ଆକୃତି ଲେଖକଙ୍କୁ ଅସ୍ଥିର ଆବେଗରେ ଛଟପଟ କରିଛି।

'ଜହ୍ନରାତିର ଗପ ସରି ନାହିଁ...' ଗଳ୍ପ ସଂକଳନରେ ସ୍ଥାନ ପାଇଥିବା 'ଶାର୍ବରି', 'ଜାଜିମଲ୍ଲୀର ବାସ୍ନା' ଓ 'କ୍ଷତ' ଆଦି ଗଳ୍ପରେ ନାରୀ ସମାଜ ପ୍ରତି ଗାଳ୍ପିକଙ୍କ ରହିଥିବା ସହାନୁଭୂତିକୁ ଲକ୍ଷ୍ୟ କରାଯାଇ ପାରେ। 'ଶାର୍ବରି' ଗଳ୍ପଟି ନାରୀ ଜୀବନର ଅପ୍ରମିତ ଦୁଃଖ, ଯନ୍ତ୍ରଣା, କାରୁଣ୍ୟ ଓ ଅସହାୟତାର ଏକ ଅଶ୍ମୁଳ ସ୍ୱରଲିପି। ପ୍ରଥମ ବିବାହ ବାର୍ଷିକୀ ପାଳନର ପରଦିନ ସ୍କୁଟରରୁ ଖସି ବସ୍ ଚକତଳେ ପଡ଼ି ମୃତ୍ୟୁ ସହ ସଂଗ୍ରାମ କରି ଯୁବକଟି ଶେଷରେ ହାରିଯାଇଛି। ଡାକ୍ତରଖାନା କ୍ୟାମ୍ପସ୍‌ରେ ଏକୁଟିଆ ସାତ ନମ୍ବର ସ୍ପେଶାଲ କ୍ୟାବିନ୍ ଓ ତା'ସାମ୍ନାରେ ଥିବା ବିମର୍ଷ ଓ ନିଃସଂଗ କୃଷ୍ଣଚୂଡ଼ା ଗଛଟି ସତେଅବା ପାଲଟି ଯାଇଛି ଦୁଇଟି ଅଭିନ୍ନ ଚରିତ୍ର ସମଗ୍ର ଗପରେ। ସେଇ କ୍ୟାବିନ୍‌ରେ ନିର୍ଜନତା ସାଙ୍ଗକୁ ଝିଅଟିର ନିଃସଂଗତା ଓ କରୁଣ ଚହାଣୀ ପାଲଟି ଯାଇଛି ସେଇ ଭାରି ଭାରି ପରିବେଶର ଅଂଶବିଶେଷ। ଯୁବକଟିର ମୃତଦେହକୁ ଷ୍ଟ୍ରେଚରରେ ଦୁଇଜଣ ବେହେରା ନେଇଯିବା ପରେ ସେଇ ଝିଅଟି ଆସିଛି କ୍ୟାବିନ୍ ଭିତରକୁ ଏବଂ ଖଟତଳୁ ଖୋଜି ନେଇଛି ତା'ର ମଙ୍ଗଳସୂତ୍ରଟିକୁ। ତାକୁ ଥରେ ବିକଳ ଦୃଷ୍ଟିରେ ଦେଖିଛି ଏବଂ ସେଇଠୁ ନିଷ୍କ୍ରାନ୍ତ ହୋଇ ଯାଇଛି। ଏ ପୃଥିବୀ ତାକୁ ମନେ ହୋଇଛି ବଡ଼ ଅନୁଦାର। ସେଇ ସାତ ନମ୍ବର କ୍ୟାବିନ୍‌ରେ ସ୍ତ୍ରୀ ସୁପ୍ରିୟାର ଚିକିତ୍ସା ପାଇଁ ଯଯାତି ତା' ସ୍ତ୍ରୀକୁ ରଖିଛି। କୋଠରୀ ଭିତରୁ ନିଃଶବ୍ଦରେ ବାହାରିଯିବା ବେଳେ ଝିଅଟି କରୁଣ ଦୃଷ୍ଟିରେ ଏ ଦମ୍ପତିଙ୍କୁ ଅନାଇଛି। ଗପଟିର ଶେଷ କେତୋଟି ଧାଡ଼ି ଅତୀବ ପ୍ରାଣସ୍ପର୍ଶୀ। ଗାଳ୍ପିକଙ୍କ ଭାଷାରେ – "ବାହାର ଅନ୍ଧାରରେ ସବୁଦିନ ପାଇଁ ମିଳେଇଯିବା ଆଗରୁ ଝିଅଟି ଥରେ ଚହିଁଥିଲା ସେ ଦୁଇ ଜଣଙ୍କୁ। ତା'ର ପାଣ୍ଡୁର ଦୁଇ ଓଠ କମ୍ପିଥିଲା

ମୁହୂର୍ତ୍ତକ ପାଇଁ। ହୁଏତ କିଛି କହିବାକୁ। କିନ୍ତୁ ସେ ଠିକ୍ ବୁଝିପାରିଥିଲା ଯେ ସେ ଭୁଲିଯାଇଛି ଅବଶିଷ୍ଟ ପୃଥିବୀର ଭାଷା, ଅବଶିଷ୍ଟ ଜୀବନର ଭାଷ୍ୟ। ଏବେ ତାକୁ ଶିଖିବାକୁ ହେବ ବଞ୍ଚିବାର ଭିନ୍ନ ପରିଭାଷା।" ଏହି ଗଳ୍ପଟିରେ ମାନବୀୟ ସମ୍ବେଦନାର ସ୍ପର୍ଶ ଖୁବ୍ ମନଛୁଆଁ ଏବଂ ନାରୀ ସମାଜ ପ୍ରତି ଗାଳ୍ପିକଙ୍କ ସହାନୁଭୂତି ପ୍ରଚୁର। 'ଜାଜିମଲ୍ଲୀର ବାସ୍ନା' ଗଳ୍ପରେ ସୁନ୍ଦରୀ ପରି ଜଣେ ଦେହଜୀବୀର ବ୍ୟକ୍ତିତ୍ୱର ମହିମାମୟ ଦିଗଟି ପ୍ରକାଶିତ। ପାର୍ବତୀର ଦୁଇଟାଯାକ କିଡ୍‌ନି ଅଚଳ ହୋଇ ଯାଇଥିବା କଥା ଡାକ୍ତର କହିଛନ୍ତି। ଗୋଟିଏ କିଡ୍‌ନି ପାଇଁ ଲକ୍ଷେ ଟଙ୍କା ଦରକାର ହେବ ବୋଲି ମଧ୍ୟ କହିଛନ୍ତି। ପାର୍ବତୀର ସ୍ୱାମୀ ସର୍ବେଶ୍ୱର ମହା ଗଞ୍ଜୋଡ, ଏସବୁ କଥା ଆଦୌ ଚିନ୍ତା କରେନା, ସୁନ୍ଦରୀ କିନ୍ତୁ ନିଜ ଆଡୁ କହିଛି ଯେ ସେ ନିଜେ ଗୋଟାଏ କିଡ୍‌ନି ଅଚଳ ହୋଇଯାଇଥିବାର କଥା ଡାକ୍ତର କହିଛନ୍ତି। ଗୋଟେ କିଡ୍‌ନି ପାଇଁ ଲକ୍ଷେ ଟଙ୍କା ଦରକାର ହେବ ବୋଲି ମଧ୍ୟ କହିଛନ୍ତି। ପାର୍ବତୀର ସ୍ୱାମୀ ସର୍ବେଶ୍ୱର ମହା ଗଞ୍ଜୋଡ, ଏସବୁ କଥା ସେ ଆଦୌ ଚିନ୍ତା କରେନା, ସୁନ୍ଦରୀ କିନ୍ତୁ ନିଜ ଆଡୁ କହିଛି ଯେ ସେ ନିଜେ ଗୋଟାଏ କିଡ୍‌ନି ଦେବ। ସେ ପୁଣି କହିଛି, ଭଗବାନ ତ ମଣିଷକୁ ଅନେକ ଜିନିଷ ଦରକାର ଠାରୁ ଅଧିକ ଦେଇଛନ୍ତି। ସୁନ୍ଦରୀ ପରି ଚରିତ୍ର ମାନବୀୟ ସମ୍ବେଦନାର ମୂର୍ତ୍ତିମନ୍ତ ପ୍ରତୀକ। ଅପର ମଣିଷଟି ପ୍ରତି ତା'ର ସମ୍ବେଦନା ପ୍ରକୃତରେ ହୃଦୟସ୍ପର୍ଶୀ। ଗୋଟେ ନାରୀ ମନଗହନର କରୁଣ ଅସହାୟତାର ଅନ୍ତରଙ୍ଗ ନକ୍ସା ସାଙ୍ଗକୁ ସବୁ ବିପର୍ଯ୍ୟୟ ଭିତରେ ବି ରହସ୍ୟମୟ ଜୀବନ ଓ ସମ୍ପର୍କର ନିବିଡ଼ତା ସୁନ୍ଦର ଚିତ୍ରଟିଏ ତୋଳି ଧରିଛି ସଫଳ ଗଳ୍ପ 'କ୍ଷତ'। ଗଳ୍ପନାୟିକା ମାଳତୀ (ମାଳବିକା ମହାପାତ୍ର)ର ସ୍ୱାମୀ ପ୍ରିୟନାଥ ଜଣେ ମଦ୍ୟପ ଓ ଲମ୍ପଟ। ମିଛ ସାର୍ଟିଫିକେଟ୍ ଦେଇ ଚାକିରୀ କରେ ବୈପାରଗୁଡ଼ାରେ। ସବୁଯାକ ତା'ର କାରସାଦି, ଦୁରାଚାର ଧରା ପଡ଼ିଯାଏ। ସସ୍‌ପେଣ୍ଡ ହୁଏ ସେ। ଜିଲ୍ଲାପାଳ ସୁପାରିସ୍ କରନ୍ତି ଚାକିରିରୁ ବରଖାସ୍ତ କରିବା ପାଇଁ। ପାଞ୍ଚ ପାଞ୍ଚଟି ଛୁଆଙ୍କ କଥା ଭାବି ବଡ଼ ବିମର୍ଷ ହୁଏ ମାଳତୀ। ତା' ସ୍ୱାମୀ ତାକୁ ମାରଧର କରେ। ସ୍କୁଲବେଳର ସାଥି ସୁଲଗ୍ନା ପାଖକୁ ଆସେ ସାମାନ୍ୟ ସାହାଯ୍ୟ ନିମନ୍ତେ। ସୁଲଗ୍ନାର ପତି ଦେବବ୍ରତ ଉଚ୍ଚପଦସ୍ଥ ଅଫିସର। ସେ ଚାହିଁଲେ ପ୍ରିୟନାଥ ଚାକିରୀରୁ ବରଖାସ୍ତ ହେବ ନାହିଁ। ସ୍ୱପ୍ନଭଙ୍ଗର କରୁଣ କାହାଣୀ ସାଙ୍ଗକୁ ଦୁର୍ବୋଧ୍ୟ ଜୀବନ ସହ ଯୁଝିବାର ନିଶା ଗଳ୍ପଟିରେ ପ୍ରକାଶିତ। ଅସହାୟତାରେ ଅଣନିଃଶ୍ୱାସୀବୋଧ କରୁଥିବା ମାଳତୀ ବିଷ ଖାଇଦେବା କଥା ଚିନ୍ତା କରେ, ମାତ୍ର ସେମିତି କିଛି କରିପାରେନା। ପିଲାଙ୍କ ମୁହଁକୁ ଚାହିଁ ତାକୁ ବଞ୍ଚିବାକୁ ହୁଏ। କ୍ଷତାକ୍ତ ହୋଇ ସୁଦ୍ଧା ସେ ଜୀବନ ସଂଗ୍ରାମରେ ହାରିଯାଇନି କି ଜୀବନ ହାରି ଦେଇନି। ନାରୀ ସମାଜ ପ୍ରତି ସମ୍ବେଦନଶୀଳ

ଦୃଷ୍ଟିଭଙ୍ଗୀ ଗଳ୍ପଟିକୁ ଦେଇଛି ଅପୂର୍ବ ସଫଳତା। ତରୁଣକାନ୍ତିଙ୍କ ଅନ୍ୟ ଏକ ଗଳ୍ପ ହେଉଛି 'ମୋକ୍ଷ' ଯହିଁରେ ଜଣେ ନାରୀର କାରୁଣ୍ୟ ହୋଇଛି ପ୍ରତିଫଳନ। ବିବାହର ଏକବର୍ଷ ନ ପୁରୁଣୁ ନବ-ପରିଣିତା ପତ୍ନୀ ସରୋଜିନୀଙ୍କୁ ଘରେ ଛାଡ଼ି କେଉଁ ଆଡ଼େ ଚାଲିଯାଇଥିବା ଚକ୍ରପାଣି ଦୀର୍ଘ ସତେଇଶ ବର୍ଷପରେ ଫେରିଛନ୍ତି ଘରକୁ ଥରେ ମାତ୍ର ରୋଜିକୁ ଦେଖିଯିବାକୁ ଏବଂ ପଦେ କଥା ହେବା ଲାଗି। ଆପଣାର ଦୋଷକୁ ରୋଜି ପାଖରେ ସ୍ୱୀକାର ନ କଲେ ସତେ ଯେପରି ତାଙ୍କର ମୋକ୍ଷ ହେବ ନାହିଁ। ପରିବାରର ଅନ୍ୟ ସଦସ୍ୟମାନଙ୍କୁ ସେ ଲାଗୁଛନ୍ତି ଦୋ ଦୋ ଚିହ୍ନା। ଗଳ୍ପନାୟକଙ୍କ ସାନ ଆଈ ଅର୍ଥାତ୍ ଚକ୍ରପାଣିଙ୍କ ପତ୍ନୀ ସରୋଜିନୀଙ୍କ କାରୁଣ୍ୟ ପାଠକ ପ୍ରାଣକୁ ଗଭୀର ଭାବେ ଆଲୋଡ଼ିତ କରେ।

ଜଣେ ମାନବବାଦୀ ଗାଳ୍ପିକ ଭାବରେ ତରୁଣକାନ୍ତି ଆମ ସମାଜର ସବୁ ବର୍ଗର ଚରିତ୍ରଙ୍କୁ ସ୍ଥାନ ଦେଇଛନ୍ତି ତାଙ୍କ ଗଳ୍ପମାନଙ୍କରେ। ନାରୀ ଚରିତ୍ରଚିତ୍ରଣରେ ତାଙ୍କର ସିଦ୍ଧହସ୍ତତା ଅନାୟାସ ଲକ୍ଷ୍ୟ। ନାରୀ ସମାଜ ପ୍ରତି ରହିଥିବା ତାଙ୍କର ସମ୍ବେଦନଶୀଳ ଦୃଷ୍ଟିଭଙ୍ଗୀ ହିଁ ତାଙ୍କ ଗଳ୍ପଗୁଡ଼ିକୁ ଦେଇଛି ଅପୂର୍ବ ସଫଳତା। ନାରୀର ମନଗହନର କଥାକୁ ସେ ଯେମିତି ଚମତ୍କାର ଭାବରେ ଉନ୍ମୋଚନ କରି ଦେଇପାରନ୍ତି, ସେମିତି ତା'ର ଦୁଃଖ-ଦୁର୍ଦ୍ଦଶା, ଅପ୍ରାପ୍ତି-ଅସହାୟତା, କାରୁଣ୍ୟ, ପାରିବାରିକ ଜୀବନର ଦୁଃସ୍ଥିତି ଆଦି ସକଳ ବିଷୟକୁ କଳାତ୍ମକ ଭାବରେ ରୂପାୟନ କରିପାରନ୍ତି।

■

# ତରୁଣକାନ୍ତି ମିଶ୍ରଙ୍କ ଗଳ୍ପ ରଚନାର ଶୈଳୀ ବିଚାର

ଶୈଳୀ ହେଉଛି ଆତ୍ମା ସମ୍ବନ୍ଧିତ ବିଷୟ। ଏହି ଶୈଳୀ ଶବ୍ଦଟି ଇଂରାଜୀ 'STYLE' ଶବ୍ଦରୁ ଗୃହୀତ। ବାସ୍ତବରେ କହିବାକୁ ଗଲେ ଶୈଳୀ ହେଉଛି ଭାଷା ଓ ଅଭିବ୍ୟକ୍ତିର ଏକ ପ୍ରକୃଷ୍ଟ ମାଧ୍ୟମ। ପ୍ରତ୍ୟେକ ଲେଖକର ନିଜସ୍ୱ ଏକ ସ୍ୱତନ୍ତ୍ର ଶୈଳୀ ରହିଛି, ଯହିଁରୁ ତାଙ୍କର ସ୍ୱାତନ୍ତ୍ର୍ୟ ଓ ପ୍ରତିଭାର ପ୍ରକୃତ ପରିଚୟ ମିଳି ପାରିଥାଏ। ଏହି ଶୈଳୀ ହିଁ ଜଣେ ସ୍ରଷ୍ଟାକୁ ଅନ୍ୟମାନଙ୍କ ଠାରୁ ସ୍ୱତନ୍ତ୍ର କରି ଚିହ୍ନାଇ ଦେଇଥାଏ। ଶୈଳୀ ଶବ୍ଦର ଅର୍ଥ ଭିନ୍ନ ଭିନ୍ନ ସମୟରେ ଭିନ୍ନ ଭିନ୍ନ ପ୍ରତୀୟମାନ ହୋଇଛି। ସେଥିପାଇଁ ଇଂରାଜୀରେ କୁହାଯାଇଛି 'is the man'। ଶୈଳୀ ସ୍ରଷ୍ଟା ବ୍ୟକ୍ତିତ୍ୱର ପରିଚାୟକ।

"ଅଙ୍ଗସଜ୍ଜା ହିଁ ଶୈଳୀ। କେବେଳ ଟେକ୍‌ନିକ୍ ଉପରେ ଗୁରୁତ୍ୱ ଦେଇ ଦେଲେ ଅଙ୍ଗସଜ୍ଜାର ମୂଲ୍ୟ ରହେ  ଏକ ଉଦାହରଣ ଗ୍ରହଣ କରାଯାଇପାରେ। ନାହିଁ। ତାହା ହୋଇଯାଏ କୃତ୍ରିମ ଓ ଇଚ୍ଛାକୃତ। ଯେତେ ବେଳେ ଏହା ହୁଏ ସ୍ୱାଭାବିକ ଓ ସ୍ୱତଃସ୍ଫୁର୍ତ୍ତ ସେତେ ବେଳେ ଅଙ୍ଗସଜ୍ଜା କେବଳ ବାହ୍ୟ ବିଭବ ପ୍ରକାଶ କରେ ନାହିଁ। ଆତ୍ମାର ବିଭୂତିରେ ହୁଏ ଦୀପ୍ତିମାନ। ଏଇଠି ସ୍ରଷ୍ଟାର ଅଶରୀରୀ ବ୍ୟକ୍ତିତ୍ୱ ସାହିତ୍ୟ ଭିତରେ ମିଶି ହୋଇଯାଏ ଏକାକାର। ଅଙ୍ଗସଜ୍ଜାରୁ ଆଉ ଆତ୍ମାକୁ ବା ଆତ୍ମାରୁ ଅଙ୍ଗସଜ୍ଜାକୁ ଶୈଳୀରୁ ସ୍ରଷ୍ଟାର ବ୍ୟକ୍ତିତ୍ୱକୁ ବା ସ୍ରଷ୍ଟାକୁ ଅଲଗା କରି ହୁଏ ନାହିଁ।"[୧] ଏହି "ଶୈଳୀ କଥାକାରର ଅଶରୀରୀ ବ୍ୟକ୍ତିତ୍ୱର ମନ୍ମୟ ପ୍ରକାଶ ରୂପେ ଅଭିହିତ।"[୨]

"ଶୈଳୀ ଭାବ ପରତନ୍ତ୍ର ହେବା ତ ଦୂରର କଥା ବରଂ ସତ କହିଲେ ସାହିତ୍ୟ ହେଉଛି ଶୈଳୀ ସର୍ବସ୍ୱ। ଉପଯୁକ୍ତ ଶବ୍ଦ ସଂଯୋଜନା ତଥା ଶବ୍ଦ ବିନ୍ୟାସ ହେଉଛି ଶୈଳୀ। ମୁକ୍ତ ପ୍ରକାଶ ଓ ସହଜ ବୋଧଗମ୍ୟତା ଉତ୍ତମ ଶୈଳୀର ବୈଶିଷ୍ଟ୍ୟ। ଅନ୍ୟ

ପକ୍ଷରେ ତମସାଚ୍ଛନ୍ନ ଓ ଅସ୍ପଷ୍ଟ ହୋଇ ରହି ଯାଇଥିବା ବର୍ଣ୍ଣନା ହେଉଛି ଅଧମ ଶୈଳୀ। ପ୍ରକୃତରେ କହିବାକୁ ଗଲେ ମହତ୍ତ୍ୱପୂର୍ଣ୍ଣ ବିଷୟଗୁଡ଼ିକ ବର୍ଣ୍ଣନା କଲା ବେଳେ ଉତ୍ତମ ଶୈଳୀ ଏବଂ ବୀଭତ୍ସ ଓ ବ୍ୟଙ୍ଗାତ୍ମକ ବିଷୟ ବର୍ଣ୍ଣନା ବେଳେ ଅଧମ ଶୈଳୀ ଉପଯୋଗୀ। ସଂକ୍ଷିପ୍ତୀକରଣ ହେଉଛି କ୍ଷୁଦ୍ରଗଳ୍ପର ବିଶେଷତ୍ୱ। ଏହାକୁ ଦୃଷ୍ଟିରେ ରଖି ଗାଳ୍ପିକ ତା'ର ରଚନା ଶୈଳୀକୁ ସେତିକି ମାର୍ଜିତ ଓ ରୁଚି ସଂପନ୍ନ କରିବାର ପ୍ରୟାସ କରିଥାଏ।"(୩)

କ୍ଷୁଦ୍ରଗଳ୍ପର ବର୍ଣ୍ଣନା ସମ୍ପର୍କରେ ଏଣ୍ଟୋନ୍ ଚେକ୍‌ଭରଙ୍କ ମତ – "ତାହା ଭାଷାର କାରୁକାର୍ଯ୍ୟରେ ନ ଥାଏ, ବର୍ଣ୍ଣନାର ପରିପାଟୀରେ ନଥାଏ। ଶବ୍ଦର ଅଭିନୟ ପ୍ରୟୋଗରେ ନଥାଏ କିମ୍ବା ପ୍ଲଟର ପରିବେଷଣ ଚତୁରୀରେ ନ ଥାଏ, ଥାଏ ତାହାର ସାମଗ୍ରିକତାରେ" ଅତ୍ୟନ୍ତ ଯଥାର୍ଥ। ସେ ଗଳ୍ପର ସାମଗ୍ରିକ ସୌକାର୍ଯ୍ୟକୁ ହିଁ ଶୈଳୀ ଅର୍ଥରେ ଗ୍ରହଣ କରିଥିବା ମନେ ହୁଏ।

କଥାକାର ତରୁଣକାନ୍ତି ମିଶ୍ର ଆଧୁନିକ ଓଡ଼ିଆ କଥା ସାହିତ୍ୟରେ ଜଣେ ଯଶସ୍ୱୀ ସ୍ରଷ୍ଟା। ନୂତନ ଭାବଚେତନା ଓ ନୂତନ ଶୈଳୀର ସେ ରୂପକାର। ସୁରେନ୍ଦ୍ର ମହାନ୍ତି, ଶାନ୍ତନୁ କୁମାର ଆଚାର୍ଯ୍ୟ, ମନୋଜ ଦାସ, କିଶୋରୀ ଚରଣ ଦାସ ପ୍ରମୁଖ ଗାଳ୍ପିକ ଜୀବନକୁ ବ୍ୟଞ୍ଜନାତ୍ମକ ଦୃଷ୍ଟିଭଙ୍ଗୀର ରୂପ ଦେଲା ବେଳେ ତରୁଣକାନ୍ତି ଜୀବନକୁ ଅତ୍ୟନ୍ତ ସହଜ ସରଳ ଭାବରେ ଦେଖିବାକୁ ଚେଷ୍ଟା କରିଛନ୍ତି। କାରଣ ତାଙ୍କ ଦୃଷ୍ଟିରେ ଜୀବନକୁ ଯେନତେନ ପ୍ରକାରଣେ ବଞ୍ଚିବା ବଡ଼ କଥା ନୁହେଁ। ମୂଲ୍ୟବୋଧ ନେଇ ବଞ୍ଚିବା ବଡ଼ କଥା। ମଣିଷ ଭିତରେ ଅମଣିଷତ୍ୱ ଦେଖିବା ଅପେକ୍ଷା ଅମଣିଷତ୍ୱ ମଧ୍ୟରୁ ମଣିଷପଣିଆ ଖୋଜିବାକୁ ସେ ଭାରି ଭଲପାଆନ୍ତି। ତାଙ୍କ ଗଳ୍ପ ଶୈଳୀକୁ ବିଚାର କଲେ ତାହା ସ୍ରଷ୍ଟା ପ୍ରାଣର ସକଳ ଅନୁଭବ ଓ ଉଚ୍ଛ୍ୱାସ ଘେନି ବେଶ୍ କାବ୍ୟ କୋମଳ ମନେ ହୁଏ। ତାଙ୍କର ପ୍ରତ୍ୟେକ ଗଳ୍ପ ସେ ପାଇଁ ପ୍ରାୟ ଏକ ଏକ ସୁନ୍ଦର ଚିତ୍ରପଟ୍ଟ ପରି ପ୍ରତୀତ ହୁଏ। ଏକ ମନନଦୀପ୍ତ ସମୀକ୍ଷା ସହିତ ପ୍ରକାଶଭଙ୍ଗୀରେ ଏକ ଗତିମୟ ଉଚ୍ଛ୍ୱାସ ତାଙ୍କ ମନକୁ ଏକାନ୍ତ ସ୍ୱାଭାବିକ ଓ ନିଗୂଢ଼ ପ୍ରାଣ ପ୍ରତ୍ୟୟରେ ପରିପୂର୍ଣ୍ଣ କରି ଦେଇଛି।

"ଗଳ୍ପ ଲେଖିବା ପାଇଁ ସେ ଗଳ୍ପ ଲେଖନ୍ତି ନାହିଁ। ଜୀବନ ଭିତରେ ଗଳ୍ପ ଓ ଗଳ୍ପ ଭିତରେ ଜୀବନକୁ ଖୋଜିବାର ଯେଉଁ ପ୍ରୟାସ ତାଙ୍କର ଛାତ୍ରାବସ୍ଥାରୁ ରହିଥିଲା ତାହାହିଁ ତାଙ୍କୁ ଗଳ୍ପ ଲେଖିବା ପାଇଁ ପ୍ରେରଣା ଦେଇଥିଲା। ତାଙ୍କର ଗଳ୍ପ ଶୈଳୀର ଏକ ସ୍ୱତନ୍ତ୍ର ରହିଛି। ପାଠକ ଥରେ ତାଙ୍କ ଗଳ୍ପ ପଢ଼ିବାକୁ ଆରମ୍ଭ କଲେ ସେ ସେହି ଗଳ୍ପ ଭିତରେ ହଜିଯାଏ ଏବଂ ଗଳ୍ପ ଶେଷ ହେବା ବେଳକୁ ସେ ନିଜକୁ ଦେଖେ ଏକ ଅଜଣା ରାଜ୍ୟରେ। ଏକ ଯାଦୁକାରୀ ଶୈଳୀରେ ସେ ପାଠକମାନଙ୍କର ମନ ପ୍ରାଣକୁ ସମ୍ମୋହନ କରି ଦେଇଥାନ୍ତି।"(୪) ନିଖୁଣ ଗଳ୍ପଟିଏ ସଂଗଠିତ କରିବାର ପ୍ରକ୍ରିୟା ମଧ୍ୟରେ ଶକ୍ତିଶାଳୀ

ଶବ୍ଦର ବ୍ୟବହାର ଦ୍ୱାରା ପାଠକର ଚେତନାକୁ ଆଲୋଡ଼ିତ କରିବାର ଏ ଅପୂର୍ବ ଗଳ୍ପ ଗଠନ କୌଶଳ ଓଡ଼ିଆ ଗଳ୍ପରେ ଏକ ନୂତନ ପରିଚୟ ସୃଷ୍ଟି କଲା। ତରୁଣକାନ୍ତିଙ୍କ ଗଳ୍ପରେ ମଧ୍ୟ ଏହି ଶୈଳୀର ସଫଳ ପ୍ରୟୋଗ ଦେଖାଯାଏ।[୫]

ଛାତ୍ରାବସ୍ଥାରେ ରଚିତ ତାଙ୍କ ଗଳ୍ପ ଠାରୁ ଅଦ୍ୟାବଧି ପ୍ରକାଶିତ ଗଳ୍ପ ମଧ୍ୟରେ ତାଙ୍କ ଗଳ୍ପ ରଚନା ଶୈଳୀରେ ବିଶେଷ ପାର୍ଥକ୍ୟ ଦୃଷ୍ଟିଗୋଚର ହୁଏ ନାହିଁ। ସତେ ଯେମିତି ଏକ ପ୍ରବୃଦ୍ଧ ମାନସିକତାରୁ ତାଙ୍କ ଗଳ୍ପଗୁଡ଼ିକର ସୃଷ୍ଟି। ସେ ହେଉ ପ୍ରାରମ୍ଭିକ ପର୍ଯ୍ୟାୟର ଅଥବା ଆଜିର ଗଳ୍ପ।

"ସ୍ୱଚ୍ଛନ୍ଦ ଶୈଳୀ ଓ ସୁନ୍ଦର ବାକ୍‌ବିନ୍ୟାସ ହିଁ ତରୁଣକାନ୍ତିଙ୍କ ଗଳ୍ପର ଅନ୍ୟତମ ପ୍ରଧାନ ବୈଶିଷ୍ଟ୍ୟ। ତାଙ୍କର ଗଳ୍ପାବଳୀରେ ଭାବର ବିବିଧତା ଯେପରି ସ୍ୱକୀୟ, ଭାଷାର ବୈଚିତ୍ର୍ୟ ଓ ପରିଛନ୍ନତା ହିଁ ସେହିପରି ଗୁରୁତ୍ୱପୂର୍ଣ୍ଣ। ତେଣୁ ଶୈଳୀ ଯୁଗ ନିର୍ଭର ହେଲେ ହେଁ ପ୍ରତ୍ୟେକ ସୃଜନଶୀଳ ସ୍ରଷ୍ଟାର ଏକ ନିଜସ୍ୱ ଶୈଳୀ ପ୍ରକାଶିତ ହୁଏ। ତରୁଣକାନ୍ତିଙ୍କ ଅଭିବ୍ୟକ୍ତିର ଭାଷା ଅନ୍ୟମାନଙ୍କ ଠାରୁ ସ୍ୱତନ୍ତ୍ର ଓ ନିଆରା। ଭାଷା ଓ ଭାବପ୍ରବଣରେ ବିବିଧତା ରହିଛି ବୋଲି ପ୍ରତ୍ୟେକଙ୍କ ଜୀବନ ସରସ ଓ ସୁନ୍ଦର ମନେ ହୁଏ। ଗାଳ୍ପିକ କୃତ୍ରିମ ଓ ଆବରଣ ଯୁକ୍ତ ଭାଷାକୁ ବ୍ୟବହାର କରିବାକୁ ପସନ୍ଦ କରନ୍ତି ନାହିଁ। ଗରମ ବରା ଭଳି ଖାଲି ଉଷ୍ଣତା ଥାଇ କିଛି କାଳ ପାଇଁ ଚମକେଇ ଦେବାର ଦୁର୍ବୋଧ ଭାଷା ଓ ଶୈଳୀ ବ୍ୟବହାର କରିବା ତାଙ୍କ ସୃଜନଶୀଳ ଭାବନା ଓ ବ୍ୟକ୍ତିତ୍ୱର ପରିବର୍ତ୍ତନ ସହିତ ଯଥାର୍ଥ ଉତ୍ତରଣ ଘଟିଛି। ପ୍ରତ୍ୟେକ ଗଳ୍ପର ଅନ୍ତଃସ୍ୱର ପରସ୍ପର ଠାରୁ ଭିନ୍ନ ମନେ ହେଲେ ହେଁ ଶୈଳୀ ପ୍ରାୟ ଏକାପରି – 'ତରୁଣକାନ୍ତୀୟ ଶୈଳୀ' କୁହାଯାଇପାରେ।"[୬]

ତରୁଣକାନ୍ତି ମିଶ୍ରଙ୍କ ଶୈଳୀ ବୈବିଧ୍ୟ। ବିଶେଷ ଭାବରେ ଗଳ୍ପର ବିଷୟବସ୍ତୁ, ତା'ର ପରିବେଶ ଓ ଘଟଣାଗତ ଅବସ୍ଥାକୁ ନେଇ ସେ ଗଳ୍ପରେ ବିଭିନ୍ନ ପ୍ରକାର ଶୈଳୀର ବ୍ୟବହାର କରିଥାନ୍ତି। କେତେ ବେଳେ ପ୍ରଥମ ପୁରୁଷୀୟ ବକ୍ତବ୍ୟରେ ଗଳ୍ପକୁ ଏକ ଆକସ୍ମିକ ଆରମ୍ଭ ପ୍ରଦାନ ସମୟରେ ତ ଅନ୍ୟ କେତେ ବେଳେ ବହୁ ବଚନରେ ଗଳ୍ପ ପାଠକଙ୍କୁ ଗଳ୍ପର ବିଷୟବସ୍ତୁ ପ୍ରତି ଆକର୍ଷିତ କରିଥାନ୍ତି। ପୁଣି କେତେ ବେଳେ, ଅନ୍ୟ କେତେ ବେଳେ ଗଳ୍ପ ପ୍ରାରମ୍ଭରେ ଆକସ୍ମିକତା ଏବଂ ପରିସମାପ୍ତିରେ ଅପ୍ରତ୍ୟାଶିତ ଅଘଟନକତା ଦ୍ୱାରା ପାଠକକୁ ବିସ୍ମୟ ବିମୂଢ଼ କରିପାରନ୍ତି। ତରୁଣକାନ୍ତିଙ୍କ ଗଳ୍ପରେ ଅନ୍ୟତମ ବିଶେଷତ୍ୱ ହେଉଛି ତାଙ୍କର ବର୍ଣ୍ଣନାଗତ ଚମତ୍କାରିତା। ପରିବେଶ ବର୍ଣ୍ଣନାରେ ହେଉ, ଚରିତ୍ର ଚିତ୍ରଣରେ ହେଉ କିମ୍ବା ଗାଳ୍ପିକଙ୍କର ଏହି ବର୍ଣ୍ଣନାଗତ ଚମତ୍କାରିତା ପାଠକମାନଙ୍କୁ ତାଙ୍କ ଗଳ୍ପ ପ୍ରତି ଅଧିକ ଭାବେ ଆକର୍ଷିତ କରିଥାଏ। ଶ୍ରୀ ମିଶ୍ରଙ୍କ ଏହି ବିବିଧ ଶୈଳୀର କେତେକ ଉଦାହରଣ ଏଠାରେ ପ୍ରଦାନ କରାଯାଇପାରେ।

**ପ୍ରଥମ ପୁରୁଷୀୟ ଶୈଳୀ :**

ତରୁଣକାନ୍ତି ମିଶ୍ରଙ୍କ ଅଧିକାଂଶ ଗଳ୍ପ ପ୍ରଥମ ପୁରୁଷୀୟ ଶୈଳୀରେ ରଚିତ। ପ୍ରାୟ ଅଧିକାଂଶ ଗଳ୍ପରେ ସେ ହିଁ ଗଳ୍ପର ନାୟକ ଏବଂ ଅନେକତ୍ର ନିଜେ ହିଁ ବ୍ୟାଖ୍ୟାକାର। ସେହି କାରଣରୁ ତରୁଣକାନ୍ତି ମିଶ୍ରଙ୍କର ଗଳ୍ପଗୁଡ଼ିକରେ ସ୍ପଷ୍ଟ ଭାବରେ ଗାଳ୍ପିକଙ୍କର ଉପସ୍ଥିତି ବାରି ହୋଇଥାଏ। ଅବଶ୍ୟ ଏ ପ୍ରକାର ଶୈଳୀର ଅନ୍ୟତମ ବିଶେଷତ୍ୱ ହେଉଛି ପାଠକମାନଙ୍କୁ ଗଳ୍ପର ବିଷୟବସ୍ତୁ ତଥା ଗାଳ୍ପିକଙ୍କ ସହିତ ସମନ୍ୱିତ କରି ଦେବା। ଏହା ଦ୍ୱାରା ପାଠକ ସଂପୂର୍ଣ୍ଣ ଭାବରେ ଗଳ୍ପ କାହାଣୀର ମାୟାରେ ନିଜକୁ ବିସ୍ମିତ କରିଦେଇ ନିଜେ ହିଁ ସେହି ଗଳ୍ପର ଚରିତ୍ରଟିଏରେ ପରିଣତ ହୋଇଯାଏ। ପୁନରାୟ ଏପରି ଶୈଳୀରୁ ଗଳ୍ପ ସହିତ ଗଳ୍ପକାରଙ୍କ ନିବିଡ଼ ସମ୍ପର୍କକୁ ଅବଧାରଣା କରି ହୋଇଥାଏ, ଯାହା ଦ୍ୱାରା ଗଳ୍ପର ବୃତ୍ତରୁ ଗାଳ୍ପିକଙ୍କର ବ୍ୟକ୍ତିଗତ ବୃତ୍ତକୁ ଅଲଗା କରି ହୁଏ ନାହିଁ। ଅନ୍ୟ ଭାଷାରେ କହିଲେ, ଏ କ୍ଷେତ୍ରରେ ଗଳ୍ପ, ଗଳ୍ପର କଥାବସ୍ତୁ ଏବଂ ପାଠକ ଏକ ନିବିଡ଼ ଆତ୍ମୀୟତା ଭିତରେ ପରସ୍ପରକୁ ହଜାଇ ଦେଇଥାନ୍ତି।

'ଲୁବ୍ଧକର ରାତି' ଗଳ୍ପ ସଂକଳନସ୍ଥ 'ଛାୟାପଥ' ଗଳ୍ପରୁ ଏକ ଉଦାହରଣ ଦିଆଯାଇପାରେ – "ମୁଁ ସେଇ ଛିମ୍‌ଛାମ୍ ଘରଟିଏ ରହିବାର ସପ୍ତାହକ ଭିତରେ ସାରା ପରିବେଶ ବଦଳିଗଲା। ବିଛଣା ଚଦରରୁ ବାହାରିବାକୁ ଲାଗିଲା ପରିଚିତ ଝାଳ ଓ ନିର୍ଜନତାର ଗନ୍ଧ, କାନ୍ଥସାରା ଘେରିଗଲା ଅଳନ୍ଧୁ ଓ ଅନ୍ଧାର, ରୋଷେଇ ଘରେ ନାନା କୀଟ ଓ ପତଙ୍ଗ, ଚଟାଣଯାକ ସାରା ପୃଥିବୀର ପାଦ ଚିହ୍ନ। ମତେ ଏତେ ଟିକେ ଖରାପ ଲାଗିଲା ନାହିଁ, ଏତେ ଟିକେ ବି ଅସୁବିଧା ନଥିଲା ମୋର। ବରଂ ମତେ ଲାଗିଲା ମୋ ଜୀବନର ଓସାର ବଢ଼ିଯାଇଛି।" (ଲୁବ୍ଧକର ରାତି, ପୃ.୫୦)

**ବହୁବଚନୀୟ ଶୈଳୀ :**

କେତେକ କ୍ଷେତ୍ରରେ ଗାଳ୍ପିକ ବହୁ ବଚନରେ ତାଙ୍କର ଗଳ୍ପର ଆରମ୍ଭ କରିଥାନ୍ତି। ଯଦିଓ ସେଠାରେ ମଧ୍ୟ ପ୍ରଥମ ପୁରୁଷ ହିଁ ମୁଖ୍ୟ ସ୍ଥାନ ଅଧିକାର କରିଥାଏ। ହୁଏତ ପାଠକମାନଙ୍କ ମାନସିକତାକୁ ଗଳ୍ପ ପ୍ରତି ଆକର୍ଷଣ କରିବା ପାଇଁ ଏ ପ୍ରକାର ଶୈଳୀର ଆବଶ୍ୟକତା ଅନୁଭୂତ ହୁଏ। ବେଳେ ବେଳେ ମଧ୍ୟ ଲେଖକ ବହୁ ବଚନରେ ବାକ୍ୟ ଆରମ୍ଭ କରିଥିଲେ ହେଁ ତା'ର ଅନ୍ତରାଳରେ ପ୍ରଥମ ପୁରୁଷ (ମୁଁ) ହିଁ ଗଳ୍ପର ବିଷୟବସ୍ତୁକୁ ନିୟନ୍ତ୍ରିତ କରିଥାଏ। ଉଦାହରଣ ସ୍ୱରୂପ 'ଜହ୍ନରାତିର ଗପ, ସରିନାହିଁ ...' ଗଳ୍ପ ସଂକଳନର ଶୀର୍ଷକ ଗଳ୍ପ 'ଜହ୍ନରାତିର ଗପ, ସରିନାହିଁ ...'ରୁ ଉଦ୍ଧାର କରାଯାଇପାରେ।

ଏହି ଶୈଳୀର ଅନ୍ୟ ଏକ ଉଦାହରଣ ଗ୍ରହଣ କରାଯାଇପାରେ। ।ବସ୍ତୁ ଏବଂ ପାଠକ ଏକ ନିବିଡ଼ ଆତ୍ମୀୟତା ଭିତରେ ପରସ୍ପରକୁ ହଜାଇ ଦେଇଥାନ୍ତି।ଗତ ବୃତ୍ତକୁ

ଅଲଗା କର"ମୁଁ ଆଗେ ଆଗେ ଗଲି। ମୋ ପଛରେ ପିଙ୍କିନାନୀ। ଆମେ ପାଞ୍ଚଖଣ୍ଡ କଦଳୀପତ୍ର ଧୋଇଲୁ, ତା'ପରେ ରୋଷେଇ ଘର ପାଖ ବାରଣ୍ଡାରେ ବସିଲୁ। ଗୋଟିଏ ପତ୍ର ବନୁ କକାଙ୍କର, ଗୋଟିଏ ପିଙ୍କିନାନୀର, ଗୋଟିଏ ମୋର। ବାକି ଦୁଇଟା ବାପା ମାଆଙ୍କ ପାଇଁ। କଦଳୀପତ୍ରରେ ଆମେ ସବୁ ଦିନ ଖାଉନା। ଆଜି କଥା ଅଲଗା। ଆମର ସବୁତକ ବାସନ କୁସନ ବନ୍ଧା ସରିଛି। ଖଟ ଆଲମିରା ଲୁଗାପଟା ତ ଆଗରୁ ବନ୍ଧା ସାରିଥିଲା। ଆଜି ରାତିକ ଏଠି କେମିତି କଟେଇ ଦେଲେ କାମ ଶେଷ।"

**ନାଟକୀୟ ସଂଳାପଧର୍ମିତା :**

ଆଧୁନିକ କ୍ଷୁଦ୍ରଗଳ୍ପରେ ନାଟକୀୟତା ଅନ୍ୟ ଏକ ବିଶେଷ ବିଭବ। ଏହା ପାଠକର ଉତ୍କଣ୍ଠାକୁ ବଢ଼ାଇ ଦେବା ସଙ୍ଗେ ସଙ୍ଗେ ଗଳ୍ପ ଭିତରେ ଏକ ନାଟକୀୟ ବାତାବରଣ ସୃଷ୍ଟି କରେ। ଅନେକ ସମୟରେ ଏହି ନାଟକୀୟତା ଗଳ୍ପର କେନ୍ଦ୍ର ବିନ୍ଦୁ ପାଲଟି ଯାଏ। ସମଗ୍ର ଗପଟି ଭିତରେ ଯାହା କହିବା କଥା ଏହି ନାଟକୀୟତା ଭିତରେ ହିଁ କହି ଦିଆଯାଏ। ଗଳ୍ପର ବିଷୟବସ୍ତୁ, ଉପସ୍ଥାପନା ଶୈଳୀରେ ଆକସ୍ମିକତା, ଦ୍ୱନ୍ଦ୍ୱ ପ୍ରଭୃତି ଏହି ନାଟକୀୟତାର ଗୋଟିଏ ଗୋଟିଏ ଅଂଶ, ଯାହା ଫଳରେ ଏହା ସାଧାରଣ ଗପଟିଏ ନ ହୋଇ ନାଟକୀୟ ଗଳ୍ପରେ ପରିଣତ ହୁଏ।" ଏ ନାଟକୀୟତା ଘଟଣାର ବିକାଶରେ, ପରିଣତିରେ ଅଥବା ଚରିତ୍ରର ବିକାଶରେ ସହାୟତା କରିଥାଏ। ଗଳ୍ପର ଏହି ଅବସ୍ଥା ମଣିଷର ଜୀବନାନୁଭୂତିକୁ ଗଭୀର ଭାବରେ ଛୁଇଁଥାଏ। ଅନ୍ୟ ଭାଷାରେ କହିଲେ ନାଟକୀୟତା ଜୀବନାନୁଭୂତିର ଗଭୀରତାକୁ ଅନୁଭବ କରିବାର ଏକ ମାଧ୍ୟମ।"[୭]

ଗଳ୍ପର "ଆରମ୍ଭ ଓ ଶେଷକୁ ଅଧିକ ଆକର୍ଷଣୀୟ କରିବା ପାଇଁ O' Herry କ୍ଷୁଦ୍ରଗଳ୍ପର ନାଟକୀୟ ସଂଳାପ ଉପରେ ଅଧିକ ନିର୍ଭରଶୀଳ। କିନ୍ତୁ ଆଣ୍ଡରସନ୍ ଏବଂ ହେମିଙ୍ଗୱେ କେବଳ ବାତାବରଣ ସୃଷ୍ଟିରେ ଅଧିକ ଦକ୍ଷତା ଦେଖାଇ ଆମେରିକୀୟ କ୍ଷୁଦ୍ରଗଳ୍ପକୁ ଅଧିକ ନାଟକୀୟ କରିପାରିଥିଲେ।"[୮] ଏଥିରୁ ସ୍ପଷ୍ଟ ପ୍ରତିପନ୍ନ ହେଉଛି ଯେ ପ୍ରାୟ ଅଧିକାଂଶ ଗଳ୍ପକାର ଗଳ୍ପକୁ ପ୍ରଭାବଶାଳୀ କରିବା ପାଇଁ ତହିଁରେ ନାଟକୀୟ ସଂଳାପିକ ଶୈଳୀର ପ୍ରୟୋଗ କରିଛନ୍ତି। ସଂଳାପର ଅର୍ଥ ହେଲା ଏ କ୍ଷେତ୍ରରେ ଗଳ୍ପର କଥୋପକଥନ ଶୈଳୀ। ସଂଳାପଧର୍ମୀ ବାକ୍ୟର ପ୍ରୟୋଗ ନାଟକର ଅନ୍ୟତମ ଲକ୍ଷଣ। ଗଳ୍ପରେ ଯଦି ଏହାର ବ୍ୟବହାର କରାଯାଏ, ତେବେ ନାଟକୀୟତା ଅନୁଭୂତ ହୁଏ।

ତରୁଣକାନ୍ତିଙ୍କ ଅନେକ ଗଳ୍ପରେ ଚରିତ୍ରମାନଙ୍କର କଥୋପକଥନ ତାଙ୍କ ଗଳ୍ପଗୁଡ଼ିକ ଏକ ନାଟକୀୟ ପରିଣତି ଦିଗକୁ ଗତିଶୀଳ କରାଇଥାଏ। ଏହା ଦ୍ୱାରା ପାଠକମାନଙ୍କ ମନରେ ଉତ୍କଣ୍ଠା ସୃଷ୍ଟି ହେବା ସଙ୍ଗେ ସଙ୍ଗେ ଚରିତ୍ରମାନଙ୍କର ଚାରିତ୍ରିକ

ବିଶେଷତ୍ୱ ପ୍ରତି ସ୍ୱତଃ ଆକୃଷ୍ଟ ହୋଇ ପଡ଼ିଥାନ୍ତି। ସମୟେ ସମୟେ ସଂଳାପ ମଧ୍ୟରେ ଲଘୁ ଚପଳତା ସୃଷ୍ଟି କରି ଗାଳ୍ପିକ ପାଠକମାନଙ୍କୁ ବେଶ୍ ଆମୋଦିତ କରିପାରନ୍ତି। ତାଙ୍କର ବହୁ ଗଳ୍ପରେ ଏହା ଏକ ସାଧାରଣ ଲକ୍ଷଣ ହୋଇଥିଲେ ହେଁ ଏଠାରେ 'ବୀତଂସ' ସଂକଳନସ୍ଥ 'ଭଗ୍ନାଂଶ' ଗଳ୍ପର କିଛି ଅଂଶ ଉଦ୍ଧାର ଯୋଗ୍ୟ ମନେହୁଏ।

"- ଘଣ୍ଟାଏ କାଳ ଆପଣ ଏମିତି ଗଣୁଥାଆନ୍ତି ?

- ହଁ।

- ତେବେ ତ ଘଣ୍ଟାକ ଭିତରେ କୋଡ଼ିଏ କି ପଚିଶ ହଜାର ଗଣି ଦେଉଥିବେ।

- ନାଁ, ସାତ ହଜାର ପାଞ୍ଚ ଶହଠୁ ବେଶୀ ଗଣି ହେବ ନାହିଁ। କିନ୍ତୁ ମୁଁ ଗଣିପାରେ ଅତି ବେଶିରେ ଶହେ କିମ୍ବା ଦୁଇ ହ ପର୍ଯ୍ୟନ୍ତ।

- ଏତେ କମ୍।

- ମୋର କିଛି ଦୋଷ ନାହିଁ। ମୋ ସାଙ୍ଗରେ ଯିଏ ଥାଏ, ଦୋଷ ତା'ଆରି।

- କିଏ ଥାଏ ଆପଣଙ୍କ ସାଙ୍ଗରେ, ଏତେ ରାତିରେ !

- ଆଉ କିଏ ? ମୁଁ ନିଜେ।

- ଆପଣ ନିଜେ ?

- ହଁ ଆଇନା ଭିତରେ ମୁଁ ରହିଁଥାଏ ମତେ। ଆମେ ଦୁହେଁ ଯାକ ରାଜି ହେଲା ପରେ ମୁଁ ଗଣେ ଏକ୍। କିନ୍ତୁ ଯେ ପର୍ଯ୍ୟନ୍ତ ସେ ମତେ ଅନୁମତି ଦିଏ ନାହିଁ, ସେ ପର୍ଯ୍ୟନ୍ତ ମୁଁ ଦୁଇଗଣି ପାରେ ନାହିଁ। ଦିନେ ଦିନେ ରାତିରେ ମୁଁ ତେଇଶ ଠାରୁ ଅଧିକ ଗଣିପାରେ ନାହିଁ। ମୋ ଘଣ୍ଟାକ ମିଆଦ ପୁରିଯାଏ। ରାତି ସାଢ଼େ ବାରଟା ବାଜେ କାନ୍ଥ ଘଣ୍ଟାରେ।

- ତା' ପରେ ଆପଣ କ'ଣ କରନ୍ତି ?

- ତା' ପରେ ମୁଁ ଆସି ଆରାମ ଚଉକିରେ ବସେ।" (ବୀତଂସ, ପୃ.୫୧-୫୨)

ଏହା ସହିତ ତରୁଣକାନ୍ତିଙ୍କ ଗଳ୍ପରେ ପାଠକ ଗୀତିମୟ ନାଟକୀୟତା ଲକ୍ଷ୍ୟ କରାଯାଏ। "ଗଳ୍ପରେ ଯଥାସମ୍ଭବ କମ୍ ପରୀକ୍ଷା ନିରୀକ୍ଷା ଭିତରେ ମଧ୍ୟ ଗାଳ୍ପିକ ଚେଷ୍ଟା କରିଛନ୍ତି। ବାସ୍ତବ ଜୀବନ ଭିତରର ନାଟକୀୟ ବିସ୍ମୟକୁ ଅବିକଳ ଚିହ୍ନିତ କରିବା ପାଇଁ। ଗାଳ୍ପିକଙ୍କ ଛଳନାହୀନ ବକ୍ତବ୍ୟ ପାଇଁ ସେ ଧନ୍ୟବାଦର ପାତ୍ର। ତାଙ୍କ ଗଳ୍ପରେ ଆରମ୍ଭରେ ଚମତ୍କାରିତା ଓ ପରିସମାପ୍ତରେ ଆକସ୍ମିକତା ରହିଛି।"[୯]

ତରୁଣକାନ୍ତିଙ୍କ ଗଳ୍ପର ବିଶେଷତ୍ୱ ହେଉଛି ତାଙ୍କର ପ୍ରତ୍ୟେକ ଗଳ୍ପ ଏକ ଚମତ୍କାର କଥନିକାରୁ ହିଁ ଆରମ୍ଭ ହୁଏ। ପାଠକମାନଙ୍କୁ ଗଳ୍ପର ପରବର୍ତ୍ତୀ ବିଷୟବସ୍ତୁ ସମ୍ପର୍କରେ ସୂଚନା ଦେବା ଉଦ୍ଦେଶ୍ୟରେ ବା ପାଠକମାନଙ୍କୁ ଗଳ୍ପର ବିଷୟବସ୍ତୁ ପ୍ରତି ଜିଜ୍ଞାସା

ଉଦ୍ରେକ ଉଦ୍ଦେଶ୍ୟରେ ସେ ଏହିପରି ଚମତ୍କାର ଶୈଳୀର ଆଶ୍ରୟ ନେଇଥାନ୍ତି। ଅନୁରୂପ ଭାବେ ଗଳ୍ପର ପରିସମାପ୍ତି ବା ଉପସଂହାରକୁ ଏପରି ଏକ କ୍ଷେତ୍ରରେ ବା ସ୍ଥାନରେ ପରିଣତ ଦେଇଥାନ୍ତି, ଯାହା ପାଠକଙ୍କର ବୌଦ୍ଧିକ ଜିଜ୍ଞାସା ଉଦ୍ରେକ କରିବାରେ ସହାୟତା କରିଥାଏ। ଯାହାକୁ ରବୀନ୍ଦ୍ର ନାଥଙ୍କ ଭାଷାରେ କହିଲେ – "ମନେ ହୟ ଶେଷ, ହୟଲନା ଶେଷ" ଏକ ଯାଦୁକାରୀ ପରିଣତି ଓ ଚମତ୍କାର ଆରମ୍ଭ ତରୁଣକାନ୍ତିଙ୍କ ଗଳ୍ପର ବିଶେଷତ୍ୱ ପ୍ରଦାନ କରିଥାଏ। ତାଙ୍କର ଏହି ଶୈଳୀ ସମସାମୟିକ ଅନ୍ୟାନ୍ୟ କଥାକାରଙ୍କ ଠାରୁ ତାଙ୍କୁ ସ୍ୱତନ୍ତ୍ର ରୂପେ ଏକ ନୂଆ ପରିଚିତ ହୋଇଥାଏ। ତରୁଣକାନ୍ତିଙ୍କ ଗଳ୍ପର ଆରମ୍ଭ କିପରି ଚମତ୍କାର ତା'ର ଉଦାହରଣ 'ଆକାଶ ସେତୁ' ସଂକଳନର 'ଆକାଶ ସେତୁ' ଗଳ୍ପରୁ ଉଦ୍ଧାର କରାଯାଇପାରେ। ଯେମିତି – "ସୁଦୀପ୍ତର ଗୋଟିଏ ହାତକୁ ଖପ୍ କରି ଧରି ପକାଇ ଲୋକଟି କହିଲା – ଟିକିଏ ରୁହନ୍ତୁ। ଖାଲି ମନଟିଏ ପାଇଁ ମତେ ହାତଟା ଦେଖାନ୍ତୁ।" (ଆକାଶ ସେତୁ, ପୃ,୨୭) "ଜହ୍ନରାତି ଗପ, ସରି ନାହିଁର 'ଭିତର ମଲାଟ' ଗଳ୍ପର ଆରମ୍ଭଟା ଦେଖନ୍ତୁ – "ସକାଳେ ସ୍କୁଲରେ ପହଞ୍ଚିଲା ପରେ ସୁଶାନ୍ତ ଫିସ୍‌ଫିସ୍ କରି ମୋ କାନରେ କହିଥିଲା। ଆଜି ଗୋଟିଏ ବଡ଼ ଖରାପ ଖବର ଅଛି।" (ଜହ୍ନରାତିର ଗପ, ସରିନାହିଁ, ପୃ.୨୯) ସେମିତି ପରିସମାପ୍ତି ଗତ ଚମତ୍କାରିତାରୁ କେତୋଟି ଉଦାହରଣ ଦିଆଯାଇପାରେ।

"ଏତେ କଥା ଏକାଠି କହୁ କହୁ ଭାରି ଅଣନିଃଶ୍ୱାସୀ ଲାଗିଲା ମିତାଲିକୁ। ଛାତି ଭିତରେ କେଉଁଠି ଯେମିତି ରୁନ୍ଧି ହୋଇଗଲା ଆଞ୍ଜୁଳାଏ ପବନ, ସେ ଆଉଜି ବସି ପଡ଼ିଲା ଚଉକି ଉପରେ। ତାକୁ ବୋଧେ ଭାରି ହସ ଲାଗୁଥିଲା କିମ୍ବା ଖୁବ୍ କାନ୍ଦ। କିନ୍ତୁ ତା'ର ନିସ୍ତେଜ ଦିଶୁଥିବା ଆଖିରେ ସେ ରହସ୍ୟ ଭେଦ କରିବା ସମ୍ଭବ ନ ଥିଲା।" (ଅବଶିଷ୍ଟ ଜହ୍ନରାତି, ଲୁବ୍ଧକର ରାତି, ପୃ.୧୧୨)

**ବର୍ଣ୍ଣନାଧର୍ମୀ ଶୈଳୀ :**

କେହି କେହି ଗାଳ୍ପିକ ବର୍ଣ୍ଣନାଧର୍ମୀ ଗଳ୍ପ ରଚନା କରିଥିବା ବେଳେ ଆଉ କେହି କେହି ବ୍ୟଞ୍ଜନାତ୍ମକ ବା ସଂକେତାତ୍ମକ ଶୈଳୀରେ ଗଳ୍ପ ରଚନା କରିଥାନ୍ତି। ଗଳ୍ପ ବର୍ଣ୍ଣନାଧର୍ମୀ ହେଉ କି ବ୍ୟଞ୍ଜନାଧର୍ମୀ ହେଉ ତା'ର ପ୍ରଭାବ ଏବଂ ଆବେଦନ ନିର୍ଭର କରିଥାଏ ଗାଳ୍ପିକର ନିଜକୁ ପ୍ରକାଶ କରିବାର ସାମର୍ଥ୍ୟ ଉପରେ।

"ଆଧୁନିକ ଗଳ୍ପ ସମ୍ପର୍କରେ ଆଉ ଏକ କଥା ଯୋଡ଼ି ଦିଅଯାଏ, ତା' ହେଉଛି ତା'ର ବର୍ଣ୍ଣନା ପ୍ରଧାନତା। ଏହି ବର୍ଣ୍ଣନା ପ୍ରଧାନତାକୁ କେତେ ଜଣ ଭଲ ଗଳ୍ପର ବିପରୀତ ଲକ୍ଷଣ ବୋଲି କହି ବର୍ଣ୍ଣନାଗତ କାବ୍ୟାତ୍ମକତାକୁ ବଡ଼ ଅପସନ୍ଦ କରନ୍ତି। ବର୍ଣ୍ଣନା ଆସ୍ୱାଦନର ବାଧକ ନୁହେଁ। ଭାବପ୍ରଧାନ ଗଳ୍ପର ବର୍ଣ୍ଣନା ବସ୍ତୁତଃ ଏକ ବଡ଼

ଅଂଶ। ଆଖ୍ୟାନ ଜରିଆରେ କେବଳ ସୂକ୍ଷ୍ମ ତଥା ବିରଳ ଅନୁଭବର କଥା ସର୍ବଦା କହି ହେବନି।"(୧୦)

ତରୁଣକାନ୍ତି ମିଶ୍ରଙ୍କ ପ୍ରତିଟି ଗଳ୍ପରୁ ତାଙ୍କର ଚମତ୍କାର ବର୍ଣ୍ଣନାଧର୍ମୀ ଶୈଳୀକୁ ଲକ୍ଷ୍ୟ କରି ହୁଏ। କୌଣସି ବାଦ, ଦର୍ଶନ ବା ତତ୍ତ୍ୱ ବିଷୟକୁ ପାଠକ ଉପରେ ଲଦି ଦେବାର ଅଭିପ୍ରାୟ ନ ଥାଏ ଆଦୌ। ବରଂ ପାଠକକୁ ଗଳ୍ପ ବର୍ଣ୍ଣିତ ଚରିତ୍ର ଓ ପରିବେଶ ଭିତରକୁ ସେ ନେଇଯାଇ ପାରନ୍ତି ଅବିଳମ୍ବେ। ଗଳ୍ପର ବର୍ଣ୍ଣନାଧର୍ମିତା ଭିତରେ ପାଠକ ଜୀବନର ନାନାବିଧ ରହସ୍ୟ ଓ ବୈଚିତ୍ର୍ୟକୁ ଉପଲବ୍ଧ କରିପାରେ।

ବର୍ଣ୍ଣନାରେ ଚମତ୍କାରିତା ତରୁଣକାନ୍ତିଙ୍କ ଗଳ୍ପ ଜଗତର ଅନ୍ୟତମ ବିଶେଷତ୍ୱ ରୂପେ ପରିଗୃହୀତ। ସାଧାରଣ ବିଷୟକୁ ଅତି ଅସାଧାରଣ ଭାବେ ବର୍ଣ୍ଣନା କରି ସେ ପାଠକକୁ ବେଶ୍ ଚମକେଇ ଦେଇପାରନ୍ତି। ରୂପ ବର୍ଣ୍ଣନାରେ ହେଉ, ପରିବେଷ ବର୍ଣ୍ଣନାରେ ହେଉ ବା ଚରିତ୍ରମାନଙ୍କର ମାନସିକତ ବର୍ଣ୍ଣନାରେ ହେଉ ପ୍ରତି କ୍ଷେତ୍ରରେ ତରୁଣକାନ୍ତିଙ୍କ ବର୍ଣ୍ଣନାଗତ ଚମତ୍କାରିତା ସ୍ପଷ୍ଟ। ବର୍ଣ୍ଣନାରେ ପ୍ରାକୃତିକତା, ଶବ୍ଦ ସଂଯୋଜନାରେ ମିତବ୍ୟୟିତା ତାଙ୍କ ଗଳ୍ପର କ୍ଲାସିକ୍‌ଧର୍ମିତାକୁ ପ୍ରମାଣିତ କରିଥାଏ।

'କୋମଳ ଗାନ୍ଧାର' ଗଳ୍ପ ସଂକଳନର 'ଅନ୍ଧାର ରାତିର ଲୁହ' ଗଳ୍ପରେ ଏକ ବାଇଶ ବର୍ଷର ତରୁଣୀର ରୂପ ବର୍ଣ୍ଣନା କେତେ ସ୍ୱାଭାବିକ ହୋଇପାରେ, ତାହା ନିମ୍ନୋକ୍ତ ଉଦାହରଣରୁ ସ୍ପଷ୍ଟ। ଦୀର୍ଘ ଦିନ ଧରି ସ୍ୱାମୀ ବିଚ୍ଛେଦ, ବିଶେଷ କରି ନିଜ ସ୍ୱାମୀର ମୃତ୍ୟୁକୁ ସାମ୍ନା କରିଥିବା ଏବଂ ପରବର୍ତ୍ତୀ ସମୟରେ ପରିବାର ସଦସ୍ୟଙ୍କର ମନରେ ଦୁଃଖ ନ ଦେବା ପାଇଁ ପ୍ରତି ମୁହୂର୍ତ୍ତରେ ମରି ମରି ବଞ୍ଚୁଥିବା ଏବଂ ବୈଧବ୍ୟ ପରେ ମଧ୍ୟ ସଧବାର ସମସ୍ତ ପରିପାଟୀ ବହନ କରିଥିବା ଏହି ନିରୀହା ତରୁଣୀଟିର ବର୍ଣ୍ଣନା ଦେବାକୁ ଯାଇ ଗାଳ୍ପିକ ଲେଖନ୍ତି – "ବାଇଶ ବର୍ଷର ସେ ଏକ ପୂର୍ଣ୍ଣ ଯୁବତୀ। ଶରତ ଆକାଶ ପରି ଉଜ୍ଜଳ ଛବିଳ ତା'ଦେହ ଯଦିଓ ମୁହଁଟିରେ ଶ୍ରାବଣର ଅନ୍ଧକାର। ଆଖି ଦୁଇଟା ବିଷର୍ଣ୍ଣ ଉଦାସ। ଲାଲ୍ ନରମ ଓଠରେ ପ୍ରାଣସ୍ପନ୍ଦନ ନାହିଁ।" (କୋମଳ ଗାନ୍ଧାର, ପୃ.୧୨)

ସେହିଭଳି ଏକ ଏଗାର-ବାର ବର୍ଷର ଦରିଦ୍ର ବାଳକର ବର୍ଣ୍ଣନା କେତେ ସ୍ୱାଭାବିକ ହୋଇପାରେ ତା'ର ଉଦାହରଣଟିଏ ଦେଖନ୍ତୁ – "ଏଗାର ବାର ବର୍ଷ ବୟସର ପିଲାଟିଏ, ଦୁର୍ବଳ ରୋଗିଣା ଓ ଅପରିଚ୍ଛନ୍ନ। ଦେହରେ ମଇଳା ହାପ୍‌ପ୍ୟାଣ୍ଟ ଓ ଛିଣ୍ଡା ଟି ଶାର୍ଟ। ହୁଏତ ଆଗରୁ ବେଶି ଚିରି ନ ଥିଲା। ଏଇ ବର୍ତ୍ତମାନ ମାରପିଟ୍ ବେଳେ ଭଲ କରି ଚିରିଯାଇଛି।" (ଆସନ୍ତାକାଲିର ଭୋକ, ଜହ୍ନରାତିର ଗପ ସରି ନାହିଁ, ପୃ.୯୭)

**ପରିବେଶର ବର୍ଣ୍ଣନା :**

"ଦେଶ, କାଳ ଓ ପାତ୍ରକୁ ନେଇ ଗଳ୍ପ ରଚନା କରାଯାଇଥାଏ। ଗଳ୍ପରେ ଏହାକୁ କୁହାଯାଏ ପରିବେଶ ବା ପଛଭୂମି। କୌଣସି ଗଳ୍ପ ରଚନା କଲା ବେଳେ ଯେଉଁ ପରିବେଶକୁ କଥାକାର ସେଥିରେ ନିଏ, ତାହାର ଜୀବନ୍ତ ଓ ବାସ୍ତବ ବର୍ଣ୍ଣନା ଗଳ୍ପକୁ ଚମତ୍କାରିତା ପ୍ରଦାନ କରିଥାଏ।"(୧୧) ଆଉ ଜଣେ ସମାଲୋଚକ ଏ ସମ୍ପର୍କରେ ମତବ୍ୟକ୍ତ କରନ୍ତି – "ଆକାଶ ଦୃଷ୍ଟିରୁ ନୁହେଁ କିମ୍ବା ଚରିତ୍ରର ସଂଳାପ ନୁହେଁ, ଗଳ୍ପ ପ୍ରତି ପାଠକର ମାନସିକତା ଆକର୍ଷିତ କରିବାକୁ କଥାକାର ଏକ ପ୍ରାକୃତିକ ପରିବେଶ ବା ପାତ୍ରପାତ୍ରୀଙ୍କ ସମାବେଶଗତ ପରିବେଶର ଚିତ୍ରଣ କରିଥାଏ। ଏହା ଫଳରେ ପାଠକ ସୌନ୍ଦର୍ଯ୍ୟତତ୍ତ୍ୱ ଦୃଷ୍ଟିରୁ ନତୁବା ଗଳ୍ପ ଘଟଣାର ସମ୍ଭାବ୍ୟ ପରିସରକୁ ହୃଦୟଙ୍ଗମ କରିପାରିଥିବା ଦୃଷ୍ଟିରୁ ଗଳ୍ପଟି ପ୍ରତି ଆକର୍ଷିତ ହୁଏ।"(୧୨)

ପରିବେଶର ବର୍ଣ୍ଣନା କ୍ଷେତ୍ରରେ ତରୁଣକାନ୍ତିଙ୍କ ସଫଳତା ଅବିସମ୍ବାଦିତ। "ତରୁଣକାନ୍ତିଙ୍କ ଅଧିକାଂଶ ଗଳ୍ପ ତାହା ପ୍ରେମ ହେଉ କି ସାମାଜିକ ପ୍ରତିବଦ୍ଧତାର ସ୍ୱାକ୍ଷର ନେଇ ଆତ୍ମ ପ୍ରକାଶ କରୁ ସବୁଠି ପ୍ରାୟତଃ ଏକ କରୁଣ ପରିବେଶ ଗଢ଼ି ଉଠୁଥାଏ। ତାଙ୍କର ଅଧିକାଂଶ ଗଳ୍ପଗୁଡ଼ିକ ଜୀବନର ବିୟୋଗାତ୍ମକ ଦୃଶ୍ୟାବଳୀକୁ ନେଇ ଆତଯାତ ଏବଂ ପ୍ରାପ୍ତି ଠାରୁ ଅପ୍ରାପ୍ତିର ଯାତନା ଅଧିକ ପ୍ରକଟିତ ଅଥଚ ସେ ନିରାଶବାଦୀ କି ବିଷାଦବାଦୀ ନୁହନ୍ତି। ଏଥିରେ ଏକ ବଳିଷ୍ଠ ବ୍ୟତିକ୍ରମ ସେ ନିଜେ। ଆଧୁନିକ ଜୀବନର ପ୍ରତ୍ୟେକ ସ୍ତରରେ ଦେଖାଯାଇଥିବା ବ୍ୟର୍ଥତା, ନୈରାଶ୍ୟ, ଅବସାଦ, କ୍ଳାନ୍ତି, ଗ୍ଲାନି ଓ ଅସଫଳତାକୁ ନେଇ ସେ ଗଳ୍ପ ରଚନା କରିଛନ୍ତି। ମାତ୍ର, ସେଥିରେ ରହିଛି ଜୀବନର ଆଶାନ୍ୱିତ ଅନ୍ୱେଷଣ ଓ ଆଗ୍ରହ।"(୧୩)

ତରୁଣକାନ୍ତି ମିଶ୍ରଙ୍କ ପ୍ରଥମ ଗଳ୍ପ ସଂକଳନ 'ଆବର୍ତ୍ତର ଦୁଇଟି ସ୍ୱର'ରେ ଥିବା 'ଶେଷ ପର୍ଯ୍ୟନ୍ତ' ଗଳ୍ପରେ ପରିବେଶର ଚମତ୍କାର ବର୍ଣ୍ଣନା ରହିଛି। ତରୁଣ ବୟସରେ ଅର୍ଥାତ୍ ମାତ୍ର ଷୋହଳ ବର୍ଷ ବୟସରେ ରଚିତ ଏ ଗପଟିକୁ ବିଶ୍ଳେଷଣ କଲା ବେଳେ ବିସ୍ମୟରେ ଅଭିଭୂତ ହେବାକୁ ପଡ଼େ। ଟ୍ରାଫିକ୍ ପୋଲିସ୍ କର୍ମଚାରୀ ଜଣକ ଔଷଧ ଦୋକାନ ଆଗରେ ମାଡ଼ଖାଇ ସାରିବା ପରର ପରିବେଶର ବର୍ଣ୍ଣନା ପାଠକ ହୃଦୟରେ ସୃଷ୍ଟି କରେ ଅକଳନ୍ତି ସମବେଦନା ସେହି ଚରିତ୍ରଟି ପ୍ରତି। ସେହି ପରିବେଶଟି ଏହିପରି – "ସେଇ ଲ୍ୟାମ୍ପପୋଷ୍ଟ ତଳର ଅଧା ଆଲୁଅ ଓ ଅଧା ଅନ୍ଧକାରର ସମାବେଶ ତଳେ ବନ ପଥର ପରି ଠିଆ ହୋଇଥିଲା। ସେଇ ଅସ୍ପଷ୍ଟ ଆଲୋକ ତଳେ ମନେ ହେଉଥିଲା, ଯେମିତି ସେ ଆହୁରି ବିଷର୍ଣ୍ଣ ଓ କ୍ଳାନ୍ତ ହୋଇ ପଡ଼ିଛି। ତା'ର କାନ୍ଧ ଦୁଇଟା ଆଗକୁ ଝୁଙ୍କି ପଡ଼ିଥିଲା ଓ ମୁଣ୍ଡଟା ଅସ୍ୱାଭାବିକ ଭାବରେ

ତଳକୁ ନଇଁ ଯାଇଥିଲା । ସତେ ଯେମିତି ସେ କାହା ନିକଟରେ କ୍ଷମା ପ୍ରାର୍ଥନା କରୁଛି ।” (ଆବର୍ତ୍ତୀ ଦୁଇଟି ସ୍ୱର, ପୃ.୧)

ଏ ଗପଟିର ଅନ୍ତିମ ପରିଣତି ଯେ କୌଣସି ପାଠକର ଅନ୍ତରକୁ କାରୁଣ୍ୟ ଜର୍ଜରିତ କରି ଦେବାକୁ ସମର୍ଥ । କରୁଣ ପରିବେଶର ବର୍ଣ୍ଣନା ଦେଇ ଗାଳ୍ପିକ ଲେଖନ୍ତି – “ସାରଥୀର ମୁହଁଟା ଗୋଟିଏ କଡ଼କୁ ହୋଇଗଲା, ଓଠରେ ସେଇ ହସ, ସେ ହସ ଯେମିତି ଆହୁରି ଆହୁରି ସ୍ପଷ୍ଟ ହୋଇଉଠୁଛି । ପ୍ରାଣବନ୍ତ ଓ ଗଭୀର ହୋଇ ଉଠୁଛି । ସା-ର-ଥୀ ! ସେଇ ଚିତ୍କାର ଘରର ସମସ୍ତ ଦରଜା ଓ କାନ୍ଥରେ ଆଘାତ ପାଇ ଫେରି ଆସିଲା । ବନ ଦେଖିଲା:- ଚଟାଣରେ ଯେଉଁ ରକ୍ତର ହ୍ରଦ ଲହରୀ ଭାଙ୍ଗୁଛି ସେଥିରେ ମାଳ ସନ୍ତରଣ କରୁଛି । ତା' ମଥାରୁ ଏବେ ବି କ୍ଷତ ଶୁଖିନି, ଯେଉଁ ଠାରେ ସେ ମଥାପିଟି ଦେଇଥିଲା ସେଠାରେ ଏବେ ବି ତାଜା ରକ୍ତର ଛିଟା ଲାଗି ରହିଛି ।”(ଆବର୍ତ୍ତର ଦୁଇଟି ସ୍ୱର, ପୃ.୨୦-୨୧)

‘ସକାଳର ମାନଚିତ୍ର’ ଗଳ୍ପ ସଂକଳନର ‘ଆଜି ରାତିର ଗଳ୍ପ’ ଗଳ୍ପରୁ ସନ୍ଧ୍ୟାକାଳୀନ ଚନ୍ଦ୍ରାର୍କିତ ପରିବେଶର ସୂଚନା ଦେଇ ଗାଳ୍ପିକ ଲେଖିଛନ୍ତି – “ଅଳ୍ପ ଅଳ୍ପ ଜହ୍ନ ଆଲୁଅରେ ଅଗଣାଟି ସେତେ ବେଳେ ଦିଶୁଥାଏ ଖୁବ୍ ଅଲଗା, ଗୋଟେ କୁହୁକ ରାଇଜର ଅସ୍ପଷ୍ଟ ଛବିଟିଏ ପରି । ପବନରେ ମଲ୍ଲୀ ଫୁଲର ବାସ୍ନା ।” (ସକାଳର ମାନଚିତ୍ର, ଆଜି ରାତିର ଗଳ୍ପ, ପୃ.୩)

ଛୋଟ ଝିଅଟିର ଭିକାରୁଣୀ ରୂପର ବର୍ଣ୍ଣନା ଦେଇ ସେ କୁହନ୍ତି – “ଝିଅଟିର ବୟସ ଦଶ କି ଏଗାର ଭିତରେ । ବେଶି ବି ହୋଇପାରେ । ଅଳ୍ପ ଅଳ୍ପ ଅନ୍ଧାର ଭିତରେ, ମଇଳା ଫ୍ରକ୍ ତଳେ, ସେ ଦିଶୁଥିଲା ଅତି ପୁରୁଣା ଘଷରା ଛବିଟା ପରି ।” (ଧୂଳିଘର, ଆକାଶ ସେତୁ, ପୃ.୧୧୬)

ବର୍ଷା ସମୟର ଏକ ପ୍ରାକୃତିକ ପରିବେଶର ଚିତ୍ର ଦେଇ ଗାଳ୍ପିକ ‘ଏକା ଏକା ଆପଣାର’ ଗଳ୍ପରେ ଲେଖିଛନ୍ତି – “କିନ୍ତୁ ପ୍ରଳୟ କରି ଘନେଇ ଆସୁଥିବା ପବନ ବର୍ଷା ଭିତରେ ବିଜୁଳୀ ଖେଳାଇ ହୋଇ ଯାଉଥିଲା ଆଗ୍ନେୟଗିରିର ଜିଭ ପରି । ବଜ୍ର ପଡ଼ିଲେ ମନେ ହେଉଥାଏ ଆକାଶଟା ଖଣ୍ଡ ଖଣ୍ଡ ହୋଇ ଭାଙ୍ଗିପଡୁଛି ମୁଣ୍ଡ ଉପରେ ।” (ଆକାଶ ସେତୁ, ପୃ.୧୦୪)

ଜଣେ ସାଧାରଣ ମଣିଷର ବର୍ଣ୍ଣନା ଦେଇ ‘ଆଜିର ମୁଖ୍ୟ ସମ୍ବାଦ ପୁଣିଥରେ’ ଗଳ୍ପରେ ଗାଳ୍ପିକ ଲେଖନ୍ତି – “ସ୍ୱାସ୍ଥ୍ୟହୀନ ଶୀର୍ଣ୍ଣ ମଣିଷଟିଏ । ବୟସ ସତୁରୀରୁ କିଛି କମ୍ । ଦେହରେ ଅଳ୍ପ ମଇଳା ଗେଞ୍ଜି ଓ ଦକ୍ଷିଣୀ କାଇଦାରେ ପିନ୍ଧା ଧୋତି । ଆଖି ଦୁଇଟା ବିଲେଇ ଆଖି ପରି ଶ୍ରଦ୍ଧାହୀନ, ସଂକୀର୍ଣ୍ଣ ।” (ପାରାଡାଇନ୍ ପକ୍ଷୀ ଓ ଜଣେ ନିରସ୍ତ୍ର ଆତତାୟୀ, ପୃ.୬୬)

ଏକ ନିଛାଟିଆ ପରିବେଶର ବର୍ଣ୍ଣନା – "ରାସ୍ତା ଏବେ ଶୁନ୍‌ଶାନ୍। ସକାଳର ଖୋଲା ପଡ଼ିଆରେ ନିଛାଟିଆ ଖରା। ପଡ଼ିଶା ଘର ପଛଆଡ଼େ ପାଞ୍ଚସାତଟି ଛୁଆଙ୍କୁ ଏକାଠି କରି ମାଈ କୁକୁଡ଼ାଟିଏ ଆଗେ ଆଗେ ଚାଲିଥିଲା ଚିରସ୍ଥାୟୀ କ୍ଷୁଧାର ଘୋଷଣା ପତ୍ରଟିଏ ଥଣ୍ଟରେ ଧରି।"(ଅବଶିଷ୍ଟ ଜହ୍ନରାତି, ଲୁବ୍ଧକର ରାତି, ପୃ.୧୦୪)

ଏକ ଜହ୍ନରାତିରେ ଅରଣ୍ୟର ବର୍ଣ୍ଣନା- "ଚାରିପଟେ ସବୁଜ ଅରଣ୍ୟର ନୀରବ ସାନ୍ନିଧ୍ୟ ଆକାଶରେ ଜହ୍ନ। ପ୍ରାପତର ରାଶି ରାଶି ଢେଉରେ କଳନିନାଦିତ ଉଚ୍ଛ୍ୱାସ। x x x ସମୟ ଧୀରେ ଧୀରେ ଗଡ଼ିଥିଲା। ଲମ୍ବିବାକୁ ଲାଗିଥିଲା ମାୟାବିନୀ ରାତ୍ରି ନୀଳକୃଷ୍ଣ ଉତ୍ତରୀୟ।"(ବିବସ୍ତ୍ର, ବହୁବ୍ରୀହି, ପୃ,୧୪୧)

ନିର୍ଜନ ପ୍ରକୃତିର ବର୍ଣ୍ଣନା – "ଦୂରରେ ଗନ୍ଧମାର୍ଦ୍ଦନ ପର୍ବତମାଳାର ନୀଳ ସବୁଜ ଲ୍ୟାଣ୍ଡ ସ୍କେପ୍। ପର୍ବତର ଛାତି ଚିରି ମଝି ମଝିରେ ଝରଣାର ଉତ୍ସ ବାହାରିଛି। ଉପରେ ଆଦ୍ୟ ମାର୍ଗଶିରର ମେଘଯୁକ୍ତ ଆକାଶ।" (ଝରକା ଖୋଲିଯାଏ, କୋମଳ ଗାନ୍ଧାର, ପୃ.୭୪)

"ନିର୍ଜନ ନିଶବ୍ଦ ପୃଥିବୀ ଉପରେ ସ୍ଥିର ନିଶ୍ଚଳ ଆକାଶ, ତଳେ ଝଞ୍ଜୀବତୀ ନଦୀର ଜଳରାଶି, ସେହିପରି ସ୍ଥିର ଓ ନିଶ୍ଚଳ। ସାରା ସମୟ ଯେମିତି ଅନ୍ତରୀକ୍ଷରେ ଜମାଟ ବାନ୍ଧି ଯାଇଛି, ଘନୀଭୂତ ଛାୟାପଥର ବିନ୍ଦୁଟିଏ ପରି।" (ଫେରିବାର ବାଟ, ଜହ୍ନରାତିର ଗପ ସରିନାହିଁ, ପୃ.୭୦)

ତରୁଣକାନ୍ତିଙ୍କ ରଚନା ଶୈଳୀ ହିଁ ପାଠକ ମନକୁ ତାଙ୍କ ଗଳ୍ପ ପ୍ରତି ବିଶେଷ ଭାବରେ ଆକର୍ଷିତ କରିଥାଏ। ତାଙ୍କ ଲେଖନୀର କୁହୁକ ସ୍ପର୍ଶରେ ଗଳ୍ପଗୁଡ଼ିକ ହୁଏ ଅଧିକ ପ୍ରାଣବନ୍ତ ଓ ମର୍ମସ୍ପର୍ଶୀ। "ଗପରେ ତାଙ୍କ କାହାଣୀ ଯେମିତି ଜୀବନର କୌଣସି ଏକ ସୂକ୍ଷ୍ମ ବିଭବକୁ ଟେକି ଧରିଥାଏ। ଗପର ଛଳ ଛଳ କଥାଶୈଳୀ ସେମିତି ମୁଗ୍ଧ, ଚକିତ କରେ କାଠକକୁ। ଗପରେ ସେ ଖୁବ୍ ସୂକ୍ଷ୍ମ ଓ ଗହନ କଥାଟିଏ କହିଥାନ୍ତି, ଯାହା ଗପଟି ପଢ଼ିସାରିଲା ପରେ ପାଠକକୁ ମୋହାବିଷ୍ଟ କରି ରଖେ କିଛି ସମୟ। ଶୈଳୀର କିମିଆଁ ତାକୁ ଆଚ୍ଛନ୍ନ କରି ରଖେ। ଗପର ଆରମ୍ଭରୁ ଶେଷ ଯାଏ। ତାଙ୍କ ଗପଟିଏ ପଢ଼ିବା ଆରମ୍ଭ କଲା ପରେ ଶେଷ ନକରି ରହିପାରେ ନା ପାଠକ। ମାନବୀୟ ଆବେଦନ ତାଙ୍କ ଗପର ବୈଶିଷ୍ଟ୍ୟ। ତାଙ୍କର କିଛି ଗଳ୍ପ ପ୍ରାଣ ପ୍ରାଚୁର୍ଯ୍ୟରେ ବେଶ୍ ଜୀବନ୍ତ ତ ଆଉ କିଛି ଗପର ବକ୍ତବ୍ୟ ଖୁବ୍ ସିରିୟସ୍। ହେଲେ ତାଙ୍କର ଅଧିକାଂଶ ଗପ ସଫଳ। ସେ ଖୁବ୍ କମ ଲେଖନ୍ତି, ହେଲେ ଗୋଟିଏ ବି ଭଲ ନ ଲାଗିଲା ଭଳି ଗପ ସେ ଲେଖି ନାହାନ୍ତି। 'ଅଜଣା ତିଥିର ଜହ୍ନ' ବା 'ସମ୍ପର୍କ' ଭଳି ପ୍ରେମ ଗଳ୍ପ ହେଉ କିମ୍ବା 'ସୁଦାମାର ଠିକଣା'ଭଳି ମାନବୀୟ ସମ୍ବେଦନାର ଗପ ହେଉ, ତାଙ୍କର ଅନେକ

ଗପ ଚିରଦିନ ପାଇଁ ରହିଯାଏ ପାଠକ ହୃଦୟରେ।"(୧୪) ତରୁଣକାନ୍ତି ସେହିଭଳି ଜଣେ ଉଚ୍ଚଦରର ଗାଳ୍ପିକ ଯିଏ ଆପଣାର ଚମତ୍କାର ରଚନା ଶୈଳୀ ମାଧ୍ୟମରେ ପାଠକମାନଙ୍କୁ ଅଭିଭୂତ କରି ଦେଇପାରନ୍ତି ଗଭୀର ଭାବେ।

■


ସହାୟକ ସୂଚୀ

୧. ସାମଲ, ବୈଷ୍ଣବ ଚରଣ : ଓଡ଼ିଆ ଗଳ୍ପ : ଗତି ଓ ପ୍ରକୃତି, ପୃ.୧୮୪

୨. ସାମଲ, ବୈଷ୍ଣବ ଚରଣ : ଓଡ଼ିଆ କ୍ଷୁଦ୍ରଗଳ୍ପର ଇତିହାସ, ଦ୍ୱିତୀୟ ଭାଗ, ବୁକ୍ସ ଆଣ୍ଡ୍ ବୁକ୍ସ, କଟକ-୨, ପ୍ରଥମ ପ୍ରକାଶନ, ୧୯୯୦, ପୃ.୪୩୬

୩. ଶୈଳୀ ବିଜ୍ଞାନ, ଓଡ଼ିଆ ଗବେଷଣା ପରିଷଦ, ମାଧବୀ ପ୍ରିଣ୍ଟର୍ସ, ରାଜାବଗିଚ୍ଛ, କଟକ, ପ୍ରଥମ ପ୍ରକାଶ, ୧୮୮୯, ପୃ.୧

୪. ନାୟକ, ରଙ୍ଗାଧର : ତରୁଣକାନ୍ତି ମିଶ୍ରଙ୍କ କ୍ଷୁଦ୍ରଗଳ୍ପରେ ଜୀବନ ଜିଜ୍ଞାସାବୋଧ, କାହାଣୀ, ଶରତ, ୨୦୦୯, ପୃ.୩୬୦

୫. ବେହେରା, କ୍ଷୀରୋଦ ଚନ୍ଦ୍ର : ୧୯୫୦ ପରବର୍ତ୍ତୀ ଓଡ଼ିଆ ଗଳ୍ପ, ଇସ୍ତାହାର-୯୦, ଶାରଦୀୟ ବିଶେଷାଙ୍କ, ଅକ୍ଟୋବର – ୨୦୦୩, ପୃ.୧୨୯

୬. ପରିଡ଼ା, ନୀଳମଣି : ତରୁଣକାନ୍ତି ମିଶ୍ରଙ୍କ ଗଳ୍ପଜଗତ, ବର୍ତ୍ତିକା, ୨୦୦୧, ପୃ.୬୨୯

୭. ବାରିକ, କବିତା : ଶହେ ବର୍ଷର ଓଡ଼ିଆ କ୍ଷୁଦ୍ରଗଳ୍ପ : ଏକ ତାତ୍ତ୍ୱିକ ବିଶ୍ଳେଷଣ, ବିଦ୍ୟାପୁରୀ, କଟକ-୨, ପ୍ରଥମ ପ୍ରକାଶ, ପୃ.୩୩୧

୮. ଶତପଥୀ, ନିତ୍ୟାନନ୍ଦ : ଗଳ୍ପ ଓ ଗାଳ୍ପିକ, ଓଡ଼ିଶା ବୁକ୍ ଷ୍ଟୋର, କଟକ, ପ୍ରଥମ ପ୍ରକାଶ, ୧୯୮୯, ପୃ.୫

୯. ପରିଡ଼ା, ନୀଳମଣି : ତରୁଣକାନ୍ତି ମିଶ୍ରଙ୍କ ଗଳ୍ପଜଗତ, ବର୍ତ୍ତିକା, ୨୦୦୧, ପୃ.୬୨୯

୧୦. ସାହୁ, ଆଦିକନ୍ଦ : ଓଡ଼ିଆ ଗଳ୍ପ ଉପନ୍ୟାସର ନବଦିଗନ୍ତ, ବୁର୍ଲା, ପ୍ରଥମ ପ୍ରକାଶ-୧୯୯୯, ପୃ.୧୨

୧୧. ସାମଲ, ବୈଷ୍ଣବ ଚରଣ : ଓଡ଼ିଆ କ୍ଷୁଦ୍ରଗଳ୍ପର ଇତିହାସ, ଦ୍ୱିତୀୟ ଭାଗ, ବୁକ୍ସ ଆଣ୍ଡ୍ ବୁକ୍ସ, କଟକ-୨, ପ୍ରଥମ ପ୍ରକାଶନ, ୧୯୯୦, ପୃ.୯୯

୧୨. ସାହୁ, ଗିରୀଶ ଚନ୍ଦ୍ର : ରାମଚନ୍ଦ୍ର ବେହେରାଙ୍କ କଥା ସାହିତ୍ୟର ସ୍ଥାପତ୍ୟ ଓ ବୈଚିତ୍ର୍ୟ, ବିଦ୍ୟାପୁରୀ, କଟକ, ପ୍ରଥମ ପ୍ରକାଶ-୨୦୦୫, ପୃ.୯୫

୧୩. ପରିଡ଼ା, ନୀଳମଣି : ତରୁଣକାନ୍ତି ମିଶ୍ରଙ୍କ ଗଳ୍ପଜଗତ, ବର୍ତ୍ତିକା, ୨୦୦୧, ପୃ.୬୨୬

୧୪. ପାଣିଗ୍ରାହୀ, ପବିତ୍ର : କଥାଶିଳ୍ପୀ ତରୁଣକାନ୍ତିଙ୍କୁ ମୁଁ ଯେମିତି ଜାଣିଛି, ପଲ୍ଲୀବାଣୀ, ପୂଜା-୨୦୦୯, ପୃ.୧୧

# ଓଡ଼ିଆ ଅନୁବାଦ ସାହିତ୍ୟରେ ରାଜକିଶୋର ପାଢ଼ୀଙ୍କର 'ଭୁବନ ସୋମ' ଓ 'ଆନନ୍ଦ ମଠ'

ଅନୁବାଦ ବହୁ ବିଶ୍ୱସାହିତ୍ୟର ଆଦିରୂପ। ପ୍ରାଥମିକ ପର୍ଯ୍ୟାୟରେ ମିଶରୀୟ ସଭ୍ୟତାର 'ଚିତ୍ରଲିପି' ହେଉଛି ଅନୁବାଦ। ପ୍ରାଚୀନ ଯୁଗର କ୍ଷୁଦ୍ରତମ ନାଟ୍ୟ ଏହି 'ଚିତ୍ରଲିପି' ମାଧମରେ ରଚିତ ହେଉଥିଲା। ଏହି ତିନୋଟି ପର୍ଯ୍ୟାୟରେ ଜଣାଯାଏ।(୧) ଅଭିଷେକ ଉତ୍ସବ ନାଟିକା, (୨) ଅଭିଷେକ ସ୍ମାରକୀ ଉତ୍ସବ ପାଳନ, (୩) ଭେଷଜ ନାଟିକା, ଯାହାକୁ ପିରାମିଡ଼ ମଧ୍ୟ କୁହାଯାଏ। ଅନୁବାଦ ସାହିତ୍ୟର ମୂଳ ଉତ୍ସ, ଗ୍ରୀକ ସାହିତ୍ୟରେ ହୋମରଙ୍କ 'ଓଡ଼େଶୀ', 'ଇଲିୟାଡ୍'; ଆରିଷ୍ଟଟଲଙ୍କ 'କାବ୍ୟତତ୍ତ୍ୱ' (poetics) ଓ ଓଭିଡ୍‌ଙ୍କ 'ମେଟାମରଫସିସ' ଗ୍ରନ୍ଥରେ ଦେଖିବାକୁ ମିଳେ। ବିଦେଶୀ ପରିବ୍ରାଜକଙ୍କ ହୁଏନ୍‌ସାଂ ଓ ମେଘାସ୍ଥିନିସଙ୍କ ଭାରତ ଆଗମନ ପରେ ଭାରତୀୟ ସଂସ୍କୃତି ଓ ସାଧନାର ପରିବର୍ତ୍ତନ ଆସିଥିଲା। ପରବର୍ତ୍ତୀ ସମୟରେ ବିଷ୍ଣୁ ଶର୍ମାଙ୍କ ରଚିତ 'ପଞ୍ଚତନ୍ତ୍ର ଆର ବିୟାନ ନାଇଟ' ଭାବରେ ଅନୁଦିତ ହୋଇଥିଲା। ସାହିତ୍ୟର ଧର୍ମୀୟ ଚେତନାର ପ୍ରଭାବରେ ଅନୁବାଦ ସାହିତ୍ୟ ରଚିତ ମଧ୍ୟ ହୋଇଛି। ମୋଗଲ ରାଜତ୍ୱ କାଳରେ ଅନୁବାଦ ସାହିତ୍ୟ ଆମ ଦୃଷ୍ଟି ଆକର୍ଷଣ କରେ। ଶାହାଜାହାନଙ୍କ ପୁତ୍ର ଦାରାସୁକୋ ଉପନିଷଦ ଗୀତା, ରାମାୟଣ ପ୍ରଭୃତି ପାର୍ଶୀ ଭାଷାରେ ଅନୁବାଦ କରିଥିଲେ। ଏଥି ସହିତ ଏହି ସମୟରେ ପଞ୍ଚତନ୍ତ୍ର, ଭେଷଜ ଶାସ୍ତ୍ର, ରାମାୟଣ ପ୍ରଭୃତି ଆରବୀ ଓ ପାର୍ଶୀ ଭାଷାରେ ଅନୁବାଦ କରାଯାଇଥିଲା। ଯାହା ଅନୁବାଦର ପ୍ରାଥମିକ ରୂପ। ପ୍ରାଚୀନ ସାହିତ୍ୟକୁ ଲକ୍ଷ୍ୟ କଲେ ଅନୁବାଦ ସାହିତ୍ୟର ପ୍ରାମାଣିକ ରୂପ ବଙ୍ଗଳା ସାହିତ୍ୟରେ

ବିଶେଷ ଭାବରେ ଦେଖିବାକୁ ମିଳେ। ପାଶ୍ଚାତ ସାହିତ୍ୟିକ ପ୍ଲାଟୋଙ୍କ 'ଆଇଡେଲ ଡେମୋକ୍ରାସୀ' ଠାରୁ ଆରମ୍ଭ କରି ଏଲିୟଟଙ୍କ ପର୍ଯ୍ୟନ୍ତ ସବୁ କିଛି ବଙ୍ଗଳା ଭାଷାରେ ହିଁ ରଚିତ।

ଓଡ଼ିଆ ସାହିତ୍ୟରେ ପଞ୍ଚଦଶ ଶତାବ୍ଦୀରୁ ଅନୁବାଦ ସାହିତ୍ୟର ପୂର୍ଣ୍ଣାଙ୍ଗ ରୂପରେଖ ପରିଲକ୍ଷିତ ହୁଏ। ସାରଳା ଦାସଙ୍କ ସାହିତ୍ୟ ଲେଖନୀ ଅନୁବାଦରୁ ହିଁ ସୃଷ୍ଟି। ତାଙ୍କୁ ଓଡ଼ିଆ ସାହିତ୍ୟର ସର୍ଜନାତ୍ମକ ଅନୁବାଦର ଆଦି ପ୍ରବର୍ତ୍ତକ ଅନୁବାଦକ କହିଲେ ଅତ୍ୟୁକ୍ତି ହେବ ନାହିଁ। ବ୍ୟାସଦେବଙ୍କ ରଚିତ 'ମହାଭାରତ' ଗ୍ରନ୍ଥର ଛାୟାନୁବାଦରେ ସାରଳା ଦାସଙ୍କ ରଚିତ 'ସାରଳା ମହାଭାରତ'। ଯାହାର ଶ୍ଳୋକ ସଂଖ୍ୟା ଏକ ଲକ୍ଷ୍ୟ ଓ ପଦ ସଂଖ୍ୟା ଏକଲକ୍ଷ୍ୟ ୪୦ ହଜାର। ଷୋଡ଼ଶ ଶତାବ୍ଦୀର ସନ୍ଥକବି ଜଗନ୍ନାଥ ଦାସଙ୍କ ସଂସ୍କୃତ ଭାଗବତର ଛାୟନୁବାଦର ଓଡ଼ିଆ ଭାଗବତ ଓ କବି ବଳରାମ ଦାସଙ୍କ 'ଜଗମୋହନ ରାମାୟଣ', ଅଚ୍ୟୁତାନନ୍ଦ ଦାସଙ୍କ 'ହରିବଂଶ' ଓ ଯଶୋବନ୍ତ ଦାସଙ୍କ 'ଶିବ ସ୍ୱରୋଦୟ' ଛାୟାନୁବାଦରେ ରଚିତ। ସେହିପରି ମହାକବି ଜୟଦେବଙ୍କ 'ଗୀତଗୋବିନ୍ଦ' ଗ୍ରନ୍ଥକୁ ଷୋଡ଼ଶ ଶତାବ୍ଦୀର କବି ଧରଣୀଧର ଏହାକୁ ଓଡ଼ିଆରେ ଅନୁବାଦ କରିଛନ୍ତି। ପରବର୍ତ୍ତୀ ସମୟରେ ଏହା ବୃନ୍ଦାବନ ଦାସଙ୍କ ଦ୍ୱାରା (ରସ ବାରିଧି) ନାମରେ ଅନୂଦିତ, ଧରଣୀଧର ଦାସ (ଅର୍ଥଗୋବିନ୍ଦ) ନାମରେ ମଧ୍ୟ ଅନୂଦିତ ହୋଇଛି। ପରବର୍ତ୍ତୀ ସମୟରେ 'ରାମାୟଣ' ଓ 'ଭାଗବତ'ର ଅନୁବାଦ କାର୍ଯ୍ୟରେ ସପ୍ତଦଶ ଓ ଅଷ୍ଟଦଶ ଶତାବ୍ଦୀର ଧନଞ୍ଜୟ ଭଞ୍ଜ, ନୀଳାମ୍ବର ଦାସ, ହଳଧର ପଟ୍ଟନାୟକ, ମହାଦେବ ଦାସ ପ୍ରଭୃତି ସଫଳ ଅନୁବାଦକ ଭାବେ ପ୍ରତିଷ୍ଠା ପାଇ ପାରିଛନ୍ତି। ଅଷ୍ଟାଦଶ ଶତାବ୍ଦୀର ଦୀନକୃଷ୍ଣ ଦାସଙ୍କ ଦ୍ୱାରା ବହୁ ସଂସ୍କୃତ ନୀତି ଶ୍ଳୋକ ପଦ୍ୟାନୁବାଦ ହୋଇଛି ଯାହା 'ପ୍ରସ୍ତବ ସିନ୍ଧୁ'ରେ ଲିପିବଦ୍ଧ ହୋଇଛି। ସର୍ବମୋଟ କହିବାକୁ ଗଲେ ଓଡ଼ିଶାରେ ଗଙ୍ଗବଂଶୀ ଓ ସୂର୍ଯ୍ୟବଂଶୀ ଶାସକଙ୍କ ରାଜତ୍ୱ କାଳରେ ହିଁ ଅନୁବାଦ ସାହିତ୍ୟର ପ୍ରଗତି ଆରମ୍ଭ ହୋଇଛି।

ଊନବିଂଶ ଶତାବ୍ଦୀରେ ମିସନାରୀମାନଙ୍କ ଆଗମନ ତଥା ବିଭିନ୍ନ ସ୍କୁଲର ପ୍ରତିଷ୍ଠା ମୁଦ୍ରାଯନ୍ତ୍ରର ପ୍ରତିଷ୍ଠା ଫଳରେ ବହୁ ଲିଖିତ ଇଂରାଜୀ ଗ୍ରନ୍ଥ ଓଡ଼ିଆରେ ଅନୁବାଦ ହୋଇଥିଲା। ଖ୍ରୀଷ୍ଟିୟାନ ପାଦ୍ରୀମାନେ ୧୮୧୦ରେ 'ବାଇବେଲ' ଗ୍ରନ୍ଥର ପୂର୍ଣ୍ଣାଙ୍ଗ ଓଡ଼ିଆ ଅନୁବାଦ ପ୍ରକାଶ କରିଥିଲେ। ସ୍ୱର୍ଗୀୟ ଯାତ୍ରୀର ବୃତ୍ତାନ୍ତ pilgrim's progress, ଋରୁପୁରାବୃତ୍ତ, ବିବାହ ନିୟମ ପତ୍ର, ମୃତ୍ୟୁକାଳୀନ ବଚନ ଇତ୍ୟାଦି ସେ ସମୟର ଅନୂଦିତ ଗ୍ରନ୍ଥ। ଆମସସଟନ, ଡବ୍ଲ୍ୟୁ.ସି. ଲେସି, ଏଚ୍.ଏସ୍. ଫିଲିପ୍ସ, ରେଭେଣ୍ଡର ଇତ୍ୟାଦି ଅନୁବାଦକଙ୍କ କୃତି ଉଲ୍ଲେଖଯୋଗ୍ୟ ସଫଳତା ପାଇଥିଲା। ଏହି ସମୟର

ରେଭେରେଣ୍ଡ ଷ୍ଟବିନ୍‌ଙ୍କ ଅନୂଦିତ ବଙ୍ଗଳାର ଉପନ୍ୟାସ 'ଫୁଲମନି ଓ କରୁଣାର ବିବରଣ' ଓଡ଼ିଆରେ ରୂପାନ୍ତରିତ 'ଫୁଲମଣି ଓ କୁରଣାର ବିବରଣ' ବହୁ ଚର୍ଚ୍ଚିତ ଅନୁବାଦ ପୁସ୍ତକ ଭାବେ ସ୍ୱୀକୃତି ପାଇଥିଲା।

ଊନବିଂଶ ଶତାବ୍ଦୀର ପ୍ରଥମ ଭାଗରେ ଫକୀରମୋହନ ସେନାପତି ଜଣେ ସଫଳ ଅନୁବାଦକ ଭାବେ ପରିଚିତ। ତାଙ୍କ ଅନୂଦିତ ପୁସ୍ତକ ଯଥା 'ଖିଳ ହରିବଂଶ', 'ମହାଭାରତ', 'ଶ୍ରୀମଦ୍ ଭଗବତ ଗୀତା' ଏବଂ ଭଗବାନ ବୁଦ୍ଧିଙ୍କ ଜୀବନ ଉପରେ ଆଧାରିତ 'ବୌଦ୍ଧାବତାର କାବ୍ୟ' ମନୋଜ୍ଞ ଅନୂଦିତ ଗ୍ରନ୍ଥ। ରାଧାନାଥ ରାୟ 'ତୁଳସୀ ସ୍ତବକ' ଓ 'ମେଘଦୂତ'ର ଅନୁବାଦରେ କୃତିତ୍ୱ ଅର୍ଜନ କରିଛନ୍ତି। ଭକ୍ତକବି ମଧୁସୂଦନ ରାଓ 'ଉତ୍ତର ରାମ ଚରିତ ଓ ସୀତା ବନବାସ' ସଂସ୍କୃତିରୁ ଓଡ଼ିଆରେ ରୂପାନ୍ତରିତ କରିଛନ୍ତି। ତାଙ୍କ ଦ୍ୱାରା William Cowperଙ୍କ 'Alexander Selkirk' କବିତାର ମର୍ମାନୁବାଦ ହୋଇଛି 'ନିର୍ବାସିତର ବିଳାପ' ଜଗମୋହନ ଲାଲା ଟୟନବିଙ୍କ 'ଓଡ଼ିଶା ଇତିହାସ'ର ଅନୁବାଦ କରିଛନ୍ତି ଯାହା 'ଓଡ଼ିଶା ବିଜୟ' ଭାବରେ ପରିଚିତ। ପଣ୍ଡିତ ଗୋପୀନାଥ ନନ୍ଦଶର୍ମାଙ୍କ ଦ୍ୱାରା 'ରାମାଶ୍ୱମେଧ', 'ବିହ୍ୱହୀଣ କାବ୍ୟ' ଏବଂ ମୃତ୍ୟୁଞ୍ଜୟ ରଥଙ୍କ ଦ୍ୱାରା 'ମୁଦ୍ରାରାକ୍ଷାସ', 'କୁମାର ସମ୍ଭବ', 'ମାଳତୀ ମାଧବ', 'ବେଣୀ ସଂହାର' ପ୍ରଭୃତି ସଫଳ ଅନୁବାଦ ଗ୍ରନ୍ଥ। ଗୋଦାବରୀଶ ମିଶ୍ରଙ୍କ ଘଟାନ୍ତର ଓ ଅଭାଗିନୀ, ଦାସତ୍ୱ ମୋଚନ ଆଦି ଅନୂଦିତ କୃତିଗୁଡ଼ିକରୁ ଓଡ଼ିଆତ୍ୱର ଝଲକ ଦେଖିବାକୁ ମିଳେ। ସେହିପରି ନୀଳକଣ୍ଠ ଦାସ 'ଟେନିସନଙ୍କ ଏନୋକ ଆର୍ଡ଼େନ' ଏବଂ 'ଦି ପ୍ରିନ୍ସେସ'କୁ ଯଥାକ୍ରମେ 'ଦାସ ନାଏକ ଓ ପ୍ରଣୟିନୀ' କାବ୍ୟ ଭାବେ ଅନୁବାଦ କରିଛନ୍ତି।

ପ୍ରାକ୍-ସ୍ୱାଧୀନତା କାଳରେ ଆହୁରି ଅନେକ ଅନୁବାଦକ ଲେଖନୀ ଚାଳନା କରି ନିଜର କୃତିରାଜିର ପରାକାଷ୍ଠା ଦେଖାଇଛନ୍ତି। କଥାକାର ରାମଚନ୍ଦ୍ର ଆଚାର୍ଯ୍ୟ ହ୍ୟୁଗୋଙ୍କ 'ଲେସ ମିଜରେବୁଲ'କୁ ଅନୁବାଦ କରିଥିଲେ 'ପୀୟୁଷ ପ୍ରବାହ' ନାମରେ। କବି ପଦ୍ମଚରଣ ପଟ୍ଟନାୟକଙ୍କ 'ପଦ୍ମପାଖୁଡ଼ା' ଓ 'ଗୋଲାପ ଗ୍ରନ୍ଥ' ଦୁଇଟି ଓ ଇଂରାଜୀ କବିତା ଅନୁଦିତ ଉଚ୍ଚକୋଟୀର ପୁସ୍ତକ। ସେକ୍ସପିୟରଙ୍କ ନାଟକ 'ହାମଲେଟ'କୁ ଅକ୍ଷୟ କୁମାର ଚକ୍ରବର୍ତ୍ତୀ ଓ 'ଅଥଲୋ'କୁ ମାୟାଧର ମାନସିଂ ଓଡ଼ିଆରେ ଅନୁବାଦ କରିଥିଲେ। ଗୋବିନ୍ଦ ତ୍ରିପାଠୀ ସରଭେଣ୍ଟିସଙ୍କ 'ଡନକୁଇକସାର୍ଟେ'କୁ ଓଡ଼ିଆରେ ଅନୁବାଦ କରିଛନ୍ତି। ଗୋଲକବିହାରୀ ଧଳ ପ୍ରେମଚାନ୍ଦଙ୍କ 'ଗୋଦାନ', 'ଗବନ'ର ଅନୁବାଦକ। ଗୋପୀନାଥ ମହାନ୍ତି ଲିଓ ଟଲଷ୍ଟୟଙ୍କ 'War and peace' ଗ୍ରନ୍ଥକୁ 'ଯୁଦ୍ଧ ଓ ଶାନ୍ତି' ନାମରେ ଅନୁବାଦ କରିଛନ୍ତି। ବିଶିଷ୍ଟ ପ୍ରାବନ୍ଧିକ ଚିତ୍ତରଞ୍ଜନ ଦାସ ମଧ୍ୟ ବିଭିନ୍ନ ଭାଷାରୁ ଓଡ଼ିଆରେ ଅନୁବାଦ କରିଛନ୍ତି। ତାଙ୍କ ଅନୂଦିତ ପୁସ୍ତକ 'ବିଦ୍ରୋହୀ ଆତ୍ମା', 'ସମ୍ମୋହିନୀ', 'ଜଣେ

ଶିକ୍ଷକଙ୍କୁ ଚିଠି' ଇତ୍ୟାଦି। ଏହାଛଡ଼ା ବିଶ୍ୱକବି ରବୀନ୍ଦ୍ରନାଥଙ୍କ 'ରବୀନ୍ଦ୍ର ଗଳ୍ପ ଚୟନ', 'ରକ୍ଷିଆ ଚିଠି', 'ଦୁଇ ଭଉଣୀ' ଅନୂଦିତ ଗ୍ରନ୍ଥ। ଏହିପରି ଅନେକ ଯୁଗପୋଯୋଗୀ ସାରସ୍ୱତ ସ୍ରଷ୍ଟା କ୍ଷେତ୍ରରେ।

ଅନୁବାଦର ଆକ୍ଷରିକ ଅର୍ଥ ହେଉଛି ଗୋଟିଏ ଭାଷାରେ କୁହାଯାଇଥିବା ସାହିତ୍ୟକୁ ଅନ୍ୟ ଭାଷାରେ ରୂପ ଦେବା ଅର୍ଥାତ୍ ଭାଷାନ୍ତରୀକରଣ। ଏହା ସାଧାରଣତଃ ଆକ୍ଷରିକ ଅନୁବାଦ ଭାବାନୁବାଦ, ଛାୟାନୁବାଦରେ ପରିପ୍ରକାଶ। ଆକ୍ଷରିକ ଅନୁବାଦରେ ମୂଳ ବାକ୍ୟର ବାକ୍ୟକୁ ଅକ୍ଷୁର୍ଣ୍ଣ ରଖି ଅଭିଧାନିକ ଅର୍ଥ ପ୍ରତି ଗୁରୁତ୍ୱ ଦେଇ ରଚନା କରିବାକୁ ପଡ଼ିଥାଏ ଫଳରେ ଏହା ଭାଷା ବିନ୍ୟାସ ଓ ଭାବ ସଂହତି ସଠିକ ଭାବେ ଅନୁବାଦକ ପରିପ୍ରକାଶ କରିବାରେ କଷ୍ଟସାଧ୍ୟ ହୋଇପଡ଼େ ତେଣୁ ସଂକୀର୍ଣ୍ଣ ମନେହୁଏ ଏବଂ ଲେଖାଟି ପାଠକର ରୁଚିକର ହୋଇପାରେ ନାହିଁ। ଭାବାନୁବାଦରେ ଲେଖାର ଭାବ ଏବଂ ମର୍ମକୁ ଉପଲବ୍ଧି କରି ଅନୁବାଦକ ନିଜ ଭାଷାଶୈଳୀ ଦ୍ୱାରା ପରିପ୍ରକାଶ କରିବାର ସାମର୍ଥ୍ୟ ରଖନ୍ତି। ତେଣୁ ଏଥିରେ ସ୍ଥାନ, କାଳ ଓ ଚରିତ୍ର ଚିତ୍ରଣର ମୌଳିକତା ଦେଖାଯାଏ ଓ ଏହା ସୁଖପାଠ୍ୟ ହୋଇଥାଏ। ଛାୟାନୁବାଦର ଲେଖା ଅନୁସରଣାତ୍ମକ ଦୃଷ୍ଟିରେ ଅନୁବାଦକ ନିଜ ଇଚ୍ଛା ମୁତାବକ ଅଙ୍ଗୀକରଣ, ବିସ୍ମୃତିକରଣ, ଉକ୍ତ ନିକ୍ଷେପ ଓ ଅନୁକ୍ତ ପ୍ରକ୍ଷେପ ମାଧ୍ୟମରେ ନିଜ କାର୍ଯ୍ୟ ସମ୍ପାଦନ କରିଥାନ୍ତି। ତେଣୁ ଅନୁବାଦ ଏକ ସୃଜନାତ୍ମକ ସୃଷ୍ଟି ଯେପରି ସୂର୍ଯ୍ୟଙ୍କ ବାଷ୍ପୀକରଣ ପ୍ରକ୍ରିୟାରେ ବର୍ଷା ନିର୍ମଳ ଜଳ ଦାନ କରିଥାଏ ଠିକ୍ ସେହିପରି ବିଭିନ୍ନ ଭାଷାର ସାହିତ୍ୟ ଅନୂଦିତ ହେବା ପରେ ସ୍ୱାତନ୍ତ୍ର୍ୟତା ପରିଲକ୍ଷିତ ହୋଇଥାଏ। ଏସବୁ ଦିଗକୁ ଲକ୍ଷ୍ୟ କଲେ ରାଜକିଶୋର ପାଢ଼ୀଙ୍କ ରଚିତ ଅନୁବାଦ ପୁସ୍ତକ ଦ୍ୱୟ 'ଭୁବନ ସୋମ' ଓ 'ଆନନ୍ଦ ମଠ' ଭାବାନୁବାଦ ଓ ଛାୟାନୁବାଦର ସାର୍ଥକ ସୃଷ୍ଟି।

ଉତ୍କଳୀୟ ସାରସ୍ୱତ ସାହିତ୍ୟ ଜଗତର ରାଜକିଶୋର ପାଢ଼ୀ ଜଣେ ଅମ୍ଳାନ ପ୍ରତିଭାବନ୍ତ ବ୍ୟକ୍ତି। ଯିଏକି ଏକାଧାରାରେ ଜଣେ ସଫଳ ଔପନ୍ୟାସିକ, ଗାଳ୍ପିକ, କବି, ଅନୁବାଦକ ଓ ପ୍ରାବନ୍ଧିକ ଭାବେ ପରିଚିତ। ତାଙ୍କର ଜନ୍ମ ଯାଜପୁର ଜିଲ୍ଲାର କୋତପୁର ଗ୍ରାମରେ। ପିତା ଗଙ୍ଗାଧର ପାଢ଼ୀ ଓ ମାତା ସୁଭଦ୍ରା ଦେବୀଙ୍କ ସୁଯୋଗ୍ୟ ସନ୍ତାନ ଭାବେ ୧୦.୦୩.୧୯୪୨ରେ ଜନ୍ମ। ସେ ଓଡ଼ିଆ ଭାଷା ଓ ସାହିତ୍ୟ ବିଭାଗରୁ ଏମ୍.ଏ, ପିଏଚ୍.ଡ଼ି. ଏହା ପରେ ବି.ଇଡ଼ି., ଡିପି ଇନ ବେଙ୍ଗଲୀ ଓ ଡିପି-ଇନ ଇଂରାଜୀ ଟିଚିଙ୍ଗରେ ଶିକ୍ଷାଗତ ଯୋଗ୍ୟତା ହାସଲ କରିଥିଲେ। ପରବର୍ତ୍ତୀ ସମୟରେ ସେବା ନିବୃତ୍ତ ହାଇସ୍କୁଲର ପ୍ରଧାନ ଶିକ୍ଷକ ଓ ନବୋଦୟ ବିଦ୍ୟାଳୟର ଅଧ୍ୟକ୍ଷ ଭାବରେ କାର୍ଯ୍ୟରତ ଥିଲେ। ଜାତୀୟ ଓ ରାଜ୍ୟସ୍ତରୀୟ କର୍ମଶାଳା, ସଂପାନ ଓ ଆକାଶବାଣୀର

ବହୁ କାର୍ଯ୍ୟକ୍ରମରେ ତାଙ୍କ ଯୋଗଦାନ ଅବିସ୍ମରଣୀୟ। ଆଧୁନିକ କବିତା, ଗପ, ପ୍ରବନ୍ଧ, ପିଲାଙ୍କ ଗପ, କବିତା, ଉପନ୍ୟାସ ଓ ଅନୁବାଦ ସାହିତ୍ୟ ପ୍ରଭୃତି ସେ ରଚନା କରିଛନ୍ତି। ଗଙ୍ଗଶିଉଳି, ସୂର୍ଯ୍ୟାସ୍ତ, ବାଣୀବିତାନ, ବରିଷ୍ଠ ଓ ଗୋକର୍ଣ୍ଣିକା ପତ୍ରିକାମାନଙ୍କର ସମ୍ପାଦନା କାର୍ଯ୍ୟରେ ତାଙ୍କ ଅବଦାନ ମଧ୍ୟ ଅତୁଳନୀୟ। ଏଥି ସହିତ ସେ ଇଂଲଣ୍ଡ, ଫ୍ରାନ୍ସ, ଇଟାଲୀ, ସ୍କଟଲ୍ୟାଣ୍ଡ, ଭାଟିକନସିଟି, ସିଙ୍ଗାପୁର ଓ ଆମେରିକା ପ୍ରଭୃତି ଦେଶ ଭ୍ରମଣ କରି ବହୁ ଜ୍ଞାନର ଅଧିକାରୀ ଭାବରେ ନିଜର ସ୍ୱତନ୍ତ୍ର ପରିଚୟ ସୃଷ୍ଟି କରିପାରିଛନ୍ତି।

**ସାରସ୍ୱତ କୃତି ସମ୍ପର୍କରେ :**

‘ଝଙ୍ଗଡ଼ ରଙ୍ଗଡ’ (ଶିଶୁ କବିତା, ୧୯୮୩-୮୫), ‘ଉଡ଼ିଗଲା ଗୁଡ଼ି’ (ଶିଶୁ କବିତା, ୧୯୮୭), ‘ବନଫୁଲଙ୍କ ଭୁବନ ସୋମ’ (ବଙ୍ଗଳା ଉପନ୍ୟାସ ଅନୁବାଦ, ୧୯୮୭), ‘ବାରମାସୀ ଚଢ଼େଇ’ (ଶିଶୁ କବିତା, ୧୯୯୨), ‘ମାନପତ୍ର’ (ବ୍ୟକ୍ତିତ୍ୱ ଭିତ୍ତିକ କବିତା, ୧୯୯୭), ‘ନୀଳ ଆକାଶ ସୁନାପରୀ’ (ଶିଶୁ ଉପନ୍ୟାସ, ୧୯୯୮), ‘ସାଦା କାଗଜ ସୁନା’ (ଜନଜୀବନର କବିତା, ୨୦୦୧), ‘ସମୁଦ୍ର ମନ୍ଥନ’ (ଆଧୁନିକ କବିତା, ୨୦୦୬)’, ‘ପ୍ରୀତି ଶତକ’ (ପ୍ରେମ କବିତା, ୨୦୦୬), ‘ଗାଲୁରୁ ଗାଲୁ’ (ଶିଶୁ କବିତା, ୨୦୦୭), ‘ଅନ୍ଧାର ରାତି’ (ପକେଟ ଉପନ୍ୟାସ, ୨୦୦୭), ‘କଥା ଅସରନ୍ତି’ (ଆଧୁନିକ କବିତା, ୨୦୧୦), ‘ଅପ୍ରବନ୍ଧ’ (ପ୍ରବନ୍ଧ, ୨୦୧୩), ‘ଆନନ୍ଦ ମଠ’ (ବଙ୍ଗଳା ଉପନ୍ୟାସ ଅନୁବାଦ, ୨୦୧୫), ‘ବିଗ୍ରହର ବିବିଧା’ (ପ୍ରବନ୍ଧ, ୨୦୧୫), ‘ଅପଦେବତା’ (କବିତା, ୨୦୧୫), ‘ଧ୍ୱନି ଧ୍ୱନି ପ୍ରତିଧ୍ୱନି’ (ଆଧୁନିକ କବିତା, ୨୦୧୫)’, ‘କଥା କଥନି’ (ଗଳ୍ପ ସଂକଳନ, ୨୦୧୭), ‘ହାତୀ ନେ ଘୋଡ଼ା ନେ ମୋ ପେଁ କାଲି ବଜେଇ ଦେ’ (ନାନାବାୟା ଗୀତ, ୨୦୧୯), ‘ରଫାଖାତା’ (ଗଳ୍ପ ସଂକଳନ, ୨୦୨୦), ‘ଶିଳା ଲିପି’ (ବଙ୍ଗଳା କବିତା, ୨୦୨୦)।

**ବନଫୁଲଙ୍କ ଭୁବନ ସୋମ:**

ଏହି ଅନୁବାଦ ଉପନ୍ୟାସଟିରେ ଶ୍ରୀ ପାଢ଼ୀ କହିବାକୁ ଚାହିଁଛନ୍ତି ସରକାରୀ କଳର ବିଧି ବ୍ୟବସ୍ଥା ଏବଂ ପଦପଦବୀର ଦୂରୁପଯୋଗ, ବଡ଼ ବଡ଼ ଅଫିସରଙ୍କ ହାତରେ ଶାସନ କଳର ଡୋର କିପରି ପରିଚାଳିତ ହୁଏ। ଏଥି ସହିତ କାହାଣୀ ମୁଖ୍ୟ ନାୟକ ଭୁବନ ସୋମ ଜଣେ ନ୍ୟାୟୀ ଓ ସଚ୍ଚୋଟ କର୍ମୀ ସରକାରୀ ଦପ୍ତର, ଯାହାକୁ ସମସ୍ତେ ହୃଦୟହୀନ ମଣିଷ ଭାବରେ ଚିହ୍ନନ୍ତି କିନ୍ତୁ ତାଙ୍କ ଭିତରେ ବି ମଣିଷପଣିଆ ଲୁଚିରହିଛି। ଏହିପରି କିଛି କିଛି କଥାର ସୁନ୍ଦର ଉପସ୍ଥାପନାରେ ଉପନ୍ୟାସଟିର କଳେବର ସୁସଙ୍ଗଠିତ ହୋଇଛି। ଏହାଛଡ଼ା ଗ୍ରାମୀଣ ଜୀବନର ମନୋଜ୍ଞ ଚିତ୍ର ମଧ୍ୟ ବର୍ଣ୍ଣନା ରହିଛି। ଭୁବନ

ସୋମଙ୍କ ସାମାଜିକ ଜୀବନ ଓ ଚାକିରି କାଳର ସଂଘାତ ଖୁବ ମର୍ମସ୍ପର୍ଶୀ ଭାବେ ଶ୍ରୀ ପାଢ଼ୀ ବର୍ଣ୍ଣନାରେ ପ୍ରକାଶ କରିଛନ୍ତି। ନିଜ ଦାୟିତ୍ୱକୁ ଭଲ ଭାବରେ ଚଳାଇ ଆସିଥିବା ଭୁବନ ସୋମଙ୍କୁ କେହି ବୁଝିପାରି ନାହାନ୍ତି ଶେଷ ଯାଏ।

କାହାଣୀର ଆରମ୍ଭ ଅନୀଲ ଷ୍ଟିମରରେ ଆସୁଥିବା ଭୁବନ ସୋମଙ୍କୁ ନେବା ପାଇଁ ଗଙ୍ଗା କୂଳକୁ ଆସିଛି। ଆତ୍ମୀୟତାର ଭାବରେ ସୋମଙ୍କୁ କାକା ବୋଲି ଡାକେ। ନିଜ ରକ୍ତ ସମ୍ପର୍କୀୟ ନୁହନ୍ତି ହେଲେ ଖୁବ୍ ଘନିଷ୍ଠ ସମ୍ପର୍କ ଉଭୟଙ୍କ ମଧ୍ୟରେ। ଏହି ସମୟରେ ସେଠାରେ ରେଳ ଟିକେଟ କଲେକ୍ଟର ସଖିଚାନ୍ଦ ପହଞ୍ଚିଛନ୍ତି। ଯାହାଙ୍କ ନାଁରେ ଭୁବନ ସୋମ ଲାଞ୍ଚ ଅଭିଯୋଗରେ ଲମ୍ବା ରିପୋର୍ଟ ତିଆରି କରିଛନ୍ତି। ଅନୀଲ ତାଙ୍କ ସମ୍ପର୍କୀୟ ଜାଣିବା ପରେ ସଖିଚାନ୍ଦ ପ୍ରଥମେ ଭୀତତ୍ରସ୍ତ ହୋଇଥିଲେ ମଧ୍ୟ ପରବର୍ତ୍ତୀ ସମୟରେ ଅନୀଲକୁ ନିଜ ଘରକୁ ଡାକିଛନ୍ତି। ଷ୍ଟିମର ଆସିବା ବିଳମ୍ବ ଥିବାରୁ ଦୁଇଜଣ ସଖିଚାନ୍ଦଙ୍କ କ୍ୱାଟରକୁ ଯାଇଛନ୍ତି। ଅନୀଲ ନିଜ ବିଷୟରେ କହିସାରି ତାଙ୍କ ବିଷୟରେ ଜାଣିବାକୁ ଚାହିଁଛି। ନିଜ ବିଷୟରେ ସଖିଚାନ୍ଦ କହିଛନ୍ତି କି ମୋ ସ୍ତ୍ରୀ ତାଙ୍କ ବାପ ଘରେ ଅଛି। ଘାଟ ଠାରୁ ୭ ମାଇଲ ଦୂର ତାଙ୍କର ଶଶୁର ଘର। ନିଜ ପାଖେ ସ୍ତ୍ରୀକୁ ରଖିବାକୁ ଭାରି ଇଚ୍ଛା ଥିଲେ ବି ଶଶୁର ଘର ମୁରବୀମାନେ ତାଙ୍କୁ ଛାଡୁନାହାନ୍ତି। ଏପଟେ ପୁଣି ମୋ ନାଁରେ ରିପୋର୍ଟ ଯାଇଛି, ଆଉ କିଏ ହୋଇଥିଲେ ଲାଞ୍ଚ ନେଇ ଛାଡ଼ି ଦେଇଥାନ୍ତା। କଥା ଶେଷ କରି ନିଜ ସମସ୍ୟାର ସମାଧାନ ସମ୍ପର୍କରେ ଅନୀଲକୁ ସାହାଯ୍ୟ ମାଗିଛନ୍ତି ଭୁବନ ସୋମଙ୍କୁ ତାଙ୍କ ବିଷୟରେ କହିବା ପାଇଁ। ଜାହାଜରେ ଆସିବା ସମୟରେ ଭୁବନ ସୋମ ନିଜ ଅତୀତ କଥା ଭାବିଛନ୍ତି। ଅବସର ନେବାକୁ ଆଉ ଅଳ୍ପ ଦିନ ରହିଲା ସର୍ଭିସ ରେକର୍ଡ଼ ବି ଭଲ ମାତ୍ର ଚାକିରି ଏକ୍ସଟେନସନ ହେବ ନାହିଁ କାରଣ ଲାଞ୍ଚ ଦେଇପାରି ନାହିଁ କୌଣସି ଅଫିସରଙ୍କୁ। ଚାକିରି ଯୁଦ୍ଧରେ କ୍ଷତବିକ୍ଷତ ହେଲେ ମଧ୍ୟ ମୁଣ୍ଡ ନୁଆଇଁ ନାହାନ୍ତି କେବେ। ସେଠି ଆସିବା ଭିତରେ ଦେଖିଛନ୍ତି ଟ୍ରେନରେ ଟିକେଟ କେହି କାଟନ୍ତି ନାହିଁ। ଟିକେଟ କଲେକ୍ଟର ଓ ଗାର୍ଡ଼ ମିଶି କିଛି ଦି' ପଇସା ନେଇ ପ୍ୟାସେଞ୍ଜର ଛାଡ଼ି ଦେଉଛନ୍ତି।

ନିଜ ପରିବାର କଥା ଭାବିଛନ୍ତି। ମାତ୍ର ୧୬ ବର୍ଷ ବୟସରେ ବାପାଙ୍କୁ ହାରିଥିଲେ ସେ। ଯେତେ ଚେଷ୍ଟା କରି ବି ମା'ଙ୍କୁ ସନ୍ତୁଷ୍ଟ କରିପାରିଲେନି। ବାପାଙ୍କ ମରିବା ପରେ ମା'ଙ୍କ ଚିନ୍ତାଧାରା ଯେ ସ୍ୱାମୀଙ୍କ ଅନ୍ତେ ବଞ୍ଚିବା, ପ୍ରାୟଶ୍ଚିତ ଛଡ଼ା ଆଉ କିଛି ନୁହେଁ। ତେଣୁ ସେ ଚିରକାଳ ଦୁଃଖୀ ରହିଲେ। ତାଙ୍କର ଦୁଇ ଝିଅଙ୍କୁ ରାଜା ଘରେ ଭୁବନ ସୋମ ବିବାହ ଦେଇ ପାରିଲେନି। ସାଧାରଣ ଘରର ପୁଅ ବିରଞ୍ଚି ଲାଲ ଓ ଜଗନ୍ନାଥ ଏ ଦୁହିଁଙ୍କୁ ଜୋଇଁ କରିବାରେ ଧାରକରଜ କରିବାକୁ ପଡ଼ିଥିଲା ସୁଝିବାକୁ ବଡ଼ କଷ୍ଟ

ହୋଇଥିଲା। ହେଲେ ଗୁଣବତୀ ଭଉଣୀ ଦୁଇଜଣ ଗାଁ ମ'ସଲିଆ ଶାଶୁ ଘରେ ଚଳିପାରିଲେନି ପୁଣି ତାଙ୍କରି ଉପରେ ବୋଝ ଉପରେ ନଳିତା ବିଡ଼ା ପରି ଆସି ରହିଲେ। ବଡ଼ କଷ୍ଟରେ ଦୁଇ ଜୋଇଁଙ୍କୁ ଚାକିରିରେ ରଖିଦେଲେ ପରିସ୍ଥିତିର ସୁଧାର ଆସିବ ଭାବି, ହେଲେ ମା'ଙ୍କ ଅନୁମତି ନ ଥିବାରୁ, ନା ସେମାନେ ଅନ୍ୟ ଘର ଦେଖି ଗଲେ, ନା ଘର ଖର୍ଚ୍ଚ ବାବଦକୁ କିଛି ଖର୍ଚ୍ଚ ଦେଲେ। ଦୁଇ ଜଣଙ୍କର ୧୪ଟି ସନ୍ତାନଙ୍କ କଥା ବୁଝୁବୁଝୁ ଭୁବନ ସୋମଙ୍କ ନିଜ ସଂସାର ଛାରଖାର ପ୍ରାୟ। ରାବଣ ବଂଶକୁ ପୋଷିବାକୁ ଯାଇ ନା ଭଲ ଜିନିଷ ଖାଇପାରିଲେ, ନା ପିନ୍ଧି ପାରିଲେ। ଦିନ ଦିନ ଖୋସାରି ଡାଲି ଓ ପେଜ ମିଶା ଭାତ ଖାଇ ଚଳେଇ ନେଇଛନ୍ତି। ହଠାତ୍ ତାଙ୍କ ନଜର ପଡ଼ିଛି ଏବଂ ବାସ୍ତବତାକୁ ଫେରି ଦେଖିଛନ୍ତି, ଗଙ୍ଗାର ଚଢ଼ା, ନଈର ଚଢ଼ା, ହଂସ ପଲ ଛବି ଖୋଜିଛନ୍ତି। ମାଛରଙ୍କା ପକ୍ଷୀକୁ ଦେଖି ନ ପାରି ଭାବବିହ୍ୱଳ ହୋଇପଡ଼ିଛନ୍ତି। ଟି.ଟି.ସି. ବିକାଶେନ୍ଦୁ ଗୁପ୍ତାଙ୍କ ସହ ଭେଟ ହୋଇଛି ଯାହାକୁ ସେ ଭାରି ଭଲ ପାଆନ୍ତି, ପିଲାବେଳେ ଭଲ ପଢ଼େ ବୋଲି। ନିଜର ଦୁଇ ଭାଇଙ୍କ କଥା ମନେପଡ଼ିଛି ତାଙ୍କର ପାଠ ପଢ଼ିଲେ ନାହିଁ। ଭୁବନ ସୋମ ଯେତେ ଚେଷ୍ଟା କରିଥିଲେ ମଧ୍ୟ ସେମାନଙ୍କର ପାଠ ହେଲା ନାହିଁ। ବିପିନଟି ସୀତା ପାର୍ଟ କରି ଚାକିରି ପାଇଗଲା, ଖୋକନ ମଧ୍ୟ ଭଲ ଖେଳ ପ୍ରଦର୍ଶନ କରି ଚାକିରୀ ପାଇଗଲା। ସେଥିରୁ ସାଂସାରିକ ଜଞ୍ଜାଳରୁ ଟିକିଏ ଅଶ୍ୱସ୍ତି ମିଳିଥିଲା ଭୁବନ ସୋମଙ୍କୁ। ପକ୍ଷୀ ଶିକାର କରିବା, ଛବି ଆଙ୍କିବା ତାଙ୍କର ସଉକ। ଏହା ମୁକ୍ତିର ଉପାୟ ମଧ୍ୟ ବୋଲି ସେ ବୁଝିଛନ୍ତି। ଜଣେ ଅଙ୍ଗ୍ଲୋଇଣ୍ଡିଆନଙ୍କ ୱାଟର କଲର ଦୀକ୍ଷା ଗ୍ରହଣ କଲାପରେ ମଦ ମଣିଷଟି ପିଇବା ପରେ ପାଣି ଓ ମଦ ଭିତରେ ସେମିତି କିଛି 'ରକ ଜଣାପଡ଼େନି। କେବଳ ଦୃଷ୍ଟିଭଙ୍ଗୀର ତଫାତ। ସେହି ଦିନରୁ ଟିକେ ଟିକେ ଭୁବନ ସୋମ ମଦ ପିଅନ୍ତି। ମା' ବଞ୍ଚିଥିବା ପର୍ଯ୍ୟନ୍ତ ଘରର ବହୁ ଝିନଝଟ ତାଙ୍କୁ ତୁଲାଇବାକୁ ପଡ଼ିଥିଲା। ଉପକାର ମା'ଙ୍କର ଏତିକି ଥିଲା ଘରେ ଥିବା ଝିଅ ବୋହୂ, ଏଇ ସ୍ତ୍ରୀଲୋକଙ୍କ ହିଂସ୍ର ବାଘୁଣୀ ରୂପକୁ ଦବାଇ ରଖିଥିଲେ। ଭୁବନ ସୋମ ଗାନ୍ଧୀଙ୍କୁ ଖୁବ ଭକ୍ତି କରୁଥିଲେ। କାରଣ ତାଙ୍କ ପ୍ରତ୍ୟକ୍ଷ ଠାରେ ବାରହା ରୋୟା ଷ୍ଟେସନର ତୃତୀୟ ଶ୍ରେଣୀ ଡବାରେ ବସିଥିବାବେଳେ ଅସମ୍ଭବ ଭିଡ଼ ଭିତରେ ଜଣେ ଅସଭ୍ୟ ବୟସ୍କ ଲୋକଟିଏ କାଶି କାଶି କ' ଟ୍ରେନ ଭିତରେ ପକାଉଛି। ସେ ଯେତେଥର ପକାଉଛି, ତାଙ୍କ ପାଖରେ ଥିବା ଜଣେ ଭଦ୍ରବ୍ୟକ୍ତି ସେତେଥର ଖବରକାଗଜରେ ଉଠାଇ ବାହାରେ ପକାଉଥାନ୍ତି। ଏହି ଦୃଶ୍ୟ ସମସ୍ତଙ୍କ ହସର କାରଣ ମଧ୍ୟ ପାଲଟିଥିଲା ହେଲେ ସେମାନଙ୍କ ତାଚ୍ଛଲ୍ୟଭରା ହସର କୌଣସି ପ୍ରଭାବ ଭଦ୍ରବ୍ୟକ୍ତିଙ୍କ ଉପରେ ପଡ଼ି ନଥିଲା। ଶେଷରେ ସେ ବୟସ୍କ ବ୍ୟକ୍ତିଜଣକ ଆଉ ଟ୍ରେନ ଭିତରେ କ' ନ ପକାଇ

ବାହାରେ ପକାଇଥିଲେ। ଏହି ବିଚାରଧାରାରେ ଭୁବନ ସୋମ ଖୁବ୍ ପ୍ରଭାବିତ ହୋଇଥିଲେ ଏବଂ ଟ୍ରେନ୍‌ରୁ ଓହ୍ଲାଇବା ପରେ ଭଦ୍ରବ୍ୟକ୍ତିଙ୍କ ସମ୍ଭାଷଣ ଓ ଜନ ସମର୍ଥନରୁ ଜାଣିଥିଲେ ସେ ଜାତିର ପିତା ମୋହନ ଦାସ କରମଚାନ୍ଦ ମହାତ୍ମାଗାନ୍ଧିଜୀ।ନା ନା ଆଘାତ ପାଇ ପାଇ ସେ ସବୁ ଛାଡ଼ି ପକ୍ଷୀ ଶିକାରରେ ମନ ଦେଇଥିଲେ, କାରଣ ସାବିତ୍ରୀ ଅମାବାସ୍ୟାରେ ପୂଜା ସାରି ପତ୍ନୀ ଇହଧାମ ତ୍ୟାଗ କଲେ। ପିଲାମାନେ ବଡ଼ ହୋଇ ଯିଏ ଯୁଆଡ଼େ ଚାଲିଗଲେ। ଘରେ କେବଳ ନିରାଶ୍ରୀ ବିଧବା ମାଉସୀ। ଆଉ ଜନ୍ମିତ ପୁତ୍ର ବହୁଚର୍ଯ୍ୟ ବିଦ୍ୟାଳୟରେ ଶିକ୍ଷକତା କରୁଛି। ହଠାତ୍ ପୁରୁନା ଘରଟା ଚେମେଣି ଓ ଘର ଚଟିଆଙ୍କ ଆଡ଼ା ହୋଇଗଲା। ଏଥର ଜାହାଜ କୂଳରେ ପହଞ୍ଚିଗଲା। ଅନୀଲ ସହ ଭେଟ ହେଲା ଭୁବନ ସୋମଙ୍କର। ସତ୍ୟଚାନ୍ଦଙ୍କୁ ଦେଖି ତାଙ୍କର ରିପୋର୍ଟ କଥା ମନେ ପଡ଼ିଛି। ପୁଣି ବାସ୍ତବକୁ ଫେରିଆସି ସେ ସ୍ନାନ ସାରି ପକ୍ଷୀ ଶିକାରରେ ବାହାରିଛନ୍ତି।

ଦିନରେ ଭୁବନ ସୋମ ଶୁଅନ୍ତି ନାହିଁ। ଅଫିସ ନ ଥିଲେ ମାଛ ଧରା ନ ହେଲେ ଶିକାରରେ ବାହାରି ପଡ଼ନ୍ତି ପିକଟଣା ସରିବା ପରେ। ଏଥର ଭୁବନ ସୋମ ବାହାରିଲେ ପକ୍ଷୀ ଶିକାର ଉଦ୍ଦେଶ୍ୟରେ ଭୋରରୁ ମଇଁଷି ଗାଡ଼ିରେ। ଭୁଟା ସହ କଥା ହଉ ହଉ ଜାଣିଲେ ଚାଷ ବାସ ବିଷୟରେ ତାକୁ ଏତ କିଛି ଜଣା ନାହିଁ। ମଇଁଷିକୁ କିନ୍ତୁ ଭଲ ତଦାରଖ କରି ଗାଡ଼ି ଚଲଉଛି ଭୁଟା। ତା' ଘର ପ୍ରସଙ୍ଗ ବିଷୟରେ ଭୁଟା ସହ କଥା ହେଲେ। ଅଧା ବାଟରେ ତ୍ରିପଣ୍ଡ କଳା ମଇଁଷି ସେମାନଙ୍କ ଗାଡ଼ି ଆଗକୁ ମାଡ଼ିଆସିବା ଫଳରେ ପକ୍ଷୀ ଶିକାର ଛାଡ଼ି ଗଛରେ ଚଢ଼ି ପ୍ରାଣ ବଞ୍ଚାଇଲେ ଭୁବନ ସୋମ। ସେହି ସମୟରେ ବହୁ ଭୁଟାର ସାହସିକତା ଦେଖି ଆଶ୍ଚର୍ଯ୍ୟ ମଧ୍ୟ ହେଲେ। ଏଥର ଚାଲି ଚାଲି ମହେନ୍ଦ୍ର ସିଂଙ୍କ ଘରେ ପହଞ୍ଚିଲେ। ଭୁଟା ମଇଁଷି ଆଣିବା ଉଦ୍ଦେଶ୍ୟରେ ସେଇଠାରେ ରହିଗଲା। ମହେନ୍ଦ୍ର ସିଂକୁ ତା' ଘରେ ନପାଇ ଭୁବନ ସୋମ ଏକା ଏକା ଚାଲିଲେ ପକ୍ଷୀ ଶିକାରରେ। କେବେ ଡଙ୍ଗାରେ ବସି, ଆଉ କେବେ ଚାଲି ଚାଲି, ହେଲେ ଗୋଟିଏ ମଧ୍ୟ ଶିକାର ପାଇଲେ ନାହିଁ।

ଶିକାର ଭିତରେ ଟୁନଟୁନି ପାଦ୍ରୀଙ୍କ କଥା ତାଙ୍କର ମନେ ପଡ଼ିଛି। ଟୁନଟୁନି ପାଦ୍ରୀ ଜଣେ ହିନ୍ଦୁ ଥିଲେ। ସେ କହିଥିଲେ ଆମ ଦେଶର ଲୋକେ ଭୀରୁ, ଅଜ୍ଞ, କୁସଂସ୍କାରାଚ୍ଛନ୍ନ। ମାତ୍ର ନୀଚ ନୁହନ୍ତି। ଆମର ଏପରି ଅଧୋପତନ ପାଇଁ ସୁଦୀର୍ଘ ପରାଧୀନତା ହିଁ ଦାୟୀ। ନିଜ ସୁବିଧା ପାଇଁ ହିନ୍ଦୁଙ୍କୁ ପାଦ୍ରୀ ବନାଉଥିଲେ। ହେଲେ ଇଂରେଜମାନେ କଳା ଲୋକଙ୍କୁ ନିଜର ଗୋଲାମ କରି ଚିରକାଳ ରଖିବାକୁ ଚାହୁଁଥିଲେ। ସେଦିନ ଭୁବନ ସୋମ ଚମକି ପଡ଼ିଥିଲେ ଏପରି କଥାରେ। ନିହାତି ସତ

ବି । ଏତିକି ଭାବୁ ଭାବୁ ମହେନ୍ଦ୍ର ସିଂଙ୍କ ଚାକର ଭଗିଆ ପଛରୁ ଡାକିଲା ବାବୁ ଚଢ଼େଇ ଏଇଠି । ରାଜହଂସ ଧରି ଆଣି ଭଗିଆ ଦେଇଛି ହେଲେ ଭୁବନ ସୋମ ମଲା ହଂସକୁ ନେଲେ ନାହିଁ । ନିଜ ଶିକାର ଉଦ୍ଦେଶ୍ୟରେ ବାହାରିଗଲେ । ଶିକାରରେ ତାଙ୍କର ଅସଫଳ ଦେଖି ସେଇ ପାଖ ଗ୍ରାମର ଝିଅ ତାଙ୍କୁ ଲକ୍ଷ୍ୟ କରି କରି ଭୁବନ ସୋମ ଦେଖିଥିଲେ ମଇଁଷି ପିଠିରେ ବସି ଗାଁ ଭିତରକୁ ଯିବାର । ପଚାରିଲେ ତୁମେ ଏଠି ? କଥା ପ୍ରସଙ୍ଗରେ ଝିଅଟି ଡାକି ନେଇଛି ତାଙ୍କ ଘରକୁ । କାରଣ ବିଦିଆର ବାପା ଚତୁର୍ଭୂଜ ଗୋପ ଭଲ ପକ୍ଷୀ ଶିକାର ଜାଣନ୍ତି । ସେଇ ଠାରେ ସେ ଜାଣିଛନ୍ତି ବିଦିଆ ସଖିଚାନ୍ଦଙ୍କ ସ୍ତ୍ରୀ ଯାହାର ରିପୋର୍ଟ ଲେଖିବାର ଅଛି । ଶେଷରେ ବିଦିଆ କଥା ମାନି ଗାଁ ମୁଲିଆ ବେଶରେ, ଦେହରେ ଝାଉଁ ଡାଳ ବାନ୍ଧି ପକ୍ଷୀ ଶିକାର କରି ପୁରୁଷ ଚକୁଆକୁ ଜଖମ କରି ବାନ୍ଧିନେଇ ଗଲାବେଳେ ଯୋଡ଼ି ଚକୁଆଟି ତାଙ୍କ ପଛେ ପଛେ କାଁ-ଆ କାଁ-ଆ କରି ଉଡ଼ି ଉଡ଼ି ଆସୁଥାଏ । ଏଥର ଭୁବନ ସୋମଙ୍କ ମନ ଆନ୍ଦୋଳିତ ହୋଇଛି । ତାଙ୍କୁ ଅନୁଭବ ହୋଇଛି; ଯେମିତି ବିଦିଆ କହୁଛି ଦୟା କରନ୍ତୁ ବାବୁ, ତାଙ୍କୁ ଛାଡ଼ି ଦିଅନ୍ତୁ । ତାଙ୍କ ଚାକିରୀଟା ଯେପରି ନ ଯାଏ । ତା' ନ ହେଲେ ତାଙ୍କ ଘରକୁ ମୁଁ କେବେ ଯାଇ ପାରିବିନି । ଆମ ଘର କେବେ ଛାଡ଼ିବେନି ମୋତେ । ହେଲେ ତାଙ୍କୁ ଛାଡ଼ି ରହିବାର ଦୁଃଖ ମୁଁ ସହିପାରୁନି । ମୁକ୍ତ କରି ଦେଇଛନ୍ତି ନିଜ ପାଖରୁ ପକ୍ଷୀଟିକୁ । ଲାଞ୍ଚ ବିରୁଦ୍ଧରେ ସାରା ଜୀବନ ସଂଗ୍ରାମ କରିଆସିଥିବା ଭୁବନ ସୋମ ଶେଷରେ ଭାବପ୍ରବଣ ହୋଇ ଫେରି ଆସିଛନ୍ତି ନିଜ କ୍ୱାଟରକୁ । ଗଙ୍ଗାଜଳରେ ତୁଳସୀ ଓ ପଇସା ପକାଇ ସଖିଚାନ୍ଦଙ୍କୁ ଶପଥ କରାଇଛନ୍ତି ଆଉ କେବେ ଲାଞ୍ଚ ନ ନେବା ପାଇଁ ଏବଂ ଛାଡ଼ି ଦେଇଛନ୍ତି । ସଖିଚାନ୍ଦ ମଧ୍ୟ ଶପଥ ପାଇଛି । ଯେଉଁଥିରେ ଲେଖାଅଛି, ମୋ ନାଁରେ ଥିବା ରିପୋର୍ଟ ଭୁବନ ସୋମ କରିନି । ନୂଆ ଜାଗାକୁ ମୋର ବଦଳି ହେଇଯାଇଛି ଯେଉଁଠି ଢେର ଉପୁରି ମିଳିବ ମୋତେ ।

**ଆନନ୍ଦ ମଠ ଉପନ୍ୟାସରେ :**

ଏଥିରେ ସେ ସମୟରେ ବଙ୍ଗଳାରେ ଘଟିଥିବା ମରୁଡ଼ିର କରାଳ ରୂପ ଲୋକଙ୍କୁ କିପରି ବ୍ୟଥିତ କରିଛି, ସେ ସମୟରେ ମୋଗଲମାନଙ୍କର ଅତ୍ୟାଚାର ଓ ଇଂରେଜ ଶାସକଙ୍କର କର ଆଦାୟରେ ଅତ୍ୟାଚାରିତା ଆପଣେଇ ଥିଲେ ପଦ ଚିହ୍ନ ଗାଁର କିଛି ଲୋକ । ମଠ ଗଢ଼ି ଲୋକଙ୍କୁ ଧର୍ମ ମାର୍ଗରେ ନେଇ ହିଂସାକୁ ବ୍ରତ କରି ଫାଇଦା ମିଳିବାର ଚେଷ୍ଟା ମଧ୍ୟ କରିଥିଲେ । ଏଥିରେ କିଛିଟା ସଫଳ ହୋଇଥିଲେ ମଧ୍ୟ ପରବର୍ତ୍ତୀ ସମୟରେ ସମ୍ପୂର୍ଣ୍ଣ ସଫଳତା ପାଇ ପାରି ନ ଥିଲେ । ଯଦିଓ ଗୋଲ ବାରୁଦ ତିଆରି କରି ଇଂରେଜମାନଙ୍କୁ ପରାସ୍ତ କରିବାକୁ ସଂକଳ୍ପ ନେଇଥିଲେ ବି ଆଶାତିତ ଫଳ ପାଇପାରି

ନ ଥିଲେ। ସେମାନେ ଅନୁଭବ କରିଥିଲେ ବହିର୍ବିଷୟକ ଜ୍ଞାନର ପ୍ରଚାର ଆବଶ୍ୟକ। ଯାହା ଦ୍ୱାରା ଲୋକମାନେ ବର୍ହିସ୍ତରରେ ଶିକ୍ଷିତ ହେଲେ ଅନ୍ତଃସ୍ତରକୁ ବୁଝିବା ପାଇଁ ସକ୍ଷମ ହେବେ। ଯୁଦ୍ଧର ପଥ ଛାଡ଼ି ବୁଦ୍ଧିମାନ ହେଲେ ଦେଶରୁ ଇଂରେଜମାନଙ୍କୁ ତଡ଼ି ଦିଆଯାଇ ପାରିବ। 'ଆନନ୍ଦ ମଠ'ର ଘଟଣାକ୍ରମ ଏହିପରି ଥିଲା ୧୯୭୬ ସାଲରେ ପଦଚିହ୍ନ ଗ୍ରାମର ଚାରିଆଡ଼ ଶୂନଶାନ, ଦୁର୍ଭିକ୍ଷ ଓ ହାହାକାରର ଚିତ୍ର ଦେଖା ଦେଇଥିଲା। ୧୧୭୪ ସାଲରେ 'ସଲ ନଷ୍ଟ ହେବାରୁ ୧୧୭୫ ସାଲରେ ଚାଉଳ ଦରଦାମ ବଢ଼ିଯାଇଥିଲା। ଲୋକମାନଙ୍କର ଦୁଃଖ-ଦୁର୍ଦ୍ଦଶାର ଦିନ ବଢ଼ି ଚାଲିଥିଲେ ମଧ୍ୟ ରାଜା ଖଜଣା ଆଦାୟ କରୁଥିଲେ। ଫଳରେ ଧୀରେ ଧୀରେ ଗାଁ ଲୋକେ ଗାଁ ଛାଡ଼ି ପଳାଇବାକୁ ଆରମ୍ଭ କଲେ। ସେହି ଗାଁର ମହେନ୍ଦ୍ର ସିଂ ଜଣେ ଧନୀ ବ୍ୟକ୍ତି ସମସ୍ତ ଆତ୍ମୀୟଙ୍କୁ ହରାଇବା ପରେ ନିଜ ସ୍ତ୍ରୀ କଲ୍ୟାଣୀ ଓ ଝିଅକୁ ଧରି କଲିକତା ଯାତ୍ରା ଆରମ୍ଭ କଲେ। କିଛି ବାଟ ଚାଲିବା ପରେ ଏକ ଚଟି ଘରେ ଆଶ୍ରୟ ନେଲେ। ସ୍ତ୍ରୀ ଓ ଝିଅକୁ ବସାଇ ଦେଇ ନିଜେ ମହେନ୍ଦ୍ର ସିଂ ପାଣି ଓ କ୍ଷୀର ଆଣିବାକୁ ଅନ୍ୟ ଗାଁକୁ ଗଲେ। ଏଇ ଭିତରେ କିଛି ଲୋକ ମା' ଓ ଝିଅକୁ ଅପହରଣ କରି ନେଇଗଲେ ଜଙ୍ଗଲ ଭିତରକୁ ଚାଉଳ ପାଇବା ଉଦ୍ଦେଶ୍ୟରେ। ନିଜ ନିଜ ଭିତରେ ଚାଉଳ ନ ପାଇ ମାଡ଼ କଳି ହେବା ଭିତରେ ନିଜ ଦଳପତିଙ୍କୁ ମାରି ଛୋଟ ଝିଅଟିକୁ ମାରି ନିଆଁରେ ପୋଡ଼ି ଖାଇବାକୁ ଚେଷ୍ଟା କଲେ। ମାତ୍ର କଲ୍ୟାଣୀ ଚତୁରତାର ସହ ସେଠାରୁ ଖସିଆସି ସେଇ ଅରଣ୍ୟରେ ଚାଲୁ ଚାଲୁ ଭୟ ଓ ଡରରେ 'ହରେ ମୁରାରେ ମଧୁ କୈଠବାରେ' ଗୀତ ଗାଇ ଆସି ଏକ ମଠରେ ପହଞ୍ଚିଲେ।

ନିଜ ସ୍ୱାମୀ ମହେନ୍ଦ୍ର ସିଂ ହଜିଯାଇଥିବା କଥା ଋଷିଙ୍କୁ କହିବା ପରେ ବ୍ରହ୍ମଚାରୀ ମହେନ୍ଦ୍ର ସିଂଙ୍କୁ ଖୋଜିବାର ଦାୟିତ୍ୱ ନେଲେ। ସେ ଦୁଇଜଣଙ୍କୁ କିଛି ପାଇଁ ଓ କ୍ଷୀର ପିଇବାକୁ ମଧ୍ୟ ଦେଲେ। ତାଙ୍କ ପରିଚିତ ବ୍ୟକ୍ତି ଭବାନନ୍ଦଙ୍କୁ ଏହି ସେହି ଦାୟିତ୍ୱଟି ପୁରା କରବାକୁ କହିଲେ। ଏପଟେ ନବାବଙ୍କ ଉପରେ ବଙ୍ଗଳାର ଶାସନଭାର ଥିଲେ ବି ଇଂରେଜମାନେ ଟିକସ କଡ଼ା ଅଙ୍କରେ ନେଇ ଯାଉଥିଲେ। ମହେନ୍ଦ୍ର ସିଂଙ୍କ ହାତରେ ବନ୍ଧୁକ ଥିବା ଦେଖି ଇଂରେଜ ସିପାହୀମାନେ ତାଙ୍କୁ ବନ୍ଦୀ କରି ନେଇ ଶଗଡ଼ରେ ପକାଇ ଦେଲେ। କିଛି ବାଟ ଯିବାପରେ ଭବାନନ୍ଦଙ୍କୁ ଦେଖି ଇଂରେଜ ସିପାହୀମାନେ ଆଉ ଏକ ଡକାୟତ ଭାବି ତାଙ୍କୁ ବି କାବୁକରି ସେଇ ଶଗଡ଼କୁ ଫୋପାଡ଼ି ଦେଲେ। ସେଇଠି ମହେନ୍ଦ୍ର ସିଂହ ଓ ଭବାନନ୍ଦ ଭେଟ ହୋଇଗଲେ। ଖସିଯିବାର ସୁଯୋଗ ଖୋଜିବାକୁ ଲାଗିଲେ। ସେହି ସମୟରେ କିଛି ଦସ୍ୟୁମାନେ ସିପାହୀଙ୍କ ଉପରକୁ ଆକ୍ରମଣ କରି ସବୁ ଟଙ୍କା ପଇସା ତାଙ୍କ ହସ୍ତଗତ କରି ନେଲେ। ଅପହୃତ ଧନର ସଦୁପଯୋଗ

କରିବାକୁ ଜୀବାନନ୍ଦ ଓ ଭବାନନ୍ଦ ତାଙ୍କ ଅନୁଚର ବର୍ଗଙ୍କୁ କହିଲେ। ସିପାହୀ ପୋଷାକ ପିନ୍ଧି ମହେନ୍ଦ୍ର ସିଂ ଯୁଦ୍ଧ ପାଇଁ ସେମାନଙ୍କ ସହ ଉଦ୍ୟତ ହେଲାବେଳେ ଭବାନନ୍ଦ ତାଙ୍କୁ ଚିହ୍ନିପାରି କଲ୍ୟାଣୀ ଓ ଝିଅ ବିଷୟରେ କହିଲେ। ଏଥର ଦୁଇଜଣ ମଠ ଆଡ଼କୁ ଯିବା ବାଟରେ ଭବାନନ୍ଦଙ୍କ ମୁହଁରୁ 'ବନ୍ଦେ ମାତରଂ' ଗୀତ ଶୁଣି ଖୁସି ହୋଇଯାଇଛନ୍ତି। ଆଶ୍ରମକୁ ଯାଇ ସେମାନଙ୍କ ବ୍ରହ୍ମଚାରୀ ବ୍ରତୀ ହେବାକୁ ପଡ଼ିବ ମାତ୍ର ସେଥିରୁ ନିବୃତ୍ତ ରହିବାକୁ ଚାହିଁଛନ୍ତି ମହେନ୍ଦ୍ର। ସେ ଚିନ୍ତା କରିଛନ୍ତି ଆଗେ ସ୍ତ୍ରୀ ଓ ପିଲାକୁ ଦେଖି ଗାଁରେ ଛାଡ଼ିବା ପରେ ଏମାନଙ୍କ ଅପାର୍ଥିବ ରାଜ୍ୟକୁ ଫେରିଆସିବ। ସେଠାରେ ପହଞ୍ଚି ଗାଁକୁ ଯିବାପାଇଁ ବାହାରି ଯାଇଛନ୍ତି, ହେଲେ ଜଙ୍ଗଲ ରାସ୍ତା ନ ପାଇ ପୁଣି ସେଇ ମଠ ପାଖରେ ପହଞ୍ଚିଛନ୍ତି। ସେଇ ମଠରେ ଜଣେ ବ୍ରହ୍ମଚାରୀ ଧୀରାନନ୍ଦ ଗୋସ୍ୱାମୀ ସେମାନଙ୍କୁ ପଥ ଦେଖାଇବାକୁ ସହମତି ଦେଇଛନ୍ତି। ହେଲେ ଦୁଃଖ କଷ୍ଟର ଜ୍ୱାଳାକୁ ସହି ନ ପାରି କଲ୍ୟାଣୀ ବିଷ ପତ୍ର ଖାଇ ଟଳି ପଡ଼ିଛନ୍ତି। ଏତିକିବେଳେ ଖଜଣା ଲୁଟାଇଥିବା ସନ୍ନ୍ୟାସୀମାନଙ୍କୁ ଜାଣିପାରି ରାଜାଙ୍କ ସିପାହୀମାନେ ଜଙ୍ଗଲରୁ ସତ୍ୟାନନ୍ଦ ଓ ମହେନ୍ଦ୍ରଙ୍କୁ ଧରି କାରାଗାରରେ ରଖିଛନ୍ତି। ଜୀବାନନ୍ଦ ମହେନ୍ଦ୍ରଙ୍କୁ ଖୋଜିବା ସମୟରେ ମୃତ କଲ୍ୟାଣୀ ଓ ଝିଅକୁ ଦେଖିଛନ୍ତି। ଝିଅଟିକୁ ନେଇ ନିଜ ଭଉଣୀ ନିମି ପାଖରେ ଛାଡ଼ିଛନ୍ତି। ତା'ର ପିଲା ନ ଥିଲେ ବୋଲି ବଡ଼ ଆଗ୍ରହରେ ତାକୁ ରଖିଛି। ଆସିବାବେଳେ ନିଜ ସ୍ତ୍ରୀ ଶାନ୍ତିକୁ ଦେଖି ଦୃଢ଼ ଆଲିଙ୍ଗନ କରି କହିଛନ୍ତି, ତୁମ ପରି ସ୍ତ୍ରୀକୁ ତ୍ୟାଗ କରି ମୁଁ ଚିର ଦୁଃଖୀ। ଶାନ୍ତି କହିଛି ମୁଁ ପତ୍ନୀ ଭାବରେ ଗର୍ବିତ। କଦାପି ତୁମେ ବୀରଧର୍ମ ତ୍ୟାଗ କରିବ ନାହିଁ। ଦେଶ ମାତୃକା ପାଇଁ ତୁମେ ଗର୍ବ ଓ ଗୌରବ।

ଭବାନନ୍ଦ ବାଟରେ ଆସୁଥିବା ସମୟରେ ବିଷ ଖାଇ ମରିପଡ଼ିଥିବା କଲ୍ୟାଣୀଙ୍କୁ ଦେଖି କିଛି ଗଛର ପତ୍ର ଦଳି ତାଙ୍କୁ ସେହି ରସ ପିଆଇ ବଞ୍ଚାଇବା ପରେ ତାଙ୍କୁ ସାଥିରେ ନେଇ ସହରକୁ ଚାଲିଗଲେ। ଏହା ପରେ ସତ୍ୟାନନ୍ଦ ମଠର ଦାୟିତ୍ୱ। ଅନ୍ୟ ଶିଷ୍ୟମାନଙ୍କ ହାତରେ ଦେଇ ତୀର୍ଥଯାତ୍ରା କରି ଇଂରେଜମାନଙ୍କ ବିରୁଦ୍ଧରେ ଲଢ଼େଇ ପାଇଁ ଅସ୍ତ୍ରଶସ୍ତ୍ର ଯୋଗାଡ଼ରେ ବାହାରିଗଲେ। ଅନ୍ୟ ନୂଆ ଲୋକଙ୍କୁ ମଧ୍ୟ ଏହି ବ୍ରହ୍ମଚାରୀ ମର୍ଧ ଗ୍ରହଣ କରି ସ୍ୱାଧୀନତା ପାଇବା ପାଇଁ ତାଙ୍କର ସହଯୋଗ କାମନାପୂର୍ବକ ସାମିଲ କରିଛନ୍ତି। ଜୀବନନ୍ଦଙ୍କ ସ୍ତ୍ରୀ ପିଲାବେଳୁ ପୁଅମାନଙ୍କ ଗହଣରେ ବଢ଼ିଥିବାରୁ ଏବଂ ପାଠ ପଢ଼ିଥିବାରୁ, ଆଚରଣରେ ଖୁବ ସାହାସୀ ଥିଲେ। ତେଣୁ ଅସ୍ତ୍ରଶସ୍ତ୍ର ଶିକ୍ଷା କରିଥିଲେ। ବିବାହ ପରେ ସେ ବଦଳିଯାଇ ପତ୍ନୀ ଧର୍ମ ଗ୍ରହଣ କରିଥିଲେ ମଧ ପରବର୍ତ୍ତୀ ସମୟରେ ସ୍ୱାମୀଙ୍କ ପଥ ଅନୁସରଣ କରି ପତ୍ନୀ ଧର୍ମ ତ୍ୟାଗ କରି ସନ୍ତାନ ଧର୍ମ ଗ୍ରହଣ କରିଛନ୍ତି।

୧୧୭୭ ସାଲରେ ଦୁର୍ଦ୍ଦିନର ସ୍ଥିତି ବଦଳିଛି। ଦୁର୍ଭିକ୍ଷ ହଟିଛି ଓ ଭଲ 'ସଲ

ହୋଇଛି । ଧୀରେ ଧୀରେ ମୁସଲମାନ ଶାସକଙ୍କ ବ୍ୟବହାର ଓ କୁଶାସନରେ ଅତିଷ୍ଠ ହୋଇ ସେମାନଙ୍କ ଘରେ ନିଆଁ ଲଗେଇ ଦେଇଛନ୍ତି । ମାଟି ମା'ର ସନ୍ତାନମାନେ ବଡ଼ ହୋଇ କେତେକ ଇଂରେଜ କପ୍ତାନ ଓ ମୁସଲମାନମାନଙ୍କୁ ହାଣି ପକାଇଲେ । କମ୍ପାନୀର ଟମାସ ଶିବ, ଗ୍ରାମରେ କିଛି ଦିନ ରହି ଶିକାର ଉଦ୍ଦେଶ୍ୟରେ ଜଙ୍ଗଲକୁ ଯାଇଥିବାବେଳେ ଶାନ୍ତିକୁ ଦେଖି ଉପପତ୍ନୀ ହେବାପାଇଁ ପ୍ରସ୍ତାବ ଦେଲେ । ଶାନ୍ତିଙ୍କ ଯୁଦ୍ଧ ଡାକରାରେ ସେ ଆଶ୍ଚର୍ଯ୍ୟ ଚକିତ ହେଇଗଲେ । ପରେ ଶାନ୍ତି ଜୀବନନ୍ଦଙ୍କ ପାଖକୁ ଫେରିଆସି ତାଙ୍କ ଠାରୁ ବୀର ହେବାର ବ୍ରତ ଶିଖିଥିଲେ । ସତ୍ୟାନନ୍ଦ ଶାନ୍ତିକୁ ଆଶୀର୍ବାଦ ମଧ୍ୟ କଲେ । ତୁମେ ମାତା ହୋଇ ସନ୍ତାନମାନଙ୍କ ପାଇଁ କାମ କରିବ ।

ନଈ କୂଳରେ ସତ୍ୟାନନ୍ଦଙ୍କ ପାଖରେ ସମସ୍ତ ସନ୍ତାନଗଣ ଏକାଠି ହୋଇ ଯୁଦ୍ଧ କରି ବିଧର୍ମୀ ଟମାସକୁ ଖତମ କରିବାକୁ ଆହ୍ୱାନ ଦେଲେ । କମାଣ ନ ନେହେ ଶତ୍ରୁ ପରାସ୍ତ ହେବେ ନାହିଁ । ତେଣୁ ପଦଚିହ୍ନ ଗ୍ରାମରୁ ମହେନ୍ଦ୍ର ସିଂଙ୍କ ପାଖରୁ କମାଣ ଆସିବ । ହଠାତ ଚତୁର୍ଦ୍ଦିଗରୁ ତୋପର ଶବ୍ଦ ଶୁଭିଛି । ଜାଲରେ ମାଛ ପଡ଼ିଲା ପରି କପ୍ତାନ ଟମାସ ସମସ୍ତ ସନ୍ତାନଙ୍କୁ କିପରି ମାରିଦେବ ଯୋଜନା କଲାବେଳେ ସୈନ୍ୟ ତରଙ୍ଗ ଭିତରେ ସେମାନଙ୍କୁ ଧରିଆଣି ମାରିବା କଥା ଚିନ୍ତା କରୁଥିବାବେଳେ ସନ୍ତାନମାନେ ଏକ ସ୍ୱରରେ ବନ୍ଦେ ମାତରଂ ଗୀତ ଗାନ କରି ଚତୁର୍ଦ୍ଦିଗ ଘେରିଯାଇ ଟମାସଙ୍କୁ ବନ୍ଦୀ କରି ନେଲେ । ଟମାସଙ୍କ ମୃତ୍ୟୁ ପରେ ଇଂରେଜମାନେ ଘାଇଲା ବାଘ କରି ସନ୍ତାନମାନଙ୍କୁ କାବୁ କରି ନେଲେ । ଏହି ଯୁଦ୍ଧରେ କଲ୍ୟାଣୀଙ୍କୁ ବିବାହ କରିବା ପାଇଁ ଆଶା ରଖିଥିବା ଭବାନନ୍ଦଙ୍କର ମୃତ୍ୟୁ ଘଟିଲା । ଶେଷ ନିଶ୍ୱାସ ପର୍ଯ୍ୟନ୍ତ ସେ ମଧ୍ୟ ବନ୍ଦେ ମାତରଂ ଗୀତ କଣ୍ଠରେ ଉଚ୍ଚାରଣ କରୁଥିଲେ ।

ଶତ୍ରୁମାନଙ୍କୁ ବିନାଶ କରି ସନ୍ତାନମାନେ ସତ୍ୟାନନ୍ଦଙ୍କ ପାଖକୁ ଫେରିଆସିଲେ । କିଛି ମୁସଲମାନ ଦାଢ଼ି କାଟି ନିଜକୁ ହିନ୍ଦୁ ବୋଲି ପରିଚୟ ଦେଇ ରହିଗଲେ । କେତେକଙ୍କୁ ମାରି ଦିଆଗଲା । କେତେକଙ୍କ ଠାରୁ ଅସ୍ତ୍ରଶସ୍ତ୍ର ଛଡ଼ାଇ ନେଇଗଲେ । ହିନ୍ଦୁ ରାଜ୍ୟ ଘୋଷଣା ହେବାର ଖବର ପାଇବା ପରେ କଲ୍ୟାଣୀ ନିଜ ପଦଚିହ୍ନ ଗ୍ରାମକୁ ସନ୍ତାନ ସେନାଙ୍କ ସହ ସୁରକ୍ଷିତରେ ମହେନ୍ଦ୍ରଙ୍କ ପାଖରୁ ଫେରି ଆସିଲେ । ଜୀବାନନ୍ଦଙ୍କ ଭଉଣୀ ନିମି ଦୁଃଖ କରିଥିଲେ ବି ପାଳିତ ସନ୍ତାନ ସୁକୁମାରୀକୁ କଲ୍ୟାଣୀଙ୍କୁ ଫେରାଇ ଦେବାର ଦୃଶ୍ୟ ଖୁବ ମାର୍ମିକ ଭାବେ ବର୍ଣ୍ଣନା ହୋଇଛି । ଗ୍ରାମ୍ୟ ଜୀବନରେ ସବୁକିଛି ଠିକ ହେବା ପରେ ଏପରି ଏକ ସୁଖଦ ସମୟ ବେଶି ଦିନ ରହି ନାହିଁ । ପୁଣି ପଦଚିହ୍ନ ଗାଁର ଦୁର୍ଗକୁ ଆକ୍ରମଣ ପାଇଁ ଏଡ଼ୱାଡ଼ ଚେଷ୍ଟା ଚଳାଇଲେ । ଇଂରେଜମାନଙ୍କ ସହ ଲଢ଼ିବା ଭିତରେ ଅନେକ ଭାରତମାତାର ସନ୍ତାନମାନେ ପୁଣି ଇଂରେଜ ସିପାହୀଙ୍କ

ହାତରେ ପ୍ରାଣ ହରାଇଲେ। ସିପାହୀ, କପ୍ତାନ ସାହେବ ଓ ମେଜରଙ୍କ ପଶା କାଠିର ଶିକାର ହେଲେ ପଦଚିହ୍ନ ଗାଁର ଅନେକ ଲୋକ। ଇଂରେଜଙ୍କ ଶିକାର ହେଲେ ଅନେକ ସାହସୀ ସନ୍ତାନମାନେ। ପୂର୍ଣ୍ଣିମା ରାତିର ରକ୍ଷକ୍ଷେତ୍ରଟି ସମ୍ପୂର୍ଣ୍ଣ ସ୍ଥିର ହୋଇଗଲା। ଶାନ୍ତି ଓ ଜୀବାନନ୍ଦ ହିମାଳୟକୁ ପ୍ରସ୍ଥାନ କଲେ ଭାରତମାତାର ସେବା ଉଦ୍ଦେଶ୍ୟରେ।

ଶେଷରେ ସତ୍ୟାନନ୍ଦ ନୀରବ ହୋଇ ଆନନ୍ଦ ମଠରେ ମା'ଙ୍କ ମୂର୍ତ୍ତି ପାଖରେ ବସି ଧ୍ୟାନ କରୁଛନ୍ତି। ଜୀବାନନ୍ଦଙ୍କୁ ବଞ୍ଚାଇଥିବା ଆଗନ୍ତୁକ ଚିକିତ୍ସକ ଆସି କହିଛନ୍ତି ତୁମେ ଆଉ କାହିଁ ଏଠାରେ ରହିଲ ସତ୍ୟାନନ୍ଦ? ଦସ୍ୟୁ ବୃତ୍ତି ଅବଲମ୍ବନ କରି ଯୁଦ୍ଧ ଜୟ କରି ହୁଏ, ଦେଶ ଉଦ୍ଧାର ହୋଇପାରିବ ନାହିଁ। ସନାତନ ଧର୍ମ ହେଉଛି ଲୌକିକ ଅପକୃଷ୍ଟ ଧର୍ମ। ହିନ୍ଦୁ ଧର୍ମ ୩୩ କୋଟି ଦେବଦେବୀଙ୍କୁ ପୂଜା କରିବା ନୁହେଁ, ଏହା ଜ୍ଞାନାତ୍ମକ ଚିରକାଳ, କର୍ମାତ୍ମକ ନୁହେଁ ସତ୍ୟାନନ୍ଦ। ଯେତେ ଦିନ ହିନ୍ଦୁମାନେ ଜ୍ଞାନବାନ, ଗୁଣବାନ, ବଳବାନ ନ ହୋଇଛନ୍ତି ସେତେ ଦିନ ପର୍ଯ୍ୟନ୍ତ ଇଂରେଜ ଶାସନ ଅଖ୍ୟାତ ରହିବ। ବହିର୍ବିଷୟକ ଓ ଅନ୍ତର୍ବିଷୟକ ଜ୍ଞାନ ଦ୍ୱାରା ଇଂରେଜ ଶାସନକୁ ପ୍ରତିହତ କରିହେବ। ଶେଷରେ ଜଣେ ଅନ୍ୟର ହାତ ଧରି ହିମାଳୟ ଶିଖରରେ ଥିବା ମାତୃ ମୂର୍ତ୍ତି ପାଖକୁ ଯାଇଛନ୍ତି। ଅପୂର୍ବ ଶୋଭାରେ ମହା ପ୍ରତିଭାବନ୍ତ ଦୁଇଟି ପୁରୁଷ ମୂର୍ତ୍ତି ଶୋଭା ପାଉଛନ୍ତି। ସେଠାରେ ଜ୍ଞାନଭକ୍ତିକୁ ଧରିଛି। ଧର୍ମ କର୍ମକୁ ଧରିଛି। ବିସର୍ଜନ ପ୍ରତିଷ୍ଠାକୁ ଧରିଛି। କଲ୍ୟାଣୀ ଶାନ୍ତିକୁ ଧରିଛି। ଏଠାରେ ମହାପୁରୁଷ ବିସର୍ଜନ ଓ ସତ୍ୟାନନ୍ଦ ହେଉଛନ୍ତି ପ୍ରତିଷ୍ଠା। ବିସର୍ଜନ ପ୍ରତିଷ୍ଠାକୁ ନେଇଯାଇଛି। ରାଜକିଶୋର ପାଢ଼ୀଙ୍କ ଏହି ବଙ୍ଗଳାରୁ ଅନୂଦିତ ପୁସ୍ତକଦ୍ୱୟ 'ଭୁବନ ସୋମ' ଓ 'ଆନନ୍ଦ ମଠ'ରେ ଦୁଇଟି ଦିଗ ଉପରେ ଗୁରୁତ୍ୱ ଦେଇଛନ୍ତି ଶ୍ରୀ ପାଢ଼ୀ। ଗୋଟିଏ ଅର୍ଥ ଅନ୍ୟଟି ବିଦ୍ୟା। ଏ ଦୁଇଟିର ମାନଦଣ୍ଡ ମଣିଷ ବୁଝିବା ଆବଶ୍ୟକ। କାରଣ ଏହା ବ୍ୟକ୍ତିତ୍ୱର ପରିମାପକ। ତତ୍କାଳୀନ ସମୟରେ ଓଡ଼ିଆ ସମାଜ ମୁଖ୍ୟତଃ ଗ୍ରାମୀଣ ଥିଲା। ଏହି ଚିନ୍ତା ଓ ଚେତନାକୁ ନେଇ ଶ୍ରୀ ପାଢ଼ୀ ନିଜସ୍ୱ ଶୈଳୀରେ ଉପନ୍ୟାସଦ୍ୱୟ ଖୁବ ସୁନ୍ଦର ଭାବରେ ରଚନା କରିଛନ୍ତି। ସରକାରୀ ଚାକିରି, ବାଣିଜ୍ୟ ସହିତ ଜଡ଼ିତ ଅର୍ଥ, ସାମାଜିକ ପ୍ରସଙ୍ଗ ଓ ସମସ୍ୟାର ପ୍ରତିଫଳନ, ସରକାରୀ ପଦପଦବୀର କୁଳୀନତାବିହୀନ ବ୍ୟବସ୍ଥାର ଉପସ୍ଥାପନା ଖୁବ ଉଚ୍ଚକୋଟୀର। ଗ୍ରାମ୍ୟ ଜୀବନର ସଂସ୍କାରର ପ୍ରଚେଷ୍ଟା, ଭାରତମାତା ପ୍ରତି ମୋହ ସମାଜ ସେବା, ଦେଶପ୍ରେମ, ଭଗବତ ବିଶ୍ୱାସ ଇତ୍ୟାଦି ସହିତ ଲୋକମାନଙ୍କର ବିକାଶ ଓ ବିସ୍ତାର ଦ୍ୱାରା ଲୋକଜୀବନର ସମ୍ପ୍ରସାରଣ ସମ୍ଭବ ନିଶ୍ଚୟ ହୋଇପାରିବ ଶ୍ରୀ ପାଢ଼ୀଙ୍କ ଲେଖନୀରେ ଆଲୋକିତ ହୋଇଛି। ଶିକ୍ଷା ହିଁ ସଭ୍ୟତାର ବିକାଶ ଦିଗରେ ସେ 'ଆନନ୍ଦ ମଠ'ରେ ଗୁରୁତ୍ୱ ଦେଇଛନ୍ତି। ବ୍ରିଟିଶ ଶାସନର ନିଷ୍ପେଷଣ, ସ୍ୱେଚ୍ଛାଚାରିତା ବିରୋଧରେ

ସଂଗ୍ରାମ, ସ୍ୱାଧୀନତାରେ ବଞ୍ଚିବାର ଅଧିକାର, ସାମ୍ୟବାଦୀ ଭାବଧାରର ପ୍ରଚାର, ଧର୍ମାନ୍ଧତାର ଅପସାରଣ ଇତ୍ୟାଦି ଘଟଣାର ପରିପ୍ରକାଶ ହେଉଛି 'ଆନନ୍ଦ ମଠ'। ସେହିପରି ପାରଂପରିକ ମୂଲ୍ୟବୋଧରେ ସଂଶୟ, ସହରୀ ଜୀବନରେ ଧନତାନ୍ତ୍ରିକ ଶ୍ରେଣୀର ଅଭ୍ୟୁଦୟ, ଶାସକ ଗୋଷ୍ଠୀର କେଳେଙ୍କାରୀତାକୁ ସୁନ୍ଦର ଭାବରେ ଉପସ୍ଥାପନା କରାଯାଇଛି 'ଭୁବନ ସୋମ'ରେ। ଶ୍ରୀ ପାଢ଼ୀ ଭାରତୀୟବୋଧର ପୁନଃ ଜାଗରଣ ହେଉ, ଶିକ୍ଷା ଓ ଜ୍ଞାନର ଆଲୋକ ପ୍ରତିଟି ମଣିଷଙ୍କ ଭିତରେ ଉଜ୍ଜୀବିତ ହେଉ। ଧର୍ମାନ୍ଧତା ଅପସରି ଯାଉ। ଶାସକ ଗୋଷ୍ଠୀର ହୃଦୟରେ ପରିବର୍ତ୍ତନ ହେଲେ ହେଁ ଏକ ସୁନ୍ଦର ରାଷ୍ଟ୍ର ଗଠିତ ହୋଇପାରିବ ଏହାହିଁ ତାଙ୍କ ରଚନାର ମୂଳ ଉଦ୍ଦେଶ୍ୟ।

ସାହିତ୍ୟ ରଚନା କ୍ଷେତ୍ରରେ ଶ୍ରୀ ପାଢ଼ୀଙ୍କର ସ୍ୱତନ୍ତ୍ର ସ୍ଥାନ ରହିଛି। ତାଙ୍କର ଏହି ଲେଖାରେ ଚରିତ୍ର ଚିତ୍ରଣ, ଭାଷା ବିନ୍ୟାସ, ନିଜସ୍ୱ ଶୈଳୀର ସ୍ୱାତନ୍ତ୍ର୍ୟ ରଖି ଅଙ୍ଗେ ନିଭା କଥାକୁ ସମକାଳୀନ ସମାଜର ଦୃଷ୍ଟିଭଙ୍ଗୀରେ ରଚନା କରିଛନ୍ତି। ଅନୂଦିତ ପୁସ୍ତକ ହେଲେ ବି ଓଡ଼ିଶାର ସାମାଜିକ, ସାଂସ୍କୃତିକ ଓ ରାଜନୈତିକ ଚିତ୍ରକୁ ଦର୍ଶାଇଛନ୍ତି। 'ଭୁବନ ସୋମ' ଓ 'ଆନନ୍ଦ ମଠ'ର ଚରିତ୍ର ଚିତ୍ରଣ କ୍ଷେତ୍ରରେ ପ୍ରତ୍ୟେକଟି ଚରିତ୍ର ଆପଣା ଗୁଣରେ ଅନନ୍ୟ ହୋଇଛନ୍ତି। ଯେମିତି ଭୁବନ ସୋମ ଏକ କର୍ତ୍ତବ୍ୟନିଷ୍ଠ ବ୍ୟକ୍ତିତ୍ୱ। ସତ୍ୟାନନ୍ଦ ଧାର୍ମିକତାର ପରିଚୟ। ଆହୁରି ମଧ୍ୟ ବିଦିଆ, ଭୁଟା, ଅନୀଲ, ସଖିଚାନ୍ଦ, ଟୁନଟୁନି ପାଦ୍ରୀ, ଭଗିଆ, ଚତୁର୍ଭୁଜ ସିଂହ, ମହେନ୍ଦର ସିଂ, ଜୀବାନନ୍ଦ, ଭବାନନ୍ଦ, ସତ୍ୟାନନ୍ଦ, ମହେନ୍ଦ୍ର ସିଂ, କଲ୍ୟାଣୀ, ଆଗନ୍ତୁକ ଚିକିତ୍ସକ, ସୁକୁମାରୀ, ନିମି ଟମାସ ଇତ୍ୟାଦି। ଆଙ୍ଗିକ ଓ ଆତ୍ମିକ ଦିଗ ପ୍ରତି ବିଚାର କଲେ ଜୀବନାଦର୍ଶ ଦିଗ ପ୍ରତି ସଚେତନ କରାଇଛି। ଈଶ୍ୱର, ସମାଜ ଓ ରାଷ୍ଟ୍ର ମଧ୍ୟରେ ମଣିଷର ଭୂମିକାର ସମାନତା ହିଁ ଏହାର ମୂଳ ଲକ୍ଷ୍ୟ।

କେତେକ ଗ୍ରାମୀଣ ଶବ୍ଦର ପ୍ରୟୋଗ ଉପନ୍ୟାସ ଦ୍ୱୟ ଋଦ୍ଧିମନ୍ତ କରିଛି। ଯେମିତି ଗୁଲି ଖାଇ, ଅସୁଲ, ଚଷା ଭୂଷା, ଶାଲାକେ, ମ୍ଲେଚ୍ଛ, ଲୌକିକ, ଅପକୃଷ୍ଟ, କଢ଼ା ଗଣ୍ଡା, ଲଙ୍ଗଳ ଜୁଆଳି, ଚଟି ଘର, କଣ୍ଟାଝଣ୍ଟା, ଚରଖା ପୋଡ଼ା ମୁହଁ, ନରା ଧମ, ସିପାହୀ, କୁଂଜର, କେଶରୀ। ଝାଂଝଟ, ଖୋସାମତ, ଖୋସାରି (ଡାଲି), ଗଙ୍ଗାର ଚଢ଼ା (ପଠା), ଜଘନ୍ୟ, ରଢ଼ତା, ଗୋରୁ ଗାଡ଼ି, ମଇଁଷି ଗାଡ଼ି, ପିଲି ସକରି ପାରିଛନ୍ତି ଜ, ଡୋଟା (ଘର), ବହନୀୟା, ଭୈସଁ, ମେ ଶାତେ (ମୋ ସାଥେ), ବିଦିଆ (ବୈଦେହୀ), ନାଲି ଚୂଡ଼ା, ଗୁଡ଼ି, ଚକୁଆ, ଷ୍ଟିମର ପ୍ରଭୃତି।

ଓଡ଼ିଆ ଅନୁବାଦ ସାହିତ୍ୟର ବିକାଶ ଦିଗରେ ଯେଉଁ ସବୁ ଦିଗ ପ୍ରତି ଗୁରୁତ୍ୱ ରହିଛି ସେ ସବୁ କିଛି ଶ୍ରୀ ପାଢ଼ୀଙ୍କ ଅନୂଦିତ ଏହି ପୁସ୍ତକ ଦ୍ୱୟରେ ଦେଖିବାକୁ ମିଳେ।

ମୂଳ ଭାଷାରୁ ପ୍ରତ୍ୟକ୍ଷ ଅନୁବାଦ ନ ହୋଇ ଉପଯୁକ୍ତ ପରୀକ୍ଷଣ ସନ୍ତୁଳନ ସହିତ ଛାୟାବାଦ ଏବଂ ମର୍ମାନୁବାଦ ଅନୁସାରେ ବର୍ଣ୍ଣିତ। ଶୈଳୀଗତ ସମତା ରକ୍ଷା କରି ଶ୍ରୀ ପାଢ଼ୀ ଏହି ଅନୂଦିତ ଉପନ୍ୟାସର ବିଷୟବସ୍ତୁର ସୁନ୍ଦର ଉପସ୍ଥାପନା କରିଛନ୍ତି। ଭାଷାତାତ୍ତ୍ୱିକ ଦୃଷ୍ଟିରୁ ଏଥିରେ ଶବ୍ଦଗୁଡ଼ିକ ଅନୁ ରୂପାୟିତ ହୋଇଥିବାର ଲକ୍ଷ୍ୟ କରାଯାଏ। ସୁବିଚାର ସୁପରିଚାଳନାରେ କାହାଣୀ ପ୍ରଥମରୁ ଶେଷ ପର୍ଯ୍ୟନ୍ତ ସାବଲୀଳ ଢଙ୍ଗରେ ରହିଛି। ପାଠକର ରୁଚି ଓ ଦୃଷ୍ଟିକୋଣକୁ ମହତ୍ତ୍ୱ ଦେଇ ପରିବର୍ତ୍ତନଶୀଳ ସମାଜର ଧରାବନ୍ଧା ନିୟମ ଭିତରେ ରହି ଆମ ସଂସ୍କୃତି, ପରମ୍ପରା, ସମସ୍ୟା ଓ ସମାଧାନ ଦିଗ ଉପରେ ମଧ୍ୟ ଦୃଷ୍ଟି ଆକର୍ଷଣ କରିଛନ୍ତି ଶ୍ରୀ ପାଢ଼ୀ। ଆଧୁନିକ ଓଡ଼ିଆ ଅନୁବାଦ ସାହିତ୍ୟରେ ନିଜର ସ୍ୱକୀୟତା ଦର୍ଶାଇ ଏପରି ଦୁଇଟି ବହୁ ମୂଲ୍ୟ ବଙ୍ଗଳା ଉପନ୍ୟାସକୁ ଅନୁବାଦ କରି ଓଡ଼ିଆ ଅନୁବାଦ ସାହିତ୍ୟ ଜଗତକୁ ଋଦ୍ଧିମନ୍ତ କରିପାରିଛନ୍ତି। ତାଙ୍କର ଏତାଦୃଶ ରଚନା ପାଇଁ ସେ ବହୁ ସ୍ଥାନରେ ସମ୍ମାନିତ ହୋଇଛନ୍ତି। ୨୦୧୧ରେ ଓଡ଼ିଆ ସାହିତ୍ୟ ଏକାଡ଼େମୀ ପୁରସ୍କାର, ଶ୍ରେଷ୍ଠ ପୁରସ୍କାର ପାଇଛନ୍ତି। ଏହାଛଡ଼ା ବରଦା ସମ୍ମାନ, ସାହିତ୍ୟ ଦର୍ପଣ, ସରୋଜିନୀ ସ୍ମାରକୀ ସମ୍ମାନ, ଫକୀରମୋହନ ସାହିତ୍ୟ ସଂସଦ ପରିଷଦ, ମୀନବଜାର, ଉତ୍କଳମଣୀ ଶିଶୁ ସାହିତ୍ୟ ସଂସଦ ପରି ବହୁ ଅନୁଷ୍ଠାନରୁ ସମ୍ମାନିତ ମଧ୍ୟ ହୋଇଛନ୍ତି।

■

# ରବୀନ୍ଦ୍ର ବିହାରୀଙ୍କ ଆବେଗାୟିତ କବିତା ସଂକଳନ 'ମଝି ନଈର ଗୀତ'

କବିତା ହେଉଛି କବିପ୍ରାଣର ସଙ୍ଗୀତ। କବି ହୃଦୟରୁ ମାର୍ମିକ ଗାଥା। ସାହିତ୍ୟର ପ୍ରତ୍ୟେକଟି ବିଭାଗ ଠାରୁ ବେଶ୍ ଜୀବନଧର୍ମୀ। ଆଧୁନିକ ମଣିଷର ଜୀବନ ଜିଜ୍ଞାସାର ରୂପ ଆଧୁନିକ ଓଡ଼ିଆ କବିତାରେ ପ୍ରତିଫଳିତ। ଏହା ମୁକ୍ତ ଛନ୍ଦରେ ଜୀବନର ତମାମ୍ ଅନୁଭୂତି ଓ ଅଭିଜ୍ଞତାକୁ ରୂପଟିଏ ଦେଇଥାଏ। ଚେତନା, ଆବେଗ, ବୌଦ୍ଧିକତା ଓ ପ୍ରଜ୍ଞାର ସମନ୍ୱିତ ରୂପ ହେଉଛି ଆଧୁନିକ କବିତା। ସ୍ୱାଧୀନ ମଣିଷ ମନରେ ଦେଖା ଦେଇଥିବା ସଂଶୟ, ପ୍ରଶାସନ କ୍ଷେତ୍ରରେ ଦେଖା ଦେଇଥିବା ସଙ୍କଟ, ଦୁର୍ନୀତି, ବିଶୃଙ୍ଖଳା ଓ ଜୀବନବୋଧର ଅବକ୍ଷୟ ଆଜି କାଲି ବହୁ ତରୁଣ କବିମାନଙ୍କ କବିତାର ସ୍ୱର। ମୋହଭଙ୍ଗ ଜନିତ ମାନସିକ ଓ ସାମାଜିକ ପ୍ରତିକ୍ରିୟାର ସ୍ୱର ମଧ୍ୟ ଆଧୁନିକ କବିତାରେ ପ୍ରକାଶିତ। ଛନ୍ଦହୀନତା, ବାକ୍‌ରୀତି, ଗଦ୍ୟଛନ୍ଦ ଓ ପଦବନ୍ଧ ଆଧୁନକ କବିତାର ଗତି ଓ ରୀତି। ମାତ୍ର ପ୍ରକାଶଭଙ୍ଗୀ ସ୍ୱଚ୍ଛ, ସରଳ ଓ ସଂକ୍ଷିପ୍ତ ହୋଇଛି। ସଂସାରର ରୁକ୍ଷ ବାସ୍ତବତା ସହିତ ରୋମାଣ୍ଟିକ କୋମଳତାର ଧାରା ମଧ୍ୟ ଏଥିରେ ପ୍ରକାଶିତ ହୁଏ। ଆଧୁନିକ କବିତାରେ ଜୀବନ ଓ ମୃତ୍ୟୁର ମାନସିକ ଆଲୋଡ଼ନ ରହିଛି। ଜୀବନ ପ୍ରତି ଗଭୀର ଆସକ୍ତି। ଦୁଃଖ-ଯାତନା ପ୍ରତି ସ୍ପର୍ଶକାତରତା, ଅଦୃଶ ଶକ୍ତି ନିକଟରେ ଆତ୍ମ ସମର୍ପଣ ସାମ୍ପ୍ରତିକ କବିତାର ସ୍ୱର। ସମାଜରେ ଘଟି ଚାଲିଥିବା ଘଟଣା ପ୍ରବାହର ପ୍ରତିକ୍ରିୟା ଓ ପ୍ରତିବାଦର ସୂକ୍ଷ୍ମ ଚେତନାଟି ତୋଳ ପାରିଛି ଆଧୁନିକ ଓଡ଼ିଆ କବିତା। ଆଧୁନିକ ଓଡ଼ିଆ କବିତା ମଣିଷ ଜୀବନର ସଙ୍କଟ ଓ ସମସ୍ୟାକୁ ନିଖୁଣ ଭାବରେ ଫୁଟାଇବାରେ ସିଦ୍ଧହସ୍ତ।

ମୃତ୍ୟୁ ଚେତନା ଓ ନିଃସଙ୍ଗତାର ସ୍ୱର ବହୁ କବିତାରେ ଦୃଷ୍ଟି ଆକର୍ଷଣ କରିଛି। ବସ୍ତୁବାଦୀ ମଣିଷ ଅସ୍ତିତ୍ୱବାଦୀ ଦର୍ଶନ ଓ ମନୋବିଜ୍ଞାନ ଜଗତରେ ଈଶ୍ୱର,

ଆଧ୍ୟାତ୍ମବାଦ ଓ ପ୍ରକୃତି ପ୍ରତି ପ୍ରୀତି ଠାରୁ ଖୁବ୍ ଦୂରରେ। ଜୀବନକୁ ବୋଝ ଭାବି ଦୃଷ୍ଟିଭଙ୍ଗୀ ବଦଳାଇଛି ସ୍ରଷ୍ଟା।

ଏକବିଂଶ ଶତାବ୍ଦୀ ଅନେକ ସମ୍ଭାବନା ଓ ଆଶ୍ୱାସନାର ବାର୍ତ୍ତା ଆଣିଛି ଆଧୁନିକ ଓଡ଼ିଆ କବିତା। ଜାଗତିକ ଦୃଷ୍ଟିଭଙ୍ଗୀ, ବିଶ୍ୱଚେତନା ଓ କବିତାରେ ଜଗତୀକରଣର ଆହ୍ୱାନ ରହିଛି। କବି କହିଛି ହୃଦୟର କଥା। ସ୍ୱପ୍ନ ଦେଖିଛି ଆସକ୍ତିର ଅଭିଳିପ୍ସା ପୁଣି ସ୍ୱୀକାର କରିଛି ଯନ୍ତ୍ରଣାମୟ ଜୀବନର ନିଛକ ବାସ୍ତବତା। ସାମ୍ପ୍ରତିକ କାଳର କେତେ ଜଣ ପ୍ରତିଷ୍ଠିତ କବିମାନଙ୍କ ମଧ୍ୟରେ ଡ. ରବୀନ୍ଦ୍ର କୁମାର ବିହାରୀ ଅନ୍ୟତମ। ଅନନ୍ୟ ପ୍ରତିଭାର ପରାକାଷ୍ଠାରେ ତାଙ୍କ ରଚିତ 'ମଝି ନଈର ଗୀତ' ସଂକଳନଟି ଖୁବ୍ ଉଚ୍ଚକୋଟୀର ପୁସ୍ତକ। ବୃତ୍ତିରେ ଜଣେ ଅଧ୍ୟାପକ ହେଲେ ମଧ୍ୟ ସାହିତ୍ୟ ପ୍ରତି ଅହେତୁକ ଦୁର୍ବଳତାରୁ ସେ ସ୍ରଷ୍ଟାମନସ୍କ ହୋଇଛନ୍ତି। 'ମଝି ନଈର ଗୀତ' ସଂକଳନଟିରେ ୯୬ଟି କବିତା ରହିଛି। ଜଣେ ସମ୍ବେଦନଶୀଳ ମଣିଷ ଭାବରେ ଜୀବନର ବର୍ଣ୍ଣିଳ ଅନୁଭବଗୁଡ଼ିକୁ ସାଉଁଟି ନେଇ ନୂଆ ନୂଆ ଭାବଧାରାରେ ଏତେ ସୁନ୍ଦର କବିତା ଲେଖିଛନ୍ତି ଯାହା ପାଠକ ହୃଦୟକୁ ଆବେଗାୟିତରେ ଛନ୍ଦି ପାରିଛି।

ରବୀନ୍ଦ୍ର ନାଥଙ୍କ ଭାବନା ଅନୁସାରେ ବାସ୍ତବ ଜୀବନର ରୂପରେଖ ଯେଉଁ ପରି ରବୀନ୍ଦ୍ର ବିହାରୀଙ୍କ ମତରେ ମଧ୍ୟ ଠିକ୍ ସେପରି। ବ୍ୟକ୍ତି ବିଶେଷର ମୁକ୍ତି ମାର୍ଗ ସରଳ, ସୁଖଦୁଃଖ ସମ୍ବଳିତ, ଯନ୍ତ୍ରଣା ଭିତରେ ତଥାପି ମଣିଷ ମୋହାବିଷ୍ଟ, ଦୈନ୍ୟ ଦିନ ଜୀବନର ଅଭିବ୍ୟକ୍ତି କହିଲେ ମମତ୍ୱବୋଧ ଓ ଆତ୍ମପ୍ରକାଶ ଓ ମଣିଷ ବିଶ୍ୱ ଚେତନାର ଏକ ପ୍ରତିନିଧି। ବ୍ୟକ୍ତିତ୍ୱର ଶରୀର ଯେପରି ଅସଂଖ୍ୟ ଜୀବକୋଷ ସହ ସଂଶ୍ଳିଷ୍ଟ ଠିକ୍ ସେହିପରି ଈଶ୍ୱରଙ୍କ ଉପସ୍ଥିତି ପ୍ରତ୍ୟେକ ବ୍ୟକ୍ତି ଭିତରେ ଅର୍ନ୍ତହିତ। ରବୀନ୍ଦ୍ର ବିହାରୀଙ୍କ ଏହି ସଂକଳନଟିରେ ସଂସାରର ସକଳ ବନ୍ଧନ, ଝଡ଼ଝଞ୍ଜା, ଅଭାବ-ଅନୁଭୂତି, ଅଶ୍ରୁ-ପୁଲକ, ହର୍ଷ-ବିଷାଦ, ପ୍ରେମରେ ଆତ୍ମ ସମର୍ପଣ ଭାବ, ରୂପ ଭିତରେ ଅରୂପ, ସୀମା ଭିତରେ ଅସୀମ, ଶବ୍ଦ ଭିତରେ ନିଃଶବ୍ଦ, ମୃତ୍ୟୁ ଭିତରେ ଅମୃତର ଉପଲବ୍ଧି ରହିଛି। ପ୍ରକୃତିର କୋଳରେ ଜୀବନର ଉଦୟରାଗ, ପ୍ରାଣହୀନ ଶରୀରରେ ପ୍ରେମର ଆଭାସ, ଲୁହ ଭିତରେ ପୂର୍ଣ୍ଣତାର ଚିହ୍ନ, ସାଂସାରିକ ହୋଇ ସନ୍ୟାସର ଆଚରଣ ରବୀନ୍ଦ୍ର ବିହାରୀଙ୍କ କାବ୍ୟମାନସର ମାର୍ମିକ ଅଭିବ୍ୟକ୍ତି ପ୍ରାପ୍ତି ଅପ୍ରାପ୍ତି ଭିତରେ ବିପୁଳ ବିଶ୍ୱାସର ଆରୋପଣ ଓ ମୁକ୍ତିର ଚରମ ନିଦର୍ଶନ ତାଙ୍କ କାବ୍ୟଟିକୁ ରସାଣିତ କରିଛି।

**'ମଝିନଈର ଗୀତ'ରେ ପଲ୍ଲୀ ଚେତନାର ଦୃଷ୍ଟିଭଙ୍ଗୀ :**

ପ୍ରକୃତି ମଧ୍ୟରେ ସେ ଖୋଜିଛନ୍ତି ମାନସିକ ଜ୍ୱଳନର ପ୍ରତିରୂପ, ଅନୁରାଗ ଓ ଆଶ୍ୱାସନା। ତାଙ୍କ ରଚିତ 'ନନ୍ଦ ବଳର ଗାଁ', 'ଝାଟମାଟିର ଘର', 'ବିରୂପା ଖାଲି ନଈ

ନୁହେଁ', 'ନଈ', 'ସମୁଦ୍ର', 'ଝରି ଜଙ୍ଗଲ', 'ଫୁଲ', 'ବର୍ଷା', 'ବସନ୍ତ ଅନୁଚିନ୍ତା' ପ୍ରଭୃତି କବିତା ଗୁଡ଼ିକରେ ପ୍ରକୃତିର ମନୋରମ ଚିତ୍ର ସହିତ ଅଜସ୍ର ନୀରବିତ ଅଶ୍ରୁ ଓ ଜୀବନର ଧୂସର ଚିତ୍ର ପ୍ରକାଶିତ। 'ନନ୍ଦବଳର ଗାଁ' କବିତାଟିରେ ବୋହୂ ଝେରୀ ଖେଳ, ଗାଧୁଆ ତୁଠ, ବାଗୁଡ଼ି ଖେଳ, ଡାଳ ମାଙ୍କୁଡ଼ି ଖେଳ, ଇଟାଭାଟିର ଧୂଆଁ, ନଈପଠାର ଚ୍ରିତ, ଗଛମାଛ, ପଣ୍ଡା ଗୀତ, ଗେଣ୍ଡାଳିଆ ଓ ମାଛରଙ୍କା ପକ୍ଷୀଙ୍କ କଳରବ ମନୋରମ ପରିବେଶ ଭିତରେ ଏକ ଅଭାବବୋଧ କବି ଦେଖିଛନ୍ତି ଯାହା ଏବେ ସେ ସ୍ମୃତିମାନସ ଭୂମିରେ ବିଚରଣ କରନ୍ତି ଆଉ ଦୂର ପରବାସୀ ଆତ୍ମୀୟଙ୍କ ଫେରିବା ବାଟକୁ କାହାରି ଅପେକ୍ଷା ନାହିଁ। 'ଘର ତିଆରି' କବିତାଟିରେ ବାପା ଗୋସେଇଁ ବାପାଙ୍କ ସ୍ମୃତି ଗାଁର ଝାଟିମାଟି ଘରେ ଜୀବନ୍ତ ଲାଗେ। ସେଇ ଆତ୍ମୀୟତାର ଭାବାବେଗକୁ ଉପେକ୍ଷଣ କଲେ ପାରିବା ପଣରେ ମଣିଷ ଆଜି ଘରଟିଏ ତିଆରି କରେ। ନିଜତ୍ୱକୁ ନିଜ ଅସ୍ତିତ୍ୱକୁ ଜଳାଞ୍ଜଳି ଦେଲେ ପାରିବା ପଣର ଘରଟି ନୂଆ ଦିଶିଥାଏ ନ ହେଲେ ସେଇ ରୁଅ, ବତା, ଛଣ, ଛପରର ଘରଟି ଦୁଃଖରେ ଠିଆ ହୋଇଥିଲେ ବି ସମସ୍ତଙ୍କୁ ଏକତ୍ୱ ଡୋରୀରେ ଚିର କାଳ ବାନ୍ଧି ଦିଏ। 'ବିରୁପା ଖାଲି ନଈ ନୁହେଁ' କବିତାଟିରେ ଅଦୃଶ୍ୟ କେଶବତୀର ବାସ୍ନା, ପାର୍ଶ୍ୱରେ ଚବଚବ ହେଉଥିବା ମାଛ, ଜହ୍ନରାତିର କଇଁଫୁଲ, ଆଖି ସାମ୍ନାରେ ଭାସିଉଠେ କିଶୋରୀମାନଙ୍କର କଳସୀ ସହ ଅନନ୍ୟ ଭଙ୍ଗୀ, ପାଉଞ୍ଜିର ରୁଣୁଝୁଣୁ ଶବ୍ଦ। ଆକାଶ, ପାହାଡ଼, ନିଜର ବିମ୍ବିତ ଛାଇ ସହ ଦରଦୀ ଗୀତ, ତା କୋମଳ ସ୍ପର୍ଶରେ ବହି ଝରିଛି ଅନେକ ଦିନରୁ। ନଈ ପୁଣି ବୟସ୍କ ଲାଗେନା, ଚଗଲି ହୁଏ ମନରେ। ଭରି ଦିଏ ଭାବନାର ଅଫୁରନ୍ତ ସ୍ୱପ୍ନିଳ ସମ୍ଭାର ଆଦି ଚିତ୍ରଣ କରିଛନ୍ତି। 'ନଈ' କବିତାଟିରେ ନଈ ଓ ଜୀବନକୁ କବି ସମନ୍ୱୟ ଭାବନାରେ ଦେଖିଛନ୍ତି। ନଈ ପରି ଜୀବନ ନୀରବ ହୁଏ ନାହିଁ ଯେ ପର୍ଯ୍ୟନ୍ତ ମୃତ୍ୟୁ ନ ଆସିଛି। ଦେଖଣାହାରୀ କେବଳ ଦେଖିବାରେ ରହିଯାନ୍ତି। ନଈ ବୁଝେନା ନାଉରୀ ଗୀତ। ସମୟ ବୁଝି ନ ପାରେ ଜୀବନ ବେଦ। ନଈ ନୀରବିଲେ ଦେଖେ ଜହ୍ନ, ମାଛ ଆଉ ବାଲିଚର। ଠିକ୍ ଯେମିତି ଜୀବନ ସ୍ଥିର ହେଲେ ଦେଖେ ତା ରୂପାନ୍ତରିତ ଜୀବନ। ଦୂରରୁ ନଈ ପଠାର ଭସା ମେଘ, ବଣୁଆ ଫୁଲର ହସ, ଆକାଶର କୁଆଁତାରା ଭିତରେ ମଣିଷ ଖୋଜପାଏ ନୂଆ ଏକ ସମ୍ଭାବନାର ସକାଳ।

"ନଦୀ ମନେ ପକାଇ ଦିଏ
ମୁଁ ଫେରିଆସେ ଘରକୁ
ଦିକ୍‌ଦିକ୍ କରୁଥାଏ କୁଆଁତାରା ଆକାଶରେ
ସକାଳ ହୋଇ ଆସୁଥାଏ
ପରଦିନ ରାତି ଅପେକ୍ଷାରେ...।"

'ସମୁଦ୍ର' କବିତାଟିରେ ସମୁଦ୍ର କୂଳବର୍ତ୍ତୀ ଅଞ୍ଚଳରେ ବାସ କରୁଥିବା ମଣିଷମାନଙ୍କର ବାସ୍ତବ ଚିତ୍ର କଥା ରହିଛି। ତାଙ୍କ ସହ ନିବିଡ଼ ସମ୍ପର୍କ କଥା ମଧ୍ୟ କବି ବର୍ଣ୍ଣନା କରିଛନ୍ତି। ଆଇଁଷିଣିଆ ମଣିଷମାନଙ୍କର କଥା, ଲୁଣିଶୁଖୁଆ ପରି ପିଲା, ଦର ଫୁଙ୍ଗୁଳା ସ୍ତ୍ରୀଲୋକମାନଙ୍କ ହାତରେ ସ୍ପର୍ଶରେ ତିଆରି ମଲା। ଶାମୁକାର ଝୋଟି, ତାଳ ବରଡ଼ାର ଘର ସହିତ ଅନନ୍ତ ଢେଉକୁ ଅତିକ୍ରମ କରିଯିବାର ଦୁର୍ବାର ପ୍ରତିଶ୍ରୁତି। ପୁଣି ସେମାନେ ହସନ୍ତି ତାଙ୍କ ମେଳରେ। ପୁଣି କାନ୍ଦିକାନ୍ଦି ନୀରବରେ ଲୋଟିପଡ଼େ ସମୁଦ୍ରର ଗୁରୁଗମ୍ଭୀର ଗର୍ଜନରେ। ଜନ୍ମଯାଏ ସେ ମୁକ୍ତ। ସାଉଁଟିବାକୁ ତ ପୁଣି କେବେ ତା' ଢେଉରେ ଗାଧୋଇ ସମର୍ପିତ ହୋଇଯାଏ ଆଉ ହଜିବାକୁ ଇଚ୍ଛା କରେ ତା' ଶୂନ୍ୟତା ଭିତରେ ଯେମିତି ତିମିରିତ ଅମାବାସ୍ୟାର ବିଦ୍ରୂପକୁ ଆଖି ଠାର ମାରି। 'ଝରି ଜଙ୍ଗଲ' କବିତାଟିରେ ପିଲାଦିନ ସ୍ମୃତିର ଚିତ୍ର ରହିଛି। ମଣିଷ ମନର ଅବ୍ୟକ୍ତ ଜୀବନର ପରିଭାଷା, ଆଶା, ଆକାଂକ୍ଷା ଓ ସମ୍ଭାବନାର କଥା ବର୍ଣ୍ଣିତ। ମାଟି ଓ ଆକାଶ ମଝିରେ ଥାଇ ଝରିଜଙ୍ଗଲ ସ୍କୁଲ ପାଖରେ ଠିଆ ହୋଇ ହୃଦୟ ଟିକକ ଖୋଜିଛନ୍ତି। ସେଇ ଧାନଖଳା, ଗୁରୁବାର ମାଣ, ଭଙ୍ଗା ମନ୍ଦିର, ନିୟନ୍ତ୍ରିତ ବଦଳାଉଥିବା ଜୀବନର ରହସ୍ୟ ଅନ୍ଧାରି ଭିତରେ କେଉଁଠି ଅଛି ଗୁରୁଙ୍କ ଜ୍ଞାନ ଯିଏ ଦିନେ ତିଆରି କରିପାରିଲେ ସତ ମଣିଷର ଛାତ, କୋଟି କୋଟି ତାରା ଭିତରେ ଗୋଟିଏ ସୂର୍ଯ୍ୟ। ଆଜି କାଲି ଏହିପରି ମହାତ୍ମାମାନେ ଅଛନ୍ତି ସତ ହେଲେ ମିଳନ୍ତି ଭାଷଣ ଦେଲା ବେଳେ, କୋଠାବାଡ଼ିରେ ନିଜ ଅହମିକାର ଗୁଣ ବଖାଣିଲା ବେଳେ ଆଉ ଜ୍ଞାନୀ ଗୁଣି ଜନତାଙ୍କ ଭାବରେ। ଫୁଲ କବିତାରେ ପ୍ରକୃତି ସହ ନିବିଡ଼ତା ମଣିଷ ବୁଝିଲେ ଜୀବନ ହୁଏ ଫୁଲ ପରି କୋମଳ। ତା' ରଙ୍ଗରେ ଭରେ ସ୍ୱପ୍ନ, ପାଖୁଡ଼ାରେ ଲେଖେ ଶବ୍ଦ, ଆକର୍ଷଣରେ ଆସେ ପ୍ରେମ, ବାସ୍ନାରେ ଥାଏ ରୋମାଞ୍ଚିତ, ପରାଗରେ ଅମୃତ କାକରରେ ବୟସ ଆଉ ପ୍ରଜାପତିର ଡେଣାର ଛାଇରେ ଝୁଲୁଥାଏ ତାରୁଣ୍ୟ। 'ବର୍ଷା' କବିତାରେ ଗାଁର ମନୋରମ ଦୃଶ୍ୟର ବର୍ଣ୍ଣନା ରହିଛି। ଓଳିତଳରେ ହାତ ଲମ୍ବାଇ ପିଲାମାନଙ୍କ ସାଉଁଟା ଫୋଟକା, ବିଲୁଆ ନନାର ବାହାଘର ଗୀତ, ଦାଣ୍ଡଦୁଆରେ ହାଣ୍ଡି ମାଠିଆ ପତ୍ର ଠୁଙ୍ଗାର ସମ୍ଭାର, ବର୍ଷାରେ ଭିଜିବାର ମଜା, ଇନ୍ଦ୍ରଧନୁକୁ ଧରିବାର ଇଚ୍ଛା, କାଉଡ଼ିଆଙ୍କ ଲୋଟାଏ ପାଣିରେ ସଂସାରର ବୋଝ। ଏହି କବିତାଟିରେ କବି ପ୍ରକୃତିର ଅସଂଖ୍ୟ ବିଭବ ଭିତରେ ପଲ୍ଲୀର ଶୋଭାରାଜି ଭିତରେ ସ୍ୱପ୍ନର ଆକର୍ଷଣ ଯନ୍ତ୍ରଣାକାତର ଜୀବନର କଥା ବର୍ଣ୍ଣନା କରିଛନ୍ତି ଯେମିତି ବର୍ଷା ବୁଝାଇ ପାରିନି ପଲ୍ଲୀ ନରନାରୀଙ୍କ ପେଟର ଭୋକ, ଫଟାମାଟିର କୋହ, ଅପେକ୍ଷାର ଫସଲ, ତୃଷାର୍ତ୍ତ ଦେହ ଓ ମନ। ଶ୍ରାବଣର ବାରିପାତ ଶସ୍ୟଶ୍ୟାମଳା, ସୁନ୍ଦର ଓ ରମଣୀୟକାନ୍ତି ଭିତରେ ବି ବେଳେବେଳେ କୁଟିଳତା ଖେଳାଇ ଦିଏ।

ଜୀବନ ରସକୁ ଶୁଷ୍କ କରି ଦିଏ। ଅଚିହ୍ନା ଆଲିଙ୍ଗନରେ ଭିଜାଇଦିଏ ହୃଦୟ ତଥାପି ଦରମଲା ଜହ୍ନ ଆଲୁଅରେ ସବୁ ଦିଶୁଥାଏ ସ୍ଥିର ଓ ଅବିଚଳିତ। ଏକ ଜୀବନ ପ୍ରତି ପ୍ରତିକାତ୍ମକ ଦୃଷ୍ଟିଭଙ୍ଗୀ ରହିଛି ବର୍ଷା କବିତାରେ। ବର୍ଷା ଜଳାଇପାରେ ସ୍ୱପ୍ନ ପୁଣି କେବେ ସବୁ ଆକଟକୁ ଭାଙ୍ଗି ଦେଇ ଭିଜାଇ ଦିଏ ମନ ଓ ପ୍ରାଣ। ପ୍ରୀତିର ରଙ୍ଗ ବୁଣେ ପୁଣି ନିମିଷକେ ଅବଶ୍ୟ ହୋଇ ବେଦନା ଭରି ଦିଏ। 'ବସନ୍ତ ଅନୁଚିନ୍ତା' କବିତାରେ ପ୍ରକୃତି ସହ ପ୍ରେମର ମିଳନ ଘଟିଛି। ବସନ୍ତ ଆସେ ମନରେ, ଶବ୍ଦରେ, ସ୍ୱପ୍ନରେ, ବିପ୍ରଲମ୍ଭ ଅଦୃଶ୍ୟ ମିଳନରେ, ସୃଜନରେ, ମାୟା, ମୋହଗ୍ରସ୍ତ ଜୀବନରେ। କେଉଁଠି ଅଛି ନ ଜାଣି ବି ତା' ନାମ ଉଚ୍ଚାରଣ ମାତ୍ରେ ମଣିଷ ପକ୍ଷୀ, ଫୁଲ, ଉପବନ, ଭ୍ରମର, ମଳୟ ପବନ, ସଂଘାତ ଓ ସଂଘର୍ଷର ନିସର୍ଗ ମାୟାରେ ମନ ବାନ୍ଧି ହୋଇଯାଏ। ଯେମିତି ଅତୀତର ନିଷ୍ଠୁର ବିସ୍ମୃତ ଭିତରେ ମଣିଷ ବେଦନା ବିଧୂର ଚେତନାଟିଏ।

"ଶବ୍ଦର ନିର୍ଯ୍ୟାସରେ
ନିଶ୍ୱାସର ଓଁକାରରେ
ଚେତନାର ନିବୃତ୍ତ କୋଣରେ
ଚଇତ ଗାଉଛି ଗୀତ ରହି ରହି
ସଂଘାତ ଓ ସଂଘର୍ଷର
ନିସର୍ଗ ମାୟାରେ।"

**ଆଧିଭୌତିକ ଚେତନାର ସ୍ୱର :**

ଇନ୍ଦ୍ରିୟ ବନ୍ଧନରୁ ମଣିଷ ଜୀବନ ଆରମ୍ଭ ହେଲେ ମଧ୍ୟ ପରିଣତ ବୟସ ଏକ ସିଦ୍ଧଧାମ, ମୁକ୍ତି, ସୌନ୍ଦର୍ଯ୍ୟ ଓ ନିତ୍ୟ ଆନନ୍ଦର ସନ୍ଧାନରେ ବିତିଯାଏ। ରବୀନ୍ଦ୍ର ବିହାରୀଙ୍କ 'ଅରକ୍ଷିତ ଦାସ', 'ସ୍ୱର୍ଗଦ୍ୱାର', 'ଗାଈର ଆତ୍ମକଥା', 'ଘାସ', 'ଦୃଶ୍ୟ ଦୃଶ୍ୟାନ୍ତର', 'ସବୁ ସେମିତି ଥାଉ', 'ତୁମେ', 'ସ୍ପର୍ଶ', 'ଭଲ ଲାଗିବାର କଥା', 'ଆଖି', 'ପୌଷ', 'ପ୍ରଶ୍ନ', 'ବୁଦ୍ଧି' ପ୍ରଭୃତି କବିତାଗୁଡ଼ିକରେ ଈଶ୍ୱରଙ୍କ ନିକଟରେ ସମର୍ପଣ ଭାବ ଓ ଜୀବନ ଯୁଦ୍ଧରେ ନିତ୍ୟ ପରାହତ ହେଲା ପରେ ଅରୂପ ଭିତରେ ପରମାତ୍ମାଙ୍କ ପ୍ରତି ବିଶ୍ୱାସ ପ୍ରକାଶିତ। 'ଅରକ୍ଷିତ ଦାସ' କବିତାଟି ଈଶ୍ୱର ପ୍ରାପ୍ତିର ମାର୍ଗ ଉପରେ ଆଧାରିତ। ଅନେକ ଯନ୍ତ୍ରଣାକୁ ଜପାମାଳି କରି ଓଲାଶୁଣୀଙ୍କ କୃପାଭିକ୍ଷା ବିର୍ନିମୁକ୍ତ ହୋଇ ଅବଧୂତମାନେ ତପସ୍ୟାରତ ଥାଇ ଅସଂଖ୍ୟ ପାପୀଷ୍ଠମାନଙ୍କୁ ସୁକୃତ ଦିଗକୁ ଆଣିବାରେ ସମର୍ଥ ହୋଇଥାନ୍ତି। ଛପନ କୋଟି ଜନ୍ତୁଙ୍କ ଭିତରେ ନିଜର ଆତ୍ମାରୂପକ ନୟନରେ ବ୍ରହ୍ମଙ୍କ ଦର୍ଶନ ଲାଭ କଲା ପରେ ଜଣେ ଅବଧୂତ ହେବାର ଗୌରବ ଅର୍ଜନ କରିଥାନ୍ତି। ଆଉଟା କଂସାର ଡହଡହ ପାଣିକୁ ଗ୍ରହଣ କରି ନିଜର ଜ୍ଞାନରୂପକ କଳାକୌଶଳର

ସାମର୍ଥ୍ୟ ଓ ଧୈର୍ଯ୍ୟ ସହ ଜୀବନର ମହାମନ୍ତ୍ର ଶିଖାଇ ଦିଅନ୍ତି ଯାହା ମୁକ୍ତିମାର୍ଗକୁ ସହଜ କରିଦିଏ। 'ସ୍ୱର୍ଗଦ୍ୱାର' କବିତାଟି ଚିରନ୍ତନ ଉପରେ ଆଧାରିତ। ଯାହା ସତ୍ୟର ଶଶ୍ମାନ ଧୂଆଁରେ ବସି ପ୍ରକୃତ ଜୀବନ, ସ୍ୱର୍ଗଦ୍ୱାରରୁ ଦିଶନ୍ତା ପତିତପାବନ ନୀଳଚକ୍ର ନେତ, ସମୁଦ୍ର ଦେଖୁଥାନ୍ତା ନୀରବ ହୋଇ ବାସ୍ତବ ଜୀବନର ପ୍ରଳୟ ସୃଜନ। ହେଲେ ସ୍ୱର୍ଗଦ୍ୱାର ଆଗରେ ଝୁମ୍ପୁଡ଼ି ଘର, ବିଦେଶୀ ନାରୀଙ୍କ ନଗ୍ନତା, ବୁଲା ବିକାଳିଙ୍କ ସ୍ୱପ୍ନ, ମାଛ ଧରାଳିଙ୍କ ଜଞ୍ଜାଳଜନିତ ସଫେଦ ମଣିଷର ଇଚ୍ଛା, ପୋଲିସ ବାବୁମାନଙ୍କର ମଦ ପିଆ, ମଦୁଆଙ୍କ ପ୍ରତି ଦିନର ଅଭିନୟ ଆଦି ଅନେକ ଶୋଭାଦର୍ଶ ସଂସାର ଚିତ୍ର ଯଦି ମନୁଷ୍ୟକୁ କବଳିତ କରି ନ ପାରନ୍ତା ତେବେ ନୀଳଚକ୍ର ନେତ, ସ୍ୱର୍ଗଦ୍ୱାର ଠାରୁ ସମୁଦ୍ରର ଦୂରତ୍ୱ ଭିତରେ ଈଶ୍ୱରଙ୍କ ସୃଷ୍ଟିର ପ୍ରକୃତ ରହସ୍ୟ ବୁଝି ହୁଅନ୍ତା। 'ଗାଈର ଆତ୍ମକଥା' କବିତାରେ ସୃଷ୍ଟି ରହସ୍ୟ ବୁଝୁବୁଝୁ ସରି ସରିଯାଏ ବେଳ, ଶେଷ ଦିଗ ଦିଶେ ଆଧ୍ୟାତ୍ମିକ ଭାଗ। ସ୍ରଷ୍ଟାଙ୍କ ନିୟମରେ ଇନ୍ଦ୍ରିୟର ସମସ୍ତ ଆକର୍ଷଣ ବୟସ ବଢ଼ିବା ସହ କମି କମି ଆସେ ଏବଂ ଜୀବନ ସ୍ରଷ୍ଟାଙ୍କ ପାଖରେ କରେ ସମର୍ପଣ। 'ଘାସ' କବିତାଟିରେ ମନର ଶୁଦ୍ଧତା ଓ ସ୍ୱଚ୍ଛତା ହିଁ ହୃଦୟର ମାର୍ମିକ ଅନୁଭୂତିକୁ ଶାଣିତ କରେ। ଘାସ ଭିର୍ତ୍ତି ଆକାଶ ପରି ଦିଶୁଥିବା ପୃଥିବୀ ମନୋରମ ଶାନ୍ତି ଦେଇଥାଏ ଠିକ୍ ସେମିତି ହୃଦୟ, ସତ୍ୟତାକୁ ଗ୍ରହଣ କରି ନେଲା ପରେ ନିର୍ଲିପ୍ତ ଓ ସ୍ଥିର ହୋଇଯାଏ। 'ଆଖି' କବିତାଟିରେ ଆଖିର ଅନ୍ଧାରରେ ଅସରନ୍ତି ଦୃଶ୍ୟ ଅଛି ଆଉ ବୟସର ଶେଷାର୍ଦ୍ଧରେ ମାତ୍ର ଦୁଇଟି ଡୋଳା ହୋଇ ରହିଯାଏ। ଦେଖିବାର ବୟସ, ଦୃଶ୍ୟାନ୍ତରର ମୋହ, ପୁରୁଣାଦିକୁ ରୋମାଞ୍ଚିତ କରିବାର ଇଚ୍ଛା, ବିଶ୍ୱକୁ ଅହଂକାରର ଝରକା ଦେଇ ଦେଖିବାର ଗର୍ବ, କାହା ଆଖିରେ ଆଖି ମିଶେଇବାର ମୋହ ଏସବୁ ଅସ୍ତିତ୍ୱକୁ ପଛରେ ଛାଡ଼ି ମଣିଷ ବୟସର ଅପରାହ୍ନରେ ଈଶ୍ୱରାନୁଗାମୀ ହୋଇପଡ଼େ।

"ନିଜ ସହ ଅଭିନ୍ନ ହୋଇ
ରହିଥିବା ଶୂନ୍ୟ ସଂଦର୍ଶନ ପାଇଁ
ସମୟକୁ ଧରି ରଖିବାର ଅମୃତବେଳ ବି କାହିଁ
ଆଖିର ଅନ୍ଧାରରେ
ଅସରନ୍ତି ଦୃଶ୍ୟ ଅଛି ଓ ଥିବ
କେବଳ ଦୁଇଟି ଡୋଳା ହୋଇ।"(ଆଖି)

'ଦୃଶ ଦୃଶ୍ୟାନ୍ତର' କବିତାରେ ଶାଶ୍ୱତ ଐଶ୍ୱରୀୟ ଅନୁଭବର କଥା ରହିଛି। ନିଜକୁ ଈଶ୍ୱରଙ୍କ ପ୍ରେମରେ ବାନ୍ଧି ନେଲା ପରେ ସେଠାରୁ ମୁକ୍ତି ମିଳେନା। ସେ ଏପରି ଏକ ମୋହ ଯେଉଁଠି ଆସକ୍ତି ଥାଇ ବି ମୋକ୍ଷର କାମନା କରେ ମଣିଷ। ଅନେକ କିଛି

ପାଇବା ପରେ ଅନେକ କିଛି ଶବ୍ଦର ଚତୁରୀୟ ବର୍ଣ୍ଣନା କରିସାରିବା ପରେ ବି ଅପେକ୍ଷା ଥାଏ ସେହି ଦିବ୍ୟ ଓଁକାର ଧ୍ୱନିକୁ ବାରମ୍ବାର ଶୁଣିବାର ଆଗ୍ରହ। 'ତୁମେ' କବିତାଟିରେ ସମ୍ପର୍କ ଭିତରେ ଅଦୃଶ୍ୟ ହୋଇ ସମ୍ପର୍କର ମାନେ ବୁଝାଇ ପାରୁଥିବ ଏବଂ ଅସ୍ୱୀକାର କରୁଥିବ ଦେହକୁ, ଦାହକୁ, ସକଳ ଐଶ୍ୱର୍ଯ୍ୟକୁ, ଆଶିଷକୁ ଆଉ ଅଭିଶାପକୁ। ବୁଝାଇ ପାରୁଥିବ କେବଳ ସତ୍ୟ ଓ ନିର୍ବାଣକୁ। 'ସବୁ ସେମିତି ଥାଉ' କବିତାରେ ପଞ୍ଚଭୂତ ଆଜିବି ରହସ୍ୟମୟ। ବିଲୀନ ହୁଏ ଆତ୍ମା, ପଞ୍ଚଭୂତରେ, ବିଶ୍ୱାସ ରହିଛି ହେଲେ ନିରନ୍ତନତା ଏତିକି ସବୁ କିଛି ଏଇ ଠାରେ ହିଁ ଛାଡ଼ି ଯିବାକୁ ପଡ଼େ। କେବଳ ଭବଗତ୍ ବିଶ୍ୱାସ ଟିକକ ଛଡ଼ା। ପରମାତ୍ମା ହିଁ ପ୍ରତିଟି ଆତ୍ମାର ଅଂଶବିଶେଷ ମାତ୍ର। ଏହି କଥାକୁ କହିଛନ୍ତି କବି ରବୀନ୍ଦ୍ର ବିହାରୀ। 'ସ୍ପର୍ଶ' କବିତାରେ ଭଗବାନଙ୍କ ଉପସ୍ଥିତିକୁ ମଣିଷ ଜାଣିପାରେ ଯେତେ ଥର ବୟସର ମାପକାଠିରେ ନିଜକୁ ପରଖୁଥାଏ।

ପରମାତ୍ମାଙ୍କ ପ୍ରଥମ ସ୍ପର୍ଶ ଖୁବ୍ ରୋମାଞ୍ଚକର ଯାହା ଜନ୍ମକୁ ବୁଝାଇଛି। ଶେଷ ସ୍ପର୍ଶ ଯୁଗଯୁଗାନ୍ତ ସ୍ମରଣୀୟ। ଯାହାର ଆସକ୍ତି ରହିଛି ହୃଦୟରେ। ଯିଏ ଚିରକାଳ ଦୁଃଖ ଅସହାୟ ମୁହୂର୍ତ୍ତରେ ଆଉ ଅପ୍ରାପ୍ତିରେ ପ୍ରାପ୍ତିର ସନ୍ଧାନ ଅପେକ୍ଷା କରି ମଧ୍ୟ ପାଏନା ମାତ୍ର ସଂସାରରେ ରହି ଅନାସକ୍ତ ଭାବଟି ହିଁ ଦିଏ ପ୍ରକୃତ ପ୍ରାପ୍ତିର ସନ୍ଧାନ। 'ଭଲ ଲାଗିବା କଥା' କବିତାରେ ଜୀବନର ୪ଟି ଅବସ୍ଥା କଥା ରହିଛି। ବୟସ ବଢ଼ିବା ସହ ମନର ଭାବ ବି ବଦଳିଯାଏ ଏବଂ ଏକ ଉଚ୍ଚତର ଭାବନାକୁ ବ୍ୟକ୍ତ କରିବାକୁ ପ୍ରକୃତ ମଣିଷଟି ଇଚ୍ଛା କରେ ମାତ୍ର ସମୟ ତା'ଠାରୁ ଅନେକ ଦୂରକୁ ଚାଲିଯାଇଥାଏ। ଆଉ ସେ ବୟସକୁ ଆଖି ଠାର ମାରି ବାର୍ଦ୍ଧକ୍ୟରେ ଉପଗତ ହୋଇସାରିଥାଏ। 'ପୌଷ' କବିତାଟିରେ ଜୀବନର ପୂର୍ଣ୍ଣତାକୁ କବି ଉପସ୍ଥାପନା କରିଛନ୍ତି। ନିଜ ଇଚ୍ଛାରେ ଶୀତ ସାଉଁଟିନିଏ ଯୌବନ। ଆସିଯାଏ ବାର୍ଦ୍ଧକ୍ୟ। ଏଇ ତ ଜୀବନ। ଇଙ୍ଗିତଭରା ଆଖି, କୋରକିତ ଓଠ, ପ୍ରସାରିତ ବାହୁ, ଅଦେଖା ହାତର ସ୍ପର୍ଶ, ଜହ୍ନର ଆଶ୍ଳେଷ, ଫୁଲର ମହୁ ଏ ସବୁ ଅନୁଭବ ମଣିଷକୁ ସଂଯତ କରେ। ନୀରବି ଯାଏ ଶବ୍ଦ, ମନ ନିଏ ସନ୍ୟାସ। ମନେ ପଡ଼େ ମୁଁ ବୟସ୍କ, ଶୁଭେ ବାପାଙ୍କ ଡାକ, ଠାକୁର ଘର, ବିବାହର ଶୃଙ୍ଖଳିତ ନିୟମ, କେବଳ ଲଗାମହୀନ ହୋଇ ଜୀବନ ବେଦୀର ହୃଦୟ ସିଂହାସନରେ ଇଚ୍ଛାମୟ ଦେଖୁଥାନ୍ତି ଖେଳ।

"ଉଲଗ୍ନ ହେବାକୁ ଇଚ୍ଛା ହେଲେ
ମନେ ପଡ଼ିଯାଏ ମୁଁ ବୟସ୍କ
ପିଲାଙ୍କ ପରି ଅବୋଧ ସରଳ
ହେବାକୁ ଚାହିଁଲେ
ବାପା ବୋଲି ଡାକ ପକାଏ ଓଁକାର

ଫୁଲଟେ ଛିଣ୍ଡାଇ
ଖୋସି ଦେବାକୁ ଭାବିଲେ କବରୀରେ
ମନେ ପଡ଼ିଯାନ୍ତି କାଲି ପୂଜା ହେବେ ଠାକୁର।"(ପୌଷ)

'ପ୍ରଶ୍ନ' କବିତାଟିରେ ଈଶ୍ୱରଙ୍କ ପ୍ରତି ମନୁଷ୍ୟର ପ୍ରଗାଢ଼ ବିଶ୍ୱାସ ଯେ ରହିଛି ଯାହା ତା'ର ସମଗ୍ର ଜୀବନକୁ ଆଚ୍ଛାଦିତ ମଧ୍ୟ କରିଛି। ମାଟିରେ ଥାଇ ବି ସନ୍ୟାସୀ ବୈକୁଣ୍ଠର ବର୍ଣ୍ଣନା କରେ, ଆତ୍ମାକୁ ନ ଦେଖି ଆତ୍ମାର ସ୍ୱରୂପ କଳ୍ପନା କରେ, ନିଜକୁ ନ ଚିହ୍ନି ପୁରାଣଶାସ୍ତ୍ରକୁ ସେ ବାଖ୍ୟା କରି ଆଧ୍ୟାତ୍ମିକ ଦିଗଟିକୁ ବଳିଷ୍ଠ କରାଏ। ଆଶ୍ଚର୍ଯ୍ୟ ଲାଗେ ଏ ସବୁ କଥା। ଆଜି ସେଇ ମଣିଷ ଈଶ୍ୱରଙ୍କ ସାରସ୍ୱତ ସୃଷ୍ଟିକୁ ଉପେକ୍ଷା କରି ଠିକ୍ ସେହିଭଳି ଭାବନା ରଖି ଆକାଶ ବଦଳରେ କ୍ଷେପଣାସ୍ତ୍ର, ସୁନ୍ଦର ପୃଥିବୀ ବଦଳରେ ବୋମା ବନ୍ଧୁକ, ପାହାଡ଼ ବଦଳରେ ଡିନାମାଇଟ୍ ଓ ପୁଳାପୁଳା ଅମଣିଷ ଗଢ଼ିବାରେ ଲାଗିଛି। ଏହିପରି ମାନବୀୟ ଆବେଦନ ଓ ଏ ସଂସାରକୁ ଦେଖିଲେ ଈଶ୍ୱରଙ୍କ ପ୍ରତି ଅସମାହିତ ପ୍ରଶ୍ନଟିଏ କବିଙ୍କର ମନରେ ଆସିଛି ଯାହା ଉତ୍ତର ନୀରବ, ନିଶ୍ଚଳ, ନିସ୍ତେଜ ତଥାପି ବିଶ୍ୱାସ ଅନେକ। 'ବୁଦ୍ଧ' କବିତାରେ ବୁଦ୍ଧଙ୍କୁ ଓ ତାଙ୍କ ସୁମଧୁର ବାଣୀକୁ ମୃତ୍ୟୁ ଓ ଜୀବନର ଧବଳ ସଂକେତ ବୋଲି କବି କହିଛନ୍ତି। ତୁମେ ତପସ୍ୟାର ସମାଧିରେ ସତ୍ୟ, ଅତୀନ୍ଦ୍ରିୟ ମୌନତାର ଏକାଗ୍ରତା, ଯାହାଙ୍କ ନିର୍ଦ୍ଦେଶରେ ଅଦୃଶ୍ୟ ଶକ୍ତି ବି ଜୀବନକୁ କରିଥାଏ ଶୃଙ୍ଖଳିତ।

**ମୃତ୍ୟୁ ଚେତନାର କରୁଣ ସ୍ୱର :**

ନିଷ୍ଠୁର ବାସ୍ତବତାର ସମ୍ମୁଖୀନ ହେବା ବି ମଣିଷ ମନରେ ସ୍ୱପ୍ନ ସଞ୍ଚାରିତ ହୁଏ। ଜୀବନର ସଂଗ୍ରାମରେ କ୍ଷତବିକ୍ଷତ ହୋଇ ମଧ୍ୟ ପ୍ରାତଃକାଳୀନ ସୂର୍ଯ୍ୟର ଆଲୋକରେ ଉନ୍ମୀଳିତ ହୋଇଉଠେ। ନିଜର ଆଶା, ଆକାଂକ୍ଷା ଓ କଳ୍ପନାର ପରିଧି ଭିତରେ ସମୟ ସରିଯାଏ। ମୃତ୍ୟୁ ତା'ର ପଥ ଅନୁସରଣ କରୁ କରୁ କେତେ ବେଳେ ତା' ସାମ୍ନାରେ ସେ ପାଏ ସେ ନିଜେ ବି ବୁଝିପାରେନା ଏବଂ ନିଷ୍ଠୁର ସତ୍ୟ ଆଗେ ସ୍ୱପ୍ନ ଭଙ୍ଗ ଜନିତ ବିଭ୍ରାନ୍ତିକ ତା' ଜୀବନର ଶେଷ କଥା ହୋଇ ରହିଯାଏ। ରବୀନ୍ଦ୍ର ବିହାରୀଙ୍କ କାବ୍ୟମାନସରେ 'ମଝି ନଈର ଗୀତ', 'ପୁଅ', 'ଘର', 'ଭଲମନ୍ଦ', 'ସମୟ', 'ଅନ୍ଧାର', 'ନିଜ କଥା', 'ଚିଠି', 'ବଂଶୀ' ଓ 'ମୃତ୍ୟୁ' ଆଦି କବିତା ଚିରନ୍ତନ ସତ୍ୟ ସହ ମୃତ୍ୟୁର ବିଭୀଷିକା ଉପରେ ଆଧାରିତ। ଏହି କବିତା ଗୁଡ଼ିକରେ ଜନ୍ମ ଓ ମୃତ୍ୟୁ ମଧ୍ୟରେ ସୀମିତ ଜୀବନର ତମାମ ଆୟୁଷ କାହାରି ଅଦୃଶ୍ୟ ଇଙ୍ଗିତରେ ଚାଲୁଥିଲେ ମଧ୍ୟ ମୃତ୍ୟୁର ପରଦିନ ସବୁ ନୀରବିଯାଏ। କବି ରବୀନ୍ଦ୍ର ବିହାରୀଙ୍କ 'ମଝି ନଈର ଗୀତ' କବିତାରେ ଅଦୃଶ୍ୟ ନାଉରୀ ହାତରେ ସଂସାର ରୂପକ ନଈରେ ଯାଉଥିବା

ଜୀବନ ତରୀକୁ ସେ ଚଳାଇ ନିଅନ୍ତି ହେଲେ ବାରୁଦ ଗଦାରୁ ମଣିଷ ସୁଖ ସାଉଁଟିଥାଏ। ଦୂରରୁ ଅନେକ ଲୋକ ଆସନ୍ତି ମାତ୍ର କ୍ଷଣକ ପାଇଁ। ଜ୍ଞାନୀଜନ ମୃତ୍ୟୁକୁ ଜୟ କରିବାର ବାଟ ବତାନ୍ତି। ମାୟାରେ ଜଡ଼ିତ ମଣିଷମାନେ ମୋହର ବଶବର୍ତ୍ତୀ ହୋଇ ସମୟ ହାତରେ ପିତୁଳା ହୋଇଯାନ୍ତି ପୁଣି ମୃତ୍ୟୁର ସ୍ୱାଦ ଚଖୁଚଖୁ ଚେତନାରେ ନିର୍ଜନତାକୁ ଉପେକ୍ଷା କରି ଜୀବନକୁ ଜୀଇଁବାର ପ୍ରକୃତ ଠିକଣା ଖୋଜିବାରେ ନିଜକୁ ନିମଗ୍ନ କରନ୍ତି। ସଂସାରର ବାସ୍ତବତା, ପ୍ରିୟଜନଙ୍କ ଲୁଚକାଳି ଖେଳ ସବୁ କିଛି ଦର୍ପଣରେ ସ୍ପଷ୍ଟ କରି ହୋଇ ପଡୁଥିଲେ ବି ମଣିଷ ଚଢ଼େଇ ପକ୍ଷୀପରି ଉଡ଼ିଯିବାକୁ ଅପୂର୍ଣ୍ଣତା ଭିତରେ ବି ଆକାଶ ଛୁଇଁ ଦେବାକୁ ମାତ୍ର ମଣିଷକୁ ଶିଖିବାକୁ ପଡ଼ିବ ରାସ୍ତା ତିଆରି କରି ମିତ ବସି ଜୀବନର ଅସରନ୍ତି ଗପ ସୀମିତ ଶବ୍ଦରେ ବୁଝାଇବାକୁ ହେବ। ହ୍ରଦ ହୋଇ ନୁହେଁ ନଦୀ ପରି ବହିଯିବାକୁ ହେବ ଦୂରରୁ ଆସୁଥିବା ଲୋକମାନଙ୍କର ଆସିବା ପୂର୍ବରୁ ଜୀବନ ବେଳରେ ଅନ୍ଧାରରେ ମିଶିଯିବାକୁ ହେବ। 'ପୁଅ' କବିତାଟିରେ ସନ୍ତାନର ମୋହରେ ଜୀବନକୁ ଜୟ କଲାପରି ଲାଗେ। ତା' ସ୍ପର୍ଶରେ, ହସରେ ଏମିତି ତା'ର ସବୁ କାର୍ଯ୍ୟସୂଚୀରେ ସବୁ ଭୁଲି ହୋଇଯାଏ। ଭାଗ୍ୟ ସହିତ ଇତିହାସ ନ ହେଲେ ବି ଭାଗ୍ୟକୁ ବଦଳେଇବାର ପ୍ରୟାସରେ ମଣିଷ ନିଜକୁ ଅବତାର ମନେକରେ। ଏଇ ମାୟାଛନ୍ନ ଶୂନ୍ୟତା ଅପସରି ଯାଏ ଓ ମୃତ୍ୟୁ ଜୀବନ ସଙ୍ଗୀତ ଗାନ କଲା ପରି ଲାଗେ। 'ଘର' କବିତାରେ ହୃଦୟକୁ ଘରଟିଏ କରିବା ଦରକାର। ଯେଉଁଠି ହଜାର ବର୍ଷ ଯାଏଁ ଆୟୁତ ମଣିଷମାନଙ୍କ ପାଇଁ ଜୀବନ ପରିଚର୍ଯ୍ୟାରେ ଅନ୍ନ, ବସ୍ତ୍ର ଓ ବାସଗୃହ ପରି ପ୍ରଚୁର ଭଲ ପାଇବା ସ୍ନେହ, ଶ୍ରଦ୍ଧା ଥିବ, ଅଧିକରୁ ଅଧିକ ଶୂନ୍ୟସ୍ଥାନ ଥିବ, ଧନୀ-ଗରୀବ, ନାରୀ-ପୁରୁଷ, ଅବିଶ୍ୱାସର କୌଣସି ଶବ୍ଦରେ, ଧ୍ୱନିରେ, ରସରେ କି ତତ୍ତ୍ୱରେ ତା'ର ବ୍ୟାସାର୍ଦ୍ଧକୁ ମପା ହୋଇପାରୁ ନ ଥିବ, ହୃଦୟକୁ ବୁଝି ହେଉଥିବ। ମାଂସର ଅଦୃଶ୍ୟ ଫୁଲଟି ବି ସତରେ ବଡ଼ କଠିନ ପୁଣି ଭାରି କୋମଳ। ଜନ୍ମରୁ ମୃତ୍ୟୁଯାଏଁ ଫୁଟି ଦିଗବିଦିଗକୁ ତା'ର ବାସ୍ନା ଖେଳାଇ ଦିଏ। ଯାହାର ହୃଦୟରେ ଘରଟିଏ ନାହିଁ ତା'ର ମୃତ୍ୟୁ ପରେ ବି କିଛି ଚିହ୍ନ ରହେ ନାହିଁ। 'ସମୟ' କବିତାଟିରେ ସମୟର ସାରାଂଶ ଶୁଣାଉଥିବା ଦାର୍ଶନିକ, ଅର୍ଥର ଦାସ, ବିଦ୍ୟାର୍ଥୀ ବିଦ୍ୟାର ମୂଢ଼ ରହସ୍ୟ, ମୃତ୍ୟୁ ପରେ ନର୍କ କି ମୋକ୍ଷ ଜାଣି ମଧ୍ୟ ଦାନପୂଣ୍ୟ ତୀର୍ଥାଟନରେ କାଟିଦିଏ ଜୀବନ। ଏହି ସୁଜ୍ଞଜନଙ୍କ ମତରେ ଜୀବନର ମାୟାଜାଲରେ ସରିଯାଏ ଜୀବନ। ମୃତ୍ୟୁର ଦ୍ୱାର ଦେଶରେ ନୀରବ ଶରୀର। 'ଭଲ ଅଛି' କବିତାରେ ମୋହାବିଷ୍ଟ ହୋଇ ମଣିଷ ସବୁକୁ ନିଜର ଭାବିନିଏ। ପ୍ରକୃତ ଜୀବନ ତ ନିର୍ଜନତା ଭିତରେ ଜଣାପଡ଼େ। ଫୁଲ ଫୁଟି ପୁଣି ଝଡ଼ିଯିବାର ଦୃଶ୍ୟରୁ ଜଣାପଡ଼େ। ମୃତ୍ୟୁରୁ ଜୀବନ ଭଲ ପାଇବାର ଆଖିରେ ହିଁ ଜଣାପଡ଼େ ସମସ୍ତ

ବେଦନା କାଳରେ ରୂପାନ୍ତରିତ କରିବାର ତପସ୍ୟା ହିଁ କହୁଥାଏ ମୁଁ ଭଲରେ ଅଛି। 'ଅନ୍ଧାର' କବିତାରେ କବିଙ୍କର ଭାବନାର ଉତ୍ତରଣ ଘଟିଛି। ମନଛଡ଼ା କିଛି ସୁନ୍ଦର ଦିଶେନା ଫିକା ପଡ଼ିଯାଏ ଯାବତୀୟ ମାୟା। ଆକର୍ଷଣ ଦିଗନ୍ତ ବିସ୍ତାରି ପରି ଅନୁଭବ ଆସେ। ମନର ରଙ୍ଗ ବାସ୍ତବରେ କହି ହୁଏନା କ'ଣ ଘଟେ। 'ନିଜ କଥା' କବିତାରେ ସବୁ ସ୍ୱପ୍ନମାନଙ୍କୁ ସାକାର ରୂପ ଦେଲେ ବି ମଣିଷ ବୁଦ୍ଧଙ୍କ ବାଣୀକୁ ଅନୁସରଣ କଲେ ବି ଶତାବ୍ଦୀ ପରେ ଶତାବ୍ଦୀ ଧରି ମାର୍ଜିତ ହେଲେ ବି ମୃତ୍ୟୁ ପରେ ପୁର୍ନଜନ୍ମର ଦାୟରେ ଚିରକାଳ ଅତୃପ୍ତ। 'ଚିଠି' କବିତାଟିରେ କବିଙ୍କର ଏକ ଆବେଗମୟ କବିତା। ମନର ଭାଷାକୁ ନିଖୁଣ ଭାବରେ ତୋଳିନିଏ ଚିଠି ତା'ର ଛୋଟିଆ ଶରୀରଟିରେ। ଯେତେ ଦେଖୁଥିଲେ, ଯେତେ ପଢୁଥିଲେ ବି ପୁଣି ଇଚ୍ଛା ହୁଏ ପଢ଼ିବାର ପୁଣି ଦେଖିବାର। ସେ ଲାଗେ ଭାରି ଆପଣାର। ବୟସର ଅପରାହ୍ନ ଆଉ ଚିଠି ଲେଖିବାକୁ ଇଚ୍ଛା ହୁଏନା। ନିଦ ଆସେ କଲମ ଖସିପଡ଼େ, ଶବ୍ଦ ସବୁ ଲୁଚିଯାନ୍ତି ଯେମିତି କାହା ଅଭିଶାପରେ ଫାଟିଯାଏ ଶ୍ରୁତି। ଶେଷ ଚିତ୍ରଟି ଜୀବନର ଶେଷକୁ ରହିଯାଏ ବାକି।

"ଚିତ୍ର ଲେଖିବା ମନା
ଭାବିବା ମନା
ଯେଣୁ ଶେଷ ଚିଠି ଖଣ୍ଡିକ ଥିଲା
ମୋ ପାଇଁ ମୃତ୍ୟୁର ପରୱାନ।"

ରବୀନ୍ଦ୍ର ବିହାରୀଙ୍କ 'ବଂଶୀସ୍ତୂପ' କବିତାଟି ମୃତ୍ୟୁ ଚେତନା ଉପରେ ଆଧାରିତ। ସେଇ ବଂଶୀ ଶୁଣି ଦିନେ ମନରେ ପ୍ରେମର ଶୀହରଣ ଖେଳାଉଥିଲା ବେଳେ ସେହି ବଂଶୀ ଦିନେ କରୁଣ ଗୀତ ଶୁଣାଏ। ହୃଦୟର ସବୁ ଦ୍ୱାର ଗଣ୍ଠି ଖୋଲିଯାଏ। ଉଜୁଡ଼ି ଯାଏ ସଂସାର। ଭାଙ୍ଗିଯାଏ ଫୁଲଭର୍ତ୍ତି ଡାଳ। ଲାଗେ ଯେମିତି ଗାଈଆଳ ଡାକରେ ପ୍ରାଣ ଚାଲିଯାଏ ଅନେକ ଦୂର। 'ମୃତ୍ୟୁ' କବିତାରେ ଚିରନ୍ତନ ସତ୍ୟର ପ୍ରକାଶ ଘଟିଛି। ଶବ୍ଦଟିଏ ଆଖି ଆମେ ଦେଖିଲେ ଛାତିରେ ଯନ୍ତ୍ରଣା ଅନୁଭବ ହୁଏ। ମୃତ୍ୟୁର ଚେତନାରେ ରକ୍ତର ଉଷ୍ମତା ଜନ୍ମ ଦିନ ପାଳନର ସୁଖଦ ସମୟ। ସ୍ନାୟୁର ରୋମାଞ୍ଚ ସବୁ ଦୁର୍ବଳ ହୋଇପଡ଼ନ୍ତି। ତା' ମାୟାରେ ଓ ଭୟରେ ପଡ଼ିଗଲେ ଜୀବନଟା ବିମର୍ଷ ବିମର୍ଷ ଲାଗେ କିନ୍ତୁ ମୃତ୍ୟୁ ଏ ସବୁ ବୁଝେନା ସେ ଆସେ ଅସମୟରେ ନେଇଯାଏ ମନତଳର ସବୁ ଅବସୋସ ଦେଖାଇ ଦିଏ କାରୁଣ୍ୟର ଚିତ୍ର। 'ଦର୍ଶନ' କବିତାଟି ମଧ୍ୟ ମୃତ୍ୟୁ ଚେତନା ଉପରେ ଆଧାରିତ। ଜୀବନ ଏଠି ମୁଠାଏ ପାଉଁଶ ଓ ବିଷମ ସନ୍ଧି। ଜୀବନ ପୁଣି ଦଶିପୋକ ପରି। କସ୍ତୁରୀ ମୃଗ ପରି ଅବ୍ୟକ୍ତ। ମୃତ୍ୟୁ ଏଠି ଚିରନ୍ତନ ସତ୍ୟ। ବଞ୍ଚିବା ହିଁ ଦର୍ଶନ ମାତ୍ର ଗୌତମ ବୁଦ୍ଧଙ୍କ ପ୍ରଚାରିତ ବାଣୀ।

**ପ୍ରେମର ଅନୁଭବ :**

ଅନାଦି କାଳରୁ ହୃଦୟ ଉତ୍ସରେ ପ୍ରେମ ପ୍ରଣୟର ସ୍ରୋତ ଚିରଚଞ୍ଚଳ। ଭଲ ପାଇବାର ମୃତ୍ୟୁ ନାହିଁ। ଅନ୍ତରକୁ ଅନୁଭବ କରିବାର ଅନ୍ୟ ନାମ ହେଉଛି ପ୍ରେମ ଯାହା ରବୀନ୍ଦ୍ର ବିହାରୀଙ୍କ ପ୍ରେମ କବିତାରେ ସ୍ପଷ୍ଟ ବାରି ହୋଇପଡ଼େ। 'ତମ କଥା', 'ପାଦ', 'ଋତୁ', 'ଶୀତ', 'ତମସ୍ମୃତି', 'ଲୁହ ଭଲ ପାଇବା', 'ପ୍ରେମ', 'ଅଳସୀ କନ୍ୟା', 'ହୃଦୟର ଗୀତ', 'କବି', 'ରୀତିଯୁଗର କବିତା' ଇତ୍ୟାଦି ତାଙ୍କ ରଚିତ କବିତା ଗୁଡ଼ିକରେ ପ୍ରେମର ଚିରନ୍ତନତା ଉପଲବ୍ଧ ହୁଏ। 'ତୁମ କଥା' କବିତାଟିରେ ଶାଶ୍ୱତ ପ୍ରେମର ଛଳ ଛଳ ଆବେଗ ପ୍ରକାଶିତ। ଯାହା ପାଇଁ ସରିଯାଏ ଜୀବନ ପୁଣି ଲାଗେ ମଧୁର ମଧୁର। ସେ ସ୍ୱପ୍ନରେ ହେଉ, ଭାବନାରେ ହେଉ ଅବା ମିଠା ଦହନରେ। ଫୁଲର ବାସ୍ନାପରି ପ୍ରେମ ତମାମ ଜୀବନକୁ ମହକାଇ ରଖିଥାଏ। 'ପାଦ' କବିତାରେ ପ୍ରେମର ଭିନ୍ନ ପରିଭାଷା ରହିଛି। ନାହିଁ ଭିତରେ ବିଭୋର ହେବାର କଥା। ପ୍ରେମିକାର ଲାଲ ଟୁକୁଟୁକୁ ପାଦ ଆଗେ ବର୍ଷା ଥମିଯାଏ। ରଙ୍ଗୀନ ଦିଶେ କଅଁଳ ଖରା। ଛାତିରେ ଅଟକି ଯାଏ ତା' ପାଉଞ୍ଜିର ଶବ୍ଦ। ସବୁ ଆକଟକୁ ବେଖାତିର କରି ମେଞ୍ଚାଏ ବାସ୍ନାରେ ପ୍ରେମରେ ନିମଗ୍ନ ହୁଏ ଯେମିତି ବିନା ବର୍ଷାରେ ଓଦାହୁଏ ଦେହ, ହୃଦୟରେ ଆଙ୍କି ନିଏ ପ୍ରେମରେ ବିଭୋର ପଣର ମୋହ। 'ଋତୁ' କବିତାଟିରେ ପ୍ରେମର ରୂପ ଖୁବ୍ ମାର୍ଜିତ। ଋତୁ ଆଗମନର ସମ୍ଭାଷଣରେ ବୁଝାପଡ଼ିଯାଏ ଏ ମିଳନ ନା ବିରହର। ପ୍ରେମ ଆସେ ଗ୍ରୀଷ୍ମରେ, ଅଧ ପୁଙ୍ଗୁଳା ଦେହରେ, ବରଷାର ଓଦା ସରସର ଭିତରେ, ଶରତର କାଶ ହସରେ, ହେମନ୍ତର ହାଲକା ଶିଶିରରେ, ଶୀତର ସିତ୍କାରରେ ଓ ବସନ୍ତର ସୁଗନ୍ଧରେ। ପ୍ରକୃତି ଜଣାଏ ପ୍ରେମର ବିସ୍ମୃତି, ମନ ସହ ଆବେଗର ଓ ହୃଦୟରେ ପ୍ରେମ ମନସ୍କ ମାର୍ମିକ ଉତ୍ତରଣ। 'ଶୀତ' କବିତାଟିରେ ସ୍ମୃତିର ରୋମନ୍ଥନ କବି କହିଛନ୍ତି। ପ୍ରେମର ଶୀହରଣ ଆସେ ଯେବେ ମନରେ। ଶୀତ ନଳୀ ଶାଢ଼ି ପିନ୍ଧି ସ୍ମୃତି ପରି ପଶିଯାଏ ଦେହରେ, ଓଠରେ, ଛାତିରେ ଏମିତି କି ନିଷିଦ୍ଧ ସ୍ଥାନରେ ପୁଣି ରକ୍ତର ପ୍ରତି କଣିକାରେ ଅଭୁଲା ହୁଏ ସେ ପୁଣି ବଞ୍ଚିବା ଯାଏଁ। 'ତମ ସ୍ମୃତି' କବିତାଟିରେ ପ୍ରେମ କେବଳ ସ୍ମୃତି ନୁହେଁ ଯେମିତି ଜୀବନ। ଖରା କି ବର୍ଷା ଶୀତ କି ଅନ୍ଧାର, ଉଜାଣି ନଈ କି ଅଗ୍ନାଗ୍ନି ବନସ୍ତ ଦୁଃଖଦ ସମୟରେ, ପୁଣି ଫୁଲ ଭର୍ତ୍ତି ବଗିଚାରେ, ଜହ୍ନରେ, ମନଛୁଆଁ ଦକ୍ଷିଣା ପବନରେ, ସବୁଠି ତୁମର ସ୍ମୃତି ଅନୁଭବ ହୁଏ। ଲାଗେ ତୁମ ଆଲିଙ୍ଗନେ ମୋର ସବୁତକ ଆୟୁଷ ପାଲଟିଛି ଜୀବନ। 'ଲୁହ' କବିତାଟିରେ ଜୀବନର ପରିପୂର୍ଣ୍ଣତା କଥା କବି ଲେଖିଛନ୍ତି। ଟୋପାଏ ଲୁହରେ ଅସୀମ ଶାନ୍ତି ଓ ହୃଦୟରୁ ଝରିପଡ଼େ ଶାଶ୍ୱତ ପ୍ରେମର

ଆତ୍ମୀୟତା। ଲୁହ ମୁକ୍ତାରେ ବଦଳି ଯାଏ ଇନ୍ଦ୍ରଧନୁରେ, ଫୁଲ ପାଖୁଡ଼ାରେ ସମର୍ପଣ ଭାବଟିରେ। ସେହି ଲୁହ ବୁଝାଇ ଦିଏ ପ୍ରେମ ପ୍ରାପ୍ତିରେ ନୁହେଁ ମୁକ୍ତିରେ ଥାଏ।

"ଗୋଟାଏ ପ୍ରାପ୍ତିରେ ଆଶ୍ୱାସନାରେ
ବାନ୍ଧାଇ ହୁଏନି ଛାତ
କି ଆଖିର ଦର୍ଜା ଅଭିମାନରେ
ବୁଜି ହୁଏନି କେବେ ବି।"

'ଭଲ ପାଇବା' କବିତାରେ ପ୍ରେମ ହେଉଛି ଶୂନ୍ୟତାର ଶୀହରଣ। ଯେତେ ବି ତା' ଭାବରେ ବୁଡ଼ି ରହିଲେ ବି ଅବ୍ୟକ୍ତକୁ ବ୍ୟକ୍ତ କରୁଥିବ ସାରା ଜୀବନ। ତଥାପି ପ୍ରେମ ମୂର୍ତ୍ତିମନ୍ତ ଓ ସବୁଠୁ ସୁନ୍ଦର ସୃଷ୍ଟି ଈଶ୍ୱରଙ୍କର। 'ପ୍ରେମ' କବିତାଟିରେ ପ୍ରେମ ଚିରକାଳ ଆତ୍ମ ଉତ୍ସର୍ଗ, ମଗ୍ନ ଚେତନା, ଅମୃତ ବେଳା, ଅବର୍ଣ୍ଣନୀୟ ଶରୀର, ସର୍ଜନାତ୍ମକ ସତ୍ତା ପୁଣି ଏକ ତପସ୍ୟାର ଆକଳନ ତଥାପି ଜଣାପଡ଼େନି, ପ୍ରେମର ପ୍ରକୃତ ଅର୍ଥ କ'ଣ ? 'ଅଳସୀ କନ୍ୟା' କବିତାଟିରେ ପ୍ରେମର ଶ୍ରେଷ୍ଠତମ ରୂପସୀ ଭାବରେ ଅଳସୀ କନ୍ୟାକୁ ଆଖ୍ୟା ଦିଆଯାଇଛି। ଯେଉଁଠି ଲାବଣ୍ୟଭରା ତା' ଦେହ, ଆବେଗରେ ପୂର୍ଣ୍ଣ ତା' ମନ, ଜହ୍ନର ମାଦକତା ତା' ଗଣ୍ଡ, ପାଦରେ ଲୋଟୁଥାଏ ପଦ୍ମ, ଶୃଙ୍ଗାରର ସେ ଶ୍ରେଷ୍ଠ ନିଦର୍ଶନ ପୁଣି କାବ୍ୟିକ ଆହ୍ଲାଦ, କଳା କୁଶଳତାରେ ନିମଗ୍ନ। 'ରୀତି ଯୁଗର କବିତାରେ' ପ୍ରେମ କେବେ ପ୍ରଲୋଭନ ପୁଣି କେବେ ତୃପ୍ତିର ପାରାବାର।

"ମୁଁ ଭେଟିବି କ'ଣ ସମୁଦ୍ରକୁ
ସୂର୍ଯ୍ୟାସ୍ତକୁ ରାତିକୁ
କେବେ ବି ଭାବି ନ ଥିଲି
ତମଠି ଥିବ ଏତେ ରଙ୍ଗ
ଏତେ ପ୍ରଲୋଭନ ତୃପ୍ତି।"

ପ୍ରେମର ଅନ୍ୟ ଏକ ରୂପ 'କବି' କବିତାରେ ରହିଛି। ଯେଉଁଠି କବି ତା କବିତାକୁ ପ୍ରେମରେ ସଜାଏ, ଶବ୍ଦକୁ ଯୋଡ଼େ, ଅଦୃଶ୍ୟ ରାଜ୍ୟରେ ଘୁରି ବୁଲେ, ଅଳତା ଖଞ୍ଜି ଦିଏ, ମଧୁକୋଷ ଲୁଟାଏ, ହୁଏ ବିଶ୍ୱାମିତ୍ର ପୁଣି ହୁଏ ଆଶୁତୋଷ ପ୍ରେମର କୁହୁକ ସ୍ପର୍ଶରେ। 'ହୃଦୟର ଗୀତ' କବିତାରେ ପ୍ରେମର କ୍ଷୋଭକୁ ପ୍ରକାଶ କରିଛନ୍ତି। ସଂସାରର ସଭିଙ୍କୁ ଯେବେ ହୃଦୟର ଗୀତ ନିଜର କରିବାରେ ସେଇଠି ହୃଦୟର ମଣିଷ, ପାଖରେ ଥାଇ ବି ବୁଝିବାକୁ ଚେଷ୍ଟା କେବେ କରେ ନାହିଁ ତା' ପାଇଁ ଝରିପଡ଼େ ଅନାବିଳ ପ୍ରେମ।

**ବାସ୍ତବତାର ଦୃଷ୍ଟିଭଙ୍ଗୀ :**

ଶୂନ୍ୟ ଚିନ୍ତା ଓ ବାତୁଳ ସ୍ୱପ୍ନ ମଣିଷକୁ ବିଶ୍ୱାସର ଖାଲରେ ପକାଇ କେବଳ

ଯନ୍ତ୍ରଣା ଦେଇ ଚାଲିଛି। ଗୋଟିଏ ପଟରେ ଈଶ୍ୱରୀୟ ଶକ୍ତିକୁ ଗ୍ରହଣ କରି ଛଟପଟ ହେଉଛି ଅନ୍ୟ ପଟେ ଦାନବ ସାଜିଛି। କବି ରବୀନ୍ଦ୍ର ବିହାରୀଙ୍କର ଅନେକ କବିତା ବାସ୍ତବ ଦୃଷ୍ଟିଭଙ୍ଗୀ ଉପରେ ଆଧାରିତ। ପାଗଳୀ, ତପସ୍ୟା, ବନ୍ୟା ୧୯୯୪, ଶେଷକୁ ବୁଝିବାକୁ ହୁଏ। କାହିଁକି ଏପରି ଘଟେ, ମଧ୍ୟାହ୍ନ, ବାଟୋଇ, ପୂର୍ବାଶା ମଣିଷ ଓ ମଣିଷମାନେ, ଇଚ୍ଛା ଓ ଭିନ୍ନ ମଣିଷ ଇତ୍ୟାଦି ବାସ୍ତବଧର୍ମୀ କବିତା। 'ପାଗଳୀ' କବିତାରେ ଦେଖେଣାହାରୀଙ୍କ ପାଗଳପଣରେ ପାଗଳୀର ପରିଚୟ ଅନାବଶ୍ୟକ। ମୁଠେ ଭାତ, ଖଣ୍ଡେ ଶାଢ଼ିରେ ତା ଜୀବନ। ନା ସେ ଜାଣେ ପ୍ରେମ ନା ମୃତ୍ୟୁ, ନା କୁମାରୀ ଦେହର ସ୍ୱପ୍ନ, ନା ନିର୍ଜୀବ ଅତୀତ। ତା' ଘର ଆଉ ତା' ଆଶା କେବଳ ସେ ହିଁ ନିଜେ। ତା' ଫୁଙ୍ଗୁଳା ଛାତିରେ ଦୀର୍ଘ ଶ୍ୱାସର ବଂଶୀ ବାଜୁଥିଲାବେଳେ ଆମମାନଙ୍କ ଭିତରେ ଗୋଲାପଟିଏ ଫୁଟିଯାଏ ପ୍ରତିକ୍ଷଣେ ଏହାହିଁ ବାସ୍ତବତା ପ୍ରତିଟି ମଣିଷଙ୍କ ପାଇଁ। 'ତପସ୍ୟା' କବିତାରେ ପରଖି ସଜାଡ଼ିବାକୁ ହେବ। ଉଜୁଡ଼ା ଘର ବୈକୁଣ୍ଠ କରିବାକୁ ହେବ। ଆଗାମୀ ଜନ୍ମର ତପସ୍ୟାରେ ସୁନ୍ଦର କରି ପୃଥିବୀକୁ ଗଢ଼ିବାର ଇଚ୍ଛାରେ ସବୁ ଏଠି ଥାଇ ପୂର୍ଣ୍ଣ କରିବାକୁ ହେବ।

"ଜଣେ କଙ୍କାଳସାର ବୃଦ୍ଧ
ମୁମୂର୍ଷ ରୋଗୀ
ବୋହି ନେଉଥିବା ଶବ
ପ୍ରଶାନ୍ତ ଚେତା ସନ୍ୟାସୀଙ୍କୁ ଦେଖି
ସଂସାର ଛାଡ଼ିବାର ସମୟ ନାହିଁ।
ବରଂ ଜୀବନକୁ, ଜଗତକୁ ହୃଦୟକୁ
ସଜାଡ଼ିବାକୁ ହେବ ଏଇଠି ରହି।"

'ବନ୍ୟା ୧୯୯୪' କବିତାଟିରେ ରାଜ୍ୟ ରାଜଧାନୀର ନଗ୍ନତା ପ୍ରକାଶିତ। ଯେତେବେଳେ ନଦୀ ହୋଇଯାଏ ସମୁଦ୍ର, ବନ୍ୟା ଉଜାଡ଼ି ଦିଏ ସବୁଜ ଫସଲ, ହାଡ଼ମାଂସ ଶରୀରର ଟାଣପଟ, ଗର୍ଭବତୀ ମା'ଟି ଖୋଜୁଥାଏ ଗଛ ଗଣ୍ଡିରେ ତିଆରି ପ୍ରସୂତିଶାଳ। ଶିଶୁ ସାମ୍ନାରେ ଦେଖୁଥାଏ କ୍ଷୀର ସମୁଦ୍ର, ରିଲିଫ ଅପେକ୍ଷାରେ ଥାଏ। ଅନେକ ଝାଟିମାଟି ଘରର କଙ୍କାଳ ସେତେ ବେଳେ ଭୋଟ ପାଇଥିବା ରାଜନେତାମାନେ ଦେଇଥିବା ସତରେ ମିଛ ପ୍ରତିଶ୍ରୁତି ସାମ୍ନାରେ ଆସିଯାଏ। ସମୟ ସ୍ଥିର ହୁଏ। ଅସହାୟ କୋଳାହଳମାନଙ୍କ ସବୁ ନାହିଁ ନାହିଁ ଭିତରେ। 'ଶେଷକୁ ବୁଝିବାକୁ ହୁଏ' କବିତାଟିରେ ପୃଥିବୀକୁ ସୁନ୍ଦର କରିଥିବା ନିଆରା ମଣିଷମାନେ ରକ୍ତାକ୍ତ ଅକ୍ଷର ହୋଇ ନିଜର ଆତ୍ମୋତ୍ସର୍ଗ ବୃତ୍ତାନ୍ତ। ଆଉ ଅନନ୍ୟ ପାଠକମାନେ ଏଇ ନୂଆ ଶବ୍ଦର ପରିଭାଷାକୁ ଅପେକ୍ଷା କରି କରି

କେବେ ନଈବନ୍ଧ ଘାଇରେ, ଗଣତନ୍ତ୍ରର ଖାଲରେ, ଶାସକଙ୍କ ମୃଗୟା ବିଳାସରେ କ୍ଷତାକ୍ତ ହୋଇ ପୁଣି ଅମୃତ କଳସ ଧରି ବିଷକୁ ବରଣ କରି ନିଅନ୍ତି ଫାଶୀ ପାଉଥିବା ମଣିଷମାନଙ୍କ ବୟାନ ଶୁଣିବାକୁ। 'କାହିଁକି ଏପରି ଘଟେ' କବିତାରେ ଜୀବନଟା ବେଳେ ବେଳେ ବିଷାଦର ମାନଚିତ୍ର ଆଙ୍କୁଥାଏ ତ କୁନିକୁନି ଚଢ଼େଇମାନଙ୍କୁ ଦେଖି ଶେଫାଳିର ମୁରୁଜ ପକା ଅଗଣାକୁ ଦେଖି, କାକର ବିଛଣାରେ ନୀଳବାଦଲର ମୁହଁ ଦେଖି ଜୀବନ ସାଉଁଟୁ ଥାଏ ସମ୍ଭାବନାର ସନ୍ଧିକ୍ଷଣରେ ପୁଣି କଥାରେ କଥାରେ ଲୁହରେ ଭିଜାଏ ହୃଦୟ ଯାହାକି ବାସ୍ତବ ଜୀବନ। 'ମଧ୍ୟାହ୍ନ' କବିତାରେ ସାମ୍ପ୍ରତିକ ସମାଜରେ ଚାଲି ଆସୁଥିବା ସର୍ବଗିଳାମାନଙ୍କ ଚିତ୍ର ରହିଛି। ସୂର୍ଯ୍ୟରୁ ଆସୁଥିବା ନିଆଁମାନଙ୍କୁ ଖାଇଯିବା ଅଲଗା, ଗଛମାନଙ୍କ ରଙ୍ଗ, ମାଟି ଓ ପାଣିକୁ ଖାଇଯିବା ଛାଡ଼ନ୍ତିନି ସର୍ବଗିଳାମାନେ। କବି ସତର୍କ କରାଇ କହିଛନ୍ତି ମଧ୍ୟାହ୍ନ କ୍ଷୁଧାର୍ତ୍ତମାନେ ସାବଧାନ। ବିପଣୀର ଖାଦ୍ୟ ପରି ତମେ ସାଇତା ହୋଇ ରହିଯିବ ଯାଦୁ ଘରେ, ମନେ ପକାଉଥିବ ଖାଇଯିବାର ବ୍ୟଥା। 'ବାଟୋଇ' କବିତାରେ ମୋହାବିଷ୍ଟ ମଣିଷ ସୂତ୍ର ଖୋଜିଛି। ଜୀବନର ସୁଦୀର୍ଘ ରାସ୍ତା କେଉଁଠି ମାଟି, ପାଣି, ଆକାଶ ସବୁଠି ରାସ୍ତା ଅଛି ମାତ୍ର ବୁଢ଼ୀଆଣି ସୂତାପରି ଜୀବନକୁ ପରିବ୍ୟାପ୍ତ କରିଛି ତଥାପି ନିଜ ନାମରେ ନାମିତ ମାର୍ଗରେ ପହଞ୍ଚିଗଲେ ସମ୍ଭବତଃ ପାଇ ହେବ ଆରମ୍ଭ। 'ପୂର୍ବାଶା' କବିତା ଆଶା ଏକ ଅରୁଣ ସୂର୍ଯ୍ୟୋଦୟ ବେଳକୁ ନା ଆକାଶ ଥାଏ ନା କୁଞ୍ଚିତ ଆଖିରେ ଲାଲ ରଙ୍ଗର କୌଣସି ପ୍ରତୀକ ଉଦିତ ହେଲା ଭଳି ଜଣାପଡ଼େ। ତଥାପି ମଣିଷ ସବୁ ପାଇଯିବାର ମୋହରେ ବାନ୍ଧି ହୋଇ ପଡ଼େ। 'ମଣିଷ ଓ ମଣିଷମାନେ' କବିତାରେ ନିଃସହାୟ ମଣିଷଟି ଈଶ୍ୱରଙ୍କୁ ବିଶ୍ୱାସ କରେ। କାକୁସ୍ଥରେ ଠିଆ ହୋଇଥାଏ। ହେଲେ ନିଜକୁ ଈଶ୍ୱର ଭାବୁଥିବା ଚାଟୁକାରମାନେ ଶୋଷିତ ନିର୍ଯ୍ୟାତିତ ମଣିଷମାନଙ୍କ ବିଳାସରେ ପ୍ରତିଦିନ ପୂଜାପାଠ, ନୈବେଦ୍ୟ, ନୃତ୍ୟରେ, ଧର୍ମ ସମ୍ବିଧାନର ରକ୍ଷକ ସାଜି ବାସ୍ତବତାକୁ ଆଖି ମାରି କାକୁସ୍ଥକୁ ଅହଂକାର ତଳେ ଶୁଆଇ ଦିଅନ୍ତି ଅଚିନ୍ତାରେ। 'ଇଚ୍ଛା' କବିତାଟି ମଣିଷ ଜୀବନର ବାସ୍ତବ ରୂପାୟନ। ମଣିଷ ତାର ପ୍ରଲୋଭନରେ ସମୟ ନଷ୍ଟ କରେ। ଅନ୍ୟ ଠାରୁ ବାହା ବାହା ନେବା ପାଇଁ ଚକ୍ରାନ୍ତ କରି ବଞ୍ଚିବାକୁ ଭଲପାଏ। ନାରୀଙ୍କ ପାଖରେ ନିଜକୁ ଈଶ୍ୱର ମନେ କରେ। ପ୍ରତିଦ୍ୱନ୍ଦ୍ୱୀଙ୍କ ପାଖରେ ଚକ୍ର ପରି ରହେ ଓ ନିଜ ସ୍ୱାର୍ଥ ଆଗେ ଆପଣାଛାଏଁ ବଦଳିଯାଏ। 'ଅବୁଝାପଣ' କବିତାଟି ନିରାଶାର ଅଭିବ୍ୟକ୍ତି। ମାପି ହୁଏନି ସମୁଦ୍ରର ବିଶାଳତା ବୁଝି ହୁଏନି ଜୀବନର ରହସ୍ୟମୟତା। ଈଶ୍ୱରଙ୍କ ନାମରେ ଭଣ୍ଡୁଥିବା ମଣିଷମାନେ କେବେ କ'ଣ ପାଇଥାନ୍ତି ଈଶ୍ୱରଙ୍କ ପ୍ରକୃତ ସତ୍ତା ! ଆଉ ପ୍ରବଞ୍ଚନା। ସାଧାରଣ ଜନତାଙ୍କୁ ଲୁଟିବାକୁ ଲାଗେ ସହଜ ପନ୍ଥା।

**ବିଷାଦବାଦ :**

ଦୁଃଖ ଓ ବେଦନାର ଚିତ୍ର କିଛି କବିତା ଗୁଡ଼ିକରେ ରହିଛି। ବାସ୍ତବତା ପ୍ରତି ବିମୁଖତା ବିଷାଦବାଦ ଆଡ଼କୁ ପଥ ଦେଖାଇଥାଏ। ଭୋଗ ଠାରୁ ତ୍ୟାଗ, ମିଳନ ଠାରୁ ବିରହ ଓ ହସ ଠାରୁ ଅଶ୍ରୁକୁ ମଣିଷ ନିଜର କଲେ ବିଷାଦରେ ମନ ଭରିଯାଏ। ମନସ୍ତତ୍ତ୍ୱ ଦୃଷ୍ଟିରୁ ମଣିଷ ମନର ଧାରା ନଦୀର ସ୍ରୋତ ପରି ପ୍ରବାହମାନ। ଆବରଣର ମୁଖା ପିନ୍ଧି ସମାଜ ସହ ଖାପଖୁଆଇ ଚଳିବାକୁ ବାଧ୍ୟ ହୁଏ। କର୍ମ ଭୂମିକାର ପୃଷ୍ଠ ଦେଶରେ ଠିଆ ହୋଇ ସମୟ ସହ ସନ୍ଧି କରୁଥାଏ ପ୍ରତିକ୍ଷଣେ। ଏମିତି ଏକ ଚିନ୍ତାଧାରାକୁ ନେଇ ରବୀନ୍ଦ୍ର ବିହାରୀଙ୍କ ଅନେକ କବିତା ରହିଛି। ସେଥି ମଧ୍ୟରୁ ଦୁଃଖ, ମଧୁମିତା, ଭୋକିଲା କବି, ପଛ କଥା, ପିକ୍‌ନିକ୍, ଅବୁଝାପଣ, ନାରୀ ଇତ୍ୟାଦି। 'ଦୁଃଖ' କବିତାରେ ଯେମିତି ସମୁଦ୍ରର, ନଈର, ପାହାଡ଼ର, ରାତିର, ବଗିଚ୍ଛର, ମାଳୀର, ଫୁଲର, ପ୍ରଜାପତିର ଏମିତି ଅନେକ ଉଦାହରଣ ରହିଛି, ଯାହାଙ୍କର ଦୁଃଖ ରହିଛି ଅପ୍ରାପ୍ତିର ଅବସୋସ ମଧ୍ୟ ବଡ଼ ଦୁଃଖଦ ମୁହୂର୍ତ୍ତକୁ ସାଉଁଟି ଆଣେ ଜୀବନ। ଆଉ କବି କଲମରେ କବିତା ରୂପେ ଦିନେ ଶୋଭାପାଏ। 'ନାରୀ' କବିତାଟିରେ ନାରୀକୁ ସମର୍ପିତା, ଜନନୀ, ଭଗିନୀ-ଜାୟା-ପୂଜ୍ୟା-ଅଗ୍ନି ସମ୍ଭବା ଓ ଦେହ-ଅଦେହର ସେ କେବଳ ଏକ ସମ୍ବର୍ଦ୍ଧିତ ଉଚ୍ଚାରଣ। ବୈଷ୍ଣବୀୟ ଦର୍ଶନ ତତ୍ତ୍ୱ ଅନୁସାରେ ତାକୁ ସ୍ୱର୍ଗ ଠାରୁ ବଡ଼ ବୁଝେଇ ଦିଆଯାଇଛି। ପୁରୁଷର ଶର୍ଯ୍ୟା ସଙ୍ଗିନୀ, ମାତୃତ୍ୱ ଏପରି ଯାବତୀୟ ଗୁଣରେ ଭୂଷିତ କରି ନାରୀର ଅସ୍ମିତାକୁ ପୁରୁଷ ମିଛ ସମ୍ବୋଧନରେ ତମାମ ଆୟୁଷକୁ ପରାଧୀନତା ସ୍ୱୀକାର କରିବାକୁ ବାଧ୍ୟ କରିଦିଏ। 'ମଧୁସ୍ମିତା' କବିତାରେ ଅଦୃଶ୍ୟ ଇଚ୍ଛା ପୂର୍ତ୍ତିର କାମନା ରହିଛି। ଯାହା କେବଳ ପୂର୍ଣ୍ଣ ହେବ ନାହିଁ ଜାଣି ମଧ୍ୟ ମାନସିକତାର ଅପୂର୍ବ ଦହନରେ ସ୍ୱପ୍ନମାନଙ୍କୁ ରଙ୍ଗ ଦିଏ କବି, ଶବ୍ଦ ବଂଶୀର ସ୍ୱରରେ ସଜେଇ ହୁଅନ୍ତି ସାଦା କାଗଜରେ, ଅପେକ୍ଷାର ଫୁଲ ସବୁ ଫୁଟିବାକୁ ଲାଗନ୍ତି ହୃଦୟରେ। ବିଚ୍ଛେଦ ଦିଶୁଥାଏ ମେଘ ଭର୍ତ୍ତି ଆକାଶ କୋଳରେ। ଦେହ ମନ ଉଲ୍ଲସିତ ହୋଇଯାନ୍ତି ଯନ୍ତ୍ରଣାର ଭବ ପାରାବାରେ ସବୁ ପରେ ବି ମଧୁମିତା ନ ଥାଏ କେଉଁଠି ଅବା କେଉଁ ସମୟରେ। 'ଭୋକିଲା କବି' କବିତାଟି ମଧ୍ୟ ସେହିଭଳି କବି ଭାବନାର ମାର୍ମିକ ଉଚ୍ଚାରଣ। ଜଣେ ସାହିତ୍ୟକୁ ଭଲ ପାଇବା ପରେ ତା'ର ଦୁଃଖ, ଦୈନନ୍ଦିନ ଚଳଣିର ନାହିଁ ନ ଥିବା ଭିତରେ ସଂସାର କରିବାର କଷ୍ଟ କବି ରବୀନ୍ଦ୍ର ବିହାରୀ ଚମତ୍କାର ଭାବରେ ଲେଖିଛନ୍ତି। ଅଭାବି କବିଟି କବିତା ଲେଖେ ଶବ୍ଦରେ ଶୂନ୍ୟତାକୁ, ଈଶ୍ୱରଙ୍କୁ ଭରସା କରି ଓ ଛାଇ ସହ ନିଜ ଦୁଃଖ ଗପିବାକୁ। ଦୁଃଖ ଅଛି ବୋଲି ହୁଏତ ଭାବନାର ଗଭୀରତା ପାଠକ ପ୍ରାଣକୁ ମନେ ପକାଉଥାଏ ହେଲେ ପ୍ରତିକ୍ଷଣେ ସେହି କବିତାଟି ଜୀବନ ସହ ସଂଘର୍ଷ କରି

କରି ଶେଷରେ ପ୍ରାଣକୁ ନିଜ ପାଖେ ବିଷର୍ଜନ କରି ଦିଏ। 'ପଛକଥା' କବିତାରେ ଅଧୁରା ପ୍ରେମର ସ୍ମୃତିରେ ମଣିଷର କ୍ଷତ କେବେ ଭରି ହୁଏନା। ପୁରୁଣା ରାତି ନୂଆ ସକାଳ ହେଉଥାଏ। ଚିରକାଳ କିନ୍ତୁ ପ୍ରଥମ ପ୍ରେମ, ପ୍ରଥମ ଛୁଆଁ, ଅଭିମାନର ଛଳଛଳ ଲୁହ, ଅଟକେଇବାର ରାଣ ପ୍ରଥମ ପ୍ରେମକୁ ଚିରକାଳ ଜୀବନ୍ତ କରି ରଖେ ହେଲେ ମଣିଷଟି ସ୍ମୃତିର ସେଇ ପଥରେ ଥାଇ ଆଗକୁ କି ପଛକୁ ଯାଇ ନ ପାରି ଛଟପଟ ପ୍ରାଣରେ ବଞ୍ଚିବାକୁ ବାଧ୍ୟ ହୋଇପଡ଼େ। 'ପିକ୍‌ନିକ୍' କବିତାରେ ନିଃସଙ୍ଗ ଜୀବନର କଥା କବି କହିଛନ୍ତି। ସେ କି ଜୀବନ ଯେଉଁଠି ନାହିଁ କୋଳାହଳମୟ ଶ୍ରଦ୍ଧା ଓ ଆସ୍ପର୍ଦ୍ଧାର ଆଭାସ! ଜଡ଼ ପଦାର୍ଥ ଯାହା ନିଃସଙ୍ଗ ଜୀବନ ହିଁ ତ ତାହା। ବେଳେ ବେଳେ ପିକ୍‌ନିକ୍ ଯିବାକୁ ଇଚ୍ଛା ହୁଏ। ଘାସ ଗାଲିଚ୍ଚ, ପାହାଡ଼ ଝରଣା, ବାଲିଗଦା, ସମୁଦ୍ର ଝାଉଁବଣ ଆଦି ଏକା ବୁଲିଲେ ଭଲ ଲାଗେନା। ସମାଜରେ ରହି ସାମାଜିକ ନ ହେଲେ ବିଷାଦର ଛାଇ କବଳିତ କରିଥାଏ ମନୁଷ୍ୟକୁ ଶେଷ ହୁଏ ଜୀବନ ଆମ ଦହନ ଭିତରେ। 'ଅବୁଝାପଣ' କବିତାରେ ଏକ ନିରାଶାର ଅଭିବ୍ୟକ୍ତି। ସମୁଦ୍ରର ଗଭୀରତା ମାପିବା ପରି ଜୀବନ ଆକାଶର ବ୍ୟାପ୍ତି କେଉଁ ଯାଏ ବୁଝିବାକୁ ଇଚ୍ଛା କରେ ତାହା ଅଧିକ ବିଷାଦମୟ ଓ ରହସ୍ୟମୟ ହୋଇ ଉଠେ।

"କାଇଁ କେତେ ଯୁଗରୁ
ଚ୍ଚଲିଛି ତପସ୍ୟା ସମର୍ପଣ
ଈଶ୍ୱରଙ୍କୁ ବୁଝିବାକୁ
ଜ୍ଞାନ ଭକ୍ତି ବୈରାଗ୍ୟର କଥା କହି
ଭଣୁଥିବା ମଣିଷମାନେ
ସତରେ କ'ଣ ପାଇଥାନ୍ତି ତାଙ୍କ ଦର୍ଶନ।"

**ଭିନ୍ନ ଦୃଷ୍ଟିଭଙ୍ଗୀର କବିତା :**

କବିପ୍ରାଣ ଚିରକାଳ ଅନ୍ୟ ଦୁଃଖରେ ଦୁଃଖିତ ହୁଏ। ଜାତୀୟ ଜୀବନର ଦୁଃଖ, କଷ୍ଟ, ମାନସିକ ବୈଷମ୍ୟ ଓ କଳ୍ପନାରେ ମେରୁ ରକ୍ତର ପ୍ରଲେପ ଇତ୍ୟାଦିର କଥା କବି ରବୀନ୍ଦ୍ର ବିହାରୀ ଖୁବ୍ ସୁନ୍ଦର ଭାବରେ ଅନୁଭବ କରିଛନ୍ତି ଏବଂ କବିତାରେ ରୂପ ଦେଇଛନ୍ତି। ଯେମିତି 'ତରୁଣ କବି', ବନ୍ୟା-୧୯୯୪', 'ଓଡ଼ିଆ ଶବ୍ଦ ଖୋଜା' ଓ ମାଓବାଦୀ' କବିତା ଗୁଡ଼ିକ ସାମ୍ପ୍ରତିକ ସମାଜର ପ୍ରକୃତ ଘଟଣା ପ୍ରବାହର ଉନ୍ମୋଚନ ହୋଇଥିବାର ଅନୁଭବ ହୁଏ। 'ଶବ୍ଦ ଖୋଜା' କବିତାରେ ଶବ୍ଦ ମନସ୍କ ସାହିତ୍ୟାନୁରାଗୀ ମଣିଷର ଚିତ୍ର ରହିଛି। ଶବ୍ଦ ଖେଳରେ ଚ୍ଚଲି ଆସେ ବର୍ଷ ବର୍ଷ ଧରି ପ୍ରୀତିରୁ ରତି, ରତିରୁ ମୁକ୍ତି, ପୁଣି ମହାକାବ୍ୟ ଓ ଶବ୍ଦବ୍ରହ୍ମ ପ୍ରସଙ୍ଗ, ବ୍ରହ୍ମୋତ୍ତର ରହସ୍ୟ, ମନ୍ତ୍ରରୂପୀ

କବିତାରେ ହୃଦୟଭର୍ତ୍ତି ରାଗ, ଅସରନ୍ତି ଗୀତର ଆକାଶ ଓ ମାଟିର ସମ୍ପର୍କ, ବର୍ଷାରେ ଭିଜୁଥାଏ ଛାତି ପୁଣି ମୂଢ଼ ଅର୍ଥ ଖୋଜିବାର ରହସ୍ୟ। ଶବ୍ଦମାନେ କିନ୍ତୁ ସରିଯାନ୍ତି ନାହିଁ। କବି କଲମରେ ଚିରକାଳ ଶବ୍ଦେଶ୍ୱରୀ ରୂପେ ପୂଜା ପାଉଥାନ୍ତି କବିର ଶବ୍ଦ ତପସ୍ୟାରେ। କବିମାନଙ୍କର ମାନସିକତାକୁ ଲକ୍ଷ୍ୟ କରି 'ତରୁଣ କବି' ରଚିତ ହୋଇଛି। ଆୟୁତ ଶୃଙ୍ଗାରର ଫୁତ୍‌କାରରେ ଶୂନ୍ୟତାକୁ ଅବଲୋକନ ନ କରି କବିତାକୁ ନାରୀଟିଏ କରି ଗଢ଼ିବାର ସ୍ୱପ୍ନ ଭିତରେ ନିଜକୁ ସୀମିତ ନ କରି ନିଜର ବଳିଷ୍ଠ ସତ୍ତାକୁ ଜାଗତ୍ର କର। ଦିନେ ନିଶ୍ଚୟ ସମର୍ଥ କବି ହୋଇ ପାରିବ। ଏହା ତରୁଣ କବିମାନଙ୍କ ପ୍ରତି ଏକ ଆହ୍ୱାନ। ଉତ୍ତର ପିଢ଼ିର ସାହିତ୍ୟ ରଚନା ସେ ଜାତିର ଗର୍ବ ଓ ଗୌରବ ହେବ। ସେ ଭାଷା ଯୁଗୋପଯୋଗୀ ହୋଇ ପାରିବ ଯାହାକୁ ଲକ୍ଷ୍ୟ କରି ରବୀନ୍ଦ୍ର ବିହାରୀ ଲେଖିଛନ୍ତି। 'ଓଡ଼ିଆ' କବିତାଟିରେ ଉତ୍କଳର ଗୌରବ, ଜଗନ୍ନାଥଙ୍କ ଦେଶ, କୋଣାର୍କ ମନ୍ଦିରର କାରୁକାର୍ଯ୍ୟ, ସାରଳା ଦାସ, ଉପେନ୍ଦ୍ର ଭଞ୍ଜଙ୍କୁ ବୁଝାଏ। ଅତୀତର ନୌବାଣିଜ୍ୟ ଆମର ପରିଚୟ। ସ୍ମୃତିକୁ ରୋମନ୍ଥନ କରି କ୍ଷୋଭର ସହ କବି ଲେଖିଛନ୍ତି।

"ତାକୁ ମନେ ପକାଇ ମତେ ଦିଅନା ଦୁଃଖ
ମୁଁ ଗୋଡି ଖଟେ ଦାଦନ ହୁଏ
ପିଲା ବିକେ ଆତ୍ମହତ୍ୟା କରେ
ତୃପ୍ତି ପାଇଁ ଉଲଗ୍ନ ହୋଇ ନାଚେ।"

ସେହିପରି 'ବନ୍ୟା-୧୯୯୪' କବିତାଟିରେ ରାଜନେତାମାନଙ୍କ ମୁଖ ଖୋଲି ଦେବାର ପ୍ରୟାସୀ କବି ହୋଇ ପଡ଼ିଛନ୍ତି। ଯେତେ ବେଳେ ନଦୀ ସମୁଦ୍ର ପାଲଟି ଯାଏ, ବନ୍ୟା ଉଜାଡ଼ି ଦିଏ ସବୁଜ ଫସଲ, ହାଡ଼ ମାଂସର ଶରୀରର ଟାଣପଣ, ଗର୍ଭବତୀ ମା' ଖୋଜୁଥାଏ ଗଛ ଗଣ୍ଡିରେ ତିଆରି ପ୍ରସୂତିଶାଳା ଓ ଶିଶୁଟି ସାମ୍ନାରେ ଦେଖୁଥାଏ। କ୍ଷୀର ସମୁଦ୍ର ତଥାପି ରିଲିଫ୍ ଅପେକ୍ଷାରେ ଥାଏ ଅନେକ ଝାଟିମାଟି ଘରର କଙ୍କାଳ। ସେତେ ବେଳେ ଭୋଟ ପାଇଥିବା ଜହ୍ଲାଦମାନେ ଦେଇଥାନ୍ତି ମିଛ ପ୍ରତିଶ୍ରୁତି। ସତ ଆବରଣ ଭିତରେ ସମୟ ଯେତେ ବି ସ୍ଥିର ହୋଇଯିବ ମଣିଷର ମାନସିକତା ହୁଏ ତ ଶୁଦ୍ଧତା ଆଡ଼କୁ ନେଇଯିବ। 'ମାଓବାଦୀ' କବିତାରେ ମାଓବାଦୀ ମଣିଷମାନଙ୍କ ମନସ୍ତତ୍ତ୍ୱର ଚିତ୍ର ରହିଛି। ଅଧିକାର ପାଇଁ ନୁହେଁ କେଇଟା ଟଙ୍କା ପାଇଁ ମଣିଷ ମାଓବାଦୀ ହୋଇଯାଏ। ଲୁଚିଛପି ଗାଁ ମାଟିର ମଣିଷଟି ଦିନେ ପାଲଟି ଯାଏ ଲାଲ୍ ସୈନିକ। ଯୌନ ଲାଳସା ଅର୍ଥାନ୍ୱେଷାର ପ୍ରହେଳିକା ଭିତରେ ସେମାନେ ଅନ୍ଧ ପାଲଟି ଯାନ୍ତି। ହୃଦୟରୁ ଲିଭିଯାଏ ମାନବିକତା। ମୃତ୍ୟୁର ଅଦୃଶ୍ୟ ଫଳକକୁ ଝୁଲାଇ ଅତ୍ୟାଚାର, ଅପହରଣ, ଜୁଲମ ଭଳି ନାରକୀୟ କାଣ୍ଡ ରଚି ଯା'ନ୍ତି। ମାତ୍ର ଏ ଭ୍ରମରେ କେବଳ

ସରଳ ମଣିଷଟି ବିକ୍ରି ହୋଇଛି ତା' ନିଜ ଅଜାଣତେ। ଅନୁତାପର ଲୁହରେ ସେ କିନ୍ତୁ ପାଇ ଯାଏ ଅମର ସ୍ପର୍ଶ। ତା' ଜୀବନ ଆକାଶରେ କେବେ ଉଇଁ ଆସେ ଜହ୍ନ ସେ ଜାଣି ପାରେନା।

ସାମ୍ପ୍ରତିକ ଓଡ଼ିଆ କବିତାଧାରାରେ କବି ରବୀନ୍ଦ୍ର ବିହାରୀ ଜଣେ ଚର୍ଚ୍ଚିତ ପ୍ରତିଭା। ଆଧୁନିକତାର ସ୍ପର୍ଶରେ ରଚିତ ତାଙ୍କର ଏହି 'ମଝି ନଈର କବିତା' ଗ୍ରନ୍ଥ ଓଡ଼ିଆ କବିତା ବିଭାଗକୁ ନୂତନତା ଦେଇଛି ନିଶ୍ଚୟ। ଭାଷାର ପରିଚ୍ଛନ୍ନତା, ରୁଚିପୂର୍ଣ୍ଣ ସଂଯୋଜନା ଓ ଭାବପ୍ରକାଶର ମାଧ୍ୟମ ସୁଦୂରପ୍ରସାରୀ। ପ୍ରେମ-ପ୍ରଣୟ-ବିରହ-ଈଶ୍ୱରାନୁଭିମୁଖୀ ଏପରି ଅନେକ ଆବେଗର ପରିଭାଷା ତାଙ୍କର ଏହି କବିତା ସଂକଳନ, ଯାହାର ଯାଦୁକରୀ ସ୍ପର୍ଶରେ ପାଠକ ପ୍ରାଣକୁ ସବୁ ପ୍ରକାରର ଅନୁଭୂତି ଯୋଗାଇ ପାରିଛି।

■

# ଅନୁଭୂତିରେ ଭାବୋଚ୍ଛ୍ୱାସ 'ସେଇ ସବୁଦିନ'ର ଗଳ୍ପରେ ପ୍ରେମର ଦୀର୍ଘଶ୍ୱାସ

ଉତ୍ତର ଅଶୀ ପରବର୍ତ୍ତୀ ଓଡ଼ିଆ କଥା ସାହିତ୍ୟରେ ଜଣେ ବହୁ ଚର୍ଚ୍ଚିତ କଥାକାର ଭାବରେ ସତ୍ୟପ୍ରିୟ ମହାଲିକ୍ ବେଶ୍ ସୁପରିଚିତ। ତାଙ୍କ ରଚିତ କୃତିଗୁଡ଼ିକୁ ଅନୁଧ୍ୟାନ କଲେ ଆଙ୍ଗିକ-ଆତ୍ମିକ ଦିଗ ଦୃଷ୍ଟିରୁ ତତ୍ତ୍ୱ, ତଥ୍ୟ ଓ ବର୍ଣ୍ଣନାଶୈଳୀ ପୂର୍ଣ୍ଣ ଭାବେ ମହତ୍ତ୍ୱ ରକ୍ଷା କରି ଓଡ଼ିଆ କଥା ସାହିତ୍ୟକୁ ସମୃଦ୍ଧ ଓ ଦୀପ୍ତିମନ୍ତ କରିପାରିଛି। ତାଙ୍କର ପ୍ରତ୍ୟେକଟି ଲେଖା ଭିତରେ ଦୁର୍ମୂଲ୍ୟ ବକ୍ତବ୍ୟର ପରିଭାଷାକୁ ଖୋଜିବାକୁ ପଡେ ଯାହା ତାଙ୍କ କୃତିର ବିଶେଷତା। ଆହାତ ଅଭିମାନର ସ୍ୱର ଓ ସ୍ଥିତିବାଦୀ ବେଦନାବୋଧରେ ବିଜଡ଼ିତ କରୁଣ ଚିତ୍ର ସତ୍ୟପ୍ରିୟ ମହାଲିକଙ୍କ କଥାଶିଳ୍ପକୁ ଋଦ୍ଧିମନ୍ତ କରିଛି। ତାଙ୍କର ରଚିତ ସାହିତ୍ୟକୃତି ନିଖୁଣ କାରୁକାର୍ଯ୍ୟରେ ପାଠକ ପାଖରେ ପ୍ରାଣବନ୍ତ ଓ ପ୍ରଭାଦୀପ୍ତ।

ଭଦ୍ରକ ଜିଲ୍ଲାର ଏରଡ଼ା ଗ୍ରାମପଞ୍ଚାୟତ ଅଧିନରେ ଥିବା ନଳବାଙ୍କ ଗ୍ରାମରେ ୧୯୬୨ ମସିହାରେ ସତ୍ୟପ୍ରିୟ ମହାଲିକଙ୍କ ଜନ୍ମ। ପିତା ସଙ୍କର୍ଷଣ ମହାଲିକ ଓ ମାତା ଆଶାମଣି ଦେବୀଙ୍କ ସୁଯୋଗ୍ୟ ସନ୍ତାନ। ପିଲାବେଳରୁ ଦାରିଦ୍ରତାର ଉପଲବ୍ଧ ଓ ବସ୍ତୁବାଦୀ ଜୀବନର ଅନୁଭୂତିଗୁଡ଼ିକୁ ତାଙ୍କ କଥା ସାହିତ୍ୟରେ ଛଳ ଛଳ ଆବେଗ ଭିତରେ ନିମଗ୍ନ। ଜଣେ ସଫଳ ସାହିତ୍ୟିକ ଓ ଅନୁଭୂତି ସଂପନ୍ନ କଥାକାର ଭାବରେ ସାହିତ୍ୟ ସୃଷ୍ଟିକୁ ନିଜସ୍ୱ ରୀତିରେ, ନିଜସ୍ୱ ଢଙ୍ଗରେ ଅମ୍ଳାନ ରଖି ଲେଖିଛନ୍ତି। ସଂପ୍ରତି ଓଡ଼ିଆ ଗଳ୍ପ କ୍ଷେତ୍ରରେ ନୂତନ ଚିନ୍ତାଦର୍ଶର ପ୍ରଖ୍ୟାପକ ଭାବରେ ତାଙ୍କର ସ୍ୱାତନ୍ତ୍ରତା ପରିଲକ୍ଷିତ। ଓଡ଼ିଆ ଗଳ୍ପ ଜଗତକୁ ନୂଆ ଧାରାରେ ପ୍ରତିପାଦିତ କରିବାରେ ତାଙ୍କର ପ୍ରତିଭା ସ୍ୱୀକାର୍ଯ୍ୟ। କଥାକାର ସତ୍ୟପ୍ରିୟ ମହାଲିକଙ୍କ ପ୍ରକାଶିତ ସୃଷ୍ଟି ସମ୍ଭାର 'ଗଳ୍ପପୁରୁଷ' (୨୦୦୨), 'ସେଇସବୁ ଦିନ' (୨୦୦୪), 'କଥାତନୁ' (୨୦୦୬), 'ଅଳ୍ପ ଅଳ୍ପ' (୨୦୦୬),

'କଭର ଷ୍ଟୋରୀ' (୨୦୦୭), 'ଶୂନ୍ୟକାଳ' (୨୦୦୮), 'କୁହୁକ ଦର୍ପଣ' (୨୦୦୯), 'ସରି ନଥିବା ଏକ ଲୋକ କଥା' (୨୦୦୯), 'ବାଣୀବିହାର ଡ଼ାଏରୀ' (୨୦୧୧), 'ତିନି ପ୍ରଖ୍ୟାନ' (୨୦୧୪), 'ମିଛ ସହିତ ଏକ ପ୍ରୟୋଗ' (୨୦୧୬), 'ନିଉଟୋପିଆ' (୨୦୧୯) ତାଙ୍କର ବିଭିନ୍ନ କୃତି ପାଇଁ ସେ ଓଡ଼ିଆ ସାହିତ୍ୟ ଏକାଡ଼େମୀ ପୁରସ୍କାର (୨୦୧୧), ସ୍ୱର ଓ ସାକ୍ଷର କଥା ସମ୍ମାନ (୨୦୧୫), ଅଖିଳ ମୋହନ କଥା ସମ୍ମାନ (୨୦୧୩), ମହୁରୀ ପୁରସ୍କାର (୨୦୧୧), ଟାଇମ୍ ପାସ୍ ବୁକ୍‌ର ପୁରସ୍କାର (୨୦୦୯), ପକ୍ଷୀଘର ଗଳ୍ପ ସମ୍ମାନ (୨୦୦୭), କହ୍ନେଇ ଗଳ୍ପ ସମ୍ମାନ (୨୦୦୬)।

"ପିଲାଦିନର ପୁଲକ ଓ ପ୍ରେମର ପାହାନ୍ତି ଝଡ଼ ଭାଙ୍ଗିଦିଏ ପାପର କାଚ, ପୁଣ୍ୟର ପାହାଚ। ସେଇସବୁ ଭୁଲି ହେଉ ନଥିବା ଦିନର ଝଲମଲ ଦୁଃଖ ଓ ଭଲ ପାଇବାର ତରଳ ଇତିହାସ" ସତ୍ୟପ୍ରିୟ ମହାଲିକଙ୍କର 'ସେଇସବୁ ଦିନ' ଗଳ୍ପ ସଂକଳନରେ ସ୍ୱର ଓ ସ୍ୱାକ୍ଷର। ଏହି ଗଳ୍ପ ସଂକଳନର ୧୨ଟି ଗଳ୍ପକୁ ନେଇ ସମୃଦ୍ଧ ହୋଇଛି, ଯଥା – (୧) ଆଦିକଥା, (୨) ପାଳଭୂତ, (୩) ପ୍ରେମିକା, (୪) କୌଣସି ଏକ ଦୁର୍ଘଟଣା ସମ୍ପର୍କରେ, (୫) ଖେଳ, (୬) କଇଁଫୁଲ ବିଷୟରେ ଏକ କିମ୍ବଦନ୍ତୀ, (୭) ଜଣେ ରାଜା ଥିଲେ, (୮) ନିଧୁବନ, (୯) ଘୋଡା ଗପ, (୧୦) ଲବଙ୍ଗଲତା, (୧୧) ମୋକ୍ଷ, (୧୨) କୌଣସି ଶିଳାଲେଖ। ଏହି ଗଳ୍ପ ଲେଖିବା ସମୟରେ ସତ୍ୟପ୍ରିୟ କୁହନ୍ତି "ସେଇ ସବୁଦିନ ଗଳ୍ପ ଲେଖିଲାବେଳେ ଅନ୍ୟମାନଙ୍କ ଠାରୁ ଲୁଚେଇବାକୁ ପଡୁଥିଲା। ସଂକୋଚ, ଭୟ ଓ ଅଭିମାନରେ। ଆଜି ଏହିସବୁ ଗଳ୍ପ ଏକାଠି କଲାବେଳେ ମନେ ପଡେ, କେତେ ରୋମାଞ୍ଚକର ଅନୁଭବ ସବୁ ଯୋଡ଼ି ହୋଇଯାଇଛନ୍ତି ଏଥିରେ। କାଲିପରି ଲାଗୁଚି ସେଇ ସବୁଦିନ ଆଜି ଇତିହାସ। କାଲିଠୁ କାହାଣୀ ହୋଇଯିବ।"

ପ୍ରେମ ଏକ ମହତ୍ତର ବିଷୟ ଭାବରେ ଯୁଗେ ଯୁଗେ ସାହିତ୍ୟରେ ସ୍ଥାନ ପାଇଆସିଛି। ପବିତ୍ର ହୃଦୟର ପ୍ରେମକୁ ସ୍ରଷ୍ଟା ସୃଷ୍ଟି ଭିତରେ ପ୍ରକାଶ କରିବା ଲାଗି ସତତ ଚେଷ୍ଟିତ। ଯଦିଓ ଏହା କେବେକେବେ ଅତ୍ୟନ୍ତ ଅନ୍ତର୍ଭେଦୀ, ପ୍ରଭାବଶାଳୀ ସାମାଜିକ ଶୃଙ୍ଖଳା ବିରୁଦ୍ଧ ତଥାପି ଏହାକୁ ନିଷ୍ପ୍ରୟୋଜନ ବୋଲିବା  କଷ୍ଟସାଧ୍ୟ। ସତ୍ୟପ୍ରିୟ ମହାଲିକଙ୍କ ପ୍ରେମ ସାମ୍ରାଜ୍ୟ ଏକ ଅଦ୍ଭୁତ ରହସ୍ୟମୟ ପୃଥିବୀ ପରି। ସ୍ନିଗ୍ଧ ସଜଳ ଅନୁଭବ ପରି ଆଉ କେବେ ବର୍ଷାଭିଜା ରଜନୀଗନ୍ଧାର ରାତି ପରି। ବେଳେବେଳେ ପ୍ରେମ ଲାଗି ରଜନୀଗନ୍ଧାର ରାତି ଅଚାନକ ବଦଳିଯାଏ କେବଳ ଗୋଟିଏ ପଲକର ବ୍ୟବଧାନରେ। କିଶୋର ଜୀବନର ବିଚିତ୍ର ଅନୁଭୂତି ତାଙ୍କର ଏହିସବୁ ଗଳ୍ପଗୁଡ଼ିକୁ କରିଛି ରସାଣିତ। ତାଙ୍କ ଗଳ୍ପରେ ଗପ ଏବଂ ସତକଥା ଏ ଭିତରେ

ପ୍ରଭେଦ ଦେଖାଯାଏ ନାହିଁ। ପୁରୁଣା କଥାର (ଧାରାକୁ ଭାଙ୍ଗି ନୂଆ କଥାରେ ପ୍ରକାଶ କରିବା ତାଙ୍କର ଉଦ୍ଦେଶ୍ୟ)। ସତକଥା ଲେଖିବାର କାରଣରେ ସେ କୁହନ୍ତି –"ମୁଁ ଜାଣେ ସତକଥା ସବୁ ଗପ ଠାରୁ ବି ଅଧିକ ଅବିଶ୍ୱାସ, ଅଧିକ ସାଙ୍ଘାତିକ। ମୋ ଚତୁପାର୍ଶ୍ୱରେ ଘଟିଥିବା ଅଧିକାଂଶ ଘଟଣା ସବୁ କମ୍ ଅଲୌକିକ, ମ୍ୟାଜିକାଲ ଓ ଫାଣ୍ଟାସୀୟ ନୁହେଁ। କାରଣ ସାମାଜିକ ମୂଲ୍ୟ ସହିତ ବ୍ୟକ୍ତି ମୂଲ୍ୟର ଯେଉଁ ଅବିରାମ ସଂଘର୍ଷ ଲାଗି ରହିଛି, ତାହା ଆଉ ପ୍ରଚଳିତ ଆଦର୍ଶ ଓ ପାରମ୍ପରିକ ସଂରଚନାକୁ ଧରି ରଖିପାରୁ ନାହିଁ।" ସେ ଯାହାହେଉ 'ସେଇସବୁ ଦିନ' ଗଳ୍ପ ସଂକଳନରେ ପ୍ରତ୍ୟେକଟି ଗଳ୍ପ ରଚନା କ୍ଷେତ୍ରରେ ସତ୍ୟପ୍ରିୟ ମହାଲିକ ଖୁବ୍ ସଚେତନ ଏବଂ ଅତ୍ୟନ୍ତ ମତବାକ୍। ନିଜସ୍ୱ ମୌଳିକ ଚିନ୍ତା ଓ ଚେତନାର ଗାମ୍ଭୀର୍ଯ୍ୟରେ ପରିପୂର୍ଣ୍ଣ ତାଙ୍କର ଏହି ଗଳ୍ପ ସଂକଳନର ପ୍ରତ୍ୟେକଟି ପ୍ରେମ ଗଳ୍ପ। ଏ ପ୍ରସଙ୍ଗରେ 'ସେଇ ସବୁଦିନ' ଗଳ୍ପ ସଂକଳନରେ ସନ୍ନିବେଶିତ ହୋଇଥିବା ୧୨ଟି ପ୍ରେମ ଗଳ୍ପଗୁଡ଼ିକର ଆଲୋଚନା କରାଯାଇପାରେ।

'ସେଇ ସବୁଦିନ' ଗଳ୍ପ ସଂକଳପର 'ଆଦିକଥା' ଏକ ସଫଳ ପ୍ରେମ ଗଳ୍ପ। ଭାବପ୍ରବଣତାରେ ବହିଯାଉଥିବା ଆଦାମ ଓ ଇଭ୍‌ଙ୍କ ଜୀବନରେ ପ୍ରେମ ହିଁ ଥିଲା ଏକ ଛଳଛଳ ଝରଣାଟି ପରି। ଇଭ୍ ଥିଲା ଫୁଲ ପରି ନରମ। ଆଦାମ ଥିଲା ରୂପଲାବଣ୍ୟ ଭରା ଇଭ୍‌ର ପ୍ରେମିକ ପ୍ରବଣ ମନଟିଏ। ବଣ, ଜଙ୍ଗଲ, ପାହାଡ଼, ଝରଣା, ପ୍ରକୃତିର ଶୋଭାରାଶି ସହ ନିବିଡ଼ ଭାବେ ଜଡ଼ିତ ଥିବା ଏହି ଦୁଇଜଣ ପ୍ରେମୀଙ୍କର ବାସସ୍ଥାନ। ରହସ୍ୟମୟ ଈଶ୍ୱର ଥିଲେ ଯାହାର ମାଲିକ। ପ୍ରେମ କ'ଣ, ବିରହ କ'ଣ ଏ ବିଷୟରେ ଅନଭିଜ୍ଞ ଥିଲେ ଦୁଇଜଣ। ଶୂନ୍ୟରୁ ଏକ ବାଣୀ ଶୁଣାଯାଇଛି "ଯେଉଁ ପାହାଡ଼ ଦେଖୁଛ ସେହି ପାହାଡ଼କୁ କେହି ଚଢ଼ି ନାହାନ୍ତି ଜାଣ? ସେ ପାହାଡ଼ରେ ଚଢ଼ିଚଢ଼ି ତା ତୁଙ୍ଗ ଶିଖର ଉପରେ ପହଞ୍ଚିବା ପାଇଁ ଅନେକ ଚେଷ୍ଟା ସିନା କରିଛନ୍ତି ହେଲେ କେହି ଦୁର୍ଲଂଘ୍ୟ ପାହାଡ଼କୁ ବିଜୟ କରି ତା'ର ଚୂଡ଼ାରେ ବିଜୟର ନିଶାଣ ପୋତି ପାରିନାହାନ୍ତି। ତାହା ଦୁର୍ଗମ ଓ ବିପଦ ଶଙ୍କୁଳ। ସାବଧାନ ତୁମେ କେବେ ମାୟାରେ ପଡି ସାମାନ୍ୟ ଆବେଗକୁ ଛୁଇଁବା ପାଇଁ ସେ ପାହାଡ଼ ଚଢ଼ି ପ୍ରଥମ ବିଜୟୀ ହେବାର ମନ ବଳାଇବ ନାହିଁ, ତାହା ନିଷିଦ୍ଧ ପାହାଡ଼। ବିପଦରେ ପଡ଼ିଯାଇପାର।" ଏଠାରେ ପ୍ରେମର ଦୁର୍ଗମ ପଥକୁ ଅତିକ୍ରମ କରି ବିଜୟୀ ହେବା ଲକ୍ଷ୍ୟ ଏକା ମାୟା ଛଡ଼ା ବାସ୍ତବ ହୋଇ ନପାରେ ଲେଖକ ପ୍ରକାଶ କରିଛନ୍ତି। ସବୁ ଆବେଗ ପ୍ରବଣତା ଏଠି ଗୋଟିଏ କ୍ଷଣରେ ବିଲୀନ ନିଜ ଭିତରେ ତାକୁ କେହି ପଢ଼ିପାରନ୍ତି ନାହିଁ କି ଜାଣି ମଧ୍ୟ ପାରନ୍ତି ନାହିଁ। ପ୍ରେମିକାର ଖୁସି ପାଇଁ ପ୍ରତିମୁହୂର୍ତ୍ତରେ ଅଣନିଶ୍ୱାସୀ ହୋଇ କାର୍ଯ୍ୟରତ ଥିବା ପ୍ରେମିକଟି

ଯେ ବାରମ୍ବାର ହାରିବାର ସ୍ୱାଦକୁ ଉଖିନିଏ ଏଥିରେ ପ୍ରକାଶିତ। ଯେମିତି ଇଭ୍‌ର ପ୍ରେମିକ ଠାରେ ଅଳି ଯେ ଆକାଶରେ ପହଁରୁଥିବା ଜହ୍ନ ଓ ବିଞ୍ଚା ଯାଇଥିବା ତାରାଙ୍କୁ ପାଇବାର ମୋହ ତ ପୁଣି କେତେବେଳେ ମଉଳି ଯାଉନଥିବା ଫୁଲ ମୋ ଗଭାରେ ଦିଅ ବୋଲି ଅଭିମାନ ଭରା ଲୁହ ଦେଖି ପ୍ରେମିକଟି ସହି ନ ପାରି କେବେ ଆକାଶକୁ ଖଞ୍ଜିଥାଏ ନିଶୁଣି ତ କେବେ ସଜଫୁଟା ଫୁଲର ସନ୍ଧାନେ ବିତିଯାଏ ରାତି-ଦିନ-ମାସ-ବର୍ଷ ଓ ନିଜ ଆୟୁଷରୁ କିଛି ଅଂଶ ବି। ଯଦିଓ ପ୍ରେମିକ ଜାଣିଚି ଏସବୁ ତା'ପାଇଁ ଅସମ୍ଭବ ତଥାପି ପ୍ରେମିକାର ଦୁଃଖ ଯାଏ ନା ତା' ଆଖିରେ। ଚେଷ୍ଟା କରେ ବାରବାର ତା' କଥା ରଖିବାକୁ। ଏଥିପାଇଁ ବାରବାର ନଇଁ ଯାଏ କଅଁଳ ଶିଶୁଟି ପରି ପ୍ରେମିକାର ଛାତି ଉପରେ। ଏଠାରେ ଗାଳ୍ପିକ ସତ୍ୟପ୍ରିୟ ଦେଖାଇଛନ୍ତି ପ୍ରେମ ଅହଂକାର ପାଖରେ ହାରିଯାଏ ଠିକ୍ ଯେମିତି "ଇଭ୍‌କୁ କହିଛି; ନାରୀ ଚିରକାଳ ପ୍ରତିଭାବାନ, ଶକ୍ତିଶାଳୀ ଓ ସାହାସୀ ପୁରୁଷକୁ ଭଲପାଏ। ମୋତେ ତୁମେ ପାଇବାକୁ ହେଲେ ସେଇ ନିଷିଦ୍ଧ ପାହାଡ଼କୁ ଚଢ଼ି ବିଜୟ ପତାକା ପୋତି ଆସିବାକୁ ହେବ।" ଅସହାୟ ପ୍ରେମିକଟି ବିଘ୍ନରଶୂନ୍ୟ ହୋଇ ପ୍ରେମର ପରାକାଷ୍ଠା ନିମିତ୍ତ ପାହାଡ଼ ଚଢ଼ି ଯିବାର ପ୍ରୟାସ କରିଛି। ସେ ଚଢ଼ିଚଢ଼ି ଭାବିଚି ପ୍ରଥମ ବିଜୟୀ ଆରୋହଣକାରୀ ହୋଇ ସାହାସୀ ଗୌରବରେ ଇଭ୍‌ର ଗାରିମାକୁ ଦ୍ୱିଗୁଣିତ କରିବ। ଆଦାମ ଜୀବନ ଓ ମୃତ୍ୟୁର ସିନ୍ଧିରେ ଚୁକ୍ତି କରି ପଡିଉଠି ପାହାଡ଼ ଶୀଖରରେ ପହଞ୍ଚି ଦେଖିଛି ତା' ଆଗରୁ କେହି ଜଣେ ତା ହାତରେ ଧରିଥିବା ନାଲି କନାର ତିନି କୋଣିଆ ପତାକା ଲଗା ବାଡ଼ିରେ ବିଜୟୀ ପତାକା ପୋତି ଦେଇଯାଇଛି। ସେଇଠି ଏକ ନିରୀହ ପ୍ରେମିକର ସବୁ ଶ୍ରମ, ବିଶ୍ୱାସ, କଳ୍ପନା, ସ୍ୱପ୍ନ କ୍ଷଣକେ ଧ୍ୱଂସ ପାଇଯାଇଛି। ଦୁଃଖ, ଅନୁଶୋଚନା, ଲଜ୍ଜା ଓ ଅପମାନରେ ଏକ ପରାସ୍ତ ମଲ୍ଲ କରି ଫେରିଆସି ଇଭ୍‌କୁ ବହୁତ ଖୋଜିଛି। ଚିଠିଟିଏ ପାଇଛି ଯେଉଁଥିରେ ଲେଖାଅଛି – "ତୁମକୁ ଅପେକ୍ଷା କରି ନିରାଶ ହେଲା ପରେ ଜଣେ ଦୁଃସାହସୀ ପୁରୁଷ ସହ ନିଜ ଇଚ୍ଛାରେ ଯାଉଛି ତୁମେ ବି ଅନ୍ୟ କାହାକୁ ନିଜର କରି ନିଅ।" ଏଠାରେ କାରୁଣ୍ୟ ସମ୍ବେଦନଶୀଳ ନିଃସହାୟତା ପରିପ୍ରକାଶ ହୋଇଛି। ଅହଂକାରର ଆତ୍ମବଡ଼ିମା ଆପେ ଭାବନା ଯେ ମହତ୍ତ୍ୱ ରଖେ ନାହିଁ ଯାହା ଶୂନ୍ୟତାକୁ ଇଙ୍ଗିତ କରେ ତା'ର ପରିପ୍ରକାଶ ଘଟିଛି।

'ପାଳଭୂତ' ଗଳ୍ପଟି ଗାଁ ପରିବେଶର ଚିତ୍ର ଭିତରେ ଖୁବ୍ ହୃଦୟସ୍ପର୍ଶୀ ହୋଇଛି। ଗାଁ'ର ଝିଅ ହେଲେ ବି କୁନିଅପା ଦେଖିବାକୁ ରାଜା ଝିଅ ପରି ଭାରି ସୁନ୍ଦର। ତାଳଗଛ, ଶାଗୁଆନ ଗଛ, ଆଖୁ କ୍ଷେତ, ଅଙ୍କାବଙ୍କା ନଈ ଭିତରେ ଗାଁର ପରିବେଶ ମନୋରମ ସେଇ ନଈ ଭିତରେ ସବୁଦିନର ଯିବା ଆସିବା ଥାଏ। ବାଡ଼ିକୁ ଲାଗି ମକା, କାକୁଡ଼ି,

ଖେସାରି, ହରଡ଼ ଗଛର ବଣ ତା' ପାଖକୁ ନଈ। କୁନିଅପା ବାସୁ ସାରଙ୍କ ଝିଅ ପଞ୍ଚମ ଶ୍ରେଣୀରେ ପଢ଼େ। ସେଇ ଗାଁର ପିଲାଟିଏ କୁନିଅପା ବୟସର ପାଠ ହୁଏ ନାହିଁ ବୋଲି ଦ୍ୱିତୀୟ ଶ୍ରେଣୀରେ ପଢ଼େ। କୁନିଅପାର ସେ ଖୁବ୍ ପ୍ରିୟ। ତା' କଷ୍ଟ ଦେଖିଲେ କୁନିଅପା ଖୁବ୍ କଷ୍ଟ ହୁଏ। ସବୁଦିନ ପରି କୁନିଅପା ସହ ଖେଳ ତା'ର ସେଦିନ କିଛି ଅଲଗା ଥିଲା। ଆଖୁ କ୍ଷେତକୁ ଲାଗି ଘର କଲେ ନେଣ୍ଟି ନେଣ୍ଟି ଫୁଲ ତୋଳି କୁନିଅପା ମୁଣ୍ଡରେ ଖୋସିଲା। ମକା ଚଅଁର ଝାଡୁ ନେଇ ଘର ସଫାକଲା। ଥାଳି, କଂସା, ଗିଲାସ, ଭାତ, ତରକାରୀ ବାଲିରେ କଲା। ପୁଅଟି ବଜାର ଗଲା, ଡେରିରେ ଫେରିବାରୁ କୁନିଅପା ବ୍ୟସ୍ତ ହେଉଥିଲା। ବଜାରରୁ ପୁଅଟି କୁନିଅପା କଥାରେ ଶାଢ଼ୀ, ପାନ, ଗୁଆ, ମାଛ ବି ଆଣିଲା। କୁନିଅପା ପୁଅଟିକୁ କହିଲା ଆମର ପୁଅ ହେଲେ ତୁମକୁ ବାପା ଡାକିବ। ବୁଝି ନପାରି ପୁଅଟି କୁନିଅପାକୁ ଚାହିଁଲା। କୁନିଅପାର କେତେଗୁଡ଼ିଏ ପ୍ରଶ୍ନ ଭିତରେ ପୁଅଟି ଚକିତ ହୋଇଯାଉଥିଲା। ସେ ଲାଜେଇ ଯାଇ ଫେ କିନା ହସିବାରୁ କୁନିଅପା କ୍ଷେତରେ ଥିବା ପାଳଭୂତ ଆଡକୁ ହାତ ଦେଖାଇ ପୁଅଟିକୁ କହିଲା "ଦେଖୁନା ସେ କିଛି ପିନ୍ଧିନି ଦେହରେ ଖାଲି କପଡ଼ା ଘୋଡ଼ି ହୋଇଛି।" ଏମିତି ମିଛି ମିଛିକା ଖେଳ ଭିତରେ ପୁଅଟିକୁ ଖୁବ୍ ଜୋରରେ ଭୋକ ଲାଗୁଥାଏ। କୁନିଅପା ମାଛ, ଭାତ, ଡାଲି, ପାଣି, ଭାତ ଖାଇବାକୁ ଦେଲା। ସରିବା ପରେ ଶୋଇବାକୁ ଡାକିଲା କୁନିଅପା। ପୁଅଟି ଭାବିଛି ନଈକୁ ଗାଧୋଇବାକୁ ଆସିଲିନି ଯେ ଏ କୁନିଅପା, ହାତେ ଅବେଳରେ ପଡିଗଲି। ଭାରି ଭୋକ ହେଲାଣି, ଖୋଜିବଣି କହି ପୁଅଟି ଯିବାକୁ ବାହାରିଲା ବେଳେ କୁନିଅପା ରାଗିଯାଇ କହିଲା "ଆଜି ଯଦି ମୋ ସହ ନ ଶୋଇବ ମୋତେ ବାହା ହେଲ କାହିଁ? ଘର କଲ କାହିଁକି?" କୁନିଅପା କଥା ଶୁଣି ପୁଅଟି ଡରିଗଲା ମୁଁ କାହିଁକି ବାହା ହେଲି? ସତରେ କ'ଣ କୁନିଅପା ବୋଉ ହୋଇଗଲା। ପୁଅ ହେବ ଆମର? ଭୟରେ ପୁଅଟି ନିଜ ମା'କୁ ବଡ଼ ପାଟିରେ ଡାକିଛି ଦୌଡ଼ିଆ ମା' କୁନିଅପା ମୋ ହାତ ଛାଡୁନି। କୁନିଅପା ପୁଅଟିକୁ ଆଖୁ କ୍ଷେତ ପାଖ ଘରକୁ ଟାଣିନେଲା। ତା' ହାତରେ ପୁଅର ଆଖିକୁ ବନ୍ଦ କରିଦେଲା। ମୁହୂର୍ତ୍ତକେ ସବୁ ଅନ୍ଧାର ହୋଇଗଲା। ପୁଅଟି ମିଛରେ ଶୋଇଗଲା ନିଦ ଭାଙ୍ଗିଲା ବେଳକୁ ବାସୁସାର କୁନିଅପାକୁ ବାଡ଼େଇ ବାଡ଼େଇ ନେଉଛନ୍ତି। କୁନିଅପାର କାନ୍ଦ ଶୁଣି ତା କାନ୍ଦରେ ସମବେଦନା ଜଣାଇ ଉଠିଲା ବେଳକୁ ନିଜ ଦେହରେ କିଛି ଲୁଗା ନଥିଲା। ଏହି ଗଳ୍ପରେ ପିଲାଟିର ଶୈଶବରେ ପ୍ରେମ ପ୍ରତି ଆବିଳତା ନଥାଏ ସେହି କଥା ପ୍ରକାଶିତ। କୁନିଅପା ମନରେ ଯଦିଓ ପିଲାଟି ପାଇଁ ପ୍ରେମପୂର୍ଣ୍ଣ ଭାବାନ୍ତର ସୃଷ୍ଟି ହୋଇଛି କିନ୍ତୁ ପୁଅଟିର ମନରେ ସେସବୁ ପଶି ନାହିଁ। କୁନିଅପା ପ୍ରେମର ଆବେଗର ଉଷ୍ମତାକୁ ସେ ଅନୁଭବ କରିପାରି ନାହିଁ ଠିକ୍ ପାଳଭୂତ ପରି।

'ପ୍ରେମିକ' ଗଳ୍ପରେ ପ୍ରେମର ନିଃସହାୟତାର ଚିତ୍ର ପ୍ରଦର୍ଶିତ। ହୃଦୟହୀନ ନାରୀଟି କିପରି ପ୍ରତି ରାତିରେ ପର ପୁରୁଷର ଶଯ୍ୟାସଙ୍ଗିନୀ ହେବାପରେ ନିଜ ଦେହର ଲାଳସା ମେଣ୍ଟାଇ ସାରି ସେହି ପୁରୁଷକୁ ତିରସ୍କାର କରିପାରେ ଏହି ଗଳ୍ପରେ ଦେବଯାନୀ ଚରିତ୍ର ମାଧ୍ୟମରେ ପ୍ରକାଶିତ। ଦେବଯାନୀର ସ୍ୱାମୀ ଦୂର ଦେଶରେ ରୁହନ୍ତି। ତାଙ୍କ ଅନୁପସ୍ଥିତିରେ ସେଇ ଗାଁର ଏକ ଯୁବକ ସହ ଶାରୀରିକ ସମ୍ପର୍କ ରଖିଛି। ପ୍ରତିଦିନ ରାତିରେ ସେହି ଯୁବକକୁ ସେ ଡାକିଆଣେ ନିଜ ସ୍ୱାର୍ଥ ପାଇଁ। ବିଚରା କ୍ଷୀଣକାୟ ଯୁବକଟି ପ୍ରତି ରାତିରେ ଜଳିଯାଏ ଦେବଯାନୀକୁ ନିଜର ସବୁତକ ସାମର୍ଥ୍ୟ ଢାଳି ଦେଇ। କ୍ଷଣିକ ଉତ୍ତେଜନାରେ ଅଣାୟତ୍ତ ହୋଇ ଅନାୟଶରେ ଭେଟିଦିଏ ନିଜର ଔଜଲ୍ୟକୁ ଓ ପରଦିନ ଦୁର୍ବଳ ହୋଇପଡେ। ମା'କୁ ଭାରି ଡ଼ର କିନ୍ତୁ ଯୁବକଟିର ହେଲେ କାମନାର ଆକର୍ଷଣ ସବୁ ସୀମାକୁ ଯେ ପ୍ରତିହତ କରିପାରେ ଏଥିରେ ପ୍ରକାଶିତ। ପ୍ରତି ଅବାଞ୍ଛିତ ସମ୍ପର୍କରେ ଅସହାୟ ଯେ ଚିରକାଳ କଷ୍ଟପାଏ, ଏହି ଗଳ୍ପର ନିର୍ଯ୍ୟାସ। ଯେମିତି ଦେବଯାନୀ ଚରିତ୍ର ମାଧ୍ୟମରେ ଗାଳ୍ପିକ ପ୍ରକାଶ କରିଛନ୍ତ "ତୋ ମାମୁଁ ଚିଠି ପଠେଇଛନ୍ତି ରଜ ବେଳକୁ ଆସିବେ। ତୁ ନ ହେଲେ ନ ଆସିବୁ ଆଉ। ଯା ଚିନ୍ତା କ'ଣ। ଯୁବକଟି ପରାଜିତ ପ୍ରତିଦ୍ୱନ୍ଦୀ ପରି ଠିଆ ହୋଇରହିଛି। ଈର୍ଷାରେ, ରାଗରେ, ବିଷାଦରେ, ଅଭିମାନରେ।" ଅନୁଭବ ହୋଇଛି ତାକୁ ଯେପରି ସାରା ଗାଁଟା ଲୋକେ ତାକୁ ବେଢି ଯାଇଛନ୍ତି। ଚଉଦିଗରୁ ଅଶ୍ରାବ୍ୟ, ଶ୍ରୁତିକଟୁ, ସଂଳାପମାନ ଶୁଭୁଛି, ଟେକା ପଥର ତା'ଉପରେ ବର୍ଷିପଡୁଛି। ସେ ଯେମିତି ଅଦ୍ଭୁତ ଜନ୍ତୁଟିଏ ପରି ଚିଡିଆଖାନାରେ ବନ୍ଦୀ ହୋଇଛି। ତା' ଦେହ ଶିହରି ଉଠିଛି। ପ୍ରଭୁଙ୍କୁ ମୁଣ୍ଡିଆ ମାରି କାନ ନାକ ଛୁଇଁ ଶପଥ କରିଛି। ଦେବଯାନୀ ଠାରୁ, ଗାଁ ପୌଢ଼ମାନଙ୍କ ଠାରୁ ପ୍ରତାରିତ ହେବାର ଆଶଙ୍କାରେ ନିଜ ଗତିପଥ ବଦଳାଇ ଘରଆଡ଼େ ଯାଇଛି। ତା' ଆଖି ଆଗେ ବୋଉର ଚିତ୍ର ଭାସିଉଠିଛି ଯେଉଁଠି ସେ ଦିଗ୍‌ବଳୟ ସମ୍ରାଟ ଶତ୍ରୁବିହୀନ ଏକଛତ୍ର ସାମ୍ରାଜ୍ୟର ଅନୁଭବ କରିଛି ମା' ପଣତ ଏକ ନିର୍ଭୟ ପ୍ରତିଶ୍ରୁତିଟିଏ। ଏହି ଗଳ୍ପରେ ପ୍ରେମ ସ୍ୱରୂପର ଦୁଇଟି ଦିଗ ପ୍ରକାଶିତ। ଦେବଯାନୀର ଛଳନାପୂର୍ଣ୍ଣ ପ୍ରେମ ଥିବାବେଳେ ମା'ର ଭଲ ପାଇବାରେ, ତା' ଆକର୍ଷଣରେ ରହିଛି ଯୁବକଟିର ପ୍ରକୃତ ବିଜୟ। ରାତ୍ରିର ଅନ୍ଧାରରେ ନୁହେଁ ପ୍ରେମ ସବୁବେଳେ ଆଲୋକର ସନ୍ଧାନ ଦିଏ ଏହି ଗଳ୍ପର ପ୍ରକାଶ।

'ଖେଳ' ଗଳ୍ପଟିରେ ଖେଳପଡ଼ିଆ ଓ ଜୀବନ ଦୁଇଟି ପ୍ରାୟ ସମାନ ଅଥବା ସମାନ୍ତର। ସନ୍ଦୀପ ଜାଣିଥିଲା ଖେଳ ପଡ଼ିଆର, ଗ୍ୟାଲେରୀ ବାହାରେ ନିତିଦିନର ପାରମ୍ପରିକ ଦୁଃଖ, ଅସହାୟତା, ଅହଂକାର, ଜୀବନଯାପନ ଆଗରେ ଅବକ୍ଷୟର ଧ୍ୱଂସାବଶେଷ ପରି ନିଶ୍ଚିହ୍ନ ହୋଇଯାଏ। ସ୍ପୋର୍ଟସମ୍ୟାନ ସନ୍ଦୀପ୍ ପ୍ରତି ନୀରା ଆକୃଷ୍ଟ

ହୋଇଯାଇଥିଲା। ପରସ୍ପର ନିକଟତର ହେବାର ପ୍ରତିଶ୍ରୁତି, କ୍ରମଶଃ ଘନିଷ୍ଠତା ଓ ଅସାଧାରଣ ଆଶ୍ୱସନାମୟ ରକ୍ତଗତ ଆତ୍ମୀୟତାରେ ଜୀବନର ବାଜି ସହିତ ହୃଦୟର ସମ୍ପର୍କ ଆସ୍ତେ ଆସ୍ତେ ନିକଟତମ ହୋଇଯାଇଥିଲା। ନିକଟତର ହେଲେ ପ୍ରତିଶ୍ରୁତି, ନୀରର ଆବେଗ, ବ୍ୟକ୍ତିଗତ ଇଚ୍ଛା ଆଗରେ ସନ୍ଦୀପ, ଯିଏ ଜୀବନ ସାରା କେବଳ ଡସିପ୍ଲିନ୍, ନିୟମ କଥା ଶିଖିଥିଲା, ସେଇ ଖେଳାଳିଟି ବିଶୃଙ୍ଖଳିତ ହୋଇଗଲା ପରି ଅନୁଭବ କରିଛି ସନ୍ଦିପ। ଏପଟେ ଏଇ ଫାଇନାଲ ମ୍ୟାଚ୍ ସନ୍ଦୀପର ଭାଗ୍ୟ ଓ ଭବିଷ୍ୟତ ନିର୍ଦ୍ଧାରଣର ଏକ ସୁଯୋଗ ହେଲେ ନୀରାର ଚିଠିରେ କେବେକେବେ ରହସ୍ୟମୟ ଭାବେ ସନ୍ଦୀପର ଅନ୍ଧାରୀ ହୃଦୟକୁ ଆଲୋକିତ କରିଦିଏ। ଚିଠିଗୁଡ଼ିକ ସବୁଜ ଆବେଗ ସହିତ ମୁଲାୟମ ଫୁଲର ପାଖୁଡ଼ା ପରି ପ୍ରେମର ଲାଳିତ୍ୟ ଏତେ ଭରି ରହିଥାଏ ଯେ ସନ୍ଦୀପର ହୃଦୟରେ କିଛି ସମୟ ପାଇଁ ନୀରା ପ୍ରତି ଭଲ ପାଇବା ବଢ଼ିଯାଏ। ବେଳେବେଳେ ନୀରାର ଅଭିଯୋଗ ଭରା ଚିଠିଗୁଡ଼ିକର ଉତ୍ତରରେ ଲେଖେ ମୁଁ ତୁମକୁ ଭଲପାଏ ବା ସେହିପରି ଭାଷାର କିଛି ପ୍ରାଚୀନ ଶବ୍ଦ ସହିତ ଉଇକେଟ୍, ବୋଲିଂ, ଟେଷ୍ଟମ୍ୟାଚ୍, ଅମ୍ପେୟର, ଗ୍ୟାଲେରୀ ଏପରି ଶବ୍ଦ ବ୍ୟତୀତ ଆଉ କିଛି ସେ ଚିଠିରେ ନଥାଏ। "ନୀରା କୁହେ; ଖେଳାଳିଙ୍କର କ'ଣ ଖେଳ ବ୍ୟତୀତ ଆଉ କିଛି ନଥାଏ? ତୁମ ପାଇଁ ପ୍ରେମର ଭିନ୍ନ ଶବ୍ଦ କିଛି ନାହିଁ?" ତା'ର ଏପରି ପିଲାଳିଆମିରେ ସନ୍ଦୀପକୁ ହସ ଲାଗେ। ସେ ନୀରାକୁ ବୁଝାଏ ଭାବ ପ୍ରବଣତା ଭଲନୁହେଁ। ଶୃଙ୍ଖଳା ସହିତ ଜୀବନକୁ ଗଢ଼ି ତୋଳିବାରେ ମହତ୍ତ୍ୱ ଅଛି। ନୀରା ବହୁ ଥର ବୁଝାଇଛି ସନ୍ଦୀପକୁ ସିରିୟସ୍ ହେବାପାଇଁ ସମ୍ପର୍କକୁ ନେଇ। ହେଲେ ସିରିୟସନେସ୍ ନିକଟରେ ସନ୍ଦୀପ୍ ନିର୍ବିକାର। ମାତ୍ର ନୀରାର ଚିଠି ପଢ଼େ। ମନେ ମନେ ନୀରା ବିଷୟରେ କଳ୍ପନା କରେ ତା'ର ଫଟୋକୁ ଚୁମା ଦିଏ ନିଜ ଭିତରେ ହାଲକା ଅନୁଭବ କରେ। ମାତ୍ର ନିଜ ଇଚ୍ଛାକୁ ସମ୍ମାନ ଦେଇ ଆସୁଥିବା ସନ୍ଦୀପ୍ ନୀରାର ଇଚ୍ଛାକୁ କେବେ ବୁଝିବାକୁ ବି ଚେଷ୍ଟା କରି ନାହିଁ। ନୀରାର ଶେଷ ଚିଠି ଖେଳ ସରିବାର ଦୁଇତିନି ପରେ ପଢ଼ିଚି ସନ୍ଦୀପ। ଚିଠିଟି ପଢ଼ି ସାରିବା ପରେ ଏକ ଶୂନ୍ୟତା, ଛାଇ ଆଲୁଅର ମଧ୍ୟବର୍ତ୍ତୀ ଅଂଶ ପରି ନୀରା ଅଛି ନାହିଁର ରହସ୍ୟମୟ ଭିତରେ ହଜିଯାଇଛି। ନୀରାର ବାହାଘର ସରିଯାଇଛି। ଖେଳର ଶେଷ ବାଜିରେ ବି ହାରିଯାଇଛି ସନ୍ଦୀପ। ଜିତିବାର କଥା ଥିଲା କାରଣ ତା' ଦଳର ଶେଷ ପ୍ରତିନିଧି ହାତରେ ଥିଲା ବ୍ୟାଟ୍। ତଥାପି ଖେଳ ପଡ଼ିଆର ଖେଳରେ ହାରିଗଲା ସନ୍ଦୀପ୍। ବହୁ ଦିନ ପରେ ନୀରାକୁ ତା' ସ୍ୱାମୀ ସହ ଦେଖିଚି। "କଷ୍ଟ ପାଇଚି, ଈର୍ଷା କରିଛି ନିଜ ଭିତରେ ନିଜେ ହଜିଯାଇଛି ତଥାପି କୃତ୍ରିମ ହସ ହସିଚି ଭାବିଚି ପୃଥିବୀଟାଯାକ ଚିଡ଼ିଆଖାନା। ମୁଁ-ନୀରା ଓ ତା'ର ଭାଗ୍ୟବାନ ସ୍ୱାମୀ

ତଥା ଗ୍ୟାଲେରୀରୁ ଉତ୍କଣ୍ଠିତ ଦର୍ଶକ, ଅମ୍ଫେୟାର ସମସ୍ତେ ସଂରକ୍ଷିତ ପଶୁ-ପକ୍ଷୀ-ସରୀସୃପ।" ସବୁ କିଛି ହାତପାହାନ୍ତାରେ ପାଇ ହରାଇ ଦେବାର ଚିତ୍ର ଏହି ଗଳ୍ପଟିରେ ପ୍ରକାଶିତ। ନୀତିନିୟମ ଭିତରେ ପ୍ରେମର ପରିଭାଷାଟି ଲୁଚି ଯାଏ ଚିରକାଳ, ଏହାର ଆଭିମୁଖ୍ୟ। ପ୍ରେମ ଯେତିକି ଆନନ୍ଦ ଦିଏ ସେତିକି ଯନ୍ତ୍ରଣା ମଧ୍ୟ ହୃଦୟରେ ଭରିଦିଏ।

'କଇଁଫୁଲ ବିଷୟରେ ଏକ କିମ୍ବଦନ୍ତୀ' ଗଳ୍ପଟିରେ ପିକ୍‌ନିକ୍ ପାର୍ଟିରୁ ଦୂରେଇ ଯାଇ ରାମଚଣ୍ଡି ମନ୍ଦିରର ଏକ ବାଲିକୁଦ ଉପରେ ବସି ଆର୍ଯ୍ୟ ଦାଶ ଭାବୁଚି, ଝାଉଁବଣ / ଚଢ଼େଇପଲ / ବଣ / ନୋଳିଆ / ମଣିଷ / ଗଛବୃଛ / କଳା ଛାଇ ଛାଇକା ଜଙ୍ଗଲ। ଏଥି ସହ ମେଘ ଭିତରେ ସେ ନିଜେ ଓ ସମୁଦ୍ର ଆଡ଼କୁ ଡଙ୍ଗାରେ ଯାଉଥିବା ତା' ପ୍ରେମିକା କଥା। ନଈ ଓ ସମୁଦ୍ରକୁ ସଂଯୋଗ କରିଛି ବାଲିଚର। ନଈରେ ଫୁଟିଥିବା କଇଁଫୁଲ ମାନେ ଆର୍ଯ୍ୟ ଦାଶର ପ୍ରେମିକା ଓ ଶତ୍ରୁ ମଧ୍ୟ। ତଥାପି କଇଁଫୁଲ ପ୍ରତି ଆର୍ଯ୍ୟ ଦାଶର ମୋହ ପାଗଳାମୀ ପରି। ଆର୍ଯ୍ୟ ଦାଶ ଛେଉଣ୍ଡ ନିରିମାଖୀ ପିଲାଟିଏ। ସତ୍ୟବତୀକୁ ଖୁବ୍ ଭଲ ପାଇଛି। ଶେଷ ଥର ପାଇଁ ପିକିନିକ୍‌କୁ ଆସିଛି ସତ୍ୟବତୀକୁ ଟିକେ ଦେଖିବା ଉଦ୍ଦେଶ୍ୟରେ। ଗାଳ୍ପିକଙ୍କ ଭାଷାରେ – "ଯେତେ ସମୟ ଶବ୍ଦ ଓ ସାମର୍ଥ୍ୟ ଖର୍ଚ୍ଚ କଲେବି ଅଛୁଆଁ ଅର୍କ୍ଷିତ ପରି ତା' ଜୀବନ ଠିକ୍ ଗୋଟିଏ ଭଙ୍ଗା ପୁରୁଣା ଘର କରି। କେବଳ ଶୁଦ୍ଧ ହୃଦୟଟିଏ ଅଛି ସତ୍ୟବତୀ ପାଇଁ।" ସତ୍ୟବତୀ କିନ୍ତୁ ଆର୍ଯ୍ୟ ଦାଶର ପ୍ରେମକୁ ବୁଝି ପାରିନି। ତେଣୁ ଆର୍ଯ୍ୟ ଦାଶ ସତ୍ୟବତୀକୁ କଇଁଫୁଲ ସହ ତୁଳନା କରିଛି ଓ କହିଛି ଗୋଟିଏ ଜୀବନ ଧରି କଇଁଫୁଲ ମାନଙ୍କୁ ଅପେକ୍ଷା କରାଯାଇ ନ ପାରେ। ଯୌବନର ପ୍ରଥମ ପାହାଡ ପ୍ରେମକୁ ଗୁରୁତ୍ୱ ଦେଇଥିବା ଆର୍ଯ୍ୟ ଦାଶ ଏକ ନୈରାଶ୍ୟବୋଧ ଭିତରେ ଜୀଇଁବାକୁ ବାଧ୍ୟ ହୋଇ ପଡ଼ିଛି ଯେମିତି। ବାହାଘର ଖବର ସତ୍ୟବତୀ ଠାରୁ ପାଇବା ପରେ ଆର୍ଯ୍ୟ ଦାଶ ଦୂରରୁ ଦେଖିବାକୁ ଚାହିଁଛି କିଏ ସିଏ ଯିଏ ତା' ନିଜ ଠାରୁ ଅଧିକ ଯୋଗ୍ୟ କଇଁଫୁଲ ପାଇଁ।" କଇଁଫୁଲ ପରି ଡଙ୍ଗାରେ କାହା ସହ ବସି ତା ପ୍ରେମିକା ଭାସି ଭାସି ଯିବ। ଯେବେ ଦେଖିଛି ଗୋଟିଏ ଡଙ୍ଗାରେ ଦୁହିଁଙ୍କୁ ଆର୍ଯ୍ୟ ଦାଶର ହୃଦୟ ଚିତ୍କାର କରିଛି। ସେ ଡଙ୍ଗା ଟଳମଳ ହୋଇ ସମୁଦ୍ରକୁ ଯାଉଛି। ଆର୍ଯ୍ୟ ଦାଶ ମନେ ମନେ କହିଛି ତୁମକୁ ମୋ ରାଣ, ତୁମେ ସେ ଦୁଷ୍ଟ ଟୋକା ସହ ସମୁଦ୍ର ଆଡ଼କୁ ଯାଅ ନାହିଁ। ଦେଖ ଏଇ ସବୁଜ ବିସ୍ତୀର୍ଣ୍ଣ ଝାଉଁବଣ ଭିତରେ ଗୋଟିଏ ରୋମାଞ୍ଚିତ ଜୀବନ ଅଟକି ରହିଛି। ଫେରି ଆସ ସତ୍ୟବତୀ ଆର୍ଯ୍ୟ ଦାଶ ଏବେବି ଅପେକ୍ଷା କରିଛି। ଗାଳ୍ପିକଙ୍କ ଭାଷାରେ ଆର୍ଯ୍ୟ ଦାଶ କହୁଛି – "କଇଁଫୁଲ ତୁ ସମୁଦ୍ରରେ ମିଶି ଯାଉଛୁ କାହିଁକି ? ଜାଣିଛୁ ସମୁଦ୍ରର ଅସଂଖ୍ୟ ଭାଙ୍ଗର ତୋତେ କ୍ଷତାକ୍ତ କରିଛନ୍ତି ଅତୀତରେ। ତୁ ନିଜେ ଗୋଟେ ହିପୋକ୍ରେଟ କଇଁଫୁଲ। ତୁ ଲାଜରେ

ପ୍ରେମିକ ଆଖିରେ ଛଳନାର ସ୍ନେହ ନେସି ଦେଇଛୁ। ତୋ ମୁହଁରେ ଅସଂଖ୍ୟ କ୍ଷତ ଚିହ୍ନ। ତୋ ଓଠରୁ କିଏ ସେ ଶୋଷି ନେଇଛି ରଙ୍ଗ। ତୁ ଶେତା ପଡ଼ିଯିବା ପୂର୍ବରୁ ମୋ ନିଜର ଆୟତ୍ତକୁ ଫେରିଆସିଥିଲେ ମୁଁ ତୋତେ ମୋ ଛାତିରେ ସୁରକ୍ଷିତ ରଖିଥାନ୍ତି।" ଏଠାରେ ଜଣେ ହୃଦୟବାନ ଯୁବକ ଅର୍କ୍ଷିତ ବୋଲି ତା'ର କ'ଣ ହୃଦୟକୁ ସତ୍ୟବତୀମାନେ ଚିହ୍ନି ପାରନ୍ତି ନାହିଁ। ନା ପ୍ରେମ କରିବାର ସମସ୍ତ ଅଧିକାର ସେ ଛେଉଣ୍ଡ ବୋଲି ହରାଇ ବସେ। ପ୍ରେମ କରିବାର ଅର୍ଥ ବିବାହରେ କ'ଣ ସୀମିତ। ଜଣେ ବିବାହ କରିବା ପାଇଁ ଉପଯୁକ୍ତ ନ ଥିଲେ ମଧ୍ୟ ତା'ର କ'ଣ ପ୍ରେମ କରିବା ପାଇଁ ହୃଦୟଟିଏ ରହିବ ନାହିଁ? ପ୍ରେମ ଭଲ ପାଇବା ପାଇଁ ହୃଦୟଟିଏ କ'ଣ ଯଥେଷ୍ଟ ନୁହେଁ। କୌଣସି ସର୍ତ୍ତ ଭିତରେ ଛନ୍ଦି ହୋଇ ପ୍ରେମ ନଶ୍ୱାସ ନେଇ ପାରେ ନା। ଯାହା ଏହି ଗଳ୍ପରେ ଦର୍ଶା ଯାଇଛି। ପ୍ରେମ ଏପରି ସ୍ଥାନରେ ହାରିଯାଏ ଯେମିତି ସ୍ୱପ୍ନ ଭାଙ୍ଗିଯିବା ପରେ ସ୍ୱପ୍ନଦର୍ଶୀ ସଚେତନ ହୁଏ। ସମ୍ଭବତଃ ଆର୍ଯ୍ୟ ଦାଶ ପାଇଁ ସତ୍ୟବତୀ ସ୍ୱପ୍ନ ଛଡ଼ା ଆଉ କିଛି ନୁହେଁ। ଆର୍ଯ୍ୟ ଦାଶ ଅନୁଭବଗୁଡ଼ିକ ଶୋଷ ଲାଗିଛି। ପାଣି ଗିଲାସରେ ଶୋଷ ମେଣ୍ଟାଇବାକୁ ଚାହୁଁଥିବା ଆର୍ଯ୍ୟ ଦାଶ ପେଟ ଭିତରେ ବିଷାକ୍ତ ଅଶ୍ଳୀଳ କଇଁଫୁଲ ପ୍ରବେଶ କରିଛି। ସେ ଚିତ୍କାର କରିଛି ସ୍ୱପ୍ନ ଦେଖୁଥିବା କଇଁଫୁଲ ପେଟ ଭିତରେ ଫୁଟିବା ଆରମ୍ଭ କରିଛି ଯେମିତି ଏକ ବର୍ଦ୍ଧିତ ଭ୍ରୁଣ ପରି ଜରାୟୁରେ କାୟା ବିସ୍ତାର କରିଛି। କଷ୍ଟ ହୋଇଛି ଆର୍ଯ୍ୟ ଦାଶକୁ "ମୁଁ ତାକୁ ଘୃଣା କରେ, ମୁଁ ତା'ର ମୃତ୍ୟୁ ଚାହେଁ।" ସ୍ମିତାଅପା ପାଣି ଗିଲାସେ ଦେଲାପରେ ଲକ୍ଷ୍ୟ କରିଛି ଆର୍ଯ୍ୟ ଦାଶ ଉତ୍ତେଜିତ ହୋଇ ନିଃଶବ୍ଦରେ ଓଠ ସଂଚାଳନ କରୁଛି। ଏହି ଗଳ୍ପଟିରେ ଏକତରଫା ପ୍ରେମର ନୈରାଶ୍ୟବୋଧ ଏବଂ ଯନ୍ତ୍ରଣାର ଚିତ୍ର ରହିଛି। ମଣିଷ ଯେବେ ପ୍ରେମ କରୁଥିବା ମଣିଷକୁ ନିଜ ଭାବନାର ଅନୁଭବଗୁଡ଼ିକ ପ୍ରକାଶ କରିପାରେନା ଏବଂ ସେଇ ଅନୁଭବକୁ ଭୁଲି ମଧ୍ୟ ପାରେନା। ଖୁବ୍ କଷ୍ଟ ହୁଏ ଯାହା ଅନ୍ୟ ପାଇଁ ମାନେ ହିଁ କିଛି ରଖେନା।

'ନିଧୁବନ' ଗଳ୍ପଟିରେ ଗଳ୍ପ ନାୟକ ହାଇସ୍କୁଲ ଛୁଟିରେ ମାମୁଁଘର ଗାଁକୁ ଯାଇଛି। ରଙ୍ଗଲତା ଯାହାର ନୀଳ କଇଁ ପରି ଆଖି, ଚକାମୁହଁ, କଷି କମଳା ପରି ଦେହର ବାସ୍ନାରେ ବିଭୋର ନାୟକଟି ଭଲପାଇ ବସିଛି ତାକୁ। ପ୍ରେମରେ ରଙ୍ଗଲତାର ହେ ପ୍ରିୟତମ ସମ୍ବୋଧନ ଚିଠିର ବାସ୍ନା, ପରିଚିତ ଅକ୍ଷର ଆଜି ମଧ୍ୟ ପ୍ରେମିକର ମନରେ ତାଜା ସ୍ମୃତି ହୋଇ ରହିଛି। ମାତ୍ର ପ୍ରେମିକର ସାହିତ୍ୟ ଜ୍ଞାନ ନ ଥିବାରୁ ସେ ଅନିରୁଦ୍ଧ ସାଙ୍ଗର ସାହାଯ୍ୟ ନେଇଛି। ଚିଠି ଲେଖି ଦେବା ପାଇଁ। ଅନିରୁଦ୍ଧର ପ୍ରଜ୍ଞା ଓ ପାଣ୍ଡିତ୍ୟ ତା'ର ଯୋଗ୍ୟତାର ମାପକାଠି। ସେ ସାହିତ୍ୟର ବରେଣ୍ୟ ଉପେନ୍ଦ୍ର ଭଞ୍ଜ, ଦୀନକୃଷ୍ଣ,

ଅଭିମନ୍ୟୁଙ୍କ କାବ୍ୟ ସଂସାରକୁ ହଜମ କରି ନିପୁଣତା ଓ ଦକ୍ଷତା ହାସଲ କରିଥିଲା। ସୁନ୍ଦର ଅକ୍ଷର ସାଙ୍ଗକୁ ଭାଷା ବିଭବ ପଢ଼ିଲେ ରଙ୍ଗଲତା ପରି ଯେ କେହି ପ୍ରେମରେ ବିଭୋର ହେବା ସ୍ୱାଭାବିକ। ପ୍ରାକ୍ ନିର୍ବାଚନ ଗସ୍ତରେ ଆସିଥିବା ମୁଖ୍ୟମନ୍ତ୍ରୀ ଓ ତାଙ୍କ ପତ୍ନୀଙ୍କ ସାକ୍ଷାତ ରାମସୀତା ଯୋଡ଼ିଙ୍କ ସହ ତୁଳନା କରି ବୈଦେହୀଶ ବିଳାସର ପଦ ଉଦ୍ଧାର କରି ଅପୂର୍ବ ଭାଷଣ ଦେଇଥିଲା ଯେ ସେଇ ଗାଁ ସ୍କୁଲର ସଂସ୍କୃତ ପଣ୍ଡିତ ମଧ୍ୟ ବୁଝିପାରି ନ ଥିଲେ। ଏତେ ସୁନ୍ଦର ଟେକ ଓଜଃ ସଂପନ୍ନ ଭାଷଣ ଶୁଣି ତାଳିମାଡ଼ରେ ଅଂଶୀଦାର ହୋଇଥିଲା ଅନିରୁଦ୍ଧ। ଅନିରୁଦ୍ଧ ଠାରୁ ଚିଠି ଲେଖେଇ ପ୍ରେମିକଟି ରଙ୍ଗଲତାକୁ ଦିଏ। ଶେଷ ଚିଠିରେ ଅନିରୁଦ୍ଧ ନିଧୁବନ ଶବ୍ଦଟିକୁ ପ୍ରେମିକଟି ବୁଝିପାରିନି। ତୋଟାମାଳରେ ଚିଠି ପଢ଼ିଲା ବେଳେ ଯେଉଁ ଶବ୍ଦ ବୁଝା ପଡ଼ିଲାନି ତାକୁ ବୁଝିବା ପାଇଁ ଅଭିଧାନଟିଏ ଲୋଡ଼ା। ଚିଠି ଲେଖି ରଙ୍ଗଲତାକୁ ଶୀଘ୍ର ଦେବାର ଥିଲା ପୁଣି ଦେବା ଆଗରୁ ତା ସାଙ୍ଗ ବଳିଆ ଥରେ ଚିଠିଟିକୁ ପଢ଼ିବ ବୋଲି କହିଛି। ସେଇ ଅଧା ବୁଝାପଡୁଥିବା ଚିଠିଟିକୁ ଧରି ବଳିଆ ପାଖରେ ସେ ପହଞ୍ଚି ଦେଖିଲା ବଳିଆ ଘରେ ନାହିଁ ତା ମା'କୁ ଡାକ୍ତରଖାନା ନେଇକି ଯାଇଛି। ଅଭିମାନ ଓ ଲାଜରେ ଅପେକ୍ଷା କରି କରି ସେ ହତାଶ ହୋଇଛି। ସଞ୍ଜ ବେଳକୁ ସଂଶୟ ଦୂର ହୁଏ ବଳିଆ ହାତରେ ସେ ଚିଠିଟି ପଢ଼ିବା ପାଇଁ ଦେଇଛି ଏବଂ ଡରିଚି ମଧ୍ୟ, କାଲି ତୋଟାକୁ ଗଲେ ଯାଇ ବଳିଆ ଚିଠି ପଢ଼ିବ। ମତେ ଫେରେଇବ। କାଳେ କାହା ହାତରେ ପଡ଼ିଯିବ। ଯତ୍ନରେ ରଖିବାକୁ ବଳିଆକୁ ବୁଝାଇଛି। ବଳିଆ ପକେଟ୍‌ରେ ପୁରାଇ ଘରକୁ ଯାଇଛି। ପ୍ରେସକିସନ୍‌ରେ ଚିଠିଟି ମା' ହାତରେ ପଡ଼ିଗଲା। ତା' ପରେ ଖଣ୍ଡ ପ୍ରଳୟ ରାଗିକି ମା' ଗାଳି କଲାରୁ ସବୁ କଥା ବଳିଆ ସତ ମାନିଗଲା। ବିଳଆର ମା'କୁ ଅନିରୁଦ୍ଧ ଚତୁରତାର ସହ ବୁଝାଇଛି "ଏହା ଏକ ପ୍ରେମପତ୍ର ନୁହେଁ ଲୋ ମାଉସୀ। ଏହା ଏକ କାହାଣୀ। ପିଲାମାନେ ହାଇସ୍କୁଲ ପତ୍ରିକାରେ ଛାପିବେ। ନିଧୁବନ ବୋଲି କିଛି ଅଛି କି ଆମ ଗାଁ'ରେ। ଏହା ଏକ କାଳ୍ପନିକ। ସବୁ କିଛି ସମାଧାନ ସିନା ହୋଇଗଲା, ହେଲେ ରଙ୍ଗଲତା ପାଖେ ଚିଠି ଆଉ ପହଞ୍ଚିପାରଲାନି। ସମୟ କ୍ରମେ ରଙ୍ଗଲତା ଆରସିକ୍ କଣ୍ଟ୍ରାକ୍ଟରର ପତ୍ନୀ। ପ୍ରେମିକଟି ଅଭିଶପ୍ତ ଗନ୍ଧର୍ବ ଜୀବନ ଜୀଇଁଛି। ଏହି ଗଳ୍ପରେ ପ୍ରେମର ବ୍ୟାକୁଳତା ହରେଇ ଦେବାର ଡର ପ୍ରକାଶିତ। ପ୍ରେମ ସ୍ୱପ୍ନ ଦେଖାଏ, କିଶୋର ପ୍ରାଣରେ ପୁଲକିତ ଇଚ୍ଛା ସବୁ ଜଗାଏ। ମାତ୍ର ସେ ସବୁ ବେଳେ ବେଳେ ଅବ୍ୟକ୍ତ ପରିଧି ଭିତରେ ସମାଧି ପାଇଯାଏ ସମସ୍ତଙ୍କ ଅଜାଣତେ। ମାତ୍ର ଅନିରୁଦ୍ଧର ପ୍ରେମପୂର୍ଣ୍ଣ ଚିଠି ଆଜି ବି ଛଳ ଛଳ ନଈଟି ପରି ଗାଳ୍ପିକଙ୍କ ମନ ଓ ପ୍ରାଣକୁ ପ୍ରଶାନ୍ତିରେ ଏକ ସ୍ନିଗ୍ଧ ଅନୁଭବ କରାଏ।

'କୌଣସି ଏକ ଦୁର୍ଘଟଣା ସମ୍ପର୍କରେ' ଗଳ୍ପଟିରେ ରତି ମିଶ୍ର ଦେବ ନନାଙ୍କୁ ଭଲ ପାଇଛି। ଦେବ ନନା ରତିର ସମ୍ପର୍କୀୟ ଭାଇ। ସମୟର ଅନ୍ତରାଳେ ରତି ମନରେ ଦେବ ନନାଙ୍କ ଆପଣା ପଣ ଯେମିତି ତା ପାଇଁ ଚଟି ବହି ଆଣନ୍ତି, ତାକୁ ଘଣ୍ଟା ଘଣ୍ଟା ଧରି ଗପ କହନ୍ତି, କେବେ କଲେଜ କଥା, ସିନେମା, ଇଂରାଜୀ ଉପନ୍ୟାସର ନିଃସହାୟ ପ୍ରେମିକଟିର କଥା ରତିକୁ ଶୁଣାନ୍ତି। ରତିକୁ ଗେଲ ବି କରନ୍ତି। ଅଫିସରୁ ଛୁଟି ନେଇ ଆସିଲେ ରତି ଘରକୁ ନିଶ୍ଚୟ ଆସନ୍ତି। ରତିର ମା ସମୟ କ୍ରମେ ରତିର ବାହାଘର କଥା ଉଠାଇଛନ୍ତି। ରତି ଭାବିଛି "ଦେବ ନନା ମୋତେ ବହୁତ ଭଲପାଆନ୍ତି। ତାଙ୍କୁ ବାହା ହେଲେ ଭଲ ହୁଅନ୍ତା।" ରତି ମା'କୁ କହିଛି ମୁଁ ଦେବ ନନାଙ୍କୁ ବିବାହ କରିବି। ଏକଥା ଶୁଣି ଘରେ ସମସ୍ତେ ତା' ଉପରେ ରାଗି ଯାଇଛନ୍ତି। ସମ୍ପର୍କୀୟ ଭାଇକୁ ବିବାହ ? ଏ କ'ଣ ସମ୍ଭବ! ବାପା ରତିର ବାହାଘର ଅନ୍ୟ ଜାଗାରେ ଠିକ୍ କରି ଦେଇଛନ୍ତି। ମାତ୍ର ଏ ସବୁଥିରୁ ରତି ନିଜକୁ ମୁକ୍ତ କରିନେଇ ଏକ ସବୁଜ ଉପତ୍ୟକାରେ ମନ ଭରି ସ୍ୱପ୍ନ ଦେଖିବାରେ ଏବଂ ପରିଚିତ ଚରିତ୍ରମାନଙ୍କ ଠାରୁ ଦୂରେଇ ଯାଇ ନିଜର ସ୍ୱାଧୀନତା ଘୋଷଣା କରିବାକୁ ଇଚ୍ଛା କରିଛି। ପରିଚିତ ଚରିତ୍ରମାନେ ସବୁଠୁ ଅପରିଚିତ, ଅଜଣା କିମ୍ବା ନିହାତି ଅନାବଶ୍ୟକ ମନେ ହୋଇଚି ରତିକୁ। ସେ ଅନୁଭବ କରିଛି "ସ୍ୱାର୍ଥପର ମଣିଷମାନେ ଦାନ୍ତ ଲଗାଇ ତା' ହାଡ଼ରୁ ମଜ୍ଜାମାନଙ୍କୁ ଯେମିତି ଶୋଷି ଦେଉଛନ୍ତି। ପାପ କ'ଣ ? ପୁଣ୍ୟ କ'ଣ ? ତା' ପାଇଁ ଦେବ ନନା ହିଁ ପାପପୁଣ୍ୟ। ସେ ଦେବ ନନାଙ୍କୁ ଭଲ ପାଏ। ପୁଣି ମା'ବାପାଙ୍କ କଥା ଭାବିଛି। ଦେବ ନନା ପ୍ରକୃତରେ ତା'ର ନନା। ଧନୀ କକେଇଙ୍କ ପୁଅ। ଏକଥା ଶୁଣି ମା' କାନ୍ଦୁଛି। ବାପା ଖୁବ୍ ଜୋରରେ ରାଗିଛନ୍ତି। ସେ ଡରିଛି, ପରିସ୍ଥିତି ଅନୁସାରେ ନିଜକୁ ବଦଳାଇ କାନ ମୋଡ଼ି ହୋଇଛି ଜଗନ୍ନାଥଙ୍କୁ ମୁଣ୍ଡିଆ ମାରିଛି। ଧୀରେ ଧୀରେ ଦେବ ନନା ତା' ମୁଣ୍ଡର ତ୍ରିକୋଣ ଭୂମିରେ କେଉଁଠି ଅଣୁଟିଏ ହୋଇ ଯାଇଛି। ପାପ କଳୁଷିତ ହୃଦୟ ତା'ର କ୍ରମେ କ୍ରମେ ପବିତ୍ର ହୋଇଛି। ରାତି ପାହି ସକାଳ ହୋଇଛି ମହୁରୀ ବାଜୁଛି, ତାଳବଣ, ଧାନବିଲ ସବୁକୁ ପଛରେ ପକାଇ ରତି ଆଗକୁ ଚାଲିଛି। କୂଳ ବୋହୂ ସାଜି ନାଲି ପଣତ ଉଢ଼େଇ। ମୁଣ୍ଡରେ ସିନ୍ଦୂର, କପାଳରେ ସତୀର ସୁଲକ୍ଷଣ, ଦୂରରୁ ନାଲି ଶଙ୍ଖା ରୁଣୁଝୁଣୁ ଶୁଭିଛି। ରତି ମିଶ୍ର ଶାନ୍ତିରେ ଶାଶୁଘର ଚାଲି ଯାଇଛି। ଏପଟେ କେହି ଜଣେ କହୁଛି ଧନୀ କକେଇଙ୍କ ପୁଅ ନଈକୂଳ ଆମ୍ବଗଛରେ ଆତ୍ମହତ୍ୟା କରିଛି। ମୁହୂର୍ତ୍ତକେ ଏକ ଗମ୍ଭୀର ଓ ଭୟଙ୍କର ବାତାବରଣ ଖେଳି ଯାଇଛି। ସ୍ୱାର୍ଥ ଆଗେ ପ୍ରେମ ହାରି ଯାଏ। ବିବାହ ପ୍ରେମର ଶେଷ ଲକ୍ଷ୍ୟ ନୁହେଁ। ପ୍ରେମ କେବେ ପାପ ନୁହେଁ। ପ୍ରେମ ଏକ ବିଶୃଙ୍ଖଳିତ ଆଚରଣ ମଧ୍ୟ ନୁହଁ। ଏକ ଦୁଃଖଦ ପରିଣତିରେ କାହାଣୀର ସମାପ୍ତି

ହୋଇଛି । ଦେବ ନନା ପ୍ରେମର ବିଫଳତାକୁ ଗ୍ରହଣ କରି ନପାରି ନିଜ ପ୍ରାଣକୁ ଶେଷ କରି ଦେଇଛି ଯେଉଁଠି ରତି ଏକ ନିଷ୍ପାପ ହୃଦୟରେ ପ୍ରେମକୁ ସାଇତି ରଖି ସାମାଜିକ ବନ୍ଧନକୁ ଗୁରୁତ୍ୱ ଦେଇଛି ।

'ଜଣେ ରାଜା ଥିଲେ' ଗଳ୍ପଟିରେ ରାଜାଙ୍କୁ ଏକ ବିଚାରର ରାୟ ଶୁଣେଇବାର ଥିଲା ହେଲେ ଖୁବ୍ ଦ୍ୱନ୍ଦ୍ୱରେ ପଡ଼ିଛନ୍ତି । ଗୋଟିଏ ଶିଶୁକୁ ଦୁଇଜଣ ମାତା ଦାବୀ କରିଛନ୍ତି ସେ ମୋ ପୁଅ । କେମିତି ଏହାର ସମାଧାନ ନେଇ ରାଜା ଖୁବ୍ ବିଚଳିତ । ଆର୍ଯ୍ୟ ଦାଶ ଗପ ମାଧ୍ୟମରେ ଦ୍ୱନ୍ଦ୍ୱର ସମାଧାନ କଥା ଘୋଷଣା କଲା ପରି କଣ୍ଠରେ କହିଲେ "ସ୍ମାର୍ତ୍ତ ସତ୍ୟବତୀକୁ ତୁମ ଠାରୁ ମୁଁ ଅଧିକ ଭଲ ପାଉଛି । ମୋର ସେତିକି ଅଧିକାର ଅଛି ଯେତିକି ତୁମର ରହିଛି । ସୁତରାଂ ସତ୍ୟବତୀ ମୋର, ମୁଁ ତାକୁ ନିଜର କରିବାକୁ ହକ୍‌ଦାର । ମୋ ଛଡ଼ା ସେ ତୁମର କଦାପି ନୁହେଁ ତୁମେ ଅଯଥା ପ୍ରତିଦ୍ୱନ୍ଦ୍ୱୀ ଆର୍ଯ୍ୟ ଦାଶ ଯୁକ୍ତି ରଖିଲେ ।" ଏଥର ସ୍ମାର୍ତ୍ତ ତାଚ୍ଛଲ୍ୟ ହସଟିଏ ଦେଇ କହିଲେ "ସତ୍ୟବତୀ ମୋତେ ଦୀର୍ଘ ଛ'ବର୍ଷ ହେଲା ଭଲ ପାଉଛି । ତୁ ଶଳା ବଂଶୀବାଦକ । କ'ଣ ଅଛି ତୋର ? ରୂପ, ଧନ, କ୍ଷମତା, ଐଶ୍ୱର୍ଯ୍ୟ ... ? ତୋ ସହିତ ପୁଣି ତା'ର ପ୍ରେମ ସମ୍ପର୍କ ?" ଆର୍ଯ୍ୟ ଦାଶ ଏଥର ବୁଝାଇ କହିଲେ ମୁଁ ଜାଣେ ସ୍ମାର୍ତ୍ତ, ସତ୍ୟବତୀ ତୁମକୁ ଏତେ ଦିନ ପ୍ରେମ କରି ଆସିଛି । ତଥାପି ସମୟର ଦୁର୍ବଳତାରେ ସେ ମୋର ବଂଶୀର ସ୍ୱରରେ ବିମୁଗ୍ଧା ହୋଇ ଭଲପାଇ ବସିଛି । ହୁଏତ ତୁମେ ତା'ର ସର୍ବମୟ ଈଶ୍ୱର ନ ଥିଲ । ନିବିଡ଼ କଥାଟି ହେଲା ଥରେ ଜଣକୁ ହୃଦୟ ଦେଇ ନିବିଡ଼ ଭାବେ ଭଲପାଇ ଗଲେ ଆଉ ହୃଦୟ ନଥାଏ କାହାପାଇଁ କିନ୍ତୁ ତୁମ ସତ୍ୟବତୀର ହୃଦୟ ଫାଙ୍କା ଥିଲା । ସବୁତକ ସେଥିରେ ଦରିଦ୍ର । ମୋ ପାଖରେ ଧନ, ରୂପ, ବିଳାସର ଅଭାବ, ତୁମ ପାଖେ ବଂଶୀ ବାଦନର ଅଭାବ । ତେଣୁ ସତ୍ୟବତୀ ସେଥି ପାଇଁ ତମ ଠାରେ ଅଭାବ ଦେଖିଛି । ମୋ ଠାରେ ପାଇଛି ଓ ମୋ ଠାରେ ଯାହା ଅଭାବ ଦେଖିଛି ତମ ଠାରେ ପାଇଛି । ସତ୍ୟବତୀମାନେ ସବୁ କାଳେ ଏମିତି ଜାଣ ସ୍ମାର୍ତ୍ତ । ଏଥର ସ୍ମାର୍ତ୍ତ କହିଲେ ଦିନେ ପ୍ରେମିକା ସତ୍ୟବତୀକୁ ପଚାରିଲା, ତୁମେ କାହାକୁ ବିବାହ କରିବାକୁ ଚାହଁ ? ସତ୍ୟବତୀ ଉତ୍ତର ଦେଲା ତୁମେ ଦୁଇଜଣ ମୋ ପ୍ରେମ ତରାଜୁରେ ସମାନ । "ମୋ ଆଖିରେ ସୌଦାଗର ପୁଅ ବଡ଼ ଓ ବଂଶୀ ବାଦକ ପୁଅ ବି ବଡ଼ ।" ଆର୍ଯ୍ୟ ଦାଶ ଏଥର କହିଲେ "ପ୍ରେମ କରିବା କ'ଣ ଭୁଲ୍ ? ତୁମ ପ୍ରେମିକା ମୋତେ ପ୍ରେମ କଲା । ମୁଁ ତୁମ ପ୍ରେମିକାକୁ ପ୍ରେମ କଲି ।" ଅଥଚ ପ୍ରତ୍ୟେକ ପ୍ରେମିକ ଚାହାଁନ୍ତି ତାଙ୍କ ସତ୍ୟବତୀମାନେ କେବଳ ସେମାନଙ୍କ ନିଜର ସୀମାରେ ରହନ୍ତୁ । ତୁମେ ବି ସ୍ମାର୍ତ୍ତ ସେଇଆ ଭାବୁଛ ଆଉ ମୁଁ ମଧ୍ୟ । ଏଥର ସ୍ମାର୍ତ୍ତ ହିଂସ୍ରତାରେ ଆଖି ଲାଲ ଲାଲ କରି ନିଜକୁ ଜଣେ ପ୍ରମତ୍ତ ଆତତାୟୀ

ବୋଲି ଆବିଷ୍କାର କଲା। ସତ୍ୟବତୀକୁ ହତ୍ୟା କରିବାକୁ ଉଦ୍ୟତ ହେଲା ବେଳେ ଆର୍ଯ୍ୟ ଦାଶ କହିଛନ୍ତି ଥାଉ ସ୍ମାର୍ଟ, ତୁମ ପ୍ରେମିକାକୁ ମୋର ବାହା ହେବା ଦରକାର ନାହିଁ। ଶେଷ ଥର ପାଇଁ କହୁଛି ମୁଁ ସତ୍ୟବତୀକୁ ଗଭୀର ଭାବେ ଭଲପାଏ ମାତ୍ର ଆଜି ପରେ ଆଉ କେବେ ଫେରିବି ନାହିଁ। ଆର୍ଯ୍ୟ ଦାଶଙ୍କ କଣ୍ଠରେ ଲୁହ, ଅଭିମାନ, ବେଦନା, ପରାଜୟର ଗ୍ଳାନି ସ୍ପଷ୍ଟ ବାରିହୋଇ ପଡୁଥିଲା। ଏହି ନ୍ୟାୟରେ ରାଜା ଶିଶୁଟିକୁ ପ୍ରଥମ ମହିଳାକୁ ଦେବା ପାଇଁ ଘୋଷଣା କରିଲେ। ଏହି ଗଳ୍ପଟିରେ ପ୍ରେମ ଭୋଗ ନୁହେଁ ତ୍ୟାଗ। ସତ୍ୟବତୀ ପରି ପ୍ରେମିକା ଚିରକାଳ ପ୍ରେମ ଓ ଭଲ ପାଇବାକୁ ନିଜ ଇଚ୍ଛା ମୁତାବକ ଭୋଗ କରିବାକୁ ଚାହେଁ ଏବଂ ଆର୍ଯ୍ୟ ଦାଶ ପରି ସରଳ ନିଷ୍କପଟ ହୃଦୟବାନ ପ୍ରେମିକ ଯିଏ ପ୍ରେମିକା ପାଇଁ ହୃଦୟରୁ ରକ୍ତ ଝରାଇ ପାରେ ଆଖିର ଲୁହକୁ ଓଠରେ ପିଇପାରେ, ପରାଜୟକୁ ଗ୍ରହଣ କରିନେଇ ପାରେ ସେ କଦାପି ଆଖି ସାମନାରେ ପ୍ରିୟ ମଣିଷର ବିଭତ୍ସ ହତ୍ୟା, ମୃତ୍ୟୁ ଓ କଷ୍ଟର ନାରକୀୟ ଦୃଶ୍ୟ ଦେଖିପାରେ ନାହିଁ। ନିଜ ଅଭିମାନରେ ତା' ପାଇଁ ସେ ସାରା ଜୀବନ ନିଜକୁ କଷ୍ଟ ଦେଇପାରେ ନଷ୍ଟ ବି କରି ଦେଇପାରେ।

'ଘୋଡ଼ା ଗପ' ଗଳ୍ପଟିରେ ବାହା ହୋଇ ନ ଥିବା ୨୨ ବର୍ଷର ଯୁବକ ସନ୍ୟାସୀ ଦାସ ହୃଦୟରେ ପିତୃତ୍ୱ କାମନା ମୁଣ୍ଡ ଟେକିଛି। ସେ ଇଚ୍ଛା କରିଛି କୁନି ପୁଅଟେ ମୋର ଥାଆନ୍ତା ମୁଁ କମ୍ପାନୀରୁ ଆସିବା ପରେ ମୋ ପାଖକୁ ଦୌଡ଼ି ଆସନ୍ତା ଅଥବା କୁନି ଝିଅଟେ ପଛପଟୁ ଆଖି ଲୁଚେଇ ଧରି ଚମକେଇ ଦିଅନ୍ତା ମୁହୂର୍ତ୍ତକେ ତା'ର ନିଷ୍ପାପ କଅଁଳିଆ ମୁହଁରେ ଚୁମା ଦେଲା ବେଳେ ମୋ ପିତୃତ୍ୱ ପୁରି ଉଠନ୍ତା। କଲୋନୀର ଛୋଟ ଛୋଟ ପିଲା ତା'ର ଏହି କାରଣ ପାଇଁ ଖୁବ୍ ପ୍ରିୟ। ସେମାନଙ୍କ ସହ ଛୋଟ ପିଲାଟି ପରି ଖୁବ୍ ଖେଳେ। ଆଦୌ ବିବାହ କରି ନ ଥିବା ସନ୍ୟାସୀ ଦାସ କଲୋନୀର ସମସ୍ତଙ୍କ ଭିତରେ ଗୋଟିଏ ମଧୁର ସମନ୍ୱୟ ଓ ସହଜ ଆନ୍ତରିକତା ତା'ର ରହିଛି। କାହାରିକୁ ନଜର ନ ଦେଇ ସନ୍ୟାସୀ ଦାସ କୁହେ ଗାଳ୍ପିକଙ୍କ ଭାଷାରେ "ତୁମେ କିପରି ବୁଝିବ, ଟିକି ପିଲାଟି ଅନେକ ଦିନରୁ ମୋ ଛାତି ଭିତରେ କୁଆଁ କୁଆଁ ହେଉଛି, ହାତ ଗୋଡ଼ ଛାଟୁଛି, ରାସ୍ତା ଖୋଜୁଛି, ଜନ୍ମ ନେବାକୁ କିନ୍ତୁ ମୁଁ ଜନ୍ମ କରିପାରୁନି। ଅନେକ ଦିନ ହେଲାଣି ମୋ ଛାତି ଭିତରେ ଦୌଡ଼ ପ୍ରତିଯୋଗିତାରେ ଅଂଶ ନେବା ପାଇଁ ପ୍ରସ୍ତୁତ ହୋଇଥିବା ଘୋଡ଼ା ଛୁଆ ତିନି ଗୋଡ଼ ଟେକି ଠିଆ ହୋଇଛି। ମୁଁ କହିଲି ବାହାରି ଆସିବ ସେଇ ମୋର ଈଶ୍ୱର। ଏଇଠି ଇଚ୍ଛାମତୀକୁ ହସ ଲାଗେ। ସେ ପଚାରେ କେଉଁଠି ତମ ଛାତିରେ ଘୋଡ଼ା ? ସନ୍ୟାସୀ ଉତ୍ତର ରଖେ ସବୁ ପେଣ୍ଟିଙ୍ଗର କରାମତି। ଇଚ୍ଛାବତୀ କହେ "କେତେ ଥର କାନ୍ଥରୁ ଏ ପେଣ୍ଟିଙ୍ଗଟା

ଓହ୍ଲାଇ ଦିଅ। ସବୁବେଳେ ସେଇ ଘୋଡା। ଏତିକି କହି କାନ୍ଥରୁ ଇଚ୍ଛାବତୀ ପେଣ୍ଟିଙ୍ଗଟି ଓହ୍ଲାଇ ଦେଲା। ଏହି କଥାଟି ସନ୍ୟାସୀଙ୍କୁ ଜମା ଭଲ ଲାଗିଲା ନାହିଁ। ମୁହଁ ମାଡ଼ି ସନ୍ୟାସୀ ଖଟ ଉପରେ ଶୋଇ ରହି ଖୁବ୍ ରାଗୁଥିଲା। ମନେ ମନେ କହୁଥିଲା – "ଭଡ଼ାଘର ବୋଲି ଇଚ୍ଛାବତୀ ଅନୁସାରେ ଚଳିବାକୁ ହେବ।" ସନ୍ୟାସୀର ରାଜ ଦେଖି ଇଚ୍ଛାବତୀ ପଚାରିଛି ଦୁଃଖ ଲାଗୁଚି କି? ଏତିକି କହି ସେଇ ପେଣ୍ଟିଙ୍ଗଟି ଧରି ଇଚ୍ଛାବତୀ ତା' ନିଜ କୋଠରୀକୁ ଚାଲିଯାଇଛି। ଏହା ପରେ ରାଗିଯାଇ ସନ୍ୟାସୀ ଖଟରୁ ଉଠିଛି। କହିଛି ପ୍ରେମ ଦେଖଉଚ ଝିଅ ମତେ! ମୁଁ କହିଚି କି "ମୋ ରୁମ୍‌କୁ ଆ, ମୋ ଯତ୍ନ ନେ, ମୋ ରୁଚି ଉପରେ ହସ୍ତକ୍ଷେପ କର, ମୋ ପେଣ୍ଟିଙ୍ଗ ଧରି ଘରକୁ ପଳା, କ'ଣ ଭାବୁଚ ମତେ!" ସେ ରାଗରେ ଉପର ମହଲା ଇଚ୍ଛାମତୀର ରୁମ୍ ପାଖକୁ ଯାଇଚି। ଇଚ୍ଛାମତୀର ବାପା କଣ୍ଟ୍ରାକ୍ଟର। ମା' ପାରାଲିସ୍‌ସ ପେସେଣ୍ଟ। ତାଙ୍କ ଚାକରଟି ନାଁ କାଳିଆ। ଇଚ୍ଛାବତୀ ଦେଖିବାକୁ ଖୁବ୍ ଗୋରୀ ଓ ସୁନ୍ଦର ୧୯ ବର୍ଷର ତରୁଣୀ। ପେଣ୍ଟିଙ୍ଗ ଧରି ଇଚ୍ଛାବତୀ ନିଜ ରୁମ୍‌କୁ ଚାଲିଗଲା। ଖଟ ଉପରେ ଚିତ୍ ହୋଇ ଶୋଇଗଲା ଛାତି ଉପରେ ସେଇ ପେଣ୍ଟିଙ୍ଗ୍‌କୁ ଧରି। ସନ୍ୟାସୀ ଦୌଡ଼ି ଯାଉ ଯାଉ ଇଚ୍ଛାବତୀର ରୁମ୍ ଆଗରେ ଅଟକି ଯାଇ ଭାବିଲା କ'ଣ କରିବ? ଧକ୍କା ମାରି କବାଟ ଖୋଲିବ, ନା ପେଣ୍ଟିଙ୍ଗ ଛଡେଇ ଆଣିବ, ନା ତାକୁ ଅଶ୍ରାବ୍ୟ ଭାଷାରେ ଗାଳି କରିବ! ଥରିଲା ଥରିଲା ହାତରେ କବାଟ ଖୋଲି ଦେଲା। ଆଶ୍ଚର୍ଯ୍ୟରେ ଇଚ୍ଛାବତୀ ଅସଂଯତ ଛାତିରେ ସେଇ ପେଣ୍ଟିଙ୍ଗଟିକୁ ଚାପି ଧରି ଠିଆ ହୋଇଗଲା। ଆଦୌ ଅଧିକାର ନଥିବା ସନ୍ୟାସୀ ତା ରୁମ୍‌ରେ କେମିତି ପଶିଯାଇ ପାରେ ଭାବି ଇଚ୍ଛାବତୀ ହସିବ ନା ଦୁଃଖ କରିବ। ଦ୍ୱନ୍ଦ୍ୱରେ ମୁରୁକି ହସିଲା। ଲେଖକଙ୍କ ଭାଷାରେ –"ସନ୍ୟାସୀର ରାଗ, ଅହଂକାର, ନିର୍ଦ୍ଦୟତା, ପ୍ରତିଶୋଧ ହଠାତ୍ ନିର୍ଜୀବ ଓ ନିଷ୍ପନ୍ଦ ହୋଇଗଲା।" ଇଚ୍ଛାବତୀ ପଚାରିଲା କୁଆଡେ ଆସିଲ! ପେଣ୍ଟିଙ୍ଗ ମୋ ଠାରୁ ନେବାକୁ ନା, ମୋ ତଣ୍ଟି ଚପି ଦେବାକୁ! ସନ୍ୟାସୀ ଆଶ୍ଚର୍ଯ୍ୟ ହେଲା! ମୋ ମନ କଥା କିପରି ଇଚ୍ଛାମତୀ ଜାଣିଲା! ମନେ ମନେ ସନ୍ୟାସୀ କହିଛି ହଁ ମୁଁ ତଣ୍ଟି ଚିପି ଦେବାକୁ ଆସିଛି ଇଚ୍ଛାବତୀ। ନିଜ ପେଣ୍ଟିଙ୍ଗ ନେବାକୁ ଚେଷ୍ଟା କଲା ବେଳେ ଇଚ୍ଛାବତୀ ଘର କଣକୁ ଚାଲିଗଲା ସେଠାରେ ଆଉ ଯିବାକୁ ବାଟ ନଥିଲା। ପେଣ୍ଟିଙ୍ଗ ଝିଙ୍କା ଓଟରା ଚାଲିଲା। ଦ୍ରୌପଦୀ ପରି ହାତଛନ୍ଦି ଇଚ୍ଛାବତୀ ଠିଆ ହୋଇଛି। ସନ୍ୟାସୀ ଥରେ ଇଚ୍ଛାମତୀ ଉପରେ ଆଖି ବୁଲେଇ ଆଣି ସ୍ତବ୍ଧ ହୋଇ ଯାଇଛି। କିଛି ଭାବିବା ଆଗରୁ ଇଚ୍ଛାବତୀ ଆଖିରେ ଅନୁତାପ ଦେଖିଛି। ସନ୍ୟାସ କୋଳେଇ ନେଇଚି ଇଚ୍ଛାବତୀକୁ, କାଖେଇ ନେଇଚି, ଚୁମା ଦେଇଚି ଇଚ୍ଛାବତୀକୁ। ଏକ କୁନି ପିଲାଟି ପାଲଟି ଯାଇଛି ସେ କ୍ଷଣକ ପାଇଁ। ସନ୍ୟାସୀ ଦାସର

ପିତୃତ୍ୱ ଉଚ୍ଛୁଳି ପଡିଛି। ଏକ ନିର୍ଦ୍ଦିଷ୍ଟ ମୁହୂର୍ତ୍ତରେ ଅନେକ ଦିନର କୁଦା ମାରିବାକୁ ଉଦ୍ୟତ ହେଉଥିବା ଘୋଡା ଛୁଆଟି ଜନ୍ମ ନେଇଛି ତା' ଛାତିରୁ। ସନ୍ୟାସୀ ଉଚ୍ଚାରଣ କରିଛି "ତୁ ମୋର ସେଇ କୁନିଝିଅ ଇଚ୍ଛାବତୀ। ତୁ ମୋର ସେଇ କୁନି ଝିଅ।" ବାହାରେ ଗର୍ଜି ଉଠିଛନ୍ତି ଇଚ୍ଛାବତୀର ବାପା, ଦାଣ୍ଡରେ ଗାଳିଗୁଲଜ କରୁଥିଲା ଭେଣ୍ଡିଆ ଜୁଆନ ଚାକର କାଳିଆ। କିଛି ଦୂରରେ ଝୁଲା ଶୁଆଟି ଚିତ୍କାର କରୁଥିଲା, ଗେଟ୍ ପାଖରେ ଆଲସିସିଆନ୍ କୁକୁରଟା ହିଂସ୍ର ହୋଇ ଉଠୁଥିଲା ଏଇ ଭିତରେ ଗଳ୍ପର ପରିସମାପ୍ତି ଘଟିଛି। ୨୨ ବର୍ଷ ଯୁବକଟି ମନରେ ପିତୃତ୍ୱର ଅନାବିଳ ମୋହ ଲେଖକଙ୍କର ଏକ ନୂଆ ପରିକଳ୍ପନା। ଯଦିଓ ଇଚ୍ଛାମତୀ ଘର ଲୋକଙ୍କ ଆଗେ ଏହା ଏକ ଘୃଣ୍ୟ କାମ ପରି ପ୍ରତୀୟମାନ ହୋଇଛି ଅନେକ ଦିନର ସନ୍ୟାସୀ ମନରେ ଉଙ୍କିମାରିଥିବା ଇଚ୍ଛାଗୁଡ଼ିକ ଇଚ୍ଛାବତୀ ପ୍ରେମକୁ ସ୍ୱୀକାର କରିଛି ଏବଂ ବହୁ ଦିନରୁ ଅଭିଳାଷିତ ପିତୃତ୍ୱର ଆଶା ପୂର୍ଣ୍ଣ ହୋଇଛି।

ସେହିପରି 'ଲବଙ୍ଗଲତା' ଗଳ୍ପଟିରେ ଲବଙ୍ଗଲତା ଏକ ମାୟା। ଶ୍ୟାମଳୀ ରଙ୍ଗର ନହକା ବତା ପରି ଅବିସ୍ମରଣୀୟ ଚେହେରା ଯାହା ବିଷୟରେ ଅନେକ ସମୟରେ ଅନିରୁଦ୍ଧ ଭାବେ। ଦୂର ଜଙ୍ଗଲରେ ତା'ର ଚାକିରି ମାସକୁ ଥରେ ସେ ଘରକୁ ଆସେ ନିଜ ସଂସାର ପାଇଁ। ଭୁବନେଶ୍ୱରରେ ତା'ର ସ୍ତ୍ରୀ ପିଲା ରୁହନ୍ତି। ସେ ସେଇ ଜଙ୍ଗଲ ଘେରା ଭିତରେ ଏକା ରୁହେ। ନିଜେ ରୋଷେଇ କରେ। ରାତି ହେଲେ ନଈ ଆଡ଼କୁ ଯାଏ, ଜହ୍ନ ତାରାଙ୍କୁ ନିଃସଂଗ ଗଛଙ୍କ ବଂଶୀ ଶୁଣାଏ। ରୁମ୍‌କୁ ଆସିଲେ ଲବଙ୍ଗଲତାର ଚିଠି ପଢ଼େ ଓ ଆତ୍ମବିଭୋର ହୋଇ କେବେ କେବେ କବିତା ଲେଖି ବସେ। ଆଦିବାସୀଙ୍କ ସରଳ, ସ୍ୱପ୍ନମୟ ଜୀବନ, ସୁଖଦୁଃଖ, ପ୍ରାଚୀନ ରାଜ ଉଆସର ଭଗ୍ନାଂବଶେଷ ଓ ନାହିଁ ନ ଥିବା ଅଭାବ ଭିତରେ ଅନିରୁଦ୍ଧର ଦିନ ଆସେ ଯାଏ। କବି ଅନିରୁଦ୍ଧ ସହ ଲବଙ୍ଗଲତାର ସମ୍ପର୍କ ଏକ ଗୁଜବ। "କବିତା ଲେଖୁଥିବା ପୁରୁଷ ଅପେକ୍ଷା କବିତା ଲେଖୁଥିବା ନାରୀ ଅଧିକ ଭାଗ୍ୟବତୀ।" ଲବଙ୍ଗଲତାର କବିତା ଉଚ୍ଚକୋଟୀର ନୁହେଁ, ମାତ୍ର ଉଷ୍ମ ତା'ର ପ୍ରେମ। ଲବଙ୍ଗଲତାର ଅନେଶତ ପ୍ରେମିକ। ତା'ର ଚିଠିପତ୍ର ରୋମାଣ୍ଟିକ୍ ପ୍ରବଣ ଓ ହୋସ୍ ଉଡ଼ିଗଲା ପରି। ଏକୁଟିଆ ରହୁଥିବା ଅନିରୁଦ୍ଧର ନିଃସଂଗ ଜୀବନ ଭିତରକୁ ସ୍ୱପ୍ନାୟିତ ଝଲକଟିଏ ପରି ଲବଙ୍ଗଲତା ପଶି ଆସେ। କିଛି ସମୟ ଡେଣା ଫଡ଼ ଫଡ଼ କରି ଉଡେ ପୁଣି ବାହାରି ଯାଏ। ତା'ସହ କୁଆଡେ ବୁଲି ଆସିବାକୁ ଅନିରୁଦ୍ଧର ଖୁବ୍ ଇଚ୍ଛା ହୁଏ। ତା'ସହ ଡାକବଙ୍ଗଳାରେ ରହି କବିତା ପାଠ, ବିଭିନ୍ନ ଇଂରାଜୀ କବିଙ୍କ କବିତା ଚର୍ଚ୍ଚା (ମିଲେନ୍, କୁଲେରାର ନୂଆ ନଭେଲ, ନିଓଫେମିନିଜିମ୍ ପ୍ରଭୃତିର)। "ଅନିରୁଦ୍ଧର ପ୍ରେମିକା ଲବଙ୍ଗଲତା ମୋଟେ

ଶେଷ ହୋଇପାରୁ ନ ଥିବା ଦୁର୍ବୋଧ କବିତା।" ଅନିରୁଦ୍ଧ କିଛି ଲେଖିଲା ବେଳେ ପତ୍ନୀଙ୍କୁ କୈଫତ୍ ଦେବାକୁ ପଡ଼େ ଏ ସବୁ କାଳ୍ପନିକ ଚରିତ୍ର ଓ କାହାଣୀକୁ ନେଇ ରଚିତ। ବେଳେ ବେଳେ ସ୍ତ୍ରୀକୁ ବୁଝାଇବା ମୁସ୍କିଲ୍ ହୋଇ ପଡ଼େ। କାରଣ "ପତ୍ନୀର ଅର୍ଥ ବୁଝି ହେଉ ନ ଥିବା ଓ ବୁଝେଇ ହେଉ ନ ଥିବା ଏକ ଗଣିତ।" ସେଥି ନେଇ ଅନେକ ସନ୍ଦେହ, ସଂଶୟ, ମନାନ୍ତର ହୁଏ ଅନିରୁଦ୍ଧ ବୁଝେ "ଗପ ଯେତେ କହିଲେ ବି ଗପ କେବଳ ଗପ। ତା'ର ସୀମା ଭୂଗୋଳ ଏଇ କେଇ ଫର୍ଦ୍ଦ କାଗଜ ଭିତରେ ସୀମିତ। କେତେକ ଅନାବଶ୍ୟକ ଶବ୍ଦ ଓ ଚମତ୍କାରିତାର ପ୍ରୟୋଗ ତା'ର ଆତ୍ମା।" ଅନିରୁଦ୍ଧ ନିଜେ ଉପନ୍ୟାସ ଲେଖିଲା ବେଳେ ଲବଙ୍ଗଲତାର ରୂପ ସୌନ୍ଦର୍ଯ୍ୟର ବର୍ଣ୍ଣନା ଅନିରୁଦ୍ଧଙ୍କ ଉପନ୍ୟାସର ଇଣ୍ଟରଡକ୍ସନ ଯେମିତି। ଉପନ୍ୟାସକୁ ବର୍ଣ୍ଣନା କଲାବେଳେ ତ୍ରିକୋଣୀୟ ପ୍ରେମ ଖୁବ୍ ଭାବଗର୍ଭକ। ଅନିରୁଦ୍ଧ-ଲବଙ୍ଗଲତା-ନକୁଳ। ମାତ୍ର ଏହି ପ୍ରେମର କେନ୍ଦ୍ର ନାହିଁ କି ପରିଧି ନାହିଁ। ଖଳନାୟକ ମଧ୍ୟ ନାହାନ୍ତି। ଦୁଇଜଣ ପ୍ରେମିକ ଜଣେ ପ୍ରେମିକା। ଲବଙ୍ଗଲତା କେବେ ନକୁଳର ପ୍ରେମିକା ହୋଇ ରହିଛି ପରବର୍ତ୍ତୀ ସମୟରେ ରିପୋର୍ଟର ବ୍ରଜନାଥ ପ୍ରେମିକା ହୋଇ ରହିଛି କାରଣ ରିପୋଟର ବ୍ରଜନାଥ କ୍ଷମତା ଓ ଖ୍ୟାତି ସଂପନ୍ନ ମଣିଷ ଥିବା ଯୋଗୁଁ ଲବଙ୍ଗଲତାକୁ ରାଜଧାନୀରେ ପ୍ରତିଷ୍ଠା ମିଳିଥିଲା। ଏମିତିରେ ବି ସେ କେତେ ବେଳେ ପୌଢ଼ ପ୍ରଫେସରଙ୍କ ପ୍ରେମିକା ଓ କେତେ ବେଳେ ଅନୁବାଦକ କମ୍, ପ୍ରକାଶକଙ୍କ ବାଗ୍‌ଦତ୍ତା ପାଲଟି ଯାଏ ଲବଙ୍ଗଲତା। ସମସ୍ତଙ୍କୁ ଲୁଚେଇ ଅନିରୁଦ୍ଧ ମଧ୍ୟ ଲବଙ୍ଗଲତା ସହ ପୁରୀ ସମୁଦ୍ର କୂଳ ହୋଟେଲରେ ରାତି କଟେଇବାର ମନସ୍ଥ କରିଥିଲା। ଲବଙ୍ଗଲତା ସହ ରାତି କଟେଇବ ଭାବି ଅନିରୁଦ୍ଧ ଆଖିରେ ନିଦ ନ ଥିଲା। କେତେ ସ୍ୱପ୍ନ ମଧ୍ୟ ଦେଖିବାକୁ ଲାଗିଲା। ଯେମିତି ସମୁଦ୍ର କୂଳରେ ସେମାନେ ବସିବେ। "ନୋଳିଆମାନଙ୍କୁ ନେଇ ଉପନ୍ୟାସର ପ୍ଲଟ ତିଆରି କରିବେ। ଅମ୍ରିତା ପ୍ରୀତମଙ୍କ 'ରସ ଦି ଟିକଟ' ପଢ଼ିବେ ଏପରି ଅନେକ।" ରାତି ସରିଗଲା ସକାଳ ଅନିରୁଦ୍ଧ ଚାକିରୀରେ ଯୋଗ ଦେଲା। ଲବଙ୍ଗଲତା ପ୍ରକୃତରେ କାହାରି ନ ଥିଲା କିନ୍ତୁ ସମସ୍ତଙ୍କ ପ୍ରେମିକା ଥିଲା। ପ୍ରେମକୁ ନେଇ କଥାକାର କହିଛନ୍ତି - "ମିଛ ମାୟାକୁ ନେଇ ଯେଉଁ କାଳ୍ପନିକ ଚରିତ୍ରମାନେ ଲେଖା ଯାଉଥିଲେ, ସମସ୍ତ ନିଜ ନିଜର ଶତ୍ରୁ ପାଲଟି ଗଲେ ମାତ୍ର ଲବଙ୍ଗଲତା ଥିଲା ଶୂନ୍ୟ, ମାୟାଗ୍ରସ୍ତ ଓ କାଳ୍ପନିକ; ଯାହାର କୌଣସି ସତ୍ତା କି ଅସ୍ମିତା ମଧ୍ୟ ନାହିଁ। ତାହା କାଳ୍ପନିକ ଓ ଏକ ବିନ୍ଦୁ। ଯେଉଁ ବିନ୍ଦୁ ରହସ୍ୟମୟ।" ଯାହା କେବେ ବି ବୁଝାପଡ଼େ ନାହିଁ। ଅପ୍ରାପ୍ତିରେ ପ୍ରାପ୍ତିର ସ୍ୱର ହେଉଛି ଲବଙ୍ଗଲତା ଗଳ୍ପ। ସେ ମାୟା ହେଉ କାଳ୍ପନିକ ହେଉ ଅବା ବାସ୍ତବ।

'ମୋକ୍ଷ' ଗଳ୍ପରେ ଗୁରୁପଦ ଜଣେ ଛଉନୃତ୍ୟ ଗୁରୁ। ତାଙ୍କ ପ୍ରଶିକ୍ଷଣ କେନ୍ଦ୍ରରେ

ସେ ଅନେକ ପିଲାଙ୍କୁ ନାଚ ଶିଖାନ୍ତି। ସ୍ଥାନୀୟ ଲୋକଙ୍କ ଦ୍ୱାରା ସେ ଏପରି ଭାବରେ ପରିଚିତ; ଜଣେ ବିବାହିତ, ଚିରକୁମାର, ବିପତ୍ନୀକ ଏବଂ ପତ୍ନୀ ପରିତ୍ୟକ୍ତ। ଗୁରୁପଦ ପୁରୁଷ ବେଶ ଧାରି ନାରୀଟିଏ ଗାନ୍ଧିକଙ୍କ ରଚନାରେ। କୁଞ୍ଚିତ କେଶ, ନିଶ, ଦାଢ଼ି, ରହିତ ଦିବ୍ୟ ସୁନ୍ଦର ଶରୀର। ସେ ମଲ୍ଲୀ, ରଜନୀଗନ୍ଧା ଅତର ଛିଞ୍ଚା ଖଟିଆ ଉପରେ ବସି ନାଗରା, କେବେ ଢୋଲ, କେବେ ସାହାନାଇ ବଜାଇ ନୃତ୍ୟ ଶିଖାନ୍ତି। କେବେ କେବେ ଗୁରୁପଦ ହାତ, ଗୋଡ଼, ଅଣ୍ଟା, ଛାତି, ବେକମାନଙ୍କୁ ଧରି ନିଜ ଅଭିଜ୍ଞତା ଅନୁଭୂତିର ପ୍ରତିଟି ସଫଳତାକୁ ପ୍ରୟୋଗ କରି ଶିକ୍ଷାର୍ଥୀମାନଙ୍କୁ ନୃତ୍ୟ ଶିଖାନ୍ତି। ସେଥିରେ ନିଜ ଆତ୍ମତୃପ୍ତି ପାଆନ୍ତି। ସ୍ୱପ୍ନ ସାକାର ହେଲା ବୋଲି ଖୁସି ମଧ୍ୟ ହୁଅନ୍ତି। ସମୟର ଅନ୍ତରାଳେ ରୋଜି ଷଡଙ୍ଗୀ ଛାତ୍ରୀର ପ୍ରେମରେ ପଡ଼ନ୍ତି। ସେ ଦିନେ ପ୍ରଶିକ୍ଷଣ କେନ୍ଦ୍ରକୁ ନ ଆସିଲେ ଗୁରୁପଦ ଖୁବ୍ ଅସ୍ଥିର ହୁଅନ୍ତି। ଅନ୍ୟମାନଙ୍କ ଉପରେ ବିନା କାରଣରେ ରାଗନ୍ତି, ଗାଳି ମଧ୍ୟ କରନ୍ତି। ନିଜ ମନକୁ ପୁଣି ଶାନ୍ତ କରିବା ପାଇଁ ଦ୍ରିମ ଦ୍ରିମ ତାଳରେ ନାଗରା ବଜାନ୍ତି। ନାଚରେ ନାଚରେ ମନର ମିଳନ ଘଟିଯାଏ ସେ ଶାନ୍ତ ହୋଇଯାନ୍ତି। ଗାନ୍ଧିକଙ୍କ ଭାଷାରେ –"ଯଦି କେବେ ଗୁରୁପଦ ଜାଣିପାରିଥାନ୍ତେ ରୋଜିକୁ କୌଣସି ୨୨ ବର୍ଷର କି ୧୮ ବର୍ଷର ଯୁବକ ଭଲ ପାଉଚି ତେବେ ସେ ଯୁବକକୁ କିମ୍ବା ରୋଜିକୁ ହତ୍ୟା କରିଥାନ୍ତେ ଅବା ପ୍ରଶିକ୍ଷଣ କେନ୍ଦ୍ରରେ ନିଆଁ ଲଗାଇ ଦେଇଥାନ୍ତେ।" ସେ, ଦିନେ ଏକ ନିରୋଳା ମୁହୂର୍ତ୍ତରେ ଅଜାଚିତ ଭାବେ ନିଜ ପ୍ରେମ ନିବେଦନ କରି ବସିଛନ୍ତି ସେ। ଯେଉଁଠି ରୋଜି କଳ୍ପନାରେ ମଧ୍ୟ ଚିନ୍ତା କରିପାରି। ଗୁରୁଜୀ ଘରର ସବୁ ଦର୍ଜାର ପର୍ଦ୍ଦାକୁ ଟାଣିଦେଲେ, ଦୁଆର କିଳିଣି ଦେଲେ। ଦୈହିକ ଆକର୍ଷଣରେ ଗୁରୁପଦ ରୋଜି ଆଡ଼କୁ ଅଗ୍ରସର ହେଲେ। ରୋଜି ପ୍ରଥମେ ରାଗିଛି, ପରେ ଲାଜେଇ ଯାଇଛି, ଉଲ୍ଲସିତ ହୋଇଛି ଯେମିତି ଯୌବନର ପ୍ରଥମ ପୁରୁଷର ସ୍ପର୍ଶରେ। ପ୍ରଶଂସାରେ ପୋତି ପକାଇଛନ୍ତି ଗୁରୁପଦ ରୋଜିର ପାଦ ଠାରୁ ଓଠ ପର୍ଯ୍ୟନ୍ତ। ରୋଜି ଲାଜରେ ଝାଉଁଳି ଯାଉ ଯାଉ ରାଗରେ ଘୃଣାରେ ଅଧିର ହୋଇ ଉଠିଛି। ଗୁରୁପଦଙ୍କ ରୋଜି ପ୍ରତି ଏପରି ଆଚରଣରେ ଡରିଯାଇ ଘରକୁ ବାହାରିଛି। ଗୁରୁପଦ ପ୍ରକୃତିସ୍ଥ ହୋଇଛନ୍ତି ଘରର ଦରର୍ଜା ଖୋଲି ଦେଇଛନ୍ତି ଯିବାକୁ ଋହୁଁଚ ଯା'ଅ ରୋଜି। କିନ୍ତୁ ମୁଁ ତୁମକୁ ଖୁବ୍ ଭଲ ପାଏ ରୋଜି। ନାଗରାକୁ ବଜାଇ ଗୁରୁପଦ କହିଛନ୍ତି – "ଏଥର ରୋଜି ନାଚ ତମେ, ତାଣ୍ଡବ ନୃତ୍ୟ ନାଚ, ମୁଖା ମୁହଁରେ ପିନ୍ଧିତ ଉନ୍ମାଦ ପ୍ରାୟ ନାଚ। କମ୍ପେଇ ଦିଅ ମେଦିନୀ, ଫଟେଇ ଦିଅ ମୋର ରୁଦ୍ଧ କାରାକକ୍ଷ।" ଶେଷରେ ଉନ୍ମତ୍ତ ବାଦ୍ୟର ତାଳେ ତାଳେ ସଂଜ୍ଞାହୀନ ହୋଇ ଯାଇଛନ୍ତି ଗୁରୁପଦ। ଶେଷ ଷ୍ଟ୍ରୋକ ମାରିଚି। ପ୍ରେମ ବୟସର ମାପକାଠି ନୁହେଁ। ପ୍ରେମ ମଣିଷ ଜୀବନର ଏକ ଅଙ୍ଗ ଯାହାକୁ ଅନୁଭବ କରି ହୁଏ।

ସେ ବୁଝି ପାରିଛନ୍ତି ପ୍ରେମ ମୁକ୍ତ। ବନ୍ଦୀ ଜୀବନ ନୁହେଁ। ଗୁରୁପଦଙ୍କ ମନ ଭିତରେ ଥିବା ଅତୃପ୍ତ, ଅବସୋସ ଏବଂ ଶେଷରେ ତୃପ୍ତ ହେବା ପରେ ମୋକ୍ଷ ପାଇବାକୁ ଗାଳ୍ପିକ ଚମତ୍କାର ରୀତିରେ ପ୍ରକାଶ କରିଛନ୍ତି ଏହି ଗପଟିରେ।

'କୌଣସି ଶିଳାଲେଖ' ଗଳ୍ପଟିରେ ଗାଁ' ଛାଡ଼ି ପାଠ ପଢ଼ିବା ଉଦ୍ଦେଶ୍ୟରେ ଆସି ହଷ୍ଟେଲ କ୍ୟାମ୍ପସ୍‌ରେ ରହି ପାଠ ପଢ଼ିବା ବେଳେ ତା'ର ପରିବେଶ ଅନେକ ଚରିତ୍ରମାନଙ୍କର ସୁଖ ଦୁଃଖର କାହାଣୀ, ଛାତ୍ର ଜୀବନର ଶେଷ ପରୀକ୍ଷା ପରେ ସମସ୍ତଙ୍କୁ ଛାଡି ଫେରି ଯିବାକୁ ପଡ଼େ ଏବଂ ସେ ସମୟର କୋହ, କଷ୍ଟ, ଅନୁଭବର କଥା, ସେ ସମୟର ସବୁରି ଗର୍ବ / ଦମ୍ଭ / ଅହଂକାର / ହିଂସା / ଈର୍ଷା / ଶତ୍ରୁତା / ଦାଦାଗିରି / ଛଳନା / ପ୍ରତାରଣା ସବୁର କିପରି ନିମିଷକେ ସମାପ୍ତି ଘଟିଯାଏ। ପ୍ରେମ ଏଠି କିଛି ଦିନ ଅପ୍ରମିତ ଆରତରେ କଲବଲ ହୁଏ ଓ ଶେଷରେ ରିକ୍ତ ହସ୍ତରେ ମରିବା ବି ସ୍ୱୀକାର କରେ। ଛାତ୍ର ଜୀବନର ଭାବନାକୁ ଗାଳ୍ପିକ ସୁନ୍ଦର ଭାବରେ ଉପସ୍ଥାପନା କରିଛନ୍ତି "ମୃତ୍ୟୁ ଯଦି ସତ୍ୟ ତେବେ ବସ୍ତୁ ପ୍ରତି, ଚାକିରୀ ପ୍ରତି, ମା' ବାପଙ୍କ ପ୍ରତି, କୋଠାବାଡ଼ି ପ୍ରତି ଏତେ ମୋହ କାହିଁ?" ଆର୍ଯ୍ୟ ଦାଶ ମାଧ୍ୟମରେ କଲେଜ ଜୀବନର ନିଛକ ଚିତ୍ର ଏଥିରେ ପ୍ରକାଶିତ। କ୍ୟାମ୍ପସ୍‌ର ପ୍ରଥମ ପାଦରେ ଛଳନାପୂର୍ଣ୍ଣ ସ୍ନେହ ମିଳେ ଏଠି ଦେବାକୁ ବି ପଡ଼େ। ଜୀବନ ଏଠି ଫୁଟ୍‌ପାତ୍ ଜୀବନ କହିଲେ ଚଳେ। କେଉଁଠି ଖାଇବ, କେଉଁଠି ଶୋଇବ, କ'ଣ ପିନ୍ଧିବ ଏସବୁର ଧାରାବାହିକ ରୁଟିନ୍ କିଛି ନ ଥାଏ। ନିଜ ଆତ୍ମ କଥା ଏଠି ପ୍ରିୟ ମଣିଷମାନଙ୍କ ଠାରୁ, ଶତ୍ରୁମାନଙ୍କ ଠାରୁ ବୁଝିବାକୁ ପଡେ। ପ୍ରେମ ଏଠି ଜୀବନ ସହ ଏକ ଚୁକ୍ତି। ଭାବ ପ୍ରବଣତା ନୁହେଁ ବସ୍ତୁବାଦୀକୁ ଗୁରୁତ୍ୱ ଦିଏ। କିଶୋର ଜୀବନର ଆଶା ଆକାଂକ୍ଷା ଓ ସ୍ୱପ୍ନର ବାସ୍ତବ ଚିତ୍ରକୁ ଅନ୍ତରଙ୍ଗତା ସହ ଚମତ୍କାର ରୀତିରେ ବର୍ଣ୍ଣନା ଏହି ଗଳ୍ପକୁ ଦେଇଛି ନୂତନତାର ସ୍ପର୍ଶ।

ତାଙ୍କର ସମଗ୍ର ଗଳ୍ପରେ ମାନବୀୟ ଗୁଣାବଳୀ କଥା ରହିଛି। ବାସ୍ତବାୟିତ ରୂପ ଓ କଳ୍ପନାର ଅପୂର୍ବ ସମନ୍ୱୟ ତାଙ୍କର କାହାଣୀ ରଚନାର ପାଟବ ସୌନ୍ଦର୍ଯ୍ୟ ବର୍ଣ୍ଣନା କରେ। ଶ୍ରୀ ମହାଲିକଙ୍କ 'ସେଇ ସବୁ ଦିନ' ଗଳ୍ପ ସଂକଳନରେ ଥିବା ସମସ୍ତ ଗଳ୍ପ ଏବଂ ସର୍ବକାଳୀନ ଦୃଷ୍ଟିଭଙ୍ଗୀ ବହନ କରିଛି। ମହତ୍ତର, ବିରଳ, ସୁଖଦ, ଦୁଃଖଦର କଥା ସହ ହୃଦୟ ଓ ମସ୍ତିଷ୍କକୁ ଆନ୍ଦୋଳିତ କରିବାର ସ୍ପର୍ଦ୍ଧା ତାଙ୍କ ରଚନାକୁ ପ୍ରାଣବନ୍ତ କରିଛି। ସ୍ରଷ୍ଟା ମାତ୍ରକେ ସମ୍ବେଦନଶୀଳ। ବିକ୍ଷୁବ୍ଧ ହୃଦୟର ପରିଭାଷାକୁ ସାରସ୍ୱତ ସାଧକଙ୍କ ମନରେ ଗଭୀର ରେଖାପାତ କରେ, ଯେଉଁଠି ମଣିଷର କାରୁଣ୍ୟମୟ ରୂପଟିକୁ ମାର୍ମିକ ଭାବେ ପ୍ରକାଶ କରାଯାଇ ଥାଏ। ଯାହା ପାଠକ ପ୍ରାଣକୁ ଆନ୍ଦୋଳିତ ଭାବ ବିହ୍ୱୋଳିତ କରି ଦିଏ। ଠିକ୍ ସେହିପରି ଶ୍ରୀ ମହାଲିକଙ୍କ 'ସେଇ ସବୁ ଦିନ' ଗଳ୍ପ ସଂକଳନର

ଗଳ୍ପଗୁଡ଼ିକରେ ମାୟା ସୃଷ୍ଟି କଳ୍ପନା ବିଳାସ, ଦିବ୍ୟ ଚେତନାର ଯାଦୁକାରୀ ଦୃଷ୍ଟିଭଙ୍ଗୀ ରହିଛି। ପ୍ରେମର ପ୍ରହେଳିକା ତାଙ୍କ ଗଳ୍ପର ମୁଖ୍ୟ ଆକର୍ଷଣ। ତାଙ୍କର ଲେଖାରେ କଳ୍ପନା ମାର୍ଗର ଭିତରେ ଅସଲ ମଣିଷର ଅବଦମିତ ସ୍ୱର ଓ ଭାଗ୍ୟ ସମ୍ପର୍କରେ ସ୍ପଷ୍ଟ ଚିତ୍ର ଫୁଟି ଉଠିଛି। ଚରିତ୍ରାୟନ ଓ ଗଳ୍ପାୟନରେ ଛାୟା ବାସ୍ତବତା ତାଙ୍କ ଗଳ୍ପର ଚମତ୍କାରିତା। ସେ ଗଳ୍ପ ମାଧ୍ୟମରେ ଦେଖାଇଛନ୍ତି ଈଶ୍ୱର, ଧର୍ମ, ଜାତି, ସମାଜ, ସଂସ୍କୃତି, ମୂଲ୍ୟବୋଧ ଏ ସବୁ ପ୍ରେମର ପରିଭାଷା ଅପେକ୍ଷା ଏକ ସ୍ୱଚ୍ଛ ମନ ନିଜ ସ୍ୱାଧୀନତାରେ ପ୍ରେମ କରିବାର ଦୁଃସାହସିକତା ରଖିପାରେ ଏବଂ ଜୀବନର ଧରାବନ୍ଧା ପ୍ରତିବନ୍ଧକଗୁଡ଼ିକୁ ଅସ୍ୱୀକାର କରେ। ତାଙ୍କ ଗଳ୍ପଗୁଡ଼ିକ ମନନଶୀଳତା ଓ ରହସ୍ୟବାଦୀତା ଭିତରେ ଅବିଚଳିତ ମଣିଷକୁ ଖୋଜି ବାହାର କରିଥାଏ। ନାମ ସିନା ଭିନ୍ନ ଭିନ୍ନ ମାତ୍ର ଅସହାୟତା ଭିତରେ ଛଟପଟ ହେଉଥିବା କଥା ଅପ୍ରାପ୍ତି ଓ ଅବସୋସରେ ଦୀର୍ଘ ନିଃଶ୍ୱାସ ଛାଡୁଥିବା ଚରିତ୍ରମାନଙ୍କୁ ପାଠକଟି ଭେଟି ଥାଏ ତାଙ୍କ ଗଳ୍ପ ସଂସାର ଭିତରେ। ଆଦାମ, ସନ୍ଦୀପ, ଆର୍ଯ୍ୟ ଦାଶ, ଦେବ ନନା, ସ୍ଲାର୍ଓ, ସନ୍ୟାସୀ ଦାସ, ଅନିରୁଦ୍ଧ, ଗୁରୁପଦ, ଇଭ, ଦେବଯାନୀ, ରଙ୍ଗଲତା, ଇଚ୍ଛାମତୀ, ରୋଜି, ରତିମିଶ୍ର, ସତ୍ୟବତୀ ଚରିତ୍ରମାନେ ପାଠକ ମନରେ ଚିରକାଳ ପର୍ଯ୍ୟନ୍ତ ସ୍ଥାନ ସଂରକ୍ଷଣ କରିପାରନ୍ତି। ଗାଳ୍ପିକ ଅଙ୍ଗେ ନିଭେଇଥିବା ଘଟଣାମାନଙ୍କୁ ଗଳ୍ପ ମାଧ୍ୟମରେ ଚମତ୍କାର ଶୈଳୀରେ ଉପସ୍ଥାପନ କରିଛନ୍ତି। ସଂଗୁପ୍ତ ଭାବନାର ରହସ୍ୟମୟ ପ୍ରରୂପ ଓ ଅବଚେତନ ମନର ଗୁମ୍ଫିତ ରହସ୍ୟ ଚରିତ୍ରମାନଙ୍କ ଦ୍ୱାରା ଇତ୍ୟାଦି ଉନ୍ମୋଚନରେ ଗାଳ୍ପିକଙ୍କର ସୃଜନଶୀଳତା ପ୍ରକାଶ କରେ। ପରିଶେଷରେ ସକଳ ମାନୀବୟ ଭାବ ଓ ଭାବନାକୁ କଳାତ୍ମକ ରୀତିରେ ଶ୍ରୀ ମହାଳିକ ଉପସ୍ଥାପନା କରିଥିବା କାରଣରୁ ଜଣେ ମାନବିକ ଚେତନାର ସାର୍ଥକ ରୂପକାର।

■

# ଆଧୁନିକ ଓଡ଼ିଆ କବିତାର ବିଭୁଚେତନାରେ ବିଦ୍ୟୁତଲତାଙ୍କ 'ମିଛ ମୋହ'

ସବୁଜ ସାହିତ୍ୟର ଭୂମିକା ଓଡ଼ିଆ ସାହିତ୍ୟରେ ଏକ ବିଶେଷ ଭୂମିକା ବହନ କରିଛି। ଭୌଗୋଳିକ ଓ ଭାଷାଗତ କାରଣରୁ ନେଇ ଉତ୍କଳ ସମ୍ମିଳନୀ ଜରିଆରେ ୧୯୦୩ରେ ଓଡ଼ିଶାର ସ୍ୱତନ୍ତ୍ର ମର୍ଯ୍ୟାଦା ପାଇଁ ଜାତୀୟ ଆନ୍ଦୋଳନ ହୋଇଥିଲା। ୧୯୦୫ ଖ୍ରୀ. ବଙ୍ଗଭଙ୍ଗ ଆନ୍ଦୋଳନ ଓ ୧୯୧୨ ବଙ୍ଗରୁ ବିହାର-ଓଡ଼ିଶା ପ୍ରଦେଶର ପୃଥକ୍‌କରଣ ହେବା ଘଟଣାଗୁଡ଼ିକ ଓଡ଼ିଆ ସାହିତ୍ୟରେ ସତ୍ୟବାଦୀ ଗୋଷ୍ଠୀ ଭାବରେ ପରିଚିତ ହେଲେ। ୧୯୨୧ରେ ଏହି ଗୋଷ୍ଠୀର ପ୍ରମୁଖ ସକ୍ରିୟ ବ୍ୟକ୍ତିଗଣ ତଥା ପଣ୍ଡିତ ନୀଳକଣ୍ଠ ଦାସ, ପଣ୍ଡିତ ଗୋପବନ୍ଧୁ ଦାସ, ପଣ୍ଡିତ ଗୋଦାବରୀଶ ମିଶ୍ର, ପଣ୍ଡିତ କୃପାସିନ୍ଧୁ ମିଶ୍ର ପ୍ରଭୁତି ରାଜନୀତିରେ ଯୋଗଦାନ କରିବା ପରେ ସତ୍ୟବାଦୀ ସାହିତ୍ୟର ଅବସାନ ଘଟିଥିଲା। ଏହା ପରେ ନବୀନ ତରୁଣ ଗୋଷ୍ଠୀ ଭାବରେ ସବୁଜ ଯୁଗର ଅଭ୍ୟୁଦୟ ହେଲା। ଏଥିରେ ମୁଖ୍ୟ ଭାବରେ ଅନ୍ନଦା ଶଙ୍କର ରାୟ, ବୈକୁଣ୍ଠ ନାଥ ପଟ୍ଟନାୟକ, କାଳିନ୍ଦୀଚରଣ ପାଣିଗ୍ରାହୀ, ଶରତ ଚନ୍ଦ୍ର ମୁଖାର୍ଜୀ ପ୍ରଭୁତି ନିଜର ବହୁ ଶ୍ରମକୁ ଦାନ କରି ଏକ ନୂତନତା ଆଣିଥିଲେ ଓଡ଼ିଆ କବିତା କ୍ଷେତ୍ରରେ। ପ୍ରଥମ ବିଶ୍ୱଯୁଦ୍ଧ (୧୯୪୧-୧୮) ଓ ଦ୍ୱିତୀୟ ବିଶ୍ୱଯୁଦ୍ଧ (୧୯୩୯-୪୫) ମଧ୍ୟବର୍ତ୍ତୀ କାଳରେ ବିପର୍ଯ୍ୟସ୍ତ ମହାସମରରେ ସମାଜରେ ସାମାଜିକ ଓ ସାହିତ୍ୟ କ୍ଷେତ୍ରରେ ବିପ୍ଳବର ସୂତ୍ରପାତ ହୋଇଥିଲା। ସାହିତ୍ୟାନୁଚିନ୍ତାରେ ବ୍ୟାପକ ପରିବର୍ତ୍ତନ ଆସିଥିଲା। ଭାରତୀୟ ସାହିତ୍ୟରେ ନୂତନ ଜୀବନ, ନୂତନ ଚେତନା ଓ ଅଭୁତପୂର୍ବ ପ୍ରଗତି ହୋଇଥିଲା।

୧୯୧୩ ଖ୍ରୀଷ୍ଟାବ୍ଦରେ ବଙ୍ଗଳାର କବି ରବୀନ୍ଦ୍ର ନାଥ ଠାକୁର ନୋବେଲ ପୁରସ୍କାର ପାଇବା ପରେ ବିଶ୍ୱକବିର ଗୌରବ ଲାଭ କରିଥିଲେ। ତାଙ୍କ ସାହିତ୍ୟର ବିଚ୍ଛୁରିତ ରଶ୍ମିରେ ପ୍ରାନ୍ତୀୟ, ଐତିହାସିକ ଗାଥା କବିତା, ବାସ୍ତବବାଦ ଚେତନାର ବିଭିନ୍ନ ଦିଗକୁ ନେଇ ପରିପୁଷ୍ଟ।

୧୯୩୫ ଠାରୁ ୧୯୫୦ ମଧ୍ୟରେ ଓଡ଼ିଆ କବିତାରେ ବାମପନ୍ଥୀ ଚେତନାର ବିସ୍ଫୋରଣ ଘଟିବା ଫଳରେ ଆଧୁନିକ ଓଡ଼ିଆ କବିତାର ଆଭିମୁଖ୍ୟ ସବୁଜ ସାହିତ୍ୟରେ ଭିନ୍ନ ଏକ ମାନଚିତ୍ର ପ୍ରକାଶ ପାଇଛି। ୧୯୩୨ କାଳିନ୍ଦୀ ଚରଣ ପାଣିଗ୍ରାହୀଙ୍କ ରଚିତ 'ଆଶ୍ଳେଷ ସ୍ୱର୍ଗ' ଓ 'ପ୍ରସାଧନ' ଏହି ଦୁଇଟି ଭଗବତ ଚିନ୍ତାଧାର ଉପରେ ରଚିତ। ପାରମ୍ପରିକ ଭାବରେ କବି ଜୀବନର ଦୁଃଖ, ଶୋକ, ନୈରାଶ୍ୟ, ସମସ୍ତ ମାନସିକ ଯନ୍ତ୍ରଣାର ମୁକ୍ତି ପାଇଁ ପରମ ଅନୁଭବ ସତ୍ତାଙ୍କ ପାଖରେ ଆଶ୍ରୟ ନେବା ହିଁ ସେ ଶ୍ରେୟ ମନେ କରିଥିଲେ ଯାହା ତାଙ୍କ ରଚନାଗୁଡ଼ିକରେ ପ୍ରତିଫଳିତ। ଆତ୍ମାର ପ୍ରଶାନ୍ତି ପାଇଁ ଭଗବତ ଚେତନା ଶୀତଳ ଚନ୍ଦନ ସଦୃଶ କଥା ବର୍ଣ୍ଣିତ ରହିଛି। ଅରୂପ ଅଚିନ୍ତନୀୟ ପ୍ରତି ଆକର୍ଷଣ ରହିଲେ ଇନ୍ଦ୍ରିୟଲବ୍ଧ ମୋହକୁ ତ୍ୟାଗ କରିବା ସହଜ ହୁଏ। କବିଙ୍କ ଭାଷାରେ–

"ତୁମ ଅପମାନ ପ୍ରିୟ ମରଣ ହୁଁ ବଳି ଦେଉ ବ୍ୟଥା
ତବ ଅପମାନ କଲେ ମୂକ ହେଉ ସବୁ ମୋର କଥା।"(୧)

ସେହିପରି ବୈକୁଣ୍ଠନାଥଙ୍କ ରଚନା କ୍ଷେତ୍ରରେ ଈଶ୍ୱରାନୁଭକ୍ତି ବା ଆଭୌତିକ ଅନୁଚିନ୍ତା ବିସ୍ତାରିତ ହୋଇଥିବା ଲକ୍ଷ୍ୟ କରାଯାଏ। ତାଙ୍କର ୧୯୨୯ ରୁ ୧୯୩୮ ମଧ୍ୟରେ ରଚିତ ବହୁ ସଂଖ୍ୟକ କବିତା ବିଭୁ ଚେତନା ଉପରେ ଆଧାରିତ। 'ଆରତି' ଶୀର୍ଷକରେ ଉତ୍କଳ ସାହିତ୍ୟର ବହୁ ସନେଟ୍ ରଚନା ରହିଛି, ଯାହା ଐଶୀଚେତନାର ପ୍ରତିଫଳିତ ରୂପକୁ ଦର୍ଶାଉଛି। ଯେପରି କବିଙ୍କ ରଚନାରେ –

"ତୁମରି ଆଲୋକେ ବିକଶୁ ଜୀବନ ଶୁଭ୍ର କମଳ ସମ
ତୁମ ବିଶ୍ୱାସେ ଦୈନ୍ୟ ଦୁଃଖ ସହିବାର ହୁଏ ସକ୍ଷମ।"(୨)

ତାଙ୍କର ଏପରି ଧରଣର କବିତାଗୁଡ଼ିକରେ ଆନନ୍ଦ ଓ ଆଶାର ଉଜ୍ଜ୍ୱଳ ଦୀପ୍ତିର ଭାବନା ପ୍ରକାଶିତ। ତାଙ୍କ ରଚିତ ବନ୍ଦନା, ପ୍ରିୟତମ, ଭଗବାନ, ଭାଗ୍ୟ, ଆତ୍ମ ସମର୍ପଣ ଏବଂ ପୂର୍ଣ୍ଣତା ପ୍ରଭୃତି ବିଭୁ ଚେତନାର ଚରମ ନିଦର୍ଶନ। ଈଶ୍ୱରୀୟ ଚେତନା ଭିତରେ କବିଙ୍କର ଆତ୍ମୀୟତା କବିତାର ଏହି ପଂକ୍ତିରୁ ଜଣାପଡ଼େ।

"ଦୁଃଖ ବେଦନାରେ ତୁମେ ଅବ୍ୟକ୍ତ ସୁନ୍ଦର
ତୁମେ ପୂର୍ଣ୍ଣ ଦୁଃଖେ ତେଣୁ ତୃପ୍ତ ମୋ ଅନ୍ତର।"(୩)

କୁନ୍ତଳା କୁମାରୀଙ୍କର 'ପୂଜାପଦ୍ଧତି', 'ଅଞ୍ଜଳି' ପ୍ରଭୃତି କବିତା ସଂକଳନରେ ଈଶ୍ୱର ସର୍ବଧର୍ମ ସମନ୍ୱୟ ମୂଳକ ଉଦାର ଭାବ ଉଚ୍ଛ୍ୱସିତ ହୋଇଛି। ନିଷ୍କପଟ ହୃଦୟରେ କେଉଁଠି ଶିଶୁ ପରି ଅଳି କରି ଲୋଟି ପଡ଼ିଛନ୍ତି ତ କେଉଁଠି ଅଭିଯୋଗ ଓ ଆକ୍ଷେପୋକ୍ତି ଭଗବାନଙ୍କ ପ୍ରତି ରହିଛି। କବି କବିତାରେ ଦର୍ଶାଇଛନ୍ତି –

"ତୁମେ ବଡ଼ ସିନା ତୁମ ମହିମାରେ
ମୋ ପ୍ରେମରେ ତୁମେ ରାଜା ହେ
ରୂପା ସୁନା ନୁହେଁ ମନର ଭକ୍ତିରେ
କରେ ମୁଁ ତୁମକୁ ପୂଜା ହେ।"(୪)

ସୌନ୍ଦର୍ଯ୍ୟ ସହିତ ବିମଳ ଭକ୍ତି ଭାବନାର ଅବ୍ୟକ୍ତ ଜିଜ୍ଞାସାଗୁଡ଼ିକ 'ଅଞ୍ଜଳି'ର ବହୁ କବିତାରେ ଅନୁଭବ ହୁଏ। ଯେମିତି –

"ଶେଫାଳି, ଶେଷ ଗତି ନୁହେଁ ମୋର ମୃତ୍ୟୁ କେଉଁ କାଳରେ
ମରିବାକୁ ଫୁଟି ନାହିଁ ଭବ ତରୁ ଡାଳରେ
ଅଛି ରମ୍ୟ ଉପବନ ଯହିଁ ଫୁଟି ଚିରଦିନ
ଅନନ୍ତ ଅମୃତ ପ୍ରେମ ସୁଧାମୟ ସୁବାସେ।"(୫)

୧୯୧୦ରେ ପ୍ରକାଶିତ ଗୀତାଞ୍ଜଳିର ସଂଗୀତଗୁଡ଼ିକରେ ପ୍ରଭାବିତ କାନ୍ତକବି ଲକ୍ଷ୍ମୀକାନ୍ତ ମହପାତ୍ରଙ୍କ 'ଜୀବନ ସଂଗୀତ'ରେ ଈଶ୍ୱରଙ୍କ ବ୍ୟାପକ ସତ୍ତା ଉପରେ ଅଖଣ୍ଡ ବିଶ୍ୱାସ ରହିଥିବା କଥା  ବର୍ଣ୍ଣିତ। ଈଶ୍ୱର ନିଷ୍ଠା ଓ ଆଧ୍ୟାତ୍ମିବାଦର ସର୍ବଶ୍ରେଷ୍ଠ ପରିପ୍ରକାଶରେ କାନ୍ତକବି ଲକ୍ଷ୍ମୀକାନ୍ତ ମହାପାତ୍ରଙ୍କ 'ଜୀବନ ସଂଗୀତ' ପ୍ରଭୁଙ୍କ ମହତ୍ତ୍ୱର କଥା ପ୍ରକାଶ କରିଛି।

"ମୋର ମୋର ବୋଲି ନ ବୁଝି ଆପେ ମଲି
ସବୁ ତୋହରି ସବୁ ତୋହରି
ତୋହରି ବେଦନା ତୋହରି ପ୍ରାଣେ
ସବୁ ତୋହରି ସବୁ ତୋହରି।"(୬)

ମାୟାଧର ମାନସିଂହଙ୍କ କବିତାରେ ଅଗଣିତ ସର୍ତ୍ତାନୁଭୂତି କ୍ରମେ ଆଧିଭୌତିକ ଚେତନା ସ୍ତରକୁ ପରିବ୍ୟାପ୍ତ ହୋଇଥିବାର ଦେଖାଯାଇଛି। ମାନସିଂହଙ୍କ 'ହେମଶସ୍ୟ' କବିତା ସଂକଳନରେ ବୈଷ୍ଣବ ଧର୍ମର ଗଭୀର ତତ୍ତ୍ୱ ଯେପରି ଜୀବ ମଧ୍ୟରେ ଅନ୍ତରର ଆତ୍ମୀୟ ଅନୁଭବକୁ ହିଁ ଶ୍ରେଷ୍ଠତମ ସମର୍ପଣ ଯାହା ରୂପଗାନ ସ୍ୱର୍ଣ୍ଣଲୁବ୍ଧ ମାନବର ମରଣଶୀଳ ସ୍ତରରୁ ମରଣାତୀତକୁ ଅବଧାବିତ କରାଇପାରେ ତାହା ହିଁ ଲକ୍ଷ୍ୟ କରାଯାଏ। ତରୁଣ ସୁଲଭ ସଂଶୟ ମଧ୍ୟରେ ଭଗବତ ପ୍ରତି ଆସ୍ଥାବାଦୀ ହେବା ସ୍ୱରୂପ 'ବିରାଟ ସ୍ରଷ୍ଟା' କବିତାରେ ଏହା ପ୍ରକାଶିତ।

"ସନ୍ଧାନ ମିଳଇ ଏକ ବିରାଟ ସ୍ରଷ୍ଟାର
ସ୍ତବ୍ଧ ଚିତ୍ତବୃତ୍ତି କରେ ମହିମା ଯାହାର।"(୭)

ମାନସିଂଙ୍କ ଧୂପ, ମୁକ୍ତି, ଆକାଙ୍କ୍ଷିତ ଶୂନ୍ୟତା, ଅକ୍ଷତ, ଜୀବନଚିତା ଓ କ୍ରୁଶ ଭଳି କବିତାମାନ ଏକ ଯାଜ୍ଞିକ ଭାବ ତଥା ଅତୀନ୍ଦ୍ରିୟ ଅନୁଚିନ୍ତା ଆଡକୁ ନିବିଡ଼ କରିପାରିଛି। ଠିକ୍ ଏହିଭଳି ବିଦ୍ୟୁତ୍‌ଲତାଙ୍କ କାବ୍ୟିକ ଯାତ୍ରା ବିଭୁ ଚେତନା ସମ୍ବଳିତ, ସର୍ମପଣ ଭାବ ସହିତ, ସାଂଗୀତିକତା ଓ ମଧୁରତାରେ ପରିପୂର୍ଣ୍ଣ। ସାରା ସଂସାରକୁ ନିଜସ୍ୱ ଭାବ ଧାରାରେ ପରିପ୍ରକାଶ କରିବାର କଳା ପାଇଁ ସମସାମୟିକ କବିମାନଙ୍କ ଭିତରୁ ସେ ସ୍ୱତନ୍ତ୍ର ପରିଚୟ ସୃଷ୍ଟି କରିପାରିଛନ୍ତି। ମାନବୀୟ ପ୍ରେମକୁ ଶାଶ୍ୱତରେ ପରିଣତ କରିବା, ବିଶ୍ୱାସ ଓ ଅବିଶ୍ୱାସର ଉର୍ଦ୍ଧ୍ୱରେ ଈଶ୍ୱରୀୟ ସତ୍ତାକୁ ଅନୁଭବ କରିବାରେ ତାଙ୍କର କବିତା ସ୍ୱୟଂ ସଂପୂର୍ଣ୍ଣ ମନେ ହୁଏ। ଭାବର ଚିତ୍ର ତାଙ୍କ କବିତାରେ ବେଶ୍ ମଧୁମୟ। ଆବାଲ୍ୟରୁ ତାଙ୍କ ଚେତନାରେ କବିତାର ମଧୁର ଗୁଞ୍ଜରଣ ପାଇଁ ଆଜି ସେ ଶିକ୍ଷାବୃତ୍ତି ସହିତ ଜଣେ ସାହିତ୍ୟିକା ମଧ୍ୟ ହୋଇ ପାରିଛନ୍ତି। ପିତା ସ୍ୱାଧୀନତା ସଂଗ୍ରାମୀ ଗଙ୍ଗାଧର ଦାସଙ୍କ ସୁଯୋଗ୍ୟ ସନ୍ତାନ ରୂପେ ନିଜକୁ ପରିପ୍ରକାଶ କରିବାରେ ତିଳେ ମାତ୍ର ପ୍ରଚେଷ୍ଟା ସେ ହାତଛଡ଼ା କରି ନାହାନ୍ତି। ଓଡ଼ିଆ ଭାଷା ସାହିତ୍ୟରେ ସର୍ବୋଚ୍ଚ ଶିକ୍ଷା ଲାଭ କଲା ପରେ ଶ୍ରୀଯୁକ୍ତ ବଂଶୀଧର ଦାସଙ୍କୁ ବିବାହ କରିଥିଲେ। ଉଭୟଙ୍କର ପ୍ରବୃତ୍ତି ଥିଲା ଶିକ୍ଷାଦାନ। ଶିକ୍ଷାଦାନ ଥିଲା ସିନା ପେଶା କିନ୍ତୁ କବିତା ଲେଖିବା ତାଙ୍କର ନିଶା ଥିଲା। ୨୦୧୦ ମସିହାରେ ଦଶରଥପୁର ଉଚ୍ଚ ବିଦ୍ୟାଳୟରୁ ପ୍ରଧାନ ଶିକ୍ଷୟିତ୍ରୀ ଭାବେ ଅବସରପ୍ରାପ୍ତ ହେବା ପରେ ୨୦୧୪ରୁ ୨୦୧୮ ପର୍ଯ୍ୟନ୍ତ ଯାଜପର ଜିଲ୍ଲା ଶିଶୁ କଲ୍ୟାଣ ଅଧ୍ୟକ୍ଷା ଭାବେ ଯୋଗ ଦେଇଥିଲେ। ତାଙ୍କର କଲମ ମୁନରୁ ଝରି ପଡ଼ିଥିବା କବିତାଗୁଡ଼ିକ ସତେ ଯେପରି ଚଳଚଞ୍ଚଳ ପୃଥିବୀରେ ଶାନ୍ତିର ସ୍ଥିରତା ଖୋଜେ। ତାଙ୍କ ସ୍ୱରଚିତ ପ୍ରଥମ କବିତା ସଂକଳନ 'ଅଞ୍ଜଳି', 'ମାଟିର ମମତା' (୨୦୦୫), 'ଶୂନ୍ୟହାତ' (୨୦୧୭), 'କଲ୍ଲୋଳିନୀ (୧ମ ଭାଗ) (ବଙ୍ଗଳା ଅନୁବାଦ) ୨୦୧୭, 'ଡାଆଣୀ ଆଲୁଅ' (୨୦୧୮), 'ତୋତେ ଯାହା ମନା' (୨୦୧୯), 'ମିଛ ମୋହ' ବଙ୍ଗଳାରୁ ଅନୁଦିତ କଲ୍ଲୋଳିନୀ (୨ୟ ଭାଗ)।

'ମିଛ ମୋହ' ଏକ ପ୍ରହେଳିକା। ଚଳଚଞ୍ଚଳ ଓ ବ୍ୟାକୁଳ ମୋହାଚ୍ଛନ୍ନ ମନ ଅହରହ ଖୋଜୁଥାଏ କିଛି କହିବାର ଓ ଆତ୍ମପ୍ରକାଶ କରିବାର ବାଟ। ପ୍ରତୀକ୍ଷାର ପରିସମାପ୍ତି ପାଇଁ 'ମିଛ ମୋହ' ଏକ ସୁଦୀର୍ଘ କସରତର ରାସ୍ତା ଯାହାକୁ ଅତିକ୍ରମ କରି ହୁଏନା ମାତ୍ର ପାଠକ ମନରେ ଖୋଜିବା ଓ ହରାଇବା ଭିତରର ଯନ୍ତ୍ରଣା, ସୁଖଦ ମୁହୂର୍ତ୍ତ ଆଦି ଅନୁଭବ କରାଇବାରେ ସାମର୍ଥ୍ୟ ରଖେ। କବି ବିଦ୍ୟୁତ୍‌ଲତାଙ୍କ ମତରେ

–"ଯେଉଁ ମୋହ ମୋତେ ବଞ୍ଚିବାର ପ୍ରେରଣା ଦେଇଛି ଯେ ମୋ ଅସ୍ତିତ୍ୱକୁ ମାୟାଛନ୍ନ ପ୍ରେରଣାରେ ଅନୁପ୍ରାଣିତ କରିଛି ଆଉ ହାତରେ ଧରେଇଛି ଲେଖନୀ ସେ ଆଉ କିଛି ନୁହେଁ। ଏହି କବିତା ସଂକଳନଟିରେ ୩୮ଟି କବିତା ସନ୍ନିବେଶିତ ହୋଇଛି। ଅସ୍ଥିର ମଣିଷ ଖୋଜେ ସ୍ଥିର ଭଗବାନଙ୍କର ସତ୍ତାକୁ। ନିଜର ଦୁଃଖଦ ମୁହୂର୍ତ୍ତର ଅନୁଭବକୁ ଏକାନ୍ତପଣରେ କହିବାକୁ, ଯିଏ ଅସୀମ ଧୈର୍ଯ୍ୟର ଗନ୍ତାଘର କରୁଣାର ସୀମାହୀନ ସାଗର ସେଇ ଈଶ୍ୱର ଯିଏ ପ୍ରତିଟି ଜୀବସତ୍ତାର ଅଧିଶ୍ୱର।" ଏହିପରି ଭାବନାର ପୂର୍ଣ୍ଣ ପ୍ରକାଶ ହେଉଛି ବିଦ୍ୟୁତ୍‌ଲତାଙ୍କ 'ମିଛ ମୋହ' କବିତା ସଂକଳନ।

ପ୍ରଥମ କବିତା ନିଷ୍ପତ୍ତି ଯେଉଁଥିରେ କବି ବିଶ୍ୱପ୍ରାଣକୁ ସ୍ମରଣ କରି କହିଛନ୍ତି ମୁକ୍ତିର ମାର୍ଗ ହେଉଛି ଶରଧାବାଲି। ବଡ଼ଦାଣ୍ଡର ଧୂଳି ହେଉଛି କୈବଲ୍ୟ କଣିକା ତେବେ ମଣିଷ ମନରେ ଚିରକାଳ ସଂଶୟ କାହିଁକି ବସାବାନ୍ଧେ। ସଂସାର ଜଞ୍ଜାଳରୁ ମୁକ୍ତିର ପଥ ଯଦି ପ୍ରଭୁ ତୁମେ ହୁଅ, ମନର କଥା ଯଦି ତୁମ ଚକାଆଖିକୁ ଚାହିଁ ଦେଲେ ଦୂର ହୋଇଯାଏ, ତେବେ ପ୍ରଭୁ ସତ କରି କୁହ ଏ କ'ଣ ମୋର ମିଛ ମୋହ!

"ତୋର ଚକାଆଖି ତଳେ
ସବୁ ମନ କଥା ଆଉ ବ୍ୟଥା
ସ୍ପଷ୍ଟ ହୁଏ ଯଦି କହ ତୋର ଅଜାଣତେ
ଦଣ୍ଡେ ରଖ ନନ୍ଦିଘୋଷ ଯାଅନା ପଳାଇ
ମୋ ସଂଶୟ ଫେଡି ଯାଆ ତୋ'ଦାଣ୍ଡେ ତୁରିତେ।"(୮)

ତୁମେ ଯଦି ମଣିଷ ଭିତରେ ମନଟିଏ ଦେଇଛ ତେବେ ସେଇ ମନର ବିଧାତା ଓ ସୃଷ୍ଟିକର୍ତ୍ତା ତୁମେ ନିଜେ ପ୍ରଭୁ। ସେଇ ମନଟିର ଭାଗ୍ୟ ବିଧାତା ହୋଇ ପୁଣି ଅବୁଝା କାହିଁକି ହୁଅ! ମୋ ମନକୁ ମୁଁ ତୁମ ମନ ସହ ମିଶାଇ ଦେଲା ପରେ ସବୁ ଜାଣି ତୁମେ କାହିଁକି ନୀରବରେ ବସିଅଛ!

"ମୁଁ ତୋତେ ପାଇଛି ଭଲ ତୋର ମନବାନ୍ଧି
ତୁ କାହିଁକି ଲୁଚି ବସି ହଟ ଦେଖୁଥାଉ ?
ତୋ ନେତଟା କେତେ ଲମ୍ବା
ତୋ ପ୍ରଭୁତ୍ୱ ଆଉ-ଦୈର୍ଘ୍ୟ କେତେ।"(୯)

କବି କହୁଛନ୍ତି ତୁମ ବିଷୟରେ ଯାହା ମୁଁ ଶୁଣିଛି ଶାସ୍ତ୍ର, ପୁରାଣ, ପାଞ୍ଜିରୁ। ତୁମ ବଡ଼ଦାଣ୍ଡ ଧୂଳିର ମାହାତ୍ମ୍ୟ, ତୁମ ନେତର ଐଶ୍ୱର୍ଯ୍ୟ, ଭକତ ହୃଦୟରେ ତୁମ ସ୍ଥାନ, ବୃନ୍ଦାବନ ଓ ଗୋପରେ ଗୋପାଙ୍ଗନା ଓ ରାଧାରାଣୀଙ୍କ ସହ ତୁମର ଭାବ ସବୁ ଶୁଣିଛି। ହଟହଟା କର ବୋଲି ତୁମେ ସଭିଙ୍କ ପରାଣ ସମ। ମୁଁ ବି ଦେଇନି କିଛି ନା ଗଜରା,

ମଲ୍ଲୀ, ନା ଚନ୍ଦନର ବାସ, ତୁମେ କିନ୍ତୁ ମୋ ମନ ମନ୍ଦିରରେ ପୂଜାପାଅ। ତୁମେ ହୁଅ ମୋ ଆଖିର ଲୁହ ଓ ଲହୁରେ। ଏ ସଂସାରର ସାତତାଳ ପଙ୍କ ଭିତରୁ ମୁଁ ଖୋଜି ପାଇଛି ତୁମକୁ। ଥରେ ଶୋଇଯାଅ ମୋ କୋଳରେ ଧୋ ବାୟା ଗୀତ ଶୁଣି ଶୁଣି ହେଉ ମନ ମୋର। ମୋ ଶରୀର ସୁନାର 'ରୁଆ ହେଲେ ସେଇ ଶରୀରର ଆତ୍ମା ତୁମେ, ଅଭଙ୍ଗା କଣ୍ଢେଇଟି ପରି। ମୁଁ ବୁଝିସାରିଛି ପ୍ରଭୁ, ସେଇ ଶରୀରରେ ରହି ନିଜେ ନିଜ ସୃଷ୍ଟି ସହ ଅହରହ ଖେଳି ଚାଲିଛି ଯାହାର ଶେଷ କିଏ କେବେ ଜାଣିପାରି ନାହାନ୍ତି।

"ଏ ସଂସାର ସାତତାଳ ପଙ୍କୁ
ସୁନାର 'ରୁଆ ଦେହେ
ଅଭଙ୍ଗା କଣ୍ଢେଇ।"(୧୦)

ଅଭିମାନ ଛଳରେ ପୁଣି କବି କହୁଛନ୍ତି କଳା ମୁହାଁ ତୁମେ ବଂଶବୁଡ଼ା। ମୋ ବଂଶ ବି ତୁମ କପଟପଶାରେ ବୁଡ଼ିଯାଉ ପ୍ରଭୁ। ଏଠି କିଛି ନାହିଁ ଚିରସ୍ଥାୟୀ ଏ ଭବ ଜଳେ ଲୀନ ହୋଇ ଯାଉ ପ୍ରଭୁ। ଲୋଭ, ମୋହ ନାହିଁ ବୋଲି ତ ତୁମରି ସନ୍ଧାନ ପାଇଛି ପ୍ରଭୁ। ତେଣୁ ମୋ ଶରୀରର ତୁମେ ପରା ଛାୟା। ତୁମ ସହ ସମ୍ପର୍କ ଯୋଡ଼ିବା ପରେ ସଂସାରର ଜଞ୍ଜାଳରେ ମୋ ଆତ୍ମା ଅଶାନ୍ତ ନୁହେଁ। ଲାଗେ ଯେମିତି ଆମେ ପରସ୍ପର ଏକ ଓ ଅଭିନ୍ନ। 'ରୋମନ୍ଥନ-୧' କବିତାଟିରେ ଅତୀତର ସ୍ମୃତି ରୋମନ୍ଥନ କରି କବି ନିଜର ଭାବନାକୁ ବ୍ୟକ୍ତ କରିଛନ୍ତି। ତାଙ୍କ ବର୍ଣ୍ଣନାରେ ଜୀଇଁଥିବା ଯାଏଁ ଏଇ ଜୀବନରେ ପ୍ରିୟତମର ସ୍ମୃତି ମନରୁ କେବେ ମଉଳିବ ନାହିଁ। ଯଦିଓ ଫୁଟାଫୁଲ ମଉଳିବା ମହା ସତ୍ୟ ଭଳି ଅନ୍ଧକାର, ଆଲୋକ ଓ ଚଞ୍ଚଳ କାକଳୀ ସବୁ ଯଦି ଶୂନ୍ୟତାର ରୂପ ନେଇଯାନ୍ତି ତଥାପି ମୋ ହୃଦୟରେ ପ୍ରିୟତମଙ୍କ ସ୍ଥାନ ସେହିପରି ଚିର ସବୁଜ ହୋଇ ରହିଥିବ।

"ସବୁ ଯଦି ଶୂନ୍ୟତାରେ ରୂପ ନେଇଯାଏ
ତଥାପି ମୁଁ ଭୁଲିବିନି ତୁମରି ସ୍ମୃତିକୁ
ଏ ଜୀବନେ ଜୀଇଁଥିବା ଯାଏଁ।" (୧୧)

ମୁଁ ଜାଣିନି ସମ୍ପର୍କରେ ତୁମେ ମୋର କ'ଣ ଥିଲ ? କ'ଣ ହେବ ? କେବେ ବି ତୁମକୁ ଦେଖି ନାହିଁ। ଅଚାନକ ଦେଖା ହୋଇଗଲେ ମୁଁ ଚିହ୍ନି ବି ନପାରେ। କାରଣ ଆତ୍ମା ଅବିନେଶ୍ୱର। ଆତ୍ମା ଚିରକାଳ ସ୍ଥିର ଓ ଅଦୃଶ୍ୟ। ଯେଉଁଠି ପରମାତ୍ମାଙ୍କ ବାସ ରହିଛି। କବି କହୁଛନ୍ତି –

"ମୋ ଗଛରେ ଫୁଲ ହେଲେ
ତୁମ କଥା ଭାରି ମନେ ପଡେ
ମୋର ଅଜାଣତେ ପୁଣି
ଦୁଃଖବେଳେ ତୁମ ପାଇଁ ଲୁହଧାର ଝରେ।"(୧୨)

ମନରେ ସଂଶୟ ଆସିଛି କବିଙ୍କର। ସେ ପ୍ରଭୁଙ୍କୁ ପଚାରୁଛନ୍ତି ମୁଁ ସିନା ମୋ ବିଶ୍ୱାସରେ ତୁମକୁ ଭାବେ। ସତ କୁହ ପ୍ରଭୁ ତୁମର କ'ଣ ମୋ କଥା ମନେ ପଡ଼େ। ତୁମେ ସତ ନ କହିଲେ ଅକାରଣେ ଝୁରି ଝୁରି ମୋର ମରିବା ସାର ହିଁ ହେବ। ସାଗରର ଅସୀମ ନୀଳିମାରେ ତୁମ ରୂପକାନ୍ତି ମୁଁ ଦେଖୁଛି ପ୍ରଭୁ। ହେଲେ ପ୍ରଭୁ ମୁଁ ଯେମିତି ମନପ୍ରାଣେ ତୁମକୁ ଅନୁଭବ କରେ, ତୁମେ ବି କ'ଣ ସେପରି କିଛି ଅନୁଭବ ଆସେ! ଏପରି ମହାନୁଭବକୁ ନେଇ କବି କହୁଛନ୍ତି –

"ନୀଳ ସାଗରର ଢେଉ<br>
ଧୋଉଥିଲା ମୋ ପାଦକୁ ଯେବେ<br>
ମୁଁ ଦେଖିଛି ତା ଅସୀମ ନୀଳିମାରେ<br>
ତୁମ ଛାୟାକାନ୍ତି<br>
ଜାଣେନା ମୁଁ ପ୍ରକୃତରେ ତୁମକୁ ବି କେବେ<br>
ହୋଇପାରେ ତାହା ମହାଭ୍ରାନ୍ତି।"(୧୩)

ମୋ ମନର ବ୍ୟାକୁଳତାରେ ତୁମେ ଦରଦ ବୋଳିଥିଲ। ତୁମେ ମୋର ଏକାନ୍ତ ଆପଣାର ଜାଣି ମଧ୍ୟ ଚକ୍ରାନ୍ତ କରି ତୁମେ ଯୋଜନ ଯୋଜନ ପଥ ଅତିକ୍ରମ କରିଚାଲିଛ। ମୋ ମନ କଥା ପଢ଼ିଲା ପରେ ବି ତୁମ ମନ କଥା ମନରେ ଲୁଚାଇ ରଖି ମୋ ଭବିଷ୍ୟତରେ କଳଙ୍କର ପ୍ରଲେପ ଦେଇଛ। ତୁମେ ସତରେ କ'ଣ ପ୍ରଭୁ ମୋ ବ୍ୟାକୁଳତା ବୁଝି ପାରିଛ! କୁହ ପ୍ରଭୁ! ଅନ୍ୟ କାହାରି କଥା ମୁଁ ଭାବି ନାହିଁ। ହୃଦୟରେ ଆଉ କାହାରି ପୂଜା କରି ନାହିଁ। କବି କହୁଛନ୍ତି ମୁଁ ଜାଣେ ଜଗତରେ ତୁମେ ବଡ଼ ବୋଲାଇବ। ତୁମ ବଡ଼ପଣର ଗାରିମାକୁ ତୁମେ ସଭିଙ୍କୁ ଦେଖାଇବ। ଆଜି କାହିଁକି ପ୍ରଭୁ ତୁମ ପାଖେ ପ୍ରୀତିର ଅଭାବ ମୁଁ ଦେଖିଲି। ତୁମେ ହିଁ ତ ଦିନେ ମୋ ବିରହ ବେଦନାକୁ ମୋ ମନର ବ୍ୟଥାକୁ ବୁଝିଥିଲ। ପୁଣି କେମିତି ଏତେ ହୀନ ତାଡ଼ନା ଦେଇପାର! ସହିବାର ସୀମା ଲଙ୍ଘିଯାଏ ଆତ୍ମା ମୋର ଆଜି। ମନର କପୋତ ଭୂଲୁଣ୍ଠିତ ହୁଏ। ଆଶଙ୍କା ଓ ସଂଶୟର ଅନେକ ସ୍ୱପ୍ନିଳ ଶୂନ୍ୟତାର ଦୂର ଦିଗନ୍ତରେ ଉଦ୍‌ଭାସିତ ହୁଏ ପ୍ରତିକ୍ଷଣ। ରିକ୍ତତାର ବସନ୍ତରେ ହୀନତାର ମାର୍ମିକ ଜ୍ୱଳନ୍ତ ପରି ଲାଗେ ମୋ ଜୀବନ ପ୍ରଭୁ। ବିଦ୍ରୋହୀ ଅନ୍ତରଟା ଅସହାୟ ଅନ୍ଧାରୀ ମୁଲକରେ ହଜିଯାଏ। ବାସ୍ତବତାର ନିର୍ମମ ପ୍ରହାରରେ ଆଶାର କଳିମା ଭାଙ୍ଗିବାକୁ ଲାଗେ। ମୋତେ ମୁକ୍ତି ଦିଅ ପ୍ରଭୁ। କବିଙ୍କ ଭାଷାରେ–

"ତୁମେ ମୋର ପ୍ରିୟତମ କହିକି ପାରିବ<br>
ମୋର କେଉଁ ଜନ୍ମ ଅପରାଧେ

ମୋ ନିଷ୍ପାପ ପବିତ୍ର ଆତ୍ମାର
ତୁମେ ହେଲ ଆତତାୟୀ ?"(୧୪)

ହେ ପ୍ରଭୁ ଅଭିମାନ ଛଳରେ କବି ଶେଷ ପଂକ୍ତିଟି ଲେଖିଛନ୍ତି ପ୍ରିୟତମ ଭାବି ତୁମକୁ ମନପ୍ରାଣ ଆତ୍ମା ସବୁ ଦେଇଦେବା ପରେ କେଉଁ ଜନ୍ମର ଅପରାଧରେ ମୋର ନିଷ୍ପାପ ପବିତ୍ର ଆତ୍ମାଟି କାହିଁକି ମୁକ୍ତିର ପଥ ଦେଖିପାରୁ ନାହିଁ। ତୁମେ ସତରେ କ'ଣ ମୋ ପବିତ୍ର ଆତ୍ମାର ଜଣେ ଆତତାୟୀ!

'ସମ୍ପର୍କ' କବିତାଟିରେ କବି ଜୀବନବୋଧର କଥା କହିଛନ୍ତି। ନିର୍ଲଜ୍ଜ ନିଷ୍ଫଳ ଆଶାରେ ବୁଡ଼ିଯାଇ ଏ ସଂସାରର କ୍ଷଣ ଭଙ୍ଗୁରତାରେ ରାଜି ହୋଇ କେବେ ଯଦି ହଜିଯାଏ କି ଭିଜିଯାଏ ତେବେ ବି ତୁମ ସହ ସମ୍ପର୍କ ସେମିତି ଅତୁଟ ରହିବ। କାରଣ ଆତ୍ମା ପରମାତ୍ମା ଏକ। ତୁମେ ଯଦି ମୋତେ ଭୁଲିଯାଅ ତୁମ ଅସ୍ତିତ୍ୱ କ'ଣ ରହିବ ଯେ! କବି କହୁଛନ୍ତି ତୁମ ବଡ଼ପଣରୁ ମୋତେ କ'ଣ ମିଳିବ ଯେ, ମୋର ରାଶି ରାଶି ଦୁଃଖ ଯେବେ ତୁମେ ଦେଖି ନ ପାରିଛ ସେଇ ଦୁଃଖ ହିଁ ତୁମ ମୁହଁରେ କଳା ବୋଳିଛି। ତୁମ ଆଖିରେ କାଠି ଗେଞ୍ଜି ଦେଖାଇଲି ତୁମ ଉଦାର ହେବାର ଲୀଳା। ତଥାପି ତୁମେ ଲଜ୍ଜାହୀନ। ବଡ଼ ବଡ଼ିମାର ନିଶାରେ ପଦ ପଦବୀର ଆଶାରେ ତୁମେ ଏମିତି ଅନ୍ଧ ହୋଇଗଲ ଯେ ତୁମକୁ ମୋ ଦୁଃଖ ଦେଖା ଗଲାନି। ତୁମେ ପ୍ରଭୁ ନିଜ ଜିଦିରେ ଅଟଳ ରହି ମୋ ଭାଗ୍ୟରେଖା ସହିବା ପାଇଁ ମୋ ହାତରେ ଛାଡ଼ିଦେଲ। ହେଲେ ନିଜ ମହତପଣିଆ ନିଜେ ହିଁ ସାରିଦେଲନି କି! ତୁମ ପ୍ରଶଂସା ଶୁଣିଛି ବୋଲି ତୁମକୁ ହିଁ ଆଜିଯାଏଁ ଭରସା କରିଛି। ସମୟ ସୁଅରେ ଭାସିଗଲା ବେଳେ ତୁମକୁ ମୁଁ ଖୋଜେ ହେଲେ ତୁମେ କୁଟାଖଣ୍ଡିକ ପରି ଭାସି ଭାସି ଯାଅ। ତଥାପି ମଣିଷର କି ଜିଦି ଦେଖୁଛ ନା ପ୍ରଭୁ! ଉଡନ୍ତା ଚଢେଇଟି ଜାଣିବା ପରେ ବି ତୁମକୁ ପାଇବାର, ଖୋଜିବାର ନିଶା ହନ୍ତସନ୍ତ ଯେତେ କଲେ ବି ଅଦ୍ଭୁତ ଜିଦିକୁ ପୁରା କରିବାର ନିଶାରେ କେତେବେଳେ ବିଭସ୍ତ ପୁଣି କେତେବେଳେ ବିକଳାଙ୍ଗ ସ୍ୱରରେ ଆର୍ତ୍ତ ଚିତ୍କାର କରୁ କରୁ ପ୍ରାପ୍ତି ଅପ୍ରାପ୍ତିର ନିଷ୍ଠୁର ଇତିରେ ସବୁକିଛି ନୀରବ ଓ ନିସ୍ତବ୍ଧ ହୋଇଯାଏ। କବିଙ୍କ ଭାବନାରେ –

"ଏଇମିତି ହନ୍ତସନ୍ତ କରୁଥାଏ ଅଦ୍ଭୁତ ଜିଦିରେ
ଉଲଗ୍ନ, ବିଭସ୍ତ ପୁଣି ବିକଳାଙ୍ଗ ସ୍ୱରେ
ସବୁ ପୁଣି ନିସ୍ତବ୍ଧ ନୀରବ ହୁଏ
ପ୍ରାପ୍ତି ଅପ୍ରାପ୍ତିର ନିଷ୍ଠୁର ଇତିରେ।"(୧୫)

କବି ଭାବପ୍ରବଣତାରେ ପ୍ରଭୁଙ୍କୁ କହୁଛନ୍ତି ସଂସାରରେ ଯଦି ସବୁ କ୍ଷଣସ୍ଥାୟୀ, ସବୁର ଯଦି ଇତି ଅଛି ତୁମ ସହ ବି ଦିନେ ମୋର ସମ୍ପର୍କ ଶେଷ ହେବ। ସେହି ଇତିର

ତାରିଖଟି ମୋତେ କହିଦିଅ ପ୍ରଭୁ। ଡରିବାର କି କୁଣ୍ଠିତ ହେବାର କିଛି ନାହିଁ। ସଂତପ୍ତ ହୃଦୟ ମୋର ଲୁହର ବନ୍ୟାରେ ଥରେ ଆହା ପଦ ନିଶ୍ଚୟ କହିବ  ତୁମ ମୋ ଏ ଗହନ କଥା କେହି ଜାଣିବେ ନାହିଁ। ମଣିଷର ଏତେ ଦୁଃଖ, ଦୈନ୍ୟ, ରାଗ, ହିଂସା, ଦ୍ୱେଷ ସବୁକିଛି ସଂସାରରେ ଦେଖିବା ପରେ ନିଷ୍ଠୁର ଆକ୍ରୋଶ ଭରା ନୟନ ପ୍ରଭୁଙ୍କର କବି ଦେଖୁଛନ୍ତି। ଯେମିତି ସଭିଁଙ୍କର ହୃଦୟ'ଟା ବ୍ୟଥାକୁ ଶୁଣି ସେ ନୀରବ ଦର୍ଶକଟିଏ ପାଲଟି ଯାଇଛନ୍ତି। ସେ ପୁଣି କହୁଛନ୍ତି ପ୍ରଭୁ ଆଜି ତୁମେ ନିଜ ଗଢା ନୟମରେ ନିଜେ ତୁମେ ବାନ୍ଧି ହୋଇପଡିଛ। ଅଭିମାନ ଛଳରେ କବି କହୁଛନ୍ତି ଆଜି ନ ହେଲେ ବି କାଲି ତୁମ ସହ ମୋର ସମ୍ପର୍କ ଶେଷ ହେବ। ଏ କଥା ମୁଁ ଜାଣିଛି। 'ତୁମେ, ମୁଁ ଓ ଈଶ୍ୱର' କବିତାଟିରେ 'ତୁମେ' କବିତାର ପଂକ୍ତିରେ ମଣିଷର ମୋହ, ମାୟା, ଲୋଭ, ପାଇବାର ଦୁର୍ବାର ଇଚ୍ଛା, କ୍ଷଣିକ ସୁଖର ଆକର୍ଷଣ, କାମନା, ବାସନା ଇତ୍ୟାଦିର ପୂର୍ତ୍ତି ଉଦ୍ଦେଶ୍ୟରେ ପ୍ରଭୁଙ୍କୁ ଖୋଜିଥାଏ। ମଣିଷ ପାଇଁ ପ୍ରଭୁ କେବେ ଆଶଙ୍କାର ଅଗାଧ ବାରିଧି ପୁଣି 'ଗୁଣର ପୁଷ୍ପିତ ସମାଧି, ମନ ମମତାର ସିଡି ପୁଣି କେବେ ସବୁ ଆକର୍ଷଣର ଶିକୁଳି। ଏହି ମୋହକୁ ପୂର୍ଣ୍ଣ କରିବା ପାଇଁ ମଣିଷ ସାଗର, ସଲୀଳ, ଆକାଶ, ଅବନୀ ସବୁର ଉଠାଣି ଗଡାଣିକୁ ଅତିକ୍ରମ କରିବାର ଇଚ୍ଛା ରଖି ଆଗକୁ ଯାଏ ପ୍ରଭୁଙ୍କୁ ଭରସା କରି। ତାଙ୍କୁ ସାଥିରେ ଧରି। କବିଙ୍କ ବର୍ଣ୍ଣନାରେ –

"ତୁମେ ହୁଏତ ମନ ମମତାର ସିଡି
ଆର୍କର୍ଷଣ ଶିକୁଳୀର ଶକ୍ତ ଏକ ସିଡି
ଯାହାକୁ ଆବୋରି ଧରି ପ୍ରଚଣ୍ଡ ଦୌଡ଼
ସମତୁଲ କରେ ସବୁ ସାଗର ସଲୀଳ
ଆକାଶ ଅବନୀ ପୁଣି ଉଠାଣି ଗଡ଼ାଣି
ସବୁ କରେ ଏକାକାର ତୁମ ଆକର୍ଷଣୀ।"(୧୬)

ସକାଳର ସଜଫୁଟା ଫୁଲପରି ମଣିଷକୁ ତୁମେ ଖୁବ୍ ଆକର୍ଷିତ କରିଥାଅ। ଅସମ୍ଭବକୁ ସମ୍ଭବ କରିବାରେ ତୁମେ ଆନନ୍ଦ ପାଅ। କିନ୍ତୁ କେବେକେବେ ସବୁ ସମୟର ଗତି ଅନୁସାରେ ଅସହାୟ ହୁଅ ତ ପୁଣି କେବେ ଶ୍ରାବଣୀ ସନ୍ଧ୍ୟାରେ ଫଳବତୀ ଆଶାଗୁଡ଼ିକ ବନ୍ଧ୍ୟାତ୍ୱେ ବରଣ କଲାପରି ଅନୁଭବ କରାଅ। ନୀରବ ନିଶିଧ ଜୀବନରେ ସଭିଁଙ୍କ ଅଜାଣତରେ। ଏହି 'ତୁମେ' ଯାହାର ନା ଅଛି ସ୍ଥିତି ନା ଅଛି ବ୍ୟାପ୍ତି। ଗୋଟିଏ ଚରିତ୍ରର ସ୍ୱରୂପରେ ଏହି 'ତୁମେ'ର ସମାପ୍ତି ଘଟିଥାଏ। ମଣିଷର କଳ୍ପନାରେ କେବେ ତୁମେ ପ୍ରଭୁ, ତମୋମୟର ପାଥେୟ। ତୁମର ସଂଜ୍ଞା, କର୍ମ, ଧର୍ମ, ସବୁକିଛି ମଣିଷର ଲୋଭ ଓ ମୋହ ଆଗରେ ଅନ୍ଧକାର ଭିତରେ 'ତୁମେ' ହଜିଯାଅ।

"ତୁମେ ସଂଜ୍ଞା, ତୁମେ ଧର୍ମ, ତୁମେ କର୍ମମୟ
ତୁମେ କ'ଣ ତମୋମୟ, 'ତୁମେ'ର ପାଥେୟ ?"(୧୭)

ଏଥିରେ ସନ୍ନିବେଶିତ 'ମୁଁ' କବିତା ପଂକ୍ତିରେ କବି କହୁଛନ୍ତି ମଣିଷର ବାସ୍ତବ ଜୀବନର କଥା। ମୁଁ ପ୍ରତି ମଣିଷର ଆକର୍ଷଣ ଅର୍ବାଚୀନ, ଅସ୍ଥିରତାରେ ସ୍ଥିତିକୁ ଦର୍ଶାଏ। ଜ୍ୱଳନର ତାତିକୁ ଯେପରି ଧାରଣ କରି ରଖେ। ସମୟର ଅସହାୟତାରେ ସ୍ମୃତି ସ୍ତୁପଟିଏ କରି ଗଢ଼ି ତୋଳେ। ଅଶାନ୍ତି ଓ ବିଭ୍ରାନ୍ତିରେ ସାରା ଜୀବନକୁ ବାଜି ଲଗାଇଦିଏ। ଜୀବନକାଳର ସଂଘର୍ଷରେ ପାଇବାର ଇଚ୍ଛାଗୁଡ଼ିକ ବାସ୍ତବରେ ବିକଳାଙ୍ଗ ରୂପ ନିଏ ଏବଂ ସମୟର କ୍ରୂରତାରେ ନିପୀଡ଼ିତ, ଦଳିତ, ମଥିତ ହୋଇଯାଏ। ନିଜକୁ ନିଜର ଇଚ୍ଛାକୁ ଅପ୍ରାପ୍ତିର ଜ୍ୱାଳାରେ ଜାଳି ଦେଲା ବେଳେ ଖବ୍ ନିଃସହାୟ ମନେ କରେ।

"ମୁଁ ଏକ ଅର୍ବାଚୀନ ଅସ୍ଥିରତା ସ୍ଥିତି
ପ୍ରାରମ୍ଭରୁ ଦେହେ ଧରି ଜ୍ୱଳନରେ ତାତି
ଅସହାୟ ସମୟର ମୂର୍ତ୍ତୀମାନ ରୂପ
ବିଭ୍ରାନ୍ତି ଅଶାନ୍ତି ଭରା ନୀରବତାର ସ୍ତୁପ।"(୧୮)

ଅଶୁଚି ଗ୍ରସ୍ତ ସମୟର କଳଙ୍କ କାଳିମା ଭିତରେ ଶରୀର ବିଲୁପ୍ତ, ମନ, ପ୍ରାଣ ଓ ଶରୀର ଅବଶ ହେବାକୁ ଲାଗେ। ଶାନ୍ତିର ସାଗର ସୀମାହୀନ ପରିସର ଭିତରେ ଥାଇ ବି ଅସୀମର କ୍ଷୁଦ୍ର ଇଚ୍ଛାଶକ୍ତିର ପୂର୍ତ୍ତି ପାଇଁ ଅସହ୍ୟ ଚିତ୍କାର କରେ ଜୀବନ। ଆଦର୍ଶର ଶିକୁଳୀ ଭିତରେ ନିଜକୁ ବାନ୍ଧି ଦେବାକୁ ସେ ବାଧ୍ୟ ହୋଇ ପଡେ। ସଂସାରର ନୀତିନିୟମ ଭିତରେ ଛନ୍ଦି ହୋଇ ଜୀର୍ଣ୍ଣ ବୁକୁ, କ୍ଷୁର୍ଣ୍ଣ ଚିତ୍ତ, ଶୀର୍ଣ୍ଣ ସ୍ୱପ୍ନ ପାଇଁ ଅକ୍ଳାନ୍ତ ଦଉଡ କରେ ମାତ୍ର ଅପେକ୍ଷାର ପ୍ରଶସ୍ତତାରେ ସମୟର ଦୂରତାକୁ ଚାହିଁ ଚାହିଁ କେବଳ ତା'ର ଗୁଣଗାନ କରୁଥାଏ। ଶେଷରେ କାଳଚକ୍ରର ଚକ୍ରବାକ୍‌ରେ ମଣିଷ ନିଜେ ନିଜ ଚାରିପଟେ ଘୂରୁଥାଏ। କବିଙ୍କ ଭାବନାରେ –

"ସମୟର ଚକ୍ରକାଳ ଦୂରତାକୁ ଚାହିଁ
ଅପେକ୍ଷାମାଣ ସମାପ୍ତି ପ୍ରଶସ୍ତତା ଗାଇ
ମୁଁ ଏଠି ଘୁରୁଛି ଖାଲି ନିଜ ଚାରି କଡେ
ପ୍ରଳୟମାନ ବାତ୍ୟାର ଆବର୍ତ୍ତେ ନିବିଡେ।"(୧୯)

'ଈଶ୍ୱର' କବିତା ପଂକ୍ତିରେ ଅବଶୋଷର ଚରମ ବ୍ୟର୍ଥତାକୁ ନେଇ ଅଭିମାନରେ ମଣିଷ ଭଗବାନଙ୍କ ରୂପକୁ କିପରି ବିଶ୍ଳେଷଣ କରିନିଏ ସେଇ କଥା କବି ପ୍ରକାଶ କରିଛନ୍ତି। ଈଶ୍ୱର ଏକ ଅସହାୟ ମଣିଷର ସାନ୍ତ୍ୱନାର ରୂପ। ମରୀଚିକାର ମାୟା ଜାଲରେ ତୁମ ସ୍ମୃତିକୁ ଭ୍ରମରେ ମଣିଷ ନିଜର ଆଶା ପ୍ରତ୍ୟାଶା ମେଲାଇ ତୁମକୁ ପାଇବାର ମୋହ

ରଖେ। ତୁମ ମହାନ ହେବାର କୀର୍ତ୍ତି ଅନେକ ଗୁଣଗ୍ରାହୀ ବାର୍ତ୍ତା ଦିଏ। ମାତ୍ର ସେ ସବୁ ବାହାପିଆଙ୍କ ମିଛ ବାହାଦୂରୀ ଛଡା ଆଉ କ'ଣ ବା ହେଇପାରେ। କବି ଅଭିମାନରେ ଲେଖୁଛନ୍ତି –

"ଈଶ୍ୱର ତୁମେ ଏକ ଠକାମୀର ରୂପ
ଅସହାୟ ଜୀବନରେ ସାନ୍ତ୍ୱନାର ସ୍ତୂପ
ତୁମକୁ ପାଇଣ ଭଲ କିଏ କି ଭୁଲିଛି
ତୁମକୁ ପାଇବା ଆଗେ ପ୍ରତ୍ୟାଶା ମେଲିଛି।"(୨୦)

କବିଙ୍କ ଭାବନରେ ପ୍ରଭୁ ତୁମ ବଡିମା ଦେଖାଇବା ପାଇଁ ତୁମେ ବାନା ବାନ୍ଧିଛ ମନ୍ଦିରରେ। ତୁମ ଇଚ୍ଛା ଅନିଚ୍ଛାର କଥାଗୁଡ଼ିକ କେଉଁ ଯୁଗରେ ବ୍ୟଥା ସବୁ ଭରି ନେଉଥିଲା କିଏ ଜାଣେ! ଏତେ ପରଖିବା ପରେ ନିରେଖି ଦେଖି ଜାଣିଲି ତୁମେ ଦିଅଁ ଯେ କାଠଗଣ୍ଡି ବସିଛ ଯାହା ଦୁଇଆଖି ମେଲି। ତୁମକୁ ଭକ୍ତଟିଏ ବିଭିନ୍ନ ଶାଳୀନ ଓ ଅଶାଳୀନ ଭାଷଣରେ ଯେତେ ଯାହା କହିଲେ ବି ତୁମେ ନିରାକାର ବ୍ରହ୍ମ କେବଳ ନୀବର ଦ୍ରଷ୍ଟା ହୋଇ ବସି ରୁହ। ଭକ୍ତଟିର ଅଭିମାନର ପ୍ରତ୍ୟେକଟି କଟୁକ୍ତି ଭରା ଶବ୍ଦ ତୁମ ପାଇଁ ଯଥା ଯୋଗ୍ୟ ପ୍ରତି ସମ୍ଭାଷଣ ପ୍ରଭୁ। ପୁଣି କବି କହୁଛନ୍ତି ତୁମେ ସିନା ବଡ଼ପଣ ଏବେ ବି ଭାବୁଅଛ କିନ୍ତୁ ସ୍ଥାନ, କାଳ, ପାତ୍ର ସମୟର ବ୍ୟବଧାନରେ ତୁମେ ଭୁଲି ଯାଇଛି ତୁମେ ଆଜି ବିଚିତ୍ର, ବିକଳାଙ୍ଗ, ବିଚ୍ଛିନ୍ନ ଏମିତି ବିଭିନ୍ନ ରୂପରେ ପ୍ରକାଶିତ। ତୁମେ ପୁଣି କେବେ ରାସ୍ତାର ଧୂଳିରେ, କେବେ ଚିତ୍ରକରର ଚିତ୍ରିତ ତୂଳୀରେ, ଲୁଗାପଟା, କାନ୍ଥବାଡ, ଗୁଡାଖୁ'ର ଡବା ଦେହେ ଆବିର୍ଭୁତ। ଏସବୁ ଭିତରେ ତୁମ ସର୍ବବ୍ୟାପୀର ସତ୍ତା ତା'ର ଅସ୍ତିତ୍ୱକୁ ଯେମିତି ଖୋଜିବାକୁ ବ୍ୟାକୁଳ ହୋଇଉଠେ ପ୍ରଭୁ।

"ବିକଳାଙ୍ଗ ଦଉଡରୁ ମୁକ୍ତି ତୁମ କାହିଁ ?
ନିଜ ରକ୍ଷଣ ପାଇଁ କି ଯେତେ ଅଛ ଧାଇଁ
ବରଂ ତୁମେ ଆଶ୍ରୟ ନିଅ ମୁହୂର୍ତ୍ତେ ନିରୋଳେ।" (୨୧)

ତୁମର ଏପରି ଅବସ୍ଥା ଦେଖି ତୁମକୁ ଆଶ୍ରା କରି ଏ ଜୀବନର ବୈତରଣୀ ପାରି ହେବା ସହଜ ନୁହେଁ। ନିଜ ରକ୍ଷଣ ପାଇଁ ତୁମେ ନିଜେ ଯେବେ ଧାଉଁଅଛ ମୋ କଥା ଅବା ବୁଝିବ କିପରି ପ୍ରଭୁ! ତୁମକୁ ଭଲପାଏ ବୋଲି ତୁମକୁ ଏତିକି କାମନା ପ୍ରଭୁ ମୁହୂର୍ତ୍ତକ ପାଇଁ ହେଉ ପଛେ ତୁମେ ନିରୋଳାରେ ମୋ ପାଖକୁ ଆସି ମୋ ପଣତ ତଳେ ଆଶ୍ରୟ ନିଅ ପ୍ରଭୁ। ଏକ ଆପଣାପଣର ଭାବୋଚ୍ଛ୍ୱାସ ଏଥିରେ ପରିଲକ୍ଷିତ ହୋଇଛି।

'ମୃଗୁଣୀ ସ୍ତୁତି' କବିତାଟିରେ ପରିବର୍ତ୍ତନଶୀଳ ସମାଜର ଚିନ୍ତାଧାରାକୁ ଲକ୍ଷ୍ୟ କରି କବି ମୃଗୁଣୀ ସ୍ତୁତି କବିତାଟି ଲେଖିଛନ୍ତି। ଘୋର ବନରେ ନୀରିହ ମୃଗୁଣୀର

କରୁଣ କ୍ରନ୍ଦନରେ ଭରି ରହିଥିବା ଅତୁଟ ଆତ୍ମବିଶ୍ୱାସ ପ୍ରଭୁଙ୍କ ଉପରେ ଥିଲା। ଆମେ ଯେତିକି ଶୁଣିଛେ ଜାଣିଛେ ଆଜିର ସମାଜରେ ମଣିଷର ଅବସ୍ଥା ଠିକ୍ ସେହିପରି। ମଣିଷ ଭିତରେ ମଣିଷ ପଣିଆର ଘୋର ଅଭାବ ଦେଖା ଦେଇଛି। ମଣିଷ ଆଜି ମଣିଷମାନଙ୍କୁ ଭୟ କରିବାକୁ ଲାଗିଛି ଠିକ୍ ଯେମିତି ବ୍ୟାଧର ଶର ଅହରହ ଜାଗ୍ରତ ପ୍ରହରୀ ପାଲଟିଛି। ମଣିଷ ଆଜି ଜ୍ଞାନର ଆଲୋକରେ ମହିମାନ୍ୱିତ ତଥାପି ମଣିଷ ସଂପୂର୍ଣ୍ଣ ଏକା ନିଃସହାୟ ନିଜ ଭିତରେ ପାଲଟି ଯାଇଛି। ଚଉରିଆଡେ କେବଳ ହିଂସା, ଦ୍ୱେଷ, ଅହଂକାର, ଈର୍ଷା ଏପରି ଅନେକ ଗୁଣ ଭିତରେ ମଣିଷ ପଶୁ ପାଲଟି ଯାଇଛି।

"ଚତୁଃପାର୍ଶ୍ୱେ ଶ୍ୱାନର ଉନ୍ମୁଖ ମୁଖ
କ୍ରୁଦ୍ଧ ହିଂସ୍ର ବିକଟାଳ ଲମ୍ଫ
ପ୍ରଜ୍ୱଳିତ ଅଗ୍ନିଶିଖା
ସମସ୍ୟାର ଅଶେଷ ଶର୍ବରୀ
ମଧ୍ୟେ କ୍ଷୁଣ୍ଣବିଦ୍ଧ ଆତ୍ମା।"(୨୨)

ରାଗର ଚରମ ପରିଣତ ମଣିଷ ଜାତିର ଅନ୍ତ କରିବାକୁ ବସିଲାଣି। ଲୋଭ ମୋହର ବଶବର୍ତ୍ତୀ ମଣିଷ ସମସ୍ୟା ଘେରରେ ଛନ୍ଦି ହୋଇ ପଡ଼ିଛି। ଶରୀର ଭିତରେ ଆତ୍ମା କ୍ଷୁଣ୍ଣବଦ୍ଧ ହୋଇ ଚିରକାଳ ଭୀତ ସଂତପ୍ତରେ ଆଶଙ୍କାର ମାୟା ଜାଲରେ ଛନ୍ଦି ହୋଇ ପଡ଼ିଲାଣି। ଏ ସଂସାରର କଷ୍ଟରୁ ଉଦ୍ଧାର ନିମନ୍ତେ ମୁକ୍ତିର ଆର୍ତ୍ତକଣ୍ଠ ଠିକ୍ ମୃଗୁଣୀର କରୁଣ ବିଳାପ ପରି ଶୁଭିବାରେ ଲାଗିଛି। ସତେ କି ପାଗଳଟିଏ ଭ୍ରମ ପ୍ରଳାପ କଲା ପରି ମିଳିତ ଚିତ୍କାର ବିବ୍ରତ ବିକଳ ପ୍ରଚେଷ୍ଟା ଅହରହ ମଣିଷର ମନ ଭିତରେ ଚାଲିଛି। ପରକୁ ଦେଖେଇ ହେବା ଭିତରେ ନିଜ ଭିତରେ ଥିବା ନିସ୍ୱ ଅସହାୟତାକୁ ପଛରେ ପକାଇ ବିଶ୍ୱ ଦରବାରରେ ପ୍ରତିଷ୍ଠା ପାଇଁ ବ୍ୟାକୁଳ ହୋଇ ଉଠେ। ମିଥ୍ୟାର ଘୋଷଯାତ୍ରା, ଆତ୍ମ ଅହଂକାରର ଡିଣ୍ଡିମିରେ ଲୁଚିଯାଏ, ହଜିଯାଏ ସତ୍ୟ-ଶାନ୍ତି-ଶାଶ୍ୱତ ଚିନ୍ତାଧାରର ଅଂଶ ବିଶେଷ।

"ମିଥ୍ୟାର ଘୋଷ ଯାତ୍ରା
ଡିଣ୍ଡିମର ଆତ୍ମ ଅହଂକାରେ
ହଜିଯାଏ କ୍ଷୁଦ୍ରସତ୍ତା
ସତ୍ୟ-ଶାନ୍ତି-ଶାଶ୍ୱତ ମାଧୁର୍ଯ୍ୟ।"(୨୩)

କବି କହୁଛନ୍ତି ମୃଗୁଣୀର ସ୍ତୁତି ଶେଷ ସ୍ତୁତି ନ ଥିଲା କି ମୋ ସ୍ତୁତି ଶେଷ ସ୍ତୁତି ନୁହେଁ। କେବଳ ପ୍ରଭୁଙ୍କ ପାଖେ ନିବେଦିତ ଅନେକ କାଳରୁ ଯୁଗ ଯୁଗ ଧରି ନିରୀହ ପ୍ରାଣର ସ୍ତୁତି ଯାହା ଚିରନ୍ତନ, ଯାହା ପରିବ୍ୟାପ୍ତି, ଅସୀମ ତାଙ୍କରି ଅନୁଭବର ଶେଷ

ନାହିଁ କି ପ୍ରଳୟ ତୂର୍ଯ୍ୟ (ବାଦ୍ୟ) ଆଶଙ୍କାରେ ଶୁଭଶଙ୍ଖ ଧ୍ୱନିର ଗୁଞ୍ଜରଣର ଶେଷ ନାହିଁ।

'ଯାଞ୍ଚନା' କବିତାଟିରେ ଅନ୍ତରର ଅସହାୟତା ଓ ଦୁଃଖର ଅପ୍ରମିତ ପ୍ରକାଶ କେବଳ ଶେଷ ହୁଏ, ଏ ବିଶାଳ ସଂସାର ଯାହାର ସର୍ଜନା ଯିଏ ଏହାର ସ୍ରଷ୍ଟା ତା'ରି ଇଚ୍ଛାରେ। ମନର ବ୍ୟାକୁଳତା ଓ ତୀବ୍ର ଆତ୍ମଦାହ ଏସବୁ ମଣିଷର ହତାଶାପୂର୍ଣ୍ଣ ହୃଦୟ ଗ୍ରହଣ କରିନେବାକୁ ବାଧ୍ୟ ହୁଏ। ମନର ଅର୍ନ୍ତଦ୍ୱନ୍ଦ୍ୱ ଦେଖାଇ ହୁଏ ନାହିଁ କେବଳ ବୁଝି ହୁଏ ଅନୁଭବ କରି ହୁଏ। ମଣିଷର ଅବ୍ୟକ୍ତ ବିଳାପ ସ୍ୱତଃସ୍ଫୂର୍ତ୍ତ ଭାବରେ ନିଜ ଗତି ଅନୁସାରେ ପ୍ରକାଶିତ ହୁଏ। ପାର୍ଥିବ ଶରୀର ପ୍ରତି ମୋହ ଏ ସବୁର ମୁଖ୍ୟ କାରଣ।

"ଦେଖେଇ ହେବାର ନୁହେଁ ବୁଝିବାର କଥା
ଅସହାୟ ଅନ୍ତରର ଦୁରୂହ ବେଦନା
ଲୁପ୍ତ ହୁଏ ତୋ ଇଚ୍ଛାର ଅନନ୍ତ ସାଗରେ
ବ୍ୟାକୁଳତା ଚେତନାର ତୀବ୍ର ଆତ୍ମଦାହ
ଶେଷ ହୁଏ ହତାଶାର ପରିପୂର୍ଣ୍ଣ ହୃଦୟ ଭାଗରେ।"[୨୪]

କବିଙ୍କ ମତରେ ପ୍ରଭୁ ଜୀବଜଗତ ସୃଷ୍ଟି କଲାବେଳେ ମଣିଷ ଭିତରେ ଯେଉଁ ମନ ଓ ହୃଦୟଟି ଦେଇଛନ୍ତି ସେ କେବଳ ଡହଳ ବିକଳ ହୁଏ ଅଶେଷ ଇଚ୍ଛାକୁ ପୂର୍ଣ୍ଣ କରି ନପାରି। ଧନ୍ୟ ତୋର ସୃଷ୍ଟିର ସର୍ଜନା। ବଡ଼ ବିଚିତ୍ର ମନେ ହୁଏ ସତେ। କବି କହୁଛନ୍ତି ମତେ ତୁମେ ଠକି ପାରିବନି। ମୁଁ ଜାଣିଛି ଏ ସବୁ ତୁମର ମନ୍ତ୍ରଣା। ନିଜ ଛବି ନେଇ ଗୀତ ସୂରେ ସୂରେ ଜଗତକୁ ତୁମେ ଯାହା ଭଣ୍ଡାଉଛ ମୁଁ ସବୁ ଜାଣେ ପ୍ରଭୁ।

"ଧନ୍ୟ ତୁହିଁ ଧନ୍ୟ ତୋର ସର୍ଜନା ବିଚିତ୍ର
ମୁଁ କିନ୍ତୁ ବୁଝିଛି ଜାଣି ମନ୍ତ୍ରଣା ତୋହର
ଭଣ୍ଡାଉଛ ଗୀତ ସୂରେ ଛବି ଖଣ୍ଡେ ଦେଇ
ଫେରାଉଛି ଅବଜ୍ଞାକୁ ସମ ବ୍ୟବହାରେ।"[୨୫]

ତୁମେ ଛଳନା କରି ଯେମିତି ସଭିଁଙ୍କ ମନକୁ କିଣି ନେଇଛ ପ୍ରଭୁ, କବି କହୁଛନ୍ତି ମୁଁ ସେହିପରି ତୁମକୁ ମୋ ଭାବନା ସବୁକୁ ଫେରାଇ ଦେଉଛି। ଅଜାଣତରେ ଏଇ ମନ ତୁମ କୀର୍ତ୍ତିର କାର୍ପଣ୍ୟ ବିଧିରେ ଖୁବ୍ ବିଦ୍ରୋହୀ ଅଭିମାନୀ ହୋଇ ପଡ଼ିଛି। ତା'ର ଏପରି ବିବେଚନା ପାଇଁ ଶାସ୍ତି ଦିଅ ପ୍ରଭୁ ତା'ର ଶେଷ ସମାଧିରେ। 'ଅନ୍ତରାୟ' କବିତାଟିରେ କ୍ଷେଦୋକ୍ତି ପ୍ରକାଶ କରି କବି ପ୍ରଭୁଙ୍କୁ ନିବେଦନ ପୂର୍ବକ କହିଛନ୍ତି ଦୁନିଆଁ ଦାଣ୍ଡରେ କଣ୍ଠରେ ଆର୍ତ୍ତ ଚିତ୍କାର ହା ହା କାର କରି ଭିକ୍ଷାଥାଳ ଧରି ବୁଲିଲି ତୁମ ଇଚ୍ଛାରେ ବଡ଼େଇ ରଖିବା ପାଇଁ। ତୁମ ଇଚ୍ଛାର ବାଜେଣୀ ନୂପୁର ପିନ୍ଧି ସଂସାର

ସାଜସଜ୍ଜାରେ ନିଜକୁ ହଜାଇଲି। ସଂସାରର ଅଥଳ ଜଳରାଶିରୁ ସାତତାଳ ପାଣି ତଳୁ ମୋ ସପନର ମୁକ୍ତା ଖୋଜି ଖୋଜି ମୁଁ ଅଣନିଃଶ୍ୱାସୀ ହୋଇଯାଏ। ଏହି ଅଭିମାନ ଭରା ଆହତ ହୃଦୟରେ ତୁମକୁ କେତେ ଗାଳି ବି ଦେଇଛି। ହେଲେ ତୁମେ କ'ଣ ବୁଝ ସେ ଦୁଃଖର କାହାଣୀ, ରାଶି ରାଶି ବେଦନାର କରୁଣ ନିର୍ଯ୍ୟାସ। ତୁମ ପାଖରେ ସେ ସବୁ ଅବିଶ୍ୱାସ ପରି ଲାଗେ।

"ଅଣନିଃଶ୍ୱାସୀ ମୁଁ ଏଠି
ଅହରହ ଯେତେ ଗାଳି ଦେଇ
ତୁ କି ବୁଝୁ ସେ ବେଦନା
ସେ ଦୁଃଖର ଅସରା କାହାଣୀ।"(୨୬)

ମୋହ ମାୟା ଏ ସଂସାରରେ ଅନ୍ତରର ଆବେଦନ ଏଠି ମିଥ୍ୟା ଓ ବୃଥା। ସତ୍ୟ ଏଠି କେବଳ ଯାହା ଶୁଣାଯାଏ। ଅବିଚ୍ଛର କରୁଥିବା ଶାସକର ବଡ଼ପଣ ନୀତି ହିଁ ଶ୍ରେଷ୍ଠତା ଲାଭ କରେ। ସବୁକିଛି ମଥାପାତି ସହି ନେବା ତୁମ ପାଇଁ ଯଦି ବୁଦ୍ଧିମତା ହୁଏ ତେବେ ପ୍ରତି ଅବତାରରେ ତୁମର ଏହାର ପ୍ରତିଫଳନ କାହିଁକି ହୋଇନି। ନୀତି ଆଦର୍ଶ କଥାର କିଛି ମାନେ ରଖିନାହିଁ। ଏ ସଂସାରରେ ଏ ସବୁ ନିହାତି ଶସ୍ତା। ମୁଁ ବୁଝିଛି ମୋ ସହ ସକଳ ବିଶ୍ୱ ବି ଏହାକୁ ଗ୍ରହଣ କରେ। ସତ୍ୟତାର ଅପଳାପ କରି ଏ ଦୁନିଆଁରେ ମୂର୍ଖ ପଣ୍ଡିତର ଆଡମ୍ବର ଓ ଅହଂକାରର ବଡ଼ିମା ଦେଖାଏ।

"ଅପରକୁ ଉପଦେଶ ଦେବା
ଏକ ଶସ୍ତା ଆଉ ଆଦର୍ଶର କଥା
ମୁଁ ଯାହା ବୁଝିଛି
ଆଉ ବୁଝିଛନ୍ତି ସକଳ ବିଶ୍ୱରେ।"(୨୭)

ତୁମକୁ ଏତେ ଭଲ ପାଇ ମଧ୍ୟ ଆଜିଯାଏଁ ଏ ସବୁର ରହସ୍ୟ ମୁଁ ଜାଣି ପାରିଲିନି। ଲାଗେ ଯେମିତି ଏହି ଅଜଣା ଅନ୍ଧାର ଆମ ପ୍ରଣୟର ବଡ଼ ଅନ୍ତରାୟ ହେବ।

'ଦେବଦାସୀର ନିବେଦନ' କବିତାଟିରେ ଦେବଦାସୀଙ୍କର ଆକୁଳତା ପ୍ରକାଶ ପାଇଛି। ସମର୍ପଣ ଭାବର ଉର୍ଦ୍ଧ୍ୱରେ ହିଁ ପ୍ରଭୁଙ୍କୁ ଅନୁଭବ କରି ହୁଏ ଏଇ କଥା ହିଁ ପ୍ରକାଶିତ। ଦେବଦାସୀ କହୁଛନ୍ତି ତୁମ ପାଦତଳେ ମୋ ଆଖିର ଲୁହ ଢାଳିଦେଲି ପ୍ରଭୁ, ତୁମ ଭକତଙ୍କ ମେଳରେ ମୋ ହୃଦୟକୁ ଖୋଲି ଦେଇ ତୁମକୁ ସ୍ମରଣ କଲି। ହେଲେ ତୋ ପାହାଚ ଆୟୁତ ଯୋଜନ ଘୁଞ୍ଚିଗଲା। ସଭିଁଙ୍କ ମେଳରେ ଥାଇ ମୁଁ କେବଳ ହୀନିମାନ ହେଲି। ଏବେ କହ କାଳିଆ ଆଉ ମୋ ପାଖେ କ'ଣ ଅଛି ଯେ, ତୁମକୁ ଦେଇ ଦେଲେ ତୁମେ ମୋତେ ନ ଲୁଚି ଦେଖାଦେବ, ମୋ ମନର ବ୍ୟଥାକୁ ବୁଝିବ।

ଜନ୍ମ ଠାରୁ ମୃତ୍ୟୁ ପର୍ଯ୍ୟନ୍ତର ସମୟ ଅବଧିକୁ କେହି ଜାଣି ପାରନ୍ତିନି କିନ୍ତୁ ତୁମର ଦରବାରେ ମହାଲୀଳା ଆଡ଼ମ୍ବର ସହ ଚାଲିଥାଏ। ଏସବୁ ଦେଖି ମୋ ଜୀବନକୁ ବିକଳରେ ଭାବ ବିହ୍ୱଳରେ ସମର୍ପିତ କଲି ତୁମ ପାଖେ। ତୁମ ଅନୁଭବରେ ବିତିଯାଇଥିବା ଅତୀତର ତୁମ ଶରଧାବାଲି କେବଳ ପ୍ରବଞ୍ଚନା ମାତ୍ର ତୁମ ସ୍ୱର୍ଗଦ୍ୱାର ମିଛ ମୁକ୍ତିର କାମନା ମଧ୍ୟ ଆହତ ପ୍ରାଣର କେବଳ ମାତ୍ର ଆଶ୍ୱସନା।

"ସମର୍ପିତ ଜୀବନ ମୋ ବିକଳ ବିହ୍ୱଳେ
ତୋ ସ୍ମୃତିର ଇତିକଥା ମନେ ମନେ ଝୁରେ
ତୋ ଶରଧା ବାଲି ନାହିଁ ଖାଲି ପ୍ରବଞ୍ଚନା
ସ୍ୱର୍ଗଦ୍ୱାର ମିଛ, ମୁକ୍ତି ଆହତ କାମନା।"(୨୮)

ପ୍ରଭୁ ତୁମର ସେ ଶିଆଳି ଲଟାରେ ଅନେକ କଢ ଫୁଟିଗଲାଣି। କୋଇଲିର ପଞ୍ଚମ ତାନର ଧ୍ୱନି ଦୁଃଖରେ ପ୍ରତିଧ୍ୱନିତ କଲାଣି। ତୁମ ପ୍ରୀତିର ଅନୁଭବକୁ ଆତୁରତାର ସହ ଖୋଜି ଚାଲିଛି। ଶୂନ୍ୟପୁରରେ ବୀଣାର ସୁରରେ ଯାହା ଚତୁର୍ଦ୍ଦିଗ ଦୁଃଖଦ ପରିବେଷ ସୃଷ୍ଟି କରୁଛି। ତୁମ କପଟାଚାର ମୋତେ ଜଣାଅଛି ପ୍ରଭୁ। କାରଣ କପଟପଶାରେ ତୁମର ମୋହ କେଉଁ ଅନନ୍ତ କାଳରୁ ରହିଛି। ଛପନ ପଉଟି ଭୋଗ ତୁମ ଗର୍ଭରେ ଲୀନ ହେଲା। ତୁମ ଉପହାରରେ ସଂସାରରେ ଯାଚିଲି ଭିକ୍ଷାଝୁଲି। ତୁମ ବଡ଼ ଦେଉଳ ନେତ ଘୋଷଣା କରେ ତୁମ ପ୍ରଭୁତ୍ୱର ଗାଥା। ତୁମ ନୀଳଚକ୍ର ଆଢୁଆଳରେ ପତିତର ମାନ ରହିଛି ଲୁଚି। ଆଜି ମୋରି ପରି ତୁମ ଦରବାରରେ ଦେବଦାସୀର ପରିଚୟ ନେଇ ଦୟିନୀ କରୁଛି। କାହିଁକି ଦେବଦାସୀର ପରିଚୟ ଏ ଭବ ସଂସାରରେ ହୀନ କଲ ପ୍ରଭୁ।

"ମୋ ହାତେ ଦୟଣା ଭରେ
ତୋ ଅଧରେ ହସ
ମୋ ପୂଜା ନୈବେଦ୍ୟ ଆଣେ
ଆଖିରେ ଆବେଗ
ମୋ ସୋହାଗ ଛନ୍ଦେ ଖେଳେ
ଅଳସ ନୟନ
ତୁ ମୋ ପ୍ରାଣ ବଲ୍ଲଭ
ମୁଁ ତୋ ବିଧି ବିଧାନ।"(୨୯)

କବି କହୁଛନ୍ତି ଦେବଦାସୀର ଦୟଣାରେ ତୁମ ଓଠରେ ହସ ଫୁଟେ। ତାଙ୍କ ପୂଜା ନୈବେଦ୍ୟରେ ତୁମ ଆଖି ଆକର୍ଷିତ ହୁଏ। ତାଙ୍କ ସୁନ୍ଦରତାରେ ତୁମ ଅଳସ

ନୟନ ଖୋଲିଯାଏ। ତୁମେ ଜାଣ ପ୍ରଭୁ ବିଧିର ବିଧାନ ତୁମେ ଦେବଦାସୀର ପ୍ରାଣ ବଲ୍ଲଭ। ତୁମରି ଅନ୍ତଃପୁରରେ ଭାଗ୍ୟର ଜଞ୍ଜାଳେ ଘୂରିବୁଲେ ଦେବଦାସୀର ମନ, ପ୍ରାଣ, ଆତ୍ମା। ମୋତେ କୁହ ପ୍ରଭୁ କି ସମାଧାନ କରିଛ ତାଙ୍କ ପାଇଁ। କେବଳ ତୁମର ଏପରି ଗୌରବ ଭିତରେ ଦେବଦାସୀର ଜୀବନ ଲୀନ ହୋଇଗଲା ଭଳି ମୋ ଜୀବନ ତୁମ ପାଦତଳେ ଲୀନ ହେଉ ପ୍ରଭୁ।

'ଦୟିନୀ' କବିତାଟିରେ ଭକ୍ତିର କଥା କବି କହିଛନ୍ତି। ହେ ମଣିମା ମୋ ମଥାରେ ତୁମ ଚଉବାହାର ଆଶୀର୍ବାଦ ଭରା ସ୍ନେହ ମମତା ତୁଟେଇଲନି ଯେ, ମୋ ଜୀବନ ନଉକାକୁ ଅଥଳ ସାଗରରେ ଅକୂଳରେ ଭସାଇ ଦେଲ। ମୋ ମନର ବିଶ୍ୱାସକୁ ଭାଙ୍ଗି ଦେଲ। କବି ପ୍ରଭୁଙ୍କୁ ଅଭିମାନରେ ପଚାରୁଛନ୍ତି ତୁମ ଅକ୍ଷୟ ଭଣ୍ଡାର କ'ଣ ଅପୂର୍ଣ୍ଣ ଥିଲା ! ମୋ ପ୍ରତି ଏଡ଼େ ଅବିଚାର ପୁଣି କାହିଁକି କଲ ! ସତରେ ତୁମେ ପ୍ରବଞ୍ଚନ, ଶଠ ଓ ମହାଭଣ୍ଡ। ଚତୁଃପାର୍ଶ୍ୱେ ହଳାହଳ ବିଷ ଭରି ଦେଲ। ସଂସାରର ମହାସାଗର ଭିତରେ ମୁଁ କେମିତି ମନ୍ଥିବି କୁହ ହେ ନାଥ। ତୁମର ଏପରି କର୍ମ ପ୍ରବଳ ପ୍ରବାହରେ ମୋ ଆତ୍ମା ଆଜି ଆକୁଳିତ ସଂକିତ ଓ ଭୟଭୀତ।

"କ'ଣ ବା ପାଇଲୁ ଲାଭ
ଅକାରଣ ଅବିଚାରରେ ନିକ୍ଷେପିତ କରି
ଅହରହ ପ୍ରଜ୍ୱଳିତ ମନକୁ ମୋ ଜାଳି ଆତ୍ମଦାହେ।"(୩୦)

ବିନା କୌଣସି କାରଣ ନ ଥାଇ ଅବିଚାର କରି ମୋ ମନକୁ ଏପରି ଜାଳି ଦେବାରେ କ'ଣ ତୁମେ ଲାଭ ପାଇଲ ପ୍ରଭୁ! ରତ୍ନ ସଂପଦରେ ତୁମର ଲୋଭ ଥିଲା ବୋଲି ସୁନାର କଣ୍ଢେଇ ଦେଇ ପୁଣି ଛଡ଼ାଇ ନେଲ। ମୁଁ ଜାଣିଥିଲେ କେବେ ମୁଣ୍ଡାଇ ନ ଥାନ୍ତି ତୁମ ଦାନର ସୁନା କଣ୍ଢେଇ। ମୁଁ ଜାଣିଛି କାଳିଆ ତୁମ ପ୍ରବେଶ ଦ୍ୱାର ତୁମ ନିୟନ୍ତ୍ରଣ ପ୍ରସ୍ଥାନ। ତୁମ ଇଚ୍ଛା ବିନା ତୁମ ପାଖକୁ ଫେରିଯିବା ତୁମ ନିୟନ୍ତ୍ରଣରେ। ତୁମର ଏହି ମହାଦରବାରରେ ଏତେ ଗହଳି ଯେ ମୋ କଥା ଅବା କେମିତି ତୁମେ ମନେ ରଖିଥାନ୍ତ !

"ମୁଁ ଏକା ଶିକାର ହେଲି
ଭୁଲିଗଲୁ! ଆଜନ୍ମରୁ ତୋ ପାଦରେ ନିବେଦିତ
ମୋ ଆତ୍ମାର ନିସ୍କଳା ଦୟିନୀ।"(୩୧)

ତୁମର ନିର୍ଲଜ ଅହଂକୁ ଆପଣାର କରି ସମୟ ସହ ଏକୁଟିଆ ଅସହାୟ ହୋଇ ଜୀବନ ରାସ୍ତା ଅତିକ୍ରମ କରିଚାଲିଛି। ତୁମ ପାଖରେ ଲୀନ ହେବାର ପ୍ରତୀକ୍ଷାକୁ ଶୂନ୍ୟରେ ପ୍ରସାରିତ ଲଗ୍ନରେ ଖୋଜି ଚାଲିଛି। ମଣିମା ଶର୍ବରୀର ମନ ନେଇ ତୁମର ଅଖଣ୍ଡ ଲୀଳାକୁ ଭରସା କରିଛି।

'ବିଡ଼ମ୍ବନା' କବିତାଟିରେ କବି ପ୍ରଭୁଙ୍କର ଲୀଳାକୁ ବୁଝିପାରି ନାହାନ୍ତି । ଯେଉଁଥି ପାଇଁ ସେ ଫେରିବାର ବାଟ ଖୋଜି ପାଇପାରୁ ନାହାନ୍ତି ସେହି ବିଷୟରେ ଲେଖିଛନ୍ତି । ପ୍ରଭୁ ତୁମର କୂଟକପଟତାରେ ମୋ ପାଦକୁ ଏମିତି ଛନ୍ଦି ଦେଇଛ ଯେ, ମୁଁ ଫେରିବାର ବାଟ ଖୋଜି ଚାଲିଛି ହେଲେ ରାସ୍ତା ଭୁଲିଯାଉଛି । ତୁମେ ଲୀଳାମୟ ବୋଲି ମୋହ ମାୟାରେ ଏମିତି ଛନ୍ଦିଦିଅ ମୋ ମନ ପ୍ରାଣକୁ ଯେ ମୁଁ ଫେରିବାର ବାଟ ଭୁଲିଯାଏ ପ୍ରତିଥର । ମାୟା ପଟଳର ଜାଲରେ ମୋ ଚତୁଃପାର୍ଶ୍ୱରେ ଏମିତି ମୁଁ ଛନ୍ଦି ହୋଇପଡ଼େ ଯେ ନିଜକୁ ସମ୍ଭାଳିବା ନିଜ ପାଇଁ କଠିନ ହୋଇଯାଏ ।

"କେଉଁ ତୁଠରେ ମୁଁ ନିଜକୁ ପଖାଳିବି ଯେ
ଛଳନାର ବିଷ ବୋଳା ତୀକ୍ଷଣ ଶୟନରେ
ମୋର ପବିତ୍ର ଆତ୍ମା କଳୁଷିତ ।"(୩୨)

ମୋର ଆତ୍ମ ବିଶ୍ୱାସ ଓ ଆତ୍ମ ପ୍ରତ୍ୟୟ ସବୁକୁ ମୁଁ ନିଜ ଭିତରେ ଗିଳି ଦେଇ ବସିଛି । ସମୟର ତ୍ରିଛକି କାଠ ଗଡାରେ ନିଜକୁ ନିଜେ ବିଚାର କରି ଫାଶୀ ମଞ୍ଚରେ ସତ୍ୟ ପାଠ କରେ ଦିନେ ନା ଦିନେ ସଂଗ୍ରାମର ଜୟ ହେବ ଓ ସାଧନାର ସିଦ୍ଧି ଲାଭ ହେବ । ଏତେ ସବୁ ମନକୁ ବୁଝାଇବା ପରେ ବି ଫେରିଯିବାକୁ ଚାହେଁ ପ୍ରକୃତ ସ୍ଥାନକୁ ।

"ସମୟର ତ୍ରିଛକି କାଠ ଗଡାରେ
ମୁଁ ଫାଶୀ ମଞ୍ଚରେ ସତ୍ୟପାଠ କରୁଛି
ସଂଗ୍ରାମର ହିଁ ଜୟ ହେବ
ସାଧନାରେ ହିଁ ସିଦ୍ଧି ଲାଭ ।"(୩୩)

ଅବିବେକୀ ମୁଁ ମୋର ଭାଗ୍ୟ ଡୋରୀ ଯେବେ ତୁମ ହାତରେ ମୋର ବନ୍ଧା ହୋଇଛି ତୁମେ ନ ଚାହିଁବା ଯାଏଁ କୁଆଡ଼େ ଯିବି ଏମିତି ଇଚ୍ଛା ହେବାର କାରଣ ଅନେକ କିଛି କଥା ଯାହା ସହି ହୁଏନି ଏ ଭବ ସଂସାରରେ ରହି ନିତ୍ୟ ଭୋଗିବାକୁ ବାଧ୍ୟ କରେ । ବେଳେବେଳେ ସମୟର ନିଷ୍ଠୁର ପ୍ରହାରରେ ପ୍ରତିକୂଳ ପବନର ଝାଞ୍ଜିପିଟା ସ୍ରୋତରେ କୁଟାଖଣ୍ଡ ଭଳି ଯେବେ ଉଡିଯାଏ ଇଚ୍ଛା ହୁଏ ଫେରିଯିବାକୁ ।

"ମତେ ଜହ୍ନକୁ ଚାହିଁବା ମନା
ମୋର ମନକୁ ଛୁଇଁବା ମନା
ମୋର ହାତରେ ପାଦରେ ବେଡି
(କିନ୍ତୁ) ତୁମ ପ୍ରେମରେ ଯାଇଛି ବୁଡ଼ି ।"(୩୪)

ଏଠି ନାରୀର ନା ଅଛି ସ୍ଥିତି, ନା ଅଛି ପରିଚୟ । ନା ଅଛି ଅଧିକାର । ସବୁ ବାରଣ ସତ୍ତ୍ୱେ ତା'ର ଅଛି ମନଟିଏ, ହୃଦୟଟିଏ ଓ ବଞ୍ଚିବାର ଅଧିକାର । ସୁନ୍ଦର ଭବିଷ୍ୟତଟିଏ

ଗଢ଼ିବାର ସ୍ୱପ୍ନ କିନ୍ତୁ କିଏ ବୁଝିବ ତା'ର ଅପ୍ରଶମିତ ଦୁଃଖ। ଏ ସବୁ ବାଧା ବନ୍ଧନ ସତ୍ତ୍ୱେ ମୁଁ ସେଇ ନାରୀଟିଏ ତୁମରି ପ୍ରେମରେ ନିମଗ୍ନ ଆଜି। କୁହ ପ୍ରଭୁ ଏତେ କଠିନତା ଭିତରେ ଚରମ ନିଷ୍ପତ୍ତି ଆଗରେ ନିର୍ବିକାର ମୋର ଏ ଭାବକୁ ନିଜ ଭିତରେ କେତେ ସମାହିତ କରିଥିବି! ନିଜକୁ ପ୍ରତିକ୍ଷଣ କେତେ ସାନ୍ତ୍ୱନା ଦେଉଥିବି! ଏ ବିଡ଼ମ୍ବନା ନୁହେଁ ତ ଆଉ କ'ଣ ହୋଇପାରେ ପ୍ରଭୁ! ମୋର ଏ ଆହତ ପ୍ରାଣକୁ ଶୀତଳତାରେ ଭରିଦିଅ।

'ଏକ ଅଧାଗଢା ଜୀବନ ସମ୍ପର୍କ'ରେ କବିତାଟି ଜୀବନଧର୍ମୀ ଉପରେ ଆଧାରିତ। ଆକାଶରେ ଆଖି ରଖି ପୃଥିବୀ ପୃଷ୍ଠରେ ଧୂଳି ଖେଳୁଥିବା ହାତ ଦୁଇଟାକୁ ତୁମେ ପ୍ରଭୁ ଏମିତି ବାନ୍ଧି ଦେବ ମୁଁ ଜାଣି ନ ଥିଲି। ଜନ୍ମ ଠାରୁ ମୃତ୍ୟୁ ପର୍ଯ୍ୟନ୍ତ ସବୁ ପ୍ରାରବ୍ଧକୁ ଦ୍ୱାହି ଦେଇ ମୁଁ ଯଦି ବଞ୍ଚିବା ଦରକାର ଥିଲା ତେବେ ମୁଁ ରାଣ ପକାଇ କହୁଛି ମୋର ଅଭିମାନୀ ମନଟାକୁ ନିଷ୍ଠୁର କରି ସବୁ ମୋହକୁ ପଛରେ ପକାଇ ମୋ ବାଟ ମୁଁ ନିଜେ କାଟିଥାନ୍ତି।

"ମୁହୂର୍ତ୍ତ ମୁହୂର୍ତ୍ତ କରି ପ୍ରତି ମୁହୂର୍ତ୍ତରେ
ଆତ୍ମଦାହ ମୃତ୍ୟୁ ଠାରୁ ନିଶ୍ଚୟ ନିଷ୍ଠୁର।"(୩୫)

ପ୍ରତିକ୍ଷଣ ନିଜ ଆତ୍ମଦାହରେ ନିଜେ ମରିବା ପ୍ରକୃତ ମୃତ୍ୟୁ ଠାରୁ ଅଧିକ କଠିନ। ପାପର ବିମୁକ୍ତ ଛନ୍ଦରେ ତୁମେ ମୋ ମନକୁ। ଥରଟିଏ ବୁଝିଲନି ଏହି ମନଟା ବି ମୁକ୍ତ ଆତ୍ମା ଓ ସଂପୂର୍ଣ୍ଣ ସ୍ୱାଧୀନ ଯେମିତି ସବୁ ଜିମା-ଧୂସର ରଂଗ ଭିତରେ ସବୁ ରଂଗ ଯେ ସୀମିତ-ବିଲୀନ। ସମୟର ଗତି ସହ ସବୁକିଛି ଏଠି ହଜିଯାଏ। ମିଛର ବଡ଼ିମାରେ କିଏ କିଏ ନିଜର ପ୍ରଭୁତ୍ୱ ବିସ୍ତାର ମୁଣ୍ଡରେ ସୁନା ଶିକୁଳୀ ବାନ୍ଧିପାରେ, ନିଜକୁ ପ୍ରତିଷ୍ଠିତ କରିପାରେ।

"ଖୋଜିବାର ଗ୍ଳାନି ନାହିଁ
ଏଠି ସବୁ ଥାଇ ମଧ୍ୟ ନାହିଁ
ସତ୍ୟ ଏଠି ନିରୁତ୍ତର ଅନ୍ଧ ଅର୍ଗଳୀରେ।"(୩୬)

ସବୁଥାଇ ମଧ୍ୟ ଏଠି ସତ୍ୟ କିଛି ନାହିଁ। ଯେମିତି ଆକାଶ ଅଛି କିନ୍ତୁ ଉଦାସ ତା ବ୍ୟାପକ ସ୍ଥିତିରେ, ସାଗର ଅଛି ସବୁ ତଟିନୀର ତୃଷ୍ଣା ମେଣ୍ଟାଏ ଅଧିରେ, ଆଖି ଆକାଶ ଦେଖୁଛି ତଥାପି ସ୍ୱପ୍ନ ଖୋଜି ଚାଲିଛି ବତାସରେ। ଅବିଶ୍ୱସ୍ତ ସମୟ ଓ ବିଶ୍ୱାସର ଆତ୍ମ ଦ୍ୱନ୍ଦ୍ୱରେ ମଣିଷ ଖୋଜିବାର ନିଶାରେ ମୃତ୍ୟୁକୁ ପଛରେ ରଖି ବଞ୍ଚିଛି ଆଶା ପୂରଣ ହେବାର ସମ୍ଭାବନାରେ।

"ତଥାପି ମଣିଷଟିଏ ଖୋଜି ବାହାର କରିବା ନିଶାରେ
ମୃତ୍ୟୁର ନିବିଡ଼ ଆଲିଙ୍ଗନକୁ ଫାଙ୍କି ଦେଇ
ଏବେ ମଧ୍ୟ ସେ ବଞ୍ଚିଛି।"(୩୭)

'ମିନତୀ' କବିତାଟିରେ ବାସ୍ତବ ଜୀବନର ଚିତ୍ର ପ୍ରକାଶିତ । ପ୍ରାଣର ପ୍ରବାହମାନ ପ୍ରଶାନ୍ତିରେ ସତ୍ୟ ପରିତ୍ୟକ୍ତ କି ଦଗ୍ଧ ନୁହେଁ କି ସ୍ନିଗ୍ଧ ଶୁଚିବନ୍ତ ନୁହେଁ । ନିଜର ପ୍ରଜ୍ଞା, ଆତ୍ମଜ୍ଞାନ ସବୁକିଛି ସମର୍ପଣ କରି କାଳର ଗତିରେ ସମୁଜ୍ଜ୍ୱଳ ସ୍ମୃତିରେ ସମସ୍ତ ଆଗ୍ରହକୁ ତୁମର ଆଶୀର୍ବାଦ ଭାବି ଗ୍ରହଣ କରି ନେଇଛି ପ୍ରଭୁ । ତୁମେ କିନ୍ତୁ ଅନାହତ, ଅନାଗତ, ଅଗମ୍ୟ, ଅଚିନ୍ତ୍ୟ, ଅଜ୍ଞେୟ, ଅଲୌକ୍ୟ ଯାହା ଆତ୍ମାର ଅସ୍ତିତ୍ୱକୁ ବୁଝାଏ ପ୍ରଭୁ । ଅଜ୍ଞାତର ଖିଆଲ ପଣରେ ତୁମେ ମୋର ପରିପୂର୍ଣ୍ଣ ବିଜ୍ଞତାର ପରିଚୟ ପ୍ରଭୁ । ସବୁ ପ୍ରତିକୂଳ, ଅବାଞ୍ଛିତ, ଅପାଂକ୍ତେୟ ବିଷର୍ଣ୍ଣ ବିବର୍ଣ୍ଣ ପ୍ରାଣକୁ ତୁମ ପାଖେ ସମର୍ପଣ କରିଛି ପ୍ରଭୁ । ତୁମେ ତା'ର ରକ୍ଷା କବଚ ଏକ ଶ୍ରେଷ୍ଠ ମହତ୍ତ୍ୱର ଆଶ୍ୱସ୍ତି ।

"ଆଗ୍ରହ ଅବକ୍ଷପଣ କାଳକ୍ଷେପ ଗତି
ସମୟର ସମୁଜ୍ଜ୍ୱଳ ଆୟୁଷ୍ମାନ ସ୍ମୃତି
ତୁମକୁ କି ଏକାନ୍ତରେ କରେ ଆତ୍ମଗତ
ପ୍ରଜ୍ଞା ପ୍ରଜ୍ୱଳନ କିନ୍ତୁ ତୁମେ ଅନାହତ ।"(୩୮)

ହେ ପ୍ରଭୁ, ଏହି ବିଦଗ୍ଧ ଜୀବନ ମୋର ବର୍ଣ୍ଣୋଜ୍ଜ୍ୱଳ ପ୍ରାପ୍ତ ହେଉ । ଆତ୍ମା ମୋର ଆତ୍ମଜ୍ଞାନ ପାଉ । ପଥଭ୍ରଷ୍ଟ ନ ହେଉ । ଏହାର ପୂର୍ଣ୍ଣ ସମାଧାନର ରୂପ ଦିଅ ପ୍ରଭୁ । କ୍ଷଣିକ ସଂସାରରେ ବଡ଼ପ୍ପନାକୁ ଶ୍ରେଷ୍ଠ ମୁଁ ନ କରି ନ ଭାବି ତୁମରି ସାନିଧ୍ୟରେ ଆଶ୍ୱସ୍ତି ଲାଭ କରେ । 'ସତରେ ତୁମେ ଅଛ' କବିତାଟି ପ୍ରାଣର ପ୍ରିୟତମଙ୍କ ଉଦ୍ଦେଶ୍ୟରେ । କବି କହୁଛନ୍ତି ମୁଁ ଜାଣିନି ପ୍ରତ୍ୟେକଟି ମୁହୂର୍ତ୍ତରେ କାହାର ଅଜଣା ଆକର୍ଷଣରେ ବିତିଯାଏ ଯାହା ମୁଁ ନିଜେ ବି ଜାଣେନା । କାହାର ପ୍ରଲମ୍ବିତ ସ୍ପର୍ଶରେ ମୋର ତନୁ ମନ ଅନ୍ତରଂଗ ସାନିଧ୍ୟର ବାସ୍ନାରେ ଭିଜି ଭିଜି ଯାଏ ମୁଁ ଜାଣି ପାରେ ନି ସେ କିଏ । ଅସଜଡା ସମୟ ଦୋହଲି ଯାଏ ପାଣିରେ ଉଠୁଥିବା ତରଙ୍ଗ ପରି । ମନେ ମନେ ଶୀହରି ଉଠେ ପୁଲକିତ ହୁଏ, ଉଚ୍ଛ୍ୱସିତ ହୁଏ । ହୃଦୟ କନ୍ଦର ଲାଗେ ଯେମିତି କେହି ଜଣେ ଆପଣାର ଅଛି ନିଶ୍ଚୟ ମୋର ଅତି ନିକଟରେ ।

"ଜାଣେ ନା ମୁଁ କାହାର
ଅନ୍ତରଙ୍ଗ ସାନିଧ୍ୟର ଭିଜା ଭିଜା ବାସ୍ନାରେ
ବତୁରି ପଡୁଥାଏ ଦେହ ମନ
କାହାର ପ୍ରଲମ୍ବିତ ସ୍ପର୍ଶରେ ।"(୩୯)

ମୁଁ ନିଜକୁ ହଜାଏ ମୋତେ ଲାଗେ ଯେମିତି ବାୟା ସଙ୍ଗେ ଛାୟାର ନିବିଡ଼ତା ପରି ପ୍ରତି ମୁହୂର୍ତ୍ତରେ ଏକ ଅଜଣା ଅସ୍ତିତ୍ୱର ଉପସ୍ଥିତିରେ ମୁଁ ଭୁଲିଯାଏ ଯେତେ ସବୁ ସ୍ୱପ୍ନ । ବାସ୍ତବତା, ବ୍ୟଥା ଓ ଅନୁଚିନ୍ତା । ଅନୁରାଗ ଓ ଅଭିମାନରେ ନିଜ ଆଗେ ନିଜେ

ଭାଙ୍ଗିପଡ଼େ। ସଜାଡ଼ି ଦିଏ ମୋ ଟେପା ଟୋପା ଲୁହର ଗଜରା ଗୁନ୍ଥି ଫେରିଯାଏ ଅତୀତର କଦମ୍ବ ମୂଳକୁ ପୁଣି କେବେ କେବେ ଯମୁନା ଉଜାଣି ଭିତରକୁ। ଶୂନ୍ୟ ମନଟି ବୃନ୍ଦାବନେ ଛନ୍ଦ ଭରି ମଧୁର ବାସ୍ନାୟିତ ନିଜକୁ ସୁହାଗରେ ସଜାଇ ନିଃଶବ୍ଦ ନିବିଡ଼ ବଂଶୀର ଝଙ୍କାରରେ ବିଭୋର ହୋଇ ଉଠେ।

"ଅନୁରାଗ ଓ ଅଭିମାନରେ ଭାଙ୍ଗିପଡ଼େ ପୁଣି
ବ୍ୟର୍ଥ ଅଭିସାରିକାର ବିଫଳ ଲଗ୍ନରେ।"(୪୦)

ଭାବନାର ଶୂନ୍ୟତା ପରିପୂର୍ଣ୍ଣ ହୁଏ ଅପୂର୍ବ ଆବେଗରେ ଯାହା ମୋତେ ଅନୁଭବ ହୁଏ। ସତରେ ତୁମେ ଅଛ ପ୍ରିୟତମ, ପ୍ରାଣାଧୀଶ ତୁମେ ମୋର ଜନ୍ମ ଜନ୍ମାନ୍ତର ପ୍ରାଣର ସଖା।

'ଲାଞ୍ଛିତ ଈଶ୍ୱର' କବିତାଟିରେ କବିଙ୍କର ଅଭିମାନୋକ୍ତି ଭାବନାଟି ପ୍ରକାଶିତ। ଯେତେବେଳେ ମଣିଷର ସବୁଥିରୁ ଭରସା ତୁଟିଯାଏ ସେ ଈଶ୍ୱରଙ୍କ ସତ୍ତା ଉପରେ ପୂର୍ଣ୍ଣ ବିଶ୍ୱାସ କରେ। ଈଶ୍ୱରଙ୍କ ଉପରେ ନିଜର ସବୁକିଛି ସମର୍ପଣ କରିଦିଏ। ତୁମେ ସର୍ବବ୍ୟାପୀ ସାମଗ୍ରିକତାରେ ମୋତେ ଆପଣେଇ ନେଇଛ। ମୋର ସଂସାର, ପାପ, ପୁଣ୍ୟ, ଧର୍ମାଧର୍ମ, କର୍ମାକର୍ମ, ଜଞ୍ଜାଳର ଭାର। ସବୁ ତୁମେ ବହନ କରିଛ। ସବୁ ତୁମର ଜାଣିବା ପରେ କେଉଁଠି ରଖିବି ମୋ ପାଦ ସ୍ୱର୍ଗରେ, ମର୍ତ୍ତ୍ୟରେ ନା ପାତାଳରେ! କେଉଁଠି ରଖିବି ମୋ ପାଦ। କବି କହୁଛନ୍ତି ହେ ଈଶ୍ୱର ମୁଁ ନିଜେ ମୋର ରକ୍ତାକ୍ତ ଇଚ୍ଛାମାନଙ୍କର ତଣ୍ଟିଚିପି ହତ୍ୟା କଲା ପରେ ମୋ ହାତକୁ ପୁଣି କେଉଁଠିଣି ଭିତରକୁ। ଶୂନ୍ୟ ମନଟି ବୃନ୍ଦାବନେ ଛନ୍ଦ ଭରି ମଧୁର ବାସ୍ନାୟିତ ନିଜକୁ ସୁହାଗରେ ସଜାଇ ନିଃଶବ୍ଦ ନିବିଡ଼ ବଂଶୀର ଝଙ୍କାରରେ ବିଭୋର ହୋଇଉଠେ। କେବେ ଯମ ଧୋଇବି! ଗଙ୍ଗା ନା ଯମୁନା, ନା ଗଙ୍ଗା-ଯମୁନା-ସରସ୍ୱତୀର ତ୍ରିବେଣୀ ସଂଗମରେ!

"ତୁମେ ତ! ସବୁ ଆପଣେଇ ନେଇଛ
ମୋତେ – ମୋର – ସଂସାର
ପୁଣି ପାପ ପୁଣ୍ୟ – ଜଞ୍ଜାଳର ଭାର।"(୪୧)

ଅଭିଳାଷର ନାମ ଯାହା ଅହଂକାରର ସ୍ପର୍ଶ ଦେଇ ଉପରକୁ ସିଡି ଲମ୍ବିଛି, ଛଦ୍ମ ଅଭିନୟ ମଞ୍ଚରେ ରଂଗସଖା, ରକ୍ତ ମୁଖା ବିନମ୍ରତାର କଡିକୁ ହେ ଈଶ୍ୱର ତୁମେ କେଉଁଠି ରଖିବ ଏସବୁ। ମୁଁ କିନ୍ତୁ ମୋ ଜୀବନକୁ ନର୍କରେ ଥୋଇଛି। ତୁମେ ସିନା ସର୍ବବ୍ୟାପୀ ବୋଲି ନିଜର ପ୍ରଭାବ ଓ ପ୍ରତିଷ୍ଠା ପ୍ରଚାର କରି ଚାଲିଛ। ସଭିଙ୍କୁ ପ୍ରଭାବିତ ମଧ୍ୟ କରିପାରିଛ। ମୁଁ ତ ଅକିଞ୍ଚନ। ଜୀବନର ବୋଝକୁ ବୋହି ବୋହି କୁରୁମ ପାଳଟି ଗଲିଣି। ତୁମେ ଥରଟିଏ ବି ମୋତେ ଫେରି ଚାହିଁ ନାହଁ।

"ସବୁ ଅହଂକାର ସିଡି ଯାହା ଅଭିଳାଷର ନାମ ନେଇ
ସ୍ପର୍ଶୀଯାଏ ଉଚ୍ଚରୁ ଉଚ୍ଚକୁ
ସବୁ ବିନମ୍ରତାର କଡି – ଯାହା ରଙ୍ଗମଖା
ରକ୍ତମୁଖା ଛଦ୍ମ ଅଭିନୟ ମଞ୍ଚେ
ଫେରିଯାଏ ଅନେକ ପଛକୁ।"(୪୨)

ଅସରନ୍ତି ଅଗ୍ନି ପରୀକ୍ଷାର ଭଉଁରୀ କାଟି ମୁଁ ଦେଖିଛି ଅନୁଭବ କରିଛି କେବଳ ବିଡ଼ମ୍ବନା। ସଂସାରରେ ରହି ପରସ୍ତ ପରସ୍ତ ଦୁଃଖ ଏ ପାହାଡ଼ ଅତିକ୍ରମ କରିବା ସହଜ ନୁହେଁ। ଏ କଷ୍ଟ ଏ ବିଡ଼ମ୍ବନା ସବୁ ତୁମର ହେ ଈଶ୍ୱର ମୁଁ ଯଦି କିଛି ଅର୍ଥ ନାହିଁ ଜୀବସତ୍ତାରେ ତେବେ ମୋର ରାଶି ରାଶି ଦୁଃଖ, ବିଡ଼ମ୍ବନା ଓ ଲାଞ୍ଛନା ସବୁ ମଧ୍ୟ ମୋର ନୁହେଁ ଏ ସବୁ ତୁମର।

'ସମୟର ପକ୍ଷୀ' କବିତାଟିରେ ଈଶ୍ୱର ସବୁ ସୃଷ୍ଟି କରିଛନ୍ତି। ମଣିଷର ସ୍ୱାଧୀନ ଭାବେ ବଞ୍ଚିବା ପାଇଁ ହେଲେ ପରୋକ୍ଷରେ ତାଙ୍କ ଇଚ୍ଛାରେ ଜଗତକୁ ନିୟନ୍ତ୍ରିତ ମଧ୍ୟ କରିଛନ୍ତି। କବି କହୁଛନ୍ତି ଉଡ଼ିବାର ମୋହ ଦେଲ ହେଲେ ନ ଉଡ଼ି ପାରିବାର ବାଟ ମଧ୍ୟ କରାଇ ଦେଇଛ। ମଣିଷ ନିଜର ସମସ୍ତ କାମନାକୁ ପୂରଣ ଉଦ୍ଦେଶ୍ୟରେ ପାଗଳ ପ୍ରାୟ ହୋଇ ଉଠିବାର ମୋହ ବାନ୍ଧେ ମନରେ। ମାତ୍ର ସତରେ ସେ କ'ଣ ଉଠିପାରେ। ଉଠିବା ବେଳକୁ ତୁମେ ପାଦରେ ଶିକୁଳୀ ବାନ୍ଧିଲ ଥରେ ହେଲେ ଉଡ଼ି ପାରିଲିନି। କେମିତି ବୁଝିଥାନ୍ତି ତୁମର ବିବଶତା! ମୋର ଅବା କି ଶକ୍ତି ସାମର୍ଥ୍ୟ ଖୋଲିବାକୁ ତୁମର ବିତାନ।

"କେମିତି ବୁଝିନି କହ
ତୋ ଅବଶ ବିବଶ ଆତ୍ମାରେ
ତୋର ଆର୍ତ୍ତ ହାହାକାର
ପାରିଲିନି ଛୁଇଁ ତୋର ମନ
ହଟହଟା ହାଟଟାରେ ନିର୍ଲଜ ମୁଁ
ଅସଫଳ ସ୍ୱପ୍ନର ସାଗରେ।"(୪୩)

ନିବୁଜ କୋଠରୀ ଭିତରେ ବସି ନିଜକୁ ନିଜେ ସଫେଇ ଦେଉଛ ଯେବେ ମୁଁ ନିର୍ଲଜ ତୁମକୁ ମୋ ଦୁଃଖ ଜଣେଇବାକୁ ବ୍ୟାକୁଳ ହୋଇ ଉଠେ। ସମୟର ପ୍ରତି ସ୍ତରେ ସ୍ତରେ ଅସଫଳ ସ୍ୱପ୍ନର ସାଗରରେ କେବେ ଅଭିମାନରେ କେବେ ଭାରାକ୍ରାନ୍ତ ମନରେ ଯେତେ କଷ୍ଟ ପାଇଲେ ବି ତୁମ ନିୟନ୍ତ୍ରିତ ନିଷ୍ଠୁର ଇଚ୍ଛାରେ ନୀରବ ରହିବାକୁ ପଡ଼େ ଚିରକାଳ।

'ଆବିଷ୍ଟ ଅନୁରାଗ' କବିତାରେ କବି କହୁଛନ୍ତି ଅନୁରାଗର ଅନୁବନ୍ଧ ଭିତରେ ମୁଁ ଅଭିମାନ ହିମାଦ୍ରୀ ସାଜି ତରଳି ଯାଇନି । ପାଷାଣର କଠୋର ଆବିଷ୍ଟତା ଭିତରେ ମୁଁ ବିଲୀନ ପ୍ରାୟ ପ୍ରଭୁ କବିଙ୍କର ଖେଦୋକ୍ତି ଏଠାରେ ପ୍ରକାଶିତ । ଏକ ଶୂନ୍ୟତା ମୋହାଚ୍ଛନ୍ନ ଭିତରେ ମୁଁ ଭୂତାଦିଗ୍ରସ୍ତ ହୋଇପଡେ । ଭୟ କରେ ନିଜକୁ ନିଜେ । ଅନୁରାଗ ଓ ଅଭିମାନ ଭିତରେ କେମିତି ଏକ ଫାଙ୍କା ରହିଗଲା ପରି ଲାଗେ । ତୁମେ ଯୋଜନ ଯୋଜନ ଦୂରତାରେ ରହି ମୋର ଖୁବ୍ ନିକଟବର୍ତ୍ତୀ । ହେ ଈଶ୍ୱର କେବେ ଠାରୁ ମିଳାଇ ଯାଇଛି ମୋ ପାଇଁ ଓଦା ମାଟିର ବାସ୍ନା-ସ୍ନିଗ୍ଧ ଶୀତଳ ଜ୍ୟୋସ୍ନାର କାତର ସ୍ପର୍ଶ, ଝରାଶେଫାଳିର ମହକ ତଥାପି ତୁମ ଅନୁରାଗରେ ଅସ୍ତରାଗ ପ୍ରଲେପ ମୁଁ ପାଇ ନାହିଁ । ତୁମେ ମୋ ବଞ୍ଚିବାର ମାଧ୍ୟମ ମୁଁ କାହିଁକି ଜାଣେନା ।

"ଅକପଟ ପ୍ରେରଣାର ଉତ୍ସ
ତୁମେ ଏକ ମାତ୍ର
ପ୍ରୀତିମୟ, ଗୀତିମୟ, ସଂବିତ୍‌ର ମୋହ
ମୋତେ ମୋହଗ୍ରସ୍ତ କରିଛ
ଖସଡ଼ା ବାଟର ପରମ ପିଚ୍ଛିଳ ଗତି
ଆଉ ସଂଶୟ ସନ୍ଦେହ ଘେରା
ଚଉଛକୀ ଅନ୍ଧମୁହାଣୀରେ
ଏକ ଅନ୍ତରଙ୍ଗ ସାନିଧ୍ୟ ଦେଇ
ମତେ ଧନ୍ୟ କରି ଦେଇଛ ।"(୪୪)

ସଂସାରର ଅନ୍ଧକାରରେ ମୁଁ ଲୁଚି ଗଲାବେଳେ, ନିଜକୁ ହୀନ ମନେ କଲାବେଳେ ଅନ୍ତରଂଗତାର ସାନିଧ୍ୟ ଦେଇ ମୋତେ ସମ୍ଭାଳି ନେଇଛ ପ୍ରଭୁ । ସମୟ ଯେତେ ନିଷ୍ଠୁର ହେଲେ ବି ବିକଳ୍ପ ନାହିଁ । ମୋହରୁ ଜାତ ଜୀବନର ସକଳ କ୍ଲେଶ ରୂପକ ହଳାହଳ ବିଷକୁ ଆକଣ୍ଠ ପାନ କରି ନୀଳକଣ୍ଠୀ ପ୍ରିୟତମା ସାଜି ମଲ୍ଲାର ରାଗିଣୀ ଛନ୍ଦରେ ପ୍ରଭୁ ତୁମେ ଅନୁରାଗର ତର୍ଜମା କରୁଛି ।

'ରୋମନ୍ଥନ - ୨' କବିତାଟିରେ କବି ନାରୀ ମନସ୍ତତ୍ତ୍ୱରେ ପ୍ରଭୁଙ୍କ ଉପସ୍ଥିତି କଥା ଲେଖିଛନ୍ତି । ଶତ ଚକ୍ରାନ୍ତ ସତ୍ତ୍ୱେ ଅସ୍ଥିର ଚିତ୍ତରେ ଥାଇ ବି ପ୍ରଜ୍ୱଳିତ ଆତ୍ମଦାହ ପ୍ରବାହରେ ଜଳି ଜଳି ମଧ୍ୟ ତୁମ ନିଶ୍ଚିତ ସପନକୁ ମୁଁ ଭୁଲିପାରେ ନାହିଁ । ଦୀନ ଦୁଃଖୀଟି ପରି ଦ୍ୱାରେ ଦ୍ୱାରେ ନଗର ପ୍ରାନ୍ତରେ ମୁଁ ଇତର, ହୀନ, ନଗଣ୍ୟ, ଘୃଣ୍ୟ, ପଦବୀକୁ ନିର୍ବିକାର ଭାବରେ ଆତ୍ମ ଅଭିମାନରୂପୀ ଭାଙ୍ଗ ପଣା ପରି ପିଇ ପିଇ ତଥାପି ଚାଲିଛି,

ତୁମେ ମୋତେ ଭଲପାଅ ବୋଲି। ଏତିକି ବିଶ୍ୱାସ କବି କହୁଛନ୍ତି ମୋ ହୃଦୟରେ ଅହରହ ତୁମ କଥା, ତୁମ ଚିନ୍ତା ସର୍ବଦା ଉଦ୍‌ବେଳିତ।

"ଗାଳି ଦେଲି ରାଗି ଗଲି
ବନ୍ଦ କଲି ଆରାଧନା
ଚିରି ଦେଲି ପୂଜାମନ୍ତ୍ର
ପୋଥି ସହ ଅରଚନା।"(୪୫)

ପ୍ରଭୁ ତୁମକୁ ଭୁଲିବାକୁ ବହୁଥର ଶପଥ ନେଇଛି। ତୁମ ପ୍ରତିଛବିକୁ ପାଣିରେ ଫୋପାଡ଼ି ଗାଳି ଦେଇଛି ରାଗିଛି। ଭଜନ ଜଣାଣ ଗାଇ ପ୍ରତ୍ୟହ ତୁମ ପୂଜା ଆଉ କରି ନାହିଁ। ସବୁ ନିଶେଷ କରିଥିଲି ଯାହା ତୁମ ସମ୍ପର୍କୀତ କଥା ଓ କାହାଣୀ। ତୁମକୁ ହୃଦୟରେ ଧରି ଯେଉଁ ସବୁ ମଧୁରମୟ ସଂଗୀତ ଗାଉଥିଲି ଆଉ ଗାଇଲି ନାହିଁ ଆକୁଳ ବିକଳରେ ତୁମକୁ ଭୁଲିବା ପାଇଁ କେତେ କେତେ ରାତି ଅଭିମାନ ଭରା ଛଳ ଛଳ ଆଖି ଭିଜି ଯାଇଛି ମୋ ପ୍ରଭୁ। ତୁମେ କିନ୍ତୁ ସବୁ ଜାଣି ମଧ୍ୟ ଗୋପନରେ ଆସ ମୋ ଅନ୍ତର ଆତ୍ମାକୁ।

"ମୋର ଯେ ହୃଦୟ ଅଛି ଆଜି ମୁଁ ଭାବେନା
ମୋର ଯେ ବିବେକ ଅଛି ଆଜି ମୁଁ ବୁଝେନା
ମୁଁ ବଞ୍ଚିଛି ବଞ୍ଚିବାଟା ମୋ ପାଇଁ ନିଉନ
ଜୀବନର ବୋଝ କରେ ମୋତେ ଦୀନହୀନ।"(୪୬)

ମୋର ଆବେଗକୁ ଆନ୍ଦୋଳିତ କରି ଭୀତତ୍ରସ୍ତ କର ମୋତେ ପ୍ରଭୁ। ମୋର ବିବେକ, ହୃଦୟ ଅଛି ବୋଲି ମୁଁ ଆଜି ବୁଝିପାରେନା। ଦୀନହୀନ ପରି ଜୀବନର ବୋଝକୁ ବୋହି ବୋହି ନିଜକୁ ନିଉନ କରି ଚଳିଯାଏ। ପାଗଳର ପ୍ରତିରୂପ ପରି ଦିବାନିଶି ହେ ଈଶ୍ୱର ତୁମକୁ ବହୁତ ଖୋଜିଛି। ହେଲେ ତୁମ ଇଚ୍ଛାର ମୁଁ ଏକ ନିର୍ଲଜ ପ୍ରତୀକ। ମୁଁ ନିର୍ବାକ ନାରୀ ସତ୍ତା ତୁମରି ଦୟାରୁ ଯେବେ ମୋର ସୃଷ୍ଟି ଭୁଲିବି କିପରି! ମୋତେ ଭୁଲିଯାଅ ତୁମେ ପଛେ କ୍ରୁର ସମୟ ହାତରେ ମୋ ଜୀବନ ଘେନିଯାଅ। ମୋ ମନର ଦ୍ୱିଧା, ଦ୍ୱନ୍ଦ୍ୱ, କଳ୍ପନା, ଶଂକଟ ସବୁକୁ ଛାଡି ତୁମରି ସନ୍ଧାନେ ମୁଁ ବ୍ୟାକୁଳ ପ୍ରଭୁ। ନିଜର ଗାଳିରେ ଉଦ୍ଧତ ଆଶାରେ ତୁମକୁ ରକ୍ତାକ୍ତ କରିଛି।

"ହେ ନିର୍ମମ ହେ ନିଷ୍ଠୁର ତୁମେ କି ବୁଝୁନ
ତୁମେ ମୋର ରହିଅଛ ପ୍ରତି ଲୋମ କୂପେ ସ୍ଥିର
ତୁମ ବିନା ସମ୍ଭବ କି ଏ ଦୀନ ଜୀବନ?"(୪୭)

ସେଇ ଗାଳିରେ ବି ଅନୁରାଗ ରହିଛି ପ୍ରଭୁଙ୍କ ପ୍ରତି କବିଙ୍କର। କବି କହୁଛନ୍ତି ଯେତେ ଯାହା କଲେ ବି ମୋ ଲୋମ କୂପରେ ତୁମେ ଏମିତି ଜଡ଼ିତ ହୋଇ ଅଛ ଯେ

ତୁମ ବିନା ଜୀବନ ବଞ୍ଚିବା ସମ୍ଭବ ନୁହେଁ ପ୍ରଭୁ। ମୋର ମରଣକୁ ଭୟ ନାହିଁ ତୁମେ ସେ ସବୁ ଭାବନି। ପୁଣି କବିଙ୍କ ଭାବନାରେ ପ୍ରଭୁଙ୍କର ଶାନ୍ତ, ସ୍ନିଗ୍ଧ ରୂପ ପରିବ୍ୟାପ୍ତ କମନୀୟ କାୟା ଦେଖି ଲୋଭରେ ବଞ୍ଚିବି ଏ ଦୁନିଆଁ ଦେହରେ ତମେ ଭାବୁଛ କି !

"ଏମିତି ନିର୍ଲଜ ରୂପେ ଜଳି ଆତ୍ମଦାହେ
ତୁମେ କି ଭାବୁଛ ମିଛ ଧମକାଣ ଦେଇ
ତୁମକୁ ମୁଁ ଡରାଇବି ଫାଶୀ ମଞ୍ଚ ଛୁଇଁ।"(୪୮)

ମୁଁ ନିର୍ଲଜ ପଣରେ ନିଜ ଆତ୍ମଦାହରେ ବଞ୍ଚିପାରିବିନି ବୋଲି ଭାବୁଛି କି ପ୍ରଭୁ ମିଛରେ ଧମକାଣ ଦେବି। ନା ପ୍ରଭୁ ମୁଁ ସେମିତି କରିବି ନାହିଁ। ଯାହା ସବୁ ମୁଁ କହିଲି ମୋ ଆତ୍ମାର ନିର୍ବେଦ ଆଳାପ ଥିଲା ପ୍ରଭୁ। ହେ ଈଶ୍ୱର ଏତେ ସବୁ କହିବାର ମୋର ଏତିକି ତାତ୍ପର୍ଯ୍ୟ ମୋତେ ଜଞ୍ଜାଳରୁ ମୁକ୍ତି ଦିଅ। ତୁମ ସହ ମୋତେ ରହିବାକୁ ଦିଅ କବି ପ୍ରକାଶ କରିଛନ୍ତି।

'ଦିଅ ମୋତେ ପଥ କହି' କବିତାଟିରେ ପ୍ରଭୁଙ୍କୁ ଖୋଜିବାର ପ୍ରଭୁଙ୍କ ଦ୍ୱାରା ଜାଣିବାର ଇଚ୍ଛା କବି କରିଛନ୍ତି। ବିନା କାରଣ ନଥାଇ ଆଉ ଜୀବନର ପଥ ଅତିକ୍ରମ କରିବାର ମୋହ ଆଉ ଆସିନି ମନରେ। ଅସହଣୀୟ ତୁମ ପଥର ମନ ଆଜିଯାଏଁ ବି ସାନ୍ତ୍ୱନାର ବାଣୀ ମୋ ପାଇଁ କେବେ ଝରିଲାନି। କୁହ ପ୍ରଭୁ ଜୀବନ ସଂଗ୍ରାମର ପଥେ ମୁଁ କ'ଣ ଏକା ଏକା ତୁମକୁ ଏମିତି ଖୋଜି ଚାଲିଥିବି। ତୁମ ମହତ ପଣିଆ ଏମିତି ସୁମହତ ହୋଇ ରହିବ କି ଚିରକାଳ।

"ତୁମରି କଳ୍ପନା ଚକ୍ରାନ୍ତ ଯେ ମୋର
ଅସରନ୍ତି ଭାଗ୍ୟ ଲେଖା
ନ ଜାଣି ଆବୋରି ତୁମ କୃପାବାରୀ
ଲେଖିଲି କଳଙ୍କ ରେଖା।"(୪୯)

ମୋ ହାତର ଅସରନ୍ତି ଭାଗ୍ୟ ରେଖା ତୁମରି କଳ୍ପନାର ପ୍ରସୂତ ପ୍ରଭୁ। ମୁଁ ଯାହା ଜାଣି ନ ପାରି କଳଙ୍କ ରେଖାକୁ ତୁମ କୃପା ଭାବି ଗ୍ରହଣ କରି ନେଲି। ତେବେ ସଫଳ କେବେ ବିଫଳ ହେବାର ଦ୍ୱନ୍ଦ୍ୱରେ ମୁଁ ଆଜି ବିକଳାଙ୍ଗ ଓ ଅନ୍ଧପରି। ଏମିତି ମୁଁ ହାରିଛି କି ତୁମେ ହରାଇଛ ଯାହା କିଛି ଘଟୁଛି ମୋ ଜୀବନରେ ଧୈର୍ଯ୍ୟର ବନ୍ଧ ଭାଙ୍ଗି ଯାଉଛି। ବଞ୍ଚିବାର ଅନେକ ଆଦର୍ଶର କଥା ସବୁ ଯେମିତି ପଥ ଭୁଲିଗଲା ପରି ଲାଗୁଛି। ଆଜି ଜୀବନର ଜଳନ୍ତା ଜୁଇରେ ରାହା ହଜାଇଛି ବେଦନା ବତାସୀ ଦୁଃଖ ରାଶି। ଯେତେ କଷ୍ଟ ସହିଗଲେ ମଧ୍ୟ ଏଇ ନାରୀ ଜୀବନରେ ଦେଖିଲାନି କାହାରି ମୁହଁରେ ଫୁଲର ହସଟିଏ। ତେବେ କାହିଁକି ପ୍ରଭୁ ହୃଦୟରେ ଅଲଂଘ୍ୟ ଅବିଚାରର ଦୁଃଖ ପୋଷଣ କରିଯାଇଛ ?

"ଲୋଡ଼ା ନାହିଁ ମୋର ହେ ପାଷାଣ ଦିଅଁ
କିଛି ଲୋଡା ନାହିଁ ଆଉ
ତେଣୁ ହେ ନିଷ୍ଠୁର ନିରିମମ ମୋର
କାମନା ବାସନା ନେଇ
ଚହିଁବାର ଆଉ ପାଇବାର ଶେଷ
ଦିଅ ଖାଲି ପଥ କହି।"(୫୦)

ତୁମେ ଭାବିଛ କି ପ୍ରଭୁ ପାଉଁଶ ଗଦାରେ ବସାଇ ଦେଇଛ ବୋଲି ଶବୟ ଢେଉ ଗଣିବି କି ! ପ୍ରଭୁ ଏତେ କଷ୍ଟ ଆଉ ଦିଅ ନାହିଁ କି ନିଜେ ପାଅ ନାହିଁ। ପାଷାଣ ଦିଅଁ ହୋଇ ରୁହ କିଛି ଲୋଡ଼ା ନାହିଁ। ମୋର ନିଷ୍ଠୁର ନିର୍ମମ କାମନା, ବାସନା ସବୁ ନିଅ ପଛେ ମୋତେ ତୁମକୁ ପାଇବାର ପଥ ଖାଲି କହିଦିଅ।

'ତୁମ ଅପେକ୍ଷାରେ' କବିତାଟିରେ କବି କହୁଛନ୍ତି ପ୍ରଭୁ ତୁମକୁ ଅପେକ୍ଷା କରି ବହୁ କାଳ ବିତି ଗଲାଣି ତଥାପି ତୁମେ ଆସିଲ ନାହିଁ। ମୋର ଫେରିବାର ବେଳ ଏବେ ମୁଁ ଖୋଜିଲିଣି ହେଲେ ମୁଁ ଜାଣିଛି ଆକାଶର ଅନ୍ତ ନାହିଁ। ଗଭୀର ବିଶ୍ୱାସରେ ମୁଁ ଜଡାଇ ଧରିଛି ଜୀବନର ପ୍ରଚଣ୍ଡ ଜିଜ୍ଞାସା ଶୂନ୍ୟତାର ନୀଳିମାରେ। ଆକାଶର ସୀମାହୀନ ଛାତିରେ ନିଜକୁ ଭସାଇ ଦିନ ହେଉ ଅବା ରାତି ନିରେଖି ଦେଖୁଚି ତା'ର ବିସ୍ତୃତିକୁ। କେତେ ରଂଗରେ ସେ ସୁଶୋଭିତ ତୁମେ ତା ବକ୍ଷରେ ଆସୁଛ ବୋଲି ପ୍ରଭୁ କେବେ ବଜ୍ର, ବିଦ୍ୟୁତ୍ ଚମକରେ, କେବେ ପ୍ରଚଣ୍ଡ ରୌଦ୍ର ତାପରେ, କେବେ ଶ୍ରାବଣର ଧାରାରେ।

"ତୁମେ ନିଶ୍ଚୟ ଆସୁଛ
ଭିଜାଇ ଦେଉଛ ମୋତେ
ସମଗ୍ର ଅନୁଭବରେ
ସଜାଇ ଦେଉଛ ପୁଣି
'ଗୁଣର 'ଗୁରାଗରେ।"(୫୧)

ଏକ ଅଜଣା ମନଛୁଆଁ ଅନୁରାଗରେ ମୋର, ତୁମେ ଆସ ଅଳସ ଅପରାହ୍ନରେ ଉଦାସ ଗୋଧୂଳିରେ, ସୁରଭିର ଆଶ୍ଳେଷରେ, ତୁମେ ମୋ ସମଗ୍ର ଭାବସତ୍ତାକୁ ଆଚ୍ଛନ୍ନ କରିଛ ଠିକ୍ ଅବୁଝା ପ୍ରଜାପତି ଭଳି ଅଝଟ ମନକୁ। ଆଖି ବୁଜିଲେ ସ୍ୱପ୍ନ ଓ ଖୋଲିଲେ ବାସ୍ତବତା। ଏ ଦୁଇଟି ଭିତରେ ଆକାଶ ପାତାଳର 'ରକ ତଥାପି ତୁମକୁ ଖୋଜେ ସବୁରି ଭିତରେ ସମୟର ସ୍ଥିତିବାନ ସତ୍ତ୍ୱର ବାରମ୍ବାର ଝୁଣ୍ଟି ପଡ଼ିଲେ ବି ତୁମକୁ କେବେ ଭୁଲି ନାହିଁ। ଜୀବନର ଶେଷାର୍ଦ୍ଧରେ କିନ୍ତୁ ତୁମେ ନିଶ୍ଚୟ ଆସିବ।

"ଆଣ୍ଟୁ ପିଠିରେ ଏବେ ନିଶ୍ଚୟ ଅସମ୍ଭବ ଯନ୍ତ୍ରଣା
ଭାଙ୍ଗି ପଡୁଛି ଆକାଶ
ମିଶାଇ ଦେବ କି ମାଟିରେ ?
ହଁ ଏ ବୋଧହୁଏ ଏଇଟା ଠିକ୍ ସମୟ
ଏଥର ତୁମେ ନିଶ୍ଚୟ ଆସୁଛ
ତୁମେ ନିଶ୍ଚୟ ଆସିବ।"(୫୨)

'ରୋମନ୍ଥନ-୩' କବିତାରେ ଅଭିମାନୋକ୍ତି କବିଙ୍କର ପରିପ୍ରକାଶ ହୋଇଛି। କଥା କହୁଛନ୍ତି ନିଜକୁ ମୁଁ ଅହଂକାରୀ କେବେ କରି ନାହିଁ। ଜ୍ଞାନୀର ଗୁରୁ ଗୌରବରେ, ନିର୍ଲଜ୍ଜ ଜୀବନ ଭାର, ଅସହାୟ, ଚିରକାଳ ସଚେତନ ହୃଦୟର ଭାବକୁ ଜଳାଇ ପୋଡ଼ିମାରି ଶେଷରେ ଉଦ୍ଧାର କରିବା ପାଇଁ ତୁମେ ଆସିବ। ମୁଁ ଗୁହାରୀ କରିବି ଅସହାୟ ପାଇଁ ପରମ ଦୟାଳୁ ସାଜି ତୁମେ ଉଦ୍ଧାର କରିବା କଥା ଭାବୁଛ କି !

"ମୁଁ ହିଁ ହେବି ଚୁକ୍ତି ବଦ୍ଧ
ଭାବୁଛି ବାହାଦୂରୀଟା
ତୋର ହେବ ଅତିବେଶୀ
ଦୁଃଖ ଦୈନ୍ୟ ହୁତାଶନେ
କରିବାକୁ ସୁଧ ସହ ମୂଳ ପରିଶୋଧ।"(୫୩)

ତୁମ ବଡ଼ଦାଣ୍ଡରେ ଆକୁଳ, ଆହତ ହୃଦୟ ନେଇ ବିଶ୍ୱାସର ସହ ତୁମ ନାମକୁ ନିତି ଜପୁଥିବି। ତୁମ କର୍ମ ଧର୍ମକୁ ନିଜର କରି ଜଗତରେ ବିଶ୍ୱାସ ବାଣ୍ଟିବି। ତୁମ ପଥର ପାହାଚର ଗାରିମା ତୁମ ମହିମାର ପାରାବାର ତୁମ ଗାରିମାର ଗୌରବ ହିମାଳୟ ଚୂଡ଼ା ଛୁଇଁଥିବା କଥା, ମୋ କ୍ଷୁଦ୍ର ନ୍ୟୁନତାକୁ ସ୍ମରଣ କରି ଦୁଃଖ ଦୈନ୍ୟତାକୁ ହେଜି ମନରେ, ତୁମ ଦୁଆରେ ଅଧିଆ ପଡ଼ିବି ପ୍ରଭୁ। ବାରଓଷା, ତେର ବ୍ରତ, ନୀତି ନିୟମରେ ରହି ତୁମ ଶାଶ୍ୱତ ଜୟଗାନ କରି କରି ଅନନ୍ତ ମୁକ୍ତିର ମାର୍ଗକୁ ଚାହିଁ ରହିଥିବି। କିନ୍ତୁ ମୋର ଏ ସବୁ ଭାବନା ମହାଭୁଲର ମହାସମାରୋହ। ତୁମେ ଏ କଥା କିନ୍ତୁ କାହିଁକି ପଶେଇବ ମୁଣ୍ଡରେ କାରଣ ତୁମେ ତ ଘରହୁଡା।

"ସର୍ତ୍ତହୀନ ଆତ୍ମ ସମର୍ପଣ ଯେବେ
ପାରିଲିନି ଛୁଇଁ ତୋର ମନ
ଶେଷହୀନ ପରୀକ୍ଷାର ମାଧ୍ୟମ ମୁଁ ତୋର
ପ୍ରଜ୍ୱଳିତ ଯନ୍ତ୍ରଣାରେ ସଦାଜ୍ୱଳମାନ।"(୫୪)

ତୁମ ଅହଂକାର ଜଳେ ଲାଗିଯିବ କଳଙ୍କର ଦାଗ ଯଦି ତୁମେ ମୋ କଥାରେ

ରାଜି ହୋଇଯାଅ ପ୍ରଭୁ ! ସ୍ରଷ୍ଟାର ଗୌରବ ତୁମର ନଷ୍ଟ ହୋଇଯିବ। ମୋ ନଜରରେ ତୁମେ ଜଣେ ମସ୍ତବଡ଼ ଭଣ୍ଡ। ଘେରି ମଧ୍ୟ କଲ ମୋର ସଜୀବ ଆତ୍ମାକୁ। ତୁମର ଏହି ବଡ଼ପଣ ଏମିତି ଥାଉ। ମୋତେ ତୁମ କୃପା ଦୃଷ୍ଟି ପଡ଼ିବ କି ଆଉ। ଜୀବନର ଶେଷ ଭାଗ ପାଇଁ ମୋ ଲୁହର ବାରିଧିରେ ଆକଣ୍ଠ ବୁଡି ଏମିତି ରହିଁଥିବି। ତୁମର ଏ ପ୍ରହସନ ପ୍ରଭୁ କେବେ ଯବନିକା ନେବ କେହି ଜାଣନ୍ତିନି। ମୁଁ ବି ନୁହେଁ। ତଥାପି ମୋର ଏ ଅପାଂକ୍ତେୟ ଜୀବନର ଛୁଇଁ ତୁମ ଅଦୃଶ୍ୟ ଚେତନାର ସ୍ପର୍ଶ ଚିରକାଳ ମୋତେ ବିମୁଗ୍ଧ କରୁଥାଉ ପ୍ରଭୁ।

'ଉଜୁଡା ତୁଠର ଅଭିସାର' କବିତାଟିରେ ଆତ୍ମା ସହ ପରମାତ୍ମାଙ୍କ ମିଳନ ପୂର୍ବକ ଆତୁରତା ପ୍ରକାଶିତ। କବି କହୁଛନ୍ତି ଶାରଦୀୟ ପାର୍ବଣର ରଜନୀ ପରି ମନରେ ମଧୁର ହସିଲାଣି। ଶରତର ସ୍ମୃତି ହୋଇ ବାଜିବାକୁ ଲାଗିଲାଣି। ଅନାବନା ଘାସଫୁଲ ହସିଲାଣି। ଶରତର ଶିଶିର ଟୋପା ମୁକ୍ତା ରୂପ ନେଲାଣି। ନଈପଠା ଧାରରେ କାଶଦଣ୍ଡୀ ଫୁଲ ଫୁଟି ପରିବେଶ ମନୋରମ କରି ଗଢ଼ି ତୋଳିଲେଣି। ତୁମେ କ'ଣ ଦେଖୁ ନାହଁ ପ୍ରଭୁ। ମନର ଏ ସବୁ ମାୟା ଭିତରେ ହଜିଯାଇ ପୁଣି ଫେରିଆସେ ଯେବେ ବାସ୍ତବତାକୁ ଉଦାସ ପଛରେ ଧାଇଁ ଧାଇଁ ବିଡ଼ମ୍ବିତ ଓ ଅବସାଦଗ୍ରସ୍ତ ହୋଇଛି ଆଜି ମନ।

"ସ୍ୱପ୍ନ ମୋର ସାଥି ମୋର
ସହଯାତ୍ରୀ-ଜୀବନ ଯଜ୍ଞର
କ'ଣ ବା ଅଛି ଆଉ
ଦେଖି କି ଦେଖୁନ, ସବୁ ସମ୍ଭାବନା ଏଠି
ହଜିଗଲେ ଅସହାୟ ସମୟ ତନ୍ଦ୍ରାରେ
ସବୁ ପୁଣି ପ୍ରତାରଣା।"[୫୫]

ପ୍ରଭୁ କାହିଁ କେବେ ଠାରୁ ତୁମକୁ ମୁଁ ଅପେକ୍ଷା କରିଛି। ଜୀବନ ଯଜ୍ଞର ସହଯାତ୍ରୀ ହୋଇ ମଧ୍ୟ କେବେ ମୋତେ ଖୋଜି ନାହିଁ ତୁମେ ପ୍ରଭୁ! କ୍ରୂର ପ୍ରତାରଣା ଭିତରେ ସବୁ ସମ୍ଭାବନା ଏଠି ବଳି ପଡ଼ିଯାଏ। ସମସ୍ତଙ୍କ ଅଲକ୍ଷ୍ୟରେ ସମୟର ଗତି ସହ ମଣିଷ ଯଦି ଦିନେ ଅଲୋଡ଼ା ହେବାର ଥିଲା ତେବେ ବଞ୍ଚାଇ ରଖି କାହିଁ ହରବର କରୁଛୁ। ଦୁନିଆଁର ରୀତିନୀତି ପରଖି ପରଖି ଜୀବନଟା ଚଉକୀ ସମ ହେଲାଣି। ସଲ୍ଲଜ୍ଜ ଆସରରେ ଜହ୍ନିଫୁଲ ଲୁଚକାଳି ଖେଳିଲାଣି। ଲାଗେ ମନ ରୂପକ ଏ ଜହ୍ନ ବାଦଲ ଭଉଁରୀ ଭିତରେ ମୁହଁ ଚିର ନିଦ୍ରାରେ ଶୋଇବାକୁ ବସିଲାଣି। ଅଭିନୟ କରୁ କରୁ ଅବାଂଚିତ ଉଜାଣି ସୁଅରେ ଖାଲି ଧୋକା ଓ ଧକ୍କା ଛଡ଼ା ଆଉ କିଛି ମିଳିବାର ନାହିଁ। ତେବେ ସବୁ ଜାଣିବା ପାଇଁ ଏତେ କଷ୍ଟ ଦିଅ ମୋତେ ପ୍ରଭୁ!

"ଅଭିନୟ ମଞ୍ଚେ ଖାଲି
ଛୁଇଁଯାଏ ଯବନିକା –ଭଙ୍ଗା – ମରିଚୀକା
ଉତ୍ତାଳ ମନ ମୟୂରୀ
କହ ପ୍ରିୟତମ ପ୍ରାଣ ମୋର
ମୁଁ ଅକିଞ୍ଚନ ସତେ ଏତେ ଅବାଞ୍ଛିତ।"(୫୬)

'ତୁମେ ଆଉ ଜହ୍ନ ରାତି' କବିତାଟି ଖବ୍ ମାର୍ମିକଧର୍ମୀ। କବି କହୁଛନ୍ତି ଜହ୍ନରାତି ପରି ମନଟି ନିତ୍ୟ ତୁମକୁ ଖୋଜି ଖୋଜି ଫେରିଥାଏ ତୁମ ନିବିଡ଼ତାକୁ ପାଇବାର ଆଶା ରଖି ଆଖିରେ ସ୍ୱପ୍ନ ଭରିଦିଏ ହେଲେ ସ୍ୱପ୍ନ ସବୁ କୁସୁମିତ ଶେଷ କେବଳ ଉପେକ୍ଷିତ ହୋଇ ରହିଯାଏ ଆଖି ଲୁହକୁ ନେଇ। ତୁମେ ବନ୍ଧୁ, ସଖା, ସହୋଦର, ପ୍ରିୟତମ, ପ୍ରାଣପ୍ରିୟ ମୋର କେବଳ ଦିଗହୀନ, ଦିଶାହୀନ, ଅସରାଏ ବ୍ୟଥାତୁର ବ୍ୟର୍ଥ ଅଭିସାର।

"ତୁମ ବିନା ଫିକା ଫିକା ଜହ୍ନରାତି
ବ୍ୟପଥୁର ବ୍ୟଥିତ ଶିତ୍କାର
ସହିବାକୁ ଜନ୍ମ ଲଗ୍ନେ
କିବା କରିଥିଲ ଅଙ୍ଗୀକାର।"(୫୭)

ସାରା ଜୀବନ କଷ୍ଟ ଓ ଯନ୍ତ୍ରଣାରେ ସରିଯିବ ଏ, ଥିଲା କ'ଣ ମୋର ଜନ୍ମ ଲଗ୍ନେ ତୁମର ଅଙ୍ଗୀକାର ପ୍ରଭୁ! ତଥାପି ମୁଁ ଆଜି ବି ଭାବେ ମୁଁ ତୁମ ପ୍ରିୟତମା। ମୋର ଏ ପ୍ରତୀକ୍ଷାର ଶେଷ ଯଦି ଅଛି ତେବେ କୁହ ପ୍ରଭୁ ଧନ୍ୟ ହୋଇଯିବ ମୋର ନିକ୍ୱଣ ମୃତ୍ୟୁର ଆସର। ଧନ୍ୟ ହେବ ପିଣ୍ଡ ଓ ପରାଣ।

'ଲୋଡ଼ ନାହିଁ ମୁକ୍ତି' କବିତାଟିରେ ଅଭିମାନ ଭରା ନାରୀର ମନସ୍ତତ୍ତ୍ୱ ପ୍ରକାଶିତ। ମୃତ୍ୟୁରେ ଯେ ଜନ୍ମର ରହସ୍ୟ ଶେଷ ହେବ, ଏହା ଜାଣିବା ପରେ କବିଙ୍କ ଭାବନାରେ ସବୁ ଆଶା ଆଶଙ୍କାର ତୀବ୍ର ଆକର୍ଷଣ ପ୍ରଭୁଙ୍କ ପାଇଁ ସିନା ମିଛ ହୋଇପାରେ ଭଗବତ ବିଶ୍ୱାସୀ ମଣିଷ ପାଇଁ ପାଦେ ପାଦେ ସତ। କବି କହୁଛନ୍ତି ପ୍ରଭୁ ତୁମେ ଅଛ ମୋର ପ୍ରତିଟି ନିଶ୍ୱାସରେ, ବିଶ୍ୱାସରେ, ସଂଘର୍ଷରେ ଓ ବିମର୍ଷରେ। ଏଥିଲାଗି କେବେ ନିଜ ସହ ସାଲିସ୍ କରିନି। ତୁମ ଅସ୍ତିତ୍ୱକୁ ପ୍ରତିକ୍ଷଣ ମର୍ମେ ମର୍ମେ ଅନୁଭବ ମୁଁ କରିଛି। ସବୁ ସମୟରେ ଛାଇପରି।

"ବୁଝିଛି
ତୁ ଭଲପାଉ
ମୋର ଲୁହ ଲହୁକୁ
ଗଭୀର ଅନ୍ତର୍ଦାହକୁ।"(୫୮)

ଏକଥା ଜାଣି ମଧ୍ୟ ମୋର ବିବଶତା ତୁମକୁ ଖୁବ୍ ଭଲ ଲାଗେ। ମୋର ହିମାଳୟ ପରି ଅଟଳ ବିଶ୍ୱାସକୁ ତୁମେ ପରୀକ୍ଷା କରୁଛ ନା ! ଆହୁରି ମଧ୍ୟ ଜାଣିବାକୁ ଚାହଁ ତୁମ ପ୍ରତି ମୋ ମନରେ ଥିବା ଭଲପାଇବାର ଆସ୍ପର୍ଦ୍ଧାକୁ। ଏ ମୋର ଗୋଟିଏ ଜନ୍ମର କଥା ମୁଁ ଭାବି ନାହିଁ ପ୍ରଭୁ ଜନ୍ମଜନ୍ମାନ୍ତର ପାଇଁ ତୁମରି ପ୍ରେମର ସାଗରରୁ ମୁକୁଳି ଯିବାର ମୁକ୍ତି ମୋତେ ଲୋଡ଼ା ନାହିଁ। ଲୋଡ଼ା ନାହିଁ ମହାସିନ୍ଧୁର ଜଳ, ତୁମ ସ୍ୱର୍ଗଦ୍ୱାର, ବଡ଼ଦାଣ୍ଡ ବାଇଶି ପାହାଚ ଧୂଳି ଓ ତୁଣ୍ଡରେ ନିର୍ମାଲ୍ୟ କଣିକା, ଯାହାକୁ ସଂସାର ମୁକ୍ତିର ମାର୍ଗ ସଂସାର କହି ଆସିଛି ଚିରକାଳ।

"ଜନ୍ମ ଜନ୍ମାନ୍ତର ପାଇଁ ମୋର
ବନ୍ଧ ପଡ଼ିଥାଉ ଏହି
ସମଗ୍ର ସମୟ ସହ
ସଂସାର ସାମ୍ରାଜ୍ୟ।"(୫୯)

ଅଦ୍ଭୁତ ଭାବ ବିଭୋର ମନ୍ମୟତାରେ ତୁମ ବଳିଆର ଭୁଜ ବଢ଼ାଇ ଦିଅ ମୋ ପାଖକୁ ସବୁ ଜନ୍ମ ପାଇଁ। ବନ୍ଧା ପଡ଼ିଥାଉ ସମୟ-ସାମ୍ରାଜ୍ୟ ଏବଂ ସମଗ୍ର ଜୀବନ। 'ରଥେ ତୁ ବାମନଂ ଦୃଷ୍ଟ୍ୱା' କବିତାଟିରେ ଜଗନ୍ନାଥଙ୍କ ପ୍ରତି ଭକ୍ତି ଭାବର ଚରମ ନିଦର୍ଶନ ପ୍ରକାଶିତ। ରଥରେ ମହାପ୍ରଭୁ ବାମନ ଅବତାରରେ ଏହି ରୂପରେ ବିଦ୍ୟମାନ ହୁଅନ୍ତି। ଏହି କବିତାଟିରେ ମହାପ୍ରଭୁଙ୍କ ରଥଯାତ୍ରା ସମୟର ଶୋଭାରାଶି ପ୍ରକାଶିତ। ନନ୍ଦିଘୋଷର ସାଜସଜ୍ଜା, ଝାଳର, ଫୁଲ, ପାଟମଠା ପିନ୍ଧା, ସ୍ୱର୍ଣ୍ଣ ଅଳଙ୍କାରର ପଟୁଆର କେତେ ନୈବେଦ୍ୟ ଆଡ଼ମ୍ବର ପରିବେଶ। ଭକ୍ତଙ୍କ ଗହଳି, ଶଙ୍ଖ, ଘଣ୍ଟା ଓ କାହାଳୀ, ହୁଳହୁଳି ହୃଦୟର ଆବେଗର ଜନତା ଢେଉର ସବୁ ସୀମା ଲଂଘିଯାଏ ତୁମରି ଦର୍ଶନ ନିମନ୍ତେ।

"ତଟସ୍ଥ ମୁଁ ଦେଖି ସବୁ ବହୁ ଦୂରେ ରହି
ଊର୍ଦ୍ଧ୍ୱଶ୍ୱାସେ ଖାଲି ରହେ ଚକାଆଖି ଚାହିଁ
ବିଳୟାର ଭୁଜ ତୋଳି ଲୀଳାମୟ ପ୍ରଭୁ
କି ଲୀଳା ଲଗାଅ ଯା'ର ଆଦି ଅନ୍ତ ନାହିଁ।"(୬୦)

ହେ ମହାପ୍ରଭୁ ଆଉ କିଛି ଲୋଡ଼ା ନାହିଁ ଏ ଭବ ସଂସାରେ କେବଳ ତୁମ ଟଙ୍କତୋରାଣୀ ଓ ଛଡ଼ା ତୁଳସୀ ମୁଠାଏ ମୋ ମଥା ପରେ ରହୁ। କବି କହୁଛନ୍ତି ସପନ, ଲୀଳା, ଖେଳା ଯାହା ସବୁ ତୁମ ପାଖେ ଥାଉ। ଏ ଭବ ସଂପଦ, ଇପସିତ ସପନ, ଯଶ, ଗୌରବ ଏ ସବୁ ମୋତେ ଦିଅ ନାହିଁ ପ୍ରଭୁ। ମାଗୁଣୀ ଏତିକି ମୋ ଆଖିରେ ତୁମ ଚକାନୟନ ରୂପ ଥାଉ ଓ ମୋ ହୃଦୟ ତୁମ ନାମ ଭଜୁଥାଉ। ତୁମ ଧାମରେ ପାଦ ରଖି

ରଥ ଛୁଇଁ ଆସିବାର ଇଚ୍ଛା ମୁଁ କରି ନାହିଁ କିନ୍ତୁ ତୁମ କୃପାରେ ମୋ କ୍ଷୁଦ୍ର ଅଙ୍ଗନ ପରିପୂର୍ଣ୍ଣ ହୋଇଛି ବୋଲି ମୁଁ ନିତ୍ୟ ତୁମକୁ ପ୍ରଣାମ ଜଣାଏ।

"ରଥ ଉପରେ ଥରେ ଦେଖି
ଚାହେଁ ନାହିଁ ମୁକ୍ତି
ଚାହେଁ ନା ମୁଁ ଏ ଜନମ
ଶେଷ ଜନ୍ମ ହେଉ
ଅନ୍ତରେ ପୋଷିଛି ଏକ
କାମନାର ଶୁକ୍ତି
ତୋ ନାମ ଗାଇବା ପାଇଁ
ପୁନର୍ଜନ୍ମ ନେଉ!"(୬୧)

ସଂସାରରେ ମିଛ ଆଡ଼ମ୍ବରକୁ ଭୁଲିଯାଇ ଭବ ପାରାବାର ପାରି ହେବା ପାଇଁ ତୁମ ସଂଗୀତର ସୂରେ ସୂରେ ମତୁଆଲା ହୋଇ, ତୁମରି ପ୍ରେମରେ ନିଜକୁ ହଜାଇ ଦେବା ପାଇଁ ବାରମ୍ବାର ଏଇ ପୁଣ୍ୟଧାମରେ ମୋର ଜନ୍ମ ହେଉ ପ୍ରଭୁ। କ୍ଷୁଦ୍ର ହୃଦୟରେ ମୋର ତୁମ ନାମ ଜପାମାଳି ଧରି ସ୍ମରଣ କରୁଥାଉ। ଦେଖୁଥାଉ ତୁମ ମନଲୋଭା ତ୍ରିଭଙ୍ଗୀଠାଣୀ।

'ଅମୃତ ବିନ୍ଦୁ' କବିତାଟି ଜୀବନବୋଧ ଉପରେ ଆଧାରିତ। ଏ ସମଗ୍ର ବିଶ୍ୱ ଘାସଫୁଲର କାକର ବିନ୍ଦୁ ଉପରେ ପ୍ରତିବିମ୍ବିତ ହୁଏ। ଫୁଟା ଫୁଲର ସୁଗନ୍ଧରେ ଜଗତବାସୀଙ୍କୁ ବସ କରିଥାଏ। ଝରକାର ଝର ଝର ବୁଦ୍ ବୁଦ୍‌ରେ ନିଖିଳ ଜଗତ ଜୀବନର ଛନ୍ଦ ଶିଖାଏ। ମା'କୋଳରେ ଶ୍ମଶାନର ଦୂରତା ପ୍ରକୃତ ଅମୃତମୟ ଜୀବନର ପ୍ରତିକ୍ଷଣର ଆନନ୍ଦ ଅନୁଭବ କରାଏ। ଯେପରି ପଦ୍ମ ପତ୍ରରେ ପାଣି ଟୋପାର ଭାଗ୍ୟ ପରି। ସଂସାରରେ ମଣିଷ ଜୀବନ ଠିକ୍ ଏହି ପରି। ଜନ୍ମ ଥିଲେ ମୃତ୍ୟୁ ଆସିବ ଚିରନ୍ତନ ସତ୍ୟ। ଯେମିତି ମହାସାଗରରେ ନଦୀର ପ୍ରବାହିତ ସ୍ରୋତ ମିଶିଯିବାଟି ମହାମିଳନର ସୂଚନା ଦେଇଥାଏ। ଠିକ୍ ସେହିପରି ସତ୍ୟ ପଥରେ ମନ ନିତ୍ୟ ସ୍ଥିର ରହି ପରମପିତାଙ୍କ ଚରଣାବିନ୍ଦେ ଲୀନ ହେଉ ବୋଲି ଭକ୍ତଟିଏ ଚାହିଁଥାଏ। ଅଳୀକ ମୋହ ବନ୍ଧନରେ ଭ୍ରମିତ ନହୋଇ ପ୍ରଭୁଙ୍କ ସତ୍ତାକୁ ଏକ ଅମୃତମୟ ଅନୁଭବରେ ମନକୁ ରସାଣିତ କଲେ ମଣିଷ ଜୀବନ ପୂର୍ଣ୍ଣତା ଲାଭ କରେ।

"ଅଳୀକ ନଶ୍ୱର, ବିଶ୍ୱର ପ୍ରକୃତ
ବିମୋହିତ ଭାବୋଚ୍ଛ୍ୱାସ ଆନନ୍ଦ
ସ୍ଥିର, ଅଚଞ୍ଚଳ, ଚପଳ ମାନସ
ଭ୍ରମିତ, ବ୍ୟାକୁଳ, ସଂସାର ବନ୍ଧ।"(୬୨)

ଏ ଜୀବନ ସାଧନାର ପଥ ହେଲେ ପରଶମଣିଙ୍କ ସ୍ପର୍ଶ କରିହେବ। ପ୍ରଭୁଙ୍କର ସେଇ ଅନାହତ ଧ୍ୱନି ପ୍ରତିଟି ହୃଦୟକୁ ସ୍ପର୍ଶ କରୁ। କବି କହୁଛନ୍ତି ହେ ପ୍ରଭୁ ମୋର ଏତିକି ଗୁହାରୀ ମୋ ଜୀବନ ରଥର ସାରଥୀ ହୁଅ ମୋ ଜୀବନ ମୁଁ ତୁମ ପାଦେ ସମର୍ପଣ କରିଲି।

"ପଥ ଖୋଜି ପଥ ପାଇବା ପାଇଁ କି
ନାହିଁ ବେଳ କାଳ ସଂଗୀନ ଗତି
କୃପାବହି କୃପାକରି କୃପାସିନ୍ଧୁ
ଜୀବନ ରଥେ ମୋ ହେବ ସାରଥୀ।"(୬୩)

'ତୁମେ ଫେରିଯାଅ' କବିତାଟିରେ ସମୟର ଗତି ଅନୁସାରେ ମନର ବିଶ୍ୱାସ ଯେମିତି କବି ପ୍ରାଣଟି ଗଭୀର ଅଭିମାନରେ ଭରିଯାଇଛି। କବି ନିଜର ମନ କଥା କହିଛନ୍ତି ଯେଉଁ ସମୟରେ ତୁମେ ଚାହିଁ ଦେଇଥିଲେ ମୋ ସମୟଟା ରହିଯାଇଥାନ୍ତା ଆଉ ମୁଁ ଅହଲ୍ୟା ପାଲଟି ଯାଇଥାନ୍ତି ସେତେ ବେଳେ ପ୍ରଭୁ ତୁମେ ନିର୍ମମତା ଦେଖାଇ ମୋତେ ଅଣଦେଖା କରି ଆଗକୁ ମାଡିଗଲ। ତା' ପରେ ତ ସବୁ ସମୟ ମୋର ନିରବଚ୍ଛିନ୍ନ କୋଳାହଳ ଭିତରେ ଶୋକାକୁଳ ଅବସ୍ଥାରେ ପାଷାଣ ମୁହୂର୍ତ୍ତ ପରି ଅପମୃତ୍ୟୁର ଶୀକାର ହୋଇଗଲି। ଏବେ ମୋ ଦେହ-ମନ-ପ୍ରାଣ ସମାଧିସ୍ଥ ହୋଇସାରିଛି। କାହିଁକି ଆଉ ମୋତେ ଦେଖ ପ୍ରଭୁ ତୁମେ ଫେରିଯାଅ।

"ଫେରିଯିବାକୁ ବାଧ୍ୟ ହେବ
ରାକା ରଜନୀର ବିଡମ୍ବିତ ଦୀର୍ଘଶ୍ୱାସ ହୋଇ
ଉଦାସୀ ଚକୋରର ନିଦୁଆ ସ୍ୱପ୍ନ ନେଇ
ବିବର୍ଣ୍ଣ ଗୋଧୂଳିର
ବିଧୁରିତ ମୁହୂର୍ତ୍ତମାନଙ୍କର
ଥମ୍ ଥମ୍ ଓଜନଆ
ଖୋଜିଲା ଖୋଜିଲା ଦେହ ମନର
ସମସ୍ତ ବିଷର୍ଣ୍ଣତାକୁ ବହି ବହି।"(୬୪)

ବହିଯିବା ପାଣି ଆଉ ଉଡିଯିବା ମନ, ଖସିଲା ପାଦ କେବେ ଉପରକୁ ଉଠି ପାରେନା ସତ କିନ୍ତୁ କଥା କାଳ କାଳକୁ ରହିଯାଏ। ଅବାଞ୍ଛିତ ସ୍ୱପ୍ନର ମୋହ ଦେଖାଇ ନିଜ ଆଖିରେ ନିଜେ ଲାଞ୍ଛିତ ହେବା ପରେ ପ୍ରଭୁ ଏବେ ଆଉ ତୁମେ ଆସିଲେ କ'ଣ ବା ପାଇବ! ଏକ ବିଶ୍ୱାସର ବିଫଳତା ଏଠି ପ୍ରକାଶିତ। ଅଭିମାନ ଭରା ହୃଦୟର କରୁଣ ଆନ୍ତରିକତା ଦେଖିବାକୁ ମିଳିଛି।

'ଶେଷ ସ୍ୱାକ୍ଷର' କବିତାଟିରେ ଅନେକ ଗୁହାରୀ କରି କରି ଯେବେ ଭକ୍ତଟିର ଗୁହାରୀ ପ୍ରଭୁ ଶୁଣିପାରନ୍ତିନି ସେହି ମୋହରୁ ଉତ୍ପନ୍ନ ଦୁଃଖର ବର୍ଣ୍ଣନା ରହିଛି। କବିଙ୍କ ଭାବାବେଗରେ ସେ ଲେଖିଛନ୍ତି ହେ ପ୍ରଭୁ ମୋର ପବିତ୍ର ସୁନ୍ଦର ନିଛକ ସରଳ ମନଟାକୁ ନିର୍ମମ ପାଶବିକତାରେ ଏମିତି ଛଟପଟ କରି ହତ୍ୟା କରିଛ ନିଜେ ବି ନିଜକୁ କ୍ଷମା ଦେଇପାରିବ ନାହିଁ। ତୁମର ଆନୁଗତ୍ୟରେ ଅନ୍ଧ ହୋଇ ମୁଁ ସିନା ତୁମକୁ ଭରସା କରିଥିଲି ହେଲେ ପ୍ରଭୁ ତୁମେ ଏତେ କଦର୍ଯ୍ୟ, କୁତ୍ସିତ, କଦାକାର ଭାବରେ କ୍ଷତ ବିକ୍ଷତ କରି ବିଭତ୍ସ କରିଦେଲ ସେଇ ଆସୁରୀକ ବାହାଦୂରୀ ପାଇଁ ତୁମେ ନିଜେ ନିଜକୁ ଭୁଲି ପାରିବ କି!

"କେଉଁ ଅପରାଧରେ ମୁଁ ଅପରାଧୀ
ତାହା ଜାଣେନା
କେଉଁ ଆକ୍ରୋଶ ରଖି ଏମିତି
ଏମିତି ହନ୍ତସନ୍ତ କରିଚ଼ଲିଛି
ତାହା ତୋତେ ଜଣା।"(୬୫)

ତଥାପି ଅପେକ୍ଷା କରିଛି ମୁଁ ଆଜି ହେଉ କାଲି ଏ ସଂସାରରୁ ମୁଁ ବିଦାୟ ନେବି। ତୁମ ଠାରୁ କିଛି ପାଇବାର କି ଦେବାର ନ ଥିଲା। ତୁମକୁ ହୃଦୟରେ ରଖି ତୁମର ସବୁ ନିଷ୍ଠୁରତାକୁ ଆପଣେଇ ମୁଁ ମୁହଁ ଫେରାଇଛି ଅଭିମାନରେ ତୁମ ଠାରୁ, ସଂସାର ଠାରୁ ଆଉ ମୋ ନିଜ ଠାରୁ।

'ଶେଷ ନିବେଦନ' କବିତାଟିରେ କବି ନିବେଦନ କରି କହୁଛନ୍ତି ମୋ ଡାକ କାହିଁକି ପ୍ରଭୁ ଶୁଭୁ ନାହିଁ ଆପଣଙ୍କୁ! ହେ ଚଉବାହା ବଳୀୟାରଭୁଜ ମହାବାହୁ କେତେ ଆଡ଼ମ୍ବରେ ଡାକିଲେ ତୁମେ ଶୁଣିବ ମୋ ଡାକ। ହେ ଆର୍ତ୍ତତ୍ରାଣ, ବିପଦ ଭଞ୍ଜନ, ବିଶ୍ୱରୂପ ତୁମ ଏସବୁ ନାମ ଆଉ କେତେ କାଳ କବଳିତ କରିଥିବ ମୋତେ। ତୁମର ଏ ଭବ ସଂସାରେ ରହି ଦୁଃଖର ପାହାଡ଼ ମଥାରେ ବୋଝ ପରି ବୋହିବା ବେଳେ ଅଙ୍ଗେ ନିଭେଇଥିବା କଷ୍ଟକୁ ଅନୁଭବ କଲା ପରେ କୁହ ତୁମ ପାଇଁ ଭକ୍ତି ନୈବେଦ୍ୟ କିପରି ନିର୍ଲଜ ପଣରେ ବାଢ଼ି ହେବ!

"କହ ଥରେ ଥରେ ମାତ୍ର
ତୋ ରତ୍ନ ବେଦୀରେ ମୋର
ପିଟି ପିଟି ଯଦି କେବେ ଫାଟିଯାଏ ମଥା
ତୋ ଚତୁର୍ଦ୍ଧା ମୂର୍ତ୍ତୀ ଅବା ବିଶ୍ୱରୂପ ହୋଇ
ତୁ କ'ଣ ପ୍ରକଟ ହେବୁ!"(୬୬)

କବି କହୁଛନ୍ତି ମୁଁ ଜାଣେ ତୁମେ ପ୍ରଭୁ ଅଭାବ-ଭାବର ବହୁ ଉର୍ଦ୍ଧ୍ୱରେ। ମୁଁ ତୁମ ରତ୍ନବେଦୀ ଉପରେ ମଥା ପିଟି ପିଟି ମଥା 'ଟେଇ ଦେଲେ ତୁମେ ନା ପ୍ରକଟ ହେବ, ନା ମୁଁ ଅସରା ସଂସାରର ଲୁହରେ ଗୋଟାପଣେ ଗାଧୋଇଗଲା ବେଳେ ମୋତେ କୋଳେଇ ନେବ ! ତୁମେ ଚିରକାଳ ନୀରବ ଓ ମଉନ। ତୁମ କାହାଣୀର ଚକ୍ରବ୍ୟୂହରେ ସବୁ ଏଠି କ୍ଷଣିକ ମାତ୍ର। ମୋ ଭଳି ଲକ୍ଷେ ପ୍ରାଣୀ ଯଦି ତୁମ ଆକୁଳ ବ୍ୟଥାରେ ହଜିଯାନ୍ତି ତେବେ କ'ଣ ତୁମ ବଡ଼ପଣ, ତୁମ ନାମ ସଂକୀର୍ତ୍ତନରେ ଟିକେ ବି କଳଙ୍କ ଲାଗିବ ନାହିଁ। ହେ ପ୍ରଭୁ ଏତିକି କୁହ କେଉଁ ପରାଭାବ ନେଇ ଏ ଅକିଞ୍ଚନର ତୁମେ ଆଜନ୍ମ ବୈରୀ ହେଲ ପ୍ରଭୁ।

"ସବୁ ଯିବ ରହି ଏଠି
ତୋ ତିଆରି ଚକ୍ରବ୍ୟୂହରେ
କାହାଣୀ କଥାରେ।"(୬୭)

'ସମ୍ପର୍କ ସେତୁ' କବିତାଟିରେ ପ୍ରଭୁଙ୍କ ସହ କବିଙ୍କ ଭାବନାର ନିବିଡ଼ତା ପ୍ରକାଶିତ। ତୁମ ସୃଷ୍ଟିର ପ୍ରତ୍ୟେକଟି ବସ୍ତୁ ପ୍ରତ୍ୟେକ ଜୀବସତ୍ତା ମୋର ପ୍ରିୟ। ତୁମ ମାଟି, ପାଣି, ପବନ, ଜୀବନ ଓ ମୋ ସପନ। କବି କହୁଛନ୍ତି ହେ ପ୍ରଭୁ ତୁମ ସନ୍ତାନ ବୋଲି ମୁଁ ଧନ୍ୟ ମଣେ ନିଜକୁ। ମୋର ଏ ହାତମୁଠା ଜନ୍ମରୁ ହିଁ ଶୂନ୍ୟ। ହେଲେ ମୋର ମନଟା ତୁମ କରୁଣାରେ ପୂର୍ଣ୍ଣ। ତୁମ ବ୍ୟାପ୍ତି ବିଶାଳତା ମୋର ସମ୍ପନ୍ନତା ଆଉ ସାମର୍ଥ୍ୟ ମଧ୍ୟ। ତୁମେ ଜାଣ ପ୍ରଭୁ ମୋ ଅବୁଝାପଣକୁ ମୋର ଏକଲାପଣକୁ। ମୋ ଅନ୍ତରର ଦରଜା ତୁମ ପାଇଁ ସଂପୂର୍ଣ୍ଣ ଉନ୍ମୁକ୍ତ। ଆଉ କି ଲୁଚଛପା। ପ୍ରକାଶ କରି କୁହ ପ୍ରଭୁ କ'ଣ ତୁମର ଅଭିପ୍ରାୟ ! ମଲା ମୁଣ୍ଡତ ଉତ୍ତରକୁ ରହେ ନ ହେଲେ ପଶ୍ଚିମକୁ ତ ତୁମେ ଜାଣିଛ। ପ୍ରତ୍ୟେକ କ୍ଷଣରେ ମରି ମରି ବଞ୍ଚିଥିବା ମଣିଷ କିଛି ଋହେଁ ନାହିଁ।

"ଆଖିରେ ଆଖିଏ ସ୍ୱପ୍ନ
ଛାତିରେ ଛାତିଏ ମର୍ମଦାହ
ସରିଗଲା ଜୀବନ ଏମିତି ଏମିତି
ସୁଅ ମୁହଁରେ ପଥର ଖଣ୍ଡ ଭଳି।"(୬୮)

ଜୀବନର ଶେଷାର୍ଦ୍ଧରେ ଆଉ କି ଭାବିବାର କଥା ଅଛି ପ୍ରଭୁ। ସୁଅ ମୁହଁରେ ପତର ପରି ମର୍ମଦାହ ହୋଇ ଜୀବନ ଶେଷ ନିଶ୍ୱାସ ନେବାକୁ ବସିଲାଣି। ମୋ ଆତ୍ମାକୁ ଲଟକାଇଛି ଫାଶୀ ଖୁଣ୍ଟରେ। ବାଟ ହୁଡି ବି ମୁଁ ମଝି ହାଟରେ ରହି ଦିନ ଗଣୁଛି। ଧରି ନିଅ ମୋ ହାତ ବେପରୱା ହୋଇ ହାତ ମୁଁ ବଢ଼ାଇଛି ତୁମ ପାଖେ ପ୍ରଭୁ।

'ମୋ କଥା' କବିତାଟିରେ ଅଭିମାନର କଥା କବି ପ୍ରକାଶ କରିଛନ୍ତି। ତୁମେ

ଚିରଦିନ ମନୁଆ ଶୁଣିବାର ତୋର ମନ ନାହିଁ କେତେ ଆଉ କହିବି ନିଜ କଥା ପ୍ରଭୁ ତୁମ ସଂସାର ରଥକୁ ବୋହି ବୋହି ମତେ ମରିବାକୁ ଡର ନାହିଁ। ତୁମ ଦେଇଥିବା ଏ ଜଞ୍ଜାଳରୁ କେବେ ମୁକ୍ତି ଅଛି ତା'ମଧ୍ୟ ମତେ ଜଣା ନାହିଁ। ଆଜି ଯାଏଁ ଟିକେ ବି ତୁମେ ମତେ ଭୁଲି ନାହଁ। ତୁମର ଏହି ଧୂଳିବାଲିର ଘରପାଇଁ ସତରେ କ'ଣ ମୋର ହସ ଲୁହ ତୁମର ଦରକାର। ମୁଁ ଜାଣେ ତୁମେ ମନୁଆ ଠାକୁର ତଥାପି ଇଚ୍ଛା ମୋର ମୋ ମନକୁ ଥରେ ନେଇଯାଅ କେତେ ଆଉ ଡାକିବି! କେତେ ପରୀକ୍ଷା ତୁମ ପାଇଁ ଦେବି ପ୍ରଭୁ!

"ମୁଁ ମାନୁଛି ତୁ ମନୁଆଟେ
ମୋର ମନଟାକୁ ଥରେ ନେଇ ଯା
ଆଉ କେତେ ବା ପରୀକ୍ଷା କରୁଥିବୁ
ତୋର ଶେଷ ଦୃଷ୍ଟି ଟିକେ ନେଇଯା।"(୬୯)

ମନତଳେ ଯେତେ ଅଭିଳାଷ ଯେତେ ରଂଗରସ ସବୁ ହଜାଇ ଦେଇ ମରି ମରି ବଞ୍ଚିଛି। ତୁମେ କ'ଣ ଦେଖିପାରୁ ନାହଁ ପ୍ରଭୁ। ତୁମ ପରୀକ୍ଷାର ଶେଷ କାଇଁ ଯେ ମୋ ସମୟ ପଛେ ଯାଉ ସରି ସରି। ତୁମ ରଙ୍ଗା ଅଧରର ମିଠା ହସରେ ମୁଁ ସିନା ବିଭୋର ହେଲେ ମନ ବୋଲି କିଛି ନାହିଁ ତୁମର ଚିରକାଳ। ମୋର ଏତିକି ବିନତୀ ମୋ ପରୀକ୍ଷା ନେବାର ହେଉ ଇତି।

'ଭାଗ୍ୟ ଲେଖା' କବିତାଟିରେ କବି ନିଜର ଭାଗ୍ୟ ଲେଖାକୁ ପରିକଳ୍ପନା କରିଛନ୍ତି। ପ୍ରଭୁଙ୍କୁ ନିଜର ମନକଥା ଜଣାଇଛନ୍ତି। ତୁମେ ସାଥିରେ ଥିଲେ ପଙ୍ଗୁ ପାହାଡ଼ ଚଢ଼ିଯିବାକୁ ସକ୍ଷମ ହୁଏ ପିଲାଦିନୁ ଶୁଣିଛି କାହାକୁ ତୁମେ ଅଣଦେଖା କରନି। ତୁମେ ମୋ ବିଶ୍ୱାସର ଡୋର, ସଂସାରର ଖାଲଢ଼ିପ ଡେଇଁଯିବାର ସାହସ ହେଉଛ ତୁମେ। ତେଣୁ ମୋର ଅମାପ ଭଣ୍ଡାର ସବୁ ମୁଁ ତୁମ ପାଇଁ ସାଇତି ରଖିଛି।

"ହାର ଜିତ୍‌ର ଏ ପଶାପାଲି ଖେଳେ
ଦେଇଥିଲ ଖାଲି ବନବାସ
ବନବାସ ପରେ ଅଜ୍ଞାତ ବାସକୁ
କୁଳାଏ ନା ସେତ ଦୁଃସାହସ।"(୭୦)

ତୁମ ହାତ ଯାହା ଉପରେ ରହିଛି ସେ ଜୀବନରେ କେବେ ହାରି ନାହିଁ। ହାରଜିତ୍‌ର ପଶାପାଲି ଖେଳରେ ଆଜି ମୁଁ ଅଜ୍ଞାତବାସ। ଏହି ମୋର ଦୁଃସାହସ ତୁମେ ହିଁ ତ ଦେଇଛ। ଭାବିବା, ଭୋଗିବା ସବୁ ନର୍କ ଯନ୍ତ୍ରଣାରୁ ବଳିଯାଏ। ଏମିତି ଚଳିବା ମୁଁ ଶିଖିଗଲା ପରେ ନା ମୋର କଳି ଅଛି ଅରଦଳି କରୁଛି। ଅସମୟରେ ସବୁ ଧୈର୍ଯ୍ୟ

ଭୂଲୁଣ୍ଠିତ ହୁଏ, ଆଶାର ସୌଧ ଭାଙ୍ଗିପଡ଼େ। ଅଧା ଦେଖା ସପନ ଉଜୁଡି ଗଲାଣି କେବେ ଠାରୁ। ତମେ ମୋ ପ୍ରତି ନିଶ୍ୱାସରେ ଯେ ରହିଛି ଏହା ଦେଖି ମଧ ତୁମେ ଅଣଦେଖା କରୁଛ। ଏ ତୁମେ ଯେତେ ସବୁ ଅବିଚାର ଏହା କ'ଣ ମୋର ଭାଗ୍ୟ ଲେଖା।

"ଭାଙ୍ଗିପଡ଼େ ସବୁ ଆଶାର ସୌଧ
ଭୂଲୁଣ୍ଠିତ ହୁଏ ଅସମୟେ
ଅଧା ଲେଖା ଏଇ ସପନ ସବୁକୁ
ଉଜାଡିବ କୁହ କେଉଁଠାରେ।"(୭୧)

'କର ହେ ଉଦ୍ଧାର' କବିତାଟିରେ କବି କହୁଛନ୍ତି ନିଜ ମାନ ରକ୍ଷା କରି ଏ ଭବ ସାଗରରୁ ମୋତେ ଉଦ୍ଧାର କର। ଘରକୁ ଫେରିବାର ସବୁ ଆକର୍ଷଣ ତୁମେ ସାରିଦେବା ପରେ, କ୍ରୋଧରେ ଘରଣୀ ରାଗିଯିବା ପରେ ତା'ର ସମାଧାନ କାହିଁ ଯେ ପ୍ରଭୁ! ଲକ୍ଷ୍ମୀ ମା'ଙ୍କ ପ୍ରକୋପର ତୁମେ ଭୟ କରୁଛ କି ଯେମିତି ବେଦଧ୍ୱନି କରି କରି ଶ୍ରୀମନ୍ଦିର ଛାଡ଼ିବାର ଦୁଆରେ ପଣ୍ଡା ସାଜି ବୁଲିବାକୁ ପଡିବ। ଜଗତ ଜନନୀଙ୍କ ପରାଭାବରେ ତୁମ ଶ୍ରୀ ମନ୍ଦିରର ଶ୍ରୀ ସଂପଦ ତାଙ୍କ ରୋଷରେ ଚାଲିଯିବ। ତୁମ ରଥଯାତ୍ରାରେ ବଡ଼ଦାଣ୍ଡରେ ଆଣ୍ଠୁଏ ପାଣି ଅଣ୍ଟା ପର୍ଯ୍ୟନ୍ତ ହେବ। ମା'ଙ୍କ ନିର୍ଦ୍ଦେଶରେ ସାତ ମେଘ ଏକାଠି ଭିଜେଇବେ ତୁମକୁ ପ୍ରଭୁ ବଳୀୟାର ଭୁଜ। ଏସବୁ ଲୀଳା ତୁମ ନିଜର ତେଣୁ ତୁମେ ଜାଣ ଏହାର ଆରମ୍ଭ ଓ ଶେଷ।

"ତୁମ ଲୀଳା ତୁମେ ଜାଣ ହରି
ଘର କରିଥିଲେ କେତେ ମାନ ଅଭିମାନ
ସ୍ତବ୍ଧ ଆମ ବିଗଳିତ ହୃଦ
ବୁଝି ପାରୁ ନାହିଁ ତୁମ ଲୀଳା ଏ ମହାନ।"(୭୨)

ତୁମେ ପ୍ରଭୁ ଶ୍ରୀମନ୍ଦିରରୁ ବାହାରି ଭକ୍ତଙ୍କ ସହ ନାଚିକୁଦି ମାଉସୀ ମା ଘରକୁ ଯିବାକୁ ଚାହଁ। ହେଲେ ଆଜି ଏଠି ଶହ ଶହ ବ୍ୟାକୁଳିତ ଅନ୍ତର ଆବେଗ ଜଳରେ ତୁମ ଟାହିଆ ଭାସିବ। ଅଥଳ ଜଳରେ ଜଗତ ଭାସୁଥିବା ବେଳେ ସିଂହ ଠାଣି କରି ତୁମେ କେମିତି ଝୁଲି ଝୁଲି ଆସିବ ପ୍ରଭୁ! ଆଭିମାନରେ ଭକ୍ତ ହୃଦୟର ପୁଞ୍ଜିଭୂତ ବ୍ୟଥାର ଲୁହ ଆଉ କୋହ ତୁମେ ଅଟକାଇ ପାରିବ ପ୍ରଭୁ! ତୁମେ ଇଚ୍ଛାମୟ ତୁମକୁ ତୁମେ ନିଜେ ରକ୍ଷାକର। ମାନ ଉଦ୍ଧାରଣ ନାମ ବହିଛ ଯେବେ ନିଜ ମାନ ମଧ ନିଜେ ରଖ। ଏ ସଂକଟ କାଳରେ ଉଦ୍ଧାର କର ପ୍ରଭୁ।

'ପ୍ରିୟ ତୁମେ' କବିତାଟିରେ କବି ନିଜ ମନର କଥାକୁ ପ୍ରକାଶ କରିଛନ୍ତି। ପ୍ରତି

ମୁହୂର୍ତ୍ତରେ କବିଙ୍କର ଏକାନ୍ତପଣରେ ତାଙ୍କ ଆତ୍ମାକୁ ପ୍ରଭୁ ଆବୋରି ରହିଥିବାର କଥା ଖୁବ୍ ମାର୍ମିକ ମନେ ହୋଇଛି ଏ କବିତାଟିକୁ ପାଠକଲେ। ଯେତେବେଳେ ଆକାଶରେ ଫେଣ୍ଟାଫେଣ୍ଟି ମେଘର ଆସର ଆସେ ବିଜୁଳିର ଚମକରେ ସୁଶ୍ୟାମଳ ସବୁଜିମାରେ ଡେଣା ଝାଡି ବିଭୋର ବଗୁଲୀ ଯେବେ ଖୁସି ହେଉଥାଏ, ନିର୍ବିକାର ଜଙ୍ଗଲୀ ସପନରେ ଅଜାଣତେ ଛାତି ତଳେ ଯେବେ କୁହୁଳି କୁହୁଳି ଦୀର୍ଘଶ୍ୱାସ ଉଠେ ସେତେବେଳେ ପ୍ରଭୁଙ୍କ କଥା ଖୁବ୍ ମନେପଡେ।

"ପ୍ରତି ମୁହୂର୍ତ୍ତକୁ କରେ
ଏକାନ୍ତରେ ପରିପୂର୍ଣ୍ଣ
ଅସରନ୍ତି କୈବଲ୍ୟ ମାଧୁରୀ
ପ୍ରାପ୍ତି ଆଉ ଅପ୍ରାପ୍ତିର
ଅନ୍ତହୀନ ଅବଶୋଷ।"(୭୩)

ବିଦଗ୍ଧ ବୈରାଗର ଅନୁରାଗ, ଅଭିମାନର ଗଭୀର ଆବେଗ ପବନରେ ମର୍ମରିତ ଓ ମର୍ମଦାହ ସବୁ ଅନୁଚ୍ଚରିତ, ଅକୁଣ୍ଠ, ଅସରନ୍ତି, ଅଭୁଲା ସେ ପ୍ରୀତିର ସୋହାଗ ସବୁ ବହୁ ବର୍ଣ୍ଣା ହୋଇ ମନରେ ଉଙ୍କିମାରନ୍ତି। ପ୍ରାପ୍ତି ଅପ୍ରାପ୍ତିର ଅନ୍ତହୀନ ଅବସୋସ ଅସରନ୍ତି କୈବଲ୍ୟ ମାଧୁରୀରେ ନିର୍ଜନତାକୁ ମୋର ମୁଖରିତ କରନ୍ତି ପ୍ରଭୁ। କେହି ପ୍ରତିବନ୍ଧକ ସାଜେନା ଶାଶ୍ୱତ ପ୍ରେମର। ମୁଁ ଆନନ୍ଦର ସୁଧାପାନ କରେ ମାଧୁର୍ଯ୍ୟର ସ୍ୱପ୍ନ ବିଭାବରୀରେ।

"ଏଠି ଆସେ ଅନେକ ଲହରୀ
ଢେଉ ଉତ୍ତାଳ ତରଙ୍ଗ
ସପନର ମାୟାଜାଲ, କେତେ ରୂପରଙ୍ଗ
ଭଉଁରୀର ଗଭୀର ଆବର୍ତ୍ତ କାଟି କାଟି
ଆହ୍ଲାଦରେ ଅଝଟିଆ ସବୁ ବେଳେ।"(୭୪)

ସପନର ମାୟାଜାଲରେ ଢେଉର ତରଙ୍ଗରେ କେତେ ରୂପରଙ୍ଗ ସବୁ ଆକାଶ ପରି ଅସୀମ ସମୟର ବାହୁ ଫାଶରେ କବଳିତ ହୋଇଯାଏ। ମମତାର ସୁରଧ୍ୱନୀ ପୂଣ୍ୟମୟୀ ବସୁଧାର ମାଟି ସେଇଠି ମୁଁ ଜଣାଏ ପ୍ରଣତି ସଦା ତୁମେ ପ୍ରିୟତମ ହୋଇ ମୋ ପାଶେ ପାଶେ ଥାଅ।

'ଶେଷ ଅଭିସାର' କବିତାଟିରେ ଦେବଦାସୀ ମନ ନେଇ ଅପୂରଣୀୟ ଆଶାକୁ କବି ତାଙ୍କ ଲେଖନୀ ମାଧମରେ ଫୁଟାଇଛନ୍ତି। ପ୍ରଭୁ ତୁମର ଆଜି ଆସିବା ବାଟକୁ ଚାହିଁ ଚାହିଁ ମଧୁର ବେଦନାରେ ସମୟ ହୁଏ ଆଜି ଅସ୍ଥିର ଆଖି ଲମ୍ବିଯାଏ ଦୂର ଦୂରାନ୍ତର। ବିଳମ୍ବକୁ ତୁମର ସହି ହୁଏନା ମନପ୍ରାଣରେ କହେ ପ୍ରଭୁ ତୁମେ ଆସିବ ନିଶ୍ଚୟ। ଗଛରୁ

ପତ୍ର ପଡ଼ିଗଲେ ଚମକି ଯାଏ ମୁଁ ଫୁଲର ବାସ୍ନା ପବନରେ ଭାସି ଆସିଲେ ତୁମ ଆସିବାର ଆଭାସ ବାର୍ତ୍ତା ଦେଇଯାଏ। ଉତ୍ତାଳ ତରଙ୍ଗର ଭାର ବୋହି ଯମୁନା ନଈରେ ଉଜାଣି ବହେ, ସ୍ପନ୍ଦନ ମୋ ବଢିଯାଏ। ଆବେଗର ଜୁଆର ବିଚଳିତ ମଗ୍ନ ଅଶ୍ରୁଧାର ବହୁଥାଏ। ବିଶ୍ୱାସ ହୁଏନା ନ ପାଇ ମୁଁ ତୁମକୁ ପ୍ରଭୁ, ଅଚିହ୍ନା କମ୍ପନରେ, ମୂର୍ଚ୍ଛିତ ଅନୁରାଗର ନବରାଗ ଲୁଚିଯାଏ ଅସ୍ଥିର ଦୁକୁଳେ।

"ତୁମେ ଆସିବାର କଥା ଦେଇ
ପଠାଇଲ ସାଜିବାକୁ ଅସୀମ ସାଗର
ପାଦରେ ଅଳତା, ହାତେ ନାଲି ଶଙ୍ଖା
ମଥାରେ ସିନ୍ଦୂର।"(୭୫)

ଶଙ୍ଖା, ସିନ୍ଦୂର, ଅଳତା, ପାଦରେ ବାଜେଣି ନୂପୁର, ଅଳକା ଚୂର୍ଣ୍ଣ ବିନ୍ୟସ୍ତ କପାଳ, ଆୟୁତ ଆୟୁଷ ରେଖାବଳୀ ସବୁକିଛି କମ୍ପିଉଠେ ଥରି ଥରି ବାସର ଦୀପାଳୀ। ଆସିବାକୁ କହିଦେଲ ଏକାକି ମୋତେ କରିଦେଲ ନିରିମାଖୀ ମୁଁ ତୁମ ଅନନ୍ତ ଶର୍ବରୀ। ଯୁଗ ପରେ ଯୁଗ ବିତିଯାଏ ସମୟର ଗତିକୁ ନେଇ। ମନେ ହୁଏ ପଥର ଚଟାଣ ପ୍ରାୟ ପାଦ ହୋଇଯାଏ ଧୀରେ ଧୀରେ ସ୍ଥାଣୁ ଓ ସ୍ଥବିର। ଅପେକ୍ଷାର ଅନ୍ତ ଅବା କାହିଁ! ବିଶ୍ୱାସ ହୁଏନା ହଜିଯାଏ 'ଗୁଣର ମଳୟ ମଧୁର ଟକମକ ଫୁଟିଉଠେ ବ୍ୟଥାର ଗଜଲ। ବାଟ ଖୋଜେ ମନ ନିରବତାକୁ ଭାବୁଥାଏ ତୁମକୁ ବିଶ୍ୱାସ କରି ଲୋକହସାକୁ। 'ଶେଷ ପ୍ରଶ୍ନ' କବିତାଟିରେ ଉଚ୍ଛୁଳା ଅଭିମାନର କଥା ରହିଛି। କବି କହୁଛନ୍ତି ଅନେକ ଥର ଭାବିଛି ଆରବର୍ଷକୁ ବନ୍ଧୁ ଘର ବୁଲିଯିବି କିନ୍ତୁ ମନକଥା ସତ ହୁଏ ନାହିଁ ମୁଁ ଜାଣେ। କବି କହୁଛନ୍ତି ସେ ବନ୍ଧୁତ ସବୁରି। କେତେ ଆତ୍ମୀୟ ସ୍ୱଜନଙ୍କ କଥା ବୁଝୁବୁଝୁ ମୋ କଥା ଭାବିବାକୁ ବେଳ କାଇଁ ଯେ ମୋ ପ୍ରୟୋଜନ ବୋଧେ ନାହିଁ ସେଠି। ମିଛଟାରେ ଅବା ମୁଁ କାଇଁ ଝୁରେ ପ୍ରଭୁ! ଭାବିଲେ ଅନେକ କିଛି ନ ଭାବିଲେ କିଛି ତ ନାହିଁ। ଯଦି ମୁଁ ଏ କଥା ଜାଣେ ତେବେ ତୁମେ ସିଏ, ଯିଏ ମୋତେ ବାରମ୍ବାର ପର ବୋଲି ମନେ ପକାଇ ଦିଏ। ଜୀବନଟା ଯାକ ଠକାଇ ଦେଲା ପରେ ବି କ'ଣ ମିଳେ କେଜାଣି ମୁଁ ଏତେ ଆଶା ଭରସା କରେ ତୁମ ଉପରେ। ତୁମେ ସିନା କାହାକୁ ଖୁଦ ଭଜା ବଦଳରେ ଅଷ୍ଟ ଐଶ୍ୱର୍ଯ୍ୟ ଦେଇପାର ହେଲେ କେଉଁଠି ତୁମ କରୁଣାରୁ ଟିକକ ପାଇବା ପାଇଁ ସାରା ଜୀବନଟା କିଏ ଭିକ୍ଷା ଝୁଲି ଧରି ବୁଲି ବୁଲି ସାରିଦିଏ ତ ଆଉ କିଏ ଏ ଭରା ସଂସାରରେ ଅସହାୟ ହୋଇ ନିଜକୁ ନର୍କ ଖୋଲା ପାଟିରେ ସମର୍ପଣ କରିଦିଏ।

"ଜଞ୍ଜାଳ ଜାଲ ତ
କେତେ ଆଗରୁ ଯା' ରହିଛି ଜଡାଇ

ଅକାରଣ ନିଆଁ ଝୁଲ ଜାଳିଛି ଜୀବନ
ନା'ଅଛି ପବନ ବର୍ଷା
ଉଦ୍ୟତ ନାରାଚ ପଛେ ପଛେ ଅଛି ଧାଇଁ
ବିଚଳିତ ବିକ୍ଷିପ୍ତ ଶାବକଙ୍କ ସହ
ମୃଗୁଣୀ ମାର୍ମିକ ଦହନ।"(୭୬)

ପବନ ନାହିଁ, ବର୍ଷା ବି ନାହିଁ ତଥାପି ନିଆଁରେ ଜଳୁଥାଏ ଜୀବନ ଲାଗେ ଯେମିତି ଘୋର ବନସ୍ତରେ ଆତ୍ମା ରୂପକ ମୃଗୁଣୀର ବିରାଟ ଆର୍ତ୍ତଚିତ୍କାର। ଗୋଟିଏ ପ୍ରଶ୍ନ ମନରେ ଉଙ୍କି ମାରେ ଶୁଣିଛି ପୁରାଣରେ କାହାଣୀରେ ଦୀନବନ୍ଧବ ତୁମେ, ଦୁଃଖୀର ସହିପାରନା ଦୁଃଖ, ହେଲେ ଏ ଜୀବନ ଯନ୍ତ୍ରଣାର କାହିଁ କେଉଁଠି ଶେଷ! ମୁକ୍ତି ପାଇଁ ବନ୍ଧୁ ପଣର ଆହ୍ଲାଦରେ ମୋତେ କୋଳେଇ ନିଅ। 'ଶେଷ ଅନୁଯୋଗ' କବିତାଟିରେ କବି ନିଜକୁ ପ୍ରଭୁଙ୍କ ପାଖେ ସମର୍ପିତ କରିଛନ୍ତି। ଟୋପାଏ ଲୁହରେ ପୋଛି ହୋଇଯାଏ ଆତ୍ମାର ଅନ୍ତର୍ଦାହ। ହଜିଯାଏ ବିଫଳ ସୃଜନ ସ୍ମୃତି, ଲିଭିଯାଏ କାଳରାତ୍ରୀ, ଜ୍ୱାଳା, ଯନ୍ତ୍ରଣା, ଅସଜଡ଼ା ସମୟ ଓ କୁତ୍ସିତ ମନ୍ତ୍ରଣା। ଏ ସଂସାରରେ ନାହିଁ ମଧୁର ମୁହୂର୍ତ୍ତ, ସ୍ନିଗ୍ଧ ସୁନ୍ଦର ସ୍ୱପ୍ନଭରା ରାତି। ଅଦିନ ମେଘର ନଭ ଭଳି ଅଚାନକେ ଉଜାଡ଼ି ଦିଏ ବିଖଣ୍ଡିତ ବିବ୍ରତର ଆବର୍ତ୍ତ। ତୁମକୁ ସବୁ ଜଣା ପ୍ରଭୁ। ଉତ୍ତାଳ ସାଗର, ଢେଉ, ଉତୁଙ୍ଗ ଶିଖରୀ ପ୍ରତି ପାଦେ ପାଦେ ସୁନ୍ଦର ପ୍ରଭାତ ଭେଟି ଦିଏ ସମ୍ଭାବନାର ଏକ ସ୍ନିଗ୍ଧ ଅନୁଭବ।

"ସମୟଟେ ପାଇଁ ଯାହା ମିଳୁ ନାହିଁ
ତା'ପାଇଁ କି ମରୁ ନାହିଁ ଝୁରି
ଯେମିତି ରଖିଛୁ ସେହିଭଳି
ସଂଭ୍ରମ-ସ୍ୱାଭିମାନର ଆସ୍ପର୍ଦ୍ଧା ଆବୋରି।"(୭୭)

ଶିଖାଇଛ ପ୍ରଭୁ ଯେବେ ଶୃଙ୍ଖଳା, ସଂଭ୍ରମ, ସ୍ୱାଭିମାନ ସେଇଥିରେ ମୁଁ ବଞ୍ଚିବା ଯାଇଛି ଶିଖି। ଶୂନ୍ୟ ଦୃଷ୍ଟି, ଶୂନ୍ୟ ହାତ, ରିକ୍ତ ଅନ୍ତଃସ୍ଥଳ, ନିର୍ବିକାର ଗନ୍ତାଘର ଭିତରେ ରହି ଦୁଇ ହାତକୁ ଟେକି ଦେଇ ଯାହା ତୁମ ଅବଶିଷ୍ଟ ଅହଂକାରକୁ ଦେଖେ। ମୋ ସମଗ୍ର ଜୀବନକୁ ତୁମ ଉପରେ ନିର୍ଭର କରି ସମର୍ପି ଦେଇଥିଲି। ମୋ ସମଗ୍ର ସମୟ, କର୍ମାକର୍ମ, ଧର୍ମାଧର୍ମ, ଅଭୟ ଆଶ୍ରୟ ତଥାପି ତୁମେ ନିରବ ଅଦ୍ଭୁତ ଜିଦିରେ। ତୁମ ବିଚିତ୍ର ବୁଦ୍ଧି ଆଗେ ମୁଁ ହାରିଗଲି ଆଉ କିଛି ନାହିଁ ପାଶେ ରଖିବାକୁ କେବଳ ଅଛି ତ ସମୟ ସହ ବଞ୍ଚି ରହିଥିବା ଆୟୁଷ ଟିକକ ସମର୍ପଣ କଲି ପ୍ରଭୁ ତୁମ ପାଦତଳେ। ଲୋକହସା କର ନାହିଁ ଆଉ ଏ ଜଗତେ।

'ମିଛ ମୋହ' କବିତାଟି ସମ୍ଭାବନାରେ ଶେଷ ପ୍ରାୟ ଜୀବନର ପରିବ୍ୟାପ୍ତ

ସମୟର କଥା ବର୍ଣ୍ଣିତ। କବି କହୁଛନ୍ତି ଅବାଟରେ ବାଟ ଭୁଲି ଏତେ ବାଟ ଆସିବି ସ୍ୱପ୍ନରେ ମୁଁ ଭାବି ନଥିଲି। ପୁଣି ମୋର ଏହି ଜୀବନର ହୀନଗତି ଆଉ ପରିଣତି ପାଇଁ। ଆକାଶରେ ଆଖି ରଖି ଚାଲିବାକୁ ଭାବୁ ଭାବୁ କେବେ ପାଦତଳୁ ମାଟି ଖସି ଯାଇଛି ମୁଁ ଜାଣି ପାରିଲିନି ପ୍ରଭୁ। ଆଶା ଆଉ ଆଶଙ୍କାର ଦ୍ୱନ୍ଦ୍ୱ ବିସମ୍ବାଦେ ବିନା କାରଣରେ ମୁଁ ପହଞ୍ଚିଲି ଆଜି ତ୍ରିଶଙ୍କୁ ଅବସ୍ଥାରେ। ଦଗ୍ଧ ହେଲି ପୁଣି କାମନା ଓ କର୍ତ୍ତବ୍ୟରେ। ଏହା ଭିତରେ ହାରିଗଲି ଜୀବନର ସବୁ ପରିପାଟୀ। ପ୍ରାଣ ଆତ୍ମ ନିବେଦନ ହେଲା ପରେ ହାତପାଦ ପଙ୍ଗୁ ହେଲା ପରେ ପ୍ରୀତି ପ୍ରତ୍ୟୟ ଶେଷ କାକଳୀ କରିନି। ନୀରବିଲା ପରେ କାହିଁକି ଅବା ଦୋଷ ଦେବି ତୁମକୁ। ଅବରୁଦ୍ଧ ହେଲା ଭାବୋଚ୍ଛ୍ୱାସ। ଖୋଜି ଖୋଜି ଚାଲିଥିଲି ଚଉଠେ ଆକାଶ ସହ ଆଞ୍ଜୁଳାଏ ସ୍ୱପ୍ନର ମୁଠାଏ ଆଲୋକିତ ପବନ।

"ମିଳିଲାନି କିଛି ସବୁ ହଜିଗଲା ଦୂରେ
ଅସରନ୍ତି କଷଣର ବ୍ୟଥା ଗୁରୁଭାରେ
ଛାଡ଼ିଲି ଛାଡ଼ିଲି କହି ହଜିଗଲି
ଆହା ତୁରେ ଖୋଜିଲୁନି ଥରେ।"(୭୮)

ତୁମ ଅଖୋଜା ପଣରେ ମୋ ନିନ୍ଦାର ନାଗରା ବାଜିଲା। ସୀମା ସରହଦ ଡେଉଁ କେତେ ଯେ କୁଆଡ଼େ ଶୁଣି ଶୁଣି ମୁଁ ଆଜି ଜଡ଼ ଓ ନିର୍ବେଦ। ଏତେ ସବୁ ଦେଖି ଭାବୁଛି ତୁମେ ଏଥର ନିଶ୍ଚୟ ବୁଝିପାରିଥିବ। ମିଛ ମୋହଟିଏ ହୋଇ ମିଛ ବାହାଦୁରୀକୁ ସତ ଭାବି ତମୁକୁ ନିଜ ଭିତରେ ପ୍ରାରବ୍ଧ ଭାବି ଗ୍ରହଣ କରି ନେବ। 'ଫାଶି ମଞ୍ଚେ ତୁମେ ଏକୁଟିଆ' କବିତାରେ ଆଜିର ସମାଜର ବିଦ୍ରୋହୀ ପ୍ରାଣମାନଙ୍କ କଥା କହିଛନ୍ତି କବି। ପୁରୀ ବଡ଼ଦାଣ୍ଡରେ ସେ ବଡ଼ଠାକୁରଙ୍କୁ ଦେଖି ମଣିଷ ଆଜି ଭକ୍ତିରେ ମଥାତନ କରୁ ନାହିଁ। ନିଆଁ ଜାଳି ବିଦ୍ରୋହ କରି ତୁମ କଳାମୁହଁକୁ କଳଙ୍କିତ କରିଛନ୍ତି। ଭକ୍ତର ଭକ୍ତି ଆଜି ଦ୍ରବ୍ୟ, ଭେଟି, ସଂପଦରେ ଓଜନରେ ମପାହୁଏ। ମାପୁଛନ୍ତି ସେଇ ନିଲଠା ସେବକମାନେ ମାପୁଆଲୀ ରୂପ ନେଇ। ତୁମ କୋଠ ସମ୍ପତ୍ତିକୁ ନିଜର ଭାବି ଅନେକ ଅରାଜକତା, ଶୋଷଣ କରି ଚାଲିଛନ୍ତି। ଛାତି ବାଡେଇ ସେ ଏକଥା କହନ୍ତି। ଆର୍ତ୍ତ, ଦୁଃଖୀ, ଭୋକିଲା ମଣିଷ ଯାହାର କିଛି ଲୋଡ଼ା ନାହିଁ ଶ୍ରୀ ସଂପଦ, ଅକ୍ଷୟ ଭଣ୍ଡାର ଚିରକାଳ କେବଳ ମହାପ୍ରଭୁ। ଏ ଅକିଞ୍ଚନ, ଅଭାଜନ ପ୍ରଭୁ ପରିଚୟ ଖୋଜେ ଯେବେ ତୁମରି ଦାଣ୍ଡରେ ଗଳା ଧକ୍‌କା ଖାଇ ଫେରୁଥାଏ ବାରବାର।

"ମନେ ମୋର ଗୋଟିଏ ସଂଶୟ
ଭକ୍ତର ଏକାଗ୍ର ଭକ୍ତି ପରୀକ୍ଷା ପାଇଁକି
ଅଶାଳୀନ ବ୍ୟବହାର ବ୍ୟଭିଚାର

ଲୁଣ୍ଠନ ଦସ୍ୟୁ ବୃତ୍ତି, ନୀଚ ମନୋଭାବ
ସବୁକିଛି ପାଇଁ ଦେଇଅଛ ବରାଭୟ।"(୭୯)

କେମିତି ତୁମେ ଜଗତର ନାଥ ହୋଇ ବୁଝିପାରି ନାହଁ ସମସ୍ତଙ୍କ ଆଖିର ଲୁହ। ତୁମ ପାରିଷଦ ବର୍ଗଙ୍କର ଗର୍ବ, ଅହଂକାର ଔଦ୍ଧତ୍ୟ ସବୁ ସୀମାଟପି ଗଲାଣି। ଏହି ଦୀନ ଓଡ଼ିଆମାନଙ୍କର ତୁମେ ଜୀବନ ଠାକୁର। କିନ୍ତୁ ମୋର ବିଶ୍ୱାସ ହୁଏନା କବି କହୁଛନ୍ତି ପ୍ରଭୁ ପାଇଁ ତୁମ ସଜୀବତାରେ ଭାଙ୍ଗିଯାଏ ଦୁର୍ଦ୍ଦାନ୍ତ ଜୟ ବିଜୟ ହାତ ହତିଆର। ଗାଢ଼ କଳା ଧୂମ୍ର ପଟଳରେ ହଜିଯାଏ ଚକ୍ରରାଜ। ଉଦ୍‌ଭ୍ରାନ୍ତ ସାଗର ସମ କ୍ରୋଧାଗ୍ନିରେ ଧୋଇଯାଏ ସକଳ ପ୍ରଶାନ୍ତି।

"ଇୟେ କ'ଣ ଘୋର କଳିକାଳ
ମାଳିକାର ଧ୍ୱଂସ ଲୀଳା
ଆରମ୍ଭ ଏ ବଡ଼ଦାଣ୍ଡ ପରେ
ତୁମେ ତ ହଟିଆ ନାଥ
ଆଉ ଏକ ଏରକାର ବନ ସୃଷ୍ଟି କରି
ଶୋଇଯାଅ ନିରୋଳାରେ ଶିଆଳୀର କୋଳେ।"(୮୦)

ସନ୍ତାପିତ ହୃଦୟ ଆଜି ସଂଶୟରେ। ସୁଶୋଭିତ ଶ୍ୟାମଘନ ଦଶବିଧ ରୂପ। କିଏ କହେ ଫାଶୀ ମଞ୍ଚେ ଜଗନ୍ନାଥ। ଏ କ'ଣ ସତ ପ୍ରଭୁ! ସତ୍ୟ ନାମରେ ଶଙ୍କରା ପ୍ରଚାର ଚାଲିଛି। ଏବେ ଆଉ ନୀରବ ରୁହନା ପ୍ରଭୁ ଦେଖାଅ ପଥ। ଧ୍ୱଂସ ହେଉ ବିକଳାଙ୍ଗ ଭାବାବେଗ ସ୍ତୁପ ଅଧର୍ମ ଉପରେ ହେଉ ଧର୍ମର ବିଜୟ। ଛଳନାରେ ହେଉ ଶେଷ।

ଏହିପରି ଭାବରେ ବିଭୁ ଚେତନାର ସ୍ୱର ଓଡ଼ିଆ ସାହିତ୍ୟର ଆଧୁନିକ କବିତା କ୍ଷେତ୍ରଟିକୁ ବଳିଷ୍ଠ ଦିଗ ଆଡ଼କୁ ଆଣିପାରିଛି। ଏହି ମର୍ମରେ ବୁଦ୍ଧଙ୍କର ଏକ ବାଣୀ ମନେପଡ଼େ ସୃଷ୍ଟି ଓ ସ୍ରଷ୍ଟାର ତତ୍ତ୍ୱକୁ ନେଇ ସେ କହିଥିଲେ – "ଆତ୍ମସମର୍ପଣ ଦ୍ୱାରା ସଂସାରର ଦୁଃଖରୁ ନିର୍ବାଣ ମିଳିଥାଏ। ମାତ୍ର ମନୁଷ୍ୟର ଚିତ୍ତ ସବୁବେଳେ ନିଜର ସୁଖ ପ୍ରତି ଆସକ୍ତି ହୋଇପଡ଼େ ଏବଂ ଦୁଃଖକୁ ଯନ୍ତ୍ରଣାଦାୟକ ପରି ମନେ କରେ।" ତଥାପି ସାଧନାର ସିଦ୍ଧି ରହିଛି। ସତ ମାର୍ଗର ସାଧନା ମଣିଷକୁ ମହାମାନବ ସ୍ତରକୁ ନେବାରେ ସକ୍ଷମ ହୋଇଥାଏ ଯାହା ଏହି କବିତା ସମଗ୍ରର ସାରବତ୍ତା। ଷ୍ଟାର ତତ୍ତ୍ୱକୁ ନେଇ ସେ କହିଥିଲେ –"। ସାହିତ୍ୟର ଆଧୁନିକ କବିତା କ୍ଷେତ୍ରଟିକୁ ବଳିଷ୍ଠ ଦିଗ ଆଡକୁ ଆଣିପାରିଛି। ଏହି ମର୍ମରେ ବୁଦ୍ଧଙ୍କର ଏକ ବାଣୀ ମନେପଡେ ସୃଷ୍ଟି

**ସହାୟକ ସୂଚୀ**


୧. ମୋ କବିତା, (ଅସ୍ତିକର ଆକୁତି), ପୃଷ୍ଠା ୧୨୪

୨. ଡ. ନିତ୍ୟାନନ୍ଦ ଶତପଥୀ: ସବୁଜରୁ ସାଂପ୍ରତିକ, ସପ୍ତମ ସଂସ୍କରଣ, ୨୦୧୬, ପୃଷ୍ଠା ୨୭

୩. ଡ. ନିତ୍ୟାନନ୍ଦ ଶତପଥୀ: ସବୁଜରୁ ସାଂପ୍ରତିକ, ସପ୍ତମ ସଂସ୍କରଣ, ୨୦୧୬, ପୃଷ୍ଠା ୨୮

୪. କରିଛି ବାରକୀ (ଅଞ୍ଜଳି), କୁନ୍ତଳା କୁମାରୀ ଗ୍ରନ୍ଥାବଳୀ, ପୃଷ୍ଠା ୫୭

୫. ଶେଫାଳୀ ପ୍ରତି – ଉତ୍କଳ ସାହିତ୍ୟ, ୨୫ ଭାଗ (୧୯୨୨), ପୃଷ୍ଠା ୨୦୧

୬. ଡ. ନିତ୍ୟାନନ୍ଦ ଶତପଥୀ: ସବୁଜରୁ ସାଂପ୍ରତିକ, ୭ମ ସଂସ୍କରଣ, ୨୦୧୬, ପୃଷ୍ଠା ୬୯

୭. ମାନସିଂହ ଗ୍ରନ୍ଥାବଳୀ, ହେମଶସ୍ୟ (ବିରାଟ ସ୍ରଷ୍ଟା)

୮. ବିଦ୍ୟୁତ୍ ଲତା ଦାସ, ମିଛ ମୋହ, ପ୍ରଥମ ସଂସ୍କରଣ, ୨୦୧୯, ନିଷ୍ପତ୍ତି, ପୃଷ୍ଠା-୯

୯. ନିଷ୍ପତ୍ତି, ପୃଷ୍ଠା-୧୦

୧୦. ନିଷ୍ପତ୍ତି, ପୃଷ୍ଠା-୧୧

୧୧. ରୋମନ୍ଥନ - ୧, ପୃଷ୍ଠା ୧୨

୧୨. ରୋମନ୍ଥନ - ୧, ପୃଷ୍ଠା ୧୨

୧୩. ରୋମନ୍ଥନ - ୧, ପୃଷ୍ଠା ୧୩

୧୪. ରୋମନ୍ଥନ - ୧, ପୃଷ୍ଠା ୧୪

୧୫. ସମ୍ପର୍କ, ପୃଷ୍ଠା ୧୬

୧୬. ତୁମେ, ମୁଁ ଓ ଈଶ୍ୱର, ପୃଷ୍ଠା ୧୮

୧୭. ତୁମେ, ମୁଁ ଓ ଈଶ୍ୱର, ପୃଷ୍ଠା ୧୯

୧୮. ତୁମେ, ମୁଁ ଓ ଈଶ୍ୱର, ପୃଷ୍ଠା ୧୯

୧୯. ତୁମେ, ମୁଁ ଓ ଈଶ୍ୱର, ପୃଷ୍ଠା ୨୦

୨୦. ତୁମେ, ମୁଁ ଓ ଈଶ୍ୱର, ପୃଷ୍ଠା ୨୨

୨୧. ତୁମେ, ମୁଁ ଓ ଈଶ୍ୱର, ପୃଷ୍ଠା ୨୨

୨୨. ମୃଗୁଣୀ ସ୍ତୁତି, ପୃଷ୍ଠା ୨୩

୨୩. ମୃଗୁଣୀ ସ୍ତୁତି, ପୃଷ୍ଠା ୨୪

୨୪. ଯାଞ୍ଚନା, ପୃଷ୍ଠା ୨୫

୨୫. ଯାଞ୍ଚନା, ପୃଷ୍ଠା ୨୬

୨୬. ଅନ୍ତରାୟ, ପୃଷ୍ଠା ୨୭

୨୭. ଅନ୍ତରାୟ, ପୃଷ୍ଠା ୨୮

୨୮. ଦେବଦାସୀର କ୍ରନ୍ଦନ, ପୃଷ୍ଠା ୩୦
୨୯. ଦେବଦାସୀର କ୍ରନ୍ଦନ, ପୃଷ୍ଠା ୩୨
୩୦. ଦାୟିନୀ, ପୃଷ୍ଠା ୩୩
୩୧. ଦାୟିନୀ, ପୃଷ୍ଠା ୩୪
୩୨. ବିଡ଼୍ୟନା, ପୃଷ୍ଠା ୩୫
୩୩. ବିଡ଼୍ୟନା, ପୃଷ୍ଠା ୩୫
୩୪. ବିଡ଼୍ୟନା, ପୃଷ୍ଠା ୩୬
୩୫. ଏକ ଅଧାଗଢ଼ା ଜୀବନ ସମ୍ପର୍କରେ, ପୃଷ୍ଠା ୩୭
୩୬. ଏକ ଅଧାଗଢ଼ା ଜୀବନ ସମ୍ପର୍କରେ, ପୃଷ୍ଠା ୩୮
୩୭. ଏକ ଅଧାଗଢ଼ା ଜୀବନ ସମ୍ପର୍କରେ, ପୃଷ୍ଠା ୩୯
୩୮. ମିନତୀ, ପୃଷ୍ଠା ୪୦
୩୯. ସତରେ ତମେ ଅଛ ! ପୃଷ୍ଠା ୪୧
୪୦. ସତରେ ତମେ ଅଛ ! ପୃଷ୍ଠା ୪୨
୪୧. ଲାଞ୍ଛିତ ଈଶ୍ୱର, ପୃଷ୍ଠା ୪୩
୪୨. ଲାଞ୍ଛିତ ଈଶ୍ୱର, ପୃଷ୍ଠା ୪୪
୪୩. ସମୟର ପକ୍ଷୀ, ପୃଷ୍ଠା ୪୬
୪୪. ଆବିଷ୍ଟ ଅନୁରାଗ, ପୃଷ୍ଠା ୪୮
୪୫. ରୋମନ୍ଥନ-୨, ପୃଷ୍ଠା ୫୧
୪୬. ରୋମନ୍ଥନ-୨, ପୃଷ୍ଠା ୫୨
୪୭. ରୋମନ୍ଥନ-୨, ପୃଷ୍ଠା ୫୩
୪୮. ରୋମନ୍ଥନ-୨, ପୃଷ୍ଠା ୫୩
୪୯. ଦିଅ ମୋତେ ପଥ କରି, ପୃଷ୍ଠା ୫୪
୫୦. ଦିଅ ମୋତେ ପଥ କରି, ପୃଷ୍ଠା ୫୫
୫୧. ତୁମ ଅପେକ୍ଷାରେ, ପୃଷ୍ଠା ୫୭
୫୨. ତୁମ ଅପେକ୍ଷାରେ, ପୃଷ୍ଠା ୫୮
୫୩. ରୋମନ୍ଥନ - ୩, ପୃଷ୍ଠା ୬୦
୫୪. ରୋମନ୍ଥନ - ୩, ପୃଷ୍ଠା ୬୧
୫୫. ଉଜୁଡ଼ା ତୁଠର ଅଭିସାର, ପୃଷ୍ଠା ୬୪
୫୬. ଉଜୁଡ଼ା ତୁଠର ଅଭିସାର, ପୃଷ୍ଠା ୬୬

୫୭. ତୁମେ ଆଉ ଜହ୍ନରାତି, ପୃଷ୍ଠା ୬୮
୫୮. ଲୋଡ଼ା ନାହିଁ ମୁକ୍ତି, ପୃଷ୍ଠା ୭୦
୫୯. ଲୋଡ଼ା ନାହିଁ ମୁକ୍ତି, ପୃଷ୍ଠା ୭୨
୬୦. ରଥେ ତୁ ବାମନ ଦୃଷ୍ଟା, ପୃଷ୍ଠା ୭୩
୬୧. ରଥେ ତୁ ବାମନ ଦୃଷ୍ଟା, ପୃଷ୍ଠା ୭୫
୬୨. ଅମୃତ ବିନ୍ଦୁ, ପୃଷ୍ଠା ୭୮
୬୩. ଅମୃତ ବିନ୍ଦୁ, ପୃଷ୍ଠା ୭୯
୬୪. ତୁମେ ଫେରିଯାଅ, ପୃଷ୍ଠା ୮୧
୬୫. ଶେଷ ସ୍ୱାକ୍ଷର, ପୃଷ୍ଠା ୮୪
୬୬. ଶେଷ ନିବେଦନ, ପୃଷ୍ଠା ୮୭
୬୭. ଶେଷ ନିବେଦନ, ପୃଷ୍ଠା ୮୮
୬୮. ସମ୍ପର୍କ ସେତୁ, ପୃଷ୍ଠା ୯୦
୬୯. ମୋ କଥା, ପୃଷ୍ଠା ୯୩
୭୦. ଭାଗ୍ୟ ଲେଖା, ପୃଷ୍ଠା ୯୬
୭୧. ଭାଗ୍ୟ ଲେଖା, ପୃଷ୍ଠା ୯୭
୭୨. କର ହେ ଉଦ୍ଧାର, ପୃଷ୍ଠା ୯୯
୭୩. ପ୍ରିୟ ତୁମେ, ପୃଷ୍ଠା ୧୦୨
୭୪. ପ୍ରିୟ ତୁମେ, ପୃଷ୍ଠା ୧୦୩
୭୫. ଶେଷ ଅଭିସାର, ପୃଷ୍ଠା ୧୦୪
୭୬. ଶେଷ ପ୍ରଶ୍ନ, ପୃଷ୍ଠା ୧୦୯
୭୭. ଶେଷ ଅନୁଯୋଗ, ପୃଷ୍ଠା ୧୧୧
୭୮. ମିଛ ମୋହ, ପୃଷ୍ଠା ୧୧୪
୭୯. ଫାଶୀ ମଞ୍ଚେ ତୁମେ ଏକୁଟିଆ, ପୃଷ୍ଠା ୧୧୮
୮୦. ଫାଶୀ ମଞ୍ଚେ ତୁମେ ଏକୁଟିଆ, ପୃଷ୍ଠା ୧୨୦

# ଓଡ଼ିଆ କ୍ଷୁଦ୍ରଗଳ୍ପରେ ପବିତ୍ର ପାଣିଗ୍ରାହୀଙ୍କ 'ଗପର ମୁହଁ'

ଊନବିଂଶ ଶତାବ୍ଦୀରେ ଆଧୁନିକ କ୍ଷୁଦ୍ରଗଳ୍ପର ସୃଷ୍ଟି। ଲୋକପ୍ରିୟତାରେ ସାହିତ୍ୟର ଅନ୍ୟାନ୍ୟ ବିଭାଗ ତୁଳନାରେ କ୍ଷୁଦ୍ରଗଳ୍ପ ଶ୍ରେଷ୍ଠତ୍ୱ ଲାଭ କରିଛି। ସାଂପ୍ରତିକ ରୂପ ପରିଗ୍ରହ କରିବା ପାଇଁ ବହୁ ଆବର୍ତ୍ତନ ଓ ବିବର୍ତ୍ତନ ମଧ୍ୟ ଦେଇ ଗତି କରିଛି। ସାଂପ୍ରତିକ ଗଳ୍ପ ସାମ୍ରାଜ୍ୟ ଉଭୟ ବିଶ୍ଳେଷଣାତ୍ମକ ଓ ସୂଚତନାତ୍ମକ ଦିଗରୁ ସମୃଦ୍ଧ। ଆଜିର ଗାଳ୍ପିକ ସ୍ଥିତିବାଦୀ ଚେତନା ପ୍ରତି ଅନୁରକ୍ତ ଓ ବ୍ୟକ୍ତିମୁଖୀ ଶୈଳୀର ଅନୁବର୍ତ୍ତନରେ ପ୍ରୟାସୀ। ଆବେଗ ଭିତରେ ପ୍ରତିକ୍ରିୟା ମଧ୍ୟ ବିସ୍ତାରିତ ରୂପ ଅନୁରଣିତ ହୋଇ ପାରିଛି। ସଂପ୍ରତି ପ୍ରତିଷ୍ଠା ଲାଭ କରିଥିବା ଗାଳ୍ପିକଙ୍କ ମଧ୍ୟରୁ ପବିତ୍ର ପାଣିଗ୍ରାହୀ ଅନ୍ୟତମ ପ୍ରତିଭା।

୧୯୬୩ ମସିହାରେ ପବିତ୍ର ପାଣିଗ୍ରାହୀଙ୍କ ଜନ୍ମ। ସେ ଓଡ଼ିଆ ଗଳ୍ପ ଜଗତ ପାଇଁ ଏକ ମୁଗ୍ଧ ଉଚ୍ଚାରଣ। ଜୀବନବାଦୀ ଗାଳ୍ପିକ ଭାବରେ ପରିଚିତ ମଧ୍ୟ। ଦାମ୍ପତ୍ୟ ଜୀବନର ମଧୁର ଚିତ୍ର ଉପସ୍ଥାପନରେ, କଥାବସ୍ତୁ ଚୟନରେ ଓ ଦୈନନ୍ଦିନ ଜୀବନ ଚର୍ଯ୍ୟାର ହସ-କାନ୍ଦ, ସୁଖ-ଦୁଃଖ ପ୍ରଭୃତିର ସଫଳ ରୂପାୟନ କ୍ଷେତ୍ରରେ ସେ ବେଶ୍ ଧୂରୀଣ। ପ୍ରେମର ଚିତ୍ର ଆଙ୍କିବାରେ ସ୍ୱତନ୍ତ୍ରତା ରହିଛି ତାଙ୍କ ଗଳ୍ପର ଆଭିମୁଖ୍ୟ। ଜୀବନର ଜଟିଳ ଯାନ୍ତ୍ରିକତା ଓ ଯାବତୀୟ ସଂଘର୍ଷର ଚିତ୍ରନାଟ୍ୟ ତାଙ୍କ ଗଳ୍ପକୁ ଏକ ଅଲଗା ପରିଚୟ ଦେଇପାରିଛି। ଅଙ୍ଗେନିଭା କଥା ଗୁଡ଼ିକୁ ସୁସଂଗଠିତ ରୀତିରେ, ଆନ୍ତରିକତାର ଉଷ୍ମତାରେ ଓ ବିଚାରର ମୌଳିକତାରେ ସେ ଲେଖି ପାରିଛନ୍ତି। କଳ୍ପନା ନୁହେଁ ବାସ୍ତବତା ହିଁ ତାଙ୍କ ଗଳ୍ପମାନସର କେନ୍ଦ୍ରବିନ୍ଦୁ। ତାଙ୍କ ରଚିତ 'ଗପର ମୁହଁ'ରେ ଏପରି ଅନେକ ଚିହ୍ନା ମୁହଁକୁ ଆପଣ ଭେଟିବେ। ଯାହା ନିଜ ଘରର କଥା, ଆଖପାଖର କଥା, ନିଜ କଥା ପରି ଅନୁଭବ ହେବ।

ପବିତ୍ର ପାଣିଗ୍ରାହୀଙ୍କର ପୁସ୍ତକ ସଂକଳନଗୁଡ଼ିକ ଖୁବ୍ ଉଚ୍ଚକୋଟୀର। ସାହିତ୍ୟର ବିଭିନ୍ନ ବିଭାଗକୁ ସେ ଅତ୍ୟନ୍ତ ଆତ୍ମୀୟତା ସହ ଛୁଇଁ ପାରିଛନ୍ତି। ତାଙ୍କ ରଚିତ ଉପନ୍ୟାସ 'ଡଅଁର' କବିତା ସଂକଳନ - 'କଦମ୍ବ ବନର ସନ୍ୟାସୀ', ଫିଚର ସଂକଳନ- 'କେତେ କଥା କେତେ ନଥା', ପ୍ରବନ୍ଧ ସଂକଳନ - 'ଜଗତୀକରଣ ଓ ଓଡ଼ିଆ ଗଳ୍ପ', ଅନୂଦିତ ପୁସ୍ତକ- 'ସେବାସଦନ', 'କଳାପାଣି', 'ଭାରତର ସମ୍ବିଧାନ', ଜୀବନୀ ପୁସ୍ତକ- 'ଐତିହାସିକ ମନ୍ମଥ ନାଥ' - ଗଳ୍ପ ସଂକଳନ - 'ପ୍ରେମିକାର ଦଶାବତାର', 'ଖରାପ ପାଗ', 'ହାଇଫେନ୍', 'ଏକା ଏକା ଅରୁନ୍ଧତୀ', 'ମନଅନ୍ଧାର', 'ଅଫେରା ଜହ୍ନରାତି', 'ଛୁଇଁଲେ ପ୍ରେମ', 'ସ୍ୱପ୍ନଘେରି', 'ଅନ୍ଧାର ଭଲ' ଓ 'ଗପର ମୁହଁ'। ସଂପାଦିତ ଗଳ୍ପ ପୁସ୍ତକ – 'ମୋହ', 'ମିଛ', 'ପ୍ରେମିକା', 'ପ୍ରେମଗଳ୍ପ', 'ଦାମ୍ପତ୍ୟ କଥା', 'ଗଳ୍ପଝରେ ଗଳ୍ପଗୁଚ୍ଛ', 'ଶେଷ କଥା'। ସଂପାଦନ କବିତା ସଂକଳନ - 'ଜଗନ୍ନାଥ ଦାଶ ଗ୍ରନ୍ଥାବଳୀ' (୩ ଖଣ୍ଡ), 'ବସନ୍ତ ବର୍ଣ୍ଣବିଭା'। 'ଗପର ମୁହଁ' ଗଳ୍ପ ସଂକଳନ ପାଇଁ ସେ ସାହିତ୍ୟ ଏକାଡ଼େମୀ ପୁରସ୍କାର ପାଇଛନ୍ତି।

'ଗପର ମୁହଁ' ସଂକଳନରେ ୨୧ଟି ଗଳ୍ପ ସନ୍ନିବେଶିତ ହୋଇଛି। ପ୍ରଥମ ଗଳ୍ପ ରହିଛି 'ଫୁଲଗଛ'। ଏହି ଗଳ୍ପଟିରେ କୁହୁ ପ୍ରତି ଥିବା ଅଭିନବ ଓ ସୁନିତାଙ୍କ ଭଲ ପାଇବାର ସ୍ୱର ଭାସି ଉଠିଛି। ଯଦିଓ କୁହୁ ତାଙ୍କ ବଂଶ ପରିଚୟ ନୁହେଁ ତଥାପି ତା'ପ୍ରତି ଖୁବ୍ ସମ୍ବେଦନଶୀଳ ଉଭୟ ସ୍ୱାମୀ ସ୍ତ୍ରୀ। କେବେ କେବେ ତା'ର ଅନୁପସ୍ଥିତିରେ ଭାରି ମନେ ପକାନ୍ତି କୁହୁକୁ। ସୁନିତାଙ୍କ କଲେଜର ହଷ୍ଟେଲରେ ରହୁଥିବା କୁହୁର ଜୀବନ କାହାଣୀ ଶୁଣିବା ପରେ ତା'ର ଦୁଃଖରେ ସମଦୁଃଖୀ ହୋଇ ଯାଇଛନ୍ତି ଉଭୟ ସ୍ୱାମୀ-ସ୍ତ୍ରୀ। ଏହି ଗଳ୍ପ ମାଧ୍ୟମରେ ଗାଳ୍ପିକଙ୍କ କହିବାର ତାତ୍ପର୍ଯ୍ୟ ଏତିକି ନିଜର ହେଉ ଅବା ପର ହେଉ ସ୍ନେହ, ଶ୍ରଦ୍ଧା, ଆତ୍ମୀୟତାରେ ପର ବି ଆପଣାର ହେଇଯାଏ। ଯେମିତି ଯତ୍ନ ନେଲେ ଛୋଟ ଚାରାଟି ଦିନେ ଗଛ ହୋଇ ଫଳ କି ଫୁଲ ଦେଇପାରେ। ଅନାବିଳ ଅପତ୍ୟ ସ୍ନେହ ଏହି ଗଳ୍ପରେ ପ୍ରକାଶିକ। ସେହିପରି 'ଦୃଶ୍ୟାନ୍ତର ଦୃଶ୍ୟ' ଗଳ୍ପଟିରେ ଆନନ୍ଦ ବାବୁ ଚାକିରିରୁ ଅବସର ନେବା ପରେ ପ୍ରାୟତଃ ବୁଲି ଯାଉଥିବା ପାର୍କରେ ଅନୁଭବ ଓ ପିନାଲୀଙ୍କ ପ୍ରେମ ସମ୍ପର୍କକୁ ଦୂରରୁ ନିରୀକ୍ଷଣ କରି କରି ଖୁବ୍ ଆନନ୍ଦ ପା'ନ୍ତି। ଦୁଇ ଜଣଙ୍କ ବିଷୟରେ ଭଲମନ୍ଦ, ତାଙ୍କ ଜୀବନର କାହାଣୀ ପାର୍କର ଗାର୍ଡ଼ ରଘୁ ଠାରୁ ପଚାରି ବୁଝନ୍ତି। ହେଲେ ଯେବେ ଜାଣିଛନ୍ତି ଯେ ପିନାଲୀ ସମୟ କ୍ରମେ ଆଉ ଜଣଙ୍କୁ ବିବାହ କରି ନେଇଛି ତାଙ୍କ ମନ ଖୁବ୍ ଦୁଃଖ ହୋଇଛି। ସେ ମର୍ମାହତ ହୋଇଛନ୍ତି ପାର୍କରେ ଘଟୁଥିବା ଦୈନନ୍ଦିନ ଜୀବନର ପ୍ରଥାକୁ ଦେଖିବା ପରେ। ସାଂପ୍ରତିକ ସମାଜରେ ଶାଶ୍ୱତ ପ୍ରେମର ସ୍ୱରୂପ ନାହିଁ ଓ ପ୍ରେମର ଅସ୍ତିତ୍ୱ ଧୀରେ ଧୀରେ

ବିଷୟ ବାସନାରେ ଜଡ଼ିତ ହେଲାଣି ଏହି ଗଳ୍ପର ନିର୍ଯ୍ୟାସ। ସେହିପରି 'ଲୁଚକାଳି' ଗଳ୍ପଟିରେ ସ୍ୱାମୀ-ସ୍ତ୍ରୀର ମଧୁର ସମ୍ପର୍କ ବିଷୟରେ ରହିଛି। ଅନୁଭବ ଅନିମାଙ୍କୁ ବିବାହ କଲା ପରେ ହସଖୁସିରେ ତାଙ୍କ ଜୀବନକୁ ଚମକାଇ ଦେଇଛନ୍ତି। ମାତ୍ର ଅନିମାଙ୍କ ମନର ନିବୃତ୍ତ କୋଣରେ ପ୍ରେମିକାର ହୃଦୟଟିଏ ଯେମିତି ପ୍ରେମିକାକୁ ଅହର୍ନିଶି ଖୋଜିଚି। ବିବାହ ପରେ ଏମିତି ଅନେକ ଆବେଗିକ ଘଟଣା ତାଙ୍କ ସହ ଘଟିଛି ଯେଉଁଠି ଅନିମା ନିଜକୁ ନିୟନ୍ତ୍ରଣରେ ରଖିବା କଷ୍ଟ ହୋଇଛି। ମାତ୍ର ସ୍ୱାମୀଙ୍କ ଶ୍ରଦ୍ଧା ଆଗରେ ପରବର୍ତ୍ତୀ ସମୟରେ ସେ ବଦଳି ଯାଇଛନ୍ତି ଏବଂ ତାଙ୍କ ବିବାହ ବାର୍ଷିକୀରେ ନିଜ ହୃଦୟର ପ୍ରୀତି ଉପହାର, ଭରସା, ପ୍ରେମରେ ସବୁ କିଛି ଢାଳି ଦେଇଛନ୍ତି ସ୍ୱାମୀ ଅନୁଭବଙ୍କ ପାଖରେ। 'ଉଚ୍ଚା ମଣିଷ' ଗଳ୍ପଟିରେ ମଣିଷର ସ୍ୱାଭିମାନ କଥା ଗାଳ୍ପିକ ଲେଖିଛନ୍ତି। ସାଇକେଲରେ ଫେରିବାଲାଙ୍କ ପରି ବୁଲି ବୁଲି ଗାଁ'ମାନଙ୍କରେ ବିକ୍ରିବଟା କରୁଥିବା ଛୋଟ ପିଲାଟି ସୁକୁମାର କିପରି ପରିସ୍ଥିତିରେ ପଡ଼ି ନିଜକୁ, ନିଜ ଭବିଷ୍ୟତ ଓ ଦାୟିତ୍ୱକୁ ବୁଝି ପାରିଛି ସେଇ କଥା ବର୍ଣ୍ଣିତ ହୋଇଛି।

ସେହିପରି 'ସ୍ୱର୍ଗ ସ୍ୱପ୍ନ' ଗଳ୍ପଟିରେ ଦୁଇଜଣ ସାଙ୍ଗଙ୍କ ମାଧ୍ୟମରେ ଗାଳ୍ପିକ ମଣିଷର ଅବାଞ୍ଛିତ ସ୍ୱପ୍ନ ପୂରଣ ପାଇଁ କିପରି ଆଶାୟୀ ସେହି କଥା କହିଛନ୍ତି। ସ୍ୱଳ୍ପ ଦରମାରେ ଚଳିବା ପ୍ରକାଶଙ୍କ ପାଇଁ କଷ୍ଟସାଧ୍ୟ ହୋଇଛି। ସେ ନିଜେ ବେସରକାରୀ କଲେଜର ଅଧ୍ୟାପକ ବୃତ୍ତି ଛାଡ଼ି କମ୍ପାନୀ ଚାକିରୀ କରି ବେଶ ପ୍ରାଚୁର୍ଯ୍ୟଭରା ଜୀବନ ଚିତ୍ର ତା' ନିଜ ସାଙ୍ଗକୁ ଦେଖାଇଛି। ପ୍ରକାଶ ସାଙ୍ଗ ଭଲ ହୋଇ ମଧ୍ୟ ନାହିଁ ହଁ ଭିତରେ ସାଙ୍ଗର ରୋଜଗାରର ପନ୍ଥାକୁ ଆପଣେଇ ନେବା ପାଇଁ ସ୍ଥିର କରିଛି। 'ଚଢ଼େଇ ଘର' ଗଳ୍ପଟିରେ ପାରିବାରିକ ଜୀବନର ହସଖୁସି ପୁଣି କାରୁଣ୍ୟର ଚିତ୍ର ରହିଛି। ଦୁଇ ଶିଶୁ ପୁତ୍ର ଗୁଗୁଲି, ପୁତୁଲ ଓ ସ୍ତ୍ରୀ ଆରତୀଙ୍କୁ ନେଇ ଭବେଶଙ୍କ ଛୋଟ ସଂସାର। ଘଟଣାଚକ୍ରରେ ପୁତୁଲ ଅନ୍ୟ ମନସ୍କତାରେ ୱାସିଂ ମେସିନ୍‌ରେ ପଶିଯାଇ ପ୍ରାଣ ହରାଇଛି ଓ ଗୁଗୁଲ ସଡ଼କ ଦୁର୍ଘଟଣାରେ। ଏହା ପରେ ଭବେଶଙ୍କ ଜୀବନ ଚିତ୍ର ବଦଳି ଯାଇଛି। ତାଙ୍କର ଏପରି ଅବସ୍ଥାକୁ ଭବେଶଙ୍କ ସାଙ୍ଗ ଭୁବନ ଦେଖୁଛନ୍ତି କିପରି ଭବେଶଙ୍କ ବୃଦ୍ଧ ପିତାମାତା ସନ୍ତାନ ପାଇଁ କଷ୍ଟ ପାଇଛନ୍ତି। ଫ୍ୟାମିଲି ପ୍ଲାନିଙ୍ଗ କରିଥିବା ଭବେଶ ତାଙ୍କ ସ୍ତ୍ରୀ ଆରତୀ ମଧ୍ୟ। ସେହିପରି 'ତୁମରି ଇଚ୍ଛା' ଗଳ୍ପଟିରେ ବୈଷ୍ଣବ ଦେବୀ ମା'ଙ୍କ ମହିମା କଥା ବର୍ଣ୍ଣିତ। ଈଶ୍ୱରୀୟ ଚେତନା ଜାଗତିକ ଉତ୍ତୋରଣ ଏଥିରେ ପ୍ରକାଶିତ। ନିଜ ଚାକିରିର ସମସ୍ୟା ଓ ବ୍ୟସ୍ତତା, ଅସୁସ୍ଥ ଶରୀରର ଆଶୁ ଆରୋଗ୍ୟ କାମନା ପୂର୍ବକ ସୌମ୍ୟକାନ୍ତ ତାଙ୍କ ଧର୍ମପତ୍ନୀ ଆରତୀଙ୍କ କହିବା ଅନୁସାରେ ସବୁ ମଙ୍ଗଳ କାମନା ପୂର୍ବକ ନିଜ ପୁତ୍ର ପାପୁନ ସହ ବୈଷ୍ଣବ ଦେବୀ ଯାତ୍ରା କରିଥିଲେ। ସମୟ ସହିତ ସେହି ଠାରେ ତାଙ୍କ

ପୁତ୍ର ପାପୁନ ସହ ଯୋଗାଯୋଗ ବିଚ୍ଛିନ୍ନ ହୋଇଯାଇଛି। ସନ୍ତପ୍ତ ସଂଶୟ ମନରେ ମା'ଙ୍କୁ ଡାକିଛନ୍ତି। ଗଳ୍ପର ଶେଷାର୍ଦ୍ଧରେ ପିତା ଏବଂ ପୁତ୍ରଙ୍କ ମିଳନ ଏକ ମଧୁର ଅନୁଭବ ପ୍ରକାଶ ପାଇଛି। ଏବଂ ଆଧ୍ୟାତ୍ମିକ ଦିଗଟି ବଳିଷ୍ଠ ହୋଇ ପାରିଛି ଏହି ଗଳ୍ପଟିରେ। ସେହିପରି 'ଶଙ୍କର ଢାବା' ଗଳ୍ପଟିରେ ଶଙ୍କର ନିଜ ଜୀବନର ସ୍ୱପ୍ନଭଙ୍ଗ ଓ ସ୍ୱର୍ଶକାତର କାହାଣୀ ଭାବପ୍ରବଣତାରେ ତାଙ୍କ ଢାବାକୁ ବୁଲିଯାଇଥିବା ବାବୁଙ୍କ ଆଗରେ କହିଛନ୍ତି। ଅମୃତସର ଗଲେ ସ୍ୱର୍ଣ୍ଣ ମନ୍ଦିର ଓ ଜାଲିଆନାୱାଗ ସହିତ ୱାଘା ବର୍ଡ଼ର ନ ବୁଲିଲେ ଯେମିତି ଆସିବାକୁ ଇଚ୍ଛା ହୁଏ ନାହିଁ। ମାତ୍ର ଏତେ ପ୍ରସିଦ୍ଧ ଶଙ୍କର ଢାବାର ମାଲିକ ଶଙ୍କର ବାବୁଙ୍କ କାହାଣୀ କିନ୍ତୁ ଖୁବ୍ ଦୁଃଖଦ ଓ ମାର୍ମିକ। ଜଣେ ନିଃସହାୟ ମଣିଷ ତା'ର କର୍ତ୍ତବ୍ୟବୋଧକୁ ବିଚାର କରି ପ୍ରତିକୂଳ ପରିସ୍ଥିତିକୁ କିପରି ସାମ୍ନା କରି ସଫଳ ହୋଇପାରେ ତାହାହିଁ ପ୍ରକାଶିତ।

'ମାୟାଜହ୍ନ' ଗଳ୍ପଟିରେ ଦୂରରୁ ଦିଶୁଥିବା ସବୁ ଜିନିଷ ଯେ ତା'ର ପ୍ରକୃତ ରୂପ ଏହା ଭ୍ରମ ବି ହୋଇପାରେ। ମେଧାବୀ ଛାତ୍ର ଅରବିନ୍ଦ ଗାଁ' ଛାଡ଼ି କଲିକତା ସହରରୁ ଭୁବନେଶ୍ୱର ପର୍ଯ୍ୟନ୍ତ ବହୁ କଷ୍ଟ ସହି ଚାକିରି ପାଇଛି। ବ୍ୟାଚଲର ପାଇଁ ଘର ଭଡ଼ା ନ ପାଇ ଅତିଷ୍ଠ ହୋଇ ଶେଷରେ ଭି.ଏସ୍.ଏସ୍ ନଗରରେ ଜଣେ ସମ୍ଭ୍ରାନ୍ତ ବୟସ୍କ ବୃଦ୍ଧାଙ୍କ ଘରେ ଭଡ଼ାରେ ରହିଛି। ତାଙ୍କ ତରୁଣୀ ନାତୁଣୀଙ୍କୁ ଦେଖି ମନେ ମନେ ଅରବିନ୍ଦ ଭଲ ମଧ୍ୟ ପାଇଚି। ଦୂରେ ଥାଇ ସେଇ ଝିଅଟିକୁ ନେଇ ମନେ ମନେ ଅନେକ ସ୍ୱପ୍ନ ଦେଖିଛି ମାତ୍ର ଶେଷରେ ଯେବେ ତାକୁ ହୋଟେଲରେ କକ୍‌ଟେଲ୍ ପାର୍ଟିରେ ନୃତ୍ୟରତା ଭାବେ ଦେଖିଚି ସାରା ରାତି ନିଜକୁ ଅସହାୟ ନିସ୍ତେଜ ମନେ କରିଛି। ତହିଁଆର ଦିନ ମାମୁଁ ସ୍ଥିର କରିଥିବା ବିବାହ ପ୍ରସ୍ତାବରେ ରାଜି ହୋଇଯାଇଛି। ସେହିପରି 'ପାପପୃଥ୍ୱୀ' ଗଳ୍ପରେ ପରିତ୍ୟକ୍ତ ରାଜବାଟୀର କଳଙ୍କିତ ଇତିହାସ କଥା ବର୍ଣ୍ଣିତ। ରାଜାଙ୍କ ସୁଖସ୍ୱାଚ୍ଛନ୍ଦ ପାଇଁ ଭୋଗବିଳାସର ପ୍ରସାଧନ ସାମଗ୍ରୀ ଭାବେ ନିୟୋଜିତ ଶହ ଶହ ନାରୀମାନଙ୍କର ସନ୍ତାନ କିପରି ଜୀବନ ନିର୍ବାହ କରନ୍ତି ସେହି ସମ୍ପର୍କିତ ଧାରଣା ନେଇ ଏହା ରଚିତ। 'ଲେଉଟାଣି' ଗଳ୍ପରେ ଅଜ୍ଞାତବଶତଃ ପାଲଟି ଯାଇଥିବା ଜଣେ ଗୁଣ୍ଡା, ମାଫିଆ, ମଣିଷ ମାରିଥିବା ଖୁନିଆ ସାମୀଟି ପରବର୍ତ୍ତୀ ସମୟରେ ରହସ୍ୟମୟ ଭାବରେ ଏତେ ପରିବର୍ତ୍ତନ ହୋଇଯାଇଛି ଯେ ସଭିଁଙ୍କର ପ୍ରିୟ ଭାବେ ପରିଚିତ ହୋଇଛି। ଗଳ୍ପନାୟକ ବିକ୍ରାନ୍ତ ତାଙ୍କ ଗାଁ କୁଜଙ୍ଗର ମଙ୍ଗରାଜପୁର ସ୍କୁଲ ପାଖରେ ଦୋକାନଟିଏ ଦେଇଛି। ବିକ୍ରାନ୍ତର ସେହି କ୍ୟାବିନ୍‌ଟି ଜ୍ଞାନର ସାମ୍ରାଜ୍ୟ। ବିଭିନ୍ନ କିସମର ସୌଖିନ୍ ସାମଗ୍ରୀ ସହ ଗୀତା, ପୁରାଣ ଆଦି ବହି ରଖିଛି। ଏବଂ ଅବସର ସମୟରେ ପଢ଼ାପଢ଼ି ବି କରେ। ତା ଜୀବନରେ ବି ଝିଅଟିଏ ଆସିଥିଲା। ଯାହାକୁ ସେ ଖୁବ୍ ଭଲପାଏ। କିନ୍ତୁ

ତା'ର ଉଷ୍ମତାରେ ଭାସି ନ ଯାଇ ନିଜକୁ ତା'ଠାରୁ ଦୂରେଇ ରହିଛି ତା'ର ପରିବାରର ଅନିଚ୍ଛା ପାଇଁ ଯାହା ସିଏ ପ୍ରତିଦିନ ତା କ୍ୟାବିନ୍‌କୁ ଆସୁଥିବା ଦାଦାଙ୍କ ଆଗେ ପ୍ରକାଶ କରିଛି। ଏହି ଗଳ୍ପରେ ଏକ କ୍ରାନ୍ତିକାରୀ ମଣିଷଟି ଭିତରେ ଶାଶ୍ୱତ ପ୍ରେମର ପରିଭାଷାଟିଏ ରହିଛି ଯାହା ଗଳ୍ପଟି ଖୁବ୍ ମନୋରମ ହୋଇପାରିଛି। 'ଶୀତ ସଞ୍ଜର ଗପ' ଗଳ୍ପଟିରେ ତରୁଣ ବୟସରେ ପ୍ରେମର ଅନୁଭବ ଚିରକାଳ ସ୍ମୃତିର ମାନସପଟକୁ ବିହ୍ୱୋଳିତ କରେ ନାୟକ ବୁବୁ ଓ ନାୟିକା ଲୀନା ମିଶ୍ରଙ୍କ ଚରିତ୍ରରେ ପ୍ରକାଶିତ। ବାଣୀବିହାରରେ ପଢୁଥିବା ବୁବୁ ଗାଁକୁ ବୁଲିବାକୁ ଯାଇଛନ୍ତି। କଲେଜ ପଢୁଆ ଲୀନା ଘରକୁ ଆସିଛି। କେହି ସେ ଦିନ ଘରେ ନାହାନ୍ତି ଅସୁସ୍ଥ ଜେଜେଙ୍କ ଛଡା। ପାଠ ବୁଝିବା ବାହାନାରେ ପ୍ରେମର ପ୍ରଥମ ସ୍ପର୍ଶରେ ଉଭୟ ପାଖାପାଖି ଆକର୍ଷିତ ହୋଇଛନ୍ତି। ସେଦିନ ପରେ ଅନେକ ବର୍ଷ ବିତି ଯାଇଛି। ବୁବୁ ତାଙ୍କ ସଂସାରରେ ଖୁସିରେ ଅଛନ୍ତି। ଲୀନା ମଧ୍ୟ ତା' ସଂସାର ଓ ସ୍ୱାମୀଙ୍କୁ ନେଇ ଖୁସିରେ ଅଛି। ହଠାତ୍ ପାର୍କରେ ଭେଟ ହୋଇଛି। ମାତ୍ର କେମିତି ଏକ ଅଜଣା ଅଭିମାନରେ ବୁବୁଙ୍କ ହୃଦୟ ଭରି ଯାଇଛି ଏବଂ ପ୍ରେମର ଶାଶ୍ୱତ ଅନୁଭବ ସବୁଜ ରଂଗର ସ୍ୱେଟରରେ ଅଟକି ଯାଇଛି। ସେହିପରି 'ସିଡି' ଗଳ୍ପଟିରେ ସାପ ସିଡି ଖେଳ ପରି ଜୀବନର ଚଲାପଥ ଏକ ତୈଳାକ୍ତ ଖମ୍ବ। ଚଢୁଚଢୁ ଶତବାର ଖସିବାକୁ ସ୍ୱୀକାର କରିବା ହିଁ ଜୀବନ। ବିମଳ ବାବୁ ଉଚ୍ଚ ଶିକ୍ଷିତ ଗାଁ'ର ସରପଞ୍ଚ ହେଲେ ମଧ୍ୟ ସିଡ଼ିକୁ ଖୁବ୍ ଡରନ୍ତି ଖସି ପଡ଼ିଯିବା ଦିନୁ। ଭାଇ ଭାଉଜଙ୍କୁ ନେଇ ସୁଖର ସଂସାର କ୍ରମେ ଭାଗ ଭାଗ ହୋଇଯାଇଛନ୍ତି। ବୟସର ଅତିକ୍ରାନ୍ତ ହେବା ପରେ ଶାରୀରିକ ଅସୁସ୍ଥତା ତାଙ୍କୁ ଅବସ କରିଛି। ନିଜ ଝିଅ ମାନାକୁ ଖୋଜିଛନ୍ତି। ସେ ମଧ୍ୟ ଆସିଛି। ପୁଅ ବାହାରେ ଅଛି ତାକୁ ମଧ୍ୟ ଖୋଜିଛନ୍ତି। ପତ୍ନୀ ନିହାରୀକାଙ୍କୁ ପାଖରୁ ଜମା ଛାଡ଼ି ନାହାନ୍ତି।

'ଝର୍କା' ଗଳ୍ପଟିରେ ବାତ୍ସଲ୍ୟ ମମତା ଭରା ହୃଦୟର କଥା ବର୍ଣ୍ଣିତ। ବାହାଘରର ଏତେ ବର୍ଷ ପରେ ବି ନୀଳିମା ଓ ନୟନାଂଶୁଙ୍କର ସନ୍ତାନ ହୋଇ ନାହିଁ। ନୀଳିମାଙ୍କ ଅକ୍ଷମତା ପାଇଁ ନୟନାଂଶୁ କିନ୍ତୁ କେବେ ଦୁଃଖ କରି ନାହାନ୍ତି। ମାତ୍ର ଦାରିଦ୍ର୍ୟର କଷାଘାତରେ ପ୍ରତାରିତ ହେଉଥିବା ଭାଇ ଭାଉଜଙ୍କ ତୃତୀୟ ସନ୍ତାନ ଏଇ ଭିତରେ ଆସିବାର ଅଛି ନୀଳିମା ଜାଣିବାକୁ ପାଇଛନ୍ତି ମାତ୍ର ଭାଇ ଭାଉଜଙ୍କ ଏକା ଜିଦି ପିଲାଟିକୁ ନଷ୍ଟ କରିଦେବେ। କାକୁତିମୀନତି କରି ସମସ୍ତ ଖର୍ଚ୍ଚ ବହନ କରି ଭାଉଜଙ୍କର ଯତ୍ନ ନେଇ ନୀଳିମା ନିଜେ ମା' ହେବାର ସ୍ୱପ୍ନ ଦେଖିଛି। ଶେଷରେ ବବୁଲୁ ଜନ୍ମ ହେବା ପରେ ନୀଳିମାଙ୍କ ଘରଲୋକ ସମସ୍ତେ ବଦଳି ଯାଇଛନ୍ତି, ନିଷ୍ଠୁରତାର ଶେଷ ସୀମା ଲଙ୍ଘିଯାଇ ନୀଳିମାକୁ ଘରୁ ବାହାର କରି ଦେଇଛନ୍ତି। ହେଲେ ନୀଳିମାଙ୍କ ପାଇଁ ପପୁଲୁର ଘର ସାମନାରେ ନୟନାଂଶୁ ଘରଟିଏ ତିଆରି କରି ଦେଇଛନ୍ତି। ଯେଉଁ ଝର୍କା

ବାଟେ ଦୂରରୁ ପପୁଲୁ ଦେଖି ନୀଳିମା ତାଙ୍କ ମାତୃତ୍ୱ ସ୍ନେହକୁ ପରାକାଷ୍ଠା ଦର୍ଶାଇ ପାରିଛନ୍ତି। ତା' ଖଣ୍ଡି ଖଣ୍ଡି କଥା ତା' ମାମା ଡାକ ତା' ଥମ୍‌ଥମ୍ ଚାଲିରେ ବିମୋହିତ ହୋଇ ପଡ଼ନ୍ତି ପ୍ରତି ଦିନ ଦୂରେ ଥାଇ। 'କୋକୁଆ' ଗଳ୍ପଟିରେ ମଣିଷ ଦୁର୍ବଳ ହେଲେ ମନରେ ଭୟ ସୃଷ୍ଟି ହୁଏ ଯାହା ପାଇଁ ସବୁ ଆନନ୍ଦ, ସୁଖ, ସ୍ୱାଚ୍ଛନ୍ଦ ଭିତରେ ନିଜକୁ ହଜାଇ ପାରେ ନା। ଯେମିତି ନବକିଶୋର ଉଚ୍ଚ ପଦସ୍ଥ ଅଫିସର ଭାବେ ବୀମା କମ୍ପାନୀରେ କାମ କରୁଥିଲେ ମଧ୍ୟ ବିଜ୍ଞାନ ସମ୍ବନ୍ଧୀୟ ଅଗ୍ରଗତିରେ ପରୀକ୍ଷଣ ହେବାକୁ ଯାଉଥିବା ଯେ କୌଣସି ବିଷୟ କଥା ଶୁଣିଲେ ଭୟଭୀତ ହୋଇପଡ଼ନ୍ତି। କେବେ ମହାପ୍ରଳୟ ଶୁଣି, କେବେ ବିଗ୍ ବ୍ୟାଙ୍ଗ ପରୀକ୍ଷାର ସମ୍ଭାବ୍ୟ ବିଭୀଷିକା ଦୃଶ୍ୟ କଥା ଚିନ୍ତାକରି। ପୁଣି ଭାବନ୍ତି ଭଗବାନଙ୍କ ସୃଷ୍ଟିରେ ଏତେ ସୁନ୍ଦର ପୃଥିବୀରେ ମଣିଷ ଓ ଜୀବଜନ୍ତୁଙ୍କ ପାଇଁ ସବୁ ଖଞ୍ଜି ଦେଲା ପରେ ବି ବିଜ୍ଞାନର ଅଗଗତି କରିବା ପାଇଁ ବୈଜ୍ଞାନିକମାନେ କାହିଁକି ପରୀକ୍ଷା ନିରୀକ୍ଷା ଉଦ୍ଦେଶ୍ୟରେ କୋକୁଆ ଭୟ ସୃଷ୍ଟି କରନ୍ତି କେଜାଣି। ତାଙ୍କର ଏପରି ଭୟଭୀତ ମନ ଥିଲାବେଳେ ସେ ଦେଖନ୍ତି ଅନ୍ୟମାନେ ଖୁବ୍ ସ୍ୱାଭାବିକ ଚଳନ୍ତି ସବୁ ଶୁଣି ଓ ଜାଣି ମଧ୍ୟ। 'ଭାବମୂର୍ତ୍ତି' ଗଳ୍ପଟିରେ ଘଟଣାଚକ୍ର ବେଳେ ବେଳେ ମଣିଷକୁ ପରିବର୍ତ୍ତିତ ଏକ ରୂପ ଭାବେ ଗ୍ରହଣ କରିନିଏ ଏବଂ ସମାଜରେ ତା'ର ଚାଲିଚଳନ ସ୍ୱତନ୍ତତାରୁ ସ୍ୱାଭାବିକ ମନେ ହୁଏ। ଭାବମୂର୍ତ୍ତିରେ ନବବାବୁ ଖୁବ୍ ଧନୀ, ନମ୍ର, ଶାନ୍ତ ଓ ସରଳ ପିଲାଟି ବେଳୁ। ଏଥିନେଇ ବହୁ ସ୍ଥାନରେ ଅଫିସ୍‌ରେ ଏବଂ ସ୍ତ୍ରୀଙ୍କ ନିକଟରେ ମଧ୍ୟ ଅପ୍ରସ୍ତୁତ ମନେ କରନ୍ତି। ମାତ୍ର ପ୍ରତି ଉତ୍ତରରେ ହସଟିଏ ଛଡା କିଛି ଜାଣନ୍ତି ନାହିଁ ଯେମିତି। ମାତ୍ର ଚାକିରୀ ଜୀବନରେ ନୂଆ କ୍ୱାଟର ପାଇବା ପରେ ସ୍ତ୍ରୀକୁ ନେଇ ଯାଇଛନ୍ତି। ସୌଖୀନ୍ ନବ ବାବୁ ଦାମୀ ପ୍ରସାଧାନ ସାମଗ୍ରୀ ବ୍ୟବହାର କରନ୍ତି। ମାତ୍ର ତାଙ୍କ ପଡେଶୀ ଏ ସବୁ ଲୁଚେଇ ଲୁଚେଇ ବ୍ୟବହାର କରି ନିଅନ୍ତି। ଗାଧୋଇବାକୁ ଯିବା ବେଳେ ନବ ବାବୁ ଏକଥା ଜାଣିପାରି ପ୍ରତିକ୍ରିୟା ନ ରଖି ସାମ୍ପୋ ବଟଲଟିକୁ ବଦଳାଇ ଦେଇଥିଲେ। ପଡୋଶୀ ଇଞ୍ଜିନିୟରଙ୍କ କେଶବତୀ ସ୍ତ୍ରୀଙ୍କ ଲଣ୍ଡିତ ମସ୍ତକ ହୋଇଯିବା ପରେ ସହର ସାରା ଚର୍ଚ୍ଚାରେ ନବବାବୁଙ୍କ ଭାବମୂର୍ତ୍ତି ବ୍ୟାପି ଯାଇଥିଲା ଏବଂ ତା' ପର ଠାରୁ ତାଙ୍କ ଚାଲିଚଳନରେ ଅନ୍ୟମାନଙ୍କ ଆଗରେ ସ୍ୱାଭାବିକ ହୋଇ ଯାଇଥିଲା। 'ବୋଉ ଆସିଛି' ଗଳ୍ପରେ ଗାଳ୍ପିକ ବୋଉର ଆତ୍ମୀୟତା କଥା ନିଆରା ଢଙ୍ଗରେ ପ୍ରକାଶ କରିଛନ୍ତି, ଯାହା ପିଲାଙ୍କ ବୁଝିବା ବାହାରେ। ତା'ର ବୟସ ଥିଲା ବେଳେ ଯେମିତି ସବୁ ଜିନିଷକୁ ଆଗ୍ରହ କରେ ପିଲାଙ୍କ ପାଇଁ, ଘର ପାଇଁ, ପରିଣତ ବୟସରେ ବି ସେମିତି ଚିନ୍ତା କରିଥାଏ। ପିଲାଙ୍କ ପାଖକୁ ଗଲା ବେଳେ ସାଥିରେ ଯେମିତି ବାଡ଼ି ଶୁନୁଶୁନିଆ ଶାଗ, ପୁଞ୍ଜେ ବାଇଗଣ, ଖମ୍ବଆଳୁ କିଛି, ଆମ୍ବଟେ,

ଲେମ୍ବୁଆଚାର, ଆରିସା ପିଠା, ମହୁରାଡି ମାଛ, ମୁଢି, ତାଳବରା, ମୁଗକାନ୍ତି ନେଇ ଆସେ। ନାତି ନାତୁଣୀଙ୍କ ଯତ୍ନ ନିଏ ଗପ କହେ ବୁଢୀ ଅସୁରୁଣୀ ଠୁ ରାମ ବନବାସ କଥା ଠିକ୍ ସେମିତି ଘରକୁ ଫେରିବା ବେଳେ ଏକା ଗାଁରେ ଛାଡି ଆସିଥିବା ସ୍ୱାମୀଙ୍କ ପାଇଁ କେଉଁ ପିଲା କିଛି ଦିଅନ୍ତି ଯତ୍ନରେ ସାଇତି କରି ନେବା ପାଇଁ ଇଚ୍ଛା କରେ। ଯେମିତି ପୁଅ ଘରୁ ଗଲା ଦିନ ବାପାଙ୍କ ପାଇଁ ଝିଅ ଘରୁ ମାଗିକି ଆଣିଥିବା ଏଣ୍ଡୁରୀ କିଛି ଓ ପୁରଦିଆ ଛୁଞ୍ଚିପତ୍ର ପିଠା ବାନ୍ଧି ଗାଁକୁ ଗଲାପରେ କୁନି ଝିଅ ଠାରୁ ଜାଣିବାକୁ ପାଇଛନ୍ତି ଗଳ୍ପ ନାୟକ ମା'ର ଦାୟିତ୍ୱ ଓ ସମସ୍ତଙ୍କ ପ୍ରତି ଥିବା ଆନ୍ତରିକତା।

'ବାଲି କଙ୍କଡାର ସ୍ୱପ୍ନ' ଗଳ୍ପଟିରେ ବଙ୍ଗାଳୀଙ୍କ ଆଗମନରେ ଓଡ଼ିଆ ସଂସ୍କୃତିର ଅବଲୁପ୍ତ କଥା ବର୍ଣ୍ଣିତ। ଦିନ ଥିଲା ଯେଉଁ ଲୁଣା ଜଙ୍ଗଲରେ ମଈଁଷିମାନେ ଚରି ଭଲ ଛେନା, କ୍ଷୀର, ଲହୁଣୀ,  ଘିଅ ଦେଉଥିବା ଯୋଗୁ ଅଞ୍ଚଳଟି ବେଶ୍ ସୁନାମ ନେଇଥିଲା। ଦେଶ ବିଭାଜନ ପରେ ସେଠାରେ କିଛି ବଙ୍ଗାଳୀ ସମୁଦ୍ରଘାଟେ ଚାଲିଆସିଛି ଅସ୍ଥାୟୀ ଭାବରେ ରହିଗଲେ। ଜମିଦାରଙ୍କ ଠାରୁ ସ୍ୱଳ୍ପ ମୂଲ୍ୟରେ ଜମି କିଣି ଲୁଣା ଜଙ୍ଗଲରେ ଘେରି କରି ପକ୍କା ବ୍ୟବସାୟ ପାଲଟି ଗଲେ। ଆଗନ୍ତୁକ ଦୁଇଜଣ ଧାମରା ସମୁଦ୍ରତଟରେ ଦେଖିଥିବା ବାଲିକଙ୍କଡାର ଆତଯାତ ମନକୁ ଦୋହଲାଇ ଦେଇ ଆନ୍ଦୋଳିତ କରିଥିଲା। ଦୁଃଖିଶ୍ୟାମ ପିଲାଟିର ସରଳତାରେ ଦେଖାଦେଇଛି ଅର୍ଦ୍ଧଶିକ୍ଷା, ନିରକ୍ଷତାର କିପରି ଅଧିବାସୀ ହୋଇ ଯାଇଛନ୍ତି ଅନ୍ୟର ଗୋଲାମ ଓ ନିଜସ୍ୱ ନିଜତ୍ୱ ହରାଇ ଚାଲିଛନ୍ତି। ସେମାନଙ୍କୁ ଶୋଷିତ କରି କିଛି ମୁଷ୍ଟିମେୟ ବ୍ୟକ୍ତି ହୋଇ ଯାଇଛନ୍ତି ସ୍ୱେଚ୍ଛାଚାରୀ ଓ ବଡ଼ବଡିଆ।

'କଳିଯୁଗ' ଗଳ୍ପଟିରେ ଆଧ୍ୟାତ୍ମିକ ଚିନ୍ତାଧାରାର ବିଶ୍ୱାସନୀୟତା ଧୀରେ ଧୀରେ ଅପସରି ଯାଇଛି ତାହାହିଁ ପ୍ରକାଶିତ। ଦିନ ଥିଲା ସହରଟି ନିରବ, ନିରଳସ କିନ୍ତୁ ସମୟାନ୍ତରେ ଭଦ୍ରକ ବନ୍ଦର ଓ କାରଖାନା ଯୋଗୁଁ ସହରଟି ଚଳଚଞ୍ଚଳ ହୋଇଥିଲା। ଦୁଇ ସଂପ୍ରଦାୟ ମଧ୍ୟରେ ସଦ୍‌ଭାବନା ବଢ଼ିବାରେ ଲାଗିଥିଲା। ଆଖଣ୍ଡଳମଣୀ ଠାକୁରଙ୍କ ପାଇଁ ଲୋକମାନଙ୍କ ମଧ୍ୟରେ ଥିବା ଅତୁଟ ବିଶ୍ୱାସ ବ୍ୟକ୍ତି ଦେଖିଛନ୍ତି ଓ ଅନୁଭବ ମଧ୍ୟ କରିଛନ୍ତି। ଠାକୁରଙ୍କ ଷଣ୍ଢ ପ୍ରତି ଥିବା ଭାବନା ଆଜି ଦୁର୍ବଳ ହୋଇଯାଇଛି। ଯେଉଁପରି ଭାବରେ ଦୁଷ୍ଟ ଷଣ୍ଢଟିକୁ ସେହି ସ୍ଥାନରେ ଯୁବକମାନେ ଆୟତ୍ତ କରିଛନ୍ତି ଭଗବତ ବିଶ୍ୱାସୀ ଲୋକମାନେ ସହଜରେ ଗ୍ରହଣ କରି ନପାରି କଳିଯୁଗ ଆସିଗଲା ବୋଲି ଭାବିଛନ୍ତି। ସେହିପରି 'ମେଘମୁକ୍ତି' ଗଳ୍ପରେ ପିତାମାତାଙ୍କ ପିଲା ପ୍ରତି ଅତ୍ୟନ୍ତ ଭଲ ପାଇବା ଓ ତା' ପ୍ରତି ତାଙ୍କର ଦାୟିତ୍ୱବୋଧ କଥା ଖୁବ୍ ସୁନ୍ଦର ଭାବରେ ଗାଳ୍ପିକ ପ୍ରକାଶ କରିଛନ୍ତି। ମଧ୍ୟବିତ୍ତ ପରିବାରର ପିଲାଟିକୁ ବଡ଼ ହେବା ପରେ ଅଧିକ ପାଠ

ପଢ଼ିବା ପାଇଁ ଦୂର ବାଟ ହଷ୍ଟେଲରେ ଛାଡିଛନ୍ତି। ପରିବାରରେ ସଂସ୍କାର ଥିଲେ ଓ ସେ ମେଧାବୀ ଛାତ୍ର ଥିଲେ କେବେ ଖରାପ ହୁଏ ନାହିଁ। ସେହି ବିଶ୍ୱାସରେ ହଷ୍ଟେଲରେ ର୍‍ୟାଗିଙ୍ଗ୍‌ର ଶିକାର ହୋଇଛି ବୁବୁ। ସେଇ ସବୁ ଅଘଟଣ ପ୍ରତି ଦୃଷ୍ଟି ନେଇ ପିତାମାତାଙ୍କ ମନରେ ଯେଉଁ ଶଂସୟ ଜାତ ହୁଏ ତାକୁ ମାତା ଏପରି ଘଟଣାରେ ପ୍ରତିଦିନ ତା' ସହ କଥା ହୋଇ ତା' ମନୋବଳ ବଢ଼ାଇଛନ୍ତି। ତା' ପାଖକୁ ଯାଇ ତା' ଭିତରେ ଏକ ସାକାରାତ୍ମକ ଭାବନା ଆଣିବାରେ ଦାୟିତ୍ୱ ନିର୍ବାହ କରିଛନ୍ତି। ସେହିପରି 'ଗପର ମୁହଁ' ଗଳ୍ପଟିରେ ସାଂପ୍ରତିକ ସମାଜରେ ମଧ୍ୟବିତ୍ତ ପରିବାରରେ ଜନ୍ମିତ ମଣିଷର କରୁଣ ଅନ୍ତରଫଟା ଆର୍ତ୍ତଚିତ୍କାର ବର୍ଣ୍ଣିତ। ଗାଳ୍ପିକଙ୍କର ଅଙ୍ଗେନିଭା କଥାଟି ଏହି ଗଳ୍ପରେ ପ୍ରକାଶିତ। ଗାଳ୍ପିକ ମନେ ମନେ ଚିନ୍ତା କରିଛନ୍ତି ଗଳ୍ପର ପାତ୍ରପାତ୍ରୀଙ୍କୁ ନେଇ। ସେ ଦେଖିଛନ୍ତି ଲୀସା ଝିଅଟି ଯେତେ ଭଦ୍ର, ଶିକ୍ଷିତ, ଶୁଶିଳ ହେଲେ ବି ବାହାଘରର ଯୌତୁକ ହିଁ ଲୀସାକୁ ମୃତ୍ୟୁ ମୁଖକୁ ଟାଣି ନେଇଚି। ଭଦ୍ର ସମାଜର ବଡ଼ବଡିଆ ପୁଅମାନେ କେବେବି ବୁଝି ପାରନ୍ତିନି ହୃଦୟବାନ ଲୀସା ପରି ଝିଅଙ୍କୁ। ସେହିପରି ଅଧ୍ୟାପକ ପୂର୍ଣ୍ଣ ବାବୁ ନିଜର ହକ୍ ପାଇଁ କର୍ମସ୍ଥଳୀରୁ ଦପ୍ତରକୁ ଦୌଡ଼ି ଦୌଡ଼ି ନିରାସ ହେବାର ଦେଖି ନିଷ୍ପାପ ଝିଅଟି ତାଙ୍କର ଆତ୍ମହତ୍ୟାକୁ ବାଛି ନେଇଛି। ସରକାରୀ ନାଲିଫିତା ତଳେ ସବୁ କିଛି ଚାପି ହୋଇଯାଇଛି। କାହାକୁ ଦୋଷ ଦିଆଯାଇ ପାରେ ସମାଜକୁ ନା ଶାସନକୁ, ନା କାହାକୁ ଗାଳ୍ପିକ ଚିନ୍ତା କରିଛନ୍ତି।

ଗାଳ୍ପିକ ପବିତ୍ର ପାଣିଗ୍ରାହୀ କଥା ସୃଜନ କ୍ଷେତ୍ରରେ ନିଜର ଦକ୍ଷତା ପ୍ରକାଶ କରିଛନ୍ତି। ପ୍ରେମଗଳ୍ପ ରଚନା କ୍ଷେତ୍ରରେ ତାଙ୍କ ରଚନା ଯେତିକି ପ୍ରାମାଣିକ ସେହିପରି ମନସ୍ତାତ୍ତ୍ୱିକ, ପାରିବାରିକ, ଆଧ୍ୟାତ୍ମିକ ଆଦି ଦିଗ ଗୁଡ଼ିକ ରଚନା କ୍ଷେତ୍ରରେ ଖୁବ୍ ନିଖୁଣ। 'ଗହମୁହଁ' ସଂକଳନରେ ପ୍ରତିଟି ଗଳ୍ପ ଭିତରେ ଏକ ମାନବିକ ଭାବଚେତନା ପ୍ରକାଶିତ। ତାଙ୍କର ଗଳ୍ପ ଗୁଡ଼ିକରେ ସମ୍ବେଦନଶୀଳ ମାନସିକତା, ସାମ୍ପ୍ରତିକ ମଣିଷର ଜୀବନବୋଧ କଥା, ବ୍ୟକ୍ତି ଜୀବନର ଆଶା-ନିରାଶାର କଥା, ସ୍ୱପ୍ନଭଙ୍ଗ, ରାଜନୀତିକ ସ୍ୱେଚ୍ଛାଚାରିତା, ଅବଚେତନ ମନର ଗୁମ୍ଫିତ ରହସ୍ୟର ଉନ୍ମୋଚନ। ବିଜ୍ଞାନର ଆବିଷ୍କାରର ଭୟାବହତା ଇତ୍ୟାଦି ବିଭିନ୍ନ ଦୃଷ୍ଟିକୋଣକୁ ନେଇ ରଚିତ। ସକଳ ମାନବୀୟ ଭାବ ଓ ଭାବନାର ଚମତ୍କାର ଉପସ୍ଥାପନ କରିପାରିଥିବା ଗାଳ୍ପିକ ପବିତ୍ର ପାଣିଗ୍ରାହୀ ଜଣେ ନିଶ୍ଚିତ ଭାବରେ ସମର୍ଥ କଥାକାର ଏଥିରେ ଦ୍ୱିମତ ନାହିଁ। ତାଙ୍କ ହାତର ଯାଦୁଗରୀ ସ୍ପର୍ଶରେ ନିଷ୍ପ୍ରାଣ ପଥର ଭିତରୁ ଉଙ୍କିମାରେ ଗଳ୍ପଗୁଚ୍ଛର ଅହଲ୍ୟା।

■

# ସୂର୍ଯ୍ୟସମ ପ୍ରକାଶ ପ୍ରମିଳା ଶତପଥୀଙ୍କ 'ଦିନ ହେଲି ତ'

ସାଂପ୍ରତିକ ଓଡ଼ିଆ ସାହିତ୍ୟରେ ଜଣେ ସମ୍ବର୍ଦ୍ଧିତ ପ୍ରତିଭା ହେଉଛନ୍ତି ଶ୍ରୀମତୀ ପ୍ରମିଳା ଶତପଥୀ। ଏକ ଶକ୍ତିଶାଳୀ ଓ ମହତ୍ତର ଭାବନା ସମ୍ବଳିତ ତାଙ୍କ ରଚିତ ମହାନ କବିତା ଗ୍ରନ୍ଥ ହେଉଛି 'ଦିନ ହେଲି ତ'। କବି ପ୍ରମିଳା ଶତପଥୀ ଜଣେ ଭଗବତ ଚେତନାର ଶୁଭ ଓ ବିଭବ ସନ୍ଧାନୀ। ମନ ମନ୍ଦିରରେ ଦେବତାବତରଣ ହୋଇପାରେ ବୋଲି ତାଙ୍କର ବିଶ୍ୱାସ। ଓଡ଼ିଆ ସାହିତ୍ୟ ଜଗତର ଜଣେ ସୁପ୍ରତିଷ୍ଠିତ ଶବ୍ଦଶିଳ୍ପୀ। ଅନ୍ତର୍ମୁଖୀ ଆନନ୍ଦ, ଆବେଗର କାରୁକାର୍ଯ୍ୟ ତାଙ୍କ କବିତାର ବିଶେଷ ଗୁଣ। ଭୋଗିବାର ଆତୁରତାକୁ ଆଲୋକିତ କରୁଥାଏ ତାଙ୍କର ପ୍ରତିଟି ଉଚ୍ଛ୍ୱାସ, କାରୁଣ୍ୟର କାତରତାକୁ ପ୍ରତିଷ୍ଠା ଦେଉଥାଏ କବି ପ୍ରମିଳା ଶତପଥୀଙ୍କ ପ୍ରତିଟି ଭାବାବେଶ। ଅନୁଭୂତିର ନିବିଡ଼ତା, ଗଭୀରତ ପ୍ରାଣମୟତା, ଆତ୍ମିକ ଦ୍ୱନ୍ଦ୍ୱ, ଜିଜ୍ଞାସା, ଆତ୍ମନିବେଦନ, ଅନୁନୟ ଓ ବିନୟଭାବ ତାଙ୍କ କବିତାର ସ୍ୱର। ଅଣତିରିଶିଟି କବିତାର ରଚୟିତା ଶ୍ରୀମତୀ ପ୍ରମିଳା ଶତପଥୀ 'ଅଶ୍ଳେଷା ନକ୍ଷତ୍ରର ନାରୀ' (୨୦୧୩) ପରେ 'ଦିନ ହେଲି ତ' (୨୦୧୭) କବିତା ପୁସ୍ତକଟିର ରଚନା ଅନ୍ୟ ଏକ ଭିନ୍ନ ଦିଗନ୍ତକୁ ଅବଲୋକନ କରେ। ସାହିତ୍ୟମଗ୍ନ ମନ ଓ ଭାବ ଶକ୍ତିର ଏକ ମଧୁର ସମନ୍ୱିତ ରୂପଟି ଏହି କବିତା ପୁସ୍ତକଟିକୁ ରସାଣିତ କରିଛି। ଶ୍ରୀମତୀ ପ୍ରମିଳା ଶତପଥୀ ୧୪ ଜୁଲାଇ ୧୯୬୧ (ଶ୍ରୀ ଗୁଣ୍ଡିଚ଼ା ଦିନ) ସିଂଲା ଥାନା ଅନ୍ତର୍ଗତ ପାଳ ସାହି (ମଠ କଙ୍କୁଡ଼ି) ଗ୍ରାମରେ ଶ୍ରୀ ଉଦୟ ନାରାୟଣ ନନ୍ଦ ଓ ଶ୍ରୀମତୀ ସୁଧାମଣି ନନ୍ଦଙ୍କ ସୁପୁତ୍ରୀ ଭାବରେ ଜନ୍ମଗ୍ରହଣ କରିଥିଲେ। ପରବର୍ତ୍ତୀ ସମୟରେ ଶ୍ରୀଯୁକ୍ତ ଅମୃତ କୁମାର ଶତପଥୀଙ୍କୁ ବିବାହ କରି ଏକ ସୁଖଦ ଦାମ୍ପତ୍ୟ ଜୀବନର ସ୍ୱପ୍ନକୁ ସାକାର ରୂପ ଦେଇଥିଲେ। ଜଞ୍ଜାଳମୟ ଜୀବନ ଭିତରେ ଥାଇ ମଧ୍ୟ ସାହିତ୍ୟ ପ୍ରତି

ଆହେତୁକ ଦୁର୍ବଳତା ତାଙ୍କୁ ଆଜି କବି ଭାବେ ଉତ୍କଳ ଭୂମି ଓ ବିଦଗ୍ଧ ପାଠକମାନେ ଗ୍ରହଣ କରିଛନ୍ତି। ସାହିତ୍ୟର ବାଣୀଭଣ୍ଡାରକୁ ସେ ଅନେକ କବିତା ଗ୍ରନ୍ଥ ଭେଟି ଦେଇଛନ୍ତି। ତାଙ୍କ ପ୍ରକାଶିତ ପୁସ୍ତକ ମଧ୍ୟରେ 'ହବ୍ୟ ହୁତି ଏବଂ ଆହୁତି' (୧୯୮୯), 'ଆଦ୍ୟରୁ ଅନ୍ତ ଓ ଅମୃତ' (୧୯୯୫), 'ହଂସ ନଈର ହଂସୀ ମୁଁ' (୧୯୯୯), 'ମୁହୂର୍ତ୍ତ ମୁହୂର୍ତ୍ତର ସ୍ୱର' (୨୦୦୫), 'ହସନ୍ତିକାର ସୂର୍ଯ୍ୟଯାତ୍ରା' (୨୦୦୬), 'ହିରଣ୍ୟଦାର ହିମରଜ' (୨୦୦୭), 'ଝାଇଁକି ଝୁମ୍ପା' (୨୦୦୭), 'ଜୀବନ ଦୋହା' (୨୦୦୮), 'ହିମ ବାଲୁକାର ହିଲ୍ଲୋଳ' (୨୦୦୯), 'ହିମ ରଶ୍ମୀର ହିମ ହାସ' (୨୦୧୦), 'ହବିଷ୍ମତୀର ହେମଦ୍ୟୁତି' (୨୦୧୦), 'ବିଶ୍ୱାସର ଛାଇରେ ବିଶ୍ୱ' (୨୦୧୧), 'ପଲ ପଲ କି ଆୱାଜ' (୨୦୧୧), 'ସବୁଜ ସ୍ୱପ୍ନର ସକାଳ' (୨୦୧୨), 'ସ୍ନାତ ସମୟର ସେପାଖେ' (୨୦୧୪), 'ଅପରାହ୍ନର ଉପଚାର' (୨୦୧୫), 'ନିଷିଦ୍ଧ ନିଶ୍ୱାସର ନୌକା' (୨୦୧୬), 'ମୋ ଭିତରେ ମୁଁ', 'ଆମ ପୁଅ ଆମ ଈଶ୍ୱର', 'ଅକ୍ଷରର ଅଗ୍ନି', 'ନୀଳ ନିଶ୍ୱାସ', 'ଝିଅର ସ୍କେଚ', 'ପଦେ ବି ପଦ', 'ନିଃସଙ୍ଗ ସାୟାହ୍ନ', 'ରାତିର ଋତୁ' ଓ 'ଜାଗରଣର ଯଜ୍ଞଦୀପ' ପ୍ରଭୃତି ଖୁବ ମନଛୁଆଁ କବିତା ସଂକଳନ।

ମଣିଷ ଦିବ୍ୟତ୍ୱର ସନ୍ଧାନ ଲାଭ କଲାପରେ ଅନ୍ଧାରରୁ ସେ ଆଲୋକ ଆଡ଼କୁ ଦୃଷ୍ଟି ଆଣେ। ନୀରବତା ପରି ଧାରୁଆ ଅସ୍ତ୍ର ଆଘାତ ବି ଝରାଇପାରେନା ହୃଦୟର ସଞ୍ଚିତ ରକ୍ତ ସବୁ। ଶକ୍ତି, ସାମର୍ଥ୍ୟ ମନରେ ସାହସ ଭାରନ୍ତି। ଯନ୍ତ୍ରଣା ଭିତରେ ମଣିଷ ଖୋଜିପାଏ ସାତ ସୁର। ଆକାଶଟା ଲାଗେ ସଫେଦ କାଗଜ ଆଉ ମନ ଲାଖିଯାଏ ଶବ୍ଦ ସହ ଶବ୍ଦ ଯୋଡ଼ି ଅସଂଖ୍ୟ ଅନୁଭୂତିର 'ର୍ଦ୍ଧ'। ସର୍ବଶ୍ରେଷ୍ଠ ମଣିଷର ଚିତ୍ର ଆଙ୍କି ପଠାଇଦିଏ ଯିଏ ଅଧୀଶ୍ୱର ସେତେବେଳେ ଯନ୍ତ୍ରଣା ଜୀବନ ସବୁ ଲାଗେ ଯେମିତି ଈଶ୍ୱରଙ୍କ ଲାଗି ଦେଉଛି କି ମୁଁ ମୋ ଜୀବନର ପରୀକ୍ଷା ଶେଷ ସମୟର। ରାତିର ଭୟ ଚାଲିଯାଏ ଦିନ ହେଲାପରେ। ଈଶ୍ୱରାନୁଗାମୀ ମଣିଷ ଶାନ୍ତ ହୁଏ, ଜନ୍ମ ଓ ମୃତ୍ୟୁର ସମୟ ଅବଧିର ଚିରନ୍ତନତା ଜାଣିବା ପରେ, ଦମ୍ଭର ନିଆଁରେ ଜଳିଯାଆଏଁ ସବୁ ଘଟଣା ପ୍ରବାହର ଗତି ଓ ନିଦ ସବୁ। ସବୁ ଦମ୍ଭ ପରେ ବି ବିବେକୀ ମଣିଷ ଭୁଲେନା ନମ୍ରତା, ସ୍ନେହ ଓ ଶ୍ରଦ୍ଧାରେ ଜଗତକୁ ଦେଖିବାର କଳା। ବୟସର ଅପରାହ୍ନରେ ଦମ୍ଭ ଚାଲିଗଲା ପରେ ଶତାବ୍ଦୀର ଅନ୍ଧାର ଗୋଡ଼ାଇବା ପରି ଅନୁଭୂବ ହୁଏ। ତଥାପି ମନ ସଜେଇ ହେଉଥାଏ ଈଶ୍ୱରୀ ପରି ଶୃଙ୍ଖଳାମାନଙ୍କୁ ନିଜ ଭିତରେ ଧରି ରଖି ଭିନ୍ନଭିନ୍ନ ଶାଢ଼ୀର ରଙ୍ଗ ପରି ନିଜକୁ ଦେଖୁଥାଏ ଓ ପରଖୁ ଥାଏ ପ୍ରତିକ୍ଷଣେ। ଦିନର ଆଭାସ ହେଲା ପରେ ଲମ୍ପଟ ରାତିର ଏ ସପନ ସବୁ ସମୁଦ୍ର ଗର୍ଭରେ ଲୀନ ହୋଇଯାଏ।

ବାସ୍ତବତା ଲାଗେ ଯେମିତି ନିଷ୍ପାପ ଶିଶୁଟିଏ ଅସ୍ପଷ୍ଟ ସ୍ୱରରେ ଗୀତ ଗାଇ ଗାଇ ଜୀବନର ନିଛକ ସତକଥା ଶୁଣାଇବାକୁ ଯାଉଛି। ନିଜର ଚାଲିବା ରାସ୍ତାରେ ସକାଳର ଝୋଟି ପଡ଼ିବା ପରି ଲାଗେ, ସୂର୍ଯ୍ୟ ଧରାଇ ଦିଅନ୍ତି ପୁଷ୍ପଗୁଚ୍ଛ, ବୁଝାପଡ଼ିଯାଏ ସପ୍ତ ସ୍ୱରର ଅର୍ଥ। ଜୀବନର ପ୍ରକୃତ ଅର୍ଥ ବୁଝିଗଲା ପରେ ମଣିଷ ଓଠରେ ସଦାବେଳେ ରହିଯାଏ ବହଳ ହସ। ପୃଥିବୀକୁ ସେ ପାଖରେ ପାଏ। ସୁନାର ଦାନା ସବୁ ବୁଣିଦିଏ। ଛୋଟ ଚଢ଼େଇମାନେ ଦାନା ପାଆନ୍ତି ଜୀବନ କ୍ଷେତର 'ସଲରୁ ଉଡ଼ିଯାନ୍ତି ମନଭରି ଦୂର ଦିଗନ୍ତକୁ। କବିଙ୍କ ଭାଷାରେ –

"ନିହତ ହୋଇ ବି ରାତିକୁ ଦେଇଛି ମୁଁ ଧନ୍ୟବାଦ
ଯେଣୁ ସେ ଦେଇଛି ମୋତେ
ପ୍ରଜ୍ଞାର ପ୍ରକାଶ"

x x x

"ଦିନ ହେଲି ତ ସୂର୍ଯ୍ୟକୁ ମୁଠେଇ ପାରିଲି
ହାତରେ ସୁଖର ଗୀତମାନ ଓହଳି ପଡ଼ିଲେ
ମୋ ଛାତିର ଓହଳରେ।"

ସାରା ସଂସାରକୁ ପ୍ରେମମୟ ଦୃଷ୍ଟିରେ ଦେଖିବା ପରେ ସେ ପ୍ରେମର ଚର୍ଚ୍ଚା ଚାରିଆଡ଼େ ହୁଏ କିନ୍ତୁ ଶାଶ୍ୱତ ପ୍ରେମର ଅବା ଭୟ କାହିଁକି ଯେ! ମଣିଷ ଜୀବନର ସାର୍ଥକତା ସେତେବେଳେ ହୁଏ ଏ ଧରାପୃଷ୍ଠରେ ତା'ର ଜନ୍ମ କାହିଁକି! ସେ ଚିନ୍ତା କରେ ଏବଂ ଯେବେ ସେ ଜାଣିପାରେ ପୃଥିବୀ ପାଇଁ ସକଳ ପ୍ରାଣୀଙ୍କ ଭିତରେ ତା'ର ଉପସ୍ଥିତି ମଧ୍ୟ ଜରୁରୀ। ସେ ଦିନ ତା' ପାଇଁ ସକଳ ପ୍ରାଣୀଙ୍କ ଭିତରେ ତା'ର ଉପସ୍ଥିତି ମଧ୍ୟ ଜୁରରୀ। ସେ ଭୁଲିଯାଇଥିବା ସକଳ ମନେ ପକେଇଦିଏ ଯେ ସାତ ସିନ୍ଧୁର ଜ୍ଞାନ ତା' ଭିତରେ ହିଁ ଅଛି। ଆପଣା ଠି ଥାଇ ପର ଠି ଖୋଜିଲେ କି ପାଇ ହୁଏ ଅନୁଭବର ପ୍ରେମ। ଭାଗ୍ୟ ବୋଲି କିଛି ନାହିଁ। ସବୁ ଏଠି ଅଦେଖା ସପନ। ମହାପୁରୁଷଙ୍କ କଥା ବି ସତ। ଦିନ ହେଲା ପରେ ଜୀବନରେ ଜଣାପଡ଼େ ପ୍ରଭୁଙ୍କ ଠିକଣା। ମୁହୂର୍ତ୍ତକ ଭିତରେ ବି ସାର୍ଥକତା ଅଛି ଏଇ ଜୀବନରେ। ମୁଠାଏ ଧୂଳିରେ ବି ରହିଛି ବଞ୍ଚିବାର ଆକର୍ଷଣ। ପୃଥିବୀର ପଛପଟେ ଲୁହାର କଣ୍ଟା ବାଡ଼େଇ ଅତୀତକୁ ରଖିଦେଲା ପରେ ନିଜ ମନର କସ୍ତୁରୀ ସୁଗନ୍ଧରେ ନିଜର ମନ ପ୍ରାଣ ଚନ୍ଦନବନର ସୁବାସରେ ମହକି ଉଠେ। ଭାଙ୍ଗିପଡ଼ିଥିବା ମଣିଷମାନେ ତୁମକୁ ଦେଖି ହସର ଆସନରେ ବସିବାକୁ ଇଚ୍ଛା କରନ୍ତି। ଜ୍ୱଳନ୍ତ ଅଗ୍ନିରୂପକ ଆଖିଗୁଡ଼ିକ ନିରୀହ ଶିଶୁଟି ଶିଶୁ ମନସ୍କ ହୋଇ ସତେ କି ଗୁଡ଼ି ଉଡ଼ାଇବା ପରି ଲାଗେ। ଛାୟା ଏବଂ ଛବି ଦୁଇଜଣଙ୍କୁ ଆଲିଙ୍ଗନ କରିବାକୁ ଇଚ୍ଛା

ହୁଏ, ନୃତ୍ୟର ନିଶା ହୁଏ, ରାଜହଂସର ରାଜଗତି ପରି କବି ଭାବନାରେ ନିମଗ୍ନ ହୁଏ କଲମ ଓ କାଳି, ଦାମିନୀର ଦକ୍ଷିଣ ଦିଗକୁ ଭଲ ପାଇବାକୁ ଇଚ୍ଛା ହୁଏ। ଦ୍ୱିଧାକାତର କାନ୍ହୁ ଭାଙ୍ଗି ଶାଶ୍ୱତ ପ୍ରେମ ଉଦ୍ଧାର କରେ ପ୍ରାଣସଖାକୁ ହେଲେ ଭ୍ରମର ପରି ଆଚରଣକୁ ଗ୍ରହଣ କରିବାକୁ ଭାରି କଷ୍ଟ ହୁଏ। ମନରେ ସରସତା ଆସିଲେ ସବୁ କିଛି ନୂଆ ନୂଆ ଲାଗେ। ପ୍ରକୃତି କୋଳରୁ, ନଈର ଝଙ୍କାରରୁ କବିତା ସାଉଁଟେ କବି। ମନ ଓ ଆତ୍ମା ରୂପକ କୁନି ପାରା ଦୁଇଟି ଥଣ୍ଟ ଘଷି ଦିଅନ୍ତି ପାପୁଲିରେ ଥରକୁ ଥର। ଗେଣ୍ଡାଳିଆ ଝାଡ଼ି ଦେଇଯାଏ ପର, ବାଡ଼ିର ମନ୍ଦାର ଫୁଲ ଝୁମିଯାଉଥାଏ ଯେମିତି ଜୀବନ ତା' ପାଇଁ ହସି ହସାଇବାରେ ମନୋରମ ଦୃଶ୍ୟ ଯଦିଓ ଜାଣେ ସେ କ୍ଷଣିକ ପାଇଁ ତା'ର ଜୀବନ। ସତେକି ଜୀବନ ରୂପକ ବାୟା ଚଢ଼େଇ ଧରେଇ ଦିଏ ତା'ର ବସା ଶ୍ରଦ୍ଧାରେ। ସବୁ ଘଟଣା ପ୍ରବାହ ଲାଲ ଟୁକୁ ଟୁକୁ ଘୁଙ୍ଗୁର ପିନ୍ଧା ପାଦରେ ଗଛ ସାଜି ହଜିଯା'ନ୍ତି ସେଇ ବସା ଭିତରେ। ନଈର କାଚକେନ୍ଦୁର ଝରରେ ଦିଶିଯାଏ ଟାଣି ହେଉଥିବା ସବୁ ବିଭୋର ହେବାର ଗାର, ଯାହାକୁ ବୁଝିଯାଏ ମଣିଷ ଅନୁଭୂତି ସମ୍ପନ୍ନ ହେବା ପରେ। ମନ ଚାଲିଯାଏ ମହାଲୋକ ଆଡ଼କୁ, ପୁଣ୍ୟାତ୍ମାର ପ୍ରଶାନ୍ତିରେ ଆଶା ଜାଗେ ଦିଗନ୍ତ ବିସ୍ତାରି। ଭୁଲିଯିବାକୁ ହୁଏ ଯାହା ଯନ୍ତ୍ରଣା ଦିଏ ଜୀବନକୁ, ଗ୍ରହଣ କରିବାକୁ ହୁଏ ଯେଉଁଥିରେ ମାଟି ଖୋଜେ ହିମର ବର୍ଣ୍ଣମାଳା ଭିତରେ ଜୀବନର ସକଳ ଅସ୍ତିତ୍ୱ। ସ୍ୱପ୍ନର ଶିଶୁଟି ଉଡ଼ିବାକୁ ଇଚ୍ଛା କରେ ଜୀବନର ତମାମ ଆନନ୍ଦମୟ ସମୟକୁ ଧରି। ସବୁଜ ନିମନ୍ତ୍ରଣ କରେ ବିତିଯାଇଥିବା ରଙ୍ଗୀନ ଋତୁମାନଙ୍କୁ। କବିଙ୍କ ଭାଷାରେ –

"ପୋଛିଦେଲି ଶତାବ୍ଦୀର ମୁହଁ
ମୋର ବାକ୍ୟରେ ଅନ୍ଧକାର
କିଛି ହୃଦୟ ମଧ୍ୟ।"

ଜୀବନକୁ ନେଇ ମଣିଷ ଗୋଟିଏ କବିତା ଲେଖି ଚାଲିଥାଏ ମୃତ୍ୟୁ ଆସିବା ଯାଏଁ। ସେଇ ସମୟ ଭିତରେ ତମାମ ଜୀବନର ଘଟଣା ପ୍ରବାହ। ଜୀବନ ଲେଖେ କବିତା କୂଳ ଭାଙ୍ଗିଯାଇଥିବା ନଦୀ ପରି, କେବେ ଛାତିରେ ଉଙ୍କିମାରେ ପିଲାବେଳେ ଧୂଳି ଖେଳର ସବୁ ମିଠା ମିଠା ଅତୀତ। ପୁଣି ଅନୁଭବ ହୁଏ ସବୁ କୋଳାହଳ ଭିତରେ କେବଳ ଶୂନ୍ୟତା ଦେଖୁଛି ତା ହିଁ କବିତାର ସ୍ୱର ହୋଇ ଫୁଟିଉଠେ ମନର ଅଥାଳ ତରଙ୍ଗ ରାଶିରେ। ଅନେକ ଚିହ୍ନା ପରିଚିତ ମୁହଁ ଲାଗେ ଅନେକ ଦିନରୁ ଯେମିତି କାହାକୁ ଦେଖିନି ଦେଖି ବି ମନେପଡ଼େନି। ଅବୁଝା ହୁଏ ସମୟର ଗତି ତଥାପି କବିଟି ଲେଖି ଚାଲିଥାଏ କବିତା ଜୀବନର ଅନୁଭୂତିକୁ ନେଇ। ଖରାର ପ୍ରତିମା ଦେହରେ ବିନ୍ଦୁ ବିନ୍ଦୁ ସ୍ୱେଦ ଦେଖିଲେ ଲାଗେ ଠିକ୍ ଯେମିତି ଅନେକ ଦିନ ପରେ ପ୍ରକୃତ ଅର୍ଥ

ବୁଝାପଡ଼ିଛି, ପ୍ରାଣର ଗତିଶୀଳତା କେମିତି ଓ କାହିଁକି ! ରାତିର କ୍ଳାନ୍ତ ଅନ୍ଧକାର ଯେତେ ଚେଷ୍ଟା କଲେ ବି କ୍ଷୁର୍ଣ୍ଣ କରିପାରେନା ମନ ଓ ପ୍ରାଣକୁ, ଠିକ ଯେମିତି ମାତୃ ବନ୍ଦନା ଶୁଣିବା ପରେ ମା'ର ପ୍ରକୃତ ଉପସ୍ଥିତି ଅନୁଭବ ହୋଇଥାଏ । ଜୀବନଟା ସ୍ତବ୍ଧ ଲାଗେ ଯେବେ ଆକାଶ ସାରା ବାଦଲ ମେଘ ହୋଇ ବର୍ଷିଯା'ନ୍ତି । ନଦୀ ହୁଏ ନିରାଭରଣ, ଓଦା କରିଦିଏ ମନର ସବୁଯାକ କଥା ଲେଖିବାକୁ ଥିଲା ଯାହା କବିତାରେ । ଜହ୍ନ ଦେହରେ ଲାଗିଯାଏ କାଦୁଅର ଦାଗ ତଥାପି ବିଶ୍ୱାସର ଭାବନାରେ ହିଁ ମୃତ ମଣିଷ କଥା କହି ଉଠେ । ଫିଟିଯାଏ ପୁଣି କେବେ ମାଟିର ଓଠ । ଶୂନ୍ୟତାକୁ ବୁଝିଗଲାବେଳେ ମଣିଷ ହସେ ଶୂନ୍ୟକୁ ଦେଖି । ତା'ର ବିଚିତ୍ରତାକୁ ଲକ୍ଷ୍ୟକରି ହସି ଦିଏ ସୁବିଶାଳ ହସ । ଦିନ ହେଲା ପରେ ମଣିଷ ବୁଝିଯାଏ ଜୀବନକୁ । ଧନ୍ୟବାଦ ଦିଏ ରହିଥିବା ଘରକୁ, ପ୍ରତିଦିନ ବସୁଥିବା ଉଦ୍ୟାନକୁ, ସେଇ ମଣିଷମାନଙ୍କୁ ଯାହାଙ୍କ ପାଇଁ ବିଭିନ୍ନ ସମ୍ପର୍କରେ ସେ ବିମୋହିତ, କୃତଜ୍ଞତା ଦିଏ ନିର୍ଜନତା ଭାଙ୍ଗି ଶୀତଳ ଛାୟାମାନଙ୍କୁ ଗଛ, ବୃକ୍ଷ, ପଶୁ, ପକ୍ଷୀ ସଭିଙ୍କ ପ୍ରେମରେ ପଡ଼ିଯାଏ ମଣିଷ ମାତ୍ର ସରଳତାଭଙ୍ଗୀରେ, ଚଞ୍ଚଳତାରେ ନୁହେଁ ସ୍ଥିରଚିତ୍ତରେ ଚିରକାଳ ଚିରନ୍ତନ ଆବେଦନରେ । କବିଙ୍କ ଭବନରେ –

"ମୋ ଘରି ପାଖରେ ପକ୍ଷୀ
ଏବଂ ଛାୟାଙ୍କର କୋଳାହଳ
ମୁଁ ସେମାନଙ୍କୁ ଶିଖେଇଲି ଜୀଇଁବାର
ସ୍ତବ ଦିନ ହେଲି ତ ।"

ଜୀବନ ପରି ମଣିଷ ନୁହେଁ କି ମଣିଷ ପରି ଜୀବନ ମଧ୍ୟ ନୁହେଁ । ମୃତ୍ୟୁର ନିଶ୍ୱାସ ଓ ଦର୍ପଣ ଭିତରେ ମୁହଁ ଏକା ପରି । ଏଇ ସଂସାରରେ ଧାରୁଆ ଦାନ୍ତମାନ ଧରି ବହୁ ପେଶାଦାର ଯାତ୍ରୀଙ୍କୁ ମଣିଷ ତା' ଜୀବନର ଅନୁଭୂତିକୁ ଆଣେ । ଜୀବନ ଆକାଶେ ଯାହାର ଦିନ ହୋଇସାରିଛି ସେ ନିଶ୍ଚୟ ଏପରି ଲୋକମାନଙ୍କ ଠାରୁ ଦୂରେଇଯାଏ ଯାହାକୁ ଈଶ୍ୱର ମଧ୍ୟ ସୁଧାରି ପାରିନାହାନ୍ତି । ଜନ୍ମ ଏବଂ ମୃତ୍ୟୁର ଚିରନ୍ତନ ସତ୍ୟକୁ ଗ୍ରହଣ କଲାପରେ ହଜିଯାଏ ଜୀବନର ଆଉଁସା ଅନ୍ଧାର, ସ୍ଥିର ହୁଏ ସବୁ ଉଚ୍ଚାଟମାନ, ଅନ୍ଧ ହୁଏ ଅମଙ୍ଗଳର ଆଖି, ଆଶାର ଦୁଆର ଖୋଜିବା ଆରମ୍ଭ କରେ ପାଟଳ ରଙ୍ଗର କଜ୍ଜଳ, ଯେଉଁଠି ଅଛି ଈଶ୍ୱରଙ୍କର ସନ୍ଧାନ । ବେଳେବେଳେ ମଣିଷ ନିଜକୁ ଏକାନ୍ତ ଭାବରେ ଆବିଷ୍କାର କଲେ କବିତା ଲେଖିବା କଳାକୁ ନିଜର ମାଳା କରି ହୃଦୟରେ ଲମ୍ବାଇଦିଏ । ଅସଂଖ୍ୟ ଫୁଲ ପରି ସୂର୍ଯ୍ୟ, ତାରା, ଚନ୍ଦ୍ରମାକୁ ନିଜର କରିନିଏ । ପୁଣି ଖୋଜି ବସେ ରାସ୍ତା ଓ ପଥ ଭିତରେ ଥିବା ପାର୍ଥକ୍ୟ । ରାସ୍ତାକୁ ଛାଡ଼ି ପଥକୁ ସ୍ୱୀକାରୋକ୍ତି

କରିନିଏ କାରଣ ସେଇ ପଥରେ ନାମଟିଏ ମିଳେ ଯାହାର ନାମ ପଥିକ। ବିବେକରୂପୀ ମହମ ରଙ୍ଗ ପରି ଝିଅଟିଏ ଅଙ୍ଗୁଳି ଧରି ପଥର ପରିକ୍ରମା କରାଏ। ଯାହାର ସଂସ୍ପର୍ଶରେ ଶାଶ୍ୱତ ପ୍ରେମର ଅନୁଭବ ମଣିଷ କରିଥାଏ ଏବଂ ସବୁରି ଭିତରେ ଭଲପାଇବାର ମଞ୍ଜି ବୁଣିପାରେ ଆଉ ସେଇ 'ସଲର ସୌନ୍ଦର୍ଯ୍ୟରେ ନିଜେ ବିମୋହିତ ହୋଇଥାଏ। ନିଜେ ବୁଣିଥିବା ଭଲପାଇବାର ମଞ୍ଜି, ମଲ୍ଲୀ, ଗଜରାର ମହକରେ ମହକି ଯାଉଥାଏ ତା' ନିଜ ହାତ ତିଆରି ପୃଥିବୀ। ଆକାଂକ୍ଷାର ନଦୀକୁ ସାଗର କରିଦିଏ। ଈଶ୍ୱରଙ୍କ ନାମରେ ଭିକ୍ଷା ମାଗିଥିବା ମଣିଷମାନଙ୍କୁ ମୃତ ବ୍ୟକ୍ତିପରି ଅନୁଭବ କରେ। ପଦ ଓ ପଦବୀ ଲାଳସା ଥିବା ମଣିଷମାନଙ୍କ ଠାରୁ ଜୀବନର ପ୍ରକୃତ ଅର୍ଥ ବୁଝୁଥିବା ମଣିଷ ନିଜକୁ ଦୂରେଇଦିଏ। ନିଜେ ହସି କ୍ଳାନ୍ତ କରିଦିଏ ସଂସାର ମାୟାବୀ ହସକୁ। ଦୁଃଖଦ ଦୃଶ୍ୟମାନଙ୍କୁ ଢାଙ୍କି ଦିଏ ଅନ୍ଧାରର ଶାଲ ଭିତରେ। ସୁଖୀ ସଂସାରର ଚିତ୍ର ଆଙ୍କେ ଓ ଶାଶ୍ୱତ ପ୍ରେମର ବାସ୍ନାରେ ଗୋପନ କବାଟ ଖୋଲି ସମସ୍ତଙ୍କୁ ମହକାଇ ଦେଉଥାଏ ପ୍ରତିକ୍ଷଣେ। ଜଗତର ଯେତେ କୋଳାହଳ, ରକ୍ତପାତ ସବୁ ମଣିଷ ହିଁ କରିଥାଏ। ମଣିଷର ଅସୁମାରୀ ଜିଜ୍ଞାସା ହିଁ ଟାଣି ନିଏ ଆଉ ଏକ ଜିଜ୍ଞାସା ପାଖକୁ। ହେଲେ ମଣିଷ ଟିକେ ନତମୁଖୀ ହୋଇଗଲେ ସମସ୍ତ ଜ୍ୱାଳା ଲିଭିଯାଇପାରନ୍ତା ନିଶ୍ଚୟ। କବିଙ୍କ ଭାଷାରେ –

"ଦିନ ହେଲି ତ ଠିକ ଠିକ ବୁଝିପାରିଲି
ଶବ୍ଦର ଅର୍ଥ, ପହଞ୍ଚି ପାରିଲି ସମସ୍ତ ଘଟଣାର
ହୃତପିଣ୍ଡ ପାଖରେ।"

x x x

"ଈଶ୍ୱରଙ୍କର ଥାଏ ଗୋଟିଏ ହିଁ ଶବ୍ଦ
ଯାହା ଶବ୍ଦରେ ଉଚ୍ଚାରି ହୁଏନା
ଭାସିଯାଏ ସଙ୍ଗୀତ ଦିଗରେ।"

ପ୍ରକୃତ ଜୀବନକୁ ଉପଲବ୍ଧି କଲାପରେ ମଣିଷ ନିଜର ବିବେକକୁ ଚିହ୍ନିପାରେ। ନିଜ ଭିତରେ ଶାନ୍ତିର ସୁନୀଳ ଖୋଜିପାଏ। ଲକ୍ଷଚ୍ୟୁତ ନକ୍ଷତ୍ରରୂପୀ ଇଚ୍ଛା ସବୁକୁ ସଂଯତ କରେ ଶୃଙ୍ଖଳିତ କରିନିଏ ଜୀବନର ପ୍ରତ୍ୟେକ ଘଟଣା ପ୍ରବାହର କ୍ଷଣ ସବୁକୁ ଏବଂ ଉଦାରପଣରେ ଢାଳିଦିଏ ଅସରନ୍ତି ସ୍ନେହ, ଶ୍ରଦ୍ଧା ଓ ସମ୍ମାନ ପ୍ରତିଟି ଆତ୍ମାକୁ ପୁଣି କେବେ ନିଜକୁ ବୁଝାଏ ପ୍ରକୃତି କୋଳରେ, ଆଇମା' କାହାଣୀ ଶୁଣାଏ, ନିଜ ସହ ଗପେ ଚପଳତାକୁ ଭୁଲିଯାଇ ପୁଣି ଫେରିଆସେ ଦିନ ପରି ନିଜକୁ ସାଇତି ରଖିବାର କଳା ଆପଣାଇ। ମଣିଷ ବେଳେବେଳେ ନିଜ ଆତ୍ମା ସହ ନିଜେ ବାର୍ତ୍ତାଳାପ କରେ। ଈଶ୍ୱରଙ୍କୁ ମନକଥା ଶୁଣାଏ ପୁଣି କେବେ କେବେ ପାହାଡ଼ାକାୟ କଲମରେ ସମୁଦ୍ରର

କାଳି ଭରି ଲେଖିବା ଆରମ୍ଭ କରେ ସେ କବିର ମନ ନେଇ, ହେଲେ ଜଞ୍ଜାଳମୟ ଓ ଯନ୍ତ୍ରଣାମୟ ଜୀବନର ଆରମ୍ଭ କେଉଁଠୁ ସେ କରିବ ଜାଣିପାରେନି ଆଉ ଲାଗେ ତାକୁ କଲମରୁ କେବେ ଠାରୁ ଯେମିତି କାଳି ସରି ହିଁ ଯାଇଛି । ନିର୍ଜନତାର ପ୍ରଗଲ୍ଭ ଭାବନାଟିକୁ ସେ ଭଲପାଏ, କ୍ଳାନ୍ତ ଫୁଲମାନଙ୍କୁ ନିଜେ ଆଉଁସିଦିଏ, ଜୀବନର ସଂଳାପ ଶିଖାଏ । ପୁଣି ଭାବେ ଭ୍ରମରମାନଙ୍କୁ ସବୁ ଜଣା । କେଉଁ ଫୁଲରେ ରକ୍ତ ଝରିବ ଆଉ କେଉଁ ଫୁଲରେ ଲୁହ । ସଂସାରରେ ଥାଇ ମଣିଷ ଯେତେ ଅନୁଭୂତି ସମ୍ପନ୍ନ ହୁଏ ଜୀବନର ବାସ୍ତବତାକୁ ସେ ସେତେ ପକ୍ଷରୁ ଅନୁଭବ କରିଥାଏ । ଦିନେ ତା' ପାଖରେ ପ୍ରଚୁର ଖାଦ୍ୟ ଥାଏ କିନ୍ତୁ ସେ ରୋଗାକ୍ରାନ୍ତ ହୋଇପଡ଼େ । ଚକ୍ଷୁରେ ନିରାଶାର ଚକ୍ଷୁ ଜଳ ସବୁବେଳେ ବୋହିବାକୁ ଇଚ୍ଛା କରେ । ଓଠରେ ତୃଷ୍ଣା ଅବିରତ ଥାଏ ଯାହାର ଶୋଷ ମେଣ୍ଟିବାର କୌଣସି ଦିଗ ଦିଶେ ନାହିଁ । ଭଲ ମଣିଷର, ବାସ୍ନା ତା' କାନରେ ବାଜେ ନାହିଁ । ମାଟି ଓ ଆକାଶର ଯୁଦ୍ଧ ଚାଲିଲାବେଳେ ପବନ ନାରଦଙ୍କ ଚରିତ୍ରରେ ଅଭିନୟ କଲାପରି ଦଣ୍ଡାୟମାନ ହୁଅନ୍ତି ପ୍ରତିକ୍ଷଣ । ମଣିଷର ରସାଳ ହୃଦୟ ଆକାଂକ୍ଷା ଯୋଗୁଁ ଜଣେ ଅନ୍ୟ ଜଣଙ୍କୁ ଭଲପାଇ ମଧ୍ୟ ଦୁହେଁ ଦୁହିଁଙ୍କ ଠାରୁ ବିଚ୍ଛିନ୍ନ ହୋଇଯାନ୍ତି ଯେମିତି ପାହାଡ଼ ଭଲପାଏ ମେଘକୁ, ମେଘ ବି ସମ୍ମତି ଦେଇଛି ପାହାଡ଼ର ଶାଶ୍ୱତ ପ୍ରେମକୁ ତଥାପି ଦିନେ ମେଘ ଭୁଲିଯାଏ ପାହାଡ଼କୁ ଦେଇଥିବା ପ୍ରତିଶ୍ରୁତି ଆଉ ପାହାଡ଼ ବି ଭୁଲିଯାଏ ମେଘର ମାଧୁରୀକୁ । ଏମିତି କିଛି କିଛି ଘଟଣା ମଣିଷକୁ ତ୍ୟାଗର କାହାଣୀ ଶୁଣାଏ । ଅନ୍ୟ ହାତରେ ନିଜ ଜୀବନର କାଗଜ ଧରାଏ ଓ ନିଜେ ଧରିଥାଏ କଲମଟି ନିର୍ବୋଧ ଅବୋଧ ଶିଶୁଟି ପରି । ମିଳିଲେ କାଗଜ ଲଦିଦେବ ସେ ନିଜ ବିଷୟରେ ଜାଣିଥିବା ଅନେକ କିଛି ଗପ । କବିଙ୍କ ଭାଷାରେ –

"ତୁମେ କ'ଣ ସେ ସୁନାର ମାଛଟାକୁ ଖାଇବ !
ମୋତେ ସ୍ୱର୍ଗ ଯାଇ ପାଳିବାକୁ ହେବ ତା'ର ଶୋକ
ହଉ ତେବେ ସ୍ୱର୍ଗରୁ ହିଁ ଶିଖି ନେବି
କେମିତି ଅକ୍ଷରରୁ ଶାଖା ପ୍ରଶାଖା କାଢ଼ି ଜୀଇଁବାକୁ ହୁଏ ଜୀବନ !
ଦିନ ହେଲି ତ ।"

ଆତ୍ମା ଭିତରେ ନିଜକୁ ଦେଖିଲା ପରେ ନିଜ ଭିତରେ ଭାଷା, ଭାବ ଓ ଶବ୍ଦ କିଛି ରହେ ନାହିଁ । ସମୟ ଯେବେ ଭୟଙ୍କର ଭଙ୍ଗୀ ଦେଖାଏ, କାମନା ଓ ବାସନା ଯେବେ ଉଦଣ୍ଡ ନୃତ୍ୟ ଆରମ୍ଭ କରନ୍ତି ସେତେବେଳେ ମଣିଷକୁ ନିଜ ସାମ୍ନାରେ ବିଭିନ୍ନ ସିଢ଼ି ଦେଖାଯାଏ । ଆପଣା ପାଖରେ ପହଞ୍ଚିବାର ପଥ ଖୋଜି ଖୋଜି ନୀରବ ନିଚ୍ଛଳ ଗତିରେ ପ୍ରାଣର ଝଣ୍ଡାକୁ ହାତରେ ଧରି ଆଗକୁ ଗତି କରେ ସେ ସମୟରେ ସେ

ନିଜକୁ ଚିହ୍ନିବାର ସାହସ ରଖିଥାଏ। ପୁଣି କେବେ ଯନ୍ତ୍ରଣାର ସ୍ୱରଲିପିକୁ ଶୁଣି ଉତ୍‌କ୍ଷିପ୍ତ ହୋଇ ଶୂନ୍ୟତାକୁ ଦେଖି ଗର୍ଜି ଉଠି ପଚାରେ ଦେଖାଅ ପ୍ରଭୁ ମୋ କର୍ମଫଳ, ମୋ ପୂର୍ବଜନ୍ମ। ନିଜ ମନର କଥାକୁ ପ୍ରଭୁଙ୍କୁ ଶୁଣାଇବାରେ ଲାଗେ। କାହାର ଆଦର ମୁଁ ଛଡ଼ାଇ ନେଇଛି କି ? କାହା ଘର ସୁଖ ମୁଁ ଛଡ଼େଇ ନେଇଛି କି ? ମୋ ଜନୀନରେ ତ ମୁଁ ଖୁବ ନିରୀହ ମୋ ଭାବନାରେ ବି, ତେବେ କାହିଁକି ଏତେ କଷଣ ଦାଗର କଷ୍ଟ ? ମଣିଷ ଦୃଢ଼ କଣ୍ଠରେ ଦୁର୍ବାର ସାହସରେ ଅସ୍ୱୀକାର କରେ। ଏ ଜନ୍ମର ଭାଗ୍ୟ ମୋର ନୁହେଁ, ମୁଁ ଭୋଗେ ଆଉ କାହାରି ଭାଗ୍ୟର ଫଳ। ସେ କୁହେ ହେ ଈଶ୍ୱର ମୋତେ ଏହି ମୁହୂର୍ତ୍ତରେ ମୋତେ ମୁକ୍ତ କର। ମୋ ଜୀବନକୁ କରିଦିଅ ସବୁଜ ହସର ହିଲ୍ଲୋଳ। ସାରା ଜୀବନ ସୁଖର ସନ୍ଧାନ ଖୋଜି ଖୋଜି ମଣିଷ ସୂର୍ଯ୍ୟମୁଖୀ ଫୁଲର ପାଖୁଡ଼ାରେ, ନୀଳ ତାରାର ସୁମଧୁର ସ୍ୱରରେ, ସୁରୁଜର ଉଦୟମୁଖୀ କଢ଼ିରେ ଦିନ ହେବାର ଅନୁଭବ କରି ଓଠରେ ସ୍ମିତ ହସ ଧାରେ ବୁଣିଦିଏ। ଏ ସମସ୍ତ ଶୋଭାକୁ ନିଃଶ୍ୱାସର ସ୍ୱାଦ ଓ ସାଧନା ଭିତରେ ଗ୍ରହଣ କରିନିଏ। ଦୁଃଖର ଆଦିମାତା କ୍ଷୀଣ ହୋଇଯାଏ। ସମୟର ଗତି ବୁଝାଇଦିଏ ଈଶ୍ୱର ଥିଲେ ବି ମୋ ସମୟ ତ୍ରୁଟିଶୂନ୍ୟ ଆଉ ମୋ ହାତର ଘେରରେ ସମଗ୍ର ବିଶ୍ୱର ପୁର ଲୁକାୟିତ। ମାପିବାକୁ ଇଚ୍ଛାକରେ କେବେ କେବେ ବଡ଼ ଘର ଲୋକଙ୍କ ଦୀର୍ଘତାକୁ, ପବନର ସୂତାରେ, ସମୁଦ୍ରର ଫିତାରେ ମାପୁମାପୁ ସବୁ ଆଶ୍ଚର୍ଯ୍ୟ ଲାଗେ। ଦୁନିଆରେ ଅନେକ ଲୋକ କେତେ ଛଳ, ଖଳ, ଚତୁରତା, କପଟତା, କଠୋରତା ଏବଂ ଚଞ୍ଚଳତା କରନ୍ତି। ମୁଠାଏ ଆଲୋକ ଧରି ମଣିଷ ନେବାକୁ ଚାହିଁଛି ଆକାଶର ଶାସନ ପଦ ଆଉ ଗଢ଼ିବାକୁ ଚାହେଁ ତାଜମହଲ କିନ୍ତୁ ସତ୍ୟ ତ ଚିରକାଳ ସତ୍ୟ। ମଣିଷ ହାତରେ କୁରାଢ଼ି ଧରି ପକ୍ଷୀର ଉଲ୍ଲାସ ସିନା ହାଣିଥାଏ ହେଲେ ସନ୍ଧ୍ୟାରେ ନିଜ କୁଟୀରଟିରେ ସୁଖ ନ ଥାଏ ପୋଛିବାକୁ ବାଧ୍ୟ ହୁଏ ଆଖିକୋଣର ଛଳଛଳ ଖସିପଡୁଥିବା ଲୁହ ସବୁ। ଏସବୁ ଦେଖିପାରୁଥିଲେ ବି ବୁଦ୍ଧିଜୀବୀ ନୀରବରେ ରହି ପ୍ରକୃତ ସମୟକୁ ଅପେକ୍ଷା ରଖେ। ଶତ୍ରୁକୁ ମିତ୍ର କରିନିଏ ତଥାପି ଅନ୍ତରର ବିକ୍ଷିପ୍ତ ବେଦନା ଓ ବିବଶ ଲୁହ ସବୁ ଚକ୍ଷୁ ସମୁଦ୍ରରୁ ଆପେ ଝରିଆସୁଥାଏ ବୋଲି ନମାନି ଦୁଃଖୀ ମଣିଷର। ଲାଗେ ଈଶ୍ୱର ଜଣେ ଅସହାୟ  ସତ୍ତା। ମାତୃତ୍ୱକୁ ଧିକାର କରେ ଜଣେ ନାରୀ। ଲୁହରେ ଭିଜେ ତା' ନିଜର ପଣତକାନି ଆଉ ଭିଜୁଥାଏ ତା' ହୃଦୟ ଅଫେରା ସନ୍ତାନର ବାଟକୁ ଅପେକ୍ଷା କରି। ଲାଗେ ତାକୁ କ୍ଷୁଦ୍ର ଠାରୁ କ୍ଷୁଦ୍ର ତା'ର ମାତୃତ୍ୱର ଚିହ୍ନ।

"ମୋ ଲୁହରେ ଭିଜିଗଲା ମୋର ପାଣ୍ଡୁଲିପି
ଜାଣିଲି ପକ୍ଷୀଠାରୁ କ୍ଷୁଦ୍ର ମୁଁ

ଧାତ୍ରୀ ହେବାର ଯୋଗ୍ୟତା ମୋ ନାହିଁ
ଦିଅ ମୋତେ ନିର୍ବାସନ ଦଣ୍ଡ
ଦିନ ହେଲି ତ।"

ସଂସାର ନଈରେ ଯେଉଁ ନାରୀ ସବୁ କଷଣକୁ ହୃଦୟରେ ଚାପି ତରଣୀରେ କଇଁଫୁଲ ପରି ହସୁଥାଏ ଏବଂ ଯେଉଁ ପୁରୁଷ ସେହି ମହାନ ନାରୀକୁ ମର୍ଯ୍ୟାଦାର ସହ ସମ୍ମାନ ଦେଇଥାଏ ନିଶ୍ଚିତ ମଣିଷ ମନରେ ଦିନ ହେବାର ଆଲୋକ ଦୂର ଦିଗନ୍ତଯାଏଁ ଭବିଷ୍ୟତକୁ ଆଲୋକିତ କରେ। ପ୍ରତ୍ୟେକ ଆତ୍ମାକୁ ନିଜ ଆତ୍ମା ଭିତରେ ସାଉଁଟି ନେବା ପରେ ଶ୍ରଦ୍ଧା କରୁଥିବା ମଣିଷଟି ତୁମ ସହ ଚଳିବାକୁ ଲାଗନ୍ତି। ତୁମ ସାଥିରେ ରୁହନ୍ତି ଯାହା ମନକୁ ଖୁବ ସାନ୍ତ୍ୱନା ଦେଇଥାଏ। ମଣିଷ ନିଜର ଆତ୍ମାକୁ ଚିହ୍ନିବା ପରେ ନିଜକୁ ଭଲପାଏ। ନିଜକୁ ପୂଜା କରେ। କିଏ ନାସ୍ତିକ ଭାବୁ ପଛେ ସେ ଜାଣେ ତା' ପ୍ରଭୁ ପୂଜାର ଆଡ଼ମ୍ବରକୁ ଭଲ ପାଆନ୍ତିନି। ପାରଦରୁ ଖୋଲେ ଦାସତ୍ୱର ଶୃଙ୍ଖଳା। ମନୁଆ ପକ୍ଷୀକୁ ମନାଏ ଜଣେ ନିଃସଙ୍ଗ ମଣିଷ। ଛାତିରେ ବାନ୍ଧି ରଖେ ଘଟଣା ପ୍ରବାହର ଯେତେସବୁ ଖରାର ତୀର୍ଯ୍ୟକ। ପବନ ସହ ମିଶି ବନ୍ଧୁ ସାଜି ବୁଲିଆସେ ନଈକୂଳ ଯେଉଁଠି ଥାଏ ଖୋଲା ଆକାଶ, ସବୁଜ ବଳୟ ଓ ଦର୍ପଣ ପରି ଦିଶୁଥିବା ଜଳରାଶିରେ ଯେଉଁଠି ଦିଶୁଥାଏ ନିଜ ପରିଚୟ। ଛାତିର ପଞ୍ଜୁରୀରେ ପୁରାଇଦିଏ ପୂର୍ବଭଳି ଯେତେ ସବୁ ମାନ ଅଭିମାନ। ଏତେ କାଳ ପରେ କି ଥାଏ ସେ ଖୋଜିବା ପଣରେ ସମୟ ତ ଆସି ଶେଷ ପ୍ରାୟ। ଭାବେ ସେ ପୁଣି ମୋ ପାଖରେ ପାଣ୍ଡବ ନାହାଁନ୍ତି। ଶଙ୍ଖ କି ଚକ୍ର ମଧ୍ୟ ନାହିଁ। ଯେଉଁଥିରେ ହୁଏ ତ ଶେଷ କରିପାରିଥାନ୍ତି ବାକି ଥିବା କୁରୁକ୍ଷେତ୍ର ଯୁଦ୍ଧ। ତଥାପି କବିଙ୍କ ମନ ଶୂନ୍ୟତାରେ ହେଉ ପଛେ କୁହେ ବନ୍ଦ ହେଉ ପୃଥିବୀର ରକ୍ତାକ୍ତ ଶରୀର, ଦେଖିବାକୁ ଇଚ୍ଛା ନାହିଁ ମଣିଷର ସର୍ବଗ୍ରାସୀ ନୃତ୍ୟ, ଶୁଣିବାର ଆକାଂକ୍ଷା ନାହିଁ ବିସ୍ଫୋରଣର ଶବ୍ଦ। ପୃଥିବୀକୁ ବିଶ୍ରମା ମିଳୁ। ରକ୍ତର କମଳ ଛଡ଼ାଇ ନିଆଯାଉ। ତା' କୋଳରେ ଭ୍ରମୁଥିବା ନକ୍ଷତ୍ରଗଣ ନୀରବତା ରକ୍ଷାକର। ଆହୁରି ମଧ୍ୟ ରକ୍ଷାକର ପୃଥିବୀର ଆଦିମ ଆକାଂକ୍ଷା ଓ ଉର୍ବରତା, ସମ୍ଭୋଗର ଶକ୍ତି ଏବଂ ବସୁଧାର ଜରାୟୁ ପୁଷ୍ଟି। କାରଣ ମଣିଷ ଦୁର୍ଗତିକୁ ଖୋଜିଛି। ଦୁର୍ଗତି କେବେ ମଣିଷକୁ ଖୋଜେନା।

"ପ୍ରତ୍ୟେକ ନଦୀବନ୍ଧ ଯଦି ହୋଇଥାନ୍ତା ପାହାଡ଼ ପରି ଉଚ୍ଚ
ପ୍ରତ୍ୟେକ ମଣିଷର ହୃଦୟ ଯଦି ଉଚ୍ଚାରୁଥାନ୍ତା ସର୍ବେ ଭବନ୍ତୁ ସୁଖିନଃ
ପ୍ରଥମେ ମୁଁ ପିନ୍ଧନ୍ତି ଲାଲ ପାଟଟିଏ
ଯେଉଁ ନୃତ୍ୟ ହେଉ ପଛେ, ନାଚନ୍ତି ନିର୍ଭୁଲ ଭାବରେ।"

ନୂଆ କାନ୍ଥରୁ ହଟିଛି ପୁରୁଣା ବୁନିୟାଦି। ଆଜି ହସୁଛି ସେ ସ୍ଥାନରେ ସୁନ୍ଦରୀ

ରମଣୀର ଛବି କ୍ଲିଓପାଟ୍ରା, ମୋନାଲିସାଙ୍କର। ବଦଳିଛି ଦୃଷ୍ଟିର କଜ୍ଜ୍ୱଳ ଶକ୍ତି। ଶେଫାଳିର ଭାଗ୍ୟ ନେଇ ଜନ୍ମ ନେଉଛି ତରୁଣୀ। କାମାନ୍ଧ ପୁରୁଷ କି ବୁଝେ ମାଟିର ମହକ ଓ ମମତ୍ୱ ଶେଷରେ ମଣିଷ ପହଞ୍ଚିଯାଏ ଦେବତାଙ୍କ ଆଲୋକ ଦରଜା ପାଖରେ। ଯେଉଁଠି ବିନ୍ଦୁଏ ଶିଶିର କାଳିରେ ସେ ଲେଖିଦିଏ ଜୀବନର ଉପନ୍ୟାସ। ଅଭିଜ୍ଞତାର ବୃକ୍ଷରେ ଫୁଟାଏ ଫୁଲ। ମନରେ ଗ୍ରହଣ କରେ ଚିକ୍କଣ ସୁଖ, ଶାନ୍ତି ଓ ଆନନ୍ଦ। ପ୍ରଜାପତିର ଡେଣା ପରି ଚିତ୍ରିତ ସମର୍ପଣରେ ବିଶ୍ୱାସର ସହ ପରମ ଶକ୍ତିକୁ ଧନ୍ୟବାଦ ଦିଏ। ମୁଁ ଜାଣେ ମଣିଷ, ମୋ ଚାରିପାଖେ ଶ୍ୱେତ ଆଲୋକର ଖୋଳ ତବ ପ୍ରେମେ ପୁରିଛି ମୋ ହୃଦୟ କମଳ।

■

# ଶୂନ୍ୟାଳୟର କନକ ବେଦୀରେ କବିତା ସଂକଳନ: 'ହଂସ ନଈର ହଂସୀ ମୁଁ'

ସମୟର ଗତି ସହ ଜୀବନର ସ୍ଥିତି ବୁଝାପଡ଼େ। ବୟସର ବୟସ୍କ ମାନସିକତାରେ ଆସେ ପରିବର୍ତ୍ତନ। ଅନୁଭବରୁ ମହାନୁଭବତା ଆଡ଼କୁ ଗତି କରେ ମଣିଷର ମନ। ସେ ପ୍ରେମରେ ପଡ଼େ କିନ୍ତୁ ସେଠି ଆକର୍ଷଣ ଥାଏ, ଶାଶ୍ୱତ ଓ ଚିରନ୍ତନ। କବି ପ୍ରମିଳା ଶତପଥୀଙ୍କ 'ହଂସ ନଈର ହଂସୀ ମୁଁ' କବିତା ସଂକଳନର ପ୍ରଥମ କବିତା 'ତୁମରି ପ୍ରେମରେ' କବିତାଟି ନିବିଡ଼ ଭଲ ପାଇବାର ଏକ ସୁନ୍ଦର ଚିତ୍ର ରହିଛି। ପ୍ରେମରେ ଥିଲେ ସବୁ କଷ୍ଟରୁ ମୁକ୍ତି ମିଳେ। ଯେମିତି ବଞ୍ଚି ରହିବାର ଆକର୍ଷଣ ଆସେ। ଅପନ୍ତରା ରାଜ୍ୟରେ ହିଡ଼ ବାଡ଼ ଡେଇଁ ଗଲାବେଳେ ପାଦରୁ ରକ୍ତ ଝରିଗଲେ ବି ଦୁଃଖ ଲାଗେନା। ଲଗେ ଯେମିତି ମୁଁ ଅଛି ପ୍ରେମର ଭବ୍ୟ ପାରଳବାରେ। ଶ୍ରମ ସ୍ୱେଦରେ ଗାଧୋଇ ଯାଉଥିଲେ ବି ଅନୁଭବ ହୁଏ ଭଲ ପାଇବାର ଗଙ୍ଗୋତ୍ରୀରେ ସ୍ନାନ କଲାଭଳି। ଆଶାର ଫୁଲ ଫୁଟେ କିନ୍ତୁ ପାଇବାର ମୋହରେ ନୁହେଁ ପ୍ରେମରେ ନିଜକୁ ସମର୍ପଣ କରିବାର ଭାବଧାରାରେ। ଲାଗୁଥାଏ ଯେମିତି ସେହି ପ୍ରେମ ସୁଖଦ ସ୍ୱପ୍ନଟେ ହୋଇ ଖେଳିଯାଏ ନିଜ ଡୋଳା ଭିତରେ ପୁଣି ନିଦରୁ ଉଠାଇ ଦିଏ ଚାଲିବାକୁ ବାକି ଥିଲେ ଜୀବନ ବାଟରେ। 'ଏଇଠି କେଉଁଠି' କବିତାରେ ଶୂନ୍ୟାଳୟ କନକ ବେଦୀରେ ସେ ଥିବା ପରି ଲାଗନ୍ତି। କେବେ କେବେ ଆତ୍ମାର ଅଦୃଶ୍ୟ ଗ୍ରନ୍ଥିରେ, ନବୋଦିତ କଳ୍ପନାର ଉଲ୍ଲସିତ କରଭୂ ସନ୍ଧିରେ, ନିଜ ସ୍ୱରର ସୁଲଳିତ ଶବ୍ଦରେ ଶୁଭୁଥାଏ ସେଇ ପରିଚିତ ସ୍ୱର। ରହସ୍ୟର ଡେଣାରୁ ମୁକୁଳି କ୍ଷଣକର ପଲକରେ ଭାସି ଉଠେ ତାଙ୍କର ପ୍ରତିଛବି ପୁଣି ଦେଖୁ ଦେଖୁ ଲିଭିଯାଏ ପଥିକର ଆଶା ପରି ମରୁବାଲି ପରେ। ବେଳେ ବେଳେ ବୁଝା ପଡ଼େନି ଆପଣାକୁ ବ୍ୟକ୍ତ କରିବାରେ ତୁମେ ଏତେ କୁଣ୍ଠିତ କାହିଁକି ! ଚନ୍ଦ୍ରହାର

କଳା କୌଶଳରେ ମୋ ଅଙ୍ଗୁରୀୟ ଔଜ୍ଜ୍ୱଲ୍ୟରେ ମୁଁ କିନ୍ତୁ ପ୍ରତି କ୍ଷଣେ ଭିଜୁଥାଏ ତୁମରି ପ୍ରେମରେ। 'ଅବିକଳ ମୋ ପରି' କବିତା ଆତ୍ମା ସହ ପରମାତ୍ମାଙ୍କ ମିଳନର ଚିତ୍ର ପ୍ରକାଶ କରୁଛି। ଅରୂପ ଯାହାଙ୍କର ରୂପ, ବ୍ୟାକୁଳ ହୁଏ ତାଙ୍କୁ ଦେଖିବାକୁ ମନ, କଳ୍ପନାରେ ସେ ଆସନ୍ତି ନୀଳତମାଳ ଫୁଲର ବର୍ଣ୍ଣ ପରି, କେବେ ଦ୍ୱିତୀୟାର ଚନ୍ଦ୍ର ପରି, କେବେ ଶରତ ଆକାଶର ମୁଗ୍ଧ ବିମଳ ବିଭାସ ପରି। ଡୋଳା ଦୁଇଟି ଲାଗଇ କୃଷ୍ଣପକ୍ଷ ରାତି ପରି, ପୁଣି ପ୍ରକୃତିର ଶୁଭଶଙ୍ଖ ଶବ୍ଦରେ ଜଳିବାକୁ ଲାଗେ ମନର ଆଲୋକ ନିଜ ଭିତରେ ମଣିଷ ଖୋଜି ପାଏ ପରମାତ୍ମାଙ୍କ ସନ୍ଧାନ। ଯିଏ ଅନ୍ୟ କେହି ନୁହେଁ ପ୍ରତ୍ୟେକ ମଣିଷଙ୍କ ପାଇଁ ମୁଁ ନିଜେ ହିଁ ଈଶ୍ୱର। 'ଡାକିଲ କି ?' କବିତାଟିରେ ସତ ମିଛ ଲାଗେ, ସମୟର ଡାକରେ କାହାର ଶବ୍ଦ ନୀରବତାକୁ ଭାଙ୍ଗୁଥିବା ବେଳେ। ଫେରିବାର ସନ୍ଧିକ୍ଷଣରେ ପାଦ ଅଟକିଯାଏ, ଘନ ଘୋର ସମୟର ଛାତିଚିରି ହାତ ଧରି ଯେମିତି କିଏ ଟାଣି ଦିଏ ଦେବା ପାଇଁ ଯେମିତି ନିରାମୟ ଭବିଷ୍ୟତଟିଏ ଉପହାର ସୂତ୍ରରେ। ଖୋଜିଲା ଖୋଜିଲା ଆଖି ପହଁରି ବୁଲେ ଆକାଶ, ମାଟି, ଫାଟ ଓ ଗହଳ ପତ୍ର ଭିତରେ। ଶୂନ୍ୟ ବ୍ରହ୍ମଙ୍କ ଦର୍ଶନ ଅପେକ୍ଷାରେ ମଲ୍ଲୀଫୁଲ ମୃଦୁ ମୃଦୁ ହସୁଥାଏ, ଦୂବ ଘାସ ମହତ ପଦରଜର ତିଳକ ଆଶାରେ ଚାହିଁଥାଏ। ଚାରିଆଡ଼ ପୁଣି ଶୁନ୍‌ଶାନ୍ ଲାଗେ ମନ ଛନ୍ଦି ହୁଏ ନିଜ ଭାବନାର ସନ୍ଦେହ ଘେରରେ। 'ଅମୃତ ଲଗ୍ନ' କବିତାରେ ପ୍ରେମର ସ୍ନିଗ୍ଧ ଅନୁଭବ କଥା ବର୍ଣ୍ଣିତ। ଲକ୍ଷେ ଚନ୍ଦ୍ରର ଶୀତଳତା ବିଞ୍ଚି ହୋଇଯାଏ। ପ୍ରିୟତମଙ୍କ ଉପସ୍ଥିତି କଥା ମନେ ପଡ଼ିଲେ। ଅମୃତ ଲଗ୍ନରେ ଭୂଭଙ୍ଗୀ ଦୁଷ୍ଟାମିର ଢେଉ ତୋଳି ଅଳସୀ ସକାଳର ଶିଶିରାକ୍ତ ପାଲିଙ୍କିରେ ଚଢ଼ି, ମନ ପ୍ରିୟତମଙ୍କ ଦର୍ଶନ ଅଭିଳାଷରେ ଅଭିଭୂତ ହୁଏ। ନିଃଶବ୍ଦରେ ପଢ଼େ ନାହିଁ କିଏ କାହାକୁ ଲୋଡ଼ିଥିଲା ପ୍ରଥମ ସାକ୍ଷାତ୍‌ରେ। ସବୁ କିଛି ସ୍ମୃତି ହୋଇ ଭାସି ଆସୁଥାଏ ଚିରକାଳ ମାନସପଟରେ। 'ଅନୁପମ' କବିତାଟିରେ ସୁଖ-ଦୁଃଖର ନିଃଶ୍ୱାସରେ ପ୍ରେମ ଉଜ୍ଜ୍ୱଳ ଚିତ୍ର ପ୍ରତିମା ହୋଇ ଝଲସି ଉଠେ ସମଗ୍ର ଜୀବନର ଇତିବୃତ୍ତିରେ। ମନ କହୁଥାଏ ଦୂରତାର କଳାବାଦଲ ହଟାଇ ପ୍ରିୟତମ ତୁମେ ଆସ ଖୁବ୍ ନିକଟକୁ ମୋର। ଯେଉଁଠି ନ ଥାଉ ମାନ, ଅଭିମାନ, ଆଶା-ନିରାଶାର ସମ୍ଭାଷଣ। କେବଳ ସାନ୍ନିଧରେ ଆତ୍ମା ଯେଉଁଠି ହେବ ଆତ୍ମୀୟତାର ଭବ୍ୟ ଉଚ୍ଚାରଣ, ଶୁଭୁଥିବ ଦୁଇଟି ଆତ୍ମାର ଆହଟ। କବିଙ୍କ ଭାବନାରେ –

"ଛଳନାର ସିଂହାସନ ଲୋଡ଼ା ନୁହେଁ ମୋର
ଆତ୍ମା ପରି ଆତ୍ମୀୟତା ଦିଅ
ଦୂରତାର କଳାଗାରଟିକୁ
ଲିଭେଇ ଖୁବ୍ ନିକଟକୁ ନିକଟେଇ ଆସ

ଏତେ ନିକଟକୁ ଯେ, ଯେଉଁଠି ଉପମା ବି
ସରମରେ ଶିର ନୁଆଁଇବ
ସେ ଉଜ୍ଜ୍ୱଳ ଚିତ୍ରଟି କେବଳ
ଅନେକରେ ଏକ ହିଁ ହୋଇଥିବ।"

'ଶୀତଳ ଆଲଟ' କବିତାଟିରେ ସ୍ୱପ୍ନରେ ଶ୍ୱେତ ଶୁଭ୍ର ବସନର ହସନ୍ତ ଝଲକର ଚିତ୍ର ରହିଛି। କବି ପ୍ରମିଳା ଶତପଥୀ ଶୀତଳ ଆଲଟ କବିତା ମାଧ୍ୟମରେ ହୃଦୟର ଅନାହତ ପ୍ରତିଧ୍ୱନିକୁ, ଖୁବ୍ ମାର୍ମିକ ଭାବରେ ଉପସ୍ଥାପନ କରିଛନ୍ତି। ଛାୟାଶୂନ୍ୟ ସାହାରା ବି ଲାଗେ ବଟବୃକ୍ଷର ଶୀତଳତା ପରି। ପୃଥିବୀର ସମସ୍ତ ସୁନ୍ଦରପଣ ଯେମିତି ସେଇ ଠାରେ ନିହିତ ଅଛି। ଧ୍ୟାନର ବୃନ୍ତରେ ଫୁଟି ଉଠନ୍ତି ସମ୍ପର୍କର ଶତଦଳ। ଅରୂପ, ନିରାକାର ତଥାପି ବାର୍ତ୍ତାବହ ପବନ ଯାନରେ ବିହରିଥାନ୍ତି ପ୍ରତିଟି ମଣିଷର ଆରାଧନା ଭିତରେ। 'ନବ କଳେବର' କବିତାଟିରେ ପ୍ରେମଭକ୍ତିର ମଧୁର ସମନ୍ୱୟ ବର୍ଣ୍ଣିତ। ସମର୍ପଣର ଭିନ୍ନ ଏକ ଦିଗ, ଯେମିତି ମଧୁ ମଧୁ ଅଚିନ୍ତ୍ୟ ପରଶ ମିଳେ। ଦିଗବିଦିଗ ଚମକେଇ ନବକଳେବର ଉତ୍କଣ୍ଠା ଖେଳିଯାଏ। ଯେତେ ଯେତେ ପ୍ରଭୁଙ୍କର ନୂଆ ଜନ୍ମଟିଏ ନେବାର ସମୟ ଆସେ ପୁରୁଣା ସ୍ମୃତିର ଶରଧାବାଲିରେ ଭକ୍ତିଭାବ ଭିତରେ ଭକ୍ତ ମନରେ ସ୍ମୃତିର ଦରିଆ ବୁକୁରେ ଆଶା ସବୁ ଖୁସି ମନରେ ଲହଡ଼ି ଭାଙ୍ଗନ୍ତି। ନବଜନ୍ମରେ ଉତ୍‌ଫୁଲିତ କ୍ରନ୍ଦନ ଧ୍ୱନି ମନ-ପ୍ରାଣ-ଆତ୍ମାକୁ ପରମ ଶାନ୍ତି ପ୍ରଦାନ କରିଥାଏ। 'ଶୂନ୍ୟସ୍ଥାନ' କବିତାଟିରେ ପ୍ରତୀକ୍ଷାର ପୂର୍ବ ତରଙ୍ଗରେ ଯେମିତି ଭଙ୍ଗା ପଡ଼ିଛି। ଅନେକ ପ୍ରତିଶ୍ରୁତି ଶୂନ୍ୟସ୍ଥାନଟିଏ ସୃଷ୍ଟି କରିଛି। ଆକାଶ ଓ ପୃଥିବୀର ମଧ୍ୟ ଭାଗର ସାଇତା ସମ୍ପତ୍ତି ପରି ଅନ୍ଧକାର ଜୀବନର କାରାକକ୍ଷର ଛିଦ୍ରରେ କ୍ଷୀଣ ଆଲୋକର ରଶ୍ମି ସମଗ୍ର ଜୀବନକୁ ସାର୍ଥକ କରିଛି। 'କୁହୁଡ଼ି' କବିତାଟିରେ ଅଭିମାନୀ ମନର ଅଭିବ୍ୟକ୍ତି ପ୍ରକାଶ ପାଇଛି। କ୍ଷୀରସାଗର ଭାବି କୁହୁଡ଼ି ନଈରେ ପହଁରିବା ପରି ନିଜେ ନିଜ ହାତେ ଗଢ଼ିଥିବା ସଂସାରକୁ ଭ୍ରାନ୍ତିର ଲଟେଇ ଧରି ନିଜେ ନିଜ ସହ ଖେଳି ଚାଲିଛି। 'ହେ ବିଶ୍ୱନିୟନ୍ତା' କେବେ ଯଦି ତୁମେ ମୋ ପିଣ୍ଡ ବ୍ରହ୍ମାଣ୍ଡକୁ ଦେଖିବାକୁ ଚେଷ୍ଟା କରନ୍ତ ତେବେ ନିଶ୍ଚୟ ଦେଖି ପାରନ୍ତ ତୁମର ସମ୍ପୂର୍ଣ୍ଣ କାୟାକଳ୍ପ ମୋ କାୟା ଭିତରେ ସମାହିତ ହୋଇ ରହିଛି। 'ଛାଇ ଆଲୁଅ' କବିତାଟିରେ ସମୟର ଗତି ସହ ମଣିଷର ସ୍ଥିତି ବଦଳୁଥିବାର କଥା ରହିଛି। ପ୍ରେମମୟ ବାଙ୍ମୟତାରେ ଦର ଆଉଜା ଦେହର ଦୁଆରେ ଓ ମନ ଅଳିନ୍ଦରେ ପ୍ରେମ ପାଇଁ ରହି ରହି ଭରୁଥାଏ ଭରଣେ ବେଦନା ତୋଳୁଥାଏ ଚଳୁଏ ଆନନ୍ଦ। ପ୍ରାପ୍ତିର କରରେ ଆତ୍ମାର ମନ୍ଦିର ଯଦି କେବେ ଖୋଲିଯାଏ ତେବେ ନୀରବ ହେବ ଶବ୍ଦର ସହର ଓ ଅଧାଗଢ଼ା ରହିଯିବ ଆଶା ପୂର୍ତ୍ତିର ସୌଧ ନିର୍ମାଣ। 'ଏକଇ ସ୍ୱର' କବିତାରେ ସାରା ବିଶ୍ୱ ଯଦି ଈଶ୍ୱରଙ୍କ ସୃଷ୍ଟି ହୁଏ ତେବେ

ଜୀବନର ସମସ୍ତ ଘଟଣା ପ୍ରବାହ ସାକ୍ଷୀ ସେ ନିଜେ। ତୁମେ କି ମୁଁ ଏ ଭାବର ଅଭାବ ଘଟେ। ଜୀବନ କବିତାର ଗୋଟିଏ ସ୍ୱର ତୁମେ ଓ ମୁଁ। ମାତ୍ର ମାୟା ଦର୍ପଣରେ ଦେଖିଲେ ଈଶ୍ୱରୀୟସତ୍ତା ଉପଲବ୍ଧି ହୋଇପାରେ ନାହିଁ। ଆତ୍ମାର ଆଖେ ପାଖେ ଖେଳିଯାଏ ବିଦେହର ବାସ୍ନା। ସବୁଥିରେ ଦିଶୁଥାଏ ତୁମ ଅନାଙ୍କିତ ଛବି। ଜଣାପଡ଼ନ୍ତା ଯଦି କେଉଁଠି ତୁମ ଉପସ୍ଥିତ ମନ କାହିଁକି ଖୋଜୁଥାନ୍ତା ତୁମକୁ ଏଠି ସେଠି ସବୁଠି ! କବି ପ୍ରମିଳା ଶତପଥୀଙ୍କ ଏହି କବିତା ମାଧ୍ୟମରେ ମନର ଶାଶ୍ୱତ ପ୍ରେମ ପାଇଁ ଅସରନ୍ତି ଅନୁରକ୍ତିକୁ ପ୍ରକାଶ କରିଛି। 'ତୁମେ ଆସିଲେ' କବିତାଟିରେ ବିକ୍ଷିପ୍ତ ମନର ନିର୍ଲିପ୍ତ ପ୍ରେମର ଚିତ୍ର ରହିଛି। ଯାହାଙ୍କ ଆଗମନରେ ପଦ୍ମର ମହକରେ ମହକିତ ହୁଏ ଅନ୍ତଃପୁର। ଶୁଖିଲା ନଦୀ ପୁରନ୍ତା ପୁରନ୍ତା ଲାଗେ, ରାତିର ଆଖିରୁ ଲୁହ ହଜିଯାଏ, ଗୋଟିଏ ଗୋଟିଏ ତାରାଙ୍କ ଶରୀରରେ ଶତ ଶତ ଚନ୍ଦ୍ରର ଔଜଲ୍ୟ ଆସିଯାଏ, ଅସ୍ତିତ୍ୱ ନିଜର ବ୍ୟାପିଯାଏ ବିଶ୍ୱମଣ୍ଡଳ। ମୃତ ମନପକ୍ଷୀ ପାଏ ସତେକି ସଂଜୀବନୀର ସ୍ପର୍ଶ। ସ୍ଥିତପ୍ରଜ୍ଞ ଋଷି ପରି ସମସ୍ତ ବିଷୟ ଅସାର ମନେ ହୁଏ କେବଳ ପ୍ରଣୟ ବିକଳ ମନ ଅସ୍ଥିର ହୁଏ ବାରମ୍ବାର ସେ କେହି ନୁହେଁ ଯାହା ସହ ଜନ୍ମ ଜନ୍ମରୁ ରହିଛି ପ୍ରାଣ ସହ ପ୍ରାଣର ନିବିଡ଼ ବନ୍ଧନ। ଯାହାକି ଅନୁଭବରେ ମିଳିଯାଏ କ୍ଷଣିକ ପ୍ରାପ୍ତିର ସନ୍ଧାନ। 'ଅସମ୍ପୂର୍ଣ୍ଣ' କବିତାଟିରେ ପ୍ରାପ୍ତି ଅପ୍ରାପ୍ତିର ଲୁଚକାଳି ଖେଳ କବି ଲେଖିଛନ୍ତି। ପ୍ରତି ମୁହୂର୍ତ୍ତରେ ଯିଏ ହୃଦୟରେ ଅଛନ୍ତି, ନିଜ ଛାୟା କକ୍ଷରେ ପ୍ରତିକ୍ଷଣ ଘୂରୁଛନ୍ତି ତାଙ୍କ ବିନା ସତେ ଅବା ଜୀବନର ସବୁ କିଛି ବାଞ୍ଛିତ ସ୍ୱପ୍ନ ଅସମ୍ପୂର୍ଣ୍ଣ। କବି ପ୍ରମିଳା ଶତପଥୀଙ୍କ ଭାବନାର ଅନ୍ତରାଳରେ ସେ ଲେଖିଛନ୍ତି –

"ସ୍ଫଟିକ ସମ ନିରିମଳ ଲାଗେ ତମ
ଆପଣା ପଣିଆର ଏହି ଲୁଚକାଳି ଖେଳ
ସେ ନିର୍ମାଲ୍ୟ ଦାନ ଏ ଆଶାରେ
ଜାଣି ଜାଣି ମରୁଛି ମୁଁ
ଯୁଗେ ଯୁଗେ ବେଦନାର ଶୋଷ।"

'ଅନେକ ହାତରେ' କବିତାଟିରେ ମମତାର ବନ୍ଧନ କାଟି ଉଡ଼ିଯାଇଥିବା ଶାରୀଟି ଆପେ ଆପେ ପଞ୍ଜୁରୀର ଦ୍ୱାର ଖୋଲି ନିଜକୁ ଚିହ୍ନିଲାଣି କଥା ରହିଛି। ନିଜ ଭିତରେ ଶାଶ୍ୱତ ପ୍ରେମକୁ ଅନୁଭବ କଲା ପରେ, ସମର୍ପଣରେ ଭାବଟିଏ ଅଙ୍କୁରିତ ହେଲାପରେ ଅନେକ ଦିନରୁ ଶୁଖି ଯାଇଥିବା ବୃକ୍ଷରେ ନୂଆ କରି କୁଆଁ ବାହାରିଲାଣି, ବନ୍ଧ୍ୟା ପାଲଟି ଯାଇଥିବା ଭୂଇଁ ପଥୁରିଆପଣ ଛାଡ଼ି ଉର୍ବର ହେଲାଣି, ଅଦିନିଆ ମେଘର ସଜଳ ଆଶିଷ ପିଇ ଫଟା ଭୂଇଁରେ ଦୁବଘାସ ବଢ଼ିଲାଣି ମଲା ନଦୀ ପୂର୍ଣ୍ଣଗର୍ଭା ହୋଇ ସଙ୍ଗୀତର ମୂର୍ଚ୍ଛନା ତୋଳିଲାଣି ପବନର ତାଳେ ତାଳେ ନଈର ନୀଳକଇଁ ଓଠରେ ହସ

ଧାରେ ଲଗାଇ ଋତୁ ପରିବର୍ତ୍ତନର ସଙ୍କେତ ଦେଲାଣି। ମୁଁ ନୁହେଁ ଋତୁ ପରି ପ୍ରିୟତମ ମୋ ଭିତରେ ବଞ୍ଚିବାର ମୋହ ଯେମିତି ବଢ଼ାଇ ଦେଲେଣି। 'ଗୋପନ' କବିତାଟିରେ କଳ୍ପନା ପ୍ରବଣତା ପ୍ରକାଶ ପାଇଛି। ଜୀବନଯାକର ସବୁ ଘଟଣା ଚିପି ହୋଇ ରହେ ହୃଦୟ କାଗଜରେ। ରଙ୍ଗ ଭରି ଲେଖିବାକୁ ଇଚ୍ଛା ହୁଏ ହୃଦୟବନ୍ତା ମଣିଷର ହୃଦୟରେ। ପ୍ରାରମ୍ଭିକ ସମ୍ଭାଷଣ ଜଣାଇ କଳ୍ପନାରେ ଗଢ଼ିବାକୁ ଇଚ୍ଛା ହୁଏ ଶବ୍ଦର କୋଣାର୍କଟିଏ। ଯେଉଁଠି ଜଣେ କହୁଥିବେ ଆଉ ଜଣେ ଶୁଣୁଥିବେ। ଆଉ ଜଣେ ଶୁଣୁଥିବେ ସେ କହୁଥିବେ। ପ୍ରେମର ଏକ ମହାନୁଭବର ପ୍ରତ୍ୟାଶା ଏହି କବିତାର ରୂପକୁ ନୂତନତା ଦେଇଛି। 'ଅବୁଝା ପକ୍ଷୀ' କବିତାଟି ଲେଉଟାଣି ଆନନ୍ଦର କଥା ରହିଛି। ଶିଶୁ ସୁଲଭ ସରଳ ମନକୁ ଅନାଦର କରି ହୁଏନି। ମମତାର ଭଣ୍ଡାରରୁ ଥାଳ ଭର୍ତ୍ତି ତଣ୍ଡୁଳ ଦେବାକୁ ମନ କହେ। ଯାହାଙ୍କ ପାଇଁ ମନରେ ଏତେ ଶ୍ରଦ୍ଧା ଆସେ ତାଙ୍କର ତୃପ୍ତି ଦେଖି ମନ ପ୍ରଶାନ୍ତି ଲାଭ କରେ। ପୁଣି କେବେ କେବେ ତାଙ୍କର ଅବୁଝାପଣର ରୁକ୍ଷତା ଦେଖିଲେ ସମୟର ପଙ୍କପଟୁରେ ପୋତି ହେବା ପରି ଅନୁଭବ ହୁଏ। କେଉଁ ଜନ୍ମର ଭରଣା ବିରହ କରି ସକାଳର ଦରଜା ଖୋଲୁ ଖୋଲୁ ଦେଖିବାକୁ ମିଳେ ବାଳ-ସୂର୍ଯ୍ୟର ଗାଧୁଆ ସାରି ତାଙ୍କ ସ୍ଥାନରେ ସେ ସେମିତି ବସିଥାନ୍ତି, ଲାଗେ ଯେମିତି ବୁଝି ପାରିଛନ୍ତି ବିଗତ ଦିନର ଅନେକ ସ୍ମୃତି। ଯେମିତି କେବେ ବି ଯାଇନି ଛାଡ଼ି ମୋ ସ୍ନେହଁ ଛପରର। ସରଳ ମଣିଷର ଚିତ୍ର କବିତାକୁ ଢାଙ୍କି ଦେଇଛି। ପ୍ରିୟତମଙ୍କ ଲେଉଟାଣି ଆଗମନରେ ମନ ଲାଖି ଆଧାର ଭରି ଦେବା ପାଇଁ ଆପେ ଖୋଲିଯାଏ ହୃଦୟର ନିବୃତ୍ତ ଭଣ୍ଡାର। 'ଅଜଣା' କବିତାଟି ଅଲକ୍ଷ୍ୟରେ ଛୁଇଁ ଦେଇ ଯାଉଥିବା ଅନିର୍ବାଣ ଆଲୋକର ସ୍ଥିର ବଳୟର ଚିତ୍ର ରହିଛି। ଅକଳଙ୍କି ଆପଣାପଣରେ ଆୟୁତ ଯୁଗର ଆକୁଳତା, ପ୍ରୀତିମୟ, ରାଗ ତୋଳି ଧୀରେ ଧୀରେ ପରିଚିତ ସ୍ୱରରେ ଡାକୁଥିଲେ ମୋହଗ୍ରସ୍ତ ମଣିଷକୁ ସେ ସ୍ୱର ଅସ୍ପଷ୍ଟ ଶୁଭେ। ଅପରିଚିତ କଣ୍ଠସ୍ୱର ପରି ଅନୁଭବ ହୁଏ। 'ଡୋର ଛିଣ୍ଡେଇ ଦେଖ' କବିତାଟିରେ ସମ୍ପର୍କର ମହନୀୟତା ପ୍ରକାଶ ପାଇଛି। ପାପ୍ୟ ଠାରୁ ଅଧିକା ଖୋଜିବା ଯଦି ଅପରାଧ ହୁଏ ସେ ଅପରାଧରେ ଦଣ୍ଡିତ କରିବା ହିଁ ଯୁକ୍ତିଯୁକ୍ତ। ଯଦି ତୁମ ସ୍ନେହଁର ମୁଁ ଭାଗୀଦାର ନୁହେଁ ତେବେ ଥରେ ଡୋରି ଛିଣ୍ଡେଇ ଦେଖ ମୋ ଭାଗ୍ୟ ମୁଁ ଅବଶ୍ୟ ବଞ୍ଚିବି। ସ୍ନେହଁର ପୋଷା ବିଲେଇକୁ ସ୍ନେହ ଟିକେ ଦେଲେ ତୁମ ପାଦ ତଳେ ମୁହଁ ଘସୁଥିବ। ଅନାଦର ଭାବରେ ଅବା କି ଜୀବନ ଅଛି। ସେଠି ମରଣ ଠାରୁ ବି ବେଶୀ ଭୟଙ୍କର। 'ନିଜ କାହାଣୀ' କବିତାଟିରେ ପ୍ରକୃତି ଦେହେ ଲେଖା ଅଛି ନିଜର କବି ମନସ୍କ କାହାଣୀ କବି ପ୍ରମିଳା ଶତପଥୀ ବର୍ଣ୍ଣନା କରିଛନ୍ତି। ତନୁରେ, ଲତାରେ, ଆକାଶ ଓ ମାଟିରେ, ଫୁଲରେ ମହକରେ ସବୁଠି ପ୍ରିୟତମଙ୍କ ଉପସ୍ଥିତି

ଅନୁଭୂତ ହୁଏ। କୃତଜ୍ଞତାରେ ଓଠ କହେ ହେ ପ୍ରକୃତି ତୁମେ ଦେଇଛ ମୋତେ ଅମୂଲ୍ୟ ଉପହାର। କବିଙ୍କ ଭାଷାରେ –

"ଏଇ ନିରୀହ ଶୂନ୍ୟତା ଭିତରେ ଲୁଚି ରହିଛି
ତୁମ ନିର୍ଦ୍ଦେଶିତ ବତୀଘର
ଦିଗ ହୁଡ଼ିଲେ ଚେତେଇ ଦେବ ମନକୁ ଆଗୁଳି
ତମ ଆପଣାପଣରେ ଦେଖେ
ପ୍ରକୃତିର ବିଭୋର ବିନମ୍ର ଦେହେ
ଲେଖାଅଛି ମୋ ନିଜ କାହାଣୀ।"

'ଦୁଃଖ ରହିଗଲା' କବିତାରେ ଦେହରୁ ଦେହାତୀତର ଯାତ୍ରା କଥା ରହିଛି। ସଳଖ ଦୀପଶିଖା ଅଦୃଶ୍ୟ ପ୍ରତିମଙ୍କ ଚିତ୍ର ଆଙ୍କେ। ଦୃଶ୍ୟ ଅଦୃଶ୍ୟରେ ଯଦି ଚହଲିଯାଏ ଦୀପଶିଖା ଖୁବ୍ ଡର ଲାଗେ। ସୁର ସୁଧା ପାନ ସେଇଠି ରହିଯାଏ। ଅସମୟ ପ୍ରୀତିର ବଳିତା ଅଧାରୁ ଲିଭେଇ ଅଧାରୁ ଯିବାକୁ ପଡ଼େ। ରୁଦ୍ଧ ଦରଜା ସେ ପାଖୁ ନିଜ ନାଁର ଡାକ ଶୁଭୁଥାଏ ଅପୂରଣ ଆଶା ସବୁ ଦୁଃଖରେ ପରିଣତ ହୁଏ। 'ତୃପ୍ତିର ସୀମାନ୍ତେ' କବିତାଟିରେ ସଂସାରର ବିକ୍ଷିପ୍ତ ସାଗରରୁ ମଣିଷ ଖୋଜୁଥାଏ ଉତ୍କଣ୍ଠିତ ଜିଜ୍ଞାସାମାନଙ୍କୁ। ଦିଗନ୍ତ ବିସ୍ତାରି ମୋହ ଠାରୁ ନିଜକୁ ନିବୃତ୍ତ ରହି ଯଦି ସେ ଖୋଜିଥାଏ ଶୂନ୍ୟବ୍ରହ୍ମ ପରଂବ୍ରହ୍ମଙ୍କ ଠିକଣା କେଉଁଠି ତେବେ ନିରାଶରେ ଏଣେତେଣେ ଛାୟା ଅନ୍ୱେଷଣେ ଥକିପଡ଼େ କ୍ଳାନ୍ତ ପାଦ ଦୁଇ। ହେଲେ ଅନୁଭବ କରେ ସେ ନୀରବ ନିଶାର ସ୍ୱପ୍ନ ଶେଯରେ ଅଭିନବ ଜଳ ତରଙ୍ଗରେ ଭାସୁଛି ନିଜର ଶରୀର। ଜିଜ୍ଞାସାର ଶୂନ୍ୟ ସ୍ଥାନରେ ସେ ନିଜେ ହିଁ କେବଳ ନିଜକୁ ଦେଖୁଛି। ଶାନ୍ତ ହସରୁ ଚେନାଏ ଧରି ମନ ଛିଡ଼ା ହୋଇଛି ତୃପ୍ତିର ସୀମାନ୍ତରେ ନିଜକୁ ଆବୋରି। 'ମାନସ କୁଞ୍ଜ' କବିତାଟିରେ ନିଜ ଭିତରେ ନିଜକୁ ହଜେଇ ଦେବାର ପ୍ରବଣତା ଲକ୍ଷ୍ୟ କରିହୁଏ। ପଛ ଦିନଗୁଡ଼ିକର ପୃଷ୍ଠାକୁ ଲେଉଟାଇଲେ ଫୁଲପରି ବିଛେଇ ପଡ଼େ ଏଇ ଅଦୃଶ୍ୟ ଅନୁଭବ। ପ୍ରଜାପତିର ରଙ୍ଗୀନ ଡେଣାରେ, ପ୍ରଭାତର ସ୍ନିଗ୍ଧ ହସରେ, କଙ୍କିର ନିରୀହପଣରେ ସବୁଠି ଅନୁଭବ ହୁଏ ପରଂବ୍ରହ୍ମଙ୍କ ସାନ୍ନିଧ୍ୟ। ପାଦପକୁ ଲତା ବେଢ଼ିଥିବା ପରି ଅରୂପ, ଆଶାକାର ସ୍ୱପ୍ନ ଭିତରେ ଜଡ଼େଇ ରହିଥାନ୍ତି। ହେଲେ ସେ ଅନ୍ତରଙ୍ଗ ସମୟର ଚିତ୍ରପଟକୁ ଦେଖିବାକୁ ମଣିଷ ଖୋଜି ଚାଲିଥାଏ ମାନସ କୁଞ୍ଜରେ। କେବେ ସୁଖ ରୂପକ ଶାନ୍ତି ଭରିଦିଅ ଜୀବନରେ ତ ପୁଣି କେବେ ଦୁଃଖ ରୂପକ ଅଶ୍ରୁ ଦେଇ କ୍ଷତାକ୍ତ କରିଦିଅ ମଣିଷର ଆଶା ଓ ଭରସାର। ପୁଣି ପ୍ରତିକ୍ଷଣ ଫିକ୍ ଫିକ୍ ହସୁ ଥାଆନ୍ତି ମଣିଷର ଖିଆଲି ପଣରେ। 'ସ୍ୱରୂପା' କବିତାରେ ଆତ୍ମାର ପୀଠସ୍ଥଳ ମଣିଷର ହୃଦୟ କନ୍ଦର କଥା ରହିଛି। ନିଜକୁ

ଭଲ ଭାବରେ ପରଖି ନେବା ପରେ ପୁରୁଣା କାହାଣୀକୁ ଭୁଲି ସମସ୍ତ ତର୍କବିତର୍କର ବାହାରକୁ ବାହାରି ଆସି ମଣିଷ ହୃଦୟଙ୍ଗମ କରେ ମୁଁ ପ୍ରଶ୍ନ ଓ ମୁଁ ହିଁ ଉତ୍ତର ସେତେବେଳେ ହୃଦୟରେ ସତ୍ୟ ଓ ପ୍ରେମର ପ୍ରତିଷ୍ଠା ହୁଏ। ଅତୁଟ ବିଶ୍ୱାସରେ ମଣିଷ ଚିନ୍ତା କରେ ଅଦୃଶ୍ୟ ଶକ୍ତି ଯଦି ଏତେ ସୁନ୍ଦର ପୃଥିବୀର ସରଞ୍ଜନା କରିପାରନ୍ତି ତେବେ ମୋ ଓଠର ସବୁ ଶବ୍ଦ ତାଙ୍କ ଇଙ୍ଗିତରେ ଆସେ। ମୁଁ କେବଳ ମାଧ୍ୟମ ମାତ୍ର। ଖୁସି ହୋଇ ଅନୁଭବ କରେ ନିଜ ମୂକତ୍ୱକୁ ମୁଖରିତ କରିଛନ୍ତି ନିଜେ ସ୍ୱୟଂ ଶୂନ୍ୟବ୍ରହ୍ମ ଏବଂ ଅଭିଷିକ୍ତ କରେଇଛନ୍ତି ମତେ ସ୍ୱରୂପାସନରେ। 'ହଂସ ନଈର ହଂସୀ ମୁଁ' କବିତାଟି ଚିରନ୍ତନ ପ୍ରେମ ଉପରେ ପର୍ଯ୍ୟବସିତ। ବିଶ୍ୱାସର ସୀମାରେଖା ଡେଇଁଗଲା ପରେ ଶିଳାଭେଦି ଝରିବାକୁ ଲାଗେ ଆବେଗର ଧାରା। ଶୁଣାଇବାକୁ ଇଚ୍ଛା ହୁଏ ମାନ-ଅଭିମାନ ଭରା ଆତ୍ମକଥା। ଅଭିମାନରେ ପ୍ରିୟତମଙ୍କୁ ସବୁ କହିଦେବା ପରେ ତାଙ୍କ ନୀରବତା ଭାରି ବାଧେ। ଗହଳି ଭିତରେ ସତେକି ଖାଁ ଖାଁ ଲାଗେ। ଇନ୍ଦ୍ରଧନୁର ରଙ୍ଗ ହଜିଯିବା ପରି ଦିଶେ। ସଂଶୟ ମନସ୍କ ଆତ୍ମାଟି କିନ୍ତୁ କହିଚାଲିଥାଏ। କବିଙ୍କ ଭାଷାରେ –

"ଗୁମାନ କରି ବସିଛ ଯେ
ତୁମକୁ ତ ଅଜଣା ନୁହଁ
ହଂସର ନଈ ତୁମେ ହଂସୀ ମୁଁ ସେ ନଈର
ପ୍ରେମ ଆମ ଚରାଚର ବହମାନ ଧାରା
କହି ଦେଲି ତ କହି ଦେଲି
କୁହ ତୁମ ମୋ କାହାଣୀର
କଳାଦାଗ କେଉଁଠି ରହିଲା ?"

'ଅରାଏ ବିଶ୍ୱାସ' କବିତାଟିରେ ଅନ୍ତରଙ୍ଗ ଛାଇଟି ଜୀବନରେ ପ୍ରତି କ୍ଷଣରେ ରହି ରହି ଭରୁଥାଏ ସାହସ ଓ ଦେଇଥାଏ ଆଶ୍ୱସ୍ତିର ସ୍ପର୍ଶ କଥା ରହିଛି। କେବେ କେବେ ଶୂନ୍ୟତାର ଭଉଁରୀରେ ଦୁଃଖକୁ ଫିଙ୍ଗିଦେଇ ମଣିଷ ଅନୁଭବ କରେ ହୃଦୟର ଆଭ୍ୟନ୍ତରରୁ ଝରି ଯାଉଅଛି ଉଶ୍ୱାସର ହେମାଳ ଧାରଟିଏ। ପ୍ରାଣସଖାଙ୍କୁ ମନ କହିବାକୁ ଇଚ୍ଛା କରେ। ଥରେ ମୋ ପରି ଦେହ ଧରି ଦେଖ ସମୟ କିପରି ବିବଶ କରି ଦିଏ ଅନିଚ୍ଛା ପଥର ଖେଳନା ହେବାକୁ। ଗଣିବାକୁ ପଡ଼େ କେତେ ରକ୍ତର ପାଉଣା। ବିବଶ ହେବା ପରେ ମଣିଷ ବିଶ୍ୱାସର ଛପର ଅରାକ ଖସିପଡ଼େ ମନ ମଥାନରୁ। ବିଶ୍ୱାସ ହୁଏନା ନିଜକୁ କିପରି ଗାଇବ ସେ ଶାନ୍ତିର ଗୀତ; କିଛି ସମୟ ସଂସାରରୁ ଅଲଗା ରହି ଯେବେ ଆଶା କରିଥିବା ଭାରିପଣଟିର ହାତ ମଥା ଉପରେ ରହିବାର ଅନୁଭବ ହୁଏନା। 'ସାଥୀ' କବିତାଟିରେ ପ୍ରିୟସଖାଙ୍କ ଆକର୍ଷଣ ରହିଛି। ଧରା ଦିଅନ୍ତି କି ନ ଦିଅନ୍ତି ସେ ପ୍ରିୟତମଙ୍କ

ଇଚ୍ଛାର ଅଧୀନ। ଫୁଲ ଫୁଟୁ ଅବା ନ ଫୁଟୁ ତାହା ତ ଅବାଞ୍ଛିତ ଅଦୃଷ୍ଟ। ତଥାପି ମନ ନିରନ୍ତରେ ଖୋଜୁଥାଏ ଯେମିତି ସବୁ ଥର ହଜୁଛ ହଜିଯାଅ ପଛେ ମନପ୍ରାଣ ଅନ୍ତରକୁ ଛୁଇଁ ଦେଇ ଯାଉଥାଅ। କବି ପ୍ରମିଳା ଶତପଥୀଙ୍କ ଭାବନାରେ ଦୁଃଖ ହୁଏ ନାହିଁ ଯେବେ ନିର୍ଜନ ବାଲୁକା ପ୍ରାନ୍ତରେ କେହି ଜଣେ ବିଶ୍ୱାସର କ୍ରୀଡ଼ା ପ୍ରିୟ ସାଥୀଟିଏ ସାଥୀରେ ଥାଏ। ପାଖରେ ଥାନ୍ତୁ ଅବା ଦୂରରେ, ଅନ୍ତରରେ ଯିବା ଆସିବାର କ୍ରମ ପ୍ରିୟତମଙ୍କର ଏମିତି ଲାଗି ରହିଥାଉ। ଶୃଙ୍ଖଳିତ ଶାଶ୍ୱତ ପ୍ରେମର ପରିମାର୍ଜିତ ରୂପ ଏହି କବିତାରେ ପ୍ରକାଶିତ। 'ଜାଣିଛି' କବିତାଟିରେ ଅନ୍ତଃକରଣର ଚିତ୍ର ରହିଛି। ରାତିର ପରଦା ହଟିଲେ ନୂଆ ରୂପରେ ଉଇଁବେ ସୂରୁଜ। ଦେହ, ମନ, ଆତ୍ମା ଓ ଇଚ୍ଛାମାନେ ସବୁ ତାଙ୍କ ଲାଲିମାରେ ବିଶୋଧିତ ହେବେ। ମନର ଶିଙ୍ଗାର ରଚିବା ପାଇଁ ଆଉ କଳ୍ପନାର ମିଛ ପ୍ରଲେପନ ଆବଶ୍ୟକ ହେବ ନାହିଁ। ଅବରୁଦ୍ଧ କାରାକକ୍ଷ ଆଉ ବନ୍ଦ ଦରଜା ହୋଇ ରହିବ ନାହିଁ। ଜୀବନ୍ମୁକ୍ତ ମନ୍ତ୍ର ପାଣିରେ ପ୍ରାଣ ସ୍ନାନ କଲା ପରେ ସୁପ୍ତିର ପଲକରେ ନୂତନ ସୂର୍ଯ୍ୟଙ୍କ ଆଲୋକକୁ ପ୍ରସନ୍ନତାର ସହ ଗ୍ରହଣ କରିବ ଏବଂ ତା'ର ଦୃଷ୍ଟି ପଥରେ କେବଳ ପରମାତ୍ମାଙ୍କ ମୂର୍ତ୍ତି ଉଦ୍‌ଭାସିତ ହୋଇ ଉଠିଥିବ। 'ଅଭୁଲା ସମ୍ପଦ' କବିତାଟି କବି ପ୍ରମିଳା ଶତପଥୀଙ୍କ ସୁନ୍ଦର ଭାବନାର କଥା ଉପରେ ପର୍ଯ୍ୟବସିତ। କବିଙ୍କ ଭାବନାରେ ଏ ମାଟିରେ ମୋ ପାଦ ସ୍ଥିର ଥିବା ଯାଏ ତୁମ ସ୍ମୃତି ସନ୍ତକଟି ଜୀବନର ଗଲା ବାଟରେ ନୀତି ମନେ ପଡୁଥିବ। ସେ ସନ୍ତକର ନା କ୍ଷୟ ଅଛି ନା ସେ ତୁଳନୀୟ। ଚିର ଅମଳିନ ଯାହାର ଗୁଣ ସେ ନିଶ୍ଚୟ ସ୍ମୃତି ସନ୍ତକ। ସ୍ଥିର ଦୀର୍ଘତାର ଫାଶ, ପାଦକୁ ତୁମର ଛନ୍ଦି ପାରିବନି ଭାବି ମୋତେ ସନ୍ତକଟିଏ ଦେବା ପାଇଁ ଚାହିଁଥିଲା। ହେଲେ ତୁମର ଶୂନ୍ୟତା ହିଁ ତ ମୋ ଭିତରେ ତମ ସ୍ମୃତି ଚିର ଉଜ୍ଜୀବୀତ ରଖିବାର ପ୍ରକୃତ ପାଥେୟ ତାହାହିଁ ମଣିଷ ପାଇଁ ଅଭୁଲା ସମ୍ପଦ। ଯିଏ ହୃଦୟରେ ବାସ କରନ୍ତି ସେ ନିଜେ ହିଁ ସନ୍ତକ। ହୃଦୟବତ୍ତାର ଚରମ ନିଦର୍ଶନ ଏହି କବିତାଟିରେ ପ୍ରତିଫଳିତ ହୋଇଅଛି। 'ଅନେକ ପଚାରନ୍ତି' କବିତାଟି ଦିନ ଓ ରାତି ପରି ସତ୍ୟ ପ୍ରିୟତମଙ୍କ ସହ ନିଜର ସମ୍ପର୍କ ଉପରେ ଆଧାରିତ। ଅନେକ ଜାଣିବାକୁ ଇଚ୍ଛା ପ୍ରକାଶ କରନ୍ତି ପ୍ରିୟତମଙ୍କ ନାଁ, ଗାଁ, ରୂପ, ରଙ୍ଗ, ଘର ରାସ୍ତାର ଠିକଣା, ବସତି ଭିତରେ ଅଛନ୍ତି ନା ବାହାରେ, ଜନପଦରେ ରୁହନ୍ତି କି ଆପଣା ବାଟୀକା ତୋଳିଛନ୍ତି, ଘରକୁ ଯିବା ପାଇଁ ନାଲି ଗୋଡ଼ିର ରାସ୍ତା ପଡ଼ିଛି ନା ପାଦଚଲା ସରୁ ହିଡ଼ ରାସ୍ତା ! ସେ ରାସ୍ତାରେ କି କି ଗଛମାନଙ୍କର ସମ୍ଭାର ରହିଛି; କେତେ ହେବ ସେମାନଙ୍କର ରାଜନୀତିକ ସଂଖ୍ୟା। ଏମିତି ଅନେକ ପ୍ରଶ୍ନ ଭିତରେ ହସର ଜୁଆର ଉଠେ। ଶେଷରେ ବିବେକ, ମନ ଓ ଆତ୍ମା ବୁଝିପାରନ୍ତି ତମେ ମୋର 'ମୁଁ' ଛଡ଼ା ଆଉ କେହି ନୁହଁ। 'ଅନୁତପ୍ତ' କବିତାଟିରେ ସତେକି ସ୍ଥାଣୁ ପାଲଟିଛି ଜୀବନର ପାଦପର ବର୍ଣ୍ଣନା କବି ପ୍ରମିଳା ଶତପଥୀ କରିଛନ୍ତି।

ସମୟର ମୁଠିରୁ ମୁକୁଳେଇ ହୁଏନା କୋମଳ ହାତଟି ଭାଗ୍ୟର ବିରୋଧରେ। ହାତଗୋଡ଼ ଥାଇ ମଧ୍ୟ ନିଃସ୍ୱ ଲାଗେ ମଣିଷ। ବେଳେ ବେଳେ ଲାଗେ ବୋଧହୁଏ ମୁଁ ଠିକ୍ ସେ ତୁଲାଇ ପାରିଲିନି ଜୀବନର ଧର୍ମ ଓ କର୍ତ୍ତବ୍ୟ। କବିଙ୍କ ଭାଷାରେ –

"ବହୁ ମୂଲ୍ୟ ପ୍ରାପ୍ତିଟିକୁ
ଧରିରଖି ପାରିଲିନି ଯେଣୁ
ନିଜକୁ କ୍ଷମି, କରି ପାରୁନି
ଆଉ ଏକ ଭୁଲ୍ ପୁନରାୟ
ଅହରହ ହୃଦୟ ଭିଜି ରହିଛି
କଣ୍ଠରୁ ଫୁଟୁଛି 'ଅନୁତପ୍ତ' 'ଅନୁତପ୍ତ'
ଶବ୍ଦଟି କେବଳ।"

'ଗରଳ ସ୍ନାନ' କବିତାଟିରେ ନ ଫେରିବାର ଟାଣପଣରେ ମଣିଷ ବିଷୟା ବାସନରେ ଜଡ଼ିତ ହେଉଥାଏ ଜନ୍ମରୁ ପରଜନ୍ମ ପର୍ଯ୍ୟନ୍ତ ବର୍ଣ୍ଣିତ। ପଞ୍ଚ ପୁଷ୍ପର କେଶର ଫିଟେଇ ଇନ୍ଦ୍ରଧନୁର ସେ ପାଖ ଦେଶକୁ ଯେତେ ଥର ମଣିଷ ଉଡ଼ିବାକୁ ଇଚ୍ଛା କରିଛି ସେତେ ଥର ମନସ୍ଥ କରିଛି ଧୂସରିତ ଅଗଣାକୁ ଫେରିବାର ନାହିଁ। କାମନାର ମାର୍ଜାର ପୋଷି ନିରଶାର ସକତାରେ ଲୁହର କାହାଣୀ ଲେଖେ ସାମାନ୍ୟ ବଦଳାଇ ଦେଇ ପୁରୁଣା ପ୍ରଥାକୁ। ସୁଖ-ଦୁଃଖର ଆବର୍ତ୍ତରେ ଏମିତି ଘୁରୁଥାଏ ଚିରକାଳ ହେଲେ କ୍ଷଣିକରେ ପୁଣି ବଦଳିଯାଏ ଦେଖି ମଧ୍ୟ ସତ୍ୟର ସନ୍ଧାନ। 'ବିଯୁକ୍ତ' କବିତାଟିରେ ବିରହର ଅନୁଚିନ୍ତା ଝଲସି ଉଠିଛି। ମିଳନର ଆକାଂକ୍ଷା ମନରେ ଆସୁଥାଏ ପୁଣି ବାରମ୍ବାର ଜଳୁଥାଏ ସ୍ମୃତିର ନିଆଁରେ। ସଂଯୁକ୍ତ ହେବାର ବ୍ୟାକୁଳତାର ଶୂନ୍ୟତାର ଶୀତଳ କକ୍ଷକୁ ଟାଣି ହୁଏ ଭୟଙ୍କର ମନପ୍ରଣ ଓ ହୃଦୟ ଗୀତିମୟତାରେ ଛନ୍ଦି ହେବା ବେଳକୁ ଯେମିତି ଖସିପଡ଼େ କେଉଁଠି ଉଲକାଟିଏ, ପୁଣି ଯେଝା ବାଟରେ ଫେରିଯିବାକୁ ପଡ଼େ। ପୁଣି ସେଇ ପୁରୁଣା ଦୃଶ୍ୟର ଅବତାରଣା ଘଟେ। ଲୋଡ଼ିବା ପଣର ସୀମାହୀନ ଗଭୀରତା ସତ୍ତ୍ୱେ ଫୁଟୁଫୁଟୁ କାହିଁକି ବିଚ୍ୟୁତ ହୁଏ ବୃନ୍ତରୁ କଳିକା। ମନେ ହୁଏ ସତେକି ଅଦୃଷ୍ଟରେ କାହା ନିକଟେ ରହିଯାଇଛି କିଛି ପୁରୁଣା ପାଉଣା। 'ମିଛ ଆଶ୍ୱାସନା' କବିତାଟିରେ ଏକାନ୍ତ ନିଜରପଣର କଥାକୁ କବି ପ୍ରମିଳା ଶତପଥୀ ଉପସ୍ଥାପନ କରିଛନ୍ତି। ସମର୍ପଣ ଭାବଟିଏ ମନରେ ଆସିଲେ ଜଣେ ଅନ୍ୟ ପ୍ରତି ଆକୃଷ୍ଟ ହେବା ସ୍ୱାଭାବିକ। ଅଭିମାନର ସ୍ୱର ବି ମନରେ ପ୍ରଶ୍ନ କରେ। ଅନୁରାଗରେ ଥିଲାବେଳେ ପ୍ରେମ ଯେତିକି ସୁନ୍ଦର ଲାଗେ ଅଭିମାନରେ ତା'ର ମଧୁରତା ବେଶୀ ଉଦ୍‌ଭାସିତ ହୁଏ। କବି କହୁଛନ୍ତି ମୁଁ ଜାଣେ ପଥ ଚଳିବାର ଆନ ପାଥେୟ ଯେହେତୁ ମୋର ନାହିଁ ତେଣୁ ପ୍ରିୟତମଙ୍କ ସ୍ମୃତିକୁ ମୁଁ ମୋ ହୃଦୟରେ ସ୍ଥାନ ଦେଇଛି। ହେ ମୋର

ପ୍ରିୟତମ ତୁମେ ମୋର କେବେ ବି ନ ଥିଲ ଏ ସତ୍ୟ ମୁଁ ଜାଣିଥିଲି। ତଥାପି ତୁମ ବିନା ମୋର ସ୍ଥିତି, ମୋର ପରିଚୟ, ମୋର ଅସ୍ତିତ୍ୱ କିଛି ନାହିଁ ତେଣୁ ମୁଁ ସମର୍ପଣ କରିଛି ନିଜକୁ ତୁମ ଠାରେ। ସବୁକୁ ପଛ କରି ମୁଁ ସିନା ତୁମକୁ ଅନାଇ ବସିଛି ହେଲେ ତୁମ ମନ ଯମୁନାରେ ଆଉ କାହାର ଭାବଧାରାର ଉଜାଣି ଭିତରେ। ବେଳେ ବେଳେ ଅନୁଭବ ହୁଏ ମତେ, ତୁମେ ଉଡ଼ା ଚଢ଼େଇ। ଆଜି ମୋ ଅଗଣାରେ ତ କାଲି ଆଉ କାହା ଝରକାରେ ନିଜର ଥଣ୍ଟ ଘସୁଥିବ। ଏ ସବୁ କଥା ବି ମୁଁ ଜାଣିଛି ତଥାପି ତୁମକୁ ହୃଦୟର ଅମାରରେ ଅନୁରାଗର ସହ ବିଶ୍ୱାସରେ ସାଇତି ରଖିଛି। ପ୍ରେମର ଓ ସମର୍ପଣର ଭବ୍ୟ ଅନୁଭବରେ ଏହି କବିତାଟି ଖୁବ୍ ମର୍ମସ୍ପର୍ଶୀ ହୋଇଛି। 'ସବୁଜ ଯାତ୍ରା' କବିତାଟିରେ ଛାଡ଼ି ଯାଇଥିବା ପଦ ଚିହ୍ନରେ ଅଭୁଲା ସ୍ୱାକ୍ଷରଟିଏ ରଚିତ ହେବା କଥା ବର୍ଣ୍ଣନା ରହିଛି। ବିଚ୍ଛେଦର ଅନ୍ତରାଳେ ଯାହା କିଛି କାରଣ ଥାଉ ନା କାହିଁକି ଅନେକ ଦିନ ପରେ ମିଳନର ଆନନ୍ଦ ମିଳିଛି। ମିଳନ ପୂର୍ବରୁ ଦିବସର ଓଠରେ କ'ଣ ସ୍ୱପ୍ନ ରହିଥିଲା, ଅସ୍ତାଚଳ ସୂର୍ଯ୍ୟଙ୍କ ଆଗମନରେ ରାତିର ମୁଦ୍ରିତ ନୟନ କ'ଣ ରଚୁଥିଲା, ତାହା ଜାଣିବାର ଆଗ୍ରହ ନାହିଁ। ମିଳନ ପରେ ଏସବୁ ଭାବନା ଆସେନା ମଣିଷର। କୌଣସି ବାଧା କି ବନ୍ଧନ ନ ଥାଏ, ସମୟର ଗତିରେ କିଛି ବଦଳିବା ଆଗରୁ ନୂତନ ଇତିହାସ ଆରମ୍ଭ ହୁଏ ବିଶ୍ୱାସର, ଭରସାର ଓ ପୂର୍ଣ୍ଣ ପ୍ରତିଶ୍ରୁତିର। ଏଇ ଠାରୁ ହିଁ ଆରମ୍ଭ ହୁଏ ସବୁଜ ଯାତ୍ରାର ସମ୍ଭାର। 'ଭେଦ ଅଭେଦ' କବିତାଟିରେ ଦୃଶ୍ୟ ଓ ଅଦୃଶ୍ୟ ଭିତରେ ବିରାଟ ଶୂନ୍ୟତା ରହିଥିବା କଥା କବି ପ୍ରମିଳା ଶତପଥୀ ବର୍ଣ୍ଣନା କରିଛନ୍ତି। ପ୍ରେମ ପ୍ରାପ୍ତି ହେଲେ ନବଦ୍ୱର ବିଭାଶ୍ରୀରେ ନିଖରିଉଠା ପତ୍ରଶୂନ୍ୟ ସ୍ୱପ୍ନର ସିକୁଡ଼ା, ହୃଦୟ ମେଘ ପରି ମେଦୁରି ଉଠେ, ମାଟି ପରି ସୁରଭିତ ହୁଏ। ବାୟୁ ପରି ବିହରିତ ହୁଏ, ଅଗମ୍ୟ ଓ ଗିରୀ ଶୃଙ୍ଗ ରନ୍ଧ୍ର ଉପରନ୍ଧ୍ର ସ୍ୱଚ୍ଛ ଜଳ ଦର୍ପଣର ଧାର ପରି ଚିକ୍ ଚିକ୍ ଦିଶେ। ଅପ୍ରାପ୍ତି ବୋଧରେ ନିଜେ ଆଙ୍କିଥିବା ଚିତ୍ର ପ୍ରତିମାର ଭିତର ବାହାରର ସ୍ୱପ୍ନ, ଅପଛାୟାର ବକ୍ର ସୃଷ୍ଟିରେ ଭାଙ୍ଗି ପଡ଼େ। ଅଭାବବୋଧର ମରୁମୟତାରୁ ପାର୍ଥକ୍ୟ ନିରେଖିବାକୁ ଇଚ୍ଛା ହୁଏ। ଶୁଖିଲା ସମୟର ରସଭର ଛାତି ଜଳିଯିବା ପରି ଲାଗେ। ଅନେକ ଶୂନ୍ୟତା ଭିତରେ ନିଜେ ଏକ ବିରାଟ ଶୂନ୍ୟତା ପରି ଅନୁଭବ ହୁଏ। କବିଙ୍କ ଭାଷାରେ –

"ନୂତନ ଅଙ୍ଗୀକାରଟେ ଚହଁରି ବୁଲେ<br>
ପୂର୍ଣ୍ଣତାର ଜହ୍ନ ଆଲୋକରୁ ଭାଙ୍ଗିପଡ଼ିଲି ତ<br>
ଦେଖେ ତମେ ଆଉ ମୋ ଭିତରେ ନାହଁ<br>
ଯେମିତି ମୁଁ ମରି ସାରିଛି<br>
ଜନ୍ମିବାର ଅନେକ ପୂର୍ବରୁ।" (ଭେଦ ଅଭେଦ)

'ପଦ୍ମ ପାପୁଲି' କବିତାଟିରେ ସମ୍ଭାବନାର ଦୂର ଦିଗନ୍ତଟିଏ ବିସ୍ତାରିତ ରୂପ ନେଇଛି। ଅନେକ ଯତ୍ନ ପରେ ବି ନିଖୁଣ ଗଢ଼ଣ ସତ୍ତ୍ୱେ ବି ଅନେକ ବର୍ଷ ଯାଏଁ କଢିଟିଏ କଅଁଳି ନଥିବା ଶାଖାଟିରେ ବନ୍ଧ୍ୟା ଦୋଷ କାଟି ପୁଷ୍ପାଭରଣ ହୋଇଛି। ଧୋବ ଫରଫର ପୁଷ୍ପମାନ ବିଶୁଦ୍ଧ ହସଟିଏ ହସିଛନ୍ତି। କବିଙ୍କ ଭାବନାରେ ଆସ୍ଥା ଯଦି ଫୁଲ ହୁଏ ଆତ୍ମାକୁ ଚିହ୍ନି ପାରିଥିବା ବ୍ୟକ୍ତିତ୍ୱ ହିଁ ପ୍ରକୃତ ମାଳୀ। ଯିଏ ନିଜକୁ ଚିହ୍ନିପାରିଛି ସେଠି କାହାରି ଯତ୍ନ କି ଅଯତ୍ନର ପ୍ରଶ୍ନ ଉଠେ ନାହିଁ। ଶରୀରର ଯତ୍ନ ବାହ୍ୟ ସୌନ୍ଦର୍ଯ୍ୟକୁ ବଜାୟ ରଖିବା ପରି ଆତ୍ମାର ସୌନ୍ଦର୍ଯ୍ୟ ପରିଶୁଦ୍ଧ ଆଚରଣ ଓ ପ୍ରେମ ଦ୍ୱାରା ସମ୍ଭବ ହୋଇଥାଏ। ସେ ବୃକ୍ଷ ନିଜେ, ସେ ବୃକ୍ଷର ଫୁଲ ନିଜେ ମାତ୍ର ପ୍ରସ୍ଫୁଟିତ ଫୁଲର ସୌରଭ ହେଉଛି ପ୍ରଶାନ୍ତି ସୁଖର ଅନ୍ତଃକରଣ ସୌନ୍ଦର୍ଯ୍ୟ ଓ ପବିତ୍ର ଆତ୍ମାର ପ୍ରତିଫଳନ। ନିଜକୁ ଚିହ୍ନିବା ପରେ ଅନୁଭବ ହୁଏ ସମ୍ଭବତଃ ମୁଁ ପାଷାଣୀ ଅହଲ୍ୟା ଓ ଶାପଗ୍ରସ୍ତ ଥିଲି। ଈଶ୍ୱରଙ୍କ ପଦ୍ମ ପାପୁଲିର ସ୍ପର୍ଶରେ ମୁକୁଳିତ ହେଲି। 'କୂଳହୀନ ଧାରା' କବିତାଟିରେ ପ୍ରତୀକ୍ଷିତ ପୁଷ୍ପଗୁଚ୍ଛ ମୁହୂର୍ତ୍ତର ପଦଶବ୍ଦ ଗଣୁ ଗଣୁ କ୍ଳାନ୍ତିର ଚଦର ଘୋଡ଼ି କାହାରି ଅପେକ୍ଷାର ଅନ୍ତରେ ଶୋଇଯାଏ ମନ ନୈରାଶ୍ୟର ଲୋହିତ ଶଯ୍ୟାରେ। ଏହିପରି କାରୁଣ୍ୟର ଚିତ୍ର ରହିଛି। ପ୍ରାଣର ନୂତନ ସ୍ପର୍ଶରେ ଆହ୍ଲାଦିତ ତନୁରୂଭ ଦେଖିପାରେ ପ୍ରିୟତମଙ୍କ ସ୍ୱରୂପ ମାତ୍ର ତାହା ଯେମିତି ଏକ ପଳ ସମୟର ବେଢ଼ିଟିକୁ ପାଦରେ ଛନ୍ଦେଇ ମାଟି ପ୍ରତିମାର ମସୃଣ ପ୍ରଲେପ ତଳୁ ପାଳକୁଟାର ବାସ୍ତବତା ଦେଖିବା ପରି ଲାଗେ। ପ୍ରିୟତମଙ୍କ ଆଗମନ ସତେ ଯେପରି ସନ୍ଧ୍ୟା ପରର ଶଙ୍ଖ ଶବ୍ଦ ଅଲୋଡ଼ା ମନେ ହୁଏ। ପୁଣି ତୁମ ଭାବନାରେ ଫେରିଯିବାଟା ବି ତ୍ରିଶଙ୍କୁ ବେଦନାର କୂଳହୀନ ଧାରାପରି ଅନୁଭବ ଆଣେ। 'ଅମୁହାଁ ଦେଉଳ' କବିତାରେ ଫେରିବାକୁ ଇଚ୍ଛା ହୁଏ ନାହିଁ ଥରେ ଶାଶ୍ୱତ ଶ୍ରଦ୍ଧାରେ ନିଜକୁ ସମର୍ପିତ କରିସାରିବା ପରେ। ସେ ମୋହିନୀ ମନ୍ତ୍ରରେ କି ଯାଦୁ ଅଛି କେଜାଣି କ୍ଷଣକରେ ତରଳିଯାଏ ସବୁ ରାଗ, ରୋଷ, ମାନ ଓ ଅଭିମାନ। ଚକା ଚକା ଦୁଇ ଆଖିକୁ ଥରେ ଚାହିଁ ଦେଲେ ସଂସାରର ସବୁ କିଛି ନୂଆ ନୂଆ ଦିଶେ। ଛାତି ତଳେ ଚାପି ହୋଇଯାଏ ଯେତେ ସବୁ ଟାଆଁସିଆ ଶବ୍ଦର ଲଉଡ଼ି। ଇଚ୍ଛା ହୁଏ ସବୁ ସମ୍ପର୍କ ଛିଣ୍ଡାଇ ମୁଁ ଚାଲିଯିବି ମୁକ୍ତ ବିହଙ୍ଗ ପରି ମୋ ନିଜ ରଚିତ ସାମ୍ରାଜ୍ୟକୁ। ଯେଉଁ ବେଦାଗ ଆକାଶ ତଳେ ଗାଇ ବି ସୁଖର ମହ୍ଲାର। ନିଜ ହାତେ ଗଢ଼ିଥିବା, ଭାଙ୍ଗିଥିବା କେତେ ମଧୁର ସ୍ୱପ୍ନ ସରାଗ। ହେଲେ କେମିତି କେଜାଣି ହେ ଈଶ୍ୱର ତୁମ ଆସିବାର ଅନୁଭବରେ ଖୋଲିଯାଏ ମୋର ଅମୁହାଁ ଦୁଆର ଠିକ୍ ଭୋଜବାଜି ବିଦ୍ୟାପରି। ତୁମ ଇଚ୍ଛାର ଖେଳନା ହେବାକୁ ମଣିଷ ଇଚ୍ଛା କରେ ନାହିଁ ଭାବି ପଛକୁ ଫେରିଯିବାର ଚିନ୍ତା କଲା ବେଳେ ଅଲିଅଳ ପଣରେ କେହି ଜଣେ ଅଦୃଶ୍ୟ ହାତରେ ଟାଣିଧରେ ଆଉ ରହିଯିବା ପାଇଁ କହୁଥାଏ। ଏହି ଖେଳରେ ସାଇତା ଅଛି ତୋ ପାଇଁ

ସୁବର୍ଣ୍ଣର ସିଂହାସନ, ରୂପାର ଋମର। ଭାଙ୍ଗିଯାଏ ସ୍ୱପ୍ନ ବାସ୍ତବତାର ବିଭୀଷିକା। ମନ କହେ ଏପରି ମନଟେ କିଏ ଦେଲା ଯେ କ୍ଷଣକ୍ଷଣକୁ ନିଜେ ବଦଳାଉଥାଏ ଆପଣା ଝଙ୍କାର। 'ତୁମେ ଡାକୁଛ' କବିତାରେ ରହିଛି ଆନନ୍ଦର ଧାରାରେ ଆତ୍ମାର ପଲ୍ଲବକୁ ଧୋଇ ଦେବା ପରେ ସୁଖର ପରମ ବେଦୀରେ ନିଜକୁ ସମର୍ପଣ କରିହୁଏ। ହେଲେ ଯିବି ଯିବି ବୋଲି ମଣିଷ ଭାବୁଥାଏ ସିଦା ଯାଇପାରେ ନାହିଁ ସେ ସୁଖର ସନ୍ଧାନେ। ଗୋଡ଼ ଅଟକିଯାଏ। ବିବେକ ବାଧା ଦିଏ ଏକା ଏକା ଭୁଞ୍ଜିବାକୁ ସେ ଅମୃତମଣୋହୀ, ଏକା ଏକା ଦେଖିବାକୁ ଦିବ୍ୟ ରୂପ ସେ ଅପୂର୍ବ ମୂରତୀ। ଅନୁରକ୍ତିର ଛନ୍ଦଣିରେ ଲଟକି ରହେ ମନ ଏଇ ପୃଥିବୀରେ, ବିଷାଦରେ ଆତଯାତ ଜୀବମାନଙ୍କୁ ମମତାର ଅଙ୍ଗୁଳିରେ ସାଉଁଳି ଦେଇ ସାନ୍ତ୍ୱନା ଟିକେ ଭରିଦେବା ପାଇଁ। 'ମନ ଶାମୁକା' କବିତାରେ କବି ପ୍ରମିଳା ଶତପଥୀ ଖୁବ୍ ଚମତ୍କାର ଭାବରେ ମଣିଷର ମନର ଅକୁହା କଥାକୁ ଉପସ୍ଥାପନ କରିଛନ୍ତି। ପ୍ରିୟତମଙ୍କ ପ୍ରବେଶର କଥା ପ୍ରକାଶ କରିପାରେ ନା ପ୍ରତିୟମା। ତାଙ୍କ ପ୍ରତି ଲେଖିଥିବା ଅଲେଖା ଚିଟାଉ ଦେଖେଇ ହୁଏନା। କାରଣ ସେ ପ୍ରିୟତମଙ୍କ ରୂପ କେମିତିକା, ତାଙ୍କ ଶରୀରର କେତେ ଉଚ୍ଚତା ସେ ନିଜେ ବି ଜାଣେନା। ଲଣ୍ଡା ପାହାଡ଼, ନିରୋଳା ଝାଉଁବଣ, ଶ୍ୟାମଳ ଅରଣ୍ୟ ସବୁଜ ପାଏ ପ୍ରିୟତମଙ୍କ ଉପସ୍ଥିତି ମାତ୍ର ନୀରବ ରୁହେ ପ୍ରିୟତମା କହିପାରେନା କିଛି। କାରଣ ପବନର ବି କାନ ଅଛି। କାହା ଆଖିକୁ କେମିତି ଦିଶିବ ଅଦେହ ମିଳନର ସ୍ଥିତି! ଯିଏ ନିବୃତ୍ତ ହୃଦୟର ସଂଗୋପିତ ମୁକ୍ତା ପୁଣି ଯିଏ ଅରଣ୍ୟ ମୃଗୟାର ଚଳମାନ ପ୍ରବଞ୍ଚନା। କବିଙ୍କ ଭାଷାରେ –

"ଏମିତି ଦରଦୀ ମନଟିଏ ମିଳୁଛି କାହିଁ ଯେ
ଯାହାକୁ କହି ପାରନ୍ତି
ପାହାଡ଼ ଚଢ଼ାର କଥା
ଶୀର୍ଷରେ ପହଞ୍ଚି ପୁଣି
ଖସି ପଡ଼ିବାର ବ୍ୟଥା
ତୁମେ ସେମିତି ଗୋପନ କାହାଣୀ
ହୋଇ ରହିଥାଅ ସଦା।"(ମନ ଶାମୁକା)

'ଭାଗ୍ୟଫଳ' କବିତାରେ ନିଜକୁ ପ୍ରତାରଣା କରିବାର ଏକ ସହଜ ଉପାୟ କଥା ରହିଛି। ବେଳେ ବେଳେ ନିଜ ସହ ଛାଇ ସହ ପ୍ରିୟତମଙ୍କ ସହ ଖେଳିବାକୁ ଇଚ୍ଛା ହୁଏ। ମିଛ ମିଛି ଖେଳିବାକୁ ଭଲ ଲାଗେ। ଗୋପନ ରହସ୍ୟ ଜାଣିବାକୁ ଇଚ୍ଛା ହୁଏ। ଭାଙ୍ଗିବାକୁ ଇଚ୍ଛା ହୁଏ ସରାଗ ସଉଧ। କାରଣ ନ ଭାଙ୍ଗିଲେ ଗଢ଼ିବାର ନୂଆ ନୂଆ ଅନୁଭବ କାହିଁ! ପରିପକ୍ୱ ଓ କଳା କୌଶଳରେ ନିଜକୁ ଆୟତ୍ତ କରିବାର

ଦାୟିତ୍ୱ ମଣିଷର ଆସେ। ଭାଗ୍ୟର ଖେଳରେ ଅବ୍ୟର୍ଥ କେବେ ବ୍ୟର୍ଥ ତ ବ୍ୟର୍ଥ ପୁଣି କେବେ ଅବ୍ୟର୍ଥ ହୋଇଯାଏ। ଏ ଖେଳ କିନ୍ତୁ କ୍ରମ ପ୍ରବାହିତ। ସମୟ ସହିତ ଏ ଖେଳର ଭାଗ୍ୟଫଳ କେବେ ଶୂନ୍ୟ ରହେନା। ହେଲେ ପ୍ରାପ୍ତି ଏବଂ କ୍ଷତି ଉଭୟ ଦିଗକୁ ବିବେଚନା କଲେ ପ୍ରାପ୍ତିର ଦିବ୍ୟତ୍ୱ ଅନୁଭବ ବେଶି ମିଳିଥାଏ। 'ଜାଣେନା' କବିତାଟିରେ ଈଶ୍ୱରଙ୍କ ଉପସ୍ଥିତି ସମ୍ପର୍କରେ କବି ପ୍ରମିଳା ଶତପଥୀ ବର୍ଣ୍ଣନା କରିଛନ୍ତି। କାହାର ଆଖିରେ ପରମ ପୁରୁଷଙ୍କ ରୂପ କେମିତି ଓ କେଉଁ ଭଳି ଜାଣି ହୁଏନା। କା' ଆତ୍ମାରେ ତୁମ ରୂପର କେଉଁ ନାମ କିଏ ଦିଏ ତା' ବି ଜାଣି ହୁଏନା। କବିଙ୍କ ଦୃଷ୍ଟିଭଙ୍ଗୀରେ ପରମ ପୁରୁଷଙ୍କ ଶରୀରର ଆକଳନ କରିଲେ 'ଭୂ' ଠୁ 'ସ୍ୱ' ଯାଏଁ ସବୁଠି ତାଙ୍କ ଉପସ୍ଥିତି ଭିନ୍ନ ଭିନ୍ନ ଏବଂ ସବୁ ଠାରେ ସେ ବିଦ୍ୟମାନ। ଆତ୍ମାର ଅତଳକୁ ସେଇ ସତ୍ତାଟି ଯେବେ ଛୁଇଁଯାଏ ସେବେ ଶବ୍ଦ ସବୁ ଲୁଚିଯାନ୍ତି ଅବ୍ୟକ୍ତ ଭାବନାରେ। ସବୁ ଆରମ୍ଭର ବାହାରେ, ସବୁ ଶେଷର ବାହାରେ ପରମ ପୁରୁଷଙ୍କ ଅନ୍ୱେଷଣ ଅନ୍ତଶୂନ୍ୟ ଏକ ସୁନିର୍ମଳ ପଥ ଯେଉଁଠି ଆତ୍ମା ଲାଗେ ପବିତ୍ର, ମନ ରହେ, ପ୍ରସନ୍ନ ଓ ଜୀବନ ଲାଗେ ଈଶ୍ୱର ପ୍ରାପ୍ତିର ଏକ ମାତ୍ର ଲକ୍ଷ୍ୟ। 'ପୁରୋଧା' କବିତାଟିରେ ମାୟାର ପରଳ ପଡ଼ିଲେ ମନର ଦୁଃଖ ସବୁ ପ୍ରଶ୍ନ ପାଲଟିଯାନ୍ତି ଯାହାକି ଶାଶ୍ୱତ ପ୍ରେମର ସୁରଭିକୁ ମଣିଷ ଗ୍ରହଣ କରି ନ ପାରିବାପଣର ଚିତ୍ର ରହିଛି। ଦୁର୍ବଳ ମୁହୂର୍ତ୍ତର ପୃଷ୍ଠ ଦେଶରେ ପାଦ ଥାପିବା ପରେ ମଣିଷ ନିଜ ସହ ଖେଳିବାକୁ ଆରମ୍ଭ କରିଦିଏ। ଦୃଢ଼ତାର ଲଗାମ ଛିଣ୍ଡାଇ ନିଜକୁ ଚିରନ୍ତନ ବିଶ୍ୱାସ ଠାରୁ ଅଲଗା କରିବାରେ ଲାଗିପଡ଼େ। ଚେତନରୁ ଅଚେତନକୁ, ଭାବରୁ ଅଭାବକୁ, ଦୁଃଖର ସିଆର ଧରି ମନ ତା'ର ଖସିଯାଏ ଅସତ୍ୟର ଅନ୍ଧିଲି ଗର୍ଭକୁ। ଭାବନାର ସ୍ୱଚ୍ଛ ନଈ ପଙ୍କିଳ ହୋଇଯାଏ। ନିଜ ମନର ଉତ୍ତର ସବୁ ପ୍ରଶ୍ନ ପାଲଟିଯାଇ ଓହଳି ପଡ଼ନ୍ତି ହୃଦୟ ବେଦୀରେ। ମୃତ ଇଚ୍ଛା ସବୁ ବଞ୍ଚି ଉଠନ୍ତି ଅଶ୍ଳୀଳ ଶବ୍ଦର ଆକର୍ଷଣରେ। ପ୍ରତିଟି ପଂକ୍ତିରେ ରୁଦ୍ଧଶ୍ୱାସୀ ମନର କଥା ବାରି ହୋଇପଡ଼େ। ପୁଣି ମନ ଶାଶ୍ୱତ ଶ୍ରଦ୍ଧା ଓ ପ୍ରେମକୁ ଉପଲବ୍ଧି କରିବା କଷ୍ଟ ହୁଏ। ବ୍ୟାକୁଳତାପଣର ଦୂରତା ସାଉଁଟି ଚାଲେ ଜୀବନ। ଭୁଲିଥିବା ଅନେକ କଥା ଗୋଟି ଗୋଟି କରି ସବୁ ମନ ଯଜ୍ଞର ପୁରୋଧା କରି ବରିଥିଲା। ସେ ହିଁ ଦୁଃଖର ସାଗରର ଭିତରେ ବୁଡ଼ି ଯାଉଥିବା ବେଳେ ଦୂରତା ବଢ଼ାଇ ଚାଲିଛନ୍ତି। 'ଯା'ରେ ପକ୍ଷୀ' କବିତାଟିରେ ଭିନ୍ନ ଏକ ଅନୁରାଗର ବର୍ଣ୍ଣନା ରହିଛି। ପ୍ରେମରେ ଅଧିକାର ଶୋଭା ପାଏନା। ଝରଣା ପାଣିର ସ୍ୱାଦ ପରି ଯେତେ ମିଠା କଥା କହିଥିଲେ ବି, ମମତାର କ୍ଷୀର ମହୁରେ ଯେତେ ବୁଡ଼େଇ ଦେଲେ ବି ପ୍ରେମକୁ ସ୍ପର୍ଶ କରି ହୁଏନା। ସବୁ ପରୀକ୍ଷା ନିରୀକ୍ଷା ସରିଥିଲେ ବି ହାରିବାକୁ ପଡ଼େ ବାରମ୍ବାର। କାହିଁକି! କେଉଁଥି ପାଇଁ! ଏ

ସବୁର ଅବୁଝା ପ୍ରଶ୍ନ ଅସମାହିତ ହୋଇଯାଏ ଦିନ କେଇଟାରେ। କେବଳ ମାତ୍ର ଅନ୍ୟ ମନସ୍କତାରେ ପ୍ରିୟତମଙ୍କ ପ୍ରେମରେ ମିଳିଥିବା ସୁଗନ୍ଧ ଚିରକାଳ ପ୍ରିୟତମା ନିକଟରେ ଜୀବନ ଓ ଜୀବନ୍ତ। ପ୍ରେମରେ ଅଧିକାରର କାମନା ନାହିଁ ସେତିକି ହିଁ ସନ୍ତୁଷ୍ଟ ଦିଏ ଯେତିକି ତା'ର ପ୍ରାପ୍ୟ। ଶାଶ୍ୱତ ପ୍ରେମରେ ନ ଥାଏ ଅନୁରାଗର ବନ୍ଦନା ସ୍ୱପ୍ନ ଇଲାକାରୁ ମଧ୍ୟ ସମ୍ପୂର୍ଣ୍ଣ ବିମୁକ୍ତ ପ୍ରେମର ସ୍ୱରୂପ। 'କପଟପଶା' କବିତାଟିରେ କବି ଆସକ୍ତିର ପଥରୁ ନିବୃତ୍ତ ରହିବା କଥା ଲେଖିଛନ୍ତି। ଅନ୍ଧାରର ଅଜ୍ଞାନ ଗୁହାରେ ନିର୍ବିକଳ୍ପ ଆନନ୍ଦର ସକଳ ଶାଖାକୁ ଲୁଚାଇବା ଆବଶ୍ୟକ ନାହିଁ। ଈଶ୍ୱରଙ୍କ କପଟପଶାକୁ ବୁଝିବା ଏତେ ସହଜ ନୁହେଁ। କବି ପ୍ରମିଳା ଶତପଥୀଙ୍କ ଭାବନାରେ ବିକଳ୍ପର ଚିନ୍ତନରେ ମିଳନର ଆଶାନ୍ୱିତା ଧାର ରୁଦ୍ଧ ନ ହେଉ। କର୍ମ ପ୍ରବଣତାର ଯେତେ ଯାହା ସବୁ କଥାଗୁଡ଼ିକରେ ମୋହ ନ ରହୁ। ପଦ୍ମ ପତ୍ର ସମ ହେଉ କର୍ମମୟ ଜୀବନ। ତେବେ ମଣିଷ ପାଇଁ ଈଶ୍ୱରଙ୍କ ଆଶୀର୍ବାଦ ଓ ସାନ୍ନିଧ୍ୟ ନିଶ୍ଚୟ ପ୍ରାପ୍ତ ହେବ। କବି ଲେଖିଛନ୍ତି;

"ଏହା ବି ତ କହିଥିଲ ଦିନେ
ସବୁ ବନ୍ଧନରେ ଛନ୍ଦ ଖୋଲି ଦେଲେ
ନିଜେ ତମେ ଅଭିଷିକ୍ତ କରେଇବ
ଆନନ୍ଦର ଅଲିଭା ବେଦୀରେ
ଯେଉଁଠି ପ୍ରଜ୍ଞାର ନଈଟେ ବହେ
ପ୍ରେମର ମୁକ୍ତାଫଳେ
ସମଦର୍ଶୀ ହୀରାର ବୃକ୍ଷରେ।"

'ନିଖୋଜ ବଣିକ' କବିତାଟିରେ ସତ୍ୟତାର ସନ୍ଧାନ କବି କରିଛନ୍ତି। ଯେଉଁଠି ମୃତ୍ୟୁ, ମୃତ୍ୟୁ ହୋଇ ରହେ ନାହିଁ ଲାଗେ ସତେ କି ସେ କୁସୁମ ପରଶ। ଛଳନାର ଧୂଳ ଦାଣ୍ଡରୁ କବି ନେଇଯିବା ପାଇଁ ପ୍ରଭୁଙ୍କୁ ନିବେଦନ କରିଛନ୍ତି। ଯେଉଁଠି ତୁମ ଉପସ୍ଥିତି ମୁଁ ସେଇ ବୃକ୍ଷରେ ପତ୍ର ହୋଇ କଅଁଳିବି। ତୁମ ହାତ ତିଆରି ଡେଙ୍ଗରେ ମୁଁ ମୁକୁଳା ଫୁଲଟେ ହୋଇ ମଧୁ ବିତରିବି। ମୁଁ ସେଇ ମନ୍ଦିରକୁ ଯିବି ତୁମ ସହ ଯେଉଁଠି କୋମଳରୁ କୋମଳତର ତୂଳିର ତଳପ ରହିଥିବ। ଯେଉଁ ଶଯ୍ୟାରେ ଥରେ ଶୋଇ ଗଲେ ନୟନରେ ଅନେକ ସ୍ୱପ୍ନର ଅବର୍ଣ୍ଣ ମେଲଣ ହେବ। ଯେଉଁଠି ରାତି ପାହିଗଲା ପରେ ବି ସପନ ନ ହେବ ନିଖୋଜ ବଣିକ। 'ସଜଡ଼ା ସରିଛି' କବିତାରେ ପ୍ରତୀକ୍ଷାର ଶାନ୍ତ ନୀରବତା ବର୍ଣ୍ଣିତ। ସଜଡ଼ା ସରିଛି କିଛି ସ୍ମୃତି, କିଛି ପ୍ରୀତି, କିଛି ଅନୁଭୂତି, କିଛି ଅବାଞ୍ଛିତ କ୍ଷତ, କଳାବତୀ, ମାଟିଦୀପ, ମାଟିହାଣ୍ଡି, ନଡୁଏ କୁଡୁଆ ଘିଅ, କିଛି ସୁଖଦ ଅନୁଭୂତି। ଯିବା ପୂର୍ବରୁ ମଣିଷ ମନକୁ ସଜାଡ଼ି ସାରିଥାଏ। ମାପି ସାରିଥାଏ କାହା

ଆଖିରେ କେତେ ଲୁହ, କେତେ ଦେଲି, କେତେ ନେଲି ସାରା ଜୀବନ। କେତେ କଷ୍ଟକର। ନିଜ ଫାଙ୍କା ହାତ। ସବୁ ସଜଡ଼ା ସରିଛି ଝୁଲେ ନିଆଁ, କିଛି ଶୁଖିଲା କାଠ। ପାଦ ବି ଉଠେଇ ରଖିଛି ହେ ଈଶ୍ୱର ଥରେ ଖାଲି ଡାକିଦିଅ, ପାଖକୁ ଆସ ଅବା ନ ଆସ, ହାତ ଧରିନିଅ କି ନ ନିଅ। ଆଉ କିଛି ନାହିଁ କହିବାର ସରିଯାଉ ଏ ଦୀର୍ଘ ପ୍ରତୀକ୍ଷାର ଶେଷ ମୁହୂର୍ତ୍ତ। 'ଶେଷ ପରିଚୟ' କବିତାରେ ମୃତ୍ୟୁ ଓ ଜୀବନର ଛକାପଞ୍ଝା ରହସ୍ୟର କଥା କବି ଲେଖିଛନ୍ତି। ଚଉପାଶେ ଦିଶୁଥାଏ ଉଜ୍ଜ୍ୱଳ ଆବର୍ତ୍ତ, ନା ଶିଖାର ତେଜ ଅଛି, ନା ବର୍ଣ୍ଣ ଅଛି, ନା ଅଛି ଉତ୍ତାପ। କେବଳ ଅଭିନବ ଦୃଶ୍ୟାବତରଣ। ଏହା ଦୃଶ୍ୟମାନ ହେବା ପରେ ନିଜକୁ ଆକଳି ପାରିବା ହୁଏ ଖୁବ୍ କଷ୍ଟଦାୟକ। ବିଶ୍ୱାସ ହୁଏନା କାୟା  ପ୍ରସାରଣ। ନିଜେ ନିଜ ସହ ଯାତ୍ରୀ। ମାତ୍ର ନ ଥାଏ ଅନ୍ୟର ପ୍ରବେଶ। ପ୍ରତିରନ୍ଧ୍ରେ ପ୍ରତି ଛତ୍ରେ 'ମୁ' ତ୍ୱର ଆନନ୍ଦ ବିତାନ। ଚର୍ମର ପିତୁଳୀ ନାହିଁ। ନିଃଶ୍ୱାସର ଗମନାଗମନ ବି ଜଣା ପଡ଼େନି। ଏଇ ହିଁ ଶେଷ ପରିଚୟ। ଯେଉଁଠି ଅଦୃଶ୍ୟମାନ ସ୍ୱରୂପଙ୍କ ଭୁଜ ବନ୍ଧନୀ ବି ଅନୁଭବ ହୁଏନି। ଅଳିକ ସପନ ଲାଗେ ପ୍ରେମର ଶାଶ୍ୱତ ବନ୍ଧନ। ନିରାକାର ବ୍ରହ୍ମଙ୍କ ଗୋପନ ରହସ୍ୟ ନିଜ ଭିତରେ ସମାହିତ ହୁଏ। ପୁଣି ଫେରିବାକୁ ପଡ଼େ ସରି ନାହିଁ ଅଭିନୟ ଯେ ପର୍ଯ୍ୟନ୍ତ ମାଟିର ନାଟକ। 'ରହିଛି ରହିବି' କବିତାଟିରେ କବି ଆତ୍ମା ଯେ ଅଭିନ୍ନ କଥା ପ୍ରକାଶ କରିଛନ୍ତି। ମୁକ୍ତ ଆତ୍ମା ଦେଖିବ ଭିନ୍ନ ଏକ ବିପୁଳା ପୃଥ୍ୱୀର ବଳୟ। ମଧୁସ୍ରାବୀ କାନନ ପାଖୁଡ଼ା ମେଲା ଦୃଶ୍ୟ। ଶୀତୁଆ ସକାଳର ମୁରୁକି ହସ, ମନ୍ମୟ ଭାବନାର ଗୋଧୂଳି ଆକାଶ। କଳିକାର ଆତୁର ଡାକରେ କେମିତି ଦିଶୁଛି ମାଟି ଓ ଆକାଶର ରକ୍ତ ଛିଟା ରଙ୍ଗ। ସୂର୍ଯ୍ୟଙ୍କ ପ୍ରଖର ରଶ୍ମିରେ ବ୍ୟାକୁଳିତ ପଞ୍ଚ ଭୂ ଶରୀର। କୁନି ପିଲାମାନଙ୍କର ଗାଁ ଦାଣ୍ଡରେ କାଦୁଅ ଖେଳର ହୋଲି ଚିତ୍ର। ମନ ସିନା ଋଖଣ୍ଡେ ଦୂରତାରେ ଥିବ ମାତ୍ର ଆତ୍ମା ଜଡ଼ିତ ଥିବ ପରମେଶ୍ୱରଙ୍କ ସହ ଚିରକାଳ।

ଅନ୍ତରର କୋମଳ ଆବେଦନ, ଦୁଃଖର ଝଡ଼, ଖୋଜିବାର ନିର୍ଭେଜାଲପଣ ପୁଣି ନିବିଡ଼ ଅନ୍ଧକାର ମଧରେ ଆଶାର ଉଜ୍ଜ୍ୱଳ ଦୀପ୍ତ ଆଲୋକ ଏବଂ ସୁଖଦୁଃଖର ଛାୟା ଲୋକରେ ଚିରନ୍ତନ ଭାବସମୂହ, ବିଭୁଚିନ୍ତା ଓ ପାର୍ଥିବ ପ୍ରଣୟ ଉଚ୍ଛ୍ୱସିତ ସ୍ନିଗ୍ଧ ରୂପର ଅବଲମ୍ବନ ହେଉଛି କବି ପ୍ରମିଳା ଶତପଥୀଙ୍କ ରଚିତ ଏହି ସଂକଳନ କବିତା ପୁସ୍ତକ 'ହଂସ ନଈର ହଂସୀ ମୁଁ'।

■

# ଶରତ ଆକାଶର ନିର୍ମଳ ଦିଗନ୍ତର ଆଭାସରେ 'ହିରଣ୍ୟଦାର ହିମରଜ'

ନିରାଭରଣ ମନ ଓ ନିଷ୍କପଟ ହୃଦୟର ସରଳ ଉପଲବ୍ଧି କବି ପ୍ରମିଳା ଶତପଥୀଙ୍କ ରଚିତ କବିତା ସଂକଳନ 'ହିରଣ୍ୟର ହିମରଜ'। ସ୍ୱାଭାବିକ ଭାବରେ ନିଜ ଜୀବନର ସମସ୍ତ ଅଶ୍ଳୀଳ-ଅଭିଳାଷ, ବ୍ୟର୍ଥତା ଓ ଅବସାଦକୁ ଈଶ୍ୱରଙ୍କ ନିକଟରେ ସମର୍ପଣ କରି ଆଶାୟି ହୋଇଛନ୍ତି। ଅନ୍ତରର ବିମଳ ଆବେଦନ ହେଉଛି ତାଙ୍କ ରଚିତ କାବ୍ୟମାନସ। ପାର୍ଥିବ ଅନୁଭୂତି ଓ ମର୍ମବେଦନାର ଗୁଞ୍ଜରଣ ସୃଷ୍ଟି କରେ ପାଠକ ମନରେ ତାଙ୍କ କାବ୍ୟ ସମ୍ଭାର। ତାଙ୍କ କବିତାଗୁଡ଼ିକ ନିରାନନ୍ଦ ଓ ଦୁଃଖର ଗ୍ଲାନି ଭିତରେ ଆଶାର ଉଜ୍ଜ୍ୱଳତା ପରିସ୍ଫୁଟ କରିଛି। କବି ପ୍ରମିଳା ଶତପଥୀଙ୍କ ସଂକଳିତ ପୁସ୍ତକ 'ହିରଣ୍ୟଦାର ହିମରଜ'ର ପ୍ରଥମ କବିତା ହେଉଛି 'ହିରଣ୍ୟଦାର ହିମରଜ' କବିତା। ଯେଉଁଥିରେ ହୃଦୟର ସମସ୍ତ ଆବେଗମୟ ଅନୁଭୂତି ସ୍ଥିର ହେବା ପରେ ଆଉ ଯେତେ ହିମରଜର ବାଷ୍ପ ଝରିଆଡ଼େ ମହକାଉଥିଲେ ବି ମନ ଗ୍ରହଣ କରେନା। ମନ ବିଶ୍ୱାସ କରି ନିଏ କର୍ମ ଶେଷ ହେବା ପରେ ଅଭିନୟ ମଧ୍ୟ ଶେଷ। ମଣିଷ ଅନ୍ତରାଳ ଆଡକୁ ନିଜ ପାଦ ବଢ଼ାଇ ସାରିବା ପରେ 'ହିରଣ୍ୟଦା' ତା'ର ପ୍ରସାରିତ ଦୁଇ ହସ୍ତରେ, ମୋହଗ୍ରସ୍ତ ଅଭିଳାଷରେ ସାର୍ବଭୌମ ମମତ୍ୱର ପରିଚୟ ଦେଇ ଯେତେ ବି ସହାର୍ଦ୍ଦ୍ୟପୂର୍ଣ୍ଣ ଆଚରଣ କରିଥାଏ ସେ ସବୁକୁ ଗ୍ରହଣ କରି ନେବାକୁ ମଣିଷଟି ନିରୁପାୟ ମନେ କରେ। ସେ ଆଉ ନିଷ୍କାମ ଜରାୟୁରୁ ଇଚ୍ଛାଟିଏ ସୃଷ୍ଟି କରି 'ହିରଣ୍ୟଦା'କୁ ସମର୍ପି ପାରେନା। କାରଣ ଏ ମାୟା ସଂସାରକୁ ଭଲକରି ଚିହ୍ନି ସାରିବା ପରେ ତା' ଭିତରେ ପୂର୍ଣ୍ଣ ରୂପରେ ବିକଶି ସାରିଥାଏ ବିତୃଷ୍ଣା ଓ ବୈରାଗ୍ୟର ଫୁଲ। 'ସେଇଠି' କବିତାଟିରେ ଅଣଲେଉଟା ଅଭିଳାଷର କଥା ରହିଛି। ମାନସିକ ଶାନ୍ତି ପୃଥିବୀର ଶ୍ରେଷ୍ଠ ସମ୍ପତ୍ତି। ନିରପେକ୍ଷ ବିଚାରର ହାତ ଧରି ସ୍ଥିରତାର ସହ

ବିବେକର ବ୍ୟୋମଯାନରେ ଆତ୍ମା ଯଦି ଦେଖିବାକୁ ଚାହିଁଥାଏ ତେବେ ନିଶ୍ଚୟ କଥା କହିବ ଅନ୍ଧଙ୍କ ଆଖି, ଫିଟିବ ମୂକଙ୍କ ଓଠ, ଅପଙ୍ଗ ଶାନ୍ତିର ମଶାଲ ଧରି କରିବ ବିଶ୍ୱ ଭ୍ରମଣ, ଚକଡ଼ା ମାଟିରେ କଅଁଳିବ ଘାସଫୁଲର ହସ, କିଛି ପଶୁ କହିବେ ମଣିଷ ହୃଦୟର କଥା, ବଞ୍ଚିବାର ସୁଖାନୁଭୂତିରେ ଶବମାନେ ଜୀବନ୍ତ ହେବେ, ଦୟାର ହାତ ବଢ଼ାଇବ ମଣିଷ ହେଲେ ସେ ଯାଏଁ ପହଞ୍ଚିବା ଏତେ ସହଜ ନୁହେଁ। ମୋହାବିଷ୍ଟ ଜୀବନରେ ଏ ସବୁ ମୂଲ୍ୟହୀନ। ଆତ୍ମା କିନ୍ତୁ ନିର୍ବିକାର, ନିଶ୍ଚଳ ଓ ଅନନ୍ତ ଶକ୍ତିର ଆସ୍ତରଣ। କେବଳ ମଣିଷ ନିଜକୁ ଚିହ୍ନିବା ଆବଶ୍ୟକ। 'ମୁଁ ରହୁଥିବା ଘର' କବିତାଟିରେ କବି ନିଜ ଇଚ୍ଛାର ପୃଥିବୀକୁ ସଜାଇଛନ୍ତି ହେଲେ ଅସହାୟପଣରେ ନିରବୀ ଯାଇଛନ୍ତି।

କବିଙ୍କ ଭାବନାରେ ଇଚ୍ଛା ଥିଲା ଗଛରେ, ପତ୍ରରେ, ଫୁଲରେ, ଡ଼େଙ୍ଗରେ, ମାଟିରେ, ଆକାଶରେ, ବାଦଲରେ, ବର୍ଷାରେ, ପବନରେ, ସାରା ବିଶ୍ୱମଣ୍ଡଳରେ ନିଜର ନିର୍ମଳତ୍ୱ ଢାଳି ବଦଳେଇ ଦେବି ଆରଣ୍ୟକ ମନର ହିଂସ୍ରୁକ ଭୂଗୋଳ ଓ ମାଂସାସୀ ମୁଖର ଗନ୍ଧ। ଘରର ଠିକଣା ଯେଉଁମାନେ ଭୁଲିଛନ୍ତି ଜନ୍ମ ଜନ୍ମ ଲାଗି ନହ୍ରାଲୁ ପଣରେ ହଜେଇଛନ୍ତି ଜଣେଇ ଦେବି ସୂର୍ଯ୍ୟ ସେମାନଙ୍କର ଅତୁଟ ସାଥୀ ବୋଲି। ବିବେକ ଓ ବିଚାରର ଅନୁମୋଦନରେ ଇଚ୍ଛାମାନଙ୍କୁ ସଜେଇ ଠିକ୍ ଯିବା ପାଇଁ ଇଚ୍ଛା କଲାବେଳେ ସେ ଜାଣୁଛନ୍ତି ତାଙ୍କ ପାଇଁ ଗୋଟିଏ ଝରକା କି ଦ୍ୱାର କି ଜଳବାଟୀଟିଏ ନାହିଁ ସେ ନିଜେ ରହୁଥିବା ଘରେ। 'ଆଲୋକର ଦ୍ୱାର' କବିତାଟିରେ ଜୀବନ ସଂଘର୍ଷର ଚିତ୍ର ରହିଛି। ନାରୀ ମନସ୍ତତ୍ତ୍ୱର ଆର୍ତ୍ତ ଚିତ୍କାର ଏଥିରେ ପ୍ରକାଶିତ। ଅନେକ ରକ୍ତାକ୍ତ ଯନ୍ତ୍ରଣା ଜୀବନକୁ ପାଖରୁ ଦେଖିବାପରେ ଠିକଣା ସ୍ଥାନ ଯେଉଁଠି ଆସିଥିଲା ସେଇଠିକୁ ପୁଣି ଫେରିଯିବାକୁ ଇଚ୍ଛା କରେ। ପରିଚୟହୀନ ସାମ୍ରାଜ୍ୟକୁ ଓ ପାଦ ବୁଲାଇ ଆସିଥିବା ରାସ୍ତାରେ ଦେଖେ ବହୁ ଆଗରୁ ମହା ମହାଦ୍ରୁମମାନେ ପଥରୋଧି ପଡ଼ିଛନ୍ତି କାହାର ନିଷ୍ଠୁର ନିଷ୍ପତ୍ତି ପାଖରେ। ନିଜ ସ୍ୱାଧୀନତା ଖୋଜିବାର ଉଦ୍ଦେଶ୍ୟରେ ମିଳେ କବିଙ୍କ ଭାଷାରେ –

"ଆମର ସ୍ୱାଧୀନତା ବି ଯେ ବନ୍ଧା
ଆଉ କା'ର ସ୍ୱାଧୀନ ହାତରେ।
ମୁଁ ଆଉ ଫେରିଯାଇ ପାରିବିନି
ଯୋଉଠୁ ବାହାରିଥିଲି ଆପଣା ଇଚ୍ଛାରେ
ମୋ ଫେରିବାର ସ୍ୱାଧୀନତା
କେହି ଖରିଦ କରି ନେଇଛି
ମୋ ଭିତରେ ଆସିବାର ଇଚ୍ଛାଟିଏ
ଜାଗିବା ବେଳାରେ।" (ଆଲୋକର ଦ୍ୱାର)

'ପରିବର୍ତ୍ତନ' କବିତାଟିରେ ସମୟର ନିର୍ଦ୍ଧାରିତ ନିର୍ଦ୍ଦେଶରେ ପରିବର୍ତ୍ତନକୁ ମାନିନେବାକୁ ହୁଏ, ତାହାହିଁ ବର୍ଣ୍ଣିତ। ମଣିଷମାନଙ୍କୁ ଜଣାପଡ଼େ ନାହିଁ କିନ୍ତୁ ସମୟକୁ ଜଣାଥାଏ ଯାହା ଯାହା ଘଟିଗଲା। ଏବଂ ଯାହା ଯାହା ଘଟିବାର ଅଛି। ମାତ୍ର ଜାଣିବାକୁ ଚେଷ୍ଟା କଲେ ବର୍ତ୍ତମାନରେ ସେ କିଛି କୁହେ ନାହିଁ। ଆଜିର ଏ ଖରାର ରଙ୍ଗ, ଗତକାଲିର ବର୍ଷାର ପାଦ ଶବ୍ଦ, ଫଗୁଣର ଲାଲି, ଶୀତର କାତି ଏମିତି କି ହୃଦୟର ମାୟା ରଙ୍ଗୋଲି କାଲିକୁ କେଉଁ ରଙ୍ଗ ଭରିବାକୁ ଇଚ୍ଛା ରଖିଥିବ, ସବୁ ମଣିଷମାନଙ୍କ ପାଇଁ ଅଜ୍ଞାତସାର। ପରିବର୍ତ୍ତନକୁ ମାନିନେବା ଜୀବନର ପ୍ରକୃତ ରହସ୍ୟ। 'ଅନ୍ୟ ଏକ ଈଶ୍ୱର' କବିତାଟିରେ ଜୀଅନ୍ତାଶବ ପାଲଟିବା ପରେ ମଣିଷକୁ ଆଉ କାହାରି ଅପେକ୍ଷା ରହେ ନାହିଁ। ସେ ପବନରୁ ଶୋଷି ନେଇଥାଏ ଯନ୍ତ୍ରଣାର ଗୀତସ୍ୱର, ପାଣିରୁ ପୋଛି ନେଇଥାଏ ଦେହର ଦାଗ, ଧୂଳିରୁ ଉଡ଼େଇ ସାରିଥାଏ ଅନାଥ ଦୁଃଖ, ଗଛପତ୍ରରୁ ଝାଡ଼ି ସାରିଥାଏ ବିଫଳ ଇଚ୍ଛା, ରାସ୍ତାରୁ ଓଳେଇ ସାରିଥାଏ ଶୁଖିଲା ଫୁଲର ହୃଦୟ, ଯାବତୀୟ ଦୁଃଖ, ଶୋକ, ଅଭିମାନ, ଅପମାନ, ଅଭାବ, ଅବଶୋଷ, ସ୍ୱପ୍ନର କଙ୍କାଳ, ଅଭିଳାଷର ମୁଣ୍ଡମାଳ ଓ ନିଜର ସମସ୍ତ ପାଦ ଚିହ୍ନକୁ କବର ଦେଇଯାଇ ସାରିଥାଏ ଏକ ମହାଯାତ୍ରାରେ ଯିବା ଉଦ୍ଦେଶ୍ୟରେ। ବନ୍ଦଥାଏ ସମସ୍ତ ବୃତ୍ତର ଝରକା, ପରିଧିର କବାଟ, ଘରେ ସେ ନଥାଏ କି ବାହାରେ, ଦୁଃଖରେ ନଥାଏ କି ସୁଖରେ। ନିର୍ଲୋଭ ଜୀବନ ଜୀଇଁବା ପରେ ସେ ପାଲଟିଯାଏ ନିଜେ ହିଁ ଭିନ୍ନ ଏକ ଈଶ୍ୱର। ତେବେ ଆଉ କେଉଁ ଈଶ୍ୱରଙ୍କ ଉପସ୍ଥିତି ସେ କାମନା କରିବ! ପ୍ରକୃତ ଈଶ୍ୱରଙ୍କ ଉପଲବ୍ଧ ହୁଏ ଯେବେ ମଣିଷ ନିଜେ ଏକ ଈଶ୍ୱରାଭିମୁଖୀ ଆଚରଣରେ ବ୍ରତୀ ହୁଏ। 'ଗହନ ଗଣ୍ଠି' ନିୟତିର ନିର୍ଦ୍ଦେଶିତ ଭୂମିକାରେ ଅସହାୟ ଓ ପ୍ରତାରିତ ମଣିଷର ଆତ୍ମଦହନର ଚିତ୍ର ରହିଛି। ଆପଣାକୁ ଯେତେ ଠକୁଥିଲେ ମଧ୍ୟ ଅନ୍ଧ ଆବେଗରେ ଯେତେ ରହିବାକୁ ଚେଷ୍ଟା କଲେ ମଧ୍ୟ ଏହା ସତ୍ୟ ଯେ ଜୀବନ ମୁଠେ ପାଉଁଶ ତଳର ନିଆଁ ଛଡ଼ା କିଛି ନୁହଁ। ମୁକ୍ତିର ବିଭୋର ଡରେ ଜୀବନ ପାଏ ସ୍ୱାଧୀନ ହେବାର ସଂଗୀତ। ଏ ସୃଷ୍ଟିର ଧାରଣ ମୂଳରେ କେହି ଜଣେ ନିଶ୍ଚୟ ଅଛି ସେତେବେଳେ ଅବାଞ୍ଛିତ ଇଚ୍ଛା ସବୁ ଉପହାସଟେ ହୋଇଯାନ୍ତି ବିଧାତାଙ୍କ ବିଧାନ ନିର୍ଘଣ୍ଟରେ। 'କୁନିଝିଅ ଓ ଜହ୍ନ' କବିତାଟି ଆବେଗପୂର୍ଣ୍ଣ ଲେଖା କବିଙ୍କର। ମିଛ ଆଶ୍ୱାସନା ଭିତରେ ବଞ୍ଚିବାକୁ ହୁଏ ଜୀବନ। ବଡ଼ହେଲେ ସେଇ ଶିଶୁ ଆପେ ବୁଝିବାକୁ ପଡ଼େ କାହିଁକି ଜହ୍ନ ବେଳେବେଳେ ଆକାଶରେ ଦିଶୁଥିବା ବାଦଲ ଭିତରେ ଲୁଚିଯାଏ! କେବଳ ଜୀବନର କେଇଟି ମୁହୂର୍ତ୍ତ କେବେକେବେ ଦୀର୍ଘଶ୍ୱାସ ପକାଇ ବାଦଲ ଦେହରେ ଧକ୍କା ଖାଇ ଲେଉଟି ଆସି ଲୋଟିପଡ଼େ ନିଜ ଛାତିର ବିଛଣା ଉପରେ କାରଣ ମିଛମାୟା ସଂସାରରେ ସବୁକିଛି ଅଳିକ ଓ କ୍ଷଣିକ

ଆନନ୍ଦ, ଯାହାପାଇଁ ମଣିଷ ମୋହାବିଷ୍ଟ ହୋଇପଡ଼େ। 'ଧୂପ' କବିତାଟିରେ ନାରୀ ମାନସିକତାର ଉଦ୍‌ବେଳନ ପ୍ରକାଶ ପାଇଛି। ଧୂପ ଯଦି ଝିଅଟିଏ ହୁଏ ତେବେ ତା'ର ସହର ମହକରେ ସାରାଘର ମହକାଇ ଦିଏ। ଧୂପ ଯଦି ନାରୀଟିଏ ହୁଏ ତେବେ ନିଜେ ସେ ଜଳି ଜଳି ସାରା ଜୀବନ ମହକାଇ ଦିଏ କ୍ଷୀଣ ଆଲୋକ ରଶ୍ମୀର ବିଚ୍ଛୁରିତ କିରଣରେ ରଙ୍ଗାୟିତ କରିଥାଏ। ତା' ସମ୍ପର୍କରେ ଆସୁଥିବା ମଣିଷମାନଙ୍କୁ। ସରୁ ଧାରର ପାଉଁଶ ରେଖାଟିଏ ହୋଇଯାଏ ନିଜ ଭିତରେ। ଶେଷରେ ବାସ୍ନା ସରିଗଲେ ପୋଡ଼ାକାଠ ପରି ଶେଷ ମୁଣ୍ଡରେ କେଉଁ ଅପନ୍ତରା ଅଳିଆଗଦା ଭିତରେ ନିଜର ଅସ୍ତିତ୍ୱ ଖୋଜି ଚାଲିଥାଏ। 'ଦର୍ପଣର ପଛ' କବିତାଟିରେ ମଣିଷ ଜୀବନର ପ୍ରଚ୍ଛଦପଟରେ କାହାଣୀର ପୁନରାବୃତ୍ତି ଘଟିଛି। ମଣିଷ ତିନୋଟି ଅବସ୍ଥା ଦେଇ ଗତି କରେ। ବୟସ୍କ ହେବାପରେ ମଣିଷ ପଛ କଥାଗୁଡ଼ିକୁ ସ୍ମୃତିର ଦର୍ପଣରେ ଦେଖିବାକୁ ଇଚ୍ଛାକରେ। ତରୁଣ ବୟସରେ ଆଖିରେ ଆଖି ମିଶିଗଲେ ନଈ ବହିଯାଏ, କେତେକେତେ ଆବେଗର ଝାଳ ବୋହିଯାଏ ଶୀତର ଓଠରେ। ପତ୍ରଝଡ଼ା ପୃଥିବୀର ଦେହ ଦିଶେ ସବୁଜ, ମାଂସଳ। ସିଂହମାନେ ହରିଣ ପରି ଦିଶନ୍ତି। ଖୁବ୍ ଉଦାର ଓ ରୂପବନ୍ତ ଲାଗେ ସମୟ ସହ ମନ ଓ ସୌଷ୍ଠବ। 'କେତୋଟି ପାଖୁଡ଼ା' କବିତାରେ ମଣିଷ ବୁଝିପାରେନା ଚର୍ମର ଉଇହୁଙ୍କାରେ ହିଁ ବିଷଧରର ନିବାସ ରହିଛି। ମଣିଷର ଜନ୍ମ ନିଷ୍ପାପ ହୃଦୟରେ। ପ୍ରାପ୍ତି ଅପ୍ରାପ୍ତିର ଭୁରୁ ଭୁରୁ ବାସ୍ନାରେ ରୂପାନ୍ତରିତ ହୁଏ ପୁଣି ଆର୍ଯ୍ୟାବର୍ତ୍ତରୁ ବ୍ରହ୍ମାବର୍ତ୍ତକୁ। ଅବଶିଷ୍ଟ ପରମାୟୁର ଓଠରୁ ଗରଳ ପୋଛୁ ପୋଛୁ ନିଜେ ପାଲଟି ଯାଏ ସ୍ନେହ ସମୁଦ୍ର। ନିର୍ଗମର ସତ୍ତା ଖୋଜୁ ଖୋଜୁ ସମୟର ଯାଦୁଗରୀ ସ୍ପର୍ଶରେ ବିଚିତ୍ରବର୍ଣ୍ଣା କାରିଗରୀର ଆଭାସ ମିଳେ। ମାତ୍ର ବିଶ୍ୱାସର ଚଉପଦୀ ପାରି ହେବା ପରେ ତା'ମଧ୍ୟ ବୁକୁଫଟା ଆର୍ତ୍ତଚିତ୍କାର ଅନନ୍ତ ସତ୍ତାଙ୍କର ବୋଲି ଅନୁଭବ ହୁଏ। କବି ପ୍ରମିଳା ଶତପଥୀଙ୍କ ଭାଷାରେ –

"ତମପାଦ ତଳେ ମୟୂର ସିଂହାସନ
ହାତରେ କୁବେରର ଚାବି
ଚଉପାଶେ ଅସଂଖ୍ୟ ରୋଷଣି
ଅସମ୍ଭବ ଉଜ୍ଜ୍ୱଳ ମଧ୍ୟ
ତମ ବାକ୍ୟ ଚଉପଦୀ କିନ୍ତୁ
ଆଜି ଓ କାଲିର ସନ୍ଧିକ୍ଷଣରେ
ଅନ୍ଧକାର ଛାୟାଟିର ବୁକୁ'ଟା ଆର୍ତ୍ତନାଦ
ସେ ଛାଇ ଓ ଆର୍ତ୍ତନାଦ
ତୁମର ନୁହେଁ ତ ? ? ?"

'ସ୍ୱୀକୃତି ଅଭିଳାଷ' କବିତାଟିରେ ମୃତ୍ୟୁ କୋଳକୁ ଲେଉଟିଯିବା ପରେ କେହି ଜଣେ ନିଶ୍ଚିତ ଆଗତ ସିଂହାସନରେ ଅଭିଷେକ କରାଇବ କବିଙ୍କର ଅଭିଳାଷ ରହିଛି। ଅଦୃଶ୍ୟ ଶକ୍ତିଙ୍କ ଇଚ୍ଛାର ନଟିରେ ଗଢେ ମଣିଷ ଜୀବନ। ମୃତ୍ୟୁ ପରେ କେହି ଜଣେ ଆଗତ ସିଂହାସନରେ ବସାଇ ଅଭିଷେକ କଲାବେଳେ ସର୍ବାଙ୍ଗରେ ସୁଗନ୍ଧ ଚନ୍ଦନ ବୋଳିଦେବେ, କ୍ଷୀର ସାରଗରେ ଘଷିମାଜି ଗାଧୋଇ ଦେବେ। ସ୍ନେହର ଚୁମ୍ବନରେ ଦେହରୁ ପୋଛି ଦେବେ ବିନ୍ଦୁ ବିନ୍ଦୁ ଜଳ ସମୟର ସୁଠଣ ଲଗ୍ନରେ। ଜହ୍ନକୁ ତିଳକ କରିବ। ତାରାର ଗଜରା ମଳାରେ ଲମ୍ବାଇ ଦେବେ ପ୍ରେମରେ, ଯତ୍ନରେ ଏବଂ ପହଞ୍ଚିବାକୁ ସହଜ ହୁଏ ଯେଉଁଠୁ ବାହାରି ଆସିଥିଲା ଜୀବନକୁ ଭେଟିବାର ପୂର୍ବ ମୁହୂର୍ତ୍ତରେ। ହସ ହସ ଅଭିଳାଷମାନଙ୍କୁ ସ୍ୱୀକୃତି ଜଣାଇବାର ପ୍ରମାଣ ମିଳି ସାରିଥିବ। 'ଦେହର ଦାଗ' କବିତାଟିରେ କ୍ଷଣ କ୍ଷଣକୁ ବଦଳି ଯାଉଥିବା ନିଜର ପ୍ରତିବିମ୍ବ କଥା କବି ପ୍ରକାଶ କରିଛନ୍ତି। ନାରୀରୁ ପୁରୁଷ, ପୁରୁଷରୁ ନାରୀ ଭିନ୍ନ ଭିନ୍ନ କିସମର ଆଶ୍ଚର୍ଯ୍ୟ ଭାବଟି ଜାତ ହୁଏ ମଣିଷର। ସମ୍ପର୍କର ସହରକୁ ମଣିଷ ଆସେ ଉଚ୍ଛୁଳା ହସର ଶବ୍ଦହୀନ ତୃପ୍ତିରେ। ମାତ୍ର ଆଧ୍ୟାତ୍ମବାଦୀଙ୍କ ଦାର୍ଶନିକ ତଥ୍ୟାବଳୀକୁ ପରୀକ୍ଷଣ ନିଷ୍ଠାରେ ମଣିଷ ଦେଖୁଥାଏ ଯେଉଁମାନଙ୍କ ନଖ ସନ୍ଧିରେ ଲାଗିଥାଏ ନିରୀହ ମଣିଷ ଦେହର ମାଂସ ଟୁକୁଡ଼ା ପୋଛିବାକୁ ଚେଷ୍ଟା କରେ ସେମାନଙ୍କ ପାଇଁ ଝରିଥିବା ନିଜ ଆଖିର ଲୁହ। ବୁଝିଗଲା ପରେ ଜୀବନକୁ ଆଉ ମଜ୍ଜେ ନାହିଁ କାହାରି ମିଠା କଥା କି କ୍ରୂର ଆଘାତରେ। କ୍ରମେ ମଣିଷ ସେମାନଙ୍କ ହିଂସ୍ରତାର ତୀକ୍ଷ୍ଣ ନଖ ପଂକ୍ତିକୁ ହଜେଇ ଦିଏ ମାତ୍ର ସମୟର ଗତି ସହ ସେମାନଙ୍କ ଛାତି ଆଞ୍ଚୁଡ଼ା ବାକ୍ୟ ଓ ବ୍ୟବହାର ଦେହରେ ମନରେ ଦାଗ ହୋଇ ରହିଯାଏ ଚିରକାଳ। 'ଉତ୍ତମ ବନ୍ଧୁ' କବିତାଟିରେ ନିଃସର୍ତ୍ତ ଆତ୍ମୀୟତାରେ ହିଁ ଉତ୍ତମ ବନ୍ଧୁଟିଏ ତିଷ୍ଠି ରହିଥାଏ। ଯେବେ ବଦଳିଯାଏ ଦୁହିଁଙ୍କ ରାସ୍ତା, ଛିଣ୍ଡିଯାଏ ଅନେକ ଯୁଗର ଗଣ୍ଠି। ସହିବାର ଶକ୍ତି ନଥିବା ଯନ୍ତ୍ରଣା ସତ୍ତ୍ୱେ ଯେବେ ଅସମ୍ଭବ ଉଜ୍ଜ୍ୱଳ ହୋଇ ଉଠେ ନିଜର ଦୃଷ୍ଟି, ଯାହା ଦେଖି ହୁଏ ନାହିଁ ସେ ସବୁ ପଢ଼ି ହୁଏ। ଅନ୍ଧପଣର ଗଣ୍ଠି ଖୋଲି ଯାଏ, ନିରୀହ ସତ୍ୟମାନେ ଉଦ୍‌ଭାସିତ ହୁଅନ୍ତି, ଆବେଗର ଇଚ୍ଛାମାନେ ମୁକ୍ତ ହୁଅନ୍ତି। ନିଜ ଭିତରୁ ନିଜକୁ ଅଲଗା କଲା ପରେ 'ମୁଁ'ରେ ଅଟକି ରହେ ନା ମନ। ନିଜ ରାସ୍ତାର ଗନ୍ତବ୍ୟସ୍ଥଳ ବୁଝିଯିବା ପରେ ମୁକୁଳା ମନରେ ହସିବାର ପ୍ରୟାସରେ ଛିଡ଼ି ଯାଇଥିବା ସମ୍ପର୍କ ଯୋଡ଼ି ହୋଇଯାଏ। ଅଭିମାନ, ଗ୍ଲାନି, କ୍ଷୋଭର ସୂଚନା ନ ଥାଏ, ଥାଏ କେବଳ ପରସ୍ପରକୁ ଲୋଡ଼ିବାର ପଣରେ କାଟି ଦେଇ ହୁଏ ଜୀବନର ବାକିତକ ରାସ୍ତା ଖୁବ୍ ହାଲୁକାପଣରେ। 'ଯାତ୍ରା' କବିତାରେ ପ୍ରେମର ଦୀର୍ଘଶ୍ୱାସ ପ୍ରକାଶିତ। ପ୍ଲାଟଫର୍ମର ଗହଳି ଭିତରେ ଯେପରି କି କେହି ଜଣେ ରହିଯାଇଛି ଦେହର

ଦୁଆର ବାହାରେ। ସମୟ ଥିଲା ସେହି ମଣିଷଟି ପାଇଁ ଅପେକ୍ଷାମାଣ ଉତ୍କଣ୍ଠାରେ ପୂର୍ଣ୍ଣ। ଯେପରିକି ସେ କାହାରି ସହଯାତ୍ରୀ ହୋଇପାରି ନ ଥିଲେ। ଅଧୁରା ରହିଯିବ କି ତାଙ୍କ ଯାତ୍ରା, କିଛି ଫୁଲର ବାସ ବି ନଥିବ କି! କାହାକୁ ଖୋଜିବାର ତନ୍ମୟତାରେ ନ ପାଇବାର ବିରହ। ଠିକ୍ ସେହି ସମୟରେ ପ୍ରିୟତମାଙ୍କ ଉପସ୍ଥିତି ଆଶ୍ୱାସନା ତାଙ୍କୁ ଦେଇଛି ଟ୍ରେନ୍ ଛାଡ଼ିବାର ସତର୍କ ଘଣ୍ଟିରେ ପ୍ରିୟତମାଙ୍କ ହାତର ସ୍ପର୍ଶ ପାଇଁ ମନ ଶାନ୍ତ ହୋଇଛି। ଯେମିତି ବିଶ୍ୱାସ ଆସିଛି ମହାଯାତ୍ରା ପଥରେ ବି ନିଃସଂଗ ହେବିନି। ପାର୍ଥିବ ଶରୀର ସିନା ପରକରି ଯିବାକୁ ହୁଏ ହେଲେ ପରମାତ୍ମାଙ୍କ ସହ ଆତ୍ମାର ନିବିଡ଼ତା ବଢ଼େ କେବେ କ୍ଷୀଣ ହୁଏ ନାହିଁ। 'ଉଦୟଭାନୁ' କବିତାରେ ଆତ୍ମାର ଆତ୍ମା, ପ୍ରାଣର ପୁଲକ, ତାପହୀନ ହସ ଭିତରେ ପ୍ରକାଶ ଘଟେ ଉଦୟ ଭାନୁ। ଯେଉଁଠି ସୁଢ଼ଳ, ସୁନ୍ଦର, ଅରୁଣସ୍ତମ୍ଭଟେ ବିକିରତି କରୁଥିଲା ତ୍ୟାଗର ଆଲୋକ ଯେଉଁଠି କାଟି ଦେଇଥିଲା ତା'ର କନିଷ୍ଠା ଆଙ୍ଗୁଳି, ଲେଖିଥିଲା କିଛି ତା' ଆଦର୍ଶର ବିବେଚନା, ସ୍ନେହର କବିତା, ସେଇ ନଈବାଲି ବିନା ଉଦୟଭାନୁରେ ଅଭଙ୍ଗା ସମ୍ପର୍କର କଥା କହେ। ଆଲୋକର ତୋରଣ, ଅଦୃଶ୍ୟ ଘୁଙ୍ଗୁର ପାଦହୀନ ପାଦର। କବିଙ୍କ ଭାବନାରେ ଶହ ଶହ ବର୍ଷ ବିତି ଯାଇଥିଲେ ମଧ୍ୟ ସେ ଟପିପାରି ନାହାନ୍ତି ସେ ଦିନରୁ କଟାଯାଇ ରହିଥିବା ଲକ୍ଷ୍ମଣରେଖା। ସୂର୍ଯ୍ୟଙ୍କ ଓଠରେ ଦେବା ଲାଗି ତାଙ୍କ ଜଳପୂର୍ଣ୍ଣ ହାତରୁ ସୂର୍ଯ୍ୟ ଶୋଷି ଚାଲିଛନ୍ତି ପୂର୍ଣ୍ଣଜଳ। ଯା ମଧ୍ୟରେ ଅନେକ ବର୍ଷ ବିତିଗଲାଣି ହଠାତ୍ ନିଜକୁ ସେ ଆବିଷ୍କାର କରନ୍ତି ସୂର୍ଯ୍ୟଙ୍କ ସୀମାତୀତ ପ୍ରେମବନ୍ଧନରେ ସଂକଳ୍ପିତ, ଶୀତଳ ଆଲାଙ୍ଗନରେ ନିମଗ୍ନା ଏକ ନାୟିକା। ପରେ ହାତରେ ଜଳ ନୁହେଁ ବକ୍ଷରେ କ୍ଷୀର କଳସୀ। ସ୍ନେହରେ ସେ ପିଆଉ ଥିଲେ ଯିଏ ସୂର୍ଯ୍ୟ ନ ଥିଲେ ସେ ଥିଲେ ନିଜ ଆତ୍ମାର ଆତ୍ମା ଯାହାକୁ ଦେଖି ସେ ବୁଝି ସାରିଥିଲେ ଅଳିକ ସଂସାରରେ ପ୍ରାଣର ପୁଲକ କେବଳ ନିଜକୁ ଚିହ୍ନି ପାରିବାରେ ଥାଏ। 'ଈଶ୍ୱରଙ୍କୁ ହତ୍ୟା' କବିତାରେ ଅବଶୋଷର କଥା ବର୍ଣ୍ଣିତ। ବିଶ୍ୱାସ କରିଥିବା ମଣିଷଟି ଯେବେ ହଠାତ୍ ବିଶ୍ୱାସଘାତକାର ଆଭାସ ପାଏ ତା ମନରେ ଖୁବ୍ କଷ୍ଟ ଆସେ। ଜିଜ୍ଞାସାମାନଙ୍କୁ ଭରି ନେଇଥିବା ଈଶ୍ୱର ଅଲୌକିକ ଭାବରେ ଅକଳ୍ପ ସ୍ନେହରେ ମଣିଷ ବଞ୍ଚିଉଠେ ନୂଆ ଢଙ୍ଗରେ। ଆଖି ଆଗରେ କେବଳ ମାଇଲ ମାଇଲ ଦୂର ମଲ୍ଲୀଫୁଲର ବଗିଚା ନିଜ ଭିତରେ ଭାବପ୍ରବଣତା ଖେଳାଇ ଦିଏ। ଲାଗେ ସତେ କି ଯାହାଙ୍କୁ କେବେ କେହି ଛୁଇଁପାରି ନାହାନ୍ତି। ଜୀବିତାବସ୍ଥାରେ ଅବା ବିନା ତପସ୍ୟାରେ। ଯିଏ ବାରମ୍ବାର କାୟାବରଣ କରନ୍ତି ପ୍ରିୟର ଡାକରେ। ପ୍ରିୟପଣର ପ୍ରିୟ ପରିଚୟରେ। ନୂତନତାର ଏକ ଉତ୍ତରଣ ଘଟିଥାଏ ନିଜ ଭିତରେ ଥିବା ଈଶ୍ୱରରୂପୀ ଆଶା, ଆକାଂକ୍ଷା, ଅଭିଳାଷକୁ ସଂପୂର୍ଣ୍ଣ ହତ୍ୟା କରି ମଣିଷ ନିଜକୁ ଚିହ୍ନି ପାରେ ଏବଂ ତା'ର ଶେଷ

ଗନ୍ତବ୍ୟ ପଥକୁ ଅଗ୍ରସର ହୁଏ । 'ମାଟିଆ ଚିଲ' କବିତାଟିରେ ଏକ ସଂଘର୍ଷମୟ ଜୀବନର ଚିତ୍ର ପ୍ରକାଶିତ । ସଂସାର ଛାଡ଼ିଯିବା ବେଳରେ ନେବାକୁ ଆସିଥିବା ଯେଉଁ କେତେ ଜଣଙ୍କୁ କବି ତାଙ୍କ ମାନସପଟ୍ଟରେ ଅନୁଭବ କରିଛନ୍ତି ପରିଚ୍ଛନ୍ନ ହୃଦୟରେ ସେମାନଙ୍କ ଆପଣାପକାର ମିଠା ମିଠା ଭାବ । ବିବଶତା ବଶତଃ ଯିବାର ହର୍ଷତା ନ ଥିଲେ ମଧ୍ୟ ଉଠାଇବାକୁ ହେଉଛି ତାଙ୍କ ନିଜର ଦୁଇପାଦ । ଠିକ୍ ଏତିକି ବେଳେ ନିଜ ମଥା ଉପରେ ଶଙ୍ଖଚିଲମାନଙ୍କର ଉଡ଼ିବା ଦେଖି ଶୁଭ ସଂକେତ ମନେ କରିଛନ୍ତି । ପୁଣି ନିଜ ପାଦ ଫେରାଇ ଆଣି ନେବାକୁ ଆସିଥିବା ଅପେକ୍ଷାରତଙ୍କୁ ଫେରାଇ ଦେଇଛନ୍ତି । ଗଭୀର ଦୁଃଖର ଛାପ ଛାଡ଼ି ସେମାନଙ୍କୁ ବେଖାତିର କରି କବି ଫେରି ଆସି ନିଜର ସଞ୍ଚିତ ସ୍ମୃତି ଓ ଅନୁଭୂତି ସହିତ ଜଡ଼ିତ ହେବାକୁ ଇଚ୍ଛାପ୍ରକାଶ କରିଛନ୍ତି । ଉଚ୍ଛୁଳା ଆନନ୍ଦରେ ସୁଖ ଦିନର ସନ୍ଦେଶବାହୀଙ୍କୁ କୃତଜ୍ଞତା, ଧନ୍ୟବାଦ ଦେବା ପାଇଁ ମୁହଁ ଫେରାଇ ଦେଖିଛନ୍ତି ଶଙ୍ଖଚିଲଙ୍କ ସ୍ଥାନରେ ଖିଁ ଖିଁ ସହୁଛନ୍ତି ବିଜୟର ଗର୍ବରେ, ବିଦ୍ରୂପ ଭଙ୍ଗୀରେ । ମୋହଗ୍ରସ୍ତ ମଣିଷ ମୋହକୁ ଛାଡ଼ି ପାରେନା । ପାର୍ଥିବ ସୁଖର କାମନାରେ ମଙ୍ଗଳର ସମସ୍ତ ସୂଚକଙ୍କୁ ଧନ୍ୟବାଦ ଜଣାଉଥାଏ ସିନା ପ୍ରକୃତରେ ଜୀବନ କିଛି ଭିନ୍ନ ଓ ଯନ୍ତ୍ରଣା ତା'ର ଚିର ସହଚରୀ । 'ନିଃସର୍ତ୍ତ' କବିତାଟିରେ ନିଃସର୍ତ୍ତ ପ୍ରେମର ବ୍ୟାଖ୍ୟା ରହିଛି । କବି କହୁଛନ୍ତି ଯଦି ମଣିଷ ବୁଝିପାରିଥାନ୍ତା ଅବା ବୁଝିପାରନ୍ତା ସୃଷ୍ଟିମୟଙ୍କ ପ୍ରକୃତି ଇଚ୍ଛା, ତେବେ ଅଭିଯୋଗର ଫର୍ଦ୍ଦଟିଏ କେବେ ତାଙ୍କ ନିକଟରେ ରଖନ୍ତା ନାହିଁ । ହସି ହସି ସହିଯାନ୍ତା ଶରମାନଙ୍କର ପୀଡ଼ା । ଶର ଶଯ୍ୟାରେ ଶାୟିତ ମନର ଦୁଃଖ ଭିତରେ ଥିବା ଆନନ୍ଦ ଓ ଅପେକ୍ଷାରେ ନଥାନ୍ତା ସୂର୍ଯ୍ୟଙ୍କ ଉତ୍ତରାୟଣ ଗତିକୁ । ମଣିଷ ଯଦି ବୁଝିପାରିଥାନ୍ତା ସୃଷ୍ଟିମୟ ତାଙ୍କ ସୀମା ଭିତରେ ରହି ନବା ପରି ଦବାର ବି ମନଟିଏ ରଖିଛନ୍ତି ତେବେ ନିଃସର୍ତ୍ତ ପ୍ରେମକୁ ନିଶ୍ଚୟ ବୁଝିପାରନ୍ତା । କବିଙ୍କ ଭାବନାରେ –

"ଗଙ୍ଗଶିଉଳି କାହିଁକି ଶୁଣି ପାରେନା
ଆଲୋକର ସୁନେଲି ସଂଗୀତ
ସ୍ୱଚ୍ଛ ଭିତରେ ଥାଏ କେଉଁ
ଦୀର୍ଘତାର ମହତ ଉଦ୍ଦେଶ୍ୟ
ଆଜି ପରି ସେଦିନ ଯେବେ ଜାଣି ପାରିଥାନ୍ତି,
ଶୂନ୍ୟ ହୋଇଯିବା ପରେ ହିଁ ପୂର୍ଣ୍ଣତାର ପ୍ରାପ୍ତି
ସହଜରେ ନିର୍ବେଦ ହୋଇଯିବା ହିଁ ସାଧନାର ସିଦ୍ଧି ।"

'ମୁଠେ ମୁଗ୍ଧପଣ' କବିତାଟିରେ ଦୁଇଟି ଆତ୍ମା ଏକ ଆବେଗାସ୍ପଦ ପ୍ରେମାସ୍ପଦ ବଳୟ ବିନ୍ଦୁରେ ପରସ୍ପର ପରସ୍ପରକୁ ସ୍ପର୍ଶୁଥାନ୍ତି ଅସ୍ପର୍ଶ ସ୍ପର୍ଶରେ ପୁଣି ଭାବରେ ଅଭାବରେ

କଥା କବି ପ୍ରକାଶ କରିଛନ୍ତି। ଅଗାଧ ଭଲପାଇବାର ଅସୀମା ସତ୍ତ୍ୱରେ, ନିଃଶ୍ୱାସ ପ୍ରଶ୍ୱାସ ପରି ଆତ୍ମାର ସ୍ପନ୍ଦନ ପରି ସମଗ୍ର ଜାଗତିକତାର ଅଶ୍ରୁ କଣିକାରେ ଲୋଡ଼ିବା ପଣରେ ଦିବ୍ୟତ୍ୱର ଅନୁଭବ ହୁଏ। ଯନ୍ତ୍ରଣା ଜର୍ଜରିତ ସାରାଜୀବନ ଉଶ୍ୱାସୀ ନିଏ। ହରାଇବାର ଡର ଭରିଯାଏ ସତ୍ୟର ଦୃଶ୍ୟ ଓ ଅଦୃଶ୍ୟ ଭିତରେ। ଝରିପଡ଼େ ଆନନ୍ଦର ବାରିଧାରା ଅଝରା ରୂପରେ। ମୁଠେ ମୁଗ୍ଧପଣରେ ବନ୍ଧା ହୋଇଯାଏ ଦୁଇଟି ମନ ଗୋଟିଏ ଆତ୍ମା ରୂପରେ। 'ମାଟିରେ ନୁହେଁ କି ସ୍ୱର୍ଗରେ ନୁହେଁ' କବିତାଟିରେ କବି ଈଶ୍ୱରଙ୍କୁ ନିବେଦନ କରିଛନ୍ତି ମାଟିରେ ନୁହେଁ କି ସ୍ୱର୍ଗରେ ନୁହେଁ, ବସ୍ତୁହୀନ ଉପକରଣରେ ମନ୍ଦିରଟିଏ କି ମୂର୍ତ୍ତିଟିଏ ଗଢ଼ିଦିଅ କେବଳ ପ୍ରତ୍ୟୟଟିରେ। ମନ୍ଦିରର ଦ୍ୱାରଟି ଏତେ ଦୀର୍ଘଥାନ୍ତା ଯେ, ଯେପରି ପ୍ରଲମ୍ବ ଛାଇଟିଏ ବି ନଇଁଯାନ୍ତା ପ୍ରବେଶ ଦ୍ୱାରରେ। ପରମ ଭକ୍ତିରେ ବିନମ୍ର ସ୍ନେହରେ ସୁନିଷ୍ଠ ପ୍ରେମରେ। ମୂର୍ତ୍ତିଟି ଗଢ଼ିଥାନ୍ତା ଯା'ର ନାମ କେବଳ 'ସମ୍ପର୍କ' ଥାନ୍ତା। ଉଦାରତାର ରଙ୍ଗ ଭରି ଦେଇଥାନ୍ତା ଏମିତି ଯେମିତି ରଙ୍ଗ ଆଖିକୁ ଅଦୃଶ୍ୟ ଓ ମନକୁ ଅମାପ ଲାଗନ୍ତା। ମନ ତଳର ଜ୍ୱଳନ୍ତ ଅଙ୍ଗାରକୁ 'ଫୁ'ରେ ଉଡ଼େଇ ଦେଇ ଓ ଚିତ୍ତକୁ ଶୋଧନ କରିହୁଅନ୍ତା ସେ ମୂର୍ତ୍ତିର ଅକପଟ ଦୁଗ୍ଧ ପଥୁରୀରେ। ତେବେ ଯାଇ ସଂସାରରେ ଈଶ୍ୱରଙ୍କର ପ୍ରକୃତ ସତ୍ତାକୁ ପ୍ରତିଟି ଜୀବାତ୍ମା ଅନୁଭବ କରିପାରନ୍ତା ନିଶ୍ଚୟ। 'ପ୍ରେମିକା' କବିତାଟି ପ୍ରେମର ଅକୁହା ପଣର ଚିତ୍ର ରହିଛି। ନିଃସର୍ତ୍ତ ପ୍ରେମ ହିଁ ଚିରକାଳ ସୁନ୍ଦର। ଭଲ ପାଇବାର ଭୂଗୋଳରେ କାହାରି ସ୍ଥାନ ରହୁ କି ନ ରହୁ ମନ ଥରେ ଯାହାକୁ ଗ୍ରହଣ କରି ନିଏ ଭୁଲେନା ତାକୁ। କିଛି କହିବାକୁ ପଡ଼େ ନାହିଁ। ଅମଳିନ ରୂପ ଓ ଅଭାବ ସବୁ ଚମତ୍କୃତ କରେ ବହୁବାର। ନୀଳରଙ୍ଗ ଲଫାପାରେ ନିଜର ପ୍ରକାଶିତ ମନ କଥା ହେଉ କି ଦୀର୍ଘ ଦିନର ବ୍ୟବଧାନ ହେଉ ସବୁ କିଛି ଭାରି ଭଲ ଲାଗେ ବିଶ୍ୱାସ ଭିତରେ। 'ରାଧିକା' କବିତାରେ ନ ଥିବା ପଣରେ ପାଇ ଯିବାର ଅହେତୁକ ଆକର୍ଷଣ ରହିଛି। ଭାବନାର ଅନ୍ତରାଳରେ କବି ନିଜକୁ ପରମ ସଖାଙ୍କର ପ୍ରେମିକା, ବାନ୍ଧବୀ କି ସଖି ଭାବରେ ଆବିଷ୍କାର କରି ନାହାନ୍ତି ମାତ୍ର କଷ୍ଟମୟୀ ରାଧିକା କାନରେ ଦେହାତୀତ ପ୍ରେମର ବ୍ୟାଖ୍ୟା କଲା ପରି ନିଜ ପାଇଁ ଈଶ୍ୱରଙ୍କ ସାନିଧ ସେହିପରି ଭାବରେ ରହିଥିବାର ଅନୁଭବ କରିଛନ୍ତି। ଦେହ ଓ ପ୍ରବେଶ ଦୁଆର ମଧ୍ୟରେ ଯେତେ ଦୂରତା ଥିଲେ ବି ଆଖିପତା ଯୋଡ଼ି ହୋଇଯାଇଛି ଖୁବ୍ ଘନିଷ୍ଠ ପ୍ରୀତିରେ, ପରମ ତୃପ୍ତିରେ, ଶୀତଳ ସ୍ପର୍ଶରେ। ନିକଟରେ ସେ ପରମ ସଖାଙ୍କ ଶାଶ୍ୱତ ପ୍ରେମର ବନ୍ଧନରେ ନିଜକୁ ବାନ୍ଧି ଦେବା ପରେ ହୃଦୟ କବାଟ ଦ୍ୱାର ଦେଶରେ ମୃଦୁ ମୃଦୁ ଅନାବିଳ ହସ ବୋଳା ଶଶରୀରେ ଦେଖିବାକୁ ପାଇଛନ୍ତି ତାଙ୍କ ପରମ ପ୍ରିୟତମଙ୍କୁ ଏବଂ ସେ ନିଜକୁ ଗୋଟା ପଣେ ରାଧାଙ୍କ ପ୍ରତିରୂପ ପରି ମନେ କରୁଛନ୍ତି।

ଯାହାକି ପ୍ରକୃତ ପ୍ରେମର ପରାକାଷ୍ଠା ପ୍ରକାଶ କରୁଛି। 'ନୀଳ ପ୍ରଜାପତି' କବିତାଟିରେ ରହିଛି ନିରବତାର ଶବ୍ଦ ଯେବେ କେହି ଜଣେ ପଢ଼ିଦିଏ ସେଠି ନିରବ ରହିବାକୁ ଇଚ୍ଛା ହୁଏ ନାହିଁ। ବ୍ରହ୍ମାଣ୍ଡେ ହୃଦୟର କଥା ଏବଂ ମୋର ସମସ୍ତ ପ୍ରାପ୍ତିକୁ ଉତ୍ସର୍ଗୀ ଦେବା କଥା ମନକୁ ଆସେ। ମଣିଷ ନିଜକୁ ସମର୍ପଣ କଲାପରେ ଈଶ୍ୱରଙ୍କ ନିକଟରେ ସାଁବାଲୁଆରୁ ନୀଳ ପ୍ରଜାପତିଟି ହୋଇ ଜୀବନର ପ୍ରକୃତ ଆନନ୍ଦକୁ ଲବ୍ଧ କରିଥାଏ। 'ଟିଣବାକ୍ସର ପ୍ରେମିକ' କବିତାଟିରେ ମଣିଷକୁ ଚିହ୍ନିବା ଏତେ ସହଜ ନୁହେଁ। ବେଳେବେଳେ ଦେଖାଯାଏ ଯେପରି ଭାବରେ ଜଣକୁ ଆମେ ଚିନ୍ତା କରିଥାଉ ଭିନ୍ନ ଏକ ସ୍ୱରୂପ ସମୟ ସହ ଆମ ପାଖରେ ଅବିର୍ଭାବ ହୁଏ। ଜଣେ ସନ୍ୟାସୀଙ୍କ କଥା କବି କହିଛନ୍ତି। ସେ ଅଧିକାଂଶ ସମୟ ମଉନ ରୁହନ୍ତି। ନିହାତି ଆବଶ୍ୟକ ସ୍ଥଳେ ସେ ହସନ୍ତି ଏବଂ ଓଠ ଖୋଲି ଯାହା କୁହନ୍ତି ସେଥିରେ ଅନେକଙ୍କୁ ଚକିତ କରନ୍ତି। ଦେଖିଲେ ମନେ ହେବ ସଂସାରର ଶ୍ରେଷ୍ଠ ସମ୍ପତ୍ତି ତାଙ୍କରି ପାଖରେ ନିହିତ ଅଛି ତାଙ୍କ ଛିଣ୍ଡା ଗଣ୍ଠିଲି ଭିତରେ। ସେ ରୁହନ୍ତି ଏକପତ୍ର ନ ଥିବା ଗଛ ମୂଳରେ ଗୋଟିଏ କଳିଙ୍କିଲଗା ଟିଣବାକ୍ସ ଓ ଗଣ୍ଠିଲି ସହିତ। ତାହାହିଁ ତାଙ୍କର ଖୁବ୍ ଆପଣାର ପ୍ରତୀତ ହୁଏ। ମନେ ହୁଏ ଯେମିତି ତାଙ୍କ ସମଗ୍ର ଜୀବନରେ ଜଣେ ହେଲେ ନାରୀଙ୍କ ଆଗମନ ହୋଇ ନ ଥିବା ଏମିତି ଟାଆଁସିଆ ପୁରୁଷକୁ କେହି ନାରୀ କେବେ ବି ପ୍ରେମିକର ନାଁ କେବେ ଦେଇ ନ ଥିବ। ଏକଦା ତାଙ୍କୁ ଆବିଷ୍କାର କରାଗଲା ମୃତ୍ୟୁର ପାଦ ଦେଶରେ। ଆଶ୍ଚର୍ଯ୍ୟ ସେ ମଣିଷଟି ସବୁ ଦିନ ଲାଗି ଶୋଇଯାଇଛନ୍ତି ଗଭୀର ନିଦରେ। ପରେ ସେ ଟିଣବାକ୍ସ ଭିତରେ ଅଗଣତି ପ୍ରେମିକାମାନଙ୍କର ପ୍ରେମପତ୍ର ପାଇଁ ସମସ୍ତେ ହାତବାକ୍। କାହା ପାଇଁ ପ୍ରେମ ପୂଜା, କାହା ପାଇଁ ସୁଖ ଆଉ କାହା ପାଇଁ ମୁକ୍ତିର ମାର୍ଗ ହୋଇ ରହିଯାଏ। 'ଗୈରିକ ପ୍ରେମ' କବିତାଟିରେ ପ୍ରେମଠୁ ମୃତ୍ୟୁର ଦୂରତା ଭିତରେ ଥିବା ରହସ୍ୟମୟତା ଏବଂ କେମିତି ସାଜନ୍ତି ପୃଥିବୀର ପ୍ରତ୍ୟେକ ପ୍ରେମିକ, ରଙ୍ଗାୟିତ ହୋଇଯାନ୍ତି ଗୈରିକ ପ୍ରେମରେ ଧ୍ୟାନସ୍ଥ ହୋଇ ଉଡ଼ିବାକୁ ଇଚ୍ଛା କରନ୍ତି ଭୌଗୋଳିକ ପ୍ରେମର ବାହାରେ। ଯେବେ ନିବର ହୁଅନ୍ତି ଈଶ୍ୱର ନିରବି ଯାଏ ପ୍ରେମିକ ପଣର ଗୋଲାପି ଚପଳତା। ଜଣାପଡ଼େନି ତାଙ୍କ ନିରବତା। କଢ଼ି ସବୁ ଡେମ୍ଫରୁ ଖସି ପଡ଼ନ୍ତି, ମୁକୁଳା ଫୁଲମାନେ ଫିଙ୍ଗି ଦିଅନ୍ତି ଗଭାର ଗଜରା, ଗାଈଆଳ ପିଲା ଖୋଜନ୍ତି ବଂଶୀର ସ୍ୱନ, ଗାଈଗୋରୁ ଶୁଣନ୍ତିନି ବନ ଭୂଇଁର ଡାକ, ସ୍ଥିର ହୋଇଯାଏ ନଈର ଢେଉ, ଫେରିଯାଏ ଝରଣାର ସୁଅ, ପବନରୁ ଭିଲିଯାଏ ସଜୀବ ଶୀତଳତା ଆଉ ଜଣାପଡ଼େ ନାହିଁ ଜନ୍ମିବାରେ କାହିଁକି ଏତେ ଆବିଳତା। ସବୁ କିଛିର ସମୁଜ୍ଜ୍ୱଳ ଉତ୍ତର ଈଶ୍ୱରଙ୍କ ଅଧିକାର ପଣରେ ଥାଏ ନିରବତାରେ ନୁହେଁ। 'ନିଆଁର ଜ୍ୱାଳାରେ' କବିତାରେ ନିର୍ବାଣ ପଥରେ ସନ୍ୟାସିନୀ

ହେବାର ସଂକଳ୍ପ କବି ପ୍ରମିଳା ଶତପଥୀ ଅଳିକ ଦୁନିଆଁ ନିଆଁର ଜ୍ୱାଳାରୁ ନିଜକୁ ଦୂରେଇ ରଖିବାର ପ୍ରୟାସ କବି କରିଛନ୍ତି। ଖୋଜିବାର କେବେ ଶେଷ ନ ଥାଏ ପାଇବାର କେବେ ଅନନ୍ଦ ନ ଥାଏ। ନଈ ଏ ଶୋଷ ଧରି ମଣିଷ ବଞ୍ଚି ରହେ ସାରା ଜୀବନ। ନଈ ଭିତରେ ଥାଇ ଛଟପଟ ହେବା ସାର। ନ ପାଇବାର ଅନୁକ୍ତ ଅନୁଭବରେ ଅପେକ୍ଷା ଥାଏ ଆସନ୍ତା ଜନ୍ମ। ଅପୂର୍ଣ୍ଣତା ମଧ୍ୟରେ ପୂର୍ଣ୍ଣତାର ଶିଶିର ବିନ୍ଦୁକୁ ଢୋକେ ଢୋକେ ଢ଼ୋକି ବଞ୍ଚିବାକୁ ଦୁନିଆଁର ରୀତି କୁହାଯାଏ। ହେଲେ ମନ କହୁଥାଏ ଜୀବନର ସକାଳ ବେଳାରୁ ନିଜ ଭିତରେ ଥରେ ଜଣେ ଆସିବା ପରେ ନ ଫେରିବାର ଇଚ୍ଛାଟିଏ ନିଆଁର ଜ୍ୱାଳା ପରି କଷ୍ଟ ଦିଏ କିନ୍ତୁ ଯାହା ପାଇଁ ଏ ଅନ୍ତର୍ବେଦନା ସେ ବୁଝି ପାରେନା ପ୍ରକୃତରେ ଅନ୍ୟର ହୃଦୟ। 'ମୁର୍ମୂଷୁ ହସ' କବିତାରେ ସ୍ନେହଁ ଓ ଭଲ ପାଇବାର ମିଥ୍ୟାଭିନୟରେ ବିଭୋର ଦର୍ଶକଙ୍କ କଥା ରହିଛି। ମଣିଷ ବେଳେବେଳେ ନିଷ୍ଠାବାନ ସ୍ଥାବକତ୍ୱର ପରିଚୟ ଦେବାକୁ ଯାଇ ବିକି ଦିଏ ବିଶ୍ୱାସର ଭରଣ ଭରଣ ବୀଜ। ଅଦୃଶ୍ୟ ଦେବତାର ବରଦାନରେ ଯେବେ ଫିଟିଯାଏ ଷଡ଼ନ୍ଦ୍ରୀୟ ଗ୍ରନ୍ଥି, ସେତେବେଳେ ମଣିଷ ପଢ଼ିନିଏ ଯେତେ ସବୁ ଓଲଟ ଅକ୍ଷରର ଗୋପନ ଇଙ୍ଗିତ। ସେବେ ଠାରୁ ସେ ବ୍ୟବହାର ନ ହୋଇ ବ୍ୟବହାରୀ ହୋଇଯାଏ। ବସ୍ତୁ ନ ହୋଇ ବାସ୍ତବ ହୋଇଯାଏ। ସାମଗ୍ରୀ ନ ହୋଇ ସାମଗ୍ରିକ ହୋଇଯାଏ। ସ୍ନେହ ନ ହୋଇ ସ୍ନେହୀ, ମାନବ ନ ହୋଇ ଈଶ୍ୱରୀ ପାଲଟି ଯାଏ। ଜ୍ୱାଳାମୁଖୀ ନ ହୋଇ ଶୀତଳ ଜଳ ପାଲଟିଯାଏ। ପୁଣି ନିଜ ଭିତରୁ ଶୁଣିବାକୁ ପାଏ ଆପଣା ଆତ୍ମାର ମୁମୂର୍ଷୁ ହସ। 'ଚିଦାନନ୍ଦ' କବିତାରେ ଭାଗ୍ୟ ଓ ଭବିଷ୍ୟତର କଥା ରହିଛି ଯାହା ମଣିଷ କୁହେ ତାହା ଲେଖା ସରିଥାଏ ଅନେକ ଆଗରୁ। ଯାହା ଘଟେ ତା'ମଧ୍ୟ ଦେଖା ସରିଥାଏ ରାତି ଫର୍ଚ୍ଚା ହେବା ପୂର୍ବରୁ। ଯେମିତି ରାବଣ ଦେଖି ସାରିଥିଲେ ନିଜର ମରଣ ମରିବା ଆଗରୁ। ରାମାୟଣ ଲେଖା ସରିଥିଲା ବହୁ ଆଗରୁ । ଆମ ଭିତରେ ଏମିତି ଅନେକ ଅଛନ୍ତି। କବିଙ୍କ ଭାବନାରେ –

"ଯାହା ଦୌଡ଼ିବା ପରି ଲାଗୁଥାଏ
ତାହା ସ୍ଥିର ଚିତ୍ରଟିଏ
ଆଉ ଯାହା ସ୍ଥିର ଲାଗୁଥାଏ
ସେ ହିଁ ଦୌଡ଼ିଥାଏ କ୍ଷୀପ୍ରଗତିରେ
ଅଲକ୍ଷ୍ୟରେ ଆଦେଶାନୁସାରେ
ଏସବୁ ନିଜ ନିଜ ନଜରିଆର କଥା ଚିଦାନନ୍ଦ।
ମୁଁ ନୁହେଁ, ମୋର ମନେ ହୁଏ

ତମେ ହିଁ ମୋର ପ୍ରତିଟି ଭାବଭଙ୍ଗୀରୁ
ମୋତେ ଖୋଜୁଛ ଅନ୍ଧାରରେ
ସେଇ ମୁଣ୍ଡୁଳା ଭିତରେ
ତମକୁ ଜଣାଥିବ କୋଉ ନଜରିଆରେ।"

'ଯିବାର ଦିନରେ' କବିତାଟିରେ କବି ପରମାତ୍ମାଙ୍କ ପାଖରେ ଅଳି କରୁଛନ୍ତି କି ମୁଁ ଯିବାର  ଦିନରେ ତୁମେ ଭଲ ପାଇବାର ଗୀତଟିଏ ନିଶ୍ଚୟ ଗାଇବ। ବୟସର ଅପରାହ୍ନରେ ପହଞ୍ଚିବା ପରେ ନିଜର ଅଜ୍ଞାତସାରରେ ମଣିଷ ଈଶ୍ୱରଙ୍କ ପ୍ରତିରୂପ ଭାବରେ ନିଜକୁ ଗଢ଼ି ନିଏ ଓ ବୁଝିଯାଏ ସ୍ନେହ ଓ ସମ୍ପର୍କର ମାନେ। ଯିବାର ଦିନରେ ଫେରି ଆସିବାର କାମନା କରେ ଅତି ବ୍ୟାକୁଳିତ ଚିତ୍ତରେ ତା'ର ସଂପୂର୍ଣ୍ଣ କାୟାକୁ ଟୋଳି ଦେବା ପାଇଁ ନିଜ ପ୍ରେମରେ ନିମଗ୍ନ ହେବା ଇଚ୍ଛା ଆଗରେ। ସେ ଖୋଜେ ଈଶ୍ୱରଙ୍କୁ, ଶାଶ୍ୱତ ଓ ନିଚ୍ଛକ ଶ୍ରଦ୍ଧାକୁ ଯେଉଁଠି କେବଳ ଥାଏ ସ୍ୱର୍ଗକୁ ପଥ ଓ ମୁକ୍ତିର ଶୀତଳ ସ୍ପର୍ଶ। 'ପଛକୁ ଚାହିଁଲେ' କବିତାଟିରେ ଯାହା ପୋତି ହୋଇଯାଇଛି ସମୟର ଚୋରାବାଲିରେ, ରହି ଯାଇଛି ଅସମ୍ଭବର ପ୍ରସ୍ତାବ ସେ ପାଖରେ ଯେତେ ଚେଷ୍ଟା କଲେ ବି ଆଉ ଫେରି ନ ଆସିବା କଥା ରହିଛି। ବର୍ତ୍ତମାନର ସମ୍ମୁଖରେ ଆଣି ହେବ ନାହିଁ ଯାହା ବିତିସାରିଛି। ଫେରି ଆସେନା ମୃତ ବ୍ୟକ୍ତିର ଶରୀରରେ ପ୍ରାଣ, ମାପି ହୁଏନା ନିଜ ଶ୍ରମ ଦେଇ ଖୋଳିଥିବା କୂଅର ଗଭୀରତା, ନଈ ପାଣିରେ ଦେଖିଥିବା ବିଶାଳତା। ନିଜସ୍ୱ ଆନନ୍ଦକୁ ଶ୍ରେଷ୍ଠତ୍ୱ ପ୍ରଦାନ ଆଶାରେ ଆଦର୍ଶକୁ ଫିଙ୍ଗି ଦିଏ ବିବେକ ନଈର ମୁହାଣରେ। ଜୀବନ ଏମିତି ଏକ ଅଡୁଆ ସୂତାଖିଅ ଯାହାର ଆରମ୍ଭ ରହିଛି ଅନ୍ଧାର ସେପଟେ। 'ବେଦ ରାଗ' କବିତାଟି ପ୍ରେମର ସ୍ନିଗ୍ଧ ଶୀହରଣର ମାର୍ମିକତା ଦର୍ଶାଇଛି। ଭଲ ପାଇବାରେ ମଂ-ଦେହୀ ହେଉଛି ବେଦ ରାଗ। ହୃଦୟରୁ ଝରି ପଡୁଥିବା ବିଶ୍ୱେ ଭଲ ପାଇବାର ଗୀତ ଯେମିତି ଝରିପଡ଼େ ପହିଲି ଫଗୁଣର ଅବିର ମୁଠିରେ ଏବଂ ମୁଁ ଯେଉଁଠି କି ଗଲେ, ଯେଉଁଠି ରହିଲେ ବି ତୁମର ହେଇଥିବି, ଏସବୁ କଥା ଯେମିତି ସନ୍ଦେହରେ ମଉଳି ଯାଏ। ନିଜ ଫେରିବାର ପାଦଶବ୍ଦ ଭିତରେ ଶୁଭୁଥାଏ ଆଉ ଏକ ପାଦ ଶବ୍ଦ ଯେଉଁଠି ସବୁ ଅଶାନ୍ତିର ମୂଳ କାରଣ। ମନରେ ପବିତ୍ରତା ନଷ୍ଟ ହେଲେ ସମ୍ପର୍କର ସତ୍ୟତା ମଧ୍ୟ କ୍ଷୁର୍ଣ୍ଣ ହୋଇଯାଏ। 'ଗୋପନ ମୁଣି' କବିତାଟିରେ ଈଶ୍ୱରଙ୍କ ଦାତା ପଣିଆର ଅବଶୋଷ କବି ପ୍ରକାଶ କରିଛନ୍ତି। ଅସୀମ ଭଲ ପାଇବାର ମଞ୍ଜି ଯିଏ ବୁଣିଛନ୍ତି ହୃଦୟରେ, ପାଳନ କରିଛନ୍ତି ସଯତ୍ନତାରେ ଆପଣାପଣର ଅମାପ ସ୍ନେହରେ ଯାହାଙ୍କ ସ୍ୱରୂପ ଆଖିରେ ଦିଶେ ନାହିଁ ଶଙ୍କିଯାଏ ମନ ଦିବୟାଏ ହୃଦୟ ଭାବିଲେ ଅଧୁରା ଲାଗେ ଜୀବନ। ତାଙ୍କ ଦାତାପଣିଆ ଭିତରେ ବେଳେବେଳେ ଅଣନିଶ୍ୱାସୀ

ଲାଗେ ଜୀବନ। ଜୀବନ୍ତ ଶବର ତାଲିକାରେ ରହିଯାଏ ଜୀବନ। ନିଜର ପ୍ରାଣ କୁହେ "ନିଅ ନିଅ ସବୁ ନିଅ, ବିଗତ, ଆଗତ, ବର୍ତ୍ତମାନ ଆଉ ବାକି ଯାହା ବଳକା ରହିଛି ସମୟ ସବୁ ତୁମର।" ସବୁ ସମର୍ପଣ କଲା ପରେ ହୃଦୟରୁ ବୋଝ ଓହ୍ଲାଇ ଯାଏ। ଅକ୍ଲେଶରେ ବନ୍ଧନହୀନତାର ନିର୍ମାୟା ପାଦରେ ଯିବାର ଭୟ ଆଉ ରହେ ନାହିଁ କି ଜାଣିବାର ଇଚ୍ଛା ହୁଏ ନାହିଁ ଜୀବନ ଓ ମୃତ୍ୟୁର ଗୋପନ ରହସ୍ୟ ଜାଣିପାରେ। 'ନିଦ୍ରାଭଙ୍ଗ' କବିତାଟିରେ ଅହେତୁକ ବିଶ୍ୱାସର କଥା କବି ପ୍ରମିଳା ଶତପଥୀ ବର୍ଣ୍ଣନା କରିଛନ୍ତି। ମଣିଷ ଯାହା ଘଟଣା ଘଟିଗଲା ପରେ ଜାଣିପାରେ, ମାତ୍ର ତାହା ଅଦୃଶ୍ୟ ଶକ୍ତିକୁ ଆଗରୁ ଅବଗତ ଥାଏ। ସେ ଦେଖିବାକୁ ଚେଷ୍ଟା କରନ୍ତି ମଣିଷର ଅସମର୍ଥ ସାହାସମାନଙ୍କୁ, ଉଦାରପଣକୁ, ସ୍ନେହ, ମମତା, ଜୀବନ ଓ ସଂକଳ୍ପର ସତ୍ୟତା ଏବଂ ଦାମ୍ଭିକତାର ପରିଚୟକୁ। ଜାତିଗତ ପୃଥିବୀର ଦୁର୍ଭେଦ୍ୟ ଦୁର୍ଗରେ ନବପଲ୍ଲବର ରାବ, ଏନ୍ତୁଡ଼ିଶାଳରୁ ଅଦୃଶ୍ୟ ଶକ୍ତିଙ୍କ ପ୍ରତି କୋମଳ ସମର୍ପଣ ଏବଂ ସାରା ଜୀବନର ଯେତେକ ଯନ୍ତ୍ରଣାର ରୂପ ସବୁକିଛି ସେ ଅନୁଭବ କରନ୍ତି ଯେଉଁଠି ନିଜ ଭାଙ୍ଗିଯିବା ପରେ ଅନ୍ଧାରରୁ ଜ୍ଞାନର ଆଲୋକ ଆଡ଼କୁ ମଣିଷ ଅଗ୍ରସର ହେବା ପରେ ମୂକ ପାଲଟି ଯାଏ। "ଫେରିବାର ଅଛି' କବିତାଟିରେ ମୃତ୍ୟୁ ଚିରନ୍ତନ ସତ୍ୟ। ଯିବାକୁ ହୁଏ ମଣିଷକୁ ତା ଜୀବନ କାଳ ସରିବା ପରେ କିନ୍ତୁ ଇଚ୍ଛାମାନେ ସରନ୍ତି ନାହିଁ ମୃତ୍ୟୁ ପର୍ଯ୍ୟନ୍ତ ବି ମଣିଷର ଇଚ୍ଛାମାନେ ନୂଆ ନୂଆ ରୂପରେ ଆସିଥାନ୍ତି। ସେଇ ବଞ୍ଚିବାର ଇଚ୍ଛାକୁ ନିର୍ଜୀବ କଣ୍ଢେଇ କରି ଅନିଚ୍ଛାର ଜୀବନ ଭିତରୁ ଯିବାକୁ ହୁଏ। ମନସ୍କତାର କ୍ଷଣ କ୍ଷଣ ମୂର୍ଚ୍ଛିତ ବ୍ୟାଧିରେ ମଣିଷ ଉତ୍ତର ଖୋଜେ। ଭାବେ ସେ ଏ ଜୀବନ ଯାଉ, ପୁଣି ଫେରିବାର ଅଛି ଅଧୁରା କର୍ମକୁ ବାକିଥିବା ଅଭିନୟକୁ ଏବଂ ପରିଚିତଙ୍କ ବିରୁଡ଼ିବସା ଭିତରକୁ। 'ଦୀର୍ଘଶ୍ୱାସ' କବିତାଟିରେ ମନ ଓ ମାନର ନିରୁତ୍ସାହୀ ଖେଳ କଥା ରହିଛି। ଜୀବନର ଦୀର୍ଘଶ୍ୱାସ ଈଶ୍ୱରଙ୍କ ନିକଟରେ ପହଞ୍ଚାଇବାର ଶତତ ପ୍ରୟାସ ମଣିଷ ସମାଜ କରି ଚାଲିଥାଏ। ତାଙ୍କ ନିକଟକୁ ଯିବାର ଆବେଗରେ ସମସ୍ତ କଳା, କୌଶଳକୁ ଆପଣାଇ ନିଏ କିନ୍ତୁ ପ୍ରତିଥର ବାରମ୍ବାର ଉଠି ଅଧା କାନ୍ଥରୁ କ୍ଷୁଦ୍ର ବୁଢ଼ିଆଣୀ ପରି ଖସି ପଡୁଥାଏ। ସମୟର ଚକି ପେଶିବାର କର୍ମରେ ମଣିଷ ବାନ୍ଧି ହୋଇପଡେ ଏମତି ଯେତେ ଆଗ୍ରହ ଥିଲେ ବି ମୋହର ଆବେଗରେ ଯାଇ ପାରେନା କି ପହଞ୍ଚି ପାରେ ନା ନିଜର ଲକ୍ଷ୍ୟ ସ୍ଥଳରେ। 'ଯିବାର ରାସ୍ତାରେ' କବିତାଟିରେ ବାସ୍ତବ ଜୀବନର କଥା ରହିଛି। ମଣିଷ ଅନେକ କିଛି ଭାବିଥାଏ ମାତ୍ର ସଠିକ୍ ମାର୍ଗରେ ତା'ର ସମସ୍ତ ଇଚ୍ଛା କେବେ ବି ପୂର୍ଣ୍ଣ ହୁଏ ନାହିଁ। ଜୀବନ ସରିଯାଏ, ପ୍ରକୃତି ମଉନି ଅଧର ଆପଣେଇ ନେଲା ପରି ମଣିଷ ନିଜେ ଭାବିଥିବା କଥା କିଛି ହେଲେ କହିପାରେ ନାହିଁ ବୋଲି ବାରବାର ଫେରିବାକୁ

ହୁଏ ଯିବାର ରାସ୍ତାରେ ଉଦ୍ଦେଶ୍ୟର ଏକଇ ରଥରେ। 'ଖରାଛାଇ' କବିତାରେ ରହିଛି ଗୋଟିଏ ବିନ୍ଦୁ ମଧ୍ୟରେ ଅଗଣିତ ଜନ୍ମର ପ୍ରତିବିମ୍ବ। କିଣାବିକାର ଦୁନିଆଁ ଭିତରେ ବିନ୍ଦୁର ନଈ ଚହଲି ଗଲେ ସେଇ ଖରାଛାଇର ଗୋଡ଼ା ଗୋଡ଼ି ଖେଳ ନିଜକୁ ଖୋଜିବାକୁ ପଡ଼େ। ଉତ୍ତର ସବୁ ପ୍ରଶ୍ନ ପାଲଟନ୍ତି, ରୁନ୍ଧି ହୁଏ ପ୍ରାଣ ରୁଦ୍ଧ କୋଠରୀ ଖୋଲି, ଅଭିଶାପ ମନେ ହୁଏ ଜନ୍ମିତ ନକ୍ଷତ୍ର, ଛୋଟ ଗୋଡ଼ିଟିଏ ମଧ୍ୟରେ। ପର୍ବତର ଅହଂକାର, ମାନି ନେବାକୁ ପଡ଼େ ଘାସର ଜୀବନ। ମାତ୍ର ଉତ୍ତର ଯେବେ ଉତ୍ତର ହୋଇଯାଏ କୁଆଁତାରାକୁ ଚିହ୍ନାଇବାକୁ ପଡ଼େନି, ସପ୍ତର୍ଷି ମଣ୍ଡଳକୁ ମଧ୍ୟ। ସବୁ କିଛି ପରିଚିତ ଖୁବ୍ ଆପଣାର ଅନୁଭବ ହୁଏ। 'କାନ୍ଥ' କବିତାଟିରେ ରହିଛି ସମ୍ପର୍କର ଭଙ୍ଗାଯୋଡ଼ା ଭାବ ଓ ଅଭାବର କଥପୋକଥନ ଓ ନିଜ ଭିତରେ ସାଇତା ସାତ ପୁରୁଖା ଇତିହାସର ମୂକସାଖୀ କାନ୍ଥ। ଅଳତା ବୋଳା ସରସୀ ଚପା ପାଦ, ଫସ୍ ଫସ୍ କଥା ଓ ଫୁଲରାତି, ରୁଣୁଝୁଣୁ ଚୁଡ଼ିର ସୁହାଗ ସଂଗୀତ, ଭୂମିଷ୍ଠର କୁଆଁରାବ, କ୍ଷୀରଗୋଳା ହସର କଲ୍ଲୋଳ, ଦାନ୍ତହୀନ ଜରାର ଖୁଁ ଖୁଁ କାଶ, ରାମନାମ ସତ୍ୟ ଆଉ ମାୟାର କ୍ରନ୍ଦନ, ସବୁ କିଛି ଶୁଣିଥାଏ କାନ୍ଥ। ତା' ଓଠରେ ଦମ୍ଭିଲା ହସ ଲିଭେଇ ହୁଏନା। କାନ୍ଥ ଭିତରର ଇତିହାସ ସର୍ବହରାର ଓଠରୁ ହସ, ଆଖିରୁ ସ୍ୱପ୍ନ ଓ ନିଶଙ୍କାର ନିଦକୁ ନେଇ ଗଢ଼ି ହୋଇ ସେମିତି କାଳରୁ କାଳାତୀତ ଯାଏଁ ସ୍ଥିର ରହିଥାଏ ପୁଣି କିଛି ନୂଆ ଆଶା ଓ ସମ୍ଭାବନାର ଆକର୍ଷଣରେ। 'ମନର ମଳି' କବିତାଟିରେ ନିଜ ଭିତରେ ଥିବା ଅନ୍ଧକାରକୁ ଦୂରକରି ଆଲୋକମୟ ଈଶ୍ୱରଙ୍କ କୃପାଦୃଷ୍ଟି ଆଡ଼କୁ ଦୃଷ୍ଟି ଆକର୍ଷଣ କରିଛନ୍ତି କବି। ଜୀବନର ପ୍ରଥମ ଭାଗରେ ଥରେ ଯାହା ହଜିଯାଏ ତାହା ଆଉ ମିଳେନା। ବାରମ୍ବାର ହଜଉଥିବା ଲୋକ ମାନେ ହିଁ ତ ଆଲୋକର ଗହଳି ମଧ୍ୟରେ ଥାନ୍ତି। କିନ୍ତୁ ଅନ୍ଧାରରେ ଥିବା ଲୋକଟି ଆଲୋକରେ ଥିବା ଲୋକଟିକୁ ସ୍ପଷ୍ଟ ଦେଖିପାରେ ଓ ବୁଝିପାରେ। ଆଲୋକରେ ଥିବା ଲୋକ ଖୁବ୍ ଭୟଭୀତ ମନେ କରେ ଅନ୍ଧାରକୁ ଦେଖିଲେ। ହେଲେ ବୁଝା ପଡ଼େନି ଈଶ୍ୱରଙ୍କୁ ଭୟ ଆସେ। ଜଣା ପଡ଼େନି ସେ ନିଜେ ଦେହର ମଳି ଧୋଇବାକୁ ଚାହୁଁଛନ୍ତି ନା ଦେହ ଭିତରର ମଳିକୁ ଛଡ଼ାଇ ପ୍ରେମମୟ ସ୍ୱଚ୍ଛ ହୃଦୟଟିଏ କରି ରହିବାକୁ। 'ରହସ୍ୟ' କବିତାଟିରେ ନୈସର୍ଗୀକ ଈଶ୍ୱରଙ୍କ ସୃଷ୍ଟି ସଂରଚନା କଥା ରହିଛି। ଦାତାର ପରିଚୟ ନେଇ ହୃଦୟରେ ଈଶ୍ୱର ଭରିଥିଲେ ବିଚ୍ଛୁରିତ ତେଜସ୍ୱୀ ଆଲୋକ, ଉଜ୍ଜ୍ୱଳ କରି ଦେଲେ ଭୂସାର ବକ୍ଷ, କଅଁଳେଇ ଦେଲା ଗଛ, ଲତା, ଗୁଳ୍ମ। ଭରିଦେଲ ଜାତି ଜାତି ଫୁଲର ସମ୍ଭାର। ପୃଥିବୀବାସୀଙ୍କୁ ବିଶ୍ୱାସ ଭରିଲେ "ମୁଁ ତ୍ରାଣକର୍ତ୍ତା ତୁମର – ତୁମର ଦୁଃଖ, ଯନ୍ତ୍ରଣା ଓ ଲୁହ ପୋଛିବା ମୋର ଧର୍ମ।" ପରବର୍ତ୍ତୀ ସମୟରେ ଦାତାର ଭୂମିକାରୁ

ବିରକ୍ତ ଭାବ ନେଇ ନେତାର ଭୂମିକା ନିର୍ବାହ ପୂର୍ବକ ଆଚରଣରେ ଭୂମିବାସୀଙ୍କ ନିଦାକ୍ ନିଦ ଉଭେଇ ଗଲା। କବିଙ୍କ ଭାଷାରେ –

"ସେମାନେ ଚିରଦିନ ପାଇଁ ଆଉ ଦେଖି ପାରିଲେନି
ପୃଥିବୀର ନୈସର୍ଗୀକ ଦୃଶ୍ୟ
ପୃଥିବୀକୁ ସୂର୍ଯ୍ୟ ପିଠି କରିଦେଲେ
ନା ହଜିଗଲା ସେମାନଙ୍କ ଆଖିର ଆଲୋକ?
ମାଟିର ନିବାସୀଙ୍କ ପାଇଁ
ଏ ପ୍ରଶ୍ନ ଏବେ ବି ରହସ୍ୟ।"

'ବିଗତ' ଓଠ କବିତାଟିରେ ସମୟ ବୁଝେଇ ଦେଇଛି ମାଟି ସହ ପିଣ୍ଡର ପ୍ରଭେଦ ଓ ସମ୍ପର୍କ ଜାଉ ସହ ଅନ୍ନର, କାନ୍ଥ ସହ ମାଟିର, ଝୁମ୍ପୁଡି ସହ ଉଆସର ପ୍ରଭେଦ। ସମୟ ଚେତେଇ ଦେଇଛି ମଣିଷକୁ ସତ୍ୟ ଚିରନ୍ତନ ଓ ମିଥ୍ୟା ଅଳିକ ସୁଖ। ଯିଏ ବୁଝି ନାହିଁ ସେଥିପାଇଁ ସମୟ ଦାୟୀ ନୁହେଁ କେବଳ ନିଜେ ମଣିଷ ଦାୟୀ। 'ସଂଜୀବନୀ' କବିତାଟିରେ ଆଶାର ଅଧିକତା ମଧ୍ୟରେ ରହିଛି ନିଶ୍ଚିହ୍ନତାର ଶମଶାନି ଧୂଆଁ। ତଥାପି ମଣିଷ ଆଶା ଛାଡ଼େନା, ସମ୍ଭାବନାକୁ ଅଣଦେଖା କରେନା। କେହି ଜଣେ ବୁଦ୍ଧଙ୍କର ସଂଜୀବନୀ ମନ୍ତ୍ର ଜୀବନକୁ ସାର୍ଥକ କରେ। ସ୍ନେହ ସ୍ୱେଦରେ ସଜୀବତାର ସଂଚରଣ ହୁଏ, ମୂକତ୍ୱ ମୁଖର ହୁଏ, ବୈଶାଖରେ ଋତୁ ବଦଳିବା ପରି ଲାଗେ ଓ ତୃପ୍ତିର ମୁକ୍ତା ଝରି ପଡୁଥିବା ପରି ଲାଗେ। 'ଦିନଟିଏ' କବିତାରେ ଆଶାର ପିପାସା ବର୍ଣ୍ଣିତ। ଯିଏ ଜନ୍ମ ଦିଏ ଅନେକ ଜୀବନ ଯେଉଁ ପାଖୁଡ଼ା ଗୁଡ଼ିକରେ ଲେଖାଥାଏ ରାତିକ ପାଇଁ ସପନ ପୁଣି ସପନ ହୁଏ। ଆଶା ଓ ନିରାଶାରେ ଦିନର କଳସୀ ଭରିଯାଏ। ମଣିଷ ଦେଖୁଥାଏ ଦିନ ଓ ରାତିର ପରଦା ପଛରେ କିଣା ବିକାର ଜୀବନ। 'କେହି ଜଣେ ଅଛି' କବିତାଟିରେ କାହାରି ଭାବନା ଭିତରେ ବଞ୍ଚିବାର ନିଆରା ପରିବେଶ କଥା କବି ବର୍ଣ୍ଣନା କରିଛନ୍ତି। ଏମିତି ସମ୍ପର୍କଟିଏ ଯେଉଁଠି ରଙ୍ଗ ଥିବ, ସଙ୍କାଥିବ, ସମ୍ବୋଧନ ଥିବ ହେଲେ ଏସବୁ ବି ଅଳିକ ଲାଗେ ସମ୍ପର୍କର ନିବିଡ଼ତାରେ। କାରଣ ରଙ୍ଗମାନେ କେବେ ନା କେବେ ଧୋଇ ଯିବ। କୌଣସି ରାସ୍ତା ଆପଣେଇବାକୁ ମନେ ହୁଏନି କାରଣ ଅନେକ ପାଦ ଚିହ୍ନର ଆଭାସ ଥିବ। କୌଣସି ସମ୍ବୋଧନରେ ରଖିବାର ଇଚ୍ଛା ହୁଏ ନାହିଁ ନିଜଠୁ ଅଲଗା ଲାଗିବ। ନିଜର ଭାବିବାକୁ ଇଚ୍ଛା ମଧ୍ୟ ହୁଏନି କାରଣ ଅହଂତ୍ୱର ଗର୍ବ ଆସିଯିବ। ସେତ ନିଜର ସୁଖ, ଦୁଃଖ, ଭଲ, ମନ୍ଦ ବଖାଣି ଶୁଣାଇ ପାରୁଥିବା ଛାୟାକଳ୍ପଟିଏ। ଭାରି ଭାରି ମନ ପାଇଁ କିଛି ହାଲୁକାପଣ। ଯିଏକି ସାଥିରେ ସାଥିରେ ଥାଏ ଓ ସାଥିରେ ସାଥିରେ ବାଟ ଚାଲୁଥାଏ ଏକା ଏକା

ଅନୁଭବ ଆସୁଥିବା ବେଳେ। 'ମାଟିର ମନ୍ତ୍ରରେ' କବିତାଟିରେ ମାଟି ମା'ର ମମତ୍ୱରେ ଅଭିମନ୍ତ୍ରିତ ହେବା କଥା କବି ପ୍ରକାଶ କରିଛନ୍ତି। ମମତାର ମହୁରେ ପୂର୍ଣ୍ଣ ହୁଏ ଭଣ୍ଡାରର ଗର୍ଭ। ହୃଦୟର ଦ୍ୱାର ସବୁବେଳେ ଉନ୍ମୁକ୍ତ। ଅଭିମାନ ଆସେନା କି ଆସକ୍ତି ଆସେନା। ପ୍ରାଣ ଡୋଳା ଥିବାଯାଏଁ ଶ୍ରଦ୍ଧାର ପାରାବାର କେବେ ମୁଦ୍ରିତ ହୁଏନା। ଫେରି ଆସିଥିବା ପ୍ରତିଟି ଆଦରଣୀୟ ମଣିଷମାନଙ୍କ ପାଇଁ ଫାଟକରେ ସ୍ନେହର କୋଲପ ହିଁ ଥିବ। 'ପାତାଳି' କବିତାଟିରେ ସ୍ୱାଭିମାନର କଥା ପ୍ରକାଶ କରିଛନ୍ତି କବି। ଈଶ୍ୱରୀୟ ଅଭିଳାଷ ପରିବର୍ତ୍ତେ ଆସୁରୀକ କ୍ଷୁଧାରେ ବ୍ୟଥିତ ପ୍ରାଣ ପାତାଳି ହେବାକୁ ଇଚ୍ଛା କରେ। ସଠିକ୍ ସମୟର ନିର୍ଣ୍ଣୟ ଧାରାରେ ଅପ୍ସରୀଙ୍କ ଲାଲିତ୍ୟମୟ ଭଙ୍ଗୀ ଆଉ ଆଗ୍ରହ ସୃଷ୍ଟି କରି ପାରେନା। ସ୍ୱାଭିମାନର ଶାଖା ପ୍ରଶାଖା ଢେର ଲମ୍ବିଯାଏ ପଥୁରିଆ ପଣର ଚରମ ପରିଚୟ ପାଇବା ପରେ। 'ନିରବ ସମୟ' କବିତାଟିରେ ଅନ୍ଧତ୍ୱର ତମସା ଲାଗେ ଜୀବନ ନିରବ ସମୟକୁ ସାମ୍ନା କଲାବେଳେ। ଘରିଆଡ଼େ ଖାଁ ଖାଁର ସନ୍ ସନ୍ ନିରବତା, ପ୍ରଶ୍ନମାନେ ମନକୁ ଅର୍ଥ କରନ୍ତି ନିଜ ଡୋଳରେ ଦେଖିବାକୁ ଇଚ୍ଛା କରେ ସ୍ନେହାକ୍ତ ଆଭାସ। ସମୟର ଶୁଷ୍କତା ଓ ଅଜ୍ଞାତସାରର ପଥୁରିଆ ଶବ୍ଦ ସବୁ ଛାତି ଭିତରେ ମଣିଷର ଘର କରି ନିଏ। ମଧୁର ବଚନରେ ଆପ୍ୟାୟିତ ସମ୍ପର୍କମାନେ ଲୁଚିଯାନ୍ତି ଧୂସର ପରିଧାନ ଭିତରେ। 'ଅସହାୟତାର ଗର୍ଜ୍ଜନ' କବିତାଟିରେ କବି ମଣିଷର ଉଦାରପଣକୁ ବ୍ୟାଖ୍ୟା କରିଛନ୍ତି। ସତ୍ୟର ହାତରେ ସମସ୍ତ ଶତ୍ରୁଙ୍କୁ ପରାହତ କରିହେବ ମାତ୍ର ମଣିଷଙ୍କୁ ଭଲ ପାଇବାର ଗଭୀର ଆବେଶରେ ଧୈର୍ଯ୍ୟର ବନ୍ଧ ଡ଼େଇଁବାକୁ ଇଚ୍ଛା ହୁଏନା। ନିଜର ଆଚରଣରେ, ନିଜର ଉଦାରପଣରେ ଶତ୍ରୁକୁ ମିତ୍ର କରିପାରେ ମଣିଷ। ନିଜର ନୈତିକ ଆଦର୍ଶର ଗୌରବମୟତାକୁ କବି ପ୍ରମିଳା ଶତପଥୀ ଖୁବ୍ ସୁନ୍ଦର ଭାବରେ ଉପସ୍ଥାପନ କରିଛନ୍ତି। 'ସବୁ ଥିବାପରି' କବିତାଟି କବି ମନର ଉଚ୍ଛ୍ୱାସକୁ ଅବଲୋକନ କରିଛି। ହାତ ଲମ୍ବିଛି କିନ୍ତୁ ଆଖି ପାଉନି ଦୃଶ୍ୟ ଦେଖିବାକୁ। ରାତି ଆସୁଛି ମାତ୍ର ସପନ ଆସୁନି। ଶୋଷ ଲାଗିଛି ହେଲେ ଭରା ନଈଟିଏ କେଉଁଠି ଦିଶୁ ନାହିଁ। କିଛି ନଥିବା ଭିତରେ ସବୁ ଥିବା ପରି ଛଳନାରେ ମଣିଷ ବଞ୍ଚିଛି। ଏସବୁ କବି ବୁଝିପାରେ ବୋଲି କବି ନିତି ନିତି ସ୍ୱପ୍ନକୁ ହଜାଇ ମରୁଛି। 'ସପନ ଆଖିରେ' କବିତାଟିରେ କୁଆଁରୀ ରାତିର ଆଖିରେ ଉଚ୍ଛୁଳା ସ୍ୱପ୍ନର ଚିତ୍ର ରହିଛି। ନୂଆ ସମ୍ପର୍କର ଅନାଙ୍କିତ ଅରଣ୍ୟ ପୋଡ଼ିର ହୁତ୍ ହୁତ୍ ଅଗ୍ନି, ଚକ୍ରବାତର ଆଁ ଭିତରେ ଦଲ ଦଲ ବିଭତ୍ସ ଦୁଃଖ, କାରଗିଲର ରକ୍ତମୁଖା ମାଟି, ନଭଶ୍ଚୁମ୍ବି ଅଟ୍ଟାଳିକାର ଧ୍ୱଂସ, ବୋମାବର୍ଷି ନଗରୀର କାକୁସ୍ଥ ଜୀବନ ଦୂରନ୍ତ ଲୁହର ଦୁଃଖ ସପନ ଫର୍ଦ୍ଦରେ ଜୀବନ୍ତ ଚିତ୍ର ତୋଳେ। 'ଅଫିଟା ଫାଶ' କବିତାଟିରେ ମୁକ୍ତାର ଆଭାସରେ ପହଞ୍ଚି ଯାଇ ହୁଏ ଲମ୍ବା ରାସ୍ତାର ଶେଷ ଗନ୍ତବ୍ୟସ୍ଥଳରେ। ଯୌବନର

ସକାଳ ବେଳାରେ ଜାଣି ଜାଣି ଶୋଇଯିବା, ଟିକେ କଷ୍ଟ ଆସିବାଟା ବି ଜଳଦସ୍ୟୁ ମୁକ୍ତା ଲୁଟିନେବା ପରି କଥା ମଧ୍ୟ ବଡ଼ କଥା ନୁହେଁ। କାହିଁ କେତେ କାଳରୁ ବହୁଗୁଣ ଲାଞ୍ଛନା ପ୍ରାପ୍ତି ବନ୍ଧା ଅଛି ନାରୀର କାନିରେ। ତଥାପି ବିଶ୍ୱାସ ବିଜୟର ମୁକୁଟ ଧରି କେହି ଜଣେ ଜୀବନ ପରିଧିକୁ ଆସିଥାଏ ସ୍ୱାଗତ ଠାଣିରେ ଅଭିଶିକ୍ତ କରାଇବା ପାଇଁ। ସବୁ ପରେ ବି ମଣିଷ ରୁଦ୍ଧି ହୋଇଯାଏ ପୃଥିବୀର ଏପରି ଭୟାବହତା ଦେଖି। ବିତୃଷ୍ଣାର ଅଫିଟା ଫାଶରେ ବାନ୍ଧି ହୋଇଯାଏ। 'ସ୍ୱପ୍ନର ଶ୍ମଶାନ' କବିତାଟିରେ କବି ପ୍ରମିଳା ଶତପଥୀ ତାଙ୍କ ଝିଅାରୀକୁ ମାତ୍ର ବାଇଶି ବର୍ଷରେ ହରାଇ ଦେବା ପରେ ମର୍ମାହତ ଭରା ଆବେଗରେ ଏହି କବିତାଟି ରଚନା କରିଛନ୍ତି। ଗୋଟିଏ ଝିଅ ନୁହେଁ ଅସଂଖ୍ୟ ସଜୀବ ଆତ୍ମାକୁ ଏହା ନିଶ୍ଚୟ କଷ୍ଟ ଦେବ ଶିଶୁ ଅଥବା ଯୁବ ବୟସରେ କାହାରି ମୃତ୍ୟୁର ଆମନ୍ତ୍ରଣ। ସ୍ୱପ୍ନର ମାଟିରେ କଳ୍ପନାର ନକ୍ସା ଆଙ୍କି ଆଶାର ସୁନ୍ଦର ଉଆସଟିଏ ମଣିଷ ତିଆରି କରେ। ଇଚ୍ଛାମତେ ସଜାଏ ସେ ପ୍ରତ୍ୟେକ ଚଟାଣକୁ ମନେ ହୁଏ ବାସ୍ତବତାର ହାତ ଧରି ଚାଲିବ ସେ ଅନେକ ଦୂର। ଠିକ୍ ଯେମିତି ଏଇ ଝିଅଟି ବହୁ ଆଶା କରିଛି ନୂଆ ସଂସାରଟିଏ ଗଢିବାକୁ। ନିଜର ଦୁନିଆଟେ ତିଆରି କରିବାକୁ। ମାତ୍ର ସାହାନାଇର ସ୍ୱର ନୀରବି ଯାଇଛି ଛଳନାର ପ୍ରଚଣ୍ଡ ଧକ୍କାରେ। ବିଶ୍ୱାସର ନିଘୋଡ ନିଦରେ ଶୋଇଯାଇଛି ସତ ହେଲେ କିଏ ଜାଣିଥିଲା ଏଇ ତା'ର ଶେଷ ସମୟ ଥିଲା ବୋଲି। କାଟି ଦେଇ ଚାଲିଗଲା ନିର୍ବେଦ ଡାକରା ପାଇ ନିର୍ମାୟା ଗଣ୍ଡିଯୋନି ଏକ ମୁହାଁ ହୋଇ ଚାଲିଗଲା ପ୍ରଳୟର ଦୀର୍ଘଶ୍ୱାସ ଭରି। ନିଜକୁ ବଧୂବେଶେ ଦେଖିବାର ମୋହ ଅପୂର୍ଣ୍ଣ ହୋଇ ରହିଗଲା। କବିଙ୍କ ଭାବନାରେ –

"ଆଖି ଖୋଲି ଦେଖିଥିଲୁ, ଉଆସ, ଦର୍ପଣ
ସିନ୍ଦୁର 'ରୁଆ ଓ ପଲଙ୍କର ବିଖଣ୍ଡିତ ଅଂଶ
ଢାଳିଗଲା ସିନ୍ଦୁର ବୋଧେ ତାଚ୍ଛଲ୍ୟରେ କହିଥିଲା
ଏ ଜନମେ ତୋ କପାଳେ
ନାହିଁ ମୋଟେ ସିନ୍ଦୂରିତ ଯୋଗ।"

'ଅଭିସନ୍ଧି' କବିତାଟିରେ ବିସ୍ମୟକର ଅବିଶ୍ୱାସର କଥା କବି ପ୍ରକାଶ କରିଛନ୍ତି। ଯାହା ଖୁବ୍ ଆଶ୍ଚର୍ଯ୍ୟରୁ ଆଶ୍ଚର୍ଯ୍ୟତମ। ଈଶ୍ୱରଙ୍କ ସତ୍ତାକୁ ଅନୁଭବ କରିବା ଓ ତାଙ୍କୁ ବୁଝିବା ଏତେ ସହଜ ନୁହେଁ। କବି ଶୁଣିବାକୁ ପାଇଛନ୍ତି ସେ ଆଗ ଭଳି ଆଉ ଅନ୍ଧାରୀ ବିଜେ କରୁ ନାହାନ୍ତି। ଅରଣ୍ୟର ପଥ କି ନଗର ଭ୍ରମଣ ମଧ୍ୟ। ଶୁଣୁ ନାହାନ୍ତି କଦମ୍ବ ବନରୁ ଜ୍ୟୋତ୍ସ୍ନା ବିହାରର ଡାକ। ଏତେ ସବୁ ଶୁଣିଲା ପରେ ଅନୁଭବ ହୁଏ ସେ ଗୁନ୍ଥୁଛନ୍ତି ଅଭିସନ୍ଧିର ଥୋପ ସତେ କି କିଛି ବଡ଼ ପରିବର୍ତ୍ତନ ଆଶାରେ। 'ସବୁଜ

ସିକ୍ରାର' କବିତାଟିରେ କବି ନିଜ ମନର ଅନ୍ତଃଚେତନାରେ ପ୍ରେମମୟ ଈଶ୍ୱରଙ୍କ ସତ୍ତାକୁ ଉପଲବ୍ଧ କରିଛନ୍ତି ଏବଂ ଶବ୍ଦମୟରେ ଆସକ୍ତ ହୋଇଛନ୍ତି। ଅତୃପ୍ତ ଆଶା ଓ ସ୍ୱପ୍ନମାନଙ୍କୁ ଆତ୍ମାର ଚୌହଦୀ ଭିତରେ ସଜାଇ ପାରିଛନ୍ତି। ବିନା ବର୍ଷାରେ ପବନରେ ଫୁଲ ହୋଇ ଫୁଟିବାର ଆନନ୍ଦ ପାଇଛନ୍ତି। ତାଙ୍କ ଲୋଡ଼ିବାର ଗଭୀର ପଣରେ ପଲ୍ଲବୀତ ତାଳପତ୍ରମାନଙ୍କୁ କାଟିକୁଟି କେବଳ ଇପ୍ସିତ ଈଶ୍ୱରଙ୍କ ପାଇଁ ତା'ର ସୁର ଭରି ଦେଇଛନ୍ତି କବିଙ୍କ ଅନ୍ତଃରାତ୍ମା। ଜାଣି ଅତ୍ୟନ୍ତ ବିଭୋର ହୋଇଛନ୍ତି ଯେ ନିଜ ସହ ତାଙ୍କୁ ବି ବନ୍ଧେଇ ରଖିଛନ୍ତି ଅତିବ ଯତ୍ନରେ। 'ରକ୍ତ' କବିତାଟିରେ ଗୋଟିଏ ଭିନ୍ନ ପଥର ଜୀବନ କଥା କବି ଲେଖିଛନ୍ତି। ପ୍ରାଣରୁ ସବୁ ରକ୍ତ ନିଗିଡ଼ି ଯିବା ପରେ ହାରିବା ନିଜର ଭାଗ୍ୟ ବୋଲି ଭାବିବାକୁ ହୁଏ। ବିନା ଅସ୍ତ୍ରରେ ମୋହର ଅନ୍ଧତାରେ ସର୍ବ ଶେଷ ନିଲଠା ପଣରେ। ପୁରା ଆକାଶଟା ଶାଗୁଣାର ଡେଣା ଢାଙ୍କିଥିବା ପରି ଲାଗେ। ଏହାହିଁ ଜୀବନ ଜାଣିଯିବା ପରେ ପ୍ରାଣ ଖୋଲା ହସ ଭିତରେ ଶରୀରରୁ ରକ୍ତ ଝରିପଡ଼େ ପ୍ରତିକ୍ଷଣେ। 'ଆଶିଷ' କବିତାଟିରେ ସବୁ ନାହିଁ ନଥିବା ଭିତରେ ଆଶିଷ ଦେବାର ବଳିଷ୍ଠ ଭାବନା ପ୍ରକାଶିତ। ଓଠରେ ଯେବେ କହିବାର ଛନ୍ଦ ଥିଲା, ଛାତିରେ ଆବେଗ ଥିଲା, ନିତିନିତି ବସି ହେଉଥିଲା ପିଠିକୁ କାନ୍ଥକରି ଦାଣ୍ଡ ବାରଣ୍ଡାରେ, ସହି ହେଉଥିଲା ଚାଳକୁ ମାଡି ରହିଥିବା ଲାଉ ଡଙ୍କ ମରିବାର ଦୃଶ୍ୟ, କଷିକଷି ଫଳମାନଙ୍କର ମାଟିରେ ପଚି ଯିବାର ଦୁଃଖ, କାହାରି ଅପେକ୍ଷାରେ ପୋଛି ପାରୁଥିଲି ବଗୁଲୀ ଆଖିର ଲୁହ, ଘଣ୍ଟା ଘଣ୍ଟା ନୁଏଇଁ ପାରୁଥିଲି ମଥା କାହାରି ଆଶିଷ ଅପେକ୍ଷାରେ। ଆଜି ସେଇ ଆଶିଷ ଝରିପଡୁଥିଲା ବେଳେ ଆଉ ଆଗ୍ରହ ନାହିଁ କି ଆଶାର ଜୁଆର ବି ଲେଉଟିଯିବାର ଦୃଶ୍ୟ ଦେଖିବାର ଇଚ୍ଛା ନାହିଁ। କେବଳ ହୃଦୟରୁ ଆଶିଷ ନେବାର ବଳିଷ୍ଠ ଭାବନାର ଉତ୍ତରଣ ଘଟିଛି। 'ମା ଓ ଅଝଟିଆ ଝିଅ' କବିତାଟିରେ ଶୋକାର୍ତ୍ତ ମନର ଆବେଗରେ ପରିପୂର୍ଣ୍ଣ ଏହି କବିତାର ଆତ୍ମିକ ବିଭବ। ମା'କୁ ଖୁବ୍ ଭୟ ଲାଗେ ଝିଅର ଅଝଟପଣ ଓ ଆଡ଼ରଷାକୁ। ତା'ଆଖିର ପାହାଡି ନଈକୁ, ଛୁଆ ବିଲେଇର ଡାହାଣୀ ଆଖିକୁ। ସବୁଠୁ ଆଡ଼େଇ ରଖିଥିଲେ ବି ଝିଅର ଆଇ ମା' କାହାଣୀର ରାଜା ପୁଅକୁ ଆଗ୍ରହ ଅଛି। ସେ କେମିତି ପୂରଣ କରିବ? ଏ ଅଜବ ଶୋଷରେ ମାତାର ହୃଦୟ ଜଳ ଜଳ ଦେଖୁଥାଏ କେବଳ ଏନ୍ତୁଡ଼ିଶାଳରେ ପହଁରି ବୁଲିଯାଏ ପୋଡ଼ା ମାଂସର ଗନ୍ଧ। 'ଜଣା ନଥିଲା' କବିତାଟିରେ ଅଦୃଶ ଶକ୍ତିର ଅନୁଭବରେ ରସାଣିତ ହୃଦୟର କଥା ପ୍ରକାଶିତ। ମନର ଶକ୍ତିରେ ନିଃଶ୍ୱାସରେ ଯିଏ ହୃଦୟରେ ସ୍ଥାନ ପାଏ ଅମୂଲ୍ୟ ରତ୍ନଟିଏ ପରି ସାଇତି ହୋଇ ରହିଥାଏ। ମୋହମାୟା ସଂସାରରେ ବୁଡ଼ିଗଲେ ସେ ସତ୍ତାର ଅନୁଭବ ହୁଏନା କିନ୍ତୁ ସବୁ ଉପରେ ଜଣେ ନିଶ୍ଚୟ ରହିଥାଏ ଯଦି ମଣିଷର ବିଶ୍ୱାସ ଓ ଭରସା ଅକ୍ଷୁର୍ଣ୍ଣ ଥାଏ।

'ଚିରମୁକ୍ତି' କବିତାରେ ଚିର ମୁକ୍ତିର ସୁଗନ୍ଧ ଅନ୍ତିମ ନିଆଁ ଭିତରୁ ହିଁ ମିଳିଥାଏ କବି ବର୍ଣ୍ଣନା କରିଛନ୍ତି। ଆତ୍ମପକ୍ଷୀ ସହଜରେ ଯା'ଆସ କରିପାରେ ପବନର ଗବାକ୍ଷ ମଧ୍ୟରେ ଆଶ୍ୱସ୍ତିର ସୁଅ ପ୍ରସାରିତ ହୋଇଯାଏ, ବାହୁମେଲି ଠିଆ ହୁଏ ବୃକ୍ଷର ପଲ୍ଲବିତ ଇଚ୍ଛା, ଫୁଲର ମୁକୁଳିତ ଆବେଗ, ସାରା ଆକାଶଟା ସର୍ତ୍ତହୀନ ଲାଗେ। ହେଲେ କିଞ୍ଚିତ ଅଭାବରେ ଉଡନ୍ତ କ୍ରିୟା ବାଧାପ୍ରାପ୍ତ ହୁଏ। ଦୁଃଖ ମୁକ୍ତି ଏକ ମିଛ ପରିକଳ୍ପନା। ସୁଖ ଅନ୍ତିମ ସମୟ ହିଁ ଦେଇଥାଏ। 'ଉଇଁବାର ଦିଶା' କବିତାରେ ମଣିଷ ଅଫେରା ସଂକଳ୍ପ ନେଇ ଉଡିଯିବାର ଇଚ୍ଛା କରିଥିବା କଥା ପ୍ରକାଶିତ। ଅନେକ ସମୟ ବିତିଯିବା ପରେ ଆଉ ଗଢ଼ିବାର କି ଯୋଡ଼ିବାର ଇଚ୍ଛା ରହେ ନାହିଁ। ସୂର୍ଯ୍ୟଙ୍କ ଉଇଁବାର ଦିଶା ଯଦି ବି କେବେ ଜୀବନ ଆକାଶରେ ବଦଳିଯାଏ ତେବେ ବି କବିର କଲମଟି ଚେଇଁ ରହିଥିବ କାଳରୁ କାଳାନ୍ତର ଯାଏଁ। 'ହିସାବ ନିକାଶ' କବିତାଟିରେ ଜାହିର କରୁଥିବା ନିଜର ପଣର କଥା ରହିଛି। ମୁହୂର୍ତ୍ତର କେଉଁ ରଚନାରେ ସଙ୍ଗର ରୂପ, ପ୍ରଜାପତିର ମେଳ, ଅସ୍ୱୀକାର କରି ହୁଏନି ସେମାନେ ଜାହିର କରୁଥିବା ନିଜର ପଣକୁ। ଦେଖିଲା ଦେଖିଲା ପରି ମନେ ହୁଏ ସୂର୍ଯ୍ୟ ଡୁବ୍ ପାହାଡ଼ ସେ ପାଖେ ନିମପତ୍ର କଅଁଳିବାର ଦିନ।। ଖୁବ୍ ବେଶି-କଳେଇ ପାରୁଥିବା ଶ୍ରାବଣୀର ଓଠ ମାଂସାସୀ ଆଖିର ଚକ୍ ଚକ୍ ଲୋଭ। ଭୁଲି ହୁଏନା କା'ର ଜରାୟୁରେ ମୋ ଛବିର ଛାଇ ଓ ମାଟିରେ ମୋ ଆୟୁତ ଉପସ୍ଥିତିର ସ୍ପର୍ଶ। 'ସ୍ୱପ୍ନ ଓ ସତ୍ୟ' କବିତାଟିରେ ସତ, ଅସୁମାରୀ ଲୁହର ହା-ହା-କାରଟିଏ ଅସରନ୍ତି ଆନନ୍ଦର ଅନୁଭବି ସତ୍ତାଟିଏ ଭାବରେ କବି ଉପସ୍ଥାପନ କରିଛନ୍ତି। ରାତି କିମ୍ବା ଦିନ ଫୁଲର ସୁନ୍ଦରତା, ରଙ୍ଗର ବିଭିନ୍ନତା, ତାରାଙ୍କ ଶୋଭାଯାତ୍ରା, ଏସବୁ ଚକ୍ଷୁର ଗଢ଼ଣ ଢ଼ଙ୍ଗର ବିଚ୍ଛେର ମାତ୍ର। ମଳୟର ସଂଗମ କ୍ରିୟା, ବର୍ଷାର ବାତୁଳତା, ଶିଶିରର ଶିଶିରାକ୍ତ କାୟା, ଗ୍ରୀଷ୍ମର ତାପିତ ତୃଷା ଏସବୁ ସ୍ୱପ୍ନର ଶିଆଳି ତୃଷ୍ଣା ଲଟିର କୁହୁକୀୟ କ୍ରୀଡ଼ା କେବଳ। ସତ ଯାହା ଦେଖି ହୁଏନି କି ଦେଖେଇ ହୁଏ ନାହିଁ ମାତ୍ର ସେ ଆଗରେ ଥାଏ, ପଛରେ ଥାଏ, ଅଦୃଶ୍ୟ ଗଣ୍ଠି ଭିତରେ ଗୁପ୍ତ ବିଚ୍ଛେରର ଯୋଜନା ସନ୍ଧିରେ। ଲେଖା ହୋଇ ନଥିବା କବିତା ଭିତରେ, କାହାଣୀ ଭିତରେ। 'ତୁ ଅଛୁ' ଓ 'ତଥାପି' କବିତା ଦ୍ୱୟରେ ଯଥାକ୍ରମେ ଗୋଟିଏ ଅନାସକ୍ତ ଚଞ୍ଚଳତାର ଆତ୍ମୀୟତା ପ୍ରକାଶ ହେଉଥିବା ବେଳେ ଅନ୍ୟଟିରେ ସାତ ଦରିଆର ବିଷ ଥିବା ସତ୍ତ୍ୱେ ଜୀବନ ତଥାପି ରହିଛି ରହିବ ଓ ରହିଥିବ ମୃତ୍ୟୁ ଆସିବା ପର୍ଯ୍ୟନ୍ତ। କବିଙ୍କ ରଚନାରେ –

"'ସ୍ୱ'ର ମନ୍ତ୍ର ଉଚ୍ଚାରଣ ପ୍ରତିଶ୍ରୁତିର ସଂଳାପ
ନା ନା ଏକା ଏକା ଲାଗୁନି ଆଉ
କେହି ନ ଥିଲେ ବି ତୁ ଅଛୁ

ତୁ ଥିବାର ପ୍ରମାଣ ଗୋଟେ ଅନାସକ୍ତ ଚଞ୍ଚଳତା
ଏବଂ ଚଞ୍ଚଳତାର ପ୍ରମାଣ ହିଁ ତୋର ଆତ୍ମୀୟତା।"

x x x

"ଛିଣ୍ଡି ଯାଇଛି ପ୍ରଜାପତିର ଡ଼େଣା
ଭାଙ୍ଗିଛି ବି ବାଉଁଶ କୁଲେଇ
କାଳିନାଗ ତୁଠ ଗୋଳେଇଛି
ତଥାପି ତ ଜୀବନ ରହିଛି
ଚଢ଼ିଚି ନିଆଁର ପାହାଡ଼
ମରିଛି ଆଶା, ଜଳିଛି ସ୍ୱପ୍ନ
ତଥାପି ତ ଜୀବନ ରହିଛି।"

'କେତେ ବର୍ଷ' କବିତାଟିରେ ନିଜ ଲାଳାୟିତ ବିବେକକୁ ମୃତ୍ୟୁଦଣ୍ଡ ଦେବା ପାଇଁ କେଜାଣି ଆହୁରି କେତେ ବର୍ଷ ଲାଗିବ ତା'ର ସଠିକ୍ ହିସାବ କାହାରି ପାଖରେ ନ ଥିବା କଥା ରହିଛି। କେତେ ବର୍ଷର ଲାଗିବ ନିଆଁର ପ୍ରାଚୀର ଶୀତଳ ହେବାକୁ! ସତ ପରି ଲାଗୁଥିବା ମିଛମାନଙ୍କୁ ଫିଙ୍ଗି ହେବ କି ଦାମ୍ଭିକତା ହାତରେ ? ମୁଖା ପିନ୍ଧା ସ୍ୱାଭାବର ମାର୍ଜାର ନିତି ଓ ନିଜକୁ ନିଜେ ସମ୍ବର୍ଦ୍ଧିତ କରିବାର ଅପରିଗ୍ରହର ଆଚରଣ ଖୁବ୍ କଷ୍ଟଦାୟକ ନିଶ୍ଚୟ। 'ସୁଯୋଗ' କବିତାଟିରେ ଶକ୍ତ ସୂତାର ବନ୍ଧନରେ ଇଚ୍ଛା କବଳିତ ହୋଇ ରହିଥାଏ ଆଜୀବନ ଏହାହିଁ ପ୍ରକାଶିତ ହୋଇଛି। ଏ ସଂସାରରେ କେହି ଦୋଷୀ ନୁହେଁ, ନିର୍ଦ୍ଦୋଷ ବି ନୁହେଁ, କେହି ଦାତା ନୁହେଁ କି ଗ୍ରହୀତା ନୁହେଁ ତଥାପି ଇଚ୍ଛା ହୁଏ ଫେରାଇ ଦେବାକୁ କିଛି ପ୍ରୀତି ଆଉ କିଛି ଶାନ୍ତିର ପାରାବାର ସାମାନ୍ୟ ସୁଯୋଗ ମିଳିଲେ। ନୂତନ ଆରମ୍ଭର ପରିଚୟ ରଖୁ ଆଗାମୀର ପ୍ରତିଟି ମୁହୂର୍ତ୍ତ। 'ସୁଶୋଭନ' କବିତାଟିରେ ଆୟୁତ ଯୁଗର ଅଲିଭା ସ୍ୱାକ୍ଷର ରହିଛି। ଇନ୍ଦ୍ରଧନୁ ଲାବଣ୍ୟ, ଗ୍ରୀଷ୍ମର ଉତ୍ତାପ, ଫୁଲଫୁଟା ସକାଳ, ପତ୍ର କଅଁଳା ଋତୁ ଶୀତର କୁଞ୍ଚିତ କପାଳ ଏ ସବୁର ଉହାଡ଼ରେ ସଶକ୍ତ ମାଂସଳ ସ୍ୱପ୍ନ ଭରି ରହିଛି ସଂସାରରେ। ବିଫଳତା ସହ ସନ୍ଧି କି ସାଲିସ୍ କି ପରାଜୟ ନୁହେଁ, ଲୁଟତରାଜ, ଆନ୍ଦୋଳନ ବି ଆବଶ୍ୟକ ନୁହେଁ, କେବଳ ଶାନ୍ତିର ନମ୍ର ଉଚ୍ଚାରଣରେ ସାଧନାର ସ୍ୱେଦରେ ପୃଥିବୀରେ ଈଶ୍ୱରଙ୍କ ସୃଷ୍ଟିସମ୍ଭାର ତା'ର ଅନ୍ତିମ କଳେବରକୁ ଭେଟି ଦେଉଥିବ ମଞ୍ଜୁଳ ଶୋଭାରେ। 'କେହି ଜଣେ' କବିତାଟିରେ କେହି ଜଣେ ଶୂନ୍ୟବାସୀର ଡାକରେ ଭରି ରହିଥିବା ପ୍ରଶାନ୍ତିର ଅନନ୍ତ ପଲଙ୍କର କଥା କବି ବର୍ଣ୍ଣନା କରିଛନ୍ତି। କାହିଁକି ଅମ୍ଳାନ କ୍ଷତଗୁଡ଼ିକ ଦନ୍ତାଘାତ କଷ୍ଟ ପରି ସହିବା ଆବଶ୍ୟକ ? ମୋହଗ୍ରସ୍ତ ମନ ଚିରକାଳ ସନ୍ତାପିତ। ଅପନ୍ତରା ଅନ୍ଧାରର

ବିଶାଳ ଓହଳ ଧରି ଲଟକି ରହି ସଂସାରରେ କିଛି ମିଳେନା। କେଡ଼େ ଶୀତଳ, ନମନୀୟ ସେଇ ଜହ୍ନର ଦେଶ, ଯେଉଁଠି ମନର ଅଙ୍କାବଙ୍କା ମାନଚିତ୍ର ନାହିଁ, ଲୁହ, ଦହନ କି ବନ୍ଧନ ନାହିଁ ଖାଲି ଆନନ୍ଦ ହିଁ ଆନନ୍ଦ। ସାହସର ଶେଷ ପରିଚୟ ଦେଇ ଛିଣ୍ଡାଇ ଦେବାକୁ ଇଚ୍ଛା ହୁଏ ତିଳତିଳ ଜଳିବାର ମାୟାରେ। କେହି ଜଣଙ୍କ ଆତ୍ମୀୟ ଡାକରେ। 'ନିଷ୍କାମ' କବିତାଟିରେ ଏନ୍ତୁଡ଼ିଶାଳରୁ ମଶାଣି ଭୂଇଁ ଯାଏଁ ଯିବା ପର୍ଯ୍ୟନ୍ତ ଈଶ୍ୱରଙ୍କ ସୃଷ୍ଟିର ଭବ୍ୟ ପାରାବାର କେବେ ଛଳନା କରେନା। ପ୍ରକୃତିର କୋଳରେ ବଢ଼ି ପୁଣି ସେଇଠି ଲୀନ ହୁଏ ମଣିଷ କିନ୍ତୁ ବୁଝିପାରେନା ତା'ର ଦାନକୁ, ତା'ର ସୀମାତୀତ ଭଲ ପାଇବାର ଆପଣାପଣକୁ। ଅମୃତ ଭାବନା, ଆତ୍ମିକ ସମ୍ଭାଷଣ, ଆଲୋକିତ ସାମ୍ରାଜ୍ୟର ପଥ, ନିର୍ମଳତାର କଜ୍ଜ୍ୱଳ ଭାବ ମାନସରେ ସମ୍ପର୍କଟିଏ ତିଆରି କରେ ଯାହା ବିଶ୍ୱାସର ପ୍ରକୃତ ଠିକଣା। 'ଅଲିଖିତ' କବିତାଟିରେ କବିଙ୍କ ମନର କଥା କବି ପ୍ରମିଳା ଶତପଥୀ ପ୍ରକାଶ କରିଛନ୍ତି। ଗୋଟିଏ ନିର୍ଦ୍ଦିଷ୍ଟ ଦିନର ଡେମ୍ଫରେ ଫୁଟି ନଥାଏ ଶବ୍ଦର ଫୁଲ। ମାଛି ଭଣ ଭଣଉ ଥିବା କ୍ଷତ କି ସୃଜନଶକ୍ତିର ଇସ୍ତାହାର। 'ଅ'ଠାରୁ 'କ୍ଷ'ର ଭୌଗୋଳିକ ପରିଚୟ। ଶୁନ୍‌ଶାନ୍ ନଈପଠା, ସୁଲୁ ସୁଲୁ ପବନ ପିଠିରେ ଅଙ୍କା ହୋଇ ନଥିବା ପ୍ରବଣତାର ମୂର୍ତ୍ତୀ, ଶୂନ୍ୟ ନାୟିକାର ଚମ୍ପକ ଇସାରାରେ ଚକା ଚକା ଭଉଁରୀର ଖିଅ ଖୋଜି ହୁଏନା। ଏ ସମସ୍ତ ଭାବନାର ମୂକସାକ୍ଷୀ ହୁଅନ୍ତି ନଈବାଲି, ଗୋଧୂଳିର କୁହୁଡ଼ି, କାଗଜଡଙ୍ଗା, ବାଉଁଶ କୁଲେଇ, ଗଛ, ଲତା ଇତ୍ୟାଦି। 'ସପ୍ତସ୍ୱର' କବିତାଟିରେ ଜୀବନର ବାସ୍ତବତାର ଚିତ୍ର ରହିଛି। ସମଗ୍ର ଜୀବନ କାଳ ଭିତରେ ମଣିଷ ଅନେକ କଥା ଭାବେ। କେଉଁଠିକୁ ଯିବା କଥା ଭାବିଲେ ଆଖି ସାମନାକୁ ଆସେ ଯେଉଁଠି ଖସରିଛି ଅନେକ ବଡ଼ ବଡ଼ ପାଦ। କିଛି ଦେବକଥା କେବେ ମନକୁ ଆସିଲେ ମନ କୁହେ ହାଣ୍ଡିର ମାଙ୍କଡ଼ଚିତ୍ ଆଗରେ ଅନେକ କୁବେରଙ୍କ ନୀରବ ଦୃଷ୍ଟି ଆକର୍ଷଣ। କିଛି କହିବା କଥା ଇଚ୍ଛା କଲେ ଅନ୍ଧ ରାଜାକୁ ପାଳଚୁଙ୍ଗା ମନ୍ତ୍ରୀ ପରି କେତେ ମହାମହୀମ ବି ମୂକ ହୋଇଛନ୍ତି। ଅନେକ କିଛି ସହିଯିବାକୁ ହୃଦୟ ଇଚ୍ଛା ଥିଲେ ବି ବନ୍ଧ ଭାଙ୍ଗି ଗଲେ କେହି କାହାର ନୁହେଁ। ମହା ମହା ଦେବୀ ବି ଯୁଦ୍ଧର ଡାକରା ଦେଇଛନ୍ତି ଏହି କାରଣ ପାଇଁ। କିଛି କରିବାକୁ ଇଚ୍ଛା ଥିଲେ ବି ସମୟ ହାତରେ ସଖୀ କଣ୍ଢେଇ ହେବାକୁ ପଡେ। କେବେ ସ୍ୱପ୍ନ ଦେଖିବାକୁ ଇଚ୍ଛା ହେଲେ ମନେ ପଡ଼ିଯାଏ ସ୍ୱପ୍ନର ଅନେକ ଗଛମାନ ମହାବାତ୍ୟାରେ ଭୁଷୁଡ଼ି ଯାଇ ପୁରୁଖା ଗଛର ଦମ୍ଭକୁ ଭାଙ୍ଗିବା ପରି ଲାଗେ। ବହୁତ କିଛି ପାଇବାକୁ ଭାରି ଆଗ୍ରହ କରେ ଯେ ପ୍ରକୃତରେ ପରଲୋକରେ ଯିବା ପରେ ଦିଆଯାଏ ସମାଜର ରୀତି ଯାହାକି ଏକ ଦୁଃଖ ପରିଣତି ସୃଷ୍ଟି କରେ। 'ଅଦେଖା ହାତ' କବିତାଟିରେ ପ୍ରକୃତି ଉପରେ

ମଣିଷର ନିର୍ମମ ଅତ୍ୟାଚାରର ଚିତ୍ର ରହିଛି । ଇଚ୍ଛାର ମୁଠିରେ ମାଠିଆରେ ମାଠିଆଏ ପାଣିକୁ ଶୋଷି ନେଇଛି ଆତ୍ମଗର୍ବରେ ନିମଗ୍ନ ମଣିଷରୂପୀ ସାପର ଶୋଷ । ଚିଲମାନଙ୍କୁ ଖୁବ୍ ଭୟ ଲାଗିଲାଣି ଚିଲର ଜିଦ୍, ସାପର ଜିଦ୍ ପୁରିବାର ଦୁର୍ବାର ସାହାସରେ ଧ୍ୱଂସ ଆଜି ସମଗ୍ର ମାନବ ସମାଜ । 'ଯାହା ମୁଁ ଦେଖିଥିଲି' କବିତାଟିରେ କବିଙ୍କର ସ୍ୱପ୍ନ ଦେଖିବାର ଅନୁରକ୍ତି ପ୍ରକାଶ ପାଇଛି । ମାଟିର ବାଷ୍ପୀୟ କୋହ, ଆକାଶର ଲୁହ, ପୂର୍ଣ୍ଣିମାର କପାଳରୁ ସେ କଳାଦାଗ ଏ ସବୁ ସ୍ୱପ୍ନର କଥା । ସୂର୍ଯ୍ୟଙ୍କର କୋମଳ ମନସ୍କତାରେ ଛାଡି ହୁଏନି ପୁରୁଣା ଅଭ୍ୟାସଟି, ନ ବଦଳିବାର ଜିଜ୍ଞାସାରେ । ସବୁଜିମାର ମାୟାବୀ ଆଖିରେ ସ୍ୱପ୍ନ ଦେଖିବାର ଭିନ୍ନ ଅନୁଭବ ଏଇ କବିତାଟିରେ ପ୍ରକାଶିତ । 'ଶୂନ୍ୟତାର ବ୍ୟାପ୍ତି' କବିତାଟିରେ ହତାଶାବୋଧ ହିଁ ସର୍ବଜ୍ଞାତର ପରିଚୟ ବର୍ଣ୍ଣିତ । ଅବିବେକୀତାର ସ୍ପର୍ଶରେ ମଣିଷ ହୁଏ ବାଉଳା ବିଛୁଳା । କୁହାଳିଆ ମନ ସହ କଳିଗୋଳ, ହାତାହାତି ବି କରିଦିଏ ମଣିଷ । ମାତ୍ର ଶେଷରେ ଶୂନ୍ୟତାର ପ୍ରାପ୍ତିରେ ହିଁ ସବୁକିଛି ପାଇଯାଏ ବିବେକର ପ୍ରଦୀପ ଜାଳି । 'କିଏ ସଜେଇବ' କବିତାଟିରେ ଆଶା ଓ ହତାଶାର ଛାଇ ଆଲୁଅ ଖେଳ ଭିତରେ ମଣିଷ ଅହରହ ଖୋଜି ଚାଲିଥାଏ ସାରକଥା ନିଜ ଜୀବନର । ଯେତେ ଖୋଜିଲେ ବି ଚୋପା ଭିତରେ ମଞ୍ଜି ନୁହେଁ ଖାଲି ଚୋପା ହିଁ ଚୋପା ଦିଶୁଥାଏ । ଗୋଟିଏ ରାତିରେ ଗଢ଼ିବାର ଦୃଢ଼ତା ଦିନର ଆଲୁଅରେ ଆଖି ଦେଖୁଥାଏ କଳା ଚିହ୍ନର ହତାଶା । କବିଙ୍କ ଭାବନାରେ –

"ବାରମ୍ବାର ହଜିଯାଉଛି ରାତି ହଜିଯାଉଛି ଦିନ
ପାହାଡ଼ ସେ ପାଖର ଅଫିଟା ଓଠ ଠୋ ଠୋ ହସରେ କହୁଛି
ପାଇଯିବ ଯଦି ଛୁଉଁ ଛୁଉଁ କହି
ଲୁଚି ଯାଉଥିବା ଛବିର ଛାଇ
କିଏ ସଜେଇବ ନଈର ତୁଠ
ସାଗର ବେଳାର ଲମ୍ବ ପଣତ
ଗଛରେ ଛାତି, ମାଟିର ପାଦ, କିଏ ଦେଖିବ
ଅନେକ ତାରାର ହସ ଆକାଶର ସିନ୍ଦୁରୀ କପାଳ ।"

'କଳ୍ପନା' କବିତାଟିରେ କବି କଳ୍ପନା ଦେଇଯାଏ କ୍ଷଣିକ ହେଉ ପଛେ ପାଇବାର ତୃପ୍ତି ଚିତ୍ତର ଚିତ୍ର ପ୍ରକାଶ କରିଛନ୍ତି । ଆକଟର ମୁଠିରେ ସମୟକୁ ବନ୍ଦୀ କରି ସମସ୍ତ ଉପସ୍ଥିତିକୁ ଅନୁପସ୍ଥିତିର ବେହରଣ ପିନ୍ଧେଇ ତା'ର ପ୍ରିୟ ମୁହୂର୍ତ୍ତରେ ସେ ଆସିଥାଏ । ସାଗରରେ ନେଇଯାଏ ଲଣ୍ଡା ପାହାଡ଼ ତୀଖକୁ, ଫୁଲର ଦୋଳିରେ ଝୁଲାଇ ଦିଏ ଆନନ୍ଦର ସ୍ୱର । କେବେ ସେ ନେଇଯାଏ ଅତଳ ତଳକୁ, ମୁକ୍ତାର ଦେଶକୁ,

ପେଞ୍ଚି ପେଞ୍ଚି ମୁକ୍ତା କଡ଼ି ଗୁନ୍ଥି ଦିଏ ଆଲୁରା କେଶରେ। ଶୀତଳ ଜଳରେ ଧୋଇ ଦିଏ ଅନ୍ତଃକରଣ। ଶାମୁକାର ମୁକୁଟ, ଶଙ୍ଖର ସିଂହାସନରେ ଖଞ୍ଜି ଦିଏ ଅଭିଳାଷର ହୀରା, ନୀଳା, ମୁଖର ବୈଦୂର୍ଯ୍ୟ। ପ୍ରାପ୍ତିର ଜଳ ଧାରାରେ ଭିଜେଇ ଦିଏ ଯେତେ ସବୁ ଅଭାବର ଆୟ ଅଳଙ୍କାର। ପୋଛି ଦିଏ ଲୁହ ତା ଉଶ୍ୱାସୀ ହାତରେ। ପାଶୋରେଇ ଦିଏ ବୈଶାଖୀର ଝାଞ୍ଜି, ଅସହାୟ ଅଶ୍ରୁ। ମଜେଇ ହଜେଇ ଦେଇଯାଏ ସ୍ୱପ୍ନିଳ ଛାତିରେ। ଇଙ୍ଗିତରେ ନେଇଯାଏ ପୁଣି ଅନନ୍ତ ଶୂନ୍ୟର ଦେଶକୁ। ଈଶ୍ୱରୀ ସଜାଇ ଦିଏ ନିଃସର୍ତ୍ତ ପ୍ରେମରେ। ଅଖଣ୍ଡ କ୍ଷମତାର କାଉଁରୀ କାଠିରେ ମଣିଷ ବଦଳାଇ ପାରେ କ୍ଷଣିକ ପାଇଁ ଭୂତ, ଭବିଷ୍ୟ ଓ ବର୍ତ୍ତମାନ ନିଜର। ବିବେକୀ ମଣିଷଟି ପୃଥିବୀର ସମସ୍ତ ପ୍ରାଣୀଙ୍କୁ ଯାଚି ଦିଏ ମୋକ୍ଷ, ମୁକ୍ତି ଓ ନିର୍ଗୁଣାଦର୍ଶ। କିଛି ଦିଏ ନାହିଁ କିନ୍ତୁ ଅଣାକାରକୁ ଆକାର କଲା ପରି ଅଲଭ୍ୟକୁ ଲଭ୍ୟ କଲା ପରି ଦେଇଯାଏ ତୃପ୍ତି ଚିତ୍ତର ଚିତ୍ରକର ଭାବରେ କ୍ଷଣିକ ସମୟ ଆସିବାରେ। 'ଖୋଳସ' କବିତାଟିରେ ଏକ ଅଦୃଶ୍ୟ ବିକାରର ସୂକ୍ଷ୍ମ ଅବୟବର କଥା ପ୍ରକାଶିତ। ଭୀଷଣ ନିରବତା, କୌଣସି ଖୋଜ ଖବର ନାହିଁ, ସବୁଦିନ ପାଇଁ ନଈରେ ଭଟା ପଡ଼ିଯିବାର ଭୟ ଓ ସଂଶୟ ଯେମିତି ଉତୁଙ୍ଗ ଲହ୍ଡ଼େଇମାନେ ନିଦେଇ ଗଲେଣି ନିଦରେ ନିଦରେ। ସୃଷ୍ଟିକର୍ତ୍ତାଙ୍କ ନୀରବତା ମାନେ ଅବଶୋଷ ଅଥବା ଭିନ୍ନ ଦୃଷ୍ଟିରେ ସଂସାରକୁ ଦେଖୁଥିବାର ଖୋଳସ ଭିତରେ ନିଜେ ସୁରକ୍ଷିତ ମନେ କରିବା, ଅବା ବୁଢ଼ୀଆଣିର ସରୁ ସରୁ ଲାଳସାର ଝଲାକ୍ ପଣ ! କଳା ଲଜ୍ଜାର ଅନୁଶାସନରେ ଜନ୍ମନିଏ ଅଦୃଶ୍ୟ ବିକାରର ସୂକ୍ଷ୍ମ ଅବୟବ ! ଯାହା ଖୁବ୍ ଭୟଙ୍କର, ସମାଲୋଚିତ, ଆତ୍ମକଟୁ, ଅବିବେକ ମଧ ତଥାପି ବଞ୍ଚିବାକୁ ହୁଏ ଆପଣା ପାଖରେ। 'ପ୍ରଳୟ ପରେ' କବିତାଟିରେ ୧୯୯୯ ମସିହାରେ ଜଗତ୍‌ସିଂହପୁରରେ ହୋଇଥିବା ମହାବାତ୍ୟା ପରର ଜୀବନ ଚିତ୍ର ରହିଛି। ଯେଉଁମାନଙ୍କୁ ଛାଡ଼ି ଦେଇଥିଲା ବିନାଶୀ ବତାସ, ଅବିବେକୀର ପିଞ୍ଜରା ଭିତରେ, କ୍ଷୁଧାର ପ୍ରସାଦ ଓ ଜରିର ଆକାଶ ତଳେ ବାସ୍ତୁହରା ନିରାହାରୀ ଚିପୁଡା ଅନ୍ତକୁ ଭୋକରେ ମୁନିଆଁ ଦାନ୍ତ କୁଟ୍‌କୁଟ କାଟି ଦେଉଥାଏ ନିର୍ଦ୍ଦୟ ଭାବରେ। ରାହାଜାନୀ, କ୍ଷମତାର ଖେଳର ନିଆଁ, ଜଳିଯାଇଛି ନିର୍ଜଳା ଅନ୍ତ। ପାରିନି ମଣିଷ ନିଜର ଏନ୍ତୁଡ଼ି ମାଟି, ସମ୍ପର୍କ କି ଗାଁର ପଡା। ଲମ୍ବି ଥିଲା ବିଦେଶୀଙ୍କ ହାତ। ଦେବେ ନୂଆ ପରିଚୟ, ବଞ୍ଚିବାର ବିଶ୍ୱାସ, ସ୍ୱପ୍ନକୁ ସାକାର କରିବାର ସାହସ ମାତ୍ର ସବୁ କିଛି ତୁଚ୍ଛ ଲାଗେ ମିଛ ଲାଗେ। ମନେ ହୁଏ ଝଡ଼ ସବୁ ଛଡ଼େଇ ନେଇଥିଲା ମାତ୍ର ଭାଙ୍ଗି ପାରିନି ମମତାର ଶଙ୍ଖ। ଝଡ଼, ପ୍ରଳୟ, ସଂହାର, ମୃତ୍ୟୁ, ନିରାଶ୍ରୟତା ଆଦି ଅବୋଧର ମନ ଆଇନାରେ ନିଷ୍ଠୁର ସତ୍ୟ, ଅବୁଝା ରହିଗଲା ଚିରକାଳ। କେତେ କେତେ ଅବଳାଙ୍କ କପାଳର ଲାଲ୍ ସିନ୍ଦୂର ଆଶାର ପ୍ରଦୀପ ଜାଳି ଚାହିଁ ବସିଥାନ୍ତି ସାଗରର ପଥ କାରଣ

ମନ କହେ ଅଜଣା କୂଳରେ ଲାଖି ଯାଇଥିବେ ପ୍ରିୟତମ। କେବେ ପୁଣି ଅରେନକ ଭରି ହୁଏ ମନରେ ମଳୟ, ଥୁଣ୍ଟା ବୃକ୍ଷରେ ବୃକ୍ଷ କଅଁଳିବାର ଦୃଶ୍ୟ। ରାକ୍ଷସୀୟ ପୌରୁଷତ୍ୱ ପାଦ ଏହି ସୁଯୋଗରେ ଲୁଚିଥିଲା ଅନାଘ୍ରାତା କୁମାରୀ କୌମାର୍ଯ୍ୟ। ଯେଉଁଠି ନାରୀ ପାଇଁ ନଥିଲା ଯନ୍ତ୍ରଣାର ଅନ୍ତିମ ଆଲେଖ୍ୟ। ଆଖିର ଶ୍ମଶାନରେ ଝଡ଼ର ଅଶରୀର ଛାଇ ଆସୁଥାଏ ବାରବାର। ଶୁଭୁ ଥାଏ ମୃତ୍ୟୁମୁଖୀ ଆତ୍ମୀୟଙ୍କ କରୁଣ ଚିତ୍କାର। 'ମା' ବୁଢ଼ୀ ହେଇ ଯାଇନି' କବିତାଟିରେ କବି ମାତୃ ସ୍ନେହରେ ଭାବପ୍ରବଣ ହୋଇ ଉଠିଥିବା କଥା ରହିଛି। ସ୍ନେହମୟୀ, ଶକ୍ତିମୟୀ ଜନନୀର ଅତୀତାବଲୋକନର କଥାକୁ କବି ଖୁବ୍ ମାର୍ମିକତା ସହ ବର୍ଣ୍ଣନା କରିଛନ୍ତି। ବୟସର ଅପରାହ୍ନରେ ନିର୍ବଳତାର କବଳରେ ଛନ୍ଦି ହୋଇ ପଡ଼ିଥିବା ନିଜର ବୁଢ଼ୀ ମା'ର ସେବା କରୁ କରୁ ଭାବିଛନ୍ତି ଦିନେ ଫୁଙ୍ଗୁଳା ହାତ, ଫାଙ୍କା ସୁନ୍ଥାଣୀ, ସାଦା ଶାଢ଼ୀରେ ଅଟଳ ପାହାଡ଼ଟେ ପରି ଶହ ଶହ ଲୋକଙ୍କୁ ହୁଙ୍କାରୀ ପିଲା ପାଇଁ ଦୁନିଆଁ ସହିତ ଲଢ଼ିଯାଏ। ଆଜି ତା' ଲୋଟ୍ଳ କୋଟ୍ଳ ଛାତି ପୋଛୁ ପୋଛୁ ଅତୀତର ସିଡ଼ିରେ ଓହ୍ଲେଇ ପାହାଚ ପରେ ପାହାଚ ମୂଳରୁ ଚଢ଼ିବାକୁ ଇଚ୍ଛା କରେ। ଆଠ ବର୍ଷ ଯାଏଁ ତା ଛାତିରୁ ଶୋଷି ଶୋଷି କ୍ଷୀର, ଅଝଟ ପଣର ଅଖଣ୍ଡ ଆଧିପତ୍ୟ ସାବ୍ୟସ୍ତ କରିଚି। ମା'ର ଅମୃତ ଭଣ୍ଡାରରେ ଝରିପଡ଼େ ଅନାବିଳ ଶାଶ୍ୱତ ପ୍ରେମ। ମା' ଛାତିର ଧବଳ ଧାରାର ସୁଖରେ ହଜିଯାଏ ମନ ଓ ପରାଣ। ଆଜି ତା ଛାତିର ପଞ୍ଜରା ସେ ପାଖରେ ହୃଦୟ ଦେଖିବାର ଚେଷ୍ଟା କଲି ସେ ସାଇତିଛି କି କେବେ କେମିତି ମୋ ଓଠରୁ ବାହାରି ଯାଇଥିବା କଟୁ ଭାଷାର ଦାଗ, ମୋ ଅଭିମାନୀ ଶବ୍ଦର ଦରଜ ହେଲେ ତା ମୁହଁକୁ ପୋଛୁ ପୋଛୁ ଦେଖିଲି ତା ପାକୁଆ ଓଠରେ ଦରଫୁଟା ହସ। ମନ କହିଲା, ମା' ବୁଢ଼ୀ ନୁହେଁ ଆଜି ମୋ କୁନି ଝିଅ। ଅନାବିଳ ମୋହର ବାସ୍ତବ ରୂପାୟନ। 'ରମାକାନ୍ତ' କବିତାଟିରେ ପୁରୁଷ ଥରେ ନାରୀ ହେବା ପରେ ବୁଝିପାରିଥାନ୍ତି ଦୁଃଖ କି ସୁଖ ବୋଲି କିଛି ନଥାଏ ନାରୀ ହେଲା ପରେ କି ମୋକ୍ଷ ବି ଯୋଡ ହସ୍ତେ ସ୍ୱାଗତର ଅପେକ୍ଷା ରଖେ ଥରେ ନାରୀ ହେଲାପରର ଚିତ୍ର ରହିଛି। ମଣିଷର ବାକ୍ୟ ସହିତ ହୃଦୟର କିଛି ସମ୍ପର୍କ ନ ଥାଏ କି ମନ ସହିତ ବିବେକର। ବିଚିତ୍ର ମନ ସହିତ ମୋହ, ମାୟା, କାମନା, ବାସନାର ରଙ୍ଗ ବି ଖୁବ୍ ଆଶ୍ଚର୍ଯ୍ୟ ଚକିତ କରେ। ଜୀବନର ପରିଧି ଭିତରେ ଅନେକ କିଛି ସାମ୍ନା କରେ ମଣିଷ ତଥାପି ବିବେକୀ ମଣିଷ ଖୁବ୍ ନିରୁପାୟ ମନେ କରେ। ବିବେକ କି ଆୟୁଷ ଯଦି ଦେଇ ହେଉଥାନ୍ତା ତେବେ କଳା କଳା ଧୂଆଁର ଶୋକ ପିତାମାତା ପିଉ ନଥାନ୍ତେ କି ଧଳା ଧଳା ଧୂଆଁର ଦୁଃଖ ବିଧବା ଭୋଗ କରୁ ନଥାନ୍ତା କି ସଦ୍ୟ ପ୍ରସ୍ଫୁଟିତ ନବ କଳିକାମାନେ କଞ୍ଚା ବୟସରେ ନିଶ୍ଚିନ୍ତ ମୃତ୍ୟୁକୁ ଛିଡ଼ା ହୋଇ ଦେଖୁ ନ ଥାନ୍ତେ ନିଜ

ଗୋଡ଼ ପାଖରେ। ଯେଉଁମାନେ ଭୋଗ କରି ନାହାନ୍ତି ଶରୀରର ସୁଖ, ଦେଖି ନାହାନ୍ତି ସଂସାରର ଚିତ୍ର, ଋଖି ନାହାନ୍ତି ସ୍ୱପ୍ନର ସଫଳ ତଥାପି ଧାଇଁ ଯାଏ ସମୟ ପ୍ରୌଢ଼ତ୍ୱ ଗଲାପରେ ଆସିଯାଏ ବାର୍ଦ୍ଧକ୍ୟର କ୍ଲିଷ୍ଟ ଜୀବନ।

ଅବର୍ଣ୍ଣନୀୟ ଓ ଅସମାହିତ ବାସ୍ତବ ଜୀବନର ଭାବାନୁଭୂତି ଓ କରୁଣାର ଦଗ୍ଧ ନମନୀୟତା ହିଁ କବି ପ୍ରମିଳା ଶତପଥୀଙ୍କ କବିତାର ଆତ୍ମିକତା। ଯେଉଁ ସ୍ୱରରେ ଭାବ ବିଳାସ, ପ୍ରେମାନୁଚିନ୍ତା, ବିଭୁ ଅନୁରକ୍ତି ପ୍ରକାଶ ପାଇଛି। ଚେତନାରୁ ରହସ୍ୟବାଦୀ ଭାବାବେଗ ଆଡ଼କୁ ତାଙ୍କର ଦୃଷ୍ଟିକୋଣ ଖୁବ୍ ତୀକ୍ଷ୍ଣ। ଜୀବନର ସ୍ଥିତି, ବିଶ୍ୱାସ ଓ ଅବବୋଧକୁ ସେ ଏକ ବିରାଟତମ ଚେତନାର ରୂପରେଖ ଦେଇଛନ୍ତି। ତାଙ୍କ କବିତାର ସ୍ପନ୍ଦନରେ ହୃଦୟପୂର୍ଣ୍ଣ ବାର୍ତ୍ତା ପ୍ରାଞ୍ଜଳ ହୋଇ ଉଠିଛି। ଏକ ଆଦର୍ଶବାଦୀ ନିରୀହ ଭାବଚେତନାର କବି ହେଉଛନ୍ତି ପ୍ରମିଳା ଶତପଥୀ। ସେବାକୁ ନିଜର ଧର୍ମ ମାନି ନେଇ ଅତୀତର ଚିରନ୍ତନ ସ୍ରୋତରେ ଭ୍ରମଣ କରିଛନ୍ତି। ସୌନ୍ଦର୍ଯ୍ୟ ଓ ପ୍ରକୃତିପ୍ରୀତି ତାଙ୍କ ଏହି ସଂକଳନର ମୁଖ୍ୟ ସ୍ୱର। ଭଗବାନଙ୍କ ପ୍ରତି ଏକ ଆନ୍ତରିକ କ୍ଷୋଭ ପ୍ରକାଶ କରି ନିଷ୍କ୍ରମଣର ମାର୍ଗ ଖୋଜିଛନ୍ତି। ଧରାରେ ସ୍ୱର୍ଗର ପ୍ରତିଷ୍ଠା କରିବା ତାଙ୍କ ରଚିତ ଏହି ସଂକଳନର 'ହିରଣ୍ୟଦାର ହିମରଜ' ଖୁବ୍ ଆଶାବାଦୀ ହୋଇଛି। ଏହା ଅଦେହ ଅନୁଭୂତିର ଏକ ସଂଗଠିତ ଆଶ୍ୱସ୍ତି ଏଥିରେ ସନ୍ଦେହ ନାହିଁ।

■

# ଅନ୍ତଃଶୂନ୍ୟ ବେଦନାରେ ଦରଦୀ ସାଥି
# 'ହବ୍ୟ, ହୁତି ଓ ଆହୂତି'

ନାରୀ ସୁଲଭ କୋମଳତା ଓ ନମନୀୟତାରେ କବି ପ୍ରମିଳା ଶତପଥୀଙ୍କ ପ୍ରତିଟି ସୃଷ୍ଟି ସମ୍ଭାରରେ ସ୍ପଷ୍ଟ ବାରି ହୁଏ। ବ୍ୟକ୍ତିଗତ ଅନୁଭୂତି ଓ ଚିନ୍ତାଧାରାରେ ପ୍ରତିଟି କବିତାର ପଂକ୍ତି ହୃଦୟଭରା ଭାବଉଚ୍ଛଳ ପ୍ରକାଶ କରିଛି। ଜୀବନର ବିପୁଳ କ୍ଷତି ପ୍ରତି ସଚେତନ, କାହା ଲାଗି ଅମୃତର ଝର ପୁଣି କାହା ପାଇଁ ଅଶ୍ରୁର ଝରଣା ପାଲଟିଛନ୍ତି କବି ପ୍ରମିଳା ଶତପଥୀ। ଜୀବନର ସମସ୍ତ ତିକ୍ତ ଓ ବିଷାଦପୂର୍ଣ୍ଣ ମୁହୂର୍ତ୍ତକୁ ତୋଳି ଧରି ଶୂନ୍ୟ କୁଟୀରରୁ ଆଲୋକମୟ ଜ୍ୟୋତିର ଅପେକ୍ଷାରେ ତାଙ୍କ ରଚିତ କବିତା ସଙ୍କଳନ "ହବ୍ୟ, ହୁତି ଏବଂ ଆହୂତି" ଏକ ଅନବଦ୍ୟ ସୃଷ୍ଟି। ୫୩ ଗୋଟି କବିତା ଗୁଚ୍ଛର ସମାହାର ଏହି ସଙ୍କଳନ। ଯେଉଁଥିରେ ଭରି ରହିଛି ଉଦାରତା, ସ୍ୱଚ୍ଛ ଓ ସରଳ ଅଭିବ୍ୟକ୍ତି, ଆତ୍ମୀୟ ନିଷ୍ଠାର ସହଜାତ କବି ପ୍ରତିଭାର ସ୍ରଷ୍ଟା ସୁଲଭ ଗୁଣାବଳୀ। "ହବ୍ୟ, ହୁତି ଏବଂ ଆହୂତି" କବିତା ସଙ୍କଳନର ପ୍ରଥମ କବିତା ହେଉଛି 'ପାତାଳ ପ୍ରବେଶ'। ଏଥିରେ କବି ଜୀବନକୁ ଖୁବ୍ ପାଖରୁ ଦେଖିଛନ୍ତି ଓ ଅନୁଭବ କରିଛନ୍ତି ନାହିଁ ନାହିଁର ଫାଙ୍କା ଶବ୍ଦ ଭିତରେ ଅଦରକାରୀ ମନେ ହୁଏ ପ୍ରତିଟି ନିଃଶ୍ୱାସ। ସହି ହେଉ ନ ଥିବା ଦୁଃଖ, ସହି ହେଉ ନ ଥିବା ସୁଖ ସବୁ ମୁଠାଏ ବାଲି ପରି ଖସରା ପଣତରେ କେତେ ବେଳେ ଖସିଯାଏ ଜଣା ହିଁ ପଡ଼େନି। ଅନ୍ଧାର ହେଉ ଅବା ଆଲୋକ ସାଥି ବିନା ଲାଗେ ନିଃସଙ୍ଗ ନିଃସଙ୍ଗ। ଯମୁନାର ନୀଳୋତ୍ପଳ ଅଙ୍ଗୁଳି ନ ଛୁଇଁ ପଛେ ପାତାଳ ପ୍ରବେଶ ଲାଗେ ଦରଦୀ ଦୁଃଖର ବିଶୁଦ୍ଧ ତିଳକ। 'ସଜନା ଗଛ' କବିତାଟିରେ ଚିକ୍କଣ ଯୌବନ ଦେଇ ଅଶକତ ସଜନା ଗଛର ମଞ୍ଜୀ ଦେଇ ଖେଳ ଦେଖିବାରେ ଈଶ୍ୱରଙ୍କର ଅବା କି ମହତ ଉଦ୍ଦେଶ୍ୟ ରହିଛି ତା' ଉପରେ କବି ନିଜର ଭାବନାକୁ ବ୍ୟକ୍ତ କରିଛନ୍ତି।

ଅନୁଭବି ଶିଳ୍ପୀଟିଏ ପରି ଜୀବନରେ ଭରି ଦେଇଛି ସକଳ ଐଶ୍ୱର୍ଯ୍ୟ। ଏଇ ସୁଖ ଏମିତି ଥିଲା ଯେ ଗଲା ଅଇଲା ବେତ ପାଛିଆରେ ଉଛୁଳି ପଡୁଥିଲା ସନ୍ତୁଷ୍ଟି। ରାତିକ ଭିତରେ ଖଣ୍ଡ ଖଣ୍ଡ ହେଉଥାଏ ଚିକ୍କଣ ଯୌବନ, ଅଭାବପଣ। ଏସବୁ କଷ୍ଟ ଲାଗେ ଯେମିତି ଲୁହାର ଡାଙ୍ଗଣ ପରି ଫୋଡ଼ି ହୋଇଯାଏ ଖଣ୍ଡିତ ଅଙ୍ଗମାନଙ୍କରେ ମଣିଷର। ପଲ ପଲ ଚତୁଃସ୍ପଦ ପ୍ରାଣୀଙ୍କ ମାଂସାଳ ସ୍ୱାଦନରେ ନିମଗ୍ନ ସେମାନଙ୍କ ରସନାର ଉଚ୍ଛୃଙ୍ଖଳ ଶବ୍ଦ ଖୁବ୍ କଷ୍ଟ ଦିନ ପ୍ରାଣର ଏକଲା ପଣ। 'ପ୍ରଣବ' କବିତାଟିରେ ସତ୍ୟ ଶିବ ସୁନ୍ଦରଙ୍କ ଆରାଧନା କବି କରିଛନ୍ତି। ଆଲୋକିତ ମନ୍ଦିରର ଅନ୍ତିମ ଶିକୁଳି ଏଥର ଖୋଲିବାକୁ ଅନୁମତି ଲୋଡ଼ିଛନ୍ତି କବି। ପ୍ରଣବର କୁଶ ଜଳରେ କୁଣ୍ଡଳିନୀକୁ ଶୁଦ୍ଧ ଓ ପବିତ୍ର କରି ପ୍ରତୀକ୍ଷାର ଦୀପାଳି ଧରି ଏକ ପ୍ରୀତିମୟତାର ଶ୍ୱେତ ପୁଷ୍ପାସନରେ ସମସ୍ତ ଚଞ୍ଚଳ ପ୍ରବୃତ୍ତିକୁ ସ୍ଥିର ଚିତ୍ତରେ ଧ୍ୟାନରତ କରାଇ ଈଶ୍ୱରଙ୍କୁ ସ୍ମରଣ କରିଛନ୍ତି କବି। କାଳର ପର୍ଣ୍ଣଲତାଟିଏ ପରି ଏମିତି ଆଉ କେତେ କାଳ ମାୟାର ଖଡ଼ିକାଠିକୁ ଘୂରୁଥିବି ଜଡ଼େଇ ଜଡ଼େଇ। 'ବ୍ୟାକୁଳ ତରଙ୍ଗ' କବିତାଟିରେ, ଶବ୍ଦରେ ମମତା ବୋଲି ଅକପଟ ସ୍ରୋତନୀରେ ଧୋଇଦିଏ ଉଦାସୀ ହୃଦୟର କଥା ରଚିତ। ଛଳଛଳ ନଦୀ ଆପଣାପଣର କ'ଣ ହେଲା ବୋଲି ବୁଝିବା ଆଗରୁ ସୋଲ ବି ପଥର ହୋଇଯାଏ। କୁଣ୍ଠିତ ପାହାଡ଼ ସବୁ ଉଦ୍‌ବେଳିତ ସ୍ରୋତଧାରର ପଥ ଅବରୋଧ କରନ୍ତି। କବିଙ୍କ ଭାବନାରେ –

"ମାଟି ଦୁଇଫାଳ କରି ଧୂଳିବାସ୍ନା ବୋଲିବା ଦିନରୁ
ସେମିତି ମମତାର ତରଙ୍ଗରେ ଭୁଷୁଡ଼ି ହେଉଛି
ସମ୍ପର୍କର ପୁଷ୍ପବାଟିକାରୁ ମହମହ ବାସୁଥିବ ଆକାଶ ପାତାଳ
ପ୍ରତିଦାନେ ଏତିକି ମାଗିଛି। କିନ୍ତୁ
ସମୟର ଅଚିହ୍ନାପଣରେ ସେ ଦିନରୁ ଏବେବି ସେ
ଶୂନ୍ୟକୁ ଚାହିଁଛି।"

'ତୁ କିପରି ଦିଶୁ' କବିତାଟିରେ ଦେଖିବାର ଇଚ୍ଛାଟି ଦେହ ସଙ୍ଗେ ପାଉଁଶ ନ ହେଉ କବି ଈଶ୍ୱରଙ୍କୁ ନିବେଦନ କରିଛନ୍ତି। ଯେଉଁ ପଥରେ ତୁମେ ଯାଅ ନା କାହିଁକି ଲେଉଟାଣି ବେଳେ ମୋ ଘର ଅଗଣାରେ ତୁମ ପାଦ ନିଶ୍ଚୟ ପଡୁ। ଯଦି ସେମିତି ବି ନ ହୁଏ ତେବେ ତେରେଛା ଚାହାଣୀରେ ଟିକେ ଦୃଷ୍ଟି ପକାଇବ ପ୍ରଭୁ। ମୋ ଦୁଃଖର ଛିଟା ଯଦି କିଞ୍ଚିତ ପଡ଼ିଯାଏ ଆସ୍ତେ କରି ମୁଁ ପୋଛି ଦେବି ମୋ ପଣତରେ। ଖାଲି ଟିକେ ଦେଖିବ ମୃତ୍ୟୁ ଆସିବା ପୂର୍ବରୁ ତୁମ ଚାଲି, ତୁମ ଚାହାଣୀ, ତୁମ ଭଙ୍ଗୀ ଏମିତି ଅନେକ କିଛି ଯେମିତି ମୁଁ ଭାବୁଛି ସଭିଙ୍କ ଠାରୁ ତୁମେ କିପରି ନିଆରା ଓ କାହିଁକି ? ଗଭୀର ଅନୁରକ୍ତି ଈଶ୍ୱରଙ୍କ ପ୍ରତି କବିଙ୍କର ରହିଛି। ନିଃସ୍ୱ ପଣିଆକୁ ପରିପୂର୍ଣ୍ଣ କରିବାର

ଇଚ୍ଛା ଏଥିରେ ସେ ପ୍ରକାଶ କରିଛନ୍ତି। 'ରକ୍ତ ଓ ପ୍ରୀତି ପାଇଁ' କବିତାଟିରେ ମନର କ୍ଷୋଭକୁ କବି ପ୍ରକାଶ କରିଛନ୍ତି। ଇଚ୍ଛାମାନଙ୍କୁ ଏକତ୍ର କରି ଯେତେ ଥର ଗଢ଼ିଛନ୍ତି ଲୁହାର କଳସ କାଚପାତ୍ର ପରି ଧୂଳିରେ ମିଶିଛି ବିଶ୍ୱାସର ଶକ୍ତ ବକ୍ଷ ଦେଶ। ଆନତ ଦୃଷ୍ଟିରେ ଏକାକୁସ୍ଥ ନିଃଶ୍ୱାସର କେବଳ ବେଦନା ମାପୁଛି। କବି କହୁଛନ୍ତି ମୋ ଶରୀରକୁ ଅମରତ୍ୱ ଦିଅ ତ ମୁଁ ମାଗି ନାହିଁ ତେବେ ତୁମେ ପ୍ରଭୁ କାହିଁକି ଏମିତି ନିର୍ବେଦ ପଥର। କର୍ତ୍ତବ୍ୟର ହାତ ଧରି ନିଜ ପାଇଁ କିଛି ମାଗିନି। କେବଳ କହିଛି ମାତ୍ର ଆପଣାର ଲୋକଟି କାନ୍ଧରେ ସାଥୀହୀନ ଦୁଃଖର ପାହାଡ଼ ହେବିନି। ରକ୍ତ ଓ ପ୍ରୀତି ପାଇଁ ଲୋଡ଼ିଛି କେବଳ ଦୁଇପଲ ଶ୍ୱାସର ଝଙ୍କାର ନ ହେଲେ କିଏ କାହିଁକି ଜୀଇଁବାକୁ ଇଚ୍ଛା କରିବ ଜ୍ୱଳନ ଭିତରେ ଜୀବନ ସଞ୍ଚାର। 'କଣ୍ଠଲଗ୍ନା' କବିତାଟିରେ ରହିଛି ମହତ୍ତର ଚିନ୍ତନର ସ୍ରୋତ ଓ ଅନେକରେ ବିଭକ୍ତ ସେ ଏକକତ୍ୱ ଭାବର କଥା। ସେଇ ସୃଷ୍ଟିର ନିୟନ୍ତାଙ୍କ କଥା ଭାବିଲେ ଗୋଧୂଳିର ଶେଷ ଲଗ୍ନ ମୁକୁରିତ ପ୍ରଭାତ ପରି ପ୍ରେମସ୍ପଦ ଛନ୍ଦ ତୋଳେ ଜୀବନ। ଅକୁଣ୍ଠ ଚିତ୍ତରେ ବିନ୍ଦୁରୁ ସିନ୍ଧୁ ଆଡ଼କୁ ବିସ୍ତରିଯାଏ କାୟା। ଯୁଗ ଯୁଗର ଯନ୍ତ୍ରଣା ଭିତରୁ ସାବ୍‌ଜା ସାବ୍‌ଜା ବିହ୍ୱଳତା ଚୁମୁଥାଏ ସ୍ପନ୍ଦିତ ତନୁକୁ। ସ୍ଥାବରରୁ ଅସ୍ଥାବର ସକଳ ଜୀବନ ଲାଗିଛି ମୋର ଆପଣାର। କବିଙ୍କ ଭାବନାରେ ଈଶ୍ୱରଙ୍କ ଉପସ୍ଥିତି ହିଁ ମିଳିଯାଏ ସକଳ ସୁଖ ସମଗ୍ର ଜୀବନର। ଆଧ୍ୟାତ୍ମିକ ଚେତନାର ଏକ ବଳିଷ୍ଠ ନିଦର୍ଶନ ଏହି କବିତାକୁ ସମୃଦ୍ଧ କରିଛି। 'ଅନନ୍ତ' କବିତାଟିରେ ଶାଶ୍ୱତ ପ୍ରେମର କଥା କବି ପ୍ରକାଶ କରିଛନ୍ତି। ତାଙ୍କ ମନର ପ୍ରେମମୟ ଈଶ୍ୱରଙ୍କ ପାଇଁ ଏହି କବିତାଟି ସମର୍ପିତ। ଜୀବନ ବୀଥିକାର ମାଳତୀ ଲତାରୁ ଚିରୁଡ଼ାଏ ଅନୁଭୂତି ଓ ଚଳୁଏ ସାନ୍ତ୍ୱନା ଧରି ସମୟର ଦୋଷ ଦେଖିବାକୁ ସେ ଚାହିଁ ନାହାନ୍ତି। ମୃତ୍ୟୁକୁ ପରାଜିତ କରିଦେବା ପରେ ଜନ୍ମ ଜନ୍ମର ଜନ୍ମପତ୍ରୀ ଲଙ୍ଘିଯିବା ପରେ ତୁମ ପ୍ରେମ ଖାଦହୀନ ସୁନା ଭଳି ଉଜ୍ଜ୍ୱଳ ଦିଶୁଚି। ଆଦ୍ୟରୁ ଅନ୍ତଯାଏଁ ତୁମ ଅନୁଭବରେ ମୁଁ ପୂର୍ଣ୍ଣଗର୍ଭା ହୋଇଛି। ପ୍ରକୃତିର ନୀଳ ପୃଷ୍ଠାରେ ବି ଲେଖା ହୋଇଛି ଆମ ଏ ସମ୍ପର୍କ କେବଳ ମଶାଣି ପର୍ଯ୍ୟନ୍ତ ସୀମିତ ନୁହଁ। ଏହା ତ ଜନ୍ମ ଜନ୍ମର ଯେଉଁଠି ନାହିଁ ପ୍ରତିଜ୍ଞା, ପ୍ରତିଶ୍ରୁତି କି ଦେବା ନେବାର ସରଳ ସମାଧାନ। 'ସନ୍ତୋଷ' କବିତାଟିରେ କବି ପ୍ରକାଶ କରିଛନ୍ତି ଝରିଯାଉ ନାହିଁ କେବେ ନୟନରୁ ଭୀରୁ ଅଶ୍ରୁପାତ। ବିଶ୍ୱାସ ହିଁ ମୂଳ ମନ୍ତ୍ର ଜୀବନ ସଂଘର୍ଷର। ବିବେକର ଗ୍ରୀବାଛେଦି ମହୁଙ୍କାନେ ନ କରି ପଛେ ସମ୍ରାଟଙ୍କ ପଦଲେହ। ନିଜକୁ ବିଜ୍ଞାପିତ କରିବାର କଳା ଓ କୌଶଳ ପଛେ ଜଣା ନଥାଉ ବିନା ବାକ୍ୟେ ହେଉ ପଛେ ଦ୍ୱିପାନ୍ତର ବାସ ତଥାପି ନିଜ ଉପରେ ଭରସା କରିଥିଲେ ଅଭିଜ୍ଞ ହେବ ତୁମେ ବାକି ଜୀବନ। କବିଙ୍କ ଭାବନାରେ –

"ମୁଁ କେବଳ ଏତିକି ବୁଝିଛି
ଫୁଲରେ ମୋର ବାସଥିଲେ
ଚିହ୍ନରା ମାଳି ଦିନେ ଆସିବ ଆକର୍ଷି
ହେଲେ ସତ କହୁଛି
ଯେଉଁଠି ଅଛି ଯେମିତି ଅଛି
ମୁଁ ଖୁବ୍ ଆନନ୍ଦରେ ଅଛି
ମୋ ସ୍ଥିତିର ଚମ୍ପା ବୃକ୍ଷେ
ଖାଲି ସନ୍ତୁଷ୍ଟିର ଫୁଲ ହିଁ ଫୁଟିଛି।"

'ମୁଁ ସବୁ ଶୁଣୁଛି, ତୁମେ କୁହ' କବିତାଟିରେ ବାସ୍ତବ ଜୀବନର ଯନ୍ତ୍ରଣାକୁ ମର୍ମେ ମର୍ମେ ଅନୁଭବ କଲା ପରେ କବି ନିଜକୁ ପାଷାଣ ମନେକରି ମର୍ମାହତ ହୋଇ ନିଜ ଅନ୍ତରର କଥା ଲେଖିଛନ୍ତି। ସେ କହୁଛନ୍ତି ପଲକ ଫିଟେଇ ନାହିଁ ବୋଲି ଭାବ ନାହିଁ ମୁଁ ଅଛି ଗଭୀର ନିଦ୍ରାରେ। ମୃତ ମଧ୍ୟ ଭାବ ନାହିଁ ଗ୍ରୀବା ଭାଙ୍ଗି ନାହିଁ ସମ୍ମତି ସୂଚକେ। ହେ ମୋର ପରମ ଈଶ୍ୱର ତୁମର ସବୁ କଥା ମୁଁ ଶୁଣୁଛି ଇନ୍ଦ୍ରିୟ ଉନ୍ମୁକ୍ତ କରି ଏକାଗ୍ର ଚିତ୍ତରେ। ଯଦି କେବେ ପରୀକ୍ଷା ସ୍ୱରୂପ ପଚାରି ଦିଅ ତେବେ ଠିକ୍ ଠିକ୍ କହିଯିବି, ହୁଡ଼ିଯିବି ଗୋଟିଏ ବି ଶବ୍ଦ ଏକଇ ଛନ୍ଦରେ। ତୁମେ କହିବା ବନ୍ଦ କରନା, ଯେମିତି କେତେ ବେଳେ ପୋତିଗଲା ପାଦ ତୁମ ବାଲିର ସ୍ତୁପରେ। କେତେ ଥର ନିଜକୁ ଜାଳିଲ, ଅମର ତିଳକ ପିନ୍ଧିଲ, କେତେ ଥର ହୃତ୍‌ପିଣ୍ଡକୁ ପୋଛିଥିଲ କ୍ଷରିତ ଶୋଣିତ ଧାର ମନ ଉତ୍ତରୀରେ ପୁଣି କେତେ ଭାର କଳସ ବିଷ ଥିଲ ପିଇବା ଉତ୍ତାରେ। ସବୁ କିଛି କୁହ ହେ ମୋ ପ୍ରିୟତମ, ସବୁ ମୁଁ ଶୁଣିବି, ଯେ ପର୍ଯ୍ୟନ୍ତ ଅନ୍ଧକାର ସ୍ଥିର ନୁହେଁ ବୃକ୍ଷର ଛାୟାରେ ସେ ପର୍ଯ୍ୟନ୍ତ ମୋ ଅସ୍ତିତ୍ୱ ଶୁଣୁଥିବ ତୁମର ପ୍ରତିଟି ଆଚରଣ ଓ କଥାର ମନଲୋଭା ରୂପ ଓ ସ୍ୱରୂପ। 'ମାଟଳ ପ୍ରବାହ' କବିତାଟିରେ କବି ଅଭିମାନର କଥା, ପଙ୍ଗୁ ହୋଇ ଜୀଇଁବାର ଦୁଃଖ ଓ ଛାଇ ପରି ପାଶେ ଥିବା ଦରଦୀ ସାଥିଟିର କଥା ବର୍ଣ୍ଣନା କରିଛନ୍ତି। ଅବିବେକୀତାର ବିଦ୍ରୋହୀ ନିଦ୍ରାରେ ଆଛନ୍ନ ସିନା ସୃଷ୍ଟିକର୍ତ୍ତାଙ୍କ ହୃଦୟ ହେଲେ କବି ଭାବିଛନ୍ତି ତୁମେ ମତେ ଯେତେ ଡାକିଲେ ବି ମୁଁ ଯିବି ନାହିଁ ନିଜେ ଗଢ଼ିଥିବା ଇପ୍ସିତ ମନ୍ଦିର। ତୁମେ ଯେତେ ଲହରେଇ ଡାକିଲେ ମଧ୍ୟ ମୁଁ ସମର୍ପିବି ନାହିଁ ମୋର ଅନ୍ତସ୍ଥ ପାଟଳ ପ୍ରବାହକୁ। ତୁମ ଦାତା ପଣିଆର ଅନ୍ତଃଶୂନ୍ୟ ବେଦନା ପିଇ ମୁଁ ଏବେ ବଧିର ପାଲଟିଛି। ଏବେ ମୋ ପାଇଁ ପଥର ବି ପୁଷ୍ପ ବୃଷ୍ଟି ପରି ଅନୁଭବ ହୁଏ। ମୋ ଭିତରର କ୍ଷୀଣ ଆଲୋକ ରେଖାର ଶେଷ ପ୍ରାନ୍ତଟିକୁ ସମସ୍ତ ନିର୍ଯ୍ୟାସ ଦେଇ ଭିଡ଼ି ଧରିବାରେ କେବେ ନିବୃତ୍ତ ହେବି ନାହିଁ। ମୁଁ ସେ ପର୍ଯ୍ୟନ୍ତ ତୁମ ଡାକରାରେ

ଯିବି ନାହିଁ ଯେ ପର୍ଯ୍ୟନ୍ତ ମୋର ଆବଶ୍ୟକ ସମୟରୁ ଗୋଟିଏ ମୁହୂର୍ତ୍ତର ଶ୍ୱାସ ମଧ ଊଣା କି ଅଧିକା ହେବନି। 'ଶୂନ୍ୟ ଅନୁଭୂତି' କବିତାଟିରେ ପ୍ରୀତିର ଶୂନ୍ୟ ଅନୁଭୂତିର ବର୍ଣ୍ଣନା ରହିଛି। ଈଶ୍ୱରୀୟ ଚେତନାରେ ଏକାନ୍ତ ହେବା ପରେ ମେଳ, ଅସ୍ଥି ଓ ମାୟାର ବିବର ଭିତରୁ ଫିଟି ପଡ଼ିବାକୁ ଇଚ୍ଛା ହୁଏ। ଦୁହେଁ ଦୁହିଁଙ୍କୁ ହିଁ ଖୋଜିବାକୁ ଅନେକ କଳ୍ପନା ମନ ଭିତରେ ଜାତ ହୁଏ। ଲାଗେ ଯେମିତି ତାଙ୍କ ଭିତରେ ନିଜେ କି ନିଜ ଭିତରେ ତାଙ୍କୁ ଅନୁଭବ କରୁଛି ମନ ପ୍ରତିକ୍ଷଣେ। ସତେ କି ଆକାଶର ଅଥଳ ସାଗରେ ନିଜେ ଏକ ଭାସମାନ ବିନ୍ଦୁ। ଧୋଇଯାଏ ସମସ୍ତ ଅଭାବ ଲେପି ଦେଲେ ଆତ୍ମାରେ ତାଙ୍କର ନିର୍ମଳ ଶୃଙ୍ଗାର ବିଭୂତି କମ୍ପନ ରହିତ ପୁଲ୍ଲକିତ ସ୍ମୃତିଟିଏ ଆଙ୍କି ଦେଉଥାଏ ସମୟ ଯେ ପର୍ଯ୍ୟନ୍ତ ପିଣ୍ଡରେ ପ୍ରାଣ ସଞ୍ଚାର ହେଉଛି। 'ପଞ୍ଚ ନଦୀର ଧାରାରେ' କବିତାଟିରେ କୋଟିଏ କଣ୍ଠରୁ ଝରିପଡ଼େ ରସନାର ବିଶୁଦ୍ଧ ଉଚ୍ଚାରଣ। ହୃଦୟ ଭଣ୍ଡାରରେ ସାଇତିଛି ମମତାର ଅକ୍ଷୟ ତଣ୍ଡୁଳ ସେ ଆଉ କେହି ନୁହେଁ ତ୍ରିବେଣୀ ସଙ୍ଗମ ସମ୍ବୋଧନେ କ୍ଷୀରର ଲହର। 'ଉପହାସ' କବିତାଟିରେ ଜୀବନ ଉପରେ ଅଭିମାନୋକ୍ତିର କଥା କବି ପ୍ରକାଶ କରିଛନ୍ତି। ଈଶ୍ୱର ବିଶ୍ୱାସୀ ମଣିଷ ବାଆ ଆଉ ବତାସକୁ ଭୟ କରେନି। ନିଜର କ୍ଷତସଂଖ୍ୟା ଗଣେନି। ମାତ୍ର ଯେଉଁ ଦିନ ବିଶ୍ୱାସରେ ଭଟ୍ଟା ପଡ଼ିଯାଏ ଝୁଣ୍ଟିପଡ଼ି ପୁଳେ ମାଟି ଖାଇଯାଏ ସେଦିନ ସେଦିନ ଈଶ୍ୱରଙ୍କ ସ୍ମିତ ହସଟି ନିଜ କଲିଜା ତୁଳା ଭିଣିଲା ପରି ଲାଗେ। ତାଚ୍ଛଲ୍ୟ ମିଶ୍ରିତ ହସ ପରି ଅନୁଭବ ହୁଏ। ଭାରି କଷ୍ଟ ହୁଏ ସଂସାରରେ ଥାଇ ବି ମୃତ୍ୟୁ ଯେମିତି ଉପହାସ କରୁଥାଏ। 'ଅମୃତା' କବିତାଟିରେ ଚଳପ୍ରଚଳ ମୁହୂର୍ତ୍ତମାନଙ୍କୁ ହାତ ମୁଠାରେ ବାନ୍ଧି ରଖିବାର ପ୍ରୟାସ କବି କରିଛନ୍ତି। ମାତ୍ର ବ୍ୟଥିତ ହୋଇ ଆଶା, ସ୍ୱପ୍ନ, ଆଲୋକ ଓ ତିମିର ସବୁ କିଛି ସେଇ ହାତ ନଥିବା ଅଧାଗଢ଼ା ପ୍ରେମମୟ ଈଶ୍ୱରଙ୍କୁ ସମର୍ପଣ କରିଛନ୍ତି ମୁକ୍ତିର ଛୋଟ ମୋତି ବିନ୍ଦୁ ଟିକେ ପାଇବା ଉଦ୍ଦେଶ୍ୟରେ। କବିଙ୍କ ଭାବନାରେ –

"ଅଗସ୍ତିଙ୍କ ପରି ଚଳୁ କରିପାରେ
ମୋର ଏହି ଆହା ପଦର ଜୀବନକୁ
କରିପାରେ ଆଜିର କବିତାଟିକୁ
ଶେଷ ଭାବ ରଙ୍ଗୁଡ଼ିର ଶେଷ ପ୍ରୀତି ଅର୍ଘ୍ୟ।
ଇତି ନା ପୁନରାବୃତ୍ତି ଆଉ କିଛି ଜାଣିବାର
ଆକାଂକ୍ଷା ତ ନାହିଁ।
ସମୟ କହିବ ଇଏ ମୋର ହାରିଯିବାର
ଶେଷ ଶବ୍ଦ ଅବା ବିଜୟ ଡିଣ୍ଡିମ।"

'ତମେ କି ଜାଣନା' କବିତାରେ ପ୍ରଗାଢ଼ ବିଶ୍ୱାସର କଥା କବି ପ୍ରକାଶ କରିଛନ୍ତି । ପ୍ରେମର ଏକ ନିଆରା ଅନୁଭବରେ କବି କହୁଛନ୍ତି ସୁଖର ବାହୁ ଛାୟାରେ କେତେ ଥର ଆଲିଙ୍ଗି ନେଇଛ ସେ ସବୁର ହିସାବ ମାଗନି ପ୍ରଭୁ । କାରଣ ଶୂନ୍ୟ ଫର୍ଦ୍ଦରେ ତୁମ ଲଜ୍ଜାନତ ମୁଖର ଦୟନୀୟ ଚିତ୍ର ମୁଁ ଦେଖି ପାରିବିନି । ସମର୍ପଣର କଥା ଯେତେ ବେଳେ ଆସେ ସେଠି ସବୁକିଛି ଦେଇ ଦେବାରେ ହିଁ ଆନନ୍ଦ ଭରିଯାଏ । ପରମ ପ୍ରେମିକ ପାଲଟିଯାନ୍ତି ଈଶ୍ୱର । ଯିଏ କି ଅନନ୍ତ, ଅରୂପ ପୁଣି ନିରାକାର । କବି କହୁଛନ୍ତି କ'ଣ କ'ଣ ହରାଇଛି ତା'ର ତାଲିକା ମୋତ ମାଗନା କାରଣ ଶୁଳପକ୍ଷୀ ହରିନାମ ପାଶୋରି ଯାଏନା । ପିଣ୍ଡ ଠାରୁ ଲୁହା ଯେତେ ଅଧିକା ହେଲେ ବି ପିଣ୍ଡର ଭାର ଚିରକାଳ ଉର୍ଦ୍ଧ୍ୱରେ ରହିବ । ସେଠି ଭଗବାନଙ୍କର ଯେ ବାସ ରହିଛି । ମୁଁ ସଂକୁଚିତ ଆପଣା ଭିତରେ । ପୋଖରୀର ସାତତାଳ ପାଣି ଶୁଖିଯାଏ ମୋ ଛାୟା ସ୍ପର୍ଶରେ ହେଲେ ତୁମ ଅଦୃଶ୍ୟ ଉପସ୍ଥିତି ବି ପୂର୍ଣ୍ଣ କରେ ହୃଦୟ ସାଗର ଆପଣାପଣରେ । 'ଭିକାରୀ' କବିତାଟିରେ ନିଃଶ୍ୱାସର ବିଶ୍ୱାସ ଖୋଜାରେ ଆଶ୍ୱାସନା କଳା ମୁହଁରେ ବୁଣି ହୋଇଯିବାର କଥା କବି ଲେଖିଛନ୍ତି । ଯେଉଁଠି ଖୁଣ୍ଟି ଆଣିଲେ ମୁଠି କେବେ ବି ପୂରିବ ନାହିଁ । ଖାଲି ପେଟରେ ବାୟୁଗୋଳା ହାକୁଟି ମାରିବ । ଅଭ୍ୟାସର ପାପ ଝୁଣ୍ଟି ପଡ଼େନି । ଅଧା ମୁଠିରେ ସରିଯାଏ ଦିନର ପହଣ୍ଡି । ଅଭାବର ଭାରରେ ବିକାରଟା ନାଭି ମୂଳରେ ଘାଲେଇ ଯିବା ପରି ଲାଗିଛି । ଉଚ୍ଛିଷ୍ଟ କି ଆବର୍ଜନାକୁ ଚାଟି ନେଲେ ନିଦରେ ଶୋଇଯାଏ ଭୋକିଲା ପେଟ । ରାତିର ପାକସ୍ଥଳୀ କିନ୍ତୁ ଭୋକରେ ଉହଳ ବିକଳ । ଲାଗେ ଦେଖିଲେ ଯେମିତି ମିଛ ଏ ଜୀବନ, ମିଛ ତିରସ୍କାର ଅବା ମିଛ ଲାଗେ ପ୍ରଶଂସା ମୁଖର କାହାରି ମିଠା ଶବ୍ଦ । ଭିକାରୀର ପାଦ ଉଠେ ବିଶ୍ୱାସ ତ ତୁଳାପରି ପବନ ପିଠିରେ ବସି ଦେଖିବାକୁ ଆସି ଦୂର ଗାଁ ଶ୍ୟାମଳ ରେଖାରେ କେଉଁଠି ଅଦୃଶ୍ୟ ହୋଇଯାଏ । କବିଙ୍କର 'ତପସ୍ୟା' କବିତାଟି ଅନ୍ତରଙ୍ଗ ଇଚ୍ଛାର କନକ ଅଞ୍ଜଳି ଈଶ୍ୱରଙ୍କୁ ସମର୍ପଣ କରି ତାଙ୍କ ସାନ୍ନିଧ ଲାଭ କରିବାର ଚିତ୍ର ପ୍ରକାଶିତ । ଆଜନ୍ମରୁ ଆଜିଯାଏଁ ମନର କପୋତ ଯାହାଙ୍କୁ ସ୍ମରଣ କରିଆସିଛି ସେ ଦେଖି ନ ଦେଖିବା ପରି ବାଟ କାଟି ଚାଲିଯାଆନ୍ତି । ପେଷଣାରେ ବିରି ଭାଙ୍ଗିବା ପରି ଏବେ ସିନା ଭାଙ୍ଗି ଦେଉଛି ସେ ଚାହିଁବା ପଣକୁ । ଦିନେ ମନର ଆନ୍ତରିକ ତପସ୍ୟାର ଓ ଚାହିଁବାର ଗଭୀର ବେଦନା ଢାଳି ତଥାସ୍ତୁ ଶବ୍ଦଟିଏ ତପସ୍ୱିନୀ ପାଇଁ ନିଶ୍ଚୟ ଝରିପଡ଼ିବ । ଏ ଧ୍ରୁବସତ୍ୟ ଅନ୍ତରଆତ୍ମା ଗ୍ରହଣ କରିସାରିଛି । ବିଶ୍ୱାସର ସୁବର୍ଣ୍ଣ ମଞ୍ଜି କାନିରେ ଗଣ୍ଠିଲି କରିଛି ସେ ମଞ୍ଜିର ଚମକ ଯେତେ ଦୂରରେ ଥାଇ ଦେଖୁଥିଲେ ବି ତା'ର ଜ୍ୟୋତି କି ଔଜ୍ଜ୍ୱଲ୍ୟ କମିବ ନାହିଁ । କବି ପ୍ରମିଳା ଶତପଥୀଙ୍କ ଅଖଣ୍ଡ ବିଶ୍ୱାସ ତାଙ୍କ ପରମେଶ୍ୱର ତାଙ୍କ ପ୍ରେମକୁ ଦିନେ ନିଶ୍ଚୟ ବୁଝିବେ ଓ ତାଙ୍କୁ

ତାଙ୍କ ପ୍ରେମର ଭବ୍ୟ ଅନୁଭବରେ ନିମଗ୍ନ ହେବେ। 'ତୁ ଓ ମୁଁ' କବିତାଟିରେ ଚେତନାର ପ୍ରତିଟି ଅଣୁରେ ଈଶ୍ୱରଙ୍କ ଉପସ୍ଥିତିର କଥା ରହିଛି। ନିଃସର୍ତ୍ତ ଘିଅ ବତୀଟିଏ ଜାଳିଦେଇ ବିପୁଳ ଅନୁଭୂତି ନେଇ ଗରୁଡ଼ସ୍ତମ୍ଭକୁ କୋଳେଇ ନେଇ ପ୍ରତିଟି ଓଡ଼ିଆଙ୍କ ଆରାଧ୍ୟ ସେଇ କଳା ଡୋଳାକୁ ଦେଖି ନିଜକୁ ଖୋଜିଲା ବେଳେ ମନେ ହୁଏ ସେ ଶ୍ୱେତଶୁଦ୍ଧ ବିନ୍ଦୁଟିଏ ଯେଉଁଥିରେ ଜୀବର ମନ ଆତ୍ମା ପ୍ରାଣ ସଂଗଠିତ ହୋଇଛି। କବି କହୁଛନ୍ତି ତେବେ ନିଜକୁ ତୁ ହାତ ଗଢ଼ା ଜାଣିବା ପରେ ତୁମକୁ ଖୋଜିବା ନିଜକୁ ଘାଣ୍ଟିବା ଛଡ଼ା ଆଉ କିଛି ନୁହେଁ। ଆତ୍ମା ଓ ପରମାତ୍ମା ତିଳେ ମାତ୍ର ଅସଂଲଗ୍ନ ନୁହନ୍ତି। ତେବେ ତୁମକୁ ଖୋଜି ଖୋଜି ନିଜ ସହ ଛଳନା ହିଁ କରେ ମଣିଷ। ଯାହାର ଶେଷ ନାହିଁ କି ଶେଷ ହେବ ନାହିଁ। 'ଦୁଃଖର ଶାମୁକା ଭିତରେ' କବିତାଟି ମନର ଶିଖରକୁ ଛୁଉଁଥିବା ଦୁଃଖଗୁଡ଼ିକ ନିର୍ମାଲ୍ୟ ପୁଡ଼ିଆ ଭାବେ କବି ବର୍ଣ୍ଣନା କରିଛନ୍ତି। ଅଭିଯୋଗର ସୂତାରେ ଲୁହର କବିତା ନ ଗୁନ୍ଥି ନୂତନ ମନ୍ତ୍ରଟିଏ ଲେଖିବାକୁ ଇଚ୍ଛା ହୁଏ ଯେଉଁଠି ଦୁଃଖର ଶାମୁକାରେ ମୋତି ପରି ଈଶ୍ୱରଙ୍କ ଶ୍ରଦ୍ଧା ରହିଥାଏ। ଏକଥା ଯଦି ମଣିଷ ଜାଣିପାରନ୍ତା ତେବେ ଚଞ୍ଚଳ ଝରଣା ନୁହେଁ ଦରିଆର ମଧ୍ୟଭାଗ ପରି ସର୍ବଦା ଅଟଳ ରହିପାରନ୍ତା। 'ନବଜନ୍ମ' କବିତାଟିରେ ବାତ୍ସଲ୍ୟରେ ଶ୍ୱେତ ଗଙ୍ଗାନୀର ପ୍ରକାଶ କବି କରିଛନ୍ତି। ନୂଆ ଅତିଥିର ଆଗମନରେ, ଶିଶୁର ନବଜନ୍ମରେ ପବନରେ ପହଁରି ଆସେ ଏନ୍ତୁଡ଼ିଶାଳର ବାସ୍ନା। ଶୁଖିଲା ପତ୍ରରେ ବି ଏକ ମିଠା ଆକର୍ଷଣ ଆସେ। ପାଖ ବଗିଚାର ଗୋଲାପ କଢ଼ି ଆବେଗର ନଦୀତୀରେ ଲଳିତ ସ୍ୱରର ଝଙ୍କାର ତୋଳେ। ସବୁ ଶବ୍ଦ ଭିତରେ ଶୁଭିଯାଏ ତା' କାନ୍ଦିବାର ସ୍ୱର ଭିତରେ ମା'କୁ ଖୋଜୁଥିବାର ପ୍ରବଣତା। ସବୁ ସଜାଡ଼ି ରଖିବାର ଇଚ୍ଛା ହୁଏ ଯେମିତି ଅତି ଯତ୍ନରେ ବଡ଼ି, ଚୂଡ଼ାଭଜା, ପୁଆ, ପହିଲି ଭାଗ ଏମିତି ଅନେକ କିଛି। କୋଳକୁ ଉଠେଇ ତେଲ ଖୁବ୍ ଗେଲ କରିବାକୁ ଇଚ୍ଛା ହୁଏ। କବିଙ୍କ ଭାବନାରେ –

"ଛୋଟ ଏକ ଚୋକ ଦେବ ବୋଲି
ସହସ୍ର ବାର ଧୋଇ ରଖିଛି ଅଧର
ଝରଣାର ଜଳେ ମମତାର
ଅନେକ ଦିନରୁ ତୁଣ୍ଡରେ ବାଜି ନ ଥିବ ବୋଲି
ନିରୁଟା ଆହାର
କେହି ଦେଖିବେନି, କାନି ଢାଙ୍କି ଦେବି
ଦୁଇ ଢୋକ ଶୋଷି ନେବୁ ଲୁଚେଇ ରଖିଛି ତୋ'ଲାଗି
ବାତ୍ସଲ୍ୟର ଶ୍ୱେତ ଗଙ୍ଗାନୀର।"

'ନୂତନ ପ୍ରାଚୁର୍ଯ୍ୟ' କବିତା ଶୀତଳ ନିଦ୍ରାର କନକ କାନ୍ତିରେ ମଣିଷର ଆତ୍ମା ବିଭୋର ହେବା ପରେ ସମସ୍ତ ବାଧାବିଘ୍ନ ଦୂରତ୍ୱକୁ ଅତିକ୍ରମିଯାଏ। କଳ୍ପନାର କଠଉ ପିନ୍ଧି ପାହାନ୍ତି ସ୍ୱପ୍ନର ଆକାଶ ତଳେ ଖୋଜିପାଏ ଅମୃତ ଉତ୍ପତ୍ତି। ସେତେ ବେଳେ ଜୀବନର ନୂତନ ପ୍ରାଚୁର୍ଯ୍ୟ ବିକଳ ଶୂନ୍ୟ ଶୁଖିଲା ବୃକ୍ଷର ଗଣ୍ଡିକୁ ବାହୁ ପ୍ରସାରି କୋଳେଇ ନିଏ। ମାଟିର ନିର୍ମଳ ପୂର୍ଣ୍ଣତାରେ, ଉଦ୍‌ଗତ ବିହ୍ୱଳଧାର ରୋଧିବାକୁ ମଣିଷର ସମଗ୍ର ଆୟୁଷ ହୁଗୁଳା ଲାଗେ। ବିସ୍ମୟର ନଈ ତୁଠେ ମୁଖ ଧୋଇ ଦେବା ପରେ ମନେ ପଡ଼ିଯାଏ ଶୈଶବର ନିଷ୍ପାପ ହୃଦୟ ଓ ଦୃଷ୍ଟିରୁ ଲିଭି ଲିଭିଯାଏ ଅଦୃଶ ଜଗତ। 'କେହି ଜଣେ ଡାକୁଚି' କବିତାଟିରେ, ସଜୀବରେ ଅଭିଷିକ୍ତ ସକଳ କୋଷରୁ ଶୁଭୁଥାଏ, କେହି ଜଣେ ନିଶ୍ଚୟ ଡାକୁଚି। ନଦୀ ସମୁଦ୍ରକୁ, ସମୁଦ୍ର ନଦୀକୁ, ମେଘ ମାଟିକୁ, ମାଟି ମେଘକୁ କେହି ଜଣେ ଡାକୁଚି। ସ୍ୱରର ଉତ୍ପତ୍ତି ଅଜଣା ହେଲେ ମଧ ଡାଳରୁ, ପତ୍ରରୁ, ଶିରାରୁ, ବାୟୁରୁ, ରକ୍ତରୁ, ସ୍ୱେଦରୁ, ଚର୍ମରୁ, ଲୋମରୁ ଲାଗେ ସତେ କେହି ଜଣେ କେଉଁଠି ଡାକୁଚି। ପୁଣି କେବେ କେବେ ଅନୁଭୂବରେ ଶୁଣି ହୁଏ କେହି ଜଣେ ସତେକି ବସିଛି ଶୁଣିବାକୁ। ବାଟଭୁଲା ପକ୍ଷୀଙ୍କର ବାହୁଡ଼ା କାକଳି। କେହି ଜଣେ ଡାକୁଛି ଅନ୍ଧକୁ ଚକ୍ଷୁଷ୍ମାନ ଓ ବଧିରକୁ ଶ୍ରୁତିଦାନ ପାଇଁ। ଯିଏ ଯାହାକୁ ଡାକୁଥାଉ ଅବା ଖୋଜୁଥାଉ ଆତ୍ମା ସହ ପରମାତ୍ମାଙ୍କ ମିଳନ ସୃଷ୍ଟିର ଚିରନ୍ତନ ସତ୍ୟ। 'ଦେବି' କବିତାଟିରେ ଆତ୍ମୀୟତାର ମିଥ୍ୟା ପ୍ରତିଶ୍ରୁତି କଥା ରହିଛି। ଦେବି ଦେବି କହି ନ ଦେଲେ ତୀରବିଦ୍ଧ ରାଗ ପରି ଲାଗେ। କବିଙ୍କ ଭାବନାରେ ଏ ସଂସାରର ମାୟା ଭିତରେ ମଣିଷ ଅଣନିଶ୍ୱାସୀ ହୋଇପଡ଼ିଲାଣି। ପୁଣି କାହିଁକି ଦେବିର ମିଛି ଆଶ୍ୱାସନା। ଫଣିଙ୍କ ଗରଳ ପିଇ ମଣିଷ ଏଠି ବଞ୍ଚିବାର ସଂଘର୍ଷ କରେ। ଲୁହ ଓ ଲହୁ ଭିତରେ ସାଗରଟେ ଲହଡ଼ି ଭାଙ୍ଗେ। ବିଶ୍ୱାସର ଧଣ୍ଡାମାଳ ଜାକିଜୁକି ପେଡ଼ିରେ ଚିତ୍ରିତ ଗଲାଣି। ବାରମ୍ବାର ଖସି ପଡ଼ିବାର ପରାଶରେ ମଣିଷ ସ୍ୱାଗତ ସଂଗୀତ ପାଶୋରି ଗଲାଣି। ଅବଶିଷ୍ଟ ପରମାୟୁ ନିଃଶେଷ ତ ହେଉ ଈଶ୍ୱର। ଆଦ୍ୟ ଆତ୍ମୀୟତାର ସୁନ୍ଦର ଭୂଗୋଳ ଜଳିଯିବା ପରେ ଅନୁଭବର ଯବକାଚରେ ଅନ୍ତ, ଦନ୍ତ, ନଖକୁ ଭଲକରି ପରଖି ନିଏ ମଣିଷ। ଆହାତ ସୂର୍ଯ୍ୟଙ୍କ ରକ୍ତ ଆକାଶରେ ଲାଗିବା ପୂର୍ବରୁ ଲିଭିଯାଏ ଶେଷରେ ମଣିଷ ମନର ପ୍ରଦୀପ। 'ଦୂରତ୍ୱ' କବିତାଟିରେ ଈଶ୍ୱରଙ୍କ ପ୍ରତି ଅଭିମାନୋକ୍ତି ରହିଛି। କବି କହୁଛନ୍ତି ନିଜର ପଣରେ ଯେବେ ମୁଁ ହେ ଈଶ୍ୱର ତୁମକୁ ବାନ୍ଧିପାରିନି। ନିଜର ପଣିଆଁ ସୂତାରେ ତୁମକୁ ଗୁନ୍ଥିପାରିନି ପରିଚୟ ହୀନ ଭାବେ ଆଜିବି ବଞ୍ଚିଛି ଆକାଶର ଦୂରତା ମାପିବାରେ। ପୃଥିବୀର ବୟସ ବିତୁଛି ଠିକ୍ ମୋ ଭିତରେ ଯେମିତି ମୁଁ ତୁମକୁ ଖୋଜୁଛି। କଅଁଳ ଆକାଂକ୍ଷା ଶୁଖିନାଖି ଚିମୁଡ଼ି ନ ଥିଲା ବେଳେ ଯଦି ଥରେ ପ୍ରଭୁ

ଦେଖିଥାନ୍ତ ମୋ ଭାଗ୍ୟକୁ ତେବେ ପିନ୍ଧି ପାରିଥାନ୍ତି ମୁଁ ତାରକା ଖଚିତ ହାର। ସପ୍ତସିନ୍ଧ ଲଂଘିବାର ବାଧା ଲାଗି ନ ଥାନ୍ତା। ଛିଡ଼ା ହେବାର ଶକ୍ତି ଟିକକ ନାହିଁ ମୋର ଘିଅବତୀ ଜାଳି କିଛି ମାଗିବାର ଦୁଃସାହସ କେମିତି କରିବି। ମୋ ଭାଗ୍ୟରେ 'ବିଚରା' ଲେଖିଲା ବେଳେ ଥରେ ଯଦି ତୁମ ଆଖି ଭିଜିଥାନ୍ତା ଜାଣିଥାନ୍ତି ତୁମେ ମୋ ନିଜର ବୋଲି। 'ପ୍ରଶ୍ନ' କବିତାଟିରେ ଲୀଳାମୟ ଈଶ୍ୱର ଏ ଭବସଂସାରେ କାହାକୁ କେଉଁ ଭୂମିକାରେ ଅବତୀର୍ଣ୍ଣ ହେବା ପାଇଁ କେଉଁ ଭୂମିକା ଦିଅନ୍ତି, ସେ କଥା କାହାକୁ ଜଣା ନାହିଁ। ଏହାରି ଉପରେ ଆଧାରିତ 'ପ୍ରଶ୍ନ' କବିତା। ଶୋଇବାର ବାହାନାରେ ସାରା ରାତିକୁ କବି କଦମ୍ବ ମୂଳରେ ବିତାଇଛନ୍ତି। ସକାଳର ଶେଦ ଛାଡ଼ି ଦେଖିଲା ବେଳକୁ ତାଙ୍କ ଅଣ୍ଟି କଦମ୍ବ ଫୁଲରେ ପୂର୍ଣ୍ଣ ହୋଇଛି। ମାତ୍ର ଈଶ୍ୱରଙ୍କ ଉପସ୍ଥିତି ଖୋଜୁ ଖୋଜୁ ସେ ଭାବ କେଉଁଠି ମିଳିନି। ଭାବିଛନ୍ତି କେଉଁ ଭୂମିକାରେ ମୁଁ ଉପନୀତ ଅବା ମୁଁ କାହାକୁ ପଚାରିନି। 'ମୁଁ ସନ୍ଦେହରେ ଅଛି' କବିତାଟିରେ ମାୟା ସଂସାରରେ ଶୂନ୍ୟତା ଛଡ଼ା କିଛି ମିଳେ ନାହିଁର କଥା କବି ପ୍ରକାଶ କରିଛନ୍ତି। ଅନେକ ରାତି କାହାରି ଭାବନାରେ, କାହାରି ପ୍ରେମର, ସମର୍ପଣରେ ବିତାଇ ଦେବା ପରେ ମଣିଷଟି ହିସାବ ରଖିବାକୁ ଇଚ୍ଛା ରଖେ ନାହିଁ। ନିଜର ବ୍ୟଥା ଓ ଅକୁହା ବେଦନାକୁ ଯେତେ ଥର ଜଣାଇଥିଲେ ବି ଈଶ୍ୱର ନୀରବଦ୍ରଷ୍ଟା ହିଁ ରହିଯିବାର ଦେଖି ମଣିଷ ନିଷ୍ପ୍ରଭ ହୁଏ। କାଉକୁ ଆଧାର ଦେଇ କିଛି ଜାଣିବାର ସମୟ ସରିଗଲାଣି। ଏ ପାଖର ସୂର୍ଯ୍ୟ ମୁହଁ ମୋଡ଼ି ସାରିଲେଣି। ଭେଟିବାର ଅଭିପ୍ରାୟରେ ସଜଳ ନୟନରୁ ଅନେକ ଅଶ୍ରୁ ଝରି ଯାଇଥିଲେ ମଧ୍ୟ କିଛି ଫରକ ପଡ଼େ ନାହିଁ ନିଜ ଛଡ଼ା ଆଉ କାହାରି ଉପରେ। କବିଙ୍କ ଭାଷାରେ –

"ଶୂନ୍ୟତା ଛଡ଼ା ଆଉ କିଛି
ପାଇ ନାହିଁ ଯେତେବେଳେ
ଜବାଫୁଲ ଅଞ୍ଜଳିରୁ କାହୁଁ ବା ଆଣିବି ?
ହେଲେ ମୁଁ ଜାଣିପାରୁନି
ତୁମେ ମୋତେ ପାରେଇଗଲ
ନା ମୁଁ ତୁମର ଠିକଣାଟି
ଦେଇଛି ହଜାଇ!!!"

'ଆଶାର ଆଲେପ' କବିତାଟିରେ ସମ୍ପର୍କର ବିବିଧତା ଭିତରେ ବି ସ୍ନେହସୁଧା ରୂପଟିଏ ଧରି ମଣିଷ ପାଖକୁ ରୂପସୀ ପରି ଧୀରେ ଧୀରେ ପାଦ ଥାପି ଚାଲି ଆସେ ଆଶା ଯାହାର ରୂପ ବିଭବରେ ଝରି ପଡୁଥିବା ଜନନୀ, ଭଗିନୀ, ପିତା କି ବାନ୍ଧବୀର କୋମଳ ଝଙ୍କାର କଥା ରହିଛି। ସମୟ ଯେତେ ବେଳେ ଘନ ଅନ୍ଧକାର ପରି

ନୀରବ ଓ ଅନୁରାଗ ଶୂନ୍ୟ। ସୋରିଷ ଦାନାଟିଏ ମୁଠିରେ ରଖିଗଲେ ଆକାଶର ଏକ ଭାଗ ଯେମିତି ଭୂମିରେ ପତିତ ହେବା ପରି ଲାଗେ। ଠିକ୍ ସେମିତି ଫିଟିଯାଏ ସ୍ନେହାୟିତ ପଲ୍ଲବ ପ୍ରୀତିର। ହଠାତ୍ ରୁଦ୍ଧ ହୁଏ ନିଜର ଗନ୍ତବ୍ୟ ସ୍ଥଳ। କ୍ଷୁଦ୍ର କ୍ଷୁଦ୍ର ଆଲୋକର ରନ୍ଧ୍ରରେ ଆଶାର ମୃତ୍ୟୁ ହୁଏ। ବାରବାର ଜୀବନ ବି ଭେଟୁ ତାକୁ ସ୍ନେହମୟୀ ସାନ୍ତ୍ୱନା ଭିତରେ। 'ପଙ୍କିଳ ଜନ୍ମପତ୍ରୀ' କବିତାଟିରେ ଆଶାର ଅବ୍ୟକ୍ତ ପୁଲକ ଖେଳିଗଲା ପରେ ମନ ରହେଁ ଅନେକ ଅସୁମାରୀ ସ୍ୱପ୍ନର ବାସ୍ତବ ରୂପବିଭବର କଥା ରହିଛି। କବି ପ୍ରକାଶ କରିଛନ୍ତି ଅଦୃଶ୍ୟ ସେ ଛାୟା ରୂପକୁ ଯେତେ ଚେଷ୍ଟା କଲେ ବି ଧରି ହୁଏ ନାହିଁ କି ଦେଖି ହୁଏ ନାହିଁ। ସେଇ ଅନନ୍ତ ଦୂରତ୍ୱକୁ ସ୍ପର୍ଶ କରି ଛୁଇଁବି ଛୁଇଁବି ଲାଗି ଝାଳରେ ସମ୍ପୂର୍ଣ୍ଣ ଭିଜିଗଲାଣି ନିଜର କୁଙ୍କୁମିତ ଘାଟ। ତେବେ ଘୋଷଣା କର ହେ ଈଶ୍ୱର ଖେଳ ସମାପ୍ତି ମୋର ହେଉ କାଳର ଅନ୍ତରରେ। ଶେଷ ଇଚ୍ଛା ପୂରଣ ହେଉ ମୋର ଛୁଇଁ ତବ ହୃଦୟର ଅବ୍ୟକ୍ତ ପୁଲକ। ମାତ୍ର ଥରୁଟିଏ ସ୍ପର୍ଶରେ ଭଣା ହେଇ ଯିବନି ତୁମ ସିନ୍ଦୁର ବିନ୍ଦୁଏ ଅମୃତ। ମୋର କ୍ଳାନ୍ତପକ୍ଷ ନିଶ୍ଚୟ ଦୂର ହୋଇଯିବ। ସ୍ମିତ ହସର ରନ୍ଧୁଆ ତଳ ଶକ୍ତି ସଞ୍ଚାର ହେବ, ଆଶାର ଲଙ୍ଗଳ ମୁଠି ଧରି ପଉଷର ସୁନା ହସ ଅବଶିଷ୍ଟ କଙ୍କରିତ ଜୀବନ ଭୂଇଁରେ। 'ମୁଁ ସେଇଠି ଅଛି' କବିତାଟିରେ ଆତ୍ମାର କଥା କବି କହିଛନ୍ତି। କ୍ଷୁଦ୍ରାତିକ୍ଷୁଦ୍ର ଧାରୁଆ ଅସ୍ତ୍ରରେ ଯେତେ ଉପହାସ ଓ ଅସୂୟାର ଭାବ ଭରି ଦେଉଥିଲେ ବି ଅମୃତ ଆବରଣରେ ଆତ୍ମା ଗ୍ରହଣ କରିନିଏ ସତ୍ୟତାର ମହକକୁ। ତା'ର ସୁଗନ୍ଧେ ନମ୍ର ସ୍ଫୁରଣକୁ ଯାହା ମହମହ ବାସ୍ନାରେ ମହକାଇ ଦିଏ ମଣିଷର ସମଗ୍ର ଜୀବନକୁ। କାରଣ ସେ ଜାଣିଛି ଈଶ୍ୱରଙ୍କ ସହ ସେ ନିବିଡ଼। ପାର୍ଥିବ ଦୁନିଆରେ ହେବ ଶରୀରର ନିଃସଙ୍ଗ ମରଣ ଆତ୍ମା କିନ୍ତୁ ନୁହେଁ କେବେ ନିଃସଙ୍ଗ କି ମରଣର ଆବରଣ। 'ଅଥଚ' କବିତାଟିରେ ନିଷ୍ଫଳର ନିଃଶ୍ୱାସର କଥା କବି ପ୍ରକାଶ କରିଛନ୍ତି। ଯେଉଁଠି ଖୋଜିବା ଭିତରେ ଥାଏ ବିରାଟ ଶୂନ୍ୟତା। ରାସ୍ତା ପଡ଼ିଛି ସଳ. ତୀର୍ଯ୍ୟକ, ଖୋଲା ଅଛି ହୃଦୟ ଆକାଶ ତଥାପି କୁରାଳ ଚକ୍ର ପରି ଘୁରୁଥାଏ ମଣିଷର ମନ, ପ୍ରାଣ ଓ ଅନ୍ତର। ଅଜସ୍ର ବିଶ୍ୱାସ ଓ ଅଖଣ୍ଡ ଜ୍ୟୋତି ଜଳାଇଥିବା ସମୟରେ ପରମାତ୍ମାଙ୍କ ସହ ମିଳନର ଦିଗଟି ପୁରାପୁରି ସଳଖ ହୋଇଥିଲେ ବି ଈଶ୍ୱର ସେ ସ୍ଥାନରେ ଅଙ୍କେଇ ବଙ୍କେଇ ସର୍ପିଳ ଭଙ୍ଗୀରେ ପ୍ରତ୍ୟେକ ସଜୀବତା ଭିତରେ ମାୟା ପୁରାଇଥାନ୍ତି। 'ଦୁଃଖିନୀ କଜ୍ଜଳ' କବିତାଟି ସଂଘର୍ଷରେ ପରିପୂର୍ଣ୍ଣ ବିସ୍ତୃତ ଜୀବନର ଚିତ୍ର ରହିଛି। କେବେ ସରୁ ନଥିବା ଜୀବନ ମୃତ୍ୟୁର ଲୁଚକାଳି ଖେଳ ଶଙ୍କାଗ୍ରସ୍ତ କରେ ମଣିଷର ନୟନ ପତାକୁ। ପ୍ରତିକ୍ଷଣେ ଭିଜାଇଦିଏ ଦୁଃଖିନୀର କଜ୍ଜଳ ରେଖାକୁ। ନିରୀହ ସେ ପ୍ରାଣର ବିମୋହିତ ଭାବକୁ

କାହିଁକି ଈଶ୍ୱର ଯେ ବୁଝି ଅବୁଝା ରୁହନ୍ତି ତା' ଆଜି ବି ଅଗୋଚର। କବିଙ୍କ ଭାବନାରେ-

"ମୁଁ ଏକ ନିରୀହ ମଇନା ଜାଣିବ
କିପରି ଆଙ୍କିଲ କୁହ ଏ ଜୀବନ ରେଖା!
ଅଗଣିତ ଜନ୍ମର କବର ଭିତରୁ
କେବେ ଆଉ ଖୋଳିବ ତୁମେ
ମୋ ଆଶାର ମହେଞ୍ଜୋଦାରୋ
ଓ ସ୍ୱପ୍ନର ହରପ୍ପା।"

'ଆଉ କ'ଣ ବାକି ରହିଗଲା ଯେ' କବିତାଟିରେ ନିର୍ଯ୍ୟାତିତ ସମୟର ସ୍ୱରରେ ସ୍ୱର ମିଳେଇବାର ଚେଷ୍ଟା କରିଛନ୍ତି। ଆୟୁଷର ମୁଠି ଭିକ୍ଷା କରେ ମଣିଷ ପ୍ରସ୍ତରିତ ହୃଦୟର ଅସାଢ଼ ଶବ୍ଦରେ। ସ୍ୱାନୁଭବର ଶୂନ୍ୟ ଅଭିଧାନରୁ ଅଲିକ୍ଷିତ ପ୍ରବନ୍ଧ ସବୁ ପଢ଼ି ନେବା ପରେ ମଣିଷ ବୁଝି ସାରିଥାଏ ମୃତ୍ୟୁର ପଦ ଶବ୍ଦରେ ଶାନ୍ତିର ତନ୍ଦ୍ରା ତୁଟିଯାଏ ଯେବେ ବାରମ୍ବାର, ଜଳିବାର ଜ୍ୱାଳା ହୃଦୟକୁ କଷ୍ଟ ଦିଏ। ଆତ୍ମାର ଦେହଳୀ ଭିତରେ ମଣିଷ ବିଚାର ବୁଦ୍ଧି ସତ୍‌ମାର୍ଗକୁ ଖୋଜି ପାଇବାରେ ଯଥେଷ୍ଟ ପରିଶ୍ରମ କରେ। ଆଉ ବୁଝିଯାଏ ଯେ ଅଦୃଶ୍ୟ ସେ ଅରୂପଙ୍କ ଉପସ୍ଥିତି ଥିଲା ଓ ଅଛି ମନ୍ୱନ୍ତରଂ ମନ୍ୱନ୍ତରକୁ ଯାହାର ଆରମ୍ଭ କି ଶେଷ ନାହିଁ ପ୍ରତ୍ୟେକ ସଜୀବ ପ୍ରାଣରେ। 'ନିଶିଥ ସୂର୍ଯ୍ୟ' କବିତାରେ କବି ମଣିଷ ମନରେ ଉଙ୍କି ମାରୁଥିବା ପ୍ରଶ୍ନର ଉତ୍ତର ଖୋଜିଛନ୍ତି ଈଶ୍ୱରଙ୍କ ଠାରେ। ମଣିଷ ଜାଣେ ନାହିଁ ସେ କେଉଁ ପଥରେ ଯାଉଛି ଆଗ୍ନେୟ ପର୍ବତର ଆହୋରଣରେ କି ଅକୂଳ ସାଗର ବକ୍ଷରେ। 'ନିଶିଥ ସୂର୍ଯ୍ୟ'ର ଦେଶ ପରି ପ୍ରତ୍ୟେକ ମଣିଷର ଜୀବନର ଅଭୁତ ଓ ଅସ୍ୱଷ୍ଟ ଛନ୍ଦକୁ ଜାଣିବା ପାଇଁ ଖୁବ୍ ଚେଷ୍ଟା କରନ୍ତି। ହେଲେ ଏହି ଅସ୍ୱଷ୍ଟ ଛବିର କି ନାମକରଣ ହେବ ତା' ମଧ୍ୟ ମଣିଷ ପାଇଁ ଅଛପା ରହିଛି। 'ନିଶି ଗନ୍ଧା' କବିତାରେ ଅବଶୋଷର ଚିତ୍ର କବି ପ୍ରକାଶ କରିଛନ୍ତି। ମଣିଷ ଜୀବନକୁ କୋଟିଏ ତାରାର ସ୍ୱପ୍ନରେ ଈଶ୍ୱର ସଜାଇ ଦିଅନ୍ତି। ରାତି ଦିଅନ୍ତି ପୁଣି ସ୍ୱପ୍ନ ମଧ୍ୟ ଦିଅନ୍ତି। ହେଲେ ଦଣ୍ଡଟିଏ ଗୁଣୁଗୁଣୁ ମଧୁର ଗୁଞ୍ଜରଣରେ ଈଶ୍ୱର ଭସାଇ ଦିଅନ୍ତି ଲକ୍ଷ୍ୟର ବୋଇତ। ନିଜକୁ କୃପଣ ମନ୍ତ୍ରରେ ଅଭିମନ୍ତ୍ରିତ କରି ନିଜେ ବି ଖୁବ୍ କଷ୍ଟପାନ୍ତି ଈଶ୍ୱର। ଭସା ବାଦଲ ପରି ମଣିଷ ନଷ୍ଟ, ପରିହାସ ଭିତରେ ଜୀବନ ନିର୍ବାହ କରନ୍ତି। ମଣିଷ ଦୋଷ ଦେବ ତ କାହାକୁ! ଯାହାଙ୍କୁ ସେ କେବେ ଦେଖି ନାହିଁ। ମାୟାର ଶିଶିର ଏମିତି ବୋଲି ହୋଇଛି ଯେ ବିବଶରେ ମାପି ହୁଏ ନାହିଁ ମାଟି ଠାରୁ ବୃନ୍ତର ଦୂରତା। 'ଲହୁ ଲୁହାଣ' କବିତାଟିରେ ଅସମ୍ପୂର୍ଣ୍ଣ ସ୍ୱପ୍ନର କଥା କବି ପ୍ରକାଶ କରିଛନ୍ତି। ଈଶ୍ୱରୀୟ

ଚେତନାରେ ନିମଗ୍ନ ମଣିଷ ବୁଝି ପାରେନା ପ୍ରକୃତ ଉଦ୍ଦେଶ୍ୟ ଜୀବନର ଓ ଈଶ୍ୱରଙ୍କର କ'ଣ ହେଇପାରେ ? ବାଉଁଶ ପାତିଆର ଚଲୁଣିଟେ ଧରି ସାଉଁଟି ହୁଏନା ସ୍ୱପ୍ନର ଶସ୍ୟ ସବୁ। ଝରଝର ଝରିପଡ଼ନ୍ତି ସ୍ୱପ୍ନର ତଣ୍ଡୁଳ। ଚଲୁଣିର ଭିତରେ ରହିଯାଏ ଅବାଞ୍ଛିତ ମାଟି ଗୋଡ଼ିର ଅସଂଖ୍ୟ ମୋହ। ଈଶ୍ୱର ଦିଅନ୍ତି ଜଳାଶୟଟେ ଯେଉଁଥିରେ ନୀର ଧାର ଲବଣାକ୍ତ ଲାଗେ। ତୃଷା ମେଣ୍ଟାଇବା ପାଇଁ କିଛି କରିବାର ନାହିଁ ବୋଲି ଅଙ୍କୁରିତ ସବୁ ଇଚ୍ଛାର ମୂଳ ଉତ୍ପାଟନ କଲ। ନ ଆସିଲେ ନାହିଁ ପଛେ ଇଚ୍ଛାର ସହର, ନ ଦିଅ ପଛେ ମନ ଘେନା ତଥାସ୍ତୁ ତୁମର, ମହୁ ମୁହାଣରେ ଗାଧୋଇ ଦେବି କହି ମିଛଟାରେ ଲହୁଲୁହାଣ କଲ। ଶ୍ୱେତ କଇଁ ପରି କୋମଳ ଆଘାତ ପ୍ରାପ୍ତ ହେଉଥାଏ ବାରମ୍ବାର ମନ। 'ଏବେ ମଧ୍ୟ ବଞ୍ଚିଛି' କବିତାଟିରେ ସତ୍ୟରୁ ମଧୁରତା ବର୍ଣ୍ଣନା ରହିଚି। ଆଜି ବି ପୃଥିବୀ ପୃଷ୍ଠରୁ ସତ୍ୟପଥ ହଜି ନାହିଁ। ଅଛନ୍ତି ଉଜ୍ଜ୍ୱଳ ଜ୍ୟୋତିଷ୍କ। ଯେଉଁମାନଙ୍କ ଠାରୁ ଝରିପଡ଼େ ସ୍ନେହାକ୍ତ ଶବ୍ଦମାନଙ୍କର ସମ୍ଭାଷଣ। ଶ୍ୱାସରୁଦ୍ଧ ପ୍ରାଣଟିରେ ଭରି ଦିଅନ୍ତି ଅଫୁରନ୍ତ ହସର ସମ୍ଭାର। ନିର୍ମଳ ବାସ୍ନାରେ ଭରି ଦିଅନ୍ତି ବାଟଭୁଲା ଅତିଥିଙ୍କ କ୍ଲେଦାକ୍ତ ପୟର। ସେମାନଙ୍କ ସହ ମିଶିଲେ ହଲ୍‌କା ହଲ୍‌କା ଲାଗେ ଜୀବନର ବୋଝ। ସେଇ ସତ୍ୟବାଦୀଙ୍କ ପାଇଁ ଅମାପ ବେଦନା ପିଇ ମାଟି ବି ହସୁଛି ଏବଂ ସେମାନଙ୍କ ମୁନ୍ଦାଏ ଛଡ଼ା ପାଣିରେ ଭୋରର ସୂର୍ଯ୍ୟ ମୁଣ୍ଡ ହଲାଉଛି। 'କିପରି କହିବି' କବିତାଟିରେ କବି ଭକ୍ତିଭାବର ସାର୍ଥକତା ପରିପ୍ରକାଶ ହୋଇଛି। ମଣିଷ କ୍ଷୁଦ୍ର ଜଳାଶୟଟିର କାମନାରେ ଚତକି ବି ଚତକିନୀ ସାଜିଥାଏ ଈଶ୍ୱରଙ୍କ ନିକଟରେ। ହୃଦୟର ତମସା ତଟରେ ଇଚ୍ଛାର ତରଙ୍ଗ ଖୋଜୁଥାଏ ଈଶ୍ୱରଙ୍କ ସାନ୍ନିଧ୍ୟ। ଭକ୍ତିର ଭୋଗ ଥାଳିରେ ବାଢ଼ିଦିଏ ହୃଦୟର ଭିଜା ଅଭିବ୍ୟକ୍ତି। ତଥାପି କରୁଣା ତାଙ୍କର ଝରିପଡୁ ହୃଦୟରୁ ଯେତେ ସବୁ ଅଭାବପଣ। କବିଙ୍କ ଭାବନାରେ –

"ଖୋଲି ସିନା ପାରି ନାହିଁ
ତୁମ ମନ କରୁଣା ଶିକୁଳି
ହେଲେ, କିପରି କହି ଦେବି ଯେ
ମୋ ପ୍ରୀତିର ଦୀପଶିଖା
ତୁମ ପାଦେ ପ୍ରଣିପାତ
କରିନି କେବେ ବି ?"

'ଏବେ ତୁମେ ହିଁ କୁହ' କବିତାଟିରେ ନାରୀ ହୃଦୟର ଓ ପ୍ରକୃତ ପ୍ରେମର ମହନୀୟତାକୁ ପ୍ରକାଶ କରିଛନ୍ତି। ବିଦେଶୀ ପାନୀୟ ମାଗିଥିବା ବେଳେ ମାଟି ପାତ୍ରରେ ପ୍ରୟାସର ସୁଶୀତଳ ଜଳ ଦେଇଛି ପ୍ରକୃତି। ବିଦେଶୀ ଡାଲିଆ ପରି ଶୋଭା ଚହୁଁଥିଲା

ବେଳେ ମୁଠେ ହସ ସହ ଟଗର ଫୁଲର ସମ୍ଭାର ଦେଇପାରିଛି ପ୍ରକୃତି। ଚିକିମିକି ରଙ୍ଗୀନ ଆଲୋକର ସୁଖ ମାଗିଥିଲା ବେଳେ ଜ୍ୟୋସ୍ନା ଧୌତି ପଣତରେ ସ୍ନେହରେ ବିଭୋର କରିଛି ପ୍ରକୃତି। ସେଇ ପ୍ରକୃତି ଚିରକାଳ ସୁଧାର ଭଣ୍ଡାର ନୁହେଁ ବରଂ ଚିରକାଳ ପୂର୍ଣ୍ଣଗର୍ଭା। 'ଏକାଗ୍ରତାର ବେଦୀରେ' କବିତାଟିରେ କବିଙ୍କର ଅଭିମାନୋକ୍ତି ପ୍ରକାଶିତ। କବି ଭାବିଛନ୍ତି କିଛି ଦିନ ସୃଷ୍ଟିମୟଙ୍କୁ ଭରସା ନ କରି ତାଙ୍କ ସରଞ୍ଜିତ ନିର୍ଦ୍ଦିଷ୍ଟ ବିନ୍ଦୁରୁ ବାହାରି ଆସି ଏକାଗ୍ରତା ବେଦୀରେ ବସି ଇଚ୍ଛାର ଆସନ ବିଛେଇ ରଙ୍ଗତୂଳୀରେ ଆଙ୍କି ଦିଅନ୍ତେ ସୃଷ୍ଟିକର୍ତ୍ତାଙ୍କ ରୂପ ଠାରୁ ଭିନ୍ନ ଅନେକ ମୂର୍ତ୍ତୀ। ଯେଉଁଥିରେ ତାଙ୍କ ପ୍ରୀତିଛିଟା ଟିକେ ବି ପଡ଼ି ନ ପାରେ। ବିନିଦ୍ର ରଜନୀର ପୁଲକିତ ପୃଷ୍ଠାରେ ଆଙ୍କିଥିଲେ ଅନେକ ରଙ୍ଗର ସ୍ତବକ। ମାତ୍ର ସକାଳର ନରମ ଆଲୋକ ନେଇ ଦେଖିଲା ବେଳକୁ ପ୍ରକୃତିର ଥାଳିଆରେ ରହିଛି ପେନ୍ଥି ପେନ୍ଥି ପାଟଳ ବିସ୍ମୟ। ଲାଗିଲା ଯେମିତି ସେଇ ଆଖି, ସେଇ ଓଠ ବିହ୍ୱଳ ଆତ୍ମା ଯେମିତି ମୂର୍ଚ୍ଛିତ ପ୍ରାୟ ହୋଇଗଲା। ଭାବନାର ଏଇ ନିର୍ବୋଧ ପଣିଆ ନିରେଖି ପଢ଼ିବାକୁ ଇଚ୍ଛା କଲା ଆଖିର ଭାଷା। ଯେଉଁଠି ଥିଲା "ମୁଁ ପରା ଅଦେହ ଦ୍ୟୁତି। ତୋ ଆତ୍ମାର ଶୀତଳ ବିଭୂତି।" 'ଛିଟାଏ ଚନ୍ଦନ' କବିତାଟିରେ ସାନ୍ତ୍ୱନାର କଥା ପ୍ରକାଶ କରିଛନ୍ତି କବି। ଆଡ଼ ଚାହାଣୀରେ ଥରେ ଯଦି ବି କେହି ଚାହିଁପାରେ ତେବେ ନୂତନ ଜୀବନ ନେବ ଯିଏ ଆଜି ଶୋଇଅଛି କବର ଭିତରେ। ଆବେଗର ହୃତ୍‌ପିଣ୍ଡରେ ନୂତନତା ଭରି ଦିଏ। ସମୟର ଘୋରାବାଲି ପରି ପଶୋରି ଯାଏ ସମସ୍ତ କଷ୍ଟ। ବୁଣି ହୋଇ ପଡୁଥାଏ ହୃଦୟର ଟୁକୁରା ଅଂଶ। ଯେଉଁଠି ନିର୍ଭୁଲରେ ଯୋଡ଼ି ଦେଇ ପାଇଯାଏ ଚନ୍ଦନର ଲେପ। ସାନ୍ତ୍ୱନା ଛିଟାରେ ସୁଗନ୍ଧିତ ହେବ ପ୍ରତିଟି ସକାଳ। 'ବାରମ୍ବାର ସେହି ସ୍ପର୍ଶ' କବିତାଟିରେ ଅନନ୍ତ ଅସୀମ ସେ ଯାତ୍ରାପଥ ଯେଉଁଠି ପରମାତ୍ମାଙ୍କ ସାନ୍ନିଧ୍ୟ ମିଳେ ତାହା ହିଁ ବର୍ଣ୍ଣିତ। ସମ୍ପୂର୍ଣ୍ଣ ନିର୍ଜନ ଇଲାକାରେ ଗୋଟିଏ ଦୃଶ୍ୟ ଆଖିରେ ଭାସି ଉଠେ, ଲାଗେ ଯେମିତି କେହି ଜଣେ ଅଛି ନିଜ ପାଇଁ ଅତି ନିକଟରେ। ଖୋଲିଯାଏ ସୂକ୍ଷ୍ମ ନେତ୍ର ଓ ଅନ୍ଧକାର ଦୁର୍ଗର ଯାଉଁଳି। ନିର୍ଦ୍ଧାରିତ ଯୋଜନା ପରି ବସିଯାଏ ପବନ ଡେଣାରେ ମନ, ଲଙ୍ଘିବାକୁ ଆକାଶ ଛାଉଣୀ। ନିଶୀଥର ଗଭୀର ନିଦ୍ରାରେ ବି ପଲକର ଚିତ୍ରପଟ୍ଟରେ ବାରମ୍ବାର ଭେଟିବାକୁ ଇଚ୍ଛା କରୁଥାଏ ମନ ସେ ଜ୍ୟୋତିର୍ମୟ ଈଶ୍ୱରଙ୍କୁ। 'ଦୁନିଆ' କବିତାଟିରେ ସଂସାରର ଧୂଆଁ ଭଉଁରୀ ଖେଳର ଚିତ୍ର ରହିଛି। ଉପରେ ନିଆଁ, ତଳେ ନିଆଁ, ଗୋଲାକାର ପିଣ୍ଡଟିର ଏ ପ୍ରାନ୍ତରୁ ଆର ପ୍ରାନ୍ତଯାଏ ଖାଲି ନିଆଁ ଆଉ ନିଆଁ। ଶୀତଳି କରଣ ପ୍ରକ୍ରିୟା ଦ୍ୱାରା ଶୀତଳେଇ ଯାଇଥିଲେ ବି ଉପରର ମାଂସଳପିଣ୍ଡ ତଥାପି ଭିତରେ ଭିତରେ ଆଗ୍ନେୟ ଶିଳାର ଅମ୍ଳାନ ରେଖା ଜଳୁଛି। ସେଇ ରେଖାର ଧୂଆଁ ଆଚ୍ଛନ୍ନ କରିଛି ଆଜି

ସାରା ସଂସାରରେ। ପ୍ରତିଟି ଜୀବକୋଷରେ ଆତ୍ମାରେ ସଞ୍ଚରି ଯାଇଛି ପରଳ ପଡ଼ିବା ପରି। କବିଙ୍କ ଭାବନାରେ –

"ବାସରୁ 'ଦୁ' ଟିକୁ ପୋଛି ଦେଲେ
 ସେ କେବଳ ନିଆଁ
ଏମିତି ନାଆଁଟି ଶୁଣିଲେ
 ଚରିତ୍ର ପରଖିବାକୁ ବିଳମ୍ବ ହୁଏନା
ପାଦ ଥୋଇଲେ ଫୋଟକା
 ହାତ ପାତିଲେ ଚିଆଁ
କାହାର ଛାତିରେ ପୋଡ଼ା ଦାଗ ନ ରହିବ ଭଲା।"

'ତୁ କାହାର ତୁ ଜାଣୁ' କବିତାଟିରେ କବି ନିଜର ମୃତ ପ୍ରାୟ ଇଚ୍ଛାକୁ ବଞ୍ଚେଇ ରଖିବାର ପ୍ରୟାସ କରିଛନ୍ତି। ଗଯେ ଅଦୃଶ୍ୟ ଈଶ୍ୱର ଜାଣି ଯିବା ପରେ ନିଜର କି ଯୁ' ଥାଏ ଈଶ୍ୱରଙ୍କୁ ନିଜର କରି ନେବା। ସେ କାହାର କେବଳ ସେ ନିଜେ ହିଁ ଜାଣନ୍ତି। ମଣିଷ ନଈ ପାଣିର ଭାସୁଥିବା ସୋଲଟିଏ। ଅନିୟମିତ ଅତିଥି ପାଲଟିଯାଏ ମଣିଷ ଈଶ୍ୱରଙ୍କ ସରଞ୍ଜିତ ଏ ଧରାବକ୍ଷରେ। କିଛି ଦିନ ସ୍ୱପ୍ନରେ ବୁଲିବାକୁ ଭାରି ଇଚ୍ଛା ଲାଗେ। ସ୍ୱପ୍ନରେ ଝୁଲିବାକୁ ମଧ୍ୟ ଭାରି ଆଗ୍ରହ ଲାଗେ। ହାତରେ ଇଚ୍ଛାକୁ ବାନ୍ଧିବା ପାଇଁ କିଛି ଦିନ ଝୁଲିବାକୁ ଇଚ୍ଛା ହୁଏ ସ୍ୱପ୍ନର ଝୁଲାରେ। ବାନ୍ଧିବାକୁ ସୂତାଟିଏ ତୋ ମଣିବନ୍ଧରେ। 'ଧୂମାଳ ଯାତ୍ରାରୁ' କବିତାଟିରେ କବି ମୁଁ କ'ଣ ପାଇଛି ଭାବି ହତାଶାର ମାର୍ମିକ ଚିତ୍ର ପ୍ରକାଶ କରିଛନ୍ତି। ଖଣ୍ଡିତ ହସ୍ତରେଖା ନିଜର ଭାଗ୍ୟ ଭାବି ହୃଦୟର ଅଶ୍ଳୀଳ ଯଞ୍ଚରୁ କେଉଁ ନିଧି ସାଇତି ରଖାଯାଇଛି ମୋ ପାଇଁ ପ୍ରକାଶ କରିଛନ୍ତି। ପ୍ରଶ୍ନ ଚିହ୍ନ ଆଙ୍କି କୌଣସି ମଣିଷର ହୃଦୟକୁ ଯେଉଁଠି ପରମାତ୍ମାଙ୍କ ବାସସ୍ଥାନ ରହିଛି ତାକୁ ଉପେକ୍ଷା କର ନାହିଁ। ମଣିଷର ସ୍ଥୁଳାଙ୍ଗ ପିତୁଳି ଈଶ୍ୱରଙ୍କ ରୂପମାଧୁରୀକୁ ଅନୁଭବ କରିବା ପାଇଁ ପ୍ରକୃତ ଶ୍ରଦ୍ଧାର ସହ ପରମାତ୍ମାଙ୍କ ସୃଷ୍ଟିତତ୍ତ୍ୱକୁ ଗ୍ରହଣ କରିବାକୁ ହୁଏ ଏଥିରେ ସନ୍ଦେହ ନାହିଁ। 'ହବ୍ୟ, ହୁତି ଏବଂ ଆହୂତି' କବିତାଟିରେ କବିଙ୍କ ଅନ୍ତରର ଅନ୍ତରଙ୍ଗ ଆହୂତି ମନ୍ତ୍ରରୁ ନିଜର ନିର୍ମଳ ଭାବଧାରାକୁ ପ୍ରକାଶିତ। କାହାରି ଅଦୃଶ୍ୟ ଅପେକ୍ଷାରେ ନିଜର ଅତିଥି ସଦନକୁ ଥାଟପଟୁଆର ଧରି ଯାକଯମକରେ ସଜାଇଛନ୍ତି। ନିଜର ଆଭ୍ୟନ୍ତର ଅନ୍ତରାତ୍ମାକୁ ନିର୍ମଳ ଭାବରେ ରଖିବା ପାଇଁ ବିହ୍ୱଳିତ ଅଶ୍ରୁଘାତ ଢାଳି ହୋମ ସମୀଧରେ ନିଜର ବିକଳାଙ୍ଗ ସ୍ମୃତିକୁ ହୁତି ଦେଇଛନ୍ତି। ଦୁଃଖ, ଶୋକ, ନିରାଶାକୁ ହବ୍ୟ କରି ଦେଇଛନ୍ତି। କାଳେ ଅତିଥିର ଆତିଥ୍ୟରେ କେଉଁଠି ଟିକେ ଊଣା ରହିଯିବ! ଭକ୍ତି ଭାବର ଚରମ ନିଦର୍ଶନ ଏଠାରେ

ପ୍ରକାଶ ପାଇଛି । 'ମନ ସିବନୀରେ' କବିତାଟିରେ ମନର ଅବୁଝାପଣକୁ ସ୍ମୃତିର କର୍ପୂର ଦେଇ ହୃଦୟର ଅଦେଖା ସନ୍ଧିରେ ଲୁଚାଇ ଦେବାକୁ ହୁଏ, ତାହା ହିଁ ବର୍ଣ୍ଣିତ ହୋଇଛି । ଅତୀତର ଗୋପନ ଅଭାବ ସବୁ ବେଳେ ବେଳେ ଇଚ୍ଛା ହୁଏ ଗୋଟି ଗୋଟି ଗଣ୍ଠି ଖୋଲି ଦେଖାଇ ଦେବାକୁ ଦିନକୁ । କହିବାକୁ ଇଚ୍ଛା ହୁଏ ସଂଧ୍ୟାକୁ । ସମୟକୁ ଇଚ୍ଛା ହୁଏ କହିବାକୁ ପିନ୍ଧେଇ ଦେବ ମୋତେ ବିଜୟ ତିଳକ । ମାତ୍ର ଜାଣିବାକୁ ପୁଣି ଇଚ୍ଛା ହୁଏ ମଣିଷର ଅତୀତର ଗୋପନ ପୁଟୁଳି ଖୋଲି ଦେଲେ ପର୍ବତର ଶୃଙ୍ଗ ହସ୍ତ ପାତି ଦେବ କି ତୁଚ୍ଛ ବାଲିଗରଡ଼ାଟେ ଭାବି ମାଟି ତଳକୁ ଦାବି ଦବ । ଶେଷରେ ମଣିଷ ଭାବେ ସାତ ତରଙ୍ଗର ସମୟଟେ ଆସି ନାହିଁ ଯେ ପର୍ଯ୍ୟନ୍ତ, ଓଠକୁ ସିଇଁବାକୁ ହୁଏ ମନସୀବନୀର ରୁକ୍ଷ ରଜ୍ଜୁରେ ଅତୀତକୁ ଚଉତାଇ କେବଳ । 'ବିଷରୁ ପିୟୂଷ' କବିତାଟିରେ ରହିଛି ସାନ୍ତ୍ୱନାର ଅମୃତ ପୋଷକୁ ଆଶାୟୀ ନ ହୋଇ ଯଦି ବିଷରୁ ପିୟୂଷ ଖୋଜି ପାଆନ୍ତା ନିଶ୍ଚୟ ଭଲ ହେବ । ଏହି କଥା କବି ପ୍ରକାଶ କରିଛନ୍ତି । ତିଥି, ବାର, ନକ୍ଷତ୍ର, ମୁହୂର୍ତ୍ତ ଏ ସବୁ ମନେ ନ ଥିଲେ ମଧ୍ୟ ମଣିଷ ନିଜର ସ୍ନେହମୟ ଶବ୍ଦର ଭଙ୍ଗା ଟୁକୁରାଗୁଡ଼ିକ ସୂର୍ଯ୍ୟର ଭଗ୍ନାଂଶେ ମିଶି ଧୂସରିତ ଅବୟବେ ଖୋଜୁଥିଲେ ନିଜ ପରିଚୟ । ବୟସର ଅପରାହ୍ନରେ ଏହି ସବୁ ଖୋଜିବା ପଣରେ ନୂତନତା ରହେ ନାହିଁ । ଶ୍ରୁତିକୁ ଘେଷରା ଲାଗେ ପୁରୁଣା ଗୀତର ସ୍ୱର ପରି । ମନରେ ସାହସ ହୁଏନା ଜାଣିବାକୁ କେହି ଜଣେ ଏ ବ୍ୟାଧିରୁ ମୁକ୍ତି ପାଇଛି କି ନାହିଁ । 'ସତ୍ୟ' କବିତାଟିରେ ସତ୍ୟର ବର୍ଣ୍ଣିଳ ସ୍ନିଗ୍ଧତା ବର୍ଣ୍ଣିତ । ଯେଉଁ ପଥରେ ପାଦ ଦେଇ ଚାଲିଲେ ନ ଥାଏ ଶଙ୍କୁଳ ହୁଏ ନାହିଁ । ମାତ୍ର ପଶୁପକ୍ଷୀ, ଗଛପତ୍ର, ପ୍ରତୀକ୍ଷାର ମାଳା ଧରି ସେ ପଥ ଦିଶୁଥାଏ ସବୁ ଦିନେ ଅଲଗା ଅଲଗା । ଧୂଳି ନାହିଁ, ମିଳି ନାହିଁ, ଅଲୋଡ଼ାପଣର ଶୂନ୍ୟତା ପିଇ ବ୍ୟଥା ଜର ଜର ଲାଗେ ଅସ୍ଥି, ମଜ୍ଜା ଶିରା । ଦେଶାନ୍ତର ବନ୍ଦୀ ପରି ନିଜ କଥା ନିଜେ ଶୁଣୁଥାଏ ପ୍ରିୟ ଶ୍ରୋତା ନ ଥାନ୍ତି କେହି ଆଖ ପାଖେ ତଥାପି ସତ୍ୟ ଚିରକାଳ ଗାଉଥାଏ ଜୀବନର ସ୍ୱାଗତ ଗୀତିକା । କବିଙ୍କ ଭାବନାରେ -

"ମହୁ ଠାରୁ ଆହୁରି ମଧୁର
ଯାହାକୁ କି ବର୍ଣ୍ଣିବାକୁ ଅକ୍ଷର ମିଳେନା
ଏ ପଥରର ଜୀବନଟି
ନିର୍ମଳ ସ୍ଫଟିକ ସମ
ପିପିଲି ଚାନ୍ଦୁଆ ପରି ନୁହେଁ ଢାଳି ପକା
ତଥାପି ସେ, ନିଃଶ୍ୱତାର ଭାର ବୋହି

ଧୂଳିରୁ ଅଣ୍ଡାଳୁ ଥାଏ ସ୍ମୃତି ପାଦରେଖା
ଆଉ ସହାସ୍ୟରେ ଗାଉଥାଏ
ସ୍ୱାଗତ ଗୀତିକା।"

'ସୁଖର କଉଡ଼ି' କବିତାଟିରେ ନିଖୁଣତାର ମଞ୍ଜୁଳ ପଲ୍ଲବ ଦିଏ ଜୀବନ, ବେଦନାରେ ଭରି ନ ଯାଏ ଯଦି ମଣିଷର ଆଶା, ବିଶ୍ୱାସ ଓ ଭରସାର ମୋହ। ବେଦାର ଧୂମ୍ରାଭ ବଳୟ ଛୁଏ ନାହିଁ ଶ୍ୱାସର ନିଳାଭ ଏରୁଣ୍ଡି। ପଉଷର କନାକାଙ୍ଗୀ କ୍ଷେତ ପରି ଖେଳାଇ ଦିଏ ସୁଖ କେଣ୍ଡା କେଣ୍ଡା ଆନନ୍ଦର ଲହଡ଼ି। କିନ୍ତୁ ମଣିଷ ପାଇଁ ସେଇ ସୁଖ ବେଳେ ବେଳେ ସିନ୍ଦୂରିତ କାନ୍ତି ତଳେ କଳା ପରିହାସ ପରି ମହାକାଳ ଫଳର ପାଉଁଶ ପରି ହୃଦୟକୁ ଆଘାତ କରେ। ଲାଗେ ଦୃଶ୍ୟ କେବେ ସତ ନୁହେଁ। ଅନ୍ତରର ଦର୍ପଣରେ ଦିଶଥାଏ ପ୍ରତିକ୍ଷଣେ ଏ ନୀଳ ଐଶ୍ୱର୍ଯ୍ୟ ତିଳେ ଛପିଥିବା ଦଗ୍ଧ ଇତିହାସ ଜୀବନର ବାସ୍ତବତା ଦେଖାଇ ଦିଏ। 'ମଇନା' କବିତାଟିରେ ଜୀବର ଶେଷ ଦୃଶ୍ୟାବଳୀକୁ କବି ପ୍ରକାଶ କରିଛନ୍ତି। ଜୀବନ ପଞ୍ଜୁରୀରୁ ଥରେ ମୁକୁଳି ଗଲେ ଯେ ଆଉ ଶୋଷ କି ଦକ ରହିବ ନାହିଁ, ଏମିତି ହୁଏନା। ଶେଷ ନୁହେଁ ତାହା କେବଳ ମଧ୍ୟାନ୍ତର। କ୍ଳାନ୍ତିର ଉଶ୍ୱାସ ଲାଗି କ୍ଷଣିକ ବିରତି। ପୋଥି ପାଞ୍ଜି କାଖରେ ଜାକି ପୃଥିବୀର ଗଣ୍ଡି ଭିତରକୁ ତୁ ପୁଣି ଫେରିବାକୁ ହୁଏ ଜୀବକୁ। ପୁଣି ସୁଖର ଅବିର ବୋଲି ଧୂଳିର ତିଅଣ ରାନ୍ଧି ଆଗତ ଦୁଃଖମାନଙ୍କୁ କିଛି ଦିନ ଦେଖି ନ ଦେଖିବା ପରି ରହିବାକୁ ହେବ। ଯୌବନର ରଙ୍ଗ ଛାଡ଼ିବାରେ ସୁଖ କିଣିବାକୁ ଯାଇ ଦୁଃଖ ସଙ୍ଗେ ମିତ ବସିବାକୁ ହେବ। ଗାଁମୁଣ୍ଡ ବରଗଛ ମୂଳରେ ସକଳ ଦୁଃଖ ବଖାଣିଲା ବେଳେ ସେ କେବଳ ନୀରବ ଦ୍ରଷ୍ଟା ସାଜିଥିବ। ନିଜ ଧ୍ୱନି ନିଜ ପାଇଁ ପ୍ରତିଧ୍ୱନିତ ହୋଇ ଅତୀତର ଇତିହାସ ଲେଖୁଥିବ। କିଛି ଦେବା ଓ ନେବା ଭିତରେ ସମୟର ଅନ୍ତରାଳେ ମଧ୍ୟାନ୍ତରର ପରଦା ପଡ଼ିବ। 'ଅଣୁରୁ ଅଣୁରୁ' କବିତାଟିରେ ଶୂନ୍ୟତା ଭିତରେ ଆନନ୍ଦ ଲାଭ କରିଛି। ଆଖିକୁ ଦିଶେ ନାହିଁ ଅଣୁର ରେଣୁ ଚିକମିକ ପଥର ପରି ତା' ଭିତରେ ଭରି ରହିଥାଏ ଆଦି ଅନ୍ତ ସକଳ ବିଭବ। ପ୍ରାଣ ଜୀବନ ପାଇଁ ଅପରିହାର୍ଯ୍ୟ ହେଲେ ସେ ଏତେ କ୍ଷୁଦ୍ର ଯେ ଛୁଇଁ ହୁଏନା କି ଦେଖି ହୁଏନା। ଯିଏ ସେଇ ଆତ୍ମାକୁ ଚିହ୍ନି ସାରିଛି ନିଜକୁ ନିଶ୍ଚୟ ଭଲ ପାଇଛି କାରଣ ଆତ୍ମା ଆଉ କେହି ନୁହେଁ ପରମାତ୍ମାଙ୍କ ପ୍ରତିରୂପ ମାତ୍ର। 'ପୁଣ୍ୟାହ' କବିତାଟିରେ, ସେ ପୁଣ୍ୟ ଯାହା ବୈଶାଖର ଉହକ ତାତିରେ ମରୁମୟ ଦୀର୍ଘଶ୍ୱାସର ଦିଗନ୍ତ ମେଖଳା, ଧୂମାଭ ରୂପାନ୍ତରରେ ନୟନର ଅଶ୍ରୁବିନ୍ଦୁ ମାଟିକୁ ବି କୋଳେଇ ପାରେନା ହେଲେ ସମୟର ଅତିକ୍ରାନ୍ତରେ ଭାରି ଆପଣାର ଲାଗେ କବି ପ୍ରକାଶ କରିଛନ୍ତି। ବର୍ଷବିଭୋର ଋତୁଟିର ପହିଲି ବୁନ୍ଦାରେ ନୂତନ ସମ୍ଭାବନା ମୁଣ୍ଡଟେକେ। ପାଦତଳର

ଧୂସର ଗାଲିରେ ଖୁବ୍ ଆପଣାର ସ୍ପର୍ଶକୁ ମନେପକାଇ ଦିଏ କଥା। ଦିନେ ଅଥର୍ବ ଅଙ୍ଗ ଆଜି ଏକାନ୍ତ ଆପଣାର ହୋଇଯାଏ। ଶୀତର ନରମ ଓଠରୁ ଯେବେ ବିନ୍ଦୁ ହୋଇ ପଡୁଥାଏ ଟୋପା ଟୋପା ସରମୀ ମୁକୁତା ସେତେ ବେଳେ ମନେ ପଡ଼େ ତା' କଥା ଯିଏ ଯୌବନରେ ମୋର ଯେତେ ତାଚ୍ଛଲ୍ୟ ଦେଖିଥିଲେ ବି କେବେ ବି କରିନି ନିଜ ଠାରୁ ଜୀବକୁ ଅଲଗା କବିଙ୍କ ଭାବନାରେ –

"ସ୍ୱପ୍ନର ଶେଯରେ ଯେତେବେଳେ
ପଲକ ମୋ ମୁଦି ମୁଦି ଯାଏ
ଛୁଇଁ ଗଲେ ବସନ୍ତର ଶୀତଳ ଚାମର
ସେତେବେଳେ ବି ତୁ ଖୁବ୍ ମନେପଡୁ
ମନେ ହୁଏ ମୁଁ ଫୁଲ ତୁ ମୋ କେଶର
ସୁଖରେ, ଦୁଃଖରେ, ନିଦ୍ରାରେ, ତନ୍ଦ୍ରାରେ, ଧ୍ୟାନରେ
ପ୍ରତି ମୁହୂର୍ତ୍ତରେ ତୋତେ କୋଳେଇ ନେବାର
ଯେଣୁ ମୁଗ୍ଧ ଅନୁଭବ
ତେଣୁ ବର୍ଷା, ବୈଶାଖ, ବସନ୍ତ ସବୁ ଋତୁର
ଦିନ ମୋ ପାଇଁ ପୁଣ୍ୟାହ।"

# ଉଦାସ ଆଖିରେ ପ୍ରମିଳା ଶତପଥୀଙ୍କ କବିତା ସଂକଳନ 'ଆଦ୍ୟରୁ ଅନ୍ତ ଓ ଅମୃତ'

ମନଗହନର ଅପ୍ରକାଶିତ ଦୁଃଖ ନୀରବିତ ହୃଦୟର କଥା କବି ଲେଖିଦିଏ ତା'ର କବିତାର ସୃଷ୍ଟି ସମ୍ଭାରରେ। ଠିକ୍ ଯେମିତି ପ୍ରମିଳା ଶତପଥୀଙ୍କ କବିତା ସଂକଳନ 'ଆଦ୍ୟରୁ ଅନ୍ତ ଓ ଅମୃତ'। 'ଆଦ୍ୟ' କବିତାଟିରେ ଦରୋଟି ଶବ୍ଦରୁ ଦୁଃଖର ଆରମ୍ଭ ଲାଗେ। ଦୃଷ୍ଟି ଯେଉଁଠି ଦୁର୍ଗମ ଅରଣ୍ୟ ଦେଖି ଫେରିଆସେ ସେତିକିବେଳେ ଭୟର କୁହୁଡ଼ି ଭିତରେ ଅବୋଧ କଣ୍ଢେଇ ପରି ମନର ଆଶା ସବୁ ଚପଳ ଝଙ୍କାର ତୋଳନ୍ତି। ଜୀବନର ସଂଘର୍ଷ, ଧୂଳିଘର, ଲୁହଭିଜା ଅସରନ୍ତି ସମୟର କଥା ସବୁ ଗତାନୁଗତିକ ଧାରାରେ ବଦଳିଯାଏ ଚିତ୍ର ପରି ଲାଗେ ନିଜକୁ କେବେ କେବେ ବୟସ୍କ ବୟସ୍କ। ଆକାଶର ପାଉଁଶ ସ୍ତୁପରେ ଅଲିଅଳ ଚପଳତାର ସବୁ ସ୍ୱପ୍ନ ଦୂର ଦିଗ୍‌ବଳୟ ତଳେ ହଜିଯାଏ। ନିୟତିର ବନ୍ଦୀଶାଳାରେ, ତା' ଅନ୍ଧାରି ଗୁମ୍ଫା ଭିତରେ ସବୁ ରହିଯାଏ ଅଧୁରା ହୋଇ। ସମୟର ଅଚିହ୍ନା ପଣରେ ଅସହାୟ ହୁଏ ସବୁ ଆଶା ଓ ବିଶ୍ୱାସ। ଆକ୍ରାମାକ୍ରା ହୁଏ ନରମ ନୟନର ନିଦୁଆ ପଲକ। ବାଲ୍ୟରୁ ଯୌବନ ଓ ଯୌବନରୁ ବୟସ୍କ ମନସ୍କ ମନଟି ଖୋଜୁଥାଏ ତା'ର ଅତୀତ, ଅପାସୋରା ସ୍ମୃତିର ଭବ୍ୟ ଅନୁଭବ। ସବୁ ନିରାଶାକୁ ଚିରି ଯେବେ ଆଶା, ଅନ୍ଧାରି ଯନ୍ତ୍ରଣାର ବୁକୁ ଚିରି ଫିକ୍ ଫିକ୍ ଗୋଲାପି ଅଧରରେ ହସି ଦେଇ ଆସିଥାଏ କୋଟିଏ ଆଶାର ବିମଳ ସୃଷ୍ଟିଛନ୍ଦ ତୋଳେ ପ୍ରଥମ ସକାଳରେ ସହସ୍ର ସ୍ୱପ୍ନ ପୁଣି ବୁଣେ ମୁଗ୍ଧ କରିଦିଏ ସମଗ୍ର ଜୀବନ। ଏହି ସଂକଳନର ପ୍ରଥମ କବିତା 'ଜୀବନ ଅପେକ୍ଷାରେ' କବିତାଟିରେ ପ୍ରେମର ମହାନ ଅନୁଭବ ରହିଛି। ଅପେକ୍ଷା ମଣିଷକୁ ବଞ୍ଚିବାର ରାହା ଦେଖାଏ କବିଙ୍କ ଭାବନାରେ ଠିକ୍ ଯେମିତି ତୁମ ଆସିବାର ଅପେକ୍ଷାରେ ମୁଁ ଖୋଲି ଦେଇଛି ଗନ୍ତାଘର,

ବୁଣିଛି ତମାମ ଜୀବନର ସବୁ ସ୍ୱପ୍ନ। ନରମେଇ ଦେଇଛି ପ୍ରୀତିର ତଣ୍ଡୁଳ। ହେ ମୋର ପ୍ରିୟ, କ୍ଷଣଟିଏ ମୋ ସହ ବସ ମୁଁ ବେଢ଼ିନି କାର୍ପଣ୍ୟର ପାଚେରୀ କି ପୋତିନି ମଲା ଭାଉର କପଟ ଦଣ୍ଡାର ଲଟେଇ। ନିଜକୁ ସମର୍ପଣ କଲାପରେ ମୋ ପାଖରେ କିଛି ମୁଁ ରଖିନି ସବୁ ତ ତୁମର। ତୁମେ ମୋ ଶାଶ୍ୱତ ମନକୁ ବୁଝ କି ନ ବୁଝ ମୁଁ ଅଛି, ଥିଲି ଓ ରହିଥିବି ଆଉ ତାଳପତ୍ରେ ମୋ ଭାଗ୍ୟ ଲେଖା ହେବା ପର୍ଯ୍ୟନ୍ତ। 'ବିଷାଦର ବିଜନ ବେଳାରେ' କବିତାଟିରେ ରଙ୍ଗହୀନ ଜୀବନର ଚିତ୍ର ରହିଛି। ବେଦନା ବିଧୁର ଅସହାୟ ମନର କଥା ପୋଷେ ଜଳରେ ମେଣ୍ଟାଇ ହୁଏନି ଶୋଷ। ଅଭୀପ୍‌ସିତ ପୁଷ୍ପବାଟୀକାର ଶିଳାଲିପି ପରି ବିଡ଼ମ୍ବନା ଜର୍ଜରିତ ବିଗତ ଭାଗ୍ୟକୁ ବଦଳାଇ ହୁଏନି, କି ନା ତା' ଜୀବନରେ ଆସେ ନଳବଳୀ ବାହୁଡ଼ା ବିହଙ୍ଗର କାକଳି। ଜଳଶୂନ୍ୟ ନଈଧାରର ଜୀବନ ପରି ଦୂର ଆଶା ମରୀଚିକା ହୁଏ। ପୁଣି ପଥିକ ମନରେ ଭ୍ରାନ୍ତି ସୃଷ୍ଟି କରେ। 'ମନ୍ଥନ' କବିତାଟିରେ ଦ୍ରାକ୍ଷାଲତା ବିଷବୃକ୍ଷ ପାଲଟିଗଲା ପରେ ନିଃସ୍ୱ ପୃଥିବୀରେ କାମଧେନୁର ଆଗମନ ଯେମିତି ହୋଇ ନପାରଇ ଠିକ୍ ସେମିତି ଜିଭ ଥାଇ ମୁକ ହେବାପରେ ପ୍ରକୃତ ଜୀବନର ରହସ୍ୟ ବୁଝାପଡ଼େ କଥା ରହିଛି। 'କାରାବାସ' କବିତାଟିରେ ଏକଲା ମଣିଷର ଭାବନାର କଥା ରହିଛି। ନିଜସ୍ୱ ପୃଥିବୀ ଚାରିପଟେ ଅସଂଖ୍ୟ କୋଳାହଳ ଥିଲେ ବି ଏକାକିତ୍ୱର ଅନ୍ତର୍ଦାହ ରୁଦ୍ଧଶ୍ୱାସ ପରି ଲାଗେ। କବିଙ୍କ ଲେଖନୀରେ –

"କ୍ଳାନ୍ତ ମନରୁ ପୋଷ ପୋଷ
ସ୍ୱେଦବିନ୍ଦୁ ଘୋଷାରି ଆଣିଲେବି
ଜୀବନ ଏଠି ଜୀଇଁବାର ଛଳନା କରୁଛି

x x x

ତଥାପି ସେ ଅପେକ୍ଷା କରିଛି
ସୂର୍ଯ୍ୟୋଦୟ ଶୁଣାଇବ କେବେ
ଦୀର୍ଘଶ୍ୱାସ ସମାପ୍ତିର ଗୀତ।"

'ଅନୁଭୂତିର ରୁଦ୍ରାକ୍ଷମାଳ' କବିତାଟିରେ ସଂଘର୍ଷର କ୍ଷତଧାରରେ ପରିପୂର୍ଣ୍ଣ ଜୀବନର ଭିନ୍ନ ଭିନ୍ନ ସ୍ୱାଦ ଅନୁଭୂତ ହୁଏ। ଆଘାତ ଲାଗିଲେ ହୃଦୟରୁ ଝରିପଡୁଥିବା ସମସ୍ତ ଆବେଗ ଜମାଟ ବାନ୍ଧିଯାଏ ବରଫ ଭଳି। ଶୈଶବର ନରମ ପାପୁଲି, ପ୍ରଜାପତି ଧରିବାର ଅନାବିଳ ପ୍ରୀତି ଆଉଁସା ସ୍ମୃତିର ଦର୍ପଣରେ ଝଲସି ଉଠେ। ହାତରେ ରୁଦ୍ରାକ୍ଷମାଳ ଅନୁଭୂତିର ରୁଦ୍ରାକ୍ଷମାଳ ଅନ୍ଧକାରରେ ଆଶୀର୍ବାଦ ଭଳି ଯନ୍ତ୍ରଣାମୟ ଜୀବନକୁ ପରିପୂର୍ଣ୍ଣ କରୁଥାଏ ପ୍ରତିକ୍ଷଣେ। 'ଅସ୍ଥିର ବଳୟ' କବିତାଟିରେ ଭଗବାନଙ୍କ

ପ୍ରତି ଏକାନ୍ତ ବିଶ୍ୱାସର କଥା ରହିଛି। କିଛି ପାଇବାର ଆଶାରେ ମଣିଷ ବଞ୍ଚିବାକୁ ଇଚ୍ଛା କରେ। ଅବଚେତନ ମନରେ ସଂଗୋପନ କାହାରି ଅପେକ୍ଷାର ଅନ୍ତଃହୀନ ଭରସାରେ କବିଙ୍କୁ ଲାଗିଛି ଯେମିତି ବାରମ୍ବାର କିଏ ଡାକୁଚି ଦେବାପାଇଁ କିଛି ଗୋପନ ସମ୍ପତ୍ତି। ମାତ୍ର ଯିଏ ଅନୁଭବରେ ଆସେ ତାକୁ ଛୁଇଁ ହୁଏନା। ଦେଖି ମଧ ହୁଏନା। ଊର୍ଦ୍ଧ୍ୱଗାମୀ ଭାବନା ସବୁ ମଉଳିଯାଏ ପୁଣି ଖୋଜିଖୋଜି ନ ପାଇଲେ। ବେଳେବେଳେ ଶୁଭିଯାଏ ତୁମ କଣ୍ଠସ୍ୱର ନିଦ ଭାଙ୍ଗିଯାଏ ନିବିଡ଼ ପଣରେ ସତେକି ଅନେକ ଜନ୍ମରୁ ତୁମ ସହ ଅଛି ମୋର ମଧୁର ସମ୍ପର୍କ। ସତେଜ ମନର ଭାବନା ସବୁ ଝଉଳ ମୁଠାଏ ବୁଣିଯିବା ପରି ବୁଣି ହୋଇଯାଏ। 'ମୁଁ ମଣିଷ ବୋଲି ତ' କବିତାରେ ସ୍ନେହାତୁରା ମନଟିର ମୋହାଛନ୍ନରେ ଆବିଳତା କଥା ସ୍ପଷ୍ଟ ରୂପେ ବର୍ଣ୍ଣିତ। ମନରେ ଆଘାତ ଲାଗିଲେ ସ୍ୱପ୍ନର କାଚଘର ଭାଙ୍ଗିଯାଏ, ଜଳିଯାଏ ଆଶାର ଇନ୍ଦ୍ରପ୍ରସ୍ଥ, ପୁଣି ଆଖିତଳେ ଛାଇଯାଏ ବହଳ ଅନ୍ଧାର। ଉପେକ୍ଷା, ଅସୂୟା ଓ ଆଘାତର ରକ୍ତନଦୀରେ ଡୁବିଯାଏ ପ୍ରସନ୍ନତାର ଚିହ୍ନ। ଏସବୁ ଭୁଲିବାକୁ ଚେଷ୍ଟାକରି ମଣିଷ ଅଶାନ୍ତିର ଛାତି ତଳୁ ହେବାର ମହକ ଖୋଜି ଝଲିଛି ପୁଣି ଆଘାତର ଶୋଣିତରେ ଯନ୍ତ୍ରଣାର କବିତାକୁ ସେ ଲେଖି ଝଲିଛି। 'ପାଦ ତଳର ଜୀବନ' କବିତାଟିରେ ଦୁଃଖର ବେଦନାସିକ୍ତ ହୃଦୟର କଥା ରହିଛି। କରେଇ ତଳର କଳା ଆଉ ମାଟି ମୁଠାରେ ମୋହ ଭୁଲି ହୁଏନି। ଗାଁ'ର ନିଖୁଣ ଚିତ୍ର ଓ ପଲ୍ଲୀ ନଗରବାସୀଙ୍କ ଶାନ୍ତ, ନିରୀହ ଓ ନିଷ୍କପଟ ହୃଦୟରେ କେବେ କେବେ ଶୁଣିବାକୁ ମିଳେ ମନ କପୋତିଟିର ବେଦନାର ଗୀତ କଥା ରହିଛି। ଲାଗେ ଯେମିତି ସତେକି ସେମାନଙ୍କ ଜୀବନ ଓଳିତଳ ଝଲପାଣିରେ ଗୁନ୍ଥା ବାକି ଜୀବନ। 'କବିତା' କବିତାଟିରେ କବି ଶିହରିତ ଆୟୁତ ଯୁଗର ସ୍ୱପ୍ନ କଥା ଲେଖିଛନ୍ତି। ଦୁଃଖ ସମୟରେ ଆପଣାର ମଣିଷମାନେ ଅଜାଣ ହୋଇ ଉଦାର ସହନ ଶକ୍ତିକୁ ମାପିଥାନ୍ତି ତୁମର। ଆଉ ସୁଖ ସମୟରେ ଚିହ୍ନା ଚିହ୍ନା ସବୁ ମୁହଁ ନିଜ ବାଟରେ ଫେରିଯାନ୍ତି। ହେଲେ ଆତ୍ମୀୟପଣର ସେ ଅପ୍ରକାଶ୍ୟ ଦୁଃଖ ଅନୁକୂଳ ମୌସୁମୀ ଥିବା ସତ୍ତ୍ୱେ ନିଜ କଥା ଲେଖିବାକୁ ନିସ୍ତେଜ ହୁଏ ମନ ଓ ଦୁର୍ବଳ ହୁଏ ଅବ୍ୟକ୍ତ ଶବ୍ଦମାନ। 'ଜୀଇଁବାର ମହୁଲି ନିଶାରେ' କବିତାଟିରେ ବେଳେବେଳେ ଆକସ୍ମିକ ଝଞ୍ଜାପବନ ବହିଯାଏ ଜୀବନର ପଥପ୍ରାନ୍ତରେ। ଆଉ ଯୋଡ଼ିଦିଏ ସବୁ ନରମ ପଲକ, ଚୁନା ଚୁନା ସବୁଜିମା ସ୍ୱପ୍ନର ଅରଣ୍ୟ, ଶୁଖାଇ ଦିଏ ଆଶାର ସୁନେଲି ଝରଣା, ଇଚ୍ଛା ସବୁ ହୁଅନ୍ତି ସଂଜ୍ଞାହୀନ, ପ୍ରତିଶ୍ରୁତିରେ ଉଇ ଲାଗନ୍ତି ବାରମ୍ବାର। ଲାଗେ ଯେମିତି ଅସୀମ ଅଜଣା ସବୁ ସୁଖର ବ୍ୟବଧାନ। ପଲକରେ ଛନ୍ଦି ହୋଇଯାଏ ପରଳ ଦୁଃଖ ପରାବାର। କବି ଲେଖନୀରେ –

"ଧୂପ, ଦୀପ, ଚନ୍ଦନରେ ପୂଜିବାକୁ
ପାଷାଣ ବିଗ୍ରହ
ଅସଂପୂର୍ଣ୍ଣ ପାଣ୍ଡୁଲିପିରେ ଲେଖିବାକୁ
ଆଉ କିଛି ଦୁଃଖର କବିତା
ଜୀଇଁବାର ମହୁଲି ନିଶାରେ
ଜାଳିବାକୁ ଦୁଃଖର କବିତା।"

'ପରାଶ୍ରିତା' କବିତାରେ ଅନ୍ଧାର ଓ ଆଲୋକର ଦର୍ଶନ ରହିଛି। ମଲାପଦ୍ମର କେଶର ଭିତରେ ଦିଶିଯାଏ ସବୁ ଗୋପନୀୟ ବଢ଼ିମାର ଅସହାୟ ପଣ। ନିଜକୁ ଲୁଚାଇ ରଖିବାର ଯତ୍ନରେ ଅସହାୟ ଶାମୁକାରେ ନାହିନାଡ଼ କାଟୁଥିବା ଜୀବନ ପରି ପରାଶ୍ରିତା ହୁଏ ସବୁଦିନେ ହୀନିମାନ। ନିଜକୁ ରଙ୍ଗାଇ ପାରେନି ତା' ଦୃଷ୍ଟିର ବୃକ୍ଷଲତା ଓ ଦୂରନ୍ତ ଦିଗନ୍ତ। ଅସହାୟ କଦଳୀ ପତର ପରି ସ୍ରଷ୍ଟା ଗଢ଼ିଛି ତାଲୁରୁ ତଳିପା ଯାଏଁ ଅପାରଗ ଚିତା ସବୁ ଥାଇ ନିଃସ୍ୱ ସେ ନାରୀଟି ଦୁର୍ବଳ। ଲତିକା ଯିଏ ନିଜ ମନ ଅରଣ୍ୟରେ ବିଚରଣ କରି କରି ହେଣ୍ଟାଳି ହେଲେ ପୁଣି ନୀରବରେ ସବୁ ସହିଯାଏ। 'ମଲାଘାସ' କବିତାଟିରେ ସମୟ ସମାପ୍ତିର ଶେଷ ପର୍ବ କଥା ରହିଛି। ଶୁଖିଲା ଘାସର ଅଗ୍ନି ଶିଖାପରି ଜଳିଯାଏ ମନର ଅହେତୁକ ଆକର୍ଷଣ। ମଣିଷ ଖୋଜେ ବିଳମ୍ବିତ ଆକାଶର ଦୁଃଖିତ ଶବ୍ଦକୁ ହୃଦୟରେ ଧରି ବଞ୍ଚିବାକୁ ଟିକେ ଖୁସିର ମୁହୂର୍ତ୍ତ। କାହାରି ଅପେକ୍ଷାରେ ସବୁଜ ବର୍ଷାର ଆକାଶ ଭର୍ତ୍ତି ମେଘମାନଙ୍କୁ, ସତେଜ ପାଖୁଡ଼ା ମେଲି ପ୍ରକୃତିର ପ୍ରାରମ୍ଭିକ ସଙ୍ଗୀତର ତାଳେ ତାଳେ ସଙ୍ଗୀତ ଗାନ କରିବାକୁ ଇଚ୍ଛା କରେ। ହେଲେ ବାସ୍ତବତାରେ ସେ ଦେଖୁଥାଏ ଅଳୀକ ସପନ, କକ୍ଷଚ୍ୟୁତ ଉଲ୍‌କାର ଦୁର୍ଦ୍ଦିନ ସମୟ ଓ ଖୋଜୁଥାଏ ମାଟିତଳେ ଲୁଚିଥିବା ତା' ଭାଗ୍ୟର ପୁନରପି କକ୍ଷସ୍ଥଳ।

'ତୁ ଆସିବୁ ଜାଣିଲେ' କବିତାଟିରେ ଆସନ୍ନ ଖୁସିର ଚିହ୍ନର କଥା କବି ଉଲ୍ଲେଖ କରିଛନ୍ତି। କାହାରି ଅପେକ୍ଷା ମନରେ ଉଙ୍କି ମାରୁଥିବା ଇଚ୍ଛାମାନେ ଅଲକ୍ଷରେ ଜାଗର ଜାଳନ୍ତି। ଦୁଃଖ ସବୁ ଯାନ୍ତି ପାଶୋରି, ଅସହାୟ ଆଖିର ଚାହାଣି ଅଦୃଶ୍ୟ ହୁଅନ୍ତା, ଦାଣ୍ଡବାଡ଼ି ଘରେ ଅଲକ୍ଷରେ ସଯତ୍ନେ ମୁରୁଜ ପଡ଼ନ୍ତା ଆଉ ଉଭେଇ ଯାନ୍ତା, ଶଙ୍କା ଓ ଆଶଙ୍କା ତୁ ଆସିବୁ ଜାଣିଲେ। ମାର୍ମିକତା ସହ ନାରୀ ମନର ଅନାବିଳ ଶ୍ରଦ୍ଧାର କଥା କବି ବର୍ଣ୍ଣନା କରିଛନ୍ତି ଯାହା ଖୁବ୍ ବାସ୍ତବିକ୍। 'ଆଶାୟୀ ଆକାଶ' କବିତାଟିରେ ବାଟବଣା ମଣିଷର ମନଟି ଠିକଣା ପାଇବା ଆଗରୁ ଅବର୍ତ୍ତମାନରେ ସମୟର ଗତିରେ ଲୀନ ହୋଇସାରିଥିବ କଥା ସହ ହତାଶା ଓ କ୍ଷୋଭର ଚିତ୍ର ରହିଛି। ରୂପସୀ ସମୟର ପାଦ ଶବ୍ଦ ଶୁଣିବା ଆଗରୁ ଚକ୍ଷୁର ଜୀବନ ପ୍ରଦୀପ

ଲିଭିସାରିଥିବ ଓ ଶ୍ରାବଣ ନଈର ଧାରରେ ଅସ୍ଥି, ଚର୍ମ ଓ ଦେହ ପାଉଁଶ ପାଲଟିଯାଇଥିବ ନା ଥିବ ହସନ୍ତ ଶେଫାଳି ଓଠେ ବିନ୍ଦୁ ବିନ୍ଦୁ ଅନୁରାଗ, ନା ଅଭିଶପ୍ତ ସୁନ୍ଥାଣିରେ ଝକ୍‌ମକ୍ କରୁଥିବ ସ୍ୱପ୍ନର ସିନ୍ଦୁର ନା ଆଉ ଝରିବାକୁ ଥିବ ସଙ୍କୁଚିତ ଲୋମଛିଦ୍ରେ ମେରୁସ୍ୱେଦ ଆଷାଢ଼ର ପୂରୁବା ଶୀତଳ ପବନର ଛାଇ। ତଥାପି ମଣିଷ ଅଭିଜ୍ଞ ହେଲାପରେ ବୁଝିଯାଏ ପ୍ରକୃତ ଆଶାର ସଂଜ୍ଞା କ'ଣ? ଯେମିତି ଖଜୁରୀ ଗଛର ପାହାଚ ଗଣୁଗଣୁ ସମୟ ସହ ସଂଶୟ ବି ଧୀରେ ଧୀରେ ଚାଲିଯାଏ ମାତ୍ର ରହିଯାଏ ମନର ନିବୃତ୍ତ କୋଣରେ ତପ୍ତ ମରୁରେ ରୋମାଞ୍ଚିତ ଭିଜା ଗନ୍ଧ ଉଦାରପଣର ଓଦା କରି ପକାଉଥିବା ବର୍ଷା ଟିକକ। 'ନଷ୍ଟ ଲଗ୍ନ' କବିତାଟିରେ ସାମ୍ପ୍ରତିକ ମଣିଷ ଚାହିଁଛି ସ୍ୱାଧୀନତାର କଥା ରହିଛି। ସକାଳରୁ ସନ୍ଧ୍ୟା ତାରା ପର୍ଯ୍ୟନ୍ତ ଯାନ୍ତ୍ରିକତା ଖୁବ୍ ଯନ୍ତ୍ରଣା ଦିଏ। ସ୍ୱାଧୀନତାମାନେ ଏକ ଭୁଲ ପ୍ରଶ୍ନର ଅମୀମାଂସିତ ଭାଗ୍ୟଫଳ ଜାଣିଯିବା ପରେ ମଳୟର ତିକ୍ତ ଗନ୍ଧ ଅନୁଭବ ହେବାପରେ ଆତଙ୍କିତ ଡୋଳା ତଳେ ଦିଶିଯାଏ ଅଭାବବୋଧ। ଲାଗେ ସବୁ ଋତୁ ଗ୍ରୀଷ୍ମର ଉତ୍ତାପ ଏବଂ ବିକଳାଙ୍ଗ ଗିରିବନ। କବିଙ୍କ ଭାଷାରେ;

"ମୋତେ କେହି ପଚାରନା
ଜଳୁଥିବା ନଦୀ କଥା
କାହିଁକି ସେ ଶୂନ୍ୟଗର୍ଭା
ନଷ୍ଟଲଗ୍ନା ସପନ ବିଫଳ।"

'ମୁଁ ମୁଁ ହୋଇଯାଇଛି ବୋଲି' କବିତାରେ ମଧୁମୟ ସ୍ମୃତିର ରୋମନ୍ଥନ କବି କରିଛନ୍ତି। ନିଜକୁ ନିଜ ଭିତରେ ଅନୁଭବ କଲା ପରେ ଆଙ୍ଗୁଳିରେ ନେସି ଦିଏ ମଣିଷ ବହଳ ସୂର୍ଯ୍ୟର ରଙ୍ଗ, ବିଶ୍ୱାସର ଝଙ୍କୃତ ପାଉଞ୍ଜିର ଶବ୍ଦ, ଟାଙ୍ଗରା ଭୂଇଁରେ ଉଠେ ଚନ୍ଦନର ବାସ, ସ୍ମୃତିର ପଟଳ ଭେଦି ଆକାଂକ୍ଷା ସବୁ ଜାଗ୍ରତ ହୋଇଯାନ୍ତି ବାରବାର, ଦୁଇ ବଣପାହାଡ଼ରେ ଶୁଭେ ସଙ୍ଗୀତର ସ୍ଲୋଗାନ, ଅନାଘ୍ରାତ ଇଚ୍ଛାମାନେ କରନ୍ତି କୋଳାହଳ ଓ ସେତେବେଳେ ଶତାୟୁଙ୍କ ପଦ ଚିହ୍ନେ ମୁଦି ହୁଏ ପଲକ ନିଜର। 'ଆଞ୍ଜୁଳେ ବିଶ୍ୱାସ' କବିତାଟିରେ ଐଶ୍ୱର୍ଯ୍ୟର ବିଶାଳ ସାମ୍ରାଜ୍ୟ ଦରକାର ନାହିଁ କେବଳ ଆଞ୍ଜୁଳେ ବିଶ୍ୱାସର ନୈବେଦ୍ୟକୁ ଗ୍ରହଣ କରିନିଅ ହେ ଈଶ୍ୱର। ଏହିପରି ଏକ ମହାନୁଭବର ଆକାଂକ୍ଷା କଥା ବର୍ଣ୍ଣିତ। କବି କହୁଛନ୍ତି ଭାବମୟ ସ୍ରୋତମାନଙ୍କୁ ଥରଟିଏ ମୋ ଆଗରେ ପ୍ରକାଶ କର। ଥରେ ମାତ୍ର ଚୁମିବାକୁ ଦିଅ ମୋ ଲକ୍ଷ୍ୟର ପାଦଦେଶ। ସ୍ୱର୍ଗ, ମର୍ତ୍ତ୍ୟ କି ପାତାଳ ସେସବୁ ମୋର ଲୋଡ଼ା ନାହିଁ। ତିନି ପାଦ ଭୂମି ବି ମୁଁ ମାଗି ନାହିଁ। ମୋର ଦରଫୁଟା ମାନସୀକନ୍ୟାକୁ ଶବ୍ଦର

ସାଗର ଭିତରେ ଶାନ୍ତିରେ ଥରେ ଖେଳିବାକୁ ଦିଅ। ତୁମ ଅଚିହ୍ନାପଣରେ ମୁଁ ଖୁବ୍ କଷ୍ଟପାଏ। ବିସ୍ମୟ ହୁଅ ନାହିଁ କାରଣ ମୁଁ ଏମିତି କିଛି ମାଗିନାହିଁ ଯାହା ତୁମ ସାମ୍ରାଜ୍ୟ ବାହାରେ। ଅତ୍ୟନ୍ତ ଭାବପ୍ରବଣତାର କବିତା 'ଆଞ୍ଜୁଳେ ବିଶ୍ୱାସ'। 'ମୁଁ ତୁମ ସନ୍ଦେଶ ପାଇଛି' କବିତାଟିରେ ମନପକ୍ଷୀ ବଞ୍ଚିବାର ବାହାନା ଖୋଜିଛି। ସବୁ ବାଧାବନ୍ଧନର ଊର୍ଦ୍ଧ୍ୱରେ କବିର ମନ ଅନ୍ତରରେ ସେ ଶାଶ୍ୱତ ପ୍ରେମକୁ ଅନୁଭବ କରେ। ଭିନ୍ନ ଏକ ସକାଳରେ ଆସନ୍ତାକାଲି ପାଇଁ ଅନ୍ତରଙ୍ଗ ମୁହୂର୍ତ୍ତର ଛବି ସେ ଆଙ୍କିଥାଏ। ପ୍ରୀତିର ଦୀପାଳି ଜାଳି ଝର୍କା ସେପଟେ ଏକ ସୁନ୍ଦର ପୃଥିବୀକୁ ଆମନ୍ତ୍ରଣ କରେ ଯେଉଁଠି ସେ ଓ ତା'ର ପରମ ପ୍ରେମିକ ପୁରୁଷଙ୍କର ସାନ୍ନିଧ ଲାଭ କରଥାଏ। 'ଅମୃତ' କବିତାଟିରେ ସୁଧାମୟ ସକାଳର ମନପାପୁଲିର ଜୀବନର ନୂତନ ସନ୍ଦେଶ ମିଳିଛି। କୁବେରର ଅମାପ ଐଶ୍ୱର୍ଯ୍ୟ ଏକ ଅମୃତ ଲଗ୍ନରେ ଦୁଇପଟ ନାଲିଚୁଡ଼ି ଜୀଇଁବାର କାମନାକୁ ମହକ ମଲ୍ଲୀରେ ମଜାଇଥାଏ। ମୂକ ଯେ ଗାଉଥାଏ ଅମୃତର ଅମର ସଙ୍ଗୀତ କବିଙ୍କ ଭାବନାରେ –

"ନ + ମୃତ = ଅମୃତ ତତ୍ତ୍ୱ
ମୂକ ଯେ ଗାଉଛି ଆଜି ଅମର ସଙ୍ଗୀତ
ଅନୁପମ, ଅମୃତ ଅମର ସ୍ରୋତ
ଅମୃତର ସଂଜ୍ଞା ଲେଖିବାକୁ
ଶବ୍ଦଶୂନ୍ୟ ଏ ମନ ଏ ବିଶ୍ୱ।"

'ପ୍ରୀତିର ଝୁଲଣା' କବିତାଟିରେ ଜୀବନର ମାର୍ମିକ ଉତ୍ତରଣ ଘଟିଛି। ଈଶ୍ୱରଙ୍କ ପ୍ରତି ବିନମ୍ରତାର ପ୍ରଗାଢ଼ ଭକ୍ତି ଭାବରେ ଅନ୍ତରର କଥା କବି ଜଣାଇଛନ୍ତି। ଅକଳନ୍ତି ଭଲ ପାଇବାର ଝୁଲଣାରେ ଝୁଲାଇ ସବୁ କିଛି ସୁଖ ସମ୍ଭାର ମୋ ପଣତରେ ଅଜାଡ଼ି ଦେଇଛ। ହେଲେ ପ୍ରତିଦାନେ କ'ଣ ମୁଁ ଦେବି ଭାବୁ ଭାବୁ ମୋ ହାତ ଶୂନ୍ୟ ଲାଗେ କିଛି ଦେବା ପାଇଁ। ଜୀବନ ସରିଯାଏ ହେଲେ ଆଶା ସରେ ନାହିଁ। ଯେତେ ଯେତେ ଦିଅ ତୁମେ ନେବା ମୋର ସରେ ନାହିଁ। ହସନ୍ତ ଜହ୍ନକୁ ଦେଖୁ ଦେଖୁ ମୁଁ ହଜିଯାଏ ଯନ୍ତ୍ରଣାର ସେଇ ଅଭୁଲା ସ୍ମୃତି ଭିତରେ ଯାହା ଅବ୍ୟକ୍ତ, ଅରୂପ ଓ ଶବ୍ଦହୀନ ଏକ ଦୁଃଖଦ ମୁହୂର୍ତ୍ତ। 'ଶେଷ ପାହାଚ' କବିତାଟିରେ ନିଛକ ଜୀବନର ସତ୍ୟକୁ କବି ଉଲ୍ଲେଖ କରିଛନ୍ତି। ଖୋଜିବା ସରେ ନାହିଁ ତଥାପି ଶେଷ ପାହାଚରେ ମଣିଷ ଆସି ଛିଡ଼ା ହୁଏ ସମୟର ଗତିରେ। ଅନ୍ୱେଷଣର ଭବ ପାରାବାରେ ଚାଲିଚାଲି ଥକି ପଡ଼ିଲା ପରେ ବୁଣିଥିବା ସ୍ୱପ୍ନ ସବୁ ଜଳିଯାନ୍ତି ବର୍ଷାର ଶୀତଳତା ନ ପାଇ, ଭୁଲିବାକୁ ହୁଏ ନଈତୁଠ ପଥରେ ଭାବନାର ସ୍ମୃତି ଗନ୍ତାଘରର ଚିତ୍ର ସବୁ। ଅଭିମାନରେ ମନ

କୁହେ ତୁମେ କ'ଣ ଆସିନଥାନ୍ତ ! ଆଉ ଟିକିଏ ଆଗରୁ ! ଏତେ ବିଳମ୍ବ କଲ ଯେ ମୁଁ ପହଞ୍ଚିଲିଣି ଜୀବନର ଶେଷ ପାହାଚ ପାଖରେ ଯେଉଁଠି ମୁଁ ପଢ଼ିପାରୁନି ଶବ୍ଦ ସବୁ ଫୁଲମାନଙ୍କ କେଶର ଭିତରୁ, ମୁଁ ଦେଖିପାରୁନି ଜୀବନର ରଙ୍ଗୀନ ସ୍ୱପ୍ନ ସବୁକୁ। 'ସାଥି ହୋଇ ଯିବା ଆମେ ଅନ୍ତିମ ପାହାଚ' କବିତାଟିରେ ପ୍ରୀତିପଦ୍ମର ଅଛିଣ୍ଡା ସୁଖ କଥା ବର୍ଣ୍ଣିତ। ପ୍ରିୟତମଙ୍କ ପଥକୁ ସ୍ମରଣ କରି କବି ଲେଖିଛନ୍ତି; ତୁମର ଯେତେ ଲୁହ ଓ କୋହ ସବୁ ମତେ ଦେଇ ଦିଅ। ସବୁ ଅଶୁଭ ମୁହୂର୍ତ୍ତକୁ ମଧ୍ୟ ତୁମେ ମୋ ହାତ ପାପୁଲିର ରେଖା କରିନିଅ। ମୋ ବିଶ୍ୱାସକୁ ବୁଝି ଥରେ ମତେ କଥା ଦିଅ ଯେଉଁଠି ସମୟର ଅବଧି ସରିଗଲେ ସମ୍ପର୍କକୁ ସାକ୍ଷୀ ରଖି ସାଥୀ ହୋଇ ଯିବା ଆମେ ଜୀବନର ଅନ୍ତିମ ପାହାଚ। 'ମନର ମାଟିରେ' କବିତାଟିରେ ଜୀବନର ବାସ୍ତବତାର ଚିତ୍ର ରହିଛି। ମଣିଷ ତା' ଜୀବନ କାଳରେ ଅନେକ ସ୍ୱପ୍ନ ଦେଖେ। କେବେ କେବେ ସ୍ୱପ୍ନରେ ପକ୍ଷୀମାନେ ଭୁଲିଯାନ୍ତି ସକାଳ ଗାଧୁଆ, ଜହ୍ନ ଭୁଲିଯାଏ ନୀଡ଼କୁ ବାହୁଡ଼ିବାର ବେଳ, ତାରାମାନେ ଭୁଲିଯାନ୍ତି ଅଙ୍ଗବାସ, କୋଇଲିର ସ୍ୱରରେ ବହୁବର୍ଣ୍ଣୀ ଫୁଲ ଓ ନୀଳପଦ୍ମର ବାର୍ତ୍ତାଳାପ, ବାସନ୍ତୀ ଜୁଆର ଉଠେ ମନରେ, ନୀରସ ଜୀବନ ମାଟିରେ ଆକସ୍ମିକ ହସି ଉଠେ ମୃତବୀଜ କ୍ଷଣିକ ସ୍ୱପ୍ନ, କାଉର କା' ରାବରେ ନିଦ ଭାଙ୍ଗେନା ବଧୂଳି ସୂର୍ଯ୍ୟଙ୍କର। ଦିନେ ହଠାତ୍ ଏମିତି ବି ହୁଏ ଶ୍ୟାମ ବସ୍ତ୍ରେ ଆବୋରୀ ଶରୀର ଚୁପ୍‌ଚାପ ଶୋଇଥାଏ ବ୍ୟାଧିଗ୍ରସ୍ତ ଜରା ପରି। କବିଙ୍କ ଭାଷାରେ –

"ମିଶାଣ, ଫେଡ଼ାଣ, ଗୁଣନ
କେଉଁଠି କି ତ୍ରୁଟି ନାହିଁ ହିସାବ ସମାନ
ପାରଦର୍ଶୀ ଗଣିତଜ୍ଞ ସେ, ଫାଙ୍କିବାର ପଥ ନାହିଁ
ଏଇ ରାତି, ଏଇ ଦିନ, ହସକାନ୍ଦ, ସବୁ ତାର ଇଚ୍ଛାଧୀନ
ଭିଡ଼ି କରି ଧରିଛି ଲଗାମ।"

'ପୁଣି ପ୍ରସ୍ତୁତି ଓ କରାଘାତ' କବିତାଟିରେ ଜନ୍ମ ଏବଂ ମୃତ୍ୟୁର ରହସ୍ୟ ଭିତରେ ସୁଖ-ଦୁଃଖର ଖେଳ ଚାଲିଥାଏ ଅହରହ, ସେହି କଥାଟିର ପରିପ୍ରକାଶ ହୋଇଛି। ଜୀବନର ନଥିପତ୍ର ଅଣ୍ଡାଳୁ ଅଣ୍ଡାଳୁ ରଙ୍ଗଚୁଡ଼ା ପାହାଡ଼ ସେପଟେ ହଜିଯାଏ ଦିବସର ରାଗ। ଭ୍ରମ ହଟିଗଲାପରେ ଫିକା ଫିକା ଅନୁଭବ ହୁଏ ଜୀବନର ଉଚ୍ଛ୍ୱାସ। ମନେପଡ଼େ ଛାଡ଼ି ଆସିଥିବା ଅନ୍ତରଙ୍ଗ ସମୟ, ନଈତୁଠ, ସିନ୍ଦୂରିଆ, ଭୂଇଁ ବରକୋଳି ଓ ସ୍ନେହ। କୁଲା ବାଆରେ ଧାନରୁ ଅଗାଡ଼ି ବାଛିଲା ପରି ବାଛି ହୋଇଯାଏ ମନର ଦୁଃଖ ସବୁ। ସୁଖଦ ମୁହୂର୍ତ୍ତ ସବୁ କଇଁଚର ବେକ ପରି ଲୁଚିଯାଏ ଖୋଳପା ଭିତରେ। ଛାଇଯାଏ ଆଖିରେ ପରଳ ସେଇ ସମୟରେ ପରିଚିତ କଣ୍ଠସ୍ୱର ଶୁଭେ 'ଆ ଚାଲିଆ'

ସରିଲାଣି କେତେବେଳୁ ତୋର ଏ ସଂସାରର ଖେଳ। ପ୍ରସ୍ତୁତି ଚାଲିଲାଣି ପୁଣି ଖେଳିବାକୁ ନୂଆ ଏକ ଜୀବନରେ ସୁଖଦୁଃଖର ଖେଳ। 'ନିରଙ୍କୁରା ବନ୍ଧ୍ୟା' କବିତାଟିରେ ଉଦାସୀ ମନର କଥା ରହିଛି। ନିଜ ମନ ନିସ୍ତେଜ ହେବା ପରେ ଆଉ କ'ଣ ଥାଏ ଯେ, ଶୃଙ୍ଖଳା ଘାସରେ ଆଶ୍ରୟ ହୁଏ କି କୋଟି କୋଟି ଜୀବନ, ରକ୍ତ-କବରୀର କିଶୋର ଲାବଣ୍ୟେ ହିଲ୍ଲୋଳିତ ହୁଏ ମଧୁବାତ୍ୟା। ବିକଳାଙ୍ଗର ଇତିହାସ ଶିରୋନାମା ପରେ ସବୁଜ ସୁନ୍ଦରୀ ଉପଲବ୍ଧି କରିଛି ଆଜି ନିରଙ୍କୁରା ବନ୍ଧ୍ୟା। 'ସେଦିନ ଓ ଆଜି' କବିତାଟରେ ନିରାଶା ମନର ଅଭିବ୍ୟକ୍ତି ପ୍ରକାଶ ପାଇଛି। ଆଜି ବି ଅଗଣା ସାରା ଚାନ୍ଦିନୀ ଲହଡ଼ି ରହିବନି ଲୋଡ଼ା ଭାଙ୍ଗୁଛି, ଚଇତି ବାଆ ବିନା କଲମରେ ପ୍ରେମର ଚିଟାଉ ଲେଖୁଛି ହେଲେ ସମୟର ଅଚିହ୍ନା ଭାବଟିରେ ପାଦର ପାଉଞ୍ଜି ଗୁମୁରି କାନ୍ଦୁଛି ଆଉ ବିବଶତାର ମାଳା ପିନ୍ଧି ନିଜ ଅକ୍ଷତ ମନକୁ ମଣିଷ ଖୋଜି ଚାଲିଛି। 'ସୀମନ୍ତିନୀ' କବିତାଟିରେ ସେହିପରି ନାରୀ ମନସ୍ତତ୍ତ୍ୱରେ ତା'ର ପରମପୁରୁଷଙ୍କ ପାଇଁ ପାଇଥିବା ସୌଭାଗ୍ୟର ଚିତ୍ର ରହିଛି। କବିଙ୍କ ଭାବନାରେ ଯଦି କେବେ ତୁମ ଠାରୁ ମୋତେ ଭିନ୍ନ ହେବାକୁ ପଡ଼େ, ଯଦି ସମସ୍ତ ଗଣନାକୁ ଭୁଲ କରି ବନ୍ଧନର ସୁଦୀର୍ଘ ରଜ୍ଜୁକୁ ଛିଣ୍ଡାଇ ଯିବାକୁ ହୁଏ, ତେବେ ତୁମ ସ୍ମୃତିରେ ଜହ୍ନର ଲାବଣ୍ୟକୁ ଧରି ମୋ ସୀମନ୍ତରେ ଝଟକୁଥିବ ସିନ୍ଦୂର, ଦେହରେ ପାଟଶାଢ଼ୀ, ପାଦରେ ନାଲି ଅଳତା, ହାତରେ ନାଲିଚୁଡ଼ି ଏମିତି ସୌଭାଗ୍ୟ ଟିକକ ପାଇଁ ସାରା ଜୀବନର ଜପତପକୁ ସମାପ୍ତି ଜଣାଇ ତୁମକୁ ଆପଣାର ପରିଚୟ ଦେଇ ଚାଲିଯିବି। ହେଲେ ତୁମେ ନିଃସଙ୍ଗ ଶେଯରେ ଶୋଇ ଲୁଣିଝର ବୁହାଇବନି। କାରଣ ମୁଁ ଅଚିନ୍ତ୍ୟ ବଳୟରେ ଝୁଲିଝୁଲି ତୁମରି ପାଦ ଶବ୍ଦକୁ କାନେଇଥିବି ପାଲଟା ବସନ ଭିତରେ ପରିଚିତ ପରଶକୁ ଚାହିଁ ରହିଥିବି। 'ବର୍ଷା' କବିତାଟିରେ ଓଦା ଭାଗ୍ୟକୁ ବକ୍ଷରେ ଜାକି ବର୍ଷାର ଅସରନ୍ତି ବାରିଧାରାରେ ନିଜର ବିବଶ ଜୀବାତ୍ମାର ବ୍ୟାକୁଳ ଅନ୍ୱେଷାର ଚିନ୍ତା ଓ ଚେତନାକୁ ଭସେଇ ଦେବାର କଥାକୁ କବି ଚମତ୍କାର ଶୈଳୀରେ ଉପସ୍ଥାପନ କରିଛନ୍ତି। ସେହିପରି 'ଦୁଃଖ' କବିତାଟିରେ ମରୁସୂର୍ଯ୍ୟରେ ସ୍ୱପ୍ନ ଜଳିଯିବାର କଥା ରହିଛି କୁଆଁରୀ ମନର ହାତରେ ମେହେନ୍ଦି ରଚାଇଲା ବେଳେ ଭିନ୍ନ ଦୁନିଆଁର ସ୍ୱପ୍ନ ଦେଖିଥାଏ। ସେ ସ୍ୱପ୍ନର କାହାଣୀରେ ସେ ନାୟିକା ଓ ଆକାଂକ୍ଷିତ ଇଚ୍ଛା ସବୁ ତା'ପାଇଁ ସୁଖର ସମ୍ଭାର ତୋଳିଥାନ୍ତି ମାତ୍ର ବାସ୍ତବତା କିଛି ଭିନ୍ନ ଦେଖିବା ପରେ ଜୀବନର ପରିଭାଷା ବଦଳିଯାଏ। ସେଇ ଅଶ୍ଳୀଳ କାହାଣୀରେ ଖିଅ ଖୋଜି ଖୋଜି ଅସଫଳ ଚେଷ୍ଟାରେ ରୋଗୀଣା ଆୟୁଷ ବିତି ଚାଲିଥାଏ ସମୟର ଗତି ସହ ଯାହାକୁ ବୁଝି ହୁଏନି କି ବୁଝାଇ ହୁଏନି। କବିଙ୍କ ଭାଷାରେ –

"ଦୁଃଖ ! ଏତେ ଭିତରକୁ ଚେରେଇ ଯାଇଛୁ ଯେ
ଯେତେ ଖୋଜିଲେ ବି
ମିଳୁନି ତୋ ଆଦ୍ୟ ଓ ଶେଷାଗ୍ର
ଧଇଁ ପେଲା ଜୀବନର
ଅଛିଣ୍ଡା କାଶ ପରି
ତୋ ନଟେଇକୁ
ଛିଣ୍ଡାଇବାର ଅସଫଳ ଚେଷ୍ଟାରେ
ବିତିଯିବ ରୋଗୀଣା ଆୟୁଷ ।"

'ଆତ୍ମିକ ପ୍ରକାଶ' କବିତାଟିରେ ଯନ୍ତ୍ରଣାର ଭଉଁରୀ ଚିତ୍ର ପ୍ରକାଶିତ । ଅଚିନ୍ତ୍ୟ ଓ ଅନନ୍ୟ ପ୍ରେମର ଊର୍ଦ୍ଧ୍ୱମୁଖୀ ଚେତନାର ଆତ୍ମିକ ପ୍ରକାଶ କବି ବର୍ଣ୍ଣନା କରିଛନ୍ତି । ଯେଉଁଠି ସ୍ପର୍ଶ କରିପାରେନା ଜାଗତିକ ଅଙ୍ଗର ମୋହ । ମଳୟର ଛୁଆଁ ପରି ଛୁଇଁଯାଏ ଦିବ୍ୟଚେତନା ମନର ସୂକ୍ଷ୍ମାତି ସୂକ୍ଷ୍ମାଂଶକୁ । ଯେଉଁଠି ନାହିଁ ମିଳନର ଆତୁରତା କି ନାହିଁ ବିଚ୍ଛେଦର ଉଦାସୀ ଦଂଶନ । 'ଆଶାର ଚନ୍ଦ୍ରମଲ୍ଲୀ' କବିତାରେ କବି ପ୍ରମିଳା ଶତପଥୀ ବର୍ଣ୍ଣନା କରିଛନ୍ତି – ମଣିଷ ମନରେ ଉଙ୍କି ମାରୁଥିବା ତମାମ ସ୍ୱପ୍ନ ପୂରଣ ଦିଗରେ ଆଶାର ଚନ୍ଦ୍ରମଲ୍ଲୀ ଫୁଟିଉଠେ । ସୂର୍ଯ୍ୟୋଦୟର ମୁହୂର୍ତ୍ତ ସଙ୍ଗୀତାୟନ କରେ, ସମ୍ଭାବନା ମୃଦଙ୍ଗ ନାଦ ଦିଏ, ପ୍ରତିଶ୍ରୁତି ସବୁ ବଂଶୀର ସ୍ୱର ଶୁଣାଏ ମନ ଅଗଣାରେ ମଣିଷ ପଞ୍ଚବର୍ଣ୍ଣା ଆଶାର ମୁରୁଜକୁ ଲିପାପୋଛା କରି ସୁନ୍ଦରତାର ଛବି ଆଙ୍କେ । ଆଉ ସେ ଦୁଆରରେ ସଫଳତାର ଉବିନେଥା ଝୁଲାଇଦିଏ । ପୂନେଇଁ ଜହ୍ନ ଶୁଭବାର୍ତ୍ତା ଶୁଣାଏ । ଲାଗେ ତା'ର ତମାମ ଆୟୁଷ ଆଶାରେ ଆରମ୍ଭ ହୋଇ ଯେମିତି ଆଶାରେ ହିଁ ସରିଯାଏ । 'ନିୟତିର ପାଞ୍ଚଣ ମାଡ଼ରେ' କବିତାରେ ଖରା, ବର୍ଷା, କାକରର ଭିଜା ଭିଜା ଅନୁଭୂତିର ଚିତ୍ର ରହିଛି । ମଠୁଆପଣରେ ଯଦି କେବେ ମଣିଷ ଘୁମେଇପଡ଼େ ନିୟତିର ପାଞ୍ଚଣମାଡ଼ରେ ଛାଟିପିଟି ହୋଇ ଧାଇଁଯାଏ ଧାନ କିମ୍ବା ଅଗାଡ଼ିର ସଂଶୟ ସନ୍ଧାନେ । କଅଁଳ ଘାସର ସପନ ପରି ଖୋଜୁଥାଏ ବାହ୍ୟ ଜୀବନ । ନିଛାଟିଆ ଖରାବେଳ, ଛାୟାହୀନ ତାଳବଣ, ମଶାଣି ଓ ଶାଗୁଣାଙ୍କ ବ୍ୟବଧାନ, ତୃଣହୀନ ବିକଳାଙ୍ଗ ଭୂଇଁର କ୍ରନ୍ଦନ, ଶୂନ୍ୟଗର୍ଭା ନଦୀଟିର ଅଶ୍ରୁଳ ନୟନ ସହ ମୁକ୍ତିର ପଥ ଆବୋରି ଜପୁଥାଏ କୃଷ୍ଣ କୃଷ୍ଣ ଶ୍ରୀ କୃଷ୍ଣ । 'ମଲା ମାଟିର କ୍ଷୋଭ' କବିତାଟିରେ କରୁଣ ଆନନର ଛବି ରହିଛି । ନିରାଶାର ଅନ୍ଧକାରରେ ଝଞ୍ଜାବାତ ଅଗ୍ନିର ଦହନ ସୃଷ୍ଟି କରେ ଯନ୍ତ୍ରଣାଶିକ୍ତ ହୃଦୟ । ସମୟର ବକ୍ରରେଖା ତଳେ ନାମହୀନ, ଗ୍ରାମହୀନ ଓ ଚଳମାନ ଦୁଃଖଙ୍କର ଅସଂଖ୍ୟ ଠିକଣା ମଲାମାଟିର କାହାଣୀ ପରି ଅବ୍ୟକ୍ତ ରହିଯାଏ ଚିରକାଳ ନୀରବ ଦହନେ । 'ତୁମେ' କବିତାଟିରେ ପ୍ରିୟତମାର ଆନ୍ତରିକତା

ତା' ପ୍ରିୟତମଙ୍କ ପାଇଁ ଯେ ବିଶ୍ୱାସର ପ୍ରାଚୀର ଯାହାକୁ ପୃଥିବୀର ଏମିତି କୌଣସି ଚିତ୍ର ନାହିଁ ଯାହାକୁ ବିଶ୍ଳେଷଣ କରାଯାଇପାରିବ। ସେହିପରି କିଛି କଥା କବି ପ୍ରମିଳା ଶତପଥୀ ଲେଖିଛନ୍ତି। ଅଭିଯୋଗ କରେନା ପ୍ରିୟତମା, ଦୁଃଖ ମଧ୍ୟ କରେନା, କଷି କଷି ତୁମ ମନ ଓ ନିଜ ଭାଗ୍ୟଫଳ। ଆଉ ଏକଥା ବି ସତ୍ୟ ତୁମ ଆସିବା ନ ଆସିବା ତା' ପାଇଁ କିଛି ପ୍ରଭେଦ ଆସେନି। ସେ ତ କେବଳ ପ୍ରେମରେ ଭିଜୁଥାଏ ଓ ଭିଜାଇଥାଏ ହୃଦୟକୁ ତୁମ ଅଜାଣତେ। କବିଙ୍କ ଭାଷାରେ;

"ଯେତେ ଥର ମୋ ନୟନ ବିନ୍ଦୁମାନ
ମାଟିକୁ ଛୁଇଁବ
ସେତେ ବାର ଚଉଁକିନି
ନିଦ କିନ୍ତୁ ତୁମର ଭାଙ୍ଗିବ।"

'ସ୍ୱରୂପ ସ୍ୱର୍ଗରୁ' କବିତାଟିରେ ପରମ ଅନୁଭୂତିର ଦିବ୍ୟତ୍ୱ କଥା ରହିଛି। ଅହର୍ନିଶି ଗାଉଥାଇ ମଣିଷର ମନ ମୁକ୍ତିଗୀତ ଯାହା ଅବର୍ଣ୍ଣନୀୟ ଅନୁଭୂତିର ସ୍ୱରୂପ ସ୍ୱର୍ଗର। 'ଶୂନ୍ୟଥାଳ' କବିତାଟିରେ ଆଞ୍ଜୁଳାଏ ବିଶ୍ୱାସର ଚିତ୍ର ରହିଛି। ଶୂନ୍ୟଥାଳରୁ ମୋର ସବୁ ଦାନା ଶୂନ୍ୟ ଯାଇଛି। କିନ୍ତୁ ଯାହା ବାକି ଅଛି ତାହା କେବଳ ଧୂଳିମିଶା ତୁଷ। ଅନ୍ନ ଥାଳିରୁ ଧାନ ଗୋଡ଼ି ବାଛୁବାଛୁ ବିତିଯାଇଛି ଅର୍ଦ୍ଧେକ ଆୟୁଷ। ମୁଠାଏ ମାଗିଲେ ମତେ ଶ୍ୱେତ ମଲ୍ଲୀର ହସ କେଉଁଠୁ ଦେବି ମୁଁ। ମୋ ହାତରୁ ଉଭେଇଛି ଯେତେକ ସୁଖ। କେବଳ ଦେବି ମୁଁ ଝୁଲିରେ ତୁମର ମୋ ବଞ୍ଚିତ ଆୟୁଷ। 'ଅଠା କାଠିରେ ଛନ୍ଦି ଯାଇଥିବା ଡେଣା' କବିତାଟିରେ ପ୍ରୀତିର ମୁଠାଏ ଲୋଭର ମାୟାରେ ଶିକାରୀ ଫାଶରେ ଧରାଦିଏ ଜୀବନ ଏମିତି କିଛି ବାସ୍ତବତାର କଥା କବି ପ୍ରମିଳା ଶତପଥୀ ଉନ୍ମୋଚନ କରିଛନ୍ତି। ଅନେକ ଦିନରୁ ପର ସବୁ ଛିଣ୍ଡିଗଲାଣି ସାଥୀ କରି ମଳୟକୁ। ଠିକ୍ ଯେମିତି ବଳହୀନ ପରାଜିତ ସୈନିକ ପରି କ୍ଳାନ୍ତିଭରା ବିଷାଦ କୁଇରେ ଘୁମେଇ ପଡ଼ିଛି। ମୁକ୍ତିର କନକ କାନ୍ତିରେ ଅସ୍ତିତ୍ୱକୁ ଦେଖୁ ଦେଖୁ ନୈରାଶ୍ୟର ଘନ ଅନ୍ଧକାରେ ବିଲୀନ ହୋଇଛି। ବ୍ୟଥିତ ଜୀବାତ୍ମା ଭାଗ୍ୟହାତେ ଦେଇଛି ଜୀବନର ଡୋରୀ। ଚୁପ୍‌ଚାପ ସହି ଯାଉଚି ମାୟାରେ ବାକିତକ ଆୟୁଷକୁ ଛନ୍ଦି। 'ଅତିକ୍ରାନ୍ତ ସମୟର ପଦଚିହ୍ନ ତଳୁ' କବିତାଟିରେ ପ୍ରିୟଜନଙ୍କ ଛୁରିକାଘାତରେ ରୁଧିରାକ୍ତ ଆତ୍ମାକୁ କଷ୍ଟ ହୋଇଛି ତଥାପି ସେ ଜୀବନରେ ଦର୍ଶନକୁ ଲେଖି ଚାଲିଛି ଧୈର୍ଯ୍ୟର ସହ ଏଇ କଥାଟି ଉପସ୍ଥାପନା କବି କରିଛନ୍ତି। ଅତିକ୍ରାନ୍ତ ସମୟ ସହ ମଣିଷମାନଙ୍କର ପ୍ରକୃତ ପରିଚୟ ମିଳିଥାଏ। ସ୍ୱାର୍ଥାନ୍ଧ ମଣିଷଙ୍କ ସହ ମିଶିବା ପରେ ବୁଢ଼ିଆଣି ସୂତାର ଖିଅ ଖୋଜୁ ଖୋଜୁ ଜୀବନର ଦର୍ଶନ ପ୍ରକୃତରେ ବୁଝାପଡ଼େ। ସମୟର ସର୍ପିଳ ଗତିରେ ବିତିଯାଉଥିବା ଜୀବନକୁ

ବ୍ୟାଖ୍ୟା କରୁ କରୁ ସବୁର ଶେଷରେ ଅସୀମ ଧୈର୍ଯ୍ୟ ହିଁ ଆପଣାକୁ ସାନ୍ତ୍ୱନା ଦେଇଥାଏ ଯାହା ଏହି କବିତାଟିର ମାର୍ମିକତା। 'ଛଳନା' କବିତାଟିରେ ରଙ୍ଗବୋଳା ସମ୍ପର୍କର ଚିତ୍ର ରହିଛି। କବି ପ୍ରମିଳା ଶତପଥୀଙ୍କ ଭାବନାରେ ପ୍ରତାରଣାର ବର୍ଷାରେ ତଳରୁ ତଳିପା ଯାଏଁ ଭିଜିଯିବା ପରେ ଆପଣାର ବୋଲି ଭାବି କାହାକୁ ବି ମନର ଆସନରେ କାହାକୁ ନିମନ୍ତ୍ରଣ କରିହୁଏ! ଦୁଃଖରେ ଥିବା ମଣିଷକୁ ମିଠ ମିଠା କଥା କହି ଆହୁରି ଦୁଃଖ ଭରି ଦେବାକୁ ନିମନ୍ତ୍ରିତ ନଥିବା ଅତିଥିମାନେ ମଧ୍ୟ ତୃଷା ନିବାରଣ ଲାଗି ଛଳନାର କଳସୀରେ ଛାତି ତଳ ତାଜା ରକ୍ତ ସବୁ ନିଗାଡ଼ିବାରେ ଲାଗିପଡ଼ନ୍ତି। ସେ କି ସମ୍ପର୍କ ଓ ସମ୍ପର୍କୀୟ ଯିଏ ବୁଝି ନପାରନ୍ତି ବାସ୍ତବ ଜୀବନର ଅପୂରଣୀୟ କ୍ଷତିର ଓ କ୍ଷତର ଯନ୍ତ୍ରଣା ସବୁକୁ! ପିଢ଼ାପାଣି ଠା କରି କାହିଁକି ଖୋଜାଯାଏ ସେମାନଙ୍କୁ ଯେଉଁମାନେ ଅନ୍ୟର କଷ୍ଟରେ ହୃଦୟରୁ ଶାନ୍ତି ପାଇଥାନ୍ତି! ଏମିତି କିଛି ବେଦନାର କଥା ରହିଛି ଏହି କବିତାଟିରେ। 'ଅସଜଡ଼ା ସ୍ୱପ୍ନ' କବିତାଟିରେ ମଣିଷ କଳ୍ପନାର ବାସ୍ତବିକ୍ ଉତ୍ତରଣ ଘଟିଛି। କେଉଁ ଏକ ଅପ୍ରସ୍ତୁତ ମୁହୂର୍ତ୍ତରେ ପ୍ରିୟ ମଣିଷଟି ସ୍ୱପ୍ନରେ ଆସିଯାଏ। କଳ୍ପନାରେ ସ୍ମୃତି ସବୁ ସେ ଘରକୁ ସୁନ୍ଦର ସଜାଇଥାନ୍ତି। ନିଜ ନାଁ ପାଖେ ପ୍ରିୟ ମଣିଷଟିର ନାଁ ଯୋଡ଼ି ଲେଖିବାକୁ ପ୍ରେମର ରାଗର ବାଲିରେ ଖୁବ୍ ଭଲ ଲାଗେ। ଏମିତି ଏକ ଖିଆଲି ମନରେ ହଜିଯିବାବେଳେ ଜମା ଜଣାପଡ଼େନି ପ୍ରେମର ସାଗର ବାଲି ନିଜ ନାଁ କେତେବେଳେ ଧୋଇଯାଇଛି ନିଜ ଅଲକ୍ଷ୍ୟରେ। 'ବଦଳୁଥିବା ଦୃଶ୍ୟ' କବିତାରେ ମୋହମାୟା ବିଜଡ଼ିତ ସଂସାରରୁ ଆଶା ତୁଟାଇବା ପରେ ଆସକ୍ତିରୁ ଅନାସକ୍ତ ଆଡ଼କୁ ଅଗ୍ରସର ହେଲା ପରେ ପ୍ରେମମୟ ବିଶୁଦ୍ଧ ଆତ୍ମା-ପରମାତ୍ମାଙ୍କ ସାନ୍ନିଧ୍ୟ ଇଚ୍ଛା କରେ ମଣିଷ ଏବଂ ନିର୍ମାଲ୍ୟ ଟିକକ ପାଇଁ ନାଭିସ୍ଥଳେ ଆନ୍ଦୋଳିତ କରିଥାଏ ଓଁକାରର କଥା ରହିଛି। ମଣିଷ ମନରେ ଦିବ୍ୟତ୍ୱର ଶୂନ୍ୟସ୍ଥାନ ଚିରକାଳ ଉଜ୍ଜ୍ୱଳ ଓ ଶୀତଳ। ସେହି ଶ୍ରଦ୍ଧାଶୀଳ କମନୀୟ ସ୍ପର୍ଶ ଆତ୍ମମୟ କରାଏ ପରିଣତ ଜୀବନର ଗତିପଥ। ଆସକ୍ତିରେ ଥିବା ମନଟି ନିରାସକ୍ତ ବୀଣାର ଝଙ୍କାର ତୋଳେ ବାକି ମନ ଦେଖୁଥାଏ ବଦଳୁଥିବା ଦୃଶ୍ୟ ଜୀବନର। କବିଙ୍କ ଭାଷାରେ –

"ଆଜି ଆଉ ଝରଣାଟେ ଝରୁ ନାହିଁ
ଅଙ୍କେଇ ବଙ୍କେଇ
ମୋ ନ ପାରିଲା ପଣିଆର
ବେଦନା ଝରାଇ
ସେଦିନର ଫଟାମାଟି
ଆଜି ସେ ଯେ ପ୍ରଶାନ୍ତ ସାଗର।"

'ଅନାଦୃତ' କବିତାଟିରେ ନିଷ୍ଫଳତାର ବଜ୍ରାଘାତରେ ବିବଶ ଆତ୍ମାର ପ୍ରତିଲିପି କଥା ବର୍ଣ୍ଣିତ। କବିଙ୍କ ଭାବନାରେ ମାଟିକୁ ସ୍ନେହ, ସ୍ୱର୍ଗକୁ ଆଶିଷ, ଚନ୍ଦ୍ରକୁ ମାଗିଲି ପ୍ରୀତି, ସୂର୍ଯ୍ୟକୁ ଲାବଣ୍ୟ ହେଲେ ମୋ ହାତରେ ପାଇଲି ମୁଁ ଦୁଃଖର ପାଉଁଶ, ଶୁଣିଲି ମୁଁ ଅନାଦୃତ ଏକ ଆତ୍ମାର ପ୍ରତୀକ। ଅନ୍ତରର ସୁବର୍ଣ୍ଣ ପ୍ରତିମାକୁ କେହି ଜାଣନ୍ତି ନାହିଁ କି ଚିହ୍ନନ୍ତି ନାହିଁ। ବିଚଳିତ ପରାଶର କୋହ ଝରଣାକୁ କେହି ରୋକିବାକୁ ଚେଷ୍ଟା ବି କରନ୍ତି ନାହିଁ। ସତରେ କ'ଣ ମୋ ହାତର ରେଖା କହେ – "ତୁ ଏକ ଘାସଫୁଲ, ମରୁନଦୀ ଓ ଦୁଃଖର କବିତା"। କବି ପ୍ରମିଳା ଶତପଥୀଙ୍କ ଭାବନାରେ ବାସ୍ତବିକତାର ରୂପ ଚିତ୍ର ଖୁବ୍ ସୃଜନଶୀଳ, ଯାହା ପ୍ରତିଟି ଆତ୍ମାକୁ ନିଶ୍ଚୟ ସ୍ପର୍ଶ କରିବ। 'ହେ ମୋର ଶତ୍ରୁମାନେ' କବିତାଟିରେ ସ୍ନେହାତୁର ମନର କଥା ପ୍ରକାଶିତ। ହୃଦୟରୁ ଆଶାର ପୁଟୁଳି ଫେରି ହେବା ପରେ ଡହଳବିକଳରେ ନୟନ ଓଦା ହେଉଥାଏ ନୀରବରେ। ମୁଠାଏ ଶୂନ୍ୟତା କ୍ଷତାକ୍ତ କରେ ଅନ୍ତରକୁ। ସ୍ନେହର ଶତ୍ରୁମାନଙ୍କ ଛଳନାପୂର୍ଣ୍ଣ ଆଶ୍ୱାସନା ଓ ମଧୁର ବଚନ ବିଷର ଉଷ୍ମତା ଭରେ ହୃଦୟରେ ମଣିଷର। ମଣିଷ ଭବିଷ୍ୟତର ପାଉଁଶ ସ୍ତୂପରେ ଖୋଜି ଚାଲିଥାଏ ନିଜର ଅସ୍ତିତ୍ୱ। 'ଅନ୍ତ' କବିତାରେ କବି, ଜୀବନର ଲକ୍ଷ୍ୟସ୍ଥଳ, ଖଇକଉଡ଼ି, ଛ-ଖଣ୍ଡିର ଅନ୍ତିମ ଯାତ୍ରାର କଥା କହିଛନ୍ତି। ମଣିଷର ଅନ୍ତ ଯେମିତି ବି ଆସୁ ସ୍ୱରୂପ ତ ତା'ର ଦିବ୍ୟ ଅନୁଭବ ହୁଏ। ଉଜ୍ଜ୍ୱଳ ଫଳକର ତିଳକ ଧରି ପ୍ରାଣ ରହିଥାଏ ତା'ର ପାଦ ବନ୍ଦିବାକୁ। ନୀରବରେ ଶୋଇଯାଏ ସିନା ଶରୀରର ପ୍ରାଣ କିନ୍ତୁ ଉଲ୍ଲସିତ ବଦଳରେ ଅହ୍ୟ ଡେଙ୍ଗୁରାର ତାଳେ ତାଳେ ସୁଧାମୟ ପାପୁଲିର ଅନ୍ତିମ ଅଞ୍ଜଳି ଧରି, ସ୍ମୃତିକୁ ଖଇକଉଡ଼ି କରି ବିଞ୍ଚିବିଞ୍ଚି ଚାଲିଥାଏ ପରମାତ୍ମାଙ୍କ ନିକଟରେ ନିଜକୁ ସମର୍ପଣ କରିବାକୁ।

ଅନାହତ ପ୍ରାଣର ଆବେଗ, ଜୀବନର ବାସ୍ତବତା, ଗୀତିକବିତା ଜୀବନର ଆଦ୍ୟ ସମ୍ଭାର ପରିକ୍ରମା ଭିତରେ ଏହି ପ୍ରଥମ ସଂକଳନ ପୁସ୍ତକଟି ପ୍ରାଣପୂର୍ଣ୍ଣ ଅନୁଭୂତିକୁ ନୈର୍ବ୍ୟକ୍ତିକତାର ସ୍ୱର ବିଭବରେ ପ୍ରକାଶ କରିଛନ୍ତି। ଅନ୍ୱେଷଣରେ କବି ପ୍ରମିଳା ଶତପଥୀ ଜୀବନର ପ୍ରତିଟି ଘଟଣାକୁ ସ୍ଥାନିତ କରିଛନ୍ତି। ବ୍ୟକ୍ତିଗତ ହତାଶା, ବୈରାଗ୍ୟ, ଅଭାବ ଓ ଅବସାଦର କଥା, ଅନନ୍ୟ ନାରୀର ଜୀବନ ଭରି ମମତ୍ୱବୋଧରେ ଅନ୍ୟ ଜୀବନକୁ ପରିପୁଷ୍ଟ କରିବାର କାନ୍ତଦର୍ଶୀ ଚେତନାର ରୂପରେଖ ହେଉଛି ପ୍ରମିଳା ଶତପଥୀଙ୍କ ପ୍ରଥମ ସଂକଳିତ ପୁସ୍ତକ 'ଆଦ୍ୟରୁ ଅନ୍ତ ଓ ଅମୃତ'। ଜୀବନର ସ୍ଥିତି, ବିଶ୍ୱାସ ଓ ଅବବୋଧକୁ କବି ବିଶ୍ୱନିୟନ୍ତାଙ୍କ ନିକଟରେ ସମର୍ପଣ କରିଛନ୍ତି। ଯେଉଁଠି ବିଷାଦ ନାହିଁ, ଅଶ୍ରୁ ନାହିଁ, ଆଲୋକର ରୂପରାଗ ନାହିଁ କି ଉଆଁସ ନାହିଁ ସେଇଠି ମୁକ୍ତିର ଆନନ୍ଦ ଉପଲବ୍ଧ ହୁଏ। ପ୍ରାଣର ଅସୀମ ପୀଡ଼ା ଓ ଯନ୍ତ୍ରଣାକୁ ହୃଦୟରେ ଚାପି

ରଖି ନିୟତିର ନିର୍ଦ୍ଦେଶରେ ଜୀବନକୁ ଜୀଇଁଯିବାର ସ୍ମୃତି ସବୁକୁ ଆଞ୍ଜୁଳା ଆଞ୍ଜୁଳା ଶବ୍ଦରେ ଛନ୍ଦି ଦେଇ ପାଠକ ପ୍ରାଣକୁ ନିଜ କବିତା ଛନ୍ଦରେ ବାନ୍ଧି ଦେଇଛନ୍ତି। କରୁଣା ସ୍ନିଗ୍ଧ ନମନୀୟତାର ରୂପକଳ୍ପ ହେଉଛନ୍ତି କବି ପ୍ରମିଳା ଶତପଥୀ। ଭାବବିଳାସ, ପ୍ରେମାନୁଚିନ୍ତା ଓ ବିଭୁ ଅନୁରକ୍ତିରେ ଭରା ତାଙ୍କ ଏହି କବିତା ସଂକଳନ 'ଆଦ୍ୟରୁ ଅନ୍ତ ଓ ଅମୃତ'।

**BLACK EAGLE BOOKS**

www.blackeaglebooks.org
info@blackeaglebooks.org

Black Eagle Books, an independent publisher, was founded as a nonprofit organization in April, 2019. It is our mission to connect and engage the Indian diaspora and the world at large with the best of works of world literature published on a collaborative platform, with special emphasis on foregrounding Contemporary Classics and New Writing.

www.ingramcontent.com/pod-product-compliance
Lightning Source LLC
Chambersburg PA
CBHW020514080526
44583CB00013B/595